Kurzlehrbücher
für das juristische Studium

Emmerich / Habersack
Konzernrecht

Konzernrecht

Ein Studienbuch

von

Dr. Volker Emmerich

em. o. Professor an der Universität Bayreuth
Richter am Oberlandesgericht Nürnberg a. D.

und

Dr. Mathias Habersack

o. Professor an der Universität München

11., völlig neu bearbeitete Auflage des von Volker Emmerich und
Jürgen Sonnenschein begründeten Werkes, 2020

Zitiervorschlag: *Emmerich/Habersack* KonzernR § ... Rn. . . . .

Es haben bearbeitet:

Dr. Volker Emmerich
§§ 2–6, 11–23, 32–38
Dr. Mathias Habersack
§§ 1, 7–10 a, 24–31

www.beck.de

ISBN 978 3 406 74292 7

© 2020 Verlag C. H. Beck oHG
Wilhelmstraße 9, 80801 München
Druck und Bindung: Druckhaus Nomos
In den Lissen 12, 76547 Sinzheim

Satz: Jung Crossmedia Publishing GmbH
Gewerbestr. 17, 35633 Lahnau

Umschlaggestaltung: Martina Busch, Grafikdesign, Homburg Saar

CO_2
neutral

chbeck.de/nachhaltig

Gedruckt auf säurefreiem, alterungsbeständigem Papier
(hergestellt aus chlorfrei gebleichtem Zellstoff)

Vorwort zur 11. Auflage

Seit Erscheinen der Vorauflage vor rund sechs Jahren haben erneut eine kaum mehr zu überblickende Zahl an höchst- und obergerichtlichen Entscheidungen sowie ein reichhaltiges Schrifttum zur Fortentwicklung des Konzernrechts beigetragen. Hinzu kommt die anstehende Umsetzung der Änderungsrichlinie zur Aktionärsrechterichtlinie durch das ARUG II. Es wird zwar nicht unmittelbar in das Aktienkonzernrecht eingreifen, indes mit §§ 111a ff. AktG Sondervorschriften über „Geschäfte mit nahestehenden Personen" schaffen, die neben §§ 311 ff. AktG zur Anwendung gelangen und damit für ihren Anwendungsbereich insbesondere die Zulässigkeit des gestreckten Nachteilsausgleichs relativieren.

Die dynamische Entwicklung hat es erforderlich gemacht, das Buch durchweg gründlich zu überarbeiten. An dem Charakter des Buches hat sich nichts geändert; nach wie vor soll es als zuverlässiger Leitfaden sowohl für Studierende als auch für Praktiker dienen.

Die Neuauflage befindet sich auf dem Stand Mai 2019.

Bayreuth und München, im Mai 2019

Volker Emmerich
Mathias Habersack

Inhaltsübersicht

Vorwort zur 11. Auflage V
Abkürzungsverzeichnis XXVII
Verzeichnis der (abgekürzt zitierten) Literatur XXXI

§ 1.   Einleitung 1

1. Teil. Allgemeine Vorschriften
§ 2.   Verbundene Unternehmen (§ 15 AktG) 31
§ 3.   Mehrheitsbeteiligung und Abhängigkeit (§§ 16, 17 AktG) 43
§ 4.   Konzern (§ 18 AktG) 59
§ 5.   Wechselseitige Beteiligungen 75
§ 6.   Mitteilungspflichten 84

2. Teil. Gruppenbildungs- und Gruppenleitungskontrolle
§ 7.   Einführung 101
§ 8.   Gruppenbildungskontrolle auf der Ebene der abhängigen Gesellschaft .. 104
§ 9.   Gruppenbildungs- und Gruppenleitungskontrolle auf der Ebene des
        herrschenden Unternehmens 116
§ 9a.   Konzernrechtliche Bezüge des Übernahmerechts 132

3. Teil. Aktienkonzernrecht

1. Abschnitt. Eingliederung, Ausschluss von Minderheitsaktionären 155
§ 10.   Eingliederung 155
§ 10a. Ausschluss von Minderheitsaktionären 181

2. Abschnitt. Unternehmensverträge 199
§ 11.   Beherrschungsvertrag 199
§ 12.   Gewinnabführungsvertrag 213
§ 13.   Gewinngemeinschaft 221
§ 14.   Teilgewinnabführungsvertrag 226
§ 15.   Betriebspacht- und Betriebsüberlassungsverträge 233
§ 16.   Abschluss von Unternehmensverträgen 243
§ 17.   Unterrichtung der Aktionäre 261
§ 18.   Änderung von Unternehmensverträgen 284
§ 19.   Beendigung von Unternehmensverträgen 293
§ 20.   Sicherung des Gesellschaftsvermögens 314
§ 21.   Ausgleich 342
§ 22.   Abfindung 363
§ 22a. Spruchverfahren 398
§ 23.   Leitungsmacht und Haftung des herrschenden Unternehmens 418

3. Abschnitt. Faktischer Konzern 444
§ 24. Grundlagen 444
§ 25. Nachteilige Einflussnahme und Nachteilsausgleich 467
§ 26. Abhängigkeitsbericht und Sonderprüfung 489
§ 27. Verantwortlichkeit der Beteiligten 503
§ 28. Qualifizierte Nachteilszufügung 508

4. Teil. GmbH-Konzernrecht
§ 29. Einführung 520
§ 30. Abhängigkeit und einfacher Konzern 524
§ 31. „Existenzvernichtungshaftung" 532
§ 32. Unternehmensverträge 547

5. Teil. Das Konzernrecht der Personengesellschaften
§ 33. Grundlagen 565
§ 34. Personengesellschaft als abhängiges Unternehmen 568
§ 35. Personengesellschaft als herrschendes Unternehmen 576

6. Teil. Konzernrecht der Genossenschaften, Vereine, Stiftungen
§ 36. Genossenschaften 583
§ 37. Vereine 589
§ 38. Stiftungen 597

Stichwortverzeichnis 605

Inhaltsverzeichnis

Vorwort zur 11. Auflage V
Abkürzungsverzeichnis XXVII
Verzeichnis der (abgekürzt zitierten) Literatur XXXI

§ 1.   Einleitung 1
    I. Begriff und Regelungszweck des Konzernrechts 1
        1. Konzernrecht als Teildisziplin des Gesellschaftsrechts 1
        2. Der Konzern zwischen „Einheit" und „Vielheit" 1
        3. Der Konzern außerhalb des Konzernrechts 2
    II. Historische Entwicklung 6
        1. Entwicklung der Unternehmenskonzentration in Deutschland . . . 6
        2. Entwicklung bis zum AktG von 1937 8
        3. AktG von 1937 8
        4. AktG von 1965 9
        5. GmbH-Konzernrecht 10
        6. Konzernrecht als Schutz- und Organisationsrecht 11
    III. Problematik der Unternehmenskonzentration 12
        1. Begriff 12
        2. Ursachen 13
        3. Gesellschaftsrechtliche Gefahren 14
            a) Leitbild des Gesetzgebers 14
            b) Gefahren bei Abhängigkeit 15
            c) Auswirkungen auf die herrschende Gesellschaft 16
    IV. Einfluss des Steuerrechts 17
        1. Körperschaftsteuer 17
            a) Schachtelprivileg 18
            b) Organschaft 19
        2. Gewerbesteuer 21
        3. Umsatzsteuer 21
    V. Rechtsvergleichung 22
    VI. Unionsrecht 25
        1. Realisierte und bevorstehende Maßnahmen der
           Rechtsangleichung 25
        2. Europäische Aktiengesellschaft 28

1. Teil. Allgemeine Vorschriften
§ 2.   Verbundene Unternehmen (§ 15 AktG) 31
    I. Überblick 31
    II. Unternehmensbegriff 32
        1. Definition 32
        2. Maßgebliche Beteilung 35
        3. Holdinggesellschaften 36
        4. Zurechnungsfragen 37
        5. Abhängige Gesellschaften 38

	III. Öffentliche Hand	39
	1. Überblick	39
	2. Anwendbarkeit des Konzernrechts	40
	3. Folgerungen	41
§ 3.	Mehrheitsbeteiligung und Abhängigkeit (§§ 16, 17 AktG)	43
	I. Mehrheitsbeteiligung	43
	1. Anwendungsbereich	43
	2. Anteilsmehrheit	44
	3. Stimmenmehrheit	45
	4. Zurechnung	45
	5. Rechtsfolgen	47
	II. Abhängigkeit	47
	1. Überblick	47
	2. Begriff	48
	3. Mittel, Dauer, Umfang	50
	4. Unmittelbare und mittelbare Abhängigkeit	52
	5. Beteiligungen	52
	III. Gemeinschaftsunternehmen	54
	1. Begriff, mehrfache Abhängigkeit	54
	2. Rechtsfolgen	55
	IV. Vermutung der Abhängigkeit	56
	1. Bedeutung	56
	2. Widerlegung	57
	3. Entherrschungsverträge	57
§ 4.	Konzern (§ 18 AktG)	59
	I. Überblick	59
	II. Einheit und Vielheit im Konzern	60
	III. Unterordnungskonzern	61
	1. Einheitliche Leitung	62
	2. Zusammenfassung	64
	3. Mehrfache Konzernzugehörigkeit?	65
	4. Konzernvermutung	66
	IV. Gleichordnungskonzern	67
	1. Überblick	67
	2. Merkmale	68
	3. Erscheinungsformen	69
	4. Gründung	70
	5. Rechtsfolgen	71
	V. Mitbestimmung im Konzern	72
§ 5.	Wechselseitige Beteiligungen	75
	I. Überblick	75
	II. Gefahren	76
	III. Begriff	76
	IV. Qualifizierte wechselseitige Beteiligungen	77
	1. Einseitige Abhängigkeit oder Mehrheitsbeteiligung	77
	2. Beiderseitige Abhängigkeit oder Mehrheitsbeteiligung	79
	V. Einfache wechselseitige Beteiligungen	79
	1. Überblick	79

    2. Die einzelnen Fälle des § 328 AktG 81
    3. Rechtsfolgen 82
    4. Ungeregelte Fälle 83
  VI. GmbH 83
§ 6. Mitteilungspflichten 84
  I. Überblick 85
  II. Weitere Mitteilungspflichten 86
    1. WpHG 86
    2. Auskunftspflichten 87
    3. GmbH 88
  III. Verpflichteter 88
    1. Nur Unternehmen 88
    2. Eigentümer, Zurechnung 89
  IV. Die mitteilungspflichtigen Fälle 90
    1. Erwerb einer Schachtelbeteiligung 90
      a) § 20 Abs. 1 AktG 90
      b) § 20 Abs. 2 AktG 91
      c) § 20 Abs. 3 AktG 91
    2. Erwerb einer Mehrheitsbeteiligung (§ 20 Abs. 4 AktG) 92
    3. Beendigung der Beteiligung (§ 20 Abs. 5 AktG) 92
    4. Mitteilungspflichten der AG (§ 21 AktG) 93
  V. Mitteilung 93
  VI. Bekanntmachung 94
  VII. Sanktionen 95
    1. Voraussetzungen 95
    2. Rechtsverlust, Überblick 97
    3. Stimmrecht 98
    4. Dividendenanspruch 99
    5. Bezugsrecht 100

2. Teil. Gruppenbildungs- und Gruppenleitungskontrolle
§ 7. Einführung 101
  I. Überblick 101
    1. Die Ebene der abhängigen Gesellschaft 101
    2. Die Ebene des herrschenden Unternehmens 101
  II. Überblick über die bisherige Diskussion 103
    1. Gesetzliche Regelungen 103
    2. Rechtsprechung 103
§ 8. Gruppenbildungskontrolle auf der Ebene der abhängigen Gesellschaft .. 104
  I. Personengesellschaften 105
    1. Ausgangslage 105
    2. Inhaltskontrolle von Mehrheitsbeschlüssen 106
    3. Sonstige? 107
  II. GmbH 107
    1. Ausgangslage 107
    2. Satzungsmäßige Vorkehrungen 108
    3. Inhaltskontrolle abhängigkeitsbegründender Beschlüsse 109

4. Wettbewerbsverbot 110
5. Sonstige? 111
III. Aktiengesellschaft 111
1. Grundsatz 111
2. Satzungsmäßige Vorkehrungen 112
3. Kapitalmaßnahmen 113
4. Treupflicht 113
IV. Exkurs: Gründung einer abhängigen Gesellschaft 115
§ 9. Gruppenbildungs- und Gruppenleitungskontrolle auf der Ebene des
herrschenden Unternehmens 116
I. Grundlagen 118
1. Erfordernis einer gesellschaftsvertraglichen Ermächtigung zur
Gruppenbildung 118
2. Rechtslage bei Existenz einer Konzernklausel 119
3. Abwehr- und Beseitigungsanspruch des Gesellschafters 120
II. Personenhandelsgesellschaften 121
1. Gruppenbildung 121
2. Gruppenleitung 122
III. GmbH 122
1. Gruppenbildung 122
2. Gruppenleitung 123
IV. Aktiengesellschaft 123
1. Gruppenbildung 123
a) Einführung 123
b) Schutzzweck und dogmatische Grundlage 124
c) Abgrenzung 126
d) Reichweite 127
e) Rechtsfolgen 130
2. Gruppenleitung 131
§ 9a. Konzernrechtliche Bezüge des Übernahmerechts 132
I. Überblick 133
1. Das Problem 133
2. Gesetzliche Regelung 135
a) Übernahmerichtlinie 135
b) Wertpapiererwerbs- und Übernahmegesetz 136
II. Freiwillige Übernahmeangebote 138
1. Grundlagen 138
2. Gegenleistung 140
3. Abwehrmaßnahmen 141
a) Grundsatz 141
b) Verhältnis zum AktG 142
c) Die Tatbestände des § 33 Abs. 1 S. 2, Abs. 2 WpÜG im
Einzelnen 143
d) Rechtsschutz der Aktionäre 147
III. Pflichtangebote 148
1. Überblick 148
2. Schutzzweck und systematische Einordnung 149
3. Verhältnis zum Aktienkonzernrecht und zu §§ 327 a ff. AktG . . 150

4. Kontrollerwerb 151
   a) Grundlagen 151
   b) Erwerbstatbestände 152
5. Gegenleistung 154

3. Teil. Aktienkonzernrecht

1. Abschnitt. Eingliederung, Ausschluss von Minderheitsaktionären 155
§ 10. Eingliederung 155
     I. Überblick 156
    II. Eingliederung nach § 319 AktG 157
      1. Eigentum an allen Aktien 158
      2. Eingliederungsbeschluss 159
      3. Zustimmungsbeschluss 159
      4. Eintragung in das Handelsregister 160
        a) Bestandsschutz 160
        b) Verfahren 161
   III. Eingliederung durch Mehrheitsbeschluss 162
      1. Voraussetzungen und Verfahren 162
        a) Kapitalbeteiligung 162
        b) Information der Aktionäre 163
        c) Eingliederungsprüfung 164
        d) Eintragung 164
      2. Anfechtung 165
        a) Zustimmungsbeschluss 165
        b) Eingliederungsbeschluss 165
      3. Ausschluss der außenstehenden Aktionäre 166
      4. Abfindung 168
        a) Entstehung; Gläubiger und Schuldner 168
        b) Inhalt 168
        c) Optionen, Genussrechte 169
        d) Abhängigkeit der Hauptgesellschaft 170
      5. Mehrstufige Konzerne 170
        a) Überblick 170
        b) Zustimmungsbeschluss 171
        c) Abfindung 171
        d) Spruchverfahren 172
   IV. Gläubigerschutz 172
      1. Sicherheitsleistung 172
      2. Mithaftung 173
        a) Schutzzweck 173
        b) Akzessorischer Charakter 173
        c) Erfasste Verbindlichkeiten 174
        d) Inhalt der Haftung 174
        e) Einwendungen 174
        f) Regress 175
        g) Zwangsvollstreckung 175
    V. Wirkungen 176

    1. Weisungsrecht 176
    2. Aufhebung der Vermögensbindung 177
    3. Rücklagen; Verlustausgleich 177
    4. Verantwortlichkeit 178
    5. Rechnungslegung; Information der Aktionäre 178
    6. Beendigung eines Beherrschungsvertrags 179
  VI. Beendigung 179
    1. Voraussetzungen 179
    2. Wirkungen 180
§ 10 a. Ausschluss von Minderheitsaktionären 181
  I. Überblick 182
  II. Squeeze Out-Regelungen jenseits der §§ 327 a ff. AktG 183
  III. Zweck und Anwendungsbereich der §§ 327 a ff. AktG 186
    1. Normzweck 186
    2. Anwendungsbereich und Verhältnis zu §§ 291 ff. AktG 187
  IV. Voraussetzungen 188
    1. Hauptaktionär 188
      a) Aktionär 188
      b) Kapitalmehrheit 189
    2. Verlangen des Hauptaktionärs 191
    3. Übertragungsbeschluss 192
      a) Überblick und rechtspolitische Bewertung 192
      b) Inhalt des Beschlusses 192
      c) Mehrheitserfordernis 193
      d) Beschlussmängel 193
  V. Rechtsfolgen 196
    1. Übergang der Aktien auf den Hauptaktionär 196
    2. Barabfindung 196
      a) Überblick 196
      b) Gläubiger und Inhalt des Anspruchs 197

2. Abschnitt. Unternehmensverträge 199
§ 11. Beherrschungsvertrag 199
  I. Einleitung 199
  II. Begriff 201
    1. Parteien 201
    2. Inhalt 202
    3. Teilbeherrschungsverträge 204
    4. Verdeckte Beherrschungsverträge 205
  III. Rechtsnatur 207
  IV. Fehlerhafte Beherrschungsverträge 209
  V. Grenzüberschreitende Unternehmensverträge 211
  VI. Mehrstufige Unternehmensverbindungen 212
  VII. Konzernprivileg 212
§ 12. Gewinnabführungsvertrag 213
  I. Überblick 213
  II. Steuerrecht 215
  III. Inhalt 216

      1. Mindestinhalt 216
      2. Gewinnabführungsverträge zugunsten Dritter 217
      3. Isolierte Gewinnabführungsverträge 218
      4. Verlustdeckungszusage 218
   IV. Gewinnermittlung 219
    V. Geschäftsführungsvertrag 219
§ 13. Gewinngemeinschaft 221
     I. Austauschverträge 221
    II. Anwendungsbereich, Beispiele 222
   III. Begriff, Merkmale 222
   IV. Zustimmung der Hauptversammlung 224
    V. Gefahren 225
§ 14. Teilgewinnabführungsvertrag 226
     I. Überblick, Abgrenzung 226
    II. Gewinnabführung 227
   III. Gegenleistung 229
   IV. Stille Gesellschaft 230
      1. Überblick 230
      2. Vertragsschluss 230
      3. Anlegerschutz 231
      4. Gewinnorientierte Genussrechte 232
    V. Ausnahmen 232
§ 15. Betriebspacht- und Betriebsüberlassungsverträge 233
     I. Überblick 233
    II. Betriebspachtvertrag 236
      1. Begriff 236
      2. Rechtsfolgen 237
      3. Anfechtung, Schadensersatz 237
   III. Betriebsüberlassungsvertrag 239
   IV. Betriebsführungsvertrag 240
    V. Umgehungsproblematik 242
§ 16. Abschluss von Unternehmensverträgen 243
     I. Einleitung 243
    II. Vertragsabschluss 244
      1. Zuständigkeit 244
      2. Form, Bezeichnung, Bedingungen 245
      3. Mängel 246
   III. Zustimmung der Hauptversammlung der verpflichteten
      Gesellschaft (§ 293 Abs. 1 AktG) 247
      1. Überblick 247
      2. Gegenstand 248
      3. Erforderliche Mehrheit 248
      4. Anmeldung 249
   IV. Zustimmung der Hauptversammlung der herrschenden
      Gesellschaft (§ 293 Abs. 2 AktG) 250
    V. Mehrstufige Unternehmensverbindungen 251
   VI. Beschlussmängel 252
      1. Abhängige Gesellschaft 252

2. Herrschende Gesellschaft 254
VII. Anmeldung, Eintragung, Wirksamwerden (§ 294 AktG) 255
1. Zweck 255
2. Anwendungsbereich 256
3. Inhalt 257
4. Teilgewinnabführungsvertrag 257
5. Anlagen 258
6. Verfahren 259
7. Eintragung 260
8. Wirksamkeit 260
§ 17. Unterrichtung der Aktionäre 261
I. Überblick 261
II. Unternehmensvertragsbericht 264
1. Anwendungsbereich 264
2. Form 264
3. Inhalt 265
4. Schranken 268
5. Rechtsfolgen 268
III. Unternehmensvertragsprüfung 268
1. Überblick 269
2. Zweck 269
3. Anwendungsbereich 270
4. Gegenstand und Inhalt der Prüfung 271
5. Parallelprüfung 272
6. Rechtsfolgen 273
IV. Vertragsprüfer 273
1. Bestellung 273
2. Auswahl, Auskunftsrecht 275
3. Prüfungsbericht 275
a) Überblick 275
b) Inhalt 276
4. Haftung 278
V. Auslegungspflicht 279
1. Überblick 279
2. Vor der Hauptversammlung 279
3. In der Hauptversammlung 280
4. Rechtsfolgen 281
VI. Erläuterungspflicht 281
VII. Auskunftsrecht 281
1. Zweck, Verhältnis zu § 131 AktG 281
2. Anspruch der Gesellschaft auf Auskunft gegen den anderen
Vertragsteil? 282
3. Umfang 283
§ 18. Änderung von Unternehmensverträgen 284
I. Überblick 284
II. Vertragsänderung 285
1. Begriff 285
2. Änderungskündigung 286

3. Änderung der Vertragsdauer oder des Vertragstyps 287
4. Parteiwechsel 288
III. Zustimmungsbeschluss 289
IV. Sonderbeschluss 290
1. Voraussetzungen 290
2. Außenstehende Aktionäre 291
3. Verfahren 292
§ 19. Beendigung von Unternehmensverträgen 293
I. Überblick 293
II. Aufhebung des Unternehmensvertrages (§ 296 AktG) 294
1. Aufhebungsvertrag 294
2. Keine unterjährige oder rückwirkende Aufhebung 295
3. Sonderbeschluss 296
4. Rechtsfolgen 297
III. Ordentliche Kündigung 298
1. Voraussetzungen 298
2. Zuständigkeit 299
3. Sonderbeschluss 300
4. Form, Frist, Termin 300
IV. Außerordentliche Kündigung 301
1. Überblick, Steuerrecht 301
2. Konkurrenzen 302
3. Abweichende Vereinbarungen 303
4. Wichtiger Grund 304
5. Nichterfüllung des Vertrages 304
6. Weitere Fälle 305
7. Insbesondere die Veräußerung der Beteiligung 306
8. Erklärung 306
V. Weitere vertragliche Beendigungsgründe 307
1. Bedingung 307
2. Anfechtung 307
3. Rücktritt 307
4. Zeitablauf 308
VI. Eingliederung, Squeeze-out 309
VII. Verschmelzung, Formwechsel 309
1. Verschmelzung der Vertragsparteien 310
2. Verschmelzung der abhängigen Gesellschaft mit Dritten 310
3. Verschmelzung der herrschenden Gesellschaft mit Dritten 311
4. Formwechsel 311
VIII. Auflösung 312
IX. Insolvenz 312
X. Rechtsfolgen 313
§ 20. Sicherung des Gesellschaftsvermögens 314
I. Überblick, Sicherung der Überlebensfähigkeit 314
II. Anwendungsbereich 317
III. Gesetzliche Rücklage 317
1. Zweck 317
2. Gewinnabführungsvertrag (§ 300 Nr. 1 AktG) 318

3. Beherrschungsvertrag (§ 300 Nr. 3 AktG) 320
IV. Höchstbetrag der Gewinnabführung 320
   1. Zweck 320
   2. Anwendungsbereich 321
   3. Obergrenze der Gewinnabführung 322
   4. Berechnung 323
   5. Fälligkeit 324
   6. Rücklagen 325
V. Haftung im Konzern 327
   1. Keine generelle Durchgriffshaftung im Konzern 327
   2. Patronatserklärungen 328
VI. Verlustübernahme 330
   1. Überblick 330
   2. Anwendungsbereich 332
   3. Jahresfehlbetrag 332
   4. Dauer 334
   5. Fälligkeit 334
   6. Erfüllung 336
   7. Verzicht, Vergleich 336
VII. Sicherheitsleistung 337
   1. Überblick 337
   2. Anwendungsbereich 338
   3. Begründung der Forderung vor Bekanntmachung der Eintragung 339
   4. Anmeldung 341
   5. Art der Sicherheitsleistung 341
   6. Ausfallhaftung 342
§ 21. Ausgleich 342
I. Überblick, Zweck 343
II. Anwendungsbereich 346
   1. Nur Aktionäre bei den Verträgen des § 291 AktG 346
   2. Andere Gläubiger 346
III. Parteien 347
   1. Außenstehende Aktionäre 347
   2. Zeitpunkt 348
   3. Schuldner 349
IV. Fester Ausgleich 349
   1. Berechnung 349
   2. Wertsicherung, Null-Ausgleich 351
   3. Neutrales Vermögen 352
   4. Steuereffekte 352
   5. Unterschiedliche Aktiengattungen 353
   6. Stichtag 354
   7. Fälligkeit 354
   8. Verhältnis zur Abfindung 355
V. Variabler Ausgleich 356
   1. Anwendungsbereich 356
   2. Umrechnungsverhältnis 357
   3. Gewinnanteil 357

VI. Mehrstufige Konzerne 358
    1. Unternehmensverträge zwischen allen Beteiligten 358
    2. Vertrag nur zwischen Mutter- und Enkelgesellschaft 359
    3. Vertrag nur zwischen Tochter- und Enkelgesellschaft 359
VII. Anpassung 360
    1. Überblick 360
    2. Kapitalmaßnahmen 361
    3. Grundstürzende Veränderungen 361
VIII. Beendigung 362
IX. Mängel des Vertrags oder des Zustimmungsbeschlusses 362
    1. Vertrag 362
    2. Zustimmungsbeschluss 363
X. Sonderkündigungsrecht 363
§ 22. Abfindung 363
I. Überblick 364
II. Anwendungsbereich 364
III. Der Abfindungsanspruch 365
    1. Erscheinungsformen 365
    2. Mängel 366
    3. Optionsrecht 367
    4. Frist 369
    5. Verzinsung, Anrechnung 369
    6. Schuldner 370
    7. Erlöschen 371
    8. Anpassung 371
IV. Angemessenheit der Abfindung – Was heißt das eigentlich? 372
V. Marktpreise 376
    1. Börsenkurse 376
    2. Paketzuschläge 379
VI. Ertragswertmethode 380
    1. Überblick 380
    2. Stichtagsprinzip 383
    3. Schätzung der zukünftigen Erträge 385
    4. Nachsteuerbewertung 388
    5. Verbundvorteile 389
    6. Abzinsung, Kapitalisierungszinssatz 390
    7. Neutrales Vermögen 395
    8. Liquidationswert 396
    9. Ableitung des Anteilswertes 397
VII. Mängel des Vertrags und des Zustimmungsbeschlusses 398
§ 22a. Spruchverfahren 398
I. Überblick 399
II. Anwendungsbereich 400
III. Beteiligte 400
    1. Antragsteller 400
       a) Antrag 400
       b) Begründung 402

2. Antragsgegner 404
3. Gemeinsamer Vertreter 404
IV. Verfahren 406
1. Vorbereitung der mündlichen Verhandlung 406
2. Mündliche Verhandlung 407
3. Verfahrensförderungspflicht 408
V. Entscheidung 409
1. Gerichtliche Entscheidung 409
2. Vergleich 409
3. Rechtsmittel 410
VI. Sonstige Beendigungsgründe 411
1. Erledigung 411
2. Vertragsüberdauerndes Spruchverfahren 412
3. Insolvenzverfahren 412
VII. Kosten 413
1. Überblick 413
2. Gerichtskosten 413
3. Außergerichtliche Kosten 416
a) Antragsteller 416
b) Antragsgegner 417
4. Gegenstandswert, Kostenentscheidung 417
§ 23. Leitungsmacht und Haftung des herrschenden Unternehmens 418
I. Überblick 418
II. Anwendungsbereich 419
III. Beteiligte 420
1. Weisungsberechtigter 420
2. Adressat 421
IV. Weisung 422
1. Begriff 422
2. Besondere Formen der Einflussnahme 422
3. Bevollmächtigung 423
4. Weisungspflicht? 423
V. Umfang 423
1. Leitung der Gesellschaft 423
2. Nachteilige Weisungen 425
3. Folgepflicht 427
4. Zustimmungsbedürftige Geschäfte (§ 308 Abs. 3 AktG) 427
VI. Schranken des Weisungsrechts 428
1. Satzung 428
2. Gesetz 429
3. Lebens- und Überlebensfähigkeit der Gesellschaft 430
4. Prüfungspflicht 431
VII. Haftung der gesetzlichen Vertreter des herrschenden
Unternehmens 431
1. Überblick 431
2. Versicherung 432
3. Anwendungsbereich 433
4. Verpflichteter 434

     5. Doppelfunktion der Sorgfaltspflichtverletzung 436
     6. Geschuldete Sorgfalt 438
     7. Kausalität, Schaden 438
     8. Beweislast 439
     9. Aktivlegitimation 440
    10. Konkurrenzen 441
  VIII. Haftung der Organe der abhängigen Gesellschaft 441
     1. Überblick 441
     2. Insbesondere Haftung des Vorstands 442

3. Abschnitt. Faktischer Konzern 444
§ 24. Grundlagen 444
    I. Überblick 447
   II. Rechtspolitische Würdigung 448
  III. Geschichte 449
     1. Rechtslage unter dem AktG von 1937 449
     2. Entstehungsgeschichte der §§ 311 ff. AktG 449
  IV. Zweck 450
     1. Schutz- und Privilegierungsfunktion der §§ 311 ff. AktG 450
     2. Die Zulässigkeit des einfachen faktischen Konzerns und ihre
       Grenzen 452
       a) Grundsatz 452
       b) Grenzen 452
     3. Keine Konzernleitungsmacht und -pflicht des herrschenden
       Unternehmens 453
   V. Anwendungsbereich 454
     1. Abhängigkeit einer AG oder KGaA von einem Unternehmen . . . 454
     2. Kein Beherrschungsvertrag 455
     3. Mehrstufige Unternehmensverbindungen 455
     4. Internationaler Anwendungsbereich 456
  VI. Verhältnis der §§ 311 ff. AktG zu allgemeinen Vorschriften 457
     1. Kapitalerhaltung 457
     2. § 117 AktG; Treupflicht 459
     3. Beschlussanfechtung 459
 VII. Geschäfte mit nahestehenden Personen (§§ 111a ff. AktG-E) 460
     1. Grundlagen 460
     2. Anwendungsbereich 462
       a) Persönlicher Anwendungsbereich 462
       b) Sachlicher Anwendungsbereich 463
     3. Zustimmungsvorbehalt 464
       a) Überblick 464
       b) Zustimmungsverfahren 464
       c) Anforderungen an die Beschlussvorlage; Sorgfaltspflichten . . 466
     4. Publizität 466
§ 25. Nachteilige Einflussnahme und Nachteilsausgleich 467
    I. Veranlassung 467
     1. Begriff 467
     2. Einzelne Formen der Veranlassung 468

a) Hauptversammlungsbeschluss 468
b) Personelle Verflechtungen 469
c) Vollmacht 470
3. Beweiserleichterungen 470
4. Veranlassungswirkung 471
5. Kausalität 471
II. Nachteil 471
1. Maßstab 471
a) Sorgfaltspflichtverletzung des Tochtervorstands 471
b) Fehlende Quantifizierbarkeit 473
c) Ex ante-Betrachtung 473
2. Beispiele 474
a) Umsatzgeschäfte 474
b) Maßnahmen der Konzernfinanzierung 474
c) Konzernumlagen 478
d) Sonstige 479
e) Passive Konzerneffekte 481
3. Ermittlung des nachteiligen Charakters 481
a) Rechtsgeschäfte 481
b) Maßnahmen 483
III. Pflichten des Vorstands 484
1. Keine Folgepflicht 485
2. Nachteil 485
3. Nachteilsausgleich 486
4. Organisation 486
5. Vereinbarungen über Verbundbeziehungen 486
IV. Nachteilsausgleich 487
1. Rechtsnatur und Modalitäten der Ausgleichspflicht 487
2. Art des Vorteils 488
§ 26. Abhängigkeitsbericht und Sonderprüfung 489
I. Überblick 490
1. Aufstellung und Prüfung des Abhängigkeitsberichts 490
2. Sonderprüfung 492
3. Sanktionen 492
II. Funktion des Abhängigkeitsberichts 493
III. Adressat der Berichtpflicht, Kosten 494
IV. Inhalt des Abhängigkeitsberichts 495
1. Allgemeines 495
2. Rechtsgeschäfte 496
a) Erfasste Geschäfte 496
b) Abgrenzung 497
c) Einzelangaben 497
3. Maßnahmen 498
a) Reichweite 498
b) Einzelangaben 498
V. Prüfung des Abhängigkeitsberichts 498
1. Durch den Abschlussprüfer (§ 313 AktG) 498
2. Durch den Aufsichtsrat (§ 314 AktG) 500

     VI. Sonderprüfung 500
       1. Voraussetzungen 501
       2. Rechtsfolgen 502

§ 27. Verantwortlichkeit der Beteiligten 503
      I. Einführung 503
     II. Haftung des herrschenden Unternehmens und seiner gesetzlichen
       Vertreter (§ 317 AktG) 504
       1. Voraussetzungen 504
       2. Rechtsfolgen 505
         a) Haftung gegenüber der abhängigen Gesellschaft 505
         b) Haftung gegenüber außenstehenden Aktionären 507
    III. Haftung der Organwalter der abhängigen Gesellschaft 507
       1. Nach § 318 AktG 507
       2. Nach sonstigen Vorschriften 508

§ 28. Qualifizierte Nachteilszufügung 508
      I. Ausgangslage im GmbH-Recht 509
       1. Der „qualifizierte faktische Konzern" 509
       2. „Existenzvernichtungshaftung" 510
     II. Ausgangslage im Aktienrecht 511
       1. Zur Notwendigkeit einer Konzernhaftung 511
       2. Rechtswidrigkeit der qualifizierten Nachteilszufügung 513
    III. Tatbestand 514
       1. Nachteilige Einflussnahme 514
       2. Unmöglichkeit des Einzelausgleichs 515
       3. Beweislast 516
    IV. Rechtsfolgen 517
       1. Verlustausgleich 517
       2. Ansprüche der Gläubiger 517
       3. Ansprüche der Minderheitsaktionäre 518
         a) Abwehr- und Beseitigungsanspruch 518
         b) Abfindung und Ausgleich 519

4. Teil. GmbH-Konzernrecht

§ 29. Einführung 520
      I. Begriff und Verbreitung 521
     II. Grundsätzliche Problematik 521
    III. Das GmbH-Konzernrecht im Überblick 522
       1. Gesetzliche Regelungen 522
       2. Ungeregelte Bereiche 522
         a) Abhängige oder konzernierte GmbH 522
         b) Qualifizierte Schädigung – „Existenzvernichtung" 523
         c) Gruppenbildungskontrolle 523
         d) Unternehmensverträge 523
         e) Eingliederung; Squeeze Out 524

§ 30. Abhängigkeit und einfacher Konzern 524
      I. Einführung 524
     II. Instrumente des Minderheiten- und Gläubigerschutzes 524
       1. Geltung der allgemeinen Vorschriften und Grundsätze 524

2. Minderheitenschutz 525
3. Gläubigerschutz 526
III. Schädigungsverbot 526
1. Grundlage 526
   a) Mitgliedschaftliche Treupflicht 526
   b) Bezugspunkt und Rangordnung 527
2. Inhalt 528
3. Anwendungsbereich 528
4. Beispiele 529
IV. Rechtsfolgen einer Treupflichtverletzung 530
1. Ansprüche der Gesellschaft 530
2. Rechte der Gesellschafter und Gläubiger 530
V. Qualifizierte Schädigung 531
§ 31. „Existenzvernichtungshaftung" 532
I. Einführung 534
1. Das Problem 534
2. Bestandsschutz der Einpersonen-GmbH 535
II. Der Haftungstatbestand 537
1. Rechtsgrundlage der Gesellschafterhaftung 537
2. Haftungsadressaten 539
3. Eingriff und Eingriffsfolgen 541
   a) Eingriff 541
   b) Gläubigerausfall 543
   c) Kausalität, Verschulden 543
   d) Verhältnis zu § 31 GmbHG 544
III. Rechtsfolgen 544
1. Ausfallhaftung 544
2. Geltendmachung 546
3. Konkurrenzen 546
§ 32. Unternehmensverträge 547
I. Überblick 547
II. Beherrschungsvertrag 548
1. Begriff, Bedeutung 548
2. Zuständigkeit, Form 549
3. Erforderliche Mehrheit 550
4. Ermächtigungsklauseln 552
5. Zustimmung der Gesellschafter der Obergesellschaft 553
6. Abfindung und Ausgleich 554
7. Fehlerhafte Verträge 555
8. Weisungsrecht 556
9. Gläubigerschutz 557
10. Haftung des herrschenden Unternehmens 558
11. Änderung des Vertrages 559
12. Aufhebung des Vertrages 560
13. Kündigung 561
III. Gewinnabführungsvertrag 562
IV. Andere Unternehmensverträge 563

5. Teil. Das Konzernrecht der Personengesellschaften
§ 33. Grundlagen 565
    I. Einleitung 565
    II. GmbH und Co. KG 566
    III. Grundbegriffe 567
§ 34. Personengesellschaft als abhängiges Unternehmen 568
    I. Überblick 568
    II. Einfache Abhängigkeitsverhältnisse 569
        1. Schädigungsverbot 569
        2. Sonstige Schutzmaßnahmen 570
        3. Gläubigerschutz 571
    III. „Faktische" Konzerne 572
    IV. Vertragskonzerne 574
    V. Sonstige Unternehmensverträge 576
§ 35. Personengesellschaft als herrschendes Unternehmen 576
    I. Beteiligungsverwaltung 576
        1. Mitspracherechte 576
        2. Ausübung der Beteiligungsrechte 579
    II. Auskunfts- und Einsichtsrecht 579
    III. Grundsätze ordnungsmäßiger Konzernleitung 581

6. Teil. Konzernrecht der Genossenschaften, Vereine, Stiftungen
§ 36. Genossenschaften 583
    I. Überblick 583
    II. Genossenschaft als herrschendes Unternehmen 584
        1. Zulässigkeit 584
        2. Vertragskonzerne 585
    III. Abhängigkeit 585
    IV. Vertragskonzern 587
        1. Beherrschungsvertrag 587
        2. Andere Unternehmensverträge 588
        3. Zustimmung der Gesellschafter 589
§ 37. Vereine 589
    I. Abgrenzung 590
    II. Rechtstatsachen 590
    III. Abhängigkeit 594
        1. Voraussetzungen 594
        2. Schädigungsverbot 594
        3. Vereinsrecht 595
    IV. Der Verein als herrschendes Unternehmen 596
        1. Konzernrecht 596
        2. Vereinsrecht 597
§ 38. Stiftungen 597
    I. Überblick 598
    II. Stiftungsrecht 600

III. Konzernrecht 601
   1. Die Stiftung als herrschendes Unternehmen 601
   2. Die Stiftung als abhängiges Unternehmen 602

Stichwortverzeichnis 605

Abkürzungsverzeichnis

aA, AA . . . . anderer Ansicht/Auffassung
aaO . . . . am angegebenen Ort
ABl. . . . . Amtsblatt der Europäischen Gemeinschaften bzw. der Europäischen Union
Abs. . . . . Absatz
AcP . . . . Archiv für die civilistische Praxis
aF . . . . alte Fassung
AG . . . . Aktiengesellschaft; Die Aktiengesellschaft (Zeitschrift)
AktG . . . . Aktiengesetz
Anh. . . . . Anhang
Anm. . . . . Anmerkung
AP . . . . Arbeitsrechtliche Praxis – Nachschlagewerk des Bundesarbeitsgerichts
Aufl. . . . . Auflage
AWD . . . . Außenwirtschaftsdienst des Betriebs-Beraters

BaFin . . . . Bundesanstalt für Finanzdienstleistungsaufsicht
BAG . . . . Bundesarbeitsgericht
BAGE . . . . Entscheidungen des Bundesarbeitsgerichts
BayObLGZ . . . . . Entscheidungen des Bayer. Obersten Landesgerichts in Zivilsachen
BB . . . . Der Betriebs-Berater
Betr. . . . . Der Betrieb (auch DB)
BetrVG . . . . Betriebsverfassungsgesetz
BFH . . . . Bundesfinanzhof
BFHE . . . . Sammlung der Entscheidungen (und Gutachten) des Bundesfinanzhofs
BFuP . . . . Betriebswirtschaftliche Forschung und Praxis
BGB . . . . Bürgerliches Gesetzbuch
BGBl. . . . . Bundesgesetzblatt
BGE . . . . Entscheidungen des Schweizerischen Bundesgerichts
BGH . . . . Bundesgerichtshof
BGHSt . . . . Entscheidungen des Bundesgerichtshofes in Strafsachen
BGHZ . . . . Entscheidungen des Bundesgerichtshofes in Zivilsachen
BHO . . . . Bundeshaushaltsordnung
BilMoG . . . . Gesetz zur Modernisierung des Bilanzrechts
BiRiLiG . . . . Gesetz zur Durchführung der Vierten, Siebenten und Achten Richtlinie des Rates der Europäischen Gemeinschaften zur Koordinierung des Gesellschaftsrechts
BKR . . . . Zeitschrift für Bank- und Kapitalmarktrecht
BMF . . . . Bundesministerium der Finanzen
BMJ . . . . Bundesministerium der Justiz
BMWi . . . . Bundesminister der Wirtschaft
BR-Drs. . . . . Bundesrats-Drucksache
BStBl. . . . . Bundessteuerblatt
BT-Drs. . . . . Bundestags-Drucksache
BVerfG . . . . Bundesverfassungsgericht
BVerfGE . . . . . . Entscheidungen des Bundesverfassungsgerichts

CFL . . . . Corporate Finance Law (Zeitschrift)
CMLR . . . . Common Market Law Review

das. . . . . daselbst
DAV . . . . Deutscher Anwaltsverein
DB . . . . Der Betrieb (auch Betr.)
DBW . . . . Die Betriebswirtschaft
ders. . . . . derselbe
dh . . . . das heißt

Diss.	Dissertation
DJT	Deutscher Juristentag
DMBiLG	Gesetz über die Eröffnungsbilanz in Deutscher Mark und die Kapitalneufestsetzung
DStR	Deutsches Steuerrecht (Zeitschrift)
Dt.RAnz.	Deutscher Reichsanzeiger
DVO	Durchführungsverordnung
DZWiR	Deutsche Zeitschrift für Wirtschaftsrecht
EBOR	European Business Organization Law Review
ECFR	European Company and Financial Law Review
EG	Einführungsgesetz
ESt	Einkommensteuer
EStG	Einkommensteuergesetz
EuGH	Europäischer Gerichtshof
EuR	Europarecht
EuZW	Europäische Zeitschrift für Wirtschaftsrecht
EvBl	Evidenzblatt (Österreich)
EWG	Europäische Wirtschaftsgemeinschaft
EWeRK	Zeitschrift des Instituts für Energie- und Wettbewerbsrecht in der kommunalen Wirtschaft (Berlin)
EWiR	Entscheidungen zum Wirtschaftsrecht
f., ff.	folgende Seite bzw. Seiten
FG	Festgabe
Fn.	Fußnote
FS	Festschrift
GesRZ	Der Gesellschafter (Österreich)
GewStG	Gewerbesteuergesetz
GewStR	Gewerbesteuer-Richtlinien
GmbH	Gesellschaft mit beschränkter Haftung
GmbHG	Gesetz betreffend die Gesellschaften mit beschränkter Haftung
GmbHR	GmbH-Rundschau
GWB	Gesetz gegen Wettbewerbsbeschränkungen
GWR	Gesellschafts- und Wirtschaftsrecht (Zeitschrift)
HauptGA	Hauptgutachten der Monopolkommission
HdB	Handbuch
HGB	Handelsgesetzbuch
HGrG	Gesetz über die Grundsätze des Haushaltsrechts des Bundes und der Länder
hM	herrschende Meinung
HoldheimsMS	Holdheims Monatsschrift
Hrsg.	Herausgeber
Hs.	Halbsatz
HypBG	Hypothekenbankgesetz
idF	in der Fassung
IdW	Institut der Wirtschaftsprüfer
iE	im Einzelnen
INF	Die Information über Steuer und Wirtschaft
iSd	im Sinne des
IStR	Internationales Steuerrecht
JbFStR	Jahrbuch der Fachanwälte für Steuerrecht
JBl.	Juristische Blätter (Österreich)
Jura	Juristische Ausbildung
JuS	Juristische Schulung

XXVIII

JW . . . . Juristische Wochenschrift
JZ . . . . Juristenzeitung

KG . . . . Kommanditgesellschaft, Kammergericht
KonTraG . . . . . . Gesetz zur Kontrolle und Transparenz im Unternehmensbereich
Konzern . . . . Der Konzern (Zeitschrift)
KSt . . . . Körperschaftsteuer
KStG . . . . Körperschaftsteuergesetz
KWG . . . . Gesetz über das Kreditwesen

LG . . . . Landgericht
LM . . . . Lindenmaier-Möhring – Nachschlagewerk des Bundesgerichtshofs

MAR . . . . Verordnung (EU) Nr. 596/2014 des Europäischen Parlaments und des Rates vom
                     16. April 2014 über Marktmissbrauch (Marktmissbrauchsverordnung) und zur Auf-
                     hebung der Richtlinie 2003/6/EG des Europäischen Parlaments und des Rates und
                     der Richtlinien 2003/124/EG, 2003/125/EG und 2004/72/EG der Kommission
MitbestG . . . . . . Gesetz über die Mitbestimmung der Arbeitnehmer
MK . . . . Monopolkommission
mN . . . . mit Nachweisen
MoMiG . . . . Gesetz zur Modernisierung des GmbH-Rechts und zur Bekämpfung von Missbräuchen
mwN . . . . mit weiteren Nachweisen

NB . . . . Neue Betriebswirtschaft
nF . . . . neue Fassung
NJW . . . . Neue Juristische Wochenschrift
NJW-RR . . . . . . NJW-Rechtsprechungs-Report Zivilrecht
npor . . . . Zeitschrift für das Recht der Non-Profit-Organisationen
NZA . . . . Neue Zeitschrift für Arbeitsrecht
NZG . . . . Neue Zeitschrift für Gesellschaftsrecht
NZI . . . . Neue Zeitschrift für Insolvenzrecht

Ö . . . . Österreichisch
OGH . . . . Oberster Gerichtshof (Österreich)
OHG . . . . offene Handelsgesellschaft
ÖJT . . . . Österreichischer Juristentag
ÖJZ . . . . Österreichische Juristenzeitung
OLG . . . . Oberlandesgericht
öRdW . . . . Recht der Wirtschaft (Österreich)
ÖZW . . . . Österreichische Zeitschrift für Wirtschaftsrecht

RabelsZ . . . . Rabels Zeitschrift für ausländisches und internationales Privatrecht
RdA . . . . Recht der Arbeit
RdW . . . . Recht der Wirtschaft (Österreich)
RefE . . . . Referentenentwurf
RegE . . . . Regierungsentwurf
RFH . . . . Reichsfinanzhof
RFHE . . . . Sammlung der Entscheidungen und Gutachten des Reichsfinanzhofs
RG . . . . Reichsgericht
RGZ . . . . Entscheidungen des Reichsgerichts in Zivilsachen
RGBl. . . . . Reichsgesetzblatt
RIW . . . . Recht der Internationalen Wirtschaft (= AWD)
Rn. . . . . Randnummer
Rpfleger . . . . . . Der deutsche Rechtspfleger
RStBl. . . . . Reichssteuerblatt

S. . . . . Seite, Satz
s. . . . . siehe

Schr. d. Ver. f. SocPol Schriften des Vereins für Socialpolitik
SE . . . . Societas Europaea
SEAG . . . . Gesetz zur Ausführung der Verordnung (EG) Nr. 2157/2001 des Rates vom 8. Oktober 2001 über das Statut der Europäischen Gesellschaft (SE)
SEBG . . . . Gesetz über die Beteiligung der Arbeitnehmer in einer Europäischen Gesellschaft
Slg. . . . . Sammlung der Rechtsprechung des EuGH
s. o. . . . . siehe oben
Stbg. . . . . Die Steuerberatung
StbJb. . . . . Steuerberater-Jahrbuch
StBp. . . . . Die steuerliche Betriebsprüfung
Sten.Ber. . . . . Verhandlungen des Deutschen Bundestages, Stenographische Berichte
StKDJT . . . . Studienkommission des Deutschen Juristentages, Untersuchungen zur Reform des Konzernrechts, 1967
str. . . . . streitig, strittig
s. u. . . . . siehe unten
SZ . . . . Entscheidungen des öst. OGH in Zivilsachen

Tz. . . . . Textziffer

Ubg . . . . Die Umsatzbesteuerung (Zeitschrift)
UMAG . . . . Gesetz zur Unternehmensintegrität und Modernisierung des Anfechtungsrechts
UmwG . . . . Umwandlungsgesetz
UmwStG . . . . . . Umwandlungsteuergesetz
Unternehmens-
rechtskommission BMJ (Hrsg.), Bericht über die Verhandlungen der Unternehmensrechtskommission, Köln 1980
UStG . . . . Umsatzsteuergesetz

VAG . . . . Versicherungsaufsichtsgesetz
Verhdlgen . . . . . . Verhandlungen
vgl. . . . . vergleiche
VGR . . . . Schriftenreihe der Gesellschaftsrechtlichen Vereinigung
VjStFr. . . . . Vierteljahresschrift für Steuer- und Finanzrecht

WiB . . . . Wirtschaftliche Beratung
WiBl . . . . Wirtschaftsrechtliche Blätter (Österreich)
WM . . . . Wertpapiermitteilungen
WPg, Wpg . . . . Die Wirtschaftsprüfung
WP-Handbuch . . . Wirtschaftsprüfer-Handbuch
WpHG . . . . Gesetz über den Wertpapierhandel
WpÜG . . . . Wertpapiererwerbs- und Übernahmegesetz
WuB . . . . Entscheidungssammlung der WM zum Wirtschafts- und Bankrecht
WuW . . . . Wirtschaft und Wettbewerb

zB . . . . zum Beispiel
ZBB . . . . Zeitschrift für Bankrecht und Bankwirtschaft
ZEuP . . . . Zeitschrift für Europäisches Privatrecht
ZfA . . . . Zeitschrift für Arbeitsrecht
ZfB . . . . Zeitschrift für Betriebswirtschaft
ZfbF . . . . Zeitschrift für betriebswirtschaftliche Forschung
ZfR . . . . Zeitschrift für das gesamte Rechnungswesen
ZGenW . . . . Zeitschrift für das gesamte Genossenschaftswesen
ZGR . . . . Zeitschrift für Unternehmens- und Gesellschaftsrecht
ZHR . . . . Zeitschrift für das gesamte Handelsrecht und Wirtschaftsrecht
ZIP . . . . Zeitschrift für Wirtschaftsrecht
ZJapanR . . . . . . Zeitschrift für Japanisches Recht
ZRP . . . . Zeitschrift für Rechtspolitik
ZSR . . . . Zeitschrift für Schweizerisches Recht

Verzeichnis der (abgekürzt zitierten) Literatur

AGS/*Bearbeiter* . . .   *Angerer/Geibel/Süßmann*, Wertpapiererwerbs- und Übernahmegesetz, 3. Aufl. 2017

APS/*Bearbeiter* . . .   Assmann/Pötzsch/Schneider, WpÜG, 2. Aufl. 2013

ASM/*Bearbeiter* . . .   *Assmann/Schneider/Mülbert*, Wertpapierhandelsrecht, 7. Aufl. 2019

Baumbach/Hueck/
Bearbeiter . . . . . .   *Baumbach/Hueck*, GmbHG, 21. Aufl. 2017

Bayer/Habersack
Bd. I/II/*Bearbeiter* .   *Bayer/Habersack*, Aktienrecht im Wandel, Band I: Entwicklung des Aktienrechts, Band II: Grundsatzfragen des Aktienrechts, 2008

Bericht . . . .   Bundesminister der Justiz, Bericht über die Verhandlungen der Unternehmensrechtskommission, 1980

Blümich/*Bearbeiter*   *Blümich*, EStG, KStG, GewStG, Loseblatt

Bork/Schäfer/*Bearbeiter* . . . .   *Bork/Schäfer*, GmbHG, 4. Aufl. 2019

Bürgers/Körber/
Bearbeiter . . . . . .   *Bürgers/Körber*, Aktiengesetz, 4. Aufl. 2017

EBJS/*Bearbeiter* . .   Ebenroth/Boujong/Joost/Strohn, Handelsgesetzbuch, 3. Aufl. 2014 f.

Emmerich/Habersack Aktien-/
GmbH-KonzernR/
Bearbeiter . . . . . .   *Emmerich/Habersack*, Aktien- und GmbH-Konzernrecht, 9. Aufl. 2019

EEO/*Bearbeiter* . . .   *Ehricke/Ekkenga/Oechsler*, Wertpapiererwerbs- und Übernahmegesetz, 2003

Emmerich/Lange
KartellR . . . .   *Emmerich/Lange*, Kartellrecht, 14. Aufl. 2018

Fleischer/Hüttemann/*Bearbeiter* . .   *Fleischer/Hüttemann*, Rechtshandbuch Unternehmensbewertung, 2015

Flume . . . .   Flume, Allgemeiner Teil des Bürgerlichen Rechts, Band I 2: Die juristische Person, 1983

GHEK . . . .   *Geßler/Hefermehl/Eckardt/Kropff*, Aktiengesetz, 1973 ff.

Grigoleit/*Bearbeiter*   *Grigoleit*, Aktiengesetz, 2013

GroßkommAktG/
Bearbeiter . . . . . .   Großkommentar zum Aktiengesetz, 4. Aufl. 1992 ff., hrsg. v. *Hopt/Wiedemann;* 5. Aufl. 2015 ff., hrsg. v. *Hirtel/Mülbert/Roth;* Angaben ohne Auflagenzahl beziehen sich auf die 4. Aufl.

Haarmann/Schüppen/*Bearbeiter* . . . .   *Haarmann/Schüppen*, Frankfurter Kommentar zum Wertpapiererwerbs- und Übernahmegesetz, 3. Aufl. 2008

Habersack/
Henssler/*Bearbeiter*   *Habersack/Henssler*, Mitbestimmungsrecht, 4. Aufl. 2018

Habersack/Schäfer/
Bearbeiter . . . . . .   *Habersack/Schäfer*, Das Recht der OHG, 2. Aufl. 2018

Habersack/Verse
EurGesR . . . .   *Habersack/Verse*, Europäisches Gesellschaftsrecht, 5. Aufl. 2019

Habersack/Wicke/
Bearbeiter . . . . . .   *Habersack/Wicke*, Umwandlungsgesetz, 2019

Hachenburg/*Bearbeiter* . . . .   *Hachenburg*, GmbHG, 8. Aufl. 1992 ff.

Henssler/Strohn/
Bearbeiter . . . . . .   *Henssler/Strohn*, Gesellschaftsrecht, 4. Aufl. 2019

Henze . . . .   *Henze*, Konzernrecht – Höchst- und obergerichtliche Rechtsprechung, 2001

Heymann/*Bearbeiter* . . . .   *Heymann*, Handelsgesetzbuch (ohne Seerecht), 2. Aufl., Band 1, 1995, Band 2, 1996, Band 3, 1999, Band 4, 2005

HLT Corporate
Governance/*Bear-
beiter* . . . . *Hommelhoff/Lutter/Teichmann,* Corporate Governance im grenzüberschreitenden
Konzern, 2017
HMS Kapital-
marktinf-HdB/
Bearbeiter . . . . . . *Habersack/Mülbert/Schlitt,* Handbuch der Kapitalmarktinformation, 2. Aufl. 2013
Hölters/*Bearbeiter* . Hölters, Aktiengesetz, 3. Aufl. 2017
HSU . . . . *Hommelhoff/Stimpel/Ulmer,* Der qualifizierte faktische GmbH-Konzern, 1992
Hüffer/Koch/*Bear-
beiter* . . . . *Hüffer/Koch,* Aktiengesetz, 13. Aufl. 2018
Immenga, Encyclo-
pedia . . . . International Encyclopedia of Comparative Law, Band XIII, Kapitel 17: Company
Systems and Affiliation, 1985
JKS GesR-HdB/
Bearbeiter . . . . . . *Jung/Krebs/Stiegler,* Gesellschaftsrecht in Europa, 2019
KADEHHHKR/
Bearbeiter . . . . . . *Kraakman/Armour/Davies/Enriques/Hansmann/Hertig/Hopt/Kanda/Rock,* The Ana-
tomy of Corporate Law, 2017
Klöhn/*Bearbeiter* . . *Klöhn,* Marktmissbrauchsverordnung, 2018
KölnKommAktG/
Bearbeiter . . . . . . *Zöllner/Noack,* Kölner Kommentar zum Aktiengesetz, 3. Aufl. 2004 ff.
KölnKomm-
SpruchG/*Bearbeiter* *Riegger/Wasmann,* Kölner Kommentar zum Spruchverfahrensgesetz, 2005
KölnKommW-
pÜG/*Bearbeiter* . . . Hirte/von Bülow, Kölner Kommentar zum WpÜG, 2. Aufl. 2010
Krieger/Schneider . . *Krieger/Schneider,* Handbuch Managerhaftung, 3. Aufl. 2017
Kropff . . . . *Kropff,* Aktiengesetz, 1965
Kübler/Assmann . . . *Kübler/Assmann,* Gesellschaftsrecht, 6. Aufl. 2006
Kuhlmann/Ahnis
KonzernR . . . . . . *Kuhlmann/Ahnis,* Konzern- und Umwandlungsrecht, 4. Aufl. 2016
Langenbucher
AktKapMarktR . . . Langenbucher, Aktien- und Kapitalmarktrecht, 4. Aufl. 2018
Lutter/*Bearbeiter* . . *Lutter,* Umwandlungsgesetz, 5. Aufl. 2014
Lutter/Bayer . . . . . *Lutter/Bayer,* Holding-Handbuch, 5. Aufl. 2015
Lutter/Hommel-
hoff/*Bearbeiter* . . . *Lutter/Hommelhoff,* GmbHG, 19. Aufl. 2016
Mestmäcker . . . . . *Mestmäcker,* Verwaltung, Konzerngewalt und Rechte der Aktionäre, 1958
Mestmäcker/Beh-
rens/*Bearbeiter* . . . *Mestmäcker/Behrens,* Das Gesellschaftsrecht der Konzerne im internationalen Ver-
gleich, 1991
MHdB GesR III/
Bearbeiter . . . . . . *Priester/Mayer/Wicke,* Münchener Handbuch des Gesellschaftsrechts, Gesellschaft
mit beschränkter Haftung, Band 3, 5. Aufl. 2018
MHdB GesR IV/
Bearbeiter . . . . . . *Hoffmann-Becking,* Münchener Handbuch des Gesellschaftsrechts Band 4: Aktien-
gesellschaft, 4. Aufl. 2015
MHLS/*Bearbeiter* . *Michalski/Heidinger/Leible/Schmidt,* GmbHG, 3. Aufl. 2017
MKW/*Bearbeiter* . . *Mülbert/Kiem/Wittig,* 10 Jahre WpÜG, 2011
MüKoAktG/*Bear-
beiter* . . . . *Goette/Habersack,* Münchener Kommentar zum Aktiengesetz, Band 1, 2, 5. Aufl.
2019; Band 3, 4. Aufl. 2018; Band 4, 4. Aufl. 2016; Band 5, 4. Aufl. 2015; Band 5,
6, 4. Aufl. 2017
MüKoBGB/*Bear-
beiter* . . . . *Säcker/Rixecker/Oetker/Limperg,* Münchener Kommentar zum BGB, 7. Aufl.
2015 ff.; Bände 1–4: 8. Aufl. 2018 f.

MüKoGmbHG/
Bearbeiter . . . . . . *Fleischer/Goette,* Münchener Kommentar zum GmbHG, 3. Aufl. 2018f.
MüKoHGB/*Bear-*
beiter . . . . *Schmidt,* Münchener Kommentar zum HGB, Band 1, 2, 4. Aufl. 2016; Band 3,
3. Aufl. 2012; Band 4, 3. Aufl. 2013; Band 5, 4. Aufl. 2018; Band 6, 7, 3. Aufl. 2014
MüKoInsO/*Bear-*
beiter . . . . Stürner/Eidenmüller/Schoppmeyer, Münchener Kommentar zur Insolvenzord-
nung, Bd. 1, 4. Aufl. 2019; Bd. 2, 3. Aufl. 2013; Bd. 3, 3. Aufl. 2014; Bd. 4, 3. Aufl.
2016
MVR Marktmiss-
brauchsR-HdB/
Bearbeiter . . . . . . *Meyer/Veil/Rönnau,* Handbuch zum Marktmissbrauchsrecht, 2018
NK-AktKap-
MarktR/*Bearbeiter* . *Heidel,* Aktienrecht und Kapitalmarktrecht, 4. Aufl. 2014
Oetker/*Bearbeiter* . *Oetker,* Handelsgesetzbuch, 6. Aufl. 2019
Raiser/Veil
KapGesR . . . . *Raiser/Veil,* Recht der Kapitalgesellschaften, 6. Aufl. 2015
Rasch . . . . *Rasch,* Deutsches Konzernrecht, 5. Aufl. 1974
Roth/Altmeppen/
Bearbeiter . . . . . . *Roth/Altmeppen,* GmbHG, 9. Aufl. 2019
Rowedder/
Schmidt-Leithoff/
Bearbeiter . . . . . . *Rowedder/Schmidt-Leithoff,* GmbHG, 6. Aufl. 2017
RWH/Bearbeiter . . Röhricht/von Westphalen/Haas, HGB, 4. Aufl. 2013
K. Schmidt . . . . . . *K. Schmidt,* Gesellschaftsrecht, 4. Aufl. 2002
Schmidt/Lutter/
Bearbeiter . . . . . *Schmidt/Lutter,* Aktiengesetz, 3. Aufl. 2015
Scholz/*Bearbeiter* . . *Scholz,* GmbHG, Band 1: 12. Aufl. 2018; Band 2: 11. Aufl. 2014; Band 3: 11. Aufl.
2015
Schwark/Zimmer/
Bearbeiter . . . . . . *Schwark/Zimmer,* Kapitalmarktrechts-Kommentar, 4. Aufl. 2010
Simon SpruchG/
Bearbeiter . . . . . . *Simon,* Spruchverfahrensgesetz, 2007
Spindler/Stilz/*Bear-*
beiter . . . . *Spindler/Stilz,* Aktiengesetz, 4. Aufl. 2019
Staub/*Bearbeiter* . . *Staub,* Großkommentar zum HGB, 5. Aufl. 2008ff.
Theisen . . . . *Theisen,* Der Konzern, 2. Aufl. 2000
Timm . . . . *Timm,* Die Aktiengesellschaft als Konzernspitze, 1980
UHL/*Bearbeiter* . . *Ulmer*/Habersack/Löbbe, GmbHG, 2. Aufl. 2013ff.
UHW/*Bearbeiter* . . *Ulmer/Habersack/Winter,* GmbHG, 1. Aufl. 2010ff.
Wachter/*Bearbeiter* *Wachter,* Aktiengesetz, 3. Aufl. 2018
Wiedemann
GesR I/II . . . . *Wiedemann,* Gesellschaftsrecht, Band I, Grundlagen, 1980; Band II, Recht der Per-
sonengesellschaften, 2004
Wiedemann Unter-
nehmensgruppe . . *Wiedemann,* Die Unternehmensgruppe im Privatrecht, 1988
Wilsing/*Bearbeiter* . *Wilsing,* Deutscher Corporate Governance Kodex, 2012
Würdinger . . . . . . *Würdinger,* Aktienrecht und das Recht der verbundenen Unternehmen, 4. Aufl.
1981

§ 1. Einleitung

I. Begriff und Regelungszweck des Konzernrechts

1. Konzernrecht als Teildisziplin des Gesellschaftsrechts

Die Vorschriften über die Personengesellschaften und über die GmbH gehen vom **1** Leitbild der unabhängigen Gesellschaft aus und regeln die durch den „Konzernkonflikt" (→ Rn. 23 ff.) aufgeworfene Problematik nicht eigens. Die **Wirklichkeit** sieht freilich anders aus; insbesondere Kapitalgesellschaften verfügen häufig über einen sie beherrschenden Gesellschafter. Nicht zuletzt dieser Umstand war für den Gesetzgeber des AktG von 1965 Anlass, in den allgemeinen Definitionsnormen der §§ 15 ff. AktG und im Dritten Buch (§§ 291 ff. AktG) das Recht der „verbundenen Unternehmen" ausführlich zu regeln.

Gegenstand der genannten Vorschriften des AktG sind Unternehmen, die zwar recht- **2** lich selbstständig, auf der Grundlage bestimmter gesellschaftsrechtlicher Instrumentarien aber miteinander verbunden sind. Paradigma ist der Erwerb einer Mehrheitsbeteiligung an einer Gesellschaft durch ein anderes Unternehmen; er begründet nach § 17 Abs. 2 AktG die Vermutung, dass die Gesellschaft von dem mehrheitlich beteiligten Unternehmen abhängig ist. Das Recht der verbundenen Unternehmen fragt nach der **Zulässigkeit** und den gesellschaftsrechtlichen **Voraussetzungen** solcher Unternehmensverbindungen, vor allem aber nach den **Schranken,** die der Verfolgung der spezifischen Interessen des Mehrheitsgesellschafters gesetzt sind, schließlich nach den **Auswirkungen** der Unternehmensverbindung auf die Verfassung der an ihr beteiligten Gesellschaften. Es wird verbreitet und auch im Rahmen dieses Lehrbuchs als Konzernrecht bezeichnet, mag dies auch im Hinblick auf § 18 Abs. 1 S. 1 AktG, dem zufolge der Konzern nur eine von mehreren Formen der Unternehmensverbindung darstellt, unscharf sein.[1]

Konzernrecht ist demnach ein Sammelbegriff für die durch bestimmte Formen der **3** Unternehmensverbindung aufgeworfenen gesellschaftsrechtlichen Fragen, mithin eine **Teildisziplin des Gesellschaftsrechts.** Es bezieht sich nicht nur auf die AG, sondern auch auf die sonstigen Gesellschaftsformen (einschließlich der Vereine und Genossenschaften) sowie auf Stiftungen.[2]

2. Der Konzern zwischen „Einheit" und „Vielheit"

Während § 15 AktG betont, dass verbundene Unternehmen rechtlich selbständig **3a** sind, charakterisiert § 18 AktG den Konzern – mithin einen der in §§ 15 ff. AktG geregelten Verbundtatbestände – dadurch, dass mehrere (rechtlich selbständige) Unternehmen unter einheitlicher Leitung zusammengefasst sind. Damit deuten die Vorschriften den Spagat an, den das Recht im Zusammenhang mit dem „Konzernkonflikt" (→ Rn. 23 ff.) zu bewältigen hat: Obgleich der Konzern je nach Ausgestaltung seiner Organisations- und Leitungsstrukturen – nicht nur bei konzernweiten „Matrixstrukturen"[3] – als **wirtschaftliche Einheit** erscheinen kann, knüpft das **Gesellschafts-**

---

[1] Instruktiv zur Frage eines allgemeinen, über das Gesellschaftsrecht hinausgreifenden „Konzernrechts" *Windbichler* NZG 2018, 1241 ff.

[2] → §§ 29 ff.

[3] Dazu *Harbarth* FS Bergmann, 2018, 243 ff.; *Schockenhoff* ZHR 180 (2016), 197 ff.; *Seibt/Wollenschläger* AG 2013, 229.

recht konsequent an die **einzelnen Konzernglieder** an, ohne freilich die Gefahren, die von der zwischen den Konzerngliedern bestehenden Verbindung im Allgemeinen und der gesellschaftsrechtlich vermittelten Herrschaftsmacht ausgehen, zu negieren. Insbesondere dem Aktienkonzernrecht kommt dabei nicht nur die Funktion zu, für den Schutz der Außenseiter – insbesondere der Minderheitsaktionäre und der Gläubiger der abhängigen Gesellschaft (→ Rn. 25 ff.), aber auch der Gesellschafter des herrschenden Unternehmens (→ Rn. 28) – zu sorgen. Indem § 311 AktG die nachteilige Einflussnahme durch das herrschende Unternehmen gestattet, wenn sie gegen Nachteilsausgleich erfolgt, und § 308 AktG dem herrschenden Unternehmen sogar das Recht verleiht, dem Vorstand der vertraglich konzernierten AG nachteilige Weisungen zu erteilen, verwirklichen sie gleichsam die im neueren Schrifttum zunehmend betonte **„Ermöglichungsfunktion"** des Konzernrechts.[4]

3b   Dem gestuften Einflusspotential entspricht eine **gestufte Verantwortlichkeit** des herrschenden Unternehmens: Diese reicht im Aktienrecht von der auf die konkrete nachteilige Maßnahme bezogene Ausgleichspflicht gem. § 311 AktG über die im Vertragskonzern bestehende Pflicht des herrschenden Unternehmens zum Ausgleich der Tochterverluste gem. § 302 AktG bis hin zur Außenhaftung der Hauptgesellschaft für die Verbindlichkeiten der eingegliederten Gesellschaft gem. § 323 AktG. Ganz ähnlich unterscheiden das GmbH- und das Personengesellschaftsrecht zwischen der Haftung für die schädigende Einzelmaßnahme und der Pauschalhaftung analog § 302 AktG. Die rechtliche Selbständigkeit der verbundenen Unternehmen – und damit die **Trennung zwischen Gesellschaft und Gesellschafter** – wird freilich in keinem Fall negiert; dies gilt selbst dort, wo das Recht ausnahmsweise auf den Gesellschafter „durchgreift" und diesen ungeachtet der § 1 Abs. 1 S. 2 AktG, § 13 Abs. 2 GmbHG der **„Durchgriffshaftung"** unterstellt (→ § 20 Rn. 25; → § 31 Rn. 24). Zur rechtlichen Einheit erstarkt die wirtschaftliche Einheit erst durch Verschmelzung gem. §§ 2 ff. UmwG.

3c   Anerkennung der rechtlichen Selbständigkeit verbundener Unternehmen unter Aufrechterhaltung des das Recht der Kapitalgesellschaften kennzeichnenden Grundsatzes, dass die Gesellschafter nicht für die Gesellschaftsschulden haften, sowie gestufte Verantwortlichkeit des herrschenden Unternehmens (→ Rn. 3 b) sind freilich nur die spezifisch gesellschaftsrechtlichen Antworten auf das Konzernphänomen. Der einmal entstandene Konzern ist Gegenstand einer Reihe **weiterer Rechtsdisziplinen,**[5] die dem Konzern mit jeweils eigenen Ansätzen begegnen und bisweilen an den Konzern als Bezugspunkt rechtlicher Folgen anknüpfen (→ Rn. 4 ff., → Rn. 29 ff.), dabei indes ein **Spannungsverhältnis** zum Konzernrecht in Kauf nehmen müssen.

3. Der Konzern außerhalb des Konzernrechts

4   Von erheblichem Einfluss auf das Konzernrecht ist seit jeher das **Steuerrecht.** Es hat nicht nur die Unternehmenskonzentration im Allgemeinen (→ Rn. 5 ff., 19 ff.) gefördert, sondern auch die Form der Unternehmenszusammenschlüsse in bestimmte Richtungen gelenkt; darauf ist in → Rn. 29 ff. zurückzukommen. Neben dem Steuerrecht ist vor allem das **Bilanzrecht** zu nennen. So finden sich in §§ 290 ff. HGB,

---

[4]   Näher dazu *Teichmann* AG 2013, 184; zur rechtspolitischen Debatte über die Anerkennung eines Gruppeninteresses → Rn. 45 a.
[5]   Für einen Überblick s. *Windbichler* NZG 2018, 1241.

§§ 11 ff. PublG besondere Vorschriften über eine spezifische Konzernrechnungslegung in Form eines Konzernabschlusses und eines Konzernlageberichts.[6] Für kapitalmarktorientierte Unternehmen werden diese Vorschriften durch die IAS-VO[7] sowie die nach Maßgabe der Art. 3 Abs. 2, 6 IAS-VO übernommenen International Financial Reporting Standards verdrängt. Im **Kartellrecht** begegnet der Konzern namentlich iRd Fusionskontrollvorschriften der § 36 Abs. 2 GWB, § 37 Abs. 1 Nr. 2, 3 GWB, § 39 Abs. 3 S. 4 GWB und des Art. 3 Abs. 1 lit. b FKVO. Ausgehend vom kartellrechtlichen Unternehmensbegriff[8] droht der Konzernspitze zudem nicht nur die Bußgeldhaftung für ein von der Konzerntochter begangenes Kartelldelikt (→ Rn. 4d), sondern darüber hinaus eine entsprechende Schadensersatzhaftung gem. § 33a GWB.[9]

Aus dem Bereich des **Kapitalmarktrechts** sind neben § 29 WpÜG, § 30 Abs. 1 Nr. 1, 2 WpÜG (→ § 9a Rn. 34ff.) vor allem die Zurechnungstatbestände des § 34 Abs. 1 Nr. 1, 2 WpHG sowie die Vorschrift des § 37 WpHG zu erwähnen.[10] Schwierigkeiten bereitet zudem die Pflicht zur Ad hoc-Publizität gem. Art. 17 MAR,[11] nicht zuletzt in Fällen, in denen sowohl die Mutter- als auch die Tochtergesellschaft börsennotiert sind und Ad hoc-pflichtige Vorgänge auf Tochterebene sich auf den Wert des Beteiligungsbesitzes der Mutter auswirken.[12] Das herrschende Unternehmen kann überdies als Prospektveranlasser iSd. § 21 Abs. 1 S. 1 Nr. 2 WpPG, § 20 Abs. 1 VermAnlG zu qualifizieren sein und in der Folge auch hinsichtlich eines von der abhängigen Gesellschaft erstellten Prospekts der Prospekthaftung unterliegen.[13] Die für Kreditinstitute, Finanzdienstleistungsinstitute und Versicherungsunternehmen geltenden Vorgaben des **Aufsichtsrechts,** darunter insbes. § 25a KWG, §§ 275ff. VAG, § 80 WpHG, stellen die Praxis nicht zuletzt deshalb vor große Herausforderungen, weil es außerhalb des Vertragskonzerns an konzernrechtlichen Instrumenten fehlt, um die Erfüllung der aufsichtsrechtlichen Vorgaben zu gewährleisten.[14]

4a

---

[6] Näher dazu Emmerich/Sonnenschein, Konzernrecht, 6. Aufl. 1997, §§ 30ff.; zu den Vorgaben des europäischen Sekundärrechts → Rn. 46.

[7] Verordnung (EG) Nr. 1606/2002 des Europäischen Parlaments und des Rates vom 19. Juli 2002 betreffend die Anwendung internationaler Rechnungslegungsstandards (ABl. Nr. L 243 S. 1); s. ferner § 315a HGB, eingefügt durch Gesetz zur Einführung internationaler Rechnungslegungsstandards und zur Sicherung der Qualität der Abschlussprüfung vom 4. 12. 2004 (BGBl. 2004 I 3166); näher zur Entwicklung sowie den konzeptionellen Fragen Europäisches Gesellschaftsrecht § 9.

[8] Dazu *Emmerich/Lange* KartellR § 3 Rn. 27 ff., § 20 Rn. 2 ff.

[9] EuGH NJW 2019, 1197 Rn. 28 ff. – *Skanska;* dazu *Richter* BB 2019, 1154; näher zur Haftung gem. § 33a GWB *Emmerich/Lange* KartellR § 36 Rn. 21 ff.

[10] Zu allen Einzelheiten *Emmerich/Habersack* Aktien-/GmbH-KonzernR AktG Anhang § 22; zur gebotenen Einschränkung der Erstreckung des Rechtsverlusts gem. § 44 WpHG, § 59 WpHG, § 20 Abs. 7 AktG auf dem Meldepflichtigen zugerechnete Aktien bei aus Sicht des Kapitalmarkts irrelevanten Falschmeldungen s. *Habersack* AG 2018, 133 (135 ff.).

[11] Verordnung (EU) Nr. 596/2014 des Europäischen Parlaments und des Rates vom 16. April 2014 über Marktmissbrauch (Marktmissbrauchsverordnung) und zur Aufhebung der Richtlinie 2003/6/EG des Europäischen Parlaments und des Rates und der Richtlinien 2003/124/EG, 2003/125/EG und 2004/72/EG der Kommission (ABl. Nr. L 173 S. 1, ber. 2016 Nr. L 287 S. 320 und 2016 Nr. L 348 S. 83).

[12] *Habersack* DB 2016, 1551 (1554ff.); *Spindler/Speicher* BB 2005, 2031; MVR MarktmissbrauchsR-HdB/ *Veil/Brüggemeier* § 10 Rn. 59ff.; Klöhn/ *Klöhn* MAR Art. 17 Rn. 96ff.

[13] Vgl. BGHZ 195, 1 Rn. 35ff.; BGH NJW-RR 2006, 610; näher *Beck* NZG 2014, 1410; *Wieneke* NZG 2012, 1420.

[14] → § 24 Rn. 18; näher *Dreher/Ballmaier* ZGR 2014, 753; *Fett/Gebauer* FS Schwark, 2009, S. 375, 378 ff.; *Tröger* ZHR 177 (2013), 475; *Weber-Rey/Gissing* AG 2014, 884.

4b Das Recht der unternehmerischen **Mitbestimmung** kennt Vorschriften, die die Beteiligung der Arbeitnehmer an den für den Konzern und die einzelnen Konzerngesellschaften wesentlichen Entscheidungen auf der Ebene der Konzernspitze sicherstellen sollen (→ § 4 Rn. 44 ff.). Für das **Arbeitsrecht** hat sich gezeigt, dass den spezifischen Interessen der Arbeitnehmer konzernzugehöriger Unternehmen durch besondere Schutzvorkehrungen Rechnung zu tragen ist; obschon diese nicht eigens geregelt sind, bilden sie den Gegenstand des sog. Konzernarbeitsrechts.[15] Das **Insolvenzrecht** knüpft nach wie vor an den einzelnen Rechtsträger und damit an die einzelne konzernzugehörige Gesellschaft an. Dem Umstand, dass die Glieder eines Konzerns eine wirtschaftliche Einheit bilden und die Insolvenz eines Gliedes vielfach die Insolvenz anderer oder gar aller Glieder des Konzerns nach sich zieht, wird jedoch durch eine Koordinierung der Insolvenzverfahren über das Vermögen konzernverbundener Gesellschaften Rechnung getragen: Das Gesetz zur Erleichterung der Bewältigung von Konzerninsolvenzen vom 13. 4. 2017[16] hat in §§ 3a ff. InsO eine Zuständigkeitskonzentration bei einem Gericht mit einheitlicher Richterzuständigkeit und in §§ 269a ff. InsO ein Verfahren zu einer weitergehenden Konzentration der Einzelverfahren eingeführt.[17]

4c Das **allgemeine Zivilrecht** trägt der Unternehmensverbindung vor allem durch deliktsrechtliche Verkehrs- und Organisationspflichten des herrschenden Unternehmens Rechnung. Allerdings lassen sich solche Pflichten nur begründen, soweit das herrschende Unternehmen auf die Gefahrenquelle und deren Steuerung einwirkt.[18] Die abhängige Gesellschaft ist auch nicht Verrichtungsgehilfe des herrschenden Unternehmens, so dass eine Haftung des herrschenden Unternehmens aus § 831 BGB ausscheiden muss.[19] Auch eine konzernweite Wissenszurechnung kommt grds. nicht in Betracht;[20] auch im Falle personeller Verflechtungen (→ § 25 Rn. 7) muss sie an den mit der jeweiligen Organstellung verbundenen Verschwiegenheitspflichten sowie daran scheitern, dass die Informationsweitergabe in einem strukturierten Prozess zu erfolgen hat und Sache des Vorstands der abhängigen Gesellschaft ist.[21] Denkbar ist hingegen

---

[15] Näher dazu *Henssler,* Der Arbeitsvertrag im Konzern, 1983; *Konzen* ZHR 151 (1987), 566; *Windbichler,* Arbeitsrecht im Konzern, 1989.

[16] BGBl. 2017 I 866.

[17] Näher *Pleister/Sturm* ZIP 2017, 2329; allg. zur Problematik *Eidenmüller* ZHR 169 (2005), 528; *Hirte* ZIP 2008, 444; *K. Schmidt* KTS 2010, 1.

[18] Näher *Habersack/Zickgraf* ZHR 182 (2018), 252; weitergehend im Zusammenhang mit Menschenrechtsverletzungen *Schall* ZGR 2018, 479 (503 ff.); dagegen (im Zusammenhang mit Lieferketten) *Habersack/Ehrl* AcP 219 (2019), 155 (190 ff.); zur strafrechtlichen Verantwortlichkeit s. *Ransiek* ZGR 1999, 613.

[19] *Grunewald* NZG 2018, 481; *Habersack/Zickgraf* ZHR 182 (2018), 252 (292 f.); im Grundsatz auch BGH NZG 2013, 279 Rn. 14 ff., wo die Darlegung konkreter Umstände, „die eine Abweichung von den für selbstständige Unternehmen geltenden Grundsätzen rechtfertigen", verlangt und damit eine Haftung immerhin in Betracht gezogen wird; aA – für Geschäftsherrnhaftung des herrschenden Unternehmens – *Beck* AG 2017, 726 (736 ff.); für den Vertragskonzern BGH GRUR 2012, 1279 Rn. 45; im Zusammenhang mit Menschenrechtsverletzungen *Schall* ZGR 2016, 479 (492 ff.); dagegen *Habersack/Ehrl* AcP 219 (2019), 155 (190 ff.).

[20] Näher GroßkommAktG/*Habersack/Foerster* AktG § 78 Rn. 44; *Schürnbrand* ZHR 181 (2017), 357.

[21] BGH NJW 2016, 2569 Rn. 32 f.; Hüffer/Koch/*Koch* AktG § 78 Rn. 28; *Habersack* DB 2016, 1551 (1553 f.); *Schürnbrand* ZHR 181 (2017), 357 (370 ff.); *Verse* AG 2015, 413 (415 ff.); *Thomale* AG 2015, 641 (649 f.); aA *Schwintowski* ZIP 2015, 617 (619 ff.). – Zur Informationsweitergabe im Konzern → § 25 Rn. 29.

die Einbeziehung von Konzernunternehmen in den Schutzbereich des zwischen einem anderen Konzernunternehmen und einem Dritten geschlossenen Vertrags.[22]

Konzernweite Verantwortlichkeitsrisiken bestehen schließlich im Zusammenhang mit **4d** dem **Ordnungswidrigkeitenrecht**. So wird die vom Kartellsenat des BGH in seiner „Transportbeton-Vertrieb"-Entscheidung vom 1.12.1981[23] letztlich offengelassene Frage, ob die Konzernspitze als „Unternehmensinhaber" iSd § 130 OWG anzusehen und deshalb für auf Ebene von Konzerngesellschaften begangene Ordnungswidrigkeiten haftbar ist, überwiegend bejaht.[24] Die Frage ist freilich nur noch jenseits des Kartellrechts bedeutsam. Für das europäische Kartellrecht leiten Kommission und europäische Gerichte aus dem Unternehmensbegriff des europäischen Kartellrechts die Befugnis ab, die Konzernspitze unmittelbar für von Tochtergesellschaften begangene Kartelldelikte in Anspruch zu nehmen, ohne dass die Konzernspitze ihre Haftung durch Nachweis einer hinreichenden Konzern-Compliance abwenden könnte.[25] In die gleiche Richtung geht nun für das deutsche Kartellrecht § 81 Abs. 3a GWB.[26] Für das Kapitalmarktrecht bestimmt sich nach Art. 30 Abs. 2 MAR,[27] § 120 Abs. 23 S. 2 WpHG der für die Bußgeldbemessung relevante „jährliche Gesamtumsatz" in Konzernfällen nach dem Konzernumsatz. Zwar kann die Muttergesellschaft nicht unmittelbar für ein Kapitalmarktdelikt der Tochter bebußt werden;[28] doch hat die Konzernspitze die wirtschaftlichen Folgen des am Konzernumsatz ausgerichteten Bußgeldes zu tragen. Vergleichbares Ungemach droht den Konzernen durch die Datenschutz-Grundverordnung,[29] die am weltweiten Jahresumsatz des „Unternehmens" orientierte Bußgelder vorsieht und sich hierbei möglicherweise – völlig klar ist das nicht – am Unternehmensbegriff des europäischen Kartellrechts (→ Rn. 4) orientiert.[30] In der Summe lässt sich damit für das europäische Recht eine weitreichende und letztlich systemsprengende Durchbrechung des konzernrechtlichen Trennungsgrundsatzes konstatieren.[31]

---

[22] BGHZ 166, 84 (97ff.); OLG München ZIP 2004, 19 (24); *Schumann* ZIP 2004, 2353; 2004, 2367; *Westermann* FS Raiser, 2005, 787ff.; s. aber auch *Canaris* ZIP 2004, 1781; 2004, 2362.

[23] BGH GRUR 1982, 244.

[24] S. namentlich OLG München Beschl. v. 23.9.2014 – 3 Ws 599, 600/14, BeckRS 2015, 14184, dazu *Caracas* CCZ 2016, 44; ferner *Baumanns/Schlei* FS Wessing, 2016, S. 101 (105ff.); *Bosch* ZHR 177 (2013), 454 (465f.); *Löbbe* ZHR 177 (2013), 518 (543ff.); näher *Habersack* AG 2016, 691 (696f.); aA *Achenbach* NZWiST 2012, 321 (325); *Dreher* ZWeR 2004, 75 (102ff.); *Koch* AG 2009, 564.

[25] EuGH NZKart 2013, 334 Rn. 101ff. – *Schindler;* näher dazu und jew. mwN. *Emmerich/Lange* KartellR § 3 Rn. 52ff.; *Bosch* ZHR 177 (2013), 454; *Klusmann* ZGR 2016, 252.

[26] Dazu sowie zur Forthaftung bei Umstrukturierungen gem. § 81 Abs. 3b, 3c GWB *Emmerich/Lange* KartellR § 39 Rn. 34ff.; näher *Thomas* AG 2017, 637 (639ff.); *Wessing/Janssen* WuW 2017, 253 (255).

[27] Näher zum Sanktionenregime der MAR *Veil* ZGR 2016, 305.

[28] *Krause* CCZ 2014, 248 (259); *Poelzig* NZG 2016, 492 (498f.).

[29] Verordnung (EU) 2016/679 des Europäischen Parlaments und des Rates vom 27. April 2016 zum Schutz natürlicher Personen bei der Verarbeitung personenbezogener Daten, zum freien Datenverkehr und zur Aufhebung der Richtlinie 95/46/EG (ABl. Nr. L 119 S. 1, ber. ABl. Nr. L 314 S. 72 und ABl. 2018 Nr. L 127 S. 2); dazu *Spindler* DB 2016, 937.

[30] Näher *Spindler* DB 2016, 937 (946f.); *Neun/Lubitzsch* BB 2017, 1538 (1540ff.); *Faust/Spittka/Wybitul* ZD 2016, 120.; zur Datenschutz-Compliance *Dönch* BB 2016, 962.

[31] *Habersack* AG 2016, 691 (696f.); *Poelzig*, VGR 23 (2018), 83ff.

II. Historische Entwicklung

Literatur: *Adams,* Die Usurpation von Aktionärsbefugnissen mittels Ringverflechtung in der „Deutschland AG", AG 1994, 148; *Altmeppen,* Die historischen Grundlagen des Konzernrechts, in: Bayer/Habersack, Bd. II, S. 1027; *Bahrenfuss,* Die Entstehung des Aktiengesetzes von 1965 unter besonderer Berücksichtigung der Bestimmungen über die Kapitalgrundlagen und die Unternehmensverfassung, 2001; *Damler,* Konzern und Moderne, 2016; *Dettling,* Die Entstehungsgeschichte des Konzernrechts im Aktiengesetz von 1965, 1997; *Druey,* Aufgaben eines Konzernrechts, ZSR Bd. 121 II (1980), 273; *Druey,* Die Zukunft des Konzernrechts, FS Hommelhoff, 2012, S. 135; *Geßler,* Der Schutz der abhängigen Gesellschaft, FS W. Schmidt, 1959, S. 247; *Hommelhoff,* Die Konzernleitungspflicht, 1982; *N. Horn,* Aktienrechtliche Unternehmensorganisation in der Hochindustrialisierung (1860–1920), in: N. Horn/Kocka (Hrsg.), Recht und Entwicklung der Großunternehmen im 19. und frühen 20. Jahrhundert, 1979, S. 123; *N. Horn,* Aktienrecht und Entwicklung der Großunternehmen, ORDO 30 (1979), S. 313; *Kropff,* 25 Jahre AktG – Was waren die Ziele, was wurde erreicht?, in: Lutter, in: 25 Jahre Aktiengesetz, 1991, S. 19; *Kropff,* Reformbestrebungen im Nachkriegsdeutschland und die Aktienrechtsreform von 1965, in: Bayer/Habersack, Bd. I, S. 670; *Lenel,* Ursachen der Konzentration, 2. Aufl. 1968; *Mestmäcker,* Verwaltung, Konzerngewalt und Rechte der Aktionäre, 1958; *Nörr,* Die Entwicklung des Aktien- und Konzernrechts während der Weimarer Republik, ZHR 150 (1986), 155; *Spindler,* Recht und Konzern, 1993; *Spindler,* Kriegsfolgen, Konzernbildung und Machtfrage als zentrale Aspekte der aktienrechtlichen Diskussion in der Weimarer Republik, in: Bayer/Habersack, Bd. I, S. 440; *Westermann,* Individualrechte und unternehmerische Handlungsfreiheit im Aktienrecht, ZHR 156 (1992), 203.

1. Entwicklung der Unternehmenskonzentration in Deutschland

5 In der Geschichte der Unternehmenskonzentration lassen sich in Deutschland verschiedene Phasen unterscheiden. Die erste Phase umfasst die **Konzentrationswelle,** die parallel zum wirtschaftlichen Aufschwung nach dem deutsch-französischen Krieg und der Reichsgründung von 1871 über Deutschland hinwegging. In ihrem Gefolge bildeten sich bereits vor 1914 weitverzweigte mächtige Konzerne.[32] Eine zweite Konzentrationswelle folgte nach dem ersten Weltkrieg. Doch brachten die zwanziger Jahre zugleich auch die ersten Rückschläge,[33] so dass es jetzt auch erstmals zu gewissen, freilich ausgesprochen zaghaften Reaktionen des Gesetzgebers kam (→ Rn. 11).

6 Nach 1945 hatten die **Alliierten** zunächst eine „Dekonzentration" der deutschen Wirtschaft als Teil der von ihnen geplanten „demokratischen Umstrukturierung Deutschlands" auf ihre Fahnen geschrieben. Infolgedessen wurden in den ersten Jahren nach 1945 auch tatsächlich einige Entflechtungsmaßnahmen durchgeführt, wobei die Aufteilung der IG Farben und der Vereinigten Stahlwerke besonderes Aufsehen erregte.[34] Jedoch verloren die Alliierten mit dem sich zuspitzenden Ost-Westkonflikt alsbald wieder das Interesse an der Angelegenheit, so dass aufs Ganze gesehen die Auswirkungen der verschiedenen Entflechtungsverfahren gering blieben.

7 Von **1950 bis 1973** gab es in Deutschland weder eine Möglichkeit zur Entflechtung zusammengeschlossener Unternehmen noch eine Fusionskontrolle.[35] Die Folge war der unbehinderte Fortgang des Konzentrationsprozesses, jetzt sogar nachhaltig geför-

---

[32] Horn/Kocka/*Horn* S. 123 (173 f.); *Lenel* Ursachen S. 229 ff.; *Spindler,* Recht und Konzern, S. 96 ff.; eingehend und mit zugleich gesellschafts- und kulturgeschichtlicher Einordnung *Damler,* Konzern und Moderne, S. 21 ff.

[33] Erinnert sei an das Schicksal des Stinnes-Konzerns; dazu eingehend *Gottschalk,* Die Lehren aus den Aktienskandalen der Nachkriegszeit, 1934; *Spindler,* Recht und Konzern, S. 107 ff.; allg. zur Konzernrechtsdiskussion nach dem ersten Weltkrieg s. auch Bayer/Habersack/*Spindler,* Bd. I, S. 440 (515 ff.).

[34] S. dazu (o. Verf.), Die Neuordnung der Eisen- und Stahlindustrie, 1954; *Rasch* WuW 1955, 534.

[35] Die formell bis 1957 noch in Kraft befindlichen Dekartellierungsgesetze der Alliierten wurden de facto nicht mehr angewandt.

dert durch verschiedene Maßnahmen des Gesetzgebers. Hervorzuheben sind die beiden Umwandlungsgesetze von 1956 und 1969,[36] die zusammen mit den Umwandlungsteuergesetzen von 1957 und 1969[37] eine große Zahl von Unternehmenszusammenschlüssen auslösten; ursächlich hierfür waren vor allem die in den genannten Steuergesetzen vorgesehenen Steuervergünstigungen für Unternehmenszusammenschlüsse.[38]

Auch die 1973 eingeführte **Fusionskontrolle** hat den Konzentrationsprozess nicht 8 substantiell gebremst, so dass mittlerweile die überwiegende Zahl der Aktiengesellschaften und ein Großteil der Gesellschaften mbH in der einen oder anderen Form konzernverbunden sind. Zwar fehlt es nach wie vor an repräsentativem statistischen Material; gleichwohl verdichtet sich der Eindruck, dass bei den Aktiengesellschaften inzwischen rund drei Viertel mit über 90 % des Kapitals und bei den Gesellschaften mbH gut die Hälfte in Konzerne eingebunden sind;[39] selbst börsennotierte Gesellschaften sind nicht selten abhängig.[40] Allgemein überwiegen offenbar mehrstufige Unternehmensverbindungen.[41]

Die bis zur Jahrtausendwende zu beobachtenden vielfachen wechselseitigen und 9 ringförmigen Beteiligungen zwischen Banken, Versicherungen und Großunternehmen, die die bedenkliche Folge hatten, dass sich die beteiligten Verwaltungen zu einem guten Teil von ihren Aktionären, den eigentlichen „Eigentümern" des Unternehmens, emanzipiert hatten,[42] sind hingegen mehr und mehr aufgelöst worden; ursächlich für diese zunehmende **Entflechtung der „Deutschland AG"** ist nicht zuletzt die durch das Reformgesetz vom 23.10.2000 in § 8b Abs. 2 KStG[43] eingeführte Privilegierung von Gewinnen aus der **Veräußerung von Beteiligungen** an anderen (aus- und inländischen) Gesellschaften. Zum Abbau der Verflechtung haben iÜ die Öffnung der Kapitalmärkte und das Aufkommen von Finanzinvestoren beigetragen.[44]

---

[36] UmwG v. 12.11.1956 (BGBl. 1956 I 844) idF v. 6.11.1969 (BGBl. 1969 I 2081).

[37] Gesetz v. 14.8.1969 (BGBl. 1969 I 1163), ab 1.1.1977 ersetzt durch das Gesetz v. 6.9.1976 (BGBl. 1976 I 2641) mit späteren Änderungen.

[38] S. die Kritik von *Lenel* Ursachen S. 413ff.

[39] S. für die GmbH *Bayer/Hoffmann* GmbHR 2014, 12 (16) („rund 2/3 aller GmbH … abhängig"); für die 80er und 90er Jahre des 20. Jahrhunderts *Adams* AG 1994, 148; *Chr. Binder,* Beteiligungsführung in der Konzernunternehmung, 1994, S. 1ff.; *Görling* AG 1993, 538 (542ff.); *Lutter* ZGR 1987, 324 (329); *J. Meyer* GmbHR 2002, 242 (243ff.); *Ordelheide* BFuP 1986, 293 (294f.); *Hettlage* AG 1981, 92 (94ff.); ebenso für die Schweiz zB *Druey* ZSR 121 II (1980), 273 (287); für Österreich *Krejci*, Partnerschaft, Verein, Konzern, in: Verhandlungen des 10. ÖJT, Bd. I/1, 1988, S. 229ff. Allg. zur Verbreitung der einzelnen Rechtsformen *Kornblum* GmbHR 2018, 669.

[40] Näher *Bayer/Hoffmann* AG 2018, R 116; allg. zur Aktionärsstruktur der börsennotierten Gesellschaften *Bayer/Hoffmann* AG 2015, R 91.

[41] S. *Görling* AG 1993, 538 (542ff.).

[42] S. iE *Adams* AG 1994, 198.

[43] Gesetz zur Senkung der Steuersätze und zur Reform der Unternehmensbesteuerung vom 23.10.2000 (BGBl. 2000 I 1433); dazu noch → Rn. 22, 29ff., 33.

[44] Dazu sowie zur Praxis der „Rekapitalisierung" s. *Seibt* ZHR 171 (2007), 282; s. ferner *Eidenmüller* ZHR 171 (2007), 644; *Habersack* FS K. Schmidt, 2010, 523ff.; zur im Zuge der Entflechtung der „Deutschland AG" gewandelten Finanzierungspraxis der AG s. *Habersack* AG 2015, 613.

2. Entwicklung bis zum AktG von 1937

10 Die konzernrechtliche Diskussion setzte in Deutschland auf breiter Front erst in den zwanziger Jahren ein.[45] Der Entwicklung auf dem Gebiet des Kartellrechts vergleichbar, ja durch die grundsätzliche Erlaubnis der Kartellierung und Konzentration nachgerade gefördert, standen freilich die **organisationsrechtlichen Fragen** im Zusammenhang mit dem Aufbau von Unternehmensgruppen ganz im Vordergrund des Interesses. Aufgabe der Kautelarjurisprudenz war es, die Rechts- und Beteiligungsformen des Gesellschaftsrechts für die Konzentrations- und Kartellierungsbestrebungen fruchtbar zu machen.[46]

11 Zugleich wurden seinerzeit erstmals umfängliche Bemühungen unternommen, das disparate **Fallmaterial zu sammeln** und zu systematisieren, um auf diese Weise einen Überblick über die Erscheinungsformen von Unternehmensverbindungen und die damit zusammenhängenden Rechtsprobleme zu gewinnen.[47] Diese Arbeiten führten zwar zu weitreichenden Reformvorschlägen, denen indessen letztlich nur ein bescheidener Erfolg vergönnt war.[48] Auch die Notverordnung vom 19.9.1931[49] beschränkte sich auf die Regelung einiger Randfragen des Konzernrechts.[50]

3. AktG von 1937

12 Denselben Weg wie die Notverordnung von 1931 beschritt wenig später das AktG von 1937. Unter Verzicht auf eine umfassende Regelung des Konzernrechts beschränkte sich auch dieses Gesetz auf die **Normierung von Einzelfragen.** Hervorzuheben sind die Konzerndefinition des § 15 sowie die Vorschrift des § 256, der zufolge insbes. der Abschluss eines Gewinnabführungs- oder Betriebspachtvertrags der Zustimmung der Hauptversammlung der zur Gewinnabführung verpflichteten Gesellschaft mit qualifizierter Mehrheit bedurfte. Alle anderen Fragen blieben hingegen offen.[51] Vor diesem Hintergrund stellt sich heute vor allem die – auch durch § 22 EGAktG nicht beantwortete – Frage, unter welchen Voraussetzungen vor dem Inkrafttreten des neuen AktG im Jahre 1966 geschlossene Unternehmensverträge fortgelten. Nachdem diese Verträge zum Teil seit Jahrzehnten praktiziert worden sind, sollte man heute nicht mehr zögern, sie jedenfalls dann als wirksam zu behandeln, wenn ihnen die Hauptversammlung mit qualifizierter satzungsändernder Mehrheit zugestimmt hat, sie eine angemessene Dividendengarantie für die außenstehenden Ak-

---

[45] Vgl. namentlich *Haussmann,* Die Tochtergesellschaft, 1923; *Haussmann,* Die Grundlegung des Rechts der Unternehmenszusammenfassungen, 1926; *Friedländer,* Konzernrecht, 1927; *Kronstein,* Die abhängige juristische Person, 1931; zuvor bereits *Isay,* Das Recht am Unternehmen, 1910, S. 96 ff. Eingehend zum Ganzen Bayer/Habersack/*Spindler,* Bd. I, S. 440 (515 ff.); Bayer/Habersack/*Altmeppen,* Bd. II, S. 1027 (1029 ff.); *Druey* ZSR 121 II, 273 (287 ff.); *Hommelhoff,* Die Konzernleitungspflicht, 1982, S. 1 ff.; *Nörr* ZHR 150 (1986), 155 (168 ff.).

[46] Dazu sowie zu dem vom Steuerrecht ausgehenden Einfluss Bayer/Habersack/*Spindler,* Bd. I, S. 440 (516 ff.); Bayer/Habersack/*Altmeppen,* Bd. II, S. 1027 (1029 ff.); *Nörr* ZHR 150 (1986), 150 (168 ff.).

[47] Noch heute grundlegend sind die Verhandlungen und Berichte des Enqueteausschusses von 1928 und 1930; Einzelheiten bei *Hommelhoff,* Konzernleitungspflicht, 1982, S. 12 ff.

[48] *Hommelhoff,* Die Konzernleitungspflicht, 1982, S. 19 ff.; *Nörr* ZHR 150 (1986), 155 (179 ff.).

[49] Notverordnung des Reichspräsidenten über Aktienrecht v. 19.9.1931 (RGBl. 1931 I 493); dazu *Spindler,* Recht und Konzern, S. 53 f.; Bayer/Habersack/*Engelke/Maltschew,* Bd. I, S. 570 ff.

[50] S. insbes. die §§ 260 a, 261 a, 261 d HGB aF.

[51] *Geßler* FS Schmidt, 1959, 247 (249 ff.); *Würdinger* FS Schmidt, 1959, S. 279 ff.; Bayer/Habersack/*Altmeppen,* Bd. II, S. 1027 (1037 ff.).

tionäre vorsehen und die in § 22 Abs. 2 EGAktG vorgesehene Registereintragung erfolgt ist.[52] Das muss dann auch für die in § 256 AktG von 1937 nicht ausdrücklich mitgeregelten Beherrschungsverträge gelten.[53]

4. AktG von 1965

Schon bald nach dem Ende des 2. Weltkrieges setzte sich die Überzeugung durch, dass   **13** es einer **umfassenden Reform und Kodifizierung des Konzernrechts** bedürfe.[54] Inhaltlich herrschte weitgehend Einvernehmen darüber, dass, vorbehaltlich des Abschlusses eines Beherrschungs- oder Gewinnabführungsvertrags, Konzerninteressen eine Schädigung der abhängigen Gesellschaft und ihrer Außenseiter nicht zu rechtfertigen vermögen. Der 1958 vorgelegte Referentenentwurf sah gar noch eine scharfe Erfolgshaftung desjenigen vor, der als gesetzlicher Vertreter, Inhaber oder Angestellter des herrschenden Unternehmens die abhängige Gesellschaft durch Weisung zu einer Geschäftsführungsmaßnahme bestimmt. Erst der Regierungsentwurf hat sich für das Modell des auf die einzelne Maßnahme bezogenen Nachteilsausgleichs entschieden, das im weiteren Verlauf des Gesetzgebungsverfahrens noch um die Zulässigkeit des gestreckten Nachteilsausgleichs ergänzt worden ist. Was die Vorschriften über Unternehmensverträge betrifft, so konnte der Gesetzgeber des Jahres 1965 nicht nur auf die Erfahrungen mit § 256 AktG 1937, sondern auch auf ein reichhaltiges Schrifttum vor allem zum Beherrschungsvertrag zurückgreifen.[55] Die in §§ 319 ff. AktG geregelte Eingliederung ist dagegen eine Neuschöpfung des AktG 1965.

In der Folgezeit sind die konzernrechtlichen Vorschriften des AktG vor allem[56] durch   **14** das Gesetz zur Bereinigung des Umwandlungsrechts vom 28. 10. 1994[57] in wichtigen Punkten geändert worden. Hervorzuheben ist die Einfügung der neuen §§ 293a–293g AktG, die nunmehr in Anlehnung an die entsprechenden Vorschriften über die Verschmelzung von Aktiengesellschaften auch für den Abschluss von Unternehmensverträgen eine **Berichts- und Prüfungspflicht** vorsehen. Das Gesetz zur Regelung von öffentlichen Angeboten zum Erwerb von Wertpapieren und Unterneh-

---

[52] So die heute ganz hM, s. OLG Karlsruhe NJW 1967, 831 f.; OLG Frankfurt a. M. AG 1988, 267 (271); *Ballerstedt* Betr. 1956, 813 (837); *Flume* Betr. 1956, 455; Hüffer/Koch/*Koch* § 291 Rn. 22; KölnKommAktG/*Koppensteiner* AktG Vor § 291 AktG Rn. 74–77; Emmerich/Habersack Aktien-/GmbH-KonzernR/*Emmerich* AktG Vor § 291 Rn. 4 f.

[53] Vgl. die Nachw. in der vorigen Fn.; weitergehend – für Wirksamkeit auch bei fehlender Zustimmung der Hauptversammlung – KG NZG 2000, 1132 (1133); LG Berlin AG 1999, 188.

[54] Vgl. dazu noch → § 24 Rn. 7 ff.; näher zum Folgenden *Geßler* FS Schmidt, 1959, 247 (257 ff.); Bayer/Habersack/*Kropff*, Bd. I, S. 670, 682 ff.; Bayer/Habersack/*Altmeppen*, Bd. II, S. 1027, 1040 ff.; *Hommelhoff*, Die Konzernleitungspflicht, 1982, S. 29 ff.; *Dettling*, Entstehungsgeschichte, passim, insbes. S. 83 ff.

[55] Vgl. namentlich *Flume* Betr. 1956, 457 und DB 1956, 672; *Duden* BB 1957, 49 und DB 1957, 1230; A. *Hueck* Betr. 1959, 223; *Mestmäcker* S. 316 ff.

[56] Zum Einfluss der jüngsten Aktienrechtsreformen, insbes. das Gesetz zur Kontrolle und Transparenz im Unternehmensbereich vom 27. 4. 1998 (BGBl. 1998 I 786), das Kapitalgesellschaften- und -Co.-Richtlinie-Gesetz vom 24. 2. 2000 (BGBl. 2000 I 154), das Spruchverfahrensneuordnungsgesetz vom 12. 6. 2003 (BGBl. 2003 I 837), das Gesetz zur Unternehmensintegrität und Modernisierung des Anfechtungsrechts vom 22. 9. 2005 (BGBl. 2005 I 2802), das Gesetz zur Umsetzung der Aktionärsrechterichtlinie vom 30. 7. 2009 (BGBl. 2009 I 2479) und das Gesetz zur Umsetzung der Aktionärsrechterichtlinie vom 30. 7. 2009 (BGBl. 2009 I 2479) s. Emmerich/Habersack Aktien-/GmbH-KonzernR/Habersack Einleitung Rn. 21 ff.; zur Neuregelung über Related Party Transactions in §§ 111a ff. AktG durch das ARUG II → Rn. 45a; → § 24 Rn. 31 ff.

[57] BGBl. 1994 I 3210; s. dazu die Begr. zu dem RegE, BT-Drs. 12 (1994)/6699.

mensübernahmen vom 20.12.2001[58] hat nicht nur das WpÜG geschaffen, sondern zugleich das Dritte Buch des AktG um die Vorschriften der §§ 327a ff. AktG über den **Squeeze Out** ergänzt. Danach kann derjenige Aktionär, der über mind. 95% der Anteile an einer AG verfügt („Hauptaktionär"), die Aktien der Minderheitsaktionäre gegen Gewährung einer angemessenen Barabfindung erwerben. Obschon in der Neuregelung nicht vorausgesetzt, wird es sich bei dem Hauptaktionär wohl stets um ein Unternehmen im konzernrechtlichen Sinne handeln; dies hat es in der Tat nahegelegt, die entsprechenden Vorschriften in das Dritte Buch des AktG einzustellen. Der durch das Dritte Gesetz zur Änderung des Umwandlungsgesetzes vom 11.7.2011 (BGBl. 2011 I 1338) eingefügte § 62 Abs. 5 UmwG ermöglicht es in Ergänzung der §§ 327a ff. AktG, eine Restminderheit von bis zu 10% im Wege des verschmelzungsrechtlichen Squeeze Out auszuschließen (→ § 10a Rn. 4b).

15 Stärker noch als der Gesetzgeber haben allerdings **Rechtsprechung und Lehre** zur Fortentwicklung des Konzernrechts der AG beigetragen. Neben der Etablierung des „qualifizierten faktischen Konzerns" sowie der zumindest partiell an deren Stelle getretenen „Existenzvernichtungshaftung" (→ § 28 Rn. 1ff.; → § 31 Rn. 1ff.) ist vor allem die Herausbildung von Grundsätzen über die Konzernbildungskontrolle auf der Ebene sowohl des abhängigen als auch des herrschenden Unternehmens zu nennen (dazu → §§ 7–9).

5. GmbH-Konzernrecht

16 Das GmbHG enthält bis heute keine Vorschriften über verbundene Unternehmen. Der Regierungsentwurf einer („großen") GmbH-Novelle 1971/1973 sah zwar einen an das Dritte Buch des AktG angelehnten Abschnitt über verbundene Unternehmen vor.[59] Nach dem Scheitern der Reform[60] beschränkte sich die GmbH-Novelle 1980[61] jedoch bewusst auf die Regelung einiger als vordringlich angesehener Fragen betreffend die unverbundene GmbH. Auch das MoMiG[62] hat von der Regelung spezifisch konzernrechtlicher Fragen im GmbHG abgesehen. Mit dem Verzicht auf eine Kodifizierung des GmbH-Konzernrechts will der Gesetzgeber indes keinesfalls zum Ausdruck bringen, dass etwa bestehende Lücken des GmbH-Rechts nicht durch analoge Anwendung aktienrechtlicher Vorschriften oder durch richterliche Rechtsfortbildung geschlossen werden sollten.[63] Der für das Gesellschaftsrecht zuständige II. Zivilsenat des BGH hat es denn auch übernommen, durch richtungsweisende Entscheidungen kontinuierlich ein GmbH-Konzernrecht zu entwickeln.[64]

---

[58] BGBl. 2001 I 3822; zu dem durch Art. 1 Gesetz zur Regelung von öffentlichen Angeboten zum Erwerb von Wertpapieren und von Unternehmensübernahmen geschaffenen WpÜG → § 9a Rn. 1ff.; zu §§ 327a ff. AktG → § 10a Rn. 1ff.

[59] BT-Drs. VI, 3088 = 7, 253.

[60] Zu den Gründen s. *Ballerstedt* ZHR 135 (1971), 383 (400ff.).

[61] BGBl. 1980 I 836.

[62] Gesetz zur Modernisierung des GmbH-Rechts und zur Bekämpfung von Missbräuchen vom 23.10.2008 (BGBl. 2008 I 2026); dazu *Goette,* Einführung in das neue GmbH-Recht, 2008; *Goette/ Habersack,* Das MoMiG in Wissenschaft und Praxis, 2009; *Seibert/Decker* ZIP 2008, 1208; *Habersack* ZIP 2007, 2145; *Noack* DB 2007, 1395; *Ulmer* ZIP 2008, 45ff.

[63] Zum beschränkten Reformziel der Novelle 1980 s. Begr. zum RegE, BT-Drs. 8/1347, 27; zur Berechtigung der Rechtsprechung zur Rechtsfortbildung im GmbH-Recht s. die Kontroverse zwischen *Kleinert* FS Helmrich, 1994, 667 und *Boujong* FS Brandner, 1996, 23.

[64] Marksteine der Entwicklung sind BGHZ 65, 15 – ITT (abhängige GmbH); BGHZ 105, 324 – Supermarkt (Vertragskonzern); BGHZ 95, 330 – Autokran und BGHZ 122, 123 – TBB (qualifizierte fakti-

6. Konzernrecht als Schutz- und Organisationsrecht

Auch das Dritte Buch des AktG erwies sich, wiewohl es den Anspruch einer Kodifika- **17** tion des Aktienkonzernrechts erhebt, alsbald als lückenhaft. Neben der Problematik der qualifizierten Nachteilszufügung (→ § 28 Rn. 1 ff.) war es vor allem die Frage einer Konzernbildungs- und Konzernleitungskontrolle auf der Ebene des herrschenden Unternehmens (dazu u. §§ 7–9), die eine Fortbildung des geschriebenen Rechts veranlasst hat. Die zuletzt angesprochene Frage ist vor dem Hintergrund einer **Grundsatzdebatte** zu sehen, bei der es um die Funktion und den Zweck konzernrechtlicher Vorschriften nach Art der §§ 291 ff., 311 ff. AktG geht: Bezwecken diese, ausgehend vom Leitbild der unverbundenen Gesellschaft, den Schutz der Aktionäre und Gesellschaftsgläubiger vor den Gefahren der Abhängigkeit oder geht es ihnen (auch) darum, die (Grenzen der) Zulässigkeit von Unternehmensverbindungen und damit zugleich die Organisation einer mit einem anderen Unternehmen verbundenen Gesellschaft zu regeln?[65]

Betrachtet man zunächst die Vorschriften über den Vertragskonzern und über die Ein- **18** gliederung, so kann nicht zweifelhaft sein, dass mit einer entsprechenden Unternehmensverbindung eine tiefgreifende Veränderung der Organisation der abhängigen Gesellschaft einhergeht. Diese kommt nicht zuletzt in der Verdrängung des in § 76 Abs. 1 AktG geregelten Prinzips der eigenverantwortlichen Leitung der Gesellschaft durch das in §§ 308, 323 Abs. 1 AktG vorgesehene Weisungsrecht des herrschenden Unternehmens zum Ausdruck. Zudem zeigt sich der **organisationsrechtliche Charakter** dieser Arten der Unternehmensverbindung in der nahezu einhellig anerkannten Anwendbarkeit der Grundsätze über die fehlerhafte Gesellschaft.[66] Aber auch den Vorschriften der §§ 311 ff. AktG über die abhängige AG lässt sich ein organisationsrechtlicher Gehalt nicht absprechen; er kommt vor allem in der Möglichkeit des gestreckten Nachteilsausgleichs und der mit dieser einhergehenden Verdrängung zahlreicher für die unverbundene AG geltender Vorschriften zum Ausdruck (→ § 24 Rn. 25 ff.). Ist somit den konzernrechtlichen Vorschriften durchaus ein organisationsrechtlicher Gehalt eigen, den es zudem im Zusammenhang mit dem in § 23 Abs. 5 AktG geregelten Grundsatz der Satzungsstrenge zu sehen gilt,[67] so sollte dieser Befund gleichwohl nicht dazu Anlass geben, dieser Funktion bestimmenden Einfluss auf die Auslegung der konzernrechtlichen Vorschriften einzuräumen;[68] maßgebend ist insoweit vielmehr der auf den **Schutz der abhängigen Gesellschaft und ihrer Außenseiter** gerichtete Zweck. Schon gar nicht lassen sich die konzernrechtlichen Vorschriften des AktG zu

sche Unternehmensverbindung); BGHZ 149, 10 – Bremer Vulkan; BGHZ 151, 181 – KBV und BGHZ 173, 246 – Trihotel („Existenzvernichtungshaftung"); BGHZ 89, 162 (Wettbewerbsverbot).

[65] Näher dazu *K. Schmidt* FS Druey, 2002, 551 ff.; im Zusammenhang mit dem Unternehmensbegriff *Mülbert* ZHR 163 (1999), 1 (20 ff.); *K. Schmidt* FS Lutter, 2000, 1167 (1179 ff.); allg. Emmerich/Habersack Aktien-/GmbH-KonzernR/Habersack AktG § 311 Rn. 1 ff.; *Amstutz*, Konzernorganisationsrecht, 1993; *Ehricke* ZGR 1996, 300 ff.

[66] Für den Beherrschungsvertrag → § 11 Rn. 24 ff.; für die Eingliederung → § 10 Rn. 8, 13, 28.

[67] Zu Recht betont von *Mülbert* ZHR 163 (1999), 1 (24 ff.); s. ferner *K. Schmidt* § 17 I 2b; Emmerich/Habersack Aktien-/GmbH-KonzernR/Habersack AktG § 311 Rn. 2; ferner *Teichmann* AG 2013, 184 (189 ff.): Konzernrecht als „Enabling Law".

[68] So aber am Beispiel des Unternehmensbegriffs *Mülbert* ZHR 163 (1999), 1 (28 ff.); dagegen zu Recht *K. Schmidt* FS Lutter, 2000, 1167 (1180 ff.); ferner → § 24 Rn. 10 ff.

einer konzernspezifischen Binnenordnung fortentwickeln, die von der Konzernspitze ausgeht und deren Organe zu den Grundorganen des Konzerns aufzuwerten sucht.[69]

III. Problematik der Unternehmenskonzentration

Literatur: *Arndt* (Hrsg.), Die Konzentration in der Wirtschaft, Schr. des Vereins für SocPol, Bd. 20 I nF (1971); *Großfeld,* Aktiengesellschaft, Unternehmenskonzentration und Kleinaktionär, 1968; *Horn/Kocka* (Hrsg.), Recht und Entwicklung der Großunternehmen im 19. und frühen 20. Jahrhundert, 1979; *Immenga,* International Encyclopedia of Comparative Law, Band XIII, Kapitel 17: Company Systems and Affiliation, Tübingen 1985; *Kirchner,* Ökonomische Überlegungen zum Konzernrecht, ZGR 1985, 214; *Lenel,* Ursachen der Konzentration, 2. Aufl. 1968; *Mestmäcker,* Verwaltung, Konzerngewalt und Rechte der Aktionäre, 1958; *Mestmäcker,* Über das Verhältnis von Rechts- und Wirtschaftswissenschaft im Aktienrecht, JuS 1963, 417; *StKDJT,* Untersuchungen zur Reform des Konzernrechts, 1967; *Zöllner,* Die Schranken mitgliedschaftlicher Stimmrechtsmacht bei den privatrechtlichen Personenverbänden, 1963.

1. Begriff

19 Unter Unternehmenskonzentration versteht man gemeinhin den Prozess, der durch den Zusammenschluss bisher selbstständiger Unternehmen zur Entstehung immer größerer Unternehmen und damit gleichzeitig zu einer Verringerung der Zahl selbstständiger Unternehmen auf einem bestimmten Markt oder in der gesamten Volkswirtschaft führt.[70] Es handelt sich dabei um einen Prozess, der in sämtlichen Industrienationen zu beobachten ist und der sich zudem nach verbreiteter Meinung ständig beschleunigt, zumal unter dem Einfluss der Globalisierung und Digitalisierung.[71] In diesem Zusammenhang ist auch die Förderung horizontaler Unternehmenskonzentration durch Beteiligung institutioneller Investoren an mehreren in Konkurrenz stehenden Unternehmen *(common ownership)* zu nennen; sie wird nicht zuletzt durch die Zunahme passiver Indexfonds (ETFs) und anderer institutioneller Investoren begünstigt.[72] Ursachen und Wirkungen dieses Prozesses sind bis heute umstritten geblie-

---

[69] S. dazu auch *Henze* BB 2001, 53 (61): „Die Entwicklung einer konzernspezifischen Binnenordnung durch den BGH ist nach dem gegenwärtigen Stand der Dinge nicht zu erwarten."; näher dazu → § 9 Rn. 12 ff.

[70] In den Wirtschaftswissenschaften ist der Begriff der Unternehmenskonzentration umstritten, vgl. *Arndt/ H. Arndt/G. Oldenburg* Konzentration S. 3 ff.; *Lenel* Ursachen S. 4 ff.; *Marbach,* Die Wirtschaftskonzentration, 1964; *Fassing,* Wettbewerb, Unternehmenskonzentration und Investitionsverhalten, 1982; *Schönwitz/Weber,* Unternehmenskonzentration, personelle Verflechtungen und Wettbewerb, 1982.

[71] S. zu den Auswirkungen der Digitalisierung: MK, Sondergutachten 68, 2015, passim, insbes. S. 84 ff., 110 ff., 129 ff.

[72] Näher zu möglichen Auswirkungen der *common ownership* auf den Wettbewerb MK, XXII. HauptgA, 2018, S. 192 ff.; OECD, Common Ownership by Institutional Investors and its Impact on Competition, 2017, passim; *Azar,* A New Look at Oligopoly: Implicit Collusion through Portfolio Diversification, 2012, passim; *Azar/Schmalz/Tecu,* Anticompetitive Effects of Common Ownership, SSRN, 10. 5. 2018, https://ssrn.com/abstract=2427345; *Bebchuk/Cohen/Hirst,* 31 Journ. Econ. Persp. 89 ff. (2017); *Bebchuk/Hirst,* Index Funds and the Future of Corporate Governance: Theory, Evidence, and Policy, SSRN, March 2019, https://papers.ssrn.com/sol3/papers.cfm?abstract_id=3282794 (zuletzt abgerufen am 14. 5. 2019); *Elhauge,* 129 Harv. L. Rev. 1267 ff. (2016); *Elhauge,* New Evidence, Proofs, and Legal Theories on Horizontal Shareholding, SSRN, 4. 1. 2018, https://papers.ssrn.com/sol3/papers.cfm?abstract_id=3096812 (zuletzt abgerufen am 14. 5. 2019); *Elhauge,* How Horizontal Shareholding Harms Our Economy – And Why Antitrust Law Can Fix It, SSRN, 11. 4. 2019, https://ssrn.com/sol3/papers.cfm?abstract_id=3293822 (zuletzt abgerufen am 14. 5. 2019); *Hemphill/Kahan,* The Strategies of Anticompetitive Common Ownership, SSRN, March 2019, https://papers.ssrn.com/sol3/papers.cfm?abstract_id=3210373 (zuletzt abgerufen am 14. 5. 2019); E. *Posner/Scott Morton/*

ben.[73] Es kommt hinzu, dass sich in der wirtschaftlichen Praxis in zunehmendem Maße Vertragsgestaltungen nachweisen lassen, deren Folge letztlich dieselbe Abhängigkeit einer Partei von einer anderen ist, wie sie für Konzerne kennzeichnend ist, ohne dass doch die Beteiligten in irgendeiner Form gesellschaftsrechtlich verbunden wären.[74] Es genügt, in diesem Zusammenhang an bestimmte Gestaltungsformen des Franchising oder der Just-in-Time-Vereinbarungen zu erinnern.[75] Gleichwohl muss der Konzentrationsbegriff im vorliegenden Zusammenhang auf Unternehmensverbindungen auf **gesellschaftsrechtlicher Basis** beschränkt werden, soll er nicht uferlos werden.

2. Ursachen

Unter den zahlreichen Ursachen der Unternehmenskonzentration ragen zwei hervor. **20** Die eine ist die **Ausgliederung** von Unternehmensteilen auf Tochtergesellschaften, an denen dann häufig später Dritte beteiligt werden, die andere die **Übernahme** bisher selbstständiger Unternehmen durch ein anderes Unternehmen.[76] Beide Ursachen dürften zwar gleich wichtig sein. Tatsächlich hat jedoch bisher die Eingliederung schon bestehender Unternehmen in den von einem anderen Unternehmen geführten Konzern in weit größerem Maße die Aufmerksamkeit der Juristen und Ökonomen gefunden als die „bloße" Ausgliederung von Tochtergesellschaften; dies gilt namentlich im Zusammenhang mit öffentlichen Übernahmeangeboten (→ § 9 a Rn. 1 ff.).

Die Übernahme bisher selbstständiger Unternehmen durch andere Unternehmen **21** vollzieht sich in der Regel in mehreren **Stufen** oder Phasen.[77] Am Anfang des Prozesses steht zumeist die bloße Beteiligung des einen Unternehmens an dem anderen. Entsprechend dem ständigen Ausbau dieser Beteiligung folgen dann aufeinander die Stufen der einfachen Abhängigkeit, der Begründung eines faktischen Konzerns sowie der Überleitung des faktischen Konzerns in einen Vertragskonzern. Der ganze Prozess endet dann schließlich in einer Vielzahl von Fällen mit der Verschmelzung der Unternehmen.

Unternehmensverbindungen können auch auf anderen Wegen als durch die Ausgliederung von Tochtergesellschaften oder durch die Beteiligung an anderen Gesellschaften begründet werden. Hervorzuheben sind der Abschluss von **Unternehmensverträgen** sowie **personelle Verflechtungen.** Eigenständige Bedeutung als Mittel der Unternehmenskonzentration haben diese Fälle, über deren Verbreitung ohnehin bis- **22**

Weyl, A Proposal to Limit the Anti-Competitive Power of Institutional Investors, SSRN, 22.3.2017, https://papers.ssrn.com/sol3/papers.cfm?abstract_id=2872754 (zuletzt abgerufen am 14.5.2019).
[73] Vgl. außer den Nachw. in Fn. 70 zB noch StKDJT, S. 6 ff.; Horn/Kocka/*Chandler/Daems* Großunternehmen S. 28 ff.; *Großfeld* Aktiengesellschaft S. 4 ff.; Horn/Kocka/*Horn* Großunternehmen S. 123 ff.; *Horn* ORDO 30 (1979), 313 ff.; *Immenga* Encyclopedia S. 3 ff.; *Kirchner* ZGR 1985, 214; *Mestmäcker* S. 3 ff.; *Mestmäcker* JuS 1963, 417; *Ordelheide* BFuP 1986, 293; H. Arndt/*Stützel* Die Konzentration S. 907.
[74] Näher *Oechsler* ZGR 1997, 464; *Ehricke* ZGR 1996, 300 (319 f.); zur Unanwendbarkeit des Konzernrechts auf solchermaßen begründete Abhängigkeitsverhältnisse → § 3 Rn. 21 ff.
[75] Zum Franchising *Emmerich* JuS 1995, 761; *K. Schmidt,* Handelsrecht, 6. Aufl. 2014, § 28 Rn. 22 ff.; zu Just-in-Time-Vereinbarungen und sonstigen s. *K. Schmidt,* Handelsrecht, 6. Aufl. 2014, § 29 Rn. 27 ff.
[76] Eingehend *Druey* ZSR 121 II (1980), 273 (284, 296 ff.); *Lenel* Ursachen S. 350 ff.; *Immenga* Encyclopedia S. 13, 30, 34 ff.
[77] S. zB MK, 7. HauptGA, 1988, Rn. 815 ff.

her nicht viel bekannt geworden ist,[78] freilich offenbar nur selten; in der Regel geht ihnen nämlich eine bereits zuvor anderweitig begründete Verbindung der Unternehmen voraus, die sodann weiter verstärkt oder abgesichert werden soll. Für Unternehmensverträge folgt dies schon daraus, dass ihrem Abschluss die Gesellschafter der abhängigen Gesellschaft zumindest mit qualifizierter Mehrheit zustimmen müssen.

3. Gesellschaftsrechtliche Gefahren

a) Leitbild des Gesetzgebers

23 Obschon die ökonomischen[79] und gesellschaftsrechtlichen Gefahren der Unternehmenskonzentration unabhängig von der Rechtsform der an der Unternehmensverbindung beteiligten Unternehmen begegnen, erscheinen sie bei der AG, nicht zuletzt mit Blick auf die Größe und die damit einhergehende wirtschaftliche und soziale Bedeutung, über die in dieser Rechtsform agierenden Unternehmen typischerweise verfügen, in einem besonderen Licht. Leitbild der gesellschaftsrechtlichen Organisationsgesetze war bislang die unabhängige Gesellschaft, im Fall der AG die Publikumsgesellschaft mit einer Vielzahl relativ einflussloser Mitglieder, in der typischerweise der Masse der Kleinaktionäre eine weitgehend unabhängige Verwaltung gegenübersteht. In solcher Situation kann der Gesetzgeber auf besondere Sicherungen der Gesellschafter und der Gläubiger gegen gesellschaftsschädigende Verhaltensweisen einzelner Gesellschafter weithin verzichten. Denn im Allgemeinen identifiziert sich der – als einzelner relativ einflusslose – Gesellschafter nicht nur mit dem von der Gesellschaft verfolgten („gemeinsamen"!) Zweck; die Gesellschafts- und Gesellschafterinteressen laufen vielmehr auch mit denjenigen der Gläubiger parallel.[80] In der Publikums-AG gilt dies angesichts der **Unabhängigkeit der Verwaltung** in besonderem Maße; Verwaltung, Aktionäre und Gläubiger sind hier ohne Ausnahme gleichermaßen an der Erhaltung des Grundkapitals der Gesellschaft sowie an einem möglichst hohen Ertrag des in ihrem gemeinsamen Interesse betriebenen und von Dritten unabhängigen Unternehmens interessiert.[81]

24 Natürlich handelt es sich dabei um einen **Idealfall,** auf dessen Vorliegen der Gesetzgeber nicht blind vertrauen darf. Leitender Gesichtspunkt der deutschen Aktiengesetzgebung war deshalb bis zum AktG von 1965 vornehmlich das Prinzip des umfassenden Gläubigerschutzes. Das deutsche Aktienrecht hat sich außerdem – von Reform zu Reform fortschreitend – um eine möglichst klare Abgrenzung der Kompetenzen der verschiedenen Gesellschaftsorgane bemüht, um die gesetzeswidrige, weil außerhalb der Zuständigkeitsordnung liegende Einflussnahme des einzelnen Aktionärs nach Möglichkeit zu verhindern. Im Mittelpunkt der Bemühungen des Gesetzgebers stand dabei durchweg die Stärkung der Stellung des Vorstandes. Deshalb bestimmt heute § 76 Abs. 1 AktG, dass (nur) der Vorstand die Gesellschaft unter eigener Verant-

---

[78] Zur Verbreitung personeller Verflechtungen s. bis zur Jahrtausendwende *Adams* AG 1994, 148; *G. Schönwitz/H. J. Weber,* Unternehmenskonzentration, personelle Verflechtungen und Wettbewerb, 1982; *H. Biehler,* Personen- und Kapitalverflechtungen, 1982; *Albach/Kless* ZfB 52 (1982), 959; *Peters/Werner* AG 1978, 297 (305); *R. Ziegler,* Das Netzwerk der Personen- und Kapitalverflechtungen, 1983; für die Zeit nach Inkrafttreten der Steuerreform vom 23.10.2000 (→ Rn. 9) s. *Streek/Höpner,* Alle Macht dem Markt?, Fallstudien zur Abwicklung der Deutschland AG, 2003.

[79] Näher zu den ökonomischen Risiken Emmerich/Habersack, Konzernrecht, 8. Aufl. 2005, § 1 III 4.

[80] Vgl. zB Lutter/Semler/*Kropff,* Rechtsgrundlagen freiheitlicher Unternehmenswirtschaft, 1991, S. 71 (73 f.); *Krejci,* Partnerschaft, Verein, Konzern, in: Verhandlungen des 10. ÖJT, Bd. I/1, 1988, S. 229 ff.

[81] So schon im Jahre 1881 das RG, s. RGZ 3, 123 (132) – Rumänische Eisenbahn.

wortung zu leiten hat, während die Hauptversammlung nach § 119 Abs. 2 AktG über Fragen der Geschäftsführung nur noch entscheiden kann, wenn es der Vorstand von ihr verlangt (→ § 9 Rn. 12 ff.), und der Aufsichtsrat nur vermittels von Zustimmungsvorbehalten gem. § 111 Abs. 4 S. 2 AktG, §§ 111 a f. AktG an der Geschäftsführung partizipiert (→ § 24 Rn. 31 ff.).

b) Gefahren bei Abhängigkeit

Das ausgewogene System des AktG, das darauf angelegt ist, den Ausgleich der Interessen 25
aller Beteiligten nach Möglichkeit bereits institutionell iRd Gesellschaft sicherzustellen, droht zu versagen, sobald es einem Aktionär, der über ein anderweitiges unternehmerisches Interesse verfügt und der deshalb Unternehmen iSd Konzernrechts ist (→ § 2 Rn. 5 ff.), gelingt, sich einen maßgeblichen Einfluss auf die **Verwaltung der Gesellschaft** zu verschaffen. Dann nämlich besteht die Gefahr, dass der Vorstand, anstatt das Unternehmen unter eigener Verantwortung und im gemeinsamen Interesse der Aktionäre und Gläubiger zu betreiben, nur noch Weisungen eines Aktionärs befolgt, der keine organschaftliche Verantwortung trägt und dessen Interessen häufig genug denen der übrigen Aktionäre und der Gesellschaft direkt entgegengesetzt sind.[82] Zugleich entwickelt sich der Aufsichtsrat von einem Überwachungsorgan zum eigentlichen Leitungsorgan, über das der Großaktionär in die Gesellschaft hineinregiert. Denselben Funktionswandel erleidet die **Hauptversammlung.** Vor allem ihr Recht, über die Verwendung des Bilanzgewinns zu entscheiden (§ 174 AktG), wird zur leeren Hülse, wenn schon zuvor und außerhalb der Bilanz der Gewinn und möglicherweise sogar die Substanz der Gesellschaft verdeckt an den Großaktionär oder an ihm nahe stehende Dritte ausgekehrt oder auf andere Weise dem Zugriff der Aktionäre entzogen worden sind. Die häufigsten Mittel hierzu sind die Gewinnverlagerung in von der Verwaltung allein kontrollierte Tochtergesellschaften[83] sowie verdeckte, dh nicht auf förmlichem Gewinnverwendungsbeschluss beruhende Gewinnausschüttungen an das herrschende Unternehmen.[84]

Verdeckte Gewinnausschüttungen begegnen iÜ nicht nur im Hinblick auf das Recht 26
der Hauptversammlung zur Beschlussfassung über die Verwendung des Bilanzgewinns (§ 58 Abs. 3, 4 AktG), sondern auch unter dem Gesichtspunkt der Gleichbehandlung der Aktionäre (§ 53 a AktG) und des Gläubigerschutzes Bedenken. Vorbehaltlich besonderer Vorschriften des Aktienkonzernrechts sind sie deshalb im Allgemeinen nach § 57 Abs. 3 AktG, § 62 AktG unzulässig und rückabzuwickeln. Beispiele sind die Erzwingung von Vertragsabschlüssen mit dem herrschenden Unternehmen oder mit ihm nahe stehenden Dritten zu unangemessenen Konzernverrechnungspreisen, der Zwang zur Gewährung von Kredit ohne Sicherheiten oder sogar ohne echte Gegenleistung (etwa zum Zwecke der Finanzierung des Anteilserwerbs),[85] außerdem die Einführung

---

[82] Vgl. die treffenden Formulierungen in der Begr. RegE, Vorb. zu § 291, bei *Kropff* S. 373 f.; ebenso zB *Krejci,* Partnerschaft, Verein, Konzern, in: Verhandlungen des 10. ÖJT, Bd. I/1, 1988, S. 237 ff.

[83] Ein beeindruckendes Beispiel liefert der „Togal"-Fall (BGE 105 [1979] II, 114 (120 ff.)), in dem der Mehrheitsaktionär systematisch alle Rechte der Minderheit missachtete, insbes. sämtliche Gewinne der Töchter vorweg für sich abschöpfte und sich hierin auch durch weit über dreißig gerichtliche Verfahren nicht beirren ließ.

[84] Vgl. *Druey* ZSR 121 II (1980), 273 (300 ff.); *Immenga* Encyclopedia S. 6 ff.; *Mestmäcker* S. 224 (240 ff.); *Ruedin* ZSR 121 II (1980), 147 (169 ff.); *Wiedemann* GesR I S. 438 ff.; *Wiedemann/Strohn* AG 1979, 113; *Zöllner* Schranken S. 79 ff.

[85] Vgl. *Seibt* ZHR 171 (2007), 282; *Eidenmüller* ZHR 171 (2007), 644 ff.; *Habersack* FS K. Schmidt, 2010, 523 ff.

sogenannter Konzern- und Steuerumlagen,[86] weiter der Abschluss fingierter Beratungs- und Lizenzverträge sowie schließlich die Veranlassung zur Auftragsabgabe, zum Effektenaustausch mit dem herrschenden Unternehmen,[87] zur Abgabe von Grundstücken,[88] von Patenten oder von technischem Wissen oder zur Einstellung aussichtsreicher Entwicklungen zum Schutze des Produktionsprogramms anderer Konzernglieder. Ebenso gefährlich ist es für die abhängige Gesellschaft, wenn sie infolge des Zusammenschlusses mit dem herrschenden Unternehmen ihren Geschäftsverkehr fortan auf den Konzern beschränken muss und dadurch vom Markt getrennt wird. Herrschende Unternehmensaktionäre können abhängige Gesellschaften außerdem dadurch schwer schädigen, dass sie sich die in der abhängigen Gesellschaft erarbeiteten Geschäftsgeheimnisse für eigene Zwecke zunutze machen oder die Geschäftschancen der abhängigen Gesellschaft an dieser vorbei systematisch auf sich überleiten.

27 Für die **GmbH** und die **Personengesellschaft** gilt das Gesagte gleichermaßen. Zwar ist bei diesen Gesellschaften der Geschäftsführer nicht zur eigenverantwortlichen Leitung der Gesellschaft berufen; die Gesellschafter können vielmehr auch in Geschäftsführungsfragen Beschlüsse fassen, die sodann von dem geschäftsführenden Organ zu vollziehen sind.[89] Indes kann selbst dann, wenn die Gesellschaft über einen dominierenden Gesellschafter verfügt, davon ausgegangen werden, dass sich dieser bei Ausübung seiner mitgliedschaftlichen Teilhaberechte von dem Interesse der Gesellschaft leiten lässt. Anders verhält es sich, wenn der beherrschende Gesellschafter Unternehmen iSd Konzernrechts ist. Dann besteht die Gefahr, dass das Eigeninteresse der Gesellschaft durch das von dem beherrschenden Gesellschafter anderweitig verfolgte unternehmerische Interesse überlagert und die Gesellschaft zu einem Partikularinteressen dienenden Instrument gemacht wird.

c) Auswirkungen auf die herrschende Gesellschaft

28 Mit Unternehmensverbindungen können negative Wirkungen auch auf der Ebene der herrschenden Gesellschaft verbunden sein.[90] Zumindest für das Aktienrecht ging man bis etwa Mitte der siebziger Jahre nahezu einhellig davon aus, dass die Ausübung der in der Beteiligung einer AG an einer anderen Gesellschaft verkörperten Mitgliedschaftsrechte (und damit auch das Stimmrecht) allein Sache des Vorstandes sei. Diese Meinung hatte indessen die fatale Folge, dass selbst in weiterverzweigten, mehrstufigen Konzernen sämtliche Entscheidungen über die Tochter- und Enkelgesellschaften (nur) der Verwaltung der Muttergesellschaft obliegen, während die Aktionäre der Muttergesellschaft von einem Einfluss hierauf weitgehend ausgeschlossen sind. Eine solche **Kompetenzverschiebung** mag angehen, solange es sich bei den Beteiligungen um bloße Kapitalanlagen handelt. Die Situation ändert sich indessen, wenn es sich um unternehmerische Beteiligungen handelt, die Gesellschaft also einen nicht unerheb-

---

[86] Beispiele in BGHZ 65, 15 – ITT und BGHZ 141, 79; *Wiedemann/Strohn* AG 1979, 113; dazu noch → § 25 Rn. 26 f.

[87] Zum „asset stripping" s. den Feldmühle Nobel-Fall bei *Lutter* FS Steindorff, 1990, 125.

[88] Ein „schönes" Beispiel in LG Stuttgart AG 1992, 236.

[89] Vgl. für die GmbH § 37 Abs. 1 GmbHG; für die OHG und KG § 114 f. HGB, § 164 HGB und dazu *K. Schmidt* § 47 V 1; für die GbR §§ 713, 664 BGB.

[90] Grundlegend *Lutter* Betr. 1973 Beil. Nr. 21; *Lutter* FS Barz, 1974, 199; *Lutter* FS H. Westermann, 1974, 347; zu dem auf Schutz der Aktionäre der Muttergesellschaft fixierten Anliegen des japanischen Konzernrechts von 2014 s. *Takahashi* AG 2014, 493; näher → § 7 Rn. 2 ff., → § 9 Rn. 1 ff.

lichen Teil ihrer Aktivitäten über Tochtergesellschaften ausübt; dann nämlich können Entscheidungen bei den Töchtern schwerwiegende Rückwirkungen auch auf die Muttergesellschaft haben.

In derartigen Fällen muss daher durch das Konzernrecht ein **angemessener Einfluss** **der Gesellschafter der Muttergesellschaft** auf die Konzernbildung sowie auf Entscheidungen, die zwar auf Tochterebene getroffen werden, indes auch auf Mutterebene bedeutsam sind, sichergestellt werden. Bei der **Personengesellschaft** und der **GmbH** fügen sich entsprechende Mitspracherechte der Gesellschafter unschwer in die Organisationsverfassung der Gesellschaft ein (→ § 9 Rn. 7 ff.). Für die **AG** sieht § 293 Abs. 2 AktG hingegen die Mitsprache der Aktionäre erst bei Begründung eines Vertragskonzerns vor. Indes hat der BGH für besonders gelagerte Fälle eine „ungeschriebene" Zuständigkeit der Hauptversammlung des herrschenden Unternehmens anerkannt (→ § 9 Rn. 12 ff.). 28a

IV. Einfluss des Steuerrechts

Der Einfluss des Steuerrechts auf die Entwicklung der Unternehmenskonzentration kann nicht hoch genug eingeschätzt werden. Es hat die Unternehmenskonzentration seit jeher in erheblichem Maße begünstigt[91] und, indem es die Steuerprivilegien an bestimmte Formen von Unternehmenszusammenschlüssen knüpft, in ganz bestimmte Bahnen gelenkt.[92] Die größte Bedeutung kommt dabei dem Körperschaftsteuerrecht zu. Im Rahmen einer den gesellschaftsrechtlichen Aspekten des Konzernrechts gewidmeten Darstellung soll ein kurzer Überblick über die historische Entwicklung genügen.[93] 29

1. Körperschaftsteuer

Die im Steuerrecht vorherrschende „wirtschaftliche Betrachtungsweise" hätte es vielleicht nahegelegt, Konzerne als Einheit zu behandeln und deshalb steuerlich die Gewinne aller Konzernglieder einheitlich bei der Muttergesellschaft zu erfassen. In der Tat ist diese sogenannte **Einheits- oder Filialtheorie** in den zwanziger Jahren im Schrifttum vielfach befürwortet worden.[94] In der Rechtsprechung vermochte sie sich 30

---

[91] Bayer/Habersack Bd. I/*Spindler* S. 440 (516 ff.); Bayer/Habersack Bd. II/*Altmeppen* S. 1027 (1029 ff.); *Nörr* ZHR 150 (1986), 150 (168 ff.); *Hettlage* AG 1981, 92; *Lenel*, Ursachen der Konzentration, 2. Aufl. 1968, S. 311 (403 ff.); *A. Stoll*, Garantiekapital und konzernspezifischer Gläubigerschutz, 2007, S. 171 ff.; Überblick zur historischen Entwicklung des Steuerrechts der AG bei Bayer/Habersack/*Hüttemann*, Bd. II, S. 1212 ff. – Für Österreich s. *Koppensteiner* RdW 1985, 170; *Krejci*, Partnerschaft, Verein, Konzern, in: Verhandlungen des 10. ÖJT, Bd. I/1, 1988, S. 229 (318 ff.); für die Schweiz *Druey* ZSR 121 II (1980), 273 (331 ff.): Das Steuerrecht hat den Konzern überhaupt erst möglich gemacht!

[92] Vgl. insbes. *Mestmäcker* S. 287 ff.; *Sonnenschein*, Organschaft und Konzerngesellschaftsrecht, 1976, S. 483 ff.

[93] Näher zur Organschaft im Steuerrecht Emmerich/Habersack/Sonnenschein, 7. Aufl. 2001, § 13 mit umfassenden Nachw.; seitdem etwa BFH ZIP 2004, 164; 2004, 116; Konzern 2006, 389; DStR 2010, 858; ZIP 2010, 1491; AG 2011, 298; 2011, 417; 2011, 591; ZIP 2011, 710; AG 2011, 683; ZIP 2011, 2196; NZG 2012, 436; ZIP 2013, 1910; ZIP 2016, 568; Konzern 2016, 141; Konzern 2016, 145; 2016, 150; ZIP 2017, 1415; 2018, 173; aus dem neueren Schrifttum *Dötsch* Konzern 2011, 402; *Feldgen* BB 2016, 606; *Rödder* ZHR 171 (2007), 380; *Schön* ZHR 171 (2007), 409; *Schneider* Konzern 2010, 486; *Steiner* NZG 2011, 1413; *Walter* GmbHR 2012, 670; *Witt*, Die Konzernbesteuerung, 2006, S. 10 ff., 38 ff.

[94] Vgl. *Hommelhoff*, Die Konzernleitungspflicht, 1982, S. 10 ff.

indessen letztlich nicht durchzusetzen; insbes. der RFH wies sämtliche Versuche zurück, körperschaftsteuerrechtlich den steuerpflichtigen Gewinn des gesamten Konzerns an Hand einer einzigen Konzernbilanz zu ermitteln.[95] Das hatte zur Folge, dass jedes einzelne zum Konzern gehörende Unternehmen seinen Gewinn selbstständig zu ermitteln und zu versteuern hatte. Diese Regel wurde indessen niemals konsequent durchgehalten. Insbesondere das Schachtelprivileg und die Organschaft haben schon frühzeitig die Konzernierung begünstigt.

a) Schachtelprivileg

31 Von hervorragender Bedeutung für die Entwicklung der Unternehmenskonzentration in Deutschland war das zuletzt in § 9 KStG 1975 geregelte Schachtelprivileg.[96] Sein Zweck bestand in erster Linie darin, eine **doppelte Besteuerung** der Gewinne kapitalmäßig verflochtener Unternehmen zu verhindern. Der Gewinn der AG oder einer sonstigen Kapitalgesellschaft wurde deshalb nur einmal bei der ausschüttenden Gesellschaft (der Tochtergesellschaft) der Körperschaftsteuer unterworfen; hingegen blieben die auf die Beteiligung entfallenden Gewinnanteile der beteiligten Kapitalgesellschaft (der Muttergesellschaft) bei der Ermittlung des Einkommens der Muttergesellschaft außer Ansatz: Lediglich wenn die Gewinnanteile von dieser nicht weiter an ihre Gesellschafter ausgeschüttet wurden, unterlagen sie bei ihr einer sogenannten Nachsteuer. In den Genuss dieses Schachtelprivilegs kam nun aber nicht etwa jede Kapitalgesellschaft, die an einer anderen beteiligt war; die Gewährung des Privilegs war vielmehr vom Gesetz – und hierin lag die konzernrechtliche Relevanz der gesamten Regelung – an zusätzliche Bedingungen geknüpft worden. Die wichtigste Voraussetzung war eine unmittelbare **Beteiligung von mind. einem Viertel** an dem Kapital der ausschüttenden Gesellschaft.[97] Es liegt auf der Hand, dass diese Regelung für sämtliche Unternehmen einen Anreiz bilden musste, ihre Beteiligung an anderen Kapitalgesellschaften nach Möglichkeit auf mind. 25% zu erhöhen, um so in den Genuss des Schachtelprivilegs zu gelangen.

32 Durch das am 1.1.1977 in Kraft getretene Körperschaftsteuerreformgesetz[98] wurde das Schachtelprivileg im Wesentlichen beseitigt. Die steuerliche Doppelbelastung war sodann unabhängig von der Beteiligungshöhe durch das **Anrechnungsverfahren** ausgeschlossen, bei dem die Körperschaftsteuerbelastung des ausgeschütteten Gewinns auf die Steuerschuld der Anteilseigner angerechnet wurde.

33 Von diesem Ansatz hat sich wiederum das Gesetz zur Senkung der Steuersätze und zur **Reform der Unternehmensbesteuerung vom 23.10.2000**[99] verabschiedet. Nach § 8b Abs. 1 KStG nF bleiben Bezüge iSd § 20 Abs. 1 Nr. 1, 2, 9 und 10 lit. a EStG, mithin insbes. Gewinnanteile, bei der Ermittlung des Einkommens der Körperschaft außer Ansatz. In konzeptioneller Übereinstimmung mit der Rechtslage unter Geltung des Schachtelprivilegs wird damit der Gewinn nur einmal, nämlich bei der ausschüttenden Gesellschaft, der Körperschaftsteuer unterworfen. Nach der ursprünglichen

---

[95] RFHE 31, 297; ebenso RGZ 115, 246 (253) von 1926 gegen RGZ 108, 41 (43) von 1924.
[96] Vgl. dazu *Behrens* JuS 1972, 179 (180f.); *Reuter,* Die Besteuerung der verbundenen Unternehmen, 1970, Rn. 270ff.
[97] Zur Frage der Verfassungsmäßigkeit der Mindestbeteiligung s. *Sonnenschein* GS Klein, 1977, 500.
[98] KStG v. 31.8.1976 (BGBl. 1976 I 2597); für vorliegenden Zusammenhang s. insbes. §§ 26 Abs. 2–7, 27ff. KStG 1977.
[99] BGBl. 2000 I 1433; dazu *Bergemann* DStR 2000, 1410ff.

Konzeption der Neuregelung galt dies unabhängig von der Höhe der Beteiligung, so dass der vom alten Schachtelprivileg ausgehende Anreiz zur Konzernbildung entfallen war. § 8b Abs. 4 KStG in der Fassung durch das Gesetz vom 21.3.2013 (BGBl. 2013 I 561) nimmt nun allerdings **Streubesitzdividenden** genannte Bezüge aufgrund von Beteiligungen von weniger als 10% von der Steuerbefreiung aus.

b) Organschaft

Einen erheblichen Anreiz für die Verdichtung von Unternehmensverbindungen hat das Körperschaftsteuerrecht seit langem durch die Zulassung des **Gewinn- und Verlustausgleichs** innerhalb sogenannter Organschaftsverhältnisse geschaffen. Der Bruch mit dem theoretischen Ausgangspunkt – der Ablehnung der Einheitstheorie – ist hier schon fast total, kommt doch die Anerkennung der Organschaft der einheitlichen Besteuerung des Konzerns zumindest nahe. 34

Die Entwicklung der Organschaft ist im Wesentlichen ein **Werk der Finanzrechtsprechung.** Bereits in den zwanziger Jahren hatte der RFH, ältere Entwicklungen in der Rechtsprechung des Preußischen OVG aufgreifend, zunehmend anerkannt, dass auch eine juristische Person bloßes „Organ" eines anderen Unternehmens sein könne.[100] Voraussetzung dafür war die wirtschaftliche, finanzielle und organisatorische **Eingliederung** der Organgesellschaft in das Unternehmen des Organträgers. Waren diese Voraussetzungen erfüllt, so konnten die Gewinne und Verluste des Organs durch eine Ergebnisausschlussvereinbarung (auch Gewinn- und Verlustübernahmevertrag oder Gewinnabführungsvertrag genannt) vom Organträger, in der Regel der Konzernspitze, übernommen werden. Sie wurden dann nur dort, nicht aber bei dem Organ der Körperschaftsteuer unterworfen.[101] 35

Im Ergebnis wurde hierdurch nicht nur die Doppelbelastung ausgeschütteter Gewinne vermieden. Es wurde vielmehr auch ein **Gewinn- und Verlustausgleich im Konzern** ermöglicht, zumal dasselbe Unternehmen Organschaftsverhältnisse gleichzeitig mit mehreren abhängigen Gesellschaften begründen konnte. Die Konzernleitung erhielt dadurch die Möglichkeit, frei darüber zu entscheiden, wo sie etwa anfallende Gewinne versteuern oder gegen Verluste anderer Konzernglieder verrechnen wollte. An diesen vom RFH in den zwanziger und dreißiger Jahren entwickelten Grundsätzen hielt auch der BFH im Grundsatz fest.[102] 36

Heute findet sich die gesetzliche Regelung der Organschaft in den §§ 14–19 KStG. Nach § 14 Abs. 1 S. 1 KStG, § 17 Abs. 1 KStG setzt die Organschaft neben der – durch den Erwerb der Mehrheit der Stimmrechte begründeten – finanziellen Eingliederung der Organgesellschaft in das Unternehmen des Organträgers nur noch den **Abschluss eines Gewinnabführungsvertrags** voraus.[103] Liegt ein Organschaftsverhältnis 37

---

[100] Zur Rechtsprechung des RFH vgl. Bayer/Habersack Bd. II/*Hüttemann* S. 1212 (1249 ff.); *Knobbe-Keuk,* Bilanz- und Unternehmenssteuerrecht, 9. Aufl. 1993, § 20 I; *Sonnenschein,* Organschaft und Konzerngesellschaftsrecht, 1976, S. 46, 308 ff.; Bayer/Habersack Bd. I/*Spindler* S. 440 (516 ff.).

[101] Zusammenfassend RFHE 22, 183 (187 ff.); 31, 297 (299 ff.); vgl. weiter *Mestmäcker* S. 287 ff.; *E. Rehbinder,* Konzernaußenrecht, 1969, S. 61 ff.; *Reuter,* Die Besteuerung der verbundenen Unternehmen, 1970, Rn. 1260 ff.; *Sonnenschein,* Organschaft und Konzerngesellschaftsrecht, 1976, S. 437 ff.

[102] Grundlegend BFHE 82, 233 (240 f.).

[103] Speziell dazu BFH AG 2011, 298; AG 2011, 417; AG 2011, 683; *Schneider* Konzern 2010, 486; *Heurung/Engel/Schröder* BB 2013, 663.

vor, so ist – vorbehaltlich des § 16 KStG – das Einkommen der Organgesellschaft dem Organträger zuzurechnen. Zu diesem Zweck haben Organträger und Organgesellschaft jeweils ihr Einkommen selbstständig und getrennt zu ermitteln. Erst danach sind die getrennt ermittelten Einkommen beider Gesellschaften beim Organträger zusammenzurechnen und nach den für diesen geltenden steuerrechtlichen Vorschriften der Besteuerung zu unterwerfen. Das hat für den Organträger den unschätzbaren Vorteil, alle Gewinne und Verluste des Organkreises sofort miteinander verrechnen zu können, so dass Verluste einzelner Organglieder die Steuerbelastung der Gewinne anderer Organglieder endgültig mindern.

38 Ob an dem Erfordernis eines Gewinnabführungsvertrags und der damit einhergehenden strengen Unterscheidung des Konzernsteuerrechts zwischen dem Vertragskonzern und dem „faktischen" Konzern **de lege ferenda** festzuhalten ist, erscheint überaus zweifelhaft.[104] So hat sich gezeigt, dass das Unionsrecht eine Erstreckung der Organschaft auf Auslandsgesellschaften gebietet;[105] fraglich ist, ob an dem Erfordernis eines Gewinnabführungsvertrags festgehalten werden kann.[106] Unabhängig hiervon dürfte der zwischen den Mitgliedstaaten bestehende Wettbewerb um Holdinggesellschaften über kurz oder lang eine Reform der Gruppenbesteuerung erzwingen.[107] Unionsweit herrschen jedenfalls Konsolidierungsmodelle vor, die auf das Erfordernis eines Unternehmensvertrags verzichten und stattdessen vor allem auf die **Höhe der Beteiligung** abstellen.[108] Hierzulande konnte bislang allerdings nur eine „kleine", am Erfordernis des Gewinnabführungsvertrags festhaltende Reform verwirklicht werden.[109]

38a Von der steuerrechtlichen Reformdebatte unberührt bleibt iÜ die Frage, ob an dem Vertragskonzern aus spezifisch **gesellschaftsrechtlichen Gründen** festzuhalten ist. Vor dem Hintergrund, dass §§ 291 ff. AktG bei Lichte betrachtet den allgemeinen Grundsatz der Satzungsstrenge einschränken und als im Grundsatz gelungener Ausgleich divergierender Interessen (auf der einen Seite das Gestaltungs- und Leitungsinteresse des herrschenden Unternehmens, auf der anderen Seite die Belange der au-

---

[104] Näher zum Folgenden *Herzig/Wagner* Betr. 2005, 1 ff.; *Herzig/Krebühl,* Organschaft, 2003, Teil J I, S. 595 ff.; *Rödder* ZHR 171 (2007), 380; *Schön* ZHR 168 (2004), 629; *Schön* ZHR 171 (2007), 409.
[105] Vgl. für die grenzüberschreitende gewerbesteuerliche Organschaft BFH AG 2011, 591 Rn. 17 ff. (betr. das im Doppelbesteuerungsabkommen mit Großbritannien geregelte, indes EU-weit geltende Diskriminierungsverbot); s. ferner EuGH ZIP 2012, 2340; 2014, 819; BMF DStR 2011, 674.
[106] Skeptisch BFH DStRE 223, 227 Rn. 36; vgl. ferner BFH DStR 2012, 509 (511 f.) Rn. 20 ff.; aus der EuGH-Judikatur s. namentlich EuGH ZIP 2005, 2313 – Marks & Spencer; zum Diskussionsstand s. *Blümich/Krumm,* KStG § 14 Rn. 39 (146. EL Februar 2019) mwN; s. ferner *Schnitger* Konzern 2015, 491; zuvor *Dötsch* Konzern 2005, 695; *Dötsch/Pung* Konzern 2006, 130; *Dürrschmidt/Schüller* NZG 2006, 103; *Herzig/Wagner* Betr. 2005, 1 (3 ff.); *Herzig/Wagner* Konzern 2006, 176; *Hey* GmbHR 2006, 113; *Meister* NZG 2006, 212.
[107] Seit jeher kritisch gegenüber dem Erfordernis eines Unternehmensvertrags *Sonnenschein,* Organschaft und Konzerngesellschaftsrecht, 1976, S. 424 ff.
[108] Näher zu den Reformmodellen *Herzig/Wagner* Betr. 2005, 1 (8 f.); *Schön* ZHR 168 (2004), 629 (632); *Schön* ZHR 171 (2007), 409; speziell zur österreichischen Gruppenbesteuerung *Gahleitner/Furherr* Konzern 2005, 129; *Prinz* GmbHR 2005, 917.
[109] Gesetz zur Änderung und Vereinfachung der Unternehmensbesteuerung und des steuerlichen Reisekostenrechts vom 20.2.2013, BGBl. 2013 I 285; s. *Olbing* AG 2013, 348; *Wolfersdorff/Rödder/Schmidt-Fehrenbacher/Beisheim/Gerner* DB 2012, 2241; *Stangl/Brühl* Konzern 2013, 77; zu der vorausgegangenen Diskussion über eine „Große Organschaftsreform" s. *Schöne/Heurung/Petersen* DStR 2012, 1680.

ßenstehenden Aktionäre und der Gläubiger der abhängigen Gesellschaft) erscheinen, ist die Frage eindeutig zu bejahen.[110]

2. Gewerbesteuer

Die gewerbesteuerliche Organschaft weicht zwar nicht mehr in den Voraussetzun- **39** gen,[111] wohl aber in konzeptioneller Hinsicht von der körperschaftsteuerlichen ab.[112] Nach § 2 Abs. 2 S. 2 GewStG gilt nämlich die Organgesellschaft als **bloße Betriebs- stätte** des Organträgers; der Sache nach wird somit der Konzern, wenn auch mit ge- wissen Einschränkungen, als Einheit behandelt. Die gewerbesteuerliche Doppelbelas- tung des Gewerbeertrags innerhalb eines Konzerns wird dabei durch die Schachtelvergünstigung des § 9 Nr. 2a GewStG ausgeschlossen. Hierfür reicht die Be- teiligung in Höhe von 15 % am Grund- oder Stammkapital aus. Vor der Gewerbe- steuerreform sahen § 12 Abs. 3 Nr. 2a GewStG aF und § 102 BewG aF eine entspre- chende Regelung für die Besteuerung des Gewerbekapitals vor.

3. Umsatzsteuer

Große Bedeutung hatte die Organschaft früher auch im Umsatzsteuerrecht. Denn in **40** dem alten System der Allphasenbruttoumsatzsteuer führte die Anerkennung der Or- ganschaft dazu, dass **konzerninterne Umsätze** einschließlich der Lieferungen über mehrere Handelsstufen hinweg als nicht steuerbare Innenumsätze galten, deren Be- steuerung auch nicht nachgeholt wurde, wenn die Ware den Konzernbereich verließ. Durch diese steuerliche Begünstigung der mehrstufigen gegenüber den einstufigen Unternehmen ist seinerzeit die vertikale Konzentration sicher entscheidend gefördert worden.[113]

Die hiergegen bestehenden verfassungsrechtlichen Bedenken[114] sind durch den 1968 **41** vollzogenen Übergang zur Mehrwertsteuer im Wesentlichen beseitigt worden. Die Organschaft ist zwar auch heute noch im Umsatzsteuerrecht anerkannt (§ 2 Abs. 2 Nr. 2 UStG) und beschäftigt nach wie vor den BFH,[115] hat aber keine allzu große praktische Bedeutung mehr, da das Ziel, die mehrfache Besteuerung der jeweils auf den Vorstufen geschaffenen Wertschöpfung (einschließlich der Umsatzsteuer) auszu- schalten, bereits durch den allgemein geltenden **Vorsteuerabzug** erreicht wird.[116]

---

[110] In diese Richtung auch *A. Stoll,* Garantiekapital und konzernspezifischer Gläubigerschutz, 2007, S. 188 ff., 203 ff.

[111] Die Voraussetzungen der gewerbesteuerlichen Organschaft sind durch das Unternehmensteuerfortent- wicklungsgesetz vom 20. 12. 2001 (BGBl. 2001 I 3858) denjenigen der körperschaftsteuerlichen Or- ganschaft angepasst worden; zu § 2 Abs. 2 S. 2 GewStG aF s. *Emmerich/Sonnenschein/Habersack,* Kon- zernrecht, 7. Aufl. 2011, § 13 III; zur Beurteilung von Gewerbesteuerumlagen im faktischen Konzern → § 25 Rn. 27.

[112] S. iE *Emmerich/Sonnenschein/Habersack,* Konzernrecht, 7. Aufl. 2011, § 13 III.

[113] *Lenel,* Ursachen der Konzentration, 2. Aufl. 1968, S. 311, 403 f.

[114] BVerfGE 21, 12.

[115] Dazu BFH ZIP 2009, 1009; 2013, 1773; 2016, 1378; Konzern 2016, 141; 2016, 145; 2016, 150; *Feldgen* BB 2013, 2967; zu Ausgleichsansprüchen in der umsatzsteuerrechtlichen Organschaft s. BGH ZIP 2013, 409.

[116] *Sonnenschein,* Organschaft und Konzerngesellschaftsrecht, 1976, S. 474 ff.

V. Rechtsvergleichung

Literatur: 1. Überblick: *Druey,* Gutachten zum 59. DJT 1992, S. H 1 = in: Lutter (Hrsg.), Konzernrecht im Ausland, 1994, S. 310; *Druey,* Die Zukunft des Konzernrechts, FS Hommelhoff, 2012, S. 135; *Forum Europaeum Konzernrecht,* Konzernrecht für Europa, ZGR 1998, 672; *Hommelhoff,* Konzernrecht für den Europäischen Binnenmarkt, ZGR 1992, 121; *Hommelhoff/Hopt/Lutter* (Hrsg.), Konzernrecht und Kapitalmarktrecht, 2001; *Hommelhoff/Lutter/Teichmann* (Hrsg.), Corporate Governance im grenzüberschreitenden Konzern, 2017; *Hopt* (Hrsg.), Groups of Companies in European Laws/Les groupes de societes en droit europeen, Vol. II, 1982; *Immenga,* International Encyclopedia of Comparative Law, Band XIII, Kapitel 17: Company Systems and Affiliation, Tübingen 1985; *Embid Irujo,* Trends and Realities in the Law of Corporate Groups, EBOR 2005, 65; *Kalss,* Alternativen zum deutschen Aktienkonzernrecht, ZHR 171 (2007), 146; *Kindler,* Hauptfragen des Konzernrechts in der internationalen Diskussion, ZGR 1997, 449; *Kraakman/Armour/Davies* et al., The Anatomy of Corporate Law, 3. Aufl. 2017; *Lutter,* Stand und Entwicklung des Konzernrechts in Europa, ZGR 1987, 324; *Lutter* (Hrsg.), Konzernrecht im Ausland, 1994; *Mestmäcker/Behrens* (Hrsg.), Das Gesellschaftsrecht der Konzerne im internationalen Vergleich, 1991; *Teichmann,* Konzernrecht und Niederlassungsfreiheit, ZGR 2014, 45; *E. Wymeersch* (Ed.), Groups of Companies in the EEC, 1993.

2. Belgien: *Geens,* ZGR 1992, 142 = in: Lutter (Hrsg.), Konzernrecht im Ausland, 1994, S. 1; *van Ommeslaghe,* in: Hopt, Groups of Companies in European Laws/Les groupes de societes en droit europeen, Vol. II, 1982, S. 59; *Wymeersch,* in: Hopt, Groups of Companies in European Laws/Les groupes de societes en droit europeen, Vol. II, 1982, S. 1; *Wymeersch.,* in: Hommelhoff/Hopt/Lutter, Konzernrecht und Kapitalmarktrecht, 2001, S. 1; *Wymeersch,* ZGR 2004, 53.

3. Brasilien: *Comparato,* ZGR 1979, 583 = in: Lutter (Hrsg.), Konzernrecht im Ausland, 1994, S. 32; *T. Ernst,* AG 1977, 274 (279 f.); *Rothmann,* in: Mestmäcker/Behrens, Das Gesellschaftsrecht der Konzerne im internationalen Vergleich, 1991, S. 217.

4. Frankreich: *Bejot,* in: Mestmäcker/Behrens, Das Gesellschaftsrecht der Konzerne im internationalen Vergleich, 1991, S. 169; *Brachvogel,* AG und Gesellschaftsgruppe im französischen Recht, 1971; *Cl. Champaud,* Le pouvoir de concentration de la societe par actions, 1962; *Conac,* in: Hommelhoff/Lutter/Teichmann, Corporate Governance im grenzüberschreitenden Konzern, 2017, S. 89; *Ebenroth/Reiner,* BB 1992, Beilage 13; *G. Freitag,* Konzentrationspolitik in Frankreich, 1972; *Guyon,* ZGR 1991, 218 = in: Lutter (Hrsg.), Konzernrecht im Ausland, 1994, S. 76; *Guyon,* in: Wymeersch, Groups of Companies in the EEC, 1993, S. 141; *Lutter,* FS Kellermann, 1991, S. 257; *Hannoun,* Le droit et les groupes de societes, Paris 1991; *H. Heede,* Das Recht der Gesellschaftsgruppierungen in Frankreich, 1971; *Helms,* in: Hommelhoff/Hopt/Lutter (Hrsg.), Konzernrecht und Kapitalmarktrecht, 2001, S. 69; *Houin,* in: Hopt, Groups of Companies in European Laws/Les groupes de societes en droit europeen, Vol. II, 1982, S. 45; *Lübking,* Ein einheitliches Konzernrecht für Europa, 2000; *S. Maul,* NZG 1998, 965; *G. Reiner,* Unternehmerisches Gesellschaftsinteresse und Fremdsteuerung, 1995; *M. Vanhaecke,* Les Groupes des Societes, Paris 1962; *M. Wolf,* Konzernhaftung in Frankreich und England, 1995.

5. Italien: *Fasciani,* ECFR 2007, 195; *Ferrarini/Giudici/Richter,* RabelsZ 69 (2005), 658; *Kindler,* in: Hommelhoff/Hopt/Lutter, Konzernrecht und Kapitalmarktrecht, 2001, S. 123; *Oelkers,* Konzern 2007, 570; *Padovini,* in: Kalss/Rüffler (Hrsg.), GmbH-Konzernrecht, 2003, S. 41; *Rescigno,* in: Mestmäcker/Behrens, Das Gesellschaftsrecht der Konzerne im internationalen Vergleich, 1991, S. 339; *R. Ruf,* Leitung und Koordinierung im italienischen Konzernrecht, 2015; *Scognamiglio,* in: Hommelhoff/Lutter/Teichmann, Corporate Governance im grenzüberschreitenden Konzern, 2017, S. 175; *Spada,* ZGR 1992, 408 = in: Lutter (Hrsg.), Konzernrecht im Ausland, 1994, S. 115; *Spada,* in: Wymeersch, Groups of Companies in the EEC, 1993, S. 165; *U. Stein,* FS Hommelhoff, 2012, S. 1149; *Tombari,* Diritto dei Gruppi di Impresse, 2010; *Vanetti,* in: Lutter (Hrsg.), Konzernrecht im Ausland, 1994, S. 126; *Witt,* ZGR 2009, 872.

6. Japan: *Takahashi,* AG 2014, 493; *Takahashi,* ECFR 2006, 287; *Takahashi,* Konzern und Unternehmensgruppe in Japan – Regelung nach dem deutschen Modell?, 1994; *Takahashi/Shintsu,* Einführung eines Konzernrechts in Japan: Der Zwischenentwurf und die ergänzenden Erläuterungen, ZJapanR 33 (2012), 13.

7. Mittel- und osteuropäische Staaten: *Brus,* in: Kalss/Rüffler (Hrsg.), GmbH-Konzernrecht, 2003, S. 21 (Slowenien); *Cech,* in: Hommelhoff/Lutter/Teichmann, Corporate Governance im grenzüberschreitenden Konzern, 2017, S. 67 (Tschechien); *Doralt,* Das neue ungarische Aktienrecht (Minderheiten- und Gläubigerschutz), FOWI-Arbeitspapier Nr. 54, 1998, S. 1 ff.; *Hommelhoff/J. Schubel,* in: Jahrbuch für Vergleichende Staats- und Rechtswissenschaften – 2013, 2014, S. 47 (Polen); *Hopt/Jessel-Holst/Pistor* (Hrsg.), Unternehmensgruppen in mittel- und osteuropäischen Ländern, 2003; *Hopt/Pistor,* EBOR 2 (2001), 1 ff.; *Kalss,* Gesellschaftsrecht in den Ländern Mittel- und Osteuropas, ZGR 2000, 819 (863 ff.); *Oplustil,* in: Hommelhoff/Lutter/Teichmann, Corporate Governance im grenzüberschreitenden Konzern, 2017, S. 149 (Polen); *Oplustil/Wludyka,* FS Hommelhoff, 2012, S. 863; *Schubel,* in: Hommelhoff/Lutter/Teichmann, Corporate Governance im grenzüberschreitenden Konzern, 2017, S. 197 (Polen, Tschechien, Ungarn); *Soltysinski,* FS Fikentscher, 1998, S. 419 (Polen); *Szecskay,* Capital Markets and Corporate Takeover Legislation in Hungary, International Business Lawyer 1999, 443; *J. Schubel,* Gestaltungsfreiheit und Gestaltungsgrenzen im polnischen Vertragskonzernrecht, 2010; *Wojcieszyk-Kluge,* RIW 2005, 606 (Polen).

8. Niederlande: *Lennarts,* in: Hommelhoff/Lutter/Teichmann, Corporate Governance im grenzüberschreitenden Konzern, 2017, S. 121; *Slagter,* ZGR 1992, 1 = in: Lutter (Hrsg.), Konzernrecht im Ausland, 1994, S. 171; *Timmerman,* in: Wymeersch, Groups of Companies in the EEC, 1993, S. 231; *Timmerman,* in: Hommelhoff/Hopt/Lutter, Konzernrecht und Kapitalmarktrecht, 2001, S. 169.

9. Österreich: *Doralt* (Hrsg.), Deutsches Konzernrecht, Rechtslage und Überlegungen zur Rezeption in Deutschland, 1985; *Doralt,* in: Hommelhoff, Entwicklungen im GmbH-Konzernrecht, 1986, S. 1; *Doralt* ZGR 1991, 252 = Verhandlungen des 10. ÖJT 1988, Bd. II/1, 1988, S. 1 = in: Lutter (Hrsg.), Konzernrecht im Ausland, 1994, S. 192; *Doralt/Diregger,* in: Münchener Kommentar zum AktG, 4. Aufl. 2016, § 15 Rn. 50 ff.; *Doralt/Kalss,* in: Hommelhoff/Hopt/Lutter, Konzernrecht und Kapitalmarktrecht, 2001, S. 177; *Jud,* Der Konzerntatbestand im österreichischen und deutschen Aktienrecht, Diss. Graz 1968; *Kalss/Rüffler* (Hrsg.), GmbH-Konzernrecht, 2003 (mit Beiträgen zum österreichischen Recht von Koppensteiner, Torggler, Artmann und Rüffler); *Koppensteiner,* RdW 1985, 170; *Koppensteiner,* in: Hommelhoff, Entwicklungen, S. 101; *Koppensteiner,* FS Ostheim, Wien, 1990, S. 403; *Koppensteiner,* FS Steindorff, 1990, S. 79; *Krejci,* Partnerschaft, Verein, Konzern, in: Verhandlungen des 10. ÖJT 1988, Bd. I/1, 1988; *M. Müller,* GesRZ 1989, 91; *Reich-Rohrwig,* GmbH-Recht, 1983, S. 567, 817 ff.; *Roth,* GesRZ 1985, 1; *Roth/Fitz,* RdW 1985, 99; *K. Schmidt,* in: Verhandlungen des 10. ÖJT 1988 Bd. II/1, 1989, S. 91; *Thöni,* GesRZ 1987, 82, 126; *Torggler,* in: Gedächtnisschrift f. Schönherr, Wien 1986, S. 237; *Torggler,* GesRZ 2013, 11 ff.; *Vanis,* GesRZ 1987, 132.

10. Portugal: *Gause,* Europäisches Konzernrecht im Vergleich – Eine Untersuchung auf der Grundlage des portugiesischen Rechts, 2000; *Lutter/Overrath,* in: Lutter, Konzernrecht im Ausland, 1994, S. 229; *Ribeiro,* in: Mestmäcker/Behrens (Hrsg.), Das Gesellschaftsrecht der Konzerne im internationalen Vergleich, 1991, S. 203.

11. Schweiz: Zwischenbericht der Arbeitsgruppe für die Überprüfung des Aktienrechts, Bern 1972; *Amstutz,* Konzernorganisationsrecht, 1995; *Druey,* ZSR 121 II (1980), 273; *Druey,* FS Schnyder, 2018, 1017; *Fleischer,* NZG 1999, 685; *Forstmoser,* ZGR 1992, 203; *L. Handschin,* Der Konzern im geltenden schweizerischen Privatrecht, 1994; *K. Hofstetter,* Sachgerechte Haftungsregeln für multinationale Konzerne, 1995; *Kunz,* GesRZ 2012, 282 ff.; *Nobel,* in: Hommelhoff/Hopt/Lutter (Hrsg.), Konzernrecht und Kapitalmarktrecht, 2001, S. 227; *Ruedin,* ZSR 121 II (1980), 147; *Schwarz,* WM 1992, 1053; *Steblar,* in: Druey (Hrsg.), Das St. Galler Konzernrechtsgespräch, 1988, S. 9; *Witt,* ZGR 2009, 872.

12. Skandinavien: *Hansen,* in: Hommelhoff/Lutter/Teichmann, Corporate Governance im grenzüberschreitenden Konzern, 2017, S. 103; *Krüger Andersen,* ZGR 2002, 96; *Skog,* in: Hommelhoff/Hopt/Lutter (Hrsg.), Konzernrecht und Kapitalmarktrecht, 2001, S. 211.

13. Spanien: *Embid Irujo,* ZGR 1991, 289 = in: Lutter (Hrsg.), Konzernrecht im Ausland, 1994, S. 247; *Embid Irujo,* in: Wymeersch, Groups of Companies in the EEC, 1993, S. 123; *Ruiz Peris,* in: Hommelhoff/Hopt/Lutter, Konzernrecht und Kapitalmarktrecht, 2001, S. 243.

14. Taiwan: *Yeh,* ZGR 2000, 287.

15. Türkei: *Keki,* Deutsches und türkisches Konzernrecht in der rechtsvergleichenden Betrachtung, 2001.

16. USA: *Blumberg,* ZGR 1991, 327 = in: Lutter (Hrsg.), Konzernrecht im Ausland, S. 264; *Ebke,* in: Mestmäcker/Behrens, Das Gesellschaftsrecht der Konzerne im internationalen Vergleich, 1991, S. 279; *Großfeld,* Aktiengesellschaft, Unternehmenskonzentration und Kleinaktionär, 1968; *Herkenroth,* Konzernierungsprozesse im Schnittfeld von Konzernrecht und Übernahmerecht, 1994; *Kronstein/Hawkins,* AWD/RIW 1983, 249; *Mestmäcker,* S. 52 ff.; *Wiethölter,* Interessen und Organisation der Aktiengesellschaft im amerikanischen und deutschen Recht, 1961; *Vagts,* in: Druey, Konzernrechtsgespräch, S. 31.

17. Vereinigtes Königreich: *Fleischer,* AG 1999, 350; *Habersack/Verse,* ZHR 168 (2004), 174; *Hadden,* in: Mestmäcker/Behrens, Gesellschaftsrecht, S. 329; *Herkenroth,* Konzernierungsprozesse im Schnittfeld von Konzernrecht und Übernahmerecht, 1994; *Lübking,* Ein einheitliches Konzernrecht für Europa, 2000; *Prentice,* in: Hopt, Groups of Companies in the EEC, 1993, S. 99; *Prentice,* in: Lutter (Hrsg.), Konzernrecht im Ausland, S. 93; *Prentice,* in: Hommelhoff/Hopt/Lutter, Konzernrecht und Kapitalmarktrecht, 2001, S. 99; *Schuberth,* Konzernrelevante Regelungen im britischen Recht, 1997; *M. Wolf,* Konzernhaftung in Frankreich und England, 1995, S. 85 ff.

42 Während zahlreiche Staaten – nicht zuletzt auf Grund unionsrechtlicher Vorgaben – über ein ausgefeiltes Übernahmerecht verfügen (→ § 9 a Rn. 1 ff.), begegnen **Konzernrechtskodifikationen nach wie vor nur vereinzelt.**[117] Neben Deutschland mit seiner Regelung des Aktienkonzernrechts in §§ 15 ff., 291 ff. verfügt innerhalb der Europäischen Union nur Portugal über ein kodifiziertes Konzernrecht.[118] Italien, Polen, Slowenien, Tschechien und Ungarn verfügen über Teilkodifikationen.[119] Außerhalb der Europäischen Union finden sich Kodifikationen des Konzernrechts vor allem in Brasilien[120] und Taiwan;[121] das japanische Recht kennt seit 2014 Vorschriften über den Schutz der Aktionäre der Muttergesellschaft iRd Konzernbildung.[122] In einer Reihe weiterer Länder gibt oder gab es Kodifikationspläne. Gescheitert sind derartige Pläne mittlerweile in Frankreich,[123] in der Schweiz[124] und wohl auch in Österreich.[125]

43 Auch in den Ländern, die bisher auf eine Kodifikation des Konzernrechts verzichtet haben, existieren freilich Konzerne und die mit ihnen einher gehenden Probleme des Gläubiger- und Außenseiterschutzes. Wie nicht zuletzt das deutsche GmbH-Recht

---

[117] Instruktiv zur Entwicklung *Druey* FS Hommelhoff, 2012, 135 (137 ff.); *Teichmann* ZGR 2014, 45 (49 ff.).

[118] Art. 481–508 HGB 1986; Überblick bei *Teichmann* ZGR 2014, 45 (51 ff.).

[119] Überblick bei *Teichmann* ZGR 2014, 45 (54 ff.); zu den am 1.1.2004 in Kraft getretenen Vorschriften des Codice Civile über Unternehmensgruppen s. *Ferrarini/Giudici/Richter* RabelsZ 69 (2005), 658 (689 ff.); *Oelkers* Konzern 2007, 570; *R. Ruf,* passim; *Stein* FS Hommelhoff, 2012, 1149 ff.; *Tombari* S. 17 ff.; *Witt* ZGR 2009, 872 (918 ff.); zum polnischen Recht s. HLT Corporate Governance/*Oplustil* S. 149 ff.; *Oplustil/Wludyka* FS Hommelhoff, 2012, 863 ff.; *J. Schubel,* passim; zum Recht Sloweniens, Tschechiens und Ungarns s. *Kalss* ZGR 2000, 819 (863), HLT Corporate Governance/*Cech* S. 67 ff. (Tschechien); HLT Corporate Governance/*Schubel* S. 197 ff. (Ungarn, Tschechien, Polen).

[120] Aktiengesetz vom 15.12.1976 (Abdruck in ZGR 1979, 608); dazu zB *Comparato* ZGR 1979, 583; *T. Ernst* AG 1977, 274 (279 f.); Mestmäcker/Behrens/*Rothmann* S. 217.

[121] Gesetz über die Handelsgesellschaften idF vom 31.5.1997; dazu *Yeh* ZGR 2000, 287.

[122] Näher *Takahashi* AG 2014, 493; s. ferner *Takahashi/Shintsu* ZJapanR 33 (2012), 13 ff.

[123] Vgl. den Entwurf Couste, abgedruckt bei *Hopt* Groups S. 296; zur weiteren Entwicklung s. HLT Corporate Governance/*Conac* S. 89 ff.; *Druey* FS Hommelhoff, 2012, 135 (141 f.); ferner *Witt* ZGR 2009, 872 (922 ff.).

[124] Vgl. den Zwischenbericht, ferner den Vorentwurf von 1975, abgedruckt in: Die Schweizerische AG 1976, 17; zu jüngeren Entwicklungen des schweizerischen Gesellschaftsrechts s. *Witt* ZGR 2009, 872 (875 ff.).

[125] Vgl. MüKoAktG/*Doralt/Diregger* AktG § 15 Rn. 50 ff.; KölnKommAktG/*Koppensteiner* AktG Vorbemerkungen vor § 291 AktG Rn. 127; *Koppensteiner* FS Ostheim, 1990, 403 ff.; *Koppensteiner* FS Steindorff, 1990, 79 ff.

zeigt, lassen sich diese Fragen allerdings durchaus unter Rückgriff auf das **allgemeine Gesellschaftsrecht** regeln; besondere Bedeutung kommt dabei der – der Sache nach auch außerhalb von Deutschland anerkannten – Treupflicht des herrschenden Unternehmens im Allgemeinen und dem Verbot von Sondervorteilen im Besonderen,[126] dem (für die AG durch Art. 85 GesR-RL[127] vorgegebenen) Grundsatz der Gleichbehandlung der Aktionäre, der allgemeinen Durchgriffshaftung und vergleichbaren (insbes. in der Krise der Gesellschaft einsetzenden) Haftungstatbeständen[128] sowie den Grundsätzen über die Teilhabe der Aktionäre an grundlegenden Änderungen der Organisationsstruktur der Gesellschaft und des Konzerns[129] zu.[130]

VI. Unionsrecht

1. Realisierte und bevorstehende Maßnahmen der Rechtsangleichung

Literatur: *Amstutz,* Globale Unternehmensgruppen, 2017; *Behrens,* Die Europäisierung des Gesellschaftsrechts, GmbHR 1993, 129; *Druey,* Die Zukunft des Konzernrechts, FS Hommelhoff, 2012, S. 135; *Drygala,* Europäisches Konzernrecht: Gruppeninteresse und Related Party Transactions, AG 2013, 198; *Ekkenga,* Neue Pläne der Europäischen Kommission für ein Europäisches Konzernrecht: Erste Eindrücke, AG 2013, 181; *Embid Irujo,* Searching for a Law of Groups in Europe, RabelsZ 69 (2005), 723; *Fleischer,* Europäisches Konzernrecht: Eine akteurzentrierte Annäherung, ZGR 2017, 1; *Forum Europaeum Konzernrecht,* Konzernrecht für Europa, ZGR 1998, 672; *Forum Europaeum on Corporate Groups,* Eckpunkte für einen Rechtsrahmen zur erleichterten Führung von grenzüberschreitenden Unternehmensgruppen in Europa, ZGR 2015, 507; *Gleichmann,* Bericht über die Arbeiten zur normativen Erfassung des Problems der verbundenen Unternehmen bei der europäischen Rechtsangleichung, in: Mestmäcker/Behrens, Das Gesellschaftsrecht der Konzerne im internationalen Vergleich, 1991, S. 581; *Grundmann,* Europäisches Gesellschaftsrecht, 2. Aufl. 2011; *Habersack,* Europäisches Gesellschaftsrecht im Wandel – Bemerkungen zum Aktionsplan der EG-Kommission betreffend die Modernisierung des Gesellschaftsrechts und die Verbesserung der Corporate Governance in der Europäischen Union, NZG 2004, 1; *Habersack/Verse,* Europäisches Gesellschaftsrecht, 5. Aufl. 2019; *Hommelhoff,* Zum revidierten Vorschlag für eine EG-Konzernrichtlinie, FS Fleck, 1988, S. 125; *Hommelhoff,* Konzernrecht für den Europäischen Binnenmarkt, ZGR 1992, 121; *Hommelhoff,* Zwölf Fragen zum Konzernrecht in Europa, ZGR 1992, 422; *Hommelhoff/Lutter/Teichmann* (Hrsg.), Corporate Governance im grenzüberschreitenden Konzern, 2017; *Hopt,* Konzernrecht: Die europäische Perspektive, ZHR 171 (2007), 199; *Hopt,* Europäisches Gesellschaftsrecht im Lichte des Aktionsplans der Europäischen Kommission vom Dezember 2012, ZGR 2013, 165; *Immenga,* Abhängige Unternehmen und Konzerne im europäischen Gemeinschaftsrecht, RabelsZ 48 (1984), 48; *Jung/Krebs/Stiegler* (Hrsg.), Gesellschaftsrecht in Europa, 2019; *Kolvenbach,* Die Europäische Aktiengesellschaft – eine wohlgemeinte Utopie, FS Heinsius, 1991, S. 379; *Lutter,* Der Vorschlag der EG-Kommission für eine neunte Richtlinie zur Angleichung des Konzernrechts, ZGR 1985, 444; *Lutter,* Minderheiten- und Gläubigerschutz im Konzern: Regelungsansätze in der Europäischen Union, in: Hopt/Jessel-Holst/Pistor (Hrsg.), Unternehmensgruppen in mittel- und osteuropäischen Ländern, 2003; *Lutter/Bayer/J. Schmidt,* Europäisches Unternehmens- und Kapitalmarktrecht, 6. Aufl. 2018; *Maul,* Der Abhängigkeitsbericht im künftigen Konzernrecht, Betr. 1985, 1749; *Mülbert,* Auf dem Weg zu einem europäischen Konzernrecht?, ZHR 179 (2015), 645; *Neye,* Gemeinschaftsrecht und Recht der verbundenen Unternehmen, ZGR 1995, 191; *Schilling,* Bemerkungen zum Europäischen Konzernrecht, ZGR 1978, 415; *Slagter,* Einheitliches Konzernrecht in Europa?, ZGR 1992, 401; *Teichmann,* Europäisches Konzernrecht: Vom Schutzrecht zum Enabling Law, AG 2013, 184; *Wiesner,* Corporate Governance und kein Ende, ZIP 2003, 977.

---

[126] S. am Beispiel von „Related-Party Transactions" (→ Rn. 45 a; → § 24 Rn. 31 ff.) KADEHHHKR/*Enriques/Hertig/Kanda/Pargendler* S. 145 ff.; *Drygala* AG 2013, 198.

[127] Richtlinie (EU) 2017/1132 des Europäischen Parlaments und des Rates vom 14. Juni 2017 über bestimmte Aspekte des Gesellschaftsrechts, ABl. Nr. L 169 S. 46; abgedruckt und erläutert in: *Habersack/Verse* EurGesR §§ 5, 6.

[128] Zu konzernrechtlichen Funktionen der wrongful trading-Haftung des englischen Rechts s. *Habersack/Verse* ZHR 168 (2004), 174 (188 ff.) mwN.

[129] Speziell dazu KADEHHHKR/*Rock/Davies/Kanda/Kraakman/Ringe* S. 171 ff.

[130] Eingehend *Lutter* ZGR 1987, 324; *Forum Europaeum Konzernrecht* ZGR 1998, 672, jew. mwN.

44 Die Europäische Kommission hat bis in die Mitte der achtziger Jahre verschiedene Versuche unternommen, das Konzernrecht in der Europäischen Union zu harmonisieren. Besonders zu erwähnen ist in diesem Zusammenhang der in den Jahren 1974 und 1975 vorgelegte zweiteilige Vorentwurf einer **Konzernrechtsrichtlinie**.[131] Er folgte dem Modell einer organischen Konzernverfassung, die das Eingreifen einheitlicher Schutzvorschriften zugunsten der Gläubiger und außenstehenden Aktionäre an den Tatbestand einheitlicher Leitung knüpft, anders als die §§ 291 ff., 311 ff. AktG also nicht zwischen dem Vertragskonzern und vertragslosen Abhängigkeits- und Konzernverhältnissen unterscheidet. In ihrem 1984 vorgelegten revidierten Vorentwurf einer neunten Richtlinie hat sich die Kommission sodann von dieser Vorstellung distanziert und zwischen dem Vertragskonzern, der Eingliederung und vertragslosen Abhängigkeits- und Konzernverhältnissen unterschieden.[132] Auch dieser Vorschlag hat jedoch nicht das Stadium eines Vorentwurfs verlassen; er diente allein als Diskussionsgrundlage und wurde nicht ernsthaft weiter verfolgt.

45 In ihrem **Aktionsplan vom 21.5.2003** betreffend die Modernisierung des Gesellschaftsrechts und die Verbesserung der Corporate Governance in der Europäischen Union[133] hat sich denn auch die Kommission „offiziell" von dem Vorhaben einer umfassenden Angleichung des Konzernrechts verabschiedet. Stattdessen hat sie **punktuelle Maßnahmen** angekündigt (und teils bereits erlassen), darunter neben Vorschriften über die Transparenz konzerninterner Beziehungen und der Gruppenstruktur[134] insbes. eine Rahmenbestimmung, „wonach die Leitung eines Konzernunternehmens eine abgestimmte Konzernpolitik festlegen und umsetzen darf, sofern die Interessen seiner Mitglieder wirkungsvoll geschützt werden."[135] In der Sache scheint die Kommission das in der französischen Rechtsprechung entwickelte **Rozenblum-Konzept** im Auge zu haben.[136] Danach dürfen der abhängigen Gesellschaft Nachteile zugefügt

---

[131] Abdruck bei *Lutter*, Europäisches Gesellschaftsrecht, 2. Aufl. 1984, S. 187 ff.; dazu *Schilling* ZGR 1978, 415; *Schwarz*, Europäisches Gesellschaftsrecht, Rn. 892 ff.; eingehend zu Stand und Verlauf der Entwicklung sowie zu den Perspektiven *Amstutz*, Unternehmensgruppen, S. 9 ff.; *Druey* FS Hommelhoff, 2012, 135 (141 ff.); *Hopt* ZHR 171 (2007), 199 ff.; Europäisches Gesellschaftsrecht, § 4 Rn. 15 f., 34 ff.; *Lutter/Bayer/J. Schmidt* § 12; JKS GesR-HdB/*Krebs/Jung* § 35.

[132] Abdruck bei *Lutter*, Europäisches Unternehmensrecht, 4. Aufl. 1996, S. 244 ff.; näher dazu *Hommelhoff* FS Fleck, 1988, 125 ff.; *Lutter* ZGR 1985, 444; *Maul* Betr. 1985, 1749; *Schwarz*, Europäisches Gesellschaftsrecht, Rn. 902 ff.

[133] KOM [2003] 284 endg.; Abdruck in NZG 2003, Sonderbeilage zu Heft 13; dazu *Bayer* BB 2004, 1 (5 ff.); *Habersack* NZG 2004, 1; s. ferner *Teichmann* AG 2013, 184 (186 f.).

[134] Richtlinie 2006/46/EG des Europäischen Parlaments und des Rates vom 14. Juni 2006 zur Änderung der Richtlinien des Rates 78/660/EWG über den Jahresabschluss von Gesellschaften bestimmter Rechtsformen, 83/349/EWG über den konsolidierten Abschluss, 86/635/EWG über den Jahresabschluss und den konsolidierten Abschluss von Banken und anderen Finanzinstituten und 91/674/ EWG über den Jahresabschluss und den konsolidierten Abschluss von Versicherungsunternehmen (ABl. L 224 vom 16. August 2006, S. 1–7); dazu *Lanfermann/Maul* BB 2006, 2011 (2014); *Habersack* NZG 2004, 1 (3 f., 6, 7 f.); *Maul* WM 2004, 2146; *Wiesner* ZIP 2003, 977 (980); zur Einordnung der durch die Transparenzrichtlinie gewährleisteten Beteiligungstransparenz (→ § 6 Rn. 6 f.) und des in Art. 5 RL 2004/25/EG geregelten Pflichtangebots (→ § 9a Rn. 28 f.) s. *Teichmann* AG 2013, 184 (186 f.).

[135] Krit. KölnKommAktG/*Koppensteiner* AktG Vorbemerkungen vor § 291 AktG Rn. 135; *Habersack* NZG 2004, 1 (7 f.). – Für eine Kernbereichsharmonisierung bereits *Forum Europaeum Konzernrecht* ZGR 1998, 672 (mit konkreten Vorschlägen für künftige Harmonisierungsmaßnahmen).

[136] Näher dazu *Forum Europaeum Konzernrecht* ZGR 1998, 672 (704 ff.); HLT Corporate Governance/ *Conac* S. 89 ff.; *Lutter* FS Kellermann, 1991, 254 (261 ff.); *Drygala* AG 2013, 198 (202 ff.); *Maul*

werden, sofern die Unternehmensgruppe strukturell verfestigt ist, die abhängige Gesellschaft in eine „kohärente und auf Dauer angelegte Gruppenpolitik eingefügt ist" und schließlich die Vor- und Nachteile für die einzelnen Gruppengesellschaften in einem gewissen Gleichgewicht zueinander stehen. Das Grünbuch Europäischer Corporate Governance-Rahmen vom April 2011 hat diese oder andere Überlegungen zum Konzernrecht zwar nicht aufgegriffen.[137] Der in etwa zeitgleich vorgelegte Bericht der „Reflection Group" zu den Perspektiven des Europäischen Gesellschaftsrechts empfiehlt hingegen gruppenbezogene Regelungen, darunter auch eine Maßnahme, die das Konzerninteresse und damit verbundene Leitungsbefugnisse anerkennt.[138] Dem trägt die Kommission in ihrem **Aktionsplan vom 12.12.2012** betreffend „Europäisches Gesellschaftsrecht und Corporate Governance – ein moderner Rechtsrahmen für engagiertere Aktionäre und besser überlebensfähige Unternehmen"[139] insoweit Rechnung, als sie für die nahe Zukunft Maßnahmen zur Verbesserung der Informationen über Gruppen, zur Anerkennung eines Gruppeninteresses bei der Leitung von Tochtergesellschaften und zur besseren Überwachung der Transaktionen mit nahe stehenden Personen (sog. Related Party Transactions) in Aussicht stellt.

Während das zuletzt genannte Anliegen – die Regulierung von **Related Party Trans-** **actions** – mit Verabschiedung der Änderungsrichtlinie zur Aktionärsrechtericht-linie[140] verwirklicht werden konnte (→ § 24 Rn. 31 ff.), dürften die weiteren Bemühungen der Kommission Maßnahmen zur Anerkennung eines **Gruppeninteresses** und damit zur Verfolgung einer abgestimmten Konzernpolitik (insbes. über die Grenze) gewidmet sein.[141] Die von der Kommission eingesetzte *Informal Company Law Expert Group* (ICLEG) hat diesbezüglich Ende 2016 vorgeschlagen, sich zunächst auf die Leitung von 100%-Konzerngliedern zu konzentrieren.[142] Für eine Differenzierung zwischen Einpersonen-Gesellschaften und sonstigen Konzerngesellschaften haben sich auch das *Forum Europaeum on Corporate Groups*[143] und der *European Model Companies Act*[144] ausgesprochen. Bislang hat die Kommission nicht erkennen lassen, ob und, wenn ja, in welche Richtung sie zu agieren gedenkt. Derzeit nicht weiterver-

45a

NZG 1998, 965 (966 ff.); *Teichmann* AG 2013, 184 (195 f.); s. ferner die Nachw. zum neuen italienischen Konzernrecht in Fn. 119.

[137] Europäische Kommission, Grünbuch Europäischer Corporate Governance-Rahmen, KOM(2011), 164 endg.

[138] Bericht der von der Kommission eingesetzten „Reflection Group" zu den Perspektiven des Europäischen Gesellschaftsrechts (abrufbar unter https://www.ilf-frankfurt.de/fileadmin/_migrated/content_uploads/ILF_WP_126.pdf; zuletzt abgerufen am 14.5.2019); dazu *Amstutz*, Unternehmensgruppen, S. 15 ff.

[139] KOM(2012) 740/2, dazu *Amstutz*, Unternehmensgruppen, S. 20 ff.; *Bayer/Schmidt* BB 2012, 3 (12 f.); *Hopt* ZGR 2013, 165 (176 ff.); s. ferner die Beiträge von *Ekkenga, Teichmann, Drygala* und *Hommelhoff* AG 2013, 181 ff.

[140] Richtlinie (EU) 2017/828 des Europäischen Parlaments und des Rates vom 17. Mai 2017 zur Änderung der Richtlinie 2007/36/EG im Hinblick auf die Förderung der langfristigen Mitwirkung der Aktionäre (ABl. L 132 vom 20. Mai 2017, S. 1-25).

[141] Für einen Überblick zur Diskussion s. Europäisches Gesellschaftsrecht § 4 Rn. 34 ff.; *Amstutz* Unternehmensgruppen S. 83 ff.; *Fleischer* ZGR 2017, 1 (5 ff.); *Mülbert* ZHR 179 (2015), 645 (657 ff.).

[142] *ICLEG*, Report on recognition of the group, Oktober 2016; dazu *J. Schmidt* Konzern 2017, 1 (6 ff.); *Schüßler* NZG 2017, 1046.

[143] *Forum Europaeum on Corporate Groups* ZGR 2015, 507 ff.; dazu den Sammelband von *Hommelhoff/Lutter/Teichmann*, Corporate Governance im grenzüberschreitenden Konzern, 2017.

[144] S. Kapitel 16 Abschnitt 16 des im Herbst 2015 vorgestellten European Model Companies Act; zu ihm *Baums/Teichmann* AG 2018, 562 ff.; *J. Schmidt* ZHR 181 (2017), 43 ff; *Conac* ECFR 2016, 301 ff.

folgt werden das Projekt einer **Europäischen Privatgesellschaft** (mithin einer der GmbH vergleichbaren supranationalen Rechtsform)[145] und das Projekt einer **Societas Unius Personae** (mithin einer Fortentwicklung der Einpersonengesellschafts-Richtlinie,[146] auf deren Grundlage sodann Einpersonen-Gesellschaften nationalen Rechts mit harmonisertem Gründungs- und Organisationsregeln existieren).[147]

46 Aus dem Kreis der seit längerem realisierten Maßnahmen ist neben der **Bilanzrichtlinie**[148] mit ihren Vorschriften über den konsolidierten Abschluss, der IAS-VO (→ Rn. 4) und der **Übernahmerichtlinie** (→ § 9 a Rn. 3 ff.) insbes. die **Transparenzrichtlinie**[149] zu erwähnen; sie sieht Mitteilungspflichten für den Fall vor, dass die Beteiligung an einer börsennotierten Gesellschaft bestimmte Schwellenwerte überschreitet, und ist in Deutschland durch die §§ 33 ff. WpHG umgesetzt worden (→ Rn. 4 a). Darüber hinaus finden sich zahlreiche Bestimmungen, die zwar auf eine Verbundbeziehung abstellen, dabei aber keine konzernrechtlichen Fragen im eigentlichen Sinne regeln.[150] Zu beobachten ist, dass sich auf europäischer Ebene eine von §§ 15 ff. AktG abweichende Begrifflichkeit durchsetzt, die dem englischen Control-Konzept folgt.[151]

2. Europäische Aktiengesellschaft

Literatur: *Habersack,* Das Konzernrecht der „deutschen" SE, ZGR 2003, 724; *Habersack/Drinhausen* (Hrsg.), SE-Recht, 2. Aufl. 2016; *Hommelhoff,* Zum Konzernrecht in der Europäischen Aktiengesellschaft, AG 2003, 179; *Hommelhoff/Lächler,* Förder- und Schutzrecht für den SE-Konzern, AG 2014, 257; *Jaecks/Schönborn,* Die Europäische Aktiengesellschaft, das Internationale und das deutsche Konzernrecht, RIW 2003, 254; *Lutter/Hommelhoff/Teichmann,* SE-Kommentar, 2. Aufl. 2015; *S. Maul,* Die faktisch abhängige SE (Societas Europaea) im Schnittpunkt zwischen deutschem und europäischem Recht, 1998; *Maul,* Konzernrecht der „deutschen" SE – Ausgewählte Fragen zum Vertragskonzern und den faktischen Unterneh-

---

[145] Näher dazu *Habersack/Verse* EurGesR § 15.
[146] Richtlinie 2009/102/EG des Europäischen Parlaments und des Rates vom 16. September 2009 auf dem Gebiet des Gesellschaftsrechts betreffend Gesellschaften mit beschränkter Haftung mit einem einzigen Gesellschafter (ABl. Nr. L 258 S. 20); dazu *Habersack/Verse* EurGesR § 10.
[147] Näher dazu *Habersack/Verse* EurGesR § 10 Rn. 23 ff.; *Lutter/Koch,* Societas Unius Personae (SUP), 2015.
[148] Richtlinie 2013/34/EU des Europäischen Parlaments und des Rates vom 26. Juni 2013 über den Jahresabschluss, den konsolidierten Abschluss und damit verbundene Berichte von Unternehmen bestimmter Rechtsformen und zur Änderung der Richtlinie 2006/43/EG des Europäischen Parlaments und des Rates und zur Aufhebung der Richtlinien 78/660/EWG und 83/349/EWG des Rates (ABl. Nr. L 182 S. 19).
[149] Richtlinie 2004/109/EG des Europäischen Parlaments und des Rates vom 15. Dezember 2004 zur Harmonisierung der Transparenzanforderungen in Bezug auf Informationen über Emittenten, deren Wertpapiere zum Handel auf einem geregelten Markt zugelassen sind, und zur Änderung der Richtlinie 2001/34/EG (ABl. Nr. L 390 S. 38); Richtlinie 2013/50/EU des Europäischen Parlaments und des Rates vom 22. Oktober 2013 zur Änderung der Richtlinie 2004/109/EG des Europäischen Parlaments und des Rates zur Harmonisierung der Transparenzanforderungen in Bezug auf Informationen über Emittenten, deren Wertpapiere zum Handel auf einem geregelten Markt zugelassen sind, der Richtlinie 2003/71/EG des Europäischen Parlaments und des Rates betreffend den Prospekt, der beim öffentlichen Angebot von Wertpapieren oder bei deren Zulassung zum Handel zu veröffentlichen ist, sowie der Richtlinie 2007/14/EG der Kommission mit Durchführungsbestimmungen zu bestimmten Vorschriften der Richtlinie 2004/109/EG (ABl. L 294 vom 6. November 2013, S. 13–27); dazu *Parmentier* AG 2014, 15; *Seibt/Wollenschläger* ZIP 2014, 545 ff.
[150] Wegen der Einzelheiten s. *Neye* ZGR 1995, 191.
[151] *Neye* ZGR 1995, 191; *Forum Europaeum Konzernrecht* ZGR 1998, 672 (691 ff.); *Habersack/Verse* EurGesR § 9 Rn. 33 ff.; zum Übernahmerecht → § 9 a Rn. 34 ff.

mensverbindungen, ZGR 2003, 743; *Schwarz,* SE-VO, 2006; *Veil,* Das Konzernrecht der Europäischen Aktiengesellschaft, WM 2003, 2169.

Gleichfalls konzernrechtliche Dimensionen weist die Societas Europaea (SE) auf.[152]   **47** Diese supranationale Rechtsform verdankt ihre Entstehung der **SE-VO** vom 8.10.2001.[153] Der Verabschiedung dieser Verordnung vorausgegangen waren allerdings Jahrzehnte während Rechtssetzungsbemühungen der Kommission:[154] Nachdem die 1970 und 1975 vorgelegten, überaus umfangreichen Vorschläge eines Statuts für die Europäische Aktiengesellschaft[155] auf erhebliche Widerstände gestoßen waren, hat die Kommission Ende im Juli 1988 erneut die Initiative ergriffen und einen erheblich entschlackten Vorschlag angekündigt, den sie sodann im August 1989[156] und in erneut geänderter Fassung im Mai 1991[157] vorgelegt hat. Die endgültige Verabschiedung scheiterte jedoch an der Frage der **Mitbestimmung.**[158] Einen Durchbruch brachte erst die Gipfelkonferenz von Nizza.[159] Sie hat den Weg für die SE-VO nebst einer gesonderten – durch das SE-Beteiligungsgesetz vom 22.12.2004 umgesetzten – Richtlinie über die Mitbestimmung der Arbeitnehmer bereitet; beide sind sodann am 8.10.2001 verabschiedet worden.[160]

Die SE soll als supranationale Rechtsform den multinational agierenden Unterneh-   **48** men eine Alternative zu den bislang bestehenden Möglichkeiten der Konzerngliederung und der Kooperation mit anderen Unternehmen ermöglichen.[161] Daraus erklärt sich, dass der Zugang zur SE Beschränkungen unterliegt; neben der Gründung durch Verschmelzung oder Formwechsel sieht die Verordnung die Gründung durch Errichtung einer Tochter-SE oder einer Holding-SE vor, wobei der Kreis der zugelassenen Aktionäre auf Gesellschaften mit Sitz in der Europäischen Union begrenzt ist. Die beiden zuletzt genannten Gründungsvarianten werden zumeist dazu führen, dass die **SE**

---

[152]   Nicht gesondert einzugehen ist auf die in der Verordnung (EG) Nr. 1435/2003 des Rates vom 22. Juli 2003 über das Statut der Europäischen Genossenschaft (ABl. 2003 L 207, 1) und in der Ergänzungsrichtlinie 2003/72/EG vom 22.7.2003 (ABl. Nr. L 207 S. 1, ber. ABl. 2007 Nr. L 49 S. 35) geregelte Europäische Genossenschaft; sie weist keine konzernrechtlichen Bezüge auf.

[153]   Verordnung (EG) Nr. 2157/2001 des Rates vom 8. Oktober 2001 über das Statut der Europäischen Gesellschaft (SE) (ABl. Nr. L 294 S. 1); näher zur SE *Habersack/Verse* EurGesR § 13; *Schwarz,* Europäisches Gesellschaftsrecht, 2000, Rn. 1085 ff.; *Grundmann,* Europäisches Gesellschaftsrecht, 2. Aufl. 2011, § 29; JKS GesR-HdB/*Gesell/Berjasevic* § 4; Lutter/Bayer/*J. Schmidt* § 45; ferner MüKoAktG/ *Habersack/Drinhausen* SE-Recht, 2. Aufl. 2016; *Lutter/Hommelhoff,* SE-Kommentar, 2. Aufl. 2015; *Schwarz,* SE-VO, 2006; Spindler/Stilz/*Casper,* SE-VO.

[154]   Näher *Habersack/Verse* EurGesR § 12 Rn. 1 ff.

[155]   ABl. 1970 C 124, 1; Dok. Kom. (75) 150 endg., abgedruckt als BT-Drs. 7/3713; beide Vorschläge auch abgedruckt bei *Lutter,* Europäisches Gesellschaftsrecht, 2. Aufl. 1984, S. 363.

[156]   ABl. 1989 C 263, 41; dazu namentlich *Dreher* EuZW 1990, 476; *Hommelhoff* AG 1990, 422; *Kallmeyer* AG 1990, 103; *Lutter* AG 1990, 413.

[157]   ABl. 1991 C 176, 1; dazu *Ebenroth/Wilken* JZ 1991, 1014 ff.; *Jaeger* ZEuP 1994, 206 ff.; *Merkt* BB 1992, 652 ff.; *Raiser* FS Semler, 1993, 277 ff.; *Rasner* ZGR 1992, 314; *Wehlau* CMLR 1992, 473.

[158]   Vgl. in diesem Zusammenhang auch den 1997 vorgelegten Davignon-Report über „European Systems of Worker Involvement (with regard to the European Company Statute and the other pending proposals)" v. 15.5.1997; zu den daraufhin vorgelegten Kompromissvorschlägen s. *Schwarz,* Europäisches Gesellschaftsrecht, Rn. 1222.

[159]   Vgl. *Wiesner* ZIP 2001, 397; *Jahn/Herfs-Röttgen* Betr. 2001, 631; *Hommelhoff* AG 2001, 279.

[160]   Richtlinie 2001/86/EG des Rates vom 8. Oktober 2001 zur Ergänzung des Statuts der Europäischen Gesellschaft hinsichtlich der Beteiligung der Arbeitnehmer (ABl. Nr. L 294 S. 22).

[161]   *Monti* WM 1997, 607; dazu sowie zur Eignung der SE als Rechtsform für kleine und mittlere Unternehmen s. *Habersack/Verse* EurGesR § 13 Rn. 4 f.

abhängiges oder herrschendes Konzernunternehmen ist.[162] Aus diesem Grund enthielten die 1970 und 1975 vorgelegten Vorschläge noch ausführliche konzernrechtliche Regelungen. Demgegenüber verzichtet die schlussendlich verabschiedete Verordnung auf spezielle konzernrechtliche Regelungen. Auch das deutsche **SE-Ausführungsgesetz**[163] überträgt lediglich in seinem § 49 die konzernrechtlichen Pflichten des Vorstands einer abhängigen oder eingegliederten Gesellschaft nach §§ 308–327 AktG den geschäftsführenden Direktoren einer monistisch verfassten SE und geht iÜ zu Recht von der Anwendbarkeit der §§ 15 ff., 291 ff., 311 ff., 319 ff. AktG auf die im Inland ansässige Europäische Gesellschaft aus.[164]

---

[162] Näher *S. Maul* Die faktisch abhängige SE S. 1 ff.

[163] Art. 1 Gesetz zur Ausführung der Verordnung (EG) Nr. 2157/2001 des Rates vom 8. Oktober 2001 über das Statut der Europäischen Gesellschaft (SE) vom 22.12.2004, BGBl. 2004 I 3675; Gesetz über die Beteiligung der Arbeitnehmer in einer Europäischen Gesellschaft vom 22.12.2004, BGBl. 2004 I 3686.

[164] Näher *Habersack/Verse* EurGesR § 13 Rn. 45 f.; *Habersack* ZGR 2003, 724; *Hommelhoff/Lächler* AG 2014, 257; *S. Maul* ZGR 2003, 743; *Maul* Die faktisch abhängige SE S. 33 ff., 126 ff.; *Jaecks/Schönborn* RIW 2003, 254; *Veil* WM 2003, 2169; krit. noch *Hommelhoff* AG 2003, 179 (182 f.).

1. Teil. Allgemeine Vorschriften

§ 2. Verbundene Unternehmen (§ 15 AktG)

Literatur (Auswahl): *F. Born,* Die abhängige Kommanditgesellschaft auf Aktien, 2004; *R. v. Büren,* Der Konzern, 2. Aufl. Basel 2005; *Dierdorf,* Herrschaft und Abhängigkeit einer AG auf schuldvertraglicher und tatsächlicher Grundlage, 1978; *Fett,* Öffentlich-rechtliche Anstalten als abhängige Konzernunternehmen, 2000; *Flume,* Grundfragen der Aktienrechtsreform, 1960; *Klosterkemper,* Abhängigkeit von einer Innengesellschaft, 2004; *Leuschner,* Das Konzernrecht des Vereins, 2011; *Kl.-P. Martens,* Die existentielle Wirtschaftsabhängigkeit, 1979; *Milde,* Der Gleichordnungskonzern im Gesellschaftsrecht, 1996; *Nordmeyer,* Der Unternehmensbegriff im Konzernrecht, 1970; *Sura,* Fremdeinfluß und Abhängigkeit im Aktienrecht, 1980; *P. R. Veil,* Unternehmensverträge, 2003; *H. Werner,* Der aktienrechtliche Abhängigkeitstatbestand, 1979; *S. Wimmer-Leonhardt,* Konzernhaftungsrecht, 2004; *R. Wolframm,* Mitteilungspflichten familiär verbundener Aktionäre nach § 20 AktG, 1998; *Ziegler,* Kapitalersetzende Gebrauchsüberlassungsverhältnisse und Konzernhaftung bei der GmbH, 1989.

I. Überblick

Zusammenhängende konzernrechtliche Regelungen finden sich bisher allein im AktG **1** in den §§ 15–22 sowie in den §§ 291–328. Der Anwendungsbereich dieser Vorschriften ist unterschiedlich: Während die §§ 291–328 AktG in der Regel unmittelbar nur anwendbar sind, wenn an der Unternehmensverbindung eine deutsche AG oder KGaA, und zwar gerade in der Rolle als abhängiges Unternehmen beteiligt ist, enthalten die §§ 15–22 AktG sozusagen den „allgemeinen Teil" des deutschen Konzernrechts durch eine Definition der wichtigsten konzernrechtlichen Begriffe (§§ 15–19 AktG) sowie durch die Begründung verschiedener Mitteilungspflichten (§§ 20–22 AktG).

Am Beginn der Regelung steht in § 15 AktG eine **Definition** des Begriffs **der verbun- 2 denen Unternehmen.** Verbundene Unternehmen sind danach der Reihe nach in Mehrheitsbesitz stehende und mit Mehrheit beteiligte Unternehmen (§ 16), abhängige und herrschende Unternehmen (§ 17), Konzernunternehmen (§ 18), wechselseitig beteiligte Unternehmen (§§ 19, 328) sowie die Vertragsteile eines Unternehmensvertrages iSd §§ 291, 292 AktG. Zu ergänzen sind noch die an einer Eingliederung beteiligten Unternehmen, die nur deshalb in § 15 AktG nicht gesondert aufgeführt sind, weil sie ohnehin ausnahmslos unter die §§ 16–18 AktG fallen (s. die §§ 319, 320 AktG). Diese Vorschriften – als Kern des Allgemeinen Teils des Konzernrechts (→ Rn. 1) – gelten schlechthin für alle rechtlich selbstständigen Unternehmen ohne Rücksicht auf ihre Rechtsform und Nationalität.[1] Sie finden daher insbes. auch Anwendung auf andere Kapitalgesellschaften,[2] auf Personengesellschaften, auf Vereine und Stiftungen sowie auf Einzelkaufleute. Unerheblich ist ferner, ob es sich um in- oder ausländische Unternehmen handelt.

Der von § 15 AktG eingeführte Begriff der verbundenen Unternehmen hat in erster **3** Linie die Aufgabe, als **zusammenfassende Bezeichnung** für die vom Gesetz geregelten Unternehmensverbindungen in denjenigen Vorschriften zu dienen, die für sämtliche Unternehmensverbindungen zugleich gelten. Die wichtigsten dieser Vorschriften

---

[1] Ebenso zB BAGE 110, 100 (115); 112, 116 (173); 136, 114 Rn. 26 – UKE; BAG NZA 2011, 866; OLG Hamburg NZG 2003, 978 – Volksfürsorge Holding AG; OLG Jena NZG 2010, 226.
[2] Anders freilich für die GmbH *Chr. Schreiber,* Konzernrechtsfreie Kontrolle, 2017, S. 13, 98 ff.

sind aus dem AktG § 90 Abs. 1 S. 2 und Abs. 3 S. 1,[3] § 131 Abs. 1 S. 2[4] und § 145 Abs. 4 S. 2 über den Bericht der Sonderprüfer sowie die Strafvorschrift des § 400 Abs. 1. Durch § 15 AktG wird außerdem klargestellt, dass an Unternehmensverbindungen iSd Konzernrechts **allein Unternehmen** im Gegensatz zu Privatpersonen beteiligt sein können. Daher rührt die zentrale Bedeutung des Unternehmensbegriffs im Konzernrecht (→ Rn. 5 ff.).

4 Das Gesetz hat allerdings die grundsätzliche Beschränkung des Anwendungsbereichs seiner konzernrechtlichen Vorschriften auf Unternehmen (→ Rn. 3) von Anfang an nicht streng durchgeführt. Verschiedene in ihrer Reichweite im Einzelnen umstrittene Ausnahmen von der Beschränkung des Anwendungsbereichs des Konzernrechts auf Unternehmen finden sich bereits seit 1965 in § 292 Abs. 1 Nr. 2, 3 AktG sowie in den § 319 Abs. 1 S. 1 AktG und § 320 Abs. 1 S. 1 AktG. Weitere Ausnahmen sind später hinzugekommen. Hervorzuheben sind die erst im Jahre 2001 in das Gesetz eingefügten Vorschriften der §§ 327a–327f AktG über den Ausschluss von Minderheitsaktionären, die generell nicht mehr voraussetzen, dass der Hauptaktionär Unternehmensqualität besitzt (→ § 10a). Auch die wichtigen §§ 33–47 WpHG in der Fassung von 2017 (= §§ 21–28 WpHG aF) über Mitteilungspflichten bei börsennotierten Gesellschaften gehören in den vorliegenden Zusammenhang, da sie – anders als die entsprechenden §§ 20–22 AktG – für jedermann und nicht nur für Unternehmen gelten. Daran wird deutlich, dass die gesetzliche Beschränkung des Anwendungsbereichs des Konzernrechts auf Unternehmensgesellschafter (§ 15 AktG) zunehmend an Überzeugungskraft einbüßt. Dies erlaubt es, von Fall zu Fall die konzernrechtlichen Vorschriften des Gesetzes auch auf andere vergleichbare Unternehmensverbindungen entsprechend anzuwenden, selbst wenn nicht alle an der Verbindung Beteiligten Unternehmensqualität im Sinne der §§ 15 ff. AktG besitzen.

II. Unternehmensbegriff

1. Definition

5 In den ersten Jahren nach Inkrafttreten des AktG von 1965 hatte sich eine lebhafte Diskussion über den Unternehmensbegriff entwickelt. Diese Auseinandersetzung ist zwar immer noch nicht ganz abgeklungen, jedoch mittlerweile in den meisten Punkten überholt, so dass hier darauf nur noch insoweit einzugehen ist, wie es zum Verständnis der Darstellung erforderlich erscheint.[5]

6 Im Schrifttum war vor Verabschiedung des neuen AktG wiederholt gefordert worden, den Anwendungsbereich des Konzernrechts auf **jede herrschende Person** zu erstrecken, ohne Rücksicht auf ihre Unternehmensqualität.[6] Dem sind die Gesetzesverfasser indessen nicht gefolgt, weil sie der Meinung waren, **allein** bei einem **Unternehmensgesellschafter** bestehe die Gefahr, dass er die Rechte aus der Beteiligung zum Nachteil der Gesellschaft für seine sonstigen *unternehmerischen* Interessen nutzbar macht (sog. **Konzernkonflikt**), während bei einem Privatgesellschafter eine vergleich-

---

3 Die Berichtspflicht des Vorstandes erstreckt sich auf die verbundenen Unternehmen.
4 Das Auskunftsrecht der Aktionäre erstreckt sich auf die rechtlichen und geschäftlichen Beziehungen zu einem verbundenen Unternehmen.
5 Zum gegenwärtigen Stand der Diskussion Emmerich/Habersack Aktien-/GmbH-KonzernR/ *Emmerich* AktG § 15 Rn. 5 ff. sowie zuletzt zB *Leuschner* S. 66, 200 ff.; MüKoBGB/*Leuschner* BGB Vor § 21 Rn. 105, 166 ff.; *Vetter* FS Marsch-Barner, 2018, S. 575.
6 S. *Flume* Grundfragen S. 45 f.

bare Gefahr nicht drohe.[7] Vor diesem Hintergrund ist seit Inkrafttreten des AktG im Jahre 1966 eine ganze Reihe unterschiedlicher **Unternehmensbegriffe** entwickelt worden. Am Beginn der Diskussion stand die Kontroverse zwischen dem sogenannten funktionellen und dem institutionellen Unternehmensbegriff, bis später an die Stelle dieser beiden Unternehmensbegriff weithin ein teleologisches, dh allein am Gesetzeszweck orientiertes Begriffsverständnis trat (→ Rn. 8 f.). Ergänzt wurde das Meinungsbild zuletzt noch durch ein organisationsrechtliches Verständnis des Begriffs[8] sowie durch eine Differenzierung innerhalb des teleologischen Unternehmensbegriffs je nachdem, ob bei der fraglichen konzernrechtlichen Norm der Schutz der abhängigen Gesellschaft oder – im Gegenteil – die Privilegierung des herrschenden Unternehmens im Vordergrund steht.[9]

Man darf bezweifeln, ob alle diese komplizierten Überlegungen wirklich nötig sind. 7 Dem Gesetzgeber ging es, wie gezeigt (→ Rn. 6), in erster Linie darum, den Anwendungsbereich der neuen konzernrechtlichen Vorschriften auf Aktionäre zu beschränken, bei denen in der einen oder anderen Form der vielberufene Konzernkonflikt droht, oder genauer: allen denjenigen Aktionären die Anwendung des Konzernrechts zu ersparen, bei denen kein Konzernkonflikt zu befürchten ist. Dies zeigt, dass die richtige Frage nicht zu lauten hat, welche *zusätzlichen* Merkmale ein Gesellschafter erfüllen muss, damit er als Unternehmen (oder Unternehmer) im Sinne des Konzernrechts zu qualifizieren ist; vielmehr muss man „umgekehrt" fragen, **welche Merkmale** erfüllt sein müssen, damit ein Aktionär (ausnahmsweise) als „reiner" oder „echter" (vermögensverwaltender) **Privataktionär** anerkannt werden kann – mit der wichtigen Folge, dass dann eben *alle anderen* Aktionäre „Unternehmensaktionäre" sind, dies jedenfalls dann, wenn man, wie es geboten ist, den Willen der Gesetzesverfasser in den Vordergrund rückt, „reine" Privataktionäre aus dem Anwendungsbereich des Konzernrechts (wieder) auszuklammern. In allen Zweifelsfällen sollte die Frage daher nicht (wie bisher üblich) lauten, ob der betreffende Gesellschafter schon Unternehmensqualität besitzt, sondern nur, ob er **„noch"** als reiner oder gewöhnlicher **Privatgesellschafter** angesehen werden kann. Ist diese Frage zu verneinen, so ist von der Unternehmensqualität des betreffenden Gesellschafters auszugehen, ganz gleich, ob man ihn auch in anderen Beziehungen als „Unternehmen" bezeichnen kann oder nicht.[10]

Dem entspricht es genau, dass die **öffentliche Hand** im Konzernrecht heute *immer* 7a Unternehmensqualität besitzt (→ Rn. 24). Der Grund ist nach dem Gesagten einfach der, dass bei dem Staat *immer* der Konzernkonflikt, das heißt die Gefahr droht, dass er eine Schädigung der Gesellschaft und damit der Mitgesellschafter zu Gunsten sonstiger Interessen in Kauf nimmt, – so dass er folgerichtig im Sinne des Konzernrechts *stets,* wenn er sich an privaten Gesellschaften beteiligt, *Unternehmensqualität* besitzt. Man kann das auch so ausdrücken, dass der Staat niemals über eine „Privatsphäre" verfügt, so dass bei ihm die Unterscheidung zwischen Privat- und Unternehmensaktionären von vornherein obsolet ist.

Folgt man diesem Ausgangspunkt, so werden viele der heute üblichen, subtilen Unter- 7b scheidungen zwischen Privat- und Unternehmensaktionären überflüssig. Ihre Zahl

---

[7] Ausschussbericht zu den §§ 20 und 21 AktG, bei *Kropff* S. 41 und 42.
[8] *Mülbert* ZHR 163 (1999), 1; *K. Schmidt* FS Koppensteiner, 2001, S. 191.
[9] *Leuschner* Konzernrecht S. 66, 200 ff.; MüKoBGB/*Leuschner* BGB Vor § 21 Rn. 105, 166 ff.
[10] Ebenso offenbar BFHE 233, 416 Rn. 55 f. = AG 2011, 639.

verringert sich außerdem dann weiter drastisch, wenn man akzeptiert, dass sämtliche **Formkaufleute** – als solche – immer notwendigerweise zugleich Unternehmensqualität, und zwar auch im Sinne des Konzernrechts besitzen. Als Formkaufleute bezeichnet man die **Kapitalgesellschaften,** die kraft Gesetzes ohne Rücksicht auf ihren Gegenstand und ihre Größe Handelsgesellschaften und damit Kaufleute sind (§ 6 Abs. 2 HGB), in erster Linie also die AG und die KGaA, die GmbH und die Genossenschaften (§ 3 Abs. 1 AktG und § 278 Abs. 2 AktG, § 13 Abs. 3 GmbHG und § 17 Abs. 2 GenG). Obwohl mithin diese Gesellschaften immer Kaufleute sind, lehnt es doch eine verbreitete Meinung bislang ab, sie zugleich als Unternehmen im Sinne des Konzernrechts zu behandeln, solange nicht die übrigen Voraussetzungen des konzernrechtlichen Unternehmensbegriffs (Stichwort: Konzernkonflikt) erfüllt sind. Indessen liegt es auf der Hand, dass Formkaufleute *generell* nicht mit reinen (oder gewöhnlichen) Privataktionären auf eine Stufe gestellt werden können, woraus der Schluss zu ziehen ist, dass sie konzernrechtlich dann eben immer wie andere Unternehmen auch zu behandeln sind. Dasselbe gilt für **Personenhandelsgesellschaften,** da eine OHG oder eine KG gleichfalls nicht mit privaten Aktionären vergleichbar sind.[11]

8 In der **Rechtsprechung** hat sich diese Sicht der Dinge (→ Rn. 7, 7b) bisher nur für den Sonderfall der Beteiligung der öffentlichen Hand an privaten Gesellschaften durchgesetzt (→ Rn. 7a, 24). Von diesem Sonderfall abgesehen, macht die Rechtsprechung die Unternehmensqualität eines Gesellschafters unter Berufung auf den Schutzzweck der konzernrechtlichen Regelungen dagegen durchgängig nach wie vor in erster Linie davon abhängig, ob sich der fragliche Gesellschafter **außerhalb der Gesellschaft** ebenfalls noch **unternehmerisch betätigt** *oder* doch betätigen kann, weil bereits daraus typischerweise diejenigen Konfliktslagen resultierten, denen das Konzernrecht begegnen solle. Der **BGH** billigt dementsprechend Unternehmensqualität iSd Konzernrechts einem Gesellschafter nur zu, falls zu seiner Beteiligung an der Gesellschaft noch **wirtschaftliche Interessenbindungen außerhalb der Gesellschaft** hinzukommen, die stark genug sind, um die ernste *Besorgnis* zu begründen, dass der Gesellschafter um ihretwillen seinen Einfluss zum Nachteil der Gesellschaft geltend machen könnte. Oder anders gewendet: Unternehmensqualität besitzt jeder Gesellschafter, der nicht nur in der Gesellschaft, sondern auch **außerhalb** der Gesellschaft **unternehmerische Interessen** verfolgt.[12] Tatsächlich kommt es indessen darauf, wie gezeigt (→ Rn. 7ff.), nur bei Beteiligungen von natürlichen Personen sowie darüber hinaus vielleicht noch in einer Reihe weiterer eigenartiger Grenzfälle wie z. B. der Beteiligung eines Vereins oder einer Stiftung an einer AG an, sonst aber nicht und insbes. nicht bei einer Beteiligung von Formkaufleuten oder der öffentlichen Hand an einer AG (zu den Vereinen → § 37 Rn. 10, zu den Stiftungen → § 38 Rn. 8 mwN).

9 Die **Rechtsform** des Gesellschafters spielt keine Rolle.[13] Nicht nur Kapitalgesellschaften, Personengesellschaften einschließlich der BGB-Außengesellschaften und der Part-

---

[11] Ebenso iErg Grigoleit/*Grigoleit* AktG § 15 Rn. 29; Hüffer/Koch/*Koch* AktG § 15 Rn. 17; *Vetter* FS Marsch-Barner, 2018, S. 575 (580 ff. mN).

[12] BGHZ 69, 334 (337 f.) – VEBA/Gelsenberg; BGHZ 74, 359 (364 f.) – WAZ; BGHZ 80, 69 (72) – Süssen; BGHZ 85, 84 (90 f.) – ADAC; BGHZ 95, 330 (337) – Autokran; BGHZ 114, 203 (210 f.); BGHZ 115, 187 (189 ff.) – Video; BGHZ 117, 8 (18); BGHZ 135, 107 (113) – VW; BGHZ 148, 123 (125 ff.) – MLP; – ebenso zB BAGE 112, 166 (173 f.); 136, 114 Rn. 33 – UKE; BFHE 233, 416.

[13] BAGE 110, 100 (115); 112, 116 (173) – bofrost; OLG Hamburg NZG 2003, 978 – Volksfürsorge Holding AG.

nerschaftsgesellschaften und Einzelkaufleute, sondern auch die SE (§ 49 SE-AG, → § 1 Rn. 47 f.), Vereine und Stiftungen können daher Unternehmen iSd Konzernrechts sein. Dasselbe gilt insbes. für **einzelne Gesellschafter,** sofern sie sich eben noch außerhalb der Gesellschaft unternehmerisch betätigen, während eine bloße vermögensverwaltende, gemeinnützige oder karitative Tätigkeit außerhalb der Gesellschaft nach überwiegender Meinung zur Begründung der Unternehmenseigenschaft eines Gesellschafters nicht ausreicht.[14] Es stellt jedoch keine bloße vermögensverwaltende Tätigkeit mehr dar, wenn zB der Vorstandsvorsitzende einer AG dieser aus seinem Privatvermögen die wesentlichen Betriebsgrundstücke vermietet oder verpachtet – mit der Folge, dass er dadurch ebenfalls Unternehmensqualität erlangt; wichtig ist dies vor allem für die verbreiteten Fälle der Betriebsaufspaltung.[15] Die Grenze zur unternehmerischen Betätigung wird ferner überschritten, sobald sich die vermögensverwaltende Tätigkeit gerade auf maßgebliche Beteiligungen an anderen, unternehmerisch tätigen Gesellschaften erstreckt.

Ausreichend für die Annahme einer unternehmerischen Betätigung außerhalb der Gesellschaft (→ Rn. 9) ist bereits eine **maßgebliche Beteiligung** an einer weiteren Gesellschaft.[16] Gleich steht ferner eine **freiberufliche Tätigkeit** außerhalb der Gesellschaft, zB als Architekt oder Arzt,[17] einfach deshalb, weil in einem derartigen Fall der betreffende Gesellschafter eben kein „reiner" Privatgesellschafter mehr ist – mit der Folge der Anwendbarkeit des Konzernrechts auf ihn. **10**

2. Maßgebliche Beteiligung

In der Frage, *wie stark* die „wirtschaftliche Interessenbindung" eines Gesellschafters außerhalb der Gesellschaft (→ Rn. 8) sein muss, damit wegen der Gefahr kollidierender Interessen zwischen den verschiedenen Beteiligungsunternehmen der letztlich für die Abgrenzung ausschlaggebende Konzernkonflikt droht, lassen sich heute im Wesentlichen **zwei Meinungen** unterscheiden. Während es nach der einen darauf ankommen soll, ob der betreffende Gesellschafter *tatsächlich leitend* (etwa iSd § 18 Abs. 1 AktG) auf die zweite Gesellschaft, das sog. Beteiligungsunternehmen einwirkt,[18] begnügt sich die andere bereits mit einer bloßen **maßgeblichen Beteiligung** an der zweiten Gesellschaft, dh mit einer Beteiligung, die so stark ist, dass sie die *Möglichkeit* solcher Einflussnahme eröffnet. Dieser zweiten weiteren Auslegung hat sich mittlerweile auch der **BGH** angeschlossen.[19] Eine Beteiligung ist danach im vorliegenden Zusammenhang als „maßgeblich" anzusehen, wenn sie die **ernsthafte Möglichkeit** begründet, sich unter Ausübung von Leitungsmacht in anderen Gesellschaften ebenfalls *unternehmerisch zu betätigen*. Dazu ist grds. erforderlich, dass der Aktionär auf gesellschaftsrechtlicher Grundlage mit den ihm rechtlich zu Gebote stehenden Mitteln auf das andere Unternehmen bestimmenden Einfluss nehmen *kann*.[20] **11**

---

[14] K. Schmidt/Lutter/*Vetter* AktG § 15 Rn. 42.
[15] BFHE 233, 416.
[16] → Rn. 11 f.; BGHZ 95, 330 (337) – Autokran; BGHZ 115, 187 (189 ff.) – Video; BGHZ 122, 123 (127 f.) – TBB; BGH NJW 2001, 370; BFHE 233, 416; BAG AG 2011, 352 Rn. 33.
[17] BGH NJW 1994, 3288; 1995, 1544; LG Münster WM 1997, 672 (673).
[18] *Kort* Betr. 1986, 1909 (1911 f.); *Mülbert* ZHR 163 (1999), 1 (33 f.).
[19] Beiläufig schon BGHZ 135, 107 (113) – VW; grdl. sodann BGHZ 148, 123 (125 ff.) – MLP.
[20] BGHZ 148, 123 (125 ff.) – MLP; zust. *Cahn* AG 2002, 30 (32 f.).

12   Eine maßgebliche Beteiligung in diesem Sinne (→ Rn. 11) ist in jedem Fall bei einer **Mehrheitsbeteiligung** außerhalb der Gesellschaft anzunehmen. Aber auch eine **geringere** Beteiligung kann genügen, sofern sie, etwa wegen einer traditionell niedrigen Hauptversammlungspräsenz oder auf Grund von Stimmbindungsverträgen, die Möglichkeit eröffnet, die Leitungsorgane der anderen Gesellschaft zu besetzen und damit dort die Herrschaft zu übernehmen.[21] Insgesamt geht die Tendenz dahin, den Begriff der maßgeblichen Beteiligung zunehmend *auszuweiten* und sich deshalb mit jeder Gestaltung der Verhältnisse zu begnügen, die dem fraglichen Gesellschafter eine Einflussmöglichkeit auf die andere Gesellschaft eröffnet, weil und sofern solche Einflussmöglichkeit den typischen **Konzernkonflikt** nach sich ziehen kann, so dass die allgemeinen gesellschaftsrechtlichen Institute zur Bewältigung etwa auftretender Interessenkonflikte nicht mehr als ausreichend erscheinen. Bei einer AG oder GmbH kann deshalb je nach den Umständen des Falles selbst eine Beteiligung **unter 25 %** an einer anderen Gesellschaft genügen, sofern sie in Verbindung mit weiteren, verlässlichen Umständen rechtlicher oder tatsächlicher Art die Möglichkeit einer Einflussnahme eröffnet, die beständig und umfassend ausgeübt werden kann und gesellschaftsrechtlich vermittelt ist.[22]

3. Holdinggesellschaften

13   Unter Holdinggesellschaften versteht man Gesellschaften, meistens in der Rechtsform einer Personengesellschaft, durch oder über die ein oder mehrere Gesellschafter ihren Anteilsbesitz an anderen Gesellschaften verwalten. Ihre praktische Bedeutung ist offenbar erheblich. Im vorliegenden Zusammenhang werfen derartige Gesellschaften vor allem zwei Fragen auf, zunächst die Frage nach der Unternehmenseigenschaft der Gesellschafter, die ihren Anteilsbesitz in die Holding eingebracht haben, und sodann die Frage nach der Unternehmensqualität der Holding selbst.

14   Die **Unternehmensqualität der Gesellschafter** der Holding hängt bei dem üblichen Begriffsverständnis (→ Rn. 8 ff.) letztlich davon ab, auf welcher Ebene die Verwaltung des Beteiligungsbesitzes ausgeübt wird. Bleibt die Verwaltung de facto bei den Gesellschaftern, so behalten diese – ungeachtet der Einschaltung einer Holding – auch ihre (anderweitig begründete) Unternehmensqualität. Nur wenn die Holding selbst den Beteiligungsbesitz verwaltet, kann sie daher selbst – neben oder an Stelle ihrer Gesellschafter – Unternehmensqualität erwerben.[23]

15   Die **Holdinggesellschaft** ist jedenfalls dann als Unternehmen im Sinne des Konzernrechts anzusehen, wenn sie an **mehreren anderen Gesellschaften** maßgeblich **beteiligt** ist *und* ihren Beteiligungsbesitz selbst verwaltet *oder* wenn sie sich selbst noch neben der Verwaltung ihres Beteiligungsbesitzes anderweitig unternehmerisch betätigt.[24] Wenn sich die Holding auf die Verwaltung ihrer Beteiligung an **einer einzigen** Gesellschaft beschränkt, wird dagegen häufig ihre Unternehmensqualität bestritten.[25] Das

---

[21] BGHZ 148, 132 (125) – MLP; BFHE 233, 416; *Bayer* ZGR 2002, 933 (938 ff.); *Cahn* AG 2002, 30.
[22] So BGHZ 148, 123 (125).
[23] Die Einzelheiten sind streitig; Emmerich/Habersack Aktien-/GmbH-KonzernR AktG/*Emmerich* § 15 Rn. 17; *Bayer* ZGR 2002, 933 (942 ff.); *Cahn* AG 2002, 30 (33 f.); Hüffer/Koch/*Hüffer* AktG § 15 Rn. 19.
[24] Ebenso wohl BGH NJW 1994, 446 – EDV-Peripherie; OLG Dresden NZG 2018, 1229 (1232 f. Rn. 33 ff.).
[25] BGH AG 1980, 342; OLG Hamm AG 2001, 146 (148); Lutter/Ulmer/Zöllner/*Assmann*, 100 Jahre GmbHG, 1992, S. 657 (711 ff.); *Bayer* ZGR 2002, 933 (942); *Mülbert* ZHR 163 (1999), 1 (34); *Ziegler* Gebrauchsüberlassungsverhältnisse S. 179 ff.

1

überzeugt nicht, jedenfalls dann nicht, wenn es sich bei der Holding um einen Formkaufmann handelt oder wenn die Holding über eine andere zwischengeschaltete Gesellschaft **mehrere Tochtergesellschaften** leitet, weil in diesem Fall – trotz formaler Beteiligung der Holding an nur einer einzigen anderen Gesellschaft – tatsächlich genau diejenigen Minderheits-Mehrheitskonflikte (Konzernkonflikt) auftauchen können, denen das Konzernrecht begegnen soll.[26] Ebenso ist zu entscheiden, wenn ein Verein oder eine Stiftung die Aufgabe einer Holding übernimmt (iE §§ 37, 38).

4. Zurechnungsfragen

In verschiedenen Fallgestaltungen hat sich in letzter Zeit die Frage gestellt, unter welchen Voraussetzungen die **Unternehmenseigenschaft** einzelner Personen *oder* doch bestimmte **Merkmale** solcher Personen, die für die Unternehmenseigenschaft konstitutiv sind, anderen Personen idS **zugerechnet** werden können, dass die genannten Personen, gegebenenfalls bei Berücksichtigung weiterer, in ihrer Person vorliegender Umstände (ebenfalls) als Unternehmen iSd Konzernrechts zu qualifizieren sind. Diese Frage stellt sich in erster Linie bei der „Zusammenarbeit" mehrerer Personen bei der Beherrschung mehrerer anderer Gesellschaften. Ist die Zusammenarbeit der Beteiligten in einer **Außengesellschaft** organisiert, so ergeben sich im vorliegenden Zusammenhang freilich keine zusätzlichen Probleme.[27] Anders dagegen bei der Verwendung von **Innengesellschaften,** die sich offenbar großer Beliebtheit erfreuen. **Beispiele** sind Stimmrechtskonsortien, Schutzgemeinschaften, Gemeinschaftsunternehmen sowie Ehegatten- und Familiengesellschaften, über die mehrere Personen gemeinsam andere Unternehmen „beherrschen".[28] 16

Kritische Fälle sind insbes. offenbar verbreitete Fallgestaltungen, die dadurch gekennzeichnet sind, dass Unternehmen von Personen gemeinsam beherrscht werden, die „nur" durch ihre **Zugehörigkeit zur selben Familie** verbunden sind, während kein Gesellschafter allein in der Lage ist, Einfluss auszuüben. In solchen Fällen lässt sich daher nicht mehr der Frage ausweichen, ob die allein familiär verbundenen Gesellschafter nicht zumindest *gemeinsam* als maßgeblich beteiligt an dem anderen Unternehmen und damit auch selbst gemeinsam als Unternehmen anzusehen sind. 17

Die überwiegende Meinung tendiert in den genannten Fällen bisher deutlich dahin, Stimmrechtskonsortien, Familiengesellschaften und vergleichbare Gebilde, solange sie als BGB-Innengesellschaften konstruiert sind und sich ihre Funktion in der Bündelung des Stimmrechts der Beteiligten erschöpft, die **Unternehmensqualität abzusprechen,** so dass eine Anwendung des Konzernrechts auf ihre Beziehungen zu der von ihnen „beherrschten" Gesellschaft für den Regelfall ausscheidet.[29] **Anders** wird nur entschieden, wenn sich die fragliche Familiengesellschaft auch außerhalb der von ihr geleiteten Gesellschaften unternehmerisch betätigt *oder* wenn sie von einem oder mehreren Gesellschaftern majorisiert wird, die zugleich außerhalb der (Innen-)Gesell- 18

---

[26] LG Stuttgart AG 1990, 445 (446); *Geitzhaus* GmbHR 1989, 455 (456f.); *Lutter/Bayer* § 1 Rn. 35 (S. 19f.); *Lutter* FS Steindorff, 1990, 125 (130f.); *Lutter* ZHR 151 (1987), 444 (452); *Sonnenschein,* Organschaft und Konzerngesellschaftsrecht, 1976, S. 263ff.
[27] S. *P. Bauer* NZG 2001, 742; *Hüffer* § 15 Rn. 10.
[28] Beispiele bei *Klosterkemper* Abhängigkeit S. 70ff.
[29] S. im Einzelnen *Klosterkemper* Abhängigkeit S. 29, 103ff.

schaft unternehmerische Zwecke verfolgen.[30] Diese Praxis ist wenig befriedigend, da es auch im vorliegenden Zusammenhang letztlich doch nur darum gehen kann, ob die fraglichen Gesellschafter, – angesichts ihres Zusammenwirkens bei der Beherrschung (und Koordinierung) mehrerer Gesellschaften – noch reinen Privatgesellschaftern gleichgestellt werden können (→ Rn. 7). Die Frage stellen, heißt sie verneinen, so dass man auf die Dauer hier wohl tatsächlich nicht umhin kommen wird, den Beteiligten unter bestimmten Voraussetzungen die für den Unternehmensbegriff konstituierende Merkmale wechselseitig zuzurechnen, will man nicht bedenkliche Schutzlücken eröffnen.[31] Für Treuhandverhältnisse weist § 16 Abs. 4 AktG in dieselbe Richtung. Auch im neueren Schrifttum wächst die Bereitschaft über die genannten Fälle hinaus eine **Zurechnung** jedenfalls generell **in Abhängigkeitsverhältnissen** zuzulassen.[32] Weitere Fälle sind denkbar, insbes. bei einer **institutionellen Interessenverknüpfung** der Beteiligten,[33] wofür gerade die Zusammenfassung von Familienangehörigen in Innengesellschaften ein deutliches Beispiel ist.[34]

5. Abhängige Gesellschaften

19 Die Anwendung des Konzernrechts auf Unternehmensverbindungen setzt nach § 15 AktG ferner voraus, dass es sich außer bei der herrschenden Person auch bei der Beteiligungsgesellschaft um ein „rechtlich selbstständiges Unternehmen" handelt. Probleme sind hiermit in der Regel nicht verbunden, da § 15 AktG insoweit im Interesse eines möglichst umfassenden Anwendungsbereichs des Konzernrechts allgemein **ganz weit** ausgelegt wird, so dass für die Annahme eines Unternehmens hier im Grunde jede **rechtlich verselbstständigte Organisation** genügt.[35] Ein eigener Geschäftsbetrieb ist nicht erforderlich; auch die Rechtsform der abhängigen Gesellschaft spielt keine Rolle, so dass etwa in dem Ausnahmefall einer atypischen stillen Gesellschaft selbst Einzelkaufleute als abhängige Unternehmen zu behandeln sein können.[36] Abhängig können nach dem Gesagten ferner zB **Vereine** (→ § 37 Rn. 10 ff.) sowie in Ausnahmefällen sogar Unternehmen in öffentlich-rechtlicher Form sein, zB auf dem Weg über die Gründung einer atypischen stillen Gesellschaft mit einer öffentlich-rechtlichen **Anstalt;** Beispiele sind die Landesbank Berlin und die Berliner Wasserbetriebe.[37]

---

[30] OLG Hamm NZG 2001, 563 – Hucke AG; OLG Hamburg NZG 2001, 471 – Bauverein zu Hamburg; OLG Köln AG 2002, 89 (90) – Cremer und Breuer; LG Heidelberg AG 1998, 47 (48) – SAP; *P. Bauer* NZG 2001, 742; *Wolframm* Mitteilungspflichten S. 79, 102, 112 ff.; anders aber wohl zunächst BGHZ 62, 193 (199 ff.) – Seitz; BGHZ 80, 69 (73) – Süssen.

[31] Emmerich/Habersack Aktien-/GmbH-KonzernR/*Emmerich* AktG § 15 Rn. 20 b; *Klosterkemper* Abhängigkeit S. 134 ff.; ebenso iErg BAGE 112, 166 (173 ff.) – Kliniken Dr. M.

[32] Ebenso *Klosterkemper* Abhängigkeit; *Koppensteiner* FS K. Schmidt, 2009, 927 ff.; Spindler/Stilz/*Schall* § 15 Rn. 30 ff.

[33] → Rn. 20 ff.; *Koppensteiner* FS K. Schmidt, 2009, 927 ff.

[34] Emmerich/Habersack Aktien-/GmbH-KonzernR/*Emmerich* AktG § 15 Rn. 19, 20 b.

[35] *Krieger/Schneider* § 68 Rn. 13; *Raiser/Veil* KapGesR § 51 Rn. 3; *Würdinger* FG Kunze, S. 177 (178 ff.).

[36] Anders freilich OLG Stuttgart NZG 2005, 432.

[37] → Rn. 20 ff., 25 sowie *Bezzenberger/Schuster* ZGR 1996, 481; *T. Fett*, Öffentlich-rechtliche Anstalten als abhängige Konzernunternehmen, 2000; *Preußner/Fett* AG 2001, 337 (340); *Th. Raiser* ZGR 1996, 458 (465 ff.); *O. Schmidt* FS W. Müller, 2001, 135; *Schuster* FS Bezzenberger, 2000, 757; anders LAG Berlin AG 1996, 140.

III. Öffentliche Hand

1. Überblick

Bund, Länder und Gemeinden sind an zahlreichen privatrechtlichen Unternehmen al- **20** lein oder neben anderen beteiligt.[38] Die Zahl dieser Beteiligungen hat in den letzten Jahren sogar wegen der verschiedenen Privatisierungsaktionen des Bundes und einzelner Länder sowie infolge der verbreiteten Teilprivatisierung kommunaler Aufgaben in gemischtwirtschaftlichen Unternehmen, neudeutsch häufig auch „public private partnerships" (PPP) genannt, deutlich zugenommen.[39] Die Folge war eine ausgebreitete Diskussion über die Frage, ob die Beziehungen der öffentlichen Hand zu ihren Beteiligungsunternehmen in privater Rechtsform primär dem öffentlichen Recht unterstehen *oder* ob sie, und zwar mit Vorrang, dem privaten Konzernrecht unterworfen sind. In der Sprache der §§ 15 ff. AktG ausgedrückt, ist dies in erster Linie die Frage, ob die öffentliche Hand in den fraglichen Beziehungen Unternehmensqualität besitzt.

Die deutsche Rechtsordnung enthält nur wenige Vorschriften, die sich speziell mit den **21** Beziehungen von privatrechtlichen Unternehmen zu den an ihnen beteiligten Gebietskörperschaften befassen.[40] Einschlägig sind im Grunde nur die **§§ 394, 395 AktG,** die Sonderregeln über die Verschwiegenheitspflicht der Aufsichtsratsmitglieder der öffentlichen Hand enthalten (→ Rn. 21a), weiter die §§ 53 ff. Haushaltsgrundsätzegesetz **(HGrG),** durch die zusätzliche Prüfungsrechte der öffentlichen Hand gegenüber ihren Beteiligungsunternehmen begründet werden,[41] sowie die §§ 65 f. Bundeshaushaltsordnung **(BHO),** nach denen sich Bund und Länder an Unternehmen in der Rechtsform des Privatrechts grds. nur beteiligen sollen, wenn ein wichtiges Interesse des Bundes oder des Landes vorliegt.[42] Vergleichbare Bestimmungen enthalten die meisten **Gemeindeordnungen** der Länder, die gerade in den letzten Jahren vielfach geändert worden sind, durchweg zu dem Zweck, den Gemeinden zusätzliche Möglichkeiten zu eröffnen, in gemischtwirtschaftlichen Unternehmen die von ihnen (angeblich) verfolgten öffentlichen Interessen besser als bisher auch zum Nachteil der Gesellschaft und damit ihrer privaten Mitgesellschafter durchsetzen zu können.[43] In der Sache geht es dabei meistens um das besonders umstrittene Weisungsrecht insbes. der Gemeinden gegenüber ihren Vertretern in den Aufsichtsräten öffentlicher Unternehmen.

Die besonderen Prüfungs- und Berichtsrechte der öffentlichen Hand aufgrund des **21a** HGrG (→ Rn. 21) werden ergänzt durch eine **Lockerung der Verschwiegenheitspflicht** der auf Veranlassung einer Gebietskörperschaft in den Aufsichtsrat einer AG gewählten oder entsandten Aufsichtsratsmitglieder durch die besonderen Vorschriften der **§§ 394 und 395 AktG.** An sich unterliegen auch diese gewählten oder entsandten Aufsichtsratsmitglieder derselben umfassenden Verschwiegenheitspflicht aufgrund der § 116 S. 2 AktG und § 93 Abs. 1 S. 3 AktG wie die übrigen Aufsichtsratsmitglieder.

---

[38] Neueste Zahlen für die AG zB bei *Bayer/Hoffmann* AG 2018, R 84.

[39] S. *v. Dannwitz* AöR 120 (1995), 595 (609 ff.); *Gröning* ZIP 2001, 497; *Habersack* ZGR 1996, 544; *Harbarth* ZGR 1998, 810; *J. Keßler* GmbHR 2000, 71; 2001, 320.

[40] S. *W. Schön* ZGR 1996, 429 mwN.

[41] Dazu zB *Kessler/Herzberg* NZG 2007, 531.

[42] S. dazu *Emmerich,* Das Wirtschaftsrecht der öffentlichen Unternehmen, 1969, S. 246 ff.; *M. Lutter/ Grunewald* WM 1984, 385; *Schön* ZGR 1996, 429.

[43] S. *Altmeppen* NJW 2003, 2561; *v. Dannwitz* AöR 120 (1995), 595 (615 ff.); *Hüffer/Koch/Koch* AktG § 15 Rn. 13a.

Jedoch gilt dies grds. nicht für *Berichte,* die die entsandten Aufsichtsratsmitglieder der Gebietskörperschaft zu erstatten haben (§ 394 S. 1 AktG). Zum Ausgleich wird die Verschwiegenheitspflicht durch § 395 AktG auf die Adressaten der Berichte und die Prüfer der Tätigkeit der Aufsichtsratsmitglieder erstreckt.[44] Die Berichtspflicht der Aufsichtsratsmitglieder besteht grds. nur gegenüber der **Exekutive.** Besonderheiten gelten jedoch für das Verhältnis der Exekutive zur Legislative, in erster Linie also für die Berichtspflicht der Bundesregierung gegenüber dem Bundestag über die Geschäftsführung der Bundesunternehmen wie z. B. der Deutschen Bahn AG. Jedenfalls bei Unternehmen im Mehrheitsbesitz des Bundes kann sich die Bundesregierung gegenüber dem **Bundestag** hinsichtlich ihrer Berichtspflicht nur in engen Grenzen auf etwaige Geheimhaltungspflichten im öffentlichen Interesse oder im Interesse der Gesellschaften berufen.[45]

22 Die genannten Vorschriften des HGrG und der BHO (→ Rn. 21) haben lediglich **verwaltungsinterne Bedeutung,** so dass ihnen keine Aussagen über die Anwendbarkeit des Konzernrechts auf die Beziehungen der öffentlichen Hand zu ihren Beteiligungsunternehmen entnommen werden können. Dasselbe gilt – entgegen einer verbreiteten Meinung[46] – für die Wirtschaftsbestimmungen der **Ländergemeindeordnungen,** da die Länder keine Befugnis besitzen, in ihren Gemeindeordnungen das Aktienrecht des Bundes zu ändern (Art. 31 GG). Über die Frage der Anwendbarkeit des Konzernrechts auf die Beziehungen der öffentlichen Hand zu ihren Beteiligungsunternehmen ist vielmehr allein auf dem Boden des Gesellschaftsrechts zu entscheiden.

2. Anwendbarkeit des Konzernrechts

23 Im Schrifttum ist die Frage, ob das Konzernrecht zur Regelung der Beziehungen der öffentlichen Hand zu ihren Beteiligungsunternehmen in privater Rechtsform berufen ist, früher vielfach verneint worden.[47] Dahinter stand letztlich die Annahme, das öffentliche Recht habe Vorrang vor dem Privatrecht, so dass die Verfolgung öffentlicher Zwecke dem Staat Durchbrechungen des Privatrechts zumindest in einzelnen Beziehungen, soweit nötig, gestatte.[48] Zur Begründung berief man sich in erster Linie auf die Wertungen des Verfassungsrechts, des Haushaltsrechts und des Gemeindewirtschaftsrechts der Länder. Tatsächlich gibt es indessen **keinen Vorrang** des sogenannten Verwaltungsgesellschaftsrechts vor dem Privatrecht und deshalb auch keine Befugnis des Staates, sich bei der Verfolgung öffentlicher Interessen über die von ihm selbst gesetzte, für alle geltende Rechtsordnung hinwegzusetzen. Soweit der Staat im Falle seiner Beteiligung an Unternehmen in Privatrechtsform eine Durchbrechung des privaten Gesellschaftsrechts für erforderlich hält, mag er dies vorschreiben, wie dies etwa in den §§ 394, 395 AktG oder in dem merkwürdigen VW-Gesetz von 1960[49] gesche-

---

[44] Ausf. Hüffer/Koch/*Koch* AktG § 15 Rn. 36 f.; Grigoleit/*Rachlitz* AktG §§ 394, 395 Rn. 13 ff.

[45] BVerfG NVwZ 2018, 51 – DB; s. dazu Emmerich/Habersack Aktien-/GmbH-KonzernR/*Emmerich* AktG § 15 Rn. 28; *Hommelhoff* ZHR 182 (2018), 296; *M. Mann* AG 2018, 57; *Schmolke* WM 2018, 1913; *Schockenhoff* NZG 2018, 521.

[46] VG Arnsberg ZIP 2007, 1988 (1990); *v. Dannwitz* AöR 120 (1995), 595 (615 ff.); dagegen zB *M. Lutter* ZIP 2007, 1991.

[47] *Luchterhandt* ZHR 132 (1969), 149 (156 ff.); *Rittner* FS Flume Bd. II, 1978, 241; *Wiedemann/Martens* AG 1976, 197 (232); *Zöllner* ZGR 1976, 1 (23 ff.).

[48] Ausdr. idS zB *Schuppert* ZGR 1992, 454.

[49] Gesetz über die Überführung der Anteilsrechte an der Volkswagenwerk Gesellschaft mit beschränkter Haftung in private Hand, BGBl. 1960 I 585.

hen ist. Soweit jedoch derartige Sonderregelungen fehlen, hat es bei der Geltung des allgemeinen Gesellschaftsrechts sein Bewenden. Eine Durchsetzung öffentlicher Interessen bei der Leitung öffentlicher Unternehmen in Privatrechtsform kommt infolgedessen immer nur im Rahmen und nach Maßgabe des privaten Gesellschaftsrechts in Betracht, so dass generelle Aussagen darüber nicht möglich sind; man muss vielmehr von Fall zu Fall je nach der Rechtsform der einzelnen Gesellschaften, dem Vorhandensein privater Gesellschafter neben der öffentlichen Hand und dem Gesellschaftsvertrag unterscheiden. Für das **Weisungsrecht** der öffentlichen Hand gegenüber ihren **Vertretern in den Aufsichtsräten** öffentlicher Unternehmen bedeutet dies zB, dass ein Weisungsrecht, wenn überhaupt, so nur iRd privaten Gesellschaftsrechts in Betracht kommt – ganz ungeachtet etwaiger abweichender Bestimmungen insbes. in den Gemeindeordnungen der Länder.[50] Insbes. bei einem **obligatorischen Aufsichtsrat** scheidet infolgedessen ein Weisungsrecht der öffentlichen Hand wegen der unabhängigen Stellung aller Aufsichtsratsmitglieder gleichermaßen bei der AG wie bei der GmbH von vornherein aus.[51] Anders mag im Einzelfall bei dem **fakultativen Aufsichtsrat** einer GmbH mit Rücksicht auf § 52 GmbHG zu entscheiden sein, sofern der Gesellschaftsvertrag eine entsprechende Regelung enthält.[52]

Von diesen Grundsätzen (→ Rn. 23) geht heute auch die **Rechtsprechung** aus.[53] Wie   **24** bereits ausgeführt (→ Rn. 7a), genügt es danach für die Anwendung des Konzernrechts zum Schutze der privaten Minderheitsaktionäre gegen gesellschaftsschädigende Einflussnahmen der öffentlichen Hand bereits, wenn die öffentliche Hand **nur ein** in privater Rechtsform betriebenes **Unternehmen beherrscht,** während es auf die zusätzliche Verfolgung unternehmerischer Interessen außerhalb der Gesellschaft nicht ankommt, da eben die öffentliche Hand in keinem Fall mit gewöhnlichen Privataktionären auf eine Stufe gestellt werden kann.[54] Den Gebietskörperschaften blieb infolgedessen nichts anderes übrig, als ihre Unternehmensrolle zu akzeptieren und sich bei der Verwaltung ihrer Unternehmen dem Konzernrecht zu unterstellen.[55]

3. Folgerungen

Schließt die öffentliche Hand mit einem ihrer Unternehmen in Privatrechtsform   **25** einen Vertrag ab, durch den sie sich einen bestimmenden Einfluss auf die Verwaltung der Gesellschaft sichert, so handelt es sich der Sache nach um einen **Beherrschungsvertrag** iSd § 291 AktG, der der Zustimmung der Hauptversammlung bedarf und ins

---

50 Str., Überblick über den Meinungsstand zB bei *Heidel* NZG 2012, 48 (52 f.); *Strobel* DVBl 2005, 77; *Schmolke* WM 2018, 1913.
51 BGHZ 169, 98 Rn. 18; OVG Bautzen ZIP 2012, 2111; VGH *Kassel* DVBl 2012, 647 (648 ff.); *Altmeppen* FS U. Schneider, 2011, 1 (4 ff.); *M. Lutter* ZIP 2007, 1991; – anders zB *Heidel* NZG 2012, 48 (53 ff.).
52 BVerwGE 140, 300 Rn. 20 f.; OVG Münster GmbHR 2010, 92 (94 f.); OVG Bautzen ZIP 2012, 2111; *Altmeppen* FS U. Schneider, 2011, 1 (6 ff.).
53 BGHZ 69, 334 (338 ff.) – VEBA/Gelsenberg; BGHZ 135, 107 (113 ff.) – VW; BGHZ 175, 365 Rn. 10 – UMTS; BGHZ 190, 7 Rn. 30 – KfW; BGH GRUR 2012, 28 – Einkauf aktuell; ebenso für eine Körperschaft des öffentlichen Rechts wie das Bayerische Rote Kreuz (BRK) mit ihren Tochtergesellschaften BKartA WuW 2016, 322 Rn. 42, 64 ff.
54 Schon → Rn. 7a; BGHZ 135, 107 (113 f.) – VW; BAGE 136, 114 Rn. 25, 31; ausf. *Ehinger* DZWiR 2000, 322; *Mülbert* ZHR 163 (1999), 1 (15 ff.).
55 S. die von der BReg 2009 beschlossenen „Grundsätze guter Unternehmens- und Beteiligungsführung" und dazu *Caruso* NZG 2009, 1419; *K. Hommelhoff* FS Hommelhoff, 2012, 447.

Handelsregister einzutragen ist (§§ 293, 294 AktG).[56] Anwendbar sind dann auch die Schutzvorschriften der §§ 302 f., 304 f. AktG. Bei einer Gemeinde kann der Abschluss eines Unternehmensvertrages mit einer GmbH oder AG zusätzlich der Genehmigung der Aufsichtsbehörde bedürfen.[57] Beherrschungsverträge dürften zB die Verträge sein, die das Land Berlin mit den verschiedenen, als Anstalten des öffentlichen Rechts betriebenen Versorgungsunternehmen abgeschlossen hat – trotz der dafür gewählten, eigenartigen Konstruktion.[58]

26 Wenn der Staat ohne Abschluss eines Beherrschungsvertrages durch nachteilige Weisungen in die Verwaltung seiner Gesellschaften eingreift, richtet sich seine **Verpflichtung zum Nachteilsausgleich** bei einer **AG** nach den §§ 311, 317 AktG.[59] Selbst zur Aufstellung eines Abhängigkeitsberichtes (§ 312 AktG) sind die von den Gebietskörperschaften abhängigen Unternehmen in der Rechtsform einer AG in diesem Fall verpflichtet.[60] Zum Schutze der privaten Minderheitsaktionäre öffentlicher Unternehmen sollte hier die Berichtspflicht zudem nach Möglichkeit auf sämtliche Formen der Einflussnahme öffentlicher Mehrheitsaktionäre auf „ihre" Unternehmen ausgedehnt werden.[61] Handelt es sich dagegen bei dem öffentlichen Unternehmen wie in der Mehrzahl der Fälle um eine **GmbH,** so ergibt sich die Schadensersatzpflicht der öffentlichen Hand im Falle einer nachteiligen Einflussnahme auf ihre Gesellschaft bereits aus der Verletzung ihrer Treuepflicht nach den im GmbH-Konzernrecht anerkannten Regeln (→ § 30).

27 Eine Sonderrolle spielen in diesem Zusammenhang freilich solche Gesellschaften, deren Anteile sich *insgesamt* im Besitz der öffentlichen Hand befinden. Haben derartige **100%ige Tochtergesellschaften** die Rechtsform einer **GmbH,** so kann die öffentliche Hand den Geschäftsführern (ausnahmsweise) – versteht sich: iRd Gesellschaftsrechts – beliebige und damit auch nachteilige Weisungen erteilen und so umfassend für die Berücksichtigung etwaiger öffentlicher Interessen in der Geschäftsführung sorgen.[62] Zu denken ist dabei vor allem an die übliche Quersubventionierung der defizitären kommunalen Verkehrsunternehmen aus den sprudelnden Gewinnen der monopolistischen kommunalen Versorgungsunternehmen. Gewährleistet werden muss hier in der Tat nur der gebotene Gläubigerschutz (s. u. §§ 28, 31). Für die Beziehungen der öffentlichen Hand zu 100%igen Tochtergesellschaften in der Rechtsform einer AG bleibt es dagegen bei der Anwendbarkeit der §§ 311 ff. AktG.

28 Soweit Gebietskörperschaften mehrheitlich an einer Mehrzahl privater Unternehmen beteiligt sind, wird **vermutet,** dass es sich bei ihnen um einen **Konzern** handelt (§ 17 Abs. 2 AktG, § 18 Abs. 1 S. 3 AktG). Der **Bund** geht zwar davon aus, dass für ihn die

---

56 *Habersack* ZGR 1996, 544 (556 f.); *Sina* AG 1991, 1 ff.; ein Beispiel in BGHZ 36, 296 (Vorinstanz: OLG Hamburg AG 1960, 333).
57 OLG München ZIP 2009, 1520.
58 Schon → Rn. 19 sowie *D. Schuster* FS W. Müller, 2001 135.
59 BGHZ 175, 368 Rn. 11 ff. – UMTS für die Beziehungen zwischen dem Bund und der DTAG in Bezug auf den Erwerb der UMTS-Lizenz; BGHZ 190, 7 Rn. 37 ff. – KfW.
60 Ebenso BGHZ 69, 334 (338 ff., 343) – VEBA/Gelsenberg; BGHZ 135, 107 (113 ff.) – VW; OLG Köln BB 1978, 421; LG Köln AG 1976, 224; 1985, 252; *Th. Raiser* ZGR 1996, 458 (471 f.); *Schießl* ZGR 1998, 871 (867 ff.); *Weimar/Bartscher* ZIP 1991, 69 (77 ff.); anders *Mertens* AG 1996, 241.
61 Emmerich/Habersack Aktien-/GmbH-KonzernR/*Emmerich* AktG § 15 Rn. 31.
62 Aus. *Altmeppen* NJW 2003, 2561.

Vermutung widerlegt sei,[63] indessen zu Unrecht, da feststeht, dass der Bund in großem Umfang auf seine Unternehmen Einfluss nimmt, um mit ihnen strukturpolitische, beschäftigungspolitische oder energiepolitische Ziele zu verfolgen. Zu diesem Zweck wird die Planung der großen Bundeskonzerne langfristig koordiniert und von den zuständigen Bundesressorts überwacht.[64] Für die Länder und die Gemeinden dürfte dasselbe gelten.[65] Von einer Widerlegung der Konzernvermutung der § 17 Abs. 2 AktG und § 18 Abs. 1 S. 3 AktG kann daher bei den Gebietskörperschaften keine Rede sein; sie bilden vielmehr mit ihren Beteiligungsunternehmen große öffentliche Konzerne, woraus sich vor allem die Verpflichtung zur Konzernrechnungslegung nach den §§ 290 ff. HGB ergibt.[66] Davon geht heute ohne Weiteres auch die Rechtsprechung aus.[67]

§ 3. Mehrheitsbeteiligung und Abhängigkeit (§§ 16, 17 AktG)

I. Mehrheitsbeteiligung

Literatur: S. o. bei § 2 sowie *Cahn,* Kapitalerhaltung im Konzern, 1998; *Klosterkemper,* Abhängigkeit von einer Innengesellschaft, 2004; *C. Vedder,* Zum Begriff „für Rechnung" im AktG und im WpHG, 1999.

1. Anwendungsbereich

Eine Mehrheitsbeteiligung liegt nach § 16 Abs. 1 AktG vor, wenn einem Unternehmen die Mehrheit der Anteile eines rechtlich selbstständigen Unternehmens gehört *oder* wenn ihm die Mehrheit der Stimmrechte zusteht. Anteils- und Stimmenmehrheit stehen folglich iRd § 16 Abs. 1 AktG gleich. Anstelle von Anteilsmehrheit ist in diesem Zusammenhang vielfach auch von Kapitalmehrheit die Rede. Die Einzelheiten der Berechnung der Anteils- oder der Stimmenmehrheit richten sich nach den Abs. 2 und 3 des § 16 AktG, während Abs. 4 der Vorschrift die andere Frage betrifft, welche Anteile als einem beteiligten Unternehmen gehörig anzusehen sind.[1] 1

Der Anwendungsbereich des § 16 AktG beschränkt sich ebenso wenig wie der des § 15 AktG auf Aktiengesellschaften und KGaA, sondern umfasst jede Mehrheitsbeteiligung eines „Unternehmens" iSd § 15 AktG an einem anderen rechtlich selbstständigen Unternehmen ohne Rücksicht auf die Rechtsform der Beteiligten. Hinzukommen muss lediglich, dass bei der Beteiligungsgesellschaft überhaupt eine Anteils- oder Stimmenmehrheit iSd § 16 AktG rechtlich möglich ist (→ Rn. 2 ff.). Dies setzt voraus, dass das fragliche Unternehmen **mitgliedschaftlich verfasst** ist und seinen Willen durch Mehrheitsentscheidungen bildet.[2] Daran fehlt es insbes. bei Stiftungen sowie bei An- 1a

---

[63] BMF Matthöfer, Bulletin 1979 Nr. 11, S. 1032 (1034); *Kropff* ZHR 144, 74 (80 ff.); *Rittner* FS Flume Bd. II, 1978, 241 (253); *Zöllner* AG 1978, 40 (43).

[64] Eingehend Eichhorn/*Kropff,* Auftrag und Führung öffentlicher Unternehmen, 1977, S. 79, 101 ff.

[65] Anders für NRW KG WuW/E OLG 5151 (5163) – Horten/TUI; dagegen *Emmerich* AG 1994, 477 (480 f.).

[66] Ebenso LG Köln AG 1976, 244 (246 f.) = NJW 1976, 2167; *Ellerich* Zur Bedeutung S. 138 ff.; *Ellerich/Küting* Betr. 1980, 1973; *Emmerich* Wirtschaftsrecht S. 225 f.; *Emmerich* AG 1976, 225 (228); *Küting* Betr. 1976, 2447 (2450).

[67] So für den Bund BGHZ 190, 7 Rn. 30 – KfW; für das Land Hamburg BAGE 136, 114 Rn. 28 – UKE.

[1] Zur Terminologie: Man hat zu unterscheiden zwischen dem beteiligten Unternehmen (um dessen Mehrheitsbeteiligung es geht) und dem Beteiligungsunternehmen, an dem gegebenenfalls die Mehrheitsbeteiligung besteht.

[2] OLG Düsseldorf AG 2008, 859 (860) – Universitätsklinikum Greifswald.

stalten des öffentlichen Rechts, sodass bei solchen Unternehmen eine Mehrheitsbeteiligung iSd Konzernrechts grds. nicht vorstellbar ist.[3]

2 Im Regelfall werden **Anteils- und Stimmenmehrheit** zusammenfallen; notwendig ist dies indessen nicht. **Abweichungen** sind selbst bei einer *AG* denkbar, früher zB infolge der Ausgabe von Mehrstimmrechtsaktien (s. § 12 Abs. 2 AktG und § 5 EGAktG), heute insbes. auf Grund der Ausgabe stimmrechtsloser Vorzugsaktien (§ 12 Abs. 1 S. 2 AktG, §§ 139 ff. AktG) oder bei Einführung von Stimmrechtsbeschränkungen durch die Satzung (§ 134 Abs. 1 S. 2–4, Abs. 2 S. 2 AktG). Auch Ausübungsverbote auf Grund der § 20 Abs. 7 AktG, § 21 Abs. 4 AktG und § 328 Abs. 1 AktG sowie auf Grund des § 44 S. 1 WpHG (= § 28 WpHG aF) können bei einer AG die Wirkung haben, dass Anteils- und Stimmenmehrheit auseinanderfallen, weil § 16 Abs. 3 AktG auf die Zahl derjenigen Stimmrechte abstellt, die das beteiligte Unternehmen aus den ihm gehörigen Anteilen tatsächlich „ausüben kann".

3 Weitere Abweichungen sind bei der **GmbH und** bei den **Personengesellschaften** auf Grund der hier für das Innenverhältnis geltenden Vertragsfreiheit möglich (§ 311 Abs. 1 BGB; § 109 HGB; § 45 Abs. 1 GmbHG). Denkbar sind bei diesen Gesellschaften außerdem Differenzierungen von Mehrstimmrechten je nach Beschlussgegenstand. Wie in solchen eigenartigen Fallgestaltungen zu verfahren ist, steht noch nicht endgültig fest.[4] Am meisten spricht wohl mit Rücksicht auf die Grundgedanken der gesetzlichen Regelung in den §§ 16, 17 AktG nach wie vor dafür, eine Mehrheitsbeteiligung allein desjenigen Gesellschafters anzunehmen, dessen privilegierte Stellung in Gestalt der Einräumung von Mehrstimmrechten sich gerade auf Fragen wie die Bestellung der Geschäftsführer oder die Gestaltung der Geschäftspolitik bezieht (s. § 17 Abs. 2 AktG).

2. Anteilsmehrheit

4 Eine Anteilsmehrheit liegt nach § 16 Abs. 1 AktG vor, wenn einem Unternehmen beliebiger Rechtsform die Mehrheit der Anteile eines anderen rechtlich selbstständigen Unternehmens gehört. Für die **Berechnung** kommt es nach § 16 Abs. 2 AktG auf das Verhältnis des Gesamtnennbetrages der einem Unternehmen gehörenden Anteile (einschließlich der ihm nach § 16 Abs. 4 AktG zuzurechnenden Anteile) zum Nennkapital der Gesellschaft an, bei einer AG also auf das Verhältnis der ihm gehörenden und zuzurechnenden Anteile zum Grundkapital und bei einer GmbH auf das Verhältnis zum Stammkapital. **Eigene Anteile** der Beteiligungsgesellschaft, dh derjenigen Gesellschaft, *an der* die Mehrheitsbeteiligung besteht, sind bei der Berechnung vom Grund- oder Stammkapital abzusetzen (§ 16 Abs. 2 S. 2 AktG). Gleich stehen Anteile, die einem anderen **„für Rechnung"** der Beteiligungsgesellschaft gehören (§ 16 Abs. 2 S. 3 AktG). Damit sind solche Anteile gemeint, deren wirtschaftliches *Risiko* und *Kosten* die Beteiligungsgesellschaft trägt, so dass es sich bei ihnen, wirtschaftlich gesehen, letztlich ebenfalls um ihr gehörige („eigene") Anteile handelt,[5] während die Zurechnungsvorschrift des § 16 Abs. 4 AktG iRd Abs. 2 der Vorschrift *keine* Anwendung findet. Die Folge ist, dass insbes. die einem von der Beteiligungsgesellschaft **abhängigen**

---

[3] OLG Düsseldorf AG 2008, 859 (860) – Universitätsklinikum Greifswald.

[4] Emmerich/Habersack Aktien-/GmbH-KonzernR/*Emmerich* AktG § 16 Rn. 8.

[5] Emmerich/Habersack Aktien-/GmbH-KonzernR/*Emmerich* AktG § 16 Rn. 11 f.; *C. Vedder* Begriff S. 127, 150 ff.; enger wohl BGHZ 202, 180 (198 Rn. 49 f.) – Postbank.

Unternehmen gehörenden Anteile hier, jedenfalls nach herrschender, neuerdings aber vielfach bestrittener Meinung, *nicht* vom Kapital abzuziehen sind.[6] § 16 Abs. 4 AktG regelt die andere Frage, welche Anteile als dem *beteiligten* Unternehmen gehörig anzusehen sind (→ Rn. 7 ff.).

3. Stimmenmehrheit

Neben der Anteilsmehrheit (→ Rn. 4) lässt § 16 Abs. 1 AktG auch eine Stimmen- 5 mehrheit zur Begründung einer Mehrheitsbeteiligung genügen. Die **Berechnung** richtet sich in diesem Fall nach § 16 Abs. 3 AktG, so dass es hier auf das Verhältnis der Zahl der Stimmrechte aus den einem Unternehmen gehörenden Anteilen (einschließlich der ihm nach § 16 Abs. 4 AktG zugerechneten Anteile) zur Gesamtzahl aller Stimmrechte der Beteiligungsgesellschaft ankommt, abzüglich der Stimmrechte aus eigenen Anteilen der Beteiligungsgesellschaft und aus solchen Anteilen, die einem anderen für Rechnung der Beteiligungsgesellschaft gehören (§ 16 Abs. 3 AktG iVm § 16 Abs. 2 S. 3 AktG: → Rn. 4). *Nicht* mitgerechnet werden ferner Anteile *ohne* Stimmrecht, zB Vorzugsaktien oder stimmrechtslose Beteiligungen an Personengesellschaften. Der **Maßstab,** an dem die prozentuale Höhe des Stimmanteils des beteiligten Unternehmens zu messen ist, ist folglich bei der Beteiligungsgesellschaft die Gesamtzahl der Stimmen, die sich aus der Summe der (stimmberechtigten) Anteile ergibt, abzüglich der Stimmrechte aus eigenen Anteilen und aus Anteilen, die einem anderen für Rechnung der Beteiligungsgesellschaft gehören (§ 16 Abs. 3 AktG iVm § 16 Abs. 2 S. 3 AktG). *Nicht* abzuziehen sind dagegen (ebenso wie im Falle der Anteilsmehrheit, → Rn. 4) die Stimmrechte aus Anteilen, die solchen Unternehmen gehören, die von der Beteiligungsgesellschaft *abhängig* sind.[7] Ebenso wenig werden von der Gesamtzahl der Anteile solche Anteile abgezogen die im Einzelfall von Stimmrechtsbeschränkungen betroffen sind.[8]

Eine Mehrheitsbeteiligung liegt vor, wenn ein Gesellschafter wenigstens **eine Stimme** 6 **mehr als die Hälfte** der Gesamtzahl der zu berücksichtigenden Stimmen (→ Rn. 5) hat, während eine bloße Hauptversammlungsmehrheit nicht genügt. Nach hM sind bei dieser Berechnung auch Stimmrechtsbeschränkungen oder -ausschlüsse nach den § 20 Abs. 7 AktG, § 21 Abs. 4 AktG und § 44 S. 1 WpHG auf der Seite desjenigen Gesellschafters zu berücksichtigen, um dessen Mehrheitsbeteiligung es geht.[9]

4. Zurechnung

Gem. § 16 Abs. 1 AktG gilt als mit Mehrheit beteiligt dasjenige Unternehmen, dem 7 die nach § 16 Abs. 2, 3 AktG berechnete Mehrheit der Anteile oder der Stimmrechte bei der anderen Gesellschaft „gehört". Das ist natürlich in erster Linie derjenige, der nach Zivilrecht die fraglichen Anteile innehat, dh bei Aktien deren Eigentümer sowie bei den sonstigen Gesellschaften der Gesellschafter, in dessen Vermögen sich die fraglichen Anteile befinden.

---

[6] S. *C. Vedder* Begriff S. 122 f.
[7] Emmerich/Habersack Aktien-/GmbH-KonzernR/*Emmerich* AktG § 16 Rn. 11, 22; str.
[8] S. *J. Schubert/Ravenstein* DB 2006, 2219 (2220); – anders nach hM bei dem beteiligten Unternehmen (→ Rn. 6).
[9] Hüffer/Koch/*Koch* AktG § 16 Rn. 11; dagegen Emmerich/Habersack Aktien-/GmbH-KonzernR/*Emmerich* AktG § 16 Rn. 24 mwN.

8 Den einem Unternehmen gehörigen Anteilen stehen nach § 16 Abs. 4 AktG, um Umgehungen zu verhindern, ferner solche Anteile gleich, die einem von dem betreffenden (beteiligten) Unternehmen abhängigen Unternehmen oder einem anderen für Rechnung des beteiligten Unternehmens oder eines von diesem abhängigen Unternehmens gehören; bei einem Einzelkaufmann spielt es außerdem keine Rolle, ob er die Anteile in seinem Privat- oder in seinem Geschäftsvermögen hält.

9 Das Gesetz unterscheidet in § 16 Abs. 4 drei Fälle der Zurechnung. Der erste und wichtigste Fall ist der der **Abhängigkeit** iSd § 17 AktG, die im Falle einer Mehrheitsbeteiligung nach § 17 Abs. 2 AktG vermutet wird. Die Zurechnung nach § 16 Abs. 4 AktG hat zur Folge, dass für die Ermittlung einer Mehrheitsbeteiligung die **Anteile des herrschenden und** des von ihm **abhängigen Unternehmens zusammenzurechnen** sind, wobei die Anteile der abhängigen Gesellschaft dem herrschenden Unternehmen **in vollem Umfang,** nicht etwa nur pro rata zugerechnet werden.[10] Ist zB die Muttergesellschaft mit 25 % an einer dritten Gesellschaft, der sog. Enkelgesellschaft, beteiligt, während die Tochtergesellschaft an dieser eine Beteiligung von 30 % hält, so ist die Muttergesellschaft auf Grund des § 16 Abs. 4 AktG als mit 55 %, dh mehrheitlich an der Enkelgesellschaft beteiligt anzusehen. Erforderlich ist lediglich, dass es sich bei allen Beteiligten um **Unternehmen** iSd § 15 AktG handelt (→ § 2 Rn. 5 ff.), wie aus dem Wortlaut des § 16 Abs. 4 AktG zu folgern ist, der ausdrücklich zwischen „Unternehmen" und „anderen" unterscheidet.[11] Unberührt von der Zurechnung bleibt eine etwaige **(direkte) Mehrheitsbeteiligung** der Tochtergesellschaft an der Enkelgesellschaft. Entgegen einer früher gelegentlich vertretenen Meinung ergibt sich aus dem Gesetz kein Anhaltspunkt dafür, dass die Beteiligung der Muttergesellschaft an der Enkelgesellschaft die der Tochtergesellschaft gleichsam absorbiert.[12]

10 Die Zurechnung nach § 16 Abs. 4 AktG setzt *nicht* voraus, dass die Muttergesellschaft selbst unmittelbar an der Enkelgesellschaft beteiligt ist. Für die Annahme einer Mehrheitsbeteiligung genügt vielmehr bereits eine **mehrheitliche Beteiligung allein der abhängigen Tochtergesellschaft** *oder* der Tochtergesellschaft zusammen mit einer anderen von dieser abhängigen Gesellschaft.[13] Die Zurechnung kann hier zur Folge haben, dass gleichzeitig Mutter- *und* Tochtergesellschaft an der Enkelgesellschaft mehrheitlich beteiligt sind, so dass dann die Enkelgesellschaft von beiden Unternehmen abhängig ist (so genannte mehrfache Abhängigkeit; → Rn. 35 ff.).

11 Eine Zurechnung kommt nach § 16 Abs. 4 AktG zweitens hinsichtlich solcher Anteile in Betracht, die einem (beliebigen) anderen „**für Rechnung** des (beteiligten) Unternehmens oder für Rechnung eines von diesem abhängigen Unternehmens" gehören. Voraussetzung der Zurechnung ist in diesem Fall, dass das fragliche Unternehmen die mit dem Anteilsbesitz des anderen verbundenen *Risiken und Kosten* trägt.[14] Ist dies das Unternehmen (um dessen Mehrheitsbeteiligung es geht) und nicht der formelle Anteilsinhaber (der „andere"), so wird der Anteilsbesitz des anderen nach § 16 Abs. 4

---

[10] OLG Stuttgart AG 2009, 204 (206).
[11] BGHZ 148, 123 (126 f.) – MLP; *Cahn* AG 2002, 30 (33); Emmerich/Habersack Aktien-/GmbH-KonzernR/*Emmerich* AktG § 16 Rn. 16.
[12] LG Berlin AG 1998, 195 (196).
[13] OLG Hamm AG 1998, 588; OLG Stuttgart AG 2009, 204 (206); MüKoAktG/*Bayer* AktG § 16 Rn. 44; Hüffer/Koch/*Koch* AktG § 16 Rn. 13; *E. Rehbinder* ZGR 1977, 581 (587 f.); Großkomm-AktG/*Windbichler* AktG § 16 Rn. 28.
[14] Emmerich/Habersack Aktien-/GmbH-KonzernR/*Emmerich* AktG § 16 Rn. 18a.

AktG dem ersteren zugerechnet. Die wichtigsten Fälle sind **Geschäftsbesorgungs-und Treuhandverhältnisse,**[15] daneben aber auch – entgegen der überwiegenden Meinung – Stimmbindungsverträge und Stimmrechtskonsortien.[16]

§ 16 Abs. 4 AktG ordnet eine Zurechnung schließlich (drittens) noch an, wenn der   12
Inhaber des Unternehmens ein **Einzelkaufmann** ist, so dass in diesem Fall nicht danach unterschieden wird, ob die Anteile zu seinem Betriebs- oder zu seinem Privatvermögen gehören. Die Vorschrift ist entsprechend auf die öffentliche Hand anzuwenden.[17]

5. Rechtsfolgen

Die wichtigsten Rechtsfolgen einer Mehrheitsbeteiligung ergeben sich aus den § 17   13
Abs. 2 AktG, § 19 Abs. 2, 3 AktG, § 20 Abs. 4 AktG, § 21 Abs. 2 AktG, § 56 Abs. 2
AktG und § 71 d S. 2 AktG. Im Vordergrund steht die an ihr Vorliegen geknüpfte Vermutung der Abhängigkeit (§ 17 Abs. 2 Akt; dazu → Rn. 44 ff.). Außerdem folgt aus
§ 56 Abs. 2 AktG, dass eine im Mehrheitsbesitz einer AG stehende Gesellschaft keine
Aktien der AG als Gründer oder Zeichner oder in Ausübung eines bei einer bedingten
Kapitalerhöhung eingeräumten Umtausch- oder Bezugsrechts übernehmen darf.

II. Abhängigkeit

Literatur: *Bayreuther,* Wirtschaftlich existenziell abhängige Unternehmen im Konzern-, Kartell- und Arbeitsrecht, 2001; *F. Born,* Die abhängige Kommanditgesellschaft auf Aktien, 2004; S. 45 ff.; *Burgard,* Gestaltungsfreiheit im Stiftungsrecht, 2006; *Cahn,* Kapitalerhaltung im Konzern, 1998; *Dierdorf,* Herrschaft und Abhängigkeit, 1978; *J. Götz,* Der Entherrschungsvertrag im Aktienrecht, 1992; *Klosterkemper,* Abhängigkeit von einer Innengesellschaft, 2004; *Koppensteiner,* FS Stimpel, 1985, S. 811; *E. Schmitt,* Schutz der außenstehenden Gesellschafter einer abhängigen Personengesellschaft im mehrstufigen Unternehmensverbund, 2003; *Chr. Schreiber,* Konzernrechtsfreie Kontrolle, 2017; *H. Sprengel,* Vereinskonzernrecht, 1998, S. 98 ff.; *Sura,* Fremdeinfluß und Abhängigkeit, 1980; *Tröger,* Treuepflicht im Konzernrecht, 2000; *M. Wellenhoffer-Klein,* Zulieferverträge im Privat- und Wirtschaftsrecht, 1999; *H. Werner,* Der aktienrechtliche Abhängigkeitstatbestand, 1979.

1. Überblick

Abhängigkeit liegt nach § 17 Abs. 1 AktG vor, wenn ein anderes Unternehmen, vom   14
Gesetz herrschendes Unternehmen genannt, auf ein Unternehmen, das sogenannte
abhängige Unternehmen, unmittelbar oder mittelbar einen beherrschenden Einfluss
auszuüben vermag. Bei Vorliegen einer Mehrheitsbeteiligung iSd § 16 AktG
(→ Rn. 1 ff.) wird die Abhängigkeit des in Mehrheitsbesitz stehenden (anderen) Unternehmens von dem an ihm mehrheitlich beteiligten Unternehmen nach § 17 Abs. 2
AktG vermutet (→ Rn. 44 ff.). An die Abhängigkeit eines Unternehmens von einem
anderen knüpft ihrerseits die Konzernvermutung des § 18 Abs. 1 S. 3 AktG an (→ § 4
Rn. 26 ff.).

Die Abhängigkeit ist der **Zentralbegriff** des Aktienkonzernrechts, wie die Vielzahl von   15
Rechtsfolgen verdeutlicht, die das Gesetz an die Abhängigkeit eines Unternehmens
von einem anderen knüpft. Hervorzuheben sind neben der bereits erwähnten Konzernvermutung des § 18 Abs. 1 S. 3 AktG (→ Rn. 14) insbes. noch die **§§ 311–318**

---

[15] BGHZ 107, 7 (15) – Tiefbau; BGH NJW 1992, 1167; *Mertens* FS Beusch, 1993, 583.
[16] Schon → § 2 Rn. 16 ff.; *Mertens* FS Beusch, 1993, 583 (589); MüKoAktG/*Bayer* AktG § 16 Rn. 41, 38; *Wolfram* Mitteilungspflichten S. 129 ff.; anders *Vedder* Begriff S. 134 f. mwN.
[17] Emmerich/Habersack Aktien-/GmbH-KonzernR/*Emmerich* AktG § 16 Rn. 20; Hüffer/Koch/*Koch* AktG § 16 Rn. 13.

AktG über den Schutz abhängiger Gesellschaften außerhalb von Vertrags- und Eingliederungskonzernen (→ §§ 24–28), die § 56 Abs. 2 AktG und § 71 d S. 2 AktG über das Verbot der Zeichnung und des Erwerbs von Aktien des herrschenden Unternehmens sowie § 71 d S. 4 AktG, aus dem sich in Verbindung mit § 71 b AktG ergibt, dass das abhängige Unternehmen bei dem herrschenden Unternehmen kein Stimmrecht besitzt.[18]

16 Außerhalb des AktG findet sich gleichfalls häufig eine Verweisung auf den Abhängigkeitsbegriff des AktG (§ 17 AktG). Hervorzuheben ist § 36 Abs. 2 S. 1 GWB, nach dem herrschendes und abhängiges Unternehmen im Kartellrecht eine sog. wettbewerbliche Einheit bilden. Daneben ist in anderen Gesetzen jedoch in wachsendem Maße auch eine **abweichende Begriffsbildung** festzustellen, meistens im Anschluss an das **Kontrollkonzept** des französischen und des anglo-amerikanischen Rechtskreises. Beispiele sind neben § 90 Abs. 1 S. 2 AktG die Bestimmungen des § 34 Abs. 1 Nr. 2, Abs. 3 WpHG (iVm § 35 Abs. 1 Nr. 1 WpHG und § 290 Abs. 2 HGB) sowie des § 37 Abs. 1 S. 1 Nr. 2 S. 1 GWB. Beide Konzepte überschneiden sich naturgemäß weithin, wie bereits an der Definition der Kontrolle durch § 37 Abs. 1 Nr. 2 S. 2 GWB und § 290 Abs. 2 HGB abzulesen ist, decken sich jedoch nicht völlig. Unterschiede bestehen vor allem hinsichtlich des Kreises derjenigen Umstände, die als mögliche Ursachen der Abhängigkeit oder der Kontrolle in Betracht zu ziehen sind. Die Folge ist zB, dass paritätische (50: 50) Gemeinschaftsunternehmen in der Regel zwar nicht als abhängig von ihren beiden Müttern, wohl aber als deren gemeinsamer Kontrolle unterworfen gelten (→ Rn. 35 ff.).

2. Begriff

17 Abhängigkeit liegt nach § 17 Abs. 1 AktG vor, wenn ein (beliebiges) Unternehmen auf ein anderes, rechtlich selbstständiges Unternehmen unmittelbar oder mittelbar einen **beherrschenden Einfluss** auszuüben vermag. Vermutet wird eine derartige Unternehmensverbindung im Falle einer Mehrheitsbeteiligung (§ 17 Abs. 2 AktG; dazu → Rn. 44 ff.). An die so verstandene Abhängigkeit knüpft das Gesetz in § 18 Abs. 1 S. 3 AktG zugleich die weitere Vermutung des Zusammenschlusses der verbundenen Unternehmen unter einheitlicher Leitung zu einem Konzern (dazu → § 4 Rn. 26 ff.). Das Gesetz sieht folglich einen unmittelbaren **Zusammenhang zwischen** der **Mehrheitsbeteiligung** (§ 16 AktG), der **Abhängigkeit** (§ 17 AktG) **und** der Bildung eines **Konzerns** (§ 18 Abs. 1 AktG), so dass zur näheren Konkretisierung des Abhängigkeitsbegriffs in erster Linie an die beiden genannten Vermutungen in § 17 Abs. 2 AktG und § 18 Abs. 1 S. 3 AktG anzuknüpfen ist.

18 Ein **Mehrheitsgesellschafter** besitzt bei der **AG** zwar keinen unmittelbaren, wohl aber im Regelfall einen umso wirksameren mittelbaren Einfluss auf die Führung der Geschäfte der Gesellschaft, da er über die Wahl von ihm abhängiger Aufsichtsratsmitglieder (§ 101 AktG) in der Lage ist, die **Zusammensetzung des Vorstands** zu beeinflussen und damit für die Bestellung von Vorstandsmitgliedern zu sorgen, die sich im Zweifel nach seinen Vorstellungen richten werden (§ 84 AktG).[19] Ebenso verhält es sich (erst recht) bei der **GmbH** (§§ 45, 46 Nr. 5 GmbHG), weil bei ihr die Abhängigkeit der Geschäftsführer von dem Mehrheitsgesellschafter auf Grund der §§ 37, 45, 46

---

[18] OLG München NJW-RR 1995, 1066.
[19] Ebenso zB betont BFHE 233, 416.

GmbHG noch ausgeprägter als bereits bei der AG ist: An dieser Abhängigkeit der Verwaltung von dem Mehrheitsgesellschafter hat auch die Einführung der (quasi-) paritätischen **Mitbestimmung** der Arbeitnehmer im Aufsichtsrat durch das MitbestG von 1976 im Ergebnis nichts geändert.[20]

Damit ist bereits eine wichtige Präzisierung des Abhängigkeitsbegriffes erreicht: Wie **19** die Vermutung des § 17 Abs. 2 AktG zeigt, reicht es für die Annahme von Abhängigkeit jedenfalls aus, wenn ein Gesellschafter in der Lage ist, die geschäftsleitenden Organe einer Gesellschaft mit „seinen Leuten" zu besetzen, wenn er maW einen **ausschlaggebenden Einfluss auf die Personalpolitik** der fraglichen Gesellschaft auszuüben vermag, so dass sichergestellt ist, dass sich deren Verwaltung in Zweifelsfällen, schon im Interesse ihrer Wiederwahl, nach seinen Vorstellungen richten wird.[21] Im selben Sinne ist es zu verstehen, wenn nach Meinung der **Gerichte** Abhängigkeit vor allem dann anzunehmen ist, falls ein Unternehmen über gesicherte rechtliche Möglichkeiten verfügt, einem anderen Unternehmen (genauer: dessen Verwaltung) **Konsequenzen** für den Fall **anzudrohen,** dass es dem Willen des herrschenden Unternehmens nicht Folge leistet, so dass sich die Verwaltung des abhängigen Unternehmens im Ergebnis dem Einfluss des herrschenden Unternehmens nicht zu entziehen vermag.[22] Nicht erforderlich ist dagegen, dass das herrschende Unternehmen von seinen Einflussmöglichkeiten tatsächlich Gebrauch macht; zur Begründung der Abhängigkeit genügt vielmehr bereits die **bloße Möglichkeit** zur Herrschaft in der abhängigen Gesellschaft (Stichwort: Abhängigkeit als potentieller Konzern; s. § 18 Abs. 1 S. 3 AktG).[23]

Ob diese Voraussetzungen erfüllt sind, beurteilt sich aus der **Sicht der abhängigen** **20** **Gesellschaft,**[24] und zwar einfach deshalb, weil nur abhängig ist, wer sich abhängig fühlt, dh der weiß, dass er von einem anderen abhängig ist, so dass er auf dessen Willen Rücksicht nehmen muss, wenn er negative Konsequenzen vermeiden will. Eine unbewusste Abhängigkeit gibt es nicht.[25] – Die Abhängigkeit kann gleichermaßen **gegenüber einem** wie gegenüber **mehreren** anderen Unternehmen bestehen, sofern nur im zweiten Falle eine sichere Grundlage für eine gemeinsame Herrschaft der beteiligten Unternehmen gegeben ist, so dass die herrschenden Unternehmen der abhängigen Gesellschaft – aus deren Sicht – als Einheit gegenübertreten können; – das genügt. Als Grundlage der gemeinsamen Herrschaft mehrerer Unternehmen kommen außer vertraglichen und organisatorischen Bindungen unter den beteiligten Unternehmen, den sog. Müttern, auch sonstige rechtliche und tatsächliche Umstände wie etwa ihre Zugehörigkeit zu derselben Familie in Betracht (→ Rn. 35 ff., 39 f.).

---

[20] BAGE 22, 390 (397 f.); → § 4 Rn. 50 ff.
[21] Emmerich/Habersack Aktien-/GmbH-KonzernR/Emmerich AktG § 17 Rn. 7 ff.; *Bayer* ZGR 2002, 933 (935 ff.); *Hüffer/Koch/Koch* AktG § 17 Rn. 5.
[22] BGHZ 121, 137 (146) – WAZ/IKZ; BAG ZIP 2011, 1332; OLG Düsseldorf ZIP 1993, 1791 – Feldmühle Nobel (Feno); AG 2003, 688 (689) – VEBA; NZG 2005, 1012 – Brau und Brunnen; AG 2008, 859 (860); 2009, 873 (874); OLG Stuttgart AG 2009, 204 (205 f.); OLG Köln ZIP 2006, 997 – DTAG.
[23] BGHZ 62, 193 (201) – Seitz; OLG Düsseldorf ZIP 1993, 1791; OLG München NJW-RR 1995, 1066.
[24] BGHZ 62, 193 (197) – Seitz; BGH ZIP 2011, 1177.
[25] ZB *Schnobus/Ganzer* AG 2016, 565 (571 f.).

3. Mittel, Dauer, Umfang

21   Nach überwiegender Meinung muss der Einfluss eines Unternehmens auf eine Gesellschaft **gesellschaftsrechtlich vermittelt** sein, um Abhängigkeit iSd § 17 AktG zu begründen (→ Rn. 22), während eine bloße **tatsächliche,** dh gesellschaftsrechtlich nicht
abgesicherte **Abhängigkeit,** zB auf Grund von Liefer- oder Kreditbeziehungen, nicht
zur Begründung der Abhängigkeit ausreicht.[26] Im Schrifttum wird demgegenüber
vielfach darauf hingewiesen, dass sich im heutigen Wirtschaftsleben in zunehmendem
Maße Vertragsgestaltungen finden, die zur Folge haben können, dass eine Partei in
eine Situation gerät, die durchaus mit der einer abhängigen Gesellschaft vergleichbar
ist.[27] Zu denken ist hier insbes. an zahlreiche Fallgestaltungen des Franchising oder an
die Situation vieler Zulieferer, vornehmlich bei Just-in-Time-Vereinbarungen. Gleichwohl sollten diese Fälle in der Tat nicht in den Anwendungsbereich des Konzernrechts
einbezogen werden, um zu verhindern, dass dieser letztlich uferlos wird, zumal das
Konzernrecht hier neben dem Zivilrecht und dem Wettbewerbsrecht ohnehin nur wenig zu dem Schutz der durch tatsächliche Abhängigkeitsverhältnisse betroffenen Unternehmen beizutragen vermag. Davon zu trennen ist die Frage, ob und gegebenenfalls
unter welchen Voraussetzungen tatsächliche oder sonstige rechtliche Umstände ein bereits *bestehendes* gesellschaftsrechtlich vermitteltes Einflusspotenzial (→ Rn. 22) bis zur
Abhängigkeit iSd § 17 AktG *verstärken* kann. Die Möglichkeit einer derartigen kombinierten Beherrschung ist grds. anzuerkennen; ihre Voraussetzungen sind jedoch
noch nicht endgültig geklärt (→ Rn. 23).

22   Bei der somit grds. erforderlichen **gesellschaftsrechtlichen Vermittlung** der Einflussmöglichkeit als Grundlage der Abhängigkeit (→ Rn. 21) ist in erster Linie, aber nicht
ausschließlich an (unmittelbare oder mittelbare) **Beteiligungen** des herrschenden Unternehmens an der abhängigen Gesellschaft zu denken (§ 17 Abs. 2 AktG iVm § 16
AktG).[28] Gesellschaftsrechtlich vermittelt ist die Einflussmöglichkeit ferner, wenn sie,
wie es in Ausnahmefällen vorstellbar ist, *allein* auf dem Abschluss eines **Unternehmensvertrages,** insbes. also eines Beherrschungs- oder Gewinnabführungsvertrages
(§ 291 AktG) beruht, selbst wenn der Abschluss nicht durch eine unmittelbare oder
mittelbare Beteiligung des herrschenden Unternehmens an der abhängigen Gesellschaft unterlegt sein sollte. Der Abschluss eines der anderen Unternehmensverträge
des § 292 AktG kann im Einzelfall gleichfalls zur Begründung von Abhängigkeit führen. **Beispiele** sind Interessen- und Gewinngemeinschaften (§ 292 Abs. 1 Nr. 1 AktG)
sowie Teilgewinnabführungsverträge (§ 292 Abs. 1 Nr. 2 AktG). Auch an **verdeckte
Beherrschungsverträge** ist hier zu denken, seitdem in der Praxis immer häufiger komplizierte Vertragsgestaltungen festzustellen sind, die sich bei Lichte besehen als Beherrschungsverträge iSd § 291 Abs. 1 S. 1 AktG erweisen. Soweit dies der Fall ist, findet
auch § 17 Abs. 1 Anwendung (§ 18 Abs. 1 S. 2 AktG), selbst wenn die dergestalt verbundenen Unternehmen auf eine Beteiligung des herrschenden Unternehmens an der
abhängigen Gesellschaft verzichten (→ iE § 11 Rn. 14, 18 ff.). Auf die zivilrechtliche

---

[26] BGHZ 90, 381 (395 ff.) – BuM; BGHZ 121, 137 (145) – WAZ/IKZ; BGHZ 135, 107 (114) – VW;
OLG Frankfurt a. M. AG 1998, 139 (140); 2004, 567 f.; OLG Karlsruhe NZG 2004, 334; OLG Stuttgart NZG 2005, 432; OLG Düsseldorf NZG 2005, 1012 – Brau und Brunnen; *Druey/Vogel,* Das
schweizerische Konzernrecht in der Praxis der Gerichte, 1999, S. 550 mwN.

[27] Ebenso früher RGZ 167, 40 (49 f.) – Thega; LG Oldenburg ZIP 1992, 1632; LG Freiburg AG 2006, 674
(675); *Burgard,* Gestaltungsfreiheit im Stiftungsrecht, 2006, S. 360, 590 f.; *Tierdorf* Herrschaft S. 38 ff.

[28] Emmerich/Habersack Aktien-/GmbH-KonzernR/*Emmerich* AktG § 17 Rn. 14 ff.

Wirksamkeit der Vereinbarungen der Parteien kommt es dabei in keinem Fall an; es genügt ihre tatsächliche Durchführung.[29]

Das gesellschaftsrechtlich vermittelte Einflusspotential eines Unternehmens auf ein **23** anderes Unternehmen (→ Rn. 22) kann, wie schon ausgeführt (→ Rn. 21), im Einzelfall auch durch **hinzutretende tatsächliche** oder sonstige rechtliche **Einflussmöglichkeiten** bis zur Abhängigkeit iSd § 17 Abs. 1 AktG verstärkt werden.[30] Gelegentlich ist in solchem Fall auch von einer *„kombinierten Beherrschung"* die Rede.[31] Voraussetzung ist, dass die Beteiligung ohnehin schon *für sich allein* eine spürbare Einflussmöglichkeit eröffnet.[32] Noch offen ist freilich, wo genau hier die **Grenze** verläuft. Im Schrifttum werden meistens Beteiligungen in einer Größenordnung von 25–30 % als Grenze genannt, von der ab eine kombinierte Beherrschung zu prüfen ist.[33] Als Grundlage kommen **alle** denkbaren rechtlichen und tatsächlichen **Umstände** in Betracht, die einem beteiligten Unternehmen ein **zusätzliches Einflusspotential** verschaffen, von engen Kredit- und Lieferbeziehungen über Beteiligungen an weiteren Gesellschaften bis hin zu personellen Verflechtungen. Die Situation muss maW so sein, dass die aufgrund der Beteiligung bereits bestehende Einflussmöglichkeit durch ihre Verbindung mit den genannten tatsächlichen oder rechtlichen Umständen dem beteiligten Unternehmen im Ergebnis **dieselbe Rechtsstellung wie eine „Mehrheitsbeteiligung"** verschafft.[34] Abhängigkeit ist danach zB anzunehmen, wenn ein Minderheitsaktionär beständig (→ Rn. 24) darauf vertrauen kann, dass ein anderer Minderheitsaktionär, mit dem er zusammen über die Mehrheit verfügt, ihn in der Hauptversammlung unterstützen wird, etwa, weil er mit dem anderen Minderheitsaktionär in vielfältiger Weise institutionell verflochten ist.[35]

Erforderlich ist ferner, dass die **Einflussmöglichkeit gesichert** ist. Eine nur zufällige **24** oder von der freiwilligen Mitwirkung Dritter abhängige Einflussmöglichkeit begründet keine Abhängigkeit im Rechtssinne.[36] Aus diesem Grunde zieht auch der bloße Abschluss eines *Kaufvertrages* über ein selbst erhebliches Aktienpaket grds. noch keine Abhängigkeit der betreffenden Gesellschaft von dem zukünftigen Aktionär nach sich, sofern nicht besondere Abreden wie zB ein Stimmbindungsvertrag mit dem Veräußerer hinzukommen.[37] Nicht erforderlich ist dagegen eine bestimmte **Mindestdauer** der Einflussmöglichkeit, schon, weil operationale Kriterien zur Abgrenzung der in Betracht kommenden Zeitspanne fehlen.[38] Auf der anderen Seite genügt aber auch eine

---

[29] K. Schmidt/Lutter/*Vetter* AktG § 17 Rn. 14, 43; Spindler/Stilz/*Schall* AktG § 17 Rn. 24, 38.

[30] S. BGHZ 90, 381 (397) – BuM; OLG Düsseldorf ZIP 1993, 1791 – Feno; AG 2003, 688 (690) – VEBA; NZG 2005, 1012 – Brau und Brunnen; AG 2009, 873 (874).

[31] OLG Düsseldorf ZIP 1993, 1791 – Feno; AG 2003, 688 (690) – VEBA; NZG 2005, 1012 – Brau und Brunnen; AG 2009, 873 (874).

[32] OLG Düsseldorf AG 2003, 688 (689) – VEBA; OLG Frankfurt a. M. AG 2004, 567.

[33] Emmerich/Habersack Aktien-/GmbH-KonzernR/*Emmerich* AktG § 17 Rn. 16.

[34] So OLG Düsseldorf AG 2003, 688 (689) – VEBA; NZG 2005, 1012 – Hypobank/Brau und Brunnen; KG AG 2005, 398 (399 f.) – Hypobank/Brau und Brunnen.

[35] OLG Düsseldorf NZG 2005, 1012 – Brau und Brunnen.

[36] RGZ 167, 40 (49 ff.) – Thega; BGHZ 80, 69 (73) – Süssen; LG Oldenburg ZIP 1992, 1632 (1636).

[37] OLG Düsseldorf ZIP 1993, 1791 – Feno; *Krieger* FS Semler, 1993, 503 (507 ff.); anders *Lutter* FS Steindorff, 1990, 125 (133); *Noack,* Gesellschaftervereinbarungen bei Kapitalgesellschaften, 1994, S. 90; *M. Weber* ZIP 1994, 678 (683 ff.).

[38] S. OLG Köln GmbHR 1990, 456.

kurzfriste Zufallsmehrheit in der Hauptversammlung nicht, um Abhängigkeit zu begründen; die Einflussmöglichkeit muss vielmehr eine **gewisse Beständigkeit** (iS einer verlässlichen Basis für einen absehbaren Zeitraum) aufweisen, der über die nächste Hauptversammlung hinausreicht, dies deshalb, weil die Verwaltung der fraglichen Gesellschaft nur dann Anlass hat, bei der Formulierung ihrer Geschäftspolitik im eigenen Interesse auf die Wünsche des betreffenden Gesellschafters überhaupt Rücksicht zu nehmen.[39]

4. Unmittelbare und mittelbare Abhängigkeit

25 Keine Rolle spielt, wie § 17 Abs. 1 AktG ausdrücklich hervorhebt, ob es sich um eine unmittelbare oder mittelbare Abhängigkeit handelt. **Unmittelbare** Abhängigkeit liegt vor, wenn das fragliche Unternehmen *allein* in der Lage ist, einen beherrschenden Einfluss auf die abhängige Gesellschaft auszuüben, **mittelbare** dagegen, wenn es sich hierzu der *Mitwirkung Dritter* bedienen muss, wobei verschiedene Fallgestaltungen in Betracht kommen.[40]

26 Mittelbare Abhängigkeit liegt insbes. vor, wenn eine Muttergesellschaft an einer Tochtergesellschaft und diese wiederum an einer dritten Gesellschaft, einer so genannten *Enkelgesellschaft* mehrheitlich beteiligt ist. Nach § 17 Abs. 1 AktG ist in einer solchen mehrstufigen Unternehmensverbindung die Enkelgesellschaft nicht nur von der Tochtergesellschaft, sondern auch von der Muttergesellschaft abhängig (sog. mehrfache Abhängigkeit, → Rn. 34f.).[41] Die für die Abhängigkeit geltenden Vorschriften sind in derartigen Fällen gleichermaßen auf das Verhältnis der Enkelgesellschaft zu der Tochter- wie zu der Muttergesellschaft anzuwenden.

5. Beteiligungen

27 Wichtigste Grundlage der Abhängigkeit ist, wie schon die Vermutung des § 17 Abs. 2 AktG zeigt, bei sämtlichen Gesellschaften die **Stimmenmehrheit** in der Haupt- oder Gesellschafterversammlung der abhängigen Gesellschaft.[42] Keine Rolle spielt, worauf die Mehrheit beruht. Selbst wenn ein Gesellschafter die Mehrheit nur auf Grund der Unterstützung durch die Stimmen anderer Gesellschafter zu erreichen vermag, führt die Mehrheit zur Abhängigkeit, vorausgesetzt, dass der fragliche Gesellschafter über die Stimmen der anderen Gesellschafter sicher (beständig) verfügen kann.

28 Zu denken ist hier in erster Linie an Stimmbindungsverträge und Stimmrechtskonsortien, daneben aber auch an sonstige rechtliche oder tatsächliche Umstände, sofern auf ihrer Grundlage die beständige Unterstützung durch andere Gesellschafter gewährleistet ist (sog. **faktische Mehrheit**).[43] Ein Beispiel ist die bewährte auf Dauer gesicherte Interessenidentität einer stets gemeinsam auftretenden, insbes. familiär verbundenen

---

[39] S. BGHZ 135, 107 (114) – VW; OLG Karlsruhe NZG 2004, 334; OLG Frankfurt a. M. AG 2004, 567f.; OLG Düsseldorf NZG 2005, 1012.

[40] Emmerich/Habersack Aktien-/GmbH-KonzernR/*Emmerich* AktG § 17 Rn. 26f.; *Werner* Abhängigkeitstatbestand S. 180ff.

[41] KG AG 1979, 158.

[42] Ebenso BGH ZIP 2012, 1177 – Einkauf aktuell; BFHE 95, 215 (217f.); 145, 165 (169); BFH AG 2011, 639 Rn. 31ff.

[43] BayObLGZ 2002, 46 (54); OLG Karlsruhe NZG 2004, 334; KG AG 2005, 398 (399f.) – Brau und Brunnen; OLG Düsseldorf NZG 2005, 1012 – Brau und Brunnen; *Klosterkemper,* Abhängigkeit von einer Innengesellschaft, 2004.

Gesellschaftergruppe. Gleich stehen sonstige **institutionelle Verflechtungen** zwischen Aktionärsgruppen, durch die ihr einheitlicher Auftritt in der Gesellschaft sichergestellt wird. Dagegen begründet eine *ungesicherte Mitwirkung Dritter,* die zur Folge hat, dass es vom Zufall abhängt, ob ein Gesellschafter im Einzelfall seinen Willen durchzusetzen vermag, noch keine Abhängigkeit.

Ausreichend kann von Fall zu Fall ferner eine „bloße" **Minderheitsbeteiligung** sein, 29 vorausgesetzt, dass sie in Verbindung mit verlässlichen Umständen rechtlicher oder tatsächlicher Art denselben Einfluss wie eine Mehrheitsbeteiligung vermittelt.[44] Die Grenze zur sog. faktischen Mehrheit (→ Rn. 28) ist hier naturgemäß flüssig, aber ohne Bedeutung, da das Gesetz die fraglichen Fälle gleichbehandelt. Eine wichtige Rolle spielt in diesem Zusammenhang bei Aktiengesellschaften insbes. die durchschnittliche Hauptversammlungspräsenz. Bewegt sie sich üblicherweise auf einem Niveau, bei dem bereits eine Minderheitsbeteiligung eine sichere **Hauptversammlungsmehrheit** gewährt, so ist die Folge die Abhängigkeit der betreffenden Gesellschaft.[45] **Tatsächliche Verhältnisse** können den bereits durch eine Minderheitsbeteiligung vermittelten Einfluss gleichfalls so sehr verstärken, dass Abhängigkeit iSd § 17 AktG anzunehmen ist (schon → Rn. 24). Abhängigkeit ist dagegen zu verneinen, wenn die Herrschaft des Minderheitsaktionärs *nicht* rechtlich oder tatsächlich abgesichert ist, etwa, weil er auf die Mitwirkung Dritter angewiesen ist, auf die er nicht mit Bestimmtheit rechnen kann, so dass es immer vom Zufall abhängt, ob er seinen Willen durchzusetzen vermag oder nicht.[46]

Besondere **Satzungsbestimmungen** können die Position eines Minderheitsaktionärs 30 ebenfalls so sehr verstärken, dass er in der Lage ist, einen beherrschenden Einfluss auf die Gesellschaft auszuüben. Bei einer **AG** kommen hierfür mit Rücksicht auf § 23 Abs. 5 AktG freilich nur Mehrstimmrechtsaktien, soweit heute noch zulässig (s. § 12 Abs. 2 AktG, § 5 EGAktG), Entsendungsrechte in den Aufsichtsrat (§ 101 Abs. 2 AktG) sowie die Ausgabe von Vorzugsaktien ohne Stimmrecht (§ 12 Abs. 1 S. 2 AktG, § 139 AktG) in Betracht.

Wesentlich weitergehende Möglichkeiten bestehen dagegen insoweit bei der **GmbH,** 31 weil bei dieser das Gesetz (§ 45 GmbHG) der Satzung einen deutlich größeren Spielraum als bei der AG für die Gestaltung des Innenverhältnisses belässt, so dass hier zahlreiche weitere Satzungsgestaltungen denkbar sind, die zusammen mit einer beliebigen Beteiligung einen maßgeblichen Einfluss auf die Geschäftsführung der Gesellschaft und damit Abhängigkeit nach sich ziehen.

Ebenso verhält es sich bei den **Personengesellschaften** (s. § 311 Abs. 1 BGB). Die 32 Verbindung einer Minderheitsbeteiligung mit **personellen Verflechtungen** zwischen den beiden Unternehmen kann gleichfalls zur Abhängigkeit führen.[47] Von den Fällen

---

[44] BGHZ 69, 334 (347) – VEBA/Gelsenberg; BGHZ 135, 107 (114f.) – VW; BayObLGZ 2002, 46 (55); OLG Düsseldorf AG 2003, 688 (689) – VEBA; NZG 2005, 1012 – Brau und Brunnen; OLG Karlsruhe NZG 2004, 334.

[45] OLG München NJW-RR 1995, 1066; LG Berlin AG 1996, 230; 1997, 183 (184f.) – Brau und Brunner AG.

[46] RGZ 167, 40 (49ff.) – Thega; BGHZ 69, 334 (347) – VEBA/Gelsenberg; LG Oldenburg ZIP 1992, 1632 (1636).

[47] RGZ 167, 40 (54) – Thega; AP BGB § 242 Ruhegehalt-Konzern Nr. 1; OLG München NJW-RR 1995, 1066; anders für die Veba OLG Düsseldorf AG 2003, 688 (689f.).

einer klaren Mehrheitsbeteiligung abgesehen (→ Rn. 27), erlaubt daher letztlich immer erst eine umfassende Würdigung der gesamten rechtlichen *und* tatsächlichen Beziehungen zwischen den verbundenen Unternehmen ein Urteil über das Vorliegen oder Fehlen von Abhängigkeit.[48]

33 Aus dem Gesagten wird heute überwiegend der Schluss gezogen, dass selbst die wiederholte Unterstützung eines Aktionärs durch die **Banken mit** ihrem **Depotstimmrecht** im Regelfall noch *keine* Abhängigkeit begründet, weil auf diese Unterstützung kein dauernder Verlass sei.[49] Anders zu beurteilen war die Rechtslage insoweit früher lediglich hinsichtlich der Stellung der *Bank* im Verhältnis zu solchen Gesellschaften, an denen sie selbst unmittelbar oder mittelbar (über Tochtergesellschaften) beteiligt ist. Seit der Änderung des § 135 AktG im Jahre 1999 dürfte dagegen die Verbindung des Depotstimmrechts der Banken mit eigenen Anteilsbesitz nur noch in Ausnahmefällen zu einer Abhängigkeit der Beteiligungsgesellschaft von der Bank führen.

III. Gemeinschaftsunternehmen

Literatur: *W. Exner,* Beherrschungsvertrag und Vertragsfreiheit, 1984; *Gansweid,* Gemeinsame Tochtergesellschaften im deutschen Konzern- und Wettbewerbsrecht, 1976; *G. Marchand,* Abhängigkeit und Konzernzugehörigkeit von Gemeinschaftsunternehmen, 1985; *Mestmäcker,* Gemeinschaftsunternehmen, in: ders./Blaise/Donaldson, Gemeinschaftsunternehmen im Konzern- und Kartellrecht, 1979, S. 9 ff.; *Noack,* Gesellschaftervereinbarungen bei Kapitalgesellschaften, 1994.

1. Begriff, mehrfache Abhängigkeit

34 Als Gemeinschaftsunternehmen bezeichnet man **gemeinsame Tochtergesellschaften** verschiedener Unternehmen, der sogenannten Mütter, die zu dem Zweck gegründet oder erworben werden, Aufgaben zum gemeinsamen Nutzen der Mütter zu erfüllen. Beispiele sind Einkaufs- oder Verkaufsgemeinschaften sowie gemeinsame Forschungseinrichtungen. Die praktische Bedeutung derartiger gemeinsamer Töchter scheint ständig zuzunehmen. **Gesetzliche Regelungen** der mit Gemeinschaftsunternehmen verbundenen Fragen finden sich vor allem außerhalb des AktG im GWB (s. § 36 Abs. 2 S. 2 GWB und § 37 Abs. 1 Nr. 2 GWB) sowie im Steuerrecht (§ 14 Abs. 1 Nr. 2 KStG).

35 Das Verhältnis des Gemeinschaftsunternehmens zu seinen **Müttern** kann unterschiedlich sein. Die Regel ist wohl die **Koordinierung** des Einflusses der Mütter, meistens im Rahmen einer BGB-Gesellschaft oder einer GmbH, um das einheitliche Auftreten der Mütter gegenüber ihrer gemeinsamen Tochter sicherzustellen. In diesem Fall ist heute die (mehrfache) **Abhängigkeit** der gemeinsamen Tochter von den Müttern unstreitig (→ Rn. 26, 37). Im Einzelfall kann es sich aber auch so verhalten, dass zB eine der Mütter die Führung übernimmt – mit der Folge, dass dann das Gemeinschaftsunternehmen allein von dieser Mutter, nicht dagegen von den übrigen Müttern abhängig ist.[50]

36 An einer Abhängigkeit des Gemeinschaftsunternehmens von seinen Müttern fehlt es dagegen, wenn diese (ausnahmsweise) selbstständig gegenüber dem Gemeinschafts-

---

[48] Ebenso OLG Düsseldorf AG 2003, 688 (690) – VEBA; AG 2005, 538 (539 f.) = NZG 2005, 1012 – Brau und Brunnen.

[49] Emmerich/Habersack Aktien-/GmbH-KonzernR/ *Emmerich* AktG § 17 Rn. 24; *Krieger/Schreiber* § 68 Rn. 43.

[50] Vgl. BGHZ 99, 126 (131 ff.) – Hussel/Mara.

unternehmen vorgehen und dadurch ihre Einflussmöglichkeiten gegenseitig blockieren. Einen kritischen Grenzfall stellen die verbreiteten **paritätischen** (50: 50) **Gemeinschaftsunternehmen** dar (→ Rn. 36).

Die Möglichkeit einer **mehrfachen Abhängigkeit** des Gemeinschaftsunternehmens 37 von den ihm gegenüber als Einheit auftretenden Müttern steht heute aufgrund der Mehrmütterklausel des § 36 Abs. 2 S. 2 GWB außer Frage (→ Rn. 26, 35). Als **Mittel** dazu kommen außer der Gründung einer **BGB-Innengesellschaft** der Mütter vor allem die Zusammenfassung der Mütter in einem Gleichordnungskonzern sowie Konsortial- und Stimmbindungsverträge in Betracht.[51] Aber auch **tatsächliche Verhältnisse** können ausreichen, sofern sie nur auf Dauer eine gemeinsame Interessenverfolgung der Mütter gewährleisten, so dass je nach den Umständen des Falles insbes. eine personelle Verflechtung der Mütter oder deren gemeinsame Beherrschung durch dieselbe Familie die Abhängigkeit des Gemeinschaftsunternehmens begründen können.[52] Die Anforderungen schwanken; maßgebend sind letztlich die Umstände des Einzelfalls.

Der bloße Einigungszwang, der von einer **paritätischen Beteiligung** an einem Ge- 38 meinschaftsunternehmen auf beide Mütter typischerweise ausgeht, genügt dagegen nach überwiegender Meinung für die Annahme gemeinsamer Beherrschung allein *nicht,* solange nicht durch weitere Umstände, insbes. durch Absprachen der Mütter, deren gemeinsames Vorgehen gegenüber dem Gemeinschaftsunternehmen sichergestellt ist.[53] Als **Indiz** für das Vorliegen mehrfacher Abhängigkeit wird es häufig bezeichnet, wenn etwaige Interessenkonflikte zwischen den Müttern nicht in dem Gemeinschaftsunternehmen, sondern außerhalb desselben in besonderen Gremien der Mütter ausgetragen werden, um das gemeinsame Vorgehen der Mütter gegenüber den Gemeinschaftsunternehmen nicht zu gefährden.

2. Rechtsfolgen

Mehrfache Abhängigkeit des Gemeinschaftsunternehmens bedeutet, dass dieses in 39 konzernrechtlich relevanten Beziehungen **zu jeder** der ihm gegenüber als Einheit auftretenden **Mütter** steht und nicht etwa nur zu einer zwischen den Müttern anzunehmenden BGB-Innengesellschaft.[54] Folglich finden die an die Abhängigkeit anknüpfenden konzernrechtlichen Rechtsinstitute auf die Beziehungen des Gemeinschaftsunternehmens zu *jeder* der Mütter Anwendung. Im **faktischen Aktienkonzern** hat dies zur Folge, dass die Mütter iRd §§ 311, 317 AktG gesamtschuldnerisch für die nachteilige Einflussnahme einer jeden von ihnen dem Gemeinschaftsunternehmen gegenüber verantwortlich sind. Außerdem ist das Gemeinschaftsunternehmen verpflichtet, nach § 312 AktG einen Abhängigkeitsbericht über seine Beziehungen zu jeder einzelnen Mutter aufzustellen.[55]

---

[51] S. *Böttcher/Liekefett* NZG 2003, 701 (705 ff.).

[52] BGHZ 62, 193 (199 ff.) – Seitz; BGHZ 74, 359 (363 ff.) – WAZ; BGHZ 80, 69 (73); 90, 330 (349); BGHZ 122, 122 (125 f.) – TBB; BGH NJW 1994, 3288; BAGE 80, 322 (326); 112, 166 (173 f.) – Kliniken Dr. M.; BAG ZIP 2007, 1518.

[53] → Rn. 3; OLG Hamm AG 1998, 588; OLG Frankfurt a. M. AG 2004, 567 (568); *Böttcher/Liekefett* NZG 2003, 701 (705 ff.); K. Schmidt/Lutter/ *Vetter* AktG § 36 Rn. 49; *Schnorbus/Danzer,* AG 2016, 565 (567 ff.).

[54] BAGE 22, 390 (394); 53, 287 (298 ff.); 112, 166 (173 ff.) = AG 2005, 533 (535) = NZG 2005, 512 – Kliniken Dr. M.; Hüffer/Koch/ *Koch* § 17 Rn. 14; *Raupach/Klotz* WiB 1994, 137 (139).

[55] BGHZ 62, 193 (198); *Emmerich/Gansweid* JuS 1975, 294 (298).

40 Der Abschluss von **Beherrschungsverträgen** mit dem Gemeinschaftsunternehmen ist gleichfalls möglich, wobei aus konzernrechtlicher Sicht die eigentlichen Vertragspartner (wiederum) allein die Mütter sind. Die Folge ist, dass die Hauptversammlung jeder Mutter dem Unternehmensvertrag gem. § 293 Abs. 2 AktG zustimmen muss.[56] Sobald der Vertrag wirksam zustande gekommen ist, darf jede Mutter dem Gemeinschaftsunternehmen nachteilige Weisungen erteilen (§ 308 Abs. 1 S. 2 AktG), so dass dieses im Ergebnis **mehreren Konzernen** angehört.[57] Folglich ist es auch in die Konzernabschlüsse aller Mütter einzubeziehen (§ 310 HGB). Anwendbar sind außerdem die §§ 302, 303 AktG auf die Beziehungen zu jeder Mutter. Selbst **mitbestimmungsrechtlich** wird überwiegend von der Zugehörigkeit des Gemeinschaftsunternehmens zu mehreren Konzernen ausgegangen, so dass die Arbeitnehmer des Gemeinschaftsunternehmens bei jeder der Mütter mitzuzählen sind (§ 5 MitbestG; § 2 DrittelbG).[58] Die Folge ist ein **mehrfaches Wahlrecht** der Arbeitnehmer des Gemeinschaftsunternehmens zum Aufsichtsrat des Gemeinschaftsunternehmens *und* zu den Aufsichtsräten der Mütter.[59]

IV. Vermutung der Abhängigkeit

1. Bedeutung

41 Nach § 17 Abs. 2 AktG wird von einem in Mehrheitsbesitz stehenden Unternehmen (→ § 16 AktG) vermutet, dass es von dem an ihm mit Mehrheit beteiligten Unternehmen abhängig ist. Diese Vermutung ist ihrerseits Grundlage der Konzernvermutung des § 18 Abs. 1 S. 3 AktG. Eine Mehrheitsbeteiligung iSd § 16 AktG führt folglich im Zweifel zur Abhängigkeit und zur Annahme eines Konzerns iSd §§ 17, 18 AktG. Das gilt gleichermaßen für eine Anteils- wie für eine Stimmenmehrheit, weil § 16 AktG beide Formen der Mehrheitsbeteiligung gleich behandelt. Besonderheiten gelten im Falle einer wechselseitigen Beteiligung, da hier bei einer Mehrheitsbeteiligung die Vermutung der Abhängigkeit unwiderleglich ist und somit zwingend die Abhängigkeit nach sich zieht (§ 19 Abs. 2, 3 AktG; → § 5 Rn. 9 ff.).

42 Bedeutung haben die Vermutungen der § 17 Abs. 2 AktG und § 18 Abs. 1 S. 3 AktG vor allem **im Rechtsstreit,** wenn streitig ist, ob ein Unternehmen von einem anderen abhängig ist. Wichtig ist die Abhängigkeitsvermutung ferner ebenso wie die auf ihr aufbauende Konzernvermutung für die **Abschlussprüfer,** etwa, wenn sie prüfen müssen, ob eine Gesellschaft zur Aufstellung eines Abhängigkeitsberichts nach § 312 AktG verpflichtet ist oder ob sie in einen Konzernabschluss einzubeziehen ist (§ 290 HGB). Erhebliche praktische Bedeutung haben die Vermutungen der § 17 Abs. 2 AktG und § 18 Abs. 1 S. 3 AktG außerdem im **Mitbestimmungsrecht** (§ 5 MitbestG, § 3 DrittelbetG), da insbes. der Umstand, dass die Gesellschaft dem MitbestG von 1976 unterliegt, nichts an der Anwendbarkeit der §§ 17, 18 AktG ändert.

---

[56] *Lutter* FS H. Westermann, 1974, 347.
[57] Ebenso BAGE 53, 287; 112, 166 (174f.) – Kliniken Dr. M.; OLG Karlsruhe AG 1991, 144 (145); str.; s. *Marchand* Abhängigkeit S. 155 ff.
[58] So jedenfalls BAGE 22, 319 (394f.); 53, 287 (298ff.); 80, 322 (324ff.); 112, 166 (174ff.); OLG Düsseldorf AG 2007, 170 (173); *Th. Raiser* FS Kopff, 1997, 243 (255f.); Habersack/Henssler/*Habersack* MitbestG § 5 Rn. 54 mN; str.
[59] So jedenfalls BAGE 22, 390 (394f.); 53, 287 (298ff.); 80, 322 (324ff.); 112, 166 (174ff.) – Kliniken Dr. M.; OLG Düsseldorf AG 2007, 170 (173); *Böttcher/Liekefett* NZG 2003, 701; Habersack/Henssler/*Habersack* MitbestG § 5 Rn. 54 mN.

2. Widerlegung

Bei der Widerlegung der Abhängigkeitsvermutung ist an dem Punkt anzusetzen, der **43** den Gesetzgeber veranlasst hat, an die Mehrheitsbeteiligung für den Regelfall die Vermutung der Abhängigkeit der Beteiligungsgesellschaft zu knüpfen. Wie gezeigt, ist dies der Umstand, dass eine Mehrheitsbeteiligung dem betreffenden Gesellschafter im Zweifel einen maßgeblichen Einfluss auf die Personalpolitik der abhängigen Gesellschaft sichert (→ Rn. 17 ff.). Folglich ist die Vermutung der Abhängigkeit trotz Mehrheitsbeteiligung widerlegt, wenn die fragliche Beteiligung an einer AG auf Grund besonderer Umstände ausnahmsweise *nicht* die Möglichkeit eröffnet, die **Zusammensetzung** des Aufsichtsrats und damit mittelbar die **des Vorstands** zu **beeinflussen.**[60]

Die Vermutung der Abhängigkeit einer Gesellschaft im Falle der mehrheitlichen Beteiligung eines anderen Unternehmens iSd § 16 AktG kann grds. auf zwei verschiedenen **44** Wegen widerlegt werden, einmal durch den Abschluss von **Verträgen** (→ Rn. 45, 46 ff.) und zum anderen durch besondere Klauseln in der **Satzung** der Beteiligungsgesellschaft, nicht dagegen durch eine bloße tatsächliche Übung, weil die Abhängigkeit nach § 17 Abs. 1 AktG nicht voraussetzt, dass auf Grund der Mehrheitsbeteiligung tatsächlich ein beherrschender Einfluss auf die Gesellschaft ausgeübt wird und weil sich die bloße *Möglichkeit* einer Einflussnahme allein auf Grund äußerer Umstände wohl niemals ausschließen lässt.[61]

Bei den Verträgen, die zur Widerlegung der Abhängigkeitsvermutung geeignet sind, **45** stehen die sog. Entherrschungsverträge im Vordergrund des Interesses (→ Rn. 46 ff.). Daneben ist hier insbes. noch an **Stimmbindungsverträge** oder Stimmrechtskonsortien zu denken, sofern sie zum Gegenstand haben, dass der an sich mehrheitlich beteiligte Gesellschafter auf die Ausübung des Stimmrechts aus einem so großen Teil seiner Aktien verzichtet oder sich doch hinsichtlich so vieler Aktien an die Zustimmung anderer Aktionäre gebunden hat, dass er bei Berücksichtigung der üblichen Hauptversammlungspräsenz auf Dauer über keine Mehrheit in der Hauptversammlung mehr verfügt.[62] Voraussetzung ist jedoch, dass die genannten Verträge ernst gemeint und nicht jederzeit kündbar sind (§§ 117, 242 BGB). Außerdem kommt zB in Betracht, dass der Gesellschaftsvertrag für sämtliche Beschlüsse eine qualifizierte Mehrheit fordert[63] oder dass die Kapitalmehrheit auf Grund besonderer **Satzungsbestimmungen** nicht für die Wahl der Aufsichtsratsmitglieder ausreicht, etwa, weil die Satzung einschneidende Stimmrechtsbeschränkungen vorsieht.

3. Entherrschungsverträge

In der Praxis werden zum Ausschluss der Vermutung des § 17 Abs. 2 AktG gelegent- **46** lich auch so genannte Abhängigkeitsausschluss- oder Entherrschungsverträge abgeschlossen.[64] Über ihre Verbreitung werden unterschiedliche Angaben gemacht.[65] In-

---

[60] MüKoAktG/*Bayer* AktG § 17 Rn. 95; Hüffer/Koch/*Koch* AktG § 17 Rn. 19; *Krieger/Schneider* § 68 Rn. 59; wohl auch BVerfGE 98, 145 (162); BayObLGZ 1998, 85 (89); str.
[61] BayObLGZ 1998, 85 (89).
[62] → Rn. 49; Hüffer/Koch/*Koch* AktG § 17 Rn. 21 f.; *Reichert/Harbarth* AG 2001, 447 (453 f.).
[63] BKartA AG 2000, 520 – WAZ/OTZ.
[64] Beispiele bei *J. Götz,* Der Entherrschungsvertrag im Aktienrecht, 1992, S. 1, 129 ff. sowie bei *Bayer/Hoffmann* AG 2014, R 107.
[65] S. *Larisch/Bunz* NZG 2013, 1247.

halt dieser Verträge ist der (schuldrechtliche) Verzicht des mit Mehrheit beteiligten Unternehmens auf die Ausübung eines Teils seiner Stimmrechte bei der Beteiligungsgesellschaft, wodurch sichergestellt werden soll, dass von dem Mehrheitsbesitz nicht mit dem Ziel der Abhängigkeitsbegründung Gebrauch gemacht werden kann. Im Einzelnen hat man Verträge mit beliebigen Dritten und Verträge direkt mit der Beteiligungsgesellschaft selbst zu unterscheiden. Verträge mit **Dritten,** insbes. also mit anderen Aktionären, sind der Sache nach grds. unbedenkliche Stimmbindungsverträge (→ Rn. 45). Aber auch Verträge mit der **Beteiligungsgesellschaft** werden heute überwiegend als zulässig angesehen, sofern die Ernstlichkeit des Vertrags sichergestellt ist, wofür meistens die folgenden Voraussetzungen genannt werden:[66]

47 Durch den Entherrschungsvertrag muss, wenn er zur Widerlegung der Abhängigkeitsvermutung des § 17 Abs. 2 AktG geeignet sein, soll, vor allem sichergestellt werden, dass der Mehrheitsgesellschafter von seinem Anteilsbesitz nicht mit dem Ziel Gebrauch machen kann, die Zusammensetzung des Aufsichtsrats maßgeblich in seinem Sinne zu beeinflussen.[67] Deshalb muss der Vertrag mindestens auf **fünf Jahre** fest abgeschlossen werden (vgl. § 102 AktG); eine vorherige **Kündigung** des Vertrages darf nur aus wichtigem Grunde möglich sein, wobei die Gründe zudem im Vertrag ausdrücklich genannt sein müssen.[68] Außerdem muss das Stimmrecht aus mindestens so vielen Aktien ausgeschlossen sein, dass der Aktionär bei Berücksichtigung der durchschnittlichen Präsenz in der Hauptversammlung *nicht* mehr über die **Hälfte** der Stimmrechte verfügen kann (str.). Hinzukommen muss noch, um die Ernstlichkeit des Vertrags sicherzustellen, die **schriftliche** Abfassung des Vertrags mit ausdrücklicher Regelung der genannten Punkte. Für eine Eintragung des Vertrags ins **Handelsregister** ist dagegen – mangels gesetzlicher Grundlage – kein Raum; jedoch kann und sollte der Vertrag auch zu den Registerakten gereicht werden, um seine Publizität sicherzustellen.[69]

48 Noch nicht endgültig geklärt ist die Frage, ob die **Hauptversammlung** der mehrheitlich beteiligten Gesellschaft dem Vertragsabschluss mit qualifizierter Mehrheit zustimmen muss, sofern der Vertrag nicht ausnahmsweise bereits durch die Satzung der Gesellschaften gedeckt ist.[70] Die Entscheidung dieser Frage hängt in erster Linie davon ab, wieweit man bei der Anerkennung einer Konzernleitungspflicht der mehrheitlich beteiligten Gesellschaft gehen will (→ § 9).

---

[66] OLG Köln ZIP 1993, 110 – Winterthur/Nordstern; OLG Düsseldorf AG 2007, 169 (171 f.); LG Köln AG 1992, 238 – Winterthur/Nordstern; LG Mainz AG 1991, 30 (32) – Massa/Asko; *Hentzen* ZHR 157 (1993), 65 (67 f.); *Reichert/Harbarth* AG 2001, 447 (454 f.); *K. Schmidt* FS Hommelhoff, 2012, 985 (993 f.); dagegen *Hüttemann* ZHR 156 (1992), 314 (324 ff.).

[67] S. *J. Götz*, Der Entherrschungsvertrag im Aktienrecht, 1992, S. 46 ff.; *Hentzen* ZHR 157 (1993), 65 (69, 71).

[68] OLG Düsseldorf AG 2007, 169 (172); *K. Schmidt* FS Hommelhoff, 2012, 985 (996 f.).

[69] *M. Becker* FS Möschel, 2011, 1119 (1120 f.).

[70] Emmerich/Habersack Aktien-/GmbH-KonzernR/Emmerich AktG § 17 Rn. 44 mN; *K. Schmidt* FS Hommelhoff, 2012, 985 (995 f.).

§ 4. Konzern (§ 18 AktG)

Literatur: *Amstutz,* Konzernorganisationsrecht, 1995; *v. Büren,* Der Konzern, 2. Aufl. 2005; *Denzer,* Konzerndimensionale Beendigung der Vorstands- und Geschäftsführerstellung, 2004; *Ehricke,* Das abhängige Konzernunternehmen in der Insolvenz, 1998; *Br. Haar,* Die Personengesellschaft im Konzern, 2006; *Holtmann,* Personelle Verflechtungen auf Konzernführungsebene, 1989; *Jula,* Die Bildung besonderer Konzernorgane, 1995; *Kleindiek,* Strukturvielfalt im Personengesellschafts-Konzern, 1991; *Mestmäcker,* Konzerngewalt und Rechte der Aktionäre, 1958; *Pentz,* Die Rechtsstellung der Enkel-AG in einer mehrstufigen Unternehmensverbindung, 1994; *O. Rieckers,* Konzernvertrauen und Konzernrecht, 2004; *Scheffler,* Konzern-Management, 1992; *Schreiber,* Konzernrechtsfreie Kontrolle, 2017; *E. Schmitt,* Schutz der außenstehenden Gesellschafter einer abhängigen Personengesellschaft im mehrstufigen Unternehmensverbund, 2003; *J. Semler,* Leitung und Überwachung der AG, 2. Aufl. 1996; *Slongo,* Der Begriff der einheitlichen Leitung, 1980; *Strohn,* Die Verfassung der AG im faktischen Konzern, 1977; *Theisen,* Der Konzern, 2. Aufl. 2000; *Tröger,* Treupflicht im Konzernrecht, 2000; *R. Veil,* Unternehmensverträge, 2003;. *Wanner,* Konzernrechtliche Probleme mehrstufiger Unternehmensverbindungen nach Aktienrecht, 1998; *B. Weidemann,* Konzernleitung multinationaler Unternehmungen, 1975; *H. Wiedemann,* Die Unternehmensgruppe im Privatrecht, 1988.

I. Überblick

Als Konzern bezeichnet das Gesetz in § 18 AktG die Zusammenfassung mehrerer **1** rechtlich selbstständiger Unternehmen **unter einheitlicher Leitung.** Als Kennzeichen der modernen wirtschaftlichen Entwicklung fasziniert der Konzern seit langem gleichermaßen Rechts- und Wirtschaftswissenschaften, und zwar so sehr, dass er – pars pro toto – der gesamten Materie ihren Namen gegeben hat. Tatsächlich knüpft das Gesetz indessen an das Vorliegen eines Konzerns nur in wenigen Vorschriften besondere Rechtsfolgen (s. insbes. die § 97 Abs. 1 S. 1 AktG und § 100 Abs. 2 S. 2 AktG), da im AktG nicht etwa der Fall des Konzerns, sondern der der Abhängigkeit im Mittelpunkt der Regelung steht. **Bedeutung** hat der Konzernbegriff infolgedessen in erster Linie außerhalb des Aktienrechts, insbes. im Recht der Rechnungslegung (s. §§ 290 ff. HGB, §§ 11 ff. PublG), im Mitbestimmungsrecht sowie schließlich im Kartellrecht (s. insbes. § 36 Abs. 2 S. 1 GWB), wobei das Schwergewicht heute eindeutig auf dem Mitbestimmungsrecht liegt (→ Rn. 44 ff.), insbes., seitdem das Handelsrecht mit § 290 Abs. 2 HGB im Bereich der Konzernrechnungslegung zu dem Kontrollkonzept übergegangen ist.

Das Gesetz unterscheidet in § 18 **zwei** verschiedene **Formen** des Konzerns, für die sich **2** die Bezeichnungen Unterordnungs- und Gleichordnungskonzern eingebürgert haben (§ 18 Abs. 1, 2 AktG). Der **Unterschied** zwischen beiden Konzernformen besteht „lediglich" darin, dass im Unterordnungskonzern die unter einheitlicher Leitung zusammengefassten Unternehmen zugleich voneinander iSd § 17 AktG abhängig sind (§ 18 Abs. 1 S. 1 Hs. 1 AktG; dazu → Rn. 11 ff.), während im Gleichordnungskonzern solche Abhängigkeit der verbundenen Unternehmen fehlt (§ 18 Abs. 2 AktG; dazu → Rn. 30 ff.).

In der Praxis begegnen sehr unterschiedliche Konzerngebilde. Dementsprechend viel- **3** fältig sind die **Einteilungen** der Konzerne in den Rechts- und Wirtschaftswissenschaften. Das ist neben der schon im Gesetz (§ 18 Abs. 1 und 2) angelegten Einteilung in Unterordnungs- und Gleichordnungskonzerne (→ Rn. 2) zunächst die Unterscheidung zwischen Vertrags- und faktischen Konzernen von Bedeutung. **Vertragskonzerne** werden allein durch einen Beherrschungsvertrag nach § 291 Abs. 1 S. 1 AktG begründet; dem gleich steht die Eingliederung einer AG in eine andere nach den

§§ 319, 320 AktG (s. § 18 Abs. 1 S. 2 AktG). Alle anderen Konzerne sind dagegen **faktische Konzerne,** auch dann, wenn die Beteiligten durch einen der anderen Unternehmensverträge der §§ 291, 292 AktG verbunden sind. Unter einem anderen Gesichtspunkt werden ferner **einstufige und mehrstufige** Konzerne unterschieden, je nachdem, ob dem herrschenden Unternehmen das oder die einheitlich geleiteten (abhängigen) Unternehmen nebeneinander auf einer Stufe gegenüberstehen oder ob sie auf mehreren Stufen hintereinander angeordnet sind. Paradigma eines mehrstufigen Konzerns ist der pyramidenförmige Aufbau eines Konzerns aus Mutter-, Tochter- und Enkelgesellschaften.

4 Unter wieder anderen Gesichtspunkten werden in der **Betriebswirtschaftslehre** heute vor allem zentral, dezentral und divisional, dh nach Sparten aufgebaute Konzerne, unterschieden. **Zentral und dezentral aufgebaute Konzerne** unterscheiden sich lediglich danach, welche Unternehmensfunktionen bei der Konzernspitze angesiedelt sind. Je mehr Unternehmensfunktionen die Konzernspitze an sich zieht, umso zentralistischer ist der Aufbau der Konzerne – bis hin zum Einheitsunternehmen in wirtschaftlicher Sicht, bei dem die tatsächliche Organisation des Konzerns mit der rechtlichen Selbstständigkeit der Konzernunternehmen kaum mehr zur Deckung zu bringen ist.

5 Kennzeichen **divisional aufgebauter** Konzerne ist dagegen die Gliederung der Konzernunternehmen nach Geschäftsbereichen, sogenannten Sparten, gleichfalls häufig ohne Rücksicht auf die rechtliche Selbstständigkeit der Konzernunternehmen.[1] Sinn dieses Aufbaus ist die möglichst selbstständige Führung der einzelnen Sparten, freilich unter einem gemeinsamen Dach, der Konzernspitze, die sich zwecks einheitlicher Leitung des Konzerns verschiedene zentrale Aufgaben vorbehält (sog. Matrixorganisation).[2]

II. Einheit und Vielheit im Konzern

6 Der Konzern als einheitlich geleiteter Verbund rechtlich selbstständiger Unternehmen erscheint je nach dem Blickwinkel des Betrachters mehr als einheitliches Unternehmen oder als (mehr oder weniger) lockeres Konglomerat der in ihm zusammengeschlossenen, rechtlich selbstständigen Einzelunternehmen. Es hängt deshalb ganz vom Standpunkt des Betrachters ab, welchen Aspekt er in den Vordergrund rückt.[3]

7 In den **Wirtschaftswissenschaften** herrscht deutlich die Betrachtung des Konzerns als einheitliches Unternehmen vor, in dem die unternehmerische Planung ohne Rücksicht auf die rechtliche Selbstständigkeit der Konzernglieder einheitlich für den gesamten Konzern und nicht gesondert für die einzelnen Konzerngesellschaften vorgenommen wird. In der **Rechtswissenschaft** ist nach dem ersten Weltkrieg gleichfalls gelegentlich die Auffassung vertreten worden, der Konzern müsse als Einheit behandelt werden.[4] Diese Einheitstheorie hat sich indessen nicht durchzusetzen vermocht. Die notwendige Folge ist, dass in der Rechtswissenschaft nach wie vor bei dem Ver-

---

[1] S. *Holtmann* Personelle Verflechtungen auf Konzernführungsebene, 1989; *Martens* FS Fleck, 1988, 191; *Schießl* ZGR 1992, 64; *Schönbrot,* Die Organstellung von Vorstand und Aufsichtsrat in der Spartenorganisation, 1987; *Schwark* ZHR 142 (1978), 203.

[2] Dazu ausf. zB *Harbarth* FS Bergmann, 2018, S. 243.

[3] S. dazu *Druey* FS Hommelhoff, 2012, 135; *K. Schmidt* FS Lutter, 2000, 1167 ff.; *K. Schmidt,* Das Konzernbild des AktG, FS Rokas, Athen 2012, 893.

[4] RGZ 108, 41 (43); aufgegeben durch RGZ 115, 246 (253); 149, 305 (311); ebenso OGH GesRZ 1983, 156.

such, sich dem Phänomen Konzern zu nähern, die Beziehungen zwischen den einzelnen rechtlich selbstständigen Konzerngliedern in den Vordergrund gerückt werden.[5]

In jüngster Zeit wachsen freilich wieder die Zweifel, ob diese Sicht der Dinge, die die 8
rechtliche Selbstständigkeit der einzelnen Konzernunternehmen betont (→ Rn. 7),
in jeder Hinsicht das Richtige trifft. Deshalb ist es nicht auszuschließen, dass es in Zukunft in einzelnen Beziehungen (wieder) geboten sein wird, den Konzern nicht nur als
wirtschaftliche, sondern zugleich als **rechtliche Einheit** zu begreifen, dh spezifische
Rechtsfolgen an den Konzern, verstanden als Zusammenfassung rechtlich selbstständiger Unternehmen unter einheitlicher Leitung (s. § 18 Abs. 1 AktG), zu knüpfen.

Der ganze Fragenkreis wird heute vor allem unter den Stichworten Konzernorganisa- 9
tions- oder Konzernverfassungsrecht sowie Konzernbildungs- und Konzernleitungskontrolle diskutiert. Die Auseinandersetzung um ein besonderes Konzernorganisa-
tions- oder **Konzernverfassungsrecht** steht freilich noch am Anfang.[6] Ihr Ziel ist es,
einen besonderen *rechtlichen* Rahmen für die wirtschaftliche Einheit Konzern zu entwickeln. Nach wie vor ist offen, ob dafür eine Notwendigkeit besteht (→ Rn. 13). Bei
der **Konzernbildungskontrolle** geht es dagegen in erster Linie um das Problem, wie
die Gesellschafter der *abhängigen* Gesellschaft gegen die Einbindung ihrer Gesellschaft
in einen Konzern (mit allen seinen problematischen Auswirkungen) geschützt werden
können, während bei der **Konzernleitungskontrolle** die Frage im Vordergrund steht,
wie die Gesellschafter der *Obergesellschaft* an den auf den Konzern in seiner Gesamtheit bezüglichen Entscheidungen ihrer Verwaltung beteiligt werden können (s. iE
→ §§ 7–9).

Das Gesetz nimmt in § 18 AktG auf die geschilderten Besonderheiten des Konzerns 10
(→ Rn. 7ff.) nur insofern Rücksicht, als nach § 18 Abs. 1 S. 1 Hs. 2, Abs. 2 Hs. 2
AktG *sämtliche* in einem Unterordnungs- oder Gleichordnungskonzern zusammengefassten Unternehmen Konzernunternehmen sind, so dass der Konzern – im Gegensatz zu den übrigen Unternehmensverbindungen der §§ 15–17 AktG – als **mehrseiti-
ges Verhältnis** zu begreifen ist.

III. Unterordnungskonzern

Ein Unterordnungskonzern ist nach **§ 18 Abs. 1 S. 1 AktG** im Anschluss an § 15 11
AktG von 1937 anzunehmen, wenn ein herrschendes und ein oder mehrere abhängige
Unternehmen unter der einheitlichen Leitung des herrschenden Unternehmens zu-
sammengefasst sind. Der Unterordnungskonzern ist folglich durch **drei Merkmale** ge-
kennzeichnet: Es muss sich erstens um eine *Unternehmensverbindung* iSd §§ 15, 17
AktG handeln (s. dazu schon → §§ 2, 3). Diese Unternehmensverbindung muss sich
zweitens als *Zusammenfassung* der verbundenen Unternehmen darstellen (dazu
→ Rn. 19), und zwar drittens gerade infolge der *einheitlichen Leitung* der verbundenen
Unternehmen durch eines der beteiligten Unternehmen (dazu → Rn. 12ff.). Ver-

---

[5] *U. Schneider* ZGR 1975, 253 (259ff.); *K. Schmidt* FS Lutter, 2000, 1167 (1170ff. mN); *K. Schmidt,*
Das Konzernbild des AktG, FS Rokas, Athen 2012, 893.
[6] Vgl. *V. Denzer,* Konzerndimensionale Beendigung der Vorstands- und Geschäftsführerstellung, 2004;
Lutter FS Stimpel, 1985, 825 (827ff.); *Lutter.* in Entwicklungen im GmbH-Konzernrecht, 1986,
S. 192; *Lutter.* ZGR 1987, 324; *Lutter.* in Druey, Das St. Galler Konzernrechtsgespräch, 1988, S. 225;
dagegen *R. Bork* ZGR 1994, 237 (243ff.).

gleichbare Konzerndefinitionen finden sich im österreichischen und im schweizerischen Recht.[7]

1. Einheitliche Leitung

12 Das zentrale Merkmal des Unterordnungskonzerns ist die „einheitliche Leitung" der verbundenen Unternehmen. Von einer Definition des Begriffs der einheitlichen Leitung haben die Gesetzesverfasser seinerzeit jedoch wegen der großen Vielfalt der in der Praxis anzutreffenden Konzerngestaltungen bewusst abgesehen.[8] Im Schrifttum unterscheidet man heute meistens einen engen und einen weiten Konzernbegriff (→ Rn. 13 ff.), wobei es sich jedoch nicht um strenge Gegensätze, sondern eher um unterschiedliche Akzentsetzungen handelt.[9]

13 Der **enge Konzernbegriff** geht von dem (wirtschaftswissenschaftlichen) Vorverständnis des Konzerns als *wirtschaftlicher Einheit* aus (→ Rn. 8) und bejaht dementsprechend das Vorliegen eines Konzerns im Rechtssinne nur, wenn die Konzernspitze für die **zentralen unternehmerischen Bereiche** in ihrer Gesamtheit eine **einheitliche Planung** aufstellt und diese bei den Konzerngliedern ohne Rücksicht auf deren rechtliche Selbstständigkeit durchsetzt. Zu den zentralen unternehmerischen Bereichen idS wird neben dem **Personalwesen** in erster Linie das **Finanzwesen** gezählt, so dass – bei dieser Sicht der Dinge – ein Konzern grds. nur angenommen werden kann, wenn für die verbundenen Unternehmen einheitlich festgelegt wird, wie die Führungsstellen zu besetzen sind *und* welchen Beitrag jedes Unternehmen zum Konzernerfolg zu leisten hat, über welche Mittel es verfügen darf und wie diese aufzubringen sind (Paradigma: zentrales Cash-Management).[10]

14 Der **weite Konzernbegriff** stimmt mit dem engen (→ Rn. 13) nur im Ausgangspunkt überein: Erfolgt die *Personal- oder Finanzplanung* zentral für die verbundenen Unternehmen durch die Konzernspitze, so handelt es sich nach ihm gleichfalls ohne Ausnahme um einen Konzern iSd § 18 Abs. 1 AktG. Die Vertreter dieses Konzernbegriffs begnügen sich indessen für die Annahme eines Konzerns unter Umständen auch mit einer einheitlichen Planung in einem der **anderen zentralen Unternehmensbereiche** wie etwa Einkauf, Organisation oder Verkauf, vorausgesetzt, dass die Koordinierung der Unternehmen in den genannten Bereichen Ausstrahlungen oder Rückwirkungen auf das Gesamtunternehmen hat.[11]

15 Die Gerichte gehen davon aus, dass der Begriff des Konzerns in den wenigen Vorschriften, die auf § 18 Abs. 1 AktG Bezug nehmen, durchweg im selben Sinne zu interpretieren ist.[12] Infolgedessen erlangt die Rechtsprechung zur Konzernmitbestimmung aufgrund des § 5 MitbestG im vorliegenden Zusammenhang besondere Bedeutung, da mittlerweile feststeht, dass jedenfalls im Anwendungsbereich dieses

---

[7] § 15 Abs. 1 öAktG; § 115 Abs. 1 öGmbHG; Art. 663 e Abs. 1 schweizOR.

[8] Begr. z. RegE des § 18, bei *Kropff* S. 33; ebenso in der Schweiz, s. *v. Büren* Konzern S. 82.

[9] S. *Druey* ZSR 121 II (1980), 273 (336 ff.).

[10] Hüffer/Koch/*Koch* AktG § 18 Rn. 8–13; *Krieger/Schneider* § 68 Rn. 71 ff.; *Tröger,* Treupflicht im Konzernrecht, 2000, S. 177 ff.; GroßkommAktG/*Windbichler* AktG § 18 Rn. 19 ff.

[11] IdS MüKoAktG/*Bayer* AktG § 18 Rn. 33; *Habersack* FS Bergmann, 2018, S. 227 (233); *Hommelhoff* Konzernleitungspflicht, 1982, S. 220 ff. und passim; *v. Hoyningen-Huene* ZGR 1978, 515 (524 ff.); *Kleindiek* Strukturvielfalt S. 37 ff.

[12] BAG AG 2012, 632 Rn. 46; OLG Düsseldorf NZG 2018, 1229 (1232 Rn. 33); LG Frankfurt a. M. AG 2015, 371 – Deutsche Börse.

Gesetzes generell von dem *weiten* Konzernbegriff in dem vorstehend entwickelten Sinne (→ Rn. 14) auszugehen ist.[13] Für § 18 Abs. 1 AktG dürfte damit unbedenklich von demselben Begriffsverständnis auszugehen sein. Damit stimmt die bisherige Rechtsprechung zu § 18 Abs. 1 AktG im Ergebnis überein, wonach zB bei einer **einheitlichen Finanzplanung** für die verbundenen Unternehmen in jedem Fall ein Konzern anzunehmen ist.[14] Ein **Indiz** dafür ist es vor allem, wenn Kredite für den Konzern insgesamt aufgenommen und durch das Vermögen aller Konzernglieder gesichert werden.[15] Gleich steht der Fall, dass eine Bank im finanziellen Bereich die Leitung eines anderen Unternehmens vollständig an sich zieht.[16] Für die Annahme einheitlicher Leitung genügt es ferner, wenn die Konzernleitung die Geschäftspolitik der Konzerngesellschaften und sonstige grundsätzliche Fragen der **Geschäftsführung** aufeinander **abstimmt.**[17] Die Annahme eines Konzerns setzt auch nicht mit Notwendigkeit voraus, dass die verbundenen Unternehmen derselben Branche angehören, da konzernspezifische Gefährdungen selbst bei ganz unterschiedlichen Tätigkeitsbereichen der einzelnen Unternehmen durchaus denkbar sind.[18] Insgesamt dürfte damit in der Tat die allgemeine Akzeptanz eines ganz weiten Konzernbegriffs in § 18 Abs. 1 AktG als gesichert anzusehen sein.

Bei dem Versuch, den (weiten) Konzernbegriff des Gesetzes in § 18 weiter zu präzisieren, ist ebenso wie hinsichtlich des Abhängigkeitsbegriffs in § 17 Abs. 1 AktG in erster Linie an die beiden *Vermutungen* der § 18 Abs. 1 S. 3 AktG und § 17 Abs. 2 AktG anzuknüpfen (schon → § 3 Rn. 17 ff.). Denn nach § 18 Abs. 1 S. 3 AktG führt Abhängigkeit iSd § 17 Abs. 1 AktG im Zweifel zur Begründung eines Konzerns durch die Zusammenfassung der verbundenen Unternehmen unter der einheitlichen Leitung des herrschenden Unternehmens (→ Rn. 26 ff.), wobei die Abhängigkeit nach § 17 Abs. 2 AktG ihrerseits wieder im Falle einer Mehrheitsbeteiligung iSd § 16 vermutet wird (dazu schon → § 3 Rn. 44 ff.). Zwischen den Begriffen der Mehrheitsbeteiligung (§ 16 AktG), der Abhängigkeit (§ 17 Abs. 1 AktG) und der einheitlichen Leitung (§ 18 AktG) besteht mithin ein enger Zusammenhang, den man auch dahin umschreiben kann, dass einheitliche Leitung iSd § 18 Abs. 1 S. 1 AktG nichts anderes als derjenige **aktualisierte beherrschende Einfluss iSd § 17 AktG** ist, der im Regelfall **durch** eine **Mehrheitsbeteiligung** vermittelt wird (§ 17 Abs. 2 AktG). **16**

Auf der anderen Seite bleibt freilich zu bedenken, dass das Gesetz eben bewusst zwischen Abhängigkeit, Mehrheitsherrschaft und Konzern in den §§ 16–18 AktG unterscheidet, sodass die bloße punktuelle Ausübung von Herrschaftsmacht (§§ 16, 17 AktG) allein noch nicht zu einem Konzern, sondern eben bloß zur Abhängigkeit im Einzelfall führen kann.[19] Die Schwelle zum Konzern, insbes. auch in mitbestimmungsrechtlicher Hinsicht, wird erst überschritten, wenn die Ausübung der Herr- **17**

---

[13] BayObLGZ 1998, 85 (90 f.); 2002, 46 (50); OLG Stuttgart AG 2010, 168 (169); OLG Dresden AG 2011, 88; OLG Düsseldorf AG 2013, 720 (721); NZG 2018, 1229 (1232) Rn. 33; statt aller Habersack/Henssler/*Habersack* MitbestG § 5 Rn. 23 ff.
[14] So BGHZ 107, 7 (20) – Tiefbau; BGHZ 115, 187 (191) – Video.
[15] LG Oldenburg ZIP 1992, 1632 (1636) – TBB.
[16] OLG Stuttgart AG 1990, 168 (169); vgl. auch noch BGHZ 107, 7 (20) – Tiefbau; BGH NJW 1992, 1167.
[17] BayObLGZ 1998, 85 (93); LG Mainz AG 1991, 30 (31) – Asco/Massa.
[18] BGHZ 115, 187 (191) – Video.
[19] *Habersack* FS Bergmann, 2018, S. 227 (237 ff.).

schaftsmacht zu einer „Zusammenfassung" der verbundenen Unternehmen, und zwar unter der einheitlichen Leitung des herrschenden Unternehmens, führt, d. h. wenn das letztere für alle verbundenen Unternehmen eine **einheitliche Zielkonzeption entwickelt und** auch bei allen verbundenen Unternehmen **durchsetzt,** insbes. durch eine auf die Gesamtheit der verbundenen Unternehmen bezogene zusammenhängende Personal- oder Finanzplanung, so dass sich die einzelnen Akte der Einflussnahme auf die verbundenen Unternehmen zu einem (aus der Sicht des herrschenden Unternehmens) *sinnvollen Ganzen* ergänzen und nur von daher zutreffend beurteilt werden können, während sie als Einzelmaßnahmen für sich genommen letztlich unverständlich bleiben müssen.[20]

18 Wichtige **Indizien** für eine einheitliche Leitung mehrerer Unternehmen sind, freilich nur unter den genannten Voraussetzungen (→ Rn. 17),[21] insbes. eine enge personelle Verflechtung zwischen den fraglichen Unternehmen[22], ein zentrales Cash-Management[23], die offenkundige Koordinierung der Geschäftspolitik der verbundenen Unternehmen, zB durch Genehmigungsvorbehalte der Obergesellschaft bis in die Einzelheiten des täglichen Geschäfts hinein,[24] sowie insbes. der Abschluss von Gewinnabführungs- oder Betriebspachtverträgen zwischen den verbundenen Unternehmen. Weitere Indizien sind je nach den Umständen des Falles eine sogenannte Matrix-Organisation nach Sachgebieten über die „Grenzen" der einzelnen rechtlich selbstständigen Konzernunternehmen hinweg, gemeinsame Beratungen und Empfehlungen für sämtliche verbundenen Unternehmen oder die Schaffung gemeinsamer Steuerungsorgane für sie, etwa im Rahmen einer Holdinggesellschaft,[25] ein intensiver Informationsaustausch zwischen den verbundenen Unternehmen auch hinsichtlich sensibler Daten[26], das gemeinsame Auftreten der Unternehmen am Markt, zB unter einem einheitlichen Logo, die Erstellung eines Konzernabschlusses und eines Konzernlageberichts nach den §§ 290 ff. HGB sowie die Praktizierung einer Konzernmitbestimmung nach § 2 Drittelbeteiligungsgesetz (DrittelbG) und § 5 MitbestG (→ Rn. 44 ff.), da rational handelnde Unternehmen sich zu solcher Ausdehnung der Mitbestimmung oder der Rechnungslegung nur entschließen werden, wenn sie im Konfliktfalle die für das Vorliegen eines Konzerns sprechenden Vermutungen (§ 17 Abs. 2 AktG und § 18 Abs. 1 S. 3 AktG) nicht zu widerlegen vermögen.

2. Zusammenfassung

19 Das Gesetz verlangt in § 18 Abs. 1 S. 1 AktG neben der einheitlichen Leitung (dazu → Rn. 12 ff.) als weiteres Merkmal des Unterordnungskonzerns noch eine „Zusammenfassung" der Konzernunternehmen. Gemeint ist damit die Zusammenfassung der Konzernunternehmen zu einer neuen wirtschaftlichen Einheit. Vielfach wird diesem Merkmal heute neben dem der einheitlichen Leitung keine eigenständige Bedeutung beigemessen, da bereits durch die einheitliche Leitung der verbundenen Unternehmen ihre „Zusammenfassung" gewährleistet sei.[27]

---

[20] So zutreffend insbes. OLG Dresden AG 2011, 88; *Habersack* FS Bergmann, 2018, S. 227 (237 ff.).
[21] S. *Habersack* FS Bergmann, 2018, S. 227 (238 ff.).
[22] OLG Dresden AG 2011, 88.
[23] BGHZ 107, 7 (20) – Tiefbau; BGHZ 115, 187 (191) – Video.
[24] OLG Stuttgart AG 1990, 168 (169).
[25] OLG Dresden AG 2011, 88; *Seibt/Wollenschläger* AG 2013, 229.
[26] *U. Schneider* FS Wiedemann, 2002, 1255.
[27] MüKoAktG/*Bayer* AktG § 18 Rn. 27; Hüffer/Koch/*Koch* AktG § 18 Rn. 7; KölnKommAktG/*Koppensteiner* AktG § 18 Rn. 3.

Dieser Meinung ist nicht zu folgen, wie ein Blick auf das *Kartellrecht* zeigt, das durch- **19a**
gängig auf der (schwierigen) Unterscheidung zwischen Kartellen (§ 1 GWB; Art. 101
AEUV) und Konzernen als besonderer Erscheinungsform der Unternehmenszusam-
menschlüsse beruht (§ 37 GWB; Art. 3 FKVO). Vor diesem Hintergrund will das
AktG mit dem zusätzlichen Tatbestandsmerkmal der „Zusammenfassung" der verbundenen Unternehmen unter einheitlicher Leitung den *Unterschied zwischen* einem
Konzern (als einem prinzipiell auf Dauer angelegten, einheitlichen wirtschaftlichen
Gebilde) *und* einem *Kartell,* verstanden als bloßer Koordinierung des Wettbewerbsver-
haltens der beteiligten Unternehmen allein auf einzelnen Gebieten, wie insbes. der
Preisbildung, zum Ausdruck bringen. Die Zusammenfassung muss daher ebenso wie
ihre Grundlage, die Abhängigkeit, **beständig,** dh über den Einzelfall hinaus für eine
im Voraus nicht festliegende Vielzahl von Fällen, gesichert werden, weil nur dann
eine einheitliche Konzernpolitik gewährleistet ist.[28] Dem entspricht es, dass Art. 3
Abs. 1 EG-Fusionskontrollverordnung von 2004 (FKVO) einen Zusammenschluss
iSd Fusionskontrolle nur bei einer „dauerhaften Veränderung der Kontrolle" annimmt – eben im Gegensatz zu einem bloßen Kartell.

Die **Mittel** der Zusammenfassung mehrerer Unternehmen unter einheitlicher Leitung **20**
spielen keine Rolle.[29] Neben ausdrücklichen Weisungen, die ohnehin nur bei Abschluss eines Beherrschungsvertrages sowie im Falle der Eingliederung zulässig sind
(§§ 308, 323 AktG), stehen Formen der informellen Einflussnahme wie bloße Wünsche, Ratschläge oder Empfehlungen.[30] Weitere Mittel sind Richtlinien für die gemeinsam zu verfolgende Politik, die Einrichtung sogenannter Konzernarbeitskreise sowie vor allem personelle Verflechtungen, da es in der Praxis offenbar weithin üblich ist,
dass die Verwaltungsmitglieder der Obergesellschaft in den Aufsichtsräten oder Beirä-
ten der Konzernglieder vertreten sind; das Gesetz nimmt darauf zB in § 100 Abs. 2 S. 2
AktG Rücksicht.[31]

3. Mehrfache Konzernzugehörigkeit?

Das Gesetz geht in § 18 Abs. 1 S. 1 AktG offenkundig von der Vorstellung aus, dass im **21**
Unterordnungskonzern typischerweise eine oder mehrere abhängige Gesellschaften
unter der einheitlichen Leitung *einer* Obergesellschaft (als Konzernspitze) zusammengefasst sind (ebenso § 290 HGB). Daraus ergibt sich die Frage, ob es auch eine *mehrfache* Konzernzugehörigkeit und damit gegebenenfalls sogar einen Konzern *im*
Konzern geben kann. Der ganze Fragenkreis wird vor allem unter mitbestimmungs-
rechtlichen Aspekten diskutiert.

Für den Sonderfall der **Gemeinschaftsunternehmen** ist mittlerweile die Möglichkeit **22**
einer *mehrfachen* Konzernzugehörigkeit des Gemeinschaftsunternehmens im positiven
Sinne geklärt, sofern die Mütter ihm gegenüber koordiniert auftreten (→ § 3
Rn. 41 ff.). Selbst mitbestimmungsrechtlich wird dann das Gemeinschaftsunterneh-

---

[28] Ebenso *v. Büren* Konzern S. 79 ff.; Habersack/Henssler/*Habersack* MitbestG § 5 Rn. 21.
[29] LG Mainz AG 1991, 30 (31); LG Oldenburg ZIP 1992, 1632 (1636); *H. v. Bünau,* Beratungsverträge
mit Aufsichtsratsmitgliedern, 2004, S. 92 ff.
[30] So schon die Begr. z. RegE des § 18, bei *Kropff* S. 33; BayObLGZ 1998, 85 (93); 2002, 46 (52); OLG
Dresden AG 2011, 88; OLD Düsseldorf NZG 2018, 1229 (1232 Rn 33).
[31] S. *Holtmann* Personelle Verflechtungen auf Konzernführungsebene, 1989; *Martens* FS Heinsius, 1991,
523.

men mehreren Konzernen zugeordnet, so dass die Arbeitnehmer des Gemeinschafts-unternehmens bei *jeder* der Mütter mitzuzählen sind (→ § 3 Rn. 43).

23 Andere Fragen wiederum vornehmlich mitbestimmungsrechtlicher Art ergeben sich, wenn die Obergesellschaft eines Konzerns einzelne der Mitbestimmung der Arbeit-nehmer unterliegende Fragen an von ihr abhängige Unternehmen zur *selbstständigen* Erledigung delegiert. Ist diese abhängige Gesellschaft nicht ihrerseits der Mitbestim-mung der Arbeitnehmer unterworfen (§ 1 MitbestG), so stellt sich in der Tat die Frage, ob durch eine derartige jederzeit mögliche Umorganisation des Konzerns die wirtschaftliche Mitbestimmung der Arbeitnehmer für den betreffenden Fragenkreis unterlaufen werden kann.

24 Die arbeitsrechtliche Praxis tendiert heute in den fraglichen Fällen zur Annahme eines Konzerns im Konzern, vorausgesetzt, dass die an sich abhängige Gesellschaft **eigen-ständige,** nicht bloß abgeleitete **Leitungsmacht** iSd selbstständigen Erledigung der ihr übertragenen Aufgaben gegenüber den ihr nachgeordneten Gesellschaften ausübt. Ist dies der Fall, so wird – innerhalb des einen umfassenden Konzerns – (nur) mit-bestimmungsrechtlich ein *Konzern im Konzern* unter der Leitung der abhängigen Ge-sellschaft angenommen, um analog § 5 Abs. 1, 3 MitbestG auf der Ebene der abhängi-gen Gesellschaft gleichfalls die Mitbestimmung der Arbeitnehmer sicherzustellen.[32]

25 **Gesellschaftsrechtlich** besteht dagegen weiterhin **kein Anlass,** die Möglichkeit eines Konzerns im Konzern anzuerkennen.[33] Das Gesetz sieht in § 18 Abs. 1 S. 1 AktG das Wesen des Konzerns in der den gesamten Konzern umfassenden und von der Kon-zernspitze ausgehenden einheitlichen Leitung. Damit ist die Vorstellung selbstständi-ger Teilkonzerne im Rahmen eines umfassenderen Konzerns nur schwer zu verein-baren. Den Ausschlag sollte die Überlegung geben, dass aus der Sicht des Gesellschaftsrechts bisher auch kein Bedürfnis für die Anerkennung einer derartigen Rechtsfigur hervorgetreten ist.[34]

4. Konzernvermutung

26 Der Nachweis der Zusammenfassung mehrerer Unternehmen zu einem Konzern ist in vielen Fällen schwierig. Der Gesetzgeber hat deshalb die Konzerndefinition (nur) des § 18 Abs. 1 AktG um **zwei Konzernvermutungen,** eine widerlegliche und eine un-widerlegliche, erweitert (§ 18 Abs. 1 S. 2 und 3 AktG). **Unwiderleglich** ist die Vermu-tung nach S. 2 des § 18 Abs. 1 AktG, wenn zwischen den verbundenen Unternehmen ein Beherrschungsvertrag besteht (§ 291 AktG) oder wenn das eine Unternehmen in das andere eingegliedert ist (§§ 319 f. AktG), **widerleglich** dagegen in den sonstigen Fällen der Abhängigkeit (§ 18 Abs. 1 S. 3 AktG). Vermutet wird außerdem immer nur das Vorliegen eines *Unterordnungskonzerns;* eine Vermutung für den Bestand eines Gleichordnungskonzerns gibt es nicht.

---

[32] → Rn. 52; BAGE 34, 230; 121, 212; 136, 114; BAG NZG 2019, 355; OLG Frankfurt a. M. AG 1987, 55; OLG München NZG 2009, 122 (123 f.); Habersack/Hensssler/*Habersack* MitbestG § 5 Rn. 35 ff.

[33] Ebenso MüKoAktG/*Bayer* AktG § 18 Rn. 42; *Birk* ZGR 1984, 23 (56); *v. Hoyningen-Huene* ZGR 1978, 515 (528 ff.); Hüffer/Koch/*Koch* AktG § 18 Rn. 14; KölnKommAktG/*Koppensteiner* AktG § 18 Rn. 31 ff.

[34] Anders *K. Schmidt* FS Lutter, 2000, 1167 (1189 ff.).

Die praktische **Bedeutung** der Konzernvermutungen ist im Gesellschaftsrecht gering, 27
weil das AktG an das Vorliegen eines Konzerns nur wenige Rechtsfolgen knüpft. Der
eigentliche Anwendungsbereich der Konzernvermutungen liegt deshalb außerhalb des
AktG bei der Konzernrechnungslegung und im Mitbestimmungsrecht, da die Mitbe-
stimmungsgesetze durchweg auch auf die beiden Konzernvermutungen des § 18
Abs. 1 S. 2 und 3 Bezug nehmen (§ 5 MitbestG, § 2 DrittelbG, Montan-Mitbestim-
mungsgesetz von 1951). Anwendbar ist die Konzernvermutung des § 18 Abs. 1 S. 3
AktG ferner auf die **GmbH,** wo sie wegen des ausgeprägten Primats der Gesellschafterversammlung und damit der starken Betonung der Mehrheitsherrschaft sogar in besonderem Maße sinnfällig ist.

Die **widerlegliche Konzernvermutung** des § 18 Abs. 1 S. 3 AktG greift nur ein, wenn 28
Abhängigkeit besteht, so dass für ihre Anwendung kein Raum ist, wenn den verbundenen Unternehmen bereits die Widerlegung der Abhängigkeitsvermutung des § 17
Abs. 2 AktG gelingt (→ § 3 Rn. 44 ff.). Steht hingegen die Abhängigkeit des einen Unternehmens von dem anderen fest, so ist zur **Widerlegung** der Konzernvermutung der
Nachweis von Umständen erforderlich, aus denen sich ergibt, dass trotz der Abhängigkeit seitens des herrschenden Unternehmens *tatsächlich* keine einheitliche Leitung
praktiziert wird.[35]

Bei dem hier zugrunde gelegten weiten Konzernbegriff (→ Rn. 17) wird der Versuch 29
einer Widerlegung der Konzernvermutung des § 18 Abs. 1 S. 3 AktG in erster Linie
bei den einzelnen **Indizien** anzusetzen haben, die typischerweise auf das Vorliegen einheitlicher Leitung hindeuten (→ Rn. 18). Im Mittelpunkt der Beweisführung wird dabei die **personal- und finanzpolitische Selbstständigkeit** der abhängigen Gesellschaft zu stehen haben. Die Konzernvermutung ist widerlegt, wenn nachgewiesen
werden kann, dass die abhängige Gesellschaft tatsächlich frei über ihre Mittel verfügen
kann und in der Disposition über ihr Personal frei ist.

IV. Gleichordnungskonzern

Literatur: *Cahn,* Kapitalerhaltung im Konzern, 1998, S. 49 ff.; *H. G. Gromann,* Die Gleichordnungskon-
zerne im Konzern- und Wettbewerbsrecht, 1979; *Jaschinski,* Die Haftung von Schwestergesellschaften im
GmbH-Unterordnungskonzern, 1997; *Keck,* Nationale und internationale Gleichordnungskonzerne im
deutschen Konzern- und Kollisionsrecht, 1998; *Koppensteiner,* Internationale Unternehmen im deutschen
Gesellschaftsrecht, 1971; *Klippert,* Die wettbewerbsrechtliche Beurteilung von Konzernen, 1984;
Th. Milde, Der Gleichordnungskonzern im Gesellschaftsrecht, 1996; *Raiser,* FS Ulmer, 2003, S. 493;
Timm, Die Aktiengesellschaft als Konzernspitze, 1980; *S. Wimmer-Leonhardt,* Konzernhaftungsrecht,
2004; *Windbichler,* Arbeitsrecht im Konzern, 1989.

1. Überblick

Ein Gleichordnungskonzern liegt nach § 18 Abs. 2 AktG vor, wenn rechtlich selbst- 30
ständige Unternehmen unter einheitlicher Leitung zusammengefasst sind, *ohne* dass
das eine Unternehmen von dem anderen *abhängig* ist. Gleichordnungs- und Unterordnungskonzerne stimmen mithin in dem Merkmal der Zusammenfassung der verbundenen Unternehmen unter einheitlicher Leitung überein (→ Rn. 12 ff., 19 f.). Ein
Unterschied besteht „nur" insofern, als es im Gleichordnungskonzern im Gegensatz
zum Unterordnungskonzern an der **Abhängigkeit** des einen Unternehmens von dem
anderen **fehlt.**

---

[35] BayObLGZ 1998, 85 (89 ff.); 2002, 46 (50); BAGE 53, 287 (303 f.); 80, 322 (327); 110, 100
(118 ff.) – bofrost; OLG Düsseldorf NZG 2018, 1229 (1232 f.).

31 Die gesetzliche **Regelung** der Gleichordnungskonzerne beschränkt sich im Grunde – neben § 18 Abs. 2 AktG – auf die Bestimmung des § 291 Abs. 2 AktG, nach der ein Vertrag, durch den die einheitliche Leitung der in einem Gleichordnungskonzern zusammengefassten, voneinander unabhängigen Unternehmen begründet wird, keinen Beherrschungsvertrag iSd § 291 Abs. 1 AktG darstellt. **Mitbestimmungsrechtlich** wird der Gleichordnungskonzern nicht anerkannt, wie sich daraus ergibt, dass § 5 MitbestG und § 2 Abs. 1 DrittelbG allein auf *Abs. 1* des § 18 AktG Bezug nehmen. Es gibt folglich keine „Überkreuz"-Zurechnung der Arbeitnehmer der verschiedenen Konzernunternehmen im Gleichordnungskonzern.

32 Über die **Verbreitung** und Organisation von Gleichordnungskonzernen ist bisher nur wenig bekannt geworden.[36] Soweit ersichtlich, sind Gleichordnungskonzerne offenbar außer in der Versicherungswirtschaft vor allem iRd grenzüberschreitenden Kooperation von Unternehmen verbreitet.[37] Außerdem bilden häufig mehrere von einer Familie beherrschte Unternehmen bei näherem Zusehen einen Gleichordnungskonzern, gemeinsam geführt von der herrschenden Familie oder doch einzelnen Familienmitgliedern.

2. Merkmale

33 Der Gleichordnungskonzern wird nach § 18 Abs. 2 AktG durch **zwei Merkmale** gekennzeichnet. Das erste Merkmal ist die Zusammenfassung der beteiligten, rechtlich selbstständigen Unternehmen unter einheitlicher Leitung, das zweite das Fehlen einer Abhängigkeitsbeziehung zwischen den beteiligten Unternehmen (→ Rn. 34). Der Begriff der **einheitlichen Leitung** wird bei § 18 Abs. 2 überwiegend im selben weiten Sinne wie in § 18 Abs. 1 AktG verstanden (→ Rn. 12 ff.). Dagegen spricht indessen die Notwendigkeit, Gleichordnungskonzerne von einer bloßen Unternehmenskooperation abzugrenzen. Ein Gleichordnungskonzern sollte deshalb grds. nur angenommen werden, wenn die einheitliche Leitung die verbundenen **Unternehmen** in ihrer **Gesamtheit** erfasst, während es nicht genügt, wenn sich die Koordinierung der Geschäftspolitik der Unternehmen auf *einzelne* Aspekte der Unternehmenspolitik oder auf *einzelne* Betriebe unter Ausklammerung anderer beschränkt.[38] Diese Grenzziehung ist unerlässlich, wenn man verhindern will, dass schließlich jedes Kartell zugleich als Gleichordnungskonzern behandelt werden muss.[39]

34 Zusätzliche Voraussetzung für die Annahme eines Gleichordnungskonzerns ist, dass **keines** der verbundenen Unternehmen von dem oder den anderen verbundenen Unternehmen iSd § 17 Abs. 1 AktG **abhängig** ist (§ 18 Abs. 2 AktG). Bei der Anwendung dieser Regel muss man das Verhältnis zwischen den einheitlich geleiteten, gleichsam auf *einer* Stufe stehenden Unternehmen, häufig auch **Schwestergesellschaften** genannt, von dem Verhältnis zu dem etwaigen gemeinsamen Leitungsorgan unterscheiden. Solange das gemeinsame **Leitungsorgan,** insbes. die die Schwestergesellschaften einheitlich leitende Person, **keine Unternehmensqualität** iSd § 15 AktG be-

---

[36] S. *Gromann* Gleichordnungskonzerne S. 10 ff.; *Milde* Gleichordnungskonzern S. 103 ff.

[37] Ein Beispiel in BAGE 110, 100 – bofrost; zur Versicherungswirtschaft s. zB *Timm/Messing* FS Hommelhoff, 2012, 1237.

[38] S. MüKoAktG/*Bayer* AktG § 18 Rn. 50 f.; Hölters/*Hirschmann* AktG § 18 Rn. 24; *Hüffer/Koch/Koch* AktG § 18 Rn. 21; Spindler/Stilz/*Schall* AktG § 18 Rn. 15, 30; GroßkommAktG/*Windbichler* AktG § 18 Rn. 50.

[39] Ebenso BKartA Tätigkeitsbericht 1973, 98 f. – Intermilch.

sitzt, steht auch eine „Abhängigkeit" der iÜ gleichberechtigten Schwestergesellschaften nach § 18 Abs. 2 AktG von dem gemeinsamen Leitungsorgan der Annahme eines Gleichordnungskonzerns nicht entgegen. Für die Annahme eines Gleichordnungs-konzerns kommt es in diesem Fall vielmehr nur darauf an, dass keines der beteiligten Unternehmen von dem *anderen* abhängig ist, dass mit anderen Worten die *Schwester-gesellschaften* untereinander gleichberechtigt sind. Dafür ist erforderlich, dass keine der Schwestern der anderen ihren Willen aufdrängen, dass insbes. keine der Schwestern-gesellschaften in dem gemeinsamen Leitungsorgan durch die anderen überstimmt werden kann (§ 17 Abs. 1 AktG); zumindest muss aber in solchem Fall jedes beteiligte Unternehmen ein (ernstgemeintes) sofortiges Kündigungsrecht besitzen, widrigenfalls kein Gleichordnungs-, sondern (infolge der Begründung einer Abhängigkeit der „Schwestern" *untereinander*) ein Unterordnungskonzern vorliegt.[40]

Die in einem Gleichordnungskonzern zusammengefassten Unternehmen sind **ver-** **35** **bundene Unternehmen** iSd § 15 AktG. Folglich sind auf sie zunächst diejenigen Vor-schriften anzuwenden, die für alle verbundenen Unternehmen iSd § 15 AktG gelten. Weitere **Rechtsfolgen** ergeben sich aus den verstreuten Vorschriften, die für „Kon-zernunternehmen" iSd § 18 AktG gelten. Hervorzuheben sind die § 134 Abs. 1 S. 4 AktG und § 145 Abs. 3 AktG. Dagegen dürfte sich der Anwendungsbereich des § 97 Abs. 1 AktG auf Unterordnungskonzerne beschränken,[41] da die mitbestimmungs-rechtlichen Regelungen, die § 97 Abs. 1 i AktG m Auge hat, allein für Unterordnungs-konzerne gelten. Weitere gesetzliche Regelungen fehlen – von § 291 Abs. 2 AktG ab-gesehen.

3. Erscheinungsformen

Ebenso wie bei den Unterordnungskonzernen unterscheidet man vertragliche und fak- **36** tische Gleichordnungskonzerne. Ein **vertraglicher Gleichordnungskonzern** liegt vor, wenn die einheitliche Leitung der verbundenen Unternehmen auf einem *Vertrag* be-ruht, durch den sich die Beteiligten freiwillig einer *einheitlichen Leitung unterstellen,* sei es durch eines der beteiligten Unternehmen, sei es durch ein zu diesem Zweck ge-schaffenes gemeinsames Leitungsorgan, häufig in einem Gemeinschaftsunternehmen verselbstständigt.[42] Durch einen derartigen Vertrag (der gem. § 291 Abs. 2 AktG kei-nen Beherrschungsvertrag darstellt) wird zwischen den beteiligten Unternehmen in al-ler Regel eine **BGB-Innengesellschaft** begründet (§ 705 BGB). Meistens sind die be-teiligten Unternehmen zusätzlich vielfältig personell und kapitalmäßig verflochten, um die einheitliche Leitung abzusichern.

Von einem **faktischen Gleichordnungskonzern** im Gegensatz zu einem vertrag- **37** lichen (→ Rn. 36) spricht man dagegen, wenn sich eine Gesellschaft rein tatsächlich auf Dauer der Leitung eines anderen Unternehmens oder ebenso wie zumindest ein anderes Unternehmen der Leitung durch eine oder mehrere Personen unterstellt, die ihrerseits, wie etwa die Mitglieder einer Familie, keine Unternehmensqualität auf-

---

[40] Hölters/*Hirschmann* AktG § 18 Rn. 25; *Krieger/Schneider* § 68 Rn. 80–82; *Milde* Gleichordnungskon-zern S. 9 ff.; *Lutter/Drygala* ZGR 1995, 557; *K. Schmidt* ZIP 1994, 1741 (1743); *K. Schmidt* FS Wiedemann, 2002, 1199 (1207 f.); *Timm/Messing* FS Hommelhoff, 2012, 1237 (1241 ff.); Theo-bald/*Veil*, Entwicklungen zur Durchgriffs- und Konzernhaftung, 2002, S. 81 (100 ff.); – aA K. Schmidt/Lutter/ *Vetter* AktG § 17 Rn. 30.
[41] Anders *Hüffer/Koch/Koch* AktG § 18 Rn. 22.
[42] Beispiele in BAGE 110, 100 – bofrost; *BKartA* Tätigkeitsbericht 1973, 98 f.

weisen.[43] Die Annahme eines Gleichordnungskonzerns setzt in derartigen Fällen weder die Schaffung gemeinschaftlicher Leitungsorgane noch besondere Absprachen der Beteiligten voraus. Es genügt vielmehr das **bloße Faktum ihrer einheitlichen Leitung,** abgesichert meistens durch eine enge personelle Verflechtung der beteiligten Unternehmen, häufig verbunden mit wechselseitigen Beteiligungen. Vor allem Familienkonzerne sind offenbar vielfach nach diesem Muster aufgebaut.[44] Aber auch in den Fällen der Betriebsaufspaltung kann es zu derartigen Konstruktionen kommen.[45]

38 Wichtige **Erscheinungsformen** faktischer Gleichordnungskonzerne sind insbes. die Leitung mehrerer Gesellschaften durch dieselben Mitglieder einer Familie, die (im Wesentlichen) gleichmäßig in den Leitungsorganen der auf diese Weise verbundenen Unternehmen vertreten sind, sowie die rein tatsächliche Überlassung sämtlicher unternehmerischer Entscheidungen durch eine Gesellschaft an eine andere, sodass sie letztlich in deren Politik integriert ist, ohne dass doch Abhängigkeit iSd § 17 AktG vorläge (§ 18 Abs. 2 AktG).[46]

39 Die Grenze zum Unterordnungskonzern ist in den genannten Fällen (→ Rn. 36f.) häufig flüssig. Vor allem bei *tatsächlichen* Gleichordnungskonzernen hängt die Frage, ob (noch) ein Gleichordnungskonzern oder nicht in Wirklichkeit bereits ein Unterordnungskonzern vorliegt, vielfach allein davon ab, ob man das Leitungsorgan als *Unternehmen* iSd Konzernrechts einstuft oder nicht.[47] Deutlich wird diese Problematik vor allem an dem vielerörterten Grenzfall des **Privatgesellschafters mit multiplem Beteiligungsbesitz:** Sieht man ihn wegen der Verfolgung unternehmerischer Interessen in verschiedenen Gesellschaften selbst als Unternehmen (oder besser: Unternehmer) iSd Konzernrechts an, so liegt ein Unterordnungskonzern vor, andernfalls dagegen ein Gleichordnungskonzern, vorausgesetzt, dass der fragliche Gesellschafter die verschiedenen Gesellschaften, an denen er beteiligt ist, tatsächlich einheitlich leitet.

4. Gründung

40 Da der Gesetzgeber auf eine Regelung des Gleichordnungskonzerns im Grunde verzichtet hat, ist offen, ob im Falle eines vertraglichen Gleichordnungskonzerns (→ Rn. 36) die **Gesellschafter** der beteiligten Unternehmen dem Vertragsabschluss **zustimmen** müssen. Die Frage wird bisher bei der **AG** überwiegend mit Rücksicht auf den Wortlaut des § 291 Abs. 2 AktG verneint.[48] Das ist unbedenklich, wenn der Gleichordnungsvertrag für alle beteiligten Unternehmen jederzeit ohne Nachteile kündbar ist, so dass jede Gesellschaft den Nachteilen der einheitlichen Leitung ohne

---

[43] Beispiele in BGHZ 121, 137 (146ff.) – WAZ/IKZ; BGH NJW-RR 1999, 1047 – Tukan/Deil (Pirmasenser Zeitung); *BKartA* AG 1996, 477 – Tukan/Deil; AG 1999, 426 – TLZV/WAZ; Tätigkeitsbericht 1997/98, 14f. (100).

[44] Beispiele BGHZ 121, 137 (146ff.) – WAZ/IKZ; BGH NJW-RR 1999, 1047 – Tukan/Deil (Pirmasenser Zeitung); *BKartA* AG 1996, 477 – Tukan/Deil; AG 1999, 426 – TLZV/WAZ; Tätigkeitsbericht 1997/98, 14f. (100).

[45] *Drygala,* Gläubigerschutz bei der typischen Betriebsaufspaltung, 1998, S. 112, 129ff.; *Raiser/Veil* § 56 Rn. 4.

[46] *Emmerich* AG 1999, 529 (532) mN.

[47] S. *Milde* Gleichordnungskonzern S. 9ff.; *Lutter/Drygala* ZGR 1995, 557; *K. Schmidt* ZIP 1994, 1741 (1743).

[48] *Gromann* S. 33ff.; *Hüffer/Koch/Koch* AktG § 291 Rn. 34f.; *Krieger/Schneider* § 68 Rn. 86f.; KölnKommAktG/*Koppensteiner* AktG § 291 Rn. 104f.; *Milde* S. 229f.

weiteres auszuweichen vermag. Fehlt es hingegen daran, so dürfte in der Mehrzahl der Fälle ohnehin ein Unterordnungskonzern anzunehmen sein, so dass dann die §§ 291 ff. AktG eingreifen. Zumindest ist in diesem Fall aber zu bedenken, dass mit Gleichordnungskonzernen ebenso schwere **Gefahren** für die beteiligten Gesellschaften, ihre Gesellschafter und ihre Gläubiger verbunden sein können wie mit Unterordnungskonzernen, so dass die Gesellschafter auch bei der AG entsprechend § 293 Abs. 1 AktG einem Vertrag, der auf die Gründung eines Gleichordnungskonzerns hinausläuft, **mit qualifizierter Mehrheit** zustimmen müssen.[49] Dasselbe gilt, wenn eine Gewinngemeinschaft iSd § 292 Abs. 1 Nr. 1 AktG begründet wird (§ 293 Abs. 1 AktG) oder wenn es zu einer Vermögensübertragung kommt (§ 179 a AktG).[50] Eine Zustimmung aller Gesellschafter ist außerdem erforderlich, falls zu den beteiligten Unternehmen eine **GmbH** oder eine Personengesellschaft gehört.[51]

5. Rechtsfolgen

In Gleichordnungskonzernen sind **nachteilige Weisungen** des Leitungsorgans mangels Anwendbarkeit des § 308 AktG grds. **verboten.**[52] Werden gleichwohl nachteilige Weisungen erteilt, so müssen die damit verbundenen Nachteile und Schäden ausgeglichen werden. Die Begründung bereitet jedenfalls in *vertraglichen* Gleichordnungskonzernen keine Schwierigkeiten, da hier unzulässige nachteilige Weisungen gegen die Treuepflicht verstoßen, die alle Beteiligten auf Grund der zwischen ihnen bestehenden BGB-Gesellschaft trifft (§§ 705, 242, 280 BGB).[53] In *faktischen* Gleichordnungskonzernen ist daneben zumindest bei Aktiengesellschaften auch an eine Analogie zu den §§ 311, 317 AktG zu denken. 41

In besonders engen faktischen Gleichordnungskonzernen kommt ferner eine **Verlustausgleichspflicht** der beteiligten Unternehmen analog den §§ 302, 303 AktG in Betracht.[54] Der Sache nach bedeutete dies eine wechselseitige Einstandspflicht von Schwestergesellschaften, wie sie in der Tat bereits gelegentlich in eigenartigen Fallgestaltungen erwogen wurde.[55] 42

---

[49] *Grüner* NZG 2000, 601 (602); *Raiser/Veil* § 56 Rn. 9 f.; *K. Schmidt* FS Rittner, 1991, 561 (576 f.); *K. Schmidt* ZHR 155 (1991), 417 (427 ff.); *Timm,* Die Aktiengesellschaft als Konzernspitze, 1980, S. 151 ff.; *R. Veil* Unternehmensverträge S. 279 ff. (auf Grund einer Analogie zu § 292 Abs. 1 Nr. 3 AktG); *Wellkamp* Betr. 1993, 2517 (2518 f.).

[50] BGHZ 82, 188 – Hoesch/Hoogovens.

[51] *Gromann* Gleichordnungskonzerne S. 33 ff.; *Raiser/Veil* § 56 Rn. 7; *Milde* Gleichordnungskonzern S. 230 ff.

[52] *Gromann* Gleichordnungskonzern S. 56 ff.; *Hommelhoff* Konzernleitungspflicht S. 389; *C. Hösch* WiB 1997, 231 (232); *Krieger/Schneider* § 68 Rn. 89; *Lutter/Drygala* ZGR 1995, 557 (559 ff.); *Milde* Gleichordnungskonzern S. 161, 237 ff.; *Veil* Unternehmensverträge S. 281 ff.

[53] Ebenso *Br. Haar* Personengesellschaft S. 320 ff.; *Krieger/Schneider* § 68 Rn. 89 ff.; *Milde* Gleichordnungskonzern S. 161 ff.; *Lutter/Drygala* ZGR 1995, 557 (565 ff.).

[54] *Drygala* Gläubigerschutz S. 119, 123 ff.; *Jaschinski,* Die Haftung von Schwestergesellschaften im GmbH-Unterordnungskonzern, 1997; *Lutter/Drygala* ZGR 1995, 557 (568 ff.); *Raiser/Veil* § 56 Rn. 13; *K. Schmidt* ZHR 155 (1991), 417 (427, 436 ff.); *K. Schmidt* ZIP 1991, 1325 (1328); JZ 1992, 856 (865); *K. Schmidt.* FS Wiedemann, 2002 1199 (1217 f.); *Theobald/ R. Veil* Entwicklungen S. 81 (102 ff.); *Wellkamp* Betr. 1993, 2517 (2520 f.).

[55] BAG NZG 1999, 661; OLG Dresden NZG 2000, 598 (600 f.); AG Eisenach GmbHR 1995, 445; s. dazu *Grüner* NZG 2000, 601 (602); *Henssler* ZGR 2000, 478 (492, 499 f.); ebenso iErg aufgrund des § 826 BGB BGH NJW 2005, 145 – Klinik W.

V. Mitbestimmung im Konzern[56]

43 Wie bereits ausgeführt (→ Rn. 1), spielt der Konzernbegriff des Aktienrechts vor allem im Mitbestimmungsrecht heute eine zentrale Rolle. Dies macht es nötig, hier noch einen kurzen Blick auf das Mitbestimmungsrecht zu werfen, soweit die jeweilige Regelung gerade Bezug auf den Konzernbegriff des § 18 Abs. 1 AktG nimmt. Im Einzelnen hat man vor allem die wirtschaftliche und die soziale Mitbestimmung der Arbeitnehmer am Arbeitsplatz zu unterscheiden. Wirtschaftliche Mitbestimmung der Arbeitnehmer bedeutet **Mitwirkung** der Arbeitnehmer bei den **unternehmerischen Entscheidungen,**[57] während es bei der hier nicht weiter interessierenden sozialen Mitbestimmung, geregelt in dem Betriebsverfassungsgesetz von 1972, um die Mitwirkung der Arbeitnehmer bei der Gestaltung der Arbeitsbedingungen auf betrieblicher Ebene geht. Als vorrangiges Mittel der wirtschaftlichen Mitbestimmung der Arbeitnehmer auf Unternehmensebene hat sich in Deutschland die *Vertretung der Arbeitnehmer in* den *Aufsichtsräten* der mitbestimmten Gesellschaften durchgesetzt, vor allem deshalb, weil die Arbeitnehmer auf diesem Wege einen Einfluss auf die Zusammensetzung der Verwaltung ihrer Gesellschaft erhalten (§ 84 AktG; § 32 MitbestG).

44 Das Konzept der wirtschaftlichen Mitbestimmung der Arbeitnehmer auf dem Weg über ihre Beteiligung am Aufsichtsrat (→ Rn. 43) stößt freilich in **Konzernen** schnell an seine Grenzen, da Unternehmenskonzentration der Sache nach weithin nichts anderes als eine Verlagerung von Entscheidungskompetenzen aus dem Unternehmen heraus auf Dritte bedeutet – mit der Folge, dass die wirtschaftliche Mitbestimmung der Arbeitnehmer leerläuft, wenn es nicht gelingt, sie in Konzernzusammenhängen auf die eigentlich maßgeblichen, indessen unternehmensfremden Entscheidungsträger auszudehnen. Der Gesetzgeber bemüht sich deshalb seit langem, die wirtschaftliche Mitbestimmung der Arbeitnehmer (zusätzlich) auf derjenigen Ebene anzusiedeln, auf der letztlich die Entscheidungen fallen, dh bei der **Konzernspitze.**

45 Die gesetzliche Regelung findet sich heute vor allem in dem MitbestG von 1976 und dem DrittelbG von 2004. Nach beiden Gesetzen hängen Bestand und Umfang der Mitbestimmung in erster Linie von der Zahl der in dem fraglichen Unternehmen oder Konzern beschäftigten Arbeitnehmer ab. Der Schwellenwert, jenseits dessen die Mitbestimmung eingreift, beträgt nach dem DrittelbG 500 Arbeitnehmer (§ 1 Abs. 1 Nr. 1 DrittelbG) sowie nach dem MitbestG 2000 Arbeitnehmer (§ 1 Abs. 1 Nr. 2 MitbestG). Besonderheiten gelten für sog. Altgesellschaften, die bereits vor dem 10.10.1994 ins Handelsregister eingetragen waren und keine Familiengesellschaften sind (§ 1 Nr. 1 S. 2 DrittelbG). Bei ihnen greift die Mitbestimmung der Arbeitnehmer bereits ein, wenn sie wenigstens fünf Arbeitnehmer beschäftigen.[58] Nach Meinung des BVerfG bestehen gegen diese Sonderbehandlung der Altgesellschaften zur Rettung der früheren Mitbestimmung nach dem Betriebsverfassungsgesetz von 1952 (§ 76 BetrVG 1952) keine Bedenken.[59]

---

[56] Wegen aller Einzelheiten s. *Habersack/Hussler,* Mitbestimmungsrecht, 4. Aufl. (2018).
[57] BVerfGE 50, 290.
[58] BGH NJW-RR 2012, 610 Rn. 14, 20 ff.; ebenso zB OLG Düsseldorf AG 2017, 666; OLG Hamburg AG 2018, 722.
[59] BVerfG AG 2014, 279; dagegen *Latzel* AG 2014, 395.

Wer **Arbeitnehmer** iSd genannten Regelungen ist, richtet sich in erster Linie nach § 5   46
BetrVerfG (§ 3 MitbestG und § 3 DrittelbG). Keine Arbeitnehmer sind danach insbes. die Organmitglieder juristischer Personen, leitende Angestellte sowie zB Leiharbeitnehmer oder freie Mitarbeiter.[60] Vor allem aber beschränkt sich der Arbeitneh-
merbegriff in den fraglichen Bestimmungen nach überwiegender, neuerdings aber
vielfach kritisierter Meinung auf Arbeitnehmer, die **in deutschen Betrieben** angestellt
sind, während den (deutschen oder ausländischen) Arbeitnehmern, die in **ausländischen Betrieben oder Tochtergesellschaften** deutscher Unternehmen tätig sind, das
passive ebenso wie das aktive Wahlrecht zu dem (deutschen) Aufsichtsrat abgespro-
chen wird.[61] Zur Begründung beruft man sich auf das sog. **Territorialitätsprinzip** sowie auf die rechtlichen und tatsächlichen Schwierigkeiten, die mit einem Wahlrecht
im Ausland beschäftigter Arbeitnehmer zu einem deutschen Aufsichtsrat verbunden
wären. Die Frage ist aber offen, wie abweichende Entwicklungen auf Unionsebene zeigen (→ Rn. 52).[62]

Zusätzliche Fragen tauchen in **Konzernen** iSd § 18 Abs. 1 AktG auf. Hier muss ent-   47
schieden werden, ob für die Erreichung der beiden *Schwellenwerte* die Arbeitnehmer
von (deutschen) Tochtergesellschaften bei der Konzernspitze mitzuzählen sind *sowie*
ob die Arbeitnehmer der Tochtergesellschaften das aktive und passive *Wahlrecht* zum
Aufsichtsrat der Obergesellschaft des Konzerns haben sollen. Dazu bestimmt zunächst
§ 2 Abs. 1 DrittelbG, dass die Arbeitnehmer aller Konzernunternehmen an der Wahl
der Aufsichtsratsmitglieder der Arbeitnehmer des herrschenden Unternehmens eines
vertraglichen oder faktischen Konzerns iSd § 18 Abs. 1 AktG teilnehmen, also gleichermaßen das aktive wie das passive **Wahlrecht** besitzen. § 2 Abs. 2 DrittelbG fügt hinzu,
dass, soweit nach § 1 DrittelbG die Beteiligung der Arbeitnehmer im Aufsichtsrat eines
herrschenden Unternehmens von dem Vorhandensein oder der Zahl der Arbeitnehmer
abhängt (sog. **Schwellenwert**), die Arbeitnehmer eines Konzernunternehmens als solche des herrschenden Unternehmens gelten, *vorausgesetzt,* dass zwischen den Unternehmen ein Beherrschungsvertrag besteht oder das abhängige Unternehmen in das
herrschende Unternehmen eingegliedert ist; (nur) *insoweit* steht also ein faktischer
Konzern einem vertraglichen nicht gleich.[63] Die Folge ist, dass der faktische Konzern
zwar bei § 2 Abs. 1 DrittelbG für das Wahlrecht der Arbeitnehmer, nicht dagegen bei
§ 2 Abs. 2 DrittelbG bei der Berechnung des Schwellenwertes Berücksichtigung findet.

Bei Großunternehmen mit idR mehr als 2.000 Arbeitnehmern einschließlich der   48
Leiharbeitnehmer (§ 14 AÜG)[64] tritt an die Stelle des DrittelbG das **MitbestG von
1976.** Kern der gesetzlichen Regelung ist § 5 MitbestG, der unter bestimmten Voraussetzungen – den wirtschaftlichen Gegebenheiten folgend – (nur) den Unterordnungskonzern als Einheit behandelt und deshalb das wirtschaftliche Mitbestimmungsrecht
der Arbeitnehmer dort ansiedelt, wo die maßgeblichen Entscheidungen fallen, dh
nach der Konzeption des Gesetzes im **Aufsichtsrat des herrschenden Unternehmens,** vorausgesetzt, dass es sich bei diesem um eine (deutsche) AG, KGaA, GmbH

---

[60] ZB OLG Hamburg AG 2014, 588; OLG Saarbrücken AG 2016, 829 (832).
[61] EuGH NJW 2017, 2603 – TUI/Erzberger; OLG Hamburg AG 2018, 375; KG AG 2018, 375 – TUI;
LG München I AG 2018, 495; *Kruchen* AG 2017, 385; *Cl. Schubert* AG 2017, 369, alle mN.
[62] Anders z. B. LG Frankfurt a. M. NZG 2015, 683 – Deutsche Börse; ganz ausf. *Behme* AG 2018, 1;
Habersack NZG 2017, 1021; *Hellwig/Behme* AG 2015, 333.
[63] OLG Zweibrücken AG 2005, 928 – Eckes AG; KG AG 2007, 671; *Deilmann* NZG 2005, 659.
[64] BGH, Beschl. v. 25.6.2019 – II ZB 21/18; OLG Celle AG 2019, 140.

oder e.G. handelt, die nicht den Tendenzschutz nach § 1 Abs. 4 MitbestG genießt. Keine Rolle spielt, ob es sich um einen faktischen oder einen Vertragskonzern handelt.

49 Unter den Voraussetzungen des § 5 Abs. 1 MitbestG gelten die Arbeitnehmer der Konzernunternehmen als **Arbeitnehmer des herrschenden Unternehmens,** so dass (auch) bei dem herrschenden Unternehmen ein mitbestimmter Aufsichtsrat zu bilden ist, sofern die *Gesamtzahl* der Arbeitnehmer des Konzerns in der Regel mehr als 2000 beträgt. Davon unabhängig ist die Mitbestimmung der Arbeitnehmer auf der Ebene der abhängigen Unternehmen. Erfüllen diese ebenfalls für sich die Voraussetzungen des § 1 MitbestG, so greift – systemwidrig – die paritätische Mitbestimmung der Arbeitnehmer auf beiden Ebenen ein, auf der Ebene der abhängigen Unternehmen ebenso wie auf der des herrschenden Unternehmens.

50 Der Konzernbegriff ist, wie sich aus dem Verweis auf § 18 Abs. 1 AktG in § 5 Abs. 1 S. 1 MitbestG ergibt, derselbe wie im Aktienrecht (→ Rn. 15). Insbes. finden auch hier die beiden Konzernvermutungen des § 18 Abs. 1 S. 2, 3 AktG Anwendung, die hier sogar einen ihrer wichtigsten Anwendungsbereiche haben dürften (→ Rn. 26 ff.). Eine mitbestimmungsrechtliche Besonderheit ist lediglich die Anerkennung von **Teilkonzernen** im Rahmen umfassenderer Konzerne durch § 5 Abs. 3 MitbestG zu dem Zweck, wenigstens ein wenig von der Mitbestimmung zu retten, wenn die Konzernspitze – etwa als ausländisches Unternehmen – mitbestimmungsfrei ist (→ Rn. 24). Zu diesem Zweck fingiert § 5 Abs. 3 MitbestG **unterhalb** der mitbestimmungsfreien **Konzernspitze Teilkonzerne,** die dann ihrerseits der paritätischen Mitbestimmung unterliegen. Nach dem Wortlaut des Gesetzes ist nicht zusätzlich erforderlich, dass die fragliche Tochtergesellschaft zumindest in einzelnen Beziehungen über eigene, nicht abgeleitete Kompetenzen verfügt.[65] Dagegen wird freilich mit guten Gründen eingewandt, dass die Mitbestimmung im Grunde leerläuft, wenn das betreffende Konzernunternehmen (→ Rn. 51) eine bloße Briefträgerfunktion ausübt.[66]

51 Die Spitze eines Teilkonzerns bildet gem. § 5 Abs. 3 MitbestG jeweils dasjenige dem MitbestG unterfallenden Unternehmen, das der Konzernleitung „am nächsten steht" und über das die Konzernleitung andere Konzernunternehmen beherrscht. Dieser spezielle mitbestimmungsrechtliche Fragenkreis darf nicht mit der Problematik des „Konzerns im Konzern" verwechselt werden (→ Rn. 23 f.). Auf das Betriebsverfassungsrecht findet § 5 Abs. 3 MitbestG keine, auch keine entsprechende Anwendung – mit der Folge zB, dass in Konzernen mit einer ausländischen Konzernspitze kein Raum für einen Konzernbetriebsrat ist, auch nicht auf der unter der Konzernspitze angesiedelten deutschen Ebene, wohl aber, wie gezeigt, für die Konzernmitbestimmung nach den §§ 1, 5 MitbestG.[67]

52 Schwerwiegende Gefahren drohen der deutschen Mitbestimmung bei den sich langsam entwickelnden **europäischen Gesellschaftsformen** sowie bei der Verschmelzung europäischer Gesellschaften über die Grenze hinweg. Bezeichnenderweise hatte gerade der Streit um die Mitbestimmung die Einführung der **SE** buchstäblich um Jahrzehnte verzögert. Ein Kompromiss gelang hier erst im Jahre 2004. Die Einzelheiten ergeben

---

[65] ZB OLG Stuttgart NJW-RR 1995, 1067; OLG Düsseldorf NZG 2007, 77; OLG Frankfurt a. M. AG 2008, 502; 2008, 504; OLG Hamburg AG 2018, 87 mN; LG Hamburg AG 2017, 83; sehr str.
[66] Haberack/Henssler/*Habersack* MitbestG § 5 Rn. 69 f; *Habersack* AG 2007, 641 (646 ff.); *Kort* NZG 2009, 81 (84 f.).
[67] BAG NZG 2019, 355 = AG 2018, 847 Rn. 23 ff.; sehr str.

sich aus dem SE-Beteiligungsgesetz **(SEBG)** vom 22.12.2004.[68] Die hier für die Mitbestimmung in der SE gefundene Lösung besteht im Kern in der Verpflichtung der Beteiligten, auf dem *Verhandlungswege* eine Lösung für die Mitbestimmungsproblematik zu suchen. Nur wenn diese misslingt, greift hilfsweise die zwingende gesetzliche Regelung der §§ 34–38 SEBG ein. Entsprechende Lösungen hat der Gesetzgeber für die Europäische Genossenschaft **(SCE)** sowie für die Fälle der **grenzüberschreitenden Verschmelzung** eingeführt.[69]

§ 5. Wechselseitige Beteiligungen

Literatur: *Emmerich,* Zur Problematik der wechselseitigen Beteiligungen, FS H. Westermann, 1974, S. 55; *ders.,* Wechselseitige Beteiligungen bei AG und GmbH, NZG 1998, 662; *R. Klix,* Wechselseitige Beteiligungen, 1981; *W. Ramming,* Wechselseitige Beteiligungen außerhalb des Aktienrechts, 2005; *Kerstin Schmidt,* Wechselseitige Beteiligungen im Gesellschafts- und Kartellrecht, 1995; *Wastl/Wagner,* Das Phänomen der wechselseitigen Beteiligungen aus juristischer Sicht, 1997; *H. Winter,* Die wechselseitige Beteiligung von Aktiengesellschaften, 1960.

I. Überblick

Zu den verbundenen Unternehmen iSd AktG gehören nach § 15 AktG ferner die sog. wechselseitig beteiligten Unternehmen. Darunter sind nach § 19 Abs. 1 AktG (nur) Kapitalgesellschaften mit Sitz im Inland zu verstehen, die dadurch verbunden sind, dass jedem Unternehmen mehr als der vierte Teil (25%) der *Anteile* des anderen Unternehmens gehört (S. 1 des § 19 Abs. 1 AktG; dazu → Rn. 6 ff.). Die gesetzliche Regelung der wechselseitigen Beteiligungen findet sich in § 19 Abs. 2 und 3 sowie in § 328 AktG (s. § 19 Abs. 4 AktG). Danach hat man im Einzelnen einfache und qualifizierte wechselseitige Beteiligungen zu unterscheiden, je nachdem, ob zwischen den wechselseitig beteiligten Unternehmen (iSd § 19 Abs. 1 S. 1 AktG) zusätzlich einseitige oder beiderseitige **Mehrheits- oder Abhängigkeitsbeziehungen** iSd §§ 16, 17 AktG bestehen. Fehlt es daran, so handelt es sich um eine **einfache wechselseitige Beteiligung,** für die das Gesetz in § 328 eine komplizierte Sonderregelung enthält (dazu → Rn. 5 ff.). Bei Hinzutreten von Mehrheits- oder Abhängigkeitsbeziehungen liegt dagegen nach § 19 Abs. 2, 3 AktG eine einseitige oder beiderseitige **qualifizierte wechselseitige Beteiligung** vor, auf die § 328 AktG keine Anwendung findet (§ 19 Abs. 4 AktG); vielmehr greifen dann allein die allgemeinen Regeln über Mehrheits- und Abhängigkeitsbeziehungen ein, ergänzt um die Vorschriften der §§ 71–71 e AktG (dazu → Rn. 9, 12 ff.).

Unter einem anderen Gesichtspunkt unterscheidet man ferner **zweiseitige und mehrseitige** wechselseitige Beteiligungen, wobei die letzteren durch die Zwischenschaltung weiterer Unternehmen gekennzeichnet sind. Für sie sind unterschiedliche Bezeichnungen üblich. Meistens spricht man von **ringförmigen oder zirkulären Beteiligungen** bzw. von Dreiecksbeteiligungen. Eine ringförmige Beteiligung liegt zB vor, wenn A an B, B an C und C wiederum an A beteiligt ist.

---

[68] BGBl. 2004 I 3675; s. dazu *Habersack* ZHR 171 (2007), 613; AG 2018, 823: Habersack/Henssler/*Henssler* MitbestG SEBG Einl. Rn. 1 ff. (S. 864 ff.).

[69] Gesetz über die Beteiligung der Arbeitnehmer und Arbeitnehmerinnen in einer Europäischen Genossenschaft v. 14.8.2006 (BGBl. 2006 I 1917); Gesetz zur Umsetzung der Regelungen über die Mitbestimmung der Arbeitnehmer bei einer Verschmelzung von Kapitalgesellschaften aus verschiedenen Mitgliedstaaten MgVG Einl. Rn. 1 ff. (s. v. 21.12.2006 (BGBl. 2006 I 3332); dazu Habersack/Henssler/*Henssler* MitbestG (MgVG) 1150 ff.

3 Über die genaue **Verbreitung** wechselseitiger Beteiligungen ist bisher nur wenig bekannt geworden.[1] Verbreitet sind sie offenbar insbes. in der Bank- und Versicherungswirtschaft.[2]

II. Gefahren

4 Von wechselseitigen Beteiligungen drohen verschiedene Gefahren, die letztlich den Anlass für die eigenartige Sonderregelung der §§ 19, 328 AktG gegeben haben.[3] Im Vordergrund des Interesses standen insoweit früher durchweg die mit solchen Beteiligungen verbundenen **Risiken für die Kapitalaufbringung und Kapitalerhaltung.** Sie finden ihren Grund darin, dass im Falle einer wechselseitigen Beteiligung jede Gesellschaft über die andere mittelbar an sich selbst beteiligt ist, so dass in Höhe des Produkts der Beteiligungsquotienten das Kapital jeder der beiden wechselseitig aneinander beteiligten Gesellschaften in einer wertlosen Beteiligung an sich selbst besteht, dh durch Vermögen belegt wird, das der Gesellschaft ohnehin schon gehört.[4] Der Aufbau wechselseitiger Beteiligungen läuft daher bei wirtschaftlicher Betrachtungsweise auf eine **mittelbare Einlagenrückgewähr** an die eigenen Gesellschafter hinaus.[5] Insgesamt scheinen jedoch nach heutigem Wissensstand die geschilderten Gefahren wechselseitiger Beteiligungen für die Kapitalaufbringung und Kapitalerhaltung nur verhältnismäßig gering zu sein, vor allem wohl wegen des in der Praxis üblichen Aufbaus wechselseitiger Beteiligungen aus freien Rücklagen sowie wegen des Vorherrschens ringförmiger Beteiligungen.

5 Seitdem sich diese Erkenntnis (→ Rn. 4) weitgehend durchgesetzt hat, wird in der Diskussion über wechselseitige Beteiligungen meistens die **Gefahr einer Verselbstständigung der Verwaltungen** gegenüber den Gesellschaftern in den Vordergrund gerückt. Schon hinter dem Aufbau wechselseitiger Beteiligungen steht offenkundig häufig die Absicht der Verwaltungen der beteiligten Gesellschaften, sich über die Herrschaft in der eigenen Hauptversammlung mittels der anderen Gesellschaft (auf deren Verwaltungen die betreffende Gesellschaft wegen ihrer eigenen Beteiligung an ihr einen erheblichen Einfluss hat) eine von den Gesellschaftern möglichst unabhängige Position zu verschaffen. In erster Linie um derartige **unkontrollierbare Verwaltungsstimmrechte** zu verhindern, sollten deshalb wechselseitige Beteiligungen, wenn schon nicht verboten, so doch nach Möglichkeit zurückgedrängt werden. Diesem Zweck dienen heute vor allem die §§ 71–71e AktG von 1978 (dazu → Rn. 11) sowie § 328 Abs. 3 AktG von 1998 (dazu → Rn. 23).

III. Begriff

6 Die Definition der wechselseitigen Beteiligungen findet sich in § 19 Abs. 1 AktG. Wechselseitig beteiligte Unternehmen sind danach (nur) Kapitalgesellschaften mit

---

[1] Ausführlich *M. Adams* AG 1994, 148 ff.; *Th. Baums* ZBB 1994, 86 (99 f.).

[2] Beispiele in RGZ 149, 305 – Iduna; LG Mainz AG 1991, 30 – Asco/Massa; *Koppensteiner* WiBl. 1990, 1.

[3] S. die Begr. zum RegE des § 19, bei *Kropff* S. 34 f.

[4] S. MüKoAktG/*Bayer* AktG § 19 Rn. 1 ff.; *Emmerich* FS H. Westermann, 1974 55 (60 ff.); *Emmerich* NZG 1998, 622; *Kerstin Schmidt* Beteiligungen S. 51 ff.

[5] Wenn A an B beteiligt ist und anschließend die B Aktien der A erwirbt, tut sie dies unter anderem mit Mitteln, die partiell der A (über ihre Beteiligung an der B) gehören, sodass im Ergebnis Kapital an die A zurückfließt und von dieser anschließend auch an ihre Aktionäre ausgeschüttet werden kann; ebenso *Burgard* AG 2006, 527 (535 re. Sp.).; die Einzelheiten sind str.

Sitz im Inland, die dadurch verbunden sind, dass **jeder Gesellschaft mehr als 25%
der Anteile** der anderen Gesellschaft gehören (§ 19 Abs. 1 S. 1 AktG). Mit **Kapitalgesellschaften** sind dabei gemäß § 3 Abs. 1 Nr. 2 UmwG allein Aktiengesellschaften,
Kommanditgesellschaften auf Aktien und Gesellschaften mbH gemeint. Gleich stehen die Vorgesellschaften zu den genannten Gesellschaften sowie die SE. Unanwendbar ist die gesetzliche Regelung dagegen auf Gesellschaften anderer Rechtsformen
(dazu → Rn. 27 ff.).

§ 19 Abs. 1 AktG stellt, wie besonderer Hervorhebung bedarf, **allein auf Kapital-** 7
anteile im Gegensatz zu Stimmenanteilen ab. Für die Annahme einer wechselseitigen
Beteiligung kommt es daher nur auf die Höhe des Anteils der einen Gesellschaft *am
Kapital* der anderen iSd § 16 Abs. 2 AktG an, während der Stimmenanteil unberück-
sichtigt bleibt. Die **Berechnung** der Anteilshöhe richtet sich gem. § 19 Abs. 1 S. 2
AktG nach § 16 Abs. 2 S. 1, Abs. 4 AktG. Dies bedeutet, dass sich die Höhe des Anteils der einen Gesellschaft am Kapital der anderen nach dem Verhältnis des gesamten
Nennbetrags der dieser Gesellschaft gehörenden *und* nach § 16 Abs. 4 AktG zugerechneten Anteile zum Nennkapital der anderen Gesellschaft richtet (§ 16 Abs. 2 S. 1
AktG); jedoch sind anders als im unmittelbaren Anwendungsbereich des § 16 AktG
eigene Anteile der Beteiligungsgesellschaft bei der Berechnung hier *nicht* abzusetzen,
da in § 19 Abs. 1 S. 2 AktG eine Bezugnahmen auf § 16 Abs. 2 S. 2 AktG fehlt. Die
wichtigste Folge dieser komplizierten Regelung ist, dass für die Ermittlung des kritischen Kapitalanteils von mehr als 25% die Beteiligungen von **Mutter- und Tochtergesellschaften zusammenzurechnen** sind, wozu es nicht erforderlich ist, dass die
Muttergesellschaft ihrerseits selbst an der dritten Gesellschaft beteiligt ist; entgegen
einer verbreiteten Meinung erfasst die gesetzliche Regelung in § 19 Abs. 1 AktG vielmehr **auch ringförmige Beteiligungen,** vorausgesetzt, dass in sämtlichen Gliedern
der Kette (mit Ausnahme der letzten) eine Abhängigkeit zu den bloßen Kapitalbetei-
ligungen hinzutritt (§ 19 Abs. 1 S. 2 AktG, § 16 Abs. 4 AktG).[6]

Beschränkt sich die wechselseitige Beteiligung auf die soeben geschilderte Form der 8
Unternehmensverbindung (→ Rn. 7), so liegt eine **einfache wechselseitige Beteiligung** vor, deren rechtliche Behandlung sich nach § 328 AktG richtet (§ 19 Abs. 4
AktG; dazu → Rn. 15 ff.). Dagegen handelt es sich um eine **qualifizierte** wechselseitige Beteiligung, wenn *zugleich* die Voraussetzungen der Abs. 2, 3 des § 19 AktG
(Mehrheitsbeteiligung oder Abhängigkeit nach den §§ 16, 17 AktG) erfüllt sind. Liegen diese Voraussetzungen nur bei einer der wechselseitig beteiligten Gesellschaften
vor, so spricht man von einer **einseitigen** qualifizierten wechselseitigen Beteiligung,
andernfalls von einer **beiderseitigen** qualifizierten wechselseitigen Beteiligung (§ 19
Abs. 2, 3 AktG; dazu → Rn. 9, 12 ff.).

IV. Qualifizierte wechselseitige Beteiligungen

1. Einseitige Abhängigkeit oder Mehrheitsbeteiligung

Eine einseitige qualifizierte wechselseitige Beteiligung liegt nach § 19 Abs. 2 AktG vor, 9
wenn es sich um wechselseitig beteiligte Unternehmen iSd § 19 Abs. 1 AktG handelt,
dh um Kapitalgesellschaften mit Sitz im Inland, die aneinander jeweils mit mehr als
25% der Anteile beteiligt sind (→ Rn. 6 ff.), *und* zusätzlich (nur) die eine Gesellschaft
an der anderen mehrheitlich iSd § 16 AktG beteiligt ist *oder* die eine von der anderen

---

[6] S. MüKoAktG/*Bayer* AktG § 19 Rn. 36 ff.; *Emmerich* FS H. Westermann, 1974, 55 (69 f.).

abhängig iSd § 17 AktG ist. Zu der wechselseitigen Beteiligung nach Maßgabe des § 19 Abs. 1 AktG muss folglich hier noch (nur) auf *einer* Seite eine Mehrheitsbeteiligung iSd § 16 AktG oder ein beherrschender Einfluss iSd § 17 Abs. 1 AktG hinzutreten. Zu beachten ist, dass insoweit (infolge der Bezugnahme in § 19 Abs. 2 AktG auf § 16 AktG *insgesamt*) der *ganze § 16 AktG,* also auch § 16 Abs. 2 S. 2, 3, Abs. 3 AktG *anwendbar* sind, sodass *hier,* dh bei der Berechnung der Mehrheitsbeteiligung iSd § 19 Abs. 2 AktG (und Abs. 3), eigene und gleichstehende Anteile abzuziehen sind (§ 16 Abs. 2 S. 2, Abs. 3 AktG) und dass neben einer Kapitalmehrheit auch eine Stimmenmehrheit gem. § 16 Abs. 3 AktG für die Anwendung des § 19 Abs. 2 AktG (und 3) ausreicht.[7] § 17 AktG ist aufgrund der Bezugnahme in § 19 Abs. 2 AktG (und 3) gleichfalls in seiner Gesamtheit anwendbar, sodass es zu einer einseitigen qualifizierten wechselseitigen Beteiligung selbst dann kommen kann, wenn sich nur Minderheitsbeteiligungen von jeweils mehr als 25 % gegenüberstehen, die eine Minderheitsbeteiligung aber aufgrund weiterer Umstände einen beherrschenden Einfluss auf die andere Gesellschaft begründet.

10 Nach § 19 Abs. 2 AktG sind unter den genannten Voraussetzungen die wechselseitig beteiligten Unternehmen ausnahmslos als voneinander abhängig anzusehen. § 19 Abs. 2 AktG stellt somit abweichend von § 17 Abs. 2 AktG eine **unwiderlegliche Vermutung** auf, die, soweit sie an die Abhängigkeit des einen Unternehmens von dem anderen anknüpft, freilich tautologisch ist. Der Sache nach bedeutet § 19 Abs. 2 AktG, dass in den hier interessierenden Fällen (→ Rn. 9) **immer** diejenigen **Rechtsfolgen** eingreifen, die die Rechtsordnung an anderen Stellen an die **Abhängigkeit oder** an eine **Mehrheitsbeteiligung** knüpft. Hervorzuheben ist das Verbot der Zeichnung und des Erwerbs von Aktien des herrschenden Unternehmens (§ 56 Abs. 2 S. 1 AktG). Anwendbar sind außerdem die § 18 Abs. 1 S. 3 AktG und § 160 Abs. 1 Nr. 7 AktG, die §§ 311 ff. AktG sowie insbes. die §§ 71–71 e AktG (→ Rn. 11).

11 Besonders weitgehende Rechtsfolgen ergeben sich für qualifizierte wechselseitige Beteiligungen aus den 1978 in das Gesetz eingefügten **§§ 71–71 e AktG.** Nach den § 71 d S. 4 AktG und § 71 b AktG darf ein abhängiges oder im Mehrheitsbesitz einer AG stehendes Unternehmen Aktien dieser Gesellschaft nur erwerben *oder* besitzen, soweit dies der Gesellschaft selbst nach § 71 Abs. 1 Nr. 1–5, Abs. 2 AktG gestattet wäre (§ 71 d S. 2 AktG), dh grds. nur in Höhe von **max. 10 %** des Grundkapitals der Gesellschaft, während der weitergehende Anteilsbesitz binnen eines Jahres zu veräußern ist (§ 71 d S. 4 AktG, § 71 c AktG). Da nun die Voraussetzungen des **§ 71 d S. 2 AktG** (Abhängigkeit oder Mehrheitsbesitz) in *allen* Fällen einseitiger qualifizierter wechselseitiger Beteiligungen unter Beteiligung einer AG als Muttergesellschaft erfüllt sind, bedeuten die genannten Vorschriften im Zusammenhang, dass derartige Beteiligungen fortan nicht mehr zulässig sind, sondern **binnen Jahresfrist abgebaut** werden müssen, eben, weil die abhängige oder in Mehrheitsbesitz der anderen Gesellschaft stehende, wechselseitig beteiligte Gesellschaft ihre Beteiligung binnen Jahresfrist auf 10 % reduzieren muss.[8] Außerdem **ruhen** gemäß § 71 d S. 4 AktG iVm § 71 b AktG die **Mitgliedschaftsrechte** aus dem Anteilsbesitz der abhängigen oder in Mehrheits-

---

[7] ZB Bürgers/Körber/*Fett* AktG § 19 Rn. 7.

[8] Ebenso MüKoAktG/*Bayer* AktG § 19 Rn. 46 f.; *Cahn* Kapitalerhaltung im Konzern, 1998, S. 151, 185, 210 ff.; *Grigoleit,* § 119 Rn. 9; Bürgers/Körber/*Fett* AktG § 19 Rn. 8; Hüffer/Koch/*Koch* AktG § 19 Rn. 6; *Klix* Beteiligungen S. 36 ff.; *Krieger/Schneider* § 68 Rn. 113; *Kerstin Schmidt* Beteiligungen S. 63 ff.; GroßkommAktG/*Windbichler* AktG § 19 Rn. 28.

besitz stehenden Gesellschaft an der anderen Gesellschaft, wodurch es tatsächlich gelungen sein dürfte, das Problem der Verwaltungsstimmrechte deutlich zu entschärfen. Ferner ist hier auch Raum für eine zumindest entsprechende Anwendung des § 71 Abs. 2 S. 2 AktG iVm § 272 Abs. 4 HGB (s. § 71 d S. 2 AktG), so dass für die wechselseitigen Beteiligungen entsprechende **Rücklagen** zu bilden sind.[9]

2. Beiderseitige Abhängigkeit oder Mehrheitsbeteiligung

Der zweite vom AktG geregelte Fall einer qualifizierten wechselseitigen Beteiligung ist der eigenartige Fall *beiderseitiger* Abhängigkeit oder Mehrheitsbeteiligungen. Ein derartiger Fall ist nach § 19 Abs. 3 AktG anzunehmen, wenn es sich um wechselseitig beteiligte Unternehmen iSd § 19 Abs. 1 S. 1 AktG handelt (→ Rn. 6 ff.) und jeder der wechselseitig beteiligten Gesellschaften an der anderen eine **Mehrheitsbeteiligung** gem. § 16 AktG gehört *oder* jede auf die andere einen **beherrschenden Einfluss** iSd § 17 Abs. 1 AktG auszuüben vermag. Da der zuletzt genannte Fall nur schwer vorstellbar ist, hat § 19 Abs. 3 AktG in erster Linie Bedeutung für die Fälle der **wechselseitigen oder ringförmigen Mehrheitsbeteiligungen.** Für diese Fälle beschränkt sich sein Regelungsgehalt wiederum darauf, die Widerlegbarkeit der Abhängigkeitsvermutung im Falle einer Mehrheitsbeteiligung (§ 17 Abs. 2 AktG) auszuschließen (schon → Rn. 10). Auf die Beziehungen der verbundenen Unternehmen zueinander finden folglich neben den **Rechtsfolgen** der Mehrheitsbeteiligung immer auch die der Abhängigkeit Anwendung. 12

Die Folge ist zunächst, dass sich *beide* verbundenen Gesellschaften die schon erwähnten Beschränkungen (→ Rn. 11) für abhängige Unternehmen gefallen lassen müssen, so dass **keine** von ihnen aus ihren Aktien nach den § 71 d S. 4 AktG und § 71 b AktG **Mitgliedschaftsrechte** bei der anderen besitzt.[10] Bei **ringförmigen Beteiligungen** erfasst das Verbot sicher die Muttergesellschaften, von ihnen abhängige Tochter- und Enkelgesellschaften dagegen wohl nur, wenn sie ihrerseits an der anderen Gesellschaft mit Mehrheit beteiligt sind oder diese von ihnen sonst abhängig ist. 13

In den Fällen beiderseitiger Mehrheitsbeteiligung sind außerdem die Vorschriften des § 71 d S. 2, 4 AktG und des § 71 c AktG anwendbar, so dass der **beiderseitige Anteilsbesitz** binnen eines Jahres bis auf die Obergrenze von 10 % **abgebaut** werden muss.[11] Beiderseitige qualifizierte wechselseitige Beteiligungen unter Beteiligung einer AG oder KGaA sind mithin seit 1978 ebenso wie einseitige qualifizierte wechselseitige Beteiligungen dieser Art nur noch für kurze Übergangsfristen statthaft. 14

V. Einfache wechselseitige Beteiligungen

1. Überblick

Die Regelung der wechselseitigen Beteiligungen in den §§ 19, 328 AktG beruht vor allem auf der Unterscheidung zwischen einfachen und qualifizierten wechselseitigen Beteiligungen (→ Rn. 1; § 19 Abs. 4 AktG). Während sich die Rechtsfolgen bei den 15

---

9 Ausf. *Burgard* AG 2006, 527 (535 f.); str.
10 Hüffer/Koch/*Koch* AktG § 19 Rn. 10; *Klix* Beteiligungen S. 37; KölnKommAktG/*Lutter* AktG § 71 d Rn. 49.
11 Emmerich/Habersack Aktien-/GmbH-KonzernR/*Emmerich* AktG § 19 Rn. 19; MüKoAktG/*Bayer* AktG § 19 Rn. 51; Bürgers/Körber/*Fett* AktG § 19 Rn. 9; *Grigoleit* AktG § 19 Rn. 9; Hüffer/Koch/ *Koch* AktG § 19 Rn. 9; KölnKommAktG/*Koppensteiner* AktG § 19 Rn. 11; *Kerstin Schmidt* Beteiligungen S. 68 ff.; GroßkommAktG/*Windbichler* AktG § 19 Rn. 35; str.

qualifizierten wechselseitigen Beteiligungen nach § 19 Abs. 2, 3 AktG richten
(→ Rn. 9 ff.), enthält das Gesetz für die einfachen wechselseitigen Beteiligungen des
§ 19 Abs. 1 AktG in § 328 AktG eine komplizierte Sonderregelung, mit der vor allem
der **Zweck** verfolgt wird, durch eine Beschränkung der Rechte aus dem beiderseitigen
Anteilsbesitz den Einfluss der Verwaltungen aus wechselseitigen Beteiligungen nach
Möglichkeit zurückzudrängen. Um dieses Ziel zu erreichen, knüpft das Gesetz in ers-
ter Linie an die Regelung der Mitteilungspflichten in den §§ 20, 21 AktG an
(→ Rn. 6).

16   Die (offenbar wenig effektive) Regelung der Problematik durch § 328 AktG ist infolgedessen nur verständlich, wenn man zugleich stets die Regelung der **Mitteilungspflichten** in den §§ 20, 21 AktG (sowie ergänzend seit 1998 in den §§ 33 ff WpHG
idF von 2017, → Rn. 17) im Auge behält. Auszugehen ist vorrangig von den § 20
Abs. 3 AktG und § 21 Abs. 1 AktG, auf die das Gesetz selbst wiederholt ausdrücklich
Bezug nimmt (§ 328 Abs. 1 S. 1, Abs. 2 AktG). Nach diesen Vorschriften trifft unter
anderem jede Gesellschaft, der *mehr als 25 %* der Anteile einer anderen deutschen
Kapitalgesellschaft gehören, eine Mitteilungspflicht, und zwar gerade hinsichtlich
der kritischen Beteiligung von 25 %, bei deren Verletzung bereits nach den § 20
Abs. 7 AktG und § 21 Abs. 1 AktG weitreichende (und über § 328 hinausgehende)
Sanktionen eingreifen (→ § 6 Rn. 27 ff.). Dies gilt insbes. auch bei einem Verstoß ge-
gen die Mitteilungspflicht aus § 20 Abs. 3 AktG (obwohl diese Vorschrift in § 20
Abs. 7 nicht erwähnt wird), weil die Mitteilungspflicht aus § 20 Abs. 3 AktG in aller
Regel mit der aus § 20 Abs. 1 AktG zusammenfällt. Die Folge ist, dass bereits die
Unterlassung der danach gebotenen **Mitteilung** gemäß § 20 Abs. 7 AktG und § 21
Abs. 4 AktG zur Folge hat, dass für die Zeit der Unterlassung aus den Aktien der
mitteilungspflichtigen Gesellschaft **keine Rechte** ausgeübt werden können. Des
Rückgriffs auf den weniger weitgehenden § 328 AktG bedarf es dann grds. nicht
mehr; diese Vorschrift wird vielmehr erst relevant, sobald eine der beteiligten Ge-
sellschaften ihrer Mitteilungspflicht aufgrund der §§ 20, 21 AktG nachkommt
(→ Rn. 19 ff.).

17   Nach den § 20 Abs. 8 AktG und § 21 Abs. 5 AktG idF von 2017 finden die §§ 20, 21
AktG seit 1998 freilich **keine Anwendung** mehr **auf Emittenten** iSd § 33 Abs. 4
WpHG idF von 2017. Gemeint sind damit im Wesentlichen die börsennotierten Gesellschaften mit Sitz in Deutschland. Die Folge dieser Regelung ist, dass sich die Mitteilungspflichten bei den **börsennotierten Gesellschaften** heute nicht mehr nach den
§§ 20, 21 AktG, sondern nach den strengeren §§ 33 ff. WpHG richten, ohne dass darauf freilich im Text des § 328 AktG Rücksicht genommen würde. Vielmehr bezieht
sich § 328 Abs. 1 S. 1, Abs. 2 AktG unverändert allein auf § 20 Abs. 3 AktG und § 21
Abs. 2 AktG. Gleichwohl wäre es wohl verfehlt, aus der geschilderten Gesetzeslage
jetzt den Schluss zu ziehen, § 328 AktG erfasse nicht mehr einfache wechselseitige Beteiligungen zwischen Emittenten iSd § 33 Abs. 4 WpHG; vielmehr ist anzunehmen,
dass fortan hinsichtlich dieser Fälle die Regelung des § 328 AktG – über den Wortlaut
der Vorschrift hinaus – auf den Mitteilungspflichten der §§ 33 ff. WpHG aufbaut.[12]

18   Der **Anwendungsbereich** des § 328 AktG beschränkt sich wegen der Bezugnahme
auf § 19 AktG in § 328 Abs. 1 S. 1 iVm § 19 Abs. 4 AktG auf wechselseitig beteiligte

---

[12] Emmerich/Habersack Aktien-/GmbH-KonzernR/*Emmerich* AktG § 19 Rn. 5; MüKoAktG/*Grunewald* AktG § 328 Rn. 5 f.; KölnKommAktG/*Koppensteiner* AktG § 328 Rn. 6.

Unternehmen iSd § 19 Abs. 1 AktG unter Einschluss einer deutschen AG oder KGaA. § 328 AktG ist somit nur anwendbar, wenn es sich um eine Verbindung zwischen einer deutschen AG oder KGaA und einer anderen Kapitalgesellschaft mit Sitz in Deutschland handelt, die dadurch gekennzeichnet ist, dass jeder Gesellschaft mehr als der vierte Teil der Anteile (25%) der anderen Gesellschaft (und weniger als 50%) gehört (§ 19 Abs. 1 AktG, § 16 Abs. 4 AktG).

2. Die einzelnen Fälle des § 328 AktG

Nach **§ 328 Abs. 1 S. 1 AktG** können im Falle einer einfachen wechselseitigen Beteiligung in dem genannten Sinne (→ Rn. 18), sobald der einen Gesellschaft der Bestand der wechselseitigen Beteiligung bekannt geworden ist oder ihr die andere Gesellschaft eine Mitteilung nach § 20 Abs. 3 AktG oder § 21 Abs. 1 AktG gemacht hat, Rechte aus den Anteilen, die ihr an der anderen Gesellschaft gehören, nur für höchstens 25% aller Anteile der anderen Gesellschaft ausgeübt werden. Das Gesetz geht hier von dem Fall aus, dass zunächst eine Gesellschaft (im Folgenden immer als *„erste"* bezeichnet) eine Beteiligung von mehr als 25% *an* einer anderen *(„zweiten")* Gesellschaft erwirbt (die ihrerseits an der ersten noch nicht oder doch nur zu weniger als 25% beteiligt ist). Solange dann die jetzt mit mehr als 25% beteiligte (erste) Gesellschaft ihrer **Mitteilungspflicht nicht nachkommt,** stehen ihr ohnehin keine Rechte aus diesen Anteilen zu (§ 20 Abs. 7 AktG, § 21 Abs. 4 AktG bzw. § 44 WpHG; → Rn. 16 f.). Sobald sie aber ihrer Mitteilungspflicht **nachgekommen** ist, braucht sie nach § 328 Abs. 1, 2 AktG keine Beschränkung ihrer Rechte mehr zu befürchten, selbst wenn die andere (zweite) Gesellschaft später gleichfalls mehr als die kritische Beteiligung von 25% an ihr erwirbt: Die Rechte der ersten Gesellschaft aus ihren Anteilen sind und bleiben vielmehr unbeschränkt, während die **zweite** Gesellschaft Rechte aus ihren Anteilen **nur bis** zur Grenze von **25%** ausüben kann; aus dem darüber hinausgehenden Anteilsbesitz stehen ihr dagegen keine Rechte zu (§ 328 Abs. 1 S. 1 AktG), von dem Recht auf neue Aktien im Falle einer Kapitalerhöhung aus Gesellschaftsmitteln abgesehen (§ 328 Abs. 1 S. 2 AktG; iE → Rn. 24 f.), *vorausgesetzt,* dass die genannte zweite Gesellschaft rechtzeitig ihrer **Mitteilungspflicht** auf Grund der §§ 20 Abs. 3 AktG und § 21 Abs. 1 AktG oder auf Grund des § 33 WpHG **nachkommt,** da sie andernfalls dann bereits der umfassenden Ausübungssperre nach den § 20 Abs. 7 AktG und § 21 Abs. 4 AktG oder § 44 WpHG unterliegt (→ Rn. 16 f.; zu § 328 Abs. 3 AktG → Rn 23). 19

Der **Grund** für die geschilderte Regelung ist darin zu sehen, dass hier die zweite Gesellschaft auf Grund der rechtzeitigen Mitteilung der Beteiligung von mehr als 25% seitens der ersten Gesellschaft an ihr (der „zweiten" Gesellschaft) ohne weiteres in der Lage gewesen wäre, die **wechselseitige Beteiligung** zu **vermeiden,** indem sie auf den Erwerb von (weiteren) Anteilen an der ersten Gesellschaft verzichtet hätte. Begründet sie gleichwohl ohne Not durch den Erwerb dieser (zusätzlichen) Anteile wissentlich die wechselseitige Beteiligung, so muss sie sich gleichsam „zur Strafe", dh als Sanktion, die Beschränkung ihrer Rechte nach § 328 Abs. 1, 3 AktG gefallen lassen. 20

§ 328 Abs. 2 AktG fügt hinzu, dass die Beschränkung des Abs. 1 des § 328 AktG nicht gilt, wenn die zweite Gesellschaft ihrerseits der ersten Gesellschaft eine **Mitteilung** nach § 20 Abs. 3 AktG oder § 21 Abs. 1 AktG gemacht hatte, *bevor* sie von der anderen Gesellschaft eine solche Mitteilung erhalten hat *und bevor* ihr das Bestehen der wechselseitigen Beteiligung *bekannt* geworden ist. **Unterlässt** also in dem soeben ge- 21 nannten Fall (→ Rn. 19f.) die **erste** Gesellschaft die gebotene rechtzeitige **Mitteilung** ihrer Beteiligung entgegen den § 20 Abs. 3 AktG und § 21 Abs. 1 AktG oder § 33 WpHG, so kann sich die **zweite** trotz nachträglicher Begründung der wechselseitigen Beteiligung immer noch sämtliche **Rechte** aus ihrem Anteilsbesitz bewahren, sofern sie jetzt – nach Erwerb der kritischen Beteiligung von mehr als 25 % an der anderen (ersten) Gesellschaft – dieser eine **Mitteilung** nach den § 20 Abs. 3 und § 21 Abs. 1 AktG oder nach § 33 WpHG macht, *vorausgesetzt,* dass sie zu diesem Zeitpunkt noch **gutgläubig** hinsichtlich des Bestandes der wechselseitigen Beteiligung ist, wobei nur positive Kenntnis schadet (§ 328 Abs. 2 AktG). Denn dann trifft sie letztlich „keine Schuld" an der Begründung der wechselseitigen Beteiligung, so dass es dem Gesetzgeber nicht vertretbar erschien, sie gleichwohl mit einer Ausübungssperre zu „bestrafen" (s. § 328 Abs. 1 AktG). **Bestraft** wird jetzt vielmehr die **erste** Gesellschaft, die es versäumt hatte, rechtzeitig der anderen (zweiten) entgegen dem Gesetz (§ 20 Abs. 3 AktG und § 21 Abs. 1 AktG sowie § 33 WpHG) von ihrer über 25 % hinausgehenden Beteiligung Mitteilung zu machen. Sie kann zwar diese Mitteilung jederzeit nachholen (s. § 20 Abs. 7 S. 1 AktG), unterliegt dann aber den Beschränkungen ihrer Rechte aus § 328 Abs. 1, 3 AktG (→ Rn. 23). Im Ergebnis will damit das Gesetz durch § 328 AktG jeweils diejenige der beiden Gesellschaften schützen, die entweder die wechselseitige Beteiligung nicht verhindern konnte, weil sie als erste die kritische Beteiligung von mehr als 25 % an der anderen erwarb, sofern sie ihre Mitteilungspflicht unverzüglich erfüllt hat (Abs. 1 des § 328 AktG dazu → Rn. 19f.), *oder* die doch am längsten gutgläubig war (Abs. 2 des § 328 AktG).

3. Rechtsfolgen

22 In den genannten Fällen (→ Rn. 19ff.) knüpft das Gesetz in § 328 Abs. 1, 3 und 4 AktG verschiedene Rechtsfolgen an das Vorliegen einer einfachen wechselseitigen Beteiligung.[13] Die erste und wichtigste ist die **Ausübungssperre** des § 328 Abs. 1 S. 1 AktG, nach der Rechte aus den Anteilen, die der jeweils betroffenen Gesellschaft an der anderen gehören, nur für höchstens 25 % der Anteile an der anderen Gesellschaft ausgeübt werden können, während die andere Gesellschaft selbst keinen Beschränkungen unterliegt (schon → Rn. 19). Die Ausübungssperre gilt für **sämtliche Verwaltungs- und Vermögensrechte,** die mit dem Anteilsbesitz verbunden sind, insbes. also für das Stimmrecht, für das Bezugsrecht auf junge Aktien im Falle einer Kapitalerhöhung gegen Einlagen sowie für den Anspruch auf Dividende. Ausgenommen ist lediglich das Recht auf neue Aktien bei einer Kapitalerhöhung aus Gesellschaftsmitteln (§ 328 Abs. 1 S. 2 AktG). Die genannten Beschränkungen treffen gem. § 328 Abs. 1 S. 3 AktG ferner nach § 16 Abs. 4 **zugerechnete Aktien** im Eigentum Dritter, wobei vor allem an abhängige Unternehmen und an Treuhänder zu denken ist.[14]

23 Eine **weitere Ausübungssperre** ergibt sich seit 1998 aus § 328 Abs. 3 AktG, nach dem ein Unternehmen, dem die wechselseitige Beteiligung gem. § 328 Abs. 1 AktG bekannt ist, so dass es der Ausübungssperre unterliegt, (nur) in der Hauptversammlung einer börsennotierten Gesellschaft iSd § 3 Abs. 2 AktG sein **Stimmrecht** zur Wahl von Mitgliedern in den Aufsichtsrat der anderen Gesellschaft generell **nicht ausüben** kann, wodurch die als besonders schädlich eingestuften Verwaltungsstimmrechte

---

[13] S. iE Emmerich/Habersack Aktien-/GmbH-KonzernR/*Emmerich* AktG § 328 Rn. 19–25.
[14] Wegen der umstrittenen Einzelheiten s. Emmerich/Habersack Aktien-/GmbH-KonzernR/*Emmerich* AktG § 328 Rn. 20.

noch mehr als bisher schon zurückgedrängt werden sollen.[15] Anders als im Regelfall des § 328 Abs. 1 AktG erfasst die Ausübungssperre hier folglich nicht allein den über 25 % hinausgehenden, den *gesamten Anteilsbesitz* der jeweils betroffenen Gesellschaft. Ob dies auch für nach § 16 Abs. 4 AktG **zugerechneten Anteilsbesitz** gilt, ist streitig, aber wohl nach Sinn und Zweck der Regelung zu bejahen.[16]

Die dritte Rechtsfolge einer einfachen wechselseitigen Beteiligung neben den beiden   24
Ausübungssperren auf Grund der Abs. 1 und 3 des § 328 AktG (→ Rn. 22 f.) besteht in der **erweiterten Mitteilungspflicht** nach § 328 Abs. 4 AktG. Eine Verletzung dieser besonderen Mitteilungspflicht zieht jedoch keine aktienrechtlichen Sanktionen nach sich, so dass ihre praktische Bedeutung gering sein dürfte (vgl. außerdem noch § 160 Abs. 1 Nr. 7 AktG).

4. Ungeregelte Fälle

Die Regelung des § 328 AktG weist erhebliche Lücken auf. § 328 AktG bietet insbes.   25
keine Regelung für den Fall, dass **beide** Gesellschaften die gebotene **Mitteilung unterlassen.** In diesem Fall ist daher auf die § 20 Abs. 7 AktG und § 21 Abs. 4 AktG oder § 44 WpHG zurückzugreifen, so dass wegen der Unterlassung aller gebotenen Mitteilungen die beiderseitigen Rechte aus den Anteilen *ganz* ausgeschlossen sind.

Eine andere Lösung ist zu erwägen, wenn die Gesellschaften – möglicherweise sogar   26
auf Grund einer vorherigen Absprache – die **Mitteilungen gleichzeitig** machen.[17] In diesem Fall ist anzunehmen, dass dann zumindest die Beschränkungen der Rechte durch § 328 Abs. 1, 3 AktG gegenüber *beiden* Gesellschaften eingreifen. Eine Beschränkung der Rechte aus dem Anteilsbesitz für *beide* wechselseitig beteiligten Gesellschaften ergibt sich ferner noch, wenn die eine Gesellschaft ihre **Mitteilung** der anderen erst macht, **nachdem** sie selbst **bösgläubig** geworden ist, da sich dann keine der beiden Gesellschaften mehr auf § 328 Abs. 2 AktG berufen kann.[18]

VI. GmbH[19]

Der Anwendungsbereich der §§ 19, 328 AktG beschränkt sich auf wechselseitige Be-   27
teiligungen zwischen Kapitalgesellschaften mit Sitz in Deutschland unter Beteiligung einer deutschen AG oder KGaA (→ Rn. 6, 18). Andere wechselseitigen Beteiligungen, insbes. also solche mit ausländischen Unternehmen und mit Personengesellschaften sowie einfache wechselseitige Beteiligungen zwischen Kapitalgesellschaften mit Ausnahme von Aktiengesellschaften und KGaA, werden dagegen nicht erfasst, so dass die Behandlung dieser Fälle noch weithin ungeklärt ist. Lediglich für wechselseitige Beteiligungen unter Einbeziehung einer **GmbH** zeichnen sich in der Diskussion erste Ergebnisse ab, so dass sich die folgenden Ausführungen auf wechselseitige Beteiligungen unter Einbeziehung einer GmbH beschränken sollen.

---

[15] BGBl. 1998 I 786; s. dazu die Begr. zu dem RegE, BT-Drs. 13 (1998)/9712, 25; *Seibert* WM 1997, 1 (7).

[16] S. Emmerich/Habersack Aktien-/GmbH-KonzernR/*Emmerich* AktG § 328 Rn. 23; MüKoAktG/*Grunewald* § 328 Rn. 10.

[17] Emmerich/Habersack Aktien-/GmbH-KonzernR/*Emmerich* AktG § 328 Rn. 15–18; *Emmerich* FS H. Westermann, 1974, 55 (71); *Krieger/Schneider* § 68 Rn. 105.

[18] MüKoAktG/*Grunewald* AktG § 328 Rn. 8; *Krieger/Schneider* § 68 Rn. 105.

[19] Wegen der Einzelheiten s *Emmerich* FS H. Westermann, 1974, 55: *Emmerich* NZG 1998, 622; Scholz/ *Emmerich* GmbHG Anhang § 13 Rn. 34–38.

28 Die **Definition** der wechselseitigen Beteiligungen in § 19 AktG gilt auch für die GmbH, bei der man daher ebenso wie bei der AG die Fälle der einfachen und der qualifizierten wechselseitigen Beteiligungen zu unterscheiden hat. Von ihnen ist lediglich die **einfache** wechselseitige Beteiligung mit einer GmbH bereits in § 328 AktG mitgeregelt, vorausgesetzt, dass das andere beteiligte Unternehmen eine deutsche AG oder KGaA ist. Ungeregelt ist dagegen der Fall einer *einfachen* wechselseitigen Beteiligung allein **zwischen Gesellschaften mbH** oder mit anderen Kapitalgesellschaften als einer AG oder KGaA. Für diese Fälle hat sich mittlerweile die Auffassung durchgesetzt, dass ihre Lösung in erster Linie dem **§ 33 Abs. 2 S. 1 GmbHG** zu entnehmen ist, so dass den verbundenen Gesellschaften mbH der weitere Ausbau der wechselseitigen Beteiligungen von einer bestimmten Grenze ab (→ Rn. 29) nur unter den in dieser Vorschrift genannten Voraussetzungen gestattet ist, dh grds. nur, wenn der weitere Ausbau der wechselseitigen Beteiligung aus freien Rücklagen möglich ist.

29 **Umstritten** ist freilich, von welcher **Grenze** ab Raum für eine entsprechende Anwendung des § 33 Abs. 2 S. 1 GmbHG ist. Während nach der einen Meinung die Beschränkungen des § 33 Abs. 2 GmbHG erst eingreifen, wenn es sich um eine qualifizierte wechselseitige Beteiligung iSd § 19 Abs. 2, 3 AktG handelt,[20] wollen andere an die Wertungen der § 19 Abs. 1 AktG und § 328 AktG anknüpfen und daher den § 33 Abs. 2 GmbHG bereits entsprechend anwenden, sobald die **25%-Grenze** überschritten wird. Im Interesse der Kapitalerhaltung ist der zuletzt genannten Meinung der Vorzug zu geben.[21] Ebenso sollte die Rechtslage hinsichtlich Kapitalerhöhungen gegen Einlagen beurteilt werden, um eine künstliche Aufblähung des Stammkapitals der wechselseitig verbundenen Gesellschaften durch bloßes Hin- und Herschieben derselben Einlage zu verhindern.[22]

30 Auf **qualifizierte wechselseitige Beteiligungen** unter Beteiligung einer GmbH ist § 19 Abs. 2, 3 AktG (nur) anwendbar, wenn an der Unternehmensverbindung eine AG oder KGaA als herrschendes oder mehrheitlich beteiligtes Unternehmen beteiligt ist. In den verbleibenden Fällen, insbes. also bei Beteiligung der GmbH als herrschendes oder mit Mehrheit beteiligtes Unternehmen, sind die aktienrechtlichen Vorschriften über die Beschränkung des Stimmrechts und das Zeichnungs- oder Übernahmeverbot entsprechend anzuwenden (§ 56 Abs. 2 AktG, § 71d S. 4 AktG, § 71b AktG). Anwendbar ist ferner § 33 Abs. 2 S. 1 GmbHG, und zwar gleichermaßen für einseitige wie für beiderseitige qualifizierte wechselseitige Beteiligungen unter Beteiligung einer GmbH.[23]

§ 6. Mitteilungspflichten

Literatur: *V. Arends,* Die Offenlegung von Aktienbesitz nach deutschem Recht, 2000; *Burgard,* Die Offenlegung von Beteiligungen, Abhängigkeits- und Konzernlagen bei der Aktiengesellschaft, 1990; *M. Hildner,* Kapitalmarktrechtliche Beteiligungstransparenz verbundener Unternehmen, 2002; *Knoll,* Die Übernahme von Kapitalgesellschaften, 1992; *Merkt,* Unternehmenspublizität, 2001; *Pentz,* Die Rechtsstellung der Enkel-AG in mehrstufigen Unternehmensverbindungen, 1996; *E. Seydel,* Konzernbildungskontrolle bei der AG, 1995, S. 151 ff.; *T. Starke,* Beteiligungstransparenz im Gesellschafts- und Kapitalmarktrecht, 2002; *Tröger,* Treupflicht im Konzernrecht, 2000; *C. Vedder,* Zum Begriff „für Rechnung"

---

[20] S. Roth/Altmeppen/*Altmeppen* GmbHG § 33 Rn. 34; *Verhoeven* GmbHR 1977, 97 (100).
[21] S. *Emmerich* NZG 1998, 622 (624 f.); Scholz/*Emmerich* GmbHG Anhang § 13 Rn. 35 mN.
[22] S. Emmerich/Habersack Aktien-/GmbH-KonzernR/*Emmerich* AktG § 19 Rn. 23 mN zum Streitstand.
[23] S. *Emmerich* NZG 1998, 622 (625 f.); Scholz/*Emmerich* GmbHG Anhang § 13 Rn. 37.

im AktG und im WpHG, 1995; *Vossel,* Auskunftsrechte im Aktienkonzern, 1996; *H. Wiedemann,* Minderheitenschutz und Aktienhandel, 1988; *Witt,* Übernahmen von Aktiengesellschaften und Transparenz der Beteiligungsverhältnisse, 1998; *R. Wolframm,* Mitteilungspflichten familiär verbundener Aktionäre nach § 20 AktG, 1998.

I. Überblick

Der „Allgemeine Teil" des kodifizierten Konzernrechts endet mit drei Vorschriften **1** über Mitteilungspflichten bei qualifizierten Beteiligungen an deutschen Kapitalgesellschaften (§§ 20–22 AktG). Die wichtigsten Fälle sind der Erwerb einer sog. Schachtelbeteiligung von mehr als 25 % der Aktien an einer AG oder KGaA mit Sitz in Deutschland (§ 20 Abs. 1–3 AktG, § 278 Abs. 3 AktG) durch ein beliebiges Unternehmen, der Erwerb einer Mehrheitsbeteiligung iSd § 16 Abs. 1 AktG an einer der genannten Gesellschaften (§ 20 Abs. 4 AktG) sowie der Verlust einer derartigen Beteiligung (§ 20 Abs. 5 AktG). § 21 AktG begründet ergänzend eine Mitteilungspflicht für Aktiengesellschaften und KGaA bei einer Schachtelbeteiligung an einer anderen Kapitalgesellschaft mit Sitz im Inland (§ 21 Abs. 1 AktG) sowie im Falle einer Mehrheitsbeteiligung an einem Unternehmen beliebiger Rechtsform (§ 21 Abs. 2 AktG). Treffen die §§ 20, 21 AktG zusammen wie zB im Falle der Beteiligung einer AG an einer anderen deutschen AG oder KGaA, so hat der strengere § 20 AktG den Vorrang vor § 21 AktG. Nach § 22 AktG kann der Adressat der Mitteilung außerdem jederzeit den Nachweis der Beteiligung verlangen.[1]

Bei einem Verstoß gegen die genannten Mitteilungspflichten greift in der Mehrzahl **2** der Fälle als Sanktion in erster Linie eine Ausübungssperre für die betroffenen Anteile ein (§ 20 Abs. 7 AktG und 21 Abs. 4 AktG). Die Regelung der §§ 20–22 AktG wird ergänzt durch eine besondere Mitteilungspflicht bei wechselseitigen Beteiligungen (§ 328 Abs. 4 AktG; dazu → § 5 Rn. 26), durch die Strafvorschrift des § 405 Abs. 3 Nr. 5 AktG sowie durch die Übergangsvorschrift des § 7 EGAktG. Vergleichbare Mitteilungspflichten ergeben sich noch aus einer Reihe weiterer Gesetze; hervorzuheben sind die kapitalmarktrechtlichen Mitteilungspflichten aufgrund der §§ 33–47 WpHG, die – weit über die §§ 20, 21 AktG hinaus – grds. jeden treffen, der zwischen 3 %, 5 % usw. bis 75 % der Stimmrechte einer deutschen börsennotierten Gesellschaft erwirbt (→ Rn. 6 f.).

Die Mitteilungspflichten für Unternehmen aufgrund des AktG (§§ 20–22 AktG) so- **3** wie für jedermann aufgrund des WpHG (§§ 33–47 AktG) stehen selbstständig nebeneinander. Im Kollisionsfall gehen die strengeren kapitalmarktrechtlichen Mitteilungspflichten nach dem WpHG vor, wie aus den Bestimmungen der §§ 20 Abs. 8 und 21 Abs. 1 AktG folgt, nach denen die Mitteilungspflichten auf Grund der § 20 Abs. 1–7 und § 21 Abs. 1–4 AktG nicht für die Aktien eines Emittenten iSd § 33 Abs. 4 WpHG gelten. Gemeint sind damit in erster Linie Inlandsemittenten, sofern ihre Aktien zum Handel an einem organisierten Markt zugelassen sind. Organisierter Markt idS ist nicht nur der amtliche Handel an einer Börse der EU oder des EWR (§§ 30 ff. BörsenG), sondern auch der geregelte Markt der §§ 49 ff. BörsenG im Gegensatz zum Freiverkehr iSd § 57 BörsenG.[2]

---

[1] Dazu *Hirte* FS Lutter, 2000, 1347.
[2] Emmerich/Habersack Aktien-/GmbH-KonzernR/*Habersack* WpHG § 33 Rn. 5.

4   Die Konsequenz der geschilderten komplizierten Regelung (→ Rn. 3) ist, dass sich heute der Anwendungsbereich der §§ 20–22 AktG auf die im Freiverkehr gehandelten Aktien sowie auf die Vielzahl der überhaupt nicht an Börsen gehandelten Aktien beschränkt. Da dies jedoch immer noch die große Mehrzahl der Aktien ist, haben die §§ 20–22 AktG durch die Anordnung des Vorrangs der §§ 33–47 WpHG (§ 20 Abs. 8 AktG, § 21 Abs. 5 AktG) bisher insgesamt nur wenig von ihrer praktischen Bedeutung eingebüßt.[3]

5   Mit den Vorschriften der §§ 20, 21 AktG wird in erster Linie der Zweck verfolgt, im Interesse gleichermaßen der beteiligten Gesellschaften wie der Öffentlichkeit die Machtverhältnisse in den einzelnen Gesellschaften nach Möglichkeit offen zu legen. Zugleich soll auf diese Weise die Rechtssicherheit gefördert werden, weil ohne genaue Kenntnis der Beteiligungsverhältnisse große Teile des Konzernrechts nicht praktikabel wären.[4] Bei den (vorrangigen) Mitteilungspflichten aufgrund der §§ 33 ff. WpHG kommen noch die Zwecke des Anlegerschutzes und der Gewährleistung der Effizienz der Finanzmärkte hinzu, beides Zwecke, die ohne umfassende Information der Anleger und der Marktteilnehmer über die Beteiligungsverhältnisse an den börsennotierten Gesellschaften nicht zu erreichen sind.[5] Sowohl die mit den §§ 20, 21 AktG verfolgten Zwecke als auch die besonderen kapitalmarktrechtlichen Zwecke der §§ 33 ff. WpHG wurden weitgehend verfehlt, weil in der Gesellschaftspraxis die Mitteilungspflichten des AktG und des WpHG vielfach missachtet werden.[6] Für die besonderen Mitteilungspflichten bei wechselseitigen Beteiligungen aufgrund des § 328 Abs. 4 AktG gilt nichts anderes (→ § 5 Rn. 24). An diesem insgesamt durchaus beklagenswerten Zustand dürfte sich bis heute nur wenig geändert haben.

II. Weitere Mitteilungspflichten

1. WpHG

6   Die §§ 33–47 WpHG, die die Mitteilungspflichten für Beteiligungen an Emittenten, dh der Sache nach an börsennotierten Gesellschaften mit Sitz im Inland regeln (→ Rn. 3 f.), gehen auf die sog. Transparenzrichtlinie I von 1988 zurück, durch die die Mitgliedstaaten der EU im Interesse der Funktionsfähigkeit der Kapitalmärkte erstmals verpflichtet wurden, für börsennotierte Gesellschaften besondere Mitteilungspflichten einzuführen. Der deutsche Gesetzgeber war dieser Verpflichtung erst 1994 mit fast vierjähriger Verspätung durch den Erlass der früheren §§ 21–30 WpHG nachgekommen, an deren Stelle mittlerweile aufgrund der Transparenzrichtlinie II von 2004 die §§ 33–47 WpHG idF von 2017 getreten sind. Danach ist heute bei börsennotierten Gesellschaften iSd § 33 Abs. 4 WpHG (→ Rn. 3 f) jeder Vorgang mitteilungspflichtig, durch den ein (beliebiger) Aktionär 3 %, 5 %, 10 %, 15 %, 25 %, 30 %, 50 % oder 75 % der Stimmrechte an einer börsennotierten Gesellschaft erreicht, überschreitet oder unterschreitet.

---

[3]   *Witt* AG 1998, 171 (173).
[4]   BGHZ 114, 203 (215); 167, 204 Rn. 13 – Mitteldeutsche Leasing AG; BGH NJW 2000, 3647; NZG 2016, 1182.
[5]   Emmerich/Habersack Aktien-/GmbH-KonzernR/*Habersack* WpHG Vor § 33 Rn. 1.
[6]   So für die §§ 20 f. AktG *MK*, 7. Hauptgutachten 1986/87, Rn. 827, 832; *Burgard* Offenlegung S. 18 ff.; *Burgard* AG 1992, 41 ff.; ebenso für die §§ 33 ff. WpHG *Holland/Burg* NZG 2006, 601; *Schneider/ Schneider* ZIP 2006, 493.

Die Mitteilungspflicht trifft in erster Linie den Eigentümer der Aktien. Nach § 34   **7**
WpHG werden dem Eigentümer außerdem in großem Umfang Aktien Dritter zugerechnet, so dass sie ebenfalls seine Mitteilungspflicht auslösen können.[7] Dies gilt
insbes. nach § 34 Abs. 1 Nr. 1 WpHG für Aktien, die einem „Tochterunternehmen"
des Meldepflichtigen gehören. Tochterunternehmen sind nach § 35 Abs. 1 S 1
WpHG Unternehmen, die als Tochterunternehmen iSd § 290 HGB gelten oder auf
die ein beherrschender Einfluss ausgeübt werden kann, ohne dass es auf die Rechtsform oder den Sitz des Tochterunternehmens ankommt. Weitere Zurechnungstatbestände enthalten die § 34 Abs. 1 Nr. 2–8 WpHG sowie § 34 Abs. 2 WpHG. Insgesamt wird die Regelung ständig verschärft, unter anderem, um das besonders
gefürchtete sogenannte „Heranschleichen" zumal ausländischer Aktionäre an deutsche
Gesellschaften nach Möglichkeit zu unterbinden (→ Rn. 28).

Die Mitteilungen werden veröffentlicht, um die gebotene Publizität der Beteiligungs-   **8**
verhältnisse sicherzustellen (§ 40 WpHG). Die Einzelheiten regelt eine Verordnung
aufgrund des § 40 Abs. 3 WpHG (WpAV von 2004, BGBl. 2004 I 3376). Bei einem
Verstoß (nur) gegen die Mitteilungspflichten der §§ 33, 34 WpHG greifen im Kern
dieselben Sanktionen wie nach Aktienrecht ein (§ 44 WpHG nF; → Rn. 27 ff.). In
der Gesellschaftspraxis ist die Durchsetzung der Mitteilungspflichten in erster Linie
Aufgabe der Bundesanstalt für Finanzdienstleistungsaufsicht (BAFin) aufgrund des
§ 6 Abs. 2 WpHG.

2. Auskunftspflichten

Die Verzögerung bei der Umsetzung der Transparenzrichtlinie in deutsches Recht   **9**
(→ Rn. 6) hatte den Gerichten seinerzeit Anlass gegeben, auf anderen Gebieten nach
einem Ausgleich für die vom Gesetzgeber versäumte Verstärkung der Publizität bei
börsennotierten Gesellschaften zu suchen. Ihr Augenmerk fiel dabei nahezu zwangsläufig auf das Recht der Aktionäre auf Auskunft über die Beteiligungen ihrer Gesellschaft an anderen Gesellschaften, so dass das Auskunftsrecht des § 131 AktG folgerichtig von den Gerichten bereits vor Inkrafttreten des WpHG im Jahre 1995 in
Anlehnung an die Transparenzrichtlinie immer weiter ausgedehnt wurde. Die
Schwelle, von der ab die Auskunftspflicht der Gesellschaft eingriff, wurde zunächst
bei einer Beteiligung von mindestens 10 % und einem Beteiligungswert von 100 Mio.
DM festgesetzt.[8] Mit Inkrafttreten des WpHG im Jahre 1995 entfiel an sich der
Grund für diese Praxis. Gleichwohl hielten die Gerichte bis heute an ihr fest und senk-
ten sogar die Schwelle der auskunftspflichtigen Beteiligungen auf 5 % des Grundkapitals oder der Stimmrechte an börsennotierten Aktiengesellschaften ab.[9] Das absolute
Größenkriterium eines Wertes der Beteiligungen von mindestens 100 Mio. DM
(50 Mio. EUR) wurde später gleichfalls zu Gunsten einer Orientierung an der Größe
der betreffenden Gesellschaft und der Bedeutung der eingegangenen Beteiligungen
aufgegeben.[10] Eine partielle gesetzliche Regelung dieses nach wie vor umstrittenen

---

[7] S. dazu zB *Bülow/Petersen* NZG 2009, 1373; *Veil* FS K. Schmidt, 2009, 1645.
[8] KG NJW-RR 1994, 162; WM 1994, 1479; 1995, 1930; AG 2001, 421; BayObLGZ 1996, 234
(239 f.); BayObLG ZIP 1996, 1743.
[9] BayObLGZ 1996, 234 (239 f.); BayObLG ZIP 1996, 1743; KG AG 2001, 421 f.; ebenso zB Bürgers/
Körber/*Reger* AktG § 131 Rn. 10.
[10] KG AG 2001, 421 f.; krit. zB Hüffer/Koch/*Koch* AktG § 131 Rn. 31.

Fragenkreises findet sich in § 285 Nr. 11, 11 b HGB, wonach zahlreiche Beteiligungen einer Gesellschaft im Anhang zum Jahresabschluss aufzuführen sind.

10 Von der gesetzlich geregelten Auskunftspflicht der Gesellschaft (§ 131, → Rn: 9) sind etwaige Auskunftspflichten der Aktionäre aufgrund ihrer Treuepflicht gegenüber der Gesellschaft und den Mitgesellschaftern zu unterscheiden (§§ 241, 242 BGB). Dringend ist solche Pflicht zur Offenlegung von Beteiligungen speziell gegenüber der Gesellschaft vor allem bei Gründung eines faktischen Konzerns, die sich nicht im Dunkeln abspielen darf, wenn man verhindern will, dass die gesetzlichen Schutzregeln zugunsten der Gesellschaft sowie der übrigen Aktionäre letztlich leerlaufen (s. §§ 311 ff. AktG). Deshalb ist anzunehmen, dass Aktionäre, die die von ihnen bereits abhängige Gesellschaft in einen von ihnen geleiteten faktischen Konzern einbeziehen wollen, nach Treu und Glauben verpflichtet sind, dies der Gesellschaft mitzuteilen, damit der Vorstand der abhängigen Gesellschaft iRd §§ 311 ff. AktG die nötigen Schutzmaßnahmen ergreifen kann (§§ 241, 242, 705 BGB).[11] Aus denselben Erwägungen heraus sollten entsprechende Offenlegungspflichten auch gegenüber den besonders schutzbedürftigen anderen Aktionären anerkannt werden.

3. GmbH

11 Bei der GmbH kennt das Gesetz bisher noch keine mit den §§ 20, 21 AktG vergleichbaren Mitteilungspflichten. Lediglich die zum Handelsregister einzureichende Gesellschafterliste, aus der sich jede Veränderung in den Beteiligungsverhältnissen einer GmbH ergeben muss (§ 8 Abs. 1 Nr. 3 GmbHG, § 40 GmbHG), hat eine in mancher Hinsicht mit den §§ 20 und 21 vergleichbare Funktion. Da dies indessen zum Schutze der Minderheit nicht ausreicht, muss man hier eine aus der Treuepflicht hergeleitete Mitteilungspflicht herrschender Unternehmen gleichermaßen gegenüber der Gesellschaft wie gegenüber den Mitgesellschaftern bereits bei Begründung der Abhängigkeit annehmen, damit die Mitgesellschafter überhaupt in die Lage versetzt werden, die ihnen in diesem Fall zustehenden Schutzrechte wahrzunehmen (§§ 241, 242, 705 BGB).[12] Die Mitteilungspflicht besteht deshalb hier auch nicht nur gegenüber der Gesellschaft (so die hM), sondern zugleich unmittelbar gegenüber den Mitgesellschaftern.[13]

III. Verpflichteter

1. Nur Unternehmen

12 Die Mitteilungspflicht aus § 20 AktG trifft nur „Unternehmen". Den Gegensatz bilden wie durchgängig im Anwendungsbereich der §§ 15 ff. AktG die sog. Privataktionäre. Diese Unterscheidung ist seinerzeit nicht zuletzt zu dem Zweck entwickelt worden, den letzteren die (damals) so gefürchtete Aufgabe ihrer Anonymität infolge der Verpflichtung zur Offenlegung ihres Anteilsbesitzes zu ersparen (→ § 2 Rn. 5 ff.). Anspruch auf Anonymität idS haben indessen heute, wenn überhaupt, so allenfalls

---

[11] *Hommelhoff*, Die Konzernleitungspflicht, 1982, S. 408 ff.; *Tröger*, Treupflicht im Konzernrecht, 2000, S. 314 ff.; *Zöllner* FS Kropff, 1997, 333 (338 ff.); – dagegen *Joussen* BB 1992, 1075; *Seydel*, Konzernbildungskontrolle bei der AG, 1995, S. 154 ff.; *T. Starke* Beteiligungstransparenz, 2002, S. 163 ff., 255; *Wastl* NZG 2000, 505 (506 f.); *Wolframm* Mitteilungspflichten S. 175, 183 ff.; *Ziemons/Jaeger* AG 1996, 358 (364).
[12] S. *Scholz/Emmerich* GmbHG Anhang § 13 Rn. 40.
[13] Ebenso wohl BGHZ 79, 337 (344); BGH NZG 2007, 185 (186) Rn. 9).

noch Aktionäre, die sich strikt auf die Verwaltung ihres Privatvermögens beschränken. Daraus ist der Schluss zu ziehen, dass sämtliche anderen Aktionäre dann eben als „Unternehmensaktionäre" zu behandeln sind, weil und sofern sie keinen legitimen Anspruch auf Anonymität ihres Aktienbesitzes erheben können (→ § 2 Rn. 7 f.). Für dieses Gesetzesverständnis spricht auch der Umstand, dass die später eingeführten kapitalmarktrechtlichen Mitteilungspflichten der §§ 33 ff. WpHG (die im Ergebnis bei börsennotierten Gesellschaften weit über die §§ 20, 21 AktG hinausgehen) nicht mehr zwischen Unternehmen und Privataktionären unterscheiden, sondern schlicht für jedermann gelten. Diese Entscheidung des Gesetzgebers kann nicht ohne Folgen für die Interpretation der §§ 20 und 21 AktG bleiben.

„Unternehmen" iSd §§ 20–22 AktG sind deshalb insbes. auch die Formkaufleute des   **13**
§ 6 Abs. 2 HGB, Handelsgesellschaften (§ 6 Abs. 1 HGB) sowie die öffentliche Hand (→ § 2 Rn. 5 f., Rn. 20 ff.). Im Ergebnis ist somit – durchaus sachgerecht – jede Beteiligung eines beliebigen deutschen oder ausländischen Unternehmens sowie der öffentlichen Hand an einer AG oder KGaA unter den Voraussetzungen des § 20 AktG mitteilungspflichtig. Entsprechendes gilt – entgegen der wohl überwiegenden Meinung – für Beteiligungen von Holdinggesellschaften, Stimmrechtskonsortien oder Familiengesellschaften, da derartige Gesellschaften gleichfalls nicht mit Privataktionären auf eine Stufe gestellt werden können.[14] Ebenso ist im Anwendungsbereich des § 21 AktG zu entscheiden.

2. Eigentümer, Zurechnung

Die Mitteilungspflicht obliegt gem. § 20 Abs. 1 S. 1, Abs. 3–6 AktG jeweils demje-   **14**
nigen Unternehmensaktionär (→ Rn. 12 f.), dem die betreffenden Aktien „gehören", dh dem Eigentümer der Aktien sowie demjenigen, dem nach § 16 Abs. 4 AktG iVm § 20 Abs. 1 S. 2, Abs. 4 AktG die Aktien, die im Eigentum Dritter stehen, zugerechnet werden.[15] Die Zurechnung setzt hier ebenso wenig wie sonst eine eigene Beteiligung des Mitteilungspflichtigen neben der des Dritten voraus. Besondere Bedeutung hat dies in mehrstufigen Unternehmensverbindungen sowie bei Treuhandverhältnissen.[16] Die Zurechnung führt in den genannten Fällen nicht etwa zu einem Erlöschen der Mitteilungspflicht des Eigentümers der zugerechneten Aktien aus den §§ 20, 21 AktG; vielmehr sind dann gegebenenfalls neben der Muttergesellschaft eben auch die Tochtergesellschaft und neben dem Treugeber auch der Treuhänder mitteilungspflichtig.[17] Ein bloßer Nießbrauch an den Aktien genügt dagegen nicht;[18] § 34 Abs. 1 Nr. 4 WpHG findet hier ebenso wenig entsprechende Anwendung wie § 34 Abs. 2 WpHG über abgestimmtes Verhalten der Aktionäre, sogenanntes acting in concert.[19]

Veräußert der Eigentümer seinen Anteilsbesitz vor Erfüllung der Mitteilungspflicht   **15**
ganz oder teilweise, so trifft die Mitteilungspflicht fortan den Erwerber, sofern in sei-

---

[14]   S. BGHZ 114, 203 (210 f.); Emmerich/Habersack Aktien-/GmbH-KonzernR § 20 Rn. 15.
[15]   S. Emmerich/Habersack Aktien-/GmbH-KonzernR/*Emmerich* AktG § 20 Rn. 16; *Wolframm* Mitteilungspflichten S. 124 ff.
[16]   S. BGH NJW 2000, 3647 – Aqua-Butzke-Werke; KG NZG 2000, 42; AG 1999, 126; LG Berlin AG 1998, 195 (196).
[17]   BGHZ 114, 203 (217); BGH NJW 2000, 3647; OLG Schleswig AG 2006, 120 (122) – Mobilcom.
[18]   Spindler/Stilz/*Petersen* AktG § 20 Rn. 8.
[19]   KG AG 2010, 494 (496 li. Sp. o.); 2010, 497 (502 li. Sp.).

ner Person die Voraussetzungen der §§ 20, 21 AktG erfüllt sind.[20] Keine Rolle spielt, ob der Veräußerer seiner Mitteilungspflicht nachgekommen war oder zB gegen § 20 Abs. 5 AktG verstoßen hatte, schon, weil § 20 Abs. 5 AktG in § 20 Abs. 7 AktG nicht mitaufgeführt ist. Ohne Rücksicht darauf beurteilt sich die Mitteilungspflicht des Erwerbers selbstständig nach den §§ 20, 21 AktG.[21] Die Mitteilungspflicht des Veräußerers erlischt nur, wenn er sämtliche Anteile veräußert; andernfalls bleibt es bei der Anwendbarkeit der § 20 Abs. 7 AktG und § 21 Abs. 4 AktG auf ihn.[22]

IV. Die mitteilungspflichtigen Fälle

1. Erwerb einer Schachtelbeteiligung

a) § 20 Abs. 1 AktG

16 Mitteilungspflichtig ist nach § 20 Abs. 1 S. 1 AktG zunächst der Erwerb einer sog. Schachtelbeteiligung, dh der Kapitalbeteiligung seitens eines beliebigen in- oder ausländischen Unternehmens (→ Rn. 12 ff.) in Höhe von mehr als einem Viertel an einer deutschen AG oder KGaA, während die bloße Innehabung von mehr als 25 % der Stimmrechte, etwa auf Grund von Mehrstimmrechtsaktien, ohne entsprechende Kapitalquote keine Mitteilungspflicht nach dem AktG auslöst.[23] Bei der Berechnung der Kapitalquote von mehr als 25 % sind nach § 20 Abs. 1 S. 2 AktG eigene Aktien der Gesellschaft nicht abzuziehen, weil § 20 Abs. 1 S. 2 AktG allein auf S. 1, nicht dagegen auch auf S. 2 des § 16 Abs. 2 AktG verweist.[24] Zu berücksichtigen sind bei der Berechnung außerdem stimmrechtslose Vorzugsaktien sowie vinkulierte Namensaktien, so dass auch deren Erwerb unter den Voraussetzungen des § 20 AktG mitteilungspflichtig ist, jedenfalls nach Zustimmung der Gesellschaft im Falle des § 68 Abs. 2 AktG, während es auf die zusätzliche Legitimation gegenüber der Gesellschaft nach § 67 Abs. 1 AktG im vorliegenden Zusammenhang nicht ankommt.[25] Anwendbar ist nach § 20 Abs. 1 S. 2 AktG außerdem die Zurechnungsvorschrift des § 16 Abs. 4 AktG, die vor allem für Abhängigkeits- und Treuhandverhältnisse Bedeutung hat.[26]

17 Die Mitteilungspflicht entsteht gem. § 20 Abs. 1 S. 1 AktG, „sobald" einem Unternehmen iSd Gesagten (→ Rn. 16) eine Kapitalbeteiligung von mehr als 25 % „gehört". Der Grund des Anteilserwerbs spielt keine Rolle. Einzelrechtsnachfolge und Gesamtrechtsnachfolge durch Erbschaft oder Umwandlung stehen gleich. Unerlässlich ist jedoch immer überhaupt eine Veränderung im Anteilsbesitz. Rechtliche Vorgänge, die keinen Einfluss auf die Höhe des Anteilsbesitzes haben, sind deshalb nicht meldepflichtig. Die wichtigsten Beispiele danach nicht mitteilungspflichtiger Vorgänge sind bloße Änderungen der Firma, des Sitzes oder der Rechtsform nach den §§ 190 ff.

---

[20] BGHZ 180, 154 (168) Rn. 34 – Lindner; OLG Stuttgart NZG 2005, 432; OLG Hamm AG 2009, 876 (880); LG Düsseldorf ZIP 2010, 1129 (1131); *Riegger/Wasmann* FS Hüffer, 2010, 823 (833).

[21] *Mülbert* FS K. Schmidt, 2009, 1219 (1239 ff.); Spindler/Stilz/*Petersen* AktG § 20 Rn. 41; K. Schmidt/Lutter/*Veil* AktG § 20 Rn. 37.

[22] *H. Heppe* WM 2002, 60 (63 ff.); anders *St. Widder* NZG 2004, 276; enger auch OLG Hamm AG 2009, 876 (880).

[23] BGHZ 114, 203 (216).

[24] *Burgard* Offenlegung S. 49.

[25] KG WM 1990, 1546; *Siebel* FS Heinsius, 1991, 771 (787 f.).

[26] iE → Rn. 14 f.; BGHZ 114, 203 (217); KG NZG 2005, 224 (226); OLG Schleswig AG 2006, 120 (122) – Mobilcom.

UmwG, solange dadurch die Identität des Rechtsträgers nicht berührt wird, während Verschmelzung und Spaltung zu einer Änderung der Rechtsträger und ihrer Beteiligungen führen und deshalb Mitteilungspflichten auslösen können.[27] Auch wenn ein Privataktionäre, der eine Schachtelbeteiligung hält, nachträglich Unternehmensqualität erwirbt, zB durch die Aufnahme einer gewerblichen Tätigkeit, wird eine Mitteilungspflicht nach § 20 Abs. 1 AktG ausgelöst. Die Mitteilungspflicht erfasst ferner die Gründer der Gesellschaft, sofern sie bei der Gründung mehr als 25 % des Kapitals der neuen Gesellschaft übernehmen.[28] Die Mitteilungspflicht entsteht in diesem Fall freilich nicht vor der Entstehung der Gesellschaft durch ihre Eintragung ins Handelsregister (§ 41 Abs. 1 S. 1 AktG), weil erst von diesem Augenblick an die Aktien der neuen Gesellschaft den Aktionären „gehören" (§ 20 Abs. 1 S. 1 AktG).[29]

b) § 20 Abs. 2 AktG

Ergänzend findet sich noch allein für die Mitteilungspflichten nach § 20 Abs. 1 AktG **18** eine besondere Zurechnungsnorm in § 20 Abs. 2 AktG. Danach sind zu den dem Unternehmen bereits gehörenden Aktien solche hinzuzurechnen, auf deren Übereignung es einen Anspruch hat (§ 20 Abs. 2 Nr. 1 AktG) oder zu deren Abnahme es verpflichtet ist (§ 20 Abs. 2 Nr. 2 AktG). Der erste Fall (§ 20 Abs. 2 Nr. 1 AktG) setzt voraus, dass das mitteilungspflichtige Unternehmen, ein von diesem abhängiges Unternehmen oder ein anderer, der für Rechnung dieser beiden Unternehmen handelt,[30] einen wirksamen Anspruch auf Übereignung der Aktien hat, wobei vor allem an Geschäftsbesorgungs- oder Treuhandverhältnisse zu denken ist. Gleich stehen dingliche Anwartschaften aufgrund von Optionen oder bindenden Angeboten, um sonst naheliegenden Umgehungsmöglichkeiten zu begegnen.[31] Der zweite Fall (§ 20 Abs. 2 Nr. 2 AktG) greift ein, wenn das Unternehmen, um dessen Mitteilungspflicht es geht, sowie ihm zuzurechnende andere Unternehmen oder Personen zur Abnahme von Aktien verpflichtet sind, wobei das Gesetz einseitige Abnahmepflichten im Auge hat, denen kein Übereignungsanspruch des Mitteilungspflichtigen korrespondiert (sonst bereits Nr. 1 des § 20 Abs. 2 AktG). Beispiele sind die unechten Pensionsgeschäfte des § 340 b Abs. 3 HGB oder bindende öffentliche Übernahmeangebote.[32]

c) § 20 Abs. 3 AktG

Um wechselseitige Beteiligungen aufdecken zu können, ordnet § 20 Abs. 3 AktG eine **19** Mitteilungspflicht ferner dann an, wenn einer Kapitalgesellschaft bereits ohne die Hinzurechnung von Aktien auf Grund des § 20 Abs. 2 AktG (→ Rn. 18) mehr als 25 % der Anteile einer inländischen AG gehören. Der Grund für diese Regelung ist darin zu sehen, dass die besonderen Hinzurechnungen nach § 20 Abs. 2 AktG – anders als die auf Grund des § 16 Abs. 4 AktG – in dem Tatbestand der wechselseitigen

---

[27] OLG Köln NZG 2009, 830 (831); OLG Hamm AG 2009, 876; LG München I AG 2009, 632 (635); *Burgard* FS U. Schneider, 2011, 177 (184); *Merkner* AG 2012, 199 (201); *M. Klein/Theusinger* NZG 2009, 250; *Segna* AG 2008, 311 (312 f.); zT abw. *Heppe* WM 2002, 60 (63 ff.); *St. Widder* NZG 2004, 275.

[28] *Priester* AG 1994, 212; *Diekmann* DZWiR 1994, 13 (15).

[29] BGHZ 167, 204 Rn. 13 – Mitteldeutsche Leasing AG.

[30] Zum Begriff „für Rechnung"→ § 3 Rn. 4.

[31] BGHZ 202, 180 (194 ff.) Rn. 40 – Postbank; KG WM 1990, 1546; LG Hannover AG 1993, 187 (188 f.); *Burgard* Offenlegung S. 50; *Hüffer/Koch/Koch* AktG § 20 Rn. 3.

[32] *Diekmann* DZWiR 1994, 13 (14); *Witt* Übernahmen S. 181 ff.

Beteiligungen nach § 19 Abs. 1 AktG keine Entsprechung finden. Zu beachten ist, dass eine Mitteilung nach § 20 Abs. 3 AktG immer zugleich eine solche nach § 20 Abs. 1 S. 1 AktG enthält – und dass bei einem Verstoß gegen § 20 Abs. 3 AktG stets zugleich § 20 Abs. 1 AktG verletzt ist. Das ist wichtig einmal im Hinblick auf die Bekanntmachungspflicht, zum anderen hinsichtlich der Sanktion in Gestalt der Ausübungssperre, weil sich § 20 Abs. 6, 7 AktG allein auf § 20 Abs. 1 AktG bezieht, nicht dagegen auch auf Abs. 3 des § 20 AktG (iE str.).

2. Erwerb einer Mehrheitsbeteiligung (§ 20 Abs. 4 AktG)

20 Eine Mitteilungspflicht ist in § 20 Abs. 4 AktG außerdem für den Fall des Erwerbs einer Mehrheitsbeteiligung iSd § 16 AktG vorgesehen, so dass hier (anders als bei § 20 Abs. 1 AktG) gleichermaßen eine Kapital- wie eine Stimmenmehrheit mitteilungspflichtig ist. Obwohl das Gesetz dabei seinem Wortlaut nach nur auf § 16 Abs. 1 AktG verweist, ist doch anzunehmen, dass damit der ganze § 16 AktG in Bezug genommen werden sollte, so dass die Zurechnungsvorschrift des § 16 Abs. 4 AktG im vorliegenden Zusammenhang ebenfalls anzuwenden ist.[33] Mitzuteilen ist in diesem Fall allein das Bestehen der Mehrheitsbeteiligung, nicht dagegen deren Art und Höhe, außer wenn Anteils- und Stimmenmehrheit ausnahmsweise auseinanderfallen (iE str.).

20a Betrachtet man die Regelung der verschiedenen Mitteilungspflichten aus § 20 Abs. 1, 4 AktG (unter Vernachlässigung von Einzelheiten) im Zusammenhang, so zeigt sich, dass die (seinerzeit so gefürchtete) Pflicht zur Offenlegung des Beteiligungsbesitzes tatsächlich allein bei Begründung einer Schachtelbeteiligung sowie bei Erwerb einer Mehrheitsbeteiligung besteht, während die weitere Aufstockung einer Beteiligung zwischen den Schwellenwerten von 25 % und 50 % ebenso wenig mitteilungspflichtig ist wie die weitere Aufstockung einer Mehrheitsbeteiligung von 50 % bis zur Grenze von 100 %. Vor allem hieran werden die fundamentalen Unterschiede zwischen den Mitteilungspflichten nach den §§ 20, 21 AktG und den kapitalmarktrechtlichen Mitteilungspflichten des § 33 Abs. 1 WpHG deutlich, die bei jeder Überschreitung oder Unterschreitung der Schwellenwerte von 3 %, 5 %, 10 %, 15 %, 20 %, 25 %, 30 %, 50 % und 75 % eingreifen.

3. Beendigung der Beteiligung (§ 20 Abs. 5 AktG)

21 Endet eine mitteilungspflichtige Beteiligung, so löst dies gleichfalls eine Mitteilungspflicht aus (§ 20 Abs. 5 AktG). Diese Mitteilungspflicht ist unabhängig von der vorausgegangen Mitteilung der Beteiligung selbst, da ein Interesse der Gesellschaft und der Öffentlichkeit an der Information über derartige Dekonzentrationsvorgänge selbst dann anzuerkennen ist, wenn sie zuvor über den korrespondierenden Konzentrationsvorgang, den Erwerb der fraglichen Beteiligung, nicht ordnungsgemäß informiert wurden.[34] Auf den Wegfall anderer Voraussetzungen der Mitteilungspflichten, zB auf den Verlust der Unternehmenseigenschaft des Eigentümers der Aktien, ist die Vorschrift nicht, auch nicht entsprechend anwendbar.[35]

---

[33] MüKoAktG/*Bayer* AktG § 20 Rn. 26; *Burgard* Offenlegung S. 51 f.; Hüffer/Koch/*Koch* AktG § 20 Rn. 4.

[34] *Burgard* Offenlegung S. 52 f.; anders Hüffer/Koch/*Koch* AktG § 20 Rn. 5; *Diekmann* DZWiR 1994, 13 (14).

[35] Spindler/Stilz/*Petersen* AktG § 20 Rn. 20.

4. Mitteilungspflichten der AG (§ 21 AktG)

Während § 20 AktG die Mitteilungspflichten beliebiger Unternehmen hinsichtlich **22** ihrer Beteiligungen an einer deutschen AG (oder KGaA) regelt, betrifft die Vorschrift des § 21 AktG den gleichsam „umgekehrten" Fall der Mitteilungspflicht einer AG (oder KGaA, § 278 Abs. 3 AktG) in Bezug auf ihre Schachtelbeteiligungen an anderen Kapitalgesellschaften wie zB einer GmbH (§ 21 Abs. 1 AktG) sowie hinsichtlich ihrer Mehrheitsbeteiligungen an beliebigen Unternehmen, also auch an Personengesellschaften (§ 21 Abs. 2 AktG). Ist wie häufig eine AG an einer anderen AG beteiligt (mit der Folge, dass die §§ 20, 21 AktG zusammentreffen), so hat die strengere Vorschrift des § 20 AktG den Vorrang vor § 21 AktG (→ Rn. 1). Die Folge ist, dass die praktische Bedeutung des § 21 AktG ganz gering geblieben ist.

Mitteilungspflichtig ist zunächst eine 25% übersteigende Kapitalbeteiligung einer AG **22a** oder KGaA an einer anderen Kapitalgesellschaft (§ 21 Abs. 1 AktG) sowie eine Mehrheitsbeteiligung iSd § 16 AktG an einem beliebigen Unternehmen, auch wenn es als Personengesellschaft betrieben wird (§ 21 Abs. 3 AktG), wobei in beiden Fällen die Zurechnungsvorschrift des § 16 Abs. 4 AktG zu beachten ist. Mitteilungspflichtig ist außerdem auch hier die Beendigung einer derartigen Beteiligung (§ 21 Abs. 4 AktG). Hervorzuheben ist die Beschränkung der Mitteilungspflicht auf deutsche Gesellschaften, die, obwohl das Gesetz dazu schweigt, daraus zu folgern ist, dass ausländische Gesellschaften nicht dem AktG unterliegen (str.). Die Pflicht zur Mitteilung von Mehrheitsbeteiligungen (Abs. 2 des § 21 AktG) beschränkt sich gleichfalls auf Beteiligungen an deutschen Gesellschaften (wie es Abs. 1 des § 21 [nur] für Schachtelbeteiligungen ausdrücklich vorsieht).[36]

V. Mitteilung

Die §§ 20, 21 AktG begründen verschiedene „Mitteilungspflichten" von Unternehmen gegenüber anderen Unternehmen einschließlich jeweils der AG (oder KGaA),[37] **23** bei denen es sich freilich der Sache nach wohl eher um bloße Obliegenheiten handelt, wie aus der Regelung der Sanktionen in § 20 Abs. 7 AktG und § 21 Abs. 4 AktG zu folgern ist.[38] Die Regelung ist zwingend, so dass die Mitteilung selbst dann nicht entbehrlich ist, wenn der Gesellschaft die Beteiligung schon aus anderen Quellen bekannt ist.[39] Die Mitteilungspflicht trifft aus demselben Grund auch einen Alleinaktionär.[40]

Die Mitteilung ist eine rechtsgeschäftsähnliche Handlung,[41] so dass die Mittei- **23a** lungspflicht erst mit Zugang der ordnungsmäßigen Mitteilung bei der Beteiligungsgesellschaft erfüllt ist (§§ 130, 362 BGB; → Rn. 33 f.). Vertretung ist möglich (§ 164 BGB).[42] Für die Mitteilung schreibt § 20 Abs. 1 S. 1 Schriftform vor

---

[36] IE umstr., Emmerich/Habersack Aktien-/GmbH-KonzernR/*Emmerich* AktG § 21 Rn. 8; *Grimm/Wenzel* AG 2012, 274 ff.

[37] S. die Überschriften der §§ 20 21 AktG.

[38] OLG Stuttgart AG 2009, 124 (128); *Mülbert* FS K. Schmidt, 2009, 1219 (1223 f.); Spindler/Stilz/*Petersen* AktG Vor § 20 Rn. 21 f.; K. Schmidt/Lutter/*Veil* AktG § 20 Rn. 7 f.

[39] BGHZ 114, 203 (213 f.); 167, 204 Rn. 13; BGH NZG 2016, 1182; OLG Schleswig AG 2006, 120 (122); ZIP 2007, 2214 (2215 f.); LG Düsseldorf ZIP 2010, 1129 (1131).

[40] BGH NZG 2016, 1182; OLG München ZIP 2011, 2199; OLG Köln Konzern 2004, 30; *Hägele* NZG 2000, 726 (729).

[41] Str., anders (bloße Wissenserklärung) zB Spindler/Stilz/*Petersen* AktG Vor § 20 Rn. 29.

[42] S. *Happ* FS K. Schmidt, 2009, 545 (552 f.); Spindler/Stilz/*Petersen* AktG § 20 Rn. 23.

(§ 126 BGB),[43] so dass eine mündliche Mitteilung unwirksam ist (§ 125 BGB), während die elektronische Form wohl ausreicht (§ 126 Abs. 3 BGB, § 126a BGB[44]). Außerdem muss die Mitteilung gemäß § 20 Abs. 1 S. 1 AktG unverzüglich, dh ohne schuldhaftes Zögern, (erst) nach Entstehung der Mitteilungspflicht durch Verwirklichung eines der Tatbestände der §§ 20 und 21 (nicht vorher) vorgenommen werden (§§ 121, 276 BGB).[45] Aus verschiedenen Vorschriften ist zu folgern, dass die Frist für eine unverzügliche Mitteilung höchstens eine Woche beträgt (s. § 35 Abs. 1 S. 1 WpÜG; § 33 Abs. 1 S. 1 WpHG). Eine weitere Verzögerung der Mitteilung nach Entstehung der Mitteilungspflicht ist nur unschädlich, wenn das mitteilungspflichtige Unternehmen nicht schuldhaft gehandelt hat, etwa, weil es sich in einem entschuldbaren Irrtum über seine Mitteilungspflicht befand.[46]

24 Der Inhalt der Mitteilung richtet sich nach den die Mitteilungspflicht auslösenden Tatbeständen der §§ 20, 21 AktG unter Berücksichtigung des Umstandes, dass die Gesellschaft nach § 20 Abs. 6 S. 1 AktG zur unverzüglichen Bekanntmachung der Mitteilung in den Gesellschaftsblättern verpflichtet ist (→ Rn. 25 f.). Daraus folgt, dass jeweils die Merkmale des betreffenden Tatbestandes einschließlich der Personen mitzuteilen sind, denen die Beteiligung gehört oder der sie nach § 16 Abs. 4 AktG zugerechnet wird. Auf den Tatbestand der Zurechnung von Aktien muss jedenfalls dann gesondert hingewiesen werden, wenn erst durch solche Zurechnung die Mitteilungspflicht ausgelöst wird.[47] Die Mitteilung muss ferner so umfassend und eindeutig sein, dass die Gesellschaft sie anschließend ohne weitere Aufklärung oder Korrekturen unverzüglich nach § 20 Abs. 6 S. 1 AktG bekannt machen kann, so dass eher beiläufige Hinweise auf eine an sich mitteilungspflichtige Beteiligung in Schreiben an die Gesellschaft mit ganz anderer Zielsetzung nicht ausreichen.[48] Nicht mitteilungspflichtig sind dagegen die genaue Höhe, der Grund und der Zeitpunkt des Erwerbs der Beteiligung.

VI. Bekanntmachung

25 In den Fällen des § 20 Abs. 1, 4 und 5 AktG (→ Rn. 16, 20, 21) ist das Bestehen der mitgeteilten Beteiligung sowie deren Beendigung von der Gesellschaft, an der die Beteiligung besteht und an die infolgedessen die Mitteilung (→ Rn. 23 f.) gerichtet wurde, nach § 20 Abs. 6 S. 1 AktG unverzüglich in den Gesellschaftsblättern (s. § 25 AktG) bekannt zu machen, um auch die Aktionäre ebenso wie die Öffentlichkeit über die Beteiligungsverhältnisse zu unterrichten (ebenso § 40 WpHG; → Rn. 1). Aus denselben Gründen ist das Bestehen einer wechselseitigen Beteiligung oder einer nach § 20 Abs. 1, 4 AktG mitgeteilten Beteiligung ferner im Anhang des Jahresabschlusses anzugeben (§ 160 Abs. 1 Nr. 7, 8 AktG). Ohne ordnungsmäßige Mitteilung der Beteiligung entsprechend § 20 AktG (→ Rn. 23 ff.) besteht keine Bekannt-

---

[43] Wegen der Einzelheiten s. Emmerich/Habersack Aktien-/GmbH-KonzernR/*Emmerich* AktG § 20 Rn. 30–34.

[44] OLG Schleswig ZIP 2007, 2214 (2215).

[45] BGH NZG 2016, 1182; KG WM 1990, 1546; *Burgard* Offenlegung S. 55 f.

[46] OLG Frankfurt a. M. AG 2006, 798 (800), str., → Rn. 30.

[47] BGH NJW 2000, 3647; iE str., anders z. B. OLG München AG 2019, 266 (267 f.).

[48] BGHZ 114, 203 (215); BGH NJW 2000, 3647; KG AG 1999, 126; NZG 2000, 42; OLG Dresden AG 2005, 247 – IIL/MDL; OLG München AG 2010, 842 (843); 2012, 45 (47); OLG Düsseldorf AG 2010, 711 (713); *Burgard* WM 2012, 1937; *Hägele* NZG 2000, 726 (728); iE str.

machungspflicht der Gesellschaft, auch dann nicht, wenn ihr die fragliche Beteiligung aus anderen Quellen bekannt ist.[49] In der Bekanntmachung ist das beteiligte Unternehmen, nicht jedoch die Beteiligungshöhe zu bezeichnen (§ 20 Abs. 6 S. 1 Hs. 2 AktG). Ein Verstoß gegen die Bekanntmachungspflicht aus § 20 Abs. 6 AktG löst nicht die Rechtsfolgen des § 20 Abs. 7 AktG aus.

Wenn der Vorstand konkrete Anhaltspunkte dafür hat, dass ein Aktionär eine Mittei- 26
lungspflicht aufgrund der §§ 20, 21 AktG verletzt, muss er sich um die Aufklärung des Sachverhaltes bemühen, da er nach § 93 Abs. 1 S. 1 AktG verpflichtet ist, den betreffenden Aktionär gegebenenfalls an der Ausübung seiner Rechte unter Verstoß gegen § 20 Abs. 7 AktG zu hindern (→ Rn. 32).[50] Der betroffene Aktionär ist jedoch nicht zur Mitwirkung durch Aufklärung des Sachverhalts verpflichtet.[51] Will er freilich die Anwendung des § 20 Abs. 7 AktG auf ihn verhindern, so ist es nunmehr seine Sache, darzulegen, dass er seiner Mitteilungspflicht nachgekommen ist oder dass ihn überhaupt keine Mitteilungspflicht trifft (§ 363 BGB).[52]

VII. Sanktionen

1. Voraussetzungen

Nach § 20 Abs. 7 S. 1 AktG „bestehen" Rechte aus Aktien, die einem nach § 20 27
Abs. 1, 4 AktG mitteilungspflichtigen Unternehmen gehören, für die Zeit, für die das Unternehmen die Mitteilungspflicht nicht oder nicht ordnungsgemäß erfüllt, weder für dieses Unternehmen selbst noch für ein von ihm abhängiges Unternehmen oder für einen anderen, der für Rechnung dieser Unternehmen handelt. Eine Ausnahme gilt jedoch gem. S. 2 der Vorschrift für Ansprüche nach § 58 Abs. 4 AktG auf Dividenden und nach § 271 AktG auf den Liquidationserlös, vorausgesetzt, dass die Mitteilung nicht vorsätzlich unterlassen wurde und (rechtzeitig) nachgeholt wurde. Vergleichbare Regelungen finden sich in § 21 Abs. 4 AktG und in § 44 WpHG sowie in § 59 WpÜG (→ Rn. 28). Ergänzend zu beachten sind die Strafvorschriften des § 405 Abs. 3 Nr. 3 AktG und des § 120 Abs. 2 Nr. 2 Buchst. d WpHG. Weitere Sanktionen für die Verletzung von Mitteilungspflichten können sich von Fall zu Fall aus § 328 AktG ergeben (dazu → § 5 Rn. 15, 24 ff.).

Besondere praktische Bedeutung hat neben § 20 Abs. 7 AktG die Vorschrift des § 44 28
WpHG, die im Kern mit § 20 Abs. 7 AktG übereinstimmt, so dass beide Vorschriften in Literatur und Rechtsprechung auch im Wesentlichen gleich interpretiert werden.[53] Zu beachten bleibt jedoch, dass durch das Risikobegrenzungsgesetz von 2008 mit Wirkung vom 1.3.2009 ab in § 44 Abs. 1 S. 3 WpHG erstmals eine zusätzliche Sperrfrist von sechs Monaten für die Stimmrechtsausübung bei vorsätzlichen oder grobfahrlässigen Verstößen gegen die Mitteilungspflicht eingeführt wurde (sog. verlängerter Rechtsverlust). Das gilt gleichermaßen bei Unterlassung einer gebotenen Mitteilung wie bei unrichtiger Erfüllung der Mitteilungspflicht, sofern die Differenz 10% oder mehr beträgt (§ 44 Abs. 1 S. 4 WpHG). Die Sperrfrist beginnt mit der Nachholung der Mitteilung und soll verhindern, dass Mitteilungspflichtige ihrer Mitteilungspflicht

---

[49] BGHZ 114, 203 (215); 167, 204 Rn. 13 – Mitteldeutsche Leasing AG.
[50] Spindler/Stilz/*Petersen* AktG § 20 Rn. 30.
[51] OLG Stuttgart AG 2009, 124 (128 f.).
[52] S. iE OLG Stuttgart AG 2009, 124 (128 f.); str.
[53] ZB *Riegger/Wasmann* FS Hüffer, 2010, 823 (829 f.).

erst unmittelbar vor oder noch in der Hauptversammlung nachkommen.[54] Der Gesetzgeber wollte damit insbes. dem unbemerkten „Heranschleichen" so genannter Finanzinvestoren an deutsche Gesellschaften nach Möglichkeit einen Riegel vorschieben (→ Rn. 7).[55]

29 § 20 Abs. 7 AktG hat ebenso wie § 21 Abs. 4 AktG und § 44 WpHG in erster Linie diejenigen Aktien im Auge, die dem mitteilungspflichtigen Unternehmen selbst gehören, dh in dessen **Eigentum** stehen (→ Rn. 14). In Konzernzusammenhängen reicht der Rechtsverlust unter bestimmten Voraussetzungen jedoch noch wesentlich weiter, da nach § 20 Abs. 7 S. 1 die Rechte aus den Aktien auch für ein von dem mitteilungspflichtigen Unternehmen abhängiges Unternehmen sowie für einen anderen erlöschen, der für Rechnung eines der beiden Unternehmen handelt (sog. **konzernweiter Rechtsverlust**). Dies bedeutet der Sache nach, dass die Sanktionen auch Unternehmen, die von dem mitteilungspflichtigen Unternehmen abhängig sind, sowie diejenigen Dritten treffen, die für Rechnung eines dieser Unternehmen handeln, so dass die Genannten unter den Voraussetzungen des § 20 Abs. 7 S. 1 AktG ebenfalls keine Rechte aus ihren Aktien mehr herleiten können, und zwar selbst dann nicht, wenn sie selbst ihrer Mitteilungspflicht aufgrund der §§ 20, 21 AktG nachgekommen sind.[56] Dasselbe gilt zB für das Verhältnis zwischen Treuhändern und Treugebern.[57] Alle genannten Dritten können folglich bei einem Verstoß des mitteilungspflichtigen Unternehmens gegen seine Mitteilungspflicht aus ihren (eigenen) Aktien ebenfalls keine Rechte mehr ausüben, Diese rigorose Regelung wird im Schrifttum neuerdings vielfach als unverhältnismäßig **kritisiert**.[58] Deutlich wird die Problematik vor allem, wenn an der von dem konzernweiten Rechtsverlust betroffenen abhängigen Gesellschaft noch außenstehende Aktionäre beteiligt sind, die durch die gesetzliche Regelung ohne ihr Zutun und ohne Möglichkeit der Gegenwehr mit in die Konzernverantwortung einbezogen werden. Ob daraus gegebenenfalls eine Einschränkung des konzernweiten Rechtsverlusts gefolgert werden kann, ist offen. Auf keinen Fall aber dürfen – über den Wortlaut des Gesetzes hinaus – auch Aktien, die dem mitteilungspflichtigen Unternehmen lediglich nach § 20 Abs. 2 AktG für die Zwecke der Mitteilungspflicht zugerechnet werden, in die Sanktionen des § 20 Abs. 7 AktG einbezogen werden.[59] Die gegenteilige Auffassung[60] führte zu sachlich nicht mehr vertretbaren Eingriffen in das Eigentum Dritter an den zugerechneten Aktien (Art. 14 Abs. 1 GG).

30 Außerdem ist anzunehmen, dass wegen der Schwere der Eingriffe in die Rechte der Aktionäre, die mit den Sanktionen des § 20 Abs. 7 AktG und des § 21 Abs. 4 AktG ebenso wie mit denen des § 44 WpHG verbunden sind, eine Anwendung der genannten Vorschriften nur in Betracht kommt, wenn der Mitteilungspflichtige **schuldhaft**

---

[54] S. dazu *Korff* AG 2008, 692 (697 f.); *Zimmermann* ZIP 2009, 57 (62 f.).
[55] *Riegger/Wasmann* FS Hüffer, 2010, 823 (837 f.).
[56] BGH NZG 2018, 1182; OLG Stuttgart NZG 2005, 232; OLG Schleswig AG 2006, 120 (122); *Schneider/Schneider* ZIP 2006, 493 (497); *Vetter,* Zum Begriff „für Rechnung", 1995, S. 121, 154 ff.; s. Emmerich/Habersack Aktien-/GmbH-KonzernR/*Emmerich* AktG § 20 Rn. 43 f.; *R. Wolframm* Mitteilungspflichten S. 153, 141 ff.
[57] OLG Schleswig AG 2006, 120 (122).
[58] So insbes. *Cahn* Konzern 2017, 217 (221 f.); *Habersack* AG 2018, 133; *Klöhn/Parkhofen* NZG 2017, 321.
[59] *Arends* Offenlegung S. 18 mN; str.
[60] *Burgard* Offenlegung 56 f.

gegen seine Mitteilungspflicht verstoßen hat.[61] Dafür spricht auch, dass 20 Abs. 1 S. 1, Abs. 4 AktG ausdrücklich verlangt, dass die Mitteilungspflicht „unverzüglich", dh ohne schuldhaftes Zögern, zu erfüllen ist (§§ 121, 276 BGB), so dass für die strengen Sanktionen der § 20 Abs. 7 AktG und § 21 Abs. 4 AktG sowie des § 44 WpHG kein Raum ist, wenn den Mitteilungspflichtigen ausnahmsweise an dem Verstoß gegen die Mitteilungspflicht keine Schuld trifft, etwa, weil er sich in einem entschuldbaren Rechtsirrtum befand.[62] Für die Zurechnung des Verhaltens Dritter gelten die §§ 31, 831 BGB.[63]

2. Rechtsverlust, Überblick

Unter den genannten Voraussetzungen (→ Rn. 27–30) bestehen für die Zeit des Ver- **31** stoßes gegen die verschiedenen Mitteilungspflichten aufgrund der §§ 20, 21 AktG nach § 20 Abs. 7 S. 1 AktG und § 21 Abs. 4 S. 1 AktG keine Rechte aus den betroffenen Aktien. Dasselbe gilt grds. bei Verstößen gegen die kapitalmarktrechtlichen Mitteilungspflichten aus den §§ 33f. WpHG (§ 44 Abs. 1 S. 1 WpHG). Der Rechtsverlust erfasst in allen genannten Fällen gleichermaßen die **Mitverwaltungs-** wie die **Vermögensrechte** des mitteilungspflichtigen Aktionärs (sowie der ihm zugerechneten Personen, → Rn. 29) einschließlich insbes. des Rechts auf Teilnahme an der Hauptversammlung, des Stimmrechts (→ Rn. 32), des Anspruchs auf Dividenden (→ Rn. 33), des Auskunftsrechts, des Anfechtungsrechts, der verschiedenen Minderheitenrechte, des Bezugsrechts bei Kapitalerhöhungen (→ Rn. 35) sowie des Anspruchs auf den Liquidationserlös.[64] Alle diese Rechte erlöschen folglich, freilich nur „für die Zeit, für die das Unternehmen die Mitteilungspflicht nicht erfüllt" (§ 20 Abs. 7 S. 1 AktG und § 21 Abs. 4 S. 1 AktG; § 44 Abs. 1 S. 1 WpHG), so dass bei einer **rechtzeitigen Nachholung** der Mitteilung die Rechte erhalten bleiben. Das kann im Falle der Ausübung des Stimmrechts noch in der Hauptversammlung unmittelbar vor der Beschlussfassung geschehen, und zwar selbst dann, wenn der Aktionär zuvor über Jahre hinweg seiner Mitteilungspflicht nicht nachgekommen war.[65]

Eine **Ausnahme** gilt auf der einen Seite für das Stimmrecht bei einem Verstoß gegen **31a** die kapitalmarktrechtlichen Mitteilungspflichten aufgrund des verlängerten Rechtsverlusts nach § 44 Abs. 1 S. 3 WpHG und auf der anderen Seite bei allen Mitteilungspflichten für die Rechte der Aktionäre aus den § 58 Abs. 4 AktG und § 271 AktG (§ 20 Abs. 7 S. 2 AktG und § 21 Abs. 4 S. 2 AktG; § 44 Abs. 1 S. 2 WpHG, → Rn. 33f.). Zu beachten ist, dass der Aktionär – trotz der Verletzung der verschiedenen Mitteilungspflichten – Aktionär, dh Gesellschafter bleibt, dass mit anderen Worten die Substanz seines Rechts durch den Verstoß gegen die Mitteilungspflichten nicht betroffen wird, so dass er zB weiter über seine Aktien verfügen kann. Aus demselben Grund bleiben (entgegen der hM) **Ausgleichs- und Abfindungsansprüche** aufgrund der §§ 304, 305 AktG von einem Verstoß gegen die Mitteilungspflicht unberührt, zumal sich diese Ansprüche ohnehin nicht gegen die Gesellschaft richten (an der der mit-

---

[61] LG Köln AG 2008, 336 (337); *U. Schneider/Brouwer* FS Priester, 2007, 713 (724f.); str., anders *Hägele* NZG 2000, 726 (727); offengelassen in KG WM 1990, 1546; LG Berlin AG 1998, 195 (196f.).

[62] → Rn. 23; BGH NZG 2018, 1182; OLG München NZG 2009, 1336 (1338); *Merkner* AG 2012, 199 (204); *Riegger/Wasmann* FS Hüffer, 2011, 823 (835).

[63] Emmerich/Habersack Aktien-/GmbH-KonzernR/*Emmerich* AktG § 20 Rn. 46; *Riegger/Wasmann* FS Hüffer, 2011, 823 (835).

[64] Ausf. *Schneider/Schneider* ZIP 2006, 493 (494ff.).

[65] OLG Düsseldorf AG 2010, 710 (711).

teilungspflichtige Aktionär beteiligt ist), sondern gegen das herrschende Unternehmen.[66] Außerdem müssen die anderen Aktionäre ebenso wie die Gesellschaft gegenüber den mitteilungspflichtigen Aktionären weiterhin die Treuepflicht beachten.[67]

3. Stimmrecht

32 Aktionären, deren Aktien von der Ausübungssperre aufgrund des § 20 Abs. 7 AktG (sowie der weiteren vergleichbaren Vorschriften) betroffen sind, kann die **Teilnahme** an der Hauptversammlung verwehrt werden.[68] In der Hauptversammlung haben sie weder das **Rede-** noch das **Fragerecht**. Ebenso wenig können sie Widerspruch gegen Beschlüsse der Hauptversammlung einlegen. Ihr Stimmrecht (sowie gegebenenfalls das Dritter, → Rn. 29, 31) aus den betroffenen Aktien **erlischt** endgültig, sofern die Mitteilung nicht ordnungsgemäß, insbes. schriftlich, spätestens bis zu der fraglichen Abstimmung in der Hauptversammlung, notfalls gegenüber dem anwesenden Vorstand, nachgeholt wird (§ 20 Abs. 7 S. 1 AktG, § 21 Abs. 4 S. 1 AktG, § 78 Abs. 1 AktG; § 44 Abs. 1 S. 1 WpHG). Geschieht dies nicht, so dürfen die Aktien des betreffenden Aktionärs und der anderen betroffenen Personen bei der Berechnung der Kapital- und Stimmenmehrheit **nicht mitgerechnet** werden. Aus diesem Grund ist der Vorstand verpflichtet, auf die Einhaltung dieser Verbote zu achten (§ 20 Abs. 7 AktG, §§ 76 f. AktG, § 93 AktG, → Rn. 26). Bei erheblichen Indizien für Verstöße gegen eine der Mitteilungspflichten kommen sogar Auskunftsansprüche der Gesellschaft gegen den betreffenden Aktionär in Betracht.[69] Der Vorstand muss somit tätig werden, wenn berechtigte Zweifel bestehen, ob ein Aktionär noch zur Ausübung von Verwaltungs- oder Vermögensrechten befugt ist (§ 20 Abs. 7 AktG, § 21 Abs. 4 AktG; § 44 WpHG; → Rn. 26). Dieselbe Pflicht zur Überwachung der verschiedenen Ausübungssperren hat – neben dem Vorstand – der **Leiter der Hauptversammlung,** meistens der Vorsitzende des Aufsichtsrates.[70] Hat er Zweifel an der Teilnahmeberechtigung eines Aktionärs, so muss er einen Nachweis der Erfüllung der Mitteilungspflicht verlangen (§ 22 AktG). Ohne solchen Nachweis darf er in diesem Fall dem Aktionär die Teilnahme nicht gestatten.

32a Nimmt ein Aktionär unter Verstoß gegen § 20 Abs. 7 S. 1 sowie der gleichstehenden anderen Vorschriften an der Abstimmung teil, so ist der Beschluss, sofern er auf der Stimmabgabe beruht, zwar nicht nichtig, wohl aber **anfechtbar** (§ 243 Abs. 1 AktG).[71] Eine spätere Nachholung der Mitteilung ist hier nicht mehr möglich. Die **Beweislast für** die Voraussetzungen des § 20 Abs. 7 AktG trägt im Anfechtungsprozess der Kläger, der sich darauf beruft, dass an dem fraglichen Beschluss ein Aktionär mitgewirkt hat, der von einer Ausübungssperre betroffen war, vorausgesetzt, dass die Stimmabgabe dieses Aktionärs für den Beschluss kausal war.[72] Die Gesellschaft trifft lediglich dann eine sekundäre Darlegungslast hinsichtlich der Erfüllung der Mitteilungspflichten durch andere Aktionäre, wenn der Kläger substantielle Anhaltspunkte

---

[66] *Habersack* FS Säcker, 2011, 355 (357 ff.); *Merkner* AG 2012, 199 (202); auch → § 21 Rn. 13.
[67] BGH NJW 2009, 2458, str.
[68] BGH NJW 2019, 219.
[69] LG Heidelberg AG 2016, 257.
[70] *Happ* FS K. Schmidt, 2009, 545 (558).
[71] BGHZ 167, 204 (213); OLG Stuttgart NZG 2005, 432; OLG Schleswig AG 2006, 120 (121 f.); KG AG 1999, 126; NZG 2000, 42; OLG Düsseldorf AG 2010, 330; 2010, 771; *Schneider/Schneider* ZIP 2006, 493 (498); früher str.
[72] BGH AG 2016, 786 (789 Rn. 43) = NZG 2016, 1182.

für eine Verletzung von Mitteilungspflichten durch bestimmte andere Aktionäre vorträgt.[73] Außerdem kommt im Falle der Nachholung der Mitteilung eine Bestätigung des Beschlusses gem. § 244 AktG in Betracht.[74]

4. Dividendenanspruch

Besonderheiten gelten nach den § 20 Abs. 7 S. 2 AktG und § 21 Abs. 4 S. 2 AktG sowie nach § 44 Abs. 1 S. 2 WpHG für den Dividendenanspruch des mitteilungspflichtigen Aktionärs aus § 58 Abs. 4 AktG.[75] Die komplizierte Regelung kann man nur verstehen, wenn man sich vergegenwärtigt, dass der Dividendenanspruch eines Aktionärs als selbstständiges Forderungsrecht gegen die Gesellschaft erst mit der Fassung des Gewinnverwendungsbeschlusses durch die Hauptversammlung entsteht (§ 58 Abs. 4 AktG, § 174 AktG). Bis zu diesem Zeitpunkt kann sich der Aktionär mithin durch die (schriftliche) Nachholung der Mitteilung, notfalls noch in der Hauptversammlung gegenüber dem Vorstand (§ 78 Abs. 1 AktG) seinen Dividendenanspruch erhalten. Nur wenn der Aktionär auch dies versäumt, greift die genannte Sonderregelung ein, nach der sich der Aktionär seinen Dividendenanspruch ausnahmsweise sogar noch nach der Hauptversammlung dadurch sichern kann, dass er die **Mitteilung nachholt,** vorausgesetzt, dass er nicht vorsätzlich, sondern höchstens fahrlässig gegen seine Mitteilungspflicht verstoßen hatte. In diesem Fall erlischt folglich der Dividendenanspruch nicht, sondern *ruht* lediglich bis zur (unverzüglichen) Nachholung der Mitteilung. Dies gilt so lange, bis der Anspruch auf die Dividende verjährt ist. **33**

Die Rechtslage gestaltet sich folglich unterschiedlich je nachdem, ob der mitteilungspflichtige Aktionär vorsätzlich oder höchstens fahrlässig gehandelt hat, wobei von dem zivilrechtlichen, nicht etwa von dem strafrechtlichen **Vorsatzbegriff** auszugehen ist, mit der wichtigen Konsequenz, dass der Vorsatz bei einem fahrlässigen Rechtsirrtum entsprechend der im Zivilrecht maßgebenden Vorsatztheorie entfällt.[76] Hatte der Aktionär **vorsätzlich** gehandelt, so erlischt der Dividendenanspruch endgültig. Zu Unrecht bezogene Dividenden muss er in diesem Fall der Gesellschaft erstatten (§ 62 Abs. 1 S. 2 AktG), so dass die fraglichen Beträge als außerordentliche Erträge zu verbuchen und in den nächsten Jahresüberschuss einzustellen sind.[77] Anders verhält es sich dagegen, wenn den Aktionär an dem Verstoß gegen die Mitteilungspflicht kein Verschulden trifft oder wenn er höchstens **fahrlässig** gehandelt hat, wofür ihn im Streitfall freilich die Beweislast trifft.[78] Gelingt ihm der Beweis, so bleibt ihm sein Dividendenanspruch erhalten, sofern er nach Erkenntnis seiner Mitteilungspflicht unverzüglich die nötige Mitteilung nachholt. Im Falle der Zurechnung von Aktien nach den § 16 Abs. 4 AktG und § 20 Abs. 1 S. 2 AktG sowie § 20 Abs. 2 AktG ist für die Frage der Vorsätzlichkeit des Verstoßes gegen die Mitteilungspflicht auf die Person des Mittei- **34**

---

[73] OLG Stuttgart AG 2009, 124 (127 ff.); 2009, 204 (212); LG Köln AG 2008, 336 (338); *Happ* FS K. Schmidt, 2009, 545 (557 ff.); Spindler/Stilz/*Petersen* AktG § 20 Rn. 55.

[74] OLG Stuttgart NZG 2005, 432; LG Köln NZG 2009, 1150.

[75] Zu dem Anspruch auf den Liquidationserlös aus § 271 AktG Emmerich/Habersack Aktien-/GmbH-KonzernR/*Emmerich* AktG § 20 Rn. 58 f.

[76] So BGH NZG 2016, 1182; *Merkner* AG 2012, 199 (204 f.); *Mülbert* FS K. Schmidt, 2009, 1219 (1231 ff.); *Riegger* FS H. P. Westermann, 2008, 1231 (1235 ff.); *Riegger/Wasmann* FS Hüffer, 2010, 823 (837 f.); *Schneider/Schneider* ZIP 2006, 493 (499); früher sehr str.

[77] BGHZ 196, 312 (316 f.) Rn. 15 ff.; BGH NZG 2016, 1182; LG München I NZG 2009, 226 (227).

[78] BGH NZG 2016, 1182.

lungspflichtigen und nicht auf die Person des von ihm verschiedenen Eigentümers der zugerechneten Aktien abzustellen.[79]

5. Bezugsrecht

35 Zu den Rechten aus Aktien iSd § 20 Abs. 7 S. 1 AktG und § 21 Abs. 4 S. 1 AktG und aus § 44 Abs. 1 S. 1 WpHG gehört schließlich noch das Bezugsrecht auf Aktien im Falle einer Kapitalerhöhung,[80] wobei man nach hM zwischen den verschiedenen Formen von Kapitalerhöhungen unterscheiden muss: Bei einer Kapitalerhöhung gegen **Einlagen** (§ 186 Abs. 1, 5 AktG) ist maßgeblicher Zeitpunkt, bis zu dem der Aktionär spätestens seiner Mitteilungspflicht nachgekommen sein muss, um sich das Bezugsrecht zu erhalten, der der Fassung des Kapitalerhöhungsbeschlusses durch die Hauptversammlung (§ 182 AktG). Danach besteht keine Nachholungsmöglichkeit mehr; die jungen Aktien fallen vielmehr der Gesellschaft zu und sind von ihr unter Berücksichtigung des § 53a AktG zu verwerten.[81] Anders dagegen im Falle einer Kapitalerhöhung aus **Gesellschaftsmitteln** (§§ 207 ff. AktG), weil es sich dabei um einen Aspekt der von § 20 Abs. 7 AktG nicht tangierten Substanzerhaltung handelt, sodass die neuen Aktien unabhängig von der Erfüllung etwaiger Mitteilungspflichten allen Aktionären nach Maßgabe ihrer bisherigen Beteiligung zustehen.[82]

---

[79] *Schneider/Schneider* ZIP 2006, 493 (494).

[80] S. Emmerich/Habersack Aktien-/GmbH-KonzernR/*Emmerich* AktG § 20 Rn. 60 ff.; *Habersack* FS Säcker, 2011, 355; *Merkner* AG 2012, 299; *Riegger/Wasmann* FS Hüffer, 2010, 823 (833 f.).

[81] Str., offengelassen in BGHZ 114, 203 (218).

[82] *V. Arends* Offenlegung S. 24; *Hüffer* AktG § 20 Rn. 16; Spindler/Stilz/*Petersen* AktG § 20 Rn. 44; *Schneider/Schneider* ZIP 2006, 493 (495 re. Sp.); K. Schmidt/Lutter/*Veil* AktG § 20 Rn. 40; GroßkommAktG/*Windbichler* AktG § 20 Rn. 81; dagegen MüKoAktG/*Bayer* AktG § 20 Rn. 67.

2. Teil. Gruppenbildungs- und Gruppenleitungskontrolle

§ 7. Einführung

Literatur: *Behrens,* Rechtspolitische Grundsatzfragen zu einer Europäischen Regelung für Übernahmeangebote, ZGR 1975, 433; *Lutter/Timm,* Konzernrechtlicher Präventivschutz im GmbH-Recht, NJW 1982, 409; *Wiedemann,* Das Abfindungsrecht – ein gesellschaftsrechtlicher Interessenausgleich, ZGR 1978, 477.

I. Überblick

1. Die Ebene der abhängigen Gesellschaft

Die Frage einer Konzernbildungs- oder – terminologisch korrekt[1] – Gruppenbil- **1** dungskontrolle ist vor dem Hintergrund zu sehen, dass ein Konzernrecht, verstanden als bloßes Schutzrecht für bereits abhängige Gesellschaften, häufig zu kurz greift: Es gelangt erst zur Anwendung, nachdem die Gesellschaft ihre Unabhängigkeit verloren hat und einer ihrer Gesellschafter seinen anderweitigen wirtschaftlichen Interessen zum Nachteil der Gesellschaft und ihrer Außenseiter zum Durchbruch verhelfen kann. Zu einem konzernrechtlichen **Präventivschutz** besteht umso mehr Anlass, als der Erwerb einer beherrschenden Stellung[2] häufig nur den Beginn eines Prozesses bildet, an dessen Ende die Eingliederung oder gar Verschmelzung der abhängigen Gesellschaft steht.[3] So gesehen ist der Erwerb einer Mehrheitsbeteiligung, an die § 17 Abs. 2 AktG die Vermutung der Abhängigkeit knüpft, geradezu der „archimedische" Punkt einer Unternehmensverbindung,[4] der Punkt also, an dem ein Konzernrecht, das diesen Namen verdient, ansetzen muss, wenn es nicht seine Regelungsaufgabe von vornherein verfehlen will.

2. Die Ebene des herrschenden Unternehmens

Die Begründung eines Abhängigkeitsverhältnisses ist nicht nur für die Mitglieder und **2** Gläubiger der abhängigen Gesellschaft ein bedrohlicher Vorgang.[5] Das Konzernrecht, verstanden als Teildisziplin des Gesellschaftsrechts (→ § 1 Rn. 2 f.), hat vielmehr auch das herrschende Unternehmen in die Betrachtung einzubeziehen, soweit es sich bei diesem um eine Gesellschaft handelt.[6] Auch unabhängig von den auf das herrschende Unternehmen zukommenden Haftungsrisiken ist nämlich zu bedenken, dass die Ausübung der in den Anteilen der herrschenden Gesellschaft verkörperten mitgliedschaftlichen Rechte (insbes. des Stimmrechts) Sache des geschäftsführenden Organs ist; die Gruppenbildung hat mithin eine **Kompetenzverlagerung** auf der Ebene der herrschenden Gesellschaft zur Folge und erweist sich somit als probates Mittel, die Gesell-

---

[1] Es geht, wie die nachfolgenden Ausführungen zeigen, um einen Präventivschutz gegen Abhängigkeitslagen; zur Terminologie → § 1 Rn. 1 f.

[2] Ihr geht bisweilen ein öffentliches Übernahmeangebot voraus, was wiederum den sachlichen Zusammenhang zwischen Übernahme- und Konzernrecht belegt; so bereits *Behrens* ZGR 1975, 433 (440 ff.); näher dazu → § 9 a Rn. 1 ff.

[3] Näher *Lutter/Timm* NJW 1982, 409 (411 f.).

[4] So treffend *Wiedemann* ZGR 1978, 477 (487); *Lutter/Timm* NJW 1982, 409 (411); s. ferner *Mecke,* Konzernstruktur und Aktionärsentscheid, 1992, S. 55.

[5] Zu den Gefahren der Abhängigkeit → § 1 Rn. 23 ff.

[6] Was für das Eingreifen der konzernrechtlichen Vorschriften im Allgemeinen nicht erforderlich ist, → § 2 Rn. 5 ff.

schafter von der Einflussnahme auf das Vermögen der herrschenden Gesellschaft auszuschließen.[7]

3 Die für die Gesellschafter, speziell die Aktionäre, damit verbundenen Gefahren hat der II. Zivilsenat des BGH in der **„Holzmüller"-Entscheidung** vom 25.2.1982 folgendermaßen umrissen:[8]

„Verlagert eine Aktiengesellschaft wesentliche Teile ihres Betriebsvermögens auf eine Tochtergesellschaft, so schwächt diese Strukturänderung selbst dann, wenn sämtliche Anteile in den Händen der Obergesellschaft verbleiben, die Rechtsstellung ihrer Aktionäre. Diese verlieren dadurch namentlich die Möglichkeit, im Rahmen der gemäß § 119 AktG der Hauptversammlung vorbehaltenen Befugnisse den Einsatz des abgespaltenen Betriebskapitals, das Risiko seines Verlusts und die Verwendung seiner Erträge unmittelbar zu beeinflussen. Denn alle Gesellschafterrechte im Tochterunternehmen übt bei hundertprozentiger Beteiligung der Vorstand der Obergesellschaft aus, für den hierbei formal – unbeschadet seiner Verantwortlichkeit gemäß § 93 AktG – weder die Satzung der Tochtergesellschaft noch verschärfte Mehrheitserfordernisse ein unüberwindbares Hindernis bilden und der zum Beispiel auch bei der Verwendung des Jahresüberschusses praktisch keinen Beschränkungen unterliegt. Wichtige Entscheidungen werden auf diese Weise mit dem übertragenen Geschäftsvermögen aus der Ober- in die Tochtergesellschaft verlegt. Darüber hinaus besteht die Gefahr, dass der Vorstand namentlich durch Unternehmensverträge mit einem Dritten oder durch Aufnahme fremder Gesellschafter, etwa im Wege einer Kapitalerhöhung, die Mitgliedschaftsrechte der Aktionäre in der Obergesellschaft vollends aushöhlt; damit können zugleich (wie zB bei einem zu niedrigen Ausgabekurs für neue Aktien) konkrete Vermögensverluste verbunden sein."

4 Der Gefahr einer Mediatisierung und Verwässerung der mitgliedschaftlichen Teilhabe- und Vermögensrechte der Gesellschafter ist deshalb durch eine Beteiligung auch der Gesellschafter der Obergesellschaft an der **Gruppenbildung** und am **Gruppenausbau**[9] Rechnung zu tragen. Dabei ist allerdings, nicht anders als bei der Gruppenbildungskontrolle auf der Ebene der abhängigen Gesellschaft, auf **rechtsformspezifische Besonderheiten** Rücksicht zu nehmen.

5 Der Gruppenbildung steht die **Gruppenumbildung** gleich; insbes. die – in der Praxis als „Umhängung" bezeichnete – Einbringung einer Beteiligung an einer Tochtergesellschaft in eine andere Tochtergesellschaft kann den von der Konzernbildung ausgehenden Mediatisierungseffekt verstärken, indem die Tochter noch weiter dem Einflussbereich der Gesellschafter der Obergesellschaft entzogen wird und es sowohl auf der Ebene der aufnehmenden Tochter- als auch innerhalb der nunmehrigen Enkelgesellschaft zur Vermögensverlagerung auf außenstehende Gesellschafter kommen kann; der II. Zivilsenat des BGH hat dies in seinen „Gelatine"-Entscheidungen zu Recht anerkannt.[10] Mit der Beteiligung der Gesellschafter an der Gruppenbildung und Gruppenumbildung ist es freilich, wie die wiedergegebene Urteilspassage nachdrücklich aufzeigt, nicht getan. Nach überwiegender Ansicht sind die Gesellschafter der Obergesellschaft vielmehr auch an einzelnen Maßnahmen der **Gruppenleitung** zu beteiligen, soweit diese geeignet sind, ihre Interessen erheblich zu beeinträchtigen (→ § 9 Rn. 4, 8, 11, 22f.).

---

[7] Bereits → § 1 Rn. 28; näher zum Ganzen → § 9 Rn. 1ff.

[8] BGHZ 83, 122 (136f.); → § 9 Abs. 4.

[9] Die Frage einer Mitwirkung der Gesellschafter der Obergesellschaft stellt sich also nicht nur bei erstmaliger Begründung eines Abhängigkeitsverhältnisses, sondern auch dann, wenn die Obergesellschaft bereits ein anderes Unternehmen beherrscht; s. Kommentar vor § 311 Rn. 34f.

[10] BGHZ 159, 30 (41) – Gelatine I; BGH NZG 2004, 575 – Gelatine II; s. ferner OLG Karlsruhe Betr. 2002, 1094 (1095); *Habersack* AG 2005, 137 (143).

II. Überblick über die bisherige Diskussion

1. Gesetzliche Regelungen

Gesetzliche Regelungen des Fragenkreises finden sich bisher nur vereinzelt.[11] Hervor- **6** zuheben sind namentlich die §§ 293, 319 und 320 AktG, die eine Mitwirkung der Aktionäre bei dem Abschluss von **Unternehmensverträgen** sowie bei der Eingliederung vorsehen, und zwar sowohl auf der Ebene der Tochter- als auch auf derjenigen der Muttergesellschaft; ihnen lässt sich entnehmen, dass die Begründung eines Abhängigkeitsverhältnisses oder eines „faktischen" Konzerns ohne Mitwirkung der Hauptversammlung erfolgen kann. Eine weitere Teilregelung findet sich in §§ 123 ff. Umwandlungsgesetz von 1994.[12] Diese Vorschriften regeln die **Ausgliederung** im Wege der „partiellen" Gesamtrechtsnachfolge und damit einen praktisch bedeutsamen Weg der Gruppenbildung und -umbildung.[13] Besonders hinzuweisen ist auf das in § 125 S. 1 UmwG, §§ 13, 65 UmwG vorgesehene Erfordernis einer Zustimmung der Aktionäre mit einer qualifizierten Mehrheit von ¾ des bei der Beschlussfassung vertretenen Grundkapitals. Es wirft, ebenso wie die in § 125 S. 1 UmwG, § 63 UmwG geregelten Informationspflichten und die Bagatellgrenze der §§ 125 S. 1, 62 UmwG, die Frage einer analogen Anwendung auf die auch weiterhin zulässige Ausgliederung im Wege der Einzelrechtsnachfolge auf (→ § 9 Rn. 12 ff.).

Gleichfalls zu nennen ist das in §§ 112, 161 Abs. 2 HGB angeordnete **Wettbewerbs-** **6a** **verbot** des persönlich haftenden Gesellschafters einer OHG oder KG. Es schließt zwar nicht den Erwerb einer Mehrheitsposition, wohl aber eine für die abhängige Gesellschaft besonders gefährliche Konkurrenztätigkeit des Gesellschafters aus. Der **Deutsche Corporate Governance Kodex** schließlich enthält in Ziff. 5.3.2 Abs. 3 DCGK und Ziff. 5.4.2 DCGK Empfehlungen zur Zugehörigkeit unabhängiger Mitglieder zum Aufsichtsrat der börsennotierten Gesellschaft und geht davon aus, dass persönliche oder geschäftliche Beziehungen zu einem kontrollierenden Aktionär oder einem mit diesem verbundenen Unternehmen die Unabhängigkeit ausschließen; die Nichtbefolgung dieser Empfehlungen ist nach Maßgabe des § 161 AktG offenzulegen und zu begründen (→ § 25 Rn. 8).

2. Rechtsprechung

Angesichts der spärlichen gesetzlichen Regelung ist die Aufgabe, eine Gruppenbil- **7** dungs- und Gruppenleitungskontrolle zu entwickeln, in erster Linie der Rechtsprechung zugefallen. Sie hat sich diesem Fragenkreis zunächst nur mit großer Zurückhaltung zugewandt. Sieht man von einem vereinzelt gebliebenen frühen Vorläufer in der Rechtsprechung des RG ab,[14] nahm die Entwicklung erst mit dem **„Süssen"-Urteil** von 1981 ihren Lauf;[15] nach ihm sind Mehrheitsbeschlüsse, die die Gefahr der Abhän-

---

[11] S. zum Folgenden Emmerich/Habersack Aktien-/GmbH-KonzernR/*Habersack* AktG Vor § 311 Rn. 1 ff., 31 ff., Emmerich/Habersack Aktien-/GmbH-KonzernR/*Habersack* AktG Anh. § 318 Rn. 8 ff., ferner die im Literaturverzeichnis zu §§ 8 und 9 angeführten Monographien von *Binnewies, Goj, Liebscher, Mecke, Mülbert, Seydel, Staake, Wahlers* und *Zientek.*

[12] BGBl. 1994 I 3210, BGBl. 1995 I 428.

[13] S. dazu Lutter/*Teichmann* UmwG § 123 Rn. 24 ff.; Habersack/Wicke/*Verse* UmwG § 123 Rn. 72 ff.; ferner die Beiträge in *Habersack/Koch/Winter* (Hrsg.), Die Spaltung im neuen Umwandlungsrecht und ihre Rechtsfolgen, 1999.

[14] RG HoldheimsMS 11 (1902), 266 und 12 (1903), 197 (200) m. abl. Anm. *Endemann.*

[15] BGHZ 80, 69 (74 f.).

gigkeit einer Personengesellschaft von einem anderen Unternehmen begründen, grds. rechtswidrig, es sei denn, der Beschluss entspricht auf Grund besonderer Umstände den Interessen der Gesellschaft und erscheint deshalb sachlich gerechtfertigt. Durch das **„Heumann/Ogilvy"-Urteil** aus dem Jahre 1983 erfuhr sodann das in §§ 112, 161 Abs. 2 HGB geregelte Wettbewerbsverbot eine „konzerndimensionale" Ausdehnung auf den die Personengesellschaft nur mittelbar, nämlich über eine Holdinggesellschaft beherrschenden Gesellschafter.[16]

8   Bereits ein Jahr zuvor erging das schon erwähnte **„Holzmüller"-Urteil,**[17] in dem der BGH für den Fall der Ausgliederung des wertvollsten Teils des Vermögens einer AG auf eine 100%igen Tochtergesellschaft erstmals eine Gruppenbildungs- und Gruppenleitungskontrolle auf der Ebene der herrschenden AG anerkannte und zusätzlich den Aktionären der Muttergesellschaft Einzelklagerechte zur Durchsetzung ihrer Rechte zubilligte. Erst die beiden **„Gelatine"-Entscheidungen** vom 26.4.2004 und ein Nichtannahmebeschluss vom 20.11.2006 gaben dem BGH Gelegenheit, zahlreiche Streitfragen, die sich im Gefolge der 22 Jahre (!) zuvor ergangenen Holzmüller-Entscheidung herausgebildet hatten, zu klären.[18] Die in der „Holzmüller"-Entscheidung entwickelten Grundsätze gelten entsprechend (und erst recht) auch für die herrschende GmbH oder Personengesellschaft, so dass nunmehr rechtsformübergreifend eine angemessene Gruppenbildungs- und Gruppenleitungskontrolle auf der Ebene des herrschenden Unternehmens sichergestellt ist (→ § 9 Rn. 1 ff.). Was dagegen die Frage eines auf der Ebene der abhängigen Gesellschaft angesiedelten Präventivschutzes betrifft, so ist ein starkes Gefälle zwischen der GmbH und den Personengesellschaften auf der einen Seite und der AG auf der anderen Seite zu verzeichnen. Dies entspricht allerdings im Grundsatz der Konzeption der §§ 311 ff. AktG und ist deshalb de lege lata hinzunehmen.[19] Ein Vorbehalt ist allein hinsichtlich der Frage eines Wettbewerbsverbots des herrschenden Unternehmens anzumelden (→ § 8 Rn. 20 ff.).

§ 8. Gruppenbildungskontrolle auf der Ebene der abhängigen Gesellschaft

Literatur: Kommentar vor § 311 Rn. 1 ff. und Anh. § 318, Rn. 8 ff.; MK, 7. HauptGA, Rn. 815 ff.; Unternehmensrechtskommission, Bericht, 1980, Rn. 1418 ff. (S. 722 ff.); *Armbrüster,* Wettbewerbsverbote im Kapitalgesellschaftsrecht, ZIP 1997, 1269; *Baumgartl,* Die konzernbeherrschte Personengesellschaft, 1980; *Bayer,* Gesetzliche Zuständigkeit der Hauptversammlung für die Zustimmung zur Übertragung vinkulierter Namensaktien auf einen künftigen Mehrheitsaktionär?, FS Hüffer, 2010, 35; *Beinert,* Die Konzernhaftung für die satzungsgemäß abhängig gegründete GmbH, 1995; *Binnewies,* Die Konzerneingangskontrolle in der abhängigen Gesellschaft, 1996; *Burgard,* Das Wettbewerbsverbot des herrschenden Aktionärs, FS Lutter, 2000, 1033; *Deilmann,* Die Entstehung des qualifizierten faktischen Konzerns, 1990; *Ebenroth,* Konzernbildungs- und Konzernleitungskontrolle, 1987; *Eckert,* Konzerneingangsschutz im Aktienkonzernrecht auf der Ebene der Untergesellschaft, 1998; *Emmerich,* Das Konzernrecht der Personengesellschaften – Rückblick und Ausblick, FS Stimpel, 1985, 743; *Emmerich,* Der heutige Stand der Lehre vom GmbH-Konzern, AG 1987, 1; *Emmerich,* Konzernbildungskontrolle, AG 1991, 303; *Forum Europaeum Konzernrecht,* Konzernrecht für Europa, ZGR 1998, 672; *Geiger,* Wettbewerbsverbote im Konzernrecht, 1997; *Grauer,* Konzernbildungskontrolle im GmbH-Recht, 1991; *Habersack,* Der Schutz des Bieters vor einer Kapitalerhöhung der Zielgesellschaft, FS Marsch-Barner, 2018, 203; *Henssler,* Minderheitenschutz im faktischen GmbH-Konzern, FS Zöllner, Bd. I, 1998, 203; *Henze,* Die Treuepflicht im Aktienrecht, BB 1996, 489; *Henze,* Das Wettbewerbsverbot im außervertraglichen Aktienrechtskonzern,

---

[16] BGHZ 89, 162 (166 ff.).
[17] BGHZ 83, 122 (131 ff.).
[18] BGHZ 159, 30 – Gelatine I; BGH NZG 2004, 575 – Gelatine II; ZIP 2007, 24.
[19] So wohl auch BGHZ 119, 1 (7) – Asea BBC; näher → § 8 Rn. 1 ff.

FS Hüffer, 2010, 309; *Henze,* Kein ungeschriebenes Wettbewerbsverbot für herrschende Unternehmen gegenüber abhängigen Gesellschaften?, ZHR 175 (2011), 1; *Hommelhoff,* Konzernmodelle, in: Druey (Hrsg.), Das St. Galler Konzernrechtsgespräch, 1988, 107; *Hommelhoff,* Förder- und Schutzrecht für den faktischen GmbH-Konzern, ZGR 2012, 535; *Hüffer,* Der herrschende Aktionär – Adressat eines ungeschriebenen Wettbewerbsverbots?, FS Röhricht, 2005, 251; *Hüffer,* Kompetenzfragen bei der Zustimmung zur Übertragung vinkulierter Namensaktien, Liber Amicorum für M. Winter, 2011, 279; *Ivens,* Das Konkurrenzverbot des GmbH-Gesellschafters, 1987; *Jansen,* Konzernbildungskontrolle im faktischen GmbH-Konzern, 1993; *Kleindiek,* Strukturvielfalt im Personengesellschafts-Konzern, 1991; *Krejci,* Partnerschaft, Gutachten, in: 10. ÖJT Bd. I/1, 1988, 272ff.; *Kühn,* Probleme mit Minderheitsaktionären in der AG, BB 1992, 291; *Lieb,* Abfindungsansprüche im (qualifizierten?) faktischen Konzern, FS Lutter, 2000, 1151; *Liebscher,* Konzernbildungskontrolle, 1995; *Lutter/Timm,* Konzernrechtlicher Präventivschutz in der GmbH, NJW 1982, 409; *Mertens/Cahn,* Wettbewerbsverbot und verdeckte Gewinnausschüttung im GmbH-Konzern, FS Heinsius, 1991, 545; *Mülbert,* Aktiengesellschaft, Unternehmensgruppe und Kapitalmarkt, 2. Aufl. 1996; *Mülbert,* Genehmigtes Kapital im Vorfeld eines unerwünschten Übernahmeangebots, FS Schwark, 2009, 553; *Mülbert/Kiem,* Der schädigende Beteiligungserwerb, ZHR 177 (2013), 819; *Priester,* „Holzmüller" im GmbH-Recht, FS Westermann, 2008, 1281; *Raiser,* Wettbewerbsverbote als Mittel des konzernrechtlichen Präventivschutzes, FS Stimpel, 1985, 855; *Reichert,* Zulässigkeit der nachträglichen Einführung oder Aufhebung von Vinkulierungsklauseln in der Satzung der GmbH, BB 1985, 1496; *Reiling,* Die Unterschreitung des Unternehmensgegenstands, 2015; *Reul,* Die Pflicht zur Gleichbehandlung der Aktionäre bei privaten Kontrolltransaktionen, 1991; *Schießl,* Die beherrschte Personengesellschaft, 1985; *Schindler,* Das Austrittsrecht in Kapitalgesellschaften, 1999; *J. Schneider,* Wettbewerbsverbot für Aktionäre, 2008; *U. H. Schneider,* Die Gründung von faktischen GmbH-Konzernen, in: Hommelhoff u. a. (Hrsg.), Entwicklungen im GmbH-Konzernrecht, ZGR-Sonderheft 6, 1986, 121; *U. H. Schneider,* Gesetzliches Verbot von Stimmrechtsbeschränkungen bei der Aktiengesellschaft?, AG 1990, 56; *U. H. Schneider,* Konzernleitung durch Weisungen der Gesellschafter der abhängigen GmbH an ihre Geschäftsführer?, FS Hoffmann-Becking, 2013, 1071; *U. H. Schneider/Burgard,* Übernahmeangebote und Konzerngründung, Betr. 2001, 963; *B. Sonntag,* Konzernbildungs- und Konzernleitungskontrolle bei der GmbH, 1990; *Timm,* Wettbewerbsverbot und Geschäftschancenlehre im Recht der GmbH, GmbHR 1981, 177; *Tröger,* Treupflicht im Konzernrecht, 2000; *van Venrooy,* Zwingende Zustimmungsvorbehalte der Gesellschafterversammlung gegenüber den Geschäftsführern, GmbHR 2005, 1243; *Verhoeven,* GmbH-Konzern-Innenrecht, 1978; *Weber,* Vormitgliedschaftliche Treubindungen, 1999; *Wehlmann,* Kompetenzen von Gesellschaftern und Gesellschaftsorganen bei der Bildung faktischer GmbH-Konzerne, 1996; *Wiedemann,* Die Unternehmensgruppe im Privatrecht, 1988; *Wiedemann/Hirte,* Die Konkretisierung der Pflichten des herrschenden Unternehmens, ZGR 1986, 163; *Wimmer-Leonhardt,* Konzernhaftungsrecht, 2004; *Winter,* Mitgliedschaftliche Treuebindungen im GmbH-Recht, 1988; *Ziemons/Jäger,* Treupflichten bei der Veräußerung einer Beteiligung an einer AG, AG 1996, 358; *Zöllner,* Treupflichtgesteuertes Aktienkonzernrecht, ZHR 162 (1998), 235; *Zöllner,* Schutz der Aktionärsminderheit bei einfacher Konzernierung, FS Kropff, 1997, 333.

I. Personengesellschaften

1. Ausgangslage

Das Personengesellschaftsrecht enthält eine Reihe von **Vorkehrungen zur Sicherung** **1**
der Unabhängigkeit der Gesellschaft.[1] So gilt in der GbR und OHG nach § 709
Abs. 1 BGB, § 119 Abs. 1 HGB auch in Fragen der Geschäftsführung im Zweifel das
Einstimmigkeitsprinzip, so dass gegen den Willen einer noch so kleinen Minderheit
keine Beschlüsse gefasst werden können.[2] Entsprechendes gilt erst recht für Vertragsänderungen. Hierauf beruht es, dass die Übertragung von Gesellschaftsanteilen nur

---

[1] S. zum Folgenden *Emmerich* FS Stimpel, 1985, 743 (748f.); *Emmerich* AG 1991, 303 (309f.); MüKoHGB/*Mülbert* Konzernrecht der Personengesellschaften Rn. 255ff.; Habersack/Schäfer/*Schäfer* HGB Anh. § 105 Rn. 37ff., EBJS/*Wertenbruch/Nagel* HGB Anh. § 105 Rn. 15ff.; *Binnewies* Konzerneingangskontrolle S. 19ff.; *Liebscher* Konzernbildungskontrolle S. 303ff.

[2] Zur Rechtslage in der KG s. § 164 HGB und dazu MüKoHGB/*Grunewald* HGB § 164 Rn. 1ff.; Staub/*Casper* HGB § 164 Rn. 6ff.

mit Zustimmung sämtlicher Gesellschafter möglich ist;[3] gegen den Willen der Mitgesellschafter ist somit der Erwerb einer Mehrheitsbeteiligung durch einen Gesellschafter an sich nicht möglich. Schließlich bietet das in § 112 HGB geregelte Wettbewerbsverbot Schutz vor konkurrierender Betätigung durch einen der Gesellschafter, zumal es vom BGH auch auf den die Gesellschaft nur mittelbar beherrschenden Gesellschafter erstreckt worden ist.[4]

2. Inhaltskontrolle von Mehrheitsbeschlüssen

2   Ist somit die Personengesellschaft nach dem dispositiven Recht weithin resistent gegen Abhängigkeitslagen, so ändert sich die Situation, wenn der Gesellschaftsvertrag das Mehrheitsprinzip einführt[5] und zudem bestimmt, dass an die Stelle des in § 709 Abs. 2 BGB, § 119 Abs. 2 HGB vorgesehenen Kopfprinzips die Koppelung des Stimmrechts an die Höhe des Kapitalanteils tritt. In diesem Fall besteht die Gefahr, dass die genannten Schutzinstrumentarien gegen den Willen der Minderheit außer Kraft gesetzt werden und die Gesellschaft in die Abhängigkeit gerät.

3   Indessen ist es anerkannt, dass Mehrheitsbeschlüsse, die die Rechtsstellung der überstimmten Gesellschafter beeinträchtigen, einer **sachlichen Rechtfertigung** bedürfen. Dogmatische Grundlage der Beschlusskontrolle ist die mitgliedschaftliche Treuepflicht. Sie gebietet allgemein den Schutz der Minderheitsgesellschafter in Fällen, in denen diese durch den Mehrheitsbeschluss nachhaltig in ihren mitgliedschaftlichen Rechten betroffen sind.[6] So verhält es sich insbes. bei einem Beschluss, durch den die Gesellschaft ihre Selbstständigkeit einzubüßen droht:[7] Mit Blick auf die mit der Abhängigkeit verbundenen Gefahren für die Minderheitsgesellschafter[8] (die zudem, soweit sie nicht Kommanditisten sind, für die Verbindlichkeiten unbeschränkt haften!)[9] ist er grds. rechtswidrig.

4   Etwas anderes gilt nur, wenn der mit einem solchen Beschluss verbundene Eingriff in die Rechte der Minderheit **ausnahmsweise** aus den **Interessen der Gesellschaft** heraus, etwa zur Sicherung ihrer Leistungs- und Wettbewerbsfähigkeit, sachlich gerechtfertigt ist und keine anderen, die Interessen der Minderheitsgesellschafter weniger stark berührenden Mittel zur Wahrung der Gesellschaftsinteressen zur Verfügung stehen.[10] Liegen diese Voraussetzungen vor, so ist weiter zu fragen, ob in Betracht kommende Vorkehrungen, die, wie etwa gesellschaftsvertragliche Stimmrechtsbeschränkungen oder die Bildung eines mit Repräsentanten der Minderheit besetzten Beirats,

---

[3]   S. statt aller MüKoBGB/*Schäfer* BGB § 719 Rn. 27 ff.

[4]   BGHZ 89, 162 (165 ff.) – Heumann/Ogilvy; s. ferner BGH ZIP 2005, 296.

[5]   Zu Mehrheitsklauseln s. BGHZ 203, 77; MüKoBGB/*Schäfer* BGB § 709 Rn. 81 ff.; MüKoHGB/ *K. Schmidt* HGB § 119 Rn. 60 ff.

[6]   Grundlegend *Zöllner,* Die Schranken mitgliedschaftlicher Stimmrechtsmacht bei den privatrechtlichen Personenverbänden, 1963, S. 351 ff.; näher zur Beschlusskontrolle MüKoBGB/*Schäfer* BGB § 709 Rn. 98 ff. (100 f.).

[7]   Etwa ein Beschluss, der die Übertragung eines Anteils auf einen Gesellschafter erlaubt, der dadurch die Mehrheit der Stimmen erlangen würde.

[8]   Allg. dazu → § 1 Rn. 23 ff.

[9]   Zur Haftung in der OHG s. §§ 128 ff. HGB; zur Haftung in der GbR s. BGHZ 146, 341; BGH NJW 2003, 1803 (entsprechende Anwendung des § 130 HGB); dazu *Armbrüster* ZGR 2005, 34; *Canaris* ZGR 2004, 69; *Habersack* BB 2001, 477; *K. Schmidt* NJW 2001, 993; *M. Schwab* FS Hommelhoff, 2012, 1091 ff.; *Ulmer* ZIP 2001, 585; *Westermann* NZG 2001, 289.

[10]   Grundlegend BGHZ 80, 69 (74 f.) – Süssen.

eine nachhaltige Einflussnahme nach Möglichkeit verhindern sollen, getroffen worden sind.[11] Die Beweislast trifft insoweit das herrschende Unternehmen.[12]

3. Sonstige?

Nach den bislang getroffenen Feststellungen ist die Gesellschaft, selbst wenn der Ge-   5 sellschaftsvertrag von den gesetzlichen Schutzinstrumentarien absieht, immer dann gegen die Begründung eines Abhängigkeitsverhältnisses geschützt, wenn dem ein Beschluss der Gesellschafter zugrunde liegt. In einigen Fällen kann es freilich auch **ohne Mitwirkung der Gesellschafter** zur Abhängigkeit kommen. So verhält es sich etwa, wenn ein Gesellschafter einen weiteren Anteil qua Erbfolge erwirbt[13] und dadurch eine beherrschende Stellung erlangt, ferner in dem Fall, dass ein bereits mehrheitlich beteiligter Gesellschafter im Nachhinein dadurch Unternehmen iSd § 15 AktG wird (→ § 2 Rn. 5 ff.), dass er eine weitere wesentliche Beteiligung erwirbt. In Betracht kommt ferner der Zusammenschluss mehrerer Unternehmensgesellschafter. Für einen Präventivschutz ist in Fällen dieser Art kein Raum; insbes. gibt es keinen Rechtssatz, dass die Begründung des Abhängigkeitsverhältnisses – im Unterschied zur Einbindung in einen Konzern[14] – der vorherigen Zustimmung durch die Mitgesellschafter bedarf.[15] Es hat in diesem Fall bei dem Verbot der nachteiligen Einflussnahme auf die abhängige Gesellschaft zu bewenden (→ § 34 Rn. 1 ff.).

II. GmbH

1. Ausgangslage

Anders als das Recht der Personengesellschaften kennt das GmbHG **keine gesetz-**   6 **lichen Vorkehrungen** zur Sicherung der Unabhängigkeit der Gesellschaft.[16] Im Gegenteil: Die GmbH ist auf Grund ihrer Ausgestaltung durch das GmbHG nachgerade prädestiniert für die Einbindung in einen Unternehmensverbund. So gehen § 15 Abs. 1 GmbHG, § 47 Abs. 1 GmbHG von der freien Übertragbarkeit der Anteile und von der Geltung des Prinzips der einfachen Mehrheit aus. § 45 GmbHG stellt zudem die Organisationsverfassung der Gesellschaft weitgehend in das Belieben der Satzung. Darüber hinaus sind die Geschäftsführer der GmbH, wie § 37 Abs. 1 GmbHG zeigt, weisungsgebunden. Bedenkt man noch, dass die Gesellschafter auch in Fragen der Geschäftsführung Beschlüsse fassen können, so ist es dem Gesellschafter, der über die Mehrheit der Stimmrechte verfügt, ein Leichtes, seinen Vorstellungen über die Ge-

---

[11] BGHZ 80, 69 (74) – Süssen; für die GmbH Emmerich/Habersack Aktien-/GmbH-KonzernR/*Habersack* Anh. § 318 Rn. 13; *Lutter/Timm* NJW 1982, 409 (415, 417 f.).

[12] BGHZ 80, 69 (74 f.).

[13] Allg. zu gesellschaftsvertraglichen Nachfolgeklauseln BGHZ 68, 225; MüKoBGB/*Schäfer* BGB § 727 Rn. 28 ff.

[14] So auch Habersack/Schäfer/*Schäfer* HGB Anh. § 105 Rn. 57 ff.; ferner → § 34 Rn. 3 ff.

[15] Habersack/Schäfer/*Schäfer* HGB Anh. § 105 Rn. 39; Heymann/*Emmerich* HGB Anh. § 105 Rn. 16; näher *Liebscher* Konzernbildungskontrolle S. 312 ff.

[16] Näher zum Folgenden Emmerich/Habersack Aktien-/GmbH-KonzernR/*Habersack* AktG Anh. § 318 Rn. 8 ff.; *Raiser/Veil* § 52 Rn. 15 ff.; MüKoGmbHG/*Liebscher* GmbHG Anh. § 13 Rn. 265 ff.; UHL/*Casper* GmbHG Anhang nach § 77 Rn. 55 ff.; Scholz/*Emmerich* Anh. Konzernrecht Rn. 41 ff.; Michalski/*Servatius* Systematische Darstellung 4 Rn. 449 ff.; Baumbach/Hueck/*Beurskens* KonzernR Rn. 30 ff.; Lutter/Hommelhoff/*Lutter/Hommelhoff* GmbHG § 13 Rn. 28 ff.; Rowedder/Schmidt-Leithoff/*Schnorbus* GmbHG Anh. § 52 Rn. 30 ff.; Roth/Altmeppen/*Altmeppen* GmbHG Anh. § 13 Rn. 128 ff.; *Binnewies* Konzerneingangskontrolle S. 133 ff.; *Grauer,* Konzernbildungskontrolle, 1991, passim; *Liebscher* Konzernbildungskontrolle S. 218 ff.

schäftspolitik der Gesellschaft im Wege der Beschlussfassung zum Durchbruch zu verhelfen; häufig wird er nicht einmal den Weg über die Gesellschafterversammlung gehen, sondern unmittelbar „Weisungen" erteilen.[17] Vor diesem Hintergrund ist die Sicherung der Unabhängigkeit der Gesellschaft vorrangig eine **Aufgabe der Satzung.**[18]

2. Satzungsmäßige Vorkehrungen

7 Die Satzung einer GmbH kann auf vielfältige Weise Vorsorge dagegen treffen, dass die Gesellschaft gegen ihren Willen, dh ohne Mitwirkung der Gesellschafter, in die Abhängigkeit von einem anderen Unternehmen gerät. In erster Linie kommt dabei eine **Vinkulierung** der Anteile in Betracht;[19] die Folge ist, dass der gebundene Anteil nach § 15 Abs. 5 GmbHG nicht ohne Zustimmung der Gesellschaft[20] übertragen werden kann. Zu bedenken ist allerdings, dass der veräußerungswillige Gesellschafter bei der Beschlussfassung über die Erteilung der Zustimmung nicht schon nach § 47 Abs. 4 GmbHG vom Stimmrecht ausgeschlossen ist.[21] Es empfiehlt sich deshalb, entweder den betroffenen Gesellschafter durch die Satzung vom Stimmrecht auszuschließen oder die Übertragung von der Zustimmung sämtlicher Gesellschafter abhängig zu machen.[22]

8 Neben der Anteilsvinkulierung ist an die Einführung von **Höchst- oder Mehrfachstimmrechten,** an **Wettbewerbsverbote,**[23] an **An- und Vorkaufsrechte** der Gesellschafter hinsichtlich der Anteile der Mitgesellschafter sowie an **Ausschlussrechte** gegenüber fremden Unternehmensgesellschaftern zu denken.[24] Auch insoweit bietet es sich an, in der Satzung die Voraussetzungen zu regeln, unter denen einem Gesellschafter im Einzelfall eine Befreiung erteilt werden kann. Schweigt die Satzung, so ist für die Erteilung des Dispenses eine Satzungsänderung gem. § 53 GmbHG erforderlich.[25]

---

[17] Zur Unzulässigkeit einer außerhalb der Gesellschafterversammlung erfolgenden Einflussnahme auf die Geschäftsführung s. aber Emmerich/Habersack Aktien-/GmbH-KonzernR/*Habersack* AktG Anh. § 318 Rn. 31.

[18] AllgM, zB MK, 7. HauptGA, Rn. 860ff.; *Binnewies* Konzerneingangskontrolle S. 143ff.; *Doralt* ZGR 1991, 252 (261ff.); *Grauer* Konzernbildungskontrolle S. 72ff.; *Krejci* Partnerschaft S. 308ff.; Hommelhoff/*Schneider,* Entwicklungen im GmbH-Konzernrecht, S. 121ff.; *Winter* Treuebindungen S. 239, 262ff.

[19] Zur nachträglichen Einführung und Aufhebung solcher Klauseln sowie zu Gestaltungsvarianten s. *Reichert* BB 1985, 1496; *Reichert* GmbHR 2012, 713.

[20] Die Satzung kann die Abtretung auch von der Zustimmung „der Gesellschafter" abhängig machen; näher zum Ganzen Lutter/Hommelhoff/*Bayer* GmbH § 15 Rn. 68ff.

[21] BGHZ 48, 163 (167); UHL/*Hüffer/Schürnbrand* GmbHG § 47 Rn. 177; Scholz/*Emmerich* GmbHG Anh. Konzernrecht Rn. 49; MüKoGmbHG/*Liebscher* GmbHG Anh. § 13 Rn. 283; aA Baumbach/Hueck/*Zöllner/Noack* GmbHG § 47 Rn. 90; Roth/Altmeppen/*Altmeppen* GmbHG Anh. § 13 Rn. 132, 146ff., der allgemein den Gefahren der Abhängigkeit durch „sinnvolle Handhabung" des Stimmrechtsausschlusses befangener Gesellschafter begegnen will.

[22] Baumbach/Hueck/*Beurskens* Anhang Die GmbH im Unternehmensverbund (GmbH-Konzernrecht) Rn. 33.

[23] Zur kartellrechtlichen Beurteilung s. BGH NJW 1988, 2737 (2738f.); *Emmerich/Lange* KartellR § 21 Rn. 15ff.; zur Sittenwidrigkeitskontrolle BGH ZIP 2010, 324 Rn. 13ff.

[24] Näher OLG Köln BB 1991, 859; *Binnewies* Konzerneingangskontrolle S. 133ff.; *Jansen* Konzernbildungskontrolle S. 163ff.; *Liebscher* Konzernbildungskontrolle S. 222ff.; *Lutter/Timm* NJW 1982, 409 (415f.); *K. Schmidt* GmbHR 1979, 121 (132f.); *Verhoeven,* GmbH-Konzern-Innenrecht, 1978, S. 33ff.

[25] Zu satzungsdurchbrechenden Beschlüssen s. BGHZ 123, 19; *Priester* ZHR 151 (1987), 40; *Habersack* ZGR 1994, 354; *Leuschner* ZHR 180 (2016), 422.

Wenn die Satzung hingegen die Möglichkeit der Befreiung vorsieht, genügt für einen Dispens grds. ein Beschluss der Gesellschafter mit einfacher Mehrheit; die Satzung kann freilich eine höhere Mehrheit vorschreiben.[26] Der Gesellschafter, dem Befreiung von dem Konkurrenzverbot erteilt werden soll, ist nach § 47 Abs. 4 GmbHG vom Stimmrecht ausgeschlossen.[27]

3. Inhaltskontrolle abhängigkeitsbegründender Beschlüsse

Nach den bislang getroffenen Feststellungen droht die Gesellschaft häufig durch einen Beschluss der Gesellschafter in die Abhängigkeit zu geraten, sei es, dass die Gesellschafter der Übertragung vinkulierter Anteile zustimmen oder einen von ihnen von einer sonstigen satzungsmäßigen Vorkehrung zur Sicherung der Unabhängigkeit befreien. Entsprechend verhält es sich bei Begründung einer Mehrheitsbeteiligung durch Teilnahme an einer Kapitalerhöhung unter Ausschluss oder Beschränkung des Bezugsrechts der Mitgesellschafter. Nach dem grundlegenden **Süssen-Urteil** des BGH ist ein die Abhängigkeit der GmbH begründender Beschluss einer Inhaltskontrolle zu unterziehen.[28] Dogmatische Grundlage und Maßstab der Inhaltskontrolle ist, wie auch im Recht der Personengesellschaften (→ Rn. 3), die mitgliedschaftliche **Treupflicht**.[29] Der abhängigkeitsbegründende Beschluss ist folglich nur rechtmäßig, wenn er durch die Interessen der Gesellschaft gerechtfertigt ist, keine weniger schwer in die Rechte der Mitgesellschafter eingreifenden Alternativen zur Verfügung stehen und Vorkehrungen gegen eine nachteilige Einflussnahme getroffen worden sind.[30] Die Inhaltskontrolle hat auch dann zu erfolgen, wenn der nunmehr herrschende Gesellschafter auf Grund der Satzung oder nach § 47 Abs. 4 GmbHG vom Stimmrecht ausgeschlossen war und der Mehrheitsbeschluss unter Mitwirkung allein der übrigen Gesellschafter gefasst wird.[31] Unerheblich ist auch, ob die Abhängigkeit durch einfachen Gesellschafterbeschluss oder durch Satzungsänderung begründet wird.[32]

9

---

[26] BGH NJW 1981, 1512 (1513); *Binnewies* Konzerneingangskontrolle S. 147 f.; *Liebscher* Konzernbildungskontrolle S. 275 ff.

[27] BGH NJW 1981, 1512 (1513); Baumbach/Hueck/*Zöllner/Noack* GmbHG § 47 Rn. 90; s. aber auch BGH WM 1974, 374.

[28] BGHZ 80, 69 (74 ff.) – Süssen; ebenso der *öOGH* 1980 in einem Fall, in dem die Mehrheit in einer GmbH die Gesellschaft dadurch in Abhängigkeit von einem anderen Unternehmen brachte, dass sie bei einer Kapitalerhöhung nach Ausschluss des Bezugsrechts der Gesellschafter die jungen Gesellschaftsanteile einem befreundeten Unternehmen zu einem überaus günstigen Kurs zuschanzte (GmbHR 1984, 235).

[29] Vgl. die Nachw. in Fn. 6; speziell für vorliegenden Zusammenhang Emmerich/*Habersack* Aktien-/GmbH-KonzernR/Habersack AktG Anh. § 318 Rn. 12 f.; *Binnewies* Konzerneingangskontrolle, 224 ff.; *Grauer* Konzernbildungskontrolle, 76, 82 ff.; *Liebscher* Konzernbildungskontrolle, 281 ff.; UHL/*Casper* GmbHG Anh. § 77 Rn. 58 ff.

[30] Vgl. bereits → Rn. 3 f.; näher UHL/*Casper* GmbHG Anh. § 77 Rn. 58 ff.

[31] BGHZ 80, 69 (75); Emmerich/Habersack Aktien-/GmbH-KonzernR/*Habersack* AktG Anh. zu § 318 Rn. 12; UHL/*Casper* GmbHG Anh. § 77 Rn. 58.

[32] Vgl. aber auch OLG München ZIP 2012, 1756 (1758), wo zu Recht eine Inhaltskontrolle eines Mehrheitsbeschlusses abgelehnt wird, dessen Vornahme bereits in der Satzung vorgesehen ist; generell gegen Inhaltskontrolle satzungsändernder Beschlüsse Rowedder/Schmidt-Leithoff/*Schnorbus* GmbHG Anh. § 52 Rn. 35; enger auch Scholz/*Emmerich* Anh. Konzernrecht Rn. 53.

4. Wettbewerbsverbot

10 Das herrschende Unternehmen unterliegt auch unabhängig von einer entsprechenden Satzungsbestimmung einem Wettbewerbsverbot.[33] Seine Grundlage findet dieses Verbot, ebenso wie dasjenige aus § 112 HGB, in der mitgliedschaftlichen **Treupflicht:** Die Gefahr einer Interessenkollision, der sich der Mehrheitsgesellschafter der GmbH ausgesetzt sieht, und die in der Mehrheitsbeteiligung verkörperten Herrschaftsbefugnisse, die es ihm ermöglichen, die GmbH über kurz oder lang als Wettbewerber auszuschalten, machen es erforderlich, das nur repressiv wirkende Verbot der nachteiligen Einflussnahme um einen entsprechenden Präventivschutz zu ergänzen.

11 Die **Reichweite** dieses „ungeschriebenen" Wettbewerbsverbots ist zwar noch nicht im Einzelnen geklärt. Immerhin herrscht weitgehend Einvernehmen darüber,[34] dass es nur zu Lasten desjenigen Gesellschafters greift, der – unmittelbar oder mittelbar – über einen beherrschenden Einfluss verfügt, ferner, dass es nur in der mehrgliedrigen GmbH zur Anwendung gelangt. Entgegen einer verbreiteten Ansicht sollte es nicht darauf ankommen, dass die Gesellschaft „personalistisch" strukturiert ist;[35] maßgebend ist vielmehr das in der Mehrheitsbeteiligung verkörperte Einflusspotential, dem sich die Minderheit in einer „kapitalistisch" strukturierten GmbH gleichermaßen ausgesetzt sieht.[36]

12 Das Wettbewerbsverbot ist **abdingbar.** Zunächst entfällt es unter den Voraussetzungen des § 112 Abs. 2 HGB, mithin immer dann, wenn die Mitgesellschafter bei Gründung oder nachträglichem rechtsgeschäftlichen Beteiligungserwerb durch den beherrschenden Gesellschafter von dessen bereits ausgeübter Konkurrenztätigkeit Kenntnis hatten und sich nicht ausdrücklich die Einstellung dieser Tätigkeit ausbedungen haben.[37] Nicht zuletzt hieraus erklärt sich die Funktion eines satzungsmäßigen Wettbewerbsverbots.[38] IÜ kann der Gesellschafter von dem Wettbewerbsverbot befreit werden.[39] Er

---

[33] S. für den mittelbar eine GmbH & Co. KG beherrschenden Gesellschafter BGHZ 89, 162 (165) – Heumann/Ogilvy; für den beherrschenden GmbH-Gesellschafter Emmerich/Habersack Aktien-/GmbH-KonzernR/*Habersack* AktG Anh. § 318 Rn. 16 ff. mwN; *Raiser* FS Stimpel, 1985, 855 ff.; *Ivens* Konkurrenzverbot S. 124 ff.; *Winter* Treubindungen S. 246 ff.; krit. *Mertens/Cahn* FS Heinsius, 1991, 545 (553 ff.); *Hüffer* FS Röhricht, 2005, 251 (266 ff.); *Immenga* JZ 1984, 578 (579 f.). Zur Bindung des Alleingesellschafters und Geschäftsführers an ein vertraglich vereinbartes Wettbewerbsverbot der GmbH s. BGH ZIP 2005, 296; ferner BGH ZIP 2009, 1162 Rn. 9 betr. die AG & Co. KG: Bindung des die Komplementär-AG beherrschenden Mehrheitskommanditisten, nicht hingegen der Vorstandsmitglieder der Komplementär-AG; dazu *Weller* ZHR 175 (2011), 110 ff.

[34] S. zum Folgenden Emmerich/Habersack Aktien-/GmbH-KonzernR/*Habersack* AktG Anh. § 318 Rn. 17 mwN.

[35] So aber *Lutter/Timm* NJW 1982, 409 (419); *Raiser* FS Stimpel, 1985, 855 (864 f.); MüKoGmbHG/ *Liebscher* GmbHG Anh. § 13 Rn. 301 f.

[36] Emmerich/Habersack Aktien-/GmbH-KonzernR/*Habersack* AktG Anh. § 318 Rn. 17; UHL/*Casper* GmbHG Anh. § 77 Rn. 62; *Winter* Treubindungen S. 251 ff.

[37] BGHZ 89, 162 (167), dort auch zur Anwendung des § 112 Abs. 2 HGB bei späterem Beteiligungserwerb.

[38] Zust. Roth/Altmeppen/*Altmeppen* GmbHG Anh. § 13 Rn. 136 mit zutr. Hinweis auf die kartellrechtlichen Bedenken gegen ein über das ungeschriebene Wettbewerbsverbot hinausgehendes Verbot; s. dazu die Nachw. in Fn. 23.

[39] Erforderlich ist ein satzungsändernder Beschluss, s. Emmerich/Habersack Aktien-/GmbH-KonzernR/ *Habersack* AktG Anh. § 318 Rn. 18; Rowedder/Schmidt-Leithoff/*Schnorbus* GmbHG Anh. § 52 Rn. 38; *Winter* Treubindungen S. 158 ff.

unterliegt dabei einem Stimmverbot;[40] zudem bedarf ein entsprechender Mehrheitsbeschluss der sachlichen Rechtfertigung (→ Rn. 9).

5. Sonstige?

Das Wettbewerbsverbot vermag die GmbH und ihre Minderheitsgesellschafter zwar 13 vor den spezifischen Gefahren einer konkurrierenden Tätigkeit durch den Mehrheitsgesellschafter, nicht dagegen vor dem allgemeinen „Konzernkonflikt" zu schützen. Die Begründung eines konzernrechtlichen Präventivschutzes in Fällen, in denen die Satzung keine Vorkehrungen trifft und der Abhängigkeitsbegründung auch kein Gesellschafterbeschluss vorausgeht, bereitet freilich Schwierigkeiten.[41] Zwar lassen sich aus der mitgliedschaftlichen Treupflicht **Mitteilungspflichten** gegenüber der Gesellschaft herleiten.[42] Ein weitergehender Präventivschutz lässt sich dagegen nicht begründen. Insbes. erfordert die Konzernierung der GmbH **weder** eine **Satzungsänderung noch** einen **Gesellschafterbeschluss;**[43] auch folgt aus der Treupflicht nicht die Pflicht der Gesellschafter, alles zu unterlassen, was die Selbstständigkeit der Gesellschaft beeinträchtigen könnte.[44] Das GmbHG hat vielmehr die GmbH als konzernoffene Gesellschaft konzipiert und den Schutz vor den Gefahren der Abhängigkeit in die Hände der Gesellschafter gelegt. Lässt es die Satzung an entsprechenden Vorkehrungen vermissen, so sind die Minderheitsgesellschafter auf die – durchaus nicht ineffizienten – allgemeinen Rechtsbehelfe verwiesen,[45] darunter insbes. das Informationsrecht aus § 51a GmbHG, die actio pro socio und das Recht zur Beschlussanfechtung.

III. Aktiengesellschaft

1. Grundsatz

Bei der AG bereitet die Entwicklung eines effektiven Präventivschutzes weit größere 14 Schwierigkeiten als bei den bisher behandelten Rechtsformen.[46] Das hat verschiedene Gründe, unter denen der in § 23 Abs. 5 AktG geregelte Grundsatz der **Satzungsstrenge** sowie die **Fungibilität der Aktie** herausragen. Hinzu kommt die Konzeption der

---

[40] So zu Recht *Timm* GmbHR 1981, 183; s. ferner für das satzungsmäßige Wettbewerbsverbot die Nachw. in Fn. 27.

[41] Zu den relevanten Fallgestaltungen → Rn. 5.

[42] → § 6 Rn. 10f.; ferner Emmerich/Habersack Aktien-/GmbH-KonzernR/*Habersack* AktG Anh. § 318 Rn. 15; UHL/*Casper* Anh. § 77 Rn. 230f.

[43] Für Notwendigkeit einer Satzungsänderung bzw. eines Beschlusses mit satzungsändernder Mehrheit aber *Wiedemann* Unternehmensgruppe S. 64f.; *Schneider* ZGR-Sonderheft 6, 121 (131f.); *Schneider* FS Hoffmann-Becking, 2013, 1071 (1076ff.); *Kallmeyer* GmbHR 2001, 745 (746f.); für Notwendigkeit eines einfachen Zustimmungsbeschlusses *Grauer* Konzernbildungskontrolle S. 122ff.; für die personalistische GmbH MüKoGmbHG/*Liebscher* GmbHG Anh. § 13 Rn. 307f.

[44] So aber Baumbach/Hueck/*Zöllner/Beurskens* Anhang Die GmbH im Unternehmensverbund (GmbH-Konzernrecht) Rn. 96; ähnlich – für Nachverhandlungsanspruch – *Hommelhoff* ZGR 2012, 535 (561ff.); im Zusammenhang mit der Beschlussfassung auch Lutter/Hommelhoff/*Lutter/Hommelhoff* GmbHG Anh. § 13 Rn. 40.

[45] So zu Recht OLG Stuttgart NZG 2000, 159; UHL/*Casper* GmbHG Anh. § 77 Rn. 64; Rowedder/Schmidt-Leithoff/*Schnorbus* GmbHG Anh. § 52 Rn. 40; näher Emmerich/Habersack Aktien-/GmbH-KonzernR/*Habersack* AktG Anh. § 318 Rn. 21.

[46] S. insbes. Emmerich/Habersack Aktien-/GmbH-KonzernR/*Habersack* AktG Vor § 311 Rn. 1ff.; KölnKommAktG/*Koppensteiner* AktG Anh. § 318 Rn. 1ff.; *Raiser/Veil* § 52 Rn. 25ff.; *Binnewies* Konzerneingangskontrolle S. 283ff.; *Emmerich* AG 1991, 303; *Krejci*, Partnerschaft, 10. ÖJT Bd. I/1, S. 303ff.; *Liebscher*, Konzernbildungskontrolle, 1995, S. 344ff.; *Mülbert* Aktiengesellschaft S. 451ff.; *Seydel*, Konzernbildungskontrolle, 1995, S. 87ff.

§§ 291–327 AktG, die in der Frage der Mitwirkung der Aktionäre bei der Konzernbildung deutlich zwischen dem Vertragskonzern und dem Eingliederungskonzern auf der einen Seite und der einfachen Abhängigkeits- und Konzernlage auf der anderen Seite unterscheiden und nur in den zuerst genannten Fällen eine Mitwirkung der Aktionäre vorsehen (→ § 7 Rn. 6). Die §§ 311 ff. AktG verzichten dagegen auf einen konzernrechtlichen Präventivschutz und suchen den Schutz der Gesellschaft und der Minderheitsaktionäre durch **Nachteilsausgleich und Berichtspflichten** zu erreichen.[47]

15 Über die rechtspolitische Bewertung dieses Befundes mag man streiten.[48] De lege lata sind die Aktionäre der Untergesellschaft indes erst bei Begründung eines Vertragskonzerns zur Mitwirkung berufen und zum Austritt aus der Gesellschaft berechtigt.[49] Die Begründung eines Abhängigkeitsverhältnisses und die einfache Konzernierung setzen dagegen **weder** eine **„Konzernierungserklärung“**[50] **noch** einen **Hauptversammlungsbeschluss** der abhängigen Gesellschaft voraus.[51] Daran hat sich auch mit dem Inkrafttreten des WpÜG nichts geändert.[52] Es dient zwar dem Schutz der Aktionäre der Zielgesellschaft, will aber die Übernahme und die damit zumeist verbundene Konzernierung der Zielgesellschaft nicht erschweren oder gar ausschließen. Dies gilt auch hinsichtlich des Pflichtangebots, welches der die Gesellschaft kontrollierende Aktionär den außenstehenden Aktionären zu machen hat: Es knüpft an die bereits unter Kontrolle stehende Aktiengesellschaft an und soll den außenstehenden Aktionären das Ausscheiden aus dieser Gesellschaft ermöglichen.

2. Satzungsmäßige Vorkehrungen

16 Das AktG bietet nur wenige Möglichkeiten, die Unabhängigkeit der Gesellschaft durch die Satzung zu sichern.[53] In Betracht kommen vor allem die **Vinkulierung** von Namensaktien (§ 68 Abs. 2 AktG)[54] sowie – bei nichtbörsennotierten Gesellschaften –

---

[47] Näher dazu → §§ 24 ff.

[48] Krit. *Lutter/Timm* NJW 1982, 409 (411); *Wiedemann* ZGR 1978, 477 (487); *Immenga* ZGR 1978, 269 (271); *U. H. Schneider/Burgard* Betr. 2001, 963 ff. (968 f.).

[49] Emmerich/Habersack Aktien-/GmbH-KonzernR/*Habersack* AktG Vor § 311 Rn. 1; *Krieger/Schneider* § 70 Rn. 17, 25; wohl auch BGHZ 119, 1 (7) – Asea/BBC; s. ferner LG Mannheim AG 1991, 29 (30) – SEN.

[50] Dafür aber (freilich mit Blick auf die Interessen der Mitglieder des herrschenden Unternehmens) *Hommelhoff,* Die Konzernleitungspflicht, 1982, S. 408 ff.; ferner *Forum Europaeum Konzernrecht* ZGR 1998, 672 (740 ff.) (dazu auch *Hopt* ZHR 171 [2007], 199 (213 ff.)); befürwortend mit Blick auf die abhängige Gesellschaft und deren Außenseiter *Tröger* Treupflicht S. 314 ff.; *Zöllner* FS Kropff, 1997, 333 (340); ablehnend die ganz hM, s. MüKoAktG/*Altmeppen* AktG Vor § 311 Rn. 37; KölnKommAktG/*Koppensteiner* AktG Vor § 291 Rn. 66; Schmidt/Lutter/*J. Vetter* AktG § 311 Rn. 135; Spindler/Stilz/*Müller* AktG Vor § 311 Rn. 37; Grigoleit/*Grigoleit* AktG § 311 Rn. 2; ferner OLG München AG 2008, 672; OLG Schleswig AG 2009, 374 (375 ff.).

[51] Insbes. geht mit der Konzernierung keine Änderung des Unternehmensgegenstands oder Gesellschaftszwecks einher, s. *Liebscher* Konzernbildungskontrolle S. 365 ff.; *Mülbert* Aktiengesellschaft S. 451 ff.; zu entsprechenden Überlegungen für das österreichische Recht s. *Doralt* ZGR 1991, 252 (273 f.); *Krejci* Partnerschaft S. 303, 370 ff. (373 f.); tendenziell für Erfordernis eines Hauptversammlungsbeschlusses aber *Emmerich* AG 1991, 303 (305 f.); *Wiedemann* Unternehmensgruppe S. 64.

[52] Näher u. → § 9a.

[53] Eingehend zum Folgenden *Binnewies* Konzerneingangskontrolle S. 291 ff.; *Eckert* Konzerneingangsschutz S. 27 ff.; *Liebscher* Konzernbildungskontrolle S. 352 ff.; weitergehend – für Zulässigkeit eines satzungsmäßigen Konzernierungsverbots – *Schneider* AG 1990, 56 (62); s. ferner *Schneider/Burgard* Betr. 2001, 963.

[54] Zur nachträglichen Einführung s. aber § 180 Abs. 2 AktG; zur Zuständigkeit des Vorstands für die Zustimmung zur Übertragung sowie zu davon abweichenden Satzungsregelungen s. Hüffer/Koch/*Koch*

die Einführung von Höchststimmrechten (§ 134 Abs. 1 S. 2 AktG). Denkbar sind darüber hinaus die Erhöhung des **Mehrheitserfordernisses** für Hauptversammlungsbeschlüsse (§ 133 Abs. 1 AktG, § 179 Abs. 2 AktG), die Einführung eines Rechts zur Zwangseinziehung von Aktien (§ 237 Abs. 1 S. 2 AktG), die Begründung von Entsendungsrechten (§ 101 Abs. 2 AktG)[55] und die Statuierung persönlicher Voraussetzungen für **Aufsichtsratsmitglieder** (§ 100 Abs. 4 AktG).[56] Mehrstimmrechte sind dagegen gänzlich ausgeschlossen (§ 12 Abs. 2 S. 2 AktG, § 5 EGAktG).[57] Umstritten ist, ob die Satzung ein Wettbewerbsverbot für herrschende Unternehmensaktionäre vorsehen und näher ausgestalten kann;[58] bedenkt man, dass sich nach zutreffender, freilich sehr umstrittener Ansicht ein solches Wettbewerbsverbot für nicht börsennotierte Gesellschaften schon aus der mitgliedschaftlichen Treupflicht herleiten lässt (→ Rn. 20 f.), sollte die Frage zu bejahen sein.

3. Kapitalmaßnahmen

Der Erwerb einer beherrschenden Stellung kann sowohl durch eine Kapitalerhöhung, 17 zumal in Verbindung mit einem Ausschluss des Bezugsrechts, als auch durch den Erwerb eigener Aktien nach § 71 Abs. 1 Nr. 8 AktG erschwert werden.[59] Namentlich die Ausnutzung eines genehmigten Kapitals gem. §§ 202 ff. AktG und einer Ermächtigung zum Aktienrückerwerb gemäß § 71 Abs. 1 Nr. 8 AktG stehen allerdings unter dem Vorbehalt des § 33 WpÜG (→ § 9a Rn. 13 ff.) sowie aktienrechtlichen Verhaltenspflichten des Vorstands.[60]

4. Treupflicht

a) Obschon auch der Aktionär im Verhältnis zur AG und zu seinen Mitaktionären der 18 mitgliedschaftlichen Treupflicht unterliegt,[61] darf dies nicht zum Anlass genommen werden, den Grundsatz der §§ 311 ff. AktG, dass nämlich die AG ohne Mitwirkung

---

AktG § 68 Rn. 15 mwN; weitergehend – für zwingende Zuständigkeit der Hauptversammlung für die Zustimmung zu einer abhängigkeitsbegründenden Übertragung vinkulierter Aktien – *Bayer* FS Hüffer, 2010, 35 (42 ff.); dagegen zu Recht *Hüffer*, Liber Amicorum M. Winter, 2011, S. 279 (286 ff., 291 ff.), dort auch zur Frage einer Inhaltskontrolle des Beschlusses.

55 Zur Vereinbarkeit mit Art. 63 AEUV s. BGH ZIP 2009, 1566; *Verse* ZIP 2008, 1754.

56 Näher MüKoAktG/*Habersack* AktG § 100 Rn. 51 ff.

57 Vgl. zu § 5 EGAktG BayObLG ZIP 2002, 1765; *Schulz* NZG 2002, 996; zur rechtspolitischen Bewertung s. auch *Noack* AG 2009, 227 (233 ff.).

58 Für die nicht börsennotierte AG bejahen etwa Emmerich/Habersack Aktien-/GmbH-KonzernR/*Habersack* AktG Vor § 311 Rn. 8; s. ferner *Binnewies* Konzerneingangskontrolle S. 319 ff.; abl. KölnKommAktG/*Koppensteiner* AktG Anh. § 318 Rn. 25; *Seydel* Konzernbildungskontrolle S. 171 ff.; *Liebscher* Konzernbildungskontrolle S. 359, 386 f.

59 Eingehend dazu *Michalski* AG 1997, 152 ff.; *M. Wolf* AG 1998, 212; zu übernahme- und aktienrechtlichen Verhaltenspflichten der Zielgesellschaft und ihrer Organwalter gegenüber dem Bieter s. *Habersack* FS Marsch-Barner, 2018, 203 (208 ff.).

60 Zur Frage einer aktienrechtlichen „Neutralitätspflicht" s. für die nicht börsennotierte AG Emmerich/Habersack Aktien-/GmbH-KonzernR/*Habersack* AktG Vor § 311 Rn. 4 mwN; offengelassen von BGH ZIP 2008, 218; speziell zur Abwehr eines bevorstehenden Übernahmeangebots durch Ausübung eines genehmigten Kapitals s. *Mülbert* FS Schwark, 2009, 553 (559 ff.); näher zu übernahme- und aktienrechtlichen Verhaltenspflichten der Zielgesellschaft und ihrer Organwalter gegenüber dem Bieter s. *Habersack* FS Marsch-Barner, 2018, 203 (208 ff.).

61 BGHZ 103, 184 – Linotype; BGHZ 129, 136 – Girmes; *Lutter* ZHR 153 (1989), 446 (452 ff.); 162 (1998), 164; *Henze* FS Kellermann, 1991, 141 ff.; *Henze* ZHR 162 (1998), 186; zur historischen Entwicklung und zum Zusammenspiel mit dem Gleichbehandlungsgrundsatz Bayer/Habersack Bd. II/*Verse* S. 579 ff.

der Aktionäre in einen Konzern eingebunden werden kann, in sein Gegenteil zu verkehren. Insbes. lässt sich de lege lata ein Präventivschutz nicht dadurch etablieren, dass man den **Erwerb und die Veräußerung von Aktien** besonderen, über §§ 20 ff. AktG und die Vorschriften des Kapitalmarktrechts hinausgehenden Verhaltenspflichten unterstellt.[62]

19 b) Dagegen unterliegen auch im Aktienrecht Mehrheitsbeschlüsse, die die Rechtsstellung der überstimmten Minderheit beeinträchtigen, einer **Inhaltskontrolle**.[63] Davon betroffen sind insbes. Beschlüsse, die die Gefahr der Abhängigkeit oder Konzernierung der Gesellschaft begründen, indem sie etwa die Minderheit vom Bezugsrecht ausschließen oder dem Mehrheitsaktionär Befreiung von einer der satzungsmäßigen Präventivmaßnahmen erteilen.[64] Umgekehrt kann der Beschluss über den Ausschluss des Bezugsrechts insbes. deshalb sachlich gerechtfertigt sein, weil er zur Erhaltung der Selbstständigkeit der Gesellschaft und zur Abwehr von Fremdeinfluss eingesetzt wird.[65]

20 c) Schließlich sprechen gute Gründe für die Annahme, dass auch der herrschende Aktionär kraft seiner mitgliedschaftlichen Treupflicht[66] einem **Wettbewerbsverbot** unterliegt.[67] Zwar trifft es zu, dass die §§ 311 ff. AktG die AG bewusst als „konzernoffen" ausgestaltet haben; auch schließen die genannten Vorschriften, soweit ihr Anwendungsbereich reicht, einen Rückgriff auf die mitgliedschaftliche Treupflicht grds.

---

[62] Näher Emmerich/Habersack Aktien-/GmbH-KonzernR/*Habersack* AktG Vor § 311 Rn. 9 mit umf. Nachw. auch zu Gegenstimmen (die sich freilich überwiegend mit Erlass des WpÜG erledigt haben dürften); aA namentlich *Mülbert/Kiem* ZHR 177 (2013), 819 (843 ff.).

[63] Zu Grundlage und Maßstab dieser Inhaltskontrolle → Rn. 3 ff.; s. ferner *Henze* BB 1996, 489 (497); *Krieger/Schneider* § 70 Rn. 19; *Seydel* Konzernbildungskontrolle S. 183 ff.; allg. *Wandrey,* Materielle Beschlusskontrolle im Aktienrecht, 2011, S. 9 ff., 89 ff.

[64] Emmerich/Habersack Aktien-/GmbH-KonzernR/*Habersack* AktG Vor § 311 Rn. 6; *Krieger/Schneider* § 70 Rn. 19; für die abhängigkeitsbegründende Verschmelzung Lutter/*Drygala* UmwG § 13 Rn. 38; zur Zustimmung zur Übertragung vinkulierter Namensaktien s. Fn. 54.

[65] So im Ansatz bereits BGHZ 33, 175 (186); wie hier *Lutter/Timm* NJW 1982, 409 (415); *Martens* FS R. Fischer, 1979, 437 (452); Hüffer/Koch/*Koch* AktG § 186 Rn. 32; aA *Hirte,* Bezugsrechtsausschluss und Konzernbildung, 1986, S. 50 ff. – Allgemein zur Inhaltskontrolle von Beschlüssen über den Bezugsrechtsausschluss BGHZ 71, 40; 120, 141; 125, 239; für das genehmigte Kapital (Kontrolle des Ausübungsbeschlusses des Vorstands) s. BGHZ 136, 133 (138 ff.) – Siemens/Nold; BGHZ 164, 249 (254 ff.) – Mangusta/Commerzbank II.

[66] → Rn. 18; zur Grundlage des Wettbewerbsverbots in der mitgliedschaftlichen Treupflicht bereits → Rn. 10.

[67] Emmerich/Habersack Aktien-/GmbH-KonzernR/*Habersack* AktG Vor § 311 Rn. 7; *Henze* BB 1996, 489 (497); *Henze* FS Hüffer, 2011, 309 (318 ff.); *Henze* ZHR 175 (2011), 1 (7 f.); *Geiger* Wettbewerbsverbote 75 ff. (146 ff.); *U. H. Schneider/Burgard* Betr. 2001, 963 (967); *Burgard* FS Lutter, 2000, 1033 (1039 ff.); *Armbrüster* ZIP 1997, 1269 (1271); für die nicht börsennotierte AG Bayer/Habersack Bd. II/*Verse* S. 579 (617 f.); für die personalistisch strukturierte *Wimmer-Leonhardt,* Konzernhaftungsrecht, 2004, 312 ff.; auch insoweit zurückhaltend bis ablehnend OLG Stuttgart ZIP 2007, 1210 (1217); MüKoAktG/*Altmeppen* AktG Vor § 311 Rn. 51 ff.; Grigoleit/*Grigoleit* AktG § 311 Rn. 6; KölnKommAktG/*Koppensteiner* AktG Anh. § 318 Rn. 25; Spindler/Stilz/*Müller* AktG Vor § 311 Rn. 44, 55; Hüffer/Koch/*Koch* AktG § 53 a Rn. 25; *Hüffer* FS Röhricht, 2011, 251 (257 ff.); *Binnewies* Konzerneingangskontrolle S. 340 ff.; *Tröger* Treupflicht S. 241 ff.; *Seydel* Konzernbildungskontrolle S. 171 ff.; zumindest tendenziell auch BGH NZG 2008, 831 (833) – Züblin/Strabag, wo ein Wettbewerbsverbot des herrschenden Aktionärs „jedenfalls dann" abgelehnt wird, wenn die Wettbewerbssituation vor Erwerb der Mehrheitsbeteiligung (nämlich in der Person des Veräußerers der Anteile) bestanden hat, indes unberücksichtigt bleibt, dass die Intensität der mit der Wettbewerbssituation verbundenen Gefahren ganz entscheidend von der Person des jeweiligen Aktionärs abhängt.

aus.[68] Indes gilt dies nur insoweit, als es um die allgemeinen Gefahren aus der Abhängigkeit von einem Unternehmen geht. Nicht in §§ 311 ff. AktG berücksichtigt sind dagegen die besonderen Gefahren, die sich aus der Abhängigkeit von einem konkurrierenden Unternehmen ergeben. Sie legen ein Wettbewerbsverbot nahe, wobei es, ebenso wie im GmbH-Recht, auf die Realstruktur der AG nicht ankommen sollte.[69]

Eine **Ausnahme** ist allerdings für die **börsennotierte AG** anzuerkennen. Bei ihr würde   21
die Annahme eines Wettbewerbsverbots nicht nur die Handelbarkeit der Aktie beeinträchtigen, sondern darüber hinaus den Wertungen des – den Kontrollwechsel nachgerade fördernden – WpÜG zuwiderlaufen. Der Schutz der Minderheitsaktionäre wird insoweit durch das WpÜG sowie – zumindest reflexartig – die sonstigen Vorschriften des Kapitalmarktrechts und die Institutionen des Kapitalmarkts besorgt.[70] IÜ steht das Wettbewerbsverbot nach § 23 Abs. 5 S. 2 AktG auch in der nicht börsennotierten AG zur Disposition der Hauptversammlung.[71] Ein Beschluss, der dem herrschenden Unternehmen Befreiung erteilt, ist allerdings einer Inhaltskontrolle zu unterziehen.[72]

IV. Exkurs: Gründung einer abhängigen Gesellschaft

Die Frage einer Gruppenbildungskontrolle stellt sich nur, wenn die Gesellschaft zu-   22
nächst als unabhängige entstanden ist. Wird dagegen einem der Gründungsmitglieder von vornherein eine Mehrheitsbeteiligung eingeräumt[73] oder ist der Unternehmensgegenstand und Zweck der Gesellschaft auf das Interesse des herrschenden Unternehmens oder des Konzerns ausgerichtet,[74] so beruht die Abhängigkeit auf dem Konsens aller Gesellschafter; ein **Präventivschutz** ist dann **entbehrlich**.[75] Auch Gesellschafter, die einer abhängigen Gesellschaft beitreten, haben die Abhängigkeit hinzunehmen; entsprechend § 112 Abs. 2 HGB können sie insbes. nicht auf Beachtung des Wettbewerbsverbots durch das herrschende Unternehmen bestehen.[76] Eine nachträgliche Änderung der Gegenstands- oder Zweckbestimmung unterliegt dagegen, wenn sie der Gesellschaft einen dienenden Zweck zuweist, der Inhaltskontrolle.[77] Zudem bleiben die allgemeinen gläubigerschützenden Instrumentarien unberührt.[78]

---

[68] Näher Emmerich/Habersack Aktien-/GmbH-KonzernR/*Habersack* AktG § 311 Rn. 89 f.

[69] Bereits → Rn. 11; ferner Emmerich/Habersack Aktien-/GmbH-KonzernR/*Habersack* AktG Vor § 311 Rn. 7.

[70] Zust. Bayer/Habersack Bd. II/*Verse* S. 579 (617 f.); s. ferner *Hüffer* FS Röhricht, 2005, 251 (261 f.).

[71] Näher *Geiger* Wettbewerbsverbote S. 146 ff.; *Burgard* FS Lutter, 2000, 1033 (1050 f.).

[72] Vgl. → Rn. 19. Zu den Mehrheitserfordernissen und zum Stimmverbot des herrschenden Unternehmens → Rn. 12 sowie Emmerich/Habersack Aktien-/GmbH-KonzernR/*Habersack* AktG Vor § 311 Rn. 8.

[73] Entsprechendes gilt, wenn die Gesellschafter von einer in der Satzung vorgesehenen Gestaltungsmöglichkeit, die die Abhängigkeit zur Folge hat, Gebrauch machen, s. OLG München ZIP 2012, 1756 (1758).

[74] Eingehend zu solchen Gesellschaften *Eberth,* Die Aktiengesellschaft mit atypischer Zwecksetzung, 2000, insbes. S. 34 ff.; *J. Köster,* Ziele der Aktiengesellschaft in Europa, 2004, S. 229 ff.; *H. Timmann,* Die Durchsetzung von Konzerninteressen in der Satzung der abhängigen Gesellschaft, 2001, S. 102 ff.; s. ferner *Mülbert* FS Lutter, 2000, 535 (543 ff.).

[75] Vgl. Emmerich/Habersack Aktien-/GmbH-KonzernR/*Habersack* AktG § 311 Rn. 41; Emmerich/Habersack Aktien-/GmbH-KonzernR/*Habersack* AktG Anh. § 318 Rn. 9; Habersack/Schäfer/*Schäfer* HGB Anh. § 105 Rn. 37; UHL/*Casper* GmbHG Anh. § 77 Rn. 55.

[76] Vgl. BGHZ 89, 162 (168) – Heumann/Ogilvy.

[77] Näher dazu für die AG Emmerich/Habersack Aktien-/GmbH-KonzernR/*Habersack* AktG § 311 Rn. 30, 41, Anh. § 317 Rn. 12, 14.

[78] Zum Bestandsschutz und zur „Existenzvernichtungshaftung" s. § 31.

§ 9. Gruppenbildungs- und Gruppenleitungskontrolle auf der Ebene des herrschenden Unternehmens

Literatur: Kommentar vor § 311 Rn. 31 ff. und Anh. zu § 318, Rn. 47 ff.; *Adolff,* Zur Reichweite des verbandsrechtlichen Abwehranspruchs des Aktionärs gegen rechtswidriges Verwaltungshandeln, ZHR 169 (2005), 310; *Bayer,* Die Delisting-Entscheidungen „Macrotron" und „Frosta" des II. Zivilsenats des BGH, ZfPW 2015, 163; *Bayer/Lieder/Hoffmann,* Übertragung des gesamten Gesellschaftsvermögens nach § 179a AktG, AG 2017, 717; *Brellochs,* Der Rückzug von der Börse nach „Frosta", AG 2014, 633; *Bungert,* Festschreibung der ungeschriebenen „Holzmüller"- Hauptversammlungszuständigkeiten bei der Aktiengesellschaft, BB 2004, 1345; *Busch/Groß,* Vorerwerbsrechte der Aktionäre beim Verkauf von Tochtergesellschaften über die Börse?, AG 2000, 503; *Decher,* Mitwirkungsrechte der Aktionäre beim Kauf von Unternehmen?, FS U. H. Schneider, 2011, 261; *Ekkenga/Schneider,* „Holzmüller" und seine Geburtsfehler – hier: Die angebliche Schrankenlosigkeit der Vertretungsmacht des Mutter-Vorstands im Konzern, ZIP 2017, 1053; *Emmerich,* Konzernbildungskontrolle, AG 1991, 303; *Ettinger/Reiff,* Die Gelatine-Entscheidungen des BGH: Auswirkungen auf die Kompetenzverteilung in der GmbH bei Ausgliederungen außerhalb des Umwandlungsgesetzes, GmbHR 2007, 617; *Fleischer,* Ungeschriebene Hauptversammlungszuständigkeiten im Aktienrecht: Von „Holzmüller" zu „Gelatine", NJW 2004, 2335; *Fleischer,* Mitwirkungsbefugnisse der Aktionäre bei Struktur-, Vergütungs- und Personalentscheidungen in Deutschland, Österreich und der Schweiz, GesRZ 2010, 193; *Forum Europaeum Konzernrecht,* Konzernrecht für Europa, ZGR 1998, 672; *Fuhrmann,* „Gelatine" und die Holzmüller-Doktrin: Ende einer juristischen Irrfahrt?, AG 2004, 339; *Geßler,* Einberufung und ungeschriebene Hauptversammlungszuständigkeiten, FS Stimpel, 1985, 771; *Goette,* Organisation und Zuständigkeit im Konzern, AG 2006, 522; *Götz,* Die Sicherung der Rechte der Aktionäre der Konzernobergesellschaft bei Konzernbildung und Konzernleitung, AG 1984, 85; *Götze,* „Gelatine" statt „Holzmüller" – Zur Reichweite ungeschriebener Mitwirkungsbefugnisse der Hauptversammlung, NZG 2004, 585; *Goj,* Ungeschriebenes Hauptversammlungserfordernis beim Beteiligungserwerb?, 2015; *W. Grauer,* Konzernbildungskontrolle im GmbH-Recht, 1991; *Groß,* Zuständigkeit der Hauptversammlung bei Erwerb und Veräußerung von Unternehmensbeteiligungen, AG 1994, 266; *Habersack,* Die Mitgliedschaft – subjektives und „sonstiges" Recht, 1996; *Habersack,* Die Aktionärsklage – Grundlagen, Grenzen und Anwendungsfälle, DStR 1998, 533; *Habersack,* „Holzmüller" und die schönen Töchter, WM 2001, 545; *Habersack,* Mitwirkungsrechte der Aktionäre nach Macrotron und Gelatine, AG 2005, 137; *Habersack,* „Macrotron" – Was bleibt?, ZHR 176 (2012), 463; *Habersack,* Delisting, in: Habersack/Mülbert/Schlitt, Unternehmensfinanzierung am Kapitalmarkt, 4. Aufl. 2019, § 40; *Hasselbach/Pröhl,* Delisting mit oder ohne Erwerbsangebot nach neuer Rechtslage, NZG 2015, 209; *Heinsius,* Organzuständigkeiten bei Bildung, Erweiterung und Umorganisation des Konzerns, ZGR 1984, 383; *Henze,* Entscheidungen und Kompetenzen der Organe in der AG: Vorgaben der höchstrichterlichen Rechtsprechung, BB 2001, 53; *Henze,* Holzmüller vollendet das 21. Lebensjahr, FS Ulmer, 2003, 211; *Hirte,* Bezugsrechtsausschluss und Konzernbildung, 1986; *Hoffmann-Becking,* „Holzmüller", „Gelatine" und die These von der Mediatisierung der Aktionärsrechte, ZHR 172 (2008), 231; *Hofmeister,* Veräußerung und Erwerb von Beteiligungen in der Aktiengesellschaft: Denkbare Anwendungsfälle der Gelatine-Rechtsprechung?, NZG 2008, 47; *Hommelhoff,* Die Konzernleitungspflicht, 1982; *Hüffer,* Zur Holzmüller-Problematik: Reduktion des Vorstandsermessens oder Grundlagenkompetenz der Hauptversammlung, FS Ulmer, 2003, 279; *Jansen,* Konzernbildungskontrolle im faktischen GmbH-Konzern, 1993; *Joost,* „Holzmüller 2000" vor dem Hintergrund des Umwandlungsgesetzes, ZHR 163 (1999), 164; *Jungkurth,* Konzernleitung bei der GmbH: Die Pflichten des Geschäftsführers, 2000; *Kiefner,* Konzernumbildung und Börsengang der Tochter, 2005; *Kiefner,* Beteiligungserwerb und ungeschriebene Hauptversammlungszuständigkeit, ZIP 2011, 545; *Klöhn,* Gesellschaftsrecht in der Eigenverwaltung: Die Grenzen des Einflusses auf die Geschäftsführung gemäß § 276a Satz 1 InsO, NZG 2013, 81; *Koppensteiner,* „Holzmüller" auf dem Prüfstand, Konzern 2004, 381; *Krieger,* Aktionärsklage zur Kontrolle des Vorstands- und Aufsichtsratshandelns, ZHR 163 (1999), 343; *Krieger,* Der Abschluss eines Gewinnabführungsvertrags zwischen Mutter und Enkel im mehrstufigen faktischen Konzern, FS K. Schmidt, 2009, 999; *Kropff,* Über die „Ausgliederung", FS Geßler, 1971, 111; *Liebscher,* Konzernbildungskontrolle, 1995; *Liebscher,* Ungeschriebene Hauptversammlungszuständigkeiten im Lichte von Holzmüller, Macrotron und Gelatine, ZGR 2005, 1; *Lutter,* Zur Binnenstruktur des Konzerns, FS H. Westermann, 1974, 347; *Lutter,* Teilfusionen im Gesellschaftsrecht, FS Barz, 1974, 199; *Lutter,* Organzuständigkeiten im Konzern, FS Stimpel, 1985, 825; *Lutter,* Rücklagenbildung im Konzern, FS Goerdeler, 1987, 327; *Lutter,* Zur Vorbereitung und Durchführung von Grundlagenbeschlüssen, FS Fleck, 1988, 169; *Lutter,* Das Vor-Erwerbsrecht/Bezugsrecht der Aktionäre beim Verkauf von Tochtergesellschaften über die Börse, AG 2000, 342; *Lutter,* Das unvollendete Konzernrecht, FS K. Schmidt, 2009, 1065; *Lutter/Leinekugel,* Der Ermächtigungsbeschluss der Hauptversammlung zu grundlegenden Strukturmaßnahmen – zulässige Kompetenzübertragung oder unzulässige Selbstentmündigung?, ZIP 1998, 805; *Markwardt,* „Holzmüller" im vorläufigen Rechtsschutz, WM 2004, 211; *Martens,* Die Entscheidungsautonomie des Vorstands und die „Basisdemokratie" in der Aktiengesellschaft, ZHR 147 (1983), 377; *Mecke,* Konzernstruktur und Aktionärsentscheid, 1992; *Mülbert,* Aktiengesellschaft, Unternehmensgruppe und Kapitalmarkt, 2. (unveränderte) Aufl. 1996; *Paefgen,* „Holzmüller" und der Rechtsschutz des Aktionärs gegen das Verwaltungshandeln im Rechtsvergleich, ZHR 172 (2008), 42 ff.; *Priester,* Die klassische Ausgliederung – ein Opfer des Umwandlungsgesetzes 1994, ZHR 163 (1999), 187; *Priester,* „Holzmüller" im GmbH-Recht, FS Westermann, 2008, 1281; *Priester,* Satzungsvorgaben zum Vorstandshandeln, FS Hüffer, 2010, 777; *Priester,* Aktionärsentscheid zum Unternehmenserwerb, AG 2011, 654; *Frh. v. Rechenberg,* Die Hauptversammlung als oberstes Organ der AG, 1986; *Rehbinder,* Zum konzernrechtlichen Schutz der Aktionäre einer Obergesellschaft, ZGR 1983, 92; *Reichert,* Ausstrahlungswirkungen der Ausgliederungsvoraussetzungen nach UmwG auf andere Strukturänderungen, in: Habersack/Koch/Winter (Hrsg.), Die Spaltung im neuen Umwandlungsrecht und ihre Rechtsfolgen, 1999, 25; *Reichert,* Mitwirkungsrechte und Rechtsschutz der Aktionäre nach Macrotron und Gelatine, AG 2005, 150; *v. Riegen,* Gesellschafterschutz bei Ausgliederungen durch Einzelrechtsnachfolge, 1999; *Rüffler,* Lücken im Umgründungsrecht, 2002; *Schmiegel,* Informationspflichten der Geschäftsführung bei Strukturmaßnahmen in Kapitalgesellschaften, 2011; *Schmolke,* Hauptversammlungszuständigkeit für Business Combination Agreements, VGR 24 (2019), S. 137; *U. H. Schneider,* Zur Wahrnehmung von Mitgliedschaftsrechten an Tochtergesellschaften einer Personengesellschaft, FS Bärmann, 1975, 873; *U. H. Schneider,* Konzernleitung als Rechtsproblem, BB 1981, 249; *U. H. Schneider.,* Die Gründung von faktischen GmbH-Konzernen, in: Hommelhoff (Hrsg.), Entwicklungen im GmbH-Konzernrecht, 121; *Scholz,* Zurück ins „Macrotron"-Zeitalter durch Satzungsregelung?, BB 2015, 2248; *Seiler/Singhof,* Zu den Rechtsfolgen bei Nichtbeachtung der „Holzmüller"-Grundsätze, Konzern 2003, 313; *Semler,* Leitung und Überwachung der AG, 2. Aufl. 1996; *Seydel,* Konzernbildungskontrolle bei der AG, 1995; *Sieger/Hasselbach,* Die Holzmüller-Entscheidung im Unterordnungskonzern, AG 1999, 241; *Simon,* Von „Holzmüller" zu „Gelatine" – Ungeschriebene Hauptversammlungszuständigkeiten im Lichte der BGH-Rechtsprechung, DStR 2004, 1482, 1528; *Sonntag,* Konzernbildungs- und Konzernleitungskontrolle bei der GmbH, 1990; *Spindler,* Ungeschriebene Hauptversammlungszuständigkeiten – wohin führt der Weg?, FS Goette, 2011, 513; *Staake,* Ungeschriebene Hauptversammlungskompetenzen in börsennotierten und nicht börsennotierten Aktiengesellschaften, 2009; *Stephan/Strenger,* Die Zuständigkeit der Hauptversammlung bei Strukturveränderungen – ein anlassbedingter Vorschlag, AG 2017, 346; *Stöber,* Ungeschriebene Hauptversammlungskompetenzen am Beispiel eines Börsenrückzugs und der fakultativen Insolvenzantragstellung, WM 2014, 1757; *Strohn,* Zur Zuständigkeit der Hauptversammlung bei Zusammenschlussvorhaben unter Gleichen, ZHR 182 (2018), 114; *Sünner,* Aktionärsschutz und Aktienrecht, AG 1983, 169; *Tieves,* Der Unternehmensgegenstand der Kapitalgesellschaft, 1998; *Timm,* Die AG als Konzernspitze, 1980; *Tröger,* Informationsrechte der Aktionäre bei Beteiligungsveräußerungen, ZHR 165 (2001), 593; *J. Vetter,* Freigabeverfahren, Holzmüller und Änderung des Unternehmensgegenstands, Liber Amicorum für M. Winter, 2011, 731; *von der Linden,* Kann die Satzung eine Börsennotierung vorschreiben?, NZG 2015, 176; *Wahlers,* Konzernbildungskontrolle durch die Hauptversammlung der Obergesellschaft, 1995; *Warschkow,* Schutz der Aktionäre der Konzernobergesellschaft, 1991; *Wehlmann,* Kompetenzen von Gesellschaftern und Gesellschaftsorganen bei der Bildung faktischer GmbH-Konzerne, 1996; *Weißhaupt,* Holzmüller-Informationspflichten nach den Erläuterungen des BGH in Sachen „Gelatine", AG 2004, 585; *Werner,* Zuständigkeitsverlagerung in der Aktiengesellschaft durch Richterrecht?, ZHR 147 (1983), 429; *Westermann,* Organzuständigkeit bei Bildung, Erweiterung und Umorganisation des Konzerns, ZGR 1984, 352; *Westermann,* Die Holzmüller-Doktrin – 19 Jahre danach, FS Koppensteiner, 2001, 259; *Wiedemann,* Die Unternehmensgruppe im Privatrecht, 1988; *Wilsing,* Die Zuständigkeit der Hauptversammlung für Unternehmenszusammenschlüsse am Beispiel Linde/Praxair, FS Marsch-Barner, 2018, 595; *Wollburg/Gehling,* Umgestaltung des Konzerns – Wer entscheidet über die Veräußerung von Beteiligungen einer Aktiengesellschaft?, FS O. Lieberknecht, 1997, 133; *Zeidler,* Die Hauptversammlung der Konzernmutter – ungeschriebene Zuständigkeiten und Information der Aktionäre, NZG 1998, 91; *Zientek,* Ungeschriebene Hauptversammlungskompetenzen bei Unternehmensakquisitionen einer Aktiengesellschaft, 2016; *Zimmermann/Pentz,* „Holzmüller" – Ansatzpunkt, Klagefrist, Klageantrag, FS W. Müller, 2001, 151; *Zitzmann,* Die Vorlagepflichten des GmbH-Geschäftsführers, 1991.

I. Grundlagen

1. Erfordernis einer gesellschaftsvertraglichen Ermächtigung zur Gruppenbildung

1 Handelt es sich bei dem herrschenden Unternehmen um eine Gesellschaft,[1] so bestimmt das jeweilige Organisationsrecht, ob und inwieweit die Gesellschafter an der Begründung des Abhängigkeits- oder Konzernverhältnisses zu beteiligen sind. Sowohl für die Personengesellschaften als auch für die Kapitalgesellschaften können sich solche Mitwirkungsrechte zunächst aus der gesellschaftsvertraglichen Festlegung des **Unternehmensgegenstands**[2] ergeben. Ihn darf das geschäftsführende Organ nicht dauerhaft überschreiten.[3] Andererseits muss es ihn grundsätzlich[4] ausfüllen, und zwar vorbehaltlich einer entsprechenden Ermächtigung unmittelbar (dh nicht durch Tochtergesellschaften).[5] Deshalb bedarf jede Maßnahme der Gruppenbildung, mag sie im Wege des Anteilserwerbs, der Ausgliederung oder der Gründung einer Tochtergesellschaft erfolgen, einer entsprechenden Ermächtigung durch den Gesellschaftsvertrag.[6] Erst recht gilt dies für die „Umwandlung" der Obergesellschaft in eine Vollholding. Sie muss als solche im Gesellschaftsvertrag vorgesehen sein; eine allgemeine Konzernklausel, die die eigene unternehmerische Betätigung der Obergesellschaft voraussetzt, genügt dafür nicht.[7]

2 Fehlt es an einer entsprechenden Ermächtigung, so überschreitet das geschäftsführende Organ jedenfalls seine **Geschäftsführungsbefugnis.** Die Frage der **Vertretungsmacht** beantwortet sich für die AG und die GmbH nach § 82 Abs. 1 AktG, § 37 Abs. 2 GmbHG;[8] vorbehaltlich der Lehre vom Missbrauch der Vertretungsmacht sowie sonstiger Einschränkungen des Grundsatzes der unbeschränkten und unbeschränkbaren Vertretungsmacht, wie sie insbes. für rein konzerninterne Maßnahmen

---

[1] Dies ist keineswegs erforderlich; zum Unternehmensbegriff → § 2 Rn. 3 ff.

[2] Zur Begrenzung der Satzungsautonomie durch das Leitungsermessen des Vorstands der AG s. OLG Stuttgart ZIP 2007, 231; AG Stuttgart NZG 2006, 598; *Priester* FS Hüffer, 2010, 777 ff.; zu Umwandlungssachverhalten s. *Kort* AG 2011, 611; *Kort* NZG 2011, 929.

[3] BGH NZG 2013, 293 Rn. 16 ff.; OLG Düsseldorf AG 2016, 410 (412).

[4] Namentlich bei weiter Gegenstandsbestimmung kann allerdings die Auslegung der Satzung ergeben, dass die Geschäftsführungsbefugnis nur nach oben begrenzt sein soll, so zutr. OLG Stuttgart Betr. 2001, 854 (856 f.); Hüffer/Koch/*Koch* AktG § 179 Rn. 9 a; zur Zulässigkeit einer nur vorübergehenden Unterschreitung des Unternehmensgegenstands s. iÜ RG DR 1939, 720 (721); OLG Stuttgart NZG 2003, 778 (783); *Groß* AG 1994, 266 (269); *Kropff* FS Geßler, 1970, 111 (119); *Mertens* AG 1978, 309 (311); *Timm* AG 1980, 172 (179).

[5] Vgl. für die AG OLG Stuttgart AG 2005, 693 (695 f.); OLG Köln AG 2009, 416 (417 f.); LG Köln AG 2008, 327 (331); Emmerich/Habersack Aktien-/GmbH-KonzernR/*Habersack* AktG Vor § 311 Rn. 31; *Lutter* FS Stimpel, 1985 825 (847); *Martens* ZHR 147 (1983), 377 (389 f.); *Krieger/Schneider* § 70 Rn. 5; MüKoAktG/*Stein* AktG § 179 Rn. 108; *Tieves* Unternehmensgegenstand S. 479 ff.; für die KGaA OLG Stuttgart NZG 2003, 778 (783); allg. BGHZ 127, 176 (180); *K. Schmidt* § 4 II 3.

[6] Zum Erfordernis einer Konzernklausel s. BGHZ 159, 30 (46) – Gelatine I; OLG Stuttgart Betr. 2001, 854 (856 f.); OLG Frankfurt a. M. AG 2008, 862; KölnKommAktG/*Koppensteiner* AktG Vor § 291 Rn. 39, 62; *Wahlers* Konzernbildungskontrolle S. 142 ff.; aA *Henze* FS Ulmer, 2003, 211 (217); *Westermann* ZGR 1984, 352 (362); *Mülbert* Aktiengesellschaft S. 374 ff.; GroßkommAktG/*Mülbert* AktG § 293 Rn. 90 ff.; offengelassen von BGHZ 83, 122 (130) – Holzmüller.

[7] Vgl. MüKoAktG/*Stein* AktG § 179 Rn. 109 ff.; *Groß* AG 1994, 266 (269 f.); *Tieves* Unternehmensgegenstand S. 447 ff.; aA *Hommelhoff* Konzernleitungspflicht S. 273.

[8] S. aber auch § 179 a AktG und dazu im vorliegenden Zusammenhang Emmerich/Habersack Aktien-/GmbH-KonzernR/*Habersack* AktG Vor § 311 Rn. 32.

anzuerkennen sind,[9] ist also das Handeln des Geschäftsführers oder Vorstands von der organschaftlichen Vertretungsbefugnis gedeckt. Für die Personenhandelsgesellschaften gilt an sich § 126 Abs. 1, 2 HGB. Diese Vorschrift findet jedoch keine Anwendung auf so genannte Grundlagengeschäfte. Ein solches bildet nach bislang herrschender Ansicht die Übertragung des gesamten Vermögens der Gesellschaft, aber auch ein Rechtsgeschäft, das, wie etwa die Veräußerung eines Unternehmensteils oder der Erwerb einer unternehmerischen Beteiligung, eine faktische Änderung des Unternehmensgegenstands zur Folge hat.[10] Davon hat sich möglicherweise der BGH distanziert, soweit er sich mit seinem zum GmbH-Recht ergangenen, indes wohl auch für das Personengesellschaftsrecht Geltung beanspruchenden Urteil vom 8.1.2019 gegen die analoge Anwendung des § 179 a AktG ausgesprochen und die Gesellschaft und ihre Gesellschafter auf die Grundsätze über den Missbrauch der Vertretungsmacht verwiesen hat.[11]

2. Rechtslage bei Existenz einer Konzernklausel

Enthält der Gesellschaftsvertrag eine allgemeine Konzernklausel, so ist damit zwar eine 3 allgemeine Voraussetzung für die Bildung einer Unternehmensgruppe erfüllt. Denn nunmehr steht fest, dass der gesellschaftsvertraglich vereinbarte Unternehmensgegenstand nicht zwangsläufig durch die Gesellschaft selbst, sondern gegebenenfalls auch durch Tochtergesellschaften verwirklicht werden kann. Indes kann das geschäftsführende Organ nicht davon ausgehen, dass es, gestützt allein auf die Konzernklausel und damit ohne weitere Mitwirkung der Gesellschafter, befugt wäre, die **Struktur der Gesellschaft** eigenmächtig von Grund auf zu ändern. Schon ein Blick auf § 125 S. 1 UmwG, § 65 Abs. 1 S. 1 UmwG zeigt vielmehr deutlich, dass selbst bei der AG, bei der die Aktionäre in Fragen der Geschäftsführung grds. keinerlei Mitspracherechte haben, jede Ausgliederungsmaßnahme eines Beschlusses mit qualifizierter Mehrheit bedarf. Ganz offensichtlich liegt dem die Vorstellung zugrunde, dass solche Maßnahmen, mag auch die Satzung eine allgemeine Konzernklausel enthalten, den Bereich der Geschäftsführung verlassen und in die Kompetenz der Aktionäre fallen. Im Recht der GmbH und der Personenhandelsgesellschaften, das durch weitergehende Mitspracherechte der Gesellschafter gekennzeichnet ist, muss dies erst recht gelten; hier bereitet denn auch die dogmatische Begründung solcher Mitspracherechte weitaus weniger Probleme als im Aktienrecht.

IÜ ist bereits dargelegt worden (→ § 7 Rn. 2 ff.), dass sich die Frage einer Beteiligung 4 der Gesellschafter des herrschenden Unternehmens nicht allein bei der erstmaligen Bildung einer Unternehmensverbindung stellt. Der Gruppenbildung gleich stehen vielmehr der **Gruppenausbau** und die **Gruppenumbildung,** wobei es wiederum unerheblich ist, ob sich Letztere durch das „Umhängen" von Beteiligungen innerhalb des Konzerns oder durch Umwandlungsmaßnahmen auf der Ebene von Tochter- und En-

---

[9] Allg. zum Missbrauch der Vertretungsmacht s. *K. Schmidt* § 10 II 2; GroßkommAktG/*Habersack/Foerster* AktG § 82 Rn. 9 ff.; speziell im vorliegenden Zusammenhang BGHZ 83, 122 (132 f.); *Adolff/Adolff* FS Mailänder, 2006, 289 (297 ff.); *Ekkenga/Schneider* ZIP 2017, 1053 (1054 ff.). Zur Unanwendbarkeit des § 82 AktG auf Rechtsgeschäfte mit Organmitgliedern und Konzerngesellschaften s. GroßkommAktG/*Habersack/Foerster* AktG § 82 Rn. 17 f.

[10] Näher *K. Schmidt* ZGR 1995, 674 (678 f.); MüKoHGB/*K. Schmidt* HGB § 126 Rn. 13; Habersack/ Schäfer/*Habersack* HGB § 126 Rn. 16 f.; s. ferner BGH NJW 1995, 596; krit. *Hadding* FS Lutter, 2000, 851 ff.

[11] BGH ZIP 2019, 701 Rn. 14 ff., 45 ff.

kelgesellschaften vollzieht. Aber auch Maßnahmen der **Gruppenleitung** können, wie der BGH in der schon erwähnten „Holzmüller"-Entscheidung nachdrücklich vor Augen geführt hat,[12] die Teilhabe- und Vermögensrechte der Gesellschafter der Obergesellschaft verwässern und bedürfen in diesem Fall der Zustimmung der Gesellschafter. Von Bedeutung ist dies insbes. für auf der Tochterebene angesiedelte Kapitalerhöhungen.

3. Abwehr- und Beseitigungsanspruch des Gesellschafters

5   Die Teilhabe der Gesellschafter an Maßnahmen der Gruppenbildung und -leitung soll dem Umstand Rechnung tragen, dass diese Maßnahmen zu einer Verwässerung mitgliedschaftlicher Rechte und zu einer Schwächung des Anteilswerts führen können (→ Rn. 14f.; → § 7 Rn. 2ff.). Missachtet das geschäftsführende Organ die Zuständigkeit der Gesellschafter,[13] so hat deshalb jedes Mitglied einen eigenen Abwehr- und Beseitigungsanspruch. Dieser Anspruch gründet zunächst auf dem **mitgliedschaftlichen Rechtsverhältnis** zwischen dem Gesellschafter und der Gesellschaft und richtet sich deshalb gegen diese. Für das Aktienrecht hat dies der BGH bereits in der „Holzmüller"-Entscheidung ausdrücklich anerkannt;[14] für das Recht der GmbH und der Personengesellschaften kann nichts anderes gelten.[15] Darüber hinaus ist die Mitgliedschaft subjektives und **„sonstiges" Recht** iSd § 823 Abs. 1 BGB und genießt als solches auch im Verbandsinnenverhältnis quasi-negatorischen und deliktischen Schutz.[16] Auf der Grundlage der §§ 823 Abs. 1, 1004 BGB kann deshalb jeder Gesellschafter die an dem Kompetenzübergriff beteiligten Personen, neben der herrschenden Gesellschaft insbes. auch deren Organwalter, auf Unterlassung und Beseitigung[17] in Anspruch nehmen.

---

[12]   BGHZ 83, 122 (136f.); dazu bereits → § 7 Rn. 3.

[13]   Für Befugnis des Vorstands der AG, den angefochtenen Beschluss unter den Voraussetzungen des § 246a Abs. 2 Nr. 3 AktG analog umzusetzen, *J. Vetter* Liber Amicorum M. Winter, 2011, S. 731 (741 ff.) (zweifelhaft).

[14]   BGHZ 83, 122 (133ff.); s. ferner BGHZ 106, 54 (64) – Opel; BGHZ 136, 133 (141) – Siemens/Nold; BGHZ 164, 249 (254ff.) – Mangusta/Commerzbank II (vorbeugende Unterlassungs- oder Feststellungsklage; dazu BVerfG ZIP 2009, 753 (755f.)); BGH NJW 2018, 2796 Rn. 17ff. (Feststellungsklage); *Knobbe-Keuk* FS Ballerstedt, 1975, 239 (251ff.); *K. Schmidt* § 21 V 3; *Adolff* ZHR 169 (2005), 310 (313ff.); *Bayer* NJW 2000, 2609 (2610f.); näher *Habersack* Mitgliedschaft S. 305ff.; *Habersack* DStR 1998, 533; ferner *Paefgen* ZHR 172 (2008), 42 (75ff.); krit. *Krieger* ZHR 163 (1999), 343 (355f.); abl. *H. Roth* FS Henckel, 1995, 707 (713ff.). – Zu Inhalt und Geltendmachung des Anspruchs s. die Nachw. in Fn. 16.

[15]   S. Emmerich/Habersack Aktien-/GmbH-KonzernR/*Habersack* AktG Anh. § 318 Rn. 49; *Habersack* Mitgliedschaft S. 305ff.

[16]   Vgl. für die Mitgliedschaft im Idealverein BGHZ 110, 323 (327f.) – Schärenkreuzer; allg. *K. Schmidt* § 21 V 4; näher *Habersack* Mitgliedschaft S. 117ff., 171ff., 297ff.; für die AG s. auch LG Bonn AG 2001, 484 (485); aA namentlich *Hadding* FS Kellermann, 1991, 91ff.; *Helms*, Schadensersatzansprüche wegen Beeinträchtigung der Vereinsmitgliedschaft, 1998, S. 64ff. – Näher zu Inhalt und Geltendmachung des Anspruchs *Habersack* Mitgliedschaft S. 355ff.; *Seiler/Singhof* Konzern 2003, 313 (318ff.); *Zimmermann/Pentz* FS Müller, 2001, 151 (172ff.); zur Möglichkeit einstweiligen Rechtsschutzes OLG Hamm ZIP 2008, 832; LG Duisburg NZG 2002, 643; *Markwardt* WM 2004, 211; allg. *Schlitt/Seiler* ZHR 166 (2002), 544.

[17]   Im Zusammenhang mit der Ausnutzung eines genehmigten Kapitals mit Bezugsrechtsausschluss für Beschränkung auf Unterlassungs- und Nichtigkeitsfeststellungsklage BGHZ 164, 249 (254ff.) = NJW 2006, 574 – Mangusta/Commerzbank II; krit. *Schürnbrand* ZHR 171 (2007), 731 ff.

Sowohl der Anspruch aus dem mitgliedschaftlichen Rechtsverhältnis als auch der- 6
jenige aus § 823 Abs. 1 BGB, § 1004 BGB stehen unter dem Vorbehalt der mitgliedschaftlichen Treupflicht und damit des Gebots der Rücksichtnahme. Schon in der
„Holzmüller"-Entscheidung hat der BGH betont, dass die Ansprüche nicht „ohne unangemessene Verzögerung" geltend zu machen sind, weshalb die Zeit, die zwischen
dem Vollzug der Maßnahme und der Klageerhebung vergeht, **„nicht außer Verhältnis" zur Monatsfrist** des § 246 Abs. 1 AktG stehen dürfe.[18] Dies war bereits eindeutig
iS einer flexiblen, auf die Umstände des Einzelfalls abstellenden Betrachtungsweise zu
verstehen.[19] Im Zusammenhang mit einer Klage des Aktionärs auf Feststellung der
Nichtigkeit des Vorstandsbeschlusses zur Ausübung eines genehmigten Kapitals unter
Ausschluss des Bezugsrechts der Altaktionäre hat sich der BGH sodann explizit **gegen
die analoge Anwendung des § 246 Abs. 1 AktG** und für das Erfordernis, die Klage
ohne unangemessene Verzögerung zu erheben, ausgesprochen.[20] Versäumt es ein Gesellschafter, sich rechtzeitig gegen eine gruppenbildende oder -umbildende Maßnahme zur Wehr zu setzen, so kann er gleichwohl gegen nachfolgende Maßnahmen
der Gruppenleitung, soweit sie in die Zuständigkeit der Gesellschafter fallen, Unterlas-
sungs- und Beseitigungsklage erheben.[21]

II. Personenhandelsgesellschaften

1. Gruppenbildung

Bei der Personenhandelsgesellschaft bereitet der Schutz der Gesellschafter vor den Ge- 7
fahren der Gruppenbildung – Entsprechendes gilt für den Gruppenausbau und die
Gruppenumbildung – angesichts der flexiblen Organisationsverfassung und der weitreichenden Mitspracherechte keine Probleme. Sofern nicht gar ein Grundlagengeschäft vorliegt (→ Rn. 2), sind die Gesellschafter nach Maßgabe der §§ 116 Abs. 2,
164 S. 1 HGB zur Beschlussfassung über die Ausgliederung von Unternehmensteilen,
die Gründung einer Tochtergesellschaft oder den Erwerb einer Beteiligung berufen. Je
nach dem Tätigkeitsbereich und der Bedeutung der Tochtergesellschaft handelt es sich
also entweder um ein gewöhnliches Geschäft, für das die Geschäftsführer zuständig
sind (§ 116 Abs. 1 HGB), oder um ein **außergewöhnliches Geschäft** iSd § 116
Abs. 2 HGB, das in die Zuständigkeit der Gesellschaftergesamtheit fällt.[22] Auch so genannte Konzernklauseln vermögen daran nichts zu ändern, soweit sie lediglich bestimmen, dass der Unternehmensgegenstand durch die Gesellschaft selbst oder durch

---

[18] So BGHZ 83, 122 (136), wo zweieinhalb Jahre vergangen waren, was vom BGH zu Recht als verspätet
angesehen wurde; s. ferner LG Koblenz Betr. 2001, 1660; LG Köln AG 2008, 327 (329 f.).

[19] So denn auch *Binge,* Gesellschafterklagen gegen Maßnahmen der Geschäftsführer in der GmbH, 1994,
S. 151 ff.; *Zimmermann/Pentz* FS Müller, 2001, 151 (172 ff.); *Zöllner* ZGR 1988, 392 (432); aA – für
analoge Anwendung des § 246 Abs. 1 AktG, freilich idS, dass zunächst innerhalb eines Monats bei der
Gesellschaft der Anspruch geltend zu machen und sodann, wiederum innerhalb eines Monats, ggf. die
Klage zu erheben sei – *Flume* § 8 V 4 (S. 311 f.); *Altmeppen* Betr. 1998, 49 (51); für § 246 Abs. 1 AktG
als Richtschnur, freilich unter Betonung, dass subjektive Elemente in die Wertung einflössen, *Brondics,*
Die Aktionärsklage, 1988, S. 119.

[20] BGH NJW 2018, 2796 Rn. 26 ff.

[21] AA *Altmeppen* Betr. 1998, 49 (52 f.), wonach ein Aktionär, der sich nicht gegen die Ausgliederung zur
Wehr setzt, gar verpflichtet sein soll, dem Abschluss eines Beherrschungsvertrags mit der durch – kom-
petenzwidrig vorgenommene (!) – Ausgliederung entstandenen Tochter-GmbH zuzustimmen.

[22] *Emmerich* AG 1991, 303 (310); *Liebscher* Konzernbildungskontrolle S. 110 ff.; *U. H. Schneider* ZHR
143 (1979), 485 (516 ff.); eingehend MüKoHGB/*Mülbert* Konzernrecht der Personengesellschaften
Rn. 69 ff.

121

Tochtergesellschaften zu verwirklichen ist (→ Rn. 1 ff.). Davon zu unterscheiden sind gesellschaftsvertragliche Regelungen, die den Kreis außergewöhnlicher Geschäfte iSd §§ 116 Abs. 2, 164 HGB festlegen oder das Zustimmungserfordernis einschränken oder ganz beseitigen; solche Klauseln sind grds. wirksam.[23]

2. Gruppenleitung

8   Ist die Personengesellschaft herrschendes Unternehmen, so ist die Ausübung ihrer Beteiligungsrechte grds. Sache der geschäftsführenden Gesellschafter; diese haben dabei im Namen der Gesellschaft zu handeln. Auch für den Bereich der Gruppenleitung gilt allerdings, dass außergewöhnliche Maßnahmen nach §§ 116 Abs. 2, 164 HGB der Zustimmung sämtlicher Gesellschafter bedürfen. Hierzu wird man neben **Kapitalerhöhungen** auf Ebene der Tochtergesellschaft sämtliche Maßnahmen rechnen müssen, die, wie etwa der Abschluss von Unternehmensverträgen, für die Gesellschafter der Obergesellschaft **Haftungsrisiken** bergen. Zum Schutz der Gesellschafter sind zudem die mitgliedschaftlichen Informationsrechte auf die Angelegenheiten der Tochtergesellschaften zu erstrecken (→ § 35 Rn. 8 f.).

III. GmbH

1. Gruppenbildung

9   Auch bei der GmbH fügt sich die Beteiligung der Gesellschafter an gruppenbildenden, gruppenausbauenden und -umbildenden Maßnahmen nahtlos in die gesetzliche Ausgestaltung der Organisationsverfassung ein. So können[24] die Gesellschafter auf Grund des in § 45 Abs. 1 GmbHG zum Ausdruck kommenden Prinzips der Allzuständigkeit nicht nur sämtliche Maßnahmen der Geschäftsführung an sich ziehen und dem Geschäftsführer entsprechende Weisungen erteilen.[25] Vielmehr haben die Geschäftsführer Maßnahmen, die **außergewöhnlichen Charakter** haben und mit besonderen Risiken verbunden sind, von sich aus den Gesellschaftern vorzulegen.[26] Einen gesetzlichen Anhaltspunkt dafür liefert § 49 Abs. 2 GmbHG.

10 Zum Kreis der vorlagepflichtigen Maßnahmen zählt jedenfalls[27] die – durch die Satzung gedeckte[28] – Begründung eines **Abhängigkeitsverhältnisses**.[29] Ihr gleich stehen Maßnahmen der Gruppenumbildung, insbes. also das „Umhängen" von wesentlichen Beteiligungen und Umwandlungen auf der Tochter- oder Enkelebene. Soweit diese

---

[23] Habersack/Schäfer/*Schäfer* HGB § 116 Rn. 38 f.; dazu noch → § 35 Rn. 5.

[24] Zur Frage einer Pflicht zur Einführung von Zustimmungsvorbehalten s. *van Venrooy* GmbHR 2005, 1243 (1245 ff.).

[25] Vgl. statt aller Baumbach/Hueck/*Zöllner/Noack* GmbHG § 46 Rn. 89 ff.

[26] Näher UHL/*Paefgen* GmbHG § 37 Rn. 13 ff., 18 ff.; Scholz/*Schneider/Schneider* GmbHG § 37 Rn. 15 ff.; Baumbach/Hueck/*Zöllner/Noack* GmbHG § 37 Rn. 7 ff.; s. ferner BGH NJW 1991, 1681; speziell zu Maßnahmen der Konzernbildung OLG Koblenz ZIP 1990, 1572; Scholz/*Emmerich* Anh. Konzernrecht Rn. 60 ff.; MüKoGmbHG/*Liebscher* GmbHG Anh. § 13 Rn. 1128 ff.; Lutter/Leinekugel ZIP 1998, 225 (231 f.); *Jungkurth* Konzernleitung S. 30 ff.; *Wehlmann* Kompetenzen S. 43 ff.; *Zitzmann* Vorlagepflichten S. 44 ff., 53 ff. – Zur Frage, ob die Satzung Vorlagepflicht und Zustimmungserfordernis abbedingen kann, s. *Priester* FS Westermann, 2008, 1281 (1289 ff.).

[27] Es versteht sich, dass der Kreis der zustimmungspflichtigen Maßnahmen nicht enger als im Aktienrecht (→ Rn. 11 ff.) gezogen werden darf, zutr. *Lutter/Leinekugel* ZIP 1998, 225 (232); ferner MüKoGmbHG/*Liebscher* GmbHG Anh. § 13 Rn. 1127 ff.

[28] Andernfalls bedarf es ohnehin einer Satzungsänderung, → Rn. 1 ff.; s. ferner BGH ZIP 2008, 694 zur fristlosen Kündigung des GmbH-Geschäftsführers wegen satzungswidriger Beteiligungsveräußerung.

[29] Vgl. die Nachw. in Fn. 26.

Maßnahmen strukturändernden Charakter haben, bedarf es mit Blick auf die entsprechende Rechtslage im Aktienrecht (→ Rn. 21) eines mit qualifizierter Mehrheit von ¾ der abgegebenen Stimmen gefassten Zustimmungsbeschlusses.[30]

2. Gruppenleitung

Was Maßnahmen der Gruppenleitung betrifft, so kann an die zum Personengesellschaftsrecht getroffenen Feststellungen (→ Rn. 8) angeknüpft werden: Zwar ist die Ausübung der Beteiligungsrechte an sich Aufgabe der Geschäftsführer. Die Gesellschafter können jedoch nicht nur Weisungsbeschlüsse fassen; außergewöhnliche Maßnahmen auf Tochterebene wie etwa Kapitalerhöhungen oder der Abschluss von Unternehmensverträgen haben die Geschäftsführer vielmehr von sich aus vorzulegen.[31] Besonderheiten gelten für dem MitbestG unterliegende Gesellschaften.[32] **11**

IV. Aktiengesellschaft

1. Gruppenbildung

a) Einführung

Im Aktienrecht bereitet die Begründung von Mitspracherechten der Aktionäre bei Maßnahmen der Gruppenbildung (im weiten, den Gruppenausbau und die Gruppenumbildung umfassenden Sinn) und Gruppenleitung nicht unbeträchtliche Probleme.[33] Dies ist vor allem darauf zurückzuführen, dass die Hauptversammlung nach **§ 119 Abs. 1 AktG** nur in den im Gesetz und in der Satzung bestimmten Fällen zu beschließen hat. Fragen der Geschäftsführung gehören dazu, wie § 119 Abs. 2 AktG ausdrücklich sagt, nur ausnahmsweise, nämlich dann, wenn der Vorstand es verlangt. **12**

Vor diesem Hintergrund kann es nicht überraschen, dass Notwendigkeit und Zulässigkeit eines derartigen Präventivschutzes jenseits der in § 293 Abs. 1 AktG, § 319 Abs. 2 AktG, §§ 123 ff. UmwG geregelten Fälle nach wie vor verbreitet geleugnet werden.[34] Die heute herrschende Meinung in Rechtsprechung[35] und Litera- **13**

---

[30] *Reichert* AG 2005, 150 (159 f.); *Ettinger/Reiff* GmbHR 2007, 617 (622 ff.); UHL/*Casper* GmbHG Anh. § 77 Rn. 70; *Priester* FS Westermann, 2008, 1281 (1286 ff.), dort auch zur Frage, ob die Satzung Vorlagepflicht und Zustimmungserfordernis abbedingen kann; aA MüKoGmbHG/*Liebscher* GmbHG Anh. § 13 Rn. 1157. Zu den Informationspflichten s. *Schmiegel* Informationspflichten S. 189 ff.

[31] Vgl. Emmerich/Habersack Aktien-/GmbH-KonzernR/*Habersack* AktG Anh. § 318 Rn. 52; Scholz/*Emmerich* Anh. Konzernrecht Rn. 64 ff.; MüKoGmbHG/*Liebscher* GmbHG Anh. § 13 Rn. 1175 ff.; *Lutter/Leinekugel* ZIP 1998, 225 (231 f.).

[32] Zu § 32 MitbestG → § 4 Rn. 54 ff.

[33] Übersicht zum Stand der Diskussion in Emmerich/Habersack Aktien-/GmbH-KonzernR/*Habersack* AktG Vor § 311 Rn. 31 ff.; GroßkommAktG/*Mülbert* AktG § 119 Rn. 30 ff.; K. Schmidt/Lutter/*Spindler* § 119 Rn. 26 ff.; Spindler/Stilz/*Hoffmann* § 119 Rn. 21 ff.; Hüffer/Koch/*Koch* § 119 Rn. 16 ff.; s. ferner *Habersack* Mitgliedschaft S. 296 ff.; *Mülbert* Aktiengesellschaft S. 360 ff.; *Seydel* Konzernbildungskontrolle S. 379 ff.

[34] *Bernhardt* Betr. 2000, 1873 (1881); *Hoffmann-Becking* ZHR 172 (2008), 231 ff.; *Koppensteiner* Konzern 2004, 381 (382 ff.); KölnKommAktG/*Koppensteiner* AktG Vor § 291 Rn. 44 ff.; *Paefgen* ZHR 172 (2008), 42 (66 ff.); *Simon* DStR 2004, 1528 (1529 f.); aus dem älteren Schrifttum namentlich *Beusch* FS Werner, 1984, 1 (21); *Götz* AG 1984, 85 (90); *Heinsius* ZGR 1984, 383 (398); *Martens* ZHR 147 (1983), 377 (404 ff.); *Sünner* AG 1983, 169 (171 ff.); *Westermann* ZGR 1984, 352 (371 ff.).

[35] BGHZ 83, 122 (131 f.) – Holzmüller; BGHZ 159, 30 (37 ff.); BGH NZG 2004, 575; ZIP 2007, 24; 2012, 515; OLG Frankfurt a. M. WM 2011, 116 (118 ff.); OLG Köln ZIP 1993, 110; OLG München AG 1995, 232 (233); OLG Celle ZIP 2001, 613; OLG Stuttgart AG 2005, 693 (695); OLG Schleswig AG 2006, 120 (123); OLG Hamm ZIP 2008, 832; LG Stuttgart AG 1992, 236 (237 f.); LG Frankfurt

tur[36] sieht dies freilich zu Recht anders. Nach ihr sind die Aktionäre der Obergesellschaft auch jenseits der gesetzlich geregelten Tatbestände[37] zur Mitwirkung berufen, soweit über Maßnahmen zu befinden ist, die, wie insbes. die Konzernbildung, tief in die **Mitgliedschaftsrechte der Aktionäre** und deren Vermögensinteressen eingreifen und deshalb außerhalb der Geschäftsführungsbefugnis des Vorstands angesiedelt sind. Diese erstmals in der **„Holzmüller"-Entscheidung** vom 25. 2. 1982[38] entwickelten Grundsätze hat der II. Zivilsenat des BGH in seinen **„Gelatine"-Entscheidungen** vom 26. 4. 2004[39] und einem Nichtannahmebeschluss vom 20. 11. 2006[40] bestätigt und präzisiert. Am Beispiel einer Umstrukturierung einer Tochter- in eine Enkelgesellschaft haben diese Entscheidungen nicht nur hinsichtlich des Schutzzwecks, der normativen Grundlage ungeschriebener Hauptversammlungszuständigkeiten und des Mehrheitserfordernisses für Klarheit gesorgt (→ Rn. 14 ff.). Sie haben vielmehr klar zum Ausdruck gebracht, dass ungeschriebene Mitwirkungsbefugnisse der Hauptversammlung „nur ausnahmsweise und in engen Grenzen anzuerkennen" sind.[41] Nach wie vor sind allerdings nicht sämtliche Fragen geklärt. Offen ist insbes. der Kreis der potentiell zustimmungspflichtigen Maßnahmen. So hat der BGH am Beispiel des Erwerbs der Dresdner Bank durch die Commerzbank offengelassen, ob der Beteiligungserwerb erfasst wird (→ Rn. 19); Gegenstand einer gerichtlichen Auseinandersetzung ist zudem die Frage, ob Unternehmenszusammenschlüsse auf Grundlage eines Business Combination Agreement der Zustimmung durch die Hauptversammlung bedürfen (→ Rn. 19 a).

b) Schutzzweck und dogmatische Grundlage

14 Was zunächst die Frage nach dem Schutzzweck etwaiger Mitspracherechte der Aktionäre der Obergesellschaft betrifft, so ging es einer im Schrifttum verbreiteten Ansicht zunächst darum, der Hauptversammlung der Obergesellschaft die Rolle eines „Grundorgans" des Konzerns mit konzernweiten Mitspracherechten zuzuweisen.[42] Dieser spezifisch organisations- oder konzernverfassungsrechtliche Ansatz hat sich indes nicht

---

a. M. AG 1993, 287; ZIP 1997, 1698, AG 2001, 431; ZIP 2010, 429 (431); LG Heidelberg AG 1999, 135 (137); LG Hannover Betr. 2000, 1607; LG Duisburg NZG 2002, 643; LG Köln AG 2008, 327 (330 f.); LG München I ZIP 2019, 266 (269 ff.).

[36] Grundlegend *Lutter* FS Westermann, 1974, 347 ff.; *Lutter* FS Barz, 1974, 199 ff.; *Schneider* FS Bärmann, 1975, 873 (881 ff.); *Timm* S. 135 f., 165 ff.; im Grundsatz zustimmend zB Emmerich/Habersack Aktien-/GmbH-KonzernR/*Habersack* AktG Vor § 311 Rn. 33 ff.; *Emmerich* AG 1991, 303 (307); *Habersack* AG 2005, 137 ff.; Hüffer/Koch/*Koch* AktG § 119 Rn. 18; *Hüffer* FS Ulmer, 2003, 279 ff.; *Goette* AG 2006, 522; *Joost* ZHR 163 (1999), 164 (179 ff.); *Krieger/Schneider* § 70 Rn. 7 f.; MüKoAktG/*Kubis* AktG § 119 Rn. 41 ff.; GroßkommAktG/*Mülbert* AktG § 119 Rn. 30 ff.; *Liebscher,* Konzernbildungskontrolle, 1995, S. 61 ff.; *Mecke* Konzernstruktur S. 129 ff.; HKW/*Reichert* S. 25 (42 ff.). Rechtsvergleichende Hinweise bei *Fleischer* GesR 2010, 193; *Paefgen* ZHR 172 (2008), 42; *Kraakman* et al., The Anatomy of Corporate Law, 3. Aufl. 2017, 199 ff.

[37] Also auch dann, wenn die Satzung eine Konzernklausel enthält, → Rn. 3 f.

[38] BGHZ 83, 122 (136 f.).

[39] BGHZ 159, 30 – Gelatine I; BGH NZG 2004, 575 – Gelatine II.

[40] BGH ZIP 2007, 24.

[41] So der erste Leitsatz der beiden „Gelatine"-Entscheidungen; s. ferner BGH AG 2012, 87 Rn. 25 ff.: Vergleich über Differenzhaftung bei Sachkapitalerhöhung bedarf nicht der Zustimmung der Hauptversammlung; dazu *Priester* AG 2012, 525.

[42] So namentlich *Lutter* FS Westermann, 1974, 347 ff.; *Lutter* FS Barz, 1974, 199 ff.; *Lutter* FS Stimpel, 1985, 825 (832 ff.); *Lutter* FS K. Schmidt, 2009, 1065 ff.; *Schneider* FS Bärmann, 1975, 873 (881 ff.); *Timm* S. 135 ff., 165 ff.

durchgesetzt.[43] Nach ganz herrschender, auch vom BGH geteilter Meinung soll die Mitwirkung der Aktionäre vielmehr der mit der fraglichen Maßnahme verbundenen Gefährdung von Aktionärsrechten und -interessen Rechnung tragen.[44] Die Folge ist zwar, dass ungeschriebene Zuständigkeiten der Hauptversammlung durchaus auch jenseits gruppenbildender und gruppenleitender Maßnahmen in Betracht kommen.[45] Das Hauptanwendungsfeld der „Holzmüller"-Grundsätze liegt jedoch im Bereich der Gruppenbildung und der ihr nachfolgenden Gruppenumbildung und -leitung. Grundlage der zuständigkeitsbegründenden Gefährdung von Aktionärsinteressen ist in diesen Fällen der bereits in → § 7 Rn. 3 f. angesprochene **Mediatisierungseffekt,**[46] mithin die mit der Gruppenbildung einhergehende Zuständigkeitsverlagerung, mit der sich wiederum eine Verkürzung der mitgliedschaftlichen Teilhaberechte und die Gefahr einer Vermögensverlagerung verbinden.[47]

Es bleibt die Frage, auf welcher Grundlage die gebotenen Mitspracherechte der Aktio- 15
näre zu entwickeln sind. Der BGH hatte in der „Holzmüller"-Entscheidung noch auf § 119 Abs. 2 AktG zurückgegriffen: Zwar sei danach der Vorstand nur berechtigt, Fragen der Geschäftsführung der Hauptversammlung vorzulegen; bei Maßnahmen, die tief in die Mitgliedsrechte der Aktionäre eingreifen, könne sich dieses Recht jedoch zu einer Vorlagepflicht verdichten.[48] In der „Gelatine"-Entscheidung hat er sich von diesem Ansatz distanziert. Zugleich hat er sich gegen die von wesentlichen Teilen des

---

[43] Vgl. etwa *Henze* BB 2001, 53 (61): „Die Entwicklung einer konzernspezifischen Binnenordnung durch den BGH ist nach dem gegenwärtigen Stand der Dinge nicht zu erwarten."

[44] So bereits der Ansatz der „Holzmüller"-Entscheidung, s. BGHZ 83, 122 (131 f.) (→ § 7 Rn. 3); ferner BGHZ 159, 30 (41) – Gelatine I; BGH ZIP 2007, 24; näher Emmerich/Habersack Aktien-/GmbH-KonzernR/*Habersack* AktG Vor § 311 Rn. 34; *Habersack* AG 2005, 137 (138 ff.) mwN; *Arnold* ZIP 2005, 1573; *Emmerich* AG 1991, 303 (307); *Goette* AG 2006, 522; *Goette* DStR 2004, 927 (928); Grigoleit/*Herrler* AktG § 119 Rn. 18 ff.; Hüffer/Koch/*Koch* AktG § 119 Rn. 18; *Hirte* Bezugsrecht S. 160 ff.; *Priester* ZHR 163 (1999), 187 (194 ff.); *Wahlers* Konzernbildungskontrolle S. 66 ff., 93 ff.; *Wiedemann* Unternehmensgruppe, 50 ff.

[45] *Liebscher* ZGR 2005, 1 (23 ff.); *Lutter/Leinekugel* ZIP 1998, 805 f.; ferner LG Frankfurt a. M. ZIP 1997, 1698; LG Stuttgart ZIP 2000, 2110 (2112 f.); zum Delisting → Rn. 18; s. ferner BGH AG 2012, 87 Rn. 25 ff.: Vergleich über Differenzhaftung bei Sachkapitalerhöhung bedarf nicht der Zustimmung der Hauptversammlung; dazu *Priester* AG 2012, 525.

[46] BGHZ 83, 122 (136 ff.) – Holzmüller; BGHZ 159, 30 (41) – Gelatine I; BGH ZIP 2007, 24; näher und in Auseinandersetzung mit der abw. Position von *Mülbert* (Aktiengesellschaft, Unternehmensgruppe und Kapitalmarkt, 2. Aufl. 1996, S. 416 ff.; s. ferner GroßkommAktG/*Mülbert* AktG § 119 Rn. 40 ff.), der zufolge Zustimmungserfordernisse nur insoweit anzuerkennen sind, als Vermögensinteressen der Aktionäre betroffen sind, *Habersack* AG 2005, 137 (139 ff.); ferner Emmerich/Habersack Aktien-/GmbH-KonzernR/*Habersack* AktG Vor § 311 Rn. 34 f., 45 (dort auch zur möglichen Neutralisierung des Mediatisierungseffekts); K. Schmidt/Lutter/*Spindler* AktG § 119 Rn. 30 ff.; *Hirte* Bezugsrecht, 180 ff.; *Reichert* AG 2005, 150 (154 f.); *v. Riegen* Gesellschafterschutz, 17 ff.; *Wiedemann* Unternehmensgruppe S. 50 ff.; *Wahlers* Konzernbildungskontrolle S. 66 ff.; zu weitgehend, weil auf die wirtschaftliche Tragweite einer unternehmerischen Entscheidung abstellend, OLG Schleswig AG 2006, 123 (125); krit. gegenüber der Anknüpfung beim Mediatisierungseffekt Spindler/Stilz/*Hoffmann* AktG § 119 Rn. 30 ff.; *Hoffmann-Becking* ZHR 172 (2008), 231; *Paefgen* ZHR 172 (2008), 42 (66 ff.).

[47] Näher Emmerich/Habersack Aktien-/GmbH-KonzernR/*Habersack* AktG Vor § 311 Rn. 34 f.; s. ferner die in → § 7 Rn. 3 wiedergegebene Passage aus BGHZ 83, 122.

[48] BGHZ 83, 122 (137 ff.); zust. *Hüffer*, 6. Aufl. 2004, AktG § 119 Rn. 18; HKW/*Reichert* S. 25 (45 f.); sodann *Reichert* AG 2005, 150 (152); zur Kritik hieran vgl. Emmerich/Habersack Aktien-/GmbH-KonzernR/*Habersack* AktG Vor § 311 Rn. 39.

Schrifttums[49] befürwortete analoge Anwendung aktien- und umwandlungsrechtlicher Zuständigkeitsregeln und statt dessen dafür ausgesprochen, „die zutreffenden Elemente beider Ansätze, nämlich die bloß das Innenverhältnis betreffende Wirkung einerseits und die Orientierung der in Betracht kommenden Fallgestaltungen an den gesetzlich festgelegten Mitwirkungsbefugnissen auf der anderen Seite, aufzunehmen und diese besondere Zuständigkeit der Hauptversammlung als Ergebnis einer **offenen Rechtsfortbildung** anzusehen."[50]

16 Damit bleibt zwar die eigentliche Rechtsgrundlage ungeschriebener Zuständigkeiten letztlich offen.[51] Doch ist dies vor dem Hintergrund zu sehen, dass sich der BGH zu dem Mediatisierungseffekt als dem die ungeschriebene Zuständigkeit auslösenden Umstand bekannt und hierdurch zugleich zum Ausdruck gebracht hat, dass es um die Mitwirkung der Aktionäre an mitgliedschaftsrelevanten Strukturmaßnahmen, nicht dagegen um die Mitwirkung an außergewöhnlichen Maßnahmen der Geschäftsführung geht.[52] Die **Anerkennung des Mediatisierungseffekts** als zuständigkeitsbegründender Tatbestand ist mit anderen Worten der entscheidende Akt der Rechtsfindung.

c) Abgrenzung

17 Die „Holzmüller"-Grundsätze zielen primär auf die Begründung ungeschriebener Zuständigkeiten der Hauptversammlung und gewähren – auf einer zweiten Ebene – dem Aktionär die Möglichkeit zur klagweisen Geltendmachung seiner Teilhaberechte (→ Rn. 5 f.). Sie sind damit schon im Ansatz von den Grundsätzen über die **„faktische Satzungsänderung"** zu unterscheiden, die dadurch gekennzeichnet sind, dass der Vorstand die Satzung verletzt, indem er etwa Geschäfte außerhalb des satzungsmäßigen Unternehmensgegenstands tätigt.[53] In diesem Fall haben die übergangenen Aktionäre zwar gleichfalls einen Abwehr- und Beseitigungsanspruch; die Zuständigkeit der Aktionäre für die Änderung der Satzung – und damit sozusagen die erste Stufe der „Holzmüller"-Grundsätze – steht insoweit freilich außer Frage. Entsprechendes gilt für sonstige Fälle eines Übergriffs in gesetzlich geregelte Zuständigkeiten der Hauptversammlung, etwa bei Verstoß gegen § 33 Abs. 1 S. 1 WpÜG (→ § 9 a Rn. 27).

18 Das in „Holzmüller" und „Gelatine" entwickelte Zustimmungserfordernis ist darüber hinaus von dem in der „Macrotron"-Entscheidung des BGH[54] für den Fall des **De-**

---

49 So namentlich *Emmerich/Habersack* Aktien-/GmbH-KonzernR, 3. Aufl., AktG Vor § 311 Rn. 36; *Krieger/Schneider,* Handbuch Managerhaftung, 2. Aufl. 1999, § 69 Rn. 6; *Lutter* FS Fleck, 1988, 169 (182 f.); *Mülbert* Aktiengesellschaft, 395 ff.; *Priester* ZHR 163 (1999), 187 (195); *K. Schmidt* § 28 V 2 b; *Wiedemann* Unternehmensgruppe, 52; *v. Riegen* Gesellschafterschutz S. 56 ff.; s. ferner *Henze* Rn. 107.

50 BGHZ 159, 30 (42 f.) – Gelatine I unter Hinweis auf *Geßler* FS Stimpel, 1985, 771 (780); dazu *Habersack* AG 2005, 137 (142 f.).

51 Krit. denn auch *Fleischer* NJW 2004, 2335 (2337), *Weißhaupt* AG 2004, 585 (586), jew. mit Hinweis auf die Möglichkeit einer Teilanalogie; *Koppensteiner* Konzern 2004, 381 (384); *Liebscher* ZGR 2005, 1 (21 f.).

52 IdS bereits die in Fn. 49 genannten Befürworter einer analogen Anwendung zuständigkeitsbegründender Vorschriften; dezidiert aA *Hüffer* FS Ulmer, 2003, 279 (286 ff.); s. ferner OLG Schleswig AG 2006, 123 (125). – Zur Anwendung der „Holzmüller"-Grundsätze in der Praxis s. für die Zeit vor „Gelatine" *Bernhardt* Betr. 2000, 1873 ff.; s. ferner die Nachw. bei *W. Groß* AG 1996, 111 Fn. 4.

53 BGHZ 83, 122 (130); *Hüffer/Koch/Koch* AktG § 179 Rn. 9; *MüKoAktG/Stein* AktG § 179 Rn. 44.

54 BGHZ 153, 47 (53); dazu namentlich *Adolff/Tieves* BB 2003, 797; *K. Schmidt* NZG 2003, 601; *Schlitt* ZIP 2004, 533.

listing entwickelten Zustimmungserfordernis zu unterscheiden. Dieses war vom BGH aus der Beeinträchtigung der Verkehrsfähigkeit und des Verkehrswerts der Aktie und damit aus Art. 14 GG hergeleitet und hierdurch schon im Ansatz von dem „Holz-müller"-Erfordernis abgegrenzt worden.[55] Die Herleitung des Zustimmungserforder-nisses aus Art. 14 GG sah sich allerdings von vornherein berechtigten Einwänden aus-gesetzt. So ermangelt es dem Delisting für sich genommen schon an einer den konzernrechtlichen Strukturmaßnahmen eigenen und auf die Mitgliedschaft ausstrah-lenden Umgestaltung der Gesellschaft; auch wird die Verkehrsfähigkeit der Aktie durch den Wegfall der Börsennotierung zwar beeinträchtigt, indes nicht gänzlich auf-gehoben. Völlig zu Recht hat denn auch das **BVerfG** ausgesprochen, dass die „Macro-tron"-Grundsätze – und damit auch das Zustimmungserfordernis – verfassungsrecht-lich zwar zulässig, nicht aber geboten sind.[56] Der BGH hat sich daraufhin in seinem **„Frosta"-Beschluss** vom 8.10.2013 von den „Macrotron"-Grundsätzen distanziert und entschieden, dass das Delisting keines Beschlusses der Hauptversammlung be-darf.[57] Dem ist im Grundsatz[58] zuzustimmen.[59] Zu widersprechen ist dem BGH aller-dings, soweit er die Notwendigkeit eines **Abfindungsangebots** zugunsten der Min-derheitsaktionäre verneint. Dem Wegfall eines liquiden Marktes ist vielmehr durch eine Pflicht des das Delisting betreibenden Hauptaktionärs zum Angebot einer am ge-wichteten durchschnittlichen Börsenkurs während einer gewissen Frist vor Bekannt-werden der Delisting-Absicht Rechnung zu tragen.[60] Durch das Gesetz zur Umset-zung der Transparenzrichtlinie-Änderungsrichtlinie vom 20.11.2015 (BGBl. 2015 I 2029) ist denn auch **§ 39 Abs. 2, 3 BörsG** idS geändert worden. Maßgebend ist nun grds. der **gewichtete durchschnittliche inländische Börsenkurs** während der letzten sechs Monate vor der Veröffentlichung nach § 10 Abs. 1 S. 1, § 35 Abs. 1 S. 1 WpÜG; eines Hauptversammlungsbeschlusses bedarf es nicht.[61]

d) Reichweite

Die „Holzmüller"-Grundsätze finden im Grundsatz[62] auf **sämtliche Aktiengesellschaf-** **19** **ten** Anwendung, mithin sowohl auf börsennotierte als auch auf nicht börsennotierte Ge-

---

55 Dazu *Bungert* BB 2004, 1345 (1351); *Koppensteiner* Konzern 2004, 381 (386); aA – für Zuordnung zu „Holzmüller" –*Liebscher* ZGR 2005, 1 (18 ff.).

56 BVerfG ZIP 2012, 1402; dazu *Habersack* ZHR 176 (2012), 463; *Heldt/Royé* AG 2012, 660; *Kiefner/ Gillessen* AG 2012, 645; *Klöhn* NZG 2012, 1041; *Schanz* CFL 2012, 234; zuvor bereits *Arnold* ZIP 2005, 1573 (1575 f.); *Beck/Hedtmann* BKR 2003, 190 (191 f.); *Benecke* WM 2004, 1122 (1123 f.); *Ha-bersack* AG 2005, 137 (141); *Krämer/Theiß* AG 2003, 225 (229 f.); *Lutter* JZ 2003, 684 (686); *Schlitt* ZIP 2004, 533 (535 f.); *K. Schmidt* NZG 2003, 601 (603); vor BGHZ 157, 43 bereits OLG München ZIP 2001, 700 (705); *Mülbert* ZHR 165 (2001), 104 (111 ff.); *Wirth/Arnold* ZIP 2000, 111 (114 f.).

57 BGH JZ 2014, 145 mAnm *Habersack*; näher dazu *Auer* JZ 2015, 71; *Bayer* ZfPW 2015, 163; *Brellochs* AG 2014, 633; *Stöber* WM 2014, 1757 (1760 ff.).

58 Anderes mag gelten, wenn die Satzung die Börsennotierung vorsieht, vgl. *Brellochs* AG 2014, 633 (638); *Wirth/Arnold* ZIP 2000, 111 (115); s. aber auch *von der Linden* NZG 2015, 176 (177 f.) und *Scholz* BB 2015, 2248 (2249 ff.), die sich mit beachtlichen Gründen gegen die Zulässigkeit entspre-chender Satzungsklauseln aussprechen.

59 Gegen das Beschlusserfordernis bereits Vorauf. → § 9 Rn. 18 mwN.

60 So bereits *Habersack* JZ 2014, 147 (148 f.); *Habersack* ZHR 176 (2012), 463 (466 f.).

61 Näher zur Neuregelung *Habersack* in Habersack/Mülbert/Schlitt, Unternehmensfinanzierung am Ka-pitalmarkt, 4. Aufl. 2019, § 40 Rn. 10 ff.; Hüffer/Koch/*Koch* AktG § 119 Rn. 36 ff.

62 Anderes gilt für die durch Beherrschungsvertrag gebundene AG (s. Emmerich/Habersack Aktien-/ GmbH-KonzernR/*Habersack* AktG Vor § 311 Rn. 36; *Sieger/Hasselbach* AG 1999, 241 (244 ff.); *Arnold* ZIP 2005, 1573 (1578 f.); *Fuhrmann* AG 2004, 339 (342); *Wirth* FS Bechtold, 2006, 647 ff.; aA

sellschaften;[63] auf die Realstruktur kommt es nicht an. Was die ihrer Art nach zustimmungspflichtigen Maßnahmen anbelangt, so fällt zunächst die – den Gegenstand der „Holzmüller"-Entscheidung bildende – **Ausgliederung** von Unternehmensteilen in die Zuständigkeit der Aktionäre. Zwar haben die § 123 Abs. 3 UmwG, §§ 125, 13, 65 UmwG insoweit eine klare gesetzliche Regelung der Problematik geschaffen (→ Rn. 3 f.). Sie schließen es jedoch nicht aus, die Ausgliederung unter Rückgriff auf allgemeine Grundsätze, dh im Wege der Einzelrechtsnachfolge, zu vollziehen.[64] Da sich beide Vorgehensweisen, was die Gefahren für die Aktionäre betrifft, nicht unterscheiden, wäre es wertungswidersprüchlich, wollte man die Ausgliederung im Wege der Einzelrechtsnachfolge durchweg der Mitwirkung der Aktionäre entziehen.[65] Entsprechendes gilt für den Einsatz liquider Mittel für den **Beteiligungserwerb** und für die **Bargründung** einer Tochtergesellschaft,[66] ferner für das „Umhängen" von Beteiligungen und vergleichbare Maßnahmen der Gruppenumbildung.[67] Für die Praxis geklärt ist schließlich die Rechtslage bei **Veräußerung** einer Beteiligung oder eines Unternehmensteils. Die Aktionäre sind insoweit zwar unter den Voraussetzungen des § 179 a AktG sowie immer dann zur Mitwirkung berufen, wenn die Veräußerung zu einer dauerhaften Unterschreitung des Unternehmensgegenstands führt (→ Rn. 1 ff.); für ein darüber hinausgehendes Zustimmungserfordernis ist dagegen schon in Ermangelung eines Mediatisierungseffekts kein Raum.[68]

MüKoAktG/*Altmeppen* AktG § 291 Rn. 84; *Liebscher* ZGR 2005, 1 (32); *Sina* AG 1991, 1 (4)) sowie nach Eröffnung des Insolvenzverfahrens über das Vermögen der AG (*Noack* ZIP 2002, 1873 (1874 ff.); aA LG Duisburg ZIP 2004, 76 (78); diff. *K. Schmidt* AG 2006, 597 (602 ff.); s. für die unter Eigenverwaltung stehende Gesellschaft auch § 276a S. 1 InsO und dazu *Klöhn* NZG 2013, 81 ff.).

[63] AA – gegen Anwendung auf börsennotierte Gesellschaften – *Staake* Ungeschriebene Hauptversammlungskompetenzen S. 87 ff., 183 ff.

[64] Wohl unstreitig, s. BGHZ 159, 30 (41) – Gelatine I; *Priester* ZHR 163 (1999), 187 ff.; *Krieger/Schneider* § 70 Rn. 10.

[65] Vgl. neben den Nachw. in Fn. 36, 64 noch Emmerich/Habersack Aktien-/GmbH-KonzernR/*Habersack* AktG Vor § 311 Rn. 41.

[66] LG Frankfurt a. M. ZIP 2010, 429 (431) (Erwerb der Dresdner Bank durch Commerzbank); LG Stuttgart AG 1992, 236 (237 f.) (obiter); Emmerich/Habersack Aktien-/GmbH-KonzernR/*Habersack* AktG Vor § 311 Rn. 42; *Habersack* AG 2005, 137 (144); *Goette* AG 2006, 522 (527); Grigoleit/*Herrler* AktG § 119 Rn. 23; *Goj* Ungeschriebenes Hauptversammlungserfordernis S. 120 ff.; *Hofmeister* NZG 2008, 47 (50 f.); *Liebscher* ZGR 2005, 1 (23 f.); *Lutter* ZIP 2012, 351; *Priester* AG 2011, 654 (656 ff.); K. Schmidt/Lutter/*Spindler* AktG § 119 Rn. 33; *Spindler* FS Goette, 2011, 513 (518 f.); *Zientek* Ungeschriebene Hauptversammlungskompetenzen S. 135 ff.; aA OLG Frankfurt a. M. WM 2011, 116 (118 ff.) (Erwerb der Dresdner Bank durch Commerzbank); OLG Frankfurt a. M. AG 2008, 862; *Arnold* ZIP 2005, 1573 (1577); *Bungert* BB 2004, 1345 (1350); *Decher* FS U. H. Schneider, 2011, 261 (271 ff.); *Götze* NZG 2004, 585 (588); *Krieger/Schneider* § 70 Rn. 10; *Reichert* AG 2005, 150 (155 f.); ausdr. offengelassen in BGH ZIP 2012, 515.

[67] BGHZ 159, 30 (41) – Gelatine I; OLG Karlsruhe Betr. 2002, 1094 (1095); näher *Habersack* AG 2005, 137 (143); kritisch bis ablehnend *Götze* NZG 2004, 585 (589); *Hoffmann-Becking* ZHR 172 (2008), 231; *Koppensteiner* Konzern 2004, 381 (385); *Simon* DStR 2004, 1482 (1485).

[68] BGH ZIP 2007, 24; OLG Stuttgart AG 2005, 693 (695); OLG Hamm ZIP 2008, 832 (Veräußerung einer von der Tochter gehaltenen Beteiligung); *Habersack* AG 2005, 137 (144 ff.); Emmerich/Habersack Aktien-/GmbH-KonzernR/*Habersack* AktG Vor § 311 Rn. 43 f. mwN.; ferner *Goette* AG 2006, 522 (527); *Arnold* ZIP 2005, 1573 (1576); *Groß* AG 1994, 266 (271 f., 275 f.); *Hofmeister* NZG 2008, 47 (50 ff.); *Joost* ZHR 163 (1999), 164 (185 f.); K. Schmidt/Lutter/*Spindler* AktG § 119 Rn. 34; grds. auch *Liebscher* ZGR 2005, 1 (24); *Reichert* AG 2005, 150 (155 f.); zur Vereinbarkeit mit Art. 14 Abs. 1 GG s. BVerfG ZIP 2011, 2094 Rn. 17 f.; aA – für Eingreifen der „Holzmüller"-Grundsätze – nach „Gelatine" LG München I AG 2007, 336 (337 f.); *Lutter* FS K. Schmidt, 2009, 1065 (1072 ff.); vor „Gelatine" OLG München AG 1995, 232 (233); LG Duisburg NZG 2002, 643; ZIP 2004, 76;

Auch ein Vorerwerbsrecht der Aktionäre auf die Tochter-Anteile ist de lege lata nicht anzuerkennen.[69]

Während die „Holzmüller"- und „Gelatine"-Konstellationen dadurch gekennzeichnet 19a
sind, dass die Teilhaberechte der Aktionäre dadurch verwässert werden, dass Unternehmensteile auf eine untergeordnete Konzernebene verlagert werden, kann es bei einem
Unternehmenszusammenschluss auf Grundlage eines Business Combination Agreement (→ § 11 Rn. 18 ff.) zu einem vergleichbaren Effekt dadurch kommen, dass die Aktionäre aus der operativ tätigen Gesellschaft ausscheiden und statt dessen Anteile an einer
die operativ tätige Gesellschaft kontrollierenden Holding erhalten.[70] Für eine ungeschriebene Zuständigkeit der Hauptversammlung der operativ tätigen Gesellschaft ist in diesen
Fällen freilich kein Raum.[71] Die Mitsprache der Aktionäre erfolgt in diesen Fällen vielmehr vermittels des **Rechts des einzelnen Aktionärs zur Entscheidung über das
Tauschangebot.** Jedenfalls diejenigen Aktionäre, die das Tauschangebot annehmen, geben freiwillig die unmittelbare Kontrolle über das operative Unternehmen auf und sind
schon deshalb nicht schutzwürdig.[72] Aber auch diejenigen Aktionäre, die das Tauschangebot nicht annehmen und infolgedessen Minderheitsaktionäre der nun in die Abhängigkeit geratenen operativ tätigen Gesellschaft werden, müssen sich an ihrer ablehnenden
Entscheidung festhalten lassen; die autonome Entscheidung des Aktionärs kompensiert
auch insoweit ein kollektives Mitspracherecht der Aktionärsgesamtheit.[73] Dies gilt zumal
in Fällen, in denen dem Zusammenschluss ein öffentliches Übernahmeangebot zugrunde
liegt und deshalb die Vorschriften des WpÜG zur Anwendung gelangen (→ § 9a
Rn. 8 ff.). Es kommt hinzu, dass das Tauschangebot im Allgemeinen von einer hohen Annahmequote abhängig gemacht wird; wird diese Quote erreicht, ist aber ein Beschluss der
Hauptversammlung der operativen Gesellschaft schon deshalb ohne eigenen Wert, weil
die Aktionäre, die das Angebot angenommen haben oder anzunehmen beabsichtigten,
für den Zusammenschluss stimmen würden.

Auch wenn eine ihrer Art nach zustimmungspflichtige Maßnahme vorliegt (Rn. 19), 20
ist für ein ungeschriebenes Erfordernis eines Hauptversammlungsbeschlusses nur
Raum, wenn die Maßnahme einen **wesentlichen Teil des Gesellschaftsvermögens**
betrifft. Andernfalls erscheint die Hinzuziehung der Hauptversammlung ungeachtet
des auch in diesem Fall eintretenden Mediatisierungseffekts als verzichtbar.[74] So hatte

---

Bungert BB 2004, 1345 (1350); *Lutter/Leinekugel* ZIP 1998, 225 (230 f.); *Henze* FS Ulmer, 2003, 211
(230 f.).
[69] *Busch/Groß* AG 2000, 503 (505 ff.); *Fleischer* ZHR 165 (2001), 513 (514 ff.); *Habersack* WM 2001,
545 (546 ff.); *Hüffer/Koch/Koch* AktG § 186 Rn. 5 a; *Wackerbarth* AG 2002, 14 (20); aA *Lutter* AG
2000, 342 (343 f.); *Lutter* AG 2001, 349 (351); für ein „Zuteilungsprivileg" *Becker/Fett* WM 2001,
549 (555 f.).
[70] Dazu am Beispiel des seinerzeit geplanten Zusammenschlusses zwischen der Deutsche Börse AG und
der NYSE Euronext OLG Frankfurt a. M. NZG 2014, 1017 ff.; am Beispiel des Zusammenschlusses
zwischen der Linde AG und der Praxair Inc. *Strohn* ZHR 182 (2018) 114 ff.
[71] OLG Frankfurt a. M. NZG 2014, 1017 (1019); LG München I ZIP 2019, 266 (269 ff.); *K. Schmidt/
Lutter/Spindler* AktG § 119 Rn. 40 a; *Wachter/Kocher* AktG § 119 Rn. 28 a; *Wilsing* FS Marsch-Barner,
2018, 595 (600 ff.); *Decher* FS Lutter, 2000, 1209 (1223); *Schmolke* VGR 24 (2019), 137 (157 ff.); aA
Strohn ZHR 182 (2018), 114 (144 ff.).
[72] S. die Nachw. in voriger Fn.
[73] S. die Nachw. in Fn. 71.
[74] Im Grundsatz wohl unstreitig, s. BGHZ 83, 122 (131 f.); Emmerich/Habersack Aktien-/GmbH-KonzernR/*Habersack* AktG Vor § 311 Rn. 46 f.

der BGH in der „Holzmüller"-Entscheidung über die Ausgliederung des wertvollsten Betriebsteils einer AG zu befinden.[75] In den „Gelatine"-Entscheidungen[76] hat er hieran angeknüpft und betont, dass eine wesentliche Beeinträchtigung der Mitwirkungsbefugnisse erst dann vorliege, wenn die wirtschaftliche Bedeutung der Maßnahme etwa Ausmaße wie in der „Holzmüller"-Entscheidung[77] erreiche. Damit steht für die Praxis fest, dass rund 80% des Vermögens der Gesellschaft (nicht des Konzerns) betroffen sein müssen.[78] Hierbei sollte allerdings einer auf den Einzelfall abstellenden, vor allem am Ertrag der Gesellschaft ausgerichteten Betrachtungsweise der Vorzug gegenüber einer schematischen Lösung gegeben werden.[79]

e) Rechtsfolgen

21 Soweit eine Zuständigkeit der Hauptversammlung besteht, bedarf die jeweilige Maßnahme der Zustimmung durch eine **qualifizierte Mehrheit** von ¾ des bei der Beschlussfassung vertretenen (und stimmberechtigten) Kapitals.[80] Hieran vermag weder eine Konzern- oder Holdingklausel noch eine Satzungsbestimmung, wonach die Hauptversammlung iRd gesetzlich Zulässigen mit einfacher Mehrheit zu beschließen hat, etwas zu ändern.[81] Ein Ermächtigungsbeschluss ist ebenso möglich wie die nachträgliche Zustimmung zu einer bereits erfolgten Maßnahme.[82] Vor der Beschlussfassung sind die Aktionäre zu informieren. § 124 Abs. 2 S. 2 AktG findet entsprechende Anwendung.[83] Darüber hinaus bedarf es eines Vorstandsberichts.[84] Nach hM wird die Vertretungsmacht des Vorstands durch die Missachtung der Zuständigkeit der Haupt-

---

[75] BGHZ 83, 122 (131 f.); für Beschränkung auf solche Sachverhalte auch *Hüffer* FS Ulmer, 2003, 279 (295 f.); s. ferner OLG Köln ZIP 1993, 110 (113 f.); OLG München AG 1995, 232 (233); LG Düsseldorf AG 1999, 94.

[76] BGHZ 159, 30 (44 f.); BGH NZG 2004, 575 (578 f.).

[77] Dort war über die Ausgliederung eines Teilbetriebs, dessen Aktiva sich auf 80% der gesamten Aktiva der ausgliedernden AG beliefen, zu befinden; vgl. die Angaben im Berufungsurteil des OLG Hamburg ZIP 1980, 1000 (1005).

[78] Vgl. vorige Fn., ferner *Goette* DStR 2004, 927 (928); *Fleischer* NJW 2004, 2335 (2338 f.); *Fuhrmann* AG 2004, 339 (341); zu abweichenden Konzeptionen s. *Emmerich/Sonnenschein/Habersack,* Konzernrecht, 7. Aufl. 2001, § 9 IV 1 c).

[79] Näher dazu sowie zur Zusammenrechnung mehrerer zusammengehörender Einzelmaßnahmen Emmerich/Habersack Aktien-/GmbH-KonzernR/*Habersack* AktG Vor § 311 Rn. 47.

[80] Heute hM, s. BGHZ 159, 30 (45 f.); BGH NZG 2004, 575 (579); OLG Karlsruhe ZIP 1998, 385; Emmerich/Habersack Aktien-/GmbH-KonzernR/*Habersack* AktG Vor § 311 Rn. 50; *Altmeppen* ZIP 2004, 1000; *Bungert* BB 2004, 1345 (1349 f.); *Lutter* FS Fleck, 1988, 169 (182); aA *Horbach* BB 2001, 893 (895 ff.); *Immenga* BB 1992, 2446 (2448); *Liebscher* Konzernbildungskontrolle, 92 f.

[81] BGHZ 159, 30 (45 f.); BGH NZG 2004, 575 (579).

[82] Zum Ermächtigungsbeschluss s. Emmerich/Habersack Aktien-/GmbH-KonzernR/*Habersack* AktG Vor § 311 Rn. 51; *Lutter/Leinekugel* ZIP 1998, 805 (811 ff.); *Reichert* AG 2005, 150 (158); *Bungert* NZG 1998, 367 (370); zur nachträglichen Zustimmung s. BGHZ 83, 122 (135) – Holzmüller; *Bayer* NJW 2000, 2609 (2612); *Habersack* Mitgliedschaft S. 331 f.

[83] Für den Fall einer Vorlage gem. § 119 Abs. 2 AktG auch BGH ZIP 2001, 416 (dazu *Drinkuth* AG 2001, 256 ff.; *Tröger* ZHR 165 [2001], 593 ff.); LG Frankfurt a. M. ZIP 2005, 579; für „Holzmüller"-Maßnahmen OLG München AG 1995, 232 (232); OLG Schleswig AG 2006, 120 (123 f.); LG Frankfurt a. M. ZIP 1997, 1698 (1701 f.); eingehend zu den Informationspflichten *Schmiegel* Informationspflichten S. 73 ff.

[84] LG Frankfurt a. M. ZIP 1997, 1698 (1702); LG Karlsruhe ZIP 1998, 385 (387 ff.); näher Emmerich/Habersack Aktien-/GmbH-KonzernR/*Habersack* AktG Vor § 311 Rn. 52; *Lutter/Leinekugel* ZIP 1998, 805 (814 ff.); *Reichert* AG 2005, 150 (158 f.); aA LG Hamburg AG 1997, 238; *Priester* ZHR 163 (1999), 187 (200 f.); *Zeidler* NZG 1998, 91 (93).

versammlung nicht berührt.[85] Konzerninterne Maßnahmen sind allerdings schon nach allgemeinen Grundsätzen dem Schutzbereich des § 82 AktG entzogen (→ Rn. 2).

2. Gruppenleitung

Wie die Gesellschafter einer herrschenden GmbH oder Personengesellschaft sind auch   22 die Aktionäre an wesentlichen Maßnahmen der Gruppenleitung zu beteiligen.[86] Voraussetzung ist allerdings, dass die Tochtergesellschaft „wesentliche" Bedeutung hat, wobei auf die Verhältnisse bei Vornahme der fraglichen Maßnahme abzustellen ist; dagegen dürfte es unerheblich sein, ob die Aktionäre schon der gruppenbildenden oder -umbildenden Maßnahme zugestimmt haben.[87]

Der Kreis der zustimmungspflichtigen Maßnahmen ist freilich noch nicht abschließend   23 geklärt. Zu weit ginge es, wollte man sämtliche Maßnahmen, die auf der Ebene der Tochtergesellschaft nur mit qualifizierter Mehrheit beschlossen werden können, dem Mitwirkungserfordernis unterstellen.[88] Über gewöhnliche Satzungsänderungen kann deshalb der Vorstand in seiner Eigenschaft als organschaftlicher Vertreter der Obergesellschaft allein befinden. Erst Recht gilt dies für Maßnahmen, die – wie etwa Börsengang[89] und Delisting (→ Rn. 18) der Tochter – schon nicht der Zustimmung der Tochter-Hauptversammlung bedürfen. Zustimmungspflichtig sind dagegen insbes. auf der Tochter- oder Enkelebene angesiedelte **Verschmelzungen** und Spaltungen, darüber hinaus wohl auch der Abschluss eines Beherrschungs- oder Gewinnabführungsvertrags sowie Eingliederungen auf Tochter- oder Enkelebene, sofern hierdurch über §§ 302 f., 322, 324 Abs. 3 AktG **Haftungsrisiken** der Mutter begründet werden, mithin bei einer durchgehenden Kette von Eingliederungen und Unternehmensverträgen.[90] **Kapitalerhöhungen** schließlich

---

[85] BGHZ 83, 122 (128 ff., 132) – Holzmüller; BGHZ 159, 30 (42 f.) – Gelatine I; OLG Celle ZIP 2001, 613 (616).

[86] BGHZ 83, 122 (136 ff., 141 ff.) – Holzmüller; *Henze* BB 2000, 209 (211 f.); KölnKommAktG/Koppensteiner AktG Vor § 291 Rn. 66 ff.; *Lutter* FS Stimpel, 1985, 825 (845 ff.); *Mecke* Konzernstruktur S. 253 ff.; *Mülbert* Aktiengesellschaft S. 423 ff.; *Warschkow* Schutz der Aktionäre S. 70 ff.; näher Emmerich/Habersack Aktien-/GmbH-KonzernR/*Habersack* AktG Vor § 311 Rn. 48 f.; aA *Baums* AG 1994, 1 (10); wohl auch *Altmeppen* Betr. 1998, 49 (51); zurückhaltend *Götze* NZG 2004, 585 (588). Zur Problematik der Gewinnverwendung im Konzern, insbes. zur Frage einer Zurechnung der in der abhängigen Gesellschaft gebildeten Rücklagen gegenüber der herrschenden AG, s. namentlich *Geßler* AG 1985, 257; *Lutter* FS Goerdeler, 1987, 327 ff.; *Priester* ZHR 176 (2012), 268 ff.; für die Personengesellschaft BGH ZIP 2007, 475 (479); *Wertenbruch* ZIP 2007, 798.

[87] *Habersack* AG 2005, 137 (148 f.); *Reichert* AG 2005, 150 (158); offengelassen in BGHZ 83, 122 (140) – Holzmüller.

[88] So zu Recht BGHZ 83, 122 (140 f.) – Holzmüller; gegen Zustimmungserfordernis bei Tochter-Optionsplänen OLG Stuttgart ZIP 2001, 1367 (1371).

[89] Zur Entbehrlichkeit eines Hauptversammlungsbeschlusses der Tochter s. MüKoAktG/*Kubis* AktG § 119 Rn. 84, Hüffer/Koch/*Koch* AktG § 119 Rn. 23, jew. mit zutr. Hinweis auf die regelmäßige Vornahme eines ohnehin gebotenen Kapitalerhöhungsbeschlusses; aA – für Beschlusserfordernis – *Spindler* FS Goette, 2011, 513 (524); *Lutter/Drygala* FS Raisch, 1995, 239 (240 f.); *Lutter/Leinekugel* ZIP 1998, 805 (806); *Vollmer/Grupp* ZGR 1995, 459 (466 f.); *Staake,* Ungeschriebene Hauptversammlungskompetenzen, 2009, 156 ff. Gegen Erfordernis eines Zustimmungsbeschlusses auf der Ebene des herrschenden Unternehmens bei Börsengang der Tochter LG München I ZIP 2006, 2036 (2040) (jedenfalls wenn die Ausgliederung als solche nicht zustimmungspflichtig ist); K. Schmidt/Lutter/*Spindler* AktG § 119 Rn. 37; eingehend zur Problematik *Kiefner* Konzernumbildung insbes. S. 276 ff., 372 ff.

[90] LG Düsseldorf Betr. 2004, 428 f.; *Henze* FS Ulmer, 2003, 211 (225); weitergehend *Pentz* Betr. 2004, 1543 (1546); gänzlich ablehnend *Krieger/Schneider* § 70 Rn. 45.

sind zustimmungspflichtig, wenn die Obergesellschaft ihr Bezugsrecht nicht vollumfänglich ausübt.[91]

§ 9 a. Konzernrechtliche Bezüge des Übernahmerechts

Literatur:[1] *Altmeppen,* Neutralitätspflicht und Pflichtangebot nach dem neuen Übernahmerecht, ZIP 2001, 1073; *Angerer/Geibel/Süßmann* (Hrsg.), WpÜG, 3. Aufl. 2017; *Assmann,* Erwerbs-, Übernahme- und Pflichtangebote nach dem Wertpapiererwerbs- und Übernahmegesetz aus der Sicht der Bietergesellschaft, AG 2002, 114; *Assmann/Pötzsch/Schneider* (Hrsg.), WpÜG, 2. Aufl. 2013; *Baums,* Low Balling, Creeping in und deutsches Übernahmerecht, ZIP 2010, 2374; *Baums/Thoma/Verse* (Hrsg.), WpÜG, Loseblatt, Stand: 9/2017; *Bayer,* Vorsorge- und präventive Abwehrmaßnahmen gegen feindliche Übernahmen, ZGR 2002, 588; *H. Braun,* Die Befreiung vom Pflichtangebot nach dem WpÜG, 2008; *H. Braun,* Das einflusslose Mitglied im Stimmrechtspool, NZG 2008, 928; *Brellochs,* Konzernrechtliche Beherrschung und übernahmerechtliche Kontrolle, NZG 2012, 1010; *Cahn,* Verwaltungsbefugnisse der Bundesanstalt für Finanzdienstleistungsaufsicht im Übernahmerecht und Rechtsschutz Betroffener, ZHR 167 (2003), 262; *Cascante,* „12 Years a Rave?" – Schlüsseltransaktionen im deutschen Übernahmerecht von 2002 bis 2013, FS Wegen, 2015, 175; *Drygala,* Die neue deutsche Übernahmeskepsis und ihre Auswirkungen auf die Vorstandspflichten nach § 33 WpÜG, ZIP 2001, 1861; *Ehricke/Ekkenga/Oechsler,* WpÜG, 2003; *Ekkenga,* § 33 WpÜG: Neutralitätsgebot oder Grundsatz der Abwehrbereitschaft?, FS Kümpel, 2003, 95; *Ekkenga/Hofschroer,* Das Wertpapiererwerbs- und Übernahmegesetz, DStR 2002, 724, 768; *Enriques,* European Takeover Law: Designing a new approach, FS Hopt, 2010, 1789; *v. Falkenhausen,* Reformbedarf beim Pflichtangebot gemäß § 35 WpÜG, ZHR 174 (2010), 293; *v. Falkenhausen,* Das nachgeholte Pflichtangebot, NZG 2010, 1213; *v. Falkenhausen,* Die Übernahme der Postbank – Neues zum Recht des Pflichtangebots, NZG 2014, 1368; *Fleischer,* Schnittmengen des WpÜG mit benachbarten Rechtsmaterien – eine Problemskizze, NZG 2002, 545; *Haarmann/Schüppen* (Hrsg.), Frankfurter Kommentar zum WpÜG, 3. Aufl. 2008; *Habersack,* Auf der Suche nach dem gerechten Preis – Überlegungen zu § 31 WpÜG, ZIP 2003, 1123; *Habersack,* Reformbedarf im Übernahmerecht!, ZHR 166 (2002), 619; *Habersack,* Verhinderungsverbot und Pflichtangebotsregel – Eckpfeiler des europäischen Übernahmerechts?, ZHR 181 (2017), 603; *Habersack,* Der Schutz des Bieters vor einer Kapitalerhöhung der Zielgesellschaft, FS Marsch-Barner, 2018, 203; *Habersack/Mayer,* Der neue Vorschlag einer Takeover-Richtlinie – Überlegungen zur Umsetzung in das nationale Recht, ZIP 1997, 2141; *Harbarth,* Kontrollerlangung und Pflichtangebot, ZIP 2002, 321; *Harbarth,* Europäische Durchbrechungsregel im deutschen Übernahmerecht, ZGR 2007, 37; *Heiser,* Interessenkonflikte in der Aktiengesellschaft und ihre Lösung am Beispiel des Zwangsangebots, 1999; *Hemeling,* Gesellschaftsrechtliche Grenzen der Due Diligence beim Unternehmenskauf, ZHR 169 (2005), 274; *Heusel,* Das Instrumentarium zur Durchsetzung unterlassener Pflichtangebote im Lichte der BKN-Entscheidung des BGH, AG 2014, 232; *Heyers,* Verhaltenspflichten des Aufsichtsrats nach feindlichen Übernahmeangeboten, Konzern 2017, 231; *Hirte,* Verteidigung gegen Übernahmeangebote und Rechtsschutz des Aktionärs gegen die Verteidigung, ZGR 2002, 623; *Hoffmann-Becking,* Subjektive öffentliche Rechte im Recht der Unternehmensübernahmen, Liber amoricum H.-U. Erichsen, 2004, 47; *Hommelhoff/Witt,* Konzernunternehmen im Recht der Pflichtangebote nach deutschem WpÜG, FS Nobel, 2005, 125; *Hopt,* Europäisches und deutsches Übernahmerecht, ZHR 161 (1997), 368; *Hopt,* Verhaltenspflichten des Vorstands der Zielgesellschaft bei feindlichen Übernahmen – Zur aktien- und übernahmerechtlichen Rechtslage in Deutschland und Europa, FS Lutter, 2000, 1361; *Hopt,* Grundsatz- und Praxisprobleme nach dem Wertpapiererwerbs- und Übernahmegesetz, ZHR 166 (2002), 383; *Hopt,* Konzernrecht: Die europäische Perspektive, ZHR 171 (2007), 199; *Hopt,* Europäisches Übernahmerecht, 2013; *Ihrig,* Rechtsschutz Drittbetroffener im Übernahmerecht, ZHR 167 (2003), 315; *Jünemann,* Die angemessene Gegenleistung nach § 31 Abs. 1 WpÜG im Lichte des Verfassungsrechts, 2008; *Kalss,* Anlegerinteressen – Der Anleger im Handlungsdreieck von Vertrag, Verband und Markt, 2000; *Kiem,* Der Hauptversammlungsentscheid zur Legitimation von Abwehrmaßnahmen nach dem neuen Übernahmegesetz, ZIP 2000, 1509; *Kiesewetter,* Befreiung vom Pflichtangebotsverfahren

---

[91] Weitergehend – Zustimmungspflicht auch bei Bezugsrecht der Mutter – BGHZ 83, 122 (142 ff.) – Holzmüller; wie hier dagegen *Lutter* FS Westermann, 1974, 347 (357 ff.); *Westermann* ZGR 1984, 352 (376).

[1] Zu weiteren Nachw., insbes. solche zum Schrifttum vor Inkrafttreten des WpÜG, s. *Emmerich/Sonnenschein,* Konzernrecht, 6. Aufl. 1997, § 1 III 3.

bei anschließendem Squeeze Out?, ZIP 2004, 1638; *Kindler/Horstmann,* Die EU-Übernahmerichtlinie – Ein „europäischer" Kompromiss, DStR 2004, 866; *Kleindiek,* Funktion und Geltungsanspruch des Pflichtangebots nach dem WpÜG, ZGR 2002, 546; *Koch,* Passiver Kontrollerwerb und Pflichtangebot, ZIP 2008, 1260; Kölner Kommentar zum WpÜG, hrsg. von Hirte/v. Bülow, 2. Aufl. 2010; *Kort,* Rechte und Pflichten des Vorstands der Zielgesellschaft bei Übernahmeversuchen, FS Lutter, 2000, 1421; *Krause,* Prophylaxe gegen feindliche Übernahmeangebote, AG 2002, 133; *Krause,* Die EU-Übernahmerichtlinie – Anpassungsbedarf im Wertpapiererwerbs- und Übernahmegesetz, BB 2004, 113; *Krause,* Zum richterrechtlichen Anspruch der Aktionäre auf angemessene Gegenleistung bei Übernahme- und Pflichtangeboten, AG 2014, 833; *Letzel,* Das Pflichtangebot nach dem WpÜG, BKR 2002, 293; *Liebscher,* Die Zurechnungstatbestände des WpHG und WpÜG, ZIP 2002, 1005; *Maier-Reimer,* Verhaltenspflichten des Vorstands der Zielgesellschaft bei feindlichen Übernahmen, ZHR 165 (2001), 258; *Maul/Muffat-Jeandet,* Die EU-Übernahmerichtlinie – Inhalt und Umsetzung in nationales Recht, AG 2004, 221, 306; *Merkt,* Verhaltenspflichten des Vorstands der Zielgesellschaft bei feindlichen Übernahmen, ZHR 165 (2001), 224; *Merkt/Binder,* Änderungen im Übernahmerecht nach Umsetzung der EG-Übernahmerichtlinie: Das deutsche Umsetzungsgesetz und verbleibende Problemfelder, BB 2006, 1285; *Mülbert,* Übernahmerecht zwischen Kapitalmarktrecht und Aktien(konzern)recht – die konzeptionelle Schwachstelle des RegE WpÜG, ZIP 2001, 1221; *Mülbert,* Umsetzungsfragen der Übernahmerichtlinie, NZG 2004, 633; *Mülbert/Kiem/Wittig* (Hrsg.), 10 Jahre WpÜG, 2011 (mit Beiträgen von *Bachmann, v. Bülow, Cahn, Cascante, Hopt, Leithner, Meyer, Seibt, Tyrolt, Verse, Wollburg*); *Mülbert/Schneider,* Der außervertragliche Abfindungsanspruch im Recht der Pflichtangebote, WM 2003, 2301; *Oechsler,* Der Grundsatz der angemessenen Gegenleistung bei Übernahmeangeboten nach § 31 Abs. 1 Satz 1 WpÜG, FS Hadding, 2004, 1027; *Oechsler,* Acting in Concert beim Aktienerwerb (§ 30 Abs. 2 WpÜG), ZIP 2011, 449; *Paul,* Gesetzgeberisches Regelungsanliegen und rechtsdogmatische Einordnung von § 35 WpÜG – Wider die These vom Konzerneingangsschutz, Konzern 2009, 80; *Pohlmann,* Rechtsschutz der Aktionäre der Zielgesellschaft im Wertpapiererwerbs- und Übernahmeverfahren, ZGR 2007, 1; *von Riegen,* Rechtsverbindliche Zusagen zur Annahme von Übernahmeangeboten (sog „irrevocable undertakings"), ZHR 167 (2003), 702; *Riehmer,* in: Habersack/Mülbert/Schlitt, Handbuch der Kapitalmarktinformation, 2. Aufl. 2013, §§ 15 – 19; *Schanz/Wedell,* Der Zinsanspruch aus § 38 WpÜG bei unterlassenem Pflichtangebot, AG 2011, 615; *Schneider,* Die Zielgesellschaft nach Abgabe eines Übernahme- oder Pflichtangebots, AG 2002, 125; *Schneider,* Acting in Concert – Ein kapitalmarktrechtlicher Zurechnungstatbestand, WM 2006, 1321; *Schneider/Burgard,* Übernahmeangebote und Konzerngründung – Zum Verhältnis von Übernahmerecht, Gesellschaftsrecht und Konzernrecht, Betr. 2001, 963; *Schwark/Zimmer* (Hrsg.), Kapitalmarktrechtskommentar, 4. Aufl. 2010; *Scholz,* Das Übernahme- und Pflichtangebot bei der KGaA, NZG 2006, 445; *Seibt,* Rechtsschutz im Übernahmerecht, ZIP 2003, 1865; *Seibt,* Reform der EU-Übernahmerichtlinie und des deutschen Übernahmerechts, ZIP 2012, 1; *Seibt/Heiser,* Analyse des Übernahmerichtlinie-Umsetzungsgesetzes (Regierungsentwurf), AG 2006, 301; *Steinmeyer/Häger,* WpÜG, 3. Aufl. 2013; *Stengel/Naumann,* Börslicher versus außerbörslicher Erwerb nach einem Übernahme- oder Pflichtangebot, WM 2013, 2345; *Strunk/Behnke,* Die Aufsichtstätigkeit der BaFin nach dem WpÜG im Jahr 2003, VGR 8 (2004), S. 81; *Thoma,* Das Wertpapiererwerbs- und Übernahmegesetz im Überblick, NZG 2002, 105; *Tröger,* Unternehmensübernahmen im deutschen Recht, DZWiR 2002, 353, 397; *Uechtritz/Wirth,* Drittschutz im WpÜG, WM 2004, 410; *Verse,* Zum zivilrechtlichen Rechtsschutz bei Verstößen gegen die Preisbestimmungen des WpÜG, ZIP 2004, 199; *Verse,* Übergang von gemeinsamer zu alleiniger Kontrolle – ein Fall für das Pflichtangebot?, NZG 2009, 1331; *Verse,* Neues zum Rechtsschutz der Aktionäre im Übernahmerecht, Konzern 2015, 1; *Winter/Harbarth,* Verhaltenspflichten von Vorstand und Aufsichtsrat der Zielgesellschaft bei feindlichen Übernahmeangeboten nach dem WpÜG, ZIP 2002, 1.

I. Überblick

1. Das Problem

Der Erwerb einer Gesellschaft erfolgt durch den Erwerb der Anteilsrechte, sei es im 1 Wege des Kaufs oder des Umtauschs gegen andere Anteile. Sobald der Erwerber eine Anteilsquote erlangt hat, die ihm die Kontrolle über die Gesellschaft ermöglicht, kann er deren Geschäftspolitik bestimmen; die Gesellschaft wird dadurch abhängig, was für die außenstehenden Aktionäre mit erheblichen Gefahren verbunden ist (→ § 1 Rn. 23 ff.). Wird die Übernahme einer börsennotierten Gesellschaft durch ein öffentliches, also an alle Aktionäre der Zielgesellschaft gerichtetes Angebot angestrebt, so ist zunächst sicherzustellen, dass die Adressaten des Angebots über **hinreichende Informationen** verfügen. Darüber hinaus ist für die **gleichmäßige Behandlung** der Aktionäre zu sorgen; insbes. ist sicherzustellen, dass sämtliche Aktionäre an der für den Erwerb einer Kontrollmehrheit zu zahlenden Kontrollprämie partizipieren.[2] Ist schließlich die Gesellschaft unter die **Kontrolle** durch einen Aktionär geraten, so stellt sich die Frage, ob dieser Aktionär den Minderheitsaktionären ein Angebot auf Übernahme der Aktien zu unterbreiten hat.

2   Verbreitet (und reguliert) sind Übernahmeangebote bereits seit längerem in den USA und im Vereinigten Königreich.[3] Sie haben sich jedoch auch in Deutschland etabliert;[4] erinnert sei etwa an die Übernahmen von Continental, Feldmühle Nobel, Mannesmann, Dresdner Bank, Wella, Techem, Postbank, Hochtief, Rhön-Klinikum, Stada, Celesio und Uniper.[5] Allgemein unterscheidet man **freundliche und feindliche** Übernahmeangebote, je nachdem, ob das Angebot mit der Verwaltung der Zielgesellschaft abgestimmt ist oder nicht. Die Begriffswahl ist indes ausgesprochen unglücklich, erweckt sie doch den Eindruck, als seien zumindest feindliche Übernahmeangebote grds. negativ zu beurteilen. Davon kann indes schon deshalb keine Rede sein, weil es nicht Sache der Verwaltung ist, Einfluss auf die Zusammensetzung des Aktionärskreises zu nehmen. Denn immerhin handelt es sich bei dem Übernahmeangebot um ein Angebot an die Aktionäre. Vor diesem Hintergrund erscheint es alles andere als selbstverständlich, dass die Verwaltung der Zielgesellschaft ohne Hinzuziehung der Hauptversammlung[6] Maßnahmen ergreifen kann, die geeignet sind, das Übernahmeangebot und die damit einhergehende Geschäftschance der Aktionäre zu vereiteln.[7] Allerdings darf der Vorstand durchaus auch für seine eigenen unternehmerischen Strategien werben. Uneingeschränkte Neutralität wird also vom Vorstand in keinem Fall gefordert, weshalb nicht von einem Neutralitätsgebot, sondern – im Einklang mit der Amtlichen Überschrift zu § 33a WpÜG – von einem **Verhinderungsverbot** gesprochen werden sollte;[8] dessen Ausgestaltung durch das WpÜG war iRd Gesetzgebungsverfahrens lebhaft umstritten (→ Rn. 4).

---

[2]   Erfolgt der Erwerb über die Börse, so steigt der Kurs entsprechend der Nachfrage an; die Kontrollprämie würde dann denjenigen Aktionären zufallen, die zuletzt verkaufen.

[3]   Rechtsvergleichende Hinweise bei KölnKommWpÜG/*Hirte/Heinrich* WpÜG Einl. Rn. 70 ff.; s. ferner zum US-amerikanischen Recht *Knoll* Übernahme S. 35 ff., 111 ff.; *Herkenroth* Konzernierungsprozesse S. 108 ff., 242 ff.; zum englischen Recht *Habersack/Mayer* ZIP 1997, 2141 (2144 ff.); *Krause* WM 1996, 845 (846 ff.), 893 ff.; *Schuberth,* Konzernrelevante Regelungen im britischen Recht, 1997, 33 ff.

[4]   Bis September 2011 wurden mehr als 320 Angebotsverfahren nach dem WpÜG durchgeführt, s. MKW/*v. Bülow* S. 9, 10; s. ferner *Seibt* CFL 2011, 213.

[5]   Überblick bei *Cascante* FS Wegen, 2015, 175 ff.

[6]   Allg. zur Legitimation von Abwehrmaßnahmen durch Aktionärsentscheid *Mülbert* IStR 1999, 83 (87 ff.).

[7]   Allg. für striktes Neutralitätsgebot *Hopt* ZGR 1993, 534; *Hopt* FS Lutter, 2000, 1361 (1362 ff.); *Kort* FS Lutter, 2000, 1421 (1426 ff.); *Krause* AG 2000, 217 (218 ff.); *Merkt* ZHR 165 (2001), 224 ff.; *Mülbert* IStR 1999, 83 (87 ff.); *Mülbert/Birke* WM 2001, 705; berechtigte Einschränkungen bei *Maier-Reimer* ZHR 165 (2001), 258; Hüffer/Koch/*Koch* AktG § 76 Rn. 40; *Bungert* NJW 1998, 488 (492); *Kirchner* AG 1999, 481 (487 ff.); *Martens* FS Beusch, 1993, 529 (539 ff.); s. auch BGH ZIP 2008, 218, wo die Frage einer aktienrechtlichen „Neutralitätspflicht" ausdrücklich offengelassen wird. Zu den iE in Betracht kommenden Abwehrmaßnahmen s. die Kommentare zu § 33 WpÜG, ferner *Michalski* AG 1997, 152; *Witte* Betr. 2000, 2161.

[8]   Vgl. auch *Maier-Reimer* ZHR 165 (2001), 258 (260) – Vereitelungsverbot; *Mülbert/Birke* WM 2001, 705 – Behinderungsverbot; s. ferner *Grunewald* AG 2001, 288 (289).

2. Gesetzliche Regelung

a) Übernahmerichtlinie

Um unionsweit für einen gewissen Mindestschutz der Aktionäre zu sorgen, hatte die   3
Europäische Kommission bereits im Jahre 1989 den Vorschlag einer 13. Richtlinie
auf dem Gebiet des Gesellschaftsrechts über Übernahmeangebote vorgelegt.[9] Auch in
einer überarbeiteten Fassung[10] aus dem Jahre 1990 fand der Vorschlag allerdings nicht
die erforderliche Ratsmehrheit; die Bedenken richteten sich vor allem gegen die obligatorische Einführung eines sogenannten Pflichtangebots. Die weiteren Bemühungen der Kommission galten sodann der Erarbeitung einer **Rahmenregelung,** die auf
die konträren Konzeptionen[11] eines Schutzes von Minderheitsaktionären Rücksicht
nehmen sollte, dabei aber zwangsläufig einen Verzicht auf eine substantielle Angleichung der einzelstaatlichen Vorschriften in Kauf nehmen musste. Im Jahre 1996 hatte
sie deshalb einen neuen Vorschlag vorgelegt,[12] der, nach erneuter Überarbeitung,[13]
kurz vor der endgültigen Verabschiedung stand. Dieser Vorschlag zeichnete sich vor
allem durch die sogenannte **Gleichwertigkeitsklausel** aus, die es unter anderem der
Bundesrepublik erlauben sollte, das Pflichtangebot durch „gleichwertige" Vorkehrungen zum Schutze der außenstehenden Aktionäre zu ersetzen; dabei war insbes. an die
Vorschriften der §§ 311 ff. AktG gedacht.[14]

Im Juni 1999 war es indes zu einer politischen Einigung zwischen den Mitgliedstaaten   4
gekommen,[15] so dass der Richtlinienvorschlag in der Fassung des Gemeinsamen
Standpunktes des Rates vom 19. 6. 2000 eine Gleichwertigkeitsklausel nicht mehr enthielt und die obligatorische Einführung eines Pflichtangebots vorschrieb.[16] Die endgültige Verabschiedung der Richtlinie schien nun, nachdem das Verfahren der Mitent-
scheidung des Europäischen Parlaments innerhalb des Vermittlungsausschusses in
letzter Sekunde zu einem erfolgreichen Abschluss gebracht werden konnte,[17] zum
Greifen nahe. In der bis zuletzt umstrittenen Frage nach der Reichweite des Verhinderungsverbots hatten sich die Befürworter einer strengen Linie durchgesetzt: Nach
Art. 9 Abs. 1 Buchst. a des Richtlinienvorschlags sollte der Vorstand der Zielgesellschaft grds. die Einwilligung der Hauptversammlung einzuholen haben, bevor er
Handlungen vornimmt, durch die das Angebot vereitelt werden könnte. Anderes galt

---

[9] ABl. 1989 C 64, 8. – Zur Vorgeschichte des Vorschlags, insbes. zum sogenannten Pennington-Entwurf
aus dem Jahre 1974, s. *Behrens* ZGR 1975, 433; *Bess* AG 1976, 169.

[10] ABl. 1990 C 240; dazu Rechtsausschuss, BT-Drs. 12 (1991)/1465.

[11] Näher dazu Assmann/Basaldua/Bozenhardt/Peltzer/*Assmann/Bozenhardt,* Übernahmeangebote, 1990,
S. 1 (19 ff.).

[12] ABl. 1996 C 162, 5; dazu *Krause* AG 1996, 209; *Peltzer* AG 1997, 145; *Schuster* EuZW 1997, 237.

[13] ABl. 1997 C 378, 10; auch abgedruckt in ZIP 1997, 2172 mit einer Einführung von *Neye;* näher dazu
Habersack/Mayer ZIP 1997, 2141.

[14] Für Unzulänglichkeit der §§ 311 ff. AktG und für Einführung eines Pflichtangebots aber bereits *Baums*
ZIP 1997, 1310 ff.; *Hopt* ZHR 161 (1997), 368 (379 ff.); *Habersack/Mayer* ZIP 1997, 2141 (2143 ff.),
dort auch zur Gefahr einer Überlagerung der §§ 291 ff., 311 ff. AktG durch die konzeptionell grundverschiedene Übernahmerichtlinie.

[15] Zu den Gründen *Neye* AG 2000, 289 (293).

[16] ABl. 2001 C 23, 1; dazu *Neye* AG 2000, 289; *Krause* NZG 2000, 905; *Pötzsch/Möller* WM 2000, Sonderbeil. 2, S. 5.

[17] „Gemeinsamer Text gebilligt vom Vermittlungsausschuss im Sinne des Artikels 251 Absatz 4 des EG-
Vertrags" vom 6. 6. 2001, Dok. 96/0085 (COD), C5–0221/2001, abgedruckt in ZIP 2001, 1120; s.
ferner Legislative Entschließung des Europäischen Parlaments, Dok. endg. A5–0368/2000.

für die Suche nach konkurrierenden Angeboten (Art. 9 Abs. 1 Buchst. a) sowie für die Ausübung eines genehmigten Kapitals (Art. 9 Abs. 2). Ungeachtet des vom Vermittlungsausschuss erarbeiteten Kompromisses stieß allerdings gerade das in Art. 9 des Richtlinienvorschlags vorgesehene Verhinderungsverbot auf den erbitterten Widerstand der Bundesrepublik. Nachdem es ihr gelungen war, neben ihren eigenen Abgeordneten auch diejenigen Italiens und Spaniens entsprechend zu mobilisieren, fand der Richtlinienvorschlag in der entscheidenden Beschlussfassung des Europäischen Parlaments vom 4.7.2001 nicht die erforderliche Mehrheit. Damit war das Projekt einer Europäischen Richtlinie über Übernahmeangebote einstweilen gescheitert.

5   Die weiteren Bemühungen galten sodann der Erarbeitung eines Kompromisses. Streitpunkte waren neben der Frage des Verhinderungsverbots vor allem die von Mitgliedstaat zu Mitgliedstaat divergierenden Beschränkungen in Bezug auf die Übertragung von Wertpapieren und die Ausübung des Stimmrechts; die Kommission war zunächst bemüht, derlei Übernahmehindernisse abzubauen und für Übernahmesituationen ein **„level playing field"** zu errichten.[18] Nachdem diesbezüglich eine „große Lösung" nicht zu realisieren war, hat man sich auf den Vorschlag eines **Optionsmodells** verständigt, wonach die Mitgliedstaaten und, auf einer zweiten Ebene, die Unternehmen wählen können, ob sie die Vorschriften über die Neutralitätspflicht und über die Außerkraftsetzung von Übertragungs- und Stimmrechtsbeschränkungen anwenden wollen oder nicht. Am 21.4.2004 ist schließlich die Übernahmerichtlinie verabschiedet worden.[19] Ihre Umsetzung hat zahlreiche Änderungen des bereits am 1.1.2002 in Kraft getretenen deutschen WpÜG (→ Rn. 6ff.) erforderlich gemacht.[20] Derzeit wird, zumal mit Blick auf die Revisionsklausel in Art. 20, über eine Reform der Richtlinie diskutiert;[21] die Kommission hat bislang allerdings noch keinen Änderungsvorschlag vorgelegt.[22]

b) Wertpapiererwerbs- und Übernahmegesetz

6   Anders als eine Reihe anderer Länder[23] verfügte Deutschland lange Zeit über keine gesetzliche Regelung über öffentliche Übernahmeangebote. Zwar existierte der so genannte **Übernahmekodex** der Börsensachverständigenkommission;[24] seine Beach-

---

[18] Näher hierzu sowie zu den einzelnen Streitpunkten *Maul/Muffat-Jeandet* AG 2004, 221 (224f.).

[19] Richtlinie 2004/25/EG des Europäischen Parlaments und des Rates betreffend Übernahmeangebote (ABl. Nr. L 142 S. 12); dazu *Habersack/Verse* EurGesR § 11 Rn. 1ff. (mit Abdruck der Richtlinie in *Habersack/Verse* EurGesR § 11 Rn. 41); *Habersack* ZHR 181 (2017), 603 (610ff.); *Maul/Muffat-Jeandet* AG 2004, 221. (306ff.); *Krause* BB 2004, 113.

[20] Analyse des Umsetzungsbedarfs bei *Austmann/Mennicke* NZG 2004, 846; *Maul/Muffat-Jeandet* AG 2004, 221 (306ff.); *Krause* BB 2004, 113; *Mülbert* NZG 2004, 633; *Wiesner* ZIP 2004, 343; *Maul/Lanfermann* BB 2004, 1517; *Glade/Haak/Hellich* Konzern 2004, 455 (515ff.); *Kindler/Horstmann* DStR 2004, 866; *Seibt/Heiser* ZGR 2005, 200; *Hasselbach* ZGR 2005, 387.

[21] Vgl. *Habersack/Verse* EurGesR § 11 Rn. 5; *Enriques* FS Hopt, 2010, S. 1789ff.; *Habersack* ZHR 181 (2017), 603 (610ff.); MKW/*Hopt* S. 42, 47ff.; *Seibt* CFL 2011, 213ff.; *Hopt* Europäisches Übernahmerecht S. 21ff.; *Seibt* ZIP 2012, 1; zu Vorschlägen für eine Reform des WpÜG s. *Baums* ZIP 2010, 2374; *v. Falkenhausen* ZHR 174 (2010), 293; ferner die Beiträge von MKW/*v. Bülow/Leithner/Verse/Wollburg* S. 9ff., 276ff., 302ff., 306ff.

[22] S. aber den „Anwendungsbericht" der Kommission vom 28.6.2012, COM (2012) 347 final; dazu *Habersack* ZHR 181 (2017), 603 (607ff.).

[23] Vgl. neben den Nachw. in Fn. 3 noch *Zinser* NZG 2000, 573.

[24] Abdruck der ursprünglichen Fassung in AG 1995, 572; Abdruck der 1998 geänderten Fassung in AG 1998, 133; näher zum Kodex *Assmann* AG 1995, 563; *Thoma* ZIP 1996, 1725; *Weisgerber* ZHR 161 (1997), 421.

tung konnte jedoch nicht erzwungen werden. Im Juni 2000 hatte deshalb das Bundesministerium der Finanzen im Vorgriff auf die seinerzeit zu erwartende Verabschiedung der Übernahmerichtlinie einen Diskussionsentwurf eines Gesetzes zur Regelung von Unternehmensübernahmen vorgelegt,[25] dem im März 2001 der Referentenentwurf und im Juli 2001 der Regierungsentwurf gefolgt waren.[26] Ungeachtet heftiger Kontroversen insbes. über die Reichweite der „Neutralitätspflicht" des Vorstands konnte daraufhin das „Gesetz zur Regelung von öffentlichen Angeboten zum Erwerb von Wertpapieren und von Unternehmensübernahmen" sodann am 20. 12. 2001 verabschiedet werden und zum 1. 1. 2002 in Kraft treten.[27] Art. 1 dieses Gesetzes enthält das WpÜG. Es ist zunächst durch das **Übernahmerichtlinie-Umsetzungsgesetz** vom 8. 7. 2006 nicht unerheblich geändert worden.[28] Seine Schwerpunkte bilden die Weitergabe des Optionsrechts des Art. 12 RL 2004/25/EG (→ Rn. 5) an die Gesellschaften in §§ 33a ff. WpÜG (→ Rn. 14) und die Einführung eines spezifisch übernahmerechtlichen Ausschlussrechts (Squeeze-out) sowie eines korrespondierenden Andienungsrechts der Restminderheit (Sell-out) in §§ 39a ff. WpÜG (→ § 10a Rn. 4).[29] Durch Art. 2 **Risikobegrenzungsgesetz**[30] ist sodann der in § 30 Abs. 2 WpÜG geregelte Tatbestand des acting in concert neu gefasst worden.[31] Eine neuerliche Reform des WpÜG hätte jedenfalls im Falle einer Überarbeitung der Übernahmerichtlinie zu erfolgen, wird indes auch unabhängig davon gefordert.[32]

Das WpÜG findet auf **börsennotierte Gesellschaften** Anwendung und regelt neben 7 den nicht auf die Erlangung der Kontrolle gerichteten und deshalb im konzernrechtlichen Kontext nicht weiter interessierenden „einfachen" Erwerbsangeboten (→ Rn. 9) freiwillige Übernahmeangebote (§§ 29ff. WpÜG) und Pflichtangebote (§§ 35ff. WpÜG). Was zunächst die Regulierung **freiwilliger Übernahmeangebote** betrifft, so zielt sie auf die Sicherstellung eines fairen, den Grundsatz der Gleichbehandlung aller Aktionäre berücksichtigenden Übernahmeverfahrens. Zu diesem Zweck enthält das Gesetz umfassende Informationspflichten, deren Erfüllung es den Aktionären ermöglichen soll, eine sachgerechte Entscheidung über die Annahme oder Ablehnung des Angebots zu treffen. Darüber hinaus sehen § 31 WpÜG und §§ 3ff. der auf der Grundlage des § 31 Abs. 7 WpÜG erlassenen WpÜG-Angebotsverordnung[33] besondere Anforde-

---

[25] Abdruck in: NZG 2000, 844; dazu *Pötzsch/Möller* WM 2000, Sonderbeil. 2, S. 13ff.; *Riehmer/Schröder* NZG 2000, 820; *Kiem* ZIP 2000, 1509.

[26] Zum Referentenentwurf s. *Zinser* NZG 2001, 391; Stellungnahme des Handelsrechtsausschusses des DAV eV NZG 2001, 420; zum Regierungsentwurf *Mülbert* ZIP 2001, 1221.

[27] BGBl. 2006 I 3822; Überblick zur ursprünglichen Fassung bei *Ekkenga/Hofschroer* DStR 2002, 724. (768ff.); *Krause* NJW 2002, 705; *Thoma* NZG 2002, 105; *Zinser* WM 2002, 15.

[28] BGBl. 2006 I 1426; dazu *Harbarth* ZGR 2007, 57; *Knott* NZG 2006, 849; *Merkt/Binder* BB 2006, 1285; *Meyer* WM 2006, 1135; *Schüppen* BB 2006, 165, *Seibt/Heiser* AG 2006, 301.

[29] Dazu sowie zum Verhältnis zum aktienrechtlichen Squeeze-out → § 10a Rn. 4; Überblick bei *Austmann/Mennicke* NZG 2004, 846; *Heidel/Lochner* Konzern 2006, 653; *Paefgen* WM 2007, 765.

[30] Gesetz zur Begrenzung der mit Finanzinvestitionen verbundenen Risiken vom 12. 8. 2008, BGBl. 2008 I 1666; dazu *Diekmann/Merkner* NZG 2007, 921; *König* BB 2008, 1910; *Schockenhoff/Wagner* NZG 2008, 361.

[31] Zur Neuregelung s. *Gätsch/Schäfer* NZG 2008, 846; *Korff* AG 2008, 692; *Oechsler* ZIP 2011, 449; *Wackerbarth* ZIP 2007, 2340.

[32] Vgl. die Nachw. in Fn. 21.

[33] Verordnung über den Inhalt der Angebotsunterlage, die Gegenleistung bei Übernahmeangeboten und Pflichtangeboten und die Befreiung von der Verpflichtung zur Veröffentlichung und zur Abgabe eines Angebots vom 27. 12. 2001, BGBl. 2001 I 4263.

rungen an die vom Bieter anzubietende Gegenleistung und damit unter den dort genannten Voraussetzungen eine Teilhabe der Aktionäre der Zielgesellschaft an vom Bieter geleisteten Paketzuschlägen vor.[34] Nach § 33 Abs. 1 S. 1 WpÜG sind dem Vorstand Abwehrmaßnahmen grds. untersagt; Ausnahmen sind in § 33 Abs. 1 S. 2, Abs. 2 WpÜG vorgesehen (→ Rn. 18 ff.). Die Vorschriften über **Pflichtangebote** sollen für den Schutz der Minderheitsaktionäre einer unter der Kontrolle eines Aktionärs stehenden Gesellschaft sorgen (→ Rn. 28 ff.). Sie verpflichten deshalb den die Gesellschaft kontrollierenden Aktionär, den übrigen Aktionären ein Angebot auf Übernahme ihrer Aktien zu machen, ohne darauf abzustellen, wie es zum Erwerb der Kontrollmehrheit gekommen ist. Das Angebot, zu dessen Abgabe der die Gesellschaft kontrollierende Aktionär verpflichtet ist, unterliegt sodann grds. den Vorschriften über freiwillige Übernahmeangebote.

II. Freiwillige Übernahmeangebote

1. Grundlagen

8   Das WpÜG gilt nach seinen §§ 1, 2 für öffentliche[35] Kauf- oder Tauschangebote zum Erwerb von Wertpapieren, die von der Zielgesellschaft (nach § 2 Abs. 3 WpÜG, Art. 10 SE-VO: einer AG, SE oder KGaA mit Sitz im Inland) ausgegeben wurden und zum Handel an einem organisierten Markt zugelassen sind.[36] Dem WpÜG liegt ein spezifisch **kapitalmarktrechtlicher Ansatz** zugrunde. Dies zeigt sich nicht nur in der Beschränkung seines Anwendungsbereichs auf den Erwerb solcher Wertpapiere, die zum Handel an einem organisierten Markt zugelassen sind. Vielmehr unterstellt das Gesetz das Übernahmeverfahren der **Aufsicht durch die BaFin,** die die ihr zugewiesenen Aufgaben und Befugnisse nach § 4 Abs. 2 WpÜG überdies nicht im Interesse der Aktionäre der Zielgesellschaft, sondern „nur im öffentlichen Interesse" wahrnimmt.[37] Auf das Gesellschaftsrecht im Allgemeinen und die §§ 311 ff. AktG im Besonderen strahlt das WpÜG deshalb grds. nicht aus. Für die börsennotierte AG bedeutet dies, dass Aktienkonzernrecht und WpÜG nebeneinander Anwendung finden.[38] Umgekehrt hat es für

---

[34] Dazu namentlich *Oechsler* FS Hadding, 2004, 1027 ff.; *Tominski/Kuthe* BKR 2004, 10; zur rechtspolitischen Kritik an den Preisregeln *Mülbert* ZIP 2001, 1221 (1223 f.); *Habersack* ZHR 166 (2002), 619 (624); zu den verfassungsrechtlichen Implikationen s. *Jünemann* Gegenleistung S. 83 ff., 173 ff.

[35] Speziell hierzu *Baum* AG 2003, 144; *Fleischer* ZIP 2001, 1653; *Assmann* AG 2002, 114 (115); *Tröger* DZWiR 2002, 353 (355).

[36] Vgl. dazu § 2 Abs. 7 WpÜG; zur Nichteinbeziehung von Freiverkehrswerten s. namentlich *Tröger* DZWiR 2002, 353 (355); AGS/*Angerer* WpÜG § 1 Rn. 58 ff.

[37] Zur Frage des Rechtsschutzes Dritter, insbes. der Aktionäre der Zielgesellschaft, s. BVerfG ZIP 2004, 950, OLG Frankfurt a. M. ZIP 2003, 1251, 2003, 1392; 2012, 270 (jeweils die Genehmigung eines Übernahmeangebots betr.; dazu *Nietsch* WM 2003, 2581; *Berding* Konzern 2004, 771; *Seibt* ZIP 2003, 1865 ff.); OLG Frankfurt a. M. ZIP 2003, 1297, 2003, 2206, 2003, 2254, ferner *BaFin* ZIP 2004, 223 (jeweils die Befreiung von einem Pflichtangebot betr.; krit. hierzu *Seibt* ZIP 2003, 1865 (1874 ff.); *Uechtritz/Wirth* WM 2004, 410 (415 ff.); MKW/*Verse* S. 276 (291 ff.); dem *OLG* zust. dagegen *Hoffmann-Becking* FS Erichsen, 2004, 47 (57 ff.)); OLG Frankfurt a. M. ZIP 2003, 1977 (kein einstweiliger Rechtsschutz des Befreiung begehrenden Bieters); näher zum Ganzen *Aha* AG 2002, 160; *Cahn* ZHR 167 (2003), 262 ff.; *Habersack* ZHR 166 (2002), 619 (620 f.); *Ihrig* ZHR 167 (2003), 315 ff.; *Krause* NJW 2004, 3681 (3686 ff.); *Möller* ZHR 167 (2003), 301; *Pohlmann* ZGR 2007, 1; *Schnorbus* ZHR 166 (2002), 72 (94 ff.); MKW/*Verse* S. 276 ff., dort auch Reformüberlegungen; zur aufsichtsrechtlichen Praxis s. *Strunk/Behnke* VGR 8 (2004), 81 ff.; *Lenz/Linke* AG 2002, 361 ff.; *Lenz/Behnke* BKR 2003, 43.

[38] Hieran ist auch de lege ferenda festzuhalten, zutr. *Kleindiek* ZGR 2002, 546 (561 ff.) mwN; s. dazu noch → Rn. 32 f.

die börsenferne AG[39] bei der Geltung allein des **Aktienkonzernrechts der §§ 291 ff., 311 ff. AktG** zu bewenden, mithin dabei, dass die außenstehenden Aktionäre, solange nicht ein Beherrschungs- oder Gewinnabführungsvertrag geschlossen oder die Gesellschaft eingegliedert ist, den Kontrollerwerb und den Kontrollwechsel hinzunehmen haben, ohne hierauf durch Austritt aus der AG oder Andienung ihrer Aktien reagieren zu können.[40]

Das in §§ 29 ff. WpÜG geregelte (freiwillige) Übernahmeangebot unterscheidet sich 9 von dem **einfachen Erwerbsangebot** der §§ 10 ff. WpÜG allein dadurch, dass es auf den Erwerb der Kontrolle über die Zielgesellschaft gerichtet ist. **Kontrolle** wiederum ist nach § 29 Abs. 2 WpÜG das Halten von mindestens 30 Prozent der Stimmrechte an der Zielgesellschaft (→ Rn. 34 ff.). Aus einer bereits vorhandenen Kontrollposition heraus abgegebene und deren Aufstockung dienende öffentliche Erwerbsangebote sind demnach keine Übernahmeangebote, sondern einfache Erwerbsangebote.[41] Liegt dagegen ein Übernahmeangebot im Rechtssinne vor, gelangen die speziellen Vorschriften der §§ 31 ff. WpÜG zur Anwendung; ergänzend, dh soweit sich aus §§ 31 ff. WpÜG nichts anderes ergibt, gelten nach § 34 WpÜG die Vorschriften der §§ 10 ff. WpÜG über einfache Erwerbsangebote.[42]

Aus konzernrechtlicher Sicht von Bedeutung ist weiter, dass nach § 32 WpÜG ein 10 Übernahmeangebot, das sich nur auf einen Teil der Aktien der Zielgesellschaft erstreckt, vorbehaltlich der in § 24 WpÜG vorgesehenen Befreiungsmöglichkeit unzulässig ist.[43] Dieses (in der Übernahmerichtlinie nicht vorgesehene)[44] **Erfordernis eines Vollangebots** ist vor dem Hintergrund zu sehen, dass die Zielgesellschaft, den Erfolg des Übernahmeangebots unterstellt, in die Abhängigkeit gerät. Es handelt sich mithin um einen der Pflichtangebotsregel vorgelagerten **Präventivschutz**, weshalb § 35 Abs. 3 WpÜG die Verpflichtung des die Zielgesellschaft kontrollierenden Aktionärs zur Abgabe eines Angebots entfallen lässt, wenn die Kontrolle auf Grund eines Übernahmeangebots (und damit unter Beachtung des § 32 WpÜG) erlangt worden ist.[45] Auch das Übernahmeangebot kann allerdings nach Maßgabe des § 18 WpÜG mit Be-

---

[39] ISd § 2 Abs. 7 WpÜG; zur Nichteinbeziehung von Freiverkehrswerten s. die Nachw. in Fn. 36.

[40] → Rn. 32 f.; → 8 Rn. 14 f., ferner Emmerich/Habersack Aktien-/GmbH-KonzernR/*Habersack* AktG Vor § 311 Rn. 1; KölnKommAktG/Koppensteiner AktG Anh. § 318 Rn. 47; *Kleindiek* ZGR 2002, 546 (557 ff.); aA *Kalss* Anlegerinteressen S. 501 ff.; *Mülbert* ZIP 2001, 1221 (1227 f.); dazu.

[41] Wohl unstreitig, s. nur *Thoma* NZG 2002, 105 (106).

[42] Näher zum Angebotsverfahren, insbes. zur Angebotsunterlage, *Liebscher* ZIP 2001, 853; *Thoma* NZG 2002, 105 (107 ff.); *Riehmer/Schröder* BB 2001, Beil. 5; HMS Kapitalmarktinf-HdB/*Riehmer* Handbuch der Kapitalmarktinformation, 2. Aufl. 2013, §§ 15 ff.; zu Fehlerkorrektur und Aktualisierungspflicht *Oechsler* ZIP 2003, 1330, *Stephan* AG 2003, 551; zum Widerruf der Angebotsankündigung *Stöcker* NZG 2003, 993; zu im Vorfeld des Angebots übernommenen Verpflichtungen zur Annahme des Angebots v. *Riegen* ZHR 167 (2003), 702 ff.; zur Haftung des Vorstands und Aufsichtsrats für fehlerhafte Stellungnahmen nach § 27 WpÜG *Ebke* FS Hommelhoff, 2012, 161 ff.; *Harbarth* ZIP 2004, 3; *Friedl* NZG 2004, 448.

[43] Näher zu § 32 WpÜG, insbes. zur Einbeziehung von Vorzugsaktien einerseits, zur analogen Anwendung des § 35 Abs. 2 S. 3 WpÜG andererseits, AGS/*Thun* WpÜG § 32 Rn. 2 ff.

[44] Nach Art. 2 Abs. 1 Buchst. a RL 2004/25/EG umfasst der Begriff des Übernahmeangebots auch Teilangebote, vorausgesetzt, sie haben den Erwerb der Kontrolle über die Zielgesellschaft zum Ziel.

[45] § 35 Abs. 3 WpÜG befreit allerdings nur von dem auf die Zielgesellschaft bezogenen Pflichtangebot; hat der Bieter mit der Erlangung der Kontrolle über die Zielgesellschaft zugleich (mittelbar) die Kontrolle über börsennotierte (iSv § 2 Abs. 7 WpÜG) Tochtergesellschaften erlangt, ist er deren außenstehenden Aktionären zur Abgabe eines Pflichtangebots verpflichtet, → Rn. 38.

dingungen versehen, insbes. also von einer Mindestannahmequote abhängig gemacht werden.[46] Im Recht der Übernahmeangebote nicht vorgesehen ist ein Andienungs-recht der Minderheitsaktionäre der durch erfolgreiches Übernahmeangebot unter die Kontrolle durch den Bieter gelangten Zielgesellschaft; die **„Zaunkönigregelung"** des § 16 Abs. 2 WpÜG gewährt den Minderheitsaktionären stattdessen eine weitere zwei-wöchige Überlegungsfrist. Hinzu kommt das Andienungsrecht nach § 39c WpÜG, das freilich voraussetzt, dass der Bieter über 95% des stimmberechtigten Kapitals ver-fügt (→ § 10a Rn. 4).

2. Gegenleistung

11   § 31 WpÜG und §§ 3 ff. WpÜG-AV (→ Rn. 7) enthalten Vorschriften über die vom Bieter anzubietende Gegenleistung und wollen hierdurch für einen **angemessenen Angebotspreis** sorgen und vor allem die Teilhabe der Aktionäre der Zielgesellschaft an einem vom Bieter geleisteten **Paketzuschlag** sichern.[47] Zu diesem Zweck bestimmt § 31 Abs. 1 S. 2 WpÜG, dass bei der Bestimmung der angemessenen Gegenleistung grds. der durchschnittliche Börsenkurs der Aktien der Zielgesellschaft und Vorerwerbe des Bieters, mit ihm gemeinsam handelnder Personen (zu diesen gehören nach § 2 Abs. 5 S. 2 WpÜG unter anderem Tochterunternehmen des Bieters!) oder deren Tochterunternehmen zu berücksichtigen sind; die Einzelheiten sind in §§ 3 ff. WpÜG-Angebotsverordnung geregelt. Die Gegenleistung, die sich auf Grundlage die-ser Bestimmungen ergibt, ist grds. angemessen iSd § 31 Abs. 1 S. 1 WpÜG;[48] einer Unternehmensbewertung, wie sie etwa § 305 AktG auch für börsennotierte Gesell-schaften vorschreibt (→ § 22 Rn. 34 ff.), bedarf es somit vorbehaltlich der in §§ 5 Abs. 4, 6 Abs. 6 WpÜG-Angebotsverordnung geregelten Ausnahmetatbestände nicht. Was die Art der Gegenleistung betrifft, so ist es grds. Sache des Bieters, ob er **bare Zah-lung oder liquide Anteile**[49] anbietet. Allein unter den Voraussetzungen des § 31 Abs. 3 WpÜG ist der Bieter zur Abgabe eines Barangebots verpflichtet. Hinzu kommt die in § 31 Abs. 5 S. 1 WpÜG geregelte Pflicht zur baren Zuzahlung in Fällen eines freiwilligen Nacherwerbs. Ist die angebotene Gegenleistung nicht angemessen iSd § 31 Abs. 1 S. 1 WpÜG, haben die Aktionäre, die das Angebot angenommen haben, einen Anspruch gegen den Bieter auf **Zahlung der Differenz** zwischen der angebote-nen und der angemessenen Gegenleistung.[50]

---

[46] Näher dazu die Kommentare zu § 18 WpÜG, ferner *Busch* AG 2002, 145; *Holzborn/Israel* BKR 2002, 982 (986 ff.); *Hopt* FS K. Schmidt, 2009, 681 ff.

[47] Vgl. die Nachw. in Fn. 34.

[48] KölnKommWpÜG/*Kremer/Oesterhaus* WpÜG § 31 Rn. 19 f.; *Habersack* ZIP 2003, 1123 mwN (auch zur verfassungsrechtlichen Beurteilung); *Traugott/Schaefer* NZG 2004, 158; einschr. *Oechsler* FS Hadding, 2004, 1027 (1042 ff.); *Jünemann* Gegenleistung S. 173 ff.

[49] Näher zu diesem Erfordernis des § 31 Abs. 2 S. 1 WpÜG *Krause* ZGR 2002, 500 (514 ff.) mwN; spezi-ell zur Eignung ausländischer Aktien als Gegenleistung und deren Grenzen *Bouchon/v. Breitenbach* ZIP 2004, 58; zur Möglichkeit, nur einzelnen Aktionären (wahlweise) Aktien im Tausch gegen Aktien der Zielgesellschaft anzubieten, s. *v. Thunen* NZG 2008, 925; eingehend zur Art der Gegenleistung *Krause* in Assmann/Pötzsch/Schneider WpÜG § 31 Rn. 37 ff.

[50] BGHZ 202, 180 Rn. 21 ff. mwN, dort auch zur – vom BGH bejahten – Frage einer Verlängerung der Referenzzeiträume der §§ 4, 5 WpÜG-AV in Fällen, in denen der Bieter bereits vor Veröffentlichung des Angebots die Kontrolle iSd § 29 Abs. 2 WpÜG erworben und die Abgabe eines Pflichtangebots un-terlassen hat; BGH NZG 2018, 106 Rn. 11; näher *Ekkenga* ZGR 2015, 485; *v. Falkenhausen* NZG 2014, 1368; *Krause* AG 2014, 833 ff.; *Löhdefink/Jaspers* ZIP 2014, 2261; *Verse* Konzern 2015, 1.

Auch iRd §§ 31 Abs. 1 WpÜG, 4 ff. WpÜG-Angebotsverordnung hat es iÜ bei dem – **12** in allgemeiner Form in § 3 Abs. 1 WpÜG statuierten – Grundsatz der **gattungsbezogenen Gleichbehandlung** zu bewenden,[51] so dass der durchschnittliche Börsenkurs für jede Aktiengattung gesondert zu ermitteln und der Bieter zudem nicht verpflichtet ist, eine den Stammaktionären im Rahmen eines Vorerwerbs geleistete und damit nach § 4 WpÜG-Angebotsverordnung zu berücksichtigende Kontrollprämie auch den Vorzugsaktionären anzubieten. Darüber hinaus dürfte es mit Blick auf § 31 Abs. 2 S. 2 WpÜG zulässig sein, auch hinsichtlich der Art der Gegenleistung unterschiedliche Angebote zu unterbreiten, also etwa den Vorzugsaktionären Aktien und den Stammaktionären eine Geldleistung anzubieten.

3. Abwehrmaßnahmen

a) Grundsatz

Das Übernahmeangebot richtet sich zwar an die Aktionäre der Zielgesellschaft, spricht **13** diese jedoch in ihrer Rolle als Teilnehmer des Kapitalmarktes an, indem es ihnen die Gelegenheit zur Veräußerung ihrer Anteile bietet. Sie sollen deshalb in Kenntnis der Sachlage über die Annahme des Angebots entscheiden. Hieraus erklärt sich der Grundsatz des § 33 Abs. 1 S. 1 WpÜG, dass der Vorstand[52] der Zielgesellschaft nach Veröffentlichung der Entscheidung zur Abgabe eines Angebots bis zur Veröffentlichung des Ergebnisses nach § 23 Abs. 1 S. 1 Nr. 2 WpÜG keine Handlungen vornehmen darf, durch die der Erfolg des Angebots verhindert werden könnte.[53] Flankiert wird der Grundsatz des § 33 Abs. 1 S. 1 WpÜG durch das in § 33 d WpÜG geregelte Verbot ungerechtfertigter Vorteilsgewährungen.

Der gemeinhin als „Neutralitätsgebot" bezeichnete, schon mit Blick auf die Amtliche **14** Überschrift zu § 33a WpÜG allerdings besser als **Verhinderungsverbot** zu bezeichnende (→ Rn. 2) Grundsatz des § 33 Abs. 1 S. 1 WpÜG ist allerdings vor dem Hintergrund zu sehen, dass das Übernahmeangebot zwar die Rechte der Anteilseigner zum Gegenstand hat, letztlich aber auf den Erwerb der Kontrolle über die Zielgesellschaft zielt. Vorstand und Aufsichtsrat der Zielgesellschaft müssen indes, wie § 3 Abs. 3 WpÜG noch einmal ausdrücklich klarstellt, auch während des Übernahmeverfahrens im Interesse der Zielgesellschaft handeln. Zudem statuiert § 3 Abs. 4 WpÜG in Anerkennung der Tatsache, dass Übernahmeangebote in der Regel eine erhebliche Belastung für die Zielgesellschaft darstellen, neben dem Beschleunigungsgrundsatz das Gebot der geringstmöglichen Behinderung der Zielgesellschaft. Schließlich hat das Gesetz zu berücksichtigen, dass sich Vorstand und Aufsichtsrat der Zielgesellschaft mit Blick auf ihr Eigeninteresse an Bewahrung ihrer Organstellung häufig in einem Interessenkonflikt befinden. In Anbetracht dieses **Bündels an widerstreitenden Interessen** hat der Gesetzgeber den Grundsatz des § 33 Abs. 1 S. 1 WpÜG durch die

---

[51] KölnKommWpÜG/*Versteegen* WpÜG § 3 Rn. 17 ff.; KölnKommWpÜG/*Kremer/Oesterhaus* WpÜG Anh. § 31 Rn. 18; Baums/Thoma/Verse/*Marsch-Barner* WpÜG § 31 Rn. 15 ff.; *Habersack* ZIP 2003, 1123 (1127 ff.); vgl. auch BVerfG ZIP 2004, 950 (951); OLG Frankfurt a. M. ZIP 2003, 1392.

[52] Zur Frage der Anwendbarkeit des § 33 WpÜG auch auf den Aufsichtsrat der Zielgesellschaft s. *Winter/Harbarth* ZIP 2002, 11; KölnKommWpÜG/*Hirte* WpÜG § 33 Rn. 48 ff.; MüKoAktG/*Schlitt* WpÜG § 33 Rn. 61 ff. (dort auch zur Anwendbarkeit auf die Organwalter verbundener Unternehmen).

[53] Entscheidend ist allein die objektive Eignung zur Verhinderung des Erfolgs, s. Begr. RegE, BT-Drs. 14/7034, 141; zu den in Betracht kommenden Abwehrmaßnahmen s. die Nachw. in Fn. 7.

Ausnahmetatbestände des § 33 Abs. 1 S. 2, Abs. 2 WpÜG nicht unerheblich relativiert.[54]

15 Hieran hat der Gesetzgeber auch iRd Umsetzung der Übernahmerichtlinie festgehalten: In Ausübung des Optionsrechts aus Art. 12 Abs. 1 RL 2004/25/EG hat er es bei den Ausnahmetatbeständen des § 33 Abs. 1 S. 2, Abs. 2 WpÜG belassen und – in Übereinstimmung mit Art. 12 Abs. 2 RL 2004/25/EG – den Gesellschaften in § 33a WpÜG die Möglichkeit der **Wahl des strengeren europäischen Verhinderungsverbots** gewährt.[55] Entsprechend ist der Gesetzgeber in § 33b WpÜG hinsichtlich der – dem Verhinderungsverbot funktional vergleichbaren – **Durchbrechungsregel** des Art. 11 RL 2004/25/EG im Zusammenhang mit Stimmrechts- und Übertragungsbeschränkungen verfahren.

b) Verhältnis zum AktG

16 Von entscheidender Bedeutung für die Auslegung des § 33 Abs. 1, 2 WpÜG ist dessen Verhältnis zum allgemeinen Aktienrecht. Klar ist zunächst, dass § 33 WpÜG das allgemeine Aktienrecht nur insoweit verdrängen kann, als sein **Anwendungsbereich** reicht. Dies bedeutet insbesondere, dass sich die Verhaltenspflichten des Vorstands und des Aufsichtsrats bei nicht öffentlichen Übernahmeangeboten, bei auf den Erwerb von Freiverkehrswerten oder gänzlich unnotierten Werten gerichteten öffentlichen Übernahmeangeboten und bei sämtlichen einfachen Erwerbsangeboten vollumfänglich nach allgemeinem Aktienrecht beurteilen.[56] Zudem regelt § 33 WpÜG, von den Vorratsbeschlüssen des Abs. 2 abgesehen, allein das Verhalten während der Übernahmephase; außerhalb derselben bewendet es deshalb de lege lata[57] auch für die vom WpÜG erfassten Gesellschaften bei den aktienrechtlichen Verhaltenspflichten und damit bei §§ 93, 116 AktG.[58]

17 Schließlich sollte nicht zweifelhaft sein, dass die Ausnahmetatbestände des § 33 Abs. 1 S. 2, Abs. 2 WpÜG nur von dem Vereitelungsverbot als solchem befreien. Die sich aus dem allgemeinen Aktienrecht ergebenden Schranken im Zusammenhang mit dem Vollzug einzelner Abwehrmaßnahmen, darunter insbes. die **Kompetenzordnung** (einschließlich der „Holzmüller"-Grundsätze) und die Verpflichtung der Organwalter auf das **Interesse der Gesellschaft,** bleiben dagegen unberührt.[59] Entsprechendes gilt

---

[54] Zur Entstehungsgeschichte und rechtspolitischen Beurteilung s. – überwiegend kritisch – *Bayer* ZGR 2002, 588 (605 ff.); *Drygala* ZIP 2001, 1861; *Hopt* ZHR 166 (2002), 383 (421 ff.); Baums/Thoma/Verse/*Grunewald* WpÜG § 33 Rn. 1 ff.; MüKoAktG/*Schlitt* WpÜG § 33 Rn. 23 ff., 40 f.; *Winter/Harbarth* ZIP 2002, 1 (3 ff.); eher befürwortend *Schneider* AG 2002, 125 (127 ff.); s. ferner *Schneider/Burgard* Betr. 2001, 963 ff.

[55] Vgl. dazu die Nachw. in Fn. 28.

[56] Baums/Thoma/Verse/*Grunewald* WpÜG § 33 Rn. 8 ff.; MüKoAktG/*Schlitt* WpÜG § 33 Rn. 80, jew. mwN; aA – für analoge Anwendung des § 33 Abs. 1 WpÜG auf einfache Erwerbsangebote – *Hirte* ZGR 2002, 623 (625 f.). – Zur Frage einer aktienrechtlichen „Neutralitätspflicht" → Rn. 2 mN in Fn. 7.

[57] De lege ferenda für Einbeziehung von „pre bid defences" *Habersack* ZHR 181 (2017), 603 (628 f.).

[58] Für analoge Anwendung *Bayer* ZGR 2002, 588 (618 f.); *Krause* AG 2002, 133 (136); dagegen zu Recht MüKoAktG/*Schlitt* WpÜG § 33 Rn. 69 ff.; *Ekkenga* FS Kümpel, 2003, 95 (102); *Ekkenga/Hofschroer* DStR 2002, 724 (732); zur Ausübung eines genehmigten Kapitals im Vorfeld eines erwarteten Übernahmeangebots s. *Mülbert* FS Schwark, 2009, 553 (559 ff.).

[59] Näher am Beispiel einer Kapitalerhöhung der Zielgesellschaft *Habersack* FS Marsch-Barner, 2018, 203 (208 ff.); allg. *Krause* AG 2002, 133 (136); *Hopt* ZHR 166 (2002), 383 (425 ff.); eingehend zu den Pflichten des Aufsichtsrats *Heyers* Konzern 2017, 231.

für die Vorschriften des Aktienrechts über das Zustandekommen und den Inhalt von Hauptversammlungsbeschlüssen, insbes. über die Zulässigkeit von Vorstandsermächtigungen. Alles in allem verdrängt deshalb § 33 Abs. 1, 2 WpÜG innerhalb seines Anwendungsbereichs allein eine etwaige aktienrechtliche „Neutralitätspflicht".[60]

c) Die Tatbestände des § 33 Abs. 1 S. 2, Abs. 2 WpÜG im Einzelnen

Nach § 33 Abs. 1 S. 2 WpÜG gilt das Vereitelungsverbot des § 33 Abs. 1 S. 1 WpÜG nicht (1.) für Handlungen, die auch ein ordentlicher und gewissenhafter Geschäftsleiter einer Gesellschaft, die nicht von einem Übernahmeangebot betroffen ist, vorgenommen hätte (→ Rn. 19f.), (2.) für die Suche nach einem konkurrierenden Angebot (→ Rn. 21) und (3.) für Handlungen, denen der Aufsichtsrat der Zielgesellschaft zugestimmt hat (→ Rn. 22f.). Gemeinsam ist diesen drei Ausnahmetatbeständen, dass sie Maßnahmen im **Zuständigkeitsbereich des Vorstands** betreffen; hierzu gehört auch die Ausübung einer dem Vorstand allgemein, dh nicht zu Verteidigungszwecken erteilten Ermächtigung, etwa zur Ausgabe neuer oder zum Erwerb eigener Aktien. Demgegenüber sieht § 33 Abs. 2 WpÜG für Maßnahmen, die in die **Zuständigkeit der Hauptversammlung** fallen, die Möglichkeit eines vorab im Wege eines so genannten „Vorratsbeschlusses" erteilten und dann vom Vorstand gezielt zur Abwehr des Übernahmeangebots in Anspruch genommenen Dispenses von dem Grundsatz des § 33 Abs. 1 S. 1 WpÜG vor (→ Rn. 24f.). Hiervon unberührt bleibt schließlich die in § 33 WpÜG nicht eigens geregelte, in § 16 Abs. 3 und 4 WpÜG allerdings vorausgesetzte Möglichkeit einer ad hoc erteilten Zustimmung der Hauptversammlung zum Ergreifen von Abwehrmaßnahmen; sie umfasst sowohl in die Zuständigkeit der Hauptversammlung fallende Maßnahmen als auch vom Vorstand nach § 119 Abs. 2 AktG vorgelegte Maßnahmen der Geschäftsführung (→ Rn. 26). | 18

§ 33 Abs. 1 S. 2 Fall 1 WpÜG gestattet zunächst Handlungen, die auch ein **ordentlicher und gewissenhafter Geschäftsleiter** einer nicht von einem Übernahmeangebot betroffenen Gesellschaft vorgenommen hätte. Dieser Ausnahmetatbestand trägt dem – allgemein in § 3 Abs. 4 WpÜG anerkannten – Interesse der Zielgesellschaft Rechnung, ihren Geschäftsbetrieb auch während der Übernahmephase aufrechtzuerhalten.[61] Dabei haben es sowohl der Bieter als auch die Aktionäre der Zielgesellschaft nicht nur hinzunehmen, dass der Vorstand das Tagesgeschäft fortführt. Von § 33 Abs. 1 S. 2 Fall 1 WpÜG gedeckt sind vielmehr auch Maßnahmen außergewöhnlichen Charakters, soweit sie sich iRd bereits vor Bekanntwerden des Angebots eingeschlagenen, hinreichend verlautbarten und konkretisierten[62] Unternehmensstrategie bewegen;[63] hierzu zählt gegebenenfalls auch die Ausübung einer dem Vorstand | 19

---

[60] Zutr. *Krause* AG 2002, 133 (136); zur Frage eines aktienrechtlichen Verhinderungsverbots → Rn. 2 mN in Fn. 7.

[61] Vgl. OLG Stuttgart Beschl. v. 25.10.2018 – 20 W 6/18, BeckRS 2018, 35625 Rn. 145; *Hopt* FS Lutter, 2000, 1361 (1391); *Maier-Reimer* ZHR 165 (2001), 258 (274); *Hirte* in Kölner Emmerich/Habersack Aktien-/GmbH-KonzernR/z. WpÜG § 33 Rn. 66; *Krause/Pötzsch/Stephan* in Assmann/Pötzsch/Schneider WpÜG § 33 Rn. 145; kritisch *Drygala* ZIP 2001, 1861 (1865ff.).

[62] Zu den Anforderungen s. *Hirte* ZGR 2002, 623 (636f.); *Winter/Harbarth* ZIP 2002, 1 (7).

[63] Begr. RegE, BT-Drs. 14/7034, 58; ferner *Drygala* ZIP 2001, 1861 (1865f.); *Grunewald* in Baums/Thoma/Verse WpÜG § 33 Rn. 58f.; KölnKomm WpÜG/*Krause/Pötzsch/Stephan* WpÜG § 33 Rn. 148f.; *Hirte* ZGR 2002, 623 (636f.); *Winter/Harbarth* ZIP 2002, 1 (6); krit. *Steinmeyer/Häger* WpÜG § 33 Rn. 20f.

allgemein erteilten Ermächtigung, etwa einer solchen zum Rückerwerb eigener Aktien oder zur Ausgabe neuer Aktien unter Ausschluss des Bezugsrechts der Aktionäre.[64]

20 Indem somit an im Vorfeld des Übernahmeangebots getroffene unternehmerische Entscheidungen angeknüpft wird, muss dem Vorstand, wiewohl er sich während der Übernahmephase in einem Interessenkonflikt befinden mag, auch iRd § 33 Abs. 1 S. 2 Fall 1 WpÜG die vom BGH bereits in der ARAG-Entscheidung[65] anerkannte und nunmehr in § 93 Abs. 1 S. 2 AktG ausdrücklich geregelte[66] **business judgment rule** zugutekommen.[67] Nicht von § 33 Abs. 1 S. 2 Fall 1 WpÜG gedeckt sind deshalb zum einen Maßnahmen, die zur Vereitelung des Angebots geeignet sind und schon auf Grund ihres Inhalts (dh unabhängig davon, zu welchem Zeitpunkt sie vorgenommen werden) außerhalb des unternehmerischen Ermessens liegen; durch sie macht sich der Vorstand zugleich schadensersatzpflichtig nach § 93 Abs. 2 AktG. Dem Vorstand untersagt sind zum anderen Maßnahmen, die als solche durchaus vertretbar sind, die aber außergewöhnlichen Charakter haben und nicht schon vor Abgabe des Übernahmeangebots angelegt sind. Bei Lichte betrachtet gebietet § 33 Abs. 1 S. 1, S. 2 Fall 1 WpÜG somit vor allem strategische Enthaltsamkeit während der Übernahmephase.

21 Nach § 33 Abs. 1 S. 2 Fall 2 WpÜG ist dem Vorstand die Suche nach einem **konkurrierenden Angebot** gestattet. Durch das Einspringen eines weiteren Bieters, des sogenannten „white knight", kann zwar die Übernahme als solche nicht verhindert, wohl aber den Aktionären die Wahl zwischen mehreren Erwerbsangeboten ermöglicht und durch den solchermaßen erzeugten Wettbewerbsdruck die Chance auf attraktive Konditionen, insbes. eine höhere Abfindung, verschafft werden. Da die Letztentscheidung bei den Aktionären liegt,[68] kann bei teleologischer Betrachtung in der Suche nach einem „white knight" eine Ausnahme von dem Verbot des § 33 Abs. 1 S. 1 WpÜG nicht gesehen werden;[69] in § 33 Abs. 1 S. 2 Fall 2 WpÜG ist deshalb allein die Klarstellung zu sehen, dass, obschon das Einspringen des „white knight" wie kaum eine andere Maßnahme sonst geeignet sein kann, das Erstangebot zu vereiteln, eine Vereitelung im Rechtssinne nicht vorliegt. Konsequenterweise gestattet sogar das Europäische Verhinderungsverbot in § 33a Abs. 2 S. 2 Nr. 4 WpÜG die Suche nach einem konkurrierenden Angebot. Auch iRd § 33 Abs. 1 S. 2 Fall 2 WpÜG bewendet es allerdings bei den **aktienrechtlichen Verhaltenspflichten** des Vorstands. Der Vorstand darf sich deshalb bei der Suche nach einem „white knight" zwar durchaus von dem Interesse der Aktionäre leiten lassen; zugleich muss er aber auch das Interesse der Gesellschaft im Auge behalten, was bedeutet, dass die Übernahme durch den konkurrierenden Bieter aus Sicht der Gesellschaft der Übernahme durch den Erstbieter zu-

---

[64] So auch Baums/Thoma/Verse/*Grunewald* WpÜG § 33 Rn. 60 f. und MüKoAktG/*Schlitt* WpÜG § 33 Rn. 142 ff., jew. mit umf. Nachw. zum Streitstand; Hüffer/*Koch* AktG § 76 Rn. 45; *Winter/Harbarth* ZIP 2002, 1 (7 f.); aA *Bayer* ZGR 2002, 588 (616 f.); *Ehricke/Ekkenga/Oechsler* WpÜG § 33 Rn. 51.

[65] BGHZ 135, 244 (253); s. ferner BGHZ 141, 79 (89).

[66] Vgl. RegE UMAG, BR-Drs. 3/05 = ZIP 2004, 2455; näher *Ulmer* Betr. 2004, 859; *Paefgen* AG 2004, 245; *Fleischer* ZIP 2004, 685; *Ihrig* WM 2004, 2098.

[67] MüKoAktG/*Schlitt* WpÜG § 33 Rn. 149 f.; *Hirte* ZGR 2002, 623 (635 f.); *Tröger* DZWiR 2002, 397 (402 f.); *Winter/Harbarth* ZIP 2002, 1 (6 f.); aA *Krause* BB 2002, 1053 (1058); *Ekkenga/Hofschroer* DStR 2002, 724 (733 f.).

[68] Die Suche nach einem konkurrierenden Angebot ist deshalb als solche keine „Holzmüller"-Maßnahme, zutr. *Winter/Harbarth* ZIP 2002, 1 (5); *Hirte* ZGR 2002, 623 (639).

[69] *Hopt* ZGR 1993, 534 (557); s. ferner MüKoAktG/*Schlitt* WpÜG § 33 Rn. 153; vgl. aber auch *EEO* WpÜG § 33 Rn. 53; *Oechsler* NZG 2001, 817 (822).

mindest gleichwertig zu sein hat. Auch die Zulässigkeit der Weitergabe von Informationen an den „white knight" beurteilt sich im Ausgangspunkt nach allgemeinem Aktien- und Kapitalmarktrecht;[70] nach herrschender Meinung ist der Vorstand insoweit allerdings grds. zur Bietergleichbehandlung verpflichtet.[71]

In rechtspolitischer Hinsicht überaus fragwürdig[72] ist der Ausnahmetatbestand des **22** § 33 Abs. 1 S. 2 Fall 3 WpÜG, wonach dem Vorstand die Vornahme von Handlungen gestattet ist, denen der **Aufsichtsrat zugestimmt** hat. Die Problematik rührt daher, dass § 33 Abs. 1 S. 2 Fall 3 WpÜG vor allem solche Maßnahmen im Auge hat, die weder zum laufenden Geschäft zählen noch von der bisherigen Unternehmensstrategie gedeckt sind. Erlaubt sind mithin von § 33 Abs. 1 S. 2 Fall 1 WpÜG nicht erfasste **gezielte Abwehrmaßnahmen,**[73] und zwar nicht nur solche im originären Zuständigkeitsbereich des Vorstands (mithin Maßnahmen der Geschäftsführung), sondern auch die Ausnutzung allgemeiner, dh nicht zu Verteidigungszwecken eingeräumter Ermächtigungen des Vorstands durch die Hauptversammlung,[74] darunter neben der Ermächtigung zum Rückerwerb eigener Aktien und zur Ausgabe neuer Aktien unter Ausschluss des Bezugsrechts der Altaktionäre auch die Ermächtigung zu „Holzmüller"-Maßnahmen. Insoweit besteht ein enger Zusammenhang mit dem in § 33 Abs. 2 WpÜG geregelten Vorratsbeschluss.[75]

Vorstand und Aufsichtsrat[76] sind zwar auch iRd § 33 Abs. 1 S. 2 Fall 3 WpÜG nicht nur **23** an die organisationsrechtlichen Vorgaben des allgemeinen Aktienrechts (darunter insbes. die Kompetenzordnung und den satzungsmäßigen Unternehmensgegenstand) gebunden,[77] sondern auch auf das **Gesellschaftsinteresse** verpflichtet, weshalb sie Kronjuwelen nicht verschleudern und neue Aktien nicht unter Wert ausgeben dürfen.[78]

---

[70] Näher *Hemeling* ZHR 169 (2005), 274 (278 ff.); *Hopt* FS Lutter, 2000, 1361 (1384 ff.); *Maier-Reimer* ZHR 165 (2001), 258 (264); *Winter/Harbarth* ZIP 2002, 1 (5).

[71] *Fleischer* ZIP 2002, 651 (652 ff.); *Hirte* ZGR 2002, 628 (640); *EEO* WpÜG § 33 Rn. 54; MüKoAktG/ *Schlitt* WpÜG § 33 Rn. 161 mwN; aA APS/*Krause* WpÜG § 22 Rn. 94 ff.; *Maier-Reimer* ZHR 165 (2001), 258 (264 f.); *Assmann* ZGR 2002, 697 (709).

[72] Berechtigt die Kritik etwa von *Krause* AG 2002, 133 (136 f.); *Hopt* ZGR 2002, 333 (360 f.); *Ulmer* AcP 202 (2002), 143 (153 f.); dagegen *Schneider* AG 2002, 125 (129).

[73] S. statt aller OLG Stuttgart Beschl. v. 25. 10. 2018 – 20 W 6/18, BeckRS 2018, 35625 Rn. 145 ff.; *Schneider* AG 2002, 125 (129); *Winter/Harbarth* ZIP 2002, 1 (8).

[74] OLG Stuttgart Beschl. v. 25. 10. 2018 – 20 W 6/18, BeckRS 2018, 35625 Rn. 145 ff.; Hüffer/Koch/ *Koch* AktG § 76 Rn. 45; Baums/Thoma/Verse/*Grunewald* WpÜG § 33 Rn. 72; MüKoAktG/*Schlitt* WpÜG § 33 Rn. 171; *Noack/Zetzsche* in Schwark/Zimmer WpÜG § 33 Rn. 22; *Krause* NJW 2002, 705 (712); *Schneider* AG 2002, 125 (128 f.); *Thoma* NZG 2002, 105 (110); *Zschocke* Betr. 2002, 79 (83); aA *Bayer* ZGR 2002, 588 (612 ff.); *Hirte* ZGR 2002, 623 (647 f.); *EEO* WpÜG § 33 Rn. 57.

[75] Nach Ziff. 3.7 Abs. 3 DCGK „sollte" zwar der Vorstand in „angezeigten Fällen" eine außerordentliche Hauptversammlung einberufen; doch handelt es sich hierbei nur um eine Anregung, deren Nichtbeachtung nicht der Erklärungspflicht nach § 161 AktG unterliegt; näher zur Reichweite der Ziff. 3.7 Abs. 3 DCGK Baums/Thoma/Verse/*Grunewald* WpÜG § 33 Rn. 81; Schwark/Zimmer/*Noack/Zetzsche* WpÜG § 33 Rn. 24; Wilsing/*Johannsen-Roth* DCGK Ziff. 3.7 Rn. 33 ff.

[76] Näher dazu *Hirte* ZGR 2002, 623 (642 ff.); *Winter/Harbarth* ZIP 2002, 1 (11 f.).

[77] Näher MüKoAktG/*Schlitt* WpÜG § 33 Rn. 183 ff.; speziell zur Ausübung eines genehmigten Kapitals zu Abwehrzwecken *Altmeppen* ZIP 2001, 1073 (1079 f.), *Hopt* ZHR 166 (2002), 383 (427 f.) und *Kort* FS Lutter, 2000, 1421 (1430 ff.), aber auch Hüffer/Koch/*Koch* AktG § 186 Rn. 32 und *Krause* BB 2002, 1053 (1056), jew. mwN.

[78] Näher am Beispiel einer Kapitalerhöhung der Zielgesellschaft *Habersack* FS Marsch-Barner, 2018, 203 (210 ff.); zur Ausübung eines genehmigten Kapitals im Vorfeld eines erwarteten Übernahmeangebots s. *Mülbert* FS Schwark, 2009, 553 (559 ff.).

Zudem unterliegen Vorstand und Aufsichtsrat in der Übernahmephase einem Interessenkonflikt, so dass ihnen das im Allgemeinen zustehende weite unternehmerische Ermessen insoweit nicht ohne weiteres zukommt, vielmehr von Fall zu Fall plausibel darzulegen ist, dass das Interesse der Gesellschaft an der Durchführung der Abwehrmaßnahme die Veräußerungsinteressen der Aktionäre eindeutig überwiegt.[79] Gleichwohl dürfte dem Ausnahmetatbestand des § 33 Abs. 1 S. 1 Fall 3 WpÜG gewisse praktische Bedeutung zukommen.

24 Nach § 33 Abs. 2 S. 1 WpÜG kann die Hauptversammlung den Vorstand auch schon vor Veröffentlichung der Entscheidung des Bieters zur Abgabe eines Angebots ermächtigen, angebotsvereitelnde Handlungen, die in ihre Zuständigkeit fallen und die in dem Ermächtigungsbeschluss nur „der Art nach", dh in abstrakter Form,[80] zu bestimmen sind, vorzunehmen. Die Zulässigkeit solcher **Vorratsbeschlüsse** ist vor dem Hintergrund zu sehen, dass die Konzernierung einer AG im Allgemeinen weder der Zustimmung durch die Hauptversammlung bedarf noch durch die Satzung der AG ausgeschlossen werden kann.[81] Um allerdings der Gefahr einer Selbstentmündigung der Aktionäre zu begegnen, sieht § 33 Abs. 2 S. 2–4 WpÜG eine Reihe von Einschränkungen vor. So kann die Ermächtigung nach § 33 Abs. 2 S. 2 WpÜG nur für höchstens 18 Monate erteilt werden. Zudem bedarf der Beschluss nach § 33 Abs. 2 S. 3 WpÜG einer Mehrheit von mindestens ¾ des vertretenen Kapitals, wobei der Bieter allerdings nicht vom Stimmrecht ausgeschlossen ist. Die Ausübung der Ermächtigung durch den Vorstand unterstellt § 33 Abs. 2 S. 4 WpÜG schließlich der Zustimmung des Aufsichtsrats.

25 Die praktische Bedeutung des § 33 Abs. 2 WpÜG dürfte nicht allzu hoch sein.[82] So signalisiert ein Vorratsbeschluss, dass sich die Gesellschaft selbst als Übernahmekandidat ansieht. Hinzu kommt das Risiko der Beschlussanfechtung. Vor allem ist es dem Vorstand bereits unter den Voraussetzungen des § 33 Abs. 1 S. 2 Fall 3 WpÜG gestattet, ihm allgemein erteilte Ermächtigungen zu Abwehrzwecken einzusetzen. Allerdings brauchen Vorstand und Aufsichtsrat, wenn sie sich auf einen Vorratsbeschluss nach § 33 Abs. 2 WpÜG stützen können, nicht darzulegen, dass das Interesse der Gesellschaft an der Abwehrmaßnahme die Veräußerungsinteressen der Aktionäre überragt: Da nämlich die Aktionäre selbst ihre Veräußerungsinteressen dem Gesellschaftsinteresse untergeordnet und Vorstand und Aufsichtsrat zur einseitigen Durchsetzung des **wohlverstandenen Gesellschaftsinteresses**[83] ermächtigt haben, erübrigt sich eine diesbezügliche Abwägung durch die Organwalter. Jenseits der in § 71 Abs. 1 Nr. 8

---

[79] So auch *Hopt* ZHR 166 (2002), 383 (427 f.); *Winter/Harbarth* ZIP 2002, 1 (9 ff.); *Hirte* ZGR 2002, 623 (642); MüKoAktG/*Schlitt* WpÜG § 33 Rn. 180; großzügiger OLG Stuttgart Beschl. v. 25.10.2018 – 20 W 6/18, BeckRS 2018, 35625 Rn. 145 ff.; aA *Tröger* DZWiR 2002, 397 (403). Allg. zum Nichteingreifen der business judgment rule in Konfliktlagen s. BGHZ 135, 244 (253) („ausschließlich am Unternehmenswohl orientiertes … Handeln"); für § 93 Abs. 1 S. 2 AktG s. Hüffer/Koch/*Koch* AktG § 93 Rn. 25.

[80] Dazu LG München I ZIP 2005, 352 (353 f.).

[81] → § 8 Rn. 14 ff.; vgl. in diesem Zusammenhang auch den Vorschlag von *Schneider/Burgard* Betr. 2001, 963 (969), Übernahmeangebote unter die aufschiebende Bedingung zu stellen, dass sie von der Mehrheit der freien Aktionäre angenommen werden; dagegen aber *Merkt* ZHR 165 (2001), 224 (252 f.).

[82] So auch *Geibel/Süßmann* BKR 2002, 52 (66); *Krause* NJW 2002, 705 (712); *Schneider* AG 2002, 125 (131); zu einem praktischen Fall s. aber auch LG München I ZIP 2005, 352.

[83] Hieran muss der Vorstand seine Entscheidung über die Ausübung der Ermächtigung ausrichten, s. § 3 Abs. 3 WpÜG, ferner Haarmann/Schüppen/*Röh* WpÜG § 33 Rn. 116.

AktG, § 202 Abs. 1 AktG, § 203 Abs. 2 AktG geregelten Fälle ist dagegen zu bedenken, dass § 33 Abs. 2 WpÜG, nicht anders als die Ausnahmetatbestände des § 33 Abs. 1 S. 2 WpÜG, allein die Außerkraftsetzung des Vereitelungsverbots des § 33 Abs. 1 S. 1 WpÜG regelt, das allgemeine Aktienrecht und damit insbes. die Bindung an das Gesellschaftsinteresse und an die Kompetenzordnung also nicht antastet. Dies schließt es zwar keineswegs aus, dass der Vorstand etwa allgemein zur Übertragung des gesamten Gesellschaftsvermögens oder zum Vollzug einer Spaltung ermächtigt wird. Ihm ist es dann allerdings nur sub specie des übernahmerechtlichen Vereitelungsgebots gestattet, die entsprechenden Maßnahmen einzuleiten. Die Notwendigkeit einer nochmaligen, diesmal durch das **Aktienrecht vorgegebenen Beschlussfassung** bleibt demgegenüber unberührt. Entsprechendes gilt für „Holzmüller"-Maßnahmen (→ § 9 Rn. 12 ff.), da die Ermächtigung nach § 33 Abs. 2 WpÜG kaum jemals den Anforderungen an die Bestimmtheit der aktienrechtlichen Vorab-Zustimmung genügen dürfte.[84]

Durch § 33 Abs. 2 WpÜG keineswegs ausgeschlossen, in § 16 Abs. 3 4 WpÜG   26 vielmehr stillschweigend vorausgesetzt ist die Befugnis der Aktionäre, den Vorstand in einer **nach Ankündigung des Übernahmeangebots** eigens einberufenen Hauptversammlung zur Durchführung von Abwehrmaßnahmen zu ermächtigen.[85] Das WpÜG sieht besondere Anforderungen an das Zustandekommen des Ermächtigungsbeschlusses nicht vor, weshalb es bei den aktienrechtlichen Vorgaben zu bewenden hat. Der Beschluss bedarf deshalb der im Aktienrecht vorgesehenen Mehrheit;[86] soll der Vorstand zur Durchführung einer das Übernahmeangebot vereitelnden Geschäftsführungsmaßnahme ermächtigt werden, genügt mithin die einfache Mehrheit.[87] Der Bieter ist nicht vom Stimmrecht ausgeschlossen.[88]

d) Rechtsschutz der Aktionäre

Handeln Vorstand und Aufsichtsrat dem Vereitelungsverbot des § 33 Abs. 1 S. 1   27 WpÜG zuwider, ohne hierzu nach § 33 Abs. 1 S. 2, Abs. 2 WpÜG berechtigt zu sein, haften sie der Gesellschaft nach §§ 93, 116 AktG auf **Schadensersatz**.[89] Leichtfertiges oder gar vorsätzliches Verhalten begründet nach § 60 Abs. 1 Nr. 8 WpÜG eine Ordnungswidrigkeit. Schließlich greifen Vorstand und Aufsichtsrat, wenn sie dem § 33 Abs. 1, 2 WpÜG zuwiderhandeln, in die Zuständigkeit der Hauptversammlung ein, so dass jeder Aktionär die Gesellschaft und die verantwortlichen Organwalter nach Maßgabe der **„Holzmüller"-Grundsätze** (→ § 9 Rn. 5 f.) auf Unterlassung und Besei-

---

[84] MüKoAktG/*Schlitt* WpÜG § 33 Rn. 211; *Winter/Harbarth* ZIP 2002, 1 (16); *Bayer* ZGR 2002, 588 (612).

[85] Im Grundsatz wohl unstreitig, s. KölnKommWpÜG/*Hirte* WpÜG § 33 Rn. 88 ff., MüKoAktG/*Schlitt* WpÜG § 33 Rn. 192 ff. jew. mwN; eingehend *Kiem* ZIP 2000, 1509.

[86] Zum „Holzmüller"-Beschluss → § 9 Rn. 21.

[87] *Hirte* ZGR 2002, 623 (646); *Winter/Harbarth* ZIP 2002, 1 (13 f.); aA – Abwehrmaßnahmen enthielten eine Bestätigung des bisherigen Gesellschaftszwecks, weshalb stets eine „Holzmüller"-Maßnahme vorliege – *Mülbert* IStR 1999, 83 (88).

[88] *Hopt* ZHR 166 (2002), 383 (423); *Winter/Harbarth* ZIP 2002, 1 (14); MüKoAktG/*Schlitt* WpÜG § 33 Rn. 196; aA *Maier-Reimer* ZHR 165 (2001), 258 (276 f.).

[89] Näher hierzu und zum Folgenden *Bürgers/Holzborn* ZIP 2003, 2273; Baums/Thoma/Verse/*Grunewald* WpÜG § 33 Rn. 105 ff.; MüKoAktG/*Schlitt* WpÜG § 33 Rn. 242 ff.

tigung in Anspruch nehmen kann.[90] Dagegen ist § 33 Abs. 1 S. 1 WpÜG kein Schutzgesetz iSd § 823 Abs. 2 BGB.[91]

III. Pflichtangebote

1. Überblick

28 Das – hierzulande rechtspolitisch lange Zeit umstrittene,[92] nunmehr in Art. 5 Abs. 1 der Übernahmerichtlinie vorgesehene – Pflichtangebot ist in §§ 35 ff. WpÜG geregelt.[93] Nach § 35 Abs. 1 S. 1 WpÜG ist zunächst derjenige, der **unmittelbar oder mittelbar die Kontrolle** über eine Zielgesellschaft (mithin über eine AG, SE oder KGaA mit Sitz im Inland, § 2 Abs. 3 WpÜG, Art. 10 SE-VO), deren Wertpapiere zum Handel an einem organisierten Markt zugelassen sind, erlangt, verpflichtet, dies unverzüglich, spätestens innerhalb von sieben Kalendertagen, gemäß § 10 Abs. 3 S. 1, 2 WpÜG zu veröffentlichen. Innerhalb von vier Wochen nach der Veröffentlichung hat der die Gesellschaft kontrollierende Aktionär (der „Bieter") nach § 35 Abs. 2 S. 1 WpÜG der BaFin sodann eine Angebotsunterlage zu übermitteln und nach Maßgabe des § 14 Abs. 2 S. 1 WpÜG ein Angebot zu veröffentlichen. Dieses Pflichtangebot kann zwar nach Maßgabe der §§ 39, 18 WpÜG unter Bedingungen gestellt werden, hat aber nach §§ 39, 32 WpÜG grds. ein Vollangebot zu sein; ausgenommen sind jedoch eigene Aktien der Zielgesellschaft und diesen nach § 35 Abs. 2 S. 3 gleichstehende Aktien. In § 36 WpÜG ist die Nichtberücksichtigung bestimmter Stimmrechte, in § 37 WpÜG iVm §§ 8 ff. WpÜG-Angebotsverordnung die Befreiung des Bieters von den sich aus § 35 Abs. 1 S. 1, Abs. 2 S. 1 WpÜG ergebenden Verpflichtungen vorgesehen. IÜ finden nach § 39 WpÜG die Vorschriften der §§ 10 ff., 29 ff. WpÜG – darunter auch das Vereitelungsverbot des § 33 WpÜG – auf das Pflichtangebot sinngemäße Anwendung.

29 Bei einem Verstoß gegen § 35 Abs. 1, 2 WpÜG sehen §§ 38, 59, 60 Abs. 1 Nr. 1 Buchst. a, Nr. 2 Buchst. a WpÜG weitreichende **Sanktionen** vor, darunter den Rechtsverlust zu Lasten des Bieters.[94] **Ansprüche der außenstehenden Aktionäre** ge-

---

[90] Für Einordnung des § 33 Abs. 1 S. 1 WpÜG als Kompetenznorm auch *Hirte* ZGR 2002, 623 (649 ff.); KölnKommWpÜG/*Hirte* WpÜG § 33 Rn. 147 ff.; *Hopt* ZHR 166 (2002), 383 (425); *Fleischer* NZG 2002, 545 (547); *Winter/Harbarth* ZIP 2002, 1 (17); aA – Unterlassungsanspruch nur, soweit Maßnahme des Vorstands ohnehin (dh auch unabhängig von § 33 WpÜG) in den Kompetenzbereich der Hauptversammlung fällt – MüKoAktG/*Schlitt* WpÜG § 33 Rn. 238 f.; Baums/Thoma/Verse/*Grunewald* WpÜG § 33 Rn. 104; *EEO* WpÜG § 33 Rn. 41; APS/*Krause/Pötzsch/Stephan* WpÜG § 33 Rn. 87, 304; vor Inkrafttreten des WpÜG auch LG Düsseldorf AG 2000, 233.

[91] MüKoAktG/*Schlitt* WpÜG § 33 Rn. 242 mwN; aA *Hirte* ZGR 2002, 623 (625); *EEO* WpÜG § 33 Rn. 57.

[92] S. namentlich *Grunewald* WM 1989, 1233 (1238); *Hommelhoff* FS Semler, 1993, 455 ff.; *Hommelhoff/ Kleindiek* AG 1990, 106 (108 ff.); *Altmeppen* ZIP 2001, 1073 (1082 f.); zur Entwicklung auf europäischer Ebene → Rn. 3 ff. sowie *Habersack/Verse* EurGesR § 11 Rn. 1 ff.; zur aktuellen Reformdiskussion s. *Baums* ZIP 2010, 2374; *v. Falkenhausen* ZHR 174 (2010), 293; *Habersack* ZHR 181 (2017), 603 (629 ff.); *Seibt* ZIP 2012, 1 (7 ff.).

[93] Vgl. hierzu neben den Kommentierungen zu § 35 WpÜG insbes. *Harbarth* ZIP 2002, 321; *Kleindiek* ZGR 2002, 546; *Letzel* BKR 2002, 293; speziell zur KGaA *Scholz* NZG 2006, 445 (447 ff.); rechtsvergleichend Baums/Thoma/Verse/*Baums/Hecker* WpÜG Vor § 35 Rn. 49 ff.; *Hasselbach* in Kölner Emmerich/Habersack Aktien-/GmbH-KonzernR/z. WpÜG § 35 Rn. 23 ff.; Haarmann/Schüppen/*Hommelhoff/Witt* WpÜG Vor § 35 Rn. 10 ff.

[94] Zum Rechtsverlust gem. § 59 WpÜG KG AG 2009, 30 (37); LG München I ZIP 2009, 584; HMS Kapitalmarktinf-HdB/*Götze*, 2. Aufl. 2013, § 28; zum Zinsanspruch gem. § 38 WpÜG *Schanz/Wedell* AG 2011, 615 ff.; zur Nachholung des Pflichtangebots s. *v. Falkenhausen* NZG 2010, 1213.

gen den Bieter auf Abnahme ihrer Aktien gegen angemessene Gegenleistung (→ Rn. 11 f.) bestehen hingegen mit Blick auf die kapitalmarktrechtliche Ausrichtung des WpÜG im Allgemeinen und der Pflichtangebotsregel im Besonderen (→ Rn. 31) nicht.[95] Auch Art. 5 Abs. 1 S. 1, 17 der Übernahmerichtlinie dürften einen entsprechenden Anspruch der außenstehenden Aktionäre nicht verlangen; ihnen wird vielmehr durch die aus § 4 Abs. 1 WpÜG herzuleitende Möglichkeit der BaFin, ein Pflichtangebot anzuordnen und durchzusetzen, Genüge getan.[96] Die Rechtslage beim Pflichtangebot weicht insoweit von derjenigen bei freiwilligen Übernahmeangeboten ab (→ Rn. 11).

2. Schutzzweck und systematische Einordnung

Die Vorschriften über das Pflichtangebot bezwecken den **Schutz der Minderheitsak-** 30 **tionäre.** Ihnen soll die Möglichkeit gegeben werden, ihre Aktien an der unter die Kontrolle durch den Bieter geratenen Gesellschaft zu einem angemessenen, von der Übernahme nicht negativ beeinflussten Preis zu veräußern.[97] Ein Konzerneingangsschutz, verstanden iS einer Sicherung der Unabhängigkeit der Zielgesellschaft, ist hiermit allerdings nicht verbunden; in Übereinstimmung mit dem AktG nimmt vielmehr auch das WpÜG den Kontrollerwerb hin und knüpft an ihn die Verpflichtung zur Abgabe eines Erwerbsangebots. Auch ist das Recht der Minderheitsaktionäre zum Ausscheiden aus der Gesellschaft nicht iS eines – mit dem Grundsatz der Kapitalerhaltung des europäischen[98] und deutschen Rechts ohnehin unvereinbaren – Austrittsrechts, sondern iS einer Erwerbsverpflichtung des Bieters und damit iS einer **Transaktion auf Aktionärsebene** konzipiert.

In funktionaler und systematischer Hinsicht zielt das Pflichtangebot in seiner Aus- 31 gestaltung durch das WpÜG nicht auf einen dem Aktienkonzernrecht zuzuschlagenden präventiven Minderheitenschutz.[99] Es versteht sich vielmehr als wesentlicher **Be-**

---

[95] BGH NZG 2013, 939 Rn. 9 ff. mAnm *Seibt* ZIP 2013, 1565; OLG Köln Urt. v. 25.1.2012 – 13 U 41/11, BeckRS 2013, 10385; LG Köln Urt. v. 29.7.2011 – 82 O 28/11, BeckRS 2011, 20382; s. ferner Begr. RegE KapMuG, BT-Drs. 15/5091, 20; aus dem Schrifttum MüKoAktG/*Schlitt* WpÜG § 35 Rn. 245 f.; *Habersack* ZHR 166 (2002), 619 (622 f.); *Heusel* AG 2014, 232; *Hoffmann-Becking* FS Erichsen, 2004, 47 (59 ff.); *Pohlmann* ZGR 2007, 1 (12 f.); *Schnorbus* WM 2003, 657 (663); *Simon* NZG 2005, 541; wohl auch BGH ZIP 2006, 2077 (2078); aA – für Anspruch aus § 35 Abs. 1 WpÜG – *Ekkenga/Hofschroer* DStR 2002, 768 (777); *Seibt* ZIP 2003, 1865 (1876); für Anspruch aus § 823 Abs. 2 BGB KölnKommWpÜG/*Hasselbach* WpÜG § 35 Rn. 278; *Ihrig* ZHR 167 (2003), 315 (349); für Abfindungsanspruch in Höhe des inneren Anteilswerts *Mülbert/Schneider* WM 2003, 2301 ff. – Zum Zahlungsanspruch des Aktionärs bei nicht angemessener Gegenleistung im Rahmen eines freiwilligen Übernahmeangebots → Rn. 11.

[96] BGH NZG 2013, 939 Rn. 31 f. mAnm *Seibt* ZIP 2013, 1565; zur Frage eines Anspruchs der Aktionäre auf Tätigwerden der BaFin s. APS/*Krause/Pötzsch* WpÜG § 35 Rn. 248 f.; zur Richtlinie s. *Habersack* ZHR 166 (2002), 619 (621 f.); s. ferner den Abdruck eines Schreibens der BaFin Sachen Gerhard Schmid/France Télécom bei *Seibt* in RWS-Forum Gesellschaftsrecht 2003, 337 (345); zu § 60 Abs. 1 Nr. 1 Buchst. a WpÜG s. OLG Frankfurt a. M. ZIP 2006, 1726.

[97] Begr. RegE, BT-Drs. 14/7034, 30; AGS/*Meyer* WpÜG § 35 Rn. 1; Haarmann/Schüppen/*Hommelhoff/ Witt* WpÜG vor § 35 Rn. 32 ff.

[98] Art. 56 Richtlinie (EU) 2017/1132 des Europäischen Parlaments und des Rates vom 14. Juni 2017 über bestimmte Aspekte des Gesellschaftsrechts (ABl. Nr. L 169 S. 46); dazu *Habersack/Verse* EurGesR § 6 Rn. 42 ff.

[99] So aber *Hopt* FS Rittner, 1991, 187 (201); *Hopt* ZHR 171 (2007), 199 (231 f.); *Mülbert* ZIP 2001, 1221 (1226); *Mülbert/Schneider* WM 2003, 2301 (2304); *Harbarth* ZIP 2002, 321 (322); *Ekkenga/ Hofschroer* DStR 2002, 768 (771); *Ihrig* ZHR 167 (2003), 315 (342).

standteil des kapitalmarktrechtlichen Anlegerschutzes.[100] Hierfür spricht schon der Umstand, dass die Pflichten aus § 35 WpÜG unabhängig von der Unternehmenseigenschaft des Bieters bestehen, ferner, dass sie nicht nur bei erstmaliger Erlangung der Kontrolle über die bis dahin unabhängige Zielgesellschaft, sondern auch bei jedem nachfolgenden Kontrollwechsel entstehen. Hinzu kommen der auf zum Handel an einem organisierten Markt zugelassener Papiere beschränkte Anwendungsbereich der §§ 35 ff. WpÜG und die Divergenz zwischen dem Kontrolltatbestand des § 29 Abs. 2 WpÜG und dem Abhängigkeitstatbestand des § 17 Abs. 1 AktG (→ Rn. 35). Schließlich lassen sich die durch das Pflichtangebot sichergestellte Partizipation des Minderheitsaktionärs an einer vom Bieter gezahlten Kontrollprämie und das dadurch verwirklichte „Prinzip der Meistbegünstigung"[101] gesellschaftsrechtlich nicht überzeugend begründen.[102]

3. Verhältnis zum Aktienkonzernrecht und zu §§ 327a ff. AktG

32 Die Vorschriften über das Pflichtangebot ergänzen diejenigen des Aktienkonzernrechts, so dass es – die in §§ 35 ff. WpÜG nicht vorausgesetzte Unternehmenseigenschaft des über die Kontrollmehrheit verfügenden Aktionärs unterstellt – ungeachtet des Pflichtangebots und unabhängig von dem Verbleib einer Restminderheit bei der **uneingeschränkten Geltung** der §§ 311 ff. AktG sowie gegebenenfalls der §§ 291 ff. AktG bewendet.[103] Werden somit die konzernrechtlichen Schutzvorschriften mit Einführung des Pflichtangebots keineswegs entbehrlich, so strahlen umgekehrt die §§ 35 ff. WpÜG nicht auf die §§ 311 ff. AktG aus. Insbes. geben sie keinen Anlass, hinsichtlich der nicht dem WpÜG unterliegenden Gesellschaften von dem konzernoffenen Charakter der §§ 311 ff. AktG abzurücken und den außenstehenden Aktionären einer in die Abhängigkeit geratenen Gesellschaft einen Abfindungsanspruch gegen das herrschende Unternehmen einzuräumen;[104] dies folgt schon aus dem kapitalmarktrechtlichen Charakter der §§ 35 ff. WpÜG.

33 Auch was das Verhältnis zwischen §§ 35 ff. WpÜG und dem in §§ 327a ff. AktG geregelten **Squeeze Out** (→ § 10a Rn. 1 ff.) betrifft, ist von einem ergänzenden Nebeneinander beider Normenkomplexe auszugehen.[105] Vorbehaltlich einer – durch Nebenbestimmungen oder Bedingungen zu sichernden[106] – Befreiung nach § 37

---

[100] BGH NZG 2013, 939 Rn. 19; *Heiser* Interessenkonflikte S. 47 ff., 350 ff.; *Houben* WM 2000, 1873 (1877); *Kleindiek* ZGR 2002, 546 (558 ff.); *Paul* Konzern 2009, 80 ff.; *Krause* WM 1996, 893 (899); APS/*Krause/Pötzsch* WpÜG § 35 Rn. 32; MüKoAktG/*Schlitt* WpÜG § 35 Rn. 8; EEO/*Ekkenga/ Schulz* WpÜG § 35 Rn. 5; AGS/*Meyer* WpÜG § 35 Rn. 7 ff.

[101] So treffend *Doralt* GesRZ 2000, 197 (202).

[102] Zu den einzelnen Erklärungsversuchen s. *Heiser* Interessenkonflikte S. 307 ff.; *M. Weber*, Vormitgliedschaftliche Treubindungen, 1999, S. 178 ff., 328 ff. (der vormitgliedschaftliche Treupflichten bemüht).

[103] *Kleindiek* ZGR 2002, 546 (561 ff.), *Fleischer* NZG 2002, 545 (548 f.), jeweils auch zu überholten Bestrebungen, das Pflichtangebot durch konzernrechtliche Schutzinstrumentarien ersetzen zu können; dazu auch *Habersack/Mayer* ZIP 1997, 2141 (2143 ff.).

[104] So aber *Mülbert* ZIP 2001, 1221 (1228), der in der Einführung des Pflichtangebots eine „Art gesetzgeberisches Misstrauensvotum gegenüber der Wirksamkeit der §§ 311 ff. erblickt"; dagegen zu Recht *Kleindiek* ZGR 2002, 546 (562 f.).

[105] Vgl. *Strunk/Behnke* VGR 8 (2004), 82 (91); *Kiesewetter* ZIP 2003, 1638 (1640); *Bredow/Liebscher* Betr. 2003, 1368 (1371); aA *Wiesbrock* Betr. 2003, 2584 (2585 f.).

[106] Insbes. ist sicherzustellen, dass der Hauptaktionär den Squeeze Out zügig durchführt und mindestens die nach § 35 WpÜG geschuldete Entschädigung leistet, vgl. die Nachw. in voriger Fn.

WpÜG[107] kann auf das Eingreifen der Vorschriften über das Pflichtangebot schon deshalb nicht verzichtet werden, weil der Hauptaktionär nur das Recht, nicht aber die Pflicht zum Squeeze Out hat. Der übernahmerechtliche Squeeze-out hingegen knüpft gemäß § 39a Abs. 1 S. 1 WpÜG an ein vorangegangenes Übernahme- oder Pflichtangebot an, so dass sich die Frage einer Verdrängung der Pflichtangebotsregel insoweit nicht stellt; mit Blick auf § 35 Abs. 3 WpÜG (→ Rn. 36) gilt dies auch dann, wenn die Kontrolle aufgrund eines freiwilligen Angebots erlangt worden ist.

4. Kontrollerwerb

a) Grundlagen

Nach § 35 Abs. 2 S. 1 WpÜG ist die Angebotspflicht daran geknüpft, dass der Bieter 34 unmittelbar oder mittelbar die Kontrolle über eine Zielgesellschaft erlangt. Nach §§ 39, 29 Abs. 2 WpÜG muss deshalb der Bieter mindestens **30% der Stimmrechte** an der Zielgesellschaft halten. Dabei sind dem Bieter die in § 30 Abs. 1, 2 WpÜG genannten Stimmrechte zuzurechnen;[108] von Bedeutung ist insoweit insbes. der durch das Risikobegrenzungsgesetz (→ Rn. 6) erweiterte Tatbestand des **acting in concert.**[109]

Mit dem Kontrollbegriff des § 29 Abs. 2 WpÜG hat sich der Gesetzgeber bewusst von 35 dem – über die Anwendbarkeit der §§ 311 ff. AktG bestimmenden – Abhängigkeitsbegriff des § 17 Abs. 1 AktG distanziert.[110] Dies hat bisweilen **eigenartige Konsequenzen.** Für den Fall, dass der Bieter, obschon er 30% oder mehr der Stimmrechte hält, die Gesellschaft deshalb nicht kontrollieren kann, weil ein anderer Aktionär über einen höheren Stimmrechtsanteil verfügt, sieht § 9 S. 2 Nr. 1 WpÜG-Angebotsverordnung zwar die Möglichkeit der Befreiung von den Pflichten aus § 35 WpÜG vor; Entsprechendes gilt nach § 9 S. 2 Nr. 2 WpÜG-Angebotsverordnung für den Fall, dass auf Grund des in den zurückliegenden drei ordentlichen Hauptversammlungen vertretenen stimmberechtigten Kapitals nicht zu erwarten ist, dass der Bieter in der

---

[107] Dazu *Bredow/Liebscher* Betr. 2003, 1368 (1369) und *Kiesewetter* ZIP 2003, 1638 (1639), jeweils auf die „mit der Erlangung der Kontrolle beabsichtigte Zielsetzung" abstellend; vgl. aber auch *Strunk/Behnke* VGR 8 (2004), 82 (91), die auf die „Beteiligungsverhältnisse" abstellen und grds. einen Streubesitz von unter 1% verlangen.

[108] Aus der Rechtsprechung BGHZ 202, 180 Rn. 38ff.; OLG Frankfurt a. M. ZIP 2006, 1726 (betr. § 191 AktG); OLG Köln AG 2013, 391 (392f.); LG Köln ZIP 2012, 229 (230ff.); eingehend zu den Zurechnungstatbeständen neben den Kommentierungen zu § 30 WpÜG namentlich *Franck* BKR 2002, 709; *Hommelhoff/Witt* FS Nobel, 2005, 125ff.; *Lange* Konzern 2003, 675ff.; *Liebscher* ZIP 2002, 1005ff.; *Seibt* ZIP 2005, 729ff.

[109] BGHZ 202, 180 Rn. 56ff.; BGH ZIP 2018, 2214 Rn. 13ff. (betr. § 22 Abs. 2 WpHG aF); OLG Frankfurt a. M. ZIP 2006, 1726; OLG Köln AG 2013, 391 (392f.); LG Köln ZIP 2012, 229 (230ff.); LG Köln ZIP 2012, 229 (231f.); *Gätsch/Schäfer* NZG 2008, 846; *Korff* AG 2008, 692; *Oechsler* ZIP 2011, 449; *Wackerbarth* ZIP 2007, 2340ff.; zur alten Fassung des § 30 Abs. 2 S. 1 WpÜG s. namentlich BGHZ 169, 98; OLG Frankfurt a. M. NZG 2004, 865 (867f.); OLG München ZIP 2005, 856 (857); LG Hamburg ZIP 2007, 427; *v. Bülow/Bücker* ZGR 2004, 669; *Casper* ZIP 2003, 1469; *Pentz* ZIP 2003, 1478; *Schneider* WM 2006, 1321; *Schneider* ZGR 2007, 440; *Seibt* ZIP 2004, 1829.

[110] Vgl. Begr. RegE, BT-Drs. 14/7034, 53; BGH AG 2012, 594 Rn. 22; zur rechtspolitischen Kritik hieran s. *Mülbert* ZIP 2001, 1221 (1225f.); *Harbarth* ZIP 2002, 321 (323); *Habersack* ZHR 166 (2002), 619 (622f.); aus dem neueren Schrifttum namentlich MKW/*Cahn* S. 77ff., aber auch *Brellochs* NZG 2012, 1010 (1016ff.); aus österreichischer Sicht *Diregger/Winner* WM 2002, 1583 (1585f.).

Hauptversammlung der Zielgesellschaft über mehr als 50 % der vertretenen Stimmrechte verfügen wird.[111] Dagegen vermag die Pflichtangebotsregelung Fälle, in denen ein beherrschender Einfluss unterhalb der Schwelle des § 29 Abs. 2 WpÜG aufgebaut oder übertragen wird, nicht zu erfassen.[112] Entsprechendes gilt, wenn ein mit 30 % oder mehr beteiligter Aktionär einen beherrschenden Einfluss deshalb nicht ausüben kann, weil ein weiterer Aktionär eine höhere Beteiligung hält, er deshalb zur Abgabe eines Erwerbsangebots nicht verpflichtet ist,[113] und er sodann von dem Mehrheitsaktionär oder von dritter Seite Anteile hinzuerwirbt und so die tatsächliche Kontrolle über die Gesellschaft erlangt.[114]

b) Erwerbstatbestände

36   §§ 35 Abs. 1, 2, 29 Abs. 2 WpÜG stellen allein darauf ab, dass der Bieter die Kontrolle über die Zielgesellschaft erlangt.[115] **Ausgenommen** ist nach § 35 Abs. 3 WpÜG allein der Erwerb der Kontrolle auf Grund eines **freiwilligen Übernahmeangebots;**[116] denn in diesem Fall hatten die Minderheitsaktionäre bereits die Gelegenheit zum Ausscheiden, so dass es nach der – rechtspolitisch freilich umstrittenen – Wertung des Gesetzgebers eines nachfolgenden Pflichtangebots auch dann nicht mehr bedarf, wenn der Bieter im Nachgang zu dem auf das Übernahmeangebot zurückgehenden Kontrollerwerb eine weitere Beteiligungsschwelle (zB 50 % der Stimmrechte) überschreitet.[117] **IÜ** ist es für das Eingreifen des § 35 WpÜG **unerheblich, auf welche Weise** die Kontrolle erlangt worden ist. Erfasst wird somit jede Form des rechtsgeschäftlichen Erwerbs von Stimmrechte verkörpernden Aktien (sei es über die Börse oder außerbörslich), vorbehaltlich des § 36 WpÜG ferner der Erwerb kraft Gesetzes[118] und darüber hinaus (vorbehaltlich des § 9 S. 1 Nr. 6 WpÜG) die nicht auf Wertpapiererwerb, sondern auf Passivität zurückgehende Kontrollerlangung.[119] Soweit die Erlangung der

---

[111] Näher zu den einzelnen Befreiungstatbeständen sowie zu den Tatbeständen des § 36 WpÜG *v. Bülow/Bücker* Konzern 2003, 185; *Harbarth* ZIP 2002, 321 (327 ff.); zum Widerruf der Befreiung *Widder* Betr. 2004, 1875 ff. – Zum Rechtsschutz Dritter iRd Befreiungsverfahrens s. die Nachw. in Fn. 37; unzutr. *Mülbert/Schneider* WM 2003, 2301 (2303 ff.), die den außenstehenden Aktionären auch bei Vorliegen einer bestandskräftigen Befreiungsentscheidung einen Abfindungsanspruch gegen den Kontrollaktionär – noch dazu in Höhe des inneren Anteilswerts – zusprechen.

[112] Hierzu im vorliegenden Zusammenhang *Mülbert* ZIP 2001, 1221 (1225 f.); *Habersack* ZHR 166 (2002), 619 (623); allg. zum Abhängigkeitsbegriff → § 3 Rn. 14 ff.

[113] Insbes. weil Befreiung gem. § 9 S. 2 Nr. 1 WpÜG-AV erteilt worden ist.

[114] *Habersack* ZHR 166 (2002), 619 (623 f.); *Diregger/Winner* WM 2002, 1583 (1585 f.); *v. Bülow/Bücker* Konzern 2003, 185 (197).

[115] Und zwar nach dem Inkrafttreten des WpÜG am 1.1.2002; Altfälle sind also ausgeklammert, s. MüKo-AktG/*Schlitt* WpÜG § 35 Rn. 149 ff.; eine Übergangsregelung fand sich in § 68 Abs. 3 WpÜG aF.

[116] Zu den Voraussetzungen dieses Befreiungstatbestands s. neben den Kommentierungen zu § 35 WpÜG noch KG AG 2009, 30 (37); OLG Düsseldorf ZIP 2007, 380; *Kossmann/Horz* NZG 2006, 481; *v. Riegen* ZHR 167 (2003), 702 (718 ff.) mit zahlreichen Nachw. zur Praxis der BaFin.

[117] Näher zu diesem „low balling" genannten Vorgehen und seiner rechtspolitischen Bewertung *Baums* ZIP 2010, 2374; *v. Falkenhausen* ZHR 174 (2010), 293 ff.; *Habersack* ZHR 181 (2017), 603 (637 ff.); *Seibt* ZIP 2012, 1 (7 ff.).

[118] Zur Frage der Anwendbarkeit auf den umwandlungsrechtlich begründeten Erwerb einer Kontrollmehrheit s. *Seibt/Heiser* ZHR 165 (2001), 466 ff.; *Fleischer* NZG 2002, 545 (549 f.); *Grabbe/Fett* NZG 2003, 755.; *Weber-Rey/Schütz* AG 2001, 325; *Vetter* WM 2002, 1999; Baums/Thoma/Verse/ *Baums/Hecker* WpÜG § 35 Rn. 108 ff.; KölnKommWpÜG/*Hasselbach* WpÜG § 35 Rn. 106 ff.

[119] Näher Baums/Thoma/Verse/*Baums/Hecker* WpÜG § 35 Rn. 90 ff.; MüKoAktG/*Schlitt* WpÜG § 35 Rn. 85 ff.; APS/*Krause/Pötzsch* WpÜG § 35 Rn. 110 ff.; *Fleischer/Körber* BB 2001, 2589 (2593 ff.); *Koch* ZIP 2008, 1260 ff.

Kontrolle, wie im Regelfall, auf Aktienerwerb zurückgeht, ist für das Eingreifen der Pflichtangebotsregelung der dingliche Erwerb maßgebend.[120]

Nicht erforderlich ist, dass die Zielgesellschaft erstmals unter die Kontrolle eines Aktionärs gerät. Von § 35 WpÜG erfasst ist vielmehr auch der **Kontrollwechsel,**[121] mithin der Fall, dass die Zielgesellschaft bereits unter der Kontrolle durch einen anderen Aktionär stand. Auch setzt die Pflichtangebotsregelung nicht voraus, dass die Kontrolle durch den Bieter erstmalig erlangt wird. Hatte also der Bieter bereits eine Kontrollmehrheit inne, so treffen ihn die Pflichten aus § 35 Abs. 1, 2 WpÜG, wenn er die 30%-Schwelle unterschreitet und sodann wieder überschreitet.[122] Die Minderheitsaktionäre haben demnach mit jeder Verwirklichung des Kontrolltatbestands das Recht, gegen angemessene Abfindung aus der Gesellschaft auszuscheiden. 37

Von § 35 WpÜG ausdrücklich erfasst ist der **mittelbare Erwerb** der Kontrolle. Hierbei sind **drei Fallgruppen** zu unterscheiden:[123] Die erste Fallgruppe betrifft Fallgestaltungen, bei denen die Zielgesellschaft eine oder mehrere Tochtergesellschaften iSd § 2 Abs. 6 WpÜG[124] kontrolliert und diese ihrerseits die Voraussetzungen der §§ 2 Abs. 3, 7 WpÜG erfüllen, mithin über die Rechtsform der AG oder KGaA verfügen, ihren Sitz im Inland haben und zum Handel an einem organisierten Markt zugelassene Wertpapiere iSd § 2 Abs. 2 WpÜG ausgegeben haben. In diesem Fall hat der Bieter auch den Minderheitsaktionären der Tochtergesellschaft[125] ein Erwerbsangebot zu unterbreiten,[126] sofern ihm nicht nach § 9 S. 2 Nr. 3 WpÜG-AV Befreiung erteilt wird. Die zweite Fallgruppe unterscheidet sich von der ersten allein dadurch, dass der Bieter Anteile an einer – ihrerseits eine Beteiligung an einer börsennotierten Gesellschaft haltenden – nicht börsennotierten Gesellschaft erwirbt.[127] Die dritte Fallgruppe (die mit der ersten oder zweiten zusammenfallen kann) erfasst Konstellationen, in denen der Bieter die Kontrolle über die Zielgesellschaft auf Grund eines schon zuvor verwirklichten Zurechnungstatbestands des § 30 WpÜG erlangt. In Betracht kommt dabei vor allem der Kontrollerwerb durch eine schon zuvor erworbene Tochtergesellschaft iSd § 30 Abs. 1 S. 1 Nr. 1 WpÜG, § 2 Abs. 6 WpÜG,[128] wobei Rechtsform, Sitz und Börsennotierung der Tochter insoweit unerheblich sind. Vorbehaltlich einer Befreiung gem. § 37 WpÜG, §§ 8 ff. WpÜG-Angebotsverordnung ist in diesem Fall nicht nur 38

---

[120] Näher hierzu *Harbarth* ZIP 2002, 321 (323 f.).

[121] Haarmann/Schüppen/*Hommelhoff/Witt* WpÜG § 35 Rn. 33; APS/*Krause/Pötzsch* WpÜG § 35 Rn. 72; Schwark/Zimmer/*Noack/Zetzsche* WpÜG § 35 Rn. 12 6; s. aber auch *Verse* NZG 2009, 1331, der beim Übergang von gemeinsamer zu alleiniger Kontrolle mit guten Gründen einen relevanten Kontrollerwerb verneint; ebenso *Brellochs* NZG 2012, 1010 (1013) mwN.

[122] APS/*Krause/Pötzsch* WpÜG § 35 Rn. 73 mit zutr. Hinweis auf die Möglichkeit der Befreiung gem. § 37 Abs. 1 WpÜG; s. ferner OLG Frankfurt a. M. ZIP 2007, 864 (867): Rechtsverlust nach § 59 WpÜG trotz zwischenzeitlichen Unterschreitens der 30%-Schwelle.

[123] Zutr. MüKoAktG/*Schlitt* WpÜG § 35 Rn. 98 a ff.; näher zum Ganzen auch *Hommelhoff/Witt* FS Nobel, 2005, 125 ff.

[124] Es genügt also nicht, dass der Bieter die Kontrolle (§ 29 Abs. 2 WpÜG) über die Zielgesellschaft erlangt, s. MüKoAktG/*Schlitt* WpÜG § 35 Rn. 114 f.

[125] Nicht dagegen der Zielgesellschaft in ihrer Eigenschaft als Tochteraktionärin, vgl. MüKoAktG/*Schlitt* WpÜG § 35 Rn. 110.

[126] IErg wohl unstreitig, s. Begr. RegE, BT-Drs. 14/7034, 59; *Hopt* ZHR 166 (2002), 383 (417); MüKoAktG/*Schlitt* WpÜG § 35 Rn. 110 ff., dort auch zur Unanwendbarkeit des § 35 Abs. 3 WpÜG.

[127] MüKoAktG/*Schlitt* WpÜG § 35 Rn. 118 ff.

[128] KG AG 2009, 30 (37 f.), dort auch zu § 35 Abs. 3 WpÜG; MüKoAktG/*Schlitt* WpÜG § 35 Rn. 100 f.; aA *Land* Betr. 2001, 1707 (1713).

die Mutter, der die Stimmrechte der Tochter zugerechnet werden, sondern auch die Tochtergesellschaft zur Veröffentlichung und Angebotsabgabe verpflichtet.[129]

5. Gegenleistung

39   Was die vom Bieter anzubietende Gegenleistung betrifft, so finden nach § 39 WpÜG auch auf Pflichtangebote die § 31 WpÜG, §§ 3 ff. WpÜG-AV (→ Rn. 11 f.) Anwendung,[130] was nach § 4 WpÜG-AV bedeutet, dass den Minderheitsaktionären zumindest der bei Vorerwerben und damit insbes. bei einem der Kontrollerlangung dienenden Paketerwerb gezahlte Preis zu bieten ist. Auch bei einem Pflichtangebot kann die Gegenleistung grds. in **liquiden Aktien** bestehen.[131] Hiernach ist es dem Bieter auch gestattet, Aktien von Tochtergesellschaften anzubieten.[132] Der Schutz der Minderheitsaktionäre erschöpft sich in diesem Fall in dem Recht, von einer in die Abhängigkeit geratenen Gesellschaft in eine andere abhängige Gesellschaft zu wechseln; in Ermangelung einer Vorschrift nach Art des § 305 Abs. 2 Nr. 2 AktG ist dies de lege lata hinzunehmen.[133]

---

[129] Zutr. Baums/Thoma/Verse/*Baums/Hecker* WpÜG § 35 Rn. 290 ff.; für gemeinsames Angebot *Hopt* ZHR 166 (2002), 383 (416 f.); aA – für Wahlrecht – MüKoAktG/*Schlitt* WpÜG § 35 Rn. 109; näher zur Problematik *Braun* NZG 2008, 928 ff.

[130] Für die ganz hM s. EEO/*Ekkenga/Schulz* WpÜG § 35 Rn. 57; aA *Mülbert/Schneider* WM 2003, 2301 (2302 ff.): Abfindungsanspruch in Höhe des inneren Anteilswerts.

[131] Hierzu sowie zu den Ausnahmen in § 31 Abs. 3, Abs. 5 S. 1 WpÜG → Rn. 11.

[132] AGS/*Süßmann* WpÜG § 31 Rn. 9; Haarmann/Schüppen/*Haarmann* WpÜG § 31 Rn. 81.

[133] Zur rechtspolitischen Kritik s. *Diregger/Winner* WM 2002, 1583 (1587); *Habersack* ZHR 166 (2002), 619 (624).

3. Teil. Aktienkonzernrecht

1. Abschnitt. Eingliederung, Ausschluss von Minderheitsaktionären

§ 10. Eingliederung

Literatur: Arbeitskreis Beschlussmängelrecht, Vorschlag zur Neufassung der Vorschriften des Aktiengesetzes über Beschlussmängel, AG 2008, 617; *Aubel/Weber*, Ausgewählte Probleme bei Eingliederung und Squeeze Out während eines laufenden Spruchverfahrens, WM 2004, 857; *Bernhardt*, Die Abfindung von Aktionären nach neuem Recht, BB 1966, 257; *Brandner/Bergmann*, Anfechtungsklage und Registersperre, FS Bezzenberger, 2000, S. 59; *Büchel*, Vom Unbedenklichkeitsverfahren nach §§ 16 Abs. 3 UmwG, 319 Abs. 6 AktG zum Freigabeverfahren nach dem UMAG, Liber amicorum Happ, 2006, S. 1; *Büchel*, Voreilige Eintragung von Verschmelzung oder Formwechsel und die Folgen, ZIP 2006, 2289; *Bülow*, Einrede der Aufrechenbarkeit, ZGR 1988, 192; *Bungert/Wettich*, Neues zur Ermittlung des Börsenwerts bei Strukturmaßnahmen, ZIP 2012, 449; *Fenck*, Herkunft und Perspektiven des Eingliederungskonzerns, 2005; *Frisinger*, Wahlrechte bei der Abfindung nach §§ 320 Abs. 5 AktG, 15 Abs. 1 UmwG und Beendigung des Schwebezustands, BB 1972, 819; *Fuhrmann/Linnerz*, Das überwiegende Vollzugsinteresse im aktien- und umwandlungsrechtlichen Freigabeverfahren, ZIP 2004, 2306; *Geßler*, Die Haftung der Hauptgesellschaft bei der Eingliederung, ZGR 1978, 251; *Goette*, Zu den Folgen der Eintragung eines Squeeze-out-Beschlusses vor Ablauf der Eintragungsfrist, FS K. Schmidt, 2009, 469; *Habersack*, Der Regreß bei akzessorischer Haftung, – Gemeinsamkeiten zwischen Bürgschafts- und Gesellschaftsrecht, AcP 198 (1998), 152; *Habersack*, Grundfragen der Spaltungshaftung nach § 133 Abs. 1 S. 1 UmwG, FS Bezzenberger, 2000, 93; *Habersack*, Der persönliche Schutzbereich des § 303 AktG, FS Koppensteiner, 2001, 31; *Habersack/Stilz*, Zur Reform des Beschlussmängelrechts, ZGR 2010, 710; *Hirte*, Bezugsrechtsausschluss und Konzernbildung, 1986; *Hoffmann-Becking*, Das neue Verschmelzungsrecht in der Praxis, FS Fleck, 1988, 105; *Hoffmann-Becking*, Rechtsschutz bei Informationsmängeln im Unternehmensvertrags- und Umwandlungsrecht, in: Henze/Hoffmann-Becking (Hrsg.), Gesellschaftsrecht 2001, RWS-Forum 20, 2001, S. 55; *Hommelhoff*, Die Konzernleitungspflicht, 1982; *Kamprad/Römer*, Die Abfindung der außenstehenden Aktionäre bei der Eingliederung durch Mehrheitsbeschluss, AG 1990, 486; *Kiem*, Die Stellung der Vorzugsaktionäre bei Umwandlungsmaßnahmen, ZIP 1997, 1627; *Kley/Lehmann*, Probleme der Eingliederungshaftung, Betr. 1972, 1421; *Koch*, Empfiehlt sich eine Reform des Beschlussmängelrechts im Gesellschaftsrecht?, Gutachten F zum 72. DJT, 2018; *Köhler*, Rückabwicklung fehlerhafter Unternehmenszusammenschlüsse, ZGR 1985, 307; *Kort*, Bestandsschutz fehlerhafter Strukturänderungen im Kapitalgesellschaftsrecht, 1998; *Kowalski*, Eingliederung: Abfindung durch Ausnutzung genehmigten Kapitals, AG 2000, 555; *Krieger*, Fehlerhafte Satzungsänderungen: Fallgruppen und Bestandskraft, ZHR 158 (1994), 35; *Krieger*, Vorzugsaktie und Umstrukturierung, FS Lutter, 2000, 497; *Kropff*, Gesellschaftsrechtliche Auswirkungen der Ausschüttungssperre in § 268 Abs. 8 HGB, FS Hüffer, 2011, 539; *Kühn*, Probleme mit Minderheitsaktionären in der AG, BB 1992, 291; *Lutter*, Aktienerwerb von Rechts wegen: Aber welche Aktien?, FS Mestmäcker, 1996, 943; *Martens*, Die rechtliche Behandlung von Options- und Wandlungsrechten anläßlich der Eingliederung der verpflichteten Gesellschaft, AG 1992, 209; *Merkner/Schmidt-Bendun*, Drum prüfe, wer sich ewig bindet – zur Bindungswirkung einer Wahl zwischen Aktientausch und (erschlichener) Barabfindung, NZG 2011, 10; *Meul/Ritter*, Die verborgenen Lücken des Freigabeverfahrens, AG 2017, 841; *Kl. Müller*, Die Haftung der Muttergesellschaft für die Verbindlichkeiten der Tochtergesellschaft im Aktienrecht, ZGR 1977, 1; *Nießen*, Die prozessualen Auswirkungen des Bestätigungsbeschlusses auf Ausgangs- und Freigabeverfahren, Konzern 2007, 239; *Pfeiffer*, Die KGaA im Eingliederungskonzern, Konzern 2006, 122; *Prael*, Eingliederung und Beherrschungsvertrag als körperschaftliche Rechtsgeschäfte, 1978; *Rehbinder*, Gesellschaftsrechtliche Probleme mehrstufiger Unternehmensverbindungen, ZHR 1977, 581; *Riegger*, Aktuelle Fragen des gesellschaftsrechtlichen Freigabeverfahrens, FS Bechtold, 2006, S. 375; *Rodloff*, Ungeschriebene sachliche Voraussetzungen der aktienrechtlichen Mehrheitseingliederung, Diss. Berlin 1991; *C. Schäfer*, Die Lehre vom fehlerhaften Verband, 2002; *C. Schäfer*, Die „Bestandskraft" fehlerhafter Strukturänderungen im Aktien- und Umwandlungsrecht, FS K. Schmidt, 2009, S. 1389; *H. Schmidt*, Erhöhung der Barabfindung beim Squeeze out nach Einberufung der Hauptversammlung, Liber Amicorum M. Winter, 2011, 583; *Schubert/Küting*, Aspekte der aktienrechtlichen Eingliederung und Verschmelzung, Betr. 1978, 121; *Schürnbrand*, Gewinnbezogene Schuldtitel in der Umstrukturierung, ZHR 173 (2009), 689; *Seibert/Florstedt*, Der Regierungsentwurf des

ARUG, ZIP 2008, 2145; *Singhof,* Haftung und Rückgriff der Hauptgesellschaft nach Beendigung der Eingliederung, FS Hadding, 2004, 655; *Sonnenschein,* Die Eingliederung im mehrstufigen Konzern, BB 1975, 1088; *Stilz,* Freigabeverfahren und Beschlussmängelrecht, FS Hommelhoff, 2012, 1181; *Timm/ Schick,* Die Auswirkungen der routinemäßigen Geltendmachung der Abfindung durch die Depotbanken auf die Rechte der außenstehenden Aktionäre bei der Mehrheitseingliederung, WM 1994, 185; *Timm/ Schöne,* Abfindung in Aktien: Das Gebot der Gattungsgleichheit, FS Kropff, 1997, 315; *Veit,* Unternehmensverträge und Eingliederung als aktienrechtliche Instrumente der Unternehmensverbindung, 1974; *Verse,* Rechtsfragen des Quorums im Freigabeverfahren, FS Stilz, 2014, 651; *E. Vetter,* Abfindungswertbezogene Informationsmängel und Rechtsschutz, FS Wiedemann, 2002, 1323; *J. Vetter,* Zum Ausgleich von Spitzenbeträgen bei der Abfindung in Aktien, AG 1997, 6; *J. Vetter,* Ausweitung des Freigabeverfahrens, ZHR 168 (2004), 8; *Weißhaupt/Özdemir,* Gutglaubenserwerb von (Inhaber-)Aktien nach Squeeze out?, ZIP 2007, 2110; *Weppner/Groß-Bölting,* Kraftloserklärung nicht eingereichter Aktienurkunden nach Durchführung eines aktienrechtlichen Squeeze-out gem. §§ 327a ff. AktG, BB 2012, 2196; *Wilsing/Kruse,* Anfechtbarkeit von Squeeze-out- und Eingliederungsbeschlüssen wegen abfindungswertbezogener Informationsmängel?, Betr. 2002, 1539; *Winter,* Die Reform des Beschlussanfechtungsrechts – eine Zwischenbilanz, Liber amicorum Happ, 2006, 363; *Würdinger,* Eingliederung nach Abschluss eines Beherrschungsvertrages, AG 1972, 13; *Würdinger,* Zur Vermögensverfügung bei der Eingliederung und beim Beherrschungsvertrag, Betr. 1972, 1569; *Ziemons,* Options- und Wandlungsrechte bei Squeeze out und Eingliederung, FS K. Schmidt, 2009, S. 1777; *Zöllner,* Evaluation des Freigabeverfahrens, FS Westermann, 2008, S. 1631.

I. Überblick

1 Die Eingliederung einer AG in eine andere AG, die so genannte Hauptgesellschaft, ist eine **Neuschöpfung des AktG 1965** und im Einzelnen in den §§ 319–327 AktG geregelt. Wirtschaftlich gesehen kommt die Eingliederung der Verschmelzung nahe.[1] Rechtlich unterscheidet sie sich von der Letzteren jedoch dadurch, dass bei ihr die eingegliederte Gesellschaft als selbstständige juristische Person erhalten bleibt. Nach § 323 AktG erlangt allerdings die Hauptgesellschaft ein umfassendes Weisungsrecht; zudem heben §§ 323 Abs. 2, 324 AktG die Grundsätze über die Kapitalaufbringung und -erhaltung partiell auf. Man kann deshalb die eingegliederte Gesellschaft geradezu als rechtlich selbstständige Betriebsabteilung bezeichnen.[2]

2 Das Gesetz unterscheidet im Einzelnen **zwei Fälle:** die Eingliederung hundertprozentiger Töchter (§ 319 AktG) sowie die Eingliederung durch Mehrheitsbeschluss (§ 320 AktG). Die gesetzliche Regelung bezweckt in beiden Fällen vor allem den Schutz der Gläubiger der eingegliederten Gesellschaft (s. §§ 321, 322, 324 Abs. 3 AktG), bei der Eingliederung durch Mehrheitsbeschluss zusätzlich den Schutz der außenstehenden Aktionäre (§§ 320–320b AktG). IÜ erstreckt § 326 AktG das Auskunftsrecht des Aktionärs der Hauptgesellschaft auf die Angelegenheiten der eingegliederten Gesellschaft. Die Beendigung der Eingliederung und deren Folgen sind schließlich in § 327 AktG geregelt. Die praktische Bedeutung der Eingliederung war nie sonderlich groß;[3] mit Inkrafttreten der §§ 327a ff. AktG (→ § 10a Rn. 1 ff.) ist speziell die praktische Bedeutung der Mehrheitseingliederung, die zu einem Gutteil gerade mit Blick auf das mit ihr verbundene Ausscheiden der Minderheitsaktionäre praktiziert wurde, erheblich zurückgegangen.[4]

---

[1] Begr. RegE, Vorb. AktG Vor § 319, bei *Kropff* S. 421; ebenso Begr. RegE Umwandlungsrechtbereinigungsgesetz von 1994, BT-Drs. 12 (1994)/6699, 179.
[2] Vgl. Begr. RegE zu § 326, bei *Kropff* S. 431; *Raiser/Veil* § 55 Rn. 1; *Schubert/Küting* Betr. 1978, 121.
[3] Vgl. *Martens* AG 1992, 209.
[4] → Rn. 29, ferner *Fenck* Herkunft S. 113; Spindler/Stilz/*Singhof* AktG § 320 Rn. 3.

Die Vorschriften des AktG über die Eingliederung sind erstmals durch das Gesetz zur   **3**
Bereinigung des Umwandlungsrechts von 1994[5] **in wichtigen Punkten geändert**
worden. Hervorzuheben sind die Neuregelung der Registersperre durch § 319 Abs. 5
AktG und die Einführung des Unbedenklichkeitsverfahrens zur Überwindung der Registersperre durch § 319 Abs. 6 AktG, ferner die Einführung eines Eingliederungsberichts (§ 319 Abs. 3 Nr. 3 AktG) sowie für die Mehrheitseingliederung die Einführung einer Eingliederungsprüfung (§ 320 Abs. 3 AktG), schließlich die Entschlackung
des früheren § 320 AktG durch die Schaffung der – in der Sache freilich nicht neuen –
§§ 320a, 320b AktG. Von den weiteren Änderungen, die §§ 319 ff. AktG im Lauf der
Jahre erfahren haben,[6] seien das Zweite Gesetz zur Änderung des Umwandlungsgesetzes vom 19.4.2007[7] und das Gesetz zur Umsetzung der Aktionärsrechterichtlinie
(ARUG) vom 30.7.2009[8] hervorgehoben; beide haben das in § 319 Abs. 6 AktG geregelte Freigabeverfahren nicht unerheblich modifiziert.

II. Eingliederung nach § 319 AktG

Die Eingliederung setzt nach § 319 Abs. 1 S. 1 AktG zunächst voraus, dass sowohl die   **4**
einzugliedernde Gesellschaft als auch die künftige Hauptgesellschaft über die Rechtsform einer AG verfügen; auf einen inländischen Verwaltungssitz kommt es hingegen
nicht an.[9] Der AG steht zwar nach Art. 10 SE-VO die **SE** gleich. Die Eingliederung
einer AG in eine **KGaA** soll hingegen nach herrschender, freilich überprüfungsbedürf-
tiger Ansicht ausgeschlossen sein.[10] Auf das GmbH-Recht sind §§ 319 ff. AktG weder
unmittelbar noch analog anzuwenden (→ § 29 Rn. 12).

Weitere Voraussetzung ist, dass sich **alle Aktien** der einzugliedernden Gesellschaft in   **5**
der Hand der zukünftigen Hauptgesellschaft befinden. Gibt es somit im Fall der Eingliederung nach § 319 AktG keine außenstehenden Aktionäre, musste das Gesetz lediglich für den Schutz der Aktionäre der Hauptgesellschaft sowie der Gläubiger der
einzugliedernden Gesellschaft sorgen. Dem ersten Zweck dienen die besonderen Anforderungen, die § 319 Abs. 2–4 AktG für den Zustimmungsbeschluss der Haupt-

---

[5] BGBl. 1994 I 3210, ber. BGBl. 1995 I 428; s. dazu Begr. RegE, BT-Drs. 12/6699, 179 f.; zu weiteren
   Änderungen s. Emmerich/Habersack Aktien-/GmbH-KonzernR/*Habersack* AktG § 319 Rn. 1.
[6] Überblick in Emmerich/Habersack Aktien-/GmbH-KonzernR/*Habersack* AktG § 319 Rn. 1.
[7] BGBl. I 542; vgl. dazu auch Begr. RegE, BT-Drs. 16/2919, 20; Beschlussempfehlung Rechtsausschuss,
   BT-Drs. 16/4193, 5.
[8] BGBl. I 2479; dazu RegE, BT-Drs. 16/11642; Beschlussempfehlung und Bericht des Rechtsausschus-
   ses, BT-Drs. 16/13098; näher *Seibert/Florstedt* ZIP 2008, 2145 ff.
[9] Vgl. Emmerich/Habersack Aktien-/GmbH-KonzernR/*Habersack* AktG § 319 Rn. 7; Emmerich/Ha-
   bersack Aktien-/GmbH-KonzernR/*Habersack* AktG § 327 Rn. 5; Hüffer/Koch/*Koch* AktG § 319
   Rn. 4a. Zum Streit zwischen Sitz- und Gründungstheorie sowie zu den Vorgaben der Niederlassungsfreiheit → § 11 Rn. 29 ff.; zur Frage der Vereinbarkeit des auf die Hauptgesellschaft bezogenen Erfordernisses eines Inlandssitzes mit der Niederlassungsfreiheit s. Emmerich/Habersack Aktien-/GmbH-
   KonzernR/*Habersack* AktG § 319 Rn. 7.
[10] Gegen Zulässigkeit der Eingliederung einer AG in eine KGaA etwa KölnKommAktG/*Koppensteiner*
   AktG Vor § 319 Rn. 10; MüKoAktG/*Grunewald* AktG § 319 Rn. 1; Grigoleit/*Grigoleit/Rachlitz*
   AktG § 319 Rn. 6; Hüffer/Koch/*Koch* AktG § 319 Rn. 4; Spindler/Stilz/*Singhof* AktG § 319 Rn. 3;
   K. Schmidt/Lutter/*Ziemons* AktG § 319 Rn. 6; dafür aber Emmerich/Habersack Aktien-/GmbH-Kon-
   zernR/*Habersack* AktG § 319 Rn. 6; GroßkommAktG/*Schmolke* AktG § 319 Rn. 11; Bürgers/Körber/
   Fett AktG § 319 Rn. 3; *Pfeiffer* Konzern 2006, 122 (129); wohl auch *J. Meyer,* Haftungsbeschränkung
   im Recht der Handelsgesellschaften, 2000, S. 784 ff.; zumindest de lege ferenda *Fenck* Herkunft S. 29 ff.

157

gesellschaft aufstellt, dem zweiten die zwingenden Gläubigerschutzvorschriften der §§ 321, 322 AktG (→ Rn. 41 ff.).

1. Eigentum an allen Aktien

6 Wichtigste Voraussetzung der Eingliederung nach § 319 AktG ist, dass sich ausnahmslos alle Aktien der abhängigen Gesellschaft „in der Hand" der zukünftigen Hauptgesellschaft befinden (§ 319 Abs. 1 S. 1 AktG). Da die Zurechnungsvorschrift des **§ 16 Abs. 4 AktG keine Anwendung** findet, ist diese Voraussetzung bereits dann nicht mehr erfüllt, wenn der künftigen Hauptgesellschaft ein Teil der Aktien nur mittelbar – etwa über eine Tochtergesellschaft – gehört; Entsprechendes gilt, wenn die einzugliedernde Gesellschaft selbst noch eigene Aktien besitzt.[11]

7 Keine Rolle spielt hingegen die Art des Eigentums der Hauptgesellschaft. § 319 Abs. 1 S. 1 AktG ist deshalb auch dann anwendbar, wenn die Hauptgesellschaft lediglich treuhänderisch gebundenes Eigentum (insbes. Sicherungseigentum) oder bereits verkauftes Eigentum an den Aktien der einzugliedernden Gesellschaft hat. Die künftige Hauptgesellschaft läuft in diesem Fall also Gefahr, dass sie entweder ihre schuldrechtlichen Bindungen verletzt oder die Eingliederung nach § 327 Abs. 1 Nr. 3 AktG mit Übertragung auch nur einer Aktie endet; die Wirksamkeit der Eingliederung beurteilt sich indes allein nach § 319 Abs. 1 S. 1 AktG und damit anhand der formalen Eigentümerstellung. Demgemäß stehen auch von der einzugliedernden Gesellschaft begebene und noch nicht bediente **Optionen** auf Aktien der Eingliederung nach § 319 AktG nicht entgegen.[12]

8 Ist die Hauptgesellschaft nicht Alleineigentümer aller Aktien, so ist ein gleichwohl gefasster Eingliederungsbeschluss nach § 241 Nr. 3 AktG **nichtig.**[13] Die Vorschrift des § 320a AktG findet in diesem Fall keine Anwendung; sie steht vielmehr im sachlichen Zusammenhang mit der Mehrheitseingliederung nach § 320 AktG und den dort vorgesehenen Mechanismen zum Schutz der außenstehenden Aktionäre. Gehen somit die außenstehenden Aktionäre ihrer Aktien nicht verlustig, so ist mit Blick auf § 327 Abs. 1 Nr. 3 AktG zudem die Heilung der Nichtigkeit nach § 242 Abs. 2 AktG ausgeschlossen.[14] Auch die Grundsätze über die **fehlerhafte Gesellschaft** können angesichts der Schwere des Mangels nicht zur Anwendung gebracht werden.[15] Die Gläu-

---

[11] Emmerich/Habersack Aktien-/GmbH-KonzernR/*Habersack* AktG § 319 Rn. 8; Hüffer/Koch/*Koch* AktG § 319 Rn. 4b; KölnKommAktG/*Koppensteiner* AktG Vor § 319 Rn. 14; MüKoAktG/*Grunewald* AktG § 319 Rn. 3; GroßkommAktG/*Schmolke* AktG § 319 Rn. 4; K. Schmidt/Lutter/*Ziemons* AktG § 319 Rn. 9; Spindler/Stilz/*Singhof* AktG § 319 Rn. 4.

[12] Vgl. K. Schmidt/Lutter/*Ziemons* AktG § 319 Rn. 4; Spindler/Stilz/*Singhof* AktG § 319 Rn. 4.

[13] So die hM, s. Emmerich/Habersack Aktien-/GmbH-KonzernR/*Habersack* AktG § 319 Rn. 9; GroßkommAktG/*Schmolke* AktG § 319 Rn. 7; *Hüffer/Koch/Koch* AktG § 319 Rn. 4b; *Krieger/Schneider* § 74 Rn. 4; K. Schmidt/Lutter/*Ziemons* AktG § 319 Rn. 15; aA (für Anfechtbarkeit) MüKoAktG/*Grunewald* AktG § 319 Rn. 14.

[14] Emmerich/Habersack Aktien-/GmbH-KonzernR/*Habersack* AktG § 319 Rn. 9; GroßkommAktG/*Schmolke* AktG § 319 Rn. 7; s. ferner *U. Stein* ZGR 1994, 472 (487, 489f.); Spindler/Stilz/*Singhof* AktG § 319 Rn. 5.

[15] So auch *Kort* Bestandsschutz S. 174, 188ff.; Grigoleit/*Grigoleit/Rachlitz* AktG § 319 Rn. 10; Spindler/Stilz/*Singhof* AktG § 319 Rn. 5; aA *Schäfer* Fehlerhafter Verband S. 471f.; GroßkommAktG/*Schmolke* AktG § 319 Rn. 8; MüKoAktG/*Grunewald* AktG § 319 Rn. 15. – Allg. zur Lehre von der fehlerhaften Gesellschaft und zu ihrer Anwendbarkeit auf fehlerhafte Organisationsakte neben den Monografien von *Kort* und *Schäfer* insbes. *K. Schmidt* § 6; *Krieger* ZHR 158 (1994), 35ff.; zum fehlerhaften Unternehmensvertrag → § 11 Rn. 24ff.

biger der vermeintlich eingegliederten Gesellschaft können sich nach Maßgabe des § 15 Abs. 3 HGB auf §§ 321, 322 AktG berufen.

2. Eingliederungsbeschluss

Die Eingliederung beruht nicht auf einem Vertrag zwischen den beiden Gesellschaf- 9 ten.[16] Ausweislich des § 319 Abs. 1 AktG erfolgt sie vielmehr durch einen Beschluss der Hauptversammlung der einzugliedernden Gesellschaft. Hinzukommen muss zwar die Zustimmung der Hauptversammlung der zukünftigen Hauptgesellschaft (→ Rn. 10 ff.). Gleichwohl und ungeachtet der erheblichen Auswirkungen auf die Verfassung der abhängigen Gesellschaft handelt es sich bei der Eingliederung um einen **innergesellschaftlichen Vorgang.**[17] Der Eingliederungsbeschluss der einzugliedernden Gesellschaft kann, da die Hauptgesellschaft alleiniger Aktionär ist, nach Maßgabe der § 121 Abs. 6 AktG, § 130 Abs. 1 S. 3 AktG und damit in einem stark vereinfachten Verfahren gefasst werden. Es genügt, dass der Vorstand als gesetzlicher Vertreter der zukünftigen Hauptgesellschaft eine entsprechende Erklärung zur Niederschrift abgibt und der Aufsichtsratsvorsitzende die Niederschrift unterzeichnet.

3. Zustimmungsbeschluss

Nach § 319 Abs. 2 AktG wird der Eingliederungsbeschluss nur wirksam, wenn ihm 10 die Hauptversammlung der zukünftigen Hauptgesellschaft mit **qualifizierter Mehrheit** zustimmt. Dieses Erfordernis erklärt sich daraus, dass die Hauptgesellschaft nach § 322 AktG für die Verbindlichkeiten der eingegliederten Gesellschaft haftet und zudem nach § 324 Abs. 3 AktG zum Verlustausgleich verpflichtet ist;[18] diese daraus der Hauptgesellschaft drohenden Gefahren soll die Verwaltung nicht ohne Mitwirkung der Aktionäre begründen dürfen.

Um eine sachgerechte Entscheidung über die von der Verwaltung vorgeschlagene Ein- 11 gliederung zu ermöglichen, sieht der 1994 neu geschaffene Abs. 3 des § 319 AktG weitreichende **Informationsrechte** der Aktionäre der Hauptgesellschaft vor.[19] Die wichtigste Neuerung besteht in der Einführung eines Eingliederungsberichtes nach dem Vorbild des § 293 a AktG und des § 8 UmwG (§ 319 Abs. 3 S. 1 Nr. 3 AktG). In diesem Bericht muss der Vorstand ausführlich die Eingliederung rechtlich und wirtschaftlich erläutern und begründen, dh zu den Vor- und Nachteilen der Eingliederung sowie zu möglichen Alternativen Stellung nehmen.[20] In Übereinstimmung mit dem früheren Recht (§ 319 Abs. 2 S. 5 AktG aF) haben die Aktionäre außerdem ein über § 131 AktG hinausgehendes Auskunftsrecht auch hinsichtlich aller im Zusammenhang mit der Eingliederung wesentlichen Angelegenheiten der einzugliedernden Ge-

---

[16] OLG München AG 1993, 430 – Siemens/SNI; näher Emmerich/Habersack Aktien-/GmbH-KonzernR/*Habersack* AktG § 319 Rn. 10.

[17] *Prael* Eingliederung, 96 ff.; Emmerich/Habersack Aktien-/GmbH-KonzernR/*Habersack* AktG § 319 Rn. 10.

[18] Im Fall der Mehrheitseingliederung kommt die Abfindungsverpflichtung nach AktG § 320b Abs. 1 S. 2 AktG hinzu (→ Rn. 30 ff.).

[19] S. Begr. RegE, BT-Drs. 12/6699 (1994), 179; Emmerich/Habersack Aktien-/GmbH-KonzernR/*Habersack* AktG § 319 Rn. 17 ff.; Hüffer/Koch/*Koch* AktG § 319 Rn. 9 ff.

[20] *Bungert* Betr. 1995, 1384 (1449); *Humbeck* BB 1995, 1893. – Das ARUG (→ Rn. 3) hat in Abs. 3 S. 4 die Pflicht, die Unterlagen in der Hauptversammlung auszulegen, durch die Pflicht, die Unterlagen in der Hauptversammlung zugänglich zu machen, ersetzt und damit an die Neukonzeption der Aktionärsinformation angepasst.

sellschaft (§ 319 Abs. 3 S. 5 AktG).[21] Ein Verstoß gegen § 319 Abs. 3 AktG macht den Zustimmungsbeschluss anfechtbar.[22]

12 Der Zustimmungsbeschluss erschöpft sich inhaltlich in der Billigung des Eingliederungsbeschlusses der einzugliedernden Gesellschaft und bedarf **keiner sachlichen Rechtfertigung**.[23] Er kann dem Eingliederungsbeschluss auch vorangehen.[24] Erweist sich später der Eingliederungsbeschluss als nichtig, etwa, weil der Hauptgesellschaft nicht alle Aktien der einzugliedernden Gesellschaft gehörten, so wird auch der Zustimmungsbeschluss gegenstandslos.[25] Dagegen begründet die Anfechtbarkeit des Eingliederungsbeschlusses als solche nicht die Anfechtbarkeit auch des Zustimmungsbeschlusses.

4. Eintragung in das Handelsregister

a) Bestandsschutz

13 Die Eingliederung wird nach § 319 Abs. 7 AktG wirksam, sobald sie nach Vorliegen beider Beschlüsse, des Eingliederungsbeschlusses und des Zustimmungsbeschlusses, in das Handelsregister (nur) der einzugliedernden Gesellschaft eingetragen wird. Die Eintragung hat also **konstitutive Wirkung**. Anders als in den Fällen der § 20 Abs. 2 UmwG, § 16 Abs. 3 S. 6 UmwG[26] werden etwaige Mängel der Eingliederung durch die Eintragung als solche grds. nicht geheilt.[27] Kommt es also zur rechtskräftigen Feststellung von Beschlussmängeln, so scheitert zwar die Rückabwicklung der Eingliederung regelmäßig[28] an der Lehre von der **fehlerhaften Gesellschaft;** die Eingliederung ist jedoch mit Wirkung ex nunc zu beenden.[29] Anderes gilt nach dem durch das ARUG (→ Rn. 3) eingefügten § 319 Abs. 6 S. 11 AktG allerdings, wenn das **Freigabeverfahren** (→ Rn. 15) **durchlaufen** worden ist.[30] In diesem Fall genießt die Eingliederung in Übereinstimmung mit der Rechtslage nach § 246a Abs. 4 S. 2 AktG, § 16 Abs. 3 S. 8 UmwG, § 20 Abs. 2 UmwG mit erfolgter Eintragung Be-

---

[21] Vgl. auch § 293g Abs. 3 AktG.

[22] → Rn. 23ff.; näher Emmerich/Habersack Aktien-/GmbH-KonzernR/*Habersack* AktG § 319 Rn. 15, 17, 18, 23.

[23] OLG München AG 1993, 430 (431) = WM 1993, 1284 – Siemens/SNI; GroßkommAktG/*Schmolke* AktG § 320 Rn. 16; MüKoAktG/*Grunewald* AktG § 320 Rn. 21; Emmerich/Habersack Aktien-/GmbH-KonzernR/*Habersack* AktG § 320 Rn. 6, AktG § 320b Rn. 5; aA *Hirte* Bezugsrechtsausschluss S. 149; *Rodloff* Voraussetzungen S. 185ff.

[24] OLG München WM 1993, 1284 – Siemens/SNI; *Krieger/Schneider* § 74 Rn. 11; Hölters/*Leuering/ Goertz* AktG § 319 Rn. 9.

[25] OLG München WM 1993, 1284 – Siemens/SNI.

[26] Dazu BayObLG NZG 2000, 50; OLG Frankfurt a. M. ZIP 2003, 1607; *Heermann* ZIP 1999, 1861 (1868f.); *Kort* DStR 2004, 185; *Sosnitza* NZG 1999, 965 (973f.).

[27] Eingehend zur Prüfungskompetenz des Registergerichts *Bokelmann* Betr. 1994, 1341ff.; zu den Folgen einer erfolgreichen Beschlussmängelklage s. Emmerich/Habersack Aktien-/GmbH-KonzernR/*Habersack* AktG § 319 Rn. 43f.; krit. *H. Schmidt* AG 2004, 299 (302).

[28] Zur Rechtslage bei Vorhandensein außenstehender Aktionäre aber → Rn. 8.

[29] Näher Emmerich/Habersack Aktien-/GmbH-KonzernR/*Habersack* AktG § 319 Rn. 43 mwN; s. aber auch Begr. RegE, BT-Drs. 12/6699, 179 mit Hinweis auf die Möglichkeit der Rückgängigmachung der Eingliederung; gegen Anwendung der Lehre von der fehlerhaften Gesellschaft auch OLG Karlsruhe AG 2011, 673 (674f.), dort auch zur Erledigung eines Spruchverfahrens mit erfolgreicher Anfechtung des Eingliederungsbeschlusses.

[30] Dies gilt auch dann, wenn die Eintragung bereits aufgrund des Antrags der Gesellschaft – und damit unabhängig von einem Freigabebeschluss – erfolgt ist, s. KG ZIP 2009, 1223 (1224f.); OLG Düsseldorf ZIP 2009, 518 (519); OLG Celle ZIP 2008, 318f.; OLG Frankfurt a. M. ZIP 2008, 1966.

standsschutz;[31] im Wege des Schadensersatzes kann weder Beendigung des Eingliederungsverhältnisses mit Wirkung ex nunc noch gar Rückabwicklung der Eingliederung verlangt werden. Der Vorstand ist deshalb auch nicht verpflichtet, das Eingliederungsverhältnis nicht weiter durchzuführen.

b) Verfahren

Das bei der Eintragung zu beachtende Registerverfahren ist 1994 ausführlich in § 319   **14**
Abs. 4–6 AktG geregelt worden.[32] Vorbild war vor allem § 16 des neuen Umwandlungsgesetzes. Nunmehr sieht § 319 Abs. 5 AktG grds. eine so genannte **Registersperre** vor, solange nicht der Vorstand bei der Anmeldung der Eingliederung erklärt, dass eine Klage gegen die Wirksamkeit eines Hauptversammlungsbeschlusses nicht erhoben oder rechtskräftig abgewiesen worden ist. Die Notwendigkeit einer solchen Negativverklärung soll verhindern, dass es zur Eintragung einer auf unwirksamer oder anfechtbarer Grundlage basierenden Eingliederung kommt und dadurch das Recht zur Geltendmachung von Beschlussmängeln relativiert wird. Denn zwar können Beschlussmängel auch noch nach Eintragung der Eingliederung geltend gemacht werden; eine Rückabwicklung der einmal eingetragenen Eingliederung kommt jedoch grds. nicht in Betracht (→ Rn. 13, 15). Erfolgt allerdings die **Eintragung verfrüht,** dh trotz Registersperre und damit zu Unrecht, unterliegt sie der Amtslöschung nach § 395 FamFG.[33]

Nach § 319 Abs. 6 S. 1 AktG kann die Negativverklärung des Vorstands dadurch ersetzt   **15**
werden, dass das Oberlandesgericht, in dessen Bezirk die Gesellschaft ihren Sitz hat, durch Beschluss feststellt, dass eine tatsächlich erhobene Anfechtungs- oder Nichtigkeitsklage der Eintragung nicht entgegensteht. Ein solcher Beschluss kann nach § 319 Abs. 6 S. 3 AktG in der Fassung durch das ARUG (→ Rn. 3) „nur" ergehen, wenn die Klage unzulässig oder offensichtlich unbegründet ist,[34] wenn der Kläger nicht binnen einer Woche nach Zustellung des Antrags durch Urkunden nachgewiesen hat, dass er seit Bekanntmachung der Eingliederung einen anteiligen Betrag von mind. 1.000 Euro hält,[35] oder wenn die Gesellschaft ein vorrangiges Vollzugsinteresse vorzuweisen vermag.[36] Dieses sogenannte Unbedenklichkeits- oder **Freigabeverfahren,** mit

---

[31] Zur davon abweichenden Rechtslage vor Inkrafttreten des ARUG s. Vorauflage → § 10 Rn. 13; krit. bereits *H. Schmidt* AG 2004, 299 (302); zu dem durch § 246a Abs. 4 S. 2 AktG, § 20 Abs. 2 UmwG gewährleisteten Bestandsschutz s. K. Schmidt/Lutter/*Schwab* AktG § 246a Rn. 25 ff.; einschränkend *Schäfer* FS K. Schmidt, 2009, 1389 (1391 ff.) mwN.

[32] Näher zum Folgenden Emmerich/Habersack Aktien-/GmbH-KonzernR/*Habersack* AktG § 319 Rn. 24 ff.; MüKoAktG/*Grunewald* AktG § 319 Rn. 35 ff.; Hüffer/Koch/*Koch* AktG § 319 Rn. 14 ff.; Spindler/Stilz/*Singhof* AktG § 319 Rn. 16 ff.

[33] Überzeugend BVerfG AG 2010, 160 Rn. 18 ff., 23 f.; zust. auch Hüffer/Koch/*Koch* AktG § 327e Rn. 3; für Löschung nach § 142 FGG aF (= § 398 FamFG) *Büchel* ZIP 2006, 2289 (2292 f.); aA – gegen Amtslöschung – noch OLG Karlsruhe FGPrax 2001, 161 (162); OLG Düsseldorf NZG 2004, 824 (825 f.); *Goette* FS K. Schmidt, 2009, 469 (471); s. ferner BGH NZG 2006, 956 Rn. 17 f.

[34] Dazu KG ZIP 2009, 1223 (1226); OLG Düsseldorf AG 2009, 40 (41); 2009, 535 (536); OLG Frankfurt a. M. AG 2010, 212 (213); OLG München AG 2012, 45; OLG Nürnberg AG 2018, 406 Rn. 44; näher Emmerich/Habersack Aktien-/GmbH-KonzernR/*Habersack* AktG § 319 Rn. 34 f. mwN.

[35] Näher dazu Emmerich/Habersack Aktien-/GmbH-KonzernR/*Habersack* AktG § 319 Rn. 36; *Verse* FS Stilz, 2014, 651 ff.; zur Verfassungskonformität sowie zu den Voraussetzungen iE s. KG AG 2010, 166 (167 f.); 2015, 319 (320 f.); OLG Frankfurt a. M. AG 2010, 596 (597); OLG Hamburg AG 2010, 214; 2010, 215; OLG Nürnberg ZIP 2012, 2052.

[36] S. dazu aus der Zeit vor Inkrafttreten des Gesetzes zur Bereinigung des Umwandlungsrechts (dazu → Rn. 3) grundlegend BGHZ 112, 9 (23 ff.) – Deutsche Hypothekenbank/Pfälzische Hypothekenbank; zum neuen Recht Emmerich/Habersack Aktien-/GmbH-KonzernR/*Habersack* AktG § 319

dem einem Missbrauch des Rechts zur Geltendmachung von Beschlussmängeln begegnet werden soll und das nach § 246a AktG auch auf Beschlüsse über Kapitalmaßnahmen sowie Unternehmensverträge erstreckt worden ist,[37] zielt also auf eine Überwindung der Registersperre. Das ARUG hat allerdings nicht nur die Freigabevoraussetzungen gelockert und dafür gesorgt, dass Beschlussmängel kaum mehr die Eintragung der Eingliederung hindern können. Es hat vielmehr das Freigabeverfahren erheblich gestrafft und zugleich in § 319 Abs. 6 S. 11 AktG bestimmt, dass etwaige Mängel der Eingliederung durch die Eintragung geheilt werden, nachdem das Freigabeverfahren durchlaufen worden ist (→ Rn. 13). Das Beschlussmängelverfahren – das „Hauptverfahren" also – kann und wird zwar nach erfolgter Freigabe der Eintragung noch weitergeführt werden; die Feststellung des Beschlussmangels bleibt indes, abgesehen von der in § 319 Abs. 6 S. 10 AktG vorgesehenen Pflicht der Gesellschaft zum Ersatz eines Individualschadens des Klägers, folgenlos. Damit hat der die Eintragung freigebende Beschluss nicht mehr nur den Charakter einer einstweiligen Anordnung. Das Freigabeverfahren sollte deshalb besser als **Bestandskraftverfahren** bezeichnet werden.[38] Wegen der Einzelheiten, insbes. der Freigabevoraussetzungen und des Verfahrens, wird auf → § 16 Rn. 36 ff. und Emmerich/Habersack Aktien-/GmbH-KonzernR/*Habersack* AktG § 319 Rn. 32 ff. verwiesen.

III. Eingliederung durch Mehrheitsbeschluss

16 Während § 319 die Eingliederung hundertprozentiger Tochtergesellschaften regelt (→ Rn. 4 ff.), enthalten §§ 320–320b AktG besondere Vorkehrungen für die Eingliederung durch Mehrheitsbeschluss. Das besondere Interesse gilt dabei naturgemäß den **Belangen der Minderheitsaktionäre.** Angesichts der gravierenden Auswirkungen der Eingliederung auf die Finanz- und Organisationsverfassung der eingegliederten Gesellschaft (→ Rn. 54 ff.) sieht § 320a AktG zwar das Ausscheiden dieser Aktionäre aus der Gesellschaft vor; im Gegenzug erhalten sie jedoch nach § 320b AktG eine angemessene Abfindung in Aktien der Hauptgesellschaft.

1. Voraussetzungen und Verfahren

a) Kapitalbeteiligung

17 Voraussetzung einer Mehrheitseingliederung ist zunächst, dass beide Gesellschaften über die Rechtsform einer AG (oder SE) und über einen Inlandssitz verfügen.[39] Des Weiteren verlangt § 320 Abs. 1 S. 1 AktG eine Beteiligung der Hauptgesellschaft an der einzugliedernden Gesellschaft in Höhe von mind. 95% des Grundkapitals, wobei nach § 320 Abs. 1 S. 2 AktG, abweichend von der Rechtslage bei der Eingliederung nach § 319 AktG, eigene Aktien der einzugliedernden Gesellschaft vom Grundkapital abzusetzen sind. Umstritten ist, ob zu dieser Kapitalmehrheit auch noch eine entspre-

---

Rn. 37 f.; KG 2010, 494 (495 f.); AG 2010, 497 (498); OLG Düsseldorf AG 2009, 538 (539 f.); OLG Köln AG 2015, 39 (40); s. ferner Begr. RegE UMAG, BT-Drs. 15/5092, 30; Begr. RegE ARUG, BT-Drs. 16/11642, 41.

[37] Näher dazu → § 16 Rn. 36 ff.; zur Entwicklung sowie zu § 246a AktG iE s. *Büchel* Liber amicorum Happ, 2006, S. 1 ff.; *Riegger* FS Bechtold, 2006, 375 ff.; *Winter* Liber amicorum Happ, 2006, S. 363 ff.

[38] Vgl. dazu sowie zur grundsätzlichen Kritik am geltenden Beschlussmängelrecht nebst „Freigabeverfahren" *Habersack/Stilz* ZGR 2010, 710 (717 ff.); ferner *Arbeitskreis Beschlussmängelrecht* AG 2008, 617; *Grigoleit* AG 2018, 645; *Harbarth* AG 2018, 637; *Koch* Gutachten 72. DJT, 2018, 19 ff.; *Stilz* FS Hommelhoff, 2012, 1181; *Zöllner* FS Westermann, 2008, 1631.

[39] Dazu sowie zur Frage der Zulässigkeit der Eingliederung in eine KGaA → Rn. 4.

chende Stimmenmehrheit hinzukommen muss. Die Frage kann sich stellen, wenn **stimmrechtslose Vorzugsaktien**[40] ausgegeben sind; angesichts des klaren Wortlauts des § 320 Abs. 1 S. 1 AktG ist sie zu verneinen.[41]

b) Information der Aktionäre

Was das Verfahren betrifft, so bestimmt § 320 Abs. 1 S. 3 AktG, dass § 319 Abs. 1 S. 2, Abs. 2–7 AktG auch auf die Mehrheitseingliederung anzuwenden sind. Auch im Fall der Mehrheitseingliederung bedarf es somit sowohl eines Eingliederungsbeschlusses der einzugliedernden Gesellschaft als auch eines Zustimmungsbeschlusses der künftigen Hauptgesellschaft. Ein Eingliederungsvertrag ist auch in § 320 AktG nicht vorgesehen. Die Aktionäre der künftigen **Hauptgesellschaft** sind zunächst nach Maßgabe des § 319 Abs. 3 AktG zu informieren. Hieran anknüpfend bestimmt § 320 Abs. 4 S. 2 AktG, dass in dem Eingliederungsbericht, welcher den Aktionären nach § 319 Abs. 3 S. 1 Nr. 3 AktG zur Verfügung zu stellen ist, auch Art und Höhe der den außenstehenden Aktionären der einzugliedernden Gesellschaft angebotenen Abfindung zu erläutern und zu begründen sind. Zudem muss nach § 320 Abs. 2 S. 2 AktG schon die Bekanntmachung der Eingliederung als Gegenstand der Tagesordnung über die Abfindung informieren.[42] Beide Vorkehrungen sind vor dem Hintergrund zu sehen, dass die Minderheitsaktionäre der einzugliedernden Gesellschaft durch die Hauptgesellschaft abgefunden werden; eine zu hohe Abfindung ginge deshalb zu Lasten der Aktionäre dieser Gesellschaft. **18**

Darüber hinaus stellt § 320 Abs. 2, 4 AktG die Information der Minderheitsaktionäre der **einzugliedernden Gesellschaft** sicher. Nach § 320 Abs. 2 S. 1 Nr. 2 AktG sollen auch sie bereits in der Bekanntmachung der Tagesordnung über die Identität des Abfindungsschuldners und den Inhalt des Abfindungsangebots informiert werden, um in Ruhe entscheiden zu können, ob sie die Angemessenheit der angebotenen Abfindung gerichtlich überprüfen lassen wollen.[43] Angesichts dieses Schutzzwecks ist ein konkretes und vollständiges Angebot unverzichtbar;[44] den Aktionären müssen mit anderen Worten das Umtauschverhältnis sowie gegebenenfalls die Höhe der Barabfindung bereits in der Bekanntmachung der Tagesordnung mitgeteilt werden.[45] Die Ordnungsmäßigkeit der Bekanntmachung wird jedoch nicht dadurch beeinträchtigt, dass in der Hauptversammlung über das in der Tagesordnung bekannt gemachte Abfindungsangebot hinaus ein Zusatzangebot gemacht wird, sei es wegen einer bevorstehenden Kapitalerhöhung der Hauptgesellschaft oder aus anderen Gründen.[46] **19**

---

[40] Zu Mehrstimmrechtsaktien s. § 12 Abs. 2 AktG, § 5 EGAktG.

[41] Emmerich/Habersack Aktien-/GmbH-KonzernR/*Habersack* AktG § 320 Rn. 11; GroßkommAktG/ *Schmolke* AktG § 320 Rn. 13; Grigoleit/*Grigoleit/Rachlitz* AktG § 319 Rn. 8; Hüffer/Koch/*Koch* AktG § 320 Rn. 4; MüKoAktG/*Grunewald* AktG § 320 Rn. 8; *Krieger/Schneider* § 74 Rn. 24; K. Schmidt/ Lutter/*Ziemons* AktG § 320 Rn. 3; Wachter/*Rothley* AktG § 320 Rn. 2; aA KölnKommAktG/*Koppensteiner* AktG § 320 Rn. 7; offengelassen in OLG Hamm AG 1994, 376 (377) – Siemens/Nixdorf.

[42] Vgl. im Zusammenhang mit der einzugliedernden Gesellschaft → Rn. 19.

[43] Vgl. Begr. RegE, bei *Kropff* S. 424; ferner BGH WM 1974, 713 (714); MüKoAktG/*Grunewald* AktG § 320 Rn. 5.

[44] Daran fehlt es, wenn Spitzenbeträge möglich sind und ihre Behandlung unklar bleibt, s. LG Berlin AG 1996, 230 (232); Hüffer/Koch/*Koch* AktG § 320 Rn. 7.

[45] Emmerich/Habersack Aktien-/GmbH-KonzernR/*Habersack* AktG § 320 Rn. 13; KölnKommAktG/ *Koppensteiner* AktG § 320 Rn. 9.

[46] BGH WM 1974, 713; OLG Celle WM 1972, 1004; OLG München NZG 2007, 635; eingehend *H. Schmidt* Liber Amicorum M. Winter, 2011, 583 (589ff.).

20 Der in § 319 Abs. 3 S. 1 Nr. 3 AktG geforderte **Eingliederungsbericht** ist zwar vom Vorstand der künftigen Hauptgesellschaft zu erstellen. Nach § 320 Abs. 4 S. 1 AktG ist er jedoch auch von der einzugliedernden Gesellschaft auszulegen, so dass auch deren Aktionäre darauf zurückgreifen können. Der Eingliederungsbericht hat, wie bereits erwähnt, insbes. Art und Höhe der Abfindung rechtlich und wirtschaftlich zu erläutern und zu begründen.

c) Eingliederungsprüfung

21 Von zentraler Bedeutung ist die 1994 eingeführte Eingliederungsprüfung durch vom Vorstand der zukünftigen Hauptgesellschaft bestellte Eingliederungsprüfer. Sie ist in § 320 Abs. 3 AktG geregelt und soll sicherstellen, dass die Aktionäre auf einer verlässlichen Grundlage über die Eingliederung entscheiden, und dadurch zugleich eine gerichtliche Überprüfung der Angemessenheit der Abfindung abkürzen oder gar entbehrlich machen.[47] Die Einzelheiten richten sich nach den in § 320 Abs. 3 S. 3 AktG in Bezug genommenen Vorschriften der § 293a Abs. 3 AktG und §§ 293c–293e AktG.[48] Gegenstand der Prüfung sind die in §§ 319, 320 AktG genannten **Voraussetzungen der Mehrheitseingliederung** und, wie auch aus § 320 Abs. 3 S. 3 AktG iVm § 293e Abs. 1 S. 2, 3 AktG folgt, die **Angemessenheit der Abfindung.** Die Zweckmäßigkeit der Eingliederung ist dagegen zwar Gegenstand des Eingliederungsberichts, nicht aber der Eingliederungsprüfung.[49] Umstritten ist, ob sich die Prüfung auch auf den Eingliederungsbericht zu erstrecken hat. Mit Blick auf die Entlastungsfunktion der Prüfung ist dies zu bejahen, soweit der Bericht Ausführungen zur Rechtmäßigkeit der Eingliederung und zur Angemessenheit der Abfindung enthält.[50] Der Prüfungsbericht ist nach § 320 Abs. 4 S. 1 AktG den Aktionären beider Gesellschaften zugänglich zu machen.[51]

d) Eintragung

22 Anwendbar sind nach § 320 Abs. 1 S. 3 AktG ferner die Vorschriften des § 319 Abs. 5, 6 AktG über die Registersperre und das **Freigabeverfahren** (→ Rn. 13 ff.). Des Weiteren findet § 319 Abs. 7 AktG Anwendung, so dass auch die Mehrheitseingliederung erst mit Eintragung in das Handelsregister wirksam wird.[52] Auch für die Eingliederung nach § 320 AktG gilt, dass der Eingliederungsbeschluss nach § 241 Nr. 3 AktG nichtig ist, wenn die zukünftige Hauptgesellschaft nicht über die erforderliche Kapitalbeteiligung verfügt.[53] Die Grundsätze über die fehlerhafte Gesellschaft sind insoweit

---

[47] Vgl. Begr. RegE, BT-Drs. 12/6699, 178.

[48] → § 17 Rn. 20 ff.; näher Emmerich/Habersack Aktien-/GmbH-KonzernR/*Habersack* AktG § 320 Rn. 19 f.; Hüffer/Koch/*Koch* AktG § 320 Rn. 10 ff.

[49] Emmerich/Habersack Aktien-/GmbH-KonzernR/*Habersack* AktG § 320 Rn. 20; GroßkommAktG/*Schmolke* AktG § 320 Rn. 35; Hüffer/Koch/*Koch* AktG § 320 Rn. 12.

[50] Emmerich/Habersack Aktien-/GmbH-KonzernR/*Habersack* AktG § 320 Rn. 20; GroßkommAktG/*Schmolke* AktG § 320 Rn. 35; für die Verschmelzung *Hoffmann-Becking* FS Fleck, 1988, 105 (122); allg. für Prüfungspflicht LG Berlin AG 1996, 230 (232 f.); Hüffer/Koch/*Koch* AktG § 320 Rn. 12.

[51] Dazu *Groß* AG 1997, 97 (102 f.).

[52] → Rn. 13 ff.; zu den Rechtsfolgen von Beschlussmängeln → Rn. 23 ff.

[53] *Kort* Bestandsschutz S. 190 f.; *Noack* WuB II A. § 320 AktG 1.94; GroßkommAktG/*Schmolke* AktG § 320 Rn. 9; KölnKommAktG/*Koppensteiner* AktG § 320 Rn. 8; Spindler/Stilz/*Singhof* AktG § 320 Rn. 7; Emmerich/Habersack Aktien-/GmbH-KonzernR/*Habersack* AktG § 320 Rn. 10; für den Squeeze Out KG NZG 2005, 224 (226); aA OLG Hamm AG 1994, 376 (377 f.); 1980, 79 (81). – Für § 327a offengelassen von BGHZ 189, 32 Rn. 27; dazu → § 10a Rn. 20.

angesichts der Schwere des Mangels unanwendbar (→ Rn. 8). Anders als im Fall des § 319 AktG findet allerdings § 242 Abs. 2 AktG Anwendung.

2. Anfechtung

a) Zustimmungsbeschluss

Mängel des Zustimmungsbeschlusses der zukünftigen Hauptgesellschaft können nach **23** Maßgabe der §§ 241 ff. AktG geltend gemacht werden.[54] Sofern nicht einer der Nichtigkeitsgründe des § 241 Nr. 1–4, 6 AktG vorliegt, hat nach § 243 Abs. 1 AktG eine Verletzung des Gesetzes oder der Satzung grds. nur die Anfechtbarkeit des Beschlusses zur Folge. Davon betroffen sind insbes. die Verletzung von Informations-, Prüfungs- und Berichtspflichten sowie die Festlegung einer **unangemessenen Abfindung;** § 320b Abs. 2 S. 1–3 AktG (→ Rn. 25 f.) findet de lege lata nur auf den Eingliederungsbeschluss Anwendung.[55]

b) Eingliederungsbeschluss

Anfechtbarkeit und Nichtigkeit des Eingliederungsbeschlusses der einzugliedernden **24** Gesellschaft nach § 320 Abs. 1 AktG richten sich **grds.** nach den **allgemeinen Vorschriften.**[56] So ist der Eingliederungsbeschluss nichtig, wenn die Hauptgesellschaft nicht über die erforderliche Kapitalbeteiligung verfügt.[57] Ein Anfechtungsgrund liegt vor, wenn das Abfindungsgebot nicht den gesetzlichen Erfordernissen (§ 320b AktG) entspricht,[58] wenn der Eingliederungsbericht des Vorstandes oder der Prüfungsbericht der Eingliederungsprüfer Mängel aufweist,[59] ferner bei einer Verletzung des Auskunftsrechts der Aktionäre auf Grund der § 131 AktG und § 319 Abs. 3 S. 4 AktG.[60] Wie der Zustimmungsbeschluss (→ Rn. 12) bedarf allerdings auch der Eingliederungsbeschluss **keiner sachlichen Rechtfertigung.**[61]

Eine gewichtige Einschränkung der Anfechtungsbefugnis ist allerdings in § 320b **25** Abs. 2 S. 1 AktG vorgesehen. Danach kann im Fall der Mehrheitseingliederung die Anfechtung des Eingliederungsbeschlusses nicht auf § 243 Abs. 2 AktG oder darauf gestützt werden, dass die von der Hauptgesellschaft nach § 320 Abs. 2 Nr. 2 AktG angebotene **Abfindung unangemessen** ist. § 320b Abs. 2 S. 2 AktG verweist vielmehr die außenstehenden Aktionäre auf das **Spruchverfahren.**[62] Entsprechendes gilt nach

---

[54] Näher zum Folgenden Emmerich/Habersack Aktien-/GmbH-KonzernR/*Habersack* AktG § 320b Rn. 15 ff.
[55] LG Berlin AG 1996, 230 (232); Hüffer/Koch/*Koch* AktG § 320b Rn. 8; s. auch das obiter dictum in BGHZ 146, 179 (189); zur Diskussion de lege ferenda s. Handelsrechtsausschuss des DAV NZG 2000, 802 (803), aber auch *J. Vetter* ZHR 168 (2004), 8 (36 f.).
[56] *Prael* Eingliederung S. 110 ff.
[57] S. für die Eingliederung nach AktG § 319 → Rn. 6 ff.; für die Mehrheitseingliederung → Rn. 16 ff.
[58] BGHZ 69, 334 (335, 343 f.) – Veba/Gelsenberg; LG Berlin AG 1996, 230 (232) – Brau und Brunnen AG.
[59] LG Berlin AG 1996, 230 (232) – Brau und Brunnen AG.
[60] Emmerich/Habersack Aktien-/GmbH-KonzernR/*Habersack* AktG § 320b Rn. 20 f.; Hüffer/Koch/*Koch* AktG § 320b Rn. 8.
[61] OLG Karlsruhe Betr. 2001, 1483; KölnKommAktG/*Koppensteiner* AktG § 320b Rn. 23, MüKoAktG/*Grunewald* AktG § 320 Rn. 10; GroßkommAktG/*Schmolke* AktG § 320b Rn. 33; Grigoleit/*Grigoleit/Rachlitz* AktG § 319 Rn. 12; Hüffer/Koch/*Koch* AktG § 320 Rn. 8; *Krieger/Schneider* § 74 Rn. 32; Emmerich/Habersack Aktien-/GmbH-KonzernR/*Habersack* AktG § 320b Rn. 21; aA *Rodloff* Voraussetzungen S. 44 ff.
[62] OLG Hamm AG 1993, 93 – Siemens Nixdorf; wegen der Einzelheiten → § 22a.

§ 320b Abs. 2 S. 3 AktG, wenn die Hauptgesellschaft eine Abfindung nicht oder nicht ordnungsgemäß angeboten hat und eine hierauf gestützte Anfechtungsklage innerhalb der Anfechtungsfrist nicht erhoben oder zurückgenommen oder rechtskräftig abgewiesen worden ist. In diesen Fällen ist zwar die Beschlussanfechtung nicht ausgeschlossen; subsidiär greift aber immer noch das Spruchverfahren ein.[63]

26 Ein nicht ordnungsgemäßes Abfindungsangebot iSd § 320b Abs. 2 S. 3 AktG liegt auch bei **abfindungsbezogenen Informationsmängeln** vor, so dass auch in diesen Fällen grds. die Möglichkeit der Beschlussanfechtung besteht.[64] Eine **Ausnahme** gilt nach der durch das UMAG eingefügten Vorschrift des § 243 Abs. 4 S. 2 AktG allein für unrichtige, unvollständige oder unzureichende Informationen in der **Hauptversammlung** über die Ermittlung, Höhe oder Angemessenheit der Abfindung.[65] Für Berichtsmängel sowie für die Verweigerung jeglicher Information in der Hauptversammlung bewendet es dagegen auch dann bei der Möglichkeit zur Beschlussanfechtung nach § 320b Abs. 2 S. 3 AktG, wenn sie sich auf die Abfindung oder deren Höhe beziehen.[66]

3. Ausschluss der außenstehenden Aktionäre

27 Die Eingliederung durch Mehrheitsbeschluss wird mit Eintragung der Eingliederung in das Handelsregister der eingegliederten Gesellschaft wirksam (§ 319 Abs. 7 AktG, § 320 Abs. 1 S. 3 AktG). Hieran anknüpfend bestimmt § 320a AktG, dass mit Eintragung die Mitgliedschaftsrechte der außenstehenden Aktionäre auf die neue Hauptgesellschaft übergehen und etwaige Aktienurkunden bis zu ihrer Aushändigung an die Hauptgesellschaft nur noch den Anspruch auf die **Abfindung verbriefen**.[67] Mit Eintragung der wirksamen Eingliederung sind die ausgeschiedenen Aktionäre zur Aushändigung der Urkunden an die Hauptgesellschaft verpflichtet; sie können jedoch die Herausgabe nach Maßgabe der §§ 273, 274 BGB von der Leistung der Abfindung abhängig machen. Nach § 797 S. 2 BGB erwirbt die Hauptgesellschaft das Eigentum an

---

[63] Hüffer/Koch/*Koch* AktG § 320b Rn. 9; Emmerich/Habersack Aktien-/GmbH-KonzernR/*Habersack* AktG § 320b Rn. 19.

[64] Die zu §§ 210, 212 UmwG ergangene Rechtsprechung (BGHZ 146, 179; BGH NJW 2001, 1428) lässt sich zwar auf § 305 AktG (→ § 16 Rn. 33 ff.), nicht dagegen auf AktG § 320b AktG übertragen; so auch Emmerich/Habersack Aktien-/GmbH-KonzernR/*Habersack* AktG § 320b Rn. 20; GroßkommAktG/*Schmolke* AktG § 320b Rn. 32; KölnKommAktG/*Koppensteiner* AktG § 320b Rn. 23; Spindler/Stilz/*Singhof* AktG § 320b Rn. 12; *Kleindiek* NZG 2001, 552 (554); aA Hüffer/Koch/*Koch* AktG § 320b Rn. 8, § 327f Rn. 2; *Henze* ZIP 2002, 97 (107); *Mülbert* FS Ulmer, 2003, 433 (446ff.); *Wilsing/Kruse* Betr. 2002, 1539 (1540ff.); für § 327a auch BGHZ 180, 54 Rn. 36. Allg. zur Frage der Fortgeltung der BGH-Rechtsprechung neben § 246a AktG s. einerseits Emmerich/Habersack Aktien-/GmbH-KonzernR/*Emmerich* AktG § 293 Rn. 38g, andererseits *Noack/Zetzsche* ZHR 170 (2006), 218 (242).

[65] Hierzu Begr. RegE, BR-Drs. 3/05, 54f. = ZIP 2004, 2455, wo AktG § 320b AktG versehentlich nicht erwähnt wird; de lege ferenda für Erweiterung auf sämtliche abfindungsbezogenen Informationsmängel *Arbeitskreis Beschlussmängelrecht* AG 2008, 617 (619).

[66] So für § 327f AktG auch GroßkommAktG/*Fleischer* § 327f Rn. 18; Spindler/Stilz/*Singhof* § 327f Rn. 3; Bürgers/Körber/*Holzborn/Müller* AktG § 327f Rn. 2; im Grundsatz auch K. Schmidt/Lutter/*Schnorbus* § 327f Rn. 10; vgl. zur Totalverweigerung von Informationen Begr. RegE, BT-Drs. 15/5092, 26; Hüffer/Koch/*Koch* AktG § 243 Rn. 47c; *Veil* AG 2005, 567 (570); zum Fehlen des Prüfungsberichts sowie der davon zu unterscheidenden inhaltlichen Unrichtigkeit s. OLG Frankfurt a. M. AG 2010, 368 (371).

[67] Näher zu den durch AktG § 320a S. 2 AktG aufgeworfenen Fragen BGHZ 214, 1 Rn. 15ff.; Emmerich/Habersack Aktien-/GmbH-KonzernR/*Habersack* AktG § 320a Rn. 4ff.

den Aktienurkunden erst mit Leistung der Abfindung,[68] regelmäßig also zeitgleich mit Aushändigung[69] der Papiere durch die ausgeschiedenen Aktionäre.[70]

Zum Übergang der Mitgliedschaften kommt es grds. nur bei **Wirksamkeit der Ein-** 28 **gliederung.** Bei Nichtigkeit des Eingliederungs- oder Zustimmungsbeschlusses findet also ein Übergang der Aktien nur unter der Voraussetzung statt, dass Heilung nach § 242 Abs. 2 AktG eingetreten ist (→ Rn. 8, 22). Bei Anfechtbarkeit ist zu unterscheiden: Wird der Beschluss erfolgreich angefochten, nachdem das Freigabeverfahren durchlaufen und die Eingliederung eingetragen worden ist, ist dies für den Bestand der Eingliederung und ihrer Folgen irrelevant (→ Rn. 15). Kommt es hingegen nicht zur Eintragung (sei es, weil das Freigabeverfahren nicht in Gang gesetzt wird oder die Freigabe nicht erteilt wird), stellt sich die Frage eines Übergangs der Aktien nicht. Wird hingegen eingetragen, ohne dass ein Freigabeverfahren durchlaufen worden ist, und erweist sich die Anfechtungsklage als begründet, so ist eine Rückabwicklung der fehlerhaften Eingliederung ausgeschlossen.[71] Mit Eintragung gehen deshalb die Aktien auf die Hauptgesellschaft über; im Gegenzug kommt es zur Entstehung von Abfindungsansprüchen.[72] Entsprechend den Grundsätzen über den **fehlerhaften Ausschluss** eines Gesellschafters[73] haben die ausgeschiedenen Aktionäre allerdings Anspruch auf Wiedereinräumung ihrer Mitgliedschaft.[74] Wird schließlich nicht oder nicht rechtzeitig Anfechtungsklage erhoben, so erwächst der fehlerhafte Beschluss in Bestandskraft.

Der Sache nach läuft die Eingliederung durch Mehrheitsbeschluss nach dem Gesagten 29 auf einen – allerdings **mit Art. 14 GG vereinbaren** – Ausschluss der außenstehenden Aktionäre durch Mehrheitsbeschluss hinaus.[75] Offenbar ist sie gelegentlich auch gezielt zu dem Zweck eingesetzt worden, sich einer lästigen Minderheit zu entledigen.[76] Mit dem Inkrafttreten des Wertpapiererwerbs- und Übernahmegesetzes am 1. 1. 2002 hat sich dieser Umweg freilich erübrigt. Seitdem nämlich hat jeder Aktionär, der über 95 % der Anteile verfügt, das Recht, im Wege des **Squeeze Out** die Aktien der Minderheitsaktionäre gegen Gewährung einer Barabfindung zu übernehmen (→ § 10a Rn. 1 ff.); der in § 62 Abs. 5 UmwG geregelte verschmelzungsrechtliche Squeeze Out gestattet sogar den Ausschluss einer Restminderheit von 10 % (→ § 10a Rn. 4b).

---

[68] Näher MüKoBGB/*Habersack* BGB § 797 Rn. 5 ff.

[69] Nicht dagegen mit bloßer Vorlage der Urkunde zum Zweck des Erhalts einer Teilleistung und Anbringung eines Teilleistungsvermerks, s. BGHZ 214, 1 Rn. 22 ff.; näher Emmerich/Habersack Aktien-/GmbH-KonzernR/*Habersack* AktG § 320a Rn. 6 mwN; s. ferner *Timm/Schick* WM 1994, 185.

[70] Eine Kraftloserklärung nicht ausgehändigter Urkunden ist nicht ausgeschlossen, s. Emmerich/Habersack Aktien-/GmbH-KonzernR/*Habersack* AktG § 320a Rn. 6.

[71] Näher dazu Emmerich/Habersack Aktien-/GmbH-KonzernR/*Habersack* AktG § 319 Rn. 41; Emmerich/Habersack Aktien-/GmbH-KonzernR/*Habersack* AktG § 320b Rn. 22; *Krieger/Schneider* ZHR 158 (1994), 35 (44); *Schäfer* Fehlerhafter Verband S. 473 f.

[72] *Kort* Bestandsschutz S. 189 f.; *Schäfer* Fehlerhafter Verband S. 473; aA *Köhler* ZGR 1985, 307 (323). – Ein laufendes Spruchverfahren kann fortgeführt werden, s. LG Mannheim AG 2002, 104.

[73] Vgl. BGH NZG 2003, 276.

[74] LG Mannheim AG 2002, 104; *Krieger/Schneider* ZHR 158 (1994), 35 (44); *Kort* Bestandsschutz, 190; *Schäfer* Fehlerhafter Verband S. 473; gegen eine entsprechende verfassungsrechtliche Vorgabe allerdings BVerfG BB 2007, 1515 (1517).

[75] OLG Hamm AG 1980, 79; zur Verfassungsmäßigkeit der § 320 ff. AktG s. BVerfGE 14, 263 (273 ff.); 100, 289 (302 ff.); BVerfG ZIP 2000, 1670 (1671 f.); BB 2007, 1515; AG 2011, 128; ZIP 2011, 1051 (1053); s. ferner BGH WM 1974, 713 (716).

[76] *Kühn* BB 1992, 192; *Martens* AG 1992, 209.

4. Abfindung

a) Entstehung; Gläubiger und Schuldner

30   Als Entschädigung für ihren Ausschluss aus der Gesellschaft erwerben die Minderheitsaktionäre nach § 320b Abs. 1 S. 1 AktG einen Anspruch auf angemessene Abfindung; dessen Geltendmachung erfolgt im Spruchverfahren (→ Rn. 25 ff.). Die gesetzliche Regelung dieses Anspruchs stimmt im Wesentlichen mit derjenigen in § 305 AktG betreffend die Abfindung bei Abschluss eines Unternehmensvertrags überein, so dass wegen sämtlicher Einzelheiten auf die Ausführungen in § 22 verwiesen werden kann. Anders als der in § 305 AktG geregelte Anspruch entsteht der Anspruch aus § 320b Abs. 1 S. 1 AktG allerdings **mit Eintragung** der wirksamen Eingliederung, ohne dass es des Abschlusses eines Vertrages bedarf.[77] **Schuldner** des Abfindungsanspruchs ist stets (also auch bei mehrstufiger Eingliederung, → Rn. 36 ff.) die Hauptgesellschaft.[78] **Gläubiger** sind die ausgeschiedenen Aktionäre; hat die eingegliederte Gesellschaft eigene Aktien gehalten, so steht also auch ihr ein Anspruch auf Abfindung zu.[79]

b) Inhalt

31   Damit den ausscheidenden Aktionären ihre Stellung als Aktionär und über die Hauptgesellschaft zumindest mittelbar die Beteiligung an ihrer bisherigen Gesellschaft erhalten bleibt, sind als Abfindung **grds. Aktien der Hauptgesellschaft** zu gewähren.[80] Vorbehaltlich des § 320b Abs. 1 S. 3 AktG (→ Rn. 35) sollen die ausgeschiedenen Aktionäre somit keinen Anspruch auf Barabfindung haben.[81] Im Hinblick auf die Rechtslage beim regulären Delisting (→ § 9 Rn. 18) und in analoger Anwendung des § 29 Abs. 1 S. 1 UmwG hat freilich anderes zu gelten, wenn eine **börsennotierte Gesellschaft in** eine **nicht börsennotierte Gesellschaft eingegliedert** wird. Denn aus Sicht der betroffenen Minderheitsaktionäre macht es keinen Unterschied, ob ihnen der Markt für Aktien ihrer Gesellschaft durch ein reguläres Delisting oder durch Umstrukturierung der Gesellschaft genommen wird. Die abfindungsberechtigten Aktionäre können dann entsprechend § 29 Abs. 1 S. 1 UmwG, § 320b Abs. 1 S. 3 AktG zwischen der Abfindung in Aktien und der Barabfindung wählen, wobei letztere entsprechend § 39 Abs. 3 S. 2 BörsG am durchschnittlichen Börsenkurs während der letzten sechs Monate vor Bekanntwerden der Eingliederungsabsicht ausgerichtet sein sollte.[82]

---

[77]   KölnKommAktG/*Koppensteiner* AktG § 320b Rn. 3.

[78]   Emmerich/Habersack Aktien-/GmbH-KonzernR/*Habersack* AktG § 320b Rn. 4, 10.

[79]   Emmerich/Habersack Aktien-/GmbH-KonzernR/*Habersack* AktG § 320b Rn. 5a.

[80]   Zur Angemessenheit der Abfindung s. § 320b Abs. 1 S. 5 AktG und dazu → § 22 Rn. 23 ff.; zur Ausnahmevorschrift des § 320b Abs. 1 S. 3 AktG → Rn. 35.

[81]   Wohl einhM, s. etwa OLG Düsseldorf AG 2005, 538 (540); OLG Hamm AG 1993, 93 (94); Bürgers/Körber/*Fett* AktG § 320b Rn. 3; zur Bindung an die Wahl einer durch Stückelung der Aktien erschlichenen Barabfindung s. BGH ZIP 2010, 2289; näher dazu *Merkner/Schmidt-Bendun* NZG 2011, 10.

[82]   *Habersack* in Habersack/Mülbert/Schlitt, Unternehmensfinanzierung am Kapitalmarkt, 4. Aufl. 2019, § 40 Rn. 41; GroßkommAktG/*Schmolke* AktG § 320b Rn. 9; Spindler/Stilz/*Singhof* AktG § 320b Rn. 7; Grigoleit/*Grigoleit/Zellner* AktG § 320b Rn. 3; für die Aufspaltung OLG Düsseldorf ZIP 2005, 300; LG Köln ZIP 2004, 220; allg. *Grunewald* ZIP 2004, 542 (543f.); *Kruse* WM 2003, 1843; aA Bürgers/Körber/*Fett* AktG § 320b Rn. 3; *Krieger/Schneider* § 74 Rn. 36.

Die zur Erfüllung der Abfindungsverpflichtungen **erforderlichen eigenen Aktien** 32
kann die Hauptgesellschaft nach § 71 Abs. 1 S. 1 Nr. 3, 8 AktG erwerben. In Betracht
kommen auch eine bedingte Kapitalerhöhung und die Ausnutzung eines genehmigten
Kapitals;[83] die Hauptgesellschaft muss jedoch, was die Stückelung der jungen Aktien
angeht, Rücksicht auf die Interessen der ausgeschiedenen Aktionäre der eingegliederten Gesellschaft nehmen.[84]

Noch offen ist, welcher Art die den ausgeschiedenen Aktionären zu gewährenden Aktien sein müssen; insbes. fragt sich, ob die angebotenen Aktien der gleichen **Gattung** 33
wie die auf die Hauptgesellschaft übergegangenen Aktien angehören müssen. Auszugehen ist davon, dass die ausgeschiedenen Aktionäre eine Beeinträchtigung ihrer
Vermögens- und Teilhaberechte nicht hinzunehmen brauchen; umgekehrt dürfen sie
durch die Abfindung keinen Vorteil erlangen, zumal sich dieser zwangsläufig zum
Nachteil der Altaktionäre der Hauptgesellschaft auswirken würde.[85] Bei Bemessung
des Umtauschverhältnisses ist deshalb dafür Sorge zu tragen, dass es nicht zu einer Verschiebung der Stimmrechtsverhältnisse kommt. Hat etwa die Hauptgesellschaft sowohl Stamm- als auch Vorzugsaktien ausgegeben, die eingegliederte Gesellschaft dagegen ausschließlich Stammaktien, so würde eine Abfindung ausschließlich in
Stammaktien den ausgeschiedenen Aktionären einen Gewinn an Stimmrechtsmacht
bescheren. Es ist deshalb gerechtfertigt und zur Wahrung der Interessen der Altaktionäre der Hauptgesellschaft sogar geboten, anteilig in Vorzugsaktien abzufinden.[86]

c) Optionen, Genussrechte

Von der eingegliederten Gesellschaft begebene und im Zeitpunkt der Eingliederung 34
noch nicht ausgeübte oder zwar ausgeübte, aber noch nicht bediente Optionen auf
Aktien sind analog §§ 320a, 320b AktG, §§ 23, 36 Abs. 1 UmwG durch **entsprechende Rechte gegen die Hauptgesellschaft** zu ersetzen.[87] Mit Blick auf die andernfalls mit Ausübung der Option drohende Beendigung der Eingliederung (§ 327 Abs. 1
Nr. 3 AktG) genießen sie also keinen höheren Bestandsschutz als von der eingegliederten Gesellschaft ausgegebene Aktien.[88] Von der eingegliederten Gesellschaft ausgegebene Genussrechte dagegen können nicht zu Aktien erstarken; sie sind und bleiben
Gläubigerrecht. Gleichwohl sind die Genussrechtsinhaber gegen die **Gefahr einer
Verwässerung** ihrer gewinnabhängigen Rechte zu schützen; auch insoweit bietet sich
die analoge Anwendung des § 23 UmwG an.[89]

---

[83] Zum genehmigten Kapital s. *Kowalski* AG 2000, 555.

[84] LG Berlin AG 1996, 230 (232); s. ferner BGH ZIP 1999, 1444 – Hilgers, aber auch BGHZ 138, 71
(77 ff.) – Sachsenmilch.

[85] Zutr. *Lutter* FS Mestmäcker, 1996, 943 (948 ff.); s. ferner *Timm/Schöne* FS Kropff, 1997, 315 (319 ff.);
Krieger/Schneider FS Lutter, 2000, 497 (508 ff.).

[86] *Lutter* FS Mestmäcker, 1996, 943 (950 f.); Emmerich/Habersack Aktien-/GmbH-KonzernR/*Habersack*
AktG § 320b Rn. 7; GroßkommAktG/*Schmolke* AktG § 320b Rn. 13; aA *Timm/Schöne* FS Kropff, 1997,
315 (322 ff.); MüKoAktG/*Grunewald* AktG § 320b Rn. 5; Spindler/Stilz/*Singhof* AktG § 320b Rn. 5.

[87] BGH NJW 1998, 2146 – Siemens/Nixdorf; OLG München ZIP 1993, 1001 (1004); K. Schmidt/Lutter/*Ziemons* AktG § 320b Rn. 7; *Henze* Rn. 477 ff.; *Martens* AG 1992, 209 (211 ff.); aA OLG Hamm
AG 1994, 376 (378): Rechte richten sich weiterhin gegen die eingegliederte Gesellschaft; K. Schmidt/
Lutter/*Ziemons* AktG § 320b Rn. 7 mit Schmidt/Lutter/*Ziemons* AktG § 320a Rn. 6 f.; *Ziemons* FS
K. Schmidt, 2009, 1777 ff.

[88] Näher Emmerich/Habersack Aktien-/GmbH-KonzernR/*Habersack* AktG § 320b Rn. 8.

[89] MüKoAktG/*Habersack* AktG § 221 Rn. 317; näher *Schürnbrand* ZHR 173 (2009), 689 (705 ff.); aA –
für analoge Anwendung des § 320b AktG – Hüffer/Koch/*Koch* AktG § 221 Rn. 68a.

d) Abhängigkeit der Hauptgesellschaft

35 Ist die Hauptgesellschaft ihrerseits eine abhängige Gesellschaft, so ist den ausgeschiedenen Aktionären nach § 320b Abs. 1 S. 3 AktG entweder eine Abfindung in Aktien der Hauptgesellschaft oder eine Barabfindung zu gewähren. Damit stellt das Gesetz sicher, dass die ausgeschiedenen Aktionäre nicht gezwungen sind, erneut Mitglieder einer abhängigen Gesellschaft zu werden. Entsprechend diesem Normzweck gelangt § 320b Abs. 1 S. 3 AktG auch bei Abhängigkeit von einer Gebietskörperschaft zur Anwendung.[90] Anders als im Fall des § 305 Abs. 2 Nr. 2 AktG haben die ausgeschiedenen Aktionäre hinsichtlich der Art der Abfindung ein Wahlrecht; das Abfindungsangebot der Hauptgesellschaft muss also beide Formen der Abfindung enthalten und die Wahl den ausgeschiedenen Aktionären überlassen. Aber auch in sonstiger Hinsicht weicht § 320b Abs. 1 S. 3 AktG von § 305 Abs. 2 Nr. 2 AktG ab. So haben die ausgeschiedenen Aktionäre nach § 320b Abs. 1 S. 3 AktG kein Wahlrecht, wenn die Hauptgesellschaft zwar in Mehrheitsbesitz steht, aber nicht abhängig ist. Vor allem aber sieht § 320b Abs. 1 S. 3 AktG keine Abfindung in Aktien der die Hauptgesellschaft beherrschenden Gesellschaft vor. Obschon Sachgründe für diese Abweichungen nicht ersichtlich sind,[91] hat es de lege lata bei dem eindeutigen Wortlaut des § 320b Abs. 1 S. 3 AktG zu bewenden.[92] Eine Ausnahme ist allein für die mehrstufige Eingliederung anzuerkennen (→ Rn. 39).

5. Mehrstufige Konzerne

a) Überblick

36 In mehrstufigen Konzernen kann es im Laufe der Zeit zu einer Abfolge mehrerer Eingliederungsvorgänge kommen. Ein Beispiel bildet der frühere VEBA-Konzern, in dem (vor der Verschmelzung der VIAG AG auf die VEBA AG) der Reihe nach die Stinnes AG, die Rhenus AG und schließlich die Bayerische Lloyd AG in die jeweilige Obergesellschaft eingegliedert worden sind. Dadurch werden **Fragen** aufgeworfen, für die bisher noch keine rundum befriedigenden Lösungen gefunden worden sind. So fragt sich zunächst, ob bei der Eingliederung einer Enkelgesellschaft in eine Tochtergesellschaft zusätzlich ein Zustimmungsbeschluss der Muttergesellschaft erforderlich ist. Weiter stellt sich die Frage, ob in diesem Fall als Abfindung nach § 320 Abs. 1 S. 1 AktG auch Aktien der Muttergesellschaft angeboten werden ·können. Schließlich ist zu fragen, welchen Einfluss die nachträgliche Eingliederung der Tochtergesellschaft in die Muttergesellschaft auf ein nach der vorausgegangenen Eingliederung der Enkelgesellschaft in die Tochtergesellschaft eingeleitetes Spruchstellenverfahren nach den §§ 320b, 306 AktG hat.

37 Üblicherweise wird zwischen einer Eingliederung „von unten nach oben" und einer solchen „von oben nach unten" unterschieden. Eine Eingliederung **„von unten nach oben"** liegt vor, wenn zunächst die Enkel- in die Tochtergesellschaft und dann erst

---

[90] BGHZ 69, 334 (335, 343 f.) – Veba/Gelsenberg; s. dazu *Emmerich* AG 1976, 225 (226); *Kamprad/Römer* AG 1990, 486 (488 ff.).

[91] Vgl. *Bernhardt* BB 1966, 257 (259 f.); *Kamprad/Römer* AG 1990, 486 (487 ff.); KölnKommAktG/*Koppensteiner* AktG § 320b Rn. 5.

[92] So auch MüKoAktG/*Grunewald* AktG § 320b Rn. 6; Hüffer/Koch/*Koch* AktG § 320b Rn. 6; Hölters/*Leuering/Goertz* AktG § 320b Rn. 7; Emmerich/Habersack Aktien-/GmbH-KonzernR/*Habersack* AktG § 320b Rn. 9; aA *Kamprad/Römer* AG 1990, 486 (487 f.); Spindler/Stilz/*Singhof* AktG § 320b Rn. 8.

diese in die Muttergesellschaft eingegliedert werden. Dieser Fall gilt allgemein als weniger problematisch als der umgekehrte Fall der Eingliederung **„von oben nach unten"**, in dem die Eingliederung der Tochter- in die Muttergesellschaft der der Enkel- in die Tochtergesellschaft zeitlich vorangeht.

b) Zustimmungsbeschluss

Bei einer Eingliederung „von unten nach oben" ergeben sich hinsichtlich des Zustimmungsbeschlusses keine Besonderheiten. Der vorangehenden Eingliederung der Enkel- in die Tochtergesellschaft muss nach § 319 Abs. 2 AktG allein deren Hauptversammlung zustimmen.[93] Schwierigkeiten ergeben sich hingegen in dem umgekehrten Fall: Ist die Tochter-AG bereits in die Mutter-AG eingegliedert, so belastet die nachfolgende Eingliederung der Enkel-AG in die Tochter-AG die Mutter-AG mittelbar mit den Verbindlichkeiten und **Verlusten auch der Enkel-AG.** Denn diese begründen dann entsprechende Verbindlichkeiten und Verluste der Tochter-AG, für die die Mutter-AG nach §§ 322, 324 Abs. 3 AktG einzustehen hat. Vor diesem Hintergrund wird im Schrifttum vertreten, dass der Mutter-Vorstand vor der Beschlussfassung in der Tochter-AG eine entsprechende Zustimmung durch die Hauptversammlung der Mutter-AG einzuholen hat.[94] Ein solches Mitwirkungserfordernis lässt sich allerdings allenfalls aus den „Holzmüller"-und „Gelatine"-Grundsätzen herleiten und ist dann davon abhängig, dass die Maßnahme für die Mutter-AG von **wesentlicher Bedeutung** ist.[95]

c) Abfindung

Im Falle der Eingliederung einer Enkelgesellschaft **in eine bereits eingegliederte Tochtergesellschaft** (also bei Eingliederung „von oben nach unten") kommt eine Abfindung in Aktien der Tochter-AG nicht in Betracht: Nach § 327 Abs. 1 Nr. 3 AktG fände nämlich die Eingliederung der Tochter-AG in die Mutter-AG ihr Ende, sollte auch nur ein aus der Enkel-AG ausgeschiedener Aktionär anstelle der Barabfindung die Abfindung in Aktien der Tochter-AG wählen. Mit der heute ganz überwiegenden Meinung[96] ist deshalb davon auszugehen, dass für diese Form der Eingliederung im mehrstufigen Konzern eine Abfindung in Aktien der Mutter-AG zulässig ist; die Tochter-AG ist in diesem Fall also ausnahmsweise berechtigt,[97] den ausgeschiedenen Aktionären nach deren Wahl Aktien der Mutter-AG oder eine Barabfindung zu gewähren.

38

39

---

[93] Emmerich/Habersack Aktien-/GmbH-KonzernR/*Habersack* AktG § 319 Rn. 16; *Krieger/Schneider* § 74 Rn. 15.

[94] So auch KölnKommAktG/*Koppensteiner* AktG § 319 Rn. 7; Spindler/Stilz/*Singhof* AktG § 319 Rn. 10; Bürgers/Körber/*Fett* AktG § 319 Rn. 8; *Rehbinder* ZGR 1977, 581 (617 f.); weitergehend – für Wirksamkeitserfordernis – *Sonnenschein* BB 1975, 1088 (1091 f.); aA – gegen Notwendigkeit einer Mitwirkung – *Krieger/Schneider* § 74 Rn. 15; MüKoAktG/*Grunewald* AktG § 319 Rn. 22; K. Schmidt/Lutter/ *Ziemons* AktG § 319 Rn. 28; Hüffer/Koch/*Koch* AktG § 319 Rn. 7.

[95] So auch Spindler/Stilz/*Singhof* AktG § 319 Rn. 10; näher zu „Holzmüller" und „Gelatine" → § 7 Rn. 3 f., → § 9 Rn. 12 ff.

[96] BGHZ 138, 224 (225 ff.) – Veba/Stinnes/Rhenus/Bayer. Lloyd; OLG Nürnberg AG 1996, 229 (230); 1997, 136; LG Dortmund AG 1995, 518 (519); 1996, 426 (427); MüKoAktG/*Grunewald* AktG § 320b Rn. 7; KölnKommAktG/*Koppensteiner* AktG § 320b Rn. 7; GroßkommAktG/*Schmolke* AktG § 320b Rn. 17; Hüffer/Koch/*Koch* AktG § 320b Rn. 6; Spindler/Stilz/*Singhof* AktG § 320b Rn. 8; Bürgers/Körber/*Fett* AktG § 320b Rn. 8; *Kamprad/Römer* AG 1990, 486 (489); *Krieger/Schneider* § 74 Rn. 37; *Rehbinder* ZGR 1977, 581 (614 f.).

[97] Nicht dagegen ist sie verpflichtet, s. Emmerich/Habersack Aktien-/GmbH-KonzernR/*Habersack* AktG § 320b Rn. 10; MüKoAktG/*Grunewald* AktG § 320b Rn. 7; aA K. Schmidt/Lutter/*Ziemons* AktG § 320b Rn. 11; wohl auch Hölters/*Leuering/Goertz* AktG § 320b Rn. 6.

d) Spruchverfahren

40 Verwickelte verfahrensrechtliche Probleme tauchen auf, wenn im Falle einer Eingliederung „von unten nach oben" die Eingliederung der Tochter- in die Muttergesellschaft erfolgt, während noch ein Spruchverfahren hinsichtlich der Abfindung der zuvor schon ausgeschiedenen Aktionäre der Enkelgesellschaft nach deren Eingliederung in die Tochtergesellschaft anhängig ist. Mit Blick auf die schutzwürdigen Belange der außenstehenden Aktionäre verbietet sich jedenfalls die Annahme, dass das anhängige Verfahren durch die nachfolgende Eingliederung der Tochtergesellschaft in die Muttergesellschaft beendet werde.[98] Da allerdings eine Abfindung in Aktien der mittlerweile eingegliederten Tochtergesellschaft fortan nicht mehr möglich ist (→ Rn. 39), obliegt es der Tochter-AG, das **Abfindungsangebot anzupassen,** dh Aktien der Mutter-AG anzubieten.[99]

IV. Gläubigerschutz

41 Die Eingliederung ermöglicht die **nahezu totale Herrschaft** der Hauptgesellschaft über die eingegliederte Gesellschaft. Solche Herrschaft konnte der Gesetzgeber nur zulassen, wenn zugleich für den Schutz der Gläubiger der eingegliederten Gesellschaft Sorge getragen wird. Diesem Zweck dienen §§ 321, 322 AktG, die den Altgläubigern einen Anspruch auf Sicherheitsleistung zusprechen und zudem die Haftung der Hauptgesellschaft für die Verbindlichkeiten der eingegliederten Gesellschaft vorsehen. Gleichfalls gläubigerschützende Funktion hat die in § 324 Abs. 3 AktG angeordnete Verpflichtung der Hauptgesellschaft zum Ausgleich der Tochterverluste (→ Rn. 55 f.).

1. Sicherheitsleistung

42 Nach § 321 Abs. 1 S. 1 AktG ist den Gläubigern der eingegliederten Gesellschaft, deren **Forderungen begründet** worden sind,[100] bevor die Eintragung der Eingliederung in das Handelsregister bekannt gemacht worden ist, Sicherheit zu leisten. Anderes gilt nach § 321 Abs. 2 AktG für diejenigen Gläubiger, die, wie etwa Pfandbriefgläubiger der Hypothekenbanken (§§ 1, 30 PfandBG) oder Versicherungsnehmer gegenüber ihren Versicherungsgesellschaften (§§ 125, 128, 315 VAG), im Fall der Insolvenz ein Recht auf vorzugsweise Befriedigung aus einer zu ihrem Schutz errichteten und staatlich überwachten Deckungsmasse haben, ferner für Gläubiger, die Befriedigung verlangen können (§ 321 Abs. 1 S. 1 AktG) und es deshalb in der Hand haben, ihre Forderung gegen die eingegliederte Gesellschaft oder – nach § 322 AktG – gegen die Hauptgesellschaft durchzusetzen.

43 **Schuldner** des Anspruchs auf Sicherheitsleistung ist der Schuldner des zu sichernden Anspruchs, dh die eingegliederte Gesellschaft.[101] Die Haftung der Hauptgesellschaft

---

[98] → Rn. 60; vgl. aber für vergleichbare Fallgestaltungen auch OLG Zweibrücken AG 1994, 563 – Pegulan; OLG Karlsruhe WM 1994, 2023 – SEN/KHS.

[99] Vgl. in diesem Zusammenhang auch OLG Hamm WM 1994, 383 (387); *W. Meilicke* AG 1995, 181 (186 ff.); ferner Spindler/Stilz/*Singhof* AktG § 320 b Rn. 8.

[100] Maßgebend ist, dass der Rechtsgrund der Forderung gelegt worden ist; s. im Zusammenhang mit der Haftung des ausgeschiedenen OHG-Gesellschafters Habersack/Schäfer/*Habersack* § 128 Rn. 62 ff.; näher zum Kreis der nach §§ 303, 321 AktG geschützten Gläubiger, insbes. zur Frage der Einbeziehung dinglicher Ansprüche in den Schutzbereich der Vorschrift, *Habersack* FS Koppensteiner, 2001, 31 (33 ff.); s. ferner OLG Köln BB 2008, 1141.

[101] Näher dazu *Singhof* FS Hadding, 2004, 655 (659).

nach § 322 AktG erstreckt sich allerdings auch auf die Verpflichtung aus § 321 AktG. Der **Inhalt** des Anspruchs bestimmt sich grds. nach §§ 232 ff. BGB. Soweit nach § 232 Abs. 2 BGB, § 239 BGB Sicherheit auch mittels selbstschuldnerischer Bürgschaft geleistet werden kann, kommt freilich die Hauptgesellschaft als Bürge nicht in Betracht; denn sie haftet den Altgläubigern bereits aus § 322 AktG. Die **Höhe** der Sicherheitsleistung bemisst sich nach dem konkreten Sicherungsinteresse des Gläubigers.[102]

2. Mithaftung

a) Schutzzweck

Für den Schutz der Gläubiger fälliger Forderungen sorgt vor allem die Vorschrift des 44 § 322 AktG, die die „gesamtschuldnerische" Haftung der Hauptgesellschaft für sämtliche Verbindlichkeiten der eingegliederten Gesellschaft vorsieht und damit den Grundsatz des § 1 Abs. 1 S. 2 AktG außer Kraft setzt. Erst diese Mithaftung hat es dem Gesetzgeber ermöglicht, in §§ 323, 324 AktG das Vermögen der eingegliederten Gesellschaft weitgehend zur Disposition der Hauptgesellschaft zu stellen und zudem wesentliche Vorschriften über die **Kapitalaufbringung und -erhaltung** zu **suspendieren.**[103]

b) Akzessorischer Charakter

§ 322 AktG hat die Haftung der Hauptgesellschaft bewusst in enger Anlehnung an die 45 „gesetzliche Regelung vergleichbarer Gesamtschuldverhältnisse, namentlich an die §§ 128, 129 HGB" ausgestaltet.[104] Dies ist zu dem Zweck geschehen, Rechtsprechung und Lehre zur **Haftung des OHG-Gesellschafters** heranziehen zu können.[105] Vor diesem Hintergrund bietet es sich an, die Auslegung des § 322 AktG an dem heutigen Verständnis von der in §§ 128, 129 HGB geregelten Haftung des OHG-Gesellschafters auszurichten, was wiederum bedeutet, dass die Haftung der Hauptgesellschaft, ebenso wie die Haftung der OHG-Gesellschafter,[106] **akzessorischen Charakter** hat.[107] Dafür spricht insbes., dass Abs. 2 und 3 des § 322 AktG unzweifelhaft Grundsätze akzessorischer Haftung enthalten und es deshalb, wollte man es iÜ bei dem miss-

---

[102] Näher Emmerich/Habersack Aktien-/GmbH-KonzernR/*Habersack* AktG § 321 Rn. 9; *Singhof* FS Hadding, 2004, 655 (660); krit. KölnKommAktG/*Koppensteiner* AktG § 321 Rn. 5.

[103] Begr. RegE, in: *Kropff* S. 426.

[104] Begr. RegE, in: *Kropff* S. 426; s. dazu auch *Geßler* ZGR 1978, 251 (252, 255 f.).

[105] So ausdrücklich *Godin/Wilhelmi*, AktG, 4. Aufl. 1971, § 322 Anm. 2 (*Wilhelmi* war Berichterstatter des BT-Rechtsausschusses).

[106] BGHZ 47, 376 (378 ff.); 104, 76 (78); Habersack/Schäfer/*Habersack* HGB § 128 Rn. 20 ff.; MüKoHGB/*K. Schmidt* HGB § 128 Rn. 16 ff.; *Heymann/Emmerich* HGB § 128 Rn. 5.

[107] Näher Emmerich/Habersack Aktien-/GmbH-KonzernR/*Habersack* AktG § 322 Rn. 3 f.; zust. *Schürnbrand*, Der Schuldbeitritt zwischen Gesamtschuld und Akzessorietät, 2003, 124 f.; Spindler/Stilz/*Singhof* AktG § 322 Rn. 3; *Singhof* FS Hadding, 2004, 655 (661 ff.); Grigoleit/*Grigoleit/Rachlitz* AktG § 322 Rn. 2; für § 133 UmwG *Habersack* FS Bezzenberger, 2000, 93 ff.; *K. Schmidt* § 13 IV 5 a; *Petersen*, Der Gläubigerschutz im Umwandlungsrecht, 2001, 259 f.; *Mickel*, Die Rechtsnatur der Haftung gespaltener Rechtsträger nach § 133 Abs. 1 und 2 UmwG, 2004, passim; Lutter/*Schwab* UmwG § 133 Rn. 21 ff.; wohl auch Bürgers/Körber/*Fett* AktG § 322 Rn. 1; ablehnend aber die wohl herrschende Lehre, s. Hüffer/Koch/*Koch* AktG § 322 Rn. 2 ff.; MüKoAktG/*Grunewald* AktG § 322 Rn. 5 („nicht sehr hilfreich"); KölnKommAktG/*Koppensteiner* AktG § 322 Rn. 3 ff.; Heidel/*Jaursch* AktG § 322 Rn. 2, 5; *Maier-Reimer/Gesell* FS Horn, 2004, 454 ff.; skeptisch auch K. Schmidt/Lutter/*Ziemons* AktG § 322 Rn. 3 ff.

glückten Wortlaut des § 322 Abs. 1 AktG bewenden lassen, zu einer wenig glücklichen Vermengung von Gesamtschuld- und Akzessorietätsdogmen käme.

c) Erfasste Verbindlichkeiten

46 c) Die Hauptgesellschaft haftet nach § 322 Abs. 1 S. 1, 2 AktG für **Alt- und Neuverbindlichkeiten** der eingegliederten Gesellschaft. Von der Haftung ausgenommen sind allein diejenigen Verbindlichkeiten, die begründet werden, nachdem die Beendigung der Eingliederung eingetragen und die Schonfrist des § 15 Abs. 2 S. 2 HGB abgelaufen ist. Auf den **Rechtsgrund** der Verbindlichkeit kommt es nicht an. Insbes. haftet die Hauptgesellschaft auch für etwaige konzernrechtliche Verbindlichkeiten der eingegliederten Gesellschaft; von Bedeutung ist dies vor allem in mehrstufigen Eingliederungsverhältnissen. Für die Haftung der Hauptgesellschaft ist iÜ der jeweilige Bestand der Verbindlichkeit der eingegliederten Gesellschaft maßgebend; abweichend von § 767 Abs. 1 S. 3 BGB gehen also auch haftungserweiternde Abreden zwischen dem Gläubiger und der eingegliederten Gesellschaft zu Lasten der Hauptgesellschaft.

d) Inhalt der Haftung

47 Der Inhalt der Haftung der Hauptgesellschaft entspricht grds. demjenigen der Verbindlichkeit der eingegliederten Gesellschaft. Dies folgt schon aus der hier befürworteten Maßgeblichkeit der zu § 128 S. 1 HGB geltenden Grundsätze,[108] aber auch aus dem Schutzzweck des § 322 AktG.[109] Die Hauptgesellschaft kann somit **grds.** auf **Erfüllung** in Anspruch genommen werden. Ein etwaiges Unvermögen der Hauptgesellschaft ist allein nach Maßgabe des § 275 BGB zu berücksichtigen. Anderes gilt allerdings für den Fall, dass die eingegliederte Gesellschaft eine unvertretbare Handlung, speziell die Abgabe einer Willenserklärung, oder ein Unterlassen schuldet; da eine solche Leistung nicht durch einen anderen erbracht werden kann, haftet die Hauptgesellschaft insoweit nur auf das Interesse.[110] Gleichfalls abweichend von allgemeinen Grundsätzen zu beurteilen ist der Fall, dass zwar der eingegliederten Gesellschaft die Erbringung der von ihr geschuldeten Leistung unmöglich ist, die Hauptgesellschaft zur Leistung aber imstande ist; beruht das Unvermögen der eingegliederten Gesellschaft auf der Einflussnahme durch die Hauptgesellschaft, haftet diese auf Erfüllung.[111]

e) Einwendungen

48 e) Es versteht sich, dass die Hauptgesellschaft sämtliche persönlichen, also auf ihrem Rechtsverhältnis zum Gläubiger beruhenden Einwendungen und Einreden geltend machen kann. Darüber hinaus ist es ihr nach § 322 Abs. 2 AktG (und in Abweichung von dem für Gesamtschuldverhältnisse geltenden § 425 Abs. 1 BGB) gestattet, auch die Einwendungen und Einreden der eingegliederten Gesellschaft geltend zu machen.

---

[108] Vgl. Habersack/Schäfer/*Habersack* HGB § 128 Rn. 27 ff. mwN.

[109] Für Erfüllungshaftung auch *Geßler* ZGR 1978, 251 (260 ff.); MüKoAktG/*Grunewald* AktG § 322 Rn. 5 ff.; Hüffer/Koch/*Koch* AktG § 322 Rn. 4; *Krieger/Schneider* § 74 Rn. 46; *Singhof* FS Hadding, 2004, 655 (665); Spindler/Stilz/*Singhof* AktG § 322 Rn. 7; aA – für Haftung auf das Interesse – KölnKommAktG/*Koppensteiner* Rn. 7 ff.; *Kley/Lehmann* Betr. 1972, 1421 (1422).

[110] Näher Habersack/Schäfer/*Habersack* HGB § 128 Rn. 36 ff.; MüKoHGB/*K. Schmidt* HGB § 128 Rn. 28 ff.; für die Eingliederungshaftung auch Spindler/Stilz/*Singhof* AktG § 322 Rn. 8.

[111] S. für die Spaltungshaftung nach § 133 Abs. 1 S. 1 UmwG *Habersack* FS Bezzenberger, 2000, 93 (108); für § 322 AktG zust. Spindler/Stilz/*Singhof* AktG § 322 Rn. 8.

Von Bedeutung ist dies insbes. für die Einrede der Verjährung.[112] In Übereinstimmung mit der Rechtslage nach § 129 Abs. 1 HGB besteht allerdings die Befugnis zur Geltendmachung der abgeleiteten Einwendungen und Einreden nur, solange das Gegenrecht noch von der eingegliederten Gesellschaft erhoben werden kann. Erlischt also die Einrede oder Einwendung der eingegliederten Gesellschaft – etwa infolge des Ablaufs von Verjährungs- oder Rügefristen –, so geht dies auch zu Lasten der Hauptgesellschaft. § 322 Abs. 3 AktG schließlich ist § 129 Abs. 2 und 3 HGB nachgebildet und erlaubt es der Hauptgesellschaft, sich auf ein **Anfechtungsrecht** oder eine **Aufrechnungsbefugnis** der eingegliederten Gesellschaft einredeweise zu berufen.[113]

f) Regress

Wird die Hauptgesellschaft aus § 322 Abs. 1 AktG in Anspruch genommen, so kann sie   49
bei der eingegliederten Gesellschaft grds. in voller Höhe **Regress** nehmen. Im Ergebnis ist dies weithin anerkannt. Während allerdings die herrschende Meinung § 426 BGB heranzieht und davon ausgeht, dass in § 322 AktG „etwas anderes bestimmt" sei,[114] finden nach der hier vertretenen Ansicht die Grundsätze über den Regress des in Anspruch genommenen OHG-Gesellschafters entsprechende Anwendung. Danach erwirbt die Hauptgesellschaft entsprechend § 774 Abs. 1 BGB und damit im Wege der **cessio legis** die Forderung des Gläubigers gegen die eingegliederte Gesellschaft;[115] zudem kann sie nach § 683 S. 1 BGB, § 670 BGB **Aufwendungsersatz** und damit Ersatz des an den Gläubiger Geleisteten verlangen.[116] Kraft des in § 774 Abs. 1 S. 3 BGB angeordneten Vorrangs des Innenverhältnisses kann die eingegliederte Gesellschaft allerdings nicht nur gegenüber dem Aufwendungsersatzanspruch, sondern auch gegenüber der übergegangenen Forderung einwenden, dass die Verbindlichkeit, auf Grund derer die Hauptgesellschaft in Anspruch genommen wurde, auf deren Veranlassung entstanden ist.

g) Zwangsvollstreckung

§ 322 Abs. 4 AktG schließlich bringt die Selbstverständlichkeit zum Ausdruck, dass   50
die Zwangsvollstreckung in das Vermögen der Hauptgesellschaft nur auf der Grundlage eines gegen diese Gesellschaft gerichteten Titels erfolgt. Vollstreckt der Gläubiger auf der Grundlage eines gegen die eingegliederte Gesellschaft gerichteten Titels in Gegenstände, die sich zwar im Gewahrsam der eingegliederten Gesellschaft befinden, die aber der Hauptgesellschaft gehören, so hat diese zwar die **Drittwiderspruchsklage** des § 771 ZPO. Da allerdings die Hauptgesellschaft ohnehin für die Verbindlichkeiten der

---

[112] Näher zu den damit verbundenen Fragen Emmerich/Habersack Aktien-/GmbH-KonzernR/*Habersack* AktG § 322 Rn. 12; *Lieb* GS Lüderitz, 2000, 455 ff.

[113] Näher dazu sowie zur analogen Anwendung auf andere Gestaltungsrechte Emmerich/Habersack Aktien-/GmbH-KonzernR/*Habersack* AktG § 322 Rn. 13 f.

[114] MüKoAktG/*Grunewald* AktG § 322 Rn. 18; Hüffer/Koch/*Koch* AktG § 322 Rn. 6; K. Schmidt/Lutter/*Ziemons* AktG § 322 Rn. 20; Heidel/*Jaursch* AktG § 322 Rn. 5; *Kley/Lehmann* Betr. 1972, 1421; die Existenz von Ausgleichsansprüchen überhaupt verneinend *Würdinger* Betr. 1972, 1565 (1566); offen lassend *Bülow* ZGR 1988, 192 (205 f.).

[115] Zust. *Singhof* FS Hadding, 2004, 655 (670), Spindler/Stilz/*Singhof* AktG § 322 Rn. 18; Grigoleit/*Grigoleit/Rachlitz* AktG § 322 Rn. 5; zu § 128 S. 1 HGB MüKoHGB/*K. Schmidt* HGB § 128 Rn. 31; Habersack/Schäfer/*Habersack* HGB § 128 Rn. 43; *Habersack* AcP 198 (1998), 152 ff.; aA – gegen cessio legis iRd § 128 HGB – allerdings BGHZ 39, 319 (323 f.); BGH ZIP 2011, 1657 Rn. 60.

[116] Dieser Anspruch tritt an die Stelle des Aufwendungsersatzanspruchs aus § 110 HGB, s. Emmerich/Habersack Aktien-/GmbH-KonzernR/*Habersack* AktG § 322 Rn. 7; für entsprechende Anwendung des § 110 HGB dagegen *Singhof* FS Hadding, 2004, 655 (670).

eingegliederten Gesellschaft haftet, kann der Gläubiger den Widerspruch unter Hinweis auf § 322 Abs. 1 AktG entkräften.[117] Vorbehaltlich persönlicher Einwendungen der Hauptgesellschaft ist dann die Drittwiderspruchsklage nach § 242 BGB als unbegründet abzuweisen.

V. Wirkungen

51 Die Eingliederung ist die **denkbar engste Verbindung** zweier rechtlich selbstständiger Unternehmen. Sie ist durch das Fehlen außenstehender Aktionäre und durch die Haftung der Hauptgesellschaft für Verluste und Verbindlichkeiten der eingegliederten Gesellschaft gekennzeichnet (§§ 320a, 321f., 324 Abs. 3 AktG). Beides zusammen hat es dem Gesetzgeber erlaubt, der Hauptgesellschaft ein nahezu unbeschränktes Weisungsrecht (§ 323 Abs. 1 AktG) und einen weitgehenden Zugriff auf das Vermögen der abhängigen Gesellschaft (§ 323 Abs. 2 AktG, § 324 Abs. 1 AktG) einzuräumen.

1. Weisungsrecht

52 Während in der unverbundenen und selbst in der abhängigen AG der Vorstand die Geschäfte eigenverantwortlich leitet und die Aktionäre über Fragen der Geschäftsführung grds. nicht zu entscheiden haben,[118] sprechen §§ 308, 323 Abs. 1 AktG dem herrschenden Unternehmen, nachdem dieses die abhängige Gesellschaft mittels Beherrschungsvertrags oder durch Eingliederung in den Konzern eingebunden hat, ein Weisungsrecht gegenüber dem Vorstand der abhängigen Gesellschaft zu. Der Umfang des Weisungsrechts aus § 323 Abs. 1 AktG geht dabei noch insoweit über dasjenige aus § 308 Abs. 1 AktG hinaus, als die Hauptgesellschaft danach selbst solche Maßnahmen veranlassen darf, die weder den Belangen der eingegliederten Gesellschaft noch denjenigen eines sonstigen Konzernunternehmens dienen. Selbst Weisungen, die die **Existenz der eingegliederten Gesellschaft gefährden,** sind nach herrschender Meinung gestattet.[119] Unzulässig sind dagegen Weisungen, die die eingegliederte Gesellschaft zu einem gesetzes- oder satzungswidrigen Verhalten veranlassen sollen;[120] von § 323 Abs. 1 AktG unberührt bleiben deshalb insbes. die Insolvenzantragspflicht aus § 15a InsO und das Zahlungsverbot des § 92 Abs. 2 S. 3 AktG.

53 Nach § 76 Abs. 1 AktG steht es im Ermessen des Vorstands der Hauptgesellschaft, ob er das Weisungsrecht der Hauptgesellschaft ausüben will. Schon mit Blick auf die Haftung nach § 322 AktG kann der Vorstand allerdings **im Verhältnis zur Hauptgesellschaft verpflichtet** sein, das Weisungsrecht auszuüben; eine Verletzung dieser Pflicht macht ihn unter den weiteren Voraussetzungen des § 93 Abs. 2 AktG schadensersatzpflichtig.[121] Dagegen lässt sich im Verhältnis zur eingegliederten Gesellschaft eine

---

[117] Vgl. zu § 129 Abs. 4 HGB *Noack* Betr. 1970, 1817; Habersack/Schäfer/*Habersack* HGB § 129 Rn. 27; s. ferner BGHZ 80, 296 (302); 100, 95 (105).

[118] → § 9 Rn. 12ff.; zur Rechtslage bei einfacher Abhängigkeit → § 24 Rn. 14ff.

[119] Emmerich/Habersack Aktien-/GmbH-KonzernR/*Habersack AktG § 323 Rn.* 2; KölnKommAktG/ *Koppensteiner* AktG § 323 Rn. 4; MüKoAktG/*Grunewald* AktG § 323 Rn. 3; GroßkommAktG/ *Scholke* AktG § 323 Rn. 2; *Krieger/Schneider* § 74 Rn. 48; zw. Hüffer/Koch/*Koch* AktG § 323 Rn. 3; Spindler/Stilz/*Singhof* AktG § 323 Rn. 2; aA K. Schmidt/Lutter/*Ziemons* AktG § 323 Rn. 6; Grigoleit/Grigoleit/*Rachlitz* AktG § 323 Rn. 4.

[120] Emmerich/Habersack Aktien-/GmbH-KonzernR/*Habersack* AktG § 323 Rn. 2; Hüffer/Koch/*Koch* AktG § 323 Rn. 3; KölnKommAktG/*Koppensteiner* AktG § 323 Rn. 4; Spindler/Stilz/*Singhof* AktG § 323 Rn. 3.

[121] GroßkommAktG/*Schmolke* AktG § 323 Rn. 10.

Pflicht zur Erteilung von Weisungen nicht begründen; insbes. folgt sie nicht aus dem Zustimmungs- oder dem Eingliederungsbeschluss.[122] Macht der Vorstand von dem Weisungsrecht keinen Gebrauch, so bleibt es auch innerhalb der eingegliederten Gesellschaft bei dem Grundsatz des § 76 Abs. 1 AktG. Der Vorstand ist dann also berechtigt und verpflichtet, die eingegliederte Gesellschaft in eigener Verantwortung zu leiten; auf das Konzerninteresse braucht er dabei keine Rücksicht zu nehmen.[123]

2. Aufhebung der Vermögensbindung

Nach § 323 Abs. 2 AktG gelten Leistungen der eingegliederten Gesellschaft an die   54
Hauptgesellschaft „nicht als Verstoß gegen §§ 57, 58 und 60" AktG. Mit dieser Fiktion wird die aktienrechtliche Kapitalbindung aufgehoben und der Hauptgesellschaft der Zugriff auf das Vermögen der eingegliederten Gesellschaft selbst insoweit gestattet, als dieses Vermögen zur Deckung des Grundkapitals erforderlich ist.[124] Die Grundsätze über die **Kapitalaufbringung** bleiben dagegen in dem durch § 324 AktG vorgegebenen Rahmen (→ Rn. 55) anwendbar, so dass etwa eine Weisung, der zufolge die eingegliederte Gesellschaft auf eine noch offene Resteinlage verzichten soll, unzulässig wäre.[125] Der Hauptgesellschaft ist es nach § 323 AktG auch gestattet, die eingegliederte Gesellschaft zur Abführung des von ihr erzielten **Gewinns** anzuweisen.[126] Die Vorschrift des § 324 Abs. 2 AktG steht dem nicht entgegen. Denn sie will den – zur Begründung einer Organschaft erforderlichen (→ § 1 Rn. 34 ff.) – Abschluss eines Gewinnabführungsvertrags zwischen der Hauptgesellschaft und der eingegliederten Gesellschaft erleichtern, besagt aber nicht, dass die Gewinnverlagerung allein auf der Grundlage eines solchen Vertrags zulässig wäre.

3. Rücklagen; Verlustausgleich

Angesichts der Mithaftung der Hauptgesellschaft und des Fehlens außenstehender Aktio-   55
näre erklärt § 324 Abs. 1 AktG die gesetzlichen Vorschriften über die Bildung, Verwendung und Dotierung einer gesetzlichen Rücklage für unanwendbar. Demgemäß findet auch § 300 AktG keine Anwendung, mag auch zwischen der Hauptgesellschaft und der eingegliederten Gesellschaft ein Gewinnabführungsvertrag bestehen. Eine bestehende Rücklage kann aufgelöst und zu anderen als den in § 150 Abs. 3, 4 AktG genannten Zwecken verwandt werden; sie darf insbes. als Gewinn an die Hauptgesellschaft abgeführt werden.[127] Von § 324 Abs. 1 AktG unberührt bleiben allerdings Vorschriften der **Satzung**

---

[122] MüKoAktG/*Grunewald* AktG § 323 Rn. 11; Spindler/Stilz/*Singhof* AktG § 323 Rn. 7.

[123] Emmerich/Habersack Aktien-/GmbH-KonzernR/*Habersack* AktG § 323 Rn. 7; Spindler/Stilz/*Singhof* AktG § 323 Rn. 7; aA – für Pflicht zur Konsultation der Hauptgesellschaft, falls Gesellschafts- und Konzerninteresse voneinander abweichen – KölnKommAktG/*Koppensteiner* AktG § 323 Rn. 8, § 308 Rn. 49; MüKoAktG/*Grunewald* AktG § 323 Rn. 10; Bürgers/Körber/*Fett* AktG § 323 Rn. 5.

[124] Zur Vereinbarkeit des § 323 Abs. 2 AktG mit Art. 56, 57 Richtlinie (EU) 2017/1132 des Europäischen Parlaments und des Rates vom 14. Juni 2017 über bestimmte Aspekte des Gesellschaftsrechts (ABl. Nr. L 169 S. 46) s. *Habersack/Verse* EurGesR § 6 Rn. 49.

[125] Emmerich/Habersack Aktien-/GmbH-KonzernR/*Habersack* AktG § 323 Rn. 3; MüKoAktG/*Grunewald* AktG § 323 Rn. 5.

[126] Emmerich/Habersack Aktien-/GmbH-KonzernR/*Habersack* AktG § 323 Rn. 3; Hüffer/Koch/*Koch* AktG § 324 Rn. 4; K. Schmidt/Lutter/*Ziemons* AktG § 324 Rn. 7; KölnKommAktG/*Koppensteiner* AktG § 323 Rn. 3; *Krieger/Schneider* § 74 Rn. 57; aA Begr. RegE, bei *Kropff* S. 428; *Ballerstedt* ZHR 137 (1973), 388 (401 f.); *Sonnenschein* Organschaft S. 338 f.; *Veit* Unternehmensverträge S. 171.

[127] Zur Frage, ob nach § 268 Abs. 8 HGB gebundene Beträge von dem Höchstbetrag der Gewinnabführung abzusetzen sind, s. – bejahend – *Kropff* FS Hüffer, 2011, 539 (552).

über die Bildung, Dotierung und Verwendung von Rücklagen. Sie sind zu beachten, solange sie nicht geändert oder aufgehoben worden sind.[128] Auch auf **Kapitalrücklagen** iSd
§ 272 Abs. 2 HGB findet § 324 Abs. 1 AktG keine Anwendung.[129]

56 Auch bezüglich der eingegliederten Gesellschaft sorgt das Gesetz immerhin für die Deckung des Grundkapitals der eingegliederten Gesellschaft, indem es in § 324 Abs. 3
AktG die Hauptgesellschaft verpflichtet, jeden durch Kapital- und Gewinnrücklagen
nicht gedeckten Verlust auszugleichen. Diese Verpflichtung gegenüber der eingegliederten Gesellschaft tritt neben die Außenhaftung nach § 322 AktG und sorgt dafür, dass die
eingegliederte Gesellschaft zumindest in Form eines gegen die Hauptgesellschaft gerichteten Ausgleichsanspruchs über ein das **Grundkapital deckendes Reinvermögen** verfügt.[130] Die Verlustausgleichspflicht nach § 324 Abs. 3 AktG bleibt allerdings deutlich
hinter derjenigen nach § 302 AktG zurück. Denn zum einen dürfen auch Kapitalrücklagen zur Verlustdeckung herangezogen werden; zum anderen kommt es nicht darauf an,
dass die Rücklagen nach erfolgter Eingliederung gebildet worden sind.[131]

4. Verantwortlichkeit

57 Hinsichtlich der Verantwortlichkeit des Vorstands der Hauptgesellschaft sowie des
Vorstands und des Aufsichtsrats der eingegliederten Gesellschaft erklärt § 323 Abs. 1
S. 2 AktG die **§§ 309, 310 AktG** für **entsprechend** anwendbar. Dies bedeutet na-
mentlich, dass die Mitglieder des Vorstandes der Hauptgesellschaft der eingegliederten
Gesellschaft gegenüber schadensersatzpflichtig sind, wenn sie bei der Erteilung von
Weisungen sorgfaltswidrig gehandelt haben; in Betracht kommt dies insbes. bei der
Erteilung gesetzes- oder satzungswidriger Weisungen. Neben ihnen haftet die Haupt-
gesellschaft selbst.[132]

58 In §§ 323 Abs. 1 S. 2, 309 f. AktG nicht eigens geregelt ist die Haftung des Vorstands
und des Aufsichtsrats der **Hauptgesellschaft** gegenüber dieser. Sie beurteilt sich nach
allgemeinen Grundsätzen, mithin nach §§ 93, 116 AktG, und kommt auch bei Erteilung einer zwar rechtmäßigen, aber durch das Konzerninteresse nicht gedeckten Weisung in Betracht.

5. Rechnungslegung; Information der Aktionäre

59 Obwohl die eingegliederte Gesellschaft wirtschaftlich nur die Stellung einer Betriebsabteilung hat, bleibt sie doch rechtlich eine selbstständige AG, für die grds. sämtliche
Vorschriften des AktG und des HGB fortgelten. Deshalb ist sie verpflichtet, wie jede
andere Gesellschaft einen Jahresabschluss und einen Lagebericht aufzustellen, prüfen
zu lassen und zu veröffentlichen.[133] Außerdem ist den **Aktionären der Hauptgesell-**

---

[128] KölnKommAktG/*Koppensteiner* AktG § 324 Rn. 4; MüKoAktG/*Grunewald* AktG § 324 Rn. 2; Hüf-
fer/Koch/*Koch* AktG § 324 Rn. 2.

[129] Näher Emmerich/Habersack Aktien-/GmbH-KonzernR/*Habersack* AktG § 324 Rn. 4.

[130] Zur rechtspolitischen Bewertung dieser Sicherung s. einerseits KölnKommAktG/*Koppensteiner* AktG
§ 324 Rn. 3, andererseits Hüffer/Koch/*Koch* AktG § 324 Rn. 1.

[131] Zur Rechtslage nach § 302 AktG demgegenüber → § 20 Rn. 8 ff.

[132] Näher zu den einzelnen Begründungsansätzen Emmerich/Habersack Aktien-/GmbH-KonzernR/*Habersack* AktG § 324 Rn. 9.

[133] § 325, der früher Einschränkungen enthielt, ist durch das BilanzrichtlinienG vom 19.12.1985 aufgehoben worden (vgl. Begr. RegE, BT-Drs. 10/4268, 120 f.); zur Pflicht der Hauptgesellschaft zur
Aufstellung eines Konzernabschlusses und eines Konzernlageberichts s. §§ 290, 315, 315a HGB.

schaft über Angelegenheiten der eingegliederten Gesellschaft ebenso Auskunft zu erteilen wie über Angelegenheiten der Hauptgesellschaft (§ 326 AktG).

6. Beendigung eines Beherrschungsvertrags

Wenn die beiden Aktiengesellschaften schon durch einen Beherrschungsvertrag verbun- **60** den sind, endet der Beherrschungsvertrag in dem Augenblick, in dem die Eingliederung wirksam wird.[134] Gleichwohl ist ein Sonderbeschluss der außenstehenden Aktionäre nicht erforderlich; § 295 Abs. 2 AktG betrifft allein vertragliche Änderungen des Beherrschungsvertrages, nicht jedoch eine nachfolgende Eingliederung.[135] War jedoch im Augenblick der Eingliederung noch ein **Spruchverfahren** anhängig, so wird dieses zum Schutze der Aktionäre fortgeführt. Andernfalls könnte das herrschende Unternehmen, das im Wege der Abfindung nach § 305 AktG 95 % der Aktien einer abhängigen Gesellschaft erworben hat, den außenstehenden Aktionären durch die jetzt mögliche Eingliederung den Schutz durch das laufende Spruchstellenverfahren aus der Hand schlagen.[136] Zwar könnten die infolge der Eingliederung ausgeschiedenen Aktionäre nunmehr ein Spruchverfahren nach § 320 b Abs. 2 S. 2 AktG einleiten (→ Rn. 25 ff., 30); die Vorteile des bereits laufenden Verfahrens wären ihnen jedoch genommen.

VI. Beendigung

Das Gesetz zählt in § 327 Abs. 1 die Gründe auf, aus denen die Eingliederung ihr **61** Ende findet. Abgesehen von dem in § 327 Abs. 1 Nr. 1 AktG geregelten Tatbestand knüpfen die Beendigungsgründe durchweg an den Fortfall einer der Voraussetzungen der Eingliederung nach den §§ 319 und 320 AktG an. Die Aufzählung ist idS abschließend, dass durch die Satzungen der beiden Gesellschaften oder durch einen Vertrag zwischen ihnen keine weiteren Beendigungsgründe geschaffen werden können; dagegen enthält § 327 Abs. 1 AktG **keine abschließende Aufzählung der gesetzlichen Beendigungsgründe.** Was die Haftung der Hauptgesellschaft für die im Augenblick der Beendigung bereits begründeten Verbindlichkeiten der eingegliederten Gesellschaft betrifft, so bleibt diese im Grundsatz unberührt; nach § 327 Abs. 4 AktG verjähren die Ansprüche des Gläubigers jedoch nach fünf Jahren (→ Rn. 68).

1. Voraussetzungen

Die Eingliederung endet zunächst durch einen **Beschluss** der Hauptversammlung der **62** eingegliederten Gesellschaft (§ 327 Abs. 1 Nr. 1 AktG). Da ohnehin keine außenstehenden Aktionäre vorhanden sind, verzichtet das Gesetz auf die Statuierung eines bestimmten Mehrheitserfordernisses. Auch die Mitwirkung der Hauptversammlung der Hauptgesellschaft ist nicht vorgesehen.[137] Vorbehaltlich eines Zustimmungsvorbehalts

---

[134] BGH WM 1974, 713; OLG Celle WM 1972, 1004; näher → § 19 Rn. 60 f.
[135] BGH WM 1974, 713; OLG Celle Betr. 1973, 1118; *W. Meilicke* AG 1995, 181 (186 f.); *Würdinger* AG 1972, 13; dagegen *Bayer* ZGR 1993, 599 (604 f.).
[136] BGHZ 147, 108 (113); 176, 43 Rn. 26 ff. (unterschiedliche Abfindungsschuldner); s. ferner BGH ZIP 1997, 1193 (1194 f.) (betr. Kündigung des Beherrschungsvertrags); OLG Stuttgart ZIP 2011, 1259 (1260 ff.); OLG Düsseldorf AG 1995, 85 (86); *Hecker/Wenger* ZBB 1995, 321 (333 ff.); *Meilicke* AG 1995, 181 (186 f.); s. ferner BVerfG NJW 1999, 1699 (Verschmelzung der abhängigen Gesellschaft auf eine andere Gesellschaft); BGHZ 135, 374 (Kündigung des Beherrschungsvertrags); anders zB OLG Karlsruhe WM 1994, 2023 – SEN/KHS.)
[137] Auch die „Holzmüller"-Grundsätze (dazu → § 7 Rn. 3 f.; → § 9 Rn. 12 ff.) finden keine Anwendung, s. Emmerich/Habersack Aktien-/GmbH-KonzernR/*Habersack* AktG § 327 Rn. 4.

iSd § 111 Abs. 4 S. 2 AktG entscheidet also letztlich der Vorstand der Hauptgesellschaft über die Beendigung der Eingliederung.

63 Die Eingliederung findet außerdem ihr Ende, wenn die Hauptgesellschaft nicht mehr eine **AG mit Satzungssitz im Inland** ist (§ 327 Abs. 1 Nr. 2 AktG); auf den Verwaltungssitz der Gesellschaft kommt es insoweit nicht an.[138] Das Gesetz will damit sicherstellen, dass die Gläubiger ihre Ansprüche aus § 322 AktG gegen eine in Deutschland registrierte und den strengen aktienrechtlichen Grundsätzen über die Kapitalaufbringung und -erhaltung unterliegende AG verfolgen können.[139]

64 Die Eingliederung endet des Weiteren, wenn sich nicht mehr sämtliche Aktien der eingegliederten Gesellschaft in der Hand der Hauptgesellschaft befinden (§§ 320a, 327 Abs. 1 Nr. 3 AktG).[140] Dem liegt die Vorstellung zugrunde, dass sich die **Existenz von Minderheitsaktionären** nicht mit der durch §§ 323, 324 AktG geprägten Organisations- und Finanzverfassung der eingegliederten Gesellschaft in Einklang bringen lässt. Unerheblich sind die Person des neuen Aktionärs, die Höhe seiner Beteiligung und der Grund, der zum Erwerb der Mitgliedschaft geführt hat.

65 Die Eingliederung endet schließlich durch **Auflösung der Hauptgesellschaft** (§ 327 Abs. 1 Nr. 4 AktG). Eine Liquidationsgesellschaft soll nicht Hauptgesellschaft sein und Leitungsmacht über eine „rechtlich selbstständige Betriebsabteilung" ausüben können. Davon betroffen sind allerdings allein die Tatbestände der §§ 262, 369 AktG. Die Umwandlung der Hauptgesellschaft nach § 1 Abs. 1 Nr. 1–4 UmwG hat dagegen in keinem Fall die Beendigung der Eingliederung nach § 327 Abs. 1 Nr. 4 AktG zur Folge; gegebenenfalls findet allerdings § 327 Abs. 1 Nr. 2 AktG Anwendung.[141]

66 In § 327 Abs. 1 AktG nicht geregelt ist der Wegfall einer der in § 319 Abs. 1 S. 1 AktG genannten Voraussetzungen in der Person der **eingegliederten Gesellschaft**. Indes endet die Eingliederung auch in diesem Fall; von Bedeutung ist dies etwa bei Formwechsel, aber auch bei Verschmelzung der eingegliederten Gesellschaft.[142]

2. Wirkungen

67 Sobald einer der Beendigungsgründe vorliegt, findet die Eingliederung ipso iure ihr Ende. Die in § 327 Abs. 3 AktG vorgeschriebene **Eintragung** in das Handelsregister hat lediglich **deklaratorische Bedeutung**. § 15 HGB findet Anwendung, so dass die frühere Hauptgesellschaft nach § 322 AktG auch für Verbindlichkeiten, die erst nach Beendigung der Eingliederung, aber vor Eintragung und Ablauf der Frist des § 15 Abs. 2 S. 2 HGB begründet worden sind, in Anspruch genommen werden kann.

68 Die Beendigung wirkt außerdem **nur für die Zukunft**. Die nach § 320 AktG ausgeschiedenen Aktionäre werden nicht etwa wieder automatisch Gesellschafter der früher eingegliederten, jetzt wieder selbstständigen Gesellschaft.[143] Auch haftet die frü-

---

[138] MüKoAktG/*Grunewald* AktG § 327 Rn. 4; näher Emmerich/Habersack Aktien-/GmbH-KonzernR/ *Habersack* AktG § 319 Rn. 7, § 327 Rn. 5.

[139] Zur Frage der Europarechtskonformität des Sitzerfordernisses s. Emmerich/Habersack Aktien-/ GmbH-KonzernR/*Habersack* AktG § 327 Rn. 5.

[140] Ein Beispiel in OLG Hamm AG 1980, 79 – GBAG/Veba.

[141] Näher Emmerich/Habersack Aktien-/GmbH-KonzernR/*Habersack* AktG § 327 Rn. 8 f.

[142] Näher Emmerich/Habersack Aktien-/GmbH-KonzernR/*Habersack* AktG § 327 Rn. 10 f.

[143] OLG Hamm AG 1980, 79 (80).

here Hauptgesellschaft für die bis zum Ablauf der Frist des § 15 Abs. 2 S. 2 HGB begründeten Verbindlichkeiten der bislang eingegliederten Gesellschaft fort. Nach dem Vorbild des § 160 HGB bestimmt allerdings § 327 Abs. 4 AktG,[144] dass die frühere Hauptgesellschaft nach Ablauf von fünf Jahren, nachdem die Eintragung der Beendigung der Eingliederung als bekannt gemacht gilt, von ihrer Haftung befreit wird.

§ 10a. Ausschluss von Minderheitsaktionären

Literatur: *Angerer,* Der Squeeze-out, BKR 2002, 260; *Aubel/Weber,* Ausgewählte Probleme bei Eingliederung und Squeeze Out während eines laufenden Spruchverfahrens, WM 2004, 857; *Austmann,* Der Verschmelzungsrechtliche Squeeze-out nach dem 3. UmwÄndG 2011, NZG 2011, 684; *Austmann/Mennicke,* Übernahmerechtlicher Squeeze-out und Sell-out, NZG 2004, 846; *Ph. Baums,* Ausschluss von Minderheitsaktionären 2001; *Bolte,* Squeeze-out: Eröffnung neuer Umgehungstatbestände durch die §§ 327a ff. AktG?, Betr. 2001, 2587; *Bungert/Wettich,* Der neue verschmelzungsspezifische Squeeze-out nach § 62 Abs. 5 UmwG n. F., DB 2011, 1500; *Burger,* Keine angemessene Abfindung durch Börsenkurse bei Squeeze-out, NZG 2012, 281; *Deilmann,* Aktienrechtlicher versus übernahmerechtlicher Squeeze-out, NZG 2007, 721; *Ehricke/Roth,* Squeeze-out im geplanten deutschen Übernahmerecht, DStR 2001, 1120; *Engelhardt,* Convertible Bonds im Squeeze Out, 2007; *Engelhardt,* Optionen im Squeeze-out: Abfindung der Bezugsrechtsinhaber – aber wie?, BKR 2008, 45; *Fleischer,* Das neue Recht des Squeeze out, ZGR 2002, 757; *Fleischer/Schoppe,* Squeeze out und Eigentumsgarantie der europäischen Menschenrechtskonvention, Konzern 2006, 329; *Florstedt,* „Kompensation statt Kassation" – ein freigaberechtlicher Grundsatz?, ZIP 2018, 1661; *Foerster,* Die Zuordnung der Mitgliedschaft, 2018; *Forum Europaeum Konzernrecht,* Konzernrecht für Europa, ZGR 1998, 672; *Friedl,* Die Rechte von Bezugsrechtsinhabern beim Squeezeout im Vergleich zu den Rechten der Minderheitsaktionäre, Konzern 2004, 309; *Fröde,* Missbräuchlicher Squeeze-out gem. §§ 327a ff. AktG, NZG 2007, 729; *Fuhrmann,* Das Freigabeverfahren bei Squeeze out-Beschlüssen, Konzern 2004, 1; *Fuhrmann/Simon,* Der Ausschluss von Minderheitsaktionären, WM 2002, 1211; *Gesmann-Nuissl,* Die neuen Squeeze-out-Regeln im Aktiengesetz, WM 2002, 1205; *Goette,* Zu den Folgen der Eintragung eines Squeeze-out-Beschlusses vor Ablauf der Eintragungsfrist, FS K. Schmidt, 2009, 469; *Götz,* Der vereinfachte aktienrechtliche Squeeze-out zur Finanzmarktstabilisierung, NZG 2010, 412; *Grzimek,* Kommentierung der §§ 327a ff. AktG, in: Angerer/Geibel/Süßmann (Hrsg.), WpÜG, 3. Aufl. 2017; *Grunewald,* Die neue Squeeze-out-Regelung, ZIP 2002, 18; *Habersack,* Der Finanzplatz Deutschland und die Rechte der Aktionäre – Bemerkungen zur bevorstehenden Einführung des „Squeeze Out", ZIP 2001, 1230; *Habersack/Schürnbrand,* Modernisierung des Aktiengesetzes von 1965, in: Bayer/Habersack, Bd. II, S. 889; *Halasz/Kloster,* Nochmals: Squeeze-out – Eröffnung neuer Umgehungstatbestände durch die §§ 327a ff. AktG?, Betr. 2002, 1253; *Halm,* „Squeeze-Out" heute und morgen: Eine Bestandsaufnahme nach dem künftigen Übernahmerecht, NZG 2000, 1162; *H. Hanau,* Der Bestandsschutz der Mitgliedschaft anläßlich der Einführung des „Squeeze Out" im Aktienrecht, NZG 2002, 1040; *Handelsrechtsausschuß des DAV,* Stellungnahme zum RegE für ein Gesetz zur Regelung von öffentlichen Angeboten zum Erwerb von Wertpapieren und von Unternehmensübernahmen (WpÜG), NZG 2001, 1003; *Harrer,* Gestaltungsspielräume im Gesellschaftsrecht, FS Sonnenberger, 2004, 235; *Hasselbach,* Kommentierung der §§ 327a ff. AktG, in: Kölner Kommentar zum WpÜG, 2. Aufl. 2010; *Heidel/Lochner,* Squeeze-out ohne hinreichenden Eigentumsschutz, Betr. 2001, 2031; *Heidel/Lochner,* Der übernahmerechtliche Squeeze-out- und Sell-out gemäß §§ 39a ff. WpÜG, Konzern 2006, 653; *Henze,* Erscheinungsformen des squeeze-out von Minderheitsaktionären, FS Wiedemann, 2002, 935; *Hofmeister,* Der verschmelzungsrechtliche Squeeze-out: Wichtige Aspekte und Besonderheiten der Verschmelzung, NZG 2012, 688; *Kallmeyer,* Ausschluss von Minderheitsaktionären, AG 2000, 59; *Keul,* Anfechtungsklage und Überwindung der Registersperre im Rahmen eines Squeeze-out, ZIP 2003, 566; *Kiefner/Brügel,* Der umwandlungsrechtliche Squeeze-out – Verfahren, Einsatzmöglichkeiten, Rechtsschutzfragen, AG 2011, 525; *Kiem,* Das neue Übernahmegesetz: „Squeeze-out", in: Henze/Hoffmann-Becking, Gesellschaftsrecht 2001, RWS-Forum 20, 2001, S. 329; *Kort,* Hauptaktionär nach § 327a Abs. 1 Satz 1 AktG mittels Wertpapierdarlehen, AG 2006, 513; *Kossmann,* Ausschluss („Freeze-out") von Aktionären gegen

---

[144] In der Fassung durch das Gesetz zur Anpassung von Verjährungsvorschriften an das Gesetz zur Modernisierung des Schuldrechts vom 9.12.2004, BGBl. 2004 I 3214; näher dazu *Thiessen* ZHR 168 (2004), 503 ff.

Barabfindung, NZG 1999, 1198; *Krieger,* Squeeze Out nach neuem Recht: Überblick und Zweifelsfragen, BB 2002, 53; *Kumpan/Mittermeier,* Risikoentleerte Stimmrechte – Auswirkungen von Wertpapierdarlehen im Gesellschaftsrecht, ZIP 2009, 404; *Lehmann,* Zum Verhältnis von Beschlussmängelklage und Squeeze Out, NZG 2007, 295; *Lenz/Leinekugel,* Eigentumsschutz beim Squeeze out, 2004; *Lieder/Stange,* Squeezeout: Aktuelle Streit- und Zweifelsfragen, Konzern 2008, 617; *Markwardt,* Squeeze-out: Anfechtungsrisiken in „Missbrauchsfällen", BB 2004, 277; *Maslo,* Zurechnungstatbestände und Gestaltungsmöglichkeiten zur Bildung eines Hauptaktionärs beim Ausschluss von Minderheitsaktionären (Squeeze-out), NZG 2004, 163; *Mayer,* Praxisfragen des verschmelzungsrechtlichen Squeeze-out-Verfahrens, NZG 2012, 561; *Meilicke,* Zur Verfassungsmäßigkeit der Squeeze-Out-Regelungen – insbes. in der Insolvenz des Hauptaktionärs, AG 2007, 261; *K. Mertens,* Der Auskauf von Minderheitsaktionären in gemeinschaftlich beherrschten Unternehmen, AG 2002, 377; *von Morgen,* Das Squeeze-Out und seine Folgen für AG und GmbH, WM 2003, 1553; *Mülbert,* Abschwächungen des mitgliedschaftlichen Bestandsschutzes im Aktienrecht, FS Ulmer, 2003, 433; *Packi,* Inhaltliche Kontrollmöglichkeiten bei Durchführung des umwandlungsrechtlichen Squeeze-out, ZGR 2011, 776; *Paefgen,* Zum Zwangsausschluss im neuen Übernahmerecht, WM 2007, 765; *Paefgen,* Der neue übernahmerechtliche Squeeze-out – Die bessere Alternative?, FS Westermann, 2008, 1220; *Petersen/Habbe,* Squeeze-out mit Eintragung im Handelsregister bestandskräftig?, NZG 2010, 1091; *Pluskat,* Nicht missbräuchliche Gestaltungen zur Erlangung der Beteiligungshöhe beim Squeeze-out, NZG 2007, 725; *Rieder,* (Kein) Rechtsmissbrauch beim Squeeze-out, ZGR 2009, 981; *Riegger,* Das Schicksal eigener Aktien beim Squeeze-out, Betr. 2003, 541; *Rühland,* Der Ausschluss von Minderheitsaktionären aus der Aktiengesellschaft (Squeeze-out), 2004; *Schäfer/Dette,* Aktienrechtlicher Squeeze-Out – Beschlussnichtigkeit bei missbräuchlicher Erlangung des Kapitalquorums?, NZG 2009, 1; *H. Schmidt,* Erhöhung der Barabfindung beim Squeeze out nach Einberufung der Hauptversammlung, Liber Amicorum M. Winter, 2011, S. 583; *Schockenhoff,* Rückabwicklung des Squeeze-out?, AG 2010, 436; *Schröder/Wirsch,* Formwechsel und anschließender Squeeze-out, ZGR 2012, 660; *Schüppen/Tretter,* Kommentierung der §§ 327a ff. AktG, in: Haarmann/Schüppen (Hrsg.), Frankfurter Kommentar zum WpÜG, 3. Aufl. 2008; *Sieger/Hasselbach,* Ausschluss von Minderheitsaktionären (Squeeze-out) im ausländischen Recht, NZG 2001, 926; *Sieger/Hasselbach,* Der Ausschluss von Minderheitsaktionären nach den neuen §§ 327a ff. AktG, ZGR 2002, 120; *Stephanblome,* Gestaltungsmöglichkeiten beim verschmelzungsrechtlichen Squeeze-Out, AG 2012, 814; *Than,* Zwangsweises Ausscheiden von Minderheitsaktionären nach Übernahmeangebot?, FS Claussen, 1997, 405; *E. Vetter,* Squeeze-out in Deutschland, ZIP 2000, 1817; *E. Vetter,* Squeeze-out nur durch Hauptversammlungsbeschluss?, Betr. 2001, 743; *E. Vetter,* Squeeze-out – Der Ausschluss der Minderheitsaktionäre aus der Aktiengesellschaft nach den §§ 327a–327f AktG, AG 2002, 176; *E. Vetter,* Abfindungswertbezogene Informationsmängel und Rechtsschutz, FS Wiedemann, 2002, 1323; *Vossius,* Squeeze out – Checklisten für Beschlussfassung und Durchführung, ZIP 2002, 511; *Weißhaupt,* Kompensationsbezogene Informationsmängel in der Aktiengesellschaft, 2003; *Weißhaupt/Özedemir,* Gutglaubenserwerb von (Inhaber-)Aktien nach Squeeze out?, ZIP 2007, 2110; *Wenger/Kaserer/Hecker,* Konzernbildung und Ausschluss von Minderheiten im neuen Übernahmerecht, ZBB 2001, 317; *Wilsing/Kruse,* Zur Behandlung bedingter Aktienbezugsrechte beim Squeeze-out, ZIP 2002, 1465; *Wirth/Arnold,* Anfechtungsklagen gegen Squeeze-out-Hauptversammlungsbeschlüsse wegen angeblicher Verfassungswidrigkeit, AG 2002, 503; *Wolf,* Der Minderheitenausschluss qua „übertragender Auflösung" nach Einführung des Squeeze-Out gemäß §§ 327 a–f AktG, ZIP 2002, 153; *Ziemons,* Options- und Wandlungsrechte bei Squeeze out und Eingliederung, FS K. Schmidt, S. 1777.

I. Überblick

1 Die durch Art. 7 Nr. 2 Gesetz zur Regelung von öffentlichen Angeboten zum Erwerb von Wertpapieren und von Unternehmensübernahmen vom 20.12.2001[1] in das AktG eingefügten §§ 327a ff. regeln den „Squeeze Out" von Minderheitsaktionären und gestatten es dem mit mind. 95 % des Grundkapitals beteiligten Aktionär einer AG oder KGaA (der als „Hauptaktionär" bezeichnet wird, → Rn. 9 ff.), die Minderheitsaktionäre **auch gegen deren Willen und gegen angemessene Abfindung** aus der Gesellschaft „auszuschließen". Obschon der Squeeze Out auf die Übertragung der Aktien der Minderheitsaktionäre auf den Hauptaktionär zielt und es sich bei ihm somit um eine vom Hauptaktionär erzwungene Veräußerung auf Aktionärsebene han-

---

[1] BGBl. 2001 I 3822 (3838); zum WpÜG → § 9a.

delt, binden die §§ 327 a ff. AktG die Gesellschaft und deren Organwalter in diese Transaktion ein, indem sie den Übergang der Aktien und die Entstehung des Abfindungsanspruchs von einem entsprechenden **Hauptversammlungsbeschluss** und dessen Eintragung in das Handelsregister abhängig machen.

Die §§ 327 a ff. AktG sind denn auch in **enger Anlehnung an** die Vorschriften der   2
§§ 320 ff. AktG über die **Mehrheitseingliederung** konzipiert. Im Einzelnen regelt
§ 327 a AktG zunächst die allgemeinen Voraussetzungen des Squeeze Out, darunter
insbes. die Existenz eines Hauptaktionärs einer AG oder KGaA, dessen Verlangen
nach Übertragung der Aktien und einen entsprechenden Beschluss der Hauptversammlung. Höhe, Verzinsung und Sicherstellung der Barabfindung sind in § 327 b
AktG geregelt, Vorbereitung und Durchführung der Hauptversammlung in §§ 327 c
und d AktG. Die Anmeldung und Eintragung des Übertragungsbeschlusses sowie der
Übergang der Aktien auf den Hauptaktionär und das Schicksal etwaiger Aktienurkunden sind Gegenstand des § 327 e AktG. § 327 f AktG schließlich verweist die Minderheitsaktionäre, soweit sie sich gegen die Höhe der vom Hauptaktionär festgesetzten
Abfindung wenden wollen, auf das Spruchverfahren; iÜ können sie den Übertragungsbeschluss nach allgemeinen Grundsätzen anfechten.

Die §§ 327 a ff. AktG haben unmittelbar nach ihrem Inkrafttreten **große praktische**   3
Bedeutung erlangt, wobei der Squeeze Out überwiegend als Vorstufe zu einem ohnehin geplanten Delisting (→ § 9 Rn. 18) praktiziert wird; in jüngerer Zeit ist die Zahl
der Squeeze Outs freilich zurückgegangen.[2] Andere Mechanismen zur Verdrängung
unliebsamer Minderheitsaktionäre, darunter neben der Mehrheitseingliederung
(→ § 10 Rn. 16 ff.) insbes. die „übertragende Auflösung",[3] begegnen nur noch vereinzelt. Obgleich §§ 327 a ff. AktG der Aktionärsminderheit den unfreiwilligen Verlust
des Anteilseigentums zumuten, halten sie verfassungsrechtlicher Überprüfung stand.[4]

II. Squeeze Out-Regelungen jenseits der §§ 327 a ff. AktG

In den letzten Jahren hat der Gesetzgeber zwei weitere Squeeze Out-Tatbestände ge-   4
schaffen (→ Rn. 4 a f.) und zudem für das Übertragungsverlangen des **Finanzmarkt-**
stabilisierungsfonds den in §§ 327 a ff. AktG geregelten aktienrechtlichen Squeeze
Out nicht unwesentlich modifiziert. Letzteres ist in § 12 Abs. 4 FMStBG[5] geschehen.

---

[2] *Schockenhoff/Lumpp* ZIP 2013, 749: mehr als 400 Mal praktiziert; ferner Spindler/Stilz/*Singhof* AktG
§ 327 a Rn. 4; Hölters/*Müller-Michaels* AktG Vor § 327 a Rn. 6; *Heldt/Royé* AG 2012, 660 (667 ff.).

[3] BGHZ 103, 184; OLG Stuttgart ZIP 1995, 1515 und ZIP 1997, 362; BayObLG ZIP 1998, 2002;
näher Emmerich/Habersack Aktien-/GmbH-KonzernR/*Habersack* AktG § 327 a Rn. 10 mwN.

[4] BVerfG BB 2007, 1515; ZIP 2007, 1987; BGH ZIP 2005, 2107 f.; BVerfG AG 2008, 27 f. (aufgelöste
Gesellschaft); BGH NZG 2006, 905; OLG Hamburg ZIP 2004, 2288 (allerdings mit Vorbehalt für
Familiengesellschaften oder Gesellschaften mit kleinem Aktionärskreis); *Wirth/Arnold* AG 2002, 503;
Lenz/Leinekugel, Eigentumsschutz, passim; skeptisch, letztlich die Verfassungsmäßigkeit aber doch bejahend *Schön* FS Ulmer, 2003, 1359 (1383 ff.); s. ferner BVerfG NJW 2001, 279; aA *Hanau* NZG 2002,
1040 (1042 ff.) betreffend vor dem 1. 1. 2002 erworbene Anteile (insoweit Rechtfertigung nur durch
vorangegangenes Übernahme- oder Pflichtangebot); vgl. dazu LG Hamburg AG 2003, 279. – Zur Vereinbarkeit mit der Eigentumsgarantie aus Art. 1 Zusatzprotokoll Nr. 1 Europäischen Menschenrechtskonvention s. *Fleischer/Schoppe* Konzern 2006, 329; GroßkommAktG/*Fleischer* AktG Vor § 327 a
Rn. 57 ff.; zum Stichtag für die Verzinsung der Barabfindung s. noch Fn. 91.

[5] Gesetz zur Beschleunigung und Vereinfachung des Erwerbs von Anteilen an sowie Risikopositionen von
Unternehmen des Finanzsektors durch den Fonds „Finanzmarktstabilisierungsfonds – FMS"
(FMStBG), BGBl. 2008 I 1986.

Nach § 12 Abs. 4 S. 1 FMStBG kann der Fonds ein Übertragungsverlangen schon dann stellen, wenn ihm Aktien der Gesellschaft in Höhe von **90 % des Grundkapitals** gehören.[6] Nach § 12 Abs. 4 S. 2 FMStBG entfällt zudem die Pflicht zur Beschaffung einer Gewährleistungserklärung. § 12 Abs. 4 S. 3 FMStBG bestimmt, dass anstelle der § 327e Abs. 2 AktG, § 319 Abs. 5, 6 AktG die Sondervorschriften des § 7c S. 2–4 FMStBG Anwendung finden, denen zufolge der Beschluss, sofern er nicht offensichtlich nichtig ist, ungeachtet etwaiger Klagen und Anträge auf Erlass einstweiliger Anordnungen unverzüglich einzutragen ist und § 246a Abs. 4 entsprechende Anwendung findet.[7] Nach § 12 Abs. 4 S. 4 FMStBG schließlich hat der Fonds den Aktionären ihre Aktien Zug um Zug gegen Erstattung einer bereits gezahlten Abfindung rückzuübertragen, wenn sich eine gegen die Wirksamkeit des Hauptversammlungsbeschlusses gerichtete Klage als begründet erweist; die Eintragung nach § 7c S. 2 FMStBG verleiht dem Squeeze Out mithin keine Bestandskraft. Im Übrigen finden nach § 12 Abs. 4 S. 5 FMStBG die Vorschriften der §§ 327a ff. AktG auch auf das Übertragungsverlangen des Fonds Anwendung.

4a Was den in Umsetzung des Art. 15 RL 2004/25/EG (→ § 9a Rn. 3ff.) geschaffenen **übernahmerechtlichen Squeeze Out** nach §§ 39a, b WpÜG und das auf Art. 16 RL 2004/25/EG zurückgehende, als **Sell Out** bezeichnete Andienungsrecht der Minderheitsaktionäre aus § 39c WpÜG betrifft,[8] so knüpfen beide an ein vorhergehendes Übernahme- oder Pflichtangebot an (→ § 9a Rn. 8ff., 28ff.). Dem Bieter, dem 95 % des stimmberechtigten Grundkapitals und – bei Existenz von Vorzugsaktien – 95 % des Grundkapitals gehören, soll es ermöglicht werden, sich auch noch eine etwaige Restminderheit zu sichern; die verbleibenden Aktionäre wiederum sollen unter den gleichen Voraussetzungen das Recht haben, dem Bieter die Aktien noch innerhalb von drei Monaten nach Ablauf der Annahmefrist anzubieten. Anders als §§ 327a ff. AktG verzichten §§ 39a ff. WpÜG auf einen Übertragungsbeschluss der Hauptversammlung. Der Ausschluss erfolgt vielmehr durch **Beschluss des LG Frankfurt a. M.,** und zwar auf entsprechenden Antrag des Bieters. Art und Höhe der Abfindung sind im Einzelnen in § 39a Abs. 3 WpÜG geregelt.[9] Was das Verhältnis zwischen dem übernahme- und dem aktienrechtlichen Squeeze Out betrifft, so besteht kein Vorrangverhältnis. Auch dem erfolgreichen Bieter steht also der aktienrechtliche Squeeze Out

---

[6] Näher dazu, insbes. zur verfassungs- und europarechtlichen Beurteilung OLG München ZIP 2011, 1955 (1956ff.); LG München I AG 2011, 211 (212ff.); ZIP 2012, 674ff.; *Bachmann* ZIP 2009, 1249 (1255f.); *Götz* NZG 2010, 412; *Gurlit* NZG 2009, 601.

[7] Vgl. dazu sowie zu § 12 Abs. 4 S. 4 FMStBG *Gurlit* NZG 2009, 601 (606).

[8] Näher dazu *Austmann/Mennicke* NZG 2004, 846; *Deilmann* NZG 2007, 721; *Heidel/Lochner* Konzern 2006, 653; *Paefgen* WM 2007, 765; *Paefgen* FS Westermann, 2008, 1221ff.; *Maul/Muffat-Jeandet* AG 2004, 306 (315ff.); *Hasselbach* ZGR 2005, 387; *Theiselmann* Konzern 2009, 221; *Habersack/Verse* EurGesR § 11 Rn. 34ff.

[9] Für unwiderleglichen Charakter der Vermutung des § 39a Abs. 3 S. 3 WpÜG Begr. RegE, BT-Drs. 16/1003, 22; OLG Stuttgart ZIP 2009, 1058 (1061f.); *Grunewald* NZG 2009, 332; *Seibt/Heiser* AG 2006, 301 (317f.); *Merkt/Binder* BB 2006, 1285 (1291ff.); aA LG Frankfurt a. M. NZG 2008, 665; *Heidel/Lochner* Konzern 2006, 653 (655f.); *Paefgen* WM 2007, 765 (767f.); vgl. auch Habersack/Verse EurGesR § 11 Rn. 40; unentschieden OLG Frankfurt a. M. ZIP 2009, 74 (77); zu den bei Ermittlung der Annahmequote zu berücksichtigenden Aktien s. BGH ZIP 2013, 308; OLG Frankfurt a. M. AG 2012, 635 (638); LG Frankfurt a. M. ZIP 2013, 625; *Seiler/Rath* AG 2013, 252ff. – Zur Verfassungskonformität des übernahmerechtlichen Squeeze Out, insbes. der Vermutung des § 39a Abs. 3 S. 3 WpÜG, s. BVerfG AG 2012, 625 (626ff.); OLG Frankfurt a. M. AG 2012, 635 (638f.); ZIP 2009, 74 (79); aA noch LG Frankfurt a. M. NZG 2008, 665 (666f.) mwN.

zur Verfügung;[10] nach § 39 a Abs. 6 WpÜG ist allein die parallele Durchführung beider Verfahren ausgeschlossen. In der Praxis wird auch nach erfolgreichem Übernahme- oder Pflichtangebot zumeist das Verfahren nach §§ 327 a ff. AktG gewählt.[11]

Der durch das Dritte Gesetz zur Änderung des Umwandlungsgesetzes vom **4b** 11.7.2011[12] in Umsetzung unionsrechtlicher Vorgaben[13] eingefügte § 62 Abs. 5 UmwG sieht die Möglichkeit vor, im Zusammenhang mit der **Verschmelzung** einer AG auf eine AG eine **Restminderheit von bis zu 10%** auszuschließen. Nach § 78 UmwG, Art. 9 Abs. 1 Buchst. c SE-VO stehen der AG die KGaA und die im Inland ansässige SE gleich. Vorausgesetzt ist insbes., dass die übernehmende Gesellschaft mind. 90% des Grundkapitals hält und der Übertragungsbeschluss innerhalb von drei Monaten nach Abschluss des Verschmelzungsvertrags gefasst wird; bei Berechnung des Quorums findet eine Zurechnung nach § 16 Abs. 4, § 327 a Abs. 2 AktG nicht statt.[14] Nach § 62 Abs. 5 S. 7 UmwG wird der Übertragungsbeschluss nur wirksam, wenn es tatsächlich zur Verschmelzung kommt.[15] Der Squeeze Out unterliegt iÜ, dh von den in § 62 Abs. 5 S. 1–6 UmwG geregelten Besonderheiten abgesehen, den §§ 327 a ff. AktG; § 62 Abs. 5 S. 8 UmwG stellt dies ausdrücklich klar. Der Sache nach handelt es sich bei dem umwandlungsrechtlichen Squeeze Out damit um einen **bei Gelegenheit einer Konzernverschmelzung erfolgenden aktienrechtlichen Squeeze Out.**[16] Anders als § 327 a AktG setzt § 62 Abs. 5 UmwG in Bezug auf die übernehmende Gesellschaft zwar die Rechtsform einer AG, KGaA oder SE voraus; doch kann dem – vorbehaltlich missbräuchlicher Gestaltungen (→ Rn. 20 f.) – durch Formwechsel oder Einbringung der Anteile in eine AG, KGaA oder SE Rechnung getragen werden.[17] Auch § 62 Abs. 5 UmwG hält einer verfassungsrechtlichen Überprüfung stand, nicht zuletzt mit Blick auf den Zusammenhang des Squeeze Out mit einer konzerninternen Umstrukturierung.[18]

---

[10] Begr. RegE, BT-Drs. 16/1003, 14.

[11] Für einen Systemvergleich s. namentlich *Deilmann* NZG 2007, 721; *Paefgen* FS Westermann, 2008, 1221 ff.

[12] BGBl. 2011 I 1338; dazu Semler/Stengel/*Diekmann,* Umwandlungsgesetz, 3. Aufl. 2012, UmwG § 62 Rn. 32 c ff.; *Austmann* NZG 2011, 684; *Bungert/Wettich* DB 2011, 1500; *Kiefner/Brügel* AG 2011, 525; *Mayer* NZG 2012, 561; *Neye/Kraft* NZG 2011, 681; *Packi* ZGR 2011, 776; *Schröder/Wirsch* ZGR 2012, 660; *Stephanblome* AG 2012, 814; *Wagner* DStR 2010, 1629.

[13] Art. 28 UAbs. 2 Richtlinie 2011/35/EU des Europäischen Parlaments und des Rates vom 5. April 2011 über die Verschmelzung von Aktiengesellschaften (ABl. Nr. L 110 S. 1, ber. ABl. 2017 Nr. L 14 S. 17), nun aufgegangen in Art. 114 Abs. 2 Richtlinie (EU) 2017/1132 des Europäischen Parlaments und des Rates vom 14. Juni 2017 über bestimmte Aspekte des Gesellschaftsrechts (ABl. Nr. L 169 S. 46); dazu *Habersack/Verse* EurGesR § 8 Rn. 1 ff.

[14] *Austmann* NZG 2011, 684 (689).

[15] Dazu *Neye/Kraft* NZG 2011, 681 (683); zu den Besonderheiten der Verschmelzung in den Fällen des § 62 Abs. 5 UmwG s. *Hofmeister* NZG 2012, 688 ff.

[16] Näher Habersack/Wicke/*Habersack* UmwG § 62 Rn. 41 ff.

[17] OLG Hamburg AG 2012, 639 (641 f.); Habersack/Wicke/*Habersack* UmwG § 62 Rn. 63 mwN.

[18] Die Verfassungskonformität bejahend OLG Hamburg AG 2012, 639 (640 f.); ersichtlich von Verfassungskonformität ausgehend auch OLG Frankfurt a. M. ZIP 2017, 772 (774) OLG Köln AG 2018, 126 (128); zur Verfassungskonformität der §§ 327 a ff. AktG → Rn. 3.

III. Zweck und Anwendungsbereich der §§ 327 a ff. AktG

1. Normzweck

5 Die Vorschriften der §§ 327 a ff. AktG sind ausweislich ihrer Entstehungsgeschichte[19] vor allem vor dem Hintergrund zu sehen, dass die Beteiligung von Minderheitsaktionären aus Sicht der Wirtschaft (die sich der Gesetzgeber zu eigen gemacht hat) „einen erheblichen – kostspieligen – Formalaufwand" darstelle, der sich aus der Beachtung zwingender minderheitsschützender Vorschriften ergebe. „Die Praxis zeige, dass Kleinstbeteiligungen oftmals missbraucht würden, um den Mehrheitsaktionär bei der Unternehmensführung zu behindern und ihn zu finanziellen Zugeständnissen zu veranlassen." Demgegenüber ist die Hauptversammlung beim Fehlen von Minderheitsaktionären eine Vollversammlung, so dass nach § 121 Abs. 6 AktG die Formalitäten der §§ 121 ff. AktG nicht mehr beachtet werden brauchen, Anfechtungsklagen von Minderheitsaktionären naturgemäß ausgeschlossen sind und auch iÜ auf Minderheitsbelange nicht mehr Rücksicht genommen werden muss. Die damit verbundene Steigerung der **Entfaltungsfreiheit des Hauptaktionärs** sei, so die Amtliche Begründung,[20] auch aus rechtsvergleichender Sicht geboten: „Zahlreiche andere Mitgliedstaaten der Europäischen Union verfügen über solche Regelungen, wenn sich auch die Ausgestaltung im Einzelnen unterschiedlich darstellt." Schließlich verstehe sich die Möglichkeit des Squeeze Out auch als Kehrseite zu dem in §§ 35 ff. WpÜG geregelten Pflichtangebot (→ § 9 a Rn. 28 ff.), wenn auch in §§ 327 a ff. AktG die vorherige Abgabe eines Angebots nach dem WpÜG nicht vorausgesetzt und der Anwendungsbereich dieser Vorschriften zudem nicht auf börsennotierte Gesellschaften beschränkt sei.

6 Im Schrifttum ist die Absicht des Gesetzgebers, dem Hauptaktionär die Möglichkeit eines Squeeze Out zu eröffnen, von Anfang an auf große Zustimmung gestoßen.[21] Auch nach Inkrafttreten der Neuregelung dominieren eindeutig die zustimmenden Stellungnahmen.[22] Demgegenüber gilt es freilich zu konstatieren, dass ein anlassunabhängiges, mithin vom Erfordernis eines wichtigen Grundes befreites und nicht im Zusammenhang mit einer Strukturmaßnahme stehendes (→ Rn. 8), zudem unbefristetes (→ Rn. 13) Recht des Hauptaktionärs zum Ausschluss der Minderheit zwar verfassungsrechtlich unbedenklich sein mag (→ Rn. 3), gesellschaftsrechtlich betrachtet dagegen einen **Fremdkörper** darstellt: Es ordnet den Bestandsschutz der Mitgliedschaft dem allgemeinen Leitungsinteresse des Hauptaktionärs unter[23] und reduziert die Posi-

---

[19] S. zum Folgenden Begr. RegE, BT-Drs. 14/7034, 31 f.

[20] Begr. zum RegE, BT-Drs. 14/7034, 32; näher dazu *Baums* Ausschluss S. 24 ff.; *Fleischer* ZGR 2002, 757 (760 ff.).

[21] Vgl. etwa *Baums* Ausschluss S. 127 ff.; *Halm* NZG 2000, 1162 (1164 f.); *Kallmeyer* AG 2000, 59 ff.; *Henze/Hoffmann-Becking/Kiem* S. 329 ff.; *Vetter* ZIP 2000, 1817; zuvor bereits *Kossmann* NZG 1999, 1198; *Than* FS Claussen, 1997, 405 (421 f.); *Schiessl* AG 1999, 442 (451); *Handelsrechtsausschuß des DAV* NZG 1999, 850, 2001, 420 (432 ff.).

[22] *Gesmann-Nuissl* WM 2002, 1205; *Halasz/Kloster* Betr. 2002, 1253; *Krieger/Schneider* BB 2002, 53 (55); *Mülbert* FS Ulmer, 2003, 433 (438 f., 449 f.); *Sieger/Hasselbach* ZGR 2002, 132; *Vetter* AG 2002, 176 ff. (184); MüKoAktG/*Grunewald* AktG Vor § 327 a Rn. 2 ff.; KölnKommAktG/*Koppensteiner* AktG Vor § 327 a Rn. 8; KölnKommWpÜG/*Hasselbach* AktG § 327 a Rn. 2, 7 ff.; *K. Schmidt/Lutter/ Schnorbus* AktG Vor § 327 a Rn. 2 f.; Spindler/Stilz/*Singhof* AktG § 327 a Rn. 6.

[23] Eine auch auf das allgemeine Aktienrecht ausstrahlende Tendenz des Inhalts, dass der mit weniger als 5 % des Grundkapitals beteiligte Aktionär primär als Anleger zu betrachten sei und deshalb vor allem Vermögensschutz genieße, lässt sich den §§ 327 a ff. kaum entnehmen; diese betreffen den Minder-

tion des Minderheitsaktionärs auf einen bloßen Vermögensschutz, ohne dass dies, wie insbes. bei der Mehrheitseingliederung, durch eine konzernintegrative Maßnahme veranlasst wäre.[24] Im Einklang nicht nur mit den meisten Auslandsrechten,[25] sondern auch mit Art. 15 der Übernahmerichtlinie (→ Rn. 4) hätte es sich deshalb angeboten, den Squeeze Out als kapitalmarktrechtliche Maßnahme auszugestalten und zu legitimieren, mithin auf **börsennotierte Gesellschaften** zu beschränken und zudem von einem zeitnah vorangegangenen Übernahme- oder Pflichtangebot abhängig zu machen.[26] Jedenfalls sollte er um ein allgemeines, dh von einem vorangegangenen Übernahmeangebot unabhängigen Andienungsrecht der (bislang allein durch die „Zaunkönigregel" des § 16 Abs. 2 WpÜG und das Andienungsrecht des § 39 c WpÜG und damit iRv Übernahme- und Pflichtangeboten)[27] geschützten Restminderheit ergänzt werden.[28] Keinesfalls strahlen §§ 327 a ff. AktG auf andere Bereiche des Gesellschaftsrechts aus; insbes. besteht kein Anlass, „Hinauskündigungsklauseln" in GmbH-Satzungen oder Gesellschaftsverträgen ausnahmslos zu akzeptieren[29] oder gar die §§ 327 a ff. AktG auf die GmbH entsprechend anzuwenden.[30]

2. Anwendungsbereich und Verhältnis zu §§ 291 ff. AktG

Die Vorschriften der §§ 327 a ff. AktG finden, wie bereits erwähnt (→ Rn. 1, 6), auf die **AG und die KGaA** Anwendung,[31] ohne deren Börsenzulassung oder gar ein dem Ausschluss vorangehendes Übernahmeangebot zu verlangen. Der AG steht nach Art. 10 SE-VO die **SE** gleich. Voraussetzung ist jeweils, dass die Gesellschaft als solche, dh als juristische Person, entstanden ist. In der Vorgesellschaft kommt somit ein 7

---

heitsaktionär vielmehr in der besonderen Situation, dass ein einzelner Aktionär mind. 95 % des Kapitals auf sich vereinigt, und haben zudem den praktischen Regelfall vor Augen, dass die restlichen Anteile gestreut sind; deutlich zu weit gehend *Wolf* ZIP 2002, 153 (156 f.), dem zufolge bei einem Anteil von bis zu 25 % von einer allein vermögensbezogenen Beteiligung des Aktionärs auszugehen sei (sic!); allg. dazu Bayer/Habersack Bd. II/*Habersack/Schürnbrand* S. 889, 922 ff., 941 ff.; s. ferner die Nachw. in Fn. 24.

[24] Allg. zu dieser Entwicklung *Hanau* NZG 2002, 1040, *Zöllner* AG 2002, 585 einerseits, *Mülbert* FS Ulmer, 2003, S. 433 ff. andererseits.

[25] Überblick bei *Forum Europaeum Konzernrecht* ZGR 1998, 672 (734 ff.); *Habersack* ZIP 2001, 1230 (1233); *Sieger/Hasselbach* NZG 2001, 926; *Rühland* Ausschluss S. 132 ff.; Haarmann/Schüppen/*Schüppen/Tretter* AktG Vor § 327 a Rn. 16 ff.; vgl. zu Österreich *Althuber/Krüger* AG 2007, 194; *Koppensteiner* GesRZ 2006, 143.

[26] Näher hierzu *Habersack* ZIP 2001, 1230 (1232 ff.); ähnl. *Fleischer* ZGR 2002, 757 (768 ff.); *Hanau* NZG 2002, 1040 (1043 ff.); de lege ferenda für Beschränkung auf börsennotierte Gesellschaften auch *Bolte* Betr. 2001, 2587 (2590 f.); *Drygala* AG 2001, 291 (297 f.); zu Art. 15 RL 2004/25/EG → Rn. 4.

[27] Nach § 39 WpÜG findet § 16 Abs. 2 WpÜG auf Pflichtangebote keine Anwendung.

[28] Dazu *Forum Europaeum Konzernrecht* ZGR 1998, 672 (736 ff.); *Fleischer* ZGR 2002, 757 (773 f.); *Habersack* ZIP 2001, 1230 (1233); *Hanau* NZG 2002, 1040 (1047).

[29] So aber *Harrer* FS Sonnenberger, 2004, 235 (244 ff.); iErg auch *Heusel/M. Goette* DStR 2015, 1315 ff.; dagegen zutreffend *Fleischer* ZGR 2002, 757 (770). Zur Beurteilung von Hinauskündigungsklauseln im GmbH- und Personengesellschaftsrecht s. BGHZ 164, 98, 164, 107; BGH ZIP 2007, 862 (865 f.); *Habersack/Verse* ZGR 2005, 451, dort auch zur Frage einer Ausübungs- anstelle einer Inhaltskontrolle.

[30] Dafür *von Morgen* WM 2003, 1553 (1558 ff.); dagegen GroßkommAktG/*Fleischer* AktG § 327 a Rn. 8; Heidel/Lochner AktG § 327 a Rn. 1; Haarmann/Schüppen/*Schüppen/Tretter* AktG § 327 a Rn. 4; iErg auch Kölner Emmerich/Habersack Aktien-/GmbH-KonzernR/*Habersack* AktG § 327 a Rn. 2.

[31] Näher Emmerich/Habersack Aktien-/GmbH-KonzernR/*Habersack* AktG § 327 a Rn. 13; zur Unanwendbarkeit der §AktG § 319 ff. AktG auf die KGaA → § 10 Rn. 4.

Squeeze Out nicht in Betracht.[32] Die Auflösung der Gesellschaft hingegen steht der Durchführung des Squeeze Out nicht entgegen.[33]

8 Die §§ 327a ff. AktG sind iÜ in jeder Hinsicht **konzernrechtsneutral** ausgestaltet:[34] Sie setzen erstens nicht voraus, dass zwischen dem Hauptaktionär und der Gesellschaft bei Vornahme des Übertragungsbeschlusses eine Unternehmensverbindung iSd § 15 AktG besteht; der Hauptaktionär muss nicht einmal Unternehmen iSd § 15 AktG sein. Zweitens lassen die Eintragung des Übertragungsbeschlusses und der damit verbundene Übergang der Aktien der Minderheit auf den Hauptaktionär den konzernrechtlichen Status der Gesellschaft unberührt. War die Gesellschaft zwar von dem Hauptaktionär abhängig, aber nicht beherrschungsvertraglich gebunden, so ändert sich hieran durch die Eintragung des Übertragungsbeschlusses nichts; es bleibt dann vielmehr bei der uneingeschränkten Geltung der §§ 311 ff. AktG,[35] was bedeutet, dass der Hauptaktionär kein Weisungsrecht hat und seinen Einfluss nur nach Maßgabe der §§ 311, 317 AktG ausüben darf. Fehlt dem Hauptaktionär gar die Unternehmenseigenschaft, finden vor und nach Durchführung des Squeeze Out die allgemeinen Vorschriften unter Einschluss des uneingeschränkten, auf der Treupflicht basierenden Schädigungsverbots Anwendung. An dieser konzernrechtlichen Ausgangslage vermögen die (wenig glückliche) Verortung der §§ 327a ff. AktG in das den verbundenen Unternehmen gewidmete Dritte Buch des AktG und die (gleichfalls nicht überzeugende) Rollenverteilung zwischen dem Vorstand der Gesellschaft und dem Hauptaktionär iRd Beschlussverfahrens (→ Rn. 13 ff.) nichts zu ändern;[36] beides erklärt sich vielmehr daraus, dass Hauptaktionär und Gesellschaft im praktischen Regelfall verbundene Unternehmen sind.

IV. Voraussetzungen

1. Hauptaktionär

a) Aktionär

9 Zentrale Voraussetzung des Squeeze Out ist die Existenz eines Hauptaktionärs, nach § 327a Abs. 1 S. 1 AktG also eines Aktionärs, dem Aktien der Gesellschaft in Höhe von (mindestens) 95% des Grundkapitals gehören. Besondere Anforderungen an die Person des Hauptaktionärs stellt § 327a AktG nicht. Hauptaktionär kann vielmehr jeder sein, der Mitglied einer AG sein kann,[37] neben natürlichen und juristischen Personen also auch Personenhandelsgesellschaften, Vorgesellschaften und Außengesellschaften bürgerlichen Rechts.[38] **Unerheblich** ist nicht nur die **Rechtsform des Aktionärs**;

---

[32] Emmerich/Habersack Aktien-/GmbH-KonzernR/*Habersack* AktG § 327a Rn. 12f.; ferner Spindler/Stilz/*Singhof* § 327a Rn. 14.

[33] BGH NZG 2006, 905 Rn. 10; Emmerich/Habersack Aktien-/GmbH-KonzernR/*Habersack* AktG § 327a Rn. 12; *Buchta/Ott* DB 2005, 990 (992); aA Kölner Emmerich/Habersack Aktien-/GmbH-KonzernR/*Habersack* AktG § 327a Rn. 2. – Zur Verfassungskonformität s. BVerfG AG 2008, 27.

[34] S. hierzu bereits *Habersack* ZIP 2001, 1230 (1236f.); ferner Grigoleit/*Rieder* AktG § 327a Rn. 13.

[35] Zu deren Anwendbarkeit beim Fehlen von Minderheitsaktionären → § 24 Rn. 19; zur davon abweichenden Rechtslage im GmbH-Recht → § 31 Rn. 1ff.

[36] Vgl. *Habersack* ZIP 2001, 1230 (1236f.); GroßkommAktG/*Fleischer* AktG Vor § 327a Rn. 24; Hüffer/Koch/*Koch* AktG § 327a Rn. 5; K. Schmidt/Lutter/*Schnorbus* AktG Vor § 327a Rn. 18ff.

[37] MüKoAktG/*Grunewald* AktG § 327a Rn. 5; Hüffer/Koch/*Koch* AktG § 327a Rn. 10; Grigoleit/*Rieder* AktG § 327a Rn. 16.

[38] Näher dazu sowie zur Frage, ob Erben- und Gütergemeinschaften Mitglied einer AG sein können, Hüffer/Koch/*Koch* AktG § 2 Rn. 5ff. (10f.); zur fehlenden Rechtsfähigkeit der Erbengemeinschaft s. BGH NJW 2002, 3389; zur GbR s. sogleich im Text.

auch auf das Vorliegen eines inländischen Wohn- oder Verwaltungssitzes kommt es nicht an. Dies deshalb, weil die Minderheitsaktionäre ohnehin nur Anspruch auf Barabfindung haben, deren Leistung aber durch Bankgarantie gesichert ist (→ Rn. 24).[39] Auch die Unternehmenseigenschaft des Hauptaktionärs ist entbehrlich (→ Rn. 8). Nicht erforderlich ist schließlich, dass die Eigenschaft als Hauptaktionär auf ein vorangegangenes Übernahme- oder Pflichtangebot zurückzuführen ist (→ Rn. 6, 11); umgekehrt ist es für das Eingreifen des § 35 WpÜG unerheblich, dass der Bieter über die Möglichkeit des Squeeze Out verfügt (→ Rn. 33).

Was die **Außengesellschaft bürgerlichen Rechts** betrifft, kommt es allein darauf an, dass die Aktien der GbR als solcher „gehören", mithin von dieser selbst als Teil des Gesamthandsvermögens gehalten werden;[40] weitergehende Anforderungen an die Struktur der GbR stellt das Gesetz nicht.[41] Die Folge ist, dass auch Beteiligungspools und Konsortien Hauptaktionär sind, sofern die Gesellschafter ihre Aktien in die GbR eingebracht haben und diese selbst daraufhin eine Beteiligung von 95 % oder mehr hält. Dient die GbR dagegen nur der Koordinierung des Stimmverhaltens ihrer Mitglieder, während diese selbst Inhaber der Aktien bleiben, fehlt es der GbR schon an der Aktionärseigenschaft; Hauptaktionär kann dann allenfalls eines ihrer Mitglieder sein.[42]   10

b) Kapitalmehrheit

Hauptaktionär ist nur, wem Aktien in Höhe von mind. 95 % des Grundkapitals gehören. Vorbehaltlich der in § 327a Abs. 2 AktG ausdrücklich für anwendbar erklärten Abs. 2 und 3 des § 16 AktG[43] und entsprechend der Rechtslage bei der Eingliederung (→ § 10 Rn. 7, 17) müssen die Aktien im **Eigentum** des das Übertragungsverfahren betreibenden Aktionärs stehen; beim Fehlen von Aktienurkunden kommt es auf die Zuordnung der Mitgliedschaften an.[44] Unerheblich ist die **Art des Erwerbs.**[45] Auf Übertragung von Aktien gerichtete Ansprüche genügen dagegen ebenso wenig wie noch auszuübende oder zwar ausgeübte, aber nicht bediente Erwerbsoptionen.[46] Entsprechende Bezugsrechte sind umgekehrt bei der Berechnung der Kapitalmehrheit   11

---

[39] MüKoAktG/*Grunewald* AktG § 327a Rn. 5; Hüffer/Koch/*Koch* § 327a Rn. 10; *Sieger/Hasselbach* ZGR 2002, 120 (133). – Zur davon abweichenden Rechtslage bei der Mehrheitseingliederung → § 10 Rn. 30ff.

[40] So auch MüKoAktG/*Grunewald* AktG § 327a Rn. 5; KölnKommAktG/*Koppensteiner* AktG § 327a Rn. 4; Hüffer/Koch/*Koch* AktG § 327a Rn. 16.

[41] Zur Rechtsfähigkeit der GbR s. BGHZ 146, 341; BGH ZIP 2002, 614; zur Geltung dieser Rechtsprechung für sämtliche Außengesellschaften bürgerlichen Rechts s. MüKoBGB/*Schäfer* BGB § 705 Rn. 306; *Habersack* BB 2001, 477 (478f.); *Hadding* ZGR 2001, 712 (716f.); offen gelassen von BGH BB 2006, 2490 (2491).

[42] S. neben den Nachw. in Fn. 40 noch *Angerer* BKR 2002, 260 (267); *Maslo* NZG 2004, 163 (165); *Sieger/Hasselbach* ZGR 2002, 120 (138); GroßkommAktG/*Fleischer* AktG § 327a Rn. 35; aA – für Squeeze Out bei gemeinsamer Beherrschung – *Mertens* AG 2002, 377 (379f.); wohl auch *Baums* Ausschluss S. 143f.

[43] Zu den hiermit verbundenen Fragen s. Emmerich/Habersack Aktien-/GmbH-KonzernR/*Habersack* AktG § 327a Rn. 17.

[44] BGHZ 180, 154 Rn. 8.

[45] BGHZ 180, 154 Rn. 9, 15; Hüffer/Koch/*Koch* AktG § 327a Rn. 10; speziell zum Wertpapierdarlehen *Kort* AG 2006, 557; *Rieder* ZGR 2009, 981 (988ff.); *Schäfer/Dette* NZG 2009, 1 (5, 7); *Kumpan/Mittermeier* ZIP 2009, 404 (407); dazu noch → Rn. 27, 29.

[46] K. Schmidt/Lutter/*Schnorbus* AktG § 327a Rn. 8ff.; Spindler/Stilz/*Singhof* AktG § 327a Rn. 16; *Grunewald* ZIP 2002, 18; *Fleischer* ZGR 2002, 757 (776); *Halasz/Kloster* Betr. 2002, 1251 (1255); *Sieger/Hasselbach* ZGR 2002, 120 (138); *Wilsing/Kruse* ZIP 2002, 1465 (1467) (mit Vorbehalt für ausgeübte,

auch dann nicht zu berücksichtigen, wenn sie nicht dem Hauptaktionär, sondern einem Dritten zustehen.[47] Bei aufschiebend bedingter Übereignung muss die Bedingung eingetreten sein, sollen die Aktien Berücksichtigung finden können. Umgekehrt ist es unschädlich, dass der Aktionär in Bezug auf die ihm dinglich zugeordneten Aktien schuldrechtlichen Bindungen unterliegt oder die Aktien verpfändet oder mit einem Nießbrauch belastet sind,[48] ebenso, dass er nur auflösend bedingt erworben oder bereits aufschiebend bedingt verfügt hat, solange nur die Bedingung nicht ein getreten ist. Der Übertragungsbeschluss kann zwar von Fall zu Fall treuwidrig und damit anfechtbar sein (→ Rn. 20 f.). Das dem Aufbau der erforderlichen Beteiligung dienende Erwerbsgeschäft wird hierdurch allerdings, vom Sonderfall der Sittenwidrigkeit abgesehen, nicht berührt.[49]

12 Die für den Squeeze Out erforderliche Kapitalmehrheit des Hauptaktionärs muss nach dem eindeutigen Wortlaut des § 327a Abs. 1 S. 1 AktG bereits im Zeitpunkt des Verlangens nach Beschlussfassung[50] und auch noch bei Vornahme des Übertragungsbeschlusses[51] vorliegen. Darüber hinaus ist, da das Beteiligungserfordernis nicht auf den Hauptversammlungsbeschluss bezogen, sondern als eigenständige materiell-rechtliche Voraussetzung des Squeeze Out anzusehen ist, zu verlangen (und vom Registergericht zu prüfen), dass die erforderliche Kapitalmehrheit noch bei dem für den Aktienerwerb maßgebenden **Zeitpunkt der Eintragung in das Handelsregister** gegeben ist.[52] Dagegen ist es für den Eintritt der Rechtsfolgen des § 327e Abs. 3 AktG unschädlich, dass der Hauptaktionär nach Eintragung des Übertragungsbeschlusses seine Beteiligung ganz oder teilweise überträgt und in der Folge gar weniger als 95% des Kapitals hält: Sofern nicht ein Tatbestand der Treupflichtverletzung gegeben ist (→ Rn. 21), sind nach Eintragung vorgenommene Verfügungen des Hauptaktionärs über seine Aktien gänzlich irrelevant.[53] Der Hauptaktionär kann zudem, nachdem er einen Teil seiner Aktien übertragen oder er auf sein Bezugsrecht verzichtet und statt seiner ein anderer Aktien gezeichnet hat, **erneut** einen **Squeeze Out** initiieren. Verfügt der Hauptaktionär nicht über die erforderliche Kapitalbeteiligung, ist der Übertragungsbeschluss nichtig (→ Rn. 20).

---

aber noch nicht bediente Optionen); aA – für Berücksichtigung von nach § 320b AktG geschuldeten Aktien – *Schiffer/Rossmeier* Betr. 2002, 1359 (1361).
[47] AA LG Düsseldorf ZIP 2004, 1755 (1757).
[48] KölnKommAktG/*Koppensteiner* AktG § 327a Rn. 10; für das Wertpapierdarlehen BGHZ 180, 154 Rn. 8; zur Unschädlichkeit der Verpfändung s. OLG München ZIP 2009, 416 (419f.).
[49] MüKoAktG/*Grunewald* AktG § 327a Rn. 8.
[50] BGHZ 189, 32 Rn. 26; OLG Düsseldorf NZG 2004, 328 (331); OLG Köln Konzern 2004, 30 (32); *Sieger/Hasselbach* ZGR 2002, 120 (138); KölnKommWpÜG/*Hasselbach* AktG § 327a Rn. 58a.
[51] Wohl unstr., s. BGHZ 189, 32 Rn. 26; OLG Düsseldorf NZG 2004, 328 (331); KölnKommWpÜG/ Hasselbach AktG § 327a Rn. 58; Grigoleit/*Rieder* AktG § 327a Rn. 21; AGS/*Grzimek* WpÜG § 327a Rn. 52.
[52] Emmerich/Habersack Aktien-/GmbH-KonzernR/Habersack AktG § 327a Rn. 18; Spindler/Stilz/*Singhof* AktG § 327a Rn. 18; *Fuhrmann/Simon* WM 2002, 1211 (1212); aA OLG München ZIP 2009, 416 (420); LG München I AG 2008, 904 (906f.); GroßkommAktG/*Fleischer* AktG § 327a Rn. 21; MüKoAktG/*Grunewald* AktG § 327a Rn. 10; KölnKommWpÜG/Hasselbach AktG § 327e Rn. 58; K. Schmidt/Lutter/*Schnorbus* AktG § 327a Rn. 15; Grigoleit/*Rieder* AktG § 327a Rn. 21.
[53] BGHZ 180, 154 Rn. 9; OLG Düsseldorf NZG 2004, 328 (331); *Krieger/Schneider* BB 2002, 53 (62).

2. Verlangen des Hauptaktionärs

Die Hauptversammlung kann einen Übertragungsbeschluss nur fassen, wenn der   13
Hauptaktionär dies zuvor verlangt hat. Dieses Verlangen hat als Teil des Ausschlussver-
fahrens korporationsrechtlichen Charakter.[54] Es ist gegenüber der durch ihren Vorstand vertretenen AG zu erklären; § 78 Abs. 2 S. 2 AktG findet Anwendung.[55] Eine
besondere Form ist in § 327a Abs. 1 AktG nicht vorausgesetzt.[56] Bei Unwirksamkeit
des Verlangens ist der Übertragungsbeschluss anfechtbar.[57] Das Verlangen braucht
nicht im zeitlichen Zusammenhang mit dem Erwerb der nach § 327a Abs. 1 S. 1
AktG erforderlichen Kapitalmehrheit erklärt werden;[58] in einem längeren Zuwarten
des Hauptaktionärs kann auch noch keine Treupflichtverletzung gesehen werden
(→ Rn. 20 f.).

Ein wirksames Verlangen **verpflichtet die Gesellschaft,** die sich ihrerseits des Vor-   14
stands bedient,[59] zur Einberufung einer Hauptversammlung, und zwar mit dem Verlangen des Hauptaktionärs als Gegenstand der Beschlussfassung iSd § 124 Abs. 1
AktG. Auch die weitere Abwicklung des Übertragungsverfahrens liegt in den Händen
des Vorstands, obschon dieses im ausschließlichen Interesse des Hauptaktionärs
durchgeführt wird und auf eine (außerhalb der Gesellschaftsebene angesiedelte) Transaktion im Aktionärskreis zielt. Dies läuft zwar der auch im einfachen Konzern bestehenden Weisungsunabhängigkeit des Vorstands zuwider,[60] ist aber de lege lata hinzunehmen. Zur Einberufung einer außerordentlichen Hauptversammlung ist der
Vorstand allerdings nur dann verpflichtet, wenn das Interesse der Gesellschaft (nicht
das des Hauptaktionärs) eine sofortige Beschlussfassung gebietet.[61] Sofern nicht der
Hauptaktionär die Kosten einer außerordentlichen Hauptversammlung übernimmt[62]
oder der Hauptaktionär von einem beherrschungsvertraglichen Weisungsrecht Gebrauch macht, ist deshalb im Allgemeinen iRd nächsten ordentlichen Hauptversammlung über das Übertragungsbegehren zu beschließen. Bei dem nach § 124 Abs. 3 AktG
abzugebenden Vorschlag zur Beschlussfassung haben sich Vorstand und Aufsichtsrat
am Interesse der Gesellschaft zu orientieren; eine Pflicht, das Übertragungsbegehren
zu unterstützen, lässt sich aus § 327a AktG nicht herleiten.[63] Bleibt der Vorstand un-
tätig, kann der Hauptaktionär nach § 122 AktG vorgehen.[64]

---

54 OLG Düsseldorf AG 2010, 711 (713).
55 Hüffer/Koch/*Koch* AktG § 327a Rn. 11; iErg auch KölnKommAktG/*Koppensteiner* AktG § 327a
Rn. 14, der freilich den Vorstand selbst als Adressaten ansieht.
56 OLG Köln Konzern 2004, 30 (32); OLG Stuttgart AG 2009, 204 (207).
57 MüKoAktG/*Grunewald* AktG § 327a Rn. 12; Grigoleit/*Rieder* AktG § 327a Rn. 25; vgl. aber auch
OLG Köln Konzern 2004, 30 (32 f.): fehlende Relevanz des Verstoßes, wenn Verlangen alsbald wiederholt wird und schutzwürdige Interessen der Minderheitsaktionäre gewahrt sind; weitergehend – für
Nichtigkeit – KölnKommAktG/*Koppensteiner* AktG § 327a Rn. 14.
58 Rechtspolitische Kritik bei *Fleischer* ZGR 2002, 757 (768 f.).
59 So auch MüKoAktG/*Grunewald* AktG § 327a Rn. 13; GroßkommAktG/*Fleischer* AktG § 327a
Rn. 60; aA – Pflicht des Vorstands gegenüber dem Hauptaktionär – Spindler/Stilz/*Singhof* AktG
§ 327a Rn. 19; *Sieger/Hasselbach* ZGR 2002, 120 (142).
60 Näher *Habersack* ZIP 2001, 1230 (1237).
61 OLG Stuttgart AG 2009, 204 (210); MüKoAktG/*Grunewald* AktG § 327a Rn. 13; KölnKommAktG/
Koppensteiner AktG § 327a Rn. 16.
62 Zu dieser Möglichkeit s. die Nachw. in voriger Fn.
63 So auch Hüffer/Koch/*Koch* AktG § 327a Rn. 11b; MüKoAktG/*Grunewald* AktG § 327a Rn. 13.
64 So auch Hüffer/Koch/*Koch* AktG § 327a Rn. 11a; MüKoAktG/*Grunewald* AktG § 327a Rn. 13.

3. Übertragungsbeschluss

a) Überblick und rechtspolitische Bewertung

15 Das Verlangen des Hauptaktionärs vermag als solches den Erwerb der Aktien der Minderheitsaktionäre nicht zu bewirken. Nach § 327 a Abs. 1 S. 1 AktG bedarf es hierzu vielmehr eines Übertragungsbeschlusses der Hauptversammlung, dessen **Eintragung** sodann nach § 327 e Abs. 3 AktG den Übergang der Aktien auf den Hauptaktionär zur Folge hat. Für die erforderliche **Information der Aktionäre** sorgen §§ 327 c, 327 d AktG. Die Eintragung des Beschlusses ist Gegenstand des § 327 e AktG, der in Abs. 2 auf die Vorschriften des § 319 Abs. 5, 6 AktG über die **Registersperre** und das **Freigabeverfahren** verweist[65] und in Abs. 3 mit dem Übergang aller Aktien der Minderheitsaktionäre auf den Hauptaktionär die wesentliche Rechtsfolge der Eintragung statuiert (→ Rn. 23).

16 Das Erfordernis eines Hauptversammlungsbeschlusses ist zwar rechtspolitisch umstritten.[66] Vor dem Hintergrund, dass der Squeeze Out den Charakter eines Zwangsverkaufs hat und damit auf eine Transaktion auf Aktionärsebene gerichtet ist (→ Rn. 1, 23), ist die weitgehende Anlehnung an das Recht der **Mehrheitseingliederung** in der Tat **kaum sachgerecht**. Es kommt hinzu, dass die durch das Beschlusserfordernis eröffnete Möglichkeit der Anfechtung angesichts des reduzierten Beschlussinhalts, der Entbehrlichkeit einer sachlichen Rechtfertigung des Übertragungsbegehrens und der in § 327 f AktG vorgesehenen Verlagerung des Abfindungsstreits in das Spruchverfahren ohnehin wenig effektiv ist. Gleichwohl ist die gesetzgeberische Konzeption hinzunehmen.

b) Inhalt des Beschlusses

17 Nach § 327 a Abs. 1 S. 1 AktG beschließt die Hauptversammlung die Übertragung der Aktien der Minderheitsaktionäre auf den Hauptaktionär gegen Gewährung einer angemessenen Barabfindung. Was zunächst das auf **Übertragung** gerichtete Element des Beschlusses betrifft, so ist es im Zusammenhang mit § 327 e Abs. 3 AktG zu sehen, wonach die Aktien mit Eintragung des Beschlusses kraft Gesetzes auf den Hauptaktionär übergehen. Der Übertragungsbeschluss ist somit nur Voraussetzung eines gesetzlichen Erwerbstatbestands;[67] nicht dagegen überträgt der Beschluss die Aktien selbst. Der Beschluss muss sich auf **sämtliche Aktien** der Minderheitsaktionäre beziehen, darf also nicht auf einen Teil derselben beschränkt sein.[68] Der **Hauptaktionär** ist im Beschluss nicht nur als solcher zu bezeichnen, sondern durch Angabe von Firma und Sitz zu individualisieren.[69]

---

[65] Näher dazu → § 10 Rn. 13 ff.; speziell zur Frage eines vorrangigen Vollzugsinteresses der Gesellschaft OLG Bremen AG 2013, 643 (646 f.); Emmerich/Habersack Aktien-/GmbH-KonzernR/*Habersack* AktG § 327 e Rn. 7; Hüffer/Koch/*Koch* AktG § 327 e Rn. 3 b; Spindler/Stilz/*Singhof* AktG § 327 e Rn. 7; K. Schmidt/Lutter/*Schnorbus* AktG § 327 e Rn. 15, 17; sehr weitgehend OLG Frankfurt a. M. AG 2010, 212 (213); ZIP 2008, 1968 (1969); OLG Düsseldorf AG 2009, 535 (538); OLG Hamm AG 2011, 136 (138); OLG Köln AG 2015, 39 f.

[66] Krit. *Habersack* ZIP 2001, 1230 (1236 ff.); *Kallmeyer* AG 2000, 59; *Schiessl* AG 1999, 442 (452); *Vetter* ZIP 2000, 1817 (1819 ff.); *Vetter* Betr. 2001, 743 ff.; *Rühland* Ausschluss S. 205 ff.; zust. dagegen Köln-KommAktG/*Koppensteiner* AktG § 327 a Rn. 18; Hüffer/Koch/*Koch* AktG § 327 a Rn. 12; Spindler/Stilz/*Singhof* AktG § 327 a Rn. 20; *Handelsrechtsausschuss des DAV* NZG 2001, 420 (431).

[67] Hüffer/Koch/*Koch* AktG § 327 a Rn. 13; Grigoleit/*Rieder* AktG § 327 a Rn. 26.

[68] Wohl einhellige Meinung, s. *Fuhrmann/Simon* WM 2002, 1211 (1214).

[69] Bei einer natürlichen Person sind Name und Adresse anzugeben; näher dazu Emmerich/Habersack Aktien-/GmbH-KonzernR/*Habersack* AktG § 327 c Rn. 5.

Die im Übertragungsbeschluss anzugebende **Barabfindung** (→ Rn. 24 ff.) gleicht 18
nach § 327a Abs. 1 S. 1 AktG den Verlust der Mitgliedschaft aus und steht deshalb allein denjenigen Aktionären zu, die einen Rechtsverlust erleiden, mithin nicht denjenigen Aktionären, deren Aktienbesitz dem Hauptaktionär nach § 16 Abs. 2 und 4 AktG
zugerechnet wird.[70] Die Minderheitsaktionäre brauchen (und können häufig) im Beschluss nicht namentlich genannt werden. Auch die Modalitäten der Abwicklung und
die vom Hauptaktionär zu stellende Garantie (→ Rn. 24) müssen nach dem Wortlaut
des § 327a Abs. 1 S. 1 AktG nicht in den Beschluss aufgenommen werden; der Be-
schlussvorschlag sollte allerdings entsprechende Angaben enthalten.[71] **Schuldner** der
Abfindung ist, wie sich schon aus dem Charakter des Squeeze Out, aber auch aus
§ 327b Abs. 3 AktG ergibt, nicht die Gesellschaft, sondern der Hauptaktionär. Im Beschluss muss dies nicht klargestellt werden; es genügt die Angabe einer Zahlstelle, die
sodann auf Rechnung des Hauptaktionärs handelt.

c) Mehrheitserfordernis

Der Übertragungsbeschluss unterliegt, sofern nicht die §§ 327c ff. AktG Abweichen- 19
des bestimmen, den allgemeinen Regeln und bedarf deshalb nach § 133 Abs. 1 AktG
nur der **einfachen Mehrheit**.[72] Von Bedeutung ist dies in Fällen, in denen der Hauptaktionär die nach § 327a Abs. 1 S. 1 AktG erforderliche Kapitalmehrheit nur unter
Berücksichtigung von Vorzugsaktien aufbringt, seine Stimmkraft also hinter der Kapitalbeteiligung zurückbleibt. Denkbar ist auch, dass der Hauptaktionär einer nicht börsennotierten Gesellschaft auf Grund von Höchststimmrechten (§ 134 Abs. 1 S. 2
AktG) nicht einmal über die einfache Stimmenmehrheit verfügt, stimmberechtigte
Minderheitsaktionäre sich aber dem Übertragungsbegehren anschließen. Der Hauptaktionär unterliegt keinem Stimmverbot.[73] **Vorzugsaktionäre** haben, obschon auch
ihre Aktien Gegenstand der Übertragung sind, kein Stimmrecht; auch ein Sonderbeschluss ist nicht erforderlich.[74]

d) Beschlussmängel

Der Übertragungsbeschluss kann, wie jeder andere Beschluss auch, nichtig oder an- 20
fechtbar sein.[75] Er kann sowohl an einem Verfahrensfehler als auch an einem Inhalts-
mangel leiden; auch kann es an einem wirksamen Übertragungsverlangen oder an der
erforderlichen Kapitalbeteiligung des Hauptaktionärs fehlen.[76] Der Übertragungs-

---

[70] Begr. RegE, BT-Drs. 14/7034, 72; BGHZ 180, 154 Rn. 14; OLG Düsseldorf AG 2005, 293 (297);
K. Schmidt/Lutter/*Schnorbus* AktG § 327a Rn. 22.

[71] Zu Beschlussvorschlägen s. *Fuhrmann/Simon* WM 2002, 1211 (1214); *Vossius* ZIP 2002, 511 (515 f.).

[72] MüKoAktG/*Grunewald* AktG § 327a Rn. 15; Spindler/Stilz/*Singhof* AktG § 327a Rn. 23; K. Schmidt/
Lutter/*Schnorbus* AktG § 327a Rn. 22; *Vetter* AG 2002, 176 (186).

[73] Hüffer/Koch/*Koch* AktG § 327a Rn. 14; KölnKommAktG/*Koppensteiner* AktG § 327a Rn. 23;
K. Schmidt/Lutter/*Schnorbus* AktG § 327a Rn. 23; *Gesmann-Nuissl* WM 2002, 1205 (1210); *Kiem* in
Henze/Hoffmann-Becking S. 329 (339 ff.); *Krieger/Schneider* BB 2002, 53 (55).

[74] OLG Düsseldorf AG 2005, 293 (297); OLG Hamm ZIP 2005, 1457 (1463); MüKoAktG/*Grunewald*
AktG § 327a Rn. 15; *Fuhrmann/Simon* WM 2002, 1211 (1213). – Zur Verfassungskonformität s.
BVerfG ZIP 2007, 1987; zw.d noch LG Frankfurt a. M. NZG 2004, 672 (675).

[75] Zusammenstellung der in Betracht kommenden Beschlussmängel in Emmerich/Habersack Aktien-/
GmbH-KonzernR/*Habersack* AktG § 327f Rn. 3 ff.

[76] Zur Nichtigkeit bei Nichtvorliegen der erforderlichen Kapitalbeteiligung s. KG NZG 2005, 224 (226);
OLG München AG 2007, 173 (174); Emmerich/Habersack Aktien-/GmbH-KonzernR/*Habersack*

beschluss bedarf allerdings **keiner sachlichen Rechtfertigung.**[77] Der Gesetzgeber hat vielmehr den typischen Mehrheits-/Minderheitskonflikt zum Anlass dafür genommen, die mitgliedschaftlichen Belange der Minderheitsaktionäre dem Leitungsinteresse des Hauptaktionärs unterzuordnen, und damit die Abwägung der widerstreitenden Interessen selbst vorgenommen;[78] für eine am Maßstab der Erforderlichkeit und Verhältnismäßigkeit ausgerichtete materielle Kontrolle des Übertragungsbeschlusses ist vor diesem Hintergrund und ungeachtet der rechtspolitischen Bedenken, die gegenüber der Konzeption und dem weiten Anwendungsbereich der §§ 327a ff. AktG anzumelden sind, kein Raum. Dies gilt auch für nicht börsennotierte Gesellschaften; den Gedanken, den Aktionären einer börsenfernen Gesellschaft entsprechend § 237 Abs. 1 S. 2 AktG Bestandsschutz zuteilwerden zu lassen,[79] hat der Gesetzgeber nicht aufgegriffen. Hieran ist selbst für den Fall festzuhalten, dass die restlichen Anteile nicht breit gestreut, sondern von einem einzigen Aktionär gehalten werden.

21 Stets bedarf es somit des Hinzutretens **besonderer Umstände,** soll der Übertragungsbeschluss inhaltlich zu beanstanden sein.[80] Indifferent sind zunächst Art und Weise sowie beabsichtige Dauer des Aktienerwerbs (→ Rn. 11 f.). Insbes. vermag ein nur **vorübergehender Erwerb** den Einwand des Rechtsmissbrauchs grds. nicht zu begründen.[81] Dies gilt zunächst für die Bündelung von Aktien in der Hand eines einzelnen Aktionärs, sei es im Wege treuhänderischer Übertragung auf einen Altaktionär oder durch Einbringung in eine eigens geschaffene Gesellschaft (→ Rn. 10). Aber auch

AktG § 327f Rn. 3 mwN; zur Eingliederung → § 10 Rn. 8, 24; offengelassen von BGHZ 189, Rn. 27; OLG Düsseldorf NZG 2004, 328 (331).

[77] BGH NZG 2006, 905 Rn. 10; BGHZ 180, 154 Rn. 14; KG AG 2010, 166 (170); OLG Karlsruhe AG 2007, 92; OLG Düsseldorf NZG 2004, 328 (331); OLG Köln AG 2004, 39 (40); LG Hamburg NZG 2003, 787 (789); K. Schmidt/Lutter/*Schnorbus* AktG § 327f Rn. 12; Spindler/Stilz/*Singhof* AktG § 327a Rn. 24; Hölters/*Müller-Michaels* AktG § 327a Rn. 20; Grigoleit/*Rieder* AktG § 327a Rn. 26; Henssler/Strohn/*Wilsing* AktG § 327a Rn. 5; Wachter/*Rothley* AktG § 327a Rn. 19; *Fleischer* ZGR 2002, 757 (784); *Kort* ZIP 2006, 1519 (1520); *Lieder/Stange* Konzern 2008, 617 (619f.); *Schäfer/Dette* NZG 2009, 1 (4).

[78] Allg. dazu und mwN Hüffer/Koch/*Koch* AktG § 243 Rn. 21ff.; speziell zu § 327a BGHZ 180, 154 Rn. 14; dazu auch BVerfG AG 2008, 27 (28).

[79] *Habersack* ZIP 2001, 1230 (1235); s. ferner *Fleischer* ZGR 2002, 757 (770ff.); *Hanau* NZG 2002, 1040 (1042ff.).

[80] Näher zum Folgenden Emmerich/Habersack Aktien-/GmbH-KonzernR/*Habersack* AktG § 327a Rn. 27ff., GroßkommAktG/*Fleischer* AktG § 327a Rn. 76ff., Spindler/Stilz/*Singhof* AktG § 327a Rn. 25ff., jew. mwN; im Ausgangspunkt auch KG AG 2010, 166 (170); OLG Köln NZG 2018, 459 Rn. 34ff.; OLG München ZIP 2008, 2117 (2121); OLG Stuttgart AG 2008, 464 (465f.); LG Stuttgart DB 2005, 327f.; *Fleischer* ZGR 2002, 757 (785ff.); *Rieder* ZGR 2009, 981 (994ff.); wohl auch BGHZ 180, 154 Rn. 17; bereits im Ausgangspunkt anders *Schäfer/Dette* NZG 2009, 1 (7), denen zufolge sich der Einwand des Rechtsmissbrauchs (nur) gegen das Übertragungsverlangen richte, was mit § 327e Abs. 1 S. 1 AktG (konstitutive Wirkung der Eintragung des Beschlusses) kaum zu vereinbaren ist; anders auch *Hüffer,* AktG, 10. Aufl. 2012, AktG § 327a Rn. 12, der bei dem Mehrheitserwerb selbst ansetzt und davon ausgeht, dieser könne missbräuchlich und unbeachtlich sein.

[81] Überzeugend BGHZ 180, 154 Rn. 15f.; *Fröde* NZG 2007, 729 (734); *Kort* AG 2006, 557 (560); *Krieger/Schneider* BB 2002, 53 (62); *Kumpan/Mittermeier* ZIP 2009, 404 (406f.); *Markwardt* BB 2004, 277 (285); *Schäfer/Dette* NZG 2009, 1 (5); Spindler/Stilz/*Singhof* AktG § 327a Rn. 26; K. Schmidt/Lutter/*Schnorbus* AktG § 327f Rn. 15; Hüffer/Koch/*Koch* AktG § 327a Rn. 22; Grigoleit/*Rieder* AktG § 327f Rn. 7; zur Unschädlichkeit der Verpfändung der Aktien s. OLG München ZIP 2009, 416 (419f.); aA MüKoAktG/*Grunewald* AktG § 327a Rn. 20f.; *Halasz/Kloster* DB 2002, 1253 (1255f.); *Bolte* DB 2001, 2587 (2589f.); *Baums* Ausschluss S. 140ff.; sympathisierend OLG Düsseldorf NZG 2004, 328 (331).

beim **Wertpapierdarlehen** liegt Rechtsmissbrauch grds. auch dann nicht vor, wenn der wirtschaftliche Wert der Aktien beim Darlehensgeber bleibt.[82] Dies folgt zunächst daraus, dass § 327a Abs. 1 S. 1 AktG nicht auf die Art des Erwerbs abstellt und den Squeeze Out zudem nicht davon abhängig macht, dass der Hauptaktionär dauerhaft alleiniger Aktionär bleibt (→ Rn. 11f.). Maßgebend ist zudem die Überlegung, dass das Erfordernis einer „Haltefrist" oder einer sonstigen „Verfestigung" der Kapitalmehrheit die Verwirklichung des Primärzwecks der §§ 327a ff. AktG – die Stärkung der unternehmerischen Entfaltungsfreiheit (→ Rn. 5f.) – vereiteln würde, ohne der Minderheit letztlich einen Bestandsschutz gegenüber einem Squeeze Out verleihen zu können.[83]

Auch begründet es keinen Missbrauch, dass der Squeeze Out die **Verfolgung von** 21a **Schadensersatzansprüchen** der Gesellschaft durch Minderheitsaktionäre oder besondere Vertreter vereiteln soll, soweit die Schadensersatzansprüche bei Bemessung der nach § 327b AktG geschuldeten Abfindung berücksichtigt werden können.[84] In Betracht kommt der Einwand der Treuwidrigkeit hingegen, wenn der Beschluss in engem zeitlichen Zusammenhang mit einem **Formwechsel** der Gesellschaft in die Rechtsform der AG steht.[85] Auch kann das Übertragungsbegehren des Hauptaktionärs ein treuwidriges **venire contra factum proprium** darstellen, etwa dann, wenn die Minderheitsaktionäre erst kurz zuvor vom Hauptaktionär zum Erwerb der Aktien veranlasst worden sind.[86] Entsprechendes gilt, wenn der Hauptaktionär mit dem Übertragungsbegehren gegen vertragliche Absprachen mit den Minderheitsaktionären verstößt; da der Squeeze Out auf eine auf Aktionärsebene angesiedelte Zwangsmaßnahme zielt, müssen derartige Absprachen auch iRd Beschlussanfechtung Berücksichtigung finden können.[87]

---

[82] BGHZ 180, 154 Rn. 15; s. ferner neben den Nachw. in voriger Fn. *Kort* ZIP 2006, 1519 (1521f.); *Kort* WM 2006, 2149; *Rieder* ZGR 2009, 981 (988ff.); Grigoleit/*Rieder* AktG § 327f Rn. 7; aA noch OLG München AG 2007, 173 (175ff.); NZG 2006, 398 (399); LG Landshut NZG 2006, 400; GroßkommAktG/*Fleischer* AktG § 327a Rn. 80; *Lieder/Stange* Konzern 2008, 617 (620ff.).

[83] BGHZ 180, 154 Rn. 15.

[84] OLG Frankfurt a. M. AG 2010, 368 (376); OLG München ZIP 2008, 2117 (2121); MüKoAktG/*Grunewald* AktG § 327a Rn. 29 mwN; aA OLG Köln NZG 2018, 459 Rn. 28ff., das die Eintragung nur im Hinblick auf die Zusage, Schadensersatzansprüche iRd Spruchverfahrens anzuerkennen, freigibt; krit. einerseits *Florstedt* ZIP 2018, 1661 (1666ff.), andererseits *Goslar* EWiR 2018, 139 (140).

[85] Näher Emmerich/Habersack Aktien-/GmbH-KonzernR/*Habersack* AktG § 327a Rn. 29; so im Grundsatz auch MüKoAktG/*Grunewald* AktG § 327a Rn. 24; Spindler/Stilz/*Singhof* AktG § 327a Rn. 27; Hüffer/Koch/*Koch* AktG § 327a Rn. 21; Hölters/*Müller-Michaels* AktG § 327a Rn. 23; *Fleischer* ZGR 2002, 757 (787); *Gesmann/Nuissl* WM 2002, 1205 (1210); *Krieger/Schneider* BB 2002, 53 (61f.); *Schröder/Wirsch* ZGR 2012, 660 (667ff.); aA OLG Hamburg AG 2012, 639 (641f.) (betr. § 62 Abs. 5 UmwG, → Rn. 4b); OLG Hamburg BB 2008, 2199 (2200f.) mAnm *Wilsing/Kruse* (Verschmelzung); *Angerer* BKR 2002, 260 (267); KölnKommAktG/*Hasselbach* AktG § 327a Rn. 84; K. Schmidt/Lutter/*Schnorbus* AktG § 327f Rn. 18; *Harrer* FS Sonnenberger, 2004, 235 (246); *Markwardt* BB 2004, 277 (283); *v. Morgen* WM 2003, 1553 (1560); *Pluskat* NZG 2007, 725ff.; *Rieder* ZGR 2009, 981 (995f.); Grigoleit/*Rieder* § 327f Rn. 7; im Grundsatz auch *Schäfer/Dette* NZG 2009, 1 (6); offengelassen von OLG Stuttgart AG 2008, 464 (465f.). – Zur Problematik s. bereits *Habersack* ZIP 2001, 1230 (1234f.).

[86] So im Ausgangspunkt auch KG AG 2010, 166 (170); OLG Stuttgart AG 2009, 204 (213); OLG Frankfurt a. M. AG 2010, 368 (370); Spindler/Stilz/*Singhof* AktG § 327a Rn. 28; K. Schmidt/Lutter/*Schnorbus* § 327f Rn. 23; Hüffer/Koch/*Koch* AktG § 327a Rn. 21; *Fleischer* ZGR 2002, 757 (785f.); dagegen *Markwardt* BB 2004, 277 (286); enger auch *Rieder* ZGR 2009, 981 (999ff.).

[87] Näher Emmerich/Habersack Aktien-/GmbH-KonzernR/*Habersack* AktG § 327a Rn. 31; für eine in der Hauptversammlung gegebene „Zusage" s. OLG Celle AG 2004, 206f.; s. ferner OLG Stuttgart AG 2009, 204 (213); KG AG 2010, 166 (170).

22 Die **Unangemessenheit der Barabfindung** (→ Rn. 26) kann nach § 327 f S. 1 AktG nur im Rahmen eines Spruchverfahrens gerügt werden. Entsprechendes gilt nach § 327 f S. 3 AktG, wenn der Hauptaktionär eine Barabfindung **nicht oder nicht ordnungsgemäß angeboten** hat und eine hierauf gestützte Anfechtungsklage innerhalb der Anfechtungsfrist nicht erhoben, zurückgenommen oder rechtskräftig abgewiesen worden ist. All dies entspricht der Rechtslage nach § 320 Abs. 2 und 3 AktG (→ § 10 Rn. 25 f.). Ein nicht ordnungsgemäßes Abfindungsangebot iSd § 327 f S. 3 AktG liegt auch bei **abfindungsbezogenen Informationsmängeln** vor, so dass auch in diesen Fällen grds. die Möglichkeit der Beschlussanfechtung besteht.[88] Eine Ausnahme gilt nach § 243 Abs. 4 S. 2 AktG allein für unrichtige, unvollständige oder unzureichende Informationen in der Hauptversammlung über die Ermittlung, Höhe oder Angemessenheit der Abfindung (→ § 10 Rn. 26).

V. Rechtsfolgen

1. Übergang der Aktien auf den Hauptaktionär

23 Die wesentliche Rechtsfolge des Squeeze Out besteht in dem Übergang aller Aktien der Minderheitsaktionäre auf den Hauptaktionär. § 327 e Abs. 3 AktG bestimmt in sachlicher **Übereinstimmung mit § 320a AktG** (→ § 10 Rn. 27), dass mit Eintragung des Übertragungsbeschlusses die Aktien der Minderheitsaktionäre auf den Hauptaktionär übergehen, etwaige Aktienurkunden allerdings bis zu ihrer Aushändigung an den Hauptaktionär den Abfindungsanspruch verbriefen. Anders als bei der Mehrheitseingliederung (→ § 10 Rn. 16) sind diese Rechtsfolgen nicht der organisatorischen Einbindung der Gesellschaft in den Konzern der Hauptgesellschaft geschuldet, sondern nachgerade der Zweck eines – den konzernrechtlichen Status der Gesellschaft unangetastet lassenden – Squeeze Out. Der Erwerb der Aktien erfolgt wie bei der Mehrheitseingliederung **kraft Gesetzes** und unabhängig von einem besonderen Übertragungsakt.[89] Neben der – konstitutiv wirkenden – Eintragung müssen auch die sonstigen Voraussetzungen des § 327a Abs. 1 AktG und damit insbes. ein bestandskräftiger Übertragungsbeschluss vorliegen.[90]

2. Barabfindung

a) Überblick

24 Als Kompensation für den Verlust ihrer Aktien erwerben die Minderheitsaktionäre nach § 327 b AktG einen Anspruch auf angemessene Barabfindung. Die Höhe der Abfindung ist nach § 327 b Abs. 1 AktG von dem Hauptaktionär festzulegen; ihm sind zu diesem Zweck vom Vorstand der Gesellschaft alle dafür notwendigen Informationen zu erteilen. Die Barabfindung ist nach § 327 b Abs. 2 AktG von der Bekanntmachung der Eintragung an mit jährlich 5 Prozentpunkten über dem jeweiligen Basis-

---

[88] Zur Frage der Übertragbarkeit und Fortgeltung der zu §§ 210, 212 UmwG ergangenen Rechtsprechung (BGHZ 146, 179; BGH NJW 2001, 1428) → § 10 Rn. 26 mwN; ferner Emmerich/Habersack Aktien-/GmbH-KonzernR/*Habersack* AktG § 327 f Rn. 4.

[89] Zur Frage eines gutgläubigen Erwerbs s. *Weißhaupt/Özdemir* ZIP 2007, 2110.

[90] Näher dazu sowie zur Frage der Anwendbarkeit der Lehre von der fehlerhaften Gesellschaft → § 10 Rn. 8, 28; ferner Emmerich/Habersack Aktien-/GmbH-KonzernR/*Habersack* AktG § 327 e Rn. 8; zur Amtslöschung bei verfrühter, dh trotz Registersperre erfolgter Eintragung → § 10 Rn. 14, ferner *Petersen/Habbe* NZG 2010, 1091; *Schockenhoff* AG 2010, 436.

zinssatz nach § 247 BGB zu **verzinsen**.[91] Zur **Sicherung des Zahlungsanspruchs** der Minderheitsaktionäre hat der Hauptaktionär nach § 327b Abs. 3 AktG eine Gewährleistungserklärung[92] eines in der Bundesrepublik zum Geschäftsbetrieb befugten Kreditinstituts (§ 1 Abs. 1 KWG, §§ 32, 53b, 53c KWG) zu übermitteln. Hierdurch soll den Minderheitsaktionären, die nach § 327e Abs. 3 S. 1 AktG kraft Gesetzes vorzuleisten haben, ein zusätzlicher Anspruch gegen einen typischerweise[93] solventen Schuldner eingeräumt und damit die Durchsetzung des Abfindungsanspruchs erleichtert werden.[94]

b) Gläubiger und Inhalt des Anspruchs

Abfindungsberechtigt sind zunächst diejenigen Aktionäre, deren Aktien nach § 327e Abs. 3 AktG auf den Hauptaktionär übergehen, darunter auch die Gesellschaft selbst, soweit sie eigene Aktien hält,[95] sowie Aktionäre, deren Anteile nach § 16 Abs. 2 S. 3 AktG eigenen Anteilen gleichstehen. Ausgenommen sind dagegen diejenigen Aktionäre, deren Aktien dem Hauptaktionär nach §§ 327a Abs. 2, 16 Abs. 4 AktG zugerechnet werden;[96] sie behindern den Hauptaktionär nicht in der Leitung der Gesellschaft, so dass es des Übergangs dieser Aktien nicht bedarf. **Options- und Bezugsberechtigte** haben gleichfalls Anspruch auf Barabfindung durch den Hauptaktionär,[97] wobei nach zutreffender Ansicht das Erwerbsrecht als solches (dh unabhängig von seiner Ausübung) Gegenstand der Abfindungsverpflichtung ist.[98]

Die Abfindung hat in bar zu erfolgen. Sie muss „angemessen" sein und damit den Minderheitsaktionären **volle wirtschaftliche Entschädigung** für den Rechtsverlust

25

26

---

[91] Zur Verfassungskonformität der Diskrepanz zwischen dem Verlust der Aktien (bereits mit Eintragung) und dem Beginn der Verzinsung (erst mit Bekanntmachung) s. BVerfG BB 2007, 1515 (1517); BGHZ 189, 261 Rn. 26ff.; BGH NZG 2011, 780 Rn. 26ff.; KG NZG 2005, 224 (226); OLG Hamburg NZG 2005, 85 (86); *Goette* DStR 2007, 2264 (2267); zw. *Lenz/Leinekugel* Eigentumsschutz S. 54. Zur „Verzinsungslücke" bei Zusammentreffen von Squeeze Out und Beherrschungs- und Gewinnabführungsvertrag s. aber BVerfG ZIP 2013, 260.

[92] Eine Finanzierungsbestätigung iSd § 13 Abs. 1 S. 2 WpÜG (dazu *Singhof/Weber* WM 2002, 1158ff.; *Noack* FS Hadding, 2004, 991ff.) genügt nicht; s. Emmerich/Habersack Aktien-/GmbH-KonzernR/ *Habersack* AktG § 327b Rn. 12; KölnKommAktG/*Koppensteiner* AktG § 327b Rn. 10.

[93] Eine gesellschaftsrechtliche Verflechtung zwischen dem Kreditinstitut und dem Hauptaktionär ist unschädlich, s. LG München I ZIP 2004, 167 (169); zw. LG Frankfurt a. M. NZG 2004, 672 (674); unentschieden OLG Stuttgart AG 2009, 204 (208).

[94] Begr. RegE, BT-Drs. 14/7034, 72; zum Umfang der Gewährleistung s. Emmerich/Habersack Aktien-/ GmbH-KonzernR/*Habersack* AktG § 327b Rn. 15; Spindler/Stilz/*Singhof* AktG § 327b Rn. 12f.

[95] *Habersack* ZIP 2001, 1230 (1236); Hölters/*Müller-Michaels* AktG § 327b Rn. 2; Heidel/*Lochner* AktG § 327b Rn. 2; aA MüKoAktG/*Grunewald* AktG § 327e Rn. 10; GroßkommAktG/*Fleischer* AktG § 327b Rn. 25; Hüffer/Koch/*Koch* AktG § 327e Rn. 4; Henssler/Strohn/*Wilsing* AktG § 327b Rn. 3.

[96] Begr. RegE, BT-Drs. 14/7034, 72; BGHZ 180, 154 Rn. 14.

[97] LG Düsseldorf ZIP 2004, 1755 (1757); Hüffer/Koch/*Koch* AktG § 327b Rn. 3; MüKoAktG/*Grunewald* § 327b Rn. 12; GroßkommAktG/*Fleischer* § 327b Rn. 31; *Ehricke/Roth* DStR 2001, 1120 (1121); *Engelhardt* BKR 2008, 45; *Krieger/Schneider* BB 2002, 53 (61); aA – Fortbestand der gegen die Gesellschaft gerichteten Rechte – *Baums* Ausschluss, 156ff.; *Friedl* Konzern 2004, 309 (314ff.); *Ziemons* FS K. Schmidt, 2009, 1777ff.

[98] Emmerich/Habersack Aktien-/GmbH-KonzernR/*Habersack* AktG § 327b Rn. 8; *Wilsing/Kruse* ZIP 2002, 1465 (1467ff.); MüKoAktG/*Grunewald* AktG § 327b Rn. 12; Grigoleit/*Rieder* § 327b Rn. 2; im Grundsatz auch KölnKommAktG/*Koppensteiner* AktG § 327e Rn. 18; aA – Abfindung erst mit Eintritt der Bezugsvoraussetzungen und in Höhe des Werts der zu beanspruchenden Aktien abzüglich des Bezugspreises – *Krieger/Schneider* BB 2002, 53 (61); *Vossius* ZIP 2002, 511 (513).

gewähren.[99] Vorerwerbspreise sind nicht zu berücksichtigen.[100] Die Bewertung folgt den zu § 305 AktG entwickelten Grundsätzen (→ § 22 Rn. 23 ff.). Die Abfindung darf deshalb einen etwaigen Börsenkurs grds. nicht unterschreiten. Bei einer **Marktenge** (deren Vorliegen sich anhand der Kriterien des § 5 Abs. 4 WpÜG-AV beurteilt)[101] ist dem Hauptaktionär allerdings der Einwand eröffnet, dass der tatsächliche Anteilswert unter dem Börsenkurs liegt.[102] Die Minderheitsaktionäre können dagegen nicht nur, aber auch bei Vorliegen einer Marktenge einwenden, dass der Anteilswert über dem Börsenkurs liegt und deshalb eine Unternehmensbewertung zu erfolgen hat;[103] diese Ausprägung des Meistbegünstigungsprinzips ist allerdings verfassungsrechtlich nicht geboten,[104] weshalb die neuere Praxis es zu Recht als zulässig ansieht, die Abfindung allein auf Grundlage des Börsenkurses zu bestimmen, wenn und soweit dieser aussagekräftig ist, eine Marktenge also nicht besteht.[105] Bei Bestehen eines **Beherrschungs- oder Gewinnabführungsvertrags** gelten keine Besonderheiten. Insbes. kann zur Ermittlung der Abfindung nicht auf den Barwert der zu erwartenden Ausgleichszahlungen abgestellt werden.[106] Da die Ausgleichszahlungen allein die Gewinnbeteiligung, nicht dagegen sonstige mitgliedschaftliche Befugnisse des Aktionärs substituieren, bildet der Barwert dieser Zahlungen auch nicht den Mindestwert der Abfindung.[107]

---

[99] BVerfGE 100, 289 (305 f.); BGHZ 153, 47 (57); zur Verfassungskonformität der §§ 327a ff. AktG → Rn. 3.

[100] OLG Frankfurt a. M. AG 2012, 513 (514); LG München I AG 2017, 501 (507 f.); *Krieger/Schneider* BB 2002, 53 (57); *Rühland* Ausschluss S. 218; aA LG Frankfurt a. M. Beschl. v. 25.11.2014 – 3-05 O 43/13, BeckRS 2015, 9089.

[101] OLG Karlsruhe ZIP 2015, 1874 (1877; OLG Karlsruhe ZIP 2018, 122 (124 f.); zur WpÜG-AV → § 9a Rn. 7.

[102] BVerfG AG 2012, 625 (626 f.); Emmerich/Habersack Aktien-/GmbH-KonzernR/*Habersack* AktG § 327b Rn. 9 mwN.

[103] BGHZ 147, 108 (115); 208, 265 Rn. 22.

[104] BVerfG AG 2012, 625 (626 f.); NJW 2011, 2497 Rn. 24.

[105] OLG Düsseldorf AG 2017, 709 (710); OLG Frankfurt a. M. NZG 2014, 464 (465); AG 2017, 790 (791).

[106] BGHZ 208, 265 Rn. 26 ff.; OLG Düsseldorf AG 2012, 716 (717 f.); OLG München ZIP 2007, 375 (376); aA OLG Frankfurt a. M. NZG 2010, 664; 2011, 990 (991 f.); *Leyendecker* NZG 2010, 927 (928 ff.). – Zum Fortbestand des Anspruchs aus § 305 nach Eintragung des Squeeze Out sowie zu den Auswirkungen des Squeeze Out auf eine rechtshängige Beschlussmängelklage des ausgeschlossenen Aktionärs s. Emmerich/Habersack Aktien-/GmbH-KonzernR/*Habersack* AktG § 327e Rn. 10 f.; zu den Auswirkungen des Squeeze Out auf den Anspruch aus § 304 AktG s. Emmerich/Habersack Aktien-/GmbH-KonzernR/*Emmerich* AktG § 304 Rn. 22.

[107] OLG Düsseldorf AG 2012, 716 (717 f.); OLG München ZIP 2007, 375 (376); Emmerich/Habersack Aktien-/GmbH-KonzernR/*Habersack* AktG § 327b Rn. 9; Hüffer/Koch/*Koch* AktG § 327b Rn. 5; *Singhof* DB 2016, 1185 (1186 f.; offengelassen von BGHZ 208, 265 Rn. 30; aA – für Mindestwert – OLG Stuttgart AG 2012, 135 (136); OLG Karlsruhe ZIP 2015, 1874 (1878); *Schüppen* ZIP 2016, 1413 (1418).

2. Abschnitt. Unternehmensverträge

§ 11. Beherrschungsvertrag

Literatur (Auswahl): *Walter Bayer,* Der grenzüberschreitende Beherrschungsvertrag, 1988; *Ederle,* Verdeckte Beherrschungsverträge, 2010; *Erlinghagen,* Der Organschaftsvertrag mit im Aktienrecht, 1960; *Exner,* Beherrschungsvertrag und Vertragsfreiheit, 1984; *Fabian,* Inhalt und Auswirkungen des Beherrschungsvertrages, 1997; *Hommelhoff,* Die Konzernleitungspflicht, 1982; *Hüchting,* Abfindung und Ausgleich im aktienrechtlichen Beherrschungsvertrag, 1972; *Kienzle,* Verdeckte Beherrschungsverträge im Aktienrecht, 2010; *Koppensteiner,* Internationale Unternehmen im deutschen Gesellschaftsrecht, 1971; *Kort,* Bestandsschutz fehlerhafter Strukturänderungen im Kapitalgesellschaftsrecht, 1998; *Mestmäcker,* Konzerngewalt und Rechte der Aktionäre, 1958; *Pentz,* Die Rechtsstellung der Enkel-AG in einer mehrstufigen Unternehmensverbindung, 1994; *Praël,* Eingliederung und Beherrschungsvertrag als körperschaftliche Rechtsgeschäfte, 1978; *Rehbinder,* Gesellschaftsrechtliche Probleme mehrstufiger Unternehmensverbindungen, ZGR 1977, 581; *C. van de Sande,* Die Unternehmensgruppe im Banken- und Versicherungsaufsichtsrecht, 2003; *Servatius,* Gläubigereinfluss durch Covenants, 2008; *SSonnenschein,* Organschaft und Konzerngesellschaftsrecht, 1976; *Timm,* Die Aktiengesellschaft als Konzernspitze, 1980; *R. Veil,* Unternehmensverträge, 2003; *Wanner,* Konzernrechtliche Probleme mehrstufiger Unternehmensverbindungen nach Aktienrecht, 1998; *Wiegand,* Investorenvereinbarungen und Business Combination Agreements bei Aktiengesellschaften, 2017; *H. Wilhelm,* Die Beendigung des Beherrschungs- und Gewinnabführungsvertrags, 1976; *H. Wolf,* Der Beteiligungsvertrag bei der Aktiengesellschaft, 2004.

I. Einleitung

Das Dritte Buch des AktG über „verbundene Unternehmen" (§§ 291–328 AktG) beginnt mit einer ausführlichen Regelung der „Unternehmensverträge" (§§ 291–307 AktG), ergänzt um besondere Vorschriften über Leitungsmacht und Verantwortlichkeit bei Bestehen eines Beherrschungsvertrages (§§ 308–310 AktG). Erst daran schließen sich die Vorschriften über faktische Konzerne (§§ 311–318 AktG), über die Eingliederung (§§ 319–327 AktG), über den Ausschluss von Minderheitsaktionären (§§ 327a–327f AktG) sowie über einfache wechselseitige Beteiligungen an (§ 328 AktG). An der Spitze der Vorschriften über Unternehmensverträge stehen die beiden Definitionsnormen der §§ 291, 292 AktG, aus denen sich im Einzelnen ergibt, welche Verträge das Gesetz unter der Sammelbezeichnung **„Unternehmensverträge"** zusammengefasst hat. Die Liste reicht von den Beherrschungsverträgen, die, wirtschaftlich gesehen, in ihrer Wirkung einer Fusion der beteiligten Unternehmen zumindest nahe kommen können (§ 291 Abs. 1 S. 1 Fall 1 AktG), über die Gewinnabführungsverträge, die als Grundlage der Organschaft vornehmlich steuerliche Bedeutung haben (§ 291 Abs. 1 S. 1 Fall 2 AktG), bis zu „normalen" Austauschverträgen wie der Betriebspacht (§ 292 Abs. 1 Nr. 1 und 3 AktG). Mit der Zusammenfassung dieser unterschiedlichen Verträge unter der Sammelbezeichnung der „Unternehmensverträge" wurde vor allem gesetzestechnisch der Zweck verfolgt, für die Gesamtheit der genannten Verträge gemeinsame Regeln über ihren Abschluss, ihre Änderung und ihre Beendigung aufstellen zu können (§§ 293–299 AktG), denen dann erst in den §§ 300–310 AktG besondere Vorschriften für einzelne Unternehmensverträge folgen. 1

Die beiden wichtigsten Unternehmensverträge sind der Beherrschungs- und der Gewinnabführungsvertrag. Folgerichtig definiert das Gesetz zunächst in § 291 Abs. 1 S. 1 AktG diese beiden Verträge. Ein **Beherrschungsvertrag** ist danach ein Vertrag, durch den eine (deutsche) AG oder KGaA die Leitung ihrer Gesellschaft einem anderen Unternehmen unterstellt (zum Gewinnabführungsvertrag → § 12). Rechtsfolge des Abschlusses eines Beherrschungsvertrages ist vor allem, dass das herrschende Un- 2 ternehmen ein Weisungsrecht gegenüber der abhängigen Gesellschaft erwirbt (§ 308 AktG), so dass die verbundenen Unternehmen fortan einen Konzern bilden (§ 18 Abs. 1 S. 2 AktG).[1]

3 Das AktG regelt in den §§ 293 ff. AktG den Beherrschungsvertrag allein unter gesellschaftsrechtlichen Aspekten. Daneben findet sich verstreut über die ganze Rechtsordnung noch eine Vielzahl weiterer Vorschriften, deren Aufgabe die Regelung anderer mit Beherrschungsverträgen zusammenhängender Fragen ist. Das Spektrum reicht von der Fusionskontrolle[2] über das Mitbestimmungs- und das Steuerrecht[3] bis hin zum **Aufsichtsrecht** der Banken und Versicherungen, das vielfältige zusätzliche Anzeige- und Genehmigungspflichten für Beherrschungs- und Gewinnabführungsverträge kennt.

4 Grundlage dieser Aufsichtspraxis ist bei den Kreditinstituten die Generalklausel des § 6 KWG und bei den Versicherungsunternehmen die Vorschrift des § 12 Abs. 1 S. 1 VAG von 2015 (iVm § 9 Abs 4 Nr. 1 Buchst. b VAG), nach der Unternehmensverträge einen Bestandteil des Geschäftsplanes bilden und deshalb der Geschäftserlaubnis durch die Versicherungsaufsichtsbehörden bedürfen. Auf dieser Grundlage entwickelt sich in der Aufsichtspraxis – unbeachtet von der Konzernrechtswissenschaft – Schritt für Schritt nicht weniger als ein eigenständiges **branchenspezifisches „Konzernrecht".**[4]

5 Die Mehrzahl der Beherrschungsverträge war bisher, vornehmlich aus steuerlichen Gründen, mit Gewinnabführungsverträgen zu so genannten **Organschaftsverträgen** verbunden.[5] Daneben fanden sich jedoch schon immer auch **isolierte Beherrschungsverträge,** wofür wiederum in erster Linie steuerrechtliche Erwägungen maßgebend gewesen sein dürften,[6] ebenso wie es isolierte Gewinnabführungsverträge gab und gibt. In jüngster Zeit ist sogar ein vermehrtes Auftreten **isolierter Gewinnabführungsverträge** festzustellen, seitdem steuerrechtlich die wirtschaftliche und organisatorische Eingliederung der Organgesellschaft in den Organträger (die immer bei Abschluss eines Beherrschungsvertrages vorlag, daher seine steuerrechtliche Bedeutung) keine Voraussetzung der körperschaftsteuerlichen und der gewerbesteuerlichen Organschaft mehr ist, so dass jetzt in den meisten Fällen der bloße Abschluss eines Gewinnabführungsvertrages als Voraussetzung der Organschaft genügt.[7]

---

[1] Ein Muster findet sich bei Happ/Liebscher, Konzern- und Umwandlungsrecht, 2012, Nr. 1.01a (S. 10 ff.).

[2] S. 37 Abs. 1 Nr. 2 S. 2 Buchst. b GWB; Art. 3 Abs. 1 Buchst. b Fall 2 FKVO.

[3] S. § 5 MitbestG (dazu → § 4 Rn. 50 ff.) und §§ 14–17 KStG.

[4] S. dazu *Krammel/Klie* WM 2010, 173; *Miederhoff* WM 2001, 2041; *Preußner/Vett* AG 2001, 337; *van de Sande,* Die Unternehmensgruppe im Banken- und Versicherungsaufsichtsrecht, 2003; *U. Schneider* ZGR 1996, 225 sowie noch speziell für die Versicherungswirtschaft *Dreher* ZVersWiss 1988, 619; *Dreher* Betr. 1992, 2605; ZGR 2010, 496; *Gromann* AG 1981, 241; *Sasse* FS Sieg, 1976, 435; zum Konzernrecht der Vereine einschließlich der Versicherungsvereine aG → § 37.

[5] Der Name rührt daher, dass diese Verträge früher in erster Linie als Grundlage der steuerlichen „Organschaft" Bedeutung hatten (anders als heute).

[6] Ein noch nicht ausgeglichener Verlustvortrag der Tochter aus vororganschaftlicher Zeit darf nicht das dem Organträger zuzurechnende Einkommen mindern (§ 15 Nr. 1 KStG iVm § 10d EStG) und ginge daher bei sofortiger Begründung einer Organschaft verloren.

[7] S. § 14 Abs. 1 KStG idF des Steuervergünstigungsabbaugesetzes von 2003, BGBl. 2003 I 660 und dazu → § 12 Rn. 2 f.

Über die aktuelle **Verbreitung** von Beherrschungs- oder Organschaftsverträgen ist   6
bisher nur wenig bekannt geworden, obwohl zumindest für Beherrschungsverträge
mit abhängigen Aktiengesellschaften und GmbHs Registerpublizität besteht (§ 294
AktG und § 54 GmbHG). Sicher ist lediglich, dass nach wie vor die **Mehrzahl** der
Konzerne (nach jüngsten Schätzungen über 90 %) entgegen den Erwartungen des
Gesetzgebers keine Vertragskonzerne, sondern **faktische Konzerne** sind. Um „totes
Recht" handelt es sich bei den §§ 291 ff. AktG gleichwohl nicht; vielmehr kommen
Beherrschungsverträge in der Praxis durchaus vor, wenn auch bei der AG offenbar
nur verhältnismäßig selten, umso häufiger dagegen bei der GmbH.[8] Außerdem steht
fest, dass nach wie vor in der Mehrzahl der Fälle die Beherrschungsverträge aus
steuerlichen Gründen mit Gewinnabführungsverträgen zu sog. **Organschaftsverträgen** verbunden sind (§ 14 Abs. 1 S. 1 KStG, § 17 Nr. 1 KStG 1999 idF von
2004), wobei in der Praxis offenbar Verträge mit einer GmbH als herrschendem Unternehmen vorherrschen.[9]

II. Begriff

1. Parteien

Die **Begriffsmerkmale** eines Beherrschungsvertrags ergeben sich aus § 291 Abs. 1 S. 1   7
AktG iVm den § 18 Abs. 1 S. 2 AktG, § 291 Abs. 2 AktG, § 304 Abs. 3 S. 1 AktG und
308 Abs. 1 AktG. Ein Beherrschungsvertrag ist danach ein Vertrag, durch den eine AG
oder KGaA mit Sitz im Inland die Leitung ihrer Gesellschaft einem anderen Unternehmen beliebiger Rechtsform und Nationalität unterstellt (§ 291 Abs. 1 S. 1 AktG).
Wichtigste Rechtsfolge ist die Begründung eines Weisungsrechts für den anderen Vertragsteil (§ 308 Abs. 1 AktG). Das Gesetz hat daraus den Schluss gezogen, dass die beiden Vertragsteile in jedem Fall einen **Unterordnungskonzern** bilden (§ 18 Abs. 1 S. 2
AktG). Das wesentliche, den Vertragstypus bestimmende Merkmal des Beherrschungsvertrages ist mithin die Unterstellung der Gesellschaft unter die Leitung eines
anderen Unternehmens im Wege der Begründung eines **Weisungsrechts** für das Letztere (§ 291 Abs. 1 S. 1 AktG, § 308 Abs. 1 AktG).[10]

§ 291 Abs. 1 S. 1 AktG gilt seinem Wortlaut nach unmittelbar nur für Verträge zwi-   8
schen einer deutschen AG oder KGaA als abhängigem Unternehmen und einem beliebigen anderen Unternehmen mit Sitz in Deutschland oder im Ausland in der Rolle des
herrschenden Unternehmens. Auf Beherrschungsverträge mit **anderen Gesellschaften,** insbes. also mit einer GmbH, können die Vorschriften der §§ 291 ff. AktG jedenfalls nicht unmittelbar angewandt werden, wodurch jedoch von Fall zu Fall ihre entsprechende Anwendbarkeit nicht ausgeschlossen wird.[11]

Aus § 291 Abs. 1 S. 1 AktG iVm § 15 AktG ist ferner zu entnehmen, dass der andere   9
Vertragsteil grds. **Unternehmensqualität** iSd §§ 15 ff. AktG besitzen muss (dazu
→ § 2 Rn. 5 ff.). Verträge mit **„Privataktionären",** die der Sache nach Beherrschungsverträgen nahe kommen, werden bisher wohl überwiegend mit Rücksicht auf den

---

[8] Emmerich/Habersack Aktien-/GmbH-KonzernR/*Emmerich* AktG § 291 Rn. 5; *Bayer,* Die AG im
  Spiegel der Rechtstatsachenforschung, 2007; *Bayer/Hoffmann* AG-Report 2006, R 488; 2015, R 91;
  2018, R 116.
[9] *Bayer/Hoffmann* AG-Report 2006, R 488 (489) m. Zahlen.
[10] Ebenso *Koppensteiner* FS Canaris II, 2007, 209 (210 ff.) gegen *Veil* Unternehmensverträge.
[11] Für die GmbH → § 32 Rn. 7 ff., für die Personengesellschaften → § 34 Rn. 17 ff., für die Genossenschaften → § 36 Rn. 17 ff., für die Vereine → § 37 Rn. 14 ff. sowie für die Stiftungen → § 38 Rn. 8 ff.

Wortlaut des § 291 Abs. 1 S. 1 AktG als nichtig angesehen,[12] während andere Autoren unter der Voraussetzung der entsprechenden Anwendbarkeit der §§ 302–305 AktG keine Bedenken gegen die Zulässigkeit derartiger Verträge sehen.[13] Die praktische Bedeutung des Fragenkreises steht freilich in umgekehrtem Verhältnis zu dem Interesse, das er in jüngster Zeit gefunden hat, einmal weil fraglich ist, ob es derartige Verträge in nennenswerter Zahl überhaupt gibt, zum anderen, weil sogenannte „Privataktionäre" spätestens durch die Übernahme der Leitung ihrer Gesellschaft auf der Grundlage eines Beherrschungsvertrages wohl ausnahmslos Unternehmensqualität erwerben dürften, zumindest sich dann in jeder Hinsicht ebenso wie Unternehmen behandeln lassen müssen. Für die öffentliche Hand steht das mittlerweile bereits außer Frage (→ § 2 Rn. 24 f. sowie → Rn. 18).

10 Davon zu trennen ist die Frage nach der Beurteilung von Beherrschungsverträgen mit **beliebigen Dritten,** die nicht einmal mittelbar an der abhängigen Gesellschaft beteiligt sind. Ein Beispiel sind Beherrschungsverträge zwischen Schwestergesellschaften eines Konzerns, für die gelegentlich ein Bedürfnis gesehen wird.[14] Auch andere Beispiele sind denkbar, etwa Sanierungsfälle unter zentraler Mitwirkung von Banken oder der öffentlichen Hand.[15] In derartigen Fallgestaltungen, sollten sie denn tatsächlich jemals vorkommen, steht jedenfalls die Vorschrift des § 291 Abs. 1 AktG dem Abschluss des Beherrschungsvertrages nicht entgegen, weil § 291 Abs. 1 AktG seinem Wortlaut nach keine unmittelbare oder mittelbare Beteiligung des herrschenden Unternehmens an der abhängigen Gesellschaft voraussetzt. Davon zu trennen ist die Frage der (durchaus zweifelhaften) Vereinbarkeit derartiger eigenartiger (und gewiss seltener) Verträge etwa mit § 57 Abs. 1.[16]

2. Inhalt

11 Das zentrale Tatbestandsmerkmal des Beherrschungsvertrages ist gem. § 291 Abs. 1 AktG die durch ihn bewirkte **Unterstellung** der Gesellschaft unter die **„Leitung"** eines anderen Unternehmens (→ Rn. 7). Mit der „Leitung" eines anderen Unternehmens ist hier, wie den §§ 76, 77 AktG zu entnehmen ist, der gesamte weite Bereich der Geschäftsführung einschließlich namentlich der zentralen Leitungsfunktionen des Vorstandes nach § 76 gemeint. In der Organisationslehre werden dazu insbes. die Zielplanung, die Unternehmenskoordination und -kontrolle sowie die Besetzung der Führungsstellen der Gesellschaft gezählt.[17] Mindestinhalt eines Beherrschungsvertrages iSd § 291 Abs. 1 S. 1 AktG ist folglich die vertragliche Unterstellung der Gesellschaft jedenfalls auch hinsichtlich dieser **zentralen Leitungsfunktionen** unter das Weisungsrecht des anderen Vertragsteils (zu Teilbeherrschungsverträgen → Rn. 14).[18] Ein Vertrag, bei dem solche Unterstellung unter ein fremdes Weisungsrecht völlig fehlt, ist jedenfalls kein Beherrschungsvertrag iSd § 291 Abs. 1 S. 1 AktG. Aus dem

---

[12] S. MüKoAktG/*Altmeppen* AktG § 291 Rn. 5–10; Kölner Kommentar/*Koppensteiner* AktG § 291 Rn. 13; *Krieger/Schneider* § 70 Rn. 9.
[13] *Rubner* Konzern 2003, 735 (739 f.); *K. Schmidt* FS Koppensteiner, 2001, 191 (206 f.); *R. Veil* Unternehmensverträge S. 169 ff.
[14] *Schluck-Amend* FS Marsch-Barner, 2018, S. 491.
[15] S. *Thoma* FS Hoffmann-Becking, 2013, S. 1237.
[16] Dagegen ausf. *Schluck-Amend* FS Marsch-Barner, 2018, S. 491.
[17] S. *Fleischer* ZIP 2003, 1; *Hüffer* FS Happ, 2006, 93 (98 ff.).
[18] *Koppensteiner* FS Canaris II, 2007, 209 (210 ff.); *Schürnbrand* ZHR 169 (2005), 35 (41 f.); zu den Teilbeherrschungsverträgen → Rn. 14.

Wortlaut der §§ 291 Abs. 1 und 308 folgt zugleich, dass die beiden **anderen Organe** der abhängigen Gesellschaft, dh Aufsichtsrat und Hauptversammlung in ihren Funktionen grds. weisungsfrei bleiben; die einzige Ausnahme findet sich in § 308 Abs. 3 AktG.[19] Dies gilt auch, wie besonderer Hervorhebung bedarf, soweit für bestimmte einschneidende Strukturmaßnahmen nach der Holzmüller/Gelatine-Doktrin des BGH eine **ungeschriebene Hauptversammlungszuständigkeit** besteht; die Zuständigkeit für derartige Maßnahmen geht nicht etwa aufgrund des Beherrschungsvertrages auf das herrschende Unternehmen über, sondern verbleibt bei der Hauptversammlung.[20] Im Ergebnis ist mit anderen Worten für die Annahme eines Beherrschungsvertrages in jedem Fall Voraussetzung, dass sich „bei wirtschaftlicher Betrachtungsweise" aus der Gesamtheit der Abreden der Parteien, aus ihren Interessen und aus den von ihnen verfolgten Zwecken ein rechtlich gesichertes **Weisungsrecht** der einen Partei gegenüber der anderen jedenfalls auch hinsichtlich einzelner Aspekte der Unternehmensleitung ergibt (→ Rn. 14), rechtlich gesichert idS, dass im Konfliktsfall die eine Partei gegen die andere einen rechtlich durchsetzbaren Anspruch auf Befolgung ihrer Weisungen hat (§§ 133, 157 BGB).[21]

Zum gesetzlichen Mindestinhalt des Beherrschungsvertrags gehört, sofern die Gesell- **12** schaft außenstehende Aktionäre hat, ferner das durch § 304 AktG vorgeschriebene **Angebot eines Ausgleichs** (s. § 304 Abs. 3 S. 1 AktG), während bereits Abreden über die Abfindung entbehrlich sind, wie aus § 305 Abs. 5 S. 1 und 2 AktG zu folgern ist, da nach diesen Vorschriften die Abfindung, wenn der Vertrag kein Abfindungsangebot vorsieht, im Spruchverfahren durch das Gericht bestimmt wird. Außerdem sollten in dem Vertrag – entgegen der überwiegenden Meinung – zumindest noch der jeweilige Umfang des Weisungsrechts sowie dessen Schranken möglichst konkret umschrieben werden, um den Gesellschaftern überhaupt eine sachgerechte Entscheidung über den Vertrag zu ermöglichen (s. §§ 293 Abs. 1, 293g Abs. 3 AktG).[22]

Für Beherrschungsverträge gilt grds. **Vertragsfreiheit,** so dass in ihnen nicht nur **13** (selbstverständlich) ergänzende, sondern in einzelnen Beziehungen auch vom Gesetz abweichende Regelungen möglich sind (§ 311 Abs. 1 BGB).[23] Das Gesetz geht selbst in § 305 Abs. 2 Nr. 2 AktG und § 308 Abs. 1 S. 2 AktG von der Möglichkeit solcher ergänzenden Abreden aus. Ein weiteres Beispiel sind über die §§ 296, 297 AktG hinausgehende Kündigungs- und Rücktrittsrechte für eine oder beide Parteien.[24] Eine unübersteigbare **Schranke** für derartige Abreden bilden jedoch (zumindest) die zwingenden Vorschriften des AktG zum Schutze der Gesellschaft, der Gläubiger und der außenstehenden Gesellschafter (§ 134 BGB).[25] Ein gutes Beispiel ist die Unzulässigkeit des rückwirkenden Abschluss eines Beherrschungsvertrages, da es die Unternehmensvertragsparteien andernfalls in der Hand hätten, nachträglich durch Abschluss

[19] OLG Stuttgart NZG 1998, 601 – Dornier/DB.
[20] Hölters/*Deilmann* AktG § 291 Rn. 23; str.
[21] KG NZG 2000, 1132 – Allianz; OLG Schleswig NZG 2008, 868 (869ff.) – MobilCom; zur Auslegung → Rn. 27.
[22] *Hommelhoff*, Konzernleitungspflicht, 1981, S. 304ff.
[23] BGHZ 119, 1 (5ff.) – Asea/BBC; BGHZ 122, 211 (217ff.) – SSI; OLG München AG 1991, 358 (361) – SSI; LG Frankfurt a. M. AG 2007, 48 (51); besonders weitgehend idS *Veil* Unternehmensverträge; dagegen aber *Koppensteiner* FS Canaris II, 2007, 209ff.
[24] BGHZ 122, 211 (217ff.) – SSI; BAG AG 2007, 665 (667).
[25] *Bayer* ZGR 1993, 599; *Hirte* ZGR 1994, 643 (648ff.).

eines Beherrschungsvertrags Ansprüchen, die auf die §§ 311, 317 AktG gestützt werden, den Boden zu entziehen.[26]

3. Teilbeherrschungsverträge

14 Unter dem Stichwort Teilbeherrschungsvertrag wird die Frage diskutiert, ob in einem Beherrschungsvertrag ganz oder doch teilweise auf das Weisungsrecht des herrschenden Unternehmens verzichtet werden kann. Auszugehen ist davon, dass nach § 308 Abs. 1 S. 2 AktG jedenfalls nachteilige Weisungen des herrschenden Unternehmens ausgeschlossen werden können. Daraus wird zutreffend überwiegend die Zulässigkeit auch anderer Teilbeherrschungsverträge gefolgert.[27] Gemeint sind damit Verträge, durch die die abhängige Gesellschaft ihre Leitung **nur hinsichtlich einzelner Leitungsfunktionen,** zB nur hinsichtlich des Finanzwesens, der Einkaufs- oder der Personalpolitik, nicht aber insgesamt auf ein anderes Unternehmen überträgt. Voraussetzung ist lediglich, dass immer noch eine einheitliche Leitung der verbundenen Unternehmen möglich bleibt (§ 18 Abs. 1 S. 1 AktG). Wird das Weisungsrecht dagegen so weitgehend eingeschränkt, dass sich im Ergebnis an der Unabhängigkeit der Vertragsparteien voneinander nichts ändert, so liegt, wie § 18 Abs. 1 S. 2 AktG zu entnehmen ist, kein Beherrschungsvertrag mehr vor, sondern höchstens ein Gleichordnungsvertrag (§ 291 Abs. 2 AktG).[28]

15 Eine andere Frage ist, ob das Weisungsrecht des herrschenden Unternehmens auch ganz ausgeschlossen werden kann, ob es mit anderen Worten Beherrschungsverträge **ohne** die Begründung eines **Weisungsrechts** für einen der Beteiligten gibt. Soweit die Frage bejaht wird, steht dahinter vor allem die Überlegung, voneinander unabhängige Unternehmen müssten ebenfalls die Möglichkeit besitzen, sich vertraglich einer einheitlichen Leitung zu unterstellen.[29] Für die Beteiligten hätte das den Vorteil, dass für ihre Beziehungen das System der gesetzlichen Vermögensbindung aufgehoben wäre (s. § 291 Abs. 3 AktG iVm den §§ 57, 58, 60, 71 a Abs. 1 S. 3 AktG).

16 Diese Meinung ist jedoch schwerlich mit den §§ 18 Abs. 1 S. 2 AktG, § 18 Abs. 2 AktG, § 57 Abs. 1 AktG, § 291 Abs. 1, 2 AktG sowie § 308 Abs. 1 AktG in Einklang zu bringen.[30] Ein Vertrag, durch den das Weisungsrecht des herrschenden Unternehmens generell ausgeschlossen wird, ist kein Beherrschungsvertrag mehr, sondern stellt einen normalen Gesellschaftsvertrag dar, durch den im Zweifel ein vertraglicher Gleichordnungskonzern begründet wird (→ § 4 Rn. 30 ff.), wie das Gesetz durch § 291 Abs. 2 AktG ausdrücklich klargestellt hat.

---

[26] OLG Hamburg NJW 1990, 3024; AG 1991, 23; OLG München AG 1991, 358 (359); OLG Karlsruhe AG 1994, 283; LG Ingolstadt AG 1991, 24 (26); *Knepper* DStR 1994, 377 (380); offengelassen in BGHZ 122, 211 (223 f.) – SSI; für Gewinnabführungsverträge → § 12 Rn. 12.

[27] OLG München NZG 2008, 753; *Bachmann/Veil* ZIP 1999, 348 (353 f.); *Exner* Beherrschungsvertrag S. 109 ff.; *Grobecker* DStR 2002, 1953 (1954 f.); *Schürnbrand* ZHR 169 (2005), 35; *Veil* Unternehmensverträge S. 17, 224, 228, 297 ff.; – dagegen *Koppensteiner* FS Canaris II, 2007, 209 (216); *Däubler* NZG 2005, 617.

[28] LG München I AG 2001, 316; str.

[29] MüKoAktG/*Altmeppen* AktG § 291 Rn. 97 ff.; *Geßler* FS Beitzke, 1971, 923 (928 ff.); *Exner* Beherrschungsvertrag S. 109, 115 ff.

[30] LG München I AG 2001, 316; *Schluck-Amend* FS Marsch-Barner, 2018, S. 491; *Schürnbrand* ZHR 169 (2005), 35 (43 f.); *R. Veil* Unternehmensverträge S. 235 f.

4. Verdeckte Beherrschungsverträge

Von der Problematik der Teilbeherrschungsverträge (→ Rn. 14) ist die der sogenann- 17
ten verdeckten Beherrschungsverträge zu unterscheiden. Man versteht darunter Verträge, die dem berechtigten Teil zwar kein Weisungsrecht iSd § 308 AktG einräumen, durch die aber auf andere Weise die Gesellschaft im Ergebnis doch seiner Herrschaft unterstellt wird. Dafür kommen die unterschiedlichsten Gestaltungen in Betracht. Das Spektrum reicht von Verträgen, durch die dem berechtigten Vertragsteil **Zustimmungs- oder Vetorechte** hinsichtlich bestimmter Leitentscheidungen des Vorstandes eingeräumt werden, bis zu Fallgestaltungen, die dadurch gekennzeichnet sind, dass es äußerlich zwar an einem Vertrag mit der abhängigen Gesellschaft *fehlt,* die statt dessen gewählte Vertragsgestaltung, insbes. in Gestalt von Abreden der Gesellschafter untereinander, gegebenenfalls unter Einbeziehung der Mitglieder des Vorstandes, letztlich aber dennoch darauf hinausläuft, ein Weisungsrecht gegenüber der Gesellschaft, formal also gegenüber einem Dritten, zu begründen.[31] Die wichtigsten Fallgruppen solcher **Gesellschaftervereinbarungen** (neudeutsch: shareholder agreements) sind die so genannten **Business Combination Agreements** (BCA) sowie die **Investorenvereinbarungen** (die sich freilich inhaltlich vielfältig überschneiden und daher allenfalls idealtypisch unterscheiden lassen). Während BCA gewöhnlich zwischen dem bisherigen Mehrheitsgesellschafter eines Unternehmens und einer neuen Investorengruppe abgeschlossen werden und den Zusammenschluss der Beteiligungsunternehmen oder die Übernahme des einen Unternehmens durch die neue Investorengruppe vorbereiten sollen,[32] wird mit Investorenvereinbarungen bezweckt, den Vorstand der sogenannten Zielgesellschaft zu verpflichten, keine Maßnahmen zu ergreifen, die dem oder den Investoren die geplante Übernahme der Gesellschaft, z. B. durch ein öffentliches Übernahmeangebot erschweren könnten.[33]

Zu beginnen ist mit einem Blick auf Verträge, in denen sich Dritte weitgehende **Zu-** 18
stimmungs- oder Vetorechte einräumen lassen. Zu denken ist hier neben umfassenden Geschäftsführungsrechten stiller Gesellschafter in atypischen stillen Gesellschaftsverträgen mit einer AG (s. § 292 Abs. 1 Nr. 2 AktG und dazu → § 14 Rn. 12 ff.) in erster Linie an Zustimmungs- oder Vetorechte der öffentlichen Hand oder von Banken in Verträgen über die Gewährung von Subventionen oder von Sanierungskrediten, so genannten Covenants.[34] Weitere **Beispiele** sind Just-in-Time-Lieferverträge und Franchiseverträge, in denen die Einflussrechte des einen Teils so weit gesteigert werden können, dass sie tatsächlich einem Weisungsrecht gegenüber dem anderen Vertragsteil iSd § 308 AktG nahe kommen.[35] Gleichwohl hat die überwiegende Meinung gegen solche Verträge grds. keine Bedenken; Schranken könnten sich für sie nur im Einzelfall aus den §§ 138, 307, 826 BGB ergeben.[36] Diese Auffassung wird jedoch

---

[31] S. *Emmerich* FS Hüffer, 2010, 179.
[32] Ausf. *Decher* FS Hüffer, 2010, 145; *Paschos* NZG 2012, 1142.
[33] S. dazu insbes. *Arens,* Vertragliche Einflussrechte auf die Geschäftsführung des Vorstandes durch ein BCA, 2014; *Habersack* FS Marsch-Barner, 2018, S. 203; *Hess,* Investorenvereinbarungen, 2014; *Otto* NZG 2013, 930; *Seibt/Kulenkamp* AG 2018, 549; *Strohn* ZHR 182 (2018), 114; *Wiegand,* Investorenvereinbarungen und BCA, 2017.
[34] *Habersack* ZGR 2000, 384 (393 ff.).
[35] Überblick bei *Kienzle,* Verdeckte Beherrschungsverträge, 2010, S. 117 ff.
[36] KG NZG 2000, 1132; *Habersack* ZGR 2000, 384 (387 f.); *H. P. Westermann* FS Brandner, 1996, 579 (587, 590 ff.); iErg wohl auch *Koppensteiner* FS Canaris II, 2007, 209 (216).

weder dem Schutzbedürfnis der Gläubiger noch dem der Gesellschaft und der Aktionäre gerecht. Jedenfalls, wenn besonders weitgehende Zustimmungs- oder Vetorechte in ihren Wirkungen für die betroffene Gesellschaft einem (eingeschränkten) Weisungsrecht des anderen Teils iSd § 308 AktG nahe kommen, sollte deshalb von Fall zu Fall zumindest an die entsprechende **Anwendung einzelner Vorschriften** über (fehlerhafte) Unternehmensverträge gedacht werden. Im Vordergrund des Interesses steht dabei zum Schutze der Gesellschaft sowie der Aktionäre die Analogie zu § 302 und zu § 305.[37]

19 Andere Überlegungen sind bei **Investorenvereinbarungen** angebracht, weil es sich dabei um Vereinbarungen zwischen Investoren mit dem Vorstand einer AG handelt, durch die der Vorstand (unter anderem) unterschiedliche Verpflichtungen hinsichtlich der Leitung der Gesellschaft übernimmt, mittels derer den Investoren die geplante Übernahme der Gesellschaft erleichtert werden soll, etwa in Gestalt der Verpflichtung des Vorstandes, fortan von einer Kapitalerhöhung abzusehen. Bei derartigen Vereinbarungen stellt sich vor allem die Frage ihrer *Vereinbarkeit mit § 76 AktG,* nach dem die eigenverantwortliche Leitung der Gesellschaft zwingend (§ 23 Abs. 5 AktG) dem Vorstand obliegt, sodass damit unvereinbare Abreden mit Investoren nichtig sind (§ 134 BGB).[38] Die *Schwelle zum verdeckten Beherrschungsvertrag* wird hier wohl erst überschritten, wenn sich die Vereinbarung mit dem Investor auch auf unternehmenspolitische Leitentscheidungen, insbes. hinsichtlich des Finanz- oder Personalwesens der Gesellschaft erstreckt.[39]

19a Die rechtliche Besonderheit der **BCA** besteht im Vergleich mit Investorenvereinbarungen (mit denen sie sich iÜ in vielen Punkten berühren) vor allem darin, dass sie sofort, dh noch vor dem geplanten Zusammenschluss, dem einen Beteiligten weitgehende Einflussrechte auf die anderen Beteiligten einräumen – von Zustimmungsvorbehalten für wichtige Geschäfte bis zur Zusammensetzung der Organe.[40] Derartige Vereinbarungen beschränken sich zwar äußerlich auf Abreden zwischen den *Gesellschaftern,* räumen aber de facto einem Gesellschafter auf dem Weg über die mittelbare *Einbeziehung der Gesellschaft* in die Abreden, in erster Linie auf dem Weg über die Einbindung der Geschäftsführer, doch ein **Weisungsrecht** gegenüber der Gesellschaft ein.[41] Im Schrifttum wird zwar zum Teil bestritten, dass BCAs Einflussrechte begründeten, die mit einem Weisungsrecht aufgrund eines Beherrschungsvertrages vergleichbar seien.[42] Wenn sich jedoch wie in einer Reihe der veröffentlichten Fälle die Gesellschaftervereinbarung auf die Zusammensetzung des Vorstandes und auf die von ihm zu verfolgende Politik bezieht, ist die Parallele zu einem Beherrschungsvertrag nicht mehr zu übersehen. Auch die zumindest faktische Verbindlichkeit etwaiger Weisun-

---

[37] *Emmerich* FS Hüffer, 2010, 135; *Kienzle,* Verdeckte Beherrschungsverträge, 2010, S. 99, 107ff.

[38] OLG München NZG 2012, 261; 2013, 459 (462f.) – WET/Amerigon I und II; *Arens,* Vertragliche Einflußrechte auf die Geschäftsführung des Vorstandes durch ein BCA, 2014; *Hess,* Investorenvereinbarungen, 2014; *H.-J. Otto* NZG 2013, 930 (933ff.); *Wiegand* Investorenvereinbarungen 213ff., alle mN.

[39] GroßkommAktG/*Mülbert* AktG § 291 Rn. 127; dagegen für den Regelfall *Wiegand* Investorenvereinbarungen S. 75ff. mN.

[40] OLG München ZIP 2008, 1330; LG München I ZIP 2008, 555 (560ff.).

[41] S. das Beispiel der MobilCom AG bei OLG Schleswig AG 2006, 120 (124ff.); *Hirte/Schall* Konzern 2006, 243 (244ff.).

[42] Insbes. *Decher* FS Hüffer, 2010, 145; *Strohn* ZHR 182 (2018), 114 (138ff.); *Wiegand* Investorenvereinbarungen.

gen der an der Gesellschaftervereinbarung beteiligten Personen für den Vorstand ist dann wohl gegeben, da der Vorstand (natürlich) personelle Konsequenzen zu befürchten hat, wenn er den „Weisungen" der Gesellschafter aufgrund der Gesellschaftervereinbarung nicht Folge leistet. Dies lässt erkennen, was die Beteiligten in Wirklichkeit gewollt haben, nämlich eben ein *Weisungsrecht* der an der Gesellschaftervereinbarung Beteiligten gegenüber der Gesellschaft „wie bei einem Beherrschungsvertrag" (§§ 133, 157 BGB). Ist dies der Fall, so müssen folgerichtig derartige Vereinbarungen auch als das behandelt werden, als was sie gemeint sind, dh als (verdeckte) Beherrschungsverträge. Soweit danach ein Beherrschungsvertrag anzunehmen ist, dürfte er wohl in aller Regel nichtig sein (§§ 293, 294 AktG; § 125 BGB).[43]

Die Rechtsprechung tendiert demgegenüber vielfach dahin, in derartigen Fällen bloße **19b** **Abhängigkeit** anzunehmen und die außenstehenden Aktionäre sowie die Gläubiger deshalb auf den Schutz der §§ 311, 317 AktG zu verweisen.[44] Auf diese Weise ist jedoch nur in Einzelfällen eine Abhilfe möglich. Ein wirklicher Schutz der außenstehenden Aktionäre und der Gläubiger gegen derartige für sie besonders gefährliche Vertragsgestaltungen ist allein über die entsprechende Anwendung der §§ 302f. AktG und 304f. AktG möglich.[45]

III. Rechtsnatur

Beherrschungs- und Gewinnabführungsverträgen, meistens zu Organschaftsverträgen **20** verbunden, tragen gleichermaßen schuldvertragliche wie organisationsrechtliche Züge. Ursprünglich legte man das Schwergewicht in erster Linie auf die schuldvertraglichen Elemente, dh auf den Umstand, dass sich aus ihnen für beide Vertragsparteien Rechte und Pflichten ergeben, sodass es nur folgerichtig war, dass die Organschaftsverträge in der Literatur zunächst überwiegend als schuldrechtliche **Austauschverträge** eingestuft wurden.[46] Dies änderte sich erst in den fünfziger Jahren, als man sich zunehmend des Umstandes bewusst wurde, dass die Wirkungen von Organschaftsverträgen deutlich über die von Austauschverträgen hinausgehen, da sie letztlich die Satzung der abhängigen Gesellschaft in wichtigen Punkten verdrängen (vgl. § 291 Abs. 1 S. 1 AktG, § 308 AktG).[47] Seitdem wurde es üblich, die Organschaftsverträge und später die an ihre Stelle getretenen Beherrschungs- und Gewinnabführungsverträge als **Organisationsverträge** zu bezeichnen.[48] Damit sollte zum Ausdruck gebracht werden, dass der Schwerpunkt ihrer Wirkungen nicht in der Begründung wechselseitiger Rechte und Pflichten der Vertragsparteien, sondern in der unmittelbaren Gestaltung der ge-

[43] Emmerich/Habersack Aktien-/GmbH-KonzernR/*Emmerich* AktG § 291 Rn. 24e, 24f.
[44] OLG München ZIP 2008, 1330; OLG Schleswig NZG 2008, 868; ZIP 2009, 438; zust. *Balthasar* NZG 2008, 858; *Ederle,* Verdeckte Beherrschungsverträge, 2010, S. 148ff.; *Ederle* AG 2010, 273; *Koppensteiner* FS Canaris II, 2007, 209 (216); letztlich offengelassen in LG München I NZG 2019, 384 – Linde/Praxair mAnm. *Seidel/Kromer* AG 2019, 205.
[45] BGHZ 107, 7 (15ff.) – Tiefbau; OLG Zweibrücken NZG 2004, 382 – Reginaris/Diebels; LG Nürnberg-Fürth AG 2010, 179; *Emmerich* FS Hüffer, 2010, 179 (183ff.); *Kienzle,* Verdeckte Beherrschungsverträge im Aktienrecht, 2010, S. 67 (107ff.).
[46] *Kronstein,* Die abhängige juristische Person, 1931, S. 46ff.
[47] *Flume* Betr. 1955, 485; 1956, 455; 1956, 672; 1957, 439; 1959, 190 (195); *Würdinger* Betr. 1958, 1447 (1451f.).
[48] BGHZ 103, 1 (4f.) – Familienheim; BGHZ 105, 324 (331) – Supermarkt; BGHZ 116, 37 (43) – Stromlieferung; BayObLGZ 1992, 367 – BSW; OLG München AG 2009, 675.

sellschaftsrechtlichen Beziehungen zwischen den Parteien sowie zwischen diesen und den außenstehenden Gesellschaftern zu sehen ist.[49]

21 Dass es sich bei den Organschaftsverträgen in der Tat (auch) um Organisationsverträge handelt (→ Rn. 20), ergibt sich bereits aus den § 291 Abs. 3 AktG und § 308 AktG, die deutlich machen, dass der Beherrschungsvertrag ebenso wie der Gewinnabführungsvertrag (s. u. § 12) in der Tat die Verfassung der abhängigen Gesellschaft ändert, insbes. im Wege der Durchbrechung der §§ 57 ff. AktG und des § 76 AktG. Der Sache nach laufen sie damit auf eine **(befristete) Änderung der Satzung** der abhängigen Gesellschaft hinaus.[50] Vor allem die Notwendigkeit eines Zustimmungsbeschlusses der Hauptversammlung der abhängigen Gesellschaft mit qualifizierter Mehrheit (§ 293 Abs. 1 AktG) findet hierin letztlich ihre Erklärung (vgl. § 179 AktG).

22 Dies ändert indessen nichts daran, dass Beherrschungs- und Gewinnabführungsverträge nach wie vor für beide Vertragsteile durchaus auch **Rechte und Pflichten** begründen, wie sich unschwer an den §§ 302–305 AktG, § 308 Abs. 2 S. 1 AktG und § 309 Abs. 2 AktG ablesen lässt, nach denen das herrschende Unternehmen gegen die abhängige Gesellschaft und deren Vorstand ebenso einen gerichtlich durchsetzbaren Anspruch auf Befolgung seiner Weisungen hat wie die abhängige Gesellschaft auf Verlustübernahme und Schadensersatz im Falle der Erteilung unzulässiger Weisungen. Die Ansprüche der außenstehenden Aktionäre auf Ausgleich und Abfindung gehören gleichfalls in diesen Zusammenhang. Aus Beherrschungs- und Gewinnabführungsverträgen ergeben sich somit **beiderseitige Leistungspflichten,** bei deren Verletzung daher durchaus auch Schadensersatzansprüche des anderen Teils in Betracht kommen (§ 309 Abs. 2 AktG; §§ 276, 280 Abs. 1 BGB).[51] Die §§ 273, 320 BGB sind gleichfalls anwendbar, schon, um der abhängigen Gesellschaft die Durchsetzung ihres Anspruchs auf Verlustausgleich zu erleichtern (§ 302 AktG). Dasselbe gilt schließlich für § 426 BGB, aus dem sich zB Ausgleichsansprüche ergeben können, wenn etwa der eine Vertragsteil Steuerschulden des anderen begleicht.[52]

23 Beherrschungsverträge tragen zugleich unverkennbar Züge von **Geschäftsbesorgungsverträgen,** da ihr Wesen, bei Lichte besehen, in der Übertragung der Leitung der abhängigen Gesellschaft auf einen Dritten, das herrschende Unternehmen besteht (§ 291 Abs. 1 S. 1 AktG, 308 Abs. 1 AktG). Folglich treffen das herrschende Unternehmen ebenso wie andere Geschäftsbesorger bestimmte **Schutz- und Fürsorgepflichten** (§ 309 Abs. 2 AktG iVm § 675 Abs. 1 BGB, § 662 BGB, § 241 Abs. 2 BGB, § 280 Abs. 1, 276 BGB), weil das Vermögen der abhängigen Gesellschaft für das herrschende Unternehmen fremdes Vermögen ist und bleibt, an dem zudem – in Gestalt der außenstehenden Aktionäre – durchaus auch noch Dritte gleichberechtigt beteiligt sein können. Dies wird bestätigt durch § 309 AktG, nach dessen Abs. 1 die gesetzlichen Vertreter des herrschenden Unternehmens ebenso wie dieses selbst (s. § 31 BGB) gegenüber der abhängigen Gesellschaft bei der Erteilung von Weisungen

---

[49] *Bälz* FS Raiser, 1974, 278 (323 ff.); *Bälz* AG 1992, 277 (286 f.); *Bayer* Beherrschungsvertrag S. 13 ff.; *Fabian* Inhalt und Auswirkungen S. 65 ff.; *Maser* Betriebsüberlassungsverhältnisse S. 33 ff.; *Mestmäcker* S. 337 ff.; *Praël* Eingliederung S. 72 ff.; *Veil* Unternehmensverträge S. 184, 200 ff.
[50] Ebenso OLG Karlsruhe NJW 1967, 831 (832); LG Ingolstadt AG 1991, 24 (25).
[51] OLG Frankfurt a. M. NZG 2000, 603; MüKoAktG/*Altmeppen* AktG § 291 Rn. 35 ff.; ebenso für den Gewinnabführungsvertrag OGH NZG 1999, 1216; AG 2000, 331.
[52] S. BGHZ 120, 50; BGH NJW-RR 2004, 474; *Simon* ZGR 2007, 71 (82, 102 ff.).

die Sorgfalt eines ordentlichen und gewissenhaften Geschäftsleiters anzuwenden haben, widrigenfalls sie sich ersatzpflichtig machen (§ 309 Abs. 2 AktG; vgl. § 280 Abs. 1 BGB; iE → § 23 Rn. 48 ff.). Schadensersatzansprüche des herrschenden Unternehmens sind gleichfalls vorstellbar, etwa, wenn die abhängige Gesellschaft durch eine Vertragsverletzung das herrschende Unternehmen schädigt.[53]

IV. Fehlerhafte Beherrschungsverträge

Literatur: *Kort,* Bestandsschutz fehlerhafter Strukturänderungen, S. 130 ff.; *Lauber-Nöll,* Die Rechtsfolgen fehlerhafter Unternehmensverträge, 1993; *U.. Schneider* (Hrsg.), Beherrschungs- und Gewinnabführungsverträge, 1989; *Stolzenberger-Wolters,* Fehlerhafte Unternehmensverträge im GmbH-Recht, 1990; *Veil,* Unternehmensverträge, 2003; *H. Wilhelm,* Die Beendigung des Beherrschungs- und Gewinnabführungsvertrages, 1976.

Als fehlerhaft bezeichnet man Beherrschungsverträge, die mit Mängeln behaftet sind, **24** durch die ihre Wirksamkeit in Frage gestellt wird. Zu unterscheiden sind vor allem formelle und materielle Mängel oder auch Beschluss- und Vertragsmängel. Ein **formeller Mangel** liegt vor, wenn bei dem Abschluss des Vertrages nicht sämtliche gesetzlichen Wirksamkeitsvoraussetzungen beachtet wurden. Die wichtigsten Beispiele sind die Nichtigkeit oder das Fehlen eines oder beider Zustimmungsbeschlüsse (§ 293 Abs. 1 und 2 AktG) sowie die fehlende Eintragung des Vertrags ins Handelsregister (§ 294 AktG), während man von inhaltlichen oder **materiellen Mängeln** zB bei Fehlen einer Ausgleichsregelung (§ 304 Abs. 3 S. 1 AktG) oder bei Verstößen des Vertrags gegen die §§ 134, 138 BGB spricht. Eine partielle gesetzliche Regelung der schwierigen Materie findet sich seit 2005 in § 246a AktG in der Fassung des UMAG. Auch mangelhafte Unternehmensverträge genießen danach Bestandskraft, vorausgesetzt, dass ihre Eintragung ins Handelsregister auf einem rechtskräftigen **Freigabebeschluss** beruht (§ 246a Abs. 4 S. 2 AktG; → § 16 Rn. 33 ff.). Probleme ergeben sich seitdem nur noch, wenn es an einem derartigen Freigabebeschluss und der darauf fußenden Eintragung des Vertrags ins Handelsregister fehlt (§ 246a Abs. 4 S. 2 AktG), so dass sich die Problematik heute im Grunde auf wenige, eigenartig gelagerte Fälle beschränkt.

In den wenigen danach noch relevanten Fällen muss man nach herrschender Meinung **25** zwischen der Zeit vor und nach Vollzug des Vertrags unterscheiden (→ Rn. 25a). **Vor Vollzug** des Vertrags ist grds. kein Raum für die Anwendung der Regeln über fehlerhafte Verträge; es bleibt vielmehr bei der Anwendung der allgemeinen Regeln, die sowohl bei formellen wie bei materiellen Mängeln des Vertrags in der Mehrzahl der Fälle zur **Nichtigkeit** des Vertrags führen, wenn der Mangel nicht ausnahmsweise rechtzeitig geheilt wird (s. § 244 AktG).[54] Anders dagegen in der Zeit **nach Vollzug** des Vertrags, da der Vertrag dann überwiegend für die Vergangenheit als wirksam behandelt wird.[55] Dies bedeutet, dass jedenfalls für die Vergangenheit auf eine Rückabwicklung des mangelhaften Vertrags verzichtet wird, so dass der Vertrag nur noch für die Zukunft beendet werden kann (→ Rn. 28). Der gebotene **Gläubigerschutz** wird folgerichtig für die Vergangenheit über die Anwendung der §§ 302, 303 AktG sichergestellt.[56]

---

[53] OLG Frankfurt a. M. NZG 2000, 603 (604 f.); → § 12 Rn. 20.

[54] OLG Hamburg NZG 2005, 604 – Thyssen Industrie/Blohm + Voss.

[55] So für die fehlende Eintragung bei der GmbH BGHZ 116, 37 (39) – Stromlieferungen/Hansa Feuerfest; BGH NJW 2002, 822; für Teilgewinnabführungsverträge mit einer AG generell BGH NZG 2005, 261; 2005, 472.

[56] Wegen der Einzelheiten s. (besonders weitgehend) *Hirte/Schall* Konzern 2006, 243 (246 ff.).

26 Bei der Annahme eines **Vollzugs** des fehlerhaften Vertrages geht die Rechtsprechung (im Interesse der Vereinfachung der Abwicklung) gelegentlich recht weit. Namentlich bei fehlerhaften Verträgen mit einer **GmbH** oder bei stillen Gesellschaftsverträgen (Teilgewinnabführungsverträge nach § 292 Abs. 1 Nr. 2 AktG) wurde es bereits wiederholt als ausreichend bezeichnet, wenn nur das herrschende Unternehmen Verluste bei der abhängigen Gesellschaft ausgeglichen oder in deren Geschäftsführung eingegriffen[57] oder wenn der stille Gesellschafter seine Einlage geleistet hat.[58] Dagegen wird bei fehlerhaften Beherrschungsverträgen mit einer **AG** häufig bei Fehlen oder bei Nichtigkeit eines der Zustimmungsbeschlüsse oder bei Fehlen der nötigen Eintragung des Vertrags ins Handelsregister (§§ 293, 294 AktG) generell die Anwendbarkeit der Lehre über fehlerhafte Unternehmensverträge verneint.[59] In der Tat kann **vor Eintragung** eines Beherrschungsvertrages ins Handelsregister mit Rücksicht auf § 294 Abs. 2 AktG niemand auf den Bestand des Vertrags vertrauen.[60] Für eine Anerkennung des Beherrschungsvertrages ist ferner kein Raum, wenn ein Zustimmungsbeschluss der abhängigen Gesellschaft fehlt (§ 293 Abs. 1 AktG) oder mit Erfolg angefochten ist (§§ 241, 243 AktG), soweit nicht im Einzelfall (wie häufig) § 246a Abs. 4 S. 2 AktG von 2005 eingreift (→ Rn. 24).[61]

27 **Materielle Mängel** des Vertrags können gleichfalls nicht über einen Kamm geschoren werden,[62] da es, wie § 304 Abs. 3 S. 1 AktG zeigt, so schwere Fehler gibt, dass es vor allem der Schutz der außenstehenden Gesellschafter erfordert, an der Nichtigkeit des Vertrags festzuhalten.[63] Zu denken ist hier vor allem an Klauseln, durch die die Rechte der außenstehenden Aktionäre entgegen dem Gesetz in schwerwiegender Weise beschränkt werden sollen (§§ 134, 138 BGB).

28 Auch wenn der einmal vollzogene Unternehmensvertrag nach den geschilderten Regeln (→ Rn. 24 ff.) (ausnahmsweise) trotz seiner Mängel für die Vergangenheit aufrechtzuerhalten ist, ändert dies doch nichts an seiner fortbestehenden Fehlerhaftigkeit. Die Folge ist, dass sich beide Parteien weiterhin jederzeit auf die Nichtigkeit des Vertrages **berufen** können.[64] Entgegen einer verbreiteten Meinung bedarf es dazu nicht zusätzlich einer außerordentlichen Kündigung des Vertrages aus wichtigem Grunde (s. § 297 Abs. 1 S. 1 AktG).[65] Die Zuständigkeit liegt für die AG bei dem Vorstand sowie bei einer GmbH bei den Geschäftsführern.[66]

---

[57] BGHZ 103, 1 (5) – Familienheim; BGHZ 105, 168 (182) – HSW; BGHZ 116, 37 (39 ff.) – Stromlieferung; OLG Hamburg NZG 2005, 604.

[58] BGH NZG 2005, 261; 2005, 472; → § 14 Rn. 11 ff.

[59] OLG Koblenz ZIP 2001, 1095 (1098) – Diebels/Reginaris II; OLG Zweibrücken NZG 2004, 382 – Reginaris/Diebels; OLG München NZG 2008, 753; OLG Schleswig NZG 2008, 868 (872 ff.) – MobilCom; NZG 2008, 876; OLG Karlsruhe ZIP 2011, 1817; OLG Hamburg NZG 2005, 604.

[60] Hüffer/Koch/*Koch* AktG § 291 Rn. 21; *Krieger* ZHR 158 (1994), 35 (41); *Schürnbrand* ZHR 169 (2005), 35 (49 ff.).

[61] *Luttermann* JZ 2005, 201 (202 f.); *Schürnbrand* ZHR 169 (2005), 35 (51 ff.); – anders aber *Bredow/Tribulowsky* NZG 2004, 841 (842); *Hirte/Schall* Konzern 2006, 243 (246 ff.); *Kort* Bestandsschutz S. 173 ff.; *Krieger* ZHR 158 (1994), 35 (37 ff.).

[62] So aber BGHZ 116, 37 (39 ff.).

[63] LG Ingolstadt AG 1991, 24 (25); *Grüner* Beendigung S. 142 ff.; *Kleindiek* ZIP 1988, 613; U. Schneider/*Priester*, Beherrschungs- und Gewinnabführungsverträge in der Praxis der GmbH, 1989, S. 37 (46 ff.); anders *Timm* FS Kellermann, 1991, 461 (479 ff.).

[64] BFHE 184, 88 (90 f.).

[65] *Mertens* BB 1995, 1417 (1419).

[66] Scholz/*Emmerich* GmBHG § 13 Anh. Rn. 168.

V. Grenzüberschreitende Unternehmensverträge

Literatur: *W. Bayer,* Der grenzüberschreitende Beherrschungsvertrag, 1988; *Klocke,* Deutsches Konzernkollisionsrecht und seine Regelungsprobleme, 1974; *Koppensteiner,* Internationale Unternehmen im deutschen Gesellschaftsrecht, 1971; *Luchterhandt,* Deutsches Konzernrecht bei grenzüberschreitenden Konzernverbindungen, 1971; *Wackerbarth,* Grenzen der Leitungsmacht in der internationalen Unternehmensgruppe, 2001.

Als grenzüberschreitende oder auch internationale Unternehmensverträge bezeichnet 29 man Unternehmensverträge zwischen deutschen und ausländischen Unternehmen (die nach den bisherigen Erfahrungen offenbar ausgesprochen selten sind). Die Kriterien, anhand derer in diesem Zusammenhang die Nationalität von Gesellschaften beurteilt wird, haben in den letzten Jahren wiederholt gewechselt. Ursprünglich folgte Deutschland der sog. **Sitztheorie,** nach der es für die Nationalität einer Gesellschaft nicht darauf ankam, wo diese gegründet worden war, sondern darauf, wo sich heute ihr wirklicher Verwaltungssitz befand.[67] Diese Auffassung hatte zunächst auch die Billigung des EuGH gefunden.[68] Später näherte er sich indessen unter Berufung auf die Niederlassungsfreiheit deutlich der **Gründungstheorie** an.[69] Seitdem wird in Deutschland meistens unterschieden: Im Verhältnis zu Ländern, mit denen **Niederlassungsfreiheit** vereinbart ist, wird in der Regel die Gründungstheorie angewandt, so dass sich, wenn kein Missbrauch vorliegt, das Personalstatut der Gesellschaften nach dem Gründungsstaat richtet, in dem sich regelmäßig auch der Satzungssitz der Gesellschaften befindet. So verhält es sich insbes. im Verhältnis zu den Mitgliedstaaten der Europäischen Union und des EWR sowie im Verhältnis zu den USA.[70] Aber es gibt Ausnahmen. Die erste betrifft das Verhältnis zu sogenannten **Drittstaaten** wie etwa der Schweiz, dh zu Ländern, mit denen keine Niederlassungsfreiheit vereinbart ist. Im Verhältnis zu diesen Ländern verbleibt es bei der Maßgeblichkeit der herkömmlichen Sitztheorie.

Die zweite (und hier allein interessierende) Ausnahme betrifft gerade das Konzern- 30 recht, verstanden in erster Linie als Schutzrecht für die abhängige Gesellschaft und deren Aktionäre und Gläubiger. Insbes. **abhängige Gesellschaften** mit Sitz in Deutschland genießen – im Wege der Sonderanknüpfung – in jedem Fall, schon im Interesse ihrer Gesellschafter und ihrer Gläubiger, den Schutz des deutschen Konzernrechts, selbst wenn sie in einem anderen Mitgliedstaat der Europäischen Union gegründet wurden und deshalb in Deutschland anzuerkennen sind.[71]

Im Ergebnis finden somit auf den internationalen Unterordnungskonzern mit einem 31 **herrschenden deutschen Unternehmen** allein diejenigen Normen Anwendung, die wie etwa § 71d AktG oder die Regeln über die Konzernbildungskontrolle (→ §§ 7–9) die Verhältnisse der inländischen Obergesellschaft regeln,[72] während sich die Rechtsverhältnisse der ausländischen abhängigen Gesellschaft ausschließlich nach

---

[67] BGHZ 97, 269 (271 f.); OLG Frankfurt a. M. AG 1990, 494 (495); KG Betr. 1997, 1124; ebenso OGH SZ Bd. 40 (1967) Nr. 48, 130 (131); Bd. 54 (1981) Nr. 94, 452 (454); GesRZ 1976, 132; *Eidenmüller/Rehm* ZGR 1997, 89.

[68] EuGH Slg 1988, 5505 = NJW 1989, 2186 – Daily Mail.

[69] EuGH Slg 1999, I-1484 = AG 1999, 226 – Centros; NJW 2003, 3614 – Überseering I; NJW 2003, 3331 – Inspire Art.

[70] BGHZ 190, 242 Rn. 16 ff.; BGH GmbHR 2010, 211; 2010, 819.

[71] *Altmeppen* NJW 2004, 97 (103); *Selzner/Sustmann* Konzern 2003, 85 (88 ff.); sehr str.

[72] OLG Frankfurt a. M. AG 1988, 267 (272); *Koppensteiner* Internationale Unternehmen S. 103, 266 ff.; *Luchterhandt* Konzernrecht S. 160 ff.

deren Heimatrecht richten.[73] Unanwendbar ist nach hM außerdem § 293 Abs. 2 AktG, weil diese Vorschrift nach ihrem Sinn und Zweck nur die Beziehungen zwischen inländischen Gesellschaften im Auge hat.[74]

32 Ist dagegen in einem internationalen Unterordnungskonzern eine „**deutsche** Gesellschaft" (→ Rn. 30) von einem ausländischen Unternehmen **abhängig,** so sind grds. alle Vorschriften, die das deutsche Recht zum Schutze der abhängigen Gesellschaft, ihrer Gesellschafter und ihrer Gläubiger aufstellt, auf das ausländische herrschende Unternehmen anzuwenden, so dass dieses im Inland gegenüber einer AG namentlich die Pflichten aus den §§ 302–305 AktG zu beachten hat.[75] Abweichende Vereinbarungen sind nicht möglich.[76]

VI. Mehrstufige Unternehmensverbindungen

33 In mehrstufigen Unternehmensverbindungen, wie sie in der Praxis die Regel bilden,[77] sind Unternehmensverträge auf allen Stufen möglich. In einer zweistufigen Unternehmensverbindung kann daher zB die Muttergesellschaft Beherrschungsverträge gleichermaßen mit der Tochter- wie mit der Enkelgesellschaft abschließen. Ebenso ist es aber auch möglich, dass ein Beherrschungsvertrag allein zwischen der Tochter- und der Enkelgesellschaft oder nur zwischen der Mutter- und der Tochter- oder der Enkelgesellschaft abgeschlossen wird.[78]

34 Die genannten Fallgestaltungen werfen eine Fülle zusätzlicher Fragen auf, weil die gesetzliche Regelung durchweg auf einstufige Unternehmensverbindungen zugeschnitten ist,[79] so dass sie sich häufig nicht ohne Modifikationen auf mehrstufige Beherrschungsverträge übertragen lässt. Diesen besonderen Fragen ist im jeweiligen Zusammenhang nachzugehen. Festzuhalten ist bereits hier lediglich, dass in mehrstufigen Unternehmensverbindungen jedenfalls neben einer durchgehenden Kette von Unternehmensverträgen für eine Anwendung der §§ 311–318 AktG kein Raum ist.[80]

VII. Konzernprivileg

35 Als Konzernprivileg bezeichnet man die weitgehende **Lockerung der Kapitalerhaltungsregeln** im Vertragskonzern durch § 291 Abs. 3 AktG idF des MoMiG von

---

[73] OLG Hamburg MDR 1976, 402 Nr. 54; ebenso für die Schweiz BGE 80 II (1954), 53 (59) – Shell; *Bärwaldt/Schabacker* AG 1998, 182 (187).

[74] Str., → Rn. 34 sowie Emmerich/Habersack Aktien-/GmbH-KonzernR/*Emmerich* AktG § 293 Rn. 6.

[75] → Rn. 30; BGHZ 65, 15 – ITT (ohne Begründung); BGH NZG 2005, 214 (215); OLG Schleswig NZG 2008, 868 – MobilCom; LG München I ZIP 2008, 555 (560) – UniCredito/HVB; *Altmeppen* NJW 2004, 97 (103); *Bärwaldt/Schabacker* AG 1998, 182 (186 f.); *Einsele* ZGR 1996, 40; U. Schneider/*Feddersen*, Beherrschungs- und Gewinnabführungsverträge in der Praxis der GmbH, 1989, S. 127 (135 ff.); *Kindler* FS Jayme, 2004, 409; *Kronke* ZGR 1989, 473; *Koppensteiner* Internationale Unternehmen S. 136, 170, 245 ff.; *Selzner/Sustmann* Konzern 2003, 85 (88 ff.); *Wiedemann* FS Kegel, 1977, 187 (203 ff.).

[76] LG München I ZIP 2008, 555 (560) – UniCredito/HVB; *Bayer* Beherrschungsvertrag S. 64 ff.; *Bärwaldt/Schabacker* AG 1998, 182 (186); *Selzner/Sustmann* Konzern 2003, 85 (95 f.); anders *Neumayer* ZVglRWiss. 83 (1984), 129.

[77] S. *Görling* AG 1993, 538.

[78] BayObLGZ 1972, 367 (371 f.) – BSW; LG Frankfurt a. M. AG 1999, 238 (239); *Krieger* FS K. Schmidt, 2009, 999.

[79] Einzige Ausnahme in § 305 Abs. 2 Nr. 2 AktG.

[80] OLG Frankfurt a. M. NZG 2000, 790; LG Frankfurt a. M. AG 1999, 238 (239); teilweise anders *Cahn* BB 2000, 1477 (1480 f.).

2008, nach dem bei Abschluss eines Beherrschungs- oder Gewinnabführungsvertrages Leistungen der Gesellschaft nicht als Verstoß gegen die §§ 57, 58, 60 AktG gelten. Durch diese Regelung sollte es der Gesellschaft, insbes. also der AG nach dem Willen der Gesetzesverfasser ermöglicht werden, mit ihren Gesellschaftern, den Aktionären in einem Konzern wirtschaftlich sinnvolle Leistungsbeziehungen zu unterhalten und abzuwickeln, insbes. in Gestalt von Darlehen an die Gesellschafter oder von Cash Pooling Systemen.[81] Demselben Zweck diente seinerzeit auch die Einfügung der neuen Vorschriften des § 57 Abs. 1 S. 3 AktG sowie des § 30 Abs. 1 S. 1 GmbHG (vgl. außerdem noch § 71a Abs. 1 S. 3 AktG). Seitdem finden die Kapitalerhaltungsregeln bei Abschluss eines Beherrschungs- oder Gewinnabführungsvertrages grds. keine Anwendung mehr.

Damit ist im Grundsatz heute „bei Bestehen" eines Beherrschungs- oder Gewinn- **36** abführungsvertrages „jeglicher – unmittelbare oder mittelbare – Vermögenstransfer" von der abhängigen Gesellschaft auf das herrschende Unternehmen privilegiert, dh von der Anwendung der Kapitalerhaltungsregeln ausgenommen.[82] Unberührt bleiben jedoch – als äußerste **Schranken** des Konzernprivilegs – die Vorschriften des § 302 AktG und der §§ 303–310 AktG sowie außerdem die allgemeinen Vorschriften über die Organhaftung (§ 93 AktG und § 116 AktG; § 43 GmbHG).[83] Deshalb bleibt es zB – trotz des unvertretbar weiten Konzernprivilegs des § 291 Abs. 3 AktG – letztlich doch dabei, dass der Vorstand oder die Geschäftsführer der abhängigen Gesellschaft im Falle der Teilnahme an einem **Cash-Pooling-System** stets sorgfältig prüfen müssen, ob der Anspruch der Gesellschaft auf Verlustausgleich nach § 302 AktG noch werthaltig ist. Ist dies nicht mehr gewährleistet ist, so dürfen sie auch unter der Geltung des § 291 Abs. 3 AktG an dem Cash-Pooling-System nicht mehr teilnehmen (auch → § 23 Rn. 21, → § 32 Rn. 36). Eine entgegenstehende Weisung des herrschenden Unternehmens wäre, weil rechtswidrig, unwirksam (§ 134 BGB) und führte zur Haftung des herrschenden Unternehmens und seiner gesetzlichen Vertreter nach § 309 Abs. 2 AktG. Auch kann die abhängige Gesellschaft dann den Vertrag nach § 297 Abs. 1 AktG aus wichtigem Grunde kündigen (→ § 19 Rn. 37 ff.).

§ 12. Gewinnabführungsvertrag

Literatur: *Mülbert,* AG, Unternehmensgruppe und Kapitalmarkt, 2. Aufl. 1996; *Sonnenschein,* Organschaft und Konzerngesellschaftsrecht, 1976; *Veil,* Unternehmensverträge, 2003.

I. Überblick

Ein Gewinnabführungsvertrag ist nach § 291 Abs. 1 S. 1 AktG ein Vertrag, durch den **1** sich eine AG oder KGaA verpflichtet, ihren *ganzen* Gewinn an ein anderes Unternehmen abzuführen. Gleich steht nach § 291 Abs. 1 S. 2 AktG der Geschäftsführungsvertrag, durch den es eine AG übernimmt, ihr Unternehmen für Rechnung eines anderen Unternehmens zu führen (dazu → Rn. 21 ff.). Die **Bedeutung** des Gewinnabführungsvertrages liegt vornehmlich auf **steuerlichem Gebiet,** weil er nach § 14 KStG und § 2 Abs. 2 S. 2 GewStG die Grundlage der körperschaftsteuerlichen und

---

[81] Begr., BT-Drs. 16 (2007)/6140, 41.
[82] *Bormann/Urlichs* GmbHR 2008, Sonderheft 37, 46; *Gehrlein* Konzern 2007, 771 (786); *Habersack* FS Schaumburg, 2009, 1291 (1296f.); Goette/Habersack/*Vetter,* Das MoMiG in Wissenschaft und Praxis, 2009, S. 107 (143ff.).
[83] Ausf. *Altmeppen* NZG 2010, 361 (363, 365f.).

der gewerbesteuerlichen **Organschaft** bildet. Gewinnabführungsverträge erleichtern ferner die Durchführung so genannter Cash-pooling-Systeme in Konzernen (s. § 57 Abs. 1 S. 3 AktG, schon → § 11 Rn. 41 f.).[1]

1a Der Gewinnabführungsvertrag muss vor allem von dem **Teilgewinnabführungsvertrag** unterschieden werden (→ § 14), den das Gesetz in § 292 Abs. 1 Nr. 2 AktG als einen Vertrag definiert, durch den sich eine AG oder KGaA verpflichtet, lediglich *einen Teil* ihres Gewinnes oder (nur) den Gewinn *einzelner* (nicht aller) ihrer Betriebe ganz oder teilweise an einen anderen abzuführen. Ein solcher Vertrag ist selbst dann *nicht* als Gewinnabführungsvertrag iSd § 291 Abs. 1 S. 1 AktG zu behandeln, wenn er der Sache nach auf die Abführung fast des gesamten Gewinns der Gesellschaft hinausläuft, da der Teilgewinnabführungsvertrag vom Gesetz als Austauschvertrag konzipiert ist, so dass seine Wirksamkeit voraussetzt, dass die Gesellschaft eine **angemessene Gegenleistung** erhält (→ § 14 Rn. 3, 8 f.). *Ohne* angemessene Gegenleistung ist dagegen jedenfalls ein Teilgewinnabführungsvertrag, der im Ergebnis (nahezu) den gesamten Gewinn der Gesellschaft erfasst, als (verdeckter) Gewinnabführungsvertrag zu behandeln und folglich nur wirksam, wenn er (über § 292 Abs. 1 Nr. 2 AktG hinaus) auch allen zusätzlichen Wirksamkeitsvoraussetzungen für Gewinnabführungsverträge genügt, dh vor allem gerade als solcher ins Handelsregister nach § 294 Abs. 2 eingetragen ist.[2]

2 Die **Regelung** des Gewinnabführungsvertrages im AktG folgt in ihren Grundzügen derjenigen des Beherrschungsvertrages, so dass wegen der meisten Einzelheiten auf die Ausführungen zum Beherrschungsvertrag verwiesen werden kann (→ § 11). Das gilt insbes. auch für die Reichweite des Konzernprivilegs des § 291 Abs. 3 AktG (→ § 11 Rn. 35 f.). Die **Rechtsnatur** des Gewinnabführungsvertrags entspricht gleichfalls der des Beherrschungsvertrags (deshalb → § 11 Rn. 19 ff.), da er ebenso wie der Beherrschungsvertrag in sich gesellschaftsrechtliche und schuldrechtliche Elemente vereint. Zwar wird der Vertrag überwiegend als **Organisationsvertrag** bezeichnet, da er durch die Beseitigung des Gewinnbezugsrechts der Aktionäre (§ 58 Abs. 4 AktG) sowie durch den Ausschluss ihres Rechts zur Entscheidung über die Verwendung des Bilanzgewinnes (§ 119 Abs. 1 Nr. 2 AktG, § 174 Abs. 1 S. 1 AktG) schwerwiegend in die Finanzverfassung der Gesellschaft eingreift. Zugleich enthält der Vertrag aber ebenso wie der Beherrschungsvertrag auch wichtige **schuldrechtliche Elemente.** Der Vertrag lässt daher zwischen den Parteien ein **Dauerschuldverhältnis** entstehen, das gegebenenfalls aus wichtigem Grunde gekündigt werden kann (§ 297 Abs. 1 AktG).[3] Wird der Gewinnabführungsvertrag mit einem Beherrschungsvertrag wie in der Mehrzahl der Fälle zu einem **Organschaftsvertrag** verbunden, so bildet der Vertrag eine *Einheit,* so dass eine Kündigung allein des Gewinnabführungs- oder des Beherrschungsvertrages nach § 297 AktG (als bloße Teilkündigung) nicht möglich ist.[4]

3 Der wichtigste Unterschied zwischen dem Beherrschungsvertrag und dem Gewinnabführungsvertrag besteht darin, dass der Gewinnabführungsvertrag allein **kein Weisungsrecht** des herrschenden Unternehmens begründet,[5] weshalb das Gesetz an sei-

---

[1] Ausf. *Altmeppen* NZG 2010, 361.
[2] → § 14 Rn. 9; MüKoAktG/*Altmeppen* AktG § 291 Rn. 160 ff.
[3] OLG Frankfurt a. M. NZG 2000, 603 (604 f.); ebenso für Österreich OGH NZG 1999, 1216; AG 2000, 331.
[4] OLG Karlsruhe GmbHR 2001, 523; anders *Cahn/Simon* Konzern 2003, 1.
[5] Anders *Veil* Unternehmensverträge S. 260 ff.

nen Abschluss auch *nicht* die *unwiderlegliche* Konzernvermutung des § 18 Abs. 1 S. 2 AktG knüpft. Dies ändert indessen nichts daran, dass Gewinnabführungsverträge doch in aller Regel zwischen voneinander **abhängigen Unternehmen** abgeschlossen werden dürften, so dass tatsächlich bei Vorliegen eines Gewinnabführungsvertrages die **Vermutungen** der § 17 Abs. 2 AktG und § 18 Abs. 1 S. 3 AktG kaum jemals widerlegbar sein werden. Deshalb ist es auch unbedenklich, die Vertragsparteien entsprechend der allgemeinen Übung einfach als herrschendes und abhängiges Unternehmen zu bezeichnen.

Sonderregelungen für Gewinnabführungsverträge finden sich nur an wenigen Stellen. 4 Hervorzuheben sind im Grunde lediglich die Vorschriften des **§ 57 Abs. 1 S. 3** AktG über die Aufhebung der Vermögensbindung in der AG bei Abschluss eines Gewinnabführungsvertrages (→ 11 Rn. 35 f.), des § 71 a Abs. 1 S. 3 AktG über den Rückkauf eigener Aktien, des **§ 300 Nr. 1 AktG** über die Auffüllung der gesetzlichen Rücklage bei Abschluss eines Gewinnabführungsvertrages sowie des **§ 301 AktG** über den Höchstbetrag des abzuführenden Gewinns (→ § 20 Rn. 8, 17 ff.). Weitere Sonderregelungen finden sich in den §§ 316, 324 Abs. 2 AktG sowie insbes. im Steuerrecht (→ Rn. 6 f.). Hinzu treten noch einige bilanzrechtliche Vorschriften (s. zB § 273 Abs. 3 S. 2 HGB).

Der **Anwendungsbereich** der aktienrechtlichen Vorschriften über den Gewinnabfüh 5 rungsvertrag beschränkt sich auf Verträge, an denen eine **deutsche AG oder KGaA** als abhängiges oder verpflichtetes Unternehmen beteiligt ist. Gewinnabführungsverträge mit ausländischen Unternehmen, zB mit einer französischen AG (→ Rn. 7 a), oder mit anderen Unternehmen als gerade einer AG, namentlich also mit abhängigen GmbH, haben dagegen bislang, von § 30 Abs. 1 S. 2 GmbHG abgesehen, nur eine eigenartige steuerrechtliche Regelung in **§ 17 KStG** gefunden, so dass bei den zahlreichen nicht geregelten gesellschaftsrechtlichen Fragen stets zu prüfen ist, ob von Fall zu Fall eine Analogie zu den aktienrechtlichen Vorschriften über Gewinnabführungsverträge in Betracht kommt.

II. Steuerrecht

Wie bereits eingangs dieses Kapitels betont (→ Rn. 1), ist der Abschluss eines Gewinn 6 abführungsvertrages nach den §§ 14, 17 KStG sowie nach § 2 Abs. 2 S. 2 GewStG eine der **Voraussetzungen** für die steuerliche Anerkennung der **Organschaft** mit einer abhängigen deutschen AG oder GmbH, während das Umsatzsteuerrecht die Voraussetzungen der Organschaft ohne Bezugnahme auf § 291 AktG selbstständig bestimmt (§ 2 Abs. 2 Nr. 2 UStG). Die Folge ist, dass die Organschaft steuerrechtlich nur anerkannt wird, wenn der Gewinnabführungsvertrag **nach Gesellschaftsrecht wirksam** ist und auch bei der Durchführung des Vertrages genau die gesellschaftsrechtlichen Vorgaben beachtet werden.[6] Allein unter dieser Voraussetzung kommt es dann (nur) steuerrechtlich zu einer Zusammenrechnung der Ergebnisse von Organgesellschaft (dh der abhängigen oder verpflichteten Gesellschaft) und Organträger (dem herrschenden Unternehmen) mit der wichtigen Folge der phasengleichen *Verrechnung* von Gewinnen und Verlusten im Konzern, womit erhebliche steuerliche Vorteile verbunden sein können. Bei einem Verstoß gegen die gesellschaftsrechtlichen Vorgaben der Organschaft wird diese dagegen steuerlich verworfen (sog. **„verunglückte Organschaft"**), – so dass fortan schon abgeführte Gewinne als verdeckte Gewinnausschüt-

---

[6] ZB BFH AG 2018, 112 = NZG 2018, 77 mN.

tungen behandelt werden, während ein bereits geleisteter Verlustausgleich nach § 302 AktG als verdeckte Einlage qualifiziert wird.

7 Zu den gesellschaftsrechtlichen Voraussetzungen der Organschaft (→ Rn. 6) treten nach § 14 KStG noch verschiedene **steuerliche Voraussetzungen** hinzu, die gleichfalls genau beachtet werden müssen. Die wichtigste ist, dass der Gewinnabführungsvertrag auf mindestens **fünf Jahre abgeschlossen** *und* während seiner gesamten Geltungsdauer auch tatsächlich **durchgeführt** werden muss (§ 14 Abs. 1 S. 1 Nr. 3 S. 1 KStG). Durch diese Regelung soll sonst naheliegenden Gewinnmanipulationen durch kurzfristigen Abschluss oder ebenso kurzfristige Beendigung von Gewinnabführungsverträgen je nach der Ertragslage der verbundenen Unternehmen vorgebeugt werden.[7] Mit „Jahren" sind dabei **Zeitjahre** gemeint, so dass der Vertrag tatsächlich volle fünf Jahre laufen muss, um anerkannt zu werden.[8] Dies wird mit Rücksicht auf den Zweck der Regelung ganz streng gehandhabt, so dass bereits das Fehlen eines einzigen Tages an der vollen Laufzeit von fünf Jahren steuerschädlich ist, und zwar selbst dann, wenn die Ursache ein bloßer Schreibfehler bei der Abfassung der Vertragsurkunde nach § 293 Abs. 3 AktG gewesen ist.[9] Eine vorzeitige Beendigung des Vertrages ist nur im Wege einer Kündigung aus wichtigem Grunde nach § 297 steuerunschädlich (S. 2 des § 14 Abs. 1 S. 1 Nr. 3 KStG). Bei der **GmbH** kommen noch die besonderen Voraussetzungen des § 17 S. 2 KStG hinzu, die von den Gerichten – trotz nahezu einhelliger Kritik des Schrifttums[10] – gleichfalls betont restriktiv ausgelegt werden, so dass insbes. jede Einschränkung der Verlustübernahme gegenüber § 302 und ebenso jede Einschränkung der Gewinnabführung entgegen den §§ 291 und 301 AktG bereits als steuerschädlich eingestuft wird.[11]

7a Weitere steuerliche Voraussetzung war bis 2012 nach § 14 Abs. 1 S. 1 Hs. 1 KStG aF, dass es sich bei der Organgesellschaft um eine Kapitalgesellschaft mit Sitz *und* Verwaltung im Inland handelte. Dieser sog. **doppelte Inlandsbezug** wurde jedoch wegen der Bedenken der Europäischen Kommission gegen die Vereinbarkeit der Regelung mit dem Unionsrecht 2013 gestrichen (§ 14 Abs. 1 S. 1 KStG nF). Nach wie vor offen ist dagegen die brisante Frage, ob auch in anderen Fällen eine **Gruppenbesteuerung über die Grenze** hinweg eingeführt werden soll oder mit Rücksicht auf das Unionsrechts sogar eingeführt werden muss.[12]

III. Inhalt

1. Mindestinhalt

8 Der (gesellschaftsrechtliche) Mindestinhalt eines Gewinnabführungsvertrages ergibt sich aus § 291 Abs. 1 S. 1 AktG und § 304 Abs. 3 S. 1 AktG. Der Vertrag muss danach lediglich Bestimmungen über die Pflicht der abhängigen Gesellschaft zur Abführung ihres ganzen Gewinnes sowie über die Pflicht des herrschenden Unternehmens zur Zahlung eines Ausgleichs an die außenstehenden Aktionäre enthalten. Mehr ist aktienrechtlich nicht erforderlich. Insbes. die Pflicht des herrschenden Unternehmens zur

---

[7] BFHE 244, 277; BFH AG 2018, 163 Rn. 9; NZG 2018, 437 Rn. 11, 12; *C. Schäfer* GmbHR 2011, 806; *Walter* GmbHR 2017, 1222; ausf. zu den steuerrechtlichen Anforderungen an die Durchführung des Gewinnabführungsvertrages *Baldamus,* Die Umsatzbesteuerung (Ubg), 2009, 484.

[8] ZB BFH AG 2011, 417; GmbHR 2013, 602.

[9] So BFH GmbHR 2013, 602.

[10] S. mN *Kutsch* GmbHR 2010, 953.

[11] ZB BFHE 242, 134; BFH AG 2011, 296; NZG 2010, 1158; NZG 2018, 77.

[12] S. zB *Heuerung/Schmidt/Kollmann* GmbHR 2016, 449 mN.

Verlustübernahme (§ 302 AktG) und zur Abfindung der außenstehenden Aktionäre (§ 305 AktG) beruht unmittelbar auf dem Gesetz und ist deshalb in ihrem Bestand von den Vereinbarungen der Parteien in dem Gewinnabführungsvertrag letztlich unabhängig (s. § 305 Abs. 5 S. 2 AktG). Allein steuerrechtlich können weitere Abreden erforderlich sein, um die Voraussetzungen für die Anerkennung der Organschaft nach den §§ 14–19 KStG zu schaffen. Ein Beispiel findet sich in § 17 S. 2 Nr. 2 KStG, nach dem bei der **GmbH** die Organschaft voraussetzt, dass in dem Gewinnabführungsvertrag eine Verlustübernahme entsprechend § 302 AktG vereinbart wird (→ Rn. 7).

Zusätzliche Abreden sind möglich und verbreitet. Beispiele sind Vereinbarungen 9 über die Berechnung des abzuführenden Gewinns (→ Rn. 17 ff.), über die Bildung von Rücklagen (s. § 300 Nr. 1 AktG) sowie über die Mindestdauer des Vertrages (s. §§ 14, 17 KStG). Auch Abreden über die Fälligkeit des Anspruchs des herrschenden Unternehmens auf Gewinnabführung und über die Verzinsung dieses Anspruchs sind gesellschaftsrechtlich (nicht steuerrechtlich) unbedenklich.[13]

Im Gegensatz zu Beherrschungsverträgen (→ § 11 Rn. 13) können Gewinnabfüh- 10 rungsverträge mit **Rückwirkung** abgeschlossen werden.[14] Das Steuerrecht erkennt freilich eine Rückwirkung des Vertrages nur noch für das bei Eintragung des Vertrages *laufende Geschäftsjahr* an (§ 14 Abs. 1 S. 2 KStG von 2003), sodass die Eintragung des Gewinnabführungsvertrags ins Handelsregister nach § 294 AktG bis zum Ende des Wirtschaftsjahres herbeigeführt werden muss, für das die Vorteile der steuerlichen Organschaft erstmals in Anspruch genommen werden sollen. Bei einer Eintragung erst im nächsten Wirtschaftsjahr gelten für die vorausgehenden Veranlagungszeiträume (Wirtschaftsjahre) steuerrechtlich Gewinnabführungen als verdeckte Gewinnausschüttungen und Verlustübernahmen als verdeckte Einlagen (→ Rn. 6).[15]

2. Gewinnabführungsverträge zugunsten Dritter

In mehrstufigen Unternehmensverbindungen wird gelegentlich an Stelle eines direkten 11 Gewinnabführungsvertrages zwischen der Enkel- und der Muttergesellschaft ein Gewinnabführungsvertrag zwischen der Enkel- und der *Tochter*gesellschaft **zugunsten der Muttergesellschaft** abgeschlossen (§ 328 BGB). Soweit die Zulässigkeit solcher Verträge bejaht wird, ist dafür vor allem die Überlegung maßgebend, dass für den erforderlichen Schutz der Aktionäre und Gläubiger auf sämtlichen Stufen des Konzerns bereits durch die Anwendung der §§ 302 f., 304 f., 311 ff. AktG hinreichend gesorgt sei.[16]

Gegen diese Auffassung (→ Rn. 11) spricht indessen, dass Gewinnabführungsverträge 12 zugunsten eines Dritten mit der Regelung, die der Gewinnabführungsvertrag im AktG gefunden hat, nur schwer in Einklang zu bringen sind.[17] Dies zeigt bereits ein Blick auf § 302 AktG, in dem das Gesetz offenkundig davon ausgeht, dass derjenige, der auf Grund des Vertrages den Gewinn bezieht, auch zum Verlustausgleich verpflichtet sein soll. Gewinnbezugsrecht und Verlustausgleichspflicht müssen sich mit anderen

---

[13] *Wolf* NZG 2007, 641.
[14] BGHZ 122, 211 (223f.) – SSI; BGHZ 155, 110 (116) – Philipps I; BGH ZIP 2003, 1933 (1935) – Philips II; *OLG Karlsruhe* AG 2001, 536 (537); *Schaber/Hertstein* Konzern 2004, 6.
[15] S. iE *Rödder/A. Schumacher* DStR 2003, 805 (806); zB BFH AG 2018, 163 Rn. 10 ff.
[16] S. KölnKommAktG/*Koppensteiner* AktG § 291 Rn. 96; *Raiser/Veil* § 54 Rn. 129.
[17] Ebenso Hüffer/Koch/*Koch* AktG § 291 Rn. 25; *Pentz*, Die Rechtsstellung der Enkel-AG in einer mehrstufigen Unternehmensverbindung, 1994, S. 178 ff.; *Rehbinder* ZGR 1977, 581 (628); *Sonnenschein* AG 1976, 147.

Worten entsprechen. Gewinnabführungsverträge zugunsten eines Dritten können daher nur zugelassen werden, wenn der Dritte zusätzlich zu dem Vertragspartner, in dem Beispielsfall (→ Rn. 11) also die Muttergesellschaft *neben* der Tochtergesellschaft, ebenfalls die **Verpflichtungen aus den §§ 302, 303** AktG durch Vertrag mit der verpflichteten Gesellschaft (der Enkelgesellschaft) übernimmt.[18]

3. Isolierte Gewinnabführungsverträge

13 Als isolierte Gewinnabführungsverträge bezeichnet man Gewinnabführungsverträge, die nicht mit einem Beherrschungsvertrag zu einem Organschaftsvertrag verbunden sind. Das **Steuerrecht** geht ohne Weiteres von der Zulässigkeit solcher Verträge aus (§ 14 KStG idF von 2003/2013). Für das Gesellschaftsrecht ergibt sich – entgegen einer früher gelegentlich vertretenen Meinung[19] – dasselbe unmittelbar aus den §§ 316, 324 Abs. 2 AktG.[20] Der Abschluss eines isolierten Gewinnabführungsvertrages macht vor allem Sinn, wenn die Parteien eine Rückwirkung des Vertrages beabsichtigen (→ Rn. 10) oder wenn es ihnen allein darauf ankommt, die Voraussetzungen der steuerlichen Organschaft zu schaffen (s. § 14 KStG von 2003/2013).

14 Unberührt bleibt bei Fehlen eines Beherrschungsvertrages die Anwendbarkeit der **§§ 311, 317** AktG zum Schutze der abhängigen Gesellschaft und der außenstehenden Gesellschafter. Wichtig ist dies etwa bei der heute durch § 57 Abs. 1 S. 3 AktG ermöglichten Praktizierung konzernweiter Cash-Pooling-Systeme für die in jedem Fall gebotene Kontrolle, ob der Verlustausgleichsanspruch der abhängigen Gesellschaft gegen das herrschende Unternehmen aufgrund des § 302 AktG noch werthaltig ist (→ § 11 Rn. 41 f.).[21]

4. Verlustdeckungszusage

15 Der Pflicht der abhängigen Gesellschaft zur Abführung ihres gesamten Gewinns (§ 291 Abs. 1 S. 1 AktG) korrespondiert die Verpflichtung des herrschenden Unternehmens zur Übernahme der Verluste der abhängigen Gesellschaft (§ 302 AktG; schon → Rn. 8), so dass es sich bei dem Gewinnabführungsvertrag der Sache nach um einen Ergebnisübernahmevertrag handelt. Dies hat Anlass zu der Frage gegeben, ob auch **reine Verlustdeckungszusagen,** wie sie in Konzernen gelegentlich zur Vermeidung der Insolvenzantragspflicht überschuldeter Töchter vorkommen, den Regeln über Gewinnabführungsverträge zu unterstellen sind.

16 Indessen ist eine bloße Verlustübernahme nicht mit der Abführung des Gewinns einer AG vergleichbar, zumal auch steuerrechtlich bloße Verlustdeckungszusagen den Gewinnabführungsverträgen nicht gleichstehen (§ 14 KStG). Die Folge ist vor allem, dass auf derartige Verträge die §§ 291, 293 AktG *keine* Anwendung finden. Für das herrschende Unternehmen hat dies den Vorteil, dass sein Vorstand eine Verlustdeckungszusage für Tochtergesellschaften auch ohne Mitwirkung seiner Hauptversammlung abgeben kann (§§ 76, 78, 82 Abs. 1 AktG).[22] Derartige Zusagen einer Mutter

---

[18] S. Emmerich/Habersack Aktien-/GmbH-KonzernR/*Emmerich* AktG § 291 Rn. 58.
[19] *Kort,* Der Abschluss von Beherrschungs- und Gewinnabführungsverträgen im GmbH-Recht, 1986 S. 83 ff.; *Sonnenschein* Organschaft S. 379 f.; *Sonnenschein* AG 1976, 147; *van Venrooy* BB 1986, 612.
[20] OLG Karlsruhe AG 2001, 536 (537); *Cahn/Simon* Konzern 2003, 1 (2 ff.); *H.-P. Müller* FS Goerdeler, 1987, 375 (382 ff.); *Simon* ZGR 2007, 71 (102); ebenso für die GmbH LG Kassel NJW-RR 1996, 1510.
[21] *Altmeppen* NZG 2010, 361 (367) mN.
[22] OLG Celle WM 1984, 494 – Pelikan AG; MüKoAktG/*Altmeppen* AktG § 291 Rn. 169; Hüffer/Koch/ *Koch* AktG § 291 Rn. 28; *K. Schmidt* FS Werner, 1984, 777 ff.; *Krieger/Schneider* § 72 Rn. 3 (S. 1313 f.).

stellen auch keine Schenkung dar; es handelt sich bei ihnen vielmehr um nicht geregelte gesellschaftsrechtliche Erklärungen.[23]

IV. Gewinnermittlung

Ein Gewinnabführungsvertrag liegt nur vor, wenn die abhängige Gesellschaft verpflichtet ist, ihren „ganzen Gewinn" an das andere Unternehmen abzuführen (s. § 291 Abs. 1 S. 1 AktG, § 292 Abs. 1 Nr. 2 AktG). Gemeint ist der **Bilanzgewinn,**[24] der unter Berücksichtigung des § 300 Nr. 1 AktG und des § 301 AktG in Verbindung mit den handelsrechtlichen Bilanzierungsvorschriften und etwaigen Abreden der Parteien (→ Rn. 9) in einer **Vorbilanz** ermittelt wird. Er entspricht hier dem **Jahresüberschuss** iSd § 275 Abs. 2 Nr. 17, Abs. 3 Nr. 16 HGB,[25] während in der **endgültigen Bilanz** der abhängigen Gesellschaft ein Gewinn nicht mehr ausgewiesen wird; vielmehr erscheint der abzuführende Betrag in dieser als Verbindlichkeit gegenüber verbundenen Unternehmen auf der Passivseite der Bilanz (§ 266 Abs. 3 Posten C Nr. 6 HGB), nachdem er in der Gewinn- und Verlustrechnung als Aufwendung verbucht wurde (§ 277 Abs. 3 S. 2 HGB).[26] Umgekehrt wird bei einem Fehlbetrag (auf Grund der Vorbilanz) der Anspruch aus § 302 AktG auf Verlustübernahme in der Handelsbilanz als Aktivposten (§ 266 Abs. 2 Nr. Posten B Ziff. II Nr. 2 HGB) und in der Gewinn- und Verlustrechnung als Ertrag ausgewiesen (§ 277 Abs. 3 S. 2 HGB). Der andere Vertragsteil, das herrschende Unternehmen, ist zur **phasengleichen Vereinnahmung** des abgeführten Gewinns verpflichtet, wenn sein Abschlussstichtag mit dem der abhängigen (verpflichteten) Gesellschaft identisch ist oder ihm nachfolgt.[27]

Soweit die abhängige Gesellschaft Bilanzwahlrechte selbstständig ausübt, muss sie auf die Interessen des anderen Vertragsteils **Rücksicht nehmen** (§ 242 BGB). Handelt sie stattdessen zum Nachteil des herrschenden Unternehmens, so kann sie sich schadensersatzpflichtig machen (§ 241 Abs. 2 BGB, §§ 242, 280 Abs. 1 BGB; → § 11 Rn. 23).

V. Geschäftsführungsvertrag

Ein Geschäftsführungsvertrag liegt nach § 291 Abs. 1 S. 2 AktG vor, wenn sich eine AG oder KGaA verpflichtet, ihr (ganzes) Unternehmen fortan für Rechnung eines anderen Unternehmens zu führen, so dass die Gewinne und Verluste nicht mehr bei ihr, sondern bei dem anderen Unternehmen anfallen (s. §§ 667, 670 BGB). In seinen Wirkungen **entspricht** ein derartiger Vertrag einem **Gewinnabführungsvertrag,** weshalb das Gesetz beide Verträge gleich behandelt (§ 291 Abs. 1 AktG). Ein **Unterschied** besteht lediglich insoweit, als bei dem Gewinnabführungsvertrag Gewinn und Verlust zunächst für das verpflichtete Unternehmen entstehen und erst anschließend auf Grund des Vertrages von dem anderen Unternehmen übernommen werden, während sie hier schon auf Grund des Vertrages selbst unmittelbar bei dem anderen Unternehmen anfallen.[28] Bei Lichte besehen verflüchtigt sich freilich selbst dieser ohnehin geringfügige Unterschied, da bei Bestehen eines Geschäfts-

---

[23] BGH NZG 2006, 543; ZIP 2008, 453 Rn. 17 f.; OLG Hamburg ZIP 2011, 430; OLG Schleswig ZIP 2011, 517 (519 f.).
[24] S. *Krieger/Schneider* § 71 Rn. 4, 19; *H.-P. Müller* FS Goerdeler, 1987, 377 ff.
[25] *H.-P. Müller* FS Goerdeler, 1987, 377 ff.; *Raiser/Veil* § 54 Rn. 130.
[26] KölnKommAktG/*Koppensteiner* AktG § 291 Rn. 77; *Sonnenschein* Organschaft S. 322 ff.
[27] MüKoAktG/*Altmeppen* AktG § 291 Rn. 145; *Hüffer/Koch/Koch* AktG § 291 Rn. 26.
[28] Emmerich/Habersack Aktien-/GmbH-KonzernR/*Emmerich* AktG § 291 Rn. 67–72; *Oesterreich,* Die Betriebsüberlassung zwischen Vertragskonzern und faktischem Konzern: Zum sogenannten Um-

führungsvertrages nicht anders als bei einem Gewinnabführungsvertrag bilanztech-
nisch die Geschäfte zunächst mit ihren Ergebnissen bei der abhängigen Gesellschaft
erfasst werden müssen und erst zum Ende des Geschäftsjahres der sich daraus ergebende Gewinn oder Verlust an das herrschende Unternehmen „abgeführt" werden
kann. Das folgt aus § 59 AktG (Verbot der Abschlagszahlungen), der durch § 291
Abs. 3 AktG nicht aufgehoben ist.[29]

20 Nach überwiegender Meinung ist § 291 Abs. 1 S. 2 AktG auch anwendbar, wenn sich
die abhängige Gesellschaft verpflichtet, ihr Unternehmen zugleich **im Namen des anderen** Vertragsteils zu betreiben.[30] Der Vertrag muss jedoch **unentgeltlich** sein; entgeltliche Geschäftsführungsverträge, die gelegentlich vorkommen mögen, werden *nicht*
erfasst, weil bei ihnen der Gesellschaft eine Gegenleistung verbleibt.[31]

21 Der Geschäftsführungsvertrag muss vor allem von dem **Betriebsführungsvertrag** des
§ 292 Abs. 1 Nr. 3 AktG unterschieden werden. Von einem Betriebsführungsvertrag
spricht man, wenn eine Gesellschaft ein anderes Unternehmen beauftragt, ihre Betriebe für *ihre* (eigene) Rechnung zu führen (→ § 15 Rn. 19 ff.), so dass die Situation
bei diesen Verträgen im Ergebnis genau entgegengesetzt der bei einem Geschäftsführungsvertrag ist: Während bei dem letzteren die Gesellschaft ihr Unternehmen
zwar *selbst,* aber für Rechnung eines Dritten führt, verpflichtet sich bei dem Betriebsführungsvertrag ein *anderes* Unternehmen dazu, die Betriebe der Gesellschaft für deren Rechnung zu betreiben, so dass es sich dabei letztlich um einen Geschäftsbesorgungsvertrag iSd § 675 Abs. 1 BGB handelt, durch den sich eine Gesellschaft fremde
Managementleistungen „einkauft".

22 Zivilrechtlich gesehen handelt es sich bei einem Geschäftsführungsvertrag um einen
Auftragsvertrag, so dass wegen der weiteren Einzelheiten auf die §§ 662–674 BGB
zu verweisen ist. Unanwendbar ist lediglich **§ 665 BGB** über das Weisungsrecht des
Auftraggebers, dh des herrschenden Unternehmens, weil ein Weisungsrecht nur durch
einen Beherrschungsvertrag, nicht aber durch einen anderen Unternehmensvertrag
einschließlich des Geschäftsführungsvertrags begründet werden kann (§§ 291 Abs. 1
S. 1 AktG, 308 Abs. 1 AktG).[32] **Steuerrechtlich** werden Geschäftsführungsverträge
nicht anerkannt,[33] so dass sie ausgesprochen selten zu sein scheinen.[34]

---

gehungsproblem bei den Unternehmensverträgen der §§ 291, 292 I Ziff. 3 AktG, 1979, S. 58 ff.;
Schulze-Osterloh ZGR 1974, 427 (452 f.); *K. Schmidt* FS Hoffmann-Becking, 2013, 1053.
[29] Hüffer/Koch/*Koch* AktG § 291 Rn. 30; *van Venrooy* Betr. 1981, 675 (676 f.); anders MüKoAktG/*Altmeppen* AktG § 291 Rn. 179 f.; KölnKommAktG/*Koppensteiner* AktG § 291 Rn. 85.
[30] MüKoAktG/*Altmeppen* AktG § 291 Rn. 174; Hüffer/Koch/*Koch* AktG § 291 Rn. 31; *Krieger/Schneider*
§ 71 Rn. 10.
[31] Emmerich/Habersack Aktien-/GmbH-KonzernR/*Emmerich* AktG § 291 Rn. 68; MüKoAktG/*Altmeppen* AktG § 291 Rn. 184; *Schulze-Osterloh* ZGR 1974, 427 (453, 455); *van Venrooy* Betr. 1981, 675
(678); anders *Geßler* FS Ballerstedt, 1975, 219 (222 f.).
[32] Hüffer/Koch/*Koch* AktG § 291 Rn. 32; anders offenbar OLG Karlsruhe (NJW 1967, 831 (832)) für
einen Altvertrag von 1950, der 1965 „bestätigt" wurde.
[33] *Knepper* BB 1982, 2061 (2062).
[34] *Knepper* BB 1982, 2061 (2062); *Krieger/Schneider* § 71 Rn. 1; s. aber BGH NJW-RR 2004, 474 (Vorinstanz: KG NZM 2001, 1084), wo von einem Geschäftsbesorgungsvertrag zwischen der Berliner
Kraftwerk AG und einer anderen Gesellschaft des Landes Berlin berichtet wird, auf Grund dessen die
Erstere ihre Erzeugnisse im eigenen Namen, jedoch für Rechnung der anderen Gesellschaft fertigte und
vertrieb.

§ 13. Gewinngemeinschaft

Literatur: *Dierdorf,* Herrschaft und Abhängigkeit einer AG auf schuldvertraglicher und tatsächlicher Grundlage, 1978; *Ebenroth,* Die verdeckten Vermögenszuwendungen im transnationalen Unternehmen, 1979; *Fikentscher,* Die Interessengemeinschaft, 1966; *Führling,* Sonstige Unternehmensverträge mit einer abhängigen GmbH, 1993; *Veil,* Unternehmensverträge, 2003; *Veit,* Unternehmensverträge und Eingliederung als aktienrechtliche Instrumente der Unternehmensverbindung, 1974.

I. Austauschverträge

Das AktG zählt in § 292 AktG im Anschluss an § 291 AktG die sog. „anderen Unter-   1 nehmensverträge" auf, worunter das Gesetz der Reihe nach die Gewinngemeinschaft (§ 292 Abs. 1 Nr. 1 AktG), den Teilgewinnabführungsvertrag (Nr. 2 des § 292 Abs. 1 AktG; dazu → § 14) sowie den Betriebspacht- und den Betriebsüberlassungsvertrag (Nr. 3 des § 292 Abs. 1 AktG; dazu → § 15) versteht. **Zweck** dieser Regelung ist es in erster Linie, den Abschluss der genannten Verträge zum Schutze der Aktionäre dem Regime der §§ 293–299 AktG zu unterstellen und damit insbes. von der Zustimmung der Aktionäre mit qualifizierter Mehrheit aufgrund des § 293 Abs. 1 abhängig zu machen. IÜ trennt jedoch das Gesetz deutlich zwischen den Verträgen des § 291 AktG und denen des § 292 AktG, da nur der Abschluss der Ersteren, nicht dagegen der Abschluss der anderen Unternehmensverträge des § 92 AktG mit besonderen Kautelen zugunsten der Gesellschaft, ihrer Gesellschafter und ihrer Gläubiger verbunden ist (§§ 300 ff., 304 f. AktG). Systemwidrige Ausnahmen finden sich freilich in den Vorschriften der § 300 Nr. 2 AktG, § 301 AktG und § 302 Abs. 2 AktG.

Hintergrund der gesetzlichen Regelung ist die Vorstellung der Gesetzesverfasser, bei   2 den anderen Unternehmensverträgen des § 292 AktG handele es sich letztlich um **schuldrechtliche Austauschverträge.**[1] Folgerichtig führen diese Verträge grds. weder zu einer Lockerung der gesetzlichen Vermögensbindung auf Grund der §§ 57, 58, 60 AktG noch zu einer Durchbrechung der alleinigen Zuständigkeit des Vorstands zur Leitung der Gesellschaft gem. § 76 Abs. 1 AktG. Ebenso wenig ziehen sie automatisch die Abhängigkeit der jeweils verpflichteten Gesellschaft nach sich (§ 17 AktG). Auch für eine Anwendung des Konzernprivilegs des § 291 Abs. 3 AktG (→ § 11 Rn. 35 ff.) ist daher hier kein Raum.

Die Qualifizierung der anderen Unternehmensverträge des § 292 AktG als schuld-   3 rechtliche Austauschverträge trifft nur zu, wenn alle Beteiligten voneinander **unabhängig** sind. Tatsächlich dürfte jedoch die Mehrzahl der anderen Unternehmensverträge zwischen voneinander **abhängigen Unternehmen** abgeschlossen werden, da sich die in § 292 AktG geregelten Verträge in kaum geringerem Maße als Beherrschungs- und Gewinnabführungsverträge zum Aufbau von Konzernen eignen (→ § 15 Rn. 8 ff.). Zumindest in derartigen Fällen sind auch mit dem Abschluss der anderen Unternehmensverträge des § 292 AktG **schwerwiegende Eingriffe** in die Verfassung der Gesellschaft verbunden, so dass – über die §§ 293–299 AktG hinaus – von Fall zu Fall zusätzliche Maßnahmen zum Schutze der Gesellschaft, ihrer Gesellschafter und Gläubiger erforderlich sein können (→ Rn. 17 ff.).

---

[1] Begr. z. RegE des § 292, bei *Kropff* S. 378 f.

II. Anwendungsbereich, Beispiele

4 Die Anwendung des § 292 AktG auf die hier genannten Verträge setzt voraus, dass an ihnen wenigstens eine **deutsche AG** oder KGaA **beteiligt** ist, und zwar gerade in der Rolle derjenigen Gesellschaft, die die jeweils vertragstypischen, dh den Vertrag kennzeichnenden Leistungen erbringt. Dies ist bei der Gewinngemeinschaft jede daran beteiligte Gesellschaft, bei dem Teilgewinnabführungsvertrag dagegen allein die ihren Gewinn zum Teil abführende Gesellschaft und bei der Betriebspacht die Verpächterin. Anderer Vertragsteil kann dagegen jedes beliebige deutsche oder ausländische **Unternehmen** sein. Im Falle des Teilgewinnabführungsvertrages braucht der andere Vertragsteil nach dem Wortlaut des § 292 Abs. 1 Nr. 2 AktG noch nicht einmal Unternehmensqualität iSd § 15 AktG zu besitzen. Dies ändert indessen nichts daran, dass die Vertragsparteien durch den Vertragsabschluss gem. § 15 AktG in jedem Fall zu verbundenen Unternehmen werden.

5 Die hier zunächst allein interessierende Gewinngemeinschaft ist ein Sonderfall der früher offenbar recht verbreiteten **Interessengemeinschaft.** Heute wird dagegen die **Bedeutung** der Gewinngemeinschaft gewöhnlich nur noch als gering eingeschätzt, weil sie nicht mehr als Grundlage der körperschaftsteuerlichen Organschaft anerkannt ist (§ 14 KStG).[2]

6 Ein **Beispiel** für eine Gewinngemeinschaft war der Vertrag zwischen der Riebeck Montan AG und der IG Farben AG vom 14. 12. 1926, durch den sich die letztere die Nutzung der Kohlefelder der Riebeck Montan AG gesichert hatte.[3] Zum Ausgleich hatte die IG Farben AG in dem Vertrag den freien Riebeck-Aktionären ein unentziehbares Umtauschrecht eingeräumt; außerdem hatte sie ihnen für die Zeit bis zur Ausübung des Umtauschrechts eine Dividendengarantie gegeben. Nach 1945 war der Vertrag jedoch undurchführbar geworden, weil das Ostvermögen beider Vertragspartner beschlagnahmt und die IG Farben AG durch die Alliierten aufgelöst worden war. Dadurch hatte die Interessengemeinschaft ihr Ende gefunden (§ 726 BGB), womit zugleich das Umtauschrecht der Riebeck-Aktionäre erloschen war.[4] Statt dessen wurde ihnen ein wirtschaftlich offenbar wenig bedeutsamer Ausgleichsanspruch gegen die IG Farben AG iL zugebilligt.[5] Nach der Wiedervereinigung bemühte sich die IG Farben AG iL zunächst um die Rückgabe wenigstens eines Teils ihres nach 1945 in Mitteldeutschland konfiszierten Vermögens. Diese Bemühungen hatten indessen keinen Erfolg.[6]

III. Begriff, Merkmale

7 Nach § 292 Abs. 1 Nr. 1 AktG liegt eine Gewinngemeinschaft vor, wenn eine (deutsche) **AG oder KGaA** sich verpflichtet, ihren Gewinn *oder* den Gewinn einzelner ihrer Betriebe ganz *oder* zum Teil mit dem Gewinn anderer Unternehmen oder einzelner Betriebe anderer Unternehmen zur Aufteilung eines gemeinschaftlichen Gewinns zusammenzulegen. Bei dem oder den anderen Beteiligten kann es sich um ein deutsches

---

[2] *Fikentscher* Interessengemeinschaft; *Knepper* BB 1982, 2061 (2063); *Krieger/Schneider* § 72 Rn. 9.
[3] BGHZ 24, 279; BGH WM 1973, 858; OLG Frankfurt a. M. AG 1987, 43; ein weiteres Beispiel in OLG Frankfurt a. M. AG 1988, 267 – IG Farben/Interhandel AG.
[4] OLG Frankfurt a. M. AG 1987, 43 (45).
[5] BGHZ 24, 279 (296 f.); BGH WM 1973, 858.
[6] BVerfG NJW 1996, 2722.

oder ausländisches Unternehmen beliebiger Rechtsform handeln (→ Rn. 4). Dagegen fallen Gewinngemeinschaften, an denen überhaupt keine (deutsche) AG (oder KGaA), sondern *ausschließlich* Gesellschaften anderer Rechtsformen beteiligt sind, nicht unter § 292 Abs. 1 Nr. 1 AktG, so dass auf sie nur von Fall zu Fall die aktienrechtlichen Vorschriften entsprechend angewandt werden können (zur GmbH → § 32 Rn. 52 f.).

Eine Gewinngemeinschaft kann nach § 292 Abs. 1 Nr. 1 AktG nur angenommen werden, wenn der Vertrag darauf gerichtet ist, die **Gewinne** der Beteiligten mit dem Ziel der Bildung eines gemeinschaftlichen Gewinns *und* dessen anschließender Aufteilung unter den Beteiligten **zusammenzulegen.** Die Vereinbarung kann auf den gesamten Gewinn erstreckt oder auf beliebige Teile des Gewinns beschränkt werden. Dagegen scheidet die Annahme einer Gewinngemeinschaft aus, wenn sich die Vereinbarung auf die Vergemeinschaftung des Gewinns aus *einzelnen Geschäften* beschränkt.[7] Ein bekanntes Beispiel sind die vor allem in der Bauwirtschaft verbreiteten Arbeitsgemeinschaften.[8] 8

Unter dem „**Gewinn** der Gesellschaft oder einzelner ihrer Betriebe" dürfte in § 292 Abs. 1 Nr. 1 AktG allein das **Ergebnis einer periodischen Abrechnung,** in erster Linie also der Jahresüberschuss iSd § 275 Abs. 2 Nr. 17, Abs. 3 Nr. 16 HGB, der Bilanzgewinn oder der Rohertrag, zu verstehen sein. Bei jedem anderen Begriffsverständnis drohte unweigerlich eine Vielzahl nur schwer lösbarer Abgrenzungsprobleme zu durchaus vergleichbaren anderen Vertragsgestaltungen, die im Interesse der Rechtssicherheit unbedingt vermieden werden sollten.[9] 9

Die Vergemeinschaftung des Gewinns der Beteiligten (→ Rn. 9) ist nur ein Durchgangsstadium, da nach § 292 Abs. 1 Nr. 1 AktG für die Annahme einer Gewinngemeinschaft noch hinzukommen muss, dass der Gewinn anschließend wieder unter den Beteiligten aufgeteilt wird. Bereits im Vertrag selbst muss deshalb ein **Verteilungsschlüssel** festgelegt werden, der zur Folge hat, dass *jedes* beteiligte Unternehmen wieder einen Teil des Gewinns (zurück-)erhält. Ein Beispiel sind sogenannte Poolungsabreden, sofern sie der Sache nach darauf hinauslaufen, die Ergebnisse verschiedener Unternehmen zu vergemeinschaften.[10] Mit der Vergemeinschaftung des Gewinns kann außerdem eine Vergemeinschaftung der Verluste verbunden werden; in diesem Fall spricht man auch von einer **Ergebnisgemeinschaft.**[11] Eine reine Verlustgemeinschaft fällt dagegen nicht unter die Nr. 1 des § 292 Abs. 1 AktG.[12] 10

Durch eine „echte", dh nicht ausschließlich der Konzerneingliederung einer der beteiligten Gesellschaften dienende, Gewinngemeinschaft wird zwischen den Mitgliedern eine **(Innen-)Gesellschaft iSd § 705 BGB** begründet. *Zweck* der Gesellschaft ist die 11

---

[7] Vgl. auch zu Vertriebsverträgen mit Tochtergesellschaften LG Mainz AG 1978, 320 (322).

[8] MüKoAktG/*Altmeppen* AktG § 292 Rn. 16.

[9] Vgl. *Führling* Unternehmensverträge S. 63, 73 ff.; Hüffer/Koch/*Koch* AktG § 292 Rn. 7 f.; KölnKomm-AktG/*Koppensteiner* AktG § 292 Rn. 35 ff.; – anders *Fikentscher* Interessengemeinschaft S. 19, 41.

[10] *Fedke* Konzern 2015, 53; HK-AktG/*Schenk* AktG § 292 Rn. 5.

[11] MüKoAktG/*Altmeppen* AktG § 292 Rn. 15; *Krieger/Schneider* § 72 Rn. 10; K. Schmidt/Lutter/*Langenbucher* AktG § 292 Rn. 13.

[12] Hölters/*Deilmann* AktG § 292 Rn. 5; Hüffer/Koch/*Koch* AktG § 292 Rn. 7; K. Schmidt/Lutter/*Langenbucher* AktG § 292 Rn. 5.

Vergemeinschaftung und anschließende Wiederaufteilung des Gewinns,[13] so dass die Gewinngemeinschaft ihr Ende findet, wenn die Erreichung dieses Zwecks dauernd unmöglich wird (§ 726 BGB).[14] Außerdem kommt eine Kündigung aus wichtigem Grunde in Betracht (§ 297 Abs. 1 AktG; § 723 BGB), sobald eine der beteiligten Gesellschaften aufgelöst wird.[15]

12 Hinter einer Gewinngemeinschaft kann sich bei näherem Zusehen durchaus ein **Beherrschungsvertrag** verbergen. So verhält es sich insbes., wenn einer der Beteiligten ein einseitiges Weisungsrecht gegenüber den anderen erlangt (s. § 291 Abs. 1 S. 1 AktG, § 308 AktG). Besonders kritisch sind in diesem Zusammenhang Einflussmöglichkeiten eines der Beteiligten hinsichtlich der Verwendung des den anderen Beteiligten letztlich wieder zugewiesenen Gewinnanteils zu sehen. Dagegen handelt es sich in Wirklichkeit um einen **Gewinn- oder Teilgewinnabführungsvertrag,** falls die Vertragsgestaltung zur Folge hat, dass im Ergebnis einer der Beteiligten seinen Gewinn ganz oder teilweise *ohne Gegenleistung* an einen anderen Beteiligten abführen muss. Ebenso zu entscheiden ist, wenn der Vertrag von vornherein keine Beteiligung einer der verbundenen Gesellschaften an dem vergemeinschafteten Gewinn, sondern lediglich einen Ausgleich für die außenstehenden Aktionäre dieser Gesellschaft vorsieht.[16] In allen derartigen Fallgestaltungen ist der Vertrag nur wirksam, wenn er zugleich den Voraussetzungen für Beherrschungsverträge oder für Gewinn- oder Teilgewinnabführungsverträge genügt und auch als solcher ins Handelsregister eingetragen wird (§ 294 Abs. 2 AktG).

13 Enge Berührungspunkte bestehen ferner mit **Gleichordnungskonzernen.** Gewinngemeinschaften tendieren offenbar im Interesse der Gewinnmaximierung zur **Verwaltungsgemeinschaft** durch die Zusammenfassung der Geschäftsführung der beteiligten Unternehmen zumindest in Teilbereichen (§§ 709 ff. BGB). Als Mittel hierzu diente früher vor allem die Personalunion in den Geschäftsleitungen oder die Bildung sog. Gemeinschaftsorgane, in denen die Geschäftspolitik der Beteiligten koordiniert wurde. Geht dies so weit, dass es – ohne gegenseitige Abhängigkeit der Beteiligten – zur einheitlichen Leitung der verbundenen Unternehmen kommt, so begründet die Gewinngemeinschaft einen **Gleichordnungskonzern** zwischen den Beteiligten (§ 18 Abs. 2 AktG, § 291 Abs. 2 AktG).[17]

IV. Zustimmung der Hauptversammlung

14 Der Vertrag, durch den eine Gewinngemeinschaft iSd § 292 Abs. 1 Nr. 1 AktG begründet wird, bedarf als Unternehmensvertrag der Zustimmung der Hauptversammlung jeder der an der Gewinngemeinschaft beteiligten deutschen **AG** oder KGaA (§ 293 Abs. 1 AktG) sowie der **Eintragung** ins Handelsregister (§ 294 AktG). Ohne wirksame Zustimmung jeder Hauptversammlung oder **Eintragung** ins Handelsregister ist der Vertrag nichtig. In derartigen Fällen ist grds. auch kein Raum für die Anwendung der Regeln über fehlerhafte Unternehmensverträge (→ § 11 Rn. 24 ff.).

---

[13] BGHZ 24, 279 (293); OLG Frankfurt a. M. AG 1988, 267 (269 f.).

[14] BGHZ 24, 279 (293); OLG Frankfurt a. M. AG 1987, 43 (45).

[15] BGHZ 24, 279 (294 f.).

[16] Hüffer/Koch/*Koch* AktG § 292 Rn. 9 f.; *Krieger/Schneider* § 72 Rn. 11.

[17] → § 4 Rn. 30 ff.; MüKoAktG/*Altmeppen* AktG § 292 Rn. 42; *Dierdorf* Herrschaft S. 105; *Führling* Unternehmensverträge S. 73.

§ 292 Abs. 1 Nr. 1 AktG setzt seinem Wortlaut nach voraus, dass der Vertrag ge- **15** rade den eigenen Gewinn der Gesellschaft betrifft. Die Folge ist, dass für seine Anwendung grds. kein Raum ist, wenn Gegenstand des Vertrages nicht der Gewinn der Gesellschaft selbst, sondern der von **Tochtergesellschaften** ist. Dadurch eröffnen sich für die Verwaltungen der beteiligten Gesellschaften unverkennbar vielfältige Möglichkeiten zur **Umgehung** des Zustimmungsrechts der Hauptversammlung (§ 293 Abs. 1 AktG), etwa durch die Verlagerung der wichtigsten Aktivitäten der Gesellschaft in Töchter und anschließende Vergemeinschaftung des Gewinns dieser Töchter mit dem anderer Unternehmen.[18] In derartigen Fällen ist deshalb zum Schutze der Aktionäre zumindest bei wesentlichen Beteiligungen eine **Zuständigkeit der Hauptversammlung der Muttergesellschaft** entsprechend § 292 Abs. 1 Nr. 1 AktG und § 293 AktG anzunehmen.[19] Von einer „wesentlichen Beteiligung" idS ist auf jeden Fall auszugehen, wenn die fragliche Gesellschaft ungefähr 75 bis 80% ihres Gewinnes über die fraglichen Tochtergesellschaften erwirtschaftet.[20]

V. Gefahren

Der Gesetzgeber sah in Gewinngemeinschaften schuldrechtliche Austauschverträge, **16** bei denen die prinzipielle Gleichberechtigung der beteiligten Unternehmen im Regelfall für ein ausgewogenes Verhältnis von Leistung und Gegenleistung und damit vor allem dafür sorgen werde, dass der schließlich den einzelnen Gesellschaften wieder zugeteilte Gewinnanteil im Wesentlichen ihrem Beitrag zu dem vergemeinschafteten Gewinn entspricht (→ Rn. 2). Sofern diese Annahme zutrifft, dh sofern die Beteiligten tatsächlich **gleichberechtigt** sind, sind in der Tat, über die Zuständigkeit der Hauptversammlung hinaus (§ 293 Abs. 1 AktG; → Rn. 14), weitere Schutzvorkehrungen entbehrlich. Anders dagegen **bei Abhängigkeit** einer der Parteien von der anderen, da dann unverkennbar die Gefahr besteht, dass der Gewinnanteil, der einer Gesellschaft schließlich wieder zufließt, hinter ihrem Beitrag zu dem vergemeinschafteten Gewinn zurückbleibt, so dass in solchen Fällen zusätzliche Schutzvorkehrungen unverzichtbar sind.

In derartigen Fällen ist als erstes zu prüfen, ob sich nicht in Wirklichkeit hinter dem **17** Vertrag ein **Beherrschungs- oder Gewinnabführungsvertrag** verbirgt (→ Rn. 8). Ist dies nicht der Fall, so muss weiter danach unterschieden werden, ob zumindest eine der begünstigten anderen Gesellschaften an der benachteiligten Gesellschaft **beteiligt** ist, da das Konzernprivileg des § 291 Abs. 3 AktG nicht für die anderen Unternehmensverträge des § 292 AktG gilt (→ Rn. 2) und auch die §§ 311 ff. AktG nicht die §§ 57, 58, 60 AktG verdrängen. Folglich greift bei Beteiligung der begünstigten Gesellschaft an der benachteiligten Gesellschaft das **Verbot verdeckter Gewinnausschüttungen** ein (§§ 57, 58, 60 AktG), so dass in den kritischen Fällen (→ Rn. 17) der Vertrag, durch den die Gewinngemeinschaft begründet wurde, ebenso wie der Zustimmungsbeschluss der Hauptversammlung der abhängigen Gesellschaft wegen des

---

[18] Ein Beispiel in BGHZ 82, 188 – Hoesch/Hoogovens.

[19] → § 16 Rn. 30; ebenso *Krieger/Schneider* § 72 Rn. 12; *Lutter* FS Barz, 1974, 199 (212 ff.); *U. Schneider*, Der GmbH-Konzern, 1998, S. 78 (99 f.); dagegen Hüffer/Koch/*Koch* AktG § 292 Rn. 6; KölnKomm-AktG/*Koppensteiner* AktG § 292 Rn. 46 f.; *Thoma* FS Hoffmann-Becking, 2013, 1237 (1249); vermittelnd MüKoAktG/*Altmeppen* AktG § 292 Rn. 25 f.; offengelassen in BGH NJW 1982, 933 (936).

[20] BGHZ 159, 30; BGH NZG 2004, 575 – Gelatine I + II; *Goette* AG 2006, 522 (524 f.).

Verstoßes gegen ein gesetzliches Verbot **nichtig** sind (§ 134 BGB; § 241 Nr. 3 AktG, § 293 Abs. 1 AktG).[21]

18 Schwieriger zu bewerkstelligen ist der gebotene Schutz der Aktionäre dagegen, wenn **keine** der anderen Vertragsparteien an der benachteiligten Gesellschaft **beteiligt** ist. Mangels Anwendbarkeit der §§ 57, 58, 60 AktG bietet in solchen Fällen allein die Anwendung der **§§ 311, 317 AktG** der abhängigen Gesellschaft einen gewissen Schutz. In anderen Fällen ist lediglich Raum für die freilich wenig effektive **Organhaftung** von Vorstand und Aufsichtsrat auf Grund der §§ 93, 116 AktG.[22] Daneben ist von Fall zu Fall auch an die Anwendung des § 823 Abs. 2 BGB iVm § 266 StGB sowie des § 826 BGB zu denken.

§ 14. Teilgewinnabführungsvertrag

Literatur: → § 13 sowie *Eyber*, Die Abgrenzung zwischen Genußrecht und Teilgewinnabführungsvertrag im Recht der AG, 1997; *Führling*, Sonstige Unternehmensverträge mit einer abhängigen GmbH, 1993; *Lindemann*, Gewinnabhängige Ansprüche im Konzern, 2003.

I. Überblick, Abgrenzung

1 Ein Teilgewinnabführungsvertrag liegt nach § 292 Abs. 1 Nr. 2 AktG vor, wenn sich eine AG oder KGaA verpflichtet, einen Teil ihres Gewinnes oder den Gewinn einzelner ihrer Betriebe (nicht aller) ganz oder zum Teil an einen anderen abzuführen. Ausgenommen sind jedoch gem. Abs. 2 der Vorschrift Verträge über eine Gewinnbeteiligung mit Verwaltungsmitgliedern oder mit einzelnen Arbeitnehmern der Gesellschaft sowie Abreden über eine Gewinnbeteiligung iRv Verträgen des laufenden Geschäftsverkehrs oder von Lizenzverträgen (→ Rn. 19 ff.).

2 § 292 Abs. 1 Nr. 2 AktG wurde in das Gesetz eingefügt, um im Interesse der Aktionäre *jede* Abführung des wie immer berechneten Gewinns des Unternehmens oder einzelner Betriebe an die Zustimmung der Hauptversammlung nach § 293 Abs. 1 AktG zu binden, soweit nicht einer der Ausnahmefälle des § 292 Abs. 2 AktG eingreift.[1] **Zweck** der Vorschrift ist maW in erster Linie der umfassende **Schutz des Gewinnverwendungsrechts** der Hauptversammlung (§ 174 AktG). Dementsprechend wird § 292 Abs. 1 Nr. 2 AktG allgemein *weit* ausgelegt. Das äußert sich vor allem in zwei Richtungen: Zunächst spielt es keine Rolle, ob der andere Vertragsteil überhaupt Unternehmensqualität iSd § 15 AktG besitzt (str.). Unerheblich ist zum anderen der jeweilige Vertragstypus; vielmehr wird zum Schutze der Aktionäre von der gesetzlichen Regelung (§ 292 Abs. 1 Nr. 2 AktG, §§ 293 ff. AktG) überhaupt **jeder beliebige Vertrag** ohne Rücksicht auf seine rechtliche Einkleidung erfasst, der der Sache nach auf die Abführung eines Teils des Gewinns hinausläuft, sofern sich nicht im Einzelfall aus § 292 Abs. 2 AktG etwas anderes ergibt.[2]

---

[21] *Dierdorf* Herrschaft S. 102 ff.; *Ebenroth* Vermögenszuwendungen S. 421 ff.; Hüffer/Koch/*Hüffer* AktG § 292 Rn. 10 f.; KölnKommAktG/*Koppensteiner* AktG § 292 Rn. 23 f., 47; *Krieger/Schneider* § 72 Rn. 13; *Raiser/Veil* § 57 Rn. 9; – anders MüKoAktG/*Altmeppen* AktG § 292 Rn. 30 ff. und *Joost* ZHR 149 (1985), 419 unter Berufung auf § 62.

[22] Hüffer/Koch/*Koch* AktG § 292 Rn. 11; MüKoAktG/*Altmeppen* AktG § 292 Rn. 38 f.

[1] Begr. zum RegE, *Kropff* S. 379; KG NZG 1999, 1102.

[2] → Rn 19; KG NZG 1999, 1102.

Die Teilgewinnabführungsverträge des § 292 Abs. 1 Nr. 2 AktG müssen vor allem von 3
den **Gewinnabführungsverträgen** des § 291 Abs. 1 S. 1 AktG unterschieden werden.
Die genaue Abgrenzung ist insbesondere deshalb wichtig, weil das Gesetz allein den
Abschluss von Gewinnabführungsverträgen iSd § 291 Abs. 1 AktG, nicht dagegen
den von Teilgewinnabführungsverträgen iSd § 292 Abs. 1 Nr. 2 AktG mit weitgehenden Sicherungen zugunsten der außenstehenden Aktionäre und der Gläubiger verbunden hat (s. §§ 302f., 304f. AktG). Der sachliche Unterschied zwischen beiden
Verträgen kann, jedenfalls auf den ersten Blick, gering sein, da ein Teilgewinnabführungsvertrag iSd Gesetzes auch vorliegt, wenn der Vertrag **fast den ganzen Gewinn** der Gesellschaft, aber eben nicht den Gewinn insgesamt erfasst. Entscheidend
ist mit anderen Worten für die Abgrenzung der beiden Vertragstypen, ob der Gesellschaft nach dem Vertrag überhaupt ein (beliebig kleiner) Teil des Gewinns verbleibt.
Dagegen ist nach dem Gesagten ein Gewinnabführungsvertrag iSd § 291 Abs. 1 S. 1
immer dann anzunehmen, wenn der Vertrag der Sache nach (§§ 133, 157, 242
BGB), dh im Ergebnis, auf die **Abführung des ganzen Gewinns** hinausläuft, insbesondere, weil der abzuführende Gewinn bereits im Vertrag mit Bedacht so hoch angesetzt wurde, dass er mit Notwendigkeit auf absehbare Zeit den gesamten Gewinn
der Gesellschaft abschöpfen muss. So verhält es sich zB, wenn zwar formal die Gewinne einzelner Betriebe von der Abführung ausgenommen werden, jedoch bereits
bei Vertragsabschluss feststeht, dass gerade diese Betriebe auf lange Zeit keine Gewinne abwerfen werden.[3] Der Unterschied zwischen beiden Vertragstypen kann folglich in der Tat sehr klein sein; dass das Gesetz gleichwohl beide Verträge ganz
unterschiedlich geregelt hat, erklärt sich letztlich daraus, dass es sich bei den Teilgewinnabführungsverträgen des § 292 Abs. 1 Nr. 2 AktG nach der Konzeption des
Gesetzes um **Austauschverträge** handelt, so dass ihre Wirksamkeit voraussetzt, dass
die Gesellschaft im Ergebnis für die Abführung eines (beliebig kleinen oder großen)
Teils ihres Gewinnes eine **angemessene Gegenleistung** erhält, während der Gewinnabführungsvertrag des § 291 Abs. 1 S. 1 AktG begriffsnotwendig immer „unentgeltlich" ist (→ Rn. 8f.).

Im Gegensatz zu der Gewinngemeinschaft des § 292 Abs. 1 Nr. 1 AktG (→ § 13 4
Rn. 5) hat der Teilgewinnabführungsvertrag durchaus praktische **Bedeutung** erlangt. Insbesondere **stille Gesellschaftsverträge** mit einer AG oder KGaA, eine Zeitlang als Anlageform beliebt, stellen nahezu ausnahmslos zugleich Teilgewinnabführungsverträge iSd § 292 Abs. 1 Nr. 2 AktG dar (→ Rn. 11 ff.). Dasselbe dürfte
(entgegen der hM) für die Mehrzahl der gewinnorientierten Genussrechte bei einer
AG oder KGaA zutreffen (→ Rn. 18). Auch partiarische Rechtsverhältnisse und
sonstige Formen der Gewinnbeteiligung bei einer AG oder KGaA können durchaus
von Fall zu Fall unter § 292 Abs. 1 Nr. 2 AktG zu subsumieren sein (→ Rn. 7). Für
entsprechende Verträge mit einer GmbH gilt im Ergebnis nichts anderes (→ § 32
Rn. 54f.).

II. Gewinnabführung

Nach § 292 Abs. 1 Nr. 2 AktG liegt ein Teilgewinnabführungsvertrag nur vor, wenn 5
sich die Gesellschaft verpflichtet, gerade einen Teil „ihres Gewinns" *oder* „den Gewinn einzelner ihrer Betriebe" ganz *oder* zum Teil an einen anderen abzuführen.

---

[3] MüKoAktG/*Altmeppen* AktG § 292 Rn. 54; *Führling* Sonstige Unternehmensverträge S. 75; Hölters/
Deilmann AktG § 292 Rn. 15.

Obergrenze ist die Abführung des *gesamten* Gewinns, die zur Annahme eines Gewinnabführungsvertrages iSd § 291 Abs. 1 Nr. 1 AktG führt (→ Rn 4). Dagegen gibt es **keine Untergrenze** für den erfassten Gewinnanteil, wie vor allem aus dem abschließenden Charakter der Ausnahmevorschrift des § 292 Abs. 2 AktG gefolgert wird.[4] Die genaue Reichweite der Vorschrift hängt somit letztlich davon ab, was man hier unter dem „Gewinn" der Gesellschaft oder einzelner ihrer Betriebe zu verstehen hat.

6   Überwiegend wird angenommen, § 292 Abs. 1 Nr. 2 AktG erfasse ebenso wie die Nr. 1 der Vorschrift (→ § 13 Rn. 9) allein Verträge, die den auf Grund einer **periodischen Abrechnung** ermittelten Gewinn betreffen, mag es sich dabei um den Bilanzgewinn oder den Jahresüberschuss handeln.[5] Nach anderen soll dagegen auch die Beteiligung Dritter am Gewinn der Gesellschaft *aus einzelnen* bedeutenden *Geschäften* unter das Gesetz fallen.[6]

7   Mit dem Wortlaut des Gesetzes sind beide Auslegungen vereinbar.[7] Die Parallele zu § 291 Abs. 1 S. 1 AktG sowie zur Nr. 1 des § 292 Abs. 1 AktG spricht aber wohl mehr dafür, auch hier an der Notwendigkeit eines **periodisch ermittelten Gewinns** als Abgrenzungskriterium zwischen Teilgewinnabführungsverträgen und anderen vergleichbaren Vertragsgestaltungen festzuhalten. **Partiarische Austauschverträge,** zB partiarische Miet-, Pacht- oder Darlehensverträge, bei denen die von der Gesellschaft geschuldete Gegenleistung in einem Teil der von ihr erwirtschafteten Gewinne besteht, können folglich durchaus als Teilgewinnabführungsverträge zu qualifizieren sein, wenn der Vertrag im Ergebnis auf eine Beteiligung des anderen Teils an den Periodengewinnen der Gesellschaft oder einzelner Betriebe hinausläuft.[8] **Zinsen** für die Überlassung von Kapital fallen dagegen nicht unter die Nr. 2 des § 292 Abs. 1 AktG, wenn und solange die Höhe der Zinsen von dem Ergebnis des jeweiligen Geschäftsjahres unabhängig ist.[9] Bei den besonders umstrittenen **Festvergütungen,** etwa für stille Gesellschafter, hängt die Anwendbarkeit des § 292 Abs. 1 Nr. 2 AktG schließlich richtiger Meinung nach davon ab, ob sie allein oder neben einer Gewinnbeteiligung geschuldet sind. Im ersten Fall, dh bei alleiniger Vereinbarung einer Festvergütung, ist kein Raum für die Anwendung des § 292 Abs. 1 Nr. 2 AktG, wohl aber im zweiten Fall bei zusätzlicher Vereinbarung einer Beteiligung an den Periodengewinnen.[10]

---

4   KG NZG 1999, 1102.
5   KG NZG 1999, 1102; *Führling* Unternehmensverträge S. 65 f.; *Eyber* Abgrenzung S. 20 ff.; *Krieger/Schneider* § 72 Rn. 16; *Raiser/Veil* § 57 Rn. 10.
6   *Schulze-Osterloh* ZGR 1974, 427 (431 ff.); *K. Schmidt* ZGR 1984, 295 (300 ff.).
7   Deshalb offengelassen in BayObLG NZG 2001, 408.
8   S. KG NZG 1999, 1102; BayObLG NZG 2001, 408.
9   BayObLG NZG 2001, 408.
10   BGH NZG 2013, 53 Rn. 13; Urt. v. 18.9.2012 – II ZR 51/11, BeckRS 2012, 25500 – beide zu der NSH-Nordbank; LG Bonn ZIP 2006, 382; *Apfelbacher* FS Hoffmann-Becking, 2013, 13 (16 ff.); *Habersack* FS Happ, 2006, 49 (57 ff.); *Rust* AG 2006, 563; – aA *Hofert/Arends* ZIP 2005, 1297 (1299, 1303); zu Besserungsscheinen s. noch OLG München NZG 2009, 38 (39).

III. Gegenleistung

Obwohl ein Teilgewinnabführungsvertrag in seinen Wirkungen einem Gewinnabführungsvertrag nahekommen kann (→ Rn. 3), hat das Gesetz hier doch anders als bei den „echten" Gewinnabführungsverträgen des § 291 Abs. 1 S. 1 AktG – von § 300 Nr. 2 AktG und § 301 AktG abgesehen – auf Vorkehrungen zum Schutze der Gesellschaft verzichtet. Wie schon ausgeführt (→ Rn. 3), erklärt sich dieser Unterschied daraus, dass nach der Konzeption des Gesetzes die Verträge des § 292 AktG schuldrechtliche Austauschverträge sind, bei denen die Gesellschaft für den abzuführenden Gewinn eine angemessene Gegenleistung erhält.[11] Allein bei diesem Gesetzesverständnis ist zudem ein effektiver Schutz der Gesellschaft und ihrer Gesellschafter gegen die offenkundig mit Teilgewinnabführungsverträgen verbundenen Gefahren möglich. **8**

In dieselbe Richtung weist der Umstand, dass Teilgewinnabführungsverträge mit Aktionären der Sache nach auf eine grds. unzulässige **verdeckte Gewinnausschüttung** hinauslaufen, so dass derartige Verträge (ebenso wie ein etwaiger Zustimmungsbeschluss der Hauptversammlung) **nichtig** sind (§§ 57, 58, 60, 241 Nr. 3 AktG; § 134 BGB).[12] Gleichwohl von der Gesellschaft abgeführte Gewinne müssen ihr nach § 62 AktG erstattet werden,[13] und zwar auch, wenn zB der Vertrag bereits auf Grund eines Freigabebeschlusses nach § 246a AktG ins Handelsregister eingetragen worden sein sollte (§ 246a Abs. 4 S. 2 AktG). Ist die Gesellschaft von dem Aktionär **abhängig,** so ergibt sich dasselbe aus den §§ 311, 317 AktG sowie nach Meinung des BGH ferner aus der **Treuepflicht** der Mehrheit gegenüber der Minderheit (§ 241 BGB, § 242 BGB, § 276 BGB, § 280 Abs. 1 BGB, § 249 BGB, § 705 BGB).[14] Kein Raum ist dagegen hier für die Anwendung der §§ 304, 305 AktG, deren Anwendungsbereich sich auf die Verträge des § 291 AktG beschränkt.[15] **9**

Aber auch, wenn der Vertragspartner der Gesellschaft **nicht** an dieser **beteiligt** ist, ist die Gesellschaft nicht schutzlos; vielmehr kommen dann bei Abführung eines Teils des Gewinnes ohne angemessene Gegenleistung neben der Anwendung der §§ 311, 317 AktG in Abhängigkeitsverhältnissen (→ Rn. 9) noch die Strafbarkeit des Vorstands (§ 266 StGB) sowie dessen persönliche Haftung in Betracht (§ 93 AktG; § 823 Abs. 2 BGB, § 826 BGB).[16] Schon deshalb wird wohl kein Vorstand jemals einen derartigen Vertrag abschließen. **10**

---

[11] Str., wie hier MüKoAktG/*Altmeppen* AktG § 292 Rn. 74–77; Spindler/Stilz/*Veil* AktG § 292 Rn. 19f. – dagegen die wohl hM, zB KG NZG 1999, 1102; Hölters/*Deilmann* AktG § 292 Rn. 17; Hüffer/Koch/*Koch* AktG § 292 Rn. 14; *Krieger/Schneider* § 72 Rn. 17, 23; K. Schmidt/Lutter/*Langenbucher* AktG § 292 Rn. 18.

[12] BGHZ 156, 38 (43f.) – Deutsche Hypothekenbank; OLG Düsseldorf AG 1996, 473 – Citycorp AG; *Dierdorf,* Herrschaft und Abhängigkeit einer Aktiengesellschaft auf schuldvertraglicher und tatsächlicher Grundlage, 1978, S. 115ff.; *Ebenroth,* Die verdeckten Vermögenszuwendungen im transnationalen Unternehmen. Ein Beitrag zum Schutz von Fiskal-, Aktionärs-, Gläubiger- und Arbeitnehmerinteressen in transnationalen Unternehmen, 1979, S. 425ff.; *Führling* Unternehmensverträge S. 108; Hüffer/Koch/*Koch* AktG § 292 Rn. 16.

[13] BGHZ 156, 38 (43f.).

[14] BGHZ 156, 38 (44).

[15] OLG Düsseldorf AG 1996, 473 – Citicorp Deutschland AG.

[16] *Raiser/Veil* § 57 Rn. 12.

IV. Stille Gesellschaft

1. Überblick

11 Das praktisch bedeutsamste Beispiel für Teilgewinnabführungsverträge sind stille Beteiligungen an Aktiengesellschaften iSd § 230 HGB, die von verschiedenen Anlagegesellschaften in den neunziger Jahren des vorigen Jahrhunderts in großer Zahl an das Anlagepublikum vertrieben wurden (Stichwort: Göttinger Gruppe). Derartige Anlagen fallen durchweg unter § 292 Abs. 1 Nr. 2 AktG, weil sie eine Beteiligung an dem periodisch ermittelten Gewinn der AG zum Gegenstand haben (s. die § 6 Abs. 2 HGB, § 230 HGB und § 231 Abs. 2 HGB iVm § 3 Abs. 1 AktG).[17] In der Praxis vorherrschend sind offenbar atypische stille Gesellschaftsverträge, weil von der Finanzverwaltung grds. nur solche als Mitunternehmerschaft iSd § 15 EStG anerkannt werden, sodass für Anlagezwecke (mit der Möglichkeit von Abschreibungen auf die persönlichen Einkünfte) allein atypische stille Gesellschaften geeignet sind.

12 Atypische stille Gesellschaften sind dadurch gekennzeichnet, dass dem oder den stillen Gesellschaftern weitgehende **Mitspracherechte** bei der Geschäftsführung der AG eingeräumt werden. Gehen diese so weit, dass dadurch die Leitungsbefugnis des Vorstandes der AG nach § 76 AktG tangiert wird, so kann es sich bei dem Vertrag in Wirklichkeit um einen **Beherrschungsvertrag** handeln, der nur wirksam ist, wenn er als solcher ins Handelsregister eingetragen wurde (§ 294 Abs. 2 AktG).[18] Daran wird es in aller Regel fehlen – mit der Folge der Unwirksamkeit des Vertrages (→ Rn. 14).

2. Vertragsschluss

13 Für den Vertrag ist **Schriftform** vorgeschrieben (§ 292 Abs. 1 Nr. 2 AktG, § 293 Abs. 3 AktG). Das Schriftformerfordernis erstreckt sich auf sämtliche Abreden der Beteiligten, die nach ihrem Willen einen Teil des Gesellschaftsvertrages der stillen Gesellschaft bilden sollen.[19] Außerdem ist die **Zustimmung der Hauptversammlung** der AG (oder der KGaA) mit qualifizierter Mehrheit erforderlich (§ 293 Abs. 1 AktG). Schließt eine Gesellschaft Tausende von stillen Gesellschaftsverträgen ab, so liegt es jedoch auf der Hand, dass nicht über jeden einzelnen Vertrag gesondert abgestimmt werden kann, so dass sich die Rechtsprechung hier genötigt sah, Sammelbeschlüsse – durch gleichzeitige Abstimmung über eine Vielzahl im Wesentlichen gleichlautender stiller Gesellschaftsverträge – zuzulassen.[20] Anwendbar sind ferner die §§ 293a–293g AktG.[21] Erforderlich ist daher insbesondere ein **Vorstandsbericht** iSd § 293a AktG, in dem der Vorstand ua auf etwaige Bedenken der Finanzverwaltung gegen die Wirksamkeit des stillen Gesellschaftsvertrages oder gegen das zugrunde liegende steuerliche Konzept eingehen muss; ohne solchen Bericht ist ein Zustimmungsbeschluss anfechtbar (§ 243 Abs. 1 AktG).[22]

---

[17] BGHZ 156, 38 (43) – Deutsche Hypothekenbank; BGH NJW-RR 2004, 1407 – Real Direkt AG; NZG 2005, 261; NZG 2005, 472; NZG 2006, 540.
[18] S. *Bachmann/Veil* ZIP 1999, 348 (353 ff.); *Priester* FS Raiser, 2005, 293; *Veil* Unternehmensverträge S. 266 ff.; dagegen sehr eng KG NZG 2014, 668.
[19] OLG Celle NZG 2000, 85; OLG Braunschweig NZG 2004, 126.
[20] S. BGHZ 156, 38 (41).
[21] LG München I ZIP 2010, 522 (523).
[22] LG München I ZIP 2010, 522 (523).

Weitere Voraussetzung der Wirksamkeit stiller Gesellschaftsverträge mit einer AG   14
oder KGaA ist nach § 294 AktG deren **Eintragung** ins Handelsregister. Aus diesem
Erfordernis hatten sich in der Praxis bei Abschluss einer Vielzahl stiller Gesellschaftsverträge mit Anlegern erhebliche Schwierigkeiten ergeben.[23] Deshalb wurde 2001 in
§ 294 Abs. 1 S. 1 AktG ein neuer Hs. 2 eingefügt, der eine vereinfachte Eintragung
derartiger Teilgewinnabführungsverträge mit einer AG oder KGaA ermöglicht
(→ § 16 Rn. 60).

Verzögert die Gesellschaft unangemessen die Herbeiführung des nötigen Zustim-   15
mungsbeschlusses ihrer Hauptversammlung zu dem Vertragsabschluss oder die Anmeldung des Vertrags zum Handelsregister, so kommt ein **Rücktritt** der stillen Gesellschafter entsprechend § 323 Abs. 4 BGB in Betracht. Weitere Rücktrittsrechte
können sich im Einzelfall bei Haustürgeschäften aus den §§ 312 ff. BGB ergeben.
Jedoch kann nach Meinung des BGH (merkwürdigerweise) ein auf die genannten
Vorschriften gestützter Rücktritt nicht später in eine Kündigung wegen des Fehlens
der Voraussetzungen der §§ 293 f. AktG umgedeutet werden.[24] Bei einer späteren
Änderung des stillen Gesellschaftsvertrages ist § 295 AktG zu beachten, der seinerseits in Abs. 1 S. 2 auf die §§ 293–295 AktG verweist. Deshalb muss die Hauptversammlung der Gesellschaft der Änderung mit qualifizierter Mehrheit zustimmen
(§ 293 Abs. 1 AktG); außerdem bedarf die Änderung des Vertrages der Eintragung
ins Handelsregister (§ 294 AktG).[25] Ein Beispiel ist die Zusage eines Kreditinstituts
an seine stillen Gesellschafter, ungeachtet eines etwaigen Verlustes zur Erhaltung ihrer Reputation an den Märkten an sich nicht geschuldete **Sonderzahlungen** zu erbringen.[26]

3. Anlegerschutz

Zusätzliche Probleme ergeben sich, wenn die Anleger wie häufig bei Abschluss der stil-   16
len Gesellschaftsverträge nicht ordnungsgemäß über die damit verbundenen **Risiken
aufgeklärt** wurden, so dass sie den stillen Gesellschaftsvertrag anfechten können
(§§ 119, 123 Abs. 1 BGB) oder Ansprüche auf **Schadensersatz** aus cic und Delikt gegen die Gesellschaft oder deren Vertreter haben (§ 241 Abs. 2 BGB, § 311 Abs. 2
BGB, § 280 Abs. 1 BGB, § 823 Abs. 2 BGB, § 826 BGB und § 31 BGB). Anstatt jedoch die danach gebotenen Folgerungen zu ziehen, greifen die Gerichte aus nur
schwer erkennbaren Gründen auf die Regeln über **fehlerhafte Gesellschaftsverträge**
zurück, wobei es zudem bereits als Vollzug des Gesellschaftsvertrages angesehen wird,
wenn der Stille seine Einlage geleistet hat.[27]

Wegen der verbreiteten Kritik des Schrifttums an dieser unnötig restriktiven Praxis[28]   17
unterscheidet die Rechtsprechung bei den **Rechtsfolgen** in aller Regel (nicht generell)

---

[23] Emmerich/Habersack Aktien-/GmbH-KonzernR/*Emmerich* AktG § 292 Rn. 29 d; Emmerich/Haber-
sack Aktien-/GmbH-KonzernR/*Emmerich* AktG § 294 Rn. 1, 12 a f. sowie → § 16 Rn. 42 ff.

[24] So BGH NZG 2006, 540 – Securenta AG.

[25] OLG Hamburg NZG 2011, 619.

[26] BGH NZG 2013, 53; Urt. v. 18.9.2012 – II ZR 51/11, BeckRS 2012, 25500 – beide zur HSH Nord-
bank; OLG Hamburg NZG 2011, 619; dagegen OLG Schleswig NZG 2011, 620.

[27] S. BGHZ 199, 104 (109 Rn. 11); BGH NZG 2005, 261; 2005, 472; 2006, 57 (58); 2013, 1187.

[28] S. *W. Bayer/Riedel* NJW 2003, 2567 (2571 f.); *Bälz* FS Raiser, 1995, 615; *C. Schäfer* ZHR 170 (2006),
373 (391 ff.); *Gehrlein* WM 2005, 1489 (1493 ff.); *St. Geibel* BB 2005, 1015; *Hey* NZG 2004, 1097;
Spindler/Stilz/*Veil* Rn. 25–29.

weiter zwischen zweigliedrigen und mehrgliedrigen Gesellschaften, bei denen zwischen den stillen Gesellschaftern ebenfalls eine Gesellschaft besteht. Bei **zweigliedrigen** Gesellschaften bleibt danach – trotz grundsätzlicher Anwendung der Regeln über fehlerhafte Gesellschaftsverträge – Raum für **Schadensersatzansprüche** gegen den anderen Vertragsteil, hier also die **AG,** aus cic (§ 241 Abs. 2 BGB, § 311 Abs. 2 BGB, § 276 BGB), aus Vertrag (§ 280 BGB) und aus Delikt (§ 823 Abs. 2 BGB und § 826 BGB), die auf Rückzahlung der Einlage und Ersatz der verbleibenden Schäden gerichtet sind (§§ 249, 252 BGB),[29] während bei den offenbar die Regel bildenden **mehrgliedrigen** Gesellschaften derartige Schadensersatzansprüche heute (folgerichtig) meistens nur noch in beschränktem Umfang zum Ausgleich der durch den Abfindungsanspruch nicht ausgeglichenen Schäden der Anleger zugelassen werden.[30] Praktische Bedeutung hat diese eigenartige Praxis vor allem für Ansprüche der getäuschten Anleger nach den Grundsätzen über die bürgerlich-rechtliche **Prospekthaftung,** die darauf gestützt werden, dass die Anleger bei Abschluss der stillen Gesellschaftsverträge nicht vollständig über die mit der Anlage verbundenen Chancen und Risiken aufgeklärt wurden. Daneben können die **Vorstandsmitglieder** der AG auch persönlich nach den Regeln der Prospekthaftung sowie wegen Anlagebetrugs haftbar sein (§ 311 Abs. 2, 3 BGB, § 241 Abs. 2 BGB, § 276 BGB, § 280 Abs. 1 BGB, § 823 Abs. 2 BGB iVm §§ 263, 264a StGB).[31]

4. Gewinnorientierte Genussrechte

18 Teilgewinnabführungsverträge sind bei Lichte besehen ferner die gewinnorientierten Genussrechte des § 221 Abs. 3 AktG, da auch durch sie die Gesellschaft letztlich zur Abführung eines Teils ihres Gewinns verpflichtet wird. Jedoch billigt die überwiegende Meinung in diesen Fällen dem § 221 Abs. 3 AktG den **Vorrang** vor § 292 Abs. 1 Nr. 2 AktG zu, in erster Linie wohl, um die sonst nötige Eintragung der Genussrechte ins Handelsregister zu vermeiden (§ 294 Abs. 2 AktG).[32] Dagegen spricht jedoch bereits der Umstand, dass die Mehrzahl der Genussrechte nichts anderes als stille Gesellschaften darstellen dürfte,[33] so dass es bei der allein dem Gesetzeswortlaut entsprechenden Anwendbarkeit des § 292 Abs. 1 Nr. 2 AktG verbleiben muss.[34]

V. Ausnahmen

19 Nach § 292 Abs. 2 AktG ist ein Vertrag über eine **Gewinnbeteiligung** mit Mitgliedern von Vorstand und Aufsichtsrat oder mit „einzelnen" Arbeitnehmern der Gesellschaft ebenso wenig wie eine Abrede über eine Gewinnbeteiligung iRv Verträgen des laufenden Geschäftsverkehrs oder iRv Lizenzverträgen ein Teilgewinnabführungsver-

---

[29] BGH NZG 2004, 961 – Real DirektAG; WM 2004, 2150 (2153); NZG 2005, 261 – Securenta II; NZG 2005, 472; 2006, 467 unter II 2a; NZG 2005, 476 unter II 1a; NZG 2006, 57 (58) unter 3a (r. Sp.) – alle zur Göttinger Gruppe.

[30] BGHZ 199, 109 (111 ff.) Rn. 16 ff.

[31] OLG Stuttgart AG 2005, 171; OLG München AG 2005, 168; 2005, 169 – alle zur „Göttinger Gruppe".

[32] BGHZ 156, 38 (42 ff.) – Deutsche Hypothekenbank; ebenso zuvor schon ohne Begründung BGHZ 120, 41 – Bankverein Bremen; *Kl. Eyber* Abgrenzung S. 69, 163 ff.; *Habersack* FS Happ, 2006, 49 (54); *Rust* AG 2006, 563 (566).

[33] *Habersack* ZHR 155 (1991), 378 (395 f.).

[34] *Hirte* ZBB 1992, 50 (51 ff.); ebenso für Partizipationsscheine *Reuter* FS R. Fischer, 1979, 605 (617).

trag iSd Nr. 2 des § 292 Abs. 1 AktG. Diese Regelung ist abschließend, so dass ihre entsprechende Anwendung auf andere Fälle, zB auf Bagatellfälle, nicht in Betracht kommt.[35]

Die erste und wichtigste Ausnahme betrifft Verträge über eine Gewinnbeteiligung mit **20** Mitgliedern von **Vorstand und Aufsichtsrat oder** mit **einzelnen Arbeitnehmern** der Gesellschaft wie zB leitenden Angestellten. Gemeint sind damit in erster Linie Abreden über **Tantiemen** iSd §§ 87, 113 Abs. 3 AktG.[36] Den Gegensatz bilden derartige Vergütungsabreden mit der *Gesamtheit* der Arbeitnehmer oder mit nach *generellen* Merkmalen gebildeten Arbeitnehmergruppen, so dass solche Abreden (als Teilgewinnabführungsverträge) der Zustimmung der Hauptversammlung bedürfen (§ 292 Abs. 1 Nr. 2 AktG, § 293 Abs. 1 AktG).

Die zweite Ausnahme umfasst Abreden über eine Gewinnbeteiligung iRv **Verträgen** **21** **des laufenden Geschäftsverkehrs,** worunter gem. § 116 Abs. 1 HGB nur für die Gesellschaft typische Verträge im Gegensatz zu ungewöhnlichen Geschäften zu verstehen sind. Beispiele sind je nach dem Gegenstand der Gesellschaft partiarische Darlehen oder Mietverträge, nicht aber die Aufnahme stiller Gesellschafter, die immer zustimmungsbedürftig ist.[37]

§ 15. Betriebspacht- und Betriebsüberlassungsverträge

Literatur: → §§ 14, 15 sowie *K. Adenauer,* Betriebsführungsverträge und Unbundling im Energiesektor, 2018; *Fenzl,* Betriebspacht-, Überlassungs- und Betriebsführungsverträge in der Konzernpraxis, Diss. Köln 2007; *Maser,* Betriebspacht- und Betriebsüberlassungsverhältnisse in Konzernen, 1985; *Mimberg,* Konzernexterne Betriebspachtverträge im Recht der GmbH, 2000; *Oesterreich,* Die Betriebsüberlassung zwischen Vertragskonzern und faktischem Konzern, 1979; *Schlüter,* Management- und Consulting-Verträge, 1987; *Veelken,* Der Betriebsführungsvertrag im deutschen und amerikanischen Aktien- und Konzernrecht, 1975; *Zeiger,* Der Management-Vertrag als internationales Kooperationsinstrument, 1984.

I. Überblick

Als dritte Gruppe der anderen Unternehmensverträge nennt das AktG nach der Ge- **1** winngemeinschaft (dazu → § 13) und dem Teilgewinnabführungsvertrag (dazu → § 14) in der Nr. 3 des § 292 Abs. 1 AktG schließlich noch den Betriebspacht- und den Betriebsüberlassungsvertrag. Gleich steht nach überwiegender Meinung der Betriebsführungsvertrag (→ Rn. 19 ff.).

Mit der Einreihung der Betriebspacht- und Betriebsüberlassungsverträge unter die **2** anderen Unternehmensverträge des § 292 AktG wurde in erster Linie der **Zweck** verfolgt sicherzustellen, dass solche Verträge nur mit Zustimmung der Hauptversammlung zustande kommen können und ins Handelsregister eingetragen werden (§§ 293 Abs. 1, 294 AktG). Dies erscheint schon deshalb geboten, weil Betriebspacht- und Betriebsüberlassungsverträge durch die Herabstufung der verpachtenden Gesellschaft zu einer bloßen „Rentnergesellschaft" sowie durch die Beschneidung der Kompetenzen des Vorstandes (entgegen § 76 AktG) schwerwiegend in deren

---

[35] → Rn. 5; KG NZG 1999, 1102.
[36] Besonders weitgehend OLG Stuttgart AG 2011, 93 (95 f.) – Porsche/VW.
[37] → Rn. 13 f.; KG NZG 1999, 1102; *Eyber* Abgrenzung S. 23 ff.

Struktur eingreifen.[1] Ebenso wie die Beherrschungs- und die Gewinnabführungsverträge werden deshalb auch die Betriebspacht- und Betriebsführungsverträge meistens als **Organisationsverträge** bezeichnet.[2]

3 Über die **Verbreitung** von Betriebspacht-, Betriebsüberlassungs- und Betriebsführungsverträgen ist bisher nur wenig bekannt geworden.[3] Eine private Zählung zum Ende des Jahres 1982 ergab 31 Betriebspachtverträge, wobei sich zugleich herausstellte, dass die Mehrzahl der Betriebspachtverträge heute mit Beherrschungs- oder Gewinnabführungsverträgen verbunden ist. Neuere Untersuchungen sind zu vergleichbaren Ergebnissen gelangt.[4] In jüngster Zeit wird von einer zunehmenden Verbreitung der Betriebspacht- und Betriebsführungsverträge berichtet, und zwar insbes. bei der GmbH, vornehmlich im Handel, im Hotel- und Gaststättengewerbe sowie im Energiesektor.[5]

4 Eine Definition des Betriebspacht- oder des Betriebsüberlassungsvertrages enthält das Gesetz nicht. Die Formulierung der Nr. 3 des § 292 Abs. 1 AktG („... oder sonst überlässt ...") deutet indessen darauf hin, dass das Gesetz in dem Betriebspachtvertrag ebenso wie in dem Betriebsüberlassungsvertrag lediglich eine besondere Erscheinungsform der **Gebrauchsüberlassungsverträge** sieht. Aus der Einreihung des Betriebspachtvertrages unter die Austauschverträge des § 292 AktG ist außerdem ebenso wie aus § 302 Abs. 2 AktG (→ Rn. 5) der Schluss zu ziehen, dass es sich bei den Betriebspachtverträgen des § 292 Abs. 1 Nr. 3 AktG grds. um **entgeltliche Verträge** handeln muss. Gesetzlich geregelte Erscheinungsformen entgeltlicher Gebrauchsüberlassungsverträge sind insbes. Miete und Pacht (§§ 535 und 581 BGB), woraus folgt, dass das Gesetz hier der Sache nach mit der Verwendung des Begriffs „Betriebspachtvertrag" auf § 581 Abs. 1 BGB Bezug nimmt (→ Rn. 8 f.). Bei den in § 292 Abs. 1 Nr. 3 AktG außerdem erwähnten Betriebsüberlassungsverträgen handelt es sich lediglich um eine bloße Abwandlung der Betriebspachtverträge (→ Rn. 17 f.). Aus dem Gesagten folgt zugleich, dass für die Anwendung der Nr. 3 des § 292 Abs. 1 AktG kein Raum ist, wenn der Vertrag unentgeltlich abgeschlossen wird; dasselbe folgt wohl aus § 302 Abs. 2 AktG.[6]

---

[1] → Rn. 7; OLG Hamburg NZG 2000, 421 (422); *K. Adenauer* NZG 2019, 361; *Koppensteiner* FS Canaris II, 2007, 209 (218 ff.); *Veil* Unternehmensverträge S. 130 ff.

[2] OLG Hamburg NZG 2000, 421 (422); *Führling* Unternehmensverträge S. 115 f.; dagegen nach den Umständen des Einzelfalls differenzierend *Fenzl* Konzern 2006, 18 (26 ff.).

[3] Beispiele für Betriebspachtverträge in RGZ 142, 223; BVerwGE 34, 56; OLG Frankfurt a. M. WM 1973, 348; OLG Hamburg NZG 2000, 421; OLG Zweibrücken GmbHR 2014, 251; LAG Baden-Württemberg AG 2016, 754; LG Berlin ZIP 1991, 1180 – Interhotel; weitere Beispiele bei *Adenauer,* Betriebsführungsverträge; *Adenauer* NZG 2019, 361 (362); *Fenzl,* Betriebspacht-, Betriebsüberlassungs- und Betriebsführungsverträge in der Konzernpraxis, 2007; *Fenzl* Konzern 2006, 18; *Führling* Unternehmensverträge S. 67 ff.

[4] *Bayer,* Die AG im Spiegel der Rechtstatsachenforschung, 2007; *Maser* Betriebsüberlassungsverhältnisse S. 126, 205, 215 ff.; *Knepper* BB 1982, 2061 (2064 f.); *Oesterreich* Betriebsüberlassung S. 25 ff.; *U. Schneider* JbFStR 1982/83, 387 (390 ff.).

[5] *Adenauer* NZG 2019, 361 (362); *Adenauer* Betriebsführungsverträge S. 101, 177 f.; *Kürten/Westermann* GmbHR 2014, 852.

[6] MüKoAktG/*Altmeppen* AktG § 292 Rn. 110 f.; Hüffer/*Koch* AktG § 292 Rn. 18; Hölters/*Deilmann* AktG § 292 Rn. 29; Spindler/Stilz/*Veil* AktG § 292 Rn. 41 ff.; – aA KölnKommAktG/*Koppensteiner* AktG § 292 Rn. 65.

Sondervorschriften für Betriebspacht- und Betriebsüberlassungsverträge finden 5
sich nur in § 292 Abs. 3 AktG und in § 302 Abs. 2 AktG. Nach § 292 Abs. 3 S. 1
AktG sind ein Betriebspacht- oder Betriebsüberlassungsvertrag sowie der Beschluss,
durch den die Hauptversammlung dem Vertrag zugestimmt hat, nicht deshalb nichtig, weil der Vertrag gegen das Verbot der verdeckten Gewinnausschüttung (§§ 57,
58, 60 AktG) verstößt; jedoch bleibt eine Anfechtung des Zustimmungsbeschlusses
wegen dieses Verstoßes möglich (S. 2 des § 292 Abs. 3 AktG; dazu → Rn. 15). § 302
Abs. 3 AktG fügt hinzu, dass bei Abschluss eines der genannten Verträge mit einer
abhängigen Gesellschaft (als Verpächterin) das herrschende Unternehmen jeden
während der Vertragsdauer sonst entstehenden Jahresfehlbetrag der verpachtenden Gesellschaft auszugleichen hat, soweit die vereinbarte Gegenleistung des pachten-
den herrschenden Unternehmens das angemessene Entgelt nicht erreicht (dazu
→ Rn. 14 f.).

Die Einreihung der Betriebspacht- und Betriebsüberlassungsverträge unter die an- 6
deren Unternehmensverträge des § 292 Abs. 1 AktG zeigt, dass die Gesetzesverfasser in ihnen seinerzeit für den Regelfall ebenso wie in einer Gewinngemeinschaft
und in den Teilgewinnabführungsverträgen lediglich normale schuldrechtliche Verträge gesehen haben, die als solche nur wenige konzernrechtliche Probleme aufwerfen (→ Rn. 7; → schon § 13 Rn. 1 ff.). Die Erfahrung lehrt indessen, dass Betriebs-
pacht- und Betriebsüberlassungsverträge gerade in **Abhängigkeitsbeziehungen**
besonders häufig sind. Es liegt auf der Hand, dass dann nicht mehr ohne zusätzliche Maßnahmen zum Schutz der verpachtenden Gesellschaft, deren Gesellschafter und der Gläubiger auszukommen ist (→ Rn. 13 ff.). Die (eingeschränkte)
Verlustausgleichspflicht des herrschenden Unternehmens in Abhängigkeitsbeziehungen nach dem erwähnten § 302 Abs. 2 AktG ist dafür nur ein schwacher Ersatz
(→ Rn. 14 f.).

Betriebspachtverträge sind infolge der mit ihnen verbundenen Degradierung der Ge- 7
sellschaft zu einer bloßen „Rentnergesellschaft" nur schwer mit dem (zwingenden)
umfassenden **Leitungsrecht des Vorstandes** aufgrund des § 76 AktG zu vereinbaren
(§ 23 Abs. 5 S. 1 AktG). Um dies zu erkennen, genügt es, sich die Situation zu vergegenwärtigen, die sich bei Abschluss eines Betriebspachtvertrages ergibt: Ein derartiger Vertrag hat zur Folge, dass der Pächter das gepachtete Unternehmen fortan unter
seinem Namen und auf eigene Rechnung fortführt (§ 581 Abs. 1 BGB), während die
verpachtende AG im selben Umfang von der weiteren Leitung ihres Unternehmens
für die Dauer des Vertrages ausgeschlossen wird, sodass der Eingriff in das Leitungsrecht des Vorstandes der verpachtenden Gesellschaft hinsichtlich der Führung ihres
Unternehmens und damit in die Verfassung der Gesellschaft mit Händen zu greifen
ist. Im Schrifttum wird dieser Sachverhalt vielfach als **partielle Übertragung des Weisungsrechts** des Vorstandes der verpachtenden Gesellschaft auf den Pächter interpretiert und in erster Linie darin die Begründung für die Unterstellung der Betriebspachtverträge ebenso wie der Betriebsüberlassungsverträge unter das Regime der §§ 293 ff.
AktG gesehen, wobei natürlich vor allem an die Notwendigkeit der Zustimmung der
Hauptversammlung der verpachtenden Gesellschaft mit qualifizierter Mehrheit zu
denken ist (§ 293 Abs. 1 AktG).[7]

---

[7] Vgl. dazu ausf. *Adenauer* Betriebsführungsverträge, 2018, bes. S. 255 ff.; *Adenauer* NZG 2019, 361;
Grigoleit/Servatius AktG § 292 Rn. 32; *Veil* Unternehmensverträge S. 59 ff.; – dagegen insbes. *Koppen-*

II. Betriebspachtvertrag

1. Begriff

8 Die Merkmale eines Betriebspachtvertrages ergeben sich aus § 292 Abs. 1 Nr. 3 AktG iVm § 581 BGB (→ Rn. 6). Ein Betriebspachtvertrag liegt danach vor, wenn sich eine (deutsche) AG (oder KGaA) verpflichtet, dem anderen Teil die Nutzung des Betriebs ihres ganzen Unternehmens für die Dauer der Pachtzeit zu gewähren, wogegen sich der Pächter verpflichtet, die vereinbarte Pacht zu zahlen. Kennzeichnend für den Betriebspachtvertrag ist mit anderen Worten, dass die Verpächterin, also die AG, ihre **gesamten betrieblichen Anlagen gegen Entgelt dem Pächter überlässt,** der darin den Betrieb im eigenen Namen und für eigene Rechnung weiterführt, während sich die AG fortan auf den Einzug der Pacht, die Verwaltung ihres sonstigen Beteiligungsbesitzes und die Ausübung ihrer vertraglichen Rechte beschränkt, so dass sie sich im Ergebnis in eine „Rentnergesellschaft" verwandelt.[8] Dagegen handelt es sich nicht mehr um einen Betriebspachtvertrag iSd AktG, wenn die Gesellschaft lediglich *einzelne* (nicht alle) Betriebe verpachtet oder wenn der Vertrag *unentgeltlich* abgeschlossen wird.[9] Die rechtliche Behandlung einer derartigen Betriebsleihe ist unklar.[10] Zu denken ist wohl in erster Linie an eine Analogie zu § 291 Abs. 1 S. 2 AktG. In der Mehrzahl der Fälle dürfte es sich ohnehin um einen verdeckten Beherrschungsvertrag handeln (→ Rn. 24 f.).

9 **Verpächterin** kann im unmittelbaren Anwendungsbereich des § 292 Abs. 1 Nr. 3 AktG nur eine deutsche AG (oder KGaA) sein. Bei Betriebspachtverträgen mit Gesellschaften anderer Rechtsform kommt nur von Fall zu Fall eine entsprechende Anwendung der gesetzlichen Regelung in Betracht.[11]

10 Unerheblich ist die Rechtsform des **Pächters.** Nach dem Wortlaut des § 292 Abs. 1 Nr. 3 AktG braucht er noch nicht einmal ein Unternehmen iSd § 15 AktG zu sein. Anders als bei den Teilgewinnabführungsverträgen der Nr. 2 des § 292 Abs. 1 AktG kommt diesem Umstand hier freilich keine Bedeutung zu, da der Pächter im Regelfall spätestens durch die Fortführung des Unternehmens der verpachtenden Gesellschaft im eigenen Namen und für eigene Rechnung zum Kaufmann und damit Unternehmer werden dürfte (§ 1 HGB).[12]

11 Das Pachtrecht des BGB ist weithin dispositiv (§ 311 Abs. 1 BGB). Die Folge ist, dass sich in der Praxis verschiedene **Abwandlungen** des geschilderten Grundtypus eines Betriebspachtvertrages herausgebildet haben (→ Rn. 8 f.). Ein Beispiel ist die auf den Vertragsabschluss folgende **Beauftragung der Verpächterin** durch den Betriebspächter, ihren Betrieb mit ihrer Belegschaft fortan in seinem, des Pächters Namen und für seine Rechnung weiterzubetreiben. Der Sache nach liegt dann

---

steiner FS Canaris II, 2007, S. 209 ff.; – ganz anderer Ansatz bei *Fenzl* Konzernpraxis, 2007; *Fenzl* Konzern 2006, 18 (26 ff.).

[8] BVerwGE 34, 56 (60); *Führling* Unternehmensverträge S. 67 ff.; *Mimberg* Betriebspachtverträge S. 19, 26 ff.; *Raupach* FS Bezzenberger, 2000, 327 (332 ff.); *Raupach/Völker* JbFStR 1998/99, 383.

[9] Anders *Adenauer,* Betriebsführungsverträge, 2018, S. 272 f.; *Adenauer* NZG 2019, 361 (365 f. mN).

[10] Emmerich/Habersack Aktien-/GmbH-KonzernR/*Emmerich* AktG § 292 Rn. 40a; HK-AktG/*Schenk* AktG § 292 Rn. 13.

[11] → § 32 Rn. 56, → § 34 Rn. 22, → § 36 Rn. 17, → § 37 Rn. 14.

[12] Ebenso *Führling* Unternehmensverträge S. 68; *Maser* Betriebsüberlassungsverhältnisse S. 44 f.

die Kombination eines Betriebspachtvertrages mit einem Betriebsführungsvertrag vor.[13]

2. Rechtsfolgen

Betriebspachtverträge sind Unternehmensverträge (§ 292 Abs. 1 AktG), so dass auf **12** ihren Abschluss, ihre Änderung und ihre Beendigung die §§ 293–299 AktG Anwendung finden. Die Vertragsparteien sind verbundene Unternehmen iSd § 15 AktG (→ Rn. 10) mit der Folge, dass auf den Vertrag ferner die Vorschriften für verbundene Unternehmen anzuwenden sind (→ § 2 Rn. 3). **Ergänzende Regelungen** finden sich in den § 292 Abs. 3 AktG und § 302 Abs. 2 AktG. In Abhängigkeitsverhältnissen sind zusätzlich insbes. die §§ 311–318 AktG zu beachten (→ § 3 Rn. 15 f.). IÜ richtet sich die Behandlung dieser Verträge nach dem BGB (§§ 581 ff., 535 ff. BGB). Der Pächter führt die Betriebe des Verpächters im eigenen Namen und auf eigene Rechnung fort, sodass aus arbeitsrechtlicher Sicht ein **Betriebsübergang** vorliegt mit der Folge, dass die Arbeitsverhältnisse nach § 613a BGB auf den Pächter übergehen.[14] Der Pächter ist zu einer ordnungsmäßigen Wirtschaft verpflichtet.[15] Eine völlige Umgestaltung des Betriebs ist ihm nur mit Zustimmung der verpachtenden Gesellschaft erlaubt.[16]

Betriebspachtverträge werden offenbar nicht selten mit **Beherrschungsverträgen** ver- **12a** bunden. In diesem Fall muss der Vertrag gleichermaßen den Vorschriften für Beherrschungsverträge wie denen für Betriebspachtverträge genügen, so dass er gleichzeitig als Betriebspacht- und als Beherrschungsvertrag ins Handelsregister einzutragen ist (§ 294 Abs. 2 AktG).[17] Auch der Zustimmungsbeschluss der verpflichteten Gesellschaft (§ 293 Abs. 1 AktG) muss sich gleichzeitig auf den Abschluss eines Betriebspacht- wie auf den eines Beherrschungsvertrages erstrecken. Dies bedeutet (natürlich) nicht, dass über den fraglichen Vertrag zweimal, einmal als Beherrschungs- und einmal als Betriebspachtvertrag abgestimmt werden müsste; vielmehr können beide Zustimmungsbeschlüsse auch unbedenklich verbunden werden (§ 293 Abs. 1 AktG), dies jedoch nur, wenn der Versammlungsleiter vor der Abstimmung deutlich macht, dass gleichzeitig über mehrere, aber miteinander verbundene Unternehmensverträge abzustimmen ist.[18] Nur die besonderen Schutzvorkehrungen für Betriebspachtverträge (insbes. § 302 Abs. 2 AktG) werden in diesem Fall durch die weitergehenden Schutzvorschriften für Beherrschungsverträge überlagert.[19]

3. Anfechtung, Schadensersatz

Wie vor allem aus § 292 Abs. 3 AktG und § 302 Abs. 2 AktG zu folgern ist, be- **13** ruht die gesetzliche Regelung auf der Vorstellung, dass es sich bei Betriebspachtverträgen grds. um **Austauschverträge** zwischen gleichberechtigten Partnern han-

---

[13] Vgl. *Dierdorf* Herrschaft S. 123 f.; *U. Schneider* JbFStR 1982/83, 387 (389 f.); weitere Beispiele bei *Fenzl* Konzern 2006, 18 ff.

[14] LAG Baden-Württemberg AG 2016, 794.

[15] Vgl. für die Landpacht § 586 Abs. 1 S. 3 BGB; *Raiser/Veil* § 57 Rn. 17.

[16] Vgl. für die Landpacht § 590 Abs. 1 BGB; weitergehend *R. Veil* Unternehmensverträge S. 206 f.

[17] Hölters/*Deilmann* AktG § 292 Rn. 27; KölnKommAktG/*Koppensteiner* AktG § 292 Rn. 87 f.; K. Schmidt/Lutter/*Langenbucher* AktG § 292 Rn. 40; str.

[18] Hölters/*Deilmann* AktG § 292 Rn. 27; Hüffer/Koch/*Koch* AktG § 292 Rn. 21.

[19] Hüffer/Koch/*Koch* AktG § 292 Rn. 21; *Krieger/Schneider* § 72 Rn. 35.

delt, bei denen die Gewähr für ein ausgewogenes Verhältnis der beiderseitigen Leistungen besteht. Tatsächlich eignen sich jedoch Betriebspachtverträge in kaum geringerem Maße als Beherrschungs- und Gewinnabführungsverträge zur „Eingliederung" der abhängigen Gesellschaft in den Konzern des herrschenden Unternehmens, worauf letztlich bereits die Regelung im AktG von 1937 (§ 256 Abs. 2 AktG) beruhte, die für den Betriebspachtvertrag (ebenso wie heute § 292 Abs. 1 Nr. 3 AktG und § 293 Abs. 1 AktG von 1965) eine Zustimmung der Hauptversammlung mit qualifizierter Mehrheit vorsah. Man spricht dann auch von **konzerninternen Pachtverträgen** im Gegensatz zu konzernexternen zwischen voneinander unabhängigen Parteien.[20] Es liegt auf der Hand, dass in derartigen Fällen zusätzliche Schutzvorkehrungen insbes. gegen eine Benachteiligung der Verpächterin durch die Vereinbarung einer unangemessenen, weil zu niedrigen Pacht unabdingbar sind.[21]

14 So erklärt sich vor allem die Bestimmung des § 302 Abs. 2 AktG, nach der in Abhängigkeitsverhältnissen das herrschende Unternehmen, dh der Pächter, jeden während der Vertragsdauer sonst entstehenden Jahresfehlbetrag der Verpächterin, der abhängigen Gesellschaft, auszugleichen hat, freilich nur, soweit die vereinbarte Gegenleistung das angemessene Entgelt nicht erreicht (dazu auch → § 20 Rn. 38). Im Schrifttum werden in diesem Zusammenhang als Maßstab für die **Angemessenheit der Gegenleistung** des Pächters insbes. die bisherige Ertragslage der verpachtenden Gesellschaft oder die hypothetische Ertragslage ohne Vertragsabschluss genannt.[22] Richtigerweise sollte jedoch als Maßstab in erster Linie auf **den Marktpreis,** dh die übliche Pacht abgestellt werden, die notfalls zu schätzen ist (§ 287 ZPO), da sich in einer Marktwirtschaft die Angemessenheit einer Gegenleistung vorrangig nach der Höhe des Marktpreises beurteilt.[23] Alle anderen Maßstäbe sind dagegen ohne Aussagekraft.

15 Erweist sich nach diesem Maßstab die vereinbarte Pacht als unangemessen niedrig, so trifft das herrschende Unternehmen nach § 302 Abs. 2 AktG die Pflicht, jeden während der Vertragsdauer sonst, dh ohne § 302 Abs. 2 AktG entstehenden **Verlust** der Verpächterin **auszugleichen,** freilich beschränkt auf die Differenz zwischen der angemessenen und der vereinbarten niedrigeren Pacht (dazu auch → § 20 Rn. 38). Außerdem greift dann das **Verbot verdeckter Gewinnausschüttungen** ein, vorausgesetzt, dass der Pächter an der verpachtenden Gesellschaft beteiligt ist (§§ 57, 58, 60 AktG; § 134 BGB). Dieser Verstoß zieht hier jedoch nach der Sonderregelung des § 292 Abs. 3 AktG nicht die Nichtigkeit, sondern lediglich die Anfechtbarkeit des Zustimmungsbeschlusses binnen der kurzen Klagefrist von einem Monat nach sich (§§ 243, 246 Abs. 1 AktG). Die **Anfechtung** kann gleichermaßen auf Abs. 1 des § 243 AktG (Gesetzesverletzung) wie auf Abs. 2 der Vorschrift (Erlangung eines Sondervorteils für den anderen Vertragsteil) gestützt werden. Ein Sondervorteil iSd § 243 Abs. 2 AktG ist bereits anzunehmen, wenn die Vertragskonditionen von den marktüblichen zum Nachteil der verpachtenden abhängigen Gesellschaft abwei-

---

[20] Ausführlich dazu *Fenzl* Konzern 2006, 16 (18, 26 ff.); *Mimberg* Betriebspachtverträge S. 62 ff.
[21] S. *Oesterreich,* Betriebsüberlassung, passim; *U. Schneider* JbFStR 1982/83, 387 (391, 397 ff.).
[22] S. Hüffer/Koch/*Koch* AktG § 292 Rn. 25; KölnKommAktG/*Koppensteiner* AktG § 292 Rn. 101 ff.; *Oesterreich* Betriebsüberlassung S. 87 ff.; *Krieger/Schneider* § 72 Rn. 32.
[23] Emmerich/Habersack Aktien-/GmbH-KonzernR/*Emmerich* AktG § 292 Rn. 48 ff.

chen.[24] Eine Anfechtung des Zustimmungsbeschlusses (nur) nach § 243 Abs. 2 AktG entfällt jedoch, wenn der Vertrag den außenstehenden Aktionären einen angemessenen Ausgleich für ihren Schaden gewährt (§ 243 Abs. 2 S. 2 AktG).[25] Unberührt bleibt aber auch dann die gleichfalls mögliche Anfechtung nach Abs. 1 des § 243 AktG (str.). Anwendbar bleiben ferner, und zwar selbst nach Ablauf der Frist des § 246 AktG, die Vorschrift des § 62 AktG sowie in **Abhängigkeitsverhältnissen** die Vorschriften der §§ 311, 317 AktG. Der Pächter ist als herrschendes Unternehmen folglich zum **Schadensersatz** verpflichtet, wenn er ohne Ausgleich die Verpächterin zum Abschluss eines für sie nachteiligen Pachtvertrages veranlasst (§ 317 Abs. 1 S. 1 AktG).[26] Der Schaden der abhängigen Gesellschaft besteht (mindestens) in der Differenz zwischen der vereinbarten und der angemessenen (höheren) Pacht (§§ 249, 252 BGB).

Anders ist die Rechtslage, wenn der Pächter an der verpachtenden Gesellschaft nicht unmittelbar **beteiligt** ist. Für die Anwendung des Verbots verdeckter Gewinnausschüttungen ist dann grds. kein Raum. In Betracht kommen vielmehr lediglich in (mittelbaren) Abhängigkeitsverhältnissen Ansprüche auf Nachteilsausgleich oder Schadensersatz nach den §§ 311, 317 AktG sowie sonst Schadensersatzansprüche gegen die Verwaltungsmitglieder der Gesellschaft auf Grund der §§ 93, 116 AktG oder aus Delikt (§§ 823, 826 BGB). **16**

III. Betriebsüberlassungsvertrag

Der Betriebsüberlassungsvertrag unterscheidet sich vom Betriebspachtvertrag lediglich dadurch, dass bei ihm der Übernehmer den Betrieb der überlassenden Gesellschaft nicht im eigenen Namen, sondern auf Grund einer **Vollmacht** der überlassenden Gesellschaft in deren Namen fortführt. Aus arbeitsrechtlicher Sicht kommt es deshalb zB nicht zu einem Betriebsübergang, Arbeitgeber bleibt vielmehr die überlassende Eigentümergesellschaft.[27] Bei der Vollmacht der überlassenden Gesellschaft wird es sich in der Regel um eine Generalvollmacht, eine Prokura (§§ 48, 49 HGB) oder um eine Generalhandlungsvollmacht iSd § 54 HGB handeln. Ist die Vollmacht unwiderruflich und wird zugleich das Weisungs- und Kündigungsrecht der überlassenden Gesellschaft (§ 675 Abs. 1 BGB, § 665 BGB, § 671 BGB) weitgehend oder sogar ganz ausgeschlossen, so nähert sich der Vertrag unverkennbar einem **Beherrschungsvertrag,** so dass zu prüfen ist, ob es sich bei ihm nicht in Wirklichkeit um einen verdeckten Beherrschungsvertrag handelt.[28] **17**

Die Betriebsüberlassungsverträge werden wegen ihrer Verwandtschaft mit den Betriebspachtverträgen häufig auch als Innenpacht bezeichnet. Rechtlich gesehen handelt es sich bei dem Betriebsüberlassungsvertrag wohl um einen sonstigen (unbe- **18**

---

[24] Vgl. → Rn. 49 sowie Hüffer/Koch/*Koch* AktG § 292 Rn. 30; KölnKommAktG//*Koppensteiner* AktG § 292 Rn. 24.

[25] OLG Frankfurt a. M. WM 1973, 348; *Ebenroth* Vermögenszuwendungen S. 428 ff.; Hüffer/Koch/*Koch* AktG § 292 Rn. 29–31; KölnKommAktG/*Koppensteiner* AktG § 292 Rn. 23 ff.; *Krieger/Schneider* § 72 Rn. 33; *Martens* AG 1974, 9; *Maser* Betriebsüberlassungsverhältnisse S. 65 f.; *Oesterreich* Betriebsüberlassung S. 83 ff.; *Raiser/Veil* § 57 Rn. 26; *Rasch* BB 1973, 856.

[26] Hüffer/Koch/*Koch* AktG § 292 Rn. 31; *Raiser/Veil* § 57 Rn. 26; anders *Oesterreich* Betriebsüberlassung S. 102 ff.

[27] LAG Baden-Württemberg AG 2016, 754.

[28] K. Schmidt/Lutter/*Langenbucher* AktG § 292 Rn. 38 f.

nannten) **Gebrauchsüberlassungsvertrag** in Verbindung mit einer Geschäftsbesorgung (s. § 581 BGB, § 598 BGB, § 662 BGB, § 675 Abs. 1 BGB). Der Betriebsüberlassungsvertrag ist ebenso wie die anderen in § 292 Abs. 1 AktG geregelten Verträge ein Austauschvertrag, sodass in dem Vertrag eine **angemessene Gegenleistung** für die überlassende Gesellschaft vorgesehen werden muss, widrigenfalls in Abhängigkeitsverhältnissen Raum für die Anwendung des § 302 Abs. 2 AktG ist (→ Rn. 14).[29] Unentgeltliche Verträge dieser Art, sollten sie einmal vorkommen, dürften dagegen als verdeckte Gewinnabführungsverträge zu qualifizieren sein. Ohne Rücksicht darauf erwirbt der Übernehmer auf jeden Fall gegen die überlassende Gesellschaft einen Anspruch auf Abführung des Geschäftsergebnisses (vgl. § 667 BGB). Als Kehrseite trifft ihn die Pflicht zur Freistellung der überlassenden Gesellschaft von den eingegangenen Verbindlichkeiten sowie zum Ersatz der gemachten Aufwendungen (§ 670 BGB).[30]

IV. Betriebsführungsvertrag

19 Von einem Betriebsführungsvertrag spricht man, wenn eine Gesellschaft ein anderes Unternehmen **beauftragt, ihr (eigenes) Unternehmen** für ihre Rechnung und (so in der Regel) in ihrem Namen **zu führen.** Betriebsführungsverträge wurden früher gelegentlich auch als Managementverträge bezeichnet, weil sie der Sache nach auf den „Einkauf" von Managementleistungen durch Gesellschaften hinauslaufen, die selbst nicht über ausreichende Managementkapazitäten verfügen (schon → Rn. 7). Betriebsführungsverträge unterscheiden sich deutlich von den Betriebspacht- und Betriebsüberlassungsverträgen des § 292 Abs. 1 Nr. 3 AktG. Denn ihr Kern ist nicht die Überlassung des Betriebs (der Anlagen) der Gesellschaft an einen anderen, sondern die Beauftragung eines anderen zur Führung des (eigenen) Betriebs der Gesellschaft, so dass es sich bei ihnen im Gegensatz zu den Betriebspacht- und Betriebsüberlassungsverträgen nicht um Gebrauchsüberlassungsverträge nach dem Muster der §§ 535, 581 ff. BGB, sondern um Tätigkeitsverträge, genauer: **Geschäftsbesorgungsverträge** nach den § 675 Abs. 1 BGB, § 611 BGB und §§ 662 ff. BGB handelt (→ Rn. 21). Im Einzelnen hat man echte und unechte Betriebsführungsverträge zu unterscheiden, je nachdem, ob der Betriebsführer im Namen der Eigentümergesellschaft oder im eigenen Namen tätig wird. Im zweiten Fall, dh bei Tätigkeit im eigenen Namen erwirbt der Betriebsführer zum Ausgleich im Innenverhältnis einen Anspruch auf Freistellung von den eingegangenen Verbindlichkeiten und auf Ersatz seiner Aufwendungen gegen die ihn beauftragende Eigentümergesellschaft (§ 675 Abs. 1 BGB, § 611 BGB, § 662 BGB, § 667 BGB).[31]

20 Betriebsführungsverträge können gleichermaßen zwischen unabhängigen wie zwischen abhängigen Unternehmen abgeschlossen werden, wobei im zweiten Fall der Betriebsführer herrschendes oder abhängiges Unternehmen sein kann.[32] Die Übertra-

---

[29] Ebenso MüKoAktG/*Altmeppen* AktG § 292 Rn. 110f.; Spindler/Stilz/*Veil* AktG § 292 Rn. 41ff.; – aA K. Schmidt/Lutter/*Langenbucher* AktG § 292 Rn. 33.

[30] *Geßler* Betr. 1965, 1691 (1692); *Haussmann,* Unternehmenszusammenfassungen, 1932, S. 106ff., 119; *Krieger/Schneider* § 72 Rn. 29b; ein Beispiel bei *Schulze-Osterloh* ZGR 1974, 427 (453ff.).

[31] *Fenzl* Konzern 2006, 18 (23f.); *Joachim* DZWiR 1992, 397, 455; *Joachim.* NZM 2001, 162 (164ff.); Hüffer/Koch/*Koch* AktG § 292 Rn. 20; *Priester* FS Hommelhoff, 2012, 875.

[32] S. iE *Fenzl* Konzern 2006, 18 (23ff.); *Huber* ZHR 152 (1988), 1, 123.

gung der Betriebsführung an Betriebsführungstöchter oder Managementgesellschaften findet sich vor allem iRd Divisionalisierung von Konzernen nach dem Spartenprinzip.[33] Ist hingegen der Betriebsführer das herrschende Unternehmen, so dient der Vertrag der „Eingliederung" des Unternehmens der Eigentümergesellschaft in den Konzern des Betriebsführers.[34] Betriebsführungsverträge sind heute namentlich bei Investmentgesellschaften, in der Gastronomie und im Hotelgewerbe sowie im Energiesektor anzutreffen.[35] Insgesamt scheint in letzter Zeit die Bedeutung von Betriebsführungsverträgen ebenso wie die von Betriebspachtverträgen mit der fortschreitenden Verselbstständigung und Professionalisierung von Managementfunktionen wieder zuzunehmen.[36]

Entgeltliche Betriebsführungsverträge stellen **Geschäftsbesorgungsverträge** mit   21
Dienstvertragscharakter dar (§ 675 Abs. 1 BGB, § 611 BGB),[37] so dass die Eigentümergesellschaft grds. ein **Weisungsrecht** gegenüber dem Betriebsführer (§ 665 BGB) hat, das jedoch vertraglich eingeschränkt werden kann.[38] Soweit infolgedessen das Leitungsrecht des Vorstandes der Eigentümergesellschaft entgegen § 76 AktG beschränkt wird, ist die Zulässigkeit dieses Eingriffs in die Verfassung der AG mit Rücksicht auf § 23 Abs. 5 S. 1 AktG bei dem Betriebsführungsverträgen ebenso umstritten wie bei den Betriebspachtverträgen.[39] Einen Ausgleich für die üblicherweise starke Stellung des Betriebsführers bildet das Kündigungsrecht der Eigentümergesellschaft aus § 627 BGB. Außerdem kommt eine Kündigung aus wichtigem Grunde in Betracht, wenn der Betriebsführer schwerwiegend gegen die Interessen der Eigentümergesellschaft verstößt (§ 626 BGB).[40]

Im Schrifttum wird diskutiert, ob unter § 292 Abs. 1 Nr. 3 AktG auch **unentgeltliche**   22
Betriebsführungsverträge fallen. Es würde sich dabei um einen Auftrag iSd §§ 662 ff. BGB handeln. Außerhalb von Konzernen ist freilich der Abschluss derartiger Verträge schwer vorstellbar, wohl aber innerhalb eines Konzerns durch die Beauftragung von Tochtergesellschaften mit der Führung anderer Konzernunternehmen. Der Sache nach dürfte es sich deshalb bei derartigen Verträgen, wenn sie denn vorkommen sollten, durchweg um verdeckte Beherrschungsverträge handeln. Die Vorschrift des § 292 Abs. 1 Nr. 3 AktG passt jedenfalls nicht für diese Verträge.

---

[33] → Rn. 7; *Fenzl* Konzern 2006, 18 (23 ff.); *Huber* ZHR 152 (1988), 123; für die Ruhrkohle AG *Zöllner* ZfA 1983, 93.

[34] Vgl. *Huber* ZHR 152 (1988), 123 (126 ff.); *Raiser* Kapitalgesellschaften § 57 Rn. 24.

[35] Beispiele für Betriebsführungsverträge in RFHE 40, 185; BGH NJW 1982, 1817 – Holiday Inn; OLG München AG 1987, 318 – Holiday Inn; LAG Baden-Württemberg AG 2016, 754.

[36] Ebenso *Adenauer,* Betriebsführungsverträge, 2018, S. 177 ff.; *Adenauer* NZG 2019, 361; *Fenzl,* Betriebspacht, Betriebsüberlassungs- und Betriebsführungsverträge, 2007; *Fenzl* Konzern 2006, 18 ff.; *Joachim* DZWiR 1992, 397 (455); *Joachim* NZM 2001, 162 (164 ff.); *Köhn* Konzern 2011, 350; *Köhn* EnWZ 2019, 65; *Otto-Gräbener/Deilmann,* NZG 2016, 1361; *Winter/Theisen* AG 2011, 662; *Zetsche* AG 2013, 613.

[37] → Rn. 19; OLG München AG 1987, 380 (382); *Adenauer,* Betriebsführungsverträge, 2018; S. 198, 214; *Adenauer* NZG 2019, 361; *Huber* ZHR 152 (1988), 1 (31 ff.); *Joachim* DZWiR 1992, 397; *Windbichler* ZIP 1987, 825.

[38] BGH LM NJW 1982, 1817 – Holiday-Inn; krit. *Huber* ZHR 152, 1 (11 ff.).

[39] → Rn. 7; ausf. *Adenauer* Betriebsführungsverträge S. 163, besonders 260 ff.

[40] BGH NJW 1982, 1817 – Holiday-Inn; OLG München AG 1987, 380; *Fenzl* Konzern 2006, 18 (23 ff.); *Joachim* DZWiR 1992, 397 (403).

23 Der Betriebsführungsvertrag ist im AktG nicht ausdrücklich geregelt. Seine Vereinbarkeit mit der dem Vorstand zwingend zugewiesenen Leitung der Gesellschaft (§ 76 AktG und § 23 Abs. 5 AktG) ist ebenso umstritten wie die unmittelbare oder entsprechende Anwendbarkeit der Vorschrift des § 292 Abs. 1 Nr. 3 AktG.[41] Bejaht man die Vereinbarkeit von Betriebsführungsverträgen mit § 76 (wofür jedenfalls ein praktisches Bedürfnis besteht), so sollte man auch nicht zögern, mit der wohl überwiegenden Meinung auf diese Verträge **§ 292 Abs. 1 Nr. 3 AktG entsprechend anzuwenden,** um zum Schutz der Eigentümergesellschaft und ihrer Gesellschafter die Mitwirkung der Hauptversammlung, die Berichtspflicht des Vorstandes, die Prüfung des Berichts durch Vertragsprüfer sowie die Eintragung ins Handelsregister sicherzustellen (§ 293 Abs. 1 AktG, § 293a AktG, § 293b AktG und § 294 AktG).[42] Wenn die Gegenleistung der Eigentümergesellschaft in der Auskehrung eines Teils des Gewinns an den Betriebsführer besteht, handelt es sich bei dem Vertrag zugleich um einen Teilgewinnabführungsvertrag iSd § 292 Abs. 1 Nr. 2 AktG (→ Rn. 25).[43] Anders ist nur zu entscheiden, wenn der Betriebsführer eine weitgehend selbstständige Rechtsstellung erlangt, die es ihm erlaubt, die Eigentümergesellschaft letztlich in seinen Konzern einzugliedern. Auf eine selbstständige Stellung des Betriebsführers deutet hier vor allem der weitgehende Ausschluss des Weisungsrechts und des Kündigungsrechts der Eigentümergesellschaft hin (§§ 675 Abs. 1 BGB, § 665 BGB, § 627 BGB und § 671 BGB). In solchen Fällen handelt es sich der Sache nach um einen **verdeckten Beherrschungsvertrag,** sodass dann allein § 291 Abs. 1 S. 1 AktG anzuwenden ist (→ Rn. 25; §§ 133, 157 BGB).

V. Umgehungsproblematik

24 Betriebspacht- und Betriebsüberlassungsverträge werden nicht selten mit Beherrschungs- oder auch Gewinnabführungsverträgen verbunden. Geschieht dies offen, so bestehen dagegen keine Bedenken (→ Rn. 12a). Probleme tauchen erst auf, wenn die Vertragsverbindung nicht offengelegt wird, der Vertrag vielmehr lediglich als Betriebspacht- oder Betriebsüberlassungsvertrag bezeichnet wird, obwohl sich hinter ihm ein Beherrschungs- oder ein Gewinnabführungsvertrag verbirgt, wozu es vor allem in Abhängigkeitsverhältnissen kommen kann. Die Annahme eines **Beherrschungsvertrages** liegt in solchen Beziehungen besonders nahe, wenn sich der Pächter Weisungsrechte auch hinsichtlich der pachtfreien Unternehmenssphäre der Verpächterin, zB hinsichtlich der Verwendung der Pacht, ausbedingt, so dass der Verpächterin keine eigene Unternehmenspolitik mehr möglich ist.[44] Ebenso verhält es sich bei einem Betriebsführungsvertrag, wenn der Betriebsführer herrschendes Unternehmen ist und

---

[41] Überblick über den Meinungstand bei Emmerich/Habersack Aktien-/GmbH-KonzernR/*Emmerich* AktG § 292 Rn, 57 sowie z. B. *K. Adenauer,* Betriebsführungsverträge, 2018, S. 280ff.

[42] *Adenauer,* Betriebsführungsverträge, 2018, S. 280ff.; *Adenauer* NZG 2019, 361 (363); MüKoAktG/ *Altmeppen* AktG § 292 Rn. 149ff.; *U. Huber* ZHR 152 (1988), 1 (32f.); Hüffer/Koch/*Koch* AktG § 292 Rn. 20; *Joachim* DWiR 1992, 455 (457); KölnKommAktG/*Koppensteiner* FS Canaris II, 2007, 209 (220); *Krieger/Schneider* § 72 Rn. 45ff.; *Priester* FS Hommelhoff, 2012, 875 (882ff.).

[43] S. *Fenzl* Konzern 2006, 18 (23ff.); *Krieger/Schneider* § 72 Rn. 47; *Veil* Unternehmensverträge S. 290f.; Emmerich/Habersack Aktien-/GmbH-KonzernR/*Emmerich* AktG § 292 Rn,59a.

[44] S. *Dierdorf* Herrschaft S. 117ff.; *Führling* Unternehmensverträge S. 77f.; KölnKommAktG/*Koppensteiner* FS Canaris II, 2007, 209 (217f.); *Maser* S. 71f.; *Joachim* DZWiR 1992, 455 (457f.); *Mimberg* Betriebspachtverträge S. 46ff.

durch den Vertrag die Kontroll- und Einflussrechte der Eigentümergesellschaft weitgehend beschnitten werden.[45]

In diesen Fällen ist davon auszugehen, dass nach der Konzeption des AktG ein Vertragskonzern – von der Eingliederung abgesehen – allein durch den (offenen) Abschluss eines Beherrschungsvertrages unter den dafür im Gesetz vorgesehenen Kautelen begründet werden kann (§ 18 Abs. 1 S. 2 AktG, § 291 AktG, §§ 293 ff. AktG, § 308 AktG). Daraus folgt, dass ein Ausweichen auf die Verträge des § 292 Abs. 1 Nr. 3 AktG mit ihren deutlich hinter dem Standard der Beherrschungsverträge zurückbleibenden Schutzvorkehrungen – entgegen einer verbreiteten Meinung – grds. nicht zugelassen werden kann. Ein Betriebspacht-, Betriebsüberlassungs- oder Betriebsführungsvertrag, hinter dem sich in Wirklichkeit ein Beherrschungs- oder Gewinnabführungsvertrag verbirgt, muss daher als das, was er ist, dh **als Beherrschungs- oder Gewinnabführungsvertrag behandelt** werden, so dass der Vertrag nur wirksam ist, wenn er zugleich sämtliche Voraussetzungen für den wirksamen Abschluss derartiger Verträge erfüllt (→ Rn. 23; §§ 291, 293 ff., 294, 304 f. AktG). **25**

Der Vertrag ist folglich nichtig, wenn die Wirksamkeitsvoraussetzungen für Beherrschungsverträge nicht erfüllt sind.[46] Dazu gehört – entgegen verschiedenen Stimmen im Schrifttum[47] – auch die richtige Eintragung des Vertrages ins Handelsregister (§ 294 Abs. 2 AktG). Im Falle einer unrichtigen Eintragung des Vertrages ist ferner – ebenfalls entgegen der hM – kein Raum für die Anwendung der Regeln über fehlerhafte Unternehmensverträge (→ § 11 Rn. 24 ff.). Der Schutz der abhängigen Gesellschaft richtet sich dann vielmehr in erster Linie nach den §§ 311–318 AktG. **26**

§ 16. Abschluss von Unternehmensverträgen

Literatur: *Born,* Die abhängige KGaA, 2004; *v. Büren,* Der Konzern, 2. Aufl. 2005; *Fabian,* Inhalt und Auswirkungen des Beherrschungsvertrags, 1997; *Görling,* Die Konzernhaftung in mehrstufigen Unternehmensverbindungen, 1998; *Grüner,* Die Beendigung von Gewinnabführungs- und Beherrschungsverträgen, 2003; *Gutheil,* Die Auswirkungen von Umwandlungen auf Unternehmensverträge nach §§ 291, 292 AktG und die Rechte außenstehender Aktionäre, 2001; *Hommelhoff,* Die Konzernleitungspflicht, 1982; *Kort,* Der Abschluss von Beherrschungs- und Gewinnabführungsverträgen im GmbH-Recht, *Marchand,* Abhängigkeit und Konzernzugehörigkeit von Gemeinschaftsunternehmen, 1985; *Maser,* Betriebspacht- und Betriebsüberlassungsverhältnisse yin Konzernen, 1985; *Pentz,* Die Rechtsstellung der Enkel-AG in einer mehrstufigen Unternehmensverbindung, 1996; *Praël,* Eingliederung und Beherrschungsvertrag als körperschaftliche Rechtsgeschäfte, 1978; *Sonnenschein,* Organschaft und Konzerngesellschaftsrecht, 1976; *Timm,* Die Aktiengesellschaft als Konzernspitze, 1980; *Wackerbarth,* Grenzen der Leistungsmacht in der internationalen Unternehmensgruppe, 2001; *Wanner,* Konzernrechtliche Probleme mehrstufiger Unternehmensverbindungen nach Aktienrecht, 1998.

I. Einleitung

Die §§ 293–299 AktG regeln übereinstimmend für alle Unternehmensverträge des § 291 AktG und des § 292 AktG den Abschluss, die Änderung und die Beendigung des Vertrags. Die Einreihung der Verträge des § 292 AktG unter die Unternehmensverträge hatte gerade in erster Linie den Zweck, ihren Abschluss, ihre Änderung und **1**

---

[45] S. MüKoAktG/*Altmeppen* AktG § 292 Rn. 153 ff.; Hüffer/Koch/*Koch* AktG § 292 Rn. 24; *Huber* ZHR 152 (1988), 123 (128, 135 ff.).

[46] Ebenso Hüffer/Koch/*Koch* AktG § 292 Rn. 24; KölnKommAktG/*Koppensteiner* FS Canaris II, 2007, 209 (217 f.); *R. Veil* Unternehmensverträge S. 246, 250 ff.

[47] MüKoAktG/*Altmeppen* AktG § 292 Rn. 139, 155 ff.; *Mimberg* Betriebspachtverträge S. 49 ff.

ihre Beendigung dem Regime der §§ 293–299 AktG zu unterstellen (schon → § 13 Rn. 1).

2 Vorbild des § 293 Abs. 1 AktG war § 256 AktG von 1937, der bereits für Gewinn-abführungs- und Beherrschungsverträge unter bestimmten Voraussetzungen eine Zu-stimmung (nur) der Hauptversammlung der abhängigen Gesellschaft mit qualifizier-ter Mehrheit vorgeschrieben hatte. Neu ist neben dem Schriftformerfordernis des § 293 Abs. 3 AktG und der Eintragungsbedürftigkeit der Verträge nach § 294 AktG insbes. die durch § 293 Abs. 2 AktG zusätzlich verlangte **Mitwirkung** der **Hauptver-sammlung der herrschenden Gesellschaft** in den Fällen des § 291 AktG. Maß-gebend für die Einführung dieses zusätzlichen Erfordernisses waren vor allem die mit dem Abschluss derartiger Verträge auch für die herrschende Gesellschaft verbundenen Belastungen auf Grund der §§ 302 f. AktG und der §§ 304 f. AktG, wobei das Schwer-gewicht im Schrifttum teils mehr auf § 302 AktG (Verlustübernahmepflicht) und teils mehr auf § 305 AktG (Abfindung in eigenen Aktien der herrschenden Gesellschaft) gelegt wird.[1] Heute wird in der Regel der zuerst genannte Gesichtspunkt (§ 302) in den Vordergrund gerückt.[2] Dafür spricht in der Tat, dass bei 100-prozentigen Toch-tergesellschaften das Zustimmungserfordernis nicht entfällt, obwohl in diesen Fällen weder ein Ausgleich noch eine Abfindung geschuldet sind (§§ 304 Abs. 1 S. 3 und 305 Abs. 1), wohl aber eben ein Ausgleich der Verluste gemäß § 302 Abs. 1.[3]

3 Durch das Gesetz zur Bereinigung des Umwandlungsrechts von 1994 wurden in § 293 AktG mit Wirkung vom 1. 1. 1995 ab die früheren Abs. 3 S. 2 und S. 6 sowie Abs. 4 durch die im Wesentlichen wörtlich übereinstimmenden Vorschriften des § 293 f AktG und des § 293 g AktG ersetzt (→ § 17 Rn. 46 ff.). Zugleich wurden, weil Verschmelzung und Unternehmensvertrag im Wesentlichen austauschbare, rechtliche Instrumente seien, nach dem Vorbild des Verschmelzungsrechts die **Berichtspflicht** des Vorstandes (§ 293a AktG) und die **Vertragsprüfung** durch besondere Prüfer, grds. Wirtschaftsprüfer (§§ 293b–293e AktG) eingeführt (→ § 17 Rn. 9, 20 f.).[4] Heute gelten diese Vorschriften im Wesentlichen in der Fassung, die sie 1998 durch das KonTraG erhalten haben.

II. Vertragsabschluss

1. Zuständigkeit

4 Über den Abschluss von Unternehmensverträgen enthält das AktG nur wenige Vor-schriften. Hervorzuheben sind im Grunde lediglich die Vorschriften des § 83 Abs. 1 S. 2 AktG über die Verpflichtung des Vorstands zum Tätigwerden auf Grund eines Verlangens der Hauptversammlung (→ Rn. 7), des § 293 Abs. 3 AktG über das Schriftformerfordernis (→ Rn. 12), des § 293a AktG über die Berichtspflicht des Vor-stands und des § 293b AktG über die Vertragsprüfung (→ § 17 Rn. 9, 20 ff.) sowie des § 299 AktG, nach dem Weisungen hinsichtlich der Änderung, der Aufrechterhaltung oder der Beendigung von Unternehmensverträgen ausgeschlossen sind. IÜ bleibt es bei der Geltung der allgemeinen Vorschriften über den Abschluss von Verträgen durch

---

[1] S. die Begr. zum RegE, bei *Kropff* S. 381.
[2] BGHZ 105, 324 (334 ff.) – Supermarkt; BGH NJW 1992, 1452 – Siemens/NRG; dagegen MüKo-AktG/*Altmeppen* § 293 Rn. 102 ff.
[3] S. Fleischer/Koch/Kropff/Lutter/*Vetter,* 50 Jahre Aktiengesetz, 2016, S. 246 ff.
[4] S. dazu die Begr. zum RegE, BT-Drs. 12 (1994)/6699, 178 f.

eine AG oder KGaA (§§ 145 ff. BGB, §§ 76 ff., 278 Abs. 2 AktG). Dies bedeutet im Einzelnen:

Zuständig für die **Entscheidung,** ob überhaupt und gegebenenfalls mit welchem In- 5 halt ein Unternehmensvertrag abgeschlossen werden soll, ist bei einer AG grds. der **Vorstand,**[5] an dessen Stelle bei der KGaA die persönlich haftenden Gesellschafter (§§ 76, 77, 78, 278 Abs. 2 AktG) treten (→ Rn. 7; zur GmbH → § 32 Rn. 10, 22 ff.). Der Vorstand muss dabei mit der **Sorgfalt** eines ordentlichen und gewissenhaften Geschäftsleiters vorgehen (§ 93 Abs. 1 S. 1 AktG). Verletzt er diese Pflicht, zB durch die mangelhafte Prüfung der Bonität des anderen Vertragsteils, so macht er sich **schadensersatzpflichtig** (§ 93 Abs. 2 AktG).

Auch für den anschließenden **Abschluss** des Vertrages sind grds. die Vorstände der be- 6 teiligten Aktiengesellschaften zuständig (§§ 78, 278 Abs. 2 AktG). Jedoch ist die **Vertretungsmacht** der Vorstandsmitglieder insoweit – entgegen der Regel (§ 82 AktG) – aufgrund des § 293 Abs. 1 und 2 AktG **beschränkt,** da der von ihnen abgeschlossene Vertrag schwebend unwirksam ist, solange ihm nicht die beiden Hauptversammlungen mit der erforderlichen Mehrheit zugestimmt haben (→ Rn. 15). Die Zustimmungsbeschlüsse haben folglich **Außenwirkung,** so dass bei Verweigerung der Zustimmung der Gesellschafter der Vertrag nichtig ist. Eine Haftung des Vorstandes auf Grund des § 179 BGB kommt nicht in Betracht (§ 179 Abs. 3 S. 1 BGB).

Der Abschluss von Unternehmensverträgen fällt außerdem unter § 83 Abs. 1 S. 2 7 AktG, so dass die Hauptversammlung mit qualifizierter Mehrheit den Vorstand zur Vorbereitung und zum Abschluss von Unternehmensverträgen anweisen kann.[6] Liegt eine derartige **Weisung der Hauptversammlung** vor, so *muss* der Vorstand tätig werden, widrigenfalls er sich ersatzpflichtig macht (§ 93 Abs. 2 AktG).

2. Form, Bezeichnung, Bedingungen

Nach § 293 Abs. 3 AktG bedarf der Unternehmensvertrag der **Schriftform.** Das Ge- 8 setz verweist damit auf die §§ 125, 126 BGB, so dass die Vertragsurkunde grds. von beiden Parteien unterzeichnet werden muss (§ 126 Abs. 1 BGB). Ein Verstoß führt zur Nichtigkeit des Vertrages (§ 125 BGB; → Rn. 12). Das Schriftformerfordernis gilt **für sämtliche Abreden** der Parteien, aus denen sich nach ihrem Willen der Unternehmensvertrag zusammensetzen soll und die deshalb eine rechtliche Einheit iSd § 139 BGB bilden (für die stille Gesellschaft→ schon § 11 Rn. 13). Hieran ändert sich auch dann nichts, wenn die Parteien ihre Abreden formal auf unterschiedliche Verträge aufteilen, selbst wenn an diesen verschiedene Personen beteiligt sind.[7]

In der Vertragsurkunde (§ 293 Abs. 3 AktG) muss – entgegen einer verbreiteten Mei- 9 nung – nicht die jeweilige **Vertragsart** zusätzlich ausdrücklich **benannt** werden, so dass zB ein Beherrschungsvertrag nur wirksam wäre, wenn er auch in der Vertragsurkunde gerade als solcher bezeichnet wird, da ein derartiger Formalismus dem deutschen Recht grds. fremd ist. Für den Zustimmungsbeschluss gilt dasselbe.[8] Die praktische Bedeutung dieser Kontroverse ist freilich gering, da seit 1995 der Unter-

---

[5] BGHZ 121, 211 (217) – SSI.

[6] BGHZ 82, 188 (195) – Hoesch/Hoogovens; BGHZ 121, 211 (217) – SSI.

[7] BGHZ 82, 188 (196 f.) – Hoesch/Hoogovens; OLG Celle NZG 2000, 85.

[8] Ebenso Hüffer/Koch/*Koch* AktG § 293 Rn. 14, 16; anders *Koppensteiner* Kölner Komm/AktG § 293 Rn. 37.

nehmensvertrag in dem **Bericht** des Vorstands „im Einzelnen" zu erläutern ist (§ 293 a Abs. 1 S. 1 AktG); dazu gehört insbes. auch die Erklärung seiner „wahren" Rechtsnatur (→ § 17 Rn. 13 ff.). Entsprechendes gilt für die Eintragung des Vertrags ins Handelsregister (§ 294 Abs. 2 AktG; → Rn. 49 f.).

10 Ebenso wenig ist eine Abfassung des Vertrages in **deutscher Sprache** vorgeschrieben, so dass die Parteien nicht gehindert sind, den Vertrag zB in englischer oder französischer Sprache abzuschließen; in diesem Fall muss jedoch dem Vertrag bei seiner Auslegung nach den §§ 293 f, 293 g AktG sowie bei seiner Anmeldung zum Handelsregister nach § 294 Abs. 1 S. 2 AktG eine (nach Möglichkeit beglaubigte) deutsche **Übersetzung** beigefügt werden.[9]

11 Unternehmensverträge werden grds. *nur auf Zeit* abgeschlossen. Die Festsetzung eines **Endtermins** ist daher ebenso unbedenklich wie die eines **Anfangstermins** (§ 163 BGB). In der Frage der Zulässigkeit von **Bedingungen** muss man dagegen unterscheiden: Bei den Verträgen des § 292 AktG ist die Vereinbarung von Bedingungen unproblematisch, da es sich bei ihnen grds. um schuldrechtliche Austauschverträge handelt (→ § 13 Rn. 1 ff.). Dagegen werden die Unternehmensverträge des § 291 AktG gelegentlich als bedingungsfeindlich bezeichnet.[10] Tatsächlich sind jedoch hier **aufschiebende Bedingungen** ebenso möglich wie die Bestimmung eines Anfangstermins.[11] So ist es zB ohne weiteres möglich, einen Beherrschungsvertrag unter der aufschiebenden Bedingung der Genehmigung des Vertrags durch den Aufsichtsrat einer oder beider Gesellschaften oder der Freigabe durch die Kartellbehörden abzuschließen. Kein Raum ist dagegen in der Tat für die Vereinbarung einer **auflösenden Bedingung** bei den Verträgen des § 291 AktG. An ihre Stelle tritt hier die Kündigung des Vertrags nach § 297 AktG.

3. Mängel

12 Für Unternehmensverträge gelten die **allgemeinen Nichtigkeits- und Anfechtungsgründe** des Privatrechts, insbes. also die §§ 117, 119, 123, 125, 134, 138 BGB.[12] Ist ein Vertrag danach nichtig oder mit Erfolg angefochten, so wird der Mangel auch nicht durch die Zustimmung einer oder beider Hauptversammlungen (§ 293 AktG) oder durch die Eintragung ins Handelsregister (§ 294 Abs. 2 AktG) geheilt.[13] Das gilt, wie besonderer Hervorhebung bedarf, auch für Formverstöße (→ Rn. 8).

13 Weitere Nichtigkeitsgründe ergeben sich aus dem AktG. Die wichtigsten sind die **fehlende Zustimmung** einer Hauptversammlung, soweit nach § 293 AktG erforderlich, die **Nichtigkeit** oder erfolgreiche Anfechtung **eines der Zustimmungsbeschlüsse** (→ Rn. 15) sowie das Fehlen einer Ausgleichsregelung in einem Beherrschungs- oder Gewinnabführungsvertrag (§ 304 Abs. 3 S. 1 AktG), soweit sich nicht im Einzelfall aus den § 243 Abs. 4 S. 2 AktG und § 246 a AktG etwas anderes ergibt (→ Rn. 33 ff.).

---

[9] Hölters/*Deilmann* AktG § 293 Rn. 36.
[10] So MüKoAktG/*Altmeppen* AktG § 293 Rn. 26.
[11] Ebenso offenbar BGHZ 122, 211 (219 f.) – SSI; *Krieger/Schneider* § 70 Rn. 16.
[12] Zu § 138 BGB s. ausführlich *S. Fabian* Inhalt und Auswirkungen S. 97, 106 ff.
[13] OLG Celle NZG 2000, 85.

III. Zustimmung der Hauptversammlung der verpflichteten Gesellschaft (§ 293 Abs. 1 AktG)

1. Überblick

Von dem Unternehmensvertrag müssen die in § 293 Abs. 1, 2 AktG vorgeschriebenen 14 Zustimmungsbeschlüsse unterschieden werden. Erforderlich ist zunächst nach § 293 Abs. 1 AktG die Zustimmung der Hauptversammlung derjenigen AG oder KGaA, die die vertragstypischen Verpflichtungen übernimmt, im Falle des § 291 AktG also die Zustimmung der **abhängigen** Gesellschaft sowie zB im Falle der Betriebspacht (§ 292 Abs. 1 Nr. 3 AktG) die Zustimmung der verpachtenden Gesellschaft, vorausgesetzt, dass es sich um eine **deutsche Gesellschaft** handelt, da der Schutz ausländischer abhängiger Gesellschaften nicht die Aufgabe des deutschen Konzernrechts ist (→ § 11 Rn. 32). Bei einer **KGaA** muss noch die Zustimmung der persönlich haftenden Gesellschafter hinzukommen (§ 285 Abs. 2 S. 1 AktG).[14] Der Zustimmungsbeschluss bedarf (mindestens) einer **qualifizierten Kapitalmehrheit** (§ 293 Abs. 1 S. 2 AktG; → Rn. 19). Durch die Satzung können diese Erfordernisse **nur verschärft,** nicht dagegen herabgesetzt werden (§ 23 Abs. 5 AktG, § 293 Abs. 1 S. 3 AktG; → Rn. 24). *Keine* Anwendung finden dagegen die Vorschriften des Gesetzes und der Satzung über Satzungsänderungen (§ 293 Abs. 1 S. 4 AktG). Die Gesetzesverfasser wollten damit eine alte Streitfrage des früheren Rechts entscheiden.[15]

Das Erfordernis von Zustimmungsbeschlüssen der Hauptversammlungen der abhän- 15 gigen und gegebenenfalls auch der herrschenden Gesellschaft (§ 293 Abs. 1, 2 AktG) bedeutet eine **Beschränkung der Vertretungsmacht** des Vorstandes mit Außenwirkung (§ 78 AktG; → Rn. 6), so dass der Unternehmensvertrag nichtig ist, wenn ein Zustimmungsbeschluss fehlt oder nichtig ist (§§ 241, 243, 248 AktG)[16], sofern sich nicht im Einzelfall aus § 246a AktG von 2005 etwas anderes ergibt (→ Rn. 33 ff.) oder der Mangel geheilt wird (§§ 242, 244 AktG). Wird der Vertrag trotz seiner Nichtigkeit von den Parteien praktiziert, so ändert dies nichts an der Rechtslage, da in diesen Fällen – entgegen der hM – für die Anwendung der Regeln über fehlerhafte Unternehmensverträge kein Raum ist (→ § 11 Rn. 24 ff.). Für die **Form** des Zustimmungsbeschlusses gilt nicht § 293 Abs. 3 AktG, der sich allein auf den Vertrag als Gegenstand des Beschlusses bezieht (→ Rn. 8), sondern **§ 130 AktG,** so dass der Beschluss in die notarielle Niederschrift aufzunehmen ist (→ Rn. 27, 54 f.).

Das Gesetz verlangt eine „**Zustimmung**" der Hauptversammlung (§ 293 Abs. 1 S. 1 16 AktG). Zustimmung ist nach den §§ 182–184 BGB der Oberbegriff für Einwilligung und Genehmigung. Folglich kann die Zustimmung der Hauptversammlung sowohl **im Voraus** zu einem ihr vom Vorstand vorgelegten Vertragsentwurf als auch **nachträglich** zu dem bereits abgeschlossenen Vertrag erklärt werden. Wird der Beschluss im Voraus gefasst, so darf jedoch der von der Hauptversammlung gebilligte Vertragsentwurf von den Parteien später nicht mehr abgeändert werden. Andernfalls ist eine erneute Befassung der Hauptversammlung erforderlich.[17]

---

[14] S. dazu *Born,* Die abhängige KGaA, 2004, S. 141 ff., 194 f.
[15] S. die Begr. zum RegE, bei *Kropff* S. 381; zur Rechtsnatur von Unternehmensverträgen schon → § 11 Rn. 19 ff.
[16] Schon → Rn. 13 sowie OLG Hamburg ZIP 2005, 437; OLG Zweibrücken ZIP 2004, 559.
[17] MüKoAktG/*Altmeppen* AktG § 293 Rn. 34; *Krieger/Schneider* § 70 Rn. 24.

2. Gegenstand

17 Gegenstand des Zustimmungsbeschlusses ist der **(ganze) Unternehmensvertrag,** so, wie er von den beteiligten Gesellschaften gewollt ist, also einschließlich aller Zusätze, Nebenabreden und ergänzenden Bestimmungen. Insoweit gilt dasselbe wie für das Schriftformerfordernis (→ Rn. 8). Der Vorstand hat nicht die Befugnis, irgendwelche Abreden der Hauptversammlung vorzuenthalten. Ebenso wenig kann die Hauptversammlung dem Vorstand die Ermächtigung zum Abschluss zusätzlicher, nicht zustimmungsbedürftiger Abreden erteilen (§ 23 Abs. 5 AktG); vielmehr müssen **alle Abreden,** die nach dem Willen der Parteien einen Teil des Vertrages bilden, selbst wenn sie formal auf mehrere Verträge mit unterschiedlichen Parteien aufgeteilt sind, der Hauptversammlung zur Billigung vorgelegt werden, widrigenfalls der gesamte Vertrag mangels Zustimmung der Hauptversammlung nichtig ist (§ 293 Abs. 1 S. 1 AktG; → § 14 Rn. 13).[18] Stimmt die Hauptversammlung dem Vertrag **nur unter Änderungen** zu, so hat jedenfalls der abgeschlossene Unternehmensvertrag keine Billigung gefunden und ist deshalb nicht in Kraft getreten. Von Fall zu Fall kann jedoch in dem fraglichen Beschluss der Hauptversammlung zugleich die Aufforderung an den Vorstand nach § 83 Abs. 1 AktG liegen, durch Verhandlungen eine entsprechende Abänderung des Unternehmensvertrags zu erreichen.[19]

18 Das Gesagte (→ Rn. 17) hat vor allem Bedeutung für **verdeckte Beherrschungsverträge** (→ § 11 Rn. 14 ff.): Stellt ein Vertrag zwischen der Gesellschaft und einem herrschenden Unternehmen der Sache nach einen Beherrschungsvertrag dar, so besteht an der Anwendbarkeit des § 293 Abs. 1 AktG kein Zweifel. Ebenso zu behandeln sind aber auch die besonders problematischen **Gesellschaftervereinbarungen,** und zwar gleichermaßen, wenn sie mit einem später abgeschlossenen Unternehmensvertrag eine rechtliche Einheit bilden (§ 139 BGB),[20] wie auch dann, wenn es sich bei ihnen selbst bereits der Sache nach um einen Beherrschungsvertrag handelt (§§ 133, 157 BGB).[21] Die Folge der Anwendbarkeit des § 293 Abs. 1 AktG dürfte in beiden Fällen regelmäßig die **Nichtigkeit** des verdeckten Beherrschungsvertrages sowie der Gesellschaftervereinbarung sein.

3. Erforderliche Mehrheit

19 Der Zustimmungsbeschluss bedarf nach § 293 Abs. 1 S. 2 AktG einer Mehrheit, die mindestens drei Viertel des bei der Beschlussfassung vertretenen Grundkapitals umfasst. Dies bedeutet, dass zu der **einfachen Stimmenmehrheit** noch eine **qualifizierte Kapitalmehrheit** hinzutreten muss, wodurch vor allem die Bedeutung von Mehrstimmrechtsaktien relativiert wird, während stimmrechtslose Vorzugsaktien von dem vertretenen Grundkapital abgezogen werden müssen (vgl. § 140 Abs. 2 S. 2 AktG).[22]

---

[18] BGHZ 82, 188 (196 ff.) – Hoesch/Hoogovens; *Grunewald* AG 1990, 133 (134 ff.); *Windbichler* AG 1981, 168 (173); str., s. Emmerich/Habersack Aktien-/GmbH-KonzernR/*Emmerich* AktG § 293 Rn. 27.

[19] S. MüKoAktG/*Altmeppen* AktG § 293 Rn. 35; Hüffer/Koch/*Koch* AktG § 293 Rn. 13, 23.

[20] OLG München ZIP 2012, 793; Hölters/*Deilmann* AktG § 293 Rn. 16.

[21] Emmerich/Habersack Aktien-/GmbH-KonzernR/*Emmerich* § 291 Rn. 24 d ff.; LG Nürnberg-Fürth AG 2010, 179 (180) – Alcoa/WaveLight.

[22] MüKoAktG/*Altmeppen* AktG § 293 Rn. 37; Hüffer/Koch/*Koch* AktG § 293 Rn. 8; Krieger/*Schneider* HdB § 70 Rn. 49.

Durch das Erfordernis einer qualifizierten Kapitalmehrheit (§ 293 Abs. 1 AktG,   20
→ Rn. 19) sollte ebenso wie schon durch § 256 AktG von 1937 die abhängige Gesellschaft geschützt werden. Dieses Ziel ist jedoch im Wesentlichen *verfehlt* worden, weil
der **andere Vertragsteil mitstimmen** darf.[23] Da der andere Vertragsteil, das herrschende Unternehmen, in aller Regel bereits allein oder zusammen mit verbundenen
oder befreundeten Unternehmen über die erforderliche Mehrheit verfügen wird (sonst
käme es nicht zu dem Unternehmensvertrag), handelt es sich tatsächlich bei dem Zustimmungsbeschluss in der Mehrzahl der Fälle um einen sachlich bedeutungslosen
Formalakt. Ausnahmen sind selten.

Das Gesagte (→ Rn. 20) hatte schon früh Anlass zu der Diskussion gegeben, ob die   21
Bedeutung des Zustimmungsbeschlusses der abhängigen Gesellschaft (§ 293 Abs. 1
AktG) dadurch aufgewertet werden kann, dass man ihn zusätzlich einer **Inhaltskontrolle** anhand der Maßstäbe der Erforderlichkeit und Verhältnismäßigkeit unter-
wirft.[24] Die Frage hat sich jedoch mittlerweile im Wesentlichen erledigt, da neben der
im Jahre 1995 eingeführten Vertragsprüfung durch sachverständige Prüfer (§ 293b
AktG) für eine zusätzliche Inhaltskontrolle durch die Gerichte kein Raum mehr sein
dürfte.[25]

Nach § 293 Abs. 1 S. 3 AktG kann die Satzung eine größere Kapitalmehrheit als drei   22
Viertel des bei der Beschlussfassung vertretenen Grundkapitals und **weitere Erfordernisse** bestimmen. Unzulässig ist dagegen eine Herabsetzung der Anforderungen an
den Zustimmungsbeschluss (§ 23 Abs. 5 AktG). **Beispiele** für eine (zulässige) Verschärfung der Anforderungen sind eine größere Stimmen- oder Kapitalmehrheit als
nach § 293 Abs. 1 AktG erforderlich, das Erfordernis der Einstimmigkeit, die Verweisung auf die weitergehenden Satzungsbestimmungen über Satzungsänderungen sowie
zusätzliche Formerfordernisse.

Die Frage, ob neben der Hauptversammlung auch der **Aufsichtsrat** dem Vertrag   23
zustimmen muss, beurteilt sich nach § 111 Abs. 4 S. 2 AktG. Verweigert der Aufsichtsrat die danach gegebenenfalls erforderliche Zustimmung, so kann der Vorstand
gemäß § 111 Abs. 4 S. 3 AktG die Hauptversammlung anrufen. Der Zustimmungsbeschluss der Hauptversammlung bedarf in diesem Fall gem. § 114 Abs. 4 S. 4 AktG
sogar einer qualifizierten Stimmenmehrheit, nicht nur wie sonst einer qualifizierten
Kapitalmehrheit.[26] In mitbestimmten Gesellschaften ist außerdem § 32 MitbestG
zu beachten.

4. Anmeldung

Sobald die Hauptversammlung dem Unternehmensvertrag zugestimmt hat, ist, sofern   24
in diesem Zeitpunkt der Vertrag bereits abgeschlossen war, der Vorstand nunmehr (allein) seiner **Gesellschaft gegenüber verpflichtet,** ihn zur Eintragung ins Handelsregister anzumelden, um ihm dadurch zur Wirksamkeit zu verhelfen (§ 83 Abs. 2,

---

[23] S. zu diesem Problem bereits ausführlich die Begr. zum RegE, bei *Kropff* S. 380 f.
[24] Für eine Inhaltskontrolle früher zB *Emmerich* AG 1991, 303 (307); *Timm* BB 1981, 1491 (1495);
   Timm ZGR 1987, 403 (426 ff.).
[25] LG Frankfurt a. M. AG 2007, 48 (51 f.); LG München I AG 2009, 918 (920); MüKoAktG/*Altmeppen*
   AktG § 293 Rn. 47–55; Hüffer/Koch/*Koch* AktG § 293 Rn. 6 f.; Krieger/*Schneider* § 70 Rn. 50; zur Situation bei der herrschenden Gesellschaft → Rn. 29.
[26] Str, Emmerich/Habersack Aktien-/GmbH-KonzernR/*Emmerich* AktG § 293 Rn. 34.

§ 294 AktG; → Rn. 47). Dagegen besteht – entgegen einer verbreiteten Meinung[27] – *keine* derartige Anmeldepflicht auch gegenüber dem **anderen Vertragsteil.** Denn diesem gegenüber ist die Gesellschaft mangels Wirksamkeit des Vertrages (§ 294 Abs. 2 AktG) noch nicht gebunden.[28] Etwas anderes gilt nur, wenn ausnahmsweise ein Verstoß gegen § 241 Abs. 2 BGB und § 311 Abs. 2 BGB unter dem Gesichtspunkt des grundlosen Abbruchs von Vertragsverhandlungen angenommen werden kann, dh allein in Fällen an der Grenze zu § 826 BGB.

25 Davon zu trennen ist die Frage, ob sich der andere Vertragsteil von dem schwebend unwirksamen Vertrag lösen kann, wenn sich die Zustimmung der Hauptversammlung oder die Eintragung des Vertrags ins Handelsregister unzumutbar **verzögern,** eine Frage, die vor allem eine Zeitlang bei stillen Gesellschaftsverträgen mit Anlegern eine Rolle spielte, da diese Verträge häufig, obwohl es sich bei ihnen um Teilgewinnabführungsverträge iSd § 292 Abs. 1 Nr. 2 AktG handelte, von der Anlagegesellschaft doch nicht ihrer Hauptversammlung zur Zustimmung vorgelegt oder zur Eintragung ins Handelsregister angemeldet wurden. In derartigen Fällen wird den Anlegern heute nach Fristsetzung ein **Rücktrittsrecht** zugebilligt, richtiger Meinung nach entsprechend § 323 Abs. 4 BGB, nach anderen analog § 178 BGB.[29]

IV. Zustimmung der Hauptversammlung der herrschenden Gesellschaft (§ 293 Abs. 2 AktG)

26 (Nur) für Beherrschungs- und Gewinnabführungsverträge (§ 291 Abs. 1 AktG) schreibt § 293 Abs. 2 S. 1 AktG zusätzlich zu der Zustimmung der Hauptversammlung der abhängigen Gesellschaft (§ 293 Abs. 1 AktG; dazu → Rn. 14 ff.) die der Hauptversammlung der herrschenden oder berechtigten Gesellschaft vor, *sofern* diese die Rechtsform einer **AG** oder KGaA hat und es sich bei ihr um eine **deutsche** Gesellschaft handelt.[30] Ist die abhängige Gesellschaft ein **Gemeinschaftsunternehmen,** so muss die Hauptversammlung *jeder* Muttergesellschaft dem Vertragsabschluss zustimmen.[31] Bei einer KGaA als herrschender Gesellschaft muss außerdem zu der Zustimmung der Hauptversammlung noch die Zustimmung der persönlich haftenden Gesellschafter hinzukommen (§ 285 Abs. 2 S. 1 AktG; zur GmbH → § 32 Rn. 22 ff.).

27 Die Vorschrift des § 293 Abs. 2 AktG findet auch Anwendung, wenn es sich bei der herrschenden oder bei der abhängigen Gesellschaft um eine **Einpersonengesellschaft** handelt, da die Anwendung der (besonders belastenden) Bestimmungen der §§ 302, 303 AktG (auf die es im vorliegenden Zusammenhang in erster Linie ankommt, → Rn. 2) von der Zahl der Gesellschafter unabhängig ist. Eine **Bagatellklausel** ist dagegen dem Gesetz – im Gegensatz zum UmwG (§ 62 Abs. 1 AktG) – fremd.[32] Wegen der Einzelheiten verweist § 293 Abs. 2 S. 2 AktG auf Abs. 1 S. 2–4 der Vorschrift. Der

---

[27] OLG Braunschweig NZG 2004, 126 – Securenta AG I; Hüffer/Koch/*Koch* AktG § 293 Rn. 15; KölnKommAktG/*Koppensteiner* AktG § 293 Rn. 24 ff.; *Krieger/Schneider* § 70 Rn. 17, 46.

[28] Ebenso MüKoAktG/*Altmeppen* AktG § 293 Rn. 67 ff.

[29] → § 14 Rn. 13 f. sowie OLG Celle AG 1996, 370 (371); OLG Braunschweig NZG 2004, 126.

[30] Wegen der Einzelheiten Emmerich/Habersack Aktien-/GmbH-KonzernR/*Emmerich* AktG § 293 Rn. 6 ff.

[31] *Gansweid* Gemeinsame Tochtergesellschaften S. 92; *Hüffer/Koch/Koch* AktG § 293 Rn. 19; *Marchand* Gemeinschaftsunternehmen S. 200; *Koppensteiner* ZHR 131 (1968), 289 (319); – aA MüKoAktG/*Altmeppen* AktG § 293 Rn. 116 f.

[32] *Habersack* FS Horn, 2006, 337 (343 f.).

Zustimmungsbeschluss der Hauptversammlung der herrschenden Gesellschaft bedarf daher ebenso wie der der abhängigen Gesellschaft (→ Rn. 19 ff.) neben der einfachen Stimmenmehrheit einer **qualifizierten Kapitalmehrheit** (§ 293 Abs. 1 S. 2 AktG). Durch die Satzung können diese Anforderungen nur verschärft, nicht dagegen herabgesetzt werden (§ 293 Abs. 1 S. 3 AktG; → Rn. 24). Der Beschluss hat ebenso wie der Zustimmungsbeschluss der abhängigen Gesellschaft **Außenwirkung;** seine Form richtet sich nach § 130 AktG iVm § 293g Abs. 2 S. 2 AktG; § 294 AktG findet keine Anwendung (→ Rn. 15 und → Rn. 54 f.).

Besonderheiten gelten bei dem Abschluss von Beherrschungs- oder Gewinnabfüh- 28
rungsverträgen mit **Anstalten des öffentlichen Rechts.**[33] Der wichtigste Fall ist der Abschluss eines Beherrschungs- oder Gewinnabführungsvertrages zwischen einer **Sparkasse** (die idR die Rechtsform einer Anstalt des öffentlichen Rechts hat) und einer Tochtergesellschaft, meistens in der Rechtsform einer GmbH. Hier stellt sich die Frage, ob für den Abschluss bei der Sparkasse als berechtigtem Unternehmen der Vorstand der Sparkasse oder die Organe des Trägers der Sparkasse, gewöhnlich eine Gebietskörperschaft, zuständig sind. Die Rechtsprechung ist gespalten.[34] Wiederum sollte allein darauf abgestellt werden, ob in dem fraglichen Fall Raum für die Anwendung der §§ 302, 303 AktG auf die Anstalt (als herrschendes oder berechtigtes Unternehmen) ist; wo dies der Fall ist, sollte auch § 293 Abs. 2 AktG angewandt werden, sodass (je nach der gesetzlichen Regelung) der Vorstand der Sparkasse oder die Organe des Trägers zustimmen müssen.

Bei dem Zustimmungsbeschluss der herrschenden Gesellschaft stellt sich ebenso wie 29
bei dem der abhängigen Gesellschaft die Frage nach der Möglichkeit einer **Inhaltskontrolle.** Sie sollte hier anders als bei der abhängigen Gesellschaft (→ Rn. 21) grds. **bejaht** werden, da insoweit die Einführung der Vertragsprüfung durch § 293b AktG keine Änderungen gebracht hat und weil hier außerdem ein praktisches Bedürfnis für solche Kontrolle nicht geleugnet werden kann.[35]

V. Mehrstufige Unternehmensverbindungen

Zusätzliche Probleme ergeben sich in mehrstufigen Unternehmensverbindungen. Aus 30
der Vielzahl der hier in Betracht kommenden Fallgestaltungen haben die folgenden besondere Bedeutung: Die Frage einer **Analogie zu § 293 Abs. 1 AktG** stellt sich zunächst, wenn eine **Tochtergesellschaft** als verpflichteter Teil einen **Unternehmensvertrag mit** einem **Dritten** abschließt, da dies im Ergebnis für die Gesellschafter der *Muttergesellschaft* im Wesentlichen dieselben Wirkungen wie der Abschluss eines entsprechenden Vertrages durch die Muttergesellschaft haben kann, sofern diese einen *erheblichen Teil* ihrer unternehmerischen Aktivitäten über die betreffende Tochtergesellschaft abwickelt. Besonders deutlich ist das bei Gewinn- oder Teilgewinnabführungsverträgen sowie Gewinngemeinschaften einer wichtigen Tochter mit Dritten. Es liegt auf der Hand, dass die Gesellschafter der Muttergesellschaft an derartigen Entscheidungen auf der Ebene der Tochtergesellschaft ebenso beteiligt werden müssen, wie wenn die Muttergesellschaft selbst Vertragspartner wäre. Entgegen der überwie-

---

[33] Ausführlich *Adenauer* NZG 2018, 164.
[34] Für die Anwendung des § 293 Abs. 2: OLG Celle GmbHR 2014, 1074; LG Aurich Rpfleger 2006, 132; dagegen OLG München NZG 2014, 1147.
[35] *Emmerich/Habersack* Aktien-/GmbH-KonzernR/*Emmerich* AktG § 293 Rn. 37.

genden Meinung sollte in diesen Fällen daher eine Analogie zu § 293 Abs. 1 AktG zumindest dann erwogen werden, wenn die Muttergesellschaft den bei weitem größten Teil ihres Gewinnes (ungefähr 75 bis 80%) über die fragliche Tochtergesellschaft erwirtschaftet (→ § 13 Rn. 16).

31 Eine entsprechende **Anwendung des § 293 Abs. 2 AktG** wird gleichfalls in verschiedenen Fallgestaltungen diskutiert, vor allem, wenn *nach* Abschluss eines Beherrschungs- oder Gewinnabführungsvertrages zwischen einer Mutter- und einer *Tochtergesellschaft* diese ihrerseits einen derartigen Vertrag mit einer *Enkelgesellschaft* abschließt (so genannter **Aufbau von oben nach unten**). Denn die dadurch entstehenden vermehrten Risiken der Muttergesellschaft auf Grund der §§ 302, 303 AktG sind dann nicht mehr durch den vorausgegangenen Zustimmungsbeschluss der Hauptversammlung der Muttergesellschaft zu dem Vertrag (nur) mit der Tochter gedeckt, so dass hier in der Tat – wiederum entgegen der hM[36] – gute Gründe für eine entsprechende (erneute) Anwendung des § 293 Abs. 2 AktG sprechen.[37]

32 Auf den umgekehrten Fall des Aufbaus des Konzerns **von unten nach oben** sind die vorstehenden Überlegungen (→ Rn. 31) nicht übertragbar.[38] Folgt der Vertrag zwischen Mutter- und Tochtergesellschaft dem zwischen der Tochter- und der Enkelgesellschaft nach, so entsteht **keine zusätzliche Zustimmungspflicht** auf einer Stufe. Der Zustimmungsbeschluss der Hauptversammlung der Mutter deckt vielmehr in diesem Fall auch den *vorausgegangenen* Vertrag der Tochter- mit der Enkelgesellschaft.[39] Im Regelfall bestehen ferner keine Mitwirkungsrechte der Aktionäre einer Tochtergesellschaft, wenn die Enkelgesellschaft einen Vertrag direkt mit der Mutter abschließt.[40]

VI. Beschlussmängel

1. Abhängige Gesellschaft

33 Bei der Anfechtung der beiden Zustimmungsbeschlüsse des § 293 Abs. 1, 2 AktG sind mehrere Sonderregeln zu beachten, durch die nicht nur, aber auch nach Möglichkeit langwierige Anfechtungsprozesse zurückgedrängt werden sollen (→ Rn. 34). Diesem Zweck dienen insbes. die verschiedenen **Anfechtungsausschlüsse** aufgrund § 243 Abs. 4 S. 2 AktG, § 304 Abs. 3 S. 2 AktG und § 305 Abs. 5 S. 1, 2. Nach § 243 Abs. 4 S. 2 AktG kann eine Anfechtungsklage nicht auf unrichtige, unvollständige oder unzureichende Informationen in der Hauptversammlung über die Ermittlung, Höhe oder Angemessenheit von Ausgleich, Abfindung, Zuzahlung oder über sonstige Kompensationen gestützt werden, wenn das Gesetz (wie in den Fällen der §§ 304, 305 AktG sowie noch der §§ 320b, 327a AktG) für Bewertungsrügen ein Spruchverfahren auf Grund des SpruchG vorsieht (→ § 22a Rn. 5). Ergänzend bestimmt § 304 Abs. 3 S. 2 AktG, dass die Anfechtung des Beschlusses, durch den die Hauptversammlung der Ge-

---

[36] MüKoAktG/*Altmeppen* AktG § 293 Rn. 113 f.; *Hüffer/Koch/Koch* AktG § 293 Rn. 23; *Krieger/Schneider* § 70 Rn. 23; KölnKommAktG/*Koppensteiner* AktG § 293 Rn. 45.

[37] S. *Pentz* Enkel-AG S. 130; *Rehbinder* ZGR 1977, 581 (613); *Schnorbus* ZHR 181 (2017), 901 (933 ff.); *Timm* S. 171.

[38] *Pentz* Enkel-AG S. 131.

[39] MüKoAktG/*Altmeppen* AktG § 293 Rn. 28 f.; *Hüffer/Koch/Koch* AktG § 293 Rn. 20.

[40] LG Düsseldorf Betr. 2004, 428 f.; *Pentz* Enkel-AG S. 131 ff.; *Pentz*, Betr. 2004, 1543 (1554 f.); krit. dazu *Meilicke* Anm. Betr. 2004, 429; iE str., s. Emmerich/Habersack Aktien-/GmbH-KonzernR/*Emmerich* AktG § 293 Rn. 12a.

sellschaft einem Gewinnabführungs- oder Beherrschungsvertrag oder einer Änderung dieser Verträge zustimmt, nicht auf § 243 Abs. 2 AktG oder darauf gestützt werden kann, dass der im Vertrag bestimmte Ausgleich nicht angemessen ist. Der Vertrag ist dagegen nichtig, wenn er überhaupt *keinen* Ausgleich vorsieht (§ 304 Abs. 3 S. 1 AktG), während § 305 Abs. 5 S. 1, 2 AktG den Anfechtungsausschluss im Ergebnis auch auf den Fall erstreckt, dass der Vertrag *keine* Abfindung vorsieht, so dass die Bestimmung der Abfindung in diesem Fall dem Gericht im Spruchverfahren obliegt (→ § 21 Rn. 56 ff.). Im Grundsatz vergleichbare, in den Einzelheiten aber abweichende Regelungen finden sich für die Eingliederung durch Mehrheitsbeschluss in § 320 b Abs. 2 AktG und für den Ausschluss von Minderheitsaktionären in § 327 f S. 2, 3 AktG.

Mit dem Anfechtungsausschluss auf Grund der § 304 Abs. 3 S. 2 AktG und § 305 **34** Abs. 5 S. 1, 2 AktG wurde seinerzeit ein **doppelter Zweck** verfolgt: Im Vordergrund stand der Zweck, bei den fraglichen Strukturmaßnahmen die mit einer Anfechtungsklage häufig verbundene, jahrelange Ungewissheit über das Schicksal der Maßnahme durch die **Zurückdrängung der Anfechtungsklage** nach Möglichkeit auszuschließen. Zugleich sollte aber auch durch das an die Stelle der Anfechtungsklage tretende Spruchverfahren den außenstehenden Aktionären ein (ursprünglich) **möglichst kostengünstiges Verfahren** zur Verfügung gestellt werden, in dem dann das Gericht auf der Grundlage des Vertrages mit Wirkung für und gegen jedermann die Abfindung oder den Ausgleich festsetzt. Diese Regelung hatte schon verhältnismäßig früh Anlass zu der Frage gegeben, ob sich der Anfechtungsausschluss streng auf die gesetzlich geregelten Fälle beschränkt oder ob er **auch in anderen** vergleichbaren **Fallgestaltungen** eingreift – mit der Folge, dass dann ebenfalls die Anfechtungsklage des § 243 AktG durch das Spruchverfahren ersetzt wird. Von der Rechtsprechung war dies tatsächlich eine Zeitlang in einer wachsenden Zahl von Fällen angenommen worden. IRd **UMAG** von 2005 ist deshalb der Fragenkreis neu geregelt worden. Maßgebend ist seitdem in erster Linie die neue Vorschrift des § 243 Abs. 4 S. 2 AktG (→ Rn. 35).

Nach § 243 Abs. 4 S. 2 AktG kann auf unrichtige Informationen *in der Hauptver-* **35** *sammlung* über die Ermittlung, Höhe oder Angemessenheit von Ausgleich und Abfindung eine Anfechtungsklage nicht gestützt werden, wenn das Gesetz für Bewertungsrügen ein Spruchverfahren vorsieht. Der Anfechtungsausschluss bezieht sich somit allein auf Verletzungen des Auskunftsrechts der Aktionäre gerade in der Hauptversammlung. Dagegen bleibt es bei dem Anfechtungsrecht der Aktionäre, wenn ihnen die nötigen Informationen total **verweigert** werden oder wenn ihre Informationsrechte **außerhalb der Hauptversammlung,** insbes. also in Bezug auf den Vertragsbericht des § 293 a AktG oder den Prüfungsbericht des § 293 e AktG, verletzt werden.[41] § 243 Abs. 4 S. 2 AktG enthält heute zusammen mit § 304 Abs. 3 S. 2 AktG, § 320 b Abs. 2 AktG und § 327 f S. 2, 3 AktG eine **abschließende Regelung** des Anfechtungsausschlusses wegen Bewertungsrügen, sodass in anderen nicht geregelten Fällen kein Anfechtungsausschluss mehr angenommen werden kann.[42]

Die ganze Problematik der Anfechtungsausschlüsse (→ Rn. 35) erkennt man erst, **36** wenn man die gesetzliche Regelung vor dem Hintergrund der weiteren Regelungen

---

[41] Begr. RegE, BT-Drs. 15/5092, 26; LG München I AG 2008, 904 (907); 2009, 632 (634); 2009, 918 (921).
[42] Anders *Veil* AG 2005, 567 (570); *Weißhaupt,* Kompensationsbezogene Informationsmängel in der AG, 2003, S. 191, 241 ff.

zur Beschneidung der offenbar als lästig empfundenen Aktionärsrechte sieht. Hinzuweisen ist hier vor allem auf das **Freigabeverfahren** des § 246a AktG sowie auf die erstaunliche Bestimmung des § 242 Abs. 2 S. 5 AktG: Nach § 246a Abs. 1 S. 1 AktG kann im Falle der Erhebung einer Klage gegen einen Hauptversammlungsbeschluss über einen Unternehmensvertrag (§§ 291–307 AktG) das *OLG* auf Antrag der Gesellschaft durch Beschluss **feststellen,** dass die Erhebung der Klage der **Eintragung nicht entgegensteht** und dass Mängel des Hauptversammlungsbeschlusses die Wirkung der Eintragung unberührt lassen. Das OLG entscheidet durch unanfechtbaren Beschluss, der nach § 246a Abs. 3 S. 4 AktG für das Registergericht bindend ist; die Feststellung der Bestandskraft der Eintragung wirkt für und gegen jedermann.

37 Eine Freigabe kommt insbes. in Betracht, wenn die Anfechtungsklage **offensichtlich unbegründet** ist (§ 246a Abs. 2 Nr. 1 AktG) oder wenn das alsbaldige Wirksamwerden des Hauptversammlungsbeschlusses vorrangig erscheint, weil die vom Antragsteller (das ist die an dem Vertragsabschluss interessierte Gesellschaft) dargelegten wesentlichen Nachteile für die Gesellschaft und ihre Aktionäre nach freier Überzeugung des Gerichts die Nachteile für den Antragsgegner (das sind die klagenden Aktionäre) überwiegen (§ 243a Abs. 2 Nr. 3 AktG), wobei die Gerichte bei der Annahme eines **vorrangigen Vollzugsinteresses** der Gesellschaft – zum Nachteil der außenstehenden Aktionäre – überaus großzügig verfahren.

38 Das Freigabeverfahren aufgrund des § 246a AktG muss vor allem im Zusammenhang mit der Bestimmung des § 242 Abs. 2 S. 5 AktG gesehen werden, nach der im Falle der Rechtskraft des Freigabebeschlusses selbst bei Erfolg der Klage und daraus resultierender Nichtigkeit des Beschlusses **keine Eintragung** im Handelsregister mehr erfolgt: „Der Beschluss ist folglich nichtig, seine Wirkungen haben aber Bestand".[43] Das wird überwiegend dahin verstanden, dass die Eintragung irreversible Verhältnisse schaffe, dass sie mit anderen Worten nicht nur für die Vergangenheit (unstr.), sondern auch für die Zukunft – trotz des Erfolgs der Nichtigkeits- oder Anfechtungsklage – nicht mehr beseitigt werden könne (fraglich). Verfassungsrechtliche Bedenken bestehen dagegen nach Meinung der Gerichte nicht.[44]

2. Herrschende Gesellschaft

39 In den vorliegenden Zusammenhang gehört ferner die Frage, wie sich ggf. die Aktionäre der herrschenden Gesellschaft gegen eine in ihren Augen *überhöhte* Festsetzung von Ausgleich und Abfindung bereits im Vertrag oder später im Spruchverfahren wehren können. Dieselbe Frage kann sich in Fällen der Verschmelzung (§§ 29ff. UmwG) und des Formwechsels stellen (§§ 207, 210 UmwG).

40 Der **BGH** hat angedeutet, dass er für diese Fälle gleichfalls eine **analoge Anwendung** der Vorschriften über das **Spruchverfahren** der Anfechtung des Zustimmungsbeschlusses (§ 243 Abs. 1 AktG, § 293 Abs. 2 AktG) vorziehe.[45] Tatsächlich ist indessen für die Anwendung des Spruchverfahrens in diesen Fällen kein Raum, weil das

---

[43] So die Begründung, BT-Drs. 15/5092, 28.
[44] So zB OLG Frankfurt a. M. AG 2010, 39; KG NZG 2010, 224; OLG Hamburg AG 2010, 214; 2010, 215.
[45] BGHZ 146, 179 (189) – MEZ; BGH NJW 2001, 1428 (1430)– Aqua Butzke; ebenso *Henze* RWS-Forum Bd. 20 (2001), 39 (49); *Röhricht* in Gesellschaftsrecht in der Diskussion 2001, 2003, 3 (32ff.) (de lege ferenda); *Hirte* ZHR 137 (2003), 8.

ganze SpruchG auf den Schutz der außenstehenden Aktionäre der *abhängigen* Gesellschaft zugeschnitten ist.[46] Es kommt hinzu, dass eine *Herabsetzung* von Ausgleich und Abfindung im Spruchverfahren gar *nicht möglich* ist und für die Festsetzung von *Ausgleichszahlungen* zu Gunsten der Aktionäre der *herrschenden* Gesellschaft eine gesetzliche Grundlage nicht erkennbar ist.[47]

Auch sachlich besteht für eine entsprechende Anwendung des SpruchG keine Not- 41 wendigkeit, weil den Aktionären der herrschenden Gesellschaft im Falle der gesetzwidrigen, weil überhöhten Festsetzung von Ausgleich oder Abfindung im *Vertrag* jederzeit die **Anfechtung des Zustimmungsbeschlusses** offensteht (§ 243 Abs. 1 AktG, § 293 Abs. 2 AktG).[48] Außerdem hindert die Aktionäre der herrschenden Gesellschaft, wenn sie erst im *Spruchverfahren* eine überhöhte Festsetzung durch das Gericht befürchten müssen, nichts, sich dem Verfahren auf der Seite ihrer Gesellschaft als **Nebenintervenienten** anzuschließen (entsprechend § 66 ZPO).[49]

VII. Anmeldung, Eintragung, Wirksamwerden (§ 294 AktG)

1. Zweck

Nach § 294 Abs. 1 S. 1 Hs. 1 AktG hat der Vorstand der Gesellschaft das Bestehen und 42 die Art des Unternehmensvertrages sowie den Namen des anderen Vertragsteils zur Eintragung in das Handelsregister anzumelden (→ Rn. 44 ff.). Der Anmeldung sind gem. § 294 Abs. 1 S. 2 AktG der Unternehmensvertrag sowie gegebenenfalls die Niederschrift über die Zustimmung der Hauptversammlung des anderen Vertragsteils nach § 293 Abs. 2 AktG beizufügen (→ Rn. 53). Besonderheiten gelten nach Hs. 2 des § 294 Abs. 1 S. 1 AktG für Teilgewinnabführungsverträge (→ Rn. 50). Die Eintragung hat konstitutive Wirkung (§ 294 Abs. 2 AktG). Ergänzend zu beachten sind die §§ 130, 293g Abs. 2 AktG, aus denen sich ergibt, dass auch der Zustimmungsbeschluss der (abhängigen) Gesellschaft selbst der Beurkundung bedarf und zum Handelsregister einzureichen ist, während der Vertrag der Niederschrift als Anlage beizufügen ist (§§ 130 Abs. 1, 5 AktG iVm § 293g Abs. 2 S. 2 AktG).

Das AktG von 1937 enthielt noch keine vergleichbare Bestimmung, so dass nach da- 43 mals überwiegender Meinung Unternehmensverträge keiner Eintragung ins Handelsregister bedurften.[50] § 22 Abs. 2 EGAktG ordnete deshalb für **Altverträge** eine nachträgliche Eintragungspflicht an. Mit der seitdem bestehenden **Registerpublizität** für Unternehmensverträge ist vor allem die umfassende Information der Aktionäre, der Gläubiger und der Öffentlichkeit über den Abschluss von Unternehmensverträgen wegen ihrer häufig weitreichenden Wirkungen bezweckt (§ 9 HGB); zugleich wird durch die konstitutive Wirkung der Eintragung (§ 294 Abs. 2 AktG) die Rechtssicherheit gewährleistet.[51]

---

[46] OLG Hamburg AG 2005, 355 (360 li. Sp.) = NZG 2005, 218 – AGIV; *Wasmann* in Kölner Emmerich/Habersack Aktien-/GmbH-KonzernR/z. SpruchG § 1 Rn. 48; *Linnerz* ZIP 2007, 662.

[47] Zutr. *Vetter* ZHR 168 (2004), 8 (24, 35 ff.).

[48] OLG Hamburg AG 2005, 355 (360 li. Sp.) = NZG 2005, 218 – AGIV.

[49] *Hoffmann-Becking* RWS-Forum 20 (2001), 55 (68); *Linnerz* ZIP 2007, 662; *Vetter* FS Wiedemann, 2002, 1323 (1340 ff.); *Vetter.* ZHR 168 (2004), 8 (35 ff.).

[50] Ebenso noch heute für Österreich OGH AG 2000, 331; NZG 1999, 1216.

[51] S. die Begr. zum RegE, bei *Kropff* S. 382; BGHZ 105, 324 (344) – Supermarkt; OLG München GmbHR 2009, 148 (150).

2. Anwendungsbereich

44 § 294 Abs. 1 AktG ordnet die Anmeldung von Unternehmensverträgen zur Eintragung ins Handelsregister durch den „Vorstand der Gesellschaft" an. Gemeint ist damit der Vorstand derjenigen Gesellschaft, die jeweils die *vertragstypischen* Leistungen erbringt.[52] Das sind im Falle des Abschlusses eines Beherrschungs-, Gewinnabführungs- oder Teilgewinnabführungsvertrages der Vorstand bzw. die persönlich haftenden Gesellschafter der **abhängigen oder** zur Gewinnabführung **verpflichteten AG** oder KGaA sowie bei Betriebspacht- oder Betriebsüberlassungsverträgen der Vorstand oder die persönlich haftenden Gesellschafter der verpachtenden oder überlassenden Gesellschaft (§ 291 Abs. 1 AktG, § 292 Abs. 1 Nr. 2 und 3 AktG). Lediglich im Falle der Gewinngemeinschaft iSd § 292 Abs. 1 Nr. 1 AktG trifft die Anmeldepflicht *jede* an dieser beteiligte AG oder KGaA Die Anmeldung muss von **so vielen Vorstandsmitgliedern** ausgehen, wie nach § 78 AktG iVm der Satzung zur Vertretung der Gesellschaft erforderlich sind. Die Vorstandsmitglieder werden im Namen der AG tätig.[53] Für die Form der Anmeldung gilt § 12 HGB. Geht der Unternehmensvertrag auf eine AG oder KGaA im Wege der **Gesamtrechtsnachfolge,** zB durch *Verschmelzung mit* einer *abhängigen* oder überlassenden Gesellschaft über, so wird dadurch die Anmeldepflicht nach § 294 AktG erneut ausgelöst.[54] Die Anmeldepflicht trifft dann den übernehmenden Rechtsträger; die Eintragung hat jedoch in diesem Fall keine konstitutive Bedeutung.[55]

45 Aus der Formulierung des § 294 Abs. 1 S. 1 AktG darf *keine* öffentlich-rechtliche, mit Zwangsgeldern durchsetzbare **Anmeldepflicht** der Gesellschaft oder des Vorstands hergeleitet werden, wie sich aus § 407 Abs. 2 S. 1 AktG ergibt, der bestimmt, dass Anmeldungen zum Handelsregister nach § 294 nicht durch die Festsetzung von Zwangsgeld erzwungen werden. Eine Anmeldepflicht obliegt dem Vorstand vielmehr allein gegenüber *seiner* Gesellschaft auf Grund des § 83 Abs. 2 AktG (→ Rn. 22). Davon zu trennen ist die (bloße) *Einreichungspflicht* hinsichtlich der Niederschrift über den Zustimmungsbeschluss der Hauptversammlung (§ 130 Abs. 5 AktG, § 293 Abs. 1 AktG und § 293g Abs. 2 AktG), die vom Registergericht nach § 14 HGB durch die Festsetzung von Zwangsgeldern durchgesetzt werden kann. Gegenüber dem *anderen* Vertragsteil besteht gleichfalls grds. keine Pflicht zur Anmeldung des Vertrages (dazu → Rn. 22).

46 § 294 Abs. 1 AktG hat *keine* Bedeutung für den **anderen Vertragsteil.** Für diesen besteht selbst dann keine Anmeldepflicht, wenn es sich bei ihm ebenfalls um eine AG oder KGaA handelt, deren Hauptversammlung dem Vertragsabschluss nach § 293 Abs. 2 AktG zustimmen musste.[56] Wenn jedoch, aus welchen Gründen auch immer, der Vertrag im Handelsregister der herrschenden oder berechtigten Gesellschaft **eingetragen** wurde, steht die Löschung des Vertrages im Ermessen des Registergerichts

---

[52] MüKoAktG/*Altmeppen* AktG § 294 Rn. 7; *Hüffer/Koch/Koch* AktG § 294 Rn. 2.
[53] BGHZ 105, 324 (327 f.) – Supermarkt.
[54] LG München I AG 2011, 801; Hölters/*Deilmann* AktG § 294 Rn. 4.
[55] LG München I WM 2012, 698 (700).
[56] AG Erfurt GmbHR 1997, 75; AG Duisburg GmbHR 1994, 811 (GmbH); *Vetter* AG 1994, 110 (111 f.); – anders LG Bonn GmbHR 1993, 443 (GmbH); *U. Schneider* WM 1986, 181 (186 f.); für die GmbH → § 32 Rn. 10.

(§ 395 FamFG), das deshalb die Eintragung auch aufrechterhalten kann, wenn ihm dies nach den Umständen opportun erscheint.[57]

3. Inhalt

Der Inhalt der Anmeldung (und damit auch der Eintragung selbst, → Rn. 60 f.) ergibt 47 sich aus 294 Abs. 1 S. 1 Hs. 1 AktG. Anzumelden (und folgerichtig einzutragen) sind danach das Bestehen und die Art des Unternehmensvertrages sowie der Name des anderen Vertragsteils (→ Rn. 48 f.). Besonderheiten gelten für Teilgewinnabführungsverträge (dazu → Rn. 50 f.). Außerdem sind gem. § 294 Abs. 1 S. 2 AktG der Anmeldung der Unternehmensvertrag selbst sowie gegebenenfalls die Niederschrift über die Zustimmung der Hauptversammlung des anderen Vertragsteils mit ihren Anlagen beizufügen (dazu → Rn. 53 f.)

Mit der Formulierung **Bestehen** und **Art des Unternehmensvertrages** (§ 294 Abs. 1 48 S. 1 AktG) bringt das Gesetz zweierlei zum Ausdruck: einmal, dass nur Unternehmensverträge angemeldet werden können, die bereits sämtliche Voraussetzungen ihrer **Wirksamkeit,** von § 294 Abs. 2 AktG abgesehen, erfüllen; zum anderen, dass der Unternehmensvertrag nach seiner **Bezeichnung** in der Anmeldung einem der Vertragstypen des § 291 Abs. 1 AktG oder des § 292 Abs. 1 AktG zugeordnet sein muss, da ein Unternehmensvertrag nur unter einer dieser Bezeichnungen ins Handelsregister eingetragen werden kann (→ Rn. 49).[58]

Jeder Vertrag muss daher, wie immer er sonst heißen mag, im Falle seiner Anmeldung 49 nach § 294 AktG *auch* entsprechend § 291 Abs. 1 AktG oder § 292 Abs. 1 AktG bezeichnet werden, so dass eine Interessengemeinschaft außerdem als Gewinngemeinschaft (→ § 13 Rn. 7 ff.), eine stille Gesellschaft zugleich als Teilgewinnabführungsvertrag (→ § 14 Rn. 11 ff.) sowie ein Betriebsführungsvertrag als Betriebsüberlassungsvertrag zu bezeichnen sind (→ § 15 Rn. 19 ff.). Erfüllt ein Vertrag zugleich die Voraussetzungen verschiedener Kategorien oder Arten von Unternehmensverträgen, etwa im Falle der Verbindung eines Betriebspachtvertrages mit einem Beherrschungsvertrag, so ist eine entsprechende **doppelte Eintragung** ins Handelsregister erforderlich (→ § 15 Rn. 24). Würde in dem zuletzt genannten Fall der Vertrag zB nur als Betriebspachtvertrag eingetragen, so wäre der zugleich vorliegende Beherrschungsvertrag mangels Eintragung ins Handelsregister nichtig (§ 294 Abs. 2 AktG; § 139 BGB).

4. Teilgewinnabführungsvertrag

Besonderheiten gelten nach § 294 Abs. 1 S. 1 Hs. 2 AktG für Teilgewinnabführungs- 50 verträge. Um diese Regelung zu verstehen, muss man sich vergegenwärtigen, dass die wichtigste Erscheinungsform von Teilgewinnabführungsverträgen in der heutigen Praxis **stille Gesellschaftsverträge** sind, sodass diese ebenfalls nur mit ihrer Eintragung ins Handelsregister Wirksamkeit erlangen können (§ 292 Abs. 1 Nr. 2 AktG, § 294 Abs. 2 AktG). Aus dieser Gesetzeslage hatten sich naturgemäß erhebliche **Schwierigkeiten** in Fällen ergeben, in denen einzelne Gesellschaften buchstäblich mit Tausenden von Anlegern stille Gesellschaftsverträge abgeschlossen hatten, bei denen es sich der Sache nach um Teilgewinnabführungsverträge handelte (→ § 14 Rn. 11 ff.).

---

[57] OLG Celle GmbHR 2014, 1047 (für eine GmbH).
[58] Hüffer/Koch/*Koch* AktG § 294 Rn. 5; KölnKommAktG/*Koppensteiner* AktG § 294 Rn. 9; zT abweichend MüKoAktG/*Altmeppen* AktG § 294 Rn. 18 f.

51 Da es auf der Hand liegt, dass die Registergerichte nicht Tausende von Teilgewinnabführungsverträgen ins Handelsregister eintragen können, wurde § 294 Abs. 1 S. 1
AktG im Jahre 2001 geändert. Seitdem bestimmt § 294 Abs. 1 S. 1 Hs. 2 AktG, dass
bei Bestehen einer Vielzahl von Teilgewinnabführungsverträgen anstelle des Namens
des anderen Vertragsteils auch eine andere Bezeichnung eingetragen werden kann, die
den jeweiligen Teilgewinnabführungsvertrag konkret bestimmt.

52 Unklar ist, wann von einer **„Vielzahl"** von Teilgewinnabführungsverträgen die Rede
sein kann. Im Schrifttum werden meistens Zahlen zwischen sieben und zehn stillen
Gesellschaftsverträgen genannt.[59] Erst jenseits dieser Grenze kann somit seit der Änderung von 2001 auf die *namentliche Bezeichnung* der Vertragspartner der Gesellschaft,
dh konkret: der stillen Gesellschafter verzichtet und stattdessen eine derartige **zusammenfassende Bezeichnung** der Verträge gewählt werden, die bei Einsicht in die Handelsregisterakten die Individualisierung, dh die konkrete Zuordnung eines Vertrages
zu bestimmten Personen ermöglicht. In erster Linie dürfte dafür wohl die durch-
gehende Nummerierung der fraglichen Verträge, etwa unter dem Namen des jeweiligen Anlageobjekts, in Betracht kommen.

5. Anlagen

53 Der Anmeldung sind gemäß § 294 Abs. 1 S. 2 AktG der Vertrag (→ Rn. 54) sowie,
wenn dieser nach § 293 Abs. 2 AktG nur mit Zustimmung der Hauptversammlung
des anderen Vertragsteils wirksam wird, außerdem die Niederschrift dieses Beschlusses
und ihre Anlagen, und zwar beides in Urschrift, Ausfertigung oder öffentlich beglau-
bigter Abschrift (s. § 129 BGB), beizufügen (→ Rn. 55).

54 Die vom Gesetz in erster Linie verlangte **Beifügung des Vertrags** als Anlage zu der
Anmeldung (§ 294 Abs. 1 S. 2 AktG) dürfte im Regelfall freilich **entbehrlich** sein, da
bereits nach § 130 Abs. 5 in Verbindung mit § 293 g Abs. 2 S. 2 AktG der Vorstand
verpflichtet ist, unverzüglich nach der Hauptversammlung eine Abschrift der Niederschrift über den Zustimmungsbeschluss *mit* dem *Vertrag* als Anlage zum Handelsregister einzureichen, so dass sich der Vorstand in der gleichzeitigen oder nachfolgenden
Anmeldung des Vertrags nach § 294 Abs. 1 AktG unbedenklich mit einer bloßen Bezugnahme auf diese schon eingereichten oder beigefügten Unterlagen begnügen
kann.[60]

55 Der Anmeldung ist außerdem nach § 294 Abs. 1 S. 2 AktG, wenn der Vertrag nach
§ 293 Abs. 2 AktG nur mit **Zustimmung** der Hauptversammlung des **anderen Vertragsteils** wirksam wird, die Niederschrift dieses Beschlusses mit ihren Anlagen beizufügen, wobei es sich wiederum um den Vertrag handelt. Auch hier sind die §§ 130
Abs. 5 und 293 g Abs. 2 S. 2 AktG zu beachten. Die danach ohnehin erforderliche Einreichung der Niederschrift über den Zustimmungsbeschluss mit Anlagen durch den
Vorstand des anderen Vertragsteils macht die erneute Beifügung dieser Niederschrift
mit Anlagen nach § 294 Abs. 1 S. 2 AktG durch den Vorstand der abhängigen Gesellschaft freilich nur dann entbehrlich, wenn zufällig beide an dem Vertrag beteiligten
Gesellschaften ihren Sitz im selben Amtsgerichtsbezirk haben. Sofern der Unterneh-

---

[59] Begr. RegE, BT-Drs. 14/6855, 21 (re. Sp.); MüKoAktG/*Altmeppen* AktG § 294 Rn. 21 a; Hölters/*Deilmann* AktG § 294 Rn. 11; Spindler/Stilz/*Veil* AktG § 294 Rn. 8; *Schulte/Waechter* GmbHR 2002, 189.

[60] Ebenso MüKoAktG/*Altmeppen* AktG § 294 Rn. 22; Hüffer/Koch/*Koch* AktG § 294 Rn. 7; Köln-
KommAktG/*Koppensteiner* AktG § 294 Rn. 11.

mensvertrag ausnahmsweise wie bei Versicherungsgesellschaften aufgrund des VAG von 2015 einer staatlichen **Genehmigung** bedarf, ist die Vorschrift des § 181 Abs. 1 S. 3 AktG entsprechend anzuwenden, so dass der Anmeldung außerdem die Genehmigungsurkunde beizufügen ist.[61] Stellt der Abschluss des Unternehmensvertrages zugleich einen Unternehmenszusammenschluss iSd Vorschriften über die Fusionskontrolle dar (§ 37 Abs. 1 Nr. 2 GWB oder Art. 3 Abs. 1 FKVO), so ist außerdem das **Vollzugsverbot** des § 41 Abs. 1 GWB oder des Art. 7 Abs. 1 FKVO zu beachten, sodass der Vertrag vor seiner Freigabe durch die Kartellbehörden weder angemeldet noch eingetragen werden darf.[62]

6. Verfahren

Sachlich und örtlich **zuständig** ist das Amtsgericht, in dessen Bezirk die Gesellschaft 56 gemäß § 5 AktG ihren Sitz hat (§ 14 AktG; § 8 HGB). Funktional zuständig ist beim Amtsgericht der Richter, nicht der Rechtspfleger (§ 17 Abs. 1 Nr. 1 lit. d RPflG).

Das Registergericht hat die Anmeldung nicht nur in formeller, sondern auch in mate- 57 rieller Hinsicht zu **prüfen,** weil das Gericht an das geltende Recht gebunden ist und keinen danach unwirksamen Unternehmensvertrag ins Handelsregister eintragen darf,[63] wobei sich das Gericht freilich bei *materiellen Mängeln* zunächst auf eine bloße **Plausibilitätsprüfung** beschränken kann; lediglich dann, wenn sich dabei Anhaltspunkte für eine Nichtigkeit des Vertrages ergeben, muss das Gericht in eine vertiefte Prüfung eintreten.[64] Ebenso verhält es sich, wenn der Eintragung des Vertrages möglicherweise das Vollzugsverbot des § 41 Abs. 1 GWB oder des Art. 7 Abs. 1 FKVO entgegensteht (→ Rn. 55).

Entspricht die Anmeldung nicht den gesetzlichen Vorschriften (§ 294 Abs. 1 AktG; 57a § 12 HGB), so ist die Eintragung abzulehnen. Wenn das Gericht ein Eintragungshindernis übersieht, können sich die außenstehenden Aktionäre gegen die Eintragungsverfügung des Gerichts, solange sie noch nicht vollzogen ist, außerdem immer noch mit der **Beschwerde** wehren (§ 58 FamFG).[65] Nach der Eintragung bleibt dagegen nur noch das **Amtslöschungsverfahren** des § 395 FamFG[66] und auch dies nur, sofern der Eintragung nicht ein Freigabeverfahren nach § 246a AktG vorausgegangen ist (§ 242 Abs. 2 S. 5 AktG, § 246a Abs. 1 und 4 S. 2 AktG). Kein Raum für eine Amtslöschung ist ferner, wenn der Unternehmensvertrag zugleich einen Unternehmenszusammenschluss darstellt, weil die Eintragung dann ausnahmsweise nach § 41 Abs. 1 S. 3 Nr. 2 GWB heilende Kraft hat.

Hat das Amtsgericht auf Grund seiner Prüfung **Bedenken** gegen die Wirksamkeit des 58 Unternehmensvertrages und können diese bei der dem Gericht von Amts wegen obliegenden Ermittlung des Sachverhalts (§ 26 FamFG) nicht ausgeräumt werden, so kann das Gericht nach seinem Ermessen die Eintragung **ablehnen** oder die Verfügung **aussetzen.** Grundlage ist § 381 S. 1 FamFG, nach dem das Registergericht, wenn eine von

---

[61] OLG München NZG 2009, 1092; Hüffer/Koch/*Koch* AktG § 294 Rn. 9; – aA MüKoAktG/*Altmeppen* AktG § 294 Rn. 24.

[62] Emmerich/Habersack Aktien-/GmbH-KonzernR/*Emmerich* AktG § 294 Rn. 17, iE str.

[63] OLG München NZG 2009, 1091; ZIP 2009, 2295; MüKoAktG/*Altmeppen* AktG § 294 Rn. 26; Hüffer/Koch/*Koch* AktG § 294 Rn. 11; *Krieger/Schneider* § 70 Rn. 49.

[64] Hölters/*Deilmann* AktG § 294 Rn. 17; Spindler/Stilz/*Veil* AktG § 294 Rn. 18; iE str.

[65] K. Schmidt/Lutter/*Langenbucher* AktG § 294 Rn. 15, 21.

[66] OLG Hamm GmbHR 2009, 214.

ihm zu erlassende Verfügung von der Beurteilung eines streitigen Rechtsverhältnisses abhängig ist, die Verfügung aussetzen kann, bis über das Verhältnis im Wege des Rechtsstreits entschieden ist;[67] das Registergericht hat in diesem Fall zugleich einem der Beteiligten eine Frist zur Klageerhebung zu bestimmen (S. 2 des § 381 FamFG). **Beispiele** für derartige Mängel sind die Formnichtigkeit oder das Fehlen oder die Nichtigkeit eines nach § 293 Abs. 1 oder 2 AktG erforderlichen Zustimmungsbeschlusses.[68]

59   Im Falle der **Anfechtung** eines Zustimmungsbeschlusses muss das Registergericht, da die Gesetzesverfasser entgegen ihrer ursprünglichen Absicht auf eine Registersperre im Falle der Anfechtung verzichtet haben,[69] gleichfalls nach § 381 FamFG verfahren, so dass es die Entscheidung über den Eintragungsantrag aussetzen kann, aber nicht muss, bis über die Anfechtungsklage rechtskräftig entschieden ist.[70] Die Folge war gleichwohl früher vielfach eine **faktische Registersperre** bis zum rechtskräftigen Abschluss des Anfechtungsprozesses, dies der wohl wichtigste Grund für die Einführung des **Freigabeverfahrens** nach § 246a AktG durch das UMAG von 2005 (→ Rn. 36ff.).

7. Eintragung

60   Der **Inhalt** der Eintragung richtet sich nach dem Inhalt der durch § 294 Abs. 1 S. 1 AktG vorgeschriebenen Anmeldung (→ Rn. 47). Einzutragen sind mithin Bestand und Art des Unternehmensvertrages, der Name oder die Firma des anderen Vertragsteils sowie dessen Sitz, Hauptniederlassung oder Wohnort, soweit erforderlich, um die Identität des anderen Vertragsteils zweifelsfrei feststellen zu können. Die Eintragung erfolgt in der Abteilung B Spalte 6 des Handelsregisters (s. § 43 Abs. 1 Nr. 6 lit. g HRV).

61   Bei einem Unternehmensvertrag mit einem **Gemeinschaftsunternehmen** sind konzernrechtlich sämtliche Mütter Vertragspartner und folglich als solche ins Handelsregister einzutragen (→ § 3 Rn. 35f.). Im Falle einer **stillen Gesellschaft,** die als Teilgewinnabführungsvertrag nach § 292 Abs. 1 Nr. 2 AktG zu qualifizieren ist, ist der stille Gesellschafter der andere Vertragsteil und daher ebenfalls ins Handelsregister einzutragen (→ § 14 Rn. 11f.), soweit nicht die Sonderregelung des § 294 Abs. 1 S. 1 bei Vorliegen einer „Vielzahl" von Teilgewinnabführungsverträgen eingreift (→ Rn. 51f.). Für die **Bekanntmachung** der Eintragung gilt § 10 HGB, für die **Einsicht** in das Handelsregister und in die Handelsregisterakten (einschließlich des Unternehmensvertrages) § 9 HGB.

8. Wirksamkeit

62   Der Unternehmensvertrag erlangt erst Wirksamkeit mit seiner **Eintragung** ins Handelsregister (§ 294 Abs. 2 AktG), und zwar der abhängigen Gesellschaft (→ Rn. 63). Maßgeblicher Zeitpunkt ist der der Eintragung, deren Datum daher jeweils im Handelsregister zu vermerken ist (§ 382 Abs. 2 FamFG). Ist der Vertrag nichtig, etwa, weil er gegen das Gesetz verstößt (§ 134 BGB) oder weil ein Zustimmungsbeschluss fehlt

---

[67] OLG München GmbHR 2009, 996.
[68] Anders MüKoAktG/*Altmeppen* AktG § 294 Rn. 29.
[69] → Rn. 38, Begr. und Ausschussbericht, bei *Kropff* S. 383f.
[70] Emmerich/Habersack Aktien-/GmbH-KonzernR/*Emmerich* AktG § 294 Rn. 22f.

oder nichtig ist, so ändert die Eintragung daran nichts, weil sie **keine heilende Kraft** hat.[71] Anders verhält es sich nur, wenn die Eintragung auf Grund eines rechtskräftigen **Freigabebeschlusses** nach § 246a AktG von 2005 erfolgt ist (§ 242 Abs. 2 S. 5 AktG und § 246a Abs. 4 S. 2 AktG; dazu → Rn. 36 ff.) oder wenn es sich um einen Unternehmenszusammenschluss iSd Vorschriften über die Fusionskontrolle handelt (§ 41 Abs. 1 S. 3 Nr. 2 GWB; → Rn. 35). In den verbleibenden Fällen kann das Registergericht weiterhin nach seinem Ermessen gem. § 395 FamFG das **Amtslöschungsverfahren** einleiten.[72] Bis zur Amtslöschung wird der Unternehmensvertrag nach seinem Vollzug in bestimmten Fällen als wirksam behandelt (→ § 11 Rn. 24 ff.). Einen weitergehenden Schutz Dritter in ihrem Vertrauen auf die Wirksamkeit des Unternehmensvertrages, etwa nach **§ 15 Abs. 3 HGB,** gibt es nicht, da es sich bei Unternehmensverträgen nicht um eintragungspflichtige Tatsachen iSd § 15 HGB handelt.[73]

Maßgeblich ist allein die Eintragung des Vertrages im Handelsregister derjenigen AG **63** oder KGaA, die die vertragstypischen Leistungen erbringt, in erster Linie also bei der abhängigen Gesellschaft, während ins **Handelsregister des anderen Vertragsteils** grds. keine Eintragung erfolgt (→ Rn. 46). Eine (scheinbare) Ausnahme bilden nur Gewinngemeinschaften nach § 292 Abs. 1 Nr. 1 AktG unter Beteiligung mehrerer AG oder KGaA, weil hier der Vertrag nach § 294 Abs. 2 AktG, und zwar in seiner Gesamtheit, erst mit der Eintragung bei der letzten beteiligten (deutschen) AG oder KGaA wirksam wird.

Die konstitutive Wirkung der Eintragung nach § 294 Abs. 2 AktG schließt es nicht **64** aus, dass sich der Unternehmensvertrag schuldrechtlich **Rückwirkung** beilegt. Die Frage, wieweit dies tatsächlich möglich ist, hängt von der Natur des Vertrages ab und lässt sich daher nicht einheitlich beantworten. Generell ausgeschlossen ist eine Rückwirkung allein bei dem Beherrschungsvertrag (→ § 11 Rn. 13; zum Gewinnabführungsvertrag → § 12 Rn. 10).

§ 17. Unterrichtung der Aktionäre

Literatur: *Aha,* Welche Fakten müssen in den Unternehmensvertragsbericht?, 1996; *Habersack/Verse,* Europäisches Gesellschaftsrecht, 4. Aufl. 2011; *Heckschen,* Verschmelzung von Kapitalgesellschaften, 1989; *Hügel,* Verschmelzung und Einbringung, 1993; *Keil,* Der Verschmelzungsbericht nach § 340a AktG, 1990; *Möller,* Der aktienrechtliche Verschmelzungsbeschluß, 1991; *Neun,* Bericht- und Prüfungspflichten bei Abschluß und Änderung von Unternehmensverträgen, 2000; *E. Tauscher,* Der Anwendungsbereich der §§ 293a bis 293g AktG bei einstufigen vertraglichen Unternehmensverbindungen, 2007; *Vossel,* Auskunftsrecht im Konzern, 1996.

I. Überblick

Das AktG von 1965 sah von Anfang an verschiedene Maßnahmen vor, um die **Infor- 1 mation der Aktionäre über Unternehmensverträge,** die ihrer Zustimmung unterworfen sind (§ 293 Abs. 1 und 2 AktG), zu verbessern, weil die Gesetzesverfasser der zutreffenden Meinung waren, dass die Aktionäre erfahren müssten, worüber sie eigentlich abstimmen.[1] Die einschlägigen Vorschriften fanden sich ursprünglich in

---

[71] MüKoAktG/*Altmeppen* AktG § 294 Rn. 40; *Hüffer/Koch/Koch* AktG § 294 Rn. 17, 21; KölnKomm-AktG/*Koppensteiner* AktG § 294 Rn. 36.
[72] OLG Zweibrücken AG 1989, 251 (252 f.) – Pegulan; OLG Hamm NZG 2009, 1117.
[73] OLG Hamm NZG 2009, 1117.
[1] So die Begr. zum RegE, bei *Kropff* S. 381 f.

§ 293 Abs. 3 S. 2–6, 4 AktG aF, an deren Stelle 1994 die im Wesentlichen wortgleichen Bestimmungen der **§§ 293 f, 293 g AktG** getreten sind.

2 Im Jahre 1994 wurden zugleich als weitere Rechtsinstitute zur Verbesserung der Information der Aktionäre ein **Unternehmensvertragsbericht** (§ 293 a AktG; dazu → Rn. 9 ff.) sowie eine **Vertragsprüfung** durch so genannte Vertragsprüfer eingeführt (§§ 293 b–293 d AktG; dazu → Rn. 20 ff.). Über das Ergebnis ihrer Prüfung haben die Vertragsprüfer, grds. Wirtschaftsprüfer (s. § 293 d AktG iVm § 319 HGB), ebenfalls schriftlich zu berichten (sog **Prüfungsbericht**, § 293 e AktG; dazu → Rn. 39 ff.). Beide Berichte, der Unternehmensvertragsbericht ebenso wie der Prüfungsbericht sind zusammen mit dem Unternehmensvertrag selbst von der Einberufung der Hauptversammlung an **auszulegen,** um die Information der Aktionäre so weit wie irgend möglich zu verbessern (§ 293 f Abs. 1 Nr. 3 AktG iVm § 293 g Abs. 1 AktG). Jeder Aktionär kann eine Abschrift dieser Unterlagen (§ 293 f Abs. 2 AktG) und zusätzliche Auskünfte verlangen (§ 293 g Abs. 3 AktG; dazu → Rn. 46 ff.).

3 **Vorbild** der gesetzlichen Regelung (→ Rn. 2) waren die Vorschriften der **§§ 8–12 UmwG** von 1994. Vergleichbare Regelungen finden sich für die Eingliederung in § 319 Abs. 3 Nr. 3 AktG und in § 320 Abs. 1 S. 3, Abs. 3 AktG (dazu → § 10 Rn. 10, 18 ff.) sowie für den Ausschluss von Minderheitsaktionären in § 327 c Abs. 2 S. 1, 4 AktG (dazu → § 10 a Rn. 15, 22). Die Verfasser des Umwandlungsrechtbereinigungsgesetzes von 1994 haben die Übertragung der Rechtsinstitute des Verschmelzungsberichts und der Verschmelzungsprüfung auf Unternehmensverträge damit begründet, **Unternehmensverträge und Verschmelzung** seien im Wesentlichen **austauschbare rechtliche Instrumente.** Die Folgen beider Vorgänge bei den Aktionären ähnelten einander gleichfalls weitgehend, so dass in beiden Fällen dieselben Schutzmaßnahmen für die Aktionäre geboten seien; aus diesem Grund müsse die Information der Aktionäre vor und in der Hauptversammlung nach dem Vorbild des Verschmelzungsrechts verbessert werden.[2]

4 **Zweck** der §§ 293 a–293 g AktG ist nach dem Gesagten an sich in erster Linie der **Schutz der Aktionäre durch rechtzeitige Information** vor der Hauptversammlung, indem ihnen die maßgeblichen Vorgänge transparent gemacht werden, so dass sie in der Lage versetzt werden, in der Hauptversammlung ihr Auskunftsrecht (§§ 131, 293 g Abs. 3 AktG) sinnvoll zu nutzen und anschließend in Kenntnis der relevanten Umstände über die Billigung des vom Vorstand vorgeschlagenen Unternehmensvertrags zu entscheiden.[3] Daneben ist jedoch im Laufe der letzten Jahre der weitere Zweck getreten, nach Möglichkeit auf dem Weg über die „vorgezogene" Vertragsprüfung durch vom Gericht bestellte Wirtschaftsprüfer (§§ 293 c, 293 d AktG iVm § 319 HGB) die aufwändigen und schwierigen **Spruchverfahren** nach Durchführung der fraglichen Strukturmaßnahme ganz zu **vermeiden** oder doch spürbar zu **entlasten.** Dieser Zweck stand vor allem ausgesprochen hinter der Änderung des § 293 c AktG im Jahre 2003, weil sich die Gesetzesverfasser durch die Beschränkung des Prüfungsrechts auf vom Gericht bestellte Wirtschaftsprüfer ein größeres Vertrauen der Aktionäre in die Vertragsprüfung als zuvor erhofften, um sie dergestalt später von letztlich

---

[2] Begründung, BT-Drs. 12 (1994)/6699, 178 (li. Sp.).

[3] KG AG 2009, 30 (34); LG München I AG 2008, 904 (907); ebenso für § 327 c Abs. 2 S. 1 BGH NZG 2007, 714; ebenso schon für den Verschmelzungsbericht BGHZ 107, 296 (302 f.) – Koch's Adler/Dürrkopp; BGH NJW-RR 1990, 350 – DAT/Altana; LG München I AG 2009, 632 (634).

aussichtslosen Spruchverfahren abzuhalten. Der Zweck einer Entlastung der Gerichte von den höchst unbeliebten Spruchverfahren ist freilich, wenn man die Vielzahl der nach wie vor anhängigen Verfahren ins Auge fasst, bisher, wenn überhaupt, so nur in ganz beschränktem Umfang erreicht worden.

Bei den Gerichten hat mittlerweile die von Vertrags- und Prüfungsbericht erhoffte **Entlastungsfunktion** bei der Auslegung der genannten Vorschriften alle anderen Überlegungen völlig in den Hintergrund gedrängt. Die (fatale) Folge ist eine zunehmende Beschneidung der Verfahrensrechte der Aktionäre im Spruchverfahren unter Berufung auf ihren (angeblich) ausreichenden Schutz durch Vertrags- und Prüfungsbericht aufgrund der §§ 293a, 293e AktG. 5

Die von den Gesetzesverfassern 1994 zur Rechtfertigung der Einführung des Vertragsberichts und der Vertragsprüfung gezogene **Parallele zur Verschmelzung** (→ Rn. 4) trifft allenfalls für die Eingliederung und den Beherrschungsvertrag, jedoch schwerlich für den Gewinnabführungsvertrag und schon gar nicht für die anderen Unternehmensverträge des § 292 AktG zu, die, und zwar gerade auch nach der Konzeption der Verfasser des AktG (→ § 13 Rn. 1 ff.), nichts anderes als schuldrechtliche Austauschverträge sind, so dass sie schwerlich mit einer Verschmelzung auf eine Stufe gestellt werden können. Zumal bei den **anderen Unternehmensverträgen** des § 292 AktG stellt daher die ganze komplizierte gesetzliche Regelung mit Vertragsbericht und Vertragsprüfung (§§ 293a–293e AktG) in aller Regel einen kaum zu rechtfertigenden Aufwand dar. 6

Im Schrifttum wird daraus zum Teil der Schluss gezogen, ungeachtet des abweichenden Wortlauts der §§ 293a, 293b ff. AktG beschränke sich deren **Anwendungsbereich** nach Sinn und Zweck der ganzen Regelung doch auf die Verträge des § 291 AktG.[4] Richtig ist zwar, dass die §§ 293a–293e AktG offenkundig in erster Linie auf Beherrschungs- und Gewinnabführungsverträge zugeschnitten sind, wie namentlich die wiederholte Bezugnahme auf die §§ 304, 305 AktG in den §§ 293a ff. AktG zeigt, die allein für Beherrschungs- und Gewinnabführungsverträge Bedeutung haben (s. § 293a Abs. 1 AktG und § 293e Abs. 1 S. 2, 3 AktG). Gleichwohl ist angesichts des insoweit eindeutigen Wortlauts der §§ 293a und 293b AktG daran festzuhalten, dass sie grds. **für alle Unternehmensverträge** einschließlich der anderen Verträge des § 292 AktG gelten.[5] Anders dürfte die Rechtslage lediglich in der Tat hinsichtlich des § 293e AktG zu beurteilen sein (→ Rn. 24, 38). 7

Eine **entsprechende Anwendung** der §§ 293a–293e AktG auf andere Gesellschaften, allen voran die **GmbH,** kommt angesichts der problematischen Sinnfälligkeit der ganzen Regelung (→ Rn. 5 f.) von vornherein höchstens bei Beherrschungs- und Gewinnabführungsverträgen in Betracht und auch dies nur, wenn und soweit solche Analogie zur Verbesserung des dringend gebotenen Schutzes der Gesellschafter, vor allem in der abhängigen Gesellschaft, erforderlich erscheint (zur GmbH → § 32 Rn. 5). 8

---

[4] So *Altmeppen* ZIP 1998, 1853; MüKoAktG/*Altmeppen* AktG § 293a Rn. 5–11; *Bungert* Betr. 1995, 1384 (1385 f.).
[5] LG München I ZIP 2010, 522 (523); *Krieger/Schneider* § 72 Rn. 59 (S. 1338); KölnKommAktG/*Koppensteiner* AktG § 293 Rn. 15; ebenso offenbar BGHZ 156, 38 (45) – Deutsche Hypothekenbank.

II. Unternehmensvertragsbericht

9 Zur Verbesserung der Information der Aktionäre sieht das AktG seit 1994 in **§ 293a AktG** zunächst einen besonderen Unternehmensvertragsbericht des Vorstandes vor.[6] In dem Bericht sind nach Abs. 1 S. 1 des § 293a der Abschluss des Vertrags, der Vertrag im Einzelnen und insbes. Art und Höhe des Ausgleichs und der Abfindung nach den §§ 304, 305 AktG rechtlich und wirtschaftlich ausführlich zu erläutern und zu begründen. Ausgenommen werden können jedoch Tatsachen, deren Bekanntwerden geeignet ist, einem der vertragsschließenden Unternehmen oder einem mit ihnen verbundenen Unternehmen einen nicht unerheblichen Nachteil zuzufügen (§ 293a Abs. 2 AktG). Der Bericht ist außerdem entbehrlich, wenn alle Anteilsinhaber der beteiligten Gesellschaften auf seine Erstattung formgerecht verzichten (§ 293a Abs. 3 AktG).

1. Anwendungsbereich

10 Die Berichtspflicht obliegt nach § 293a Abs. 1 S. 1 AktG dem **Vorstand jeder** an dem Unternehmensvertrag beteiligten **Gesellschaft,** deren Hauptversammlung dem Vertrag nach § 293 Abs. 1 AktG *oder* § 293 Abs. 2 AktG zustimmen muss. Bei der KGaA treten an die Stelle des (nicht vorhandenen) Vorstands die persönlich haftenden Gesellschafter (§ 278 Abs. 2, § 283 AktG). Sind beide Gesellschaften berichtspflichtig, so können die Vorstände den Bericht auch gemeinsam erstatten (§ 293a Abs. 1 S. 2 Hs. 1 AktG). Im Ergebnis genügt dann ein einziger Bericht.

11 Bei den Unternehmensverträgen des **§ 291 Abs. 1 AktG** sind folglich die Vorstände *beider* Vertragsparteien nach § 293a Abs. 1 S. 1 AktG iVm § 293 Abs. 1 und 2 AktG berichtspflichtig, während bei den anderen Unternehmensverträgen des **§ 292 AktG** die Berichtspflicht allein die Vorstände derjenigen Gesellschaften trifft, die jeweils die vertragstypischen Leistungen erbringen. Nur bei einer Gewinngemeinschaft ist ein Bericht für alle beteiligten AG oder KGaA erforderlich (§ 292 Abs. 1 Nr. 1 AktG, § 293 Abs. 1 AktG, § 293a Abs. 1 S. 1 AktG). Hinzu kommen muss noch in jedem Fall, dass es sich um eine deutsche Gesellschaft handelt.[7]

2. Form

12 Der Bericht muss vom „Vorstand" gemäß § 293a Abs. 1 S. 1 Hs. 1 AktG „schriftlich" erstattet werden. Damit ist zweierlei gesagt: Zunächst bringt das Gesetz durch die gewählte Formulierung zum Ausdruck, dass der Bericht vom **Vorstand** nach § 77 Abs. 1 S. 1 **in seiner Gesamtheit** beschlossen werden muss, und zwar gemäß § 94 einschließlich der Stellvertreter der Vorstandsmitglieder. Vertretung ist insoweit ausgeschlossen. Weder die Satzung noch die Geschäftsordnung (§ 77 Abs. 2) kann wegen der abweichenden gesetzlichen Regelung in § 293a Abs. 1 S. 1 („Der Vorstand …") etwas anderes bestimmen.[8] Zum andern regelt das Gesetz hier durch die Bezugnahme auf § 126 BGB die **Form** des Berichts. Das wird vielfach dahin verstanden, der Bericht müsse von *allen* Vorstandsmitgliedern unterzeichnet werden,[9] während der BGH jedenfalls

---

[6] Ein Muster findet sich bei Happ/*Liebscher,* Konzern- und Umwandlungsrecht, 2012, Nr. 1.01b (S. 16ff.).

[7] *Bungert* Betr. 1995, 1384 (1385).

[8] K. Schmidt/Lutter/*Langenbucher* AktG § 293a Rn. 6; Spindler/Stilz/*Veil* AktG § 293a Rn. 6; anders nur MüKoAktG/*Altmeppen* AktG § 293a Rn. 29.

[9] OLG Stuttgart AG 2013, 724 (725); statt aller *Hüffer* FS Claussen, 1997, 171.

zu § 8 UmwG die Auffassung vertreten hat, es genüge, wenn der Bericht von Vorstandsmitgliedern in vertretungsberechtigter Zahl unterzeichnet wird,[10] sodass für § 293a schwerlich anders entschieden werden kann. Eine Ersetzung der Schriftform durch die elektronische Form dürfte nach Sinn und Zweck der ganzen Regelung und insbes. mit Rücksicht auf die Auslegungspflichten des § 293f Abs. 1 Nr. 1 und des § 293g Abs. 1 AktG ausscheiden (ebenfalls str.).

3. Inhalt

In dem Bericht sind gemäß § 293a Abs. 1 S. 1 Hs. 1 AktG „ausführlich" 1. der Abschluss des Unternehmensvertrages, 2. der Vertrag im Einzelnen (→ Rn. 13a) sowie 3. Art und Höhe der Kompensation nach den §§ 304 und 305 AktG (→ Rn. 14f.) rechtlich und wirtschaftlich zu erläutern und zu begründen. Der Bericht muss folglich drei Schwerpunkte haben. Den ersten Schwerpunkt bildet der „Abschluss des Unternehmensvertrages". Gemeint sind damit in erster Linie die **Gründe,** die aus der Sicht des Vorstands bei Anwendung der Sorgfalt eines ordentlichen und gewissenhaften Geschäftsleiters (§ 93 Abs. 1 S. 1 AktG) **für und gegen** den **Abschluss** des Vertrages sprechen.[11] Einzugehen ist in diesem Zusammenhang auch auf mögliche **Alternativen,** damit die Aktionäre zu einer eigenen sachlichen Entscheidung über das Für und Wider des Vertragsabschlusses in die Lage versetzt werden.[12] Dazu gehört insbes. auch die **„Vorstellung" des Vertragspartners,** wobei sich der Vorstand nicht mit der Angabe von Firma, Rechtsform und Sitz des Vertragspartners begnügen darf, sondern außerdem auf dessen wirtschaftliche Situation einschließlich dessen **Bonität** so ausführlich eingehen muss, dass sich die Aktionäre von dem Vertragspartner ein eigenes Bild zu machen vermögen.[13] Der bloße Hinweis auf den den Aktionären mitgeteilten Jahresabschluss des Vertragspartners genügt dafür auf keinen Fall.[14] Weitere Punkte, zu denen sich der Bericht in der Regel äußern muss, sind insbes. noch die erwarteten **Einsparungen und Synergieeffekte,** wobei freilich eine grobe Schätzung ausreicht,[15] weiter die steuerlichen Auswirkungen des Vertrages für die Gesellschaft und die Aktionäre und die Bedenken, die gegen die Wirksamkeit des Vertrags erhoben werden, ferner bei den Verträgen des § 292 die **Angemessenheit der Gegenleistung** des anderen Vertragsteils aus der Sicht des Vorstands,[16] sowie besondere und ungewöhnliche Regelungen, aus denen sich für die Aktionäre möglicherweise unerwartete Konsequenzen ergeben können; ein (wichtiges) Beispiel sind **zusätzliche Beendigungsgründe** mit ihren oft bedenklichen Folgen.[17]

Den zweiten Schwerpunkt des Berichts muss der Vertrag selbst bilden. Dabei ist vor allem auf die zu erwartenden **Auswirkungen** des Vertragsabschlusses einzugehen. Au-

13

13a

---

[10] BGH AG 2007, 625 Rn. 26f. – Vattenfall Europe/BEWAG.
[11] OLG Saarbrücken ZIP 2011, 469; LG München I AG 2009, 918 (922).
[12] S. die Begründung zu § 8 UmwG, BT-Drs. 12/6699, 83f.; OLG Düsseldorf ZIP 1999, 793 – Thyssen/Krupp; OLG Hamm ZIP 1999, 798 – Idunahall/Hoesch/Krupp; LG München I AG 2000, 86 (87); 2000, 87 (88) – MHM/Hucke I und II; LG Mainz AG 2002, 247 (248f.) – Schaerf AG; *H. P. Westermann* FS Semler, 1993, 651 (654ff.); *Grunewald/Winter* Verschmelzung S. 19, 27ff.
[13] OLG München ZIP 2009, 718 (721f.); Hölters/*Deilmann* AktG § 293a Rn. 11; Spindler/Stilz/*Veil* AktG § 293a Rn. 11.
[14] OLG München ZIP 2009, 718 (721f.).
[15] OLG Düsseldorf ZIP 1999, 793; OLG Hamm ZIP 1999, 798.
[16] K. Schmidt/Lutter/*Langenbucher* AktG § 293a Rn. 15; Spindler/Stilz/*Veil* AktG § 293a Rn. 14.
[17] KG AG 2009, 30 (34f.); LG München I AG 2009, 918 (922 re. Sp. u.).

ßerdem muss die rechtliche und wirtschaftliche **Tragweite** der einzelnen Vertrags-bestimmungen in einer für die Aktionäre verständlichen Weise erläutert werden.[18] Dazu gehört zB auch die genaue **Bezeichnung** des Vertragstypus, etwa als Beherr-schungsvertrag oder als Teilgewinnabführungsvertrag.[19]

14 Den dritten Schwerpunkt des Berichts bilden nach § 293a Abs. 1 S. 1 AktG **Art und Höhe des Ausgleichs und der Abfindung,** der sog. Kompensation, nach den §§ 304 und 305 AktG. Damit soll den außenstehenden Aktionären eine erste **Plausibilitäts-prüfung** (nicht mehr!) über die Angemessenheit der ihnen angebotenen Kom-pensation im Falle des Abschlusses eines Vertrages des § 291 ermöglicht werden.[20] Deshalb genügt dafür nicht die bloße Mitteilung der jeweils angewandten Bewer-tungsmethode und der Bewertungsergebnisse, zumal in der Praxis ohnehin nur noch die Ertragswertmethode Anwendung findet. Vielmehr muss sich der Bericht in deren Rahmen in der nötigen Ausführlichkeit insbes. noch zu den **folgenden Punkten** äußern: die Erträge der der Berechnung zugrunde gelegten vorausgegan-genen Jahre, die Prognosen und Planzahlen, die Höhe des Kapitalisierungszinsfußes einschließlich der besonders problematischen Zu- und Abschläge sowie schließlich die Bewertung des nicht betriebsnotwendigen (neutralen) Vermögens.[21] Dazu gehö-ren auch die sorgfältige Begründung der jeweiligen Ertragswerte, die Darstellung der Faktoren, die bei der Ergebnisbereinigung einbezogen wurden, die nachvollziehbare Begründung der Geheimhaltungsbedürftigkeit von Einzelzahlen (§ 293a Abs. 2) so-wie die plausible Darstellung der Faktoren, die für die zukünftigen Überschüsse maßgeblich sein werden.[22] Schließlich sind auch die **Vor- und Nachteile von Aus-gleich und Abfindung** zu diskutieren, um den Aktionären eine rationale Entschei-dung zwischen den verschiedenen Kompensationsformen je nach den von ihnen ver-folgten Anlagestrategien zu ermöglichen.[23] Handelt es sich um eine börsennotierte Gesellschaft, so ist zusätzlich besonderes Augenmerk auf die Entwicklung der **Bör-senkurse** zu legen.[24]

15 In allen diesen Beziehungen (→ Rn. 13f.) muss der Bericht nach § 293a Abs. 1 S. 1 AktG so „ausführlich" sein, dh soweit ins einzelne gehen, dass den Aktionären die Hintergründe und die Zwecke, die mit dem Vertragsabschluss verfolgt werden, sowie dessen Auswirkungen auf ihre Position **transparent und plausibel** gemacht werden, so dass sie zu einem eigenen Urteil über das Für und Wider des Vertragsabschlusses in der Lage sind. Auf der anderen Seite bleibt freilich zu berücksichtigen, dass der Ver-tragsbericht noch durch die Vertragsprüfung nach § 293b AktG ergänzt wird. Die Folge ist, dass die Berichtspflicht auch *nicht* so weit zu gehen braucht, dass den Aktio-nären eine *eigene sachliche Prüfung* des Berichts auf seine Richtigkeit und Vollständig-keit möglich würde, womit die große Mehrzahl der Aktionäre ohnehin hoffnungslos

---

[18] OLG Düsseldorf ZIP 1999, 793; OLG Hamm ZIP 1999, 798; LG Essen AG 1999, 329 (330f.).
[19] Hüffer/Koch/Koch AktG § 293a Rn. 12.
[20] OLG Frankfurt a. M. ZIP 2008, 1966; LG München I AG 2008, 905 (907); ebenso zu § 8 UmwG BGHZ 107, 296 (302f.); OLG Düsseldorf AG 2010, 711 (713).
[21] LG Mainz AG 2002, 247 (248).
[22] ZB OLG Frankfurt a. M. AG 2010, 368 (373f.) – Commerzbank; Hölters/*Deilmann* AktG § 293a Rn. 13ff.
[23] K. Schmidt/Lutter/*Langenbucher* AktG § 293a Rn. 15; ebenso in der Sache OLG Saarbrücken ZIP 2011, 469.
[24] OLG Düsseldorf AG 2002, 398 (400); NZG 2004, 429 (430); LG Mainz AG 2002, 247 (248).

überfordert sein dürfte;[25] solche Prüfung ist vielmehr die eigentliche Aufgabe der Vertragsprüfer (§ 293 e).[26] Art und Höhe der Kompensation brauchen deshalb in dem Vertragsbericht (nur) soweit durch die Mitteilung von Tatsachen und Zahlen konkretisiert zu werden, dass die Aktionäre den Bericht bereits vor der Hauptversammlung auf seine **Plausibilität** überprüfen können (→ Rn. 14). Um allen diesen Anforderungen genügen zu können, wird heute in der Praxis von den Gesellschaften häufig dem Bericht das von ihnen eingeholte **Bewertungsgutachten** beigefügt, wodurch die Berichte insgesamt sehr umfangreich werden können. Berichte von weit über hundert Seiten sind heute keine Seltenheit mehr, sodass sich ernsthaft die Frage stellt, ob damit „nicht des Guten zu viel getan wird", dh ob hier das sog. Informationsmodell (Schutz der Aktionäre durch immer mehr Informationen) nicht an immanente Grenzen stößt. Denn Berichte von über hundert Seiten liest im Zweifel kein außenstehender Aktionär mehr.

Nach § 293 a Abs. 1 S. 2 ist in dem Bericht schließlich noch auf besondere Schwierig- **15a** keiten bei der Bewertung der vertragsschließenden Unternehmen *sowie* auf die Folgen (gemeint ist: des Vertrages) für die Beteiligungen der Aktionäre (→ Rn. 15b) hinzuweisen. Bei den **Schwierigkeiten der Bewertung** der vertragsschließenden Unternehmen hat das Gesetz in erster Linie wohl die Fülle der Probleme im Auge, die sich häufig, zumal bei der Anwendung der Ertragswertmethode, wegen der **Unsicherheit von Prognosen** ergeben. Auf diese Probleme ist daher im Einzelnen hinzuweisen unter Angabe der jeweils gewählten Lösung *und* deren Auswirkungen auf die Höhe der Kompensation (vgl. § 293 e Abs. 1 S. 3 Nr. 3 Hs. 2).[27] In allen diesen Beziehungen genügt es aber, wenn der Vorstand plausibel macht, wie *er* vorgegangen ist. **Einwände der Aktionäre** gegen die Vorgehensweise des Vorstands, zum Beispiel gegen seine Wertansätze oder gegen den von ihm zugrunde gelegten Kapitalisierungszinsfuß beeinträchtigen nicht die Vollständigkeit des Berichts, sondern gehören nach heutigem Verständnis in das Spruchverfahren.[28] Es ändert auch nichts an der Vollständigkeit des Berichtes, wenn sich im Spruchverfahren nachträglich die Einwände der Aktionäre als berechtigt erweisen. Der Vorstand muss in dem Bericht lediglich *seine* Vorgehensweise plausibel machen, gerade zu dem Zweck, den Aktionären sachliche Einwände im Spruchverfahren zu ermöglichen.[29]

In dem Bericht ist gemäß § 293 a Abs. 1 S. 2 Fall 2 schließlich noch gesondert auf die **15b** **Folgen** des Unternehmensvertrages **für die Beteiligungen der Aktionäre** hinzuweisen. Zu denken ist hier in erster Linie an die Auswirkungen einer Abfindung in Aktien auf die Höhe der Beteiligung der Aktionäre und auf deren Stimmgewicht (§ 305 Abs. 2 Nr. 1 und 2).[30]

---

25 OLG Düsseldorf ZIP 1999, 793 – Thyssen/Krupp; AG 2002, 398 (400) – Kaufhof/Metro; OLG Hamm ZIP 1999, 798 – Idunahall/Hoesch/Krupp; LG Mainz AG 2002, 247 (248).

26 ZB OLG Düsseldorf AG 2010, 711 (713); OLG Frankfurt a. M. AG 2010, 368 (373 f.) – Commerzbank.

27 MüKoAktG/*Altmeppen* AktG § 293 a Rn. 44; Hüffer/Koch/*Koch* Rn. 16; KölnKommAktG/*Koppensteiner* AktG § 293 a Rn. 34 f.; *Lutter* UmwG § 8 Rn. 29.

28 OLG Frankfurt a. M. ZIP 2008, 1966; AG 2010, 368 (373 f.) – Commerzbank; LG München I AG 2009, 632 (634 f.).

29 K. Schmidt/Lutter/*Langenbucher* AktG § 293 a Rn. 17.

30 K. Schmidt/Lutter/*Langenbucher* AktG § 293 a Rn. 19; vgl. zu § 8 UmwG OLG Saarbrücken ZIP 2011, 469.

4. Schranken

16 Nach § 293a Abs. 2 S. 1 AktG brauchen in den Bericht solche Tatsachen nicht aufgenommen zu werden, deren Bekanntwerden geeignet ist, einer der Vertragsparteien oder einem verbundenen Unternehmen einen nicht unerheblichen Nachteil zuzufügen. Jedoch müssen in diesem Fall in dem Bericht im Einzelnen die Gründe dargelegt werden, aus denen die Tatsachen nicht in den Bericht aufgenommen wurden (§ 293a Abs. 2 S. 2 AktG). **Vorbild** der Regelung waren die beiden Schutzklauseln des § 131 Abs. 3 AktG und des § 8 Abs. 2 UmwG.

17 Bei der Beurteilung, ob das Bekanntwerden bestimmter Tatsachen einer Vertragspartei *oder* einem mit ihr verbundenen Unternehmen einen nicht unerheblichen **Nachteil zufügen** kann, ist ein *objektiver* Maßstab anzuwenden. Es genügt deshalb, dass bei „vernünftiger kaufmännischer Beurteilung" (vgl. § 131 Abs. 3 Nr. 1 AktG) die fraglichen Nachteile im Falle des Bekanntwerdens der Tatsachen absehbar sind. **Beispiele** für danach gegebenenfalls geheimhaltungsbedürftige Tatsachen sind die steuerlichen Wertansätze und die Höhe der einzelnen Steuern (§ 131 Abs. 3 Nr. 2), stille Reserven (§ 131 Abs. 3 Nr. 3), die bevorstehende Erteilung wertvoller Schutzrechte, der Zugang zu besonders günstigen Bezugsquellen, die Investitionspläne sowie solche Planzahlen, aus denen Konkurrenten Rückschlüsse auf die Strategie des Unternehmens und die von ihm vorgesehenen Investitionen ziehen können.[31]

18 Ein Unternehmensvertragsbericht ist nach § 293a Abs. 3 AktG ferner entbehrlich, wenn sämtliche Anteilsinhaber aller an dem Unternehmensvertrag beteiligten Unternehmen auf seine Erstattung durch öffentlich beglaubigte Erklärung verzichten (vgl. § 8 Abs. 3 UmwG). Die **Verzichtserklärung** muss folglich schriftlich abgefasst und die Unterschrift der verzichtenden Anteilsinhaber von einem Notar beglaubigt werden (§ 129 Abs. 1 S. 1 BGB).[32] Gleich steht ein einstimmiger, notariell beurkundeter Beschluss aller Anteilsinhaber (s. § 130 Abs. 1 S. 1 AktG).

5. Rechtsfolgen

19 Wenn der durch § 293a AktG vorgeschriebene Unternehmensvertragsbericht bei der nach § 293 Abs. 1 oder Abs. 2 AktG erforderlichen Zustimmung einer Hauptversammlung zu einem Unternehmensvertrag fehlt oder unvollständig ist, beruht der Zustimmungsbeschluss auf einer Gesetzesverletzung, so dass der Beschluss nach § 243 Abs. 1 AktG **anfechtbar** ist.[33] Das gilt auch, wenn der Mangel des Berichts allein das Umtauschverhältnis oder Bewertungsfragen betrifft, weil das Spruchverfahren insoweit keinen Vorrang vor § 243 AktG hat (s. § 243 Abs. 4 S. 2 AktG und dazu schon → § 16 Rn. 36ff.).

III. Unternehmensvertragsprüfung

Literatur: *Bitzer,* Probleme der Prüfung des Umtauschverhältnisses bei aktienrechtlichen Verschmelzungen, 1987; *Schmitz,* Die Verschmelzungsprüfung gemäß § 340b AktG, 1987; *Wittgens,* Das Spruchverfahrensgesetz, 2005

---

[31] *Hügel* Verschmelzung S. 149f.; *Mertens* AG 1990, 22 (27f.).
[32] S. *Altmeppen* ZIP 1998, 1853 (1860ff.).
[33] LG Mainz AG 2002, 247; LG München I AG 2009, 632 (634); 2009, 918 (921f.).

1. Überblick

Zusätzlich zu dem Unternehmensvertragsbericht des § 293a AktG (dazu → Rn. 9 ff.) **20**
sehen die §§ 293b–293e AktG noch eine Prüfung des Unternehmensvertrags durch
sachverständige Prüfer vor, vom Gesetz in § 293b Abs. 1 Hs. 1 AktG „Vertragsprüfer"
genannt, als welche bei der AG und der KGaA grds. nur Wirtschaftsprüfer in Betracht
kommen (s. § 293d Abs. 1 AktG in Verbindung mit § 319 HGB; → Rn. 31 ff.). Vorbild der Regelung war die **Verschmelzungsprüfung** nach den §§ 9–12, 30, 48, 60
UmwG. Die Prüfung muss für alle diejenigen an einem Unternehmensvertrag beteiligten Gesellschaften durchgeführt werden, deren Hauptversammlung dem Vertrag nach
§ 293 Abs. 1 AktG *oder* § 293 Abs. 2 AktG zustimmen müssen (→ Rn. 24). Die Bestellung der Prüfer richtet sich nach § 293c Abs. 1 S. 1 AktG (→ Rn. 31 ff.). Die Vertragsprüfer werden danach seit 2003 (anders als früher) nur noch vom Gericht (freilich
auf Vorschlag der Gesellschaften, die auch die Kosten tragen müssen) ausgewählt und
bestellt, wodurch die Akzeptanz der Prüfungsergebnisse für die außenstehenden Aktionäre erhöht werden soll.[34] Die Vertragsprüfer besitzen, um ihren Prüfungsauftrag
erfüllen zu können, umfassende Einsichts- und Auskunftsrechte (§ 293d Abs. 1 S. 1,
2 AktG iVm § 320 Abs. 1 S. 2, Abs. 2 S. 1 HGB; → Rn. 35 f.).

Nach Abschluss ihrer Prüfung müssen die Vertragsprüfer einen **Prüfungsbericht** an- **21**
fertigen, in welchem sie insbes. zu der Angemessenheit der Vorschläge des Vorstands
für Ausgleich und Abfindung Stellung zu nehmen haben (§ 293e S. 2, 3 AktG; dazu
→ Rn. 39 ff.). Der Prüfungsbericht wird von der Einberufung der Hauptversammlung
an in den Geschäftsräumen jeder beteiligten Gesellschaft sowie während der Hauptversammlung zur Einsicht der Aktionäre ausgelegt (§ 293f Abs. 1 Nr. 3 AktG, § 293g
Abs. 1 AktG; dazu → Rn. 47 ff.). Eine vergleichbare Regelung findet sich für die Eingliederung durch Mehrheitsbeschluss in § 320 Abs. 3 AktG (dazu → § 10 Rn. 21) sowie für den Ausschluss von Minderheitsaktionären in § 327c Abs. 2 S. 2 AktG (dazu
→ § 10a Rn. 24 ff.).

2. Zweck

Mit der Vertragsprüfung nach den §§ 293b–293e AktG werden letztlich dieselben **22**
Zwecke wie mit dem Vertragsbericht des § 293a AktG verfolgt (deshalb → schon
Rn. 4 ff.). Ganz im Vordergrund steht oder stand doch zumindest ursprünglich der
umfassende **Schutz der Aktionäre** gegen eine Beeinträchtigung ihrer Rechte bei dem
Abschluss von Unternehmensverträgen. Daneben ist jedoch mit ständig wachsendem
Gewicht spätestens seit der Gesetzesänderung von 2003 der **Entlastungszweck** getreten, dh die Aufgabe der Unternehmensvertragsprüfung, soweit wie möglich etwaige
spätere **Spruchverfahren** eben durch die vorweggenommene, sachverständige und
unabhängige Prüfung der Kompensation zu entlasten.[35] Dieser Entlastungszweck hat
in der gerichtlichen Praxis mittlerweile alle anderen Erwägungen in den Hintergrund
gedrängt. Bei den Gerichten wächst insbes. die Neigung, den Prüfern bereits bei ihrer
Bestellung (§ 293c AktG) – letztlich ohne gesetzliche Grundlage (→ Rn. 33a) – im
Hinblick auf die Vertragsprüfung vorweg detaillierte Vorgaben für die Prüfung zu
machen und ihnen dabei sogar die Beantwortung bestimmter Fragen zu der von den

---

[34] → Rn. 31; OLG Düsseldorf NZG 2016, 153; s. die Begr., BT-Drs. 15/371 (2003), 18.
[35] Schon → Rn. 4; z. B. OLG Stuttgart AG 2017, 493 (494 f.); *Emmerich* FS Tilmann, 2003, 925; *Emmerich* 2. FS Mestmäcker, 2006, 137 (148 ff.).

Unternehmen vorgeschlagenen Bewertung aufzugeben,[36] um sodann nach Durchführung der Vertragsprüfung nach Möglichkeit auf die Bestellung neuer Sachverständiger im anschließenden Spruchverfahren zu verzichten und sich stattdessen gem. § 8 Abs. 2 S. 1 SpruchG mit einer Anhörung und ergänzenden Begutachtung durch die zuvor bestellten Vertragsprüfer zu begnügen.[37]

23 Diese Entwicklung ist **nicht unproblematisch,**[38] weil tatsächlich die Vertragsprüfung nach den §§ 293b–293e AktG eine gänzlich **andere Aufgabe** als die etwaige Begutachtung der Vorschläge für Ausgleich und Abfindung durch Sachverständige im gerichtlichen Verfahren hat.[39] Die Vertragsprüfung beschränkt sich im Wesentlichen auf eine (etwas vertiefte) **Plausibilitätsprüfung** der den Vorschlägen der beteiligten Gesellschaften zugrunde gelegten Bewertungsgutachten (→ Rn. 29f.), während von den Sachverständigen im gerichtlichen Verfahren die **Bewertung** ganz oder partiell *selbst erneut vorgenommen* werden muss. Die alleinige Heranziehung der Vertragsprüfer im gerichtlichen Verfahren zur Überprüfung der Angemessenheit der Kompensation muss unter diesen Umständen zu einer *schwerwiegenden Beschneidung der Rechte der außenstehenden Aktionäre* führen. Eine volle Überprüfung der Bewertungsgutachten im gerichtlichen Verfahren durch neue Sachverständige ist deshalb jedenfalls dann unentbehrlich, wenn die bisherige Bewertung der beteiligten Unternehmen mit Rücksicht auf die im Verfahren vorgebrachten **substanziellen Einwände** der außenstehenden Aktionäre oder des gemeinsamen Vertreters gegen die vorliegenden Gutachten zweifelhaft erscheint, so dass die Bewertung gerichtlich überprüft werden muss.[40]

3. Anwendungsbereich

24 Der Anwendungsbereich des § 293b AktG entspricht – trotz des von dem des § 293a Abs. 1 AktG abweichenden Wortlauts – nach Sinn und Zweck der ganzen Regelung dem des **§ 293a AktG** (→ Rn. 6–8).[41] Entgegen manchen Stimmen in der Literatur ist demnach eine Unternehmensvertragsprüfung auch bei den **anderen Unternehmensverträgen** des § 292 Abs. 1 AktG erforderlich, obwohl sie dort zugegebenermaßen wenig Sinn macht.[42] Die entsprechende Anwendbarkeit des § 293b AktG auf Gesellschaften anderer Rechtsform einschließlich insbes. der **GmbH** beurteilt sich ebenfalls nach denselben Erwägungen wie bei § 293a AktG (→ Rn. 8), wobei daran zu erinnern ist, dass diese Frage bei § 293a AktG und bei § 293b AktG nicht mit Notwendigkeit im selben Sinne entschieden werden muss; vielmehr kann es von Fall zu Fall durchaus auch sinnvoll sein, lediglich analog § 293a AktG einen Vertragsbericht

---

[36] S. *Decher* FS Hoffmann-Becking, 2013, S. 295 (301); *Stephan* Konzern 2014, 1 (14).

[37] S. OLG Düsseldorf NZG 2004, 429 – Agrippina; OLG Stuttgart NZG 2007, 112 (113f.); OLG München AG 2007, 287.

[38] S. MüKoAktG/*Altmeppen* § 293b Rn. 10; *Bilda* NZG 2000, 296 (300); *Büchel* NZG 2003, 793 (800ff.); *Emmerich* 2. FS Mestmäcker, 2006, 137 (148ff.); *Emmerich* FS Tilmann, 2003, 925 (933f.); *Hüffer* FS Hadding, 2004, 461 (474f.).

[39] Ebenso OLG Karlsruhe AG 2009, 47 (48).

[40] BGH NZG 2007, 714 – Vattenfall/Bewag; OLG Düsseldorf AG 2001, 533; OLG Frankfurt a. M. AG 2007, 449 (450f.); AG 2009, 47 (48).

[41] Emmerich/Habersack Aktien-/GmbH-KonzernR/*Emmerich* AktG § 293b Rn. 10f.; OLG Stuttgart AG 2013, 724 (725); Hüffer/Koch/*Koch* AktG § 293b Rn. 7; Hölters/*Deilmann* AktG § 293b Rn. 10.

[42] Hüffer/Koch/*Koch* AktG § 293b Rn. 2; *Krieger/Schneider* § 72 Rn. 60; anders MüKoAktG/*Altmeppen* AktG § 293b Rn. 5, 12; *Bungert* Betr. 1995, 1384.

zu verlangen, auf eine Vertragsprüfung entsprechend § 293 b AktG jedoch zu verzichten.

Die Prüfungspflicht **entfällt** nach § 293 b Abs. 1 Hs. 2, Abs. 2 AktG in zwei Fällen: zunächst wenn sich sämtliche Aktien der abhängigen Gesellschaft in der Hand des herrschenden Unternehmens befinden. Da bei **100%-igen Tochtergesellschaften** ein Schutz außenstehender Aktionäre nicht in Betracht kommt, so dass weder Ausgleich noch Abfindung geschuldet sind (s. § 304 Abs. 1 S. 3 AktG, § 305 AktG und § 307 AktG), besteht auch keine Notwendigkeit für eine Vertragsprüfung.[43] Gem. § 293 b Abs. 2 AktG ist außerdem § 293 a Abs. 3 AktG entsprechend anzuwenden, so dass die Vertragsprüfung ferner entbehrlich ist, wenn **sämtliche Anteilsinhaber** der beteiligten Unternehmen auf die Vertragsprüfung durch öffentlich beglaubigte Erklärung verzichten (→ Rn. 18).

4. Gegenstand und Inhalt der Prüfung

Gegenstand der Prüfung ist nach § 293 b Abs. 1 Hs. 1 AktG (nur) der *Unternehmensvertrag*. Dies hat Anlass zu der Frage gegeben, ob sich die Prüfung entsprechend dem Wortlaut des § 293 b Abs. 1 S. 1 Hs. 1 AktG tatsächlich streng auf den Unternehmensvertrag zu beschränken hat oder ob **auch der Vertragsbericht** (§ 293 a AktG) zur weiteren Verdeutlichung der Reichweite des Unternehmensvertrages in die Prüfung einzubeziehen ist. Teilweise wird angenommen, dass die Prüfer den Vertragsbericht angesichts der gesetzlichen Regelung lediglich als zusätzliche Informationsquelle verwenden dürfen.[44] Dagegen lehnen andere solche Beschränkungen ab und verlangen eine Ausdehnung der Prüfung auf die Plausibilität der Angaben des Vorstandes in dem Vertragsbericht zB über die rechtliche Einordnung und die Zulässigkeit des Vertrages sowie insbes. über die Angemessenheit der Gegenleistung bei den anderen Unternehmensverträgen, nicht dagegen auf die Zweckmäßigkeit des Vertrages.[45]

Auszugehen ist von dem **Zweck** der gesetzlichen Regelung (→ Rn. 22). Dann aber zeigt sich, dass nur bei einer zumindest partiellen Erweiterung des Prüfungsgegenstandes auf den **Vertragsbericht** der intendierte Schutz der Aktionäre überhaupt erreichbar ist. Die Prüfer dürfen mit anderen Worten nicht schweigen, wenn sie die Angaben des Vorstandes in seinem Bericht über die rechtliche Einordnung oder über die Zulässigkeit des Vertrages sowie über die Angemessenheit der Gegenleistung des anderen Vertragsteils bei den Verträgen des § 292 AktG nicht mehr für vertretbar halten. Insbes. die – zentrale – Prüfung der Angemessenheit von Abfindung und Ausgleich ist ohne zumindest ergänzende Berücksichtigung des Vertragsberichts in der Regel nur schwer vorstellbar.

Die sich anschließende Frage, **worauf** sich eigentlich die **Prüfung** des Unternehmensvertrages durch sachverständige Prüfer zu erstrecken hat, lässt sich nur bei ergänzender Berücksichtigung des § 293 e AktG beantworten, der deutlich macht, dass bei der Vertragsprüfung die (eigenständige) Prüfung der **Angemessenheit der Kompensation** eindeutig im Vordergrund zu stehen hat, zumal ohnehin nur bei einer möglichst sorg-

---

[43] Vgl. OLG Hamburg AG 2011, 48.
[44] Hölters/*Deilmann* AktG § 293 b Rn. 4.
[45] LG Berlin AG 1996, 230 (232 f.) – Brau & Brunnen (für die Eingliederung); MüKoAktG/*Altmeppen* AktG § 293 b Rn. 9–11; Hüffer/Koch/*Koch* AktG § 293 b Rn. 3; ausf. Spindler/Stilz/*Veil* AktG § 293 b Rn. 7 f.

fältigen Überprüfung der Angemessenheit der Kompensation die gewünschte Entlastung des Spruchverfahrens (→ Rn. 4 f., 22) erreicht werden kann. § 293 e Abs. 1 S. 3 AktG macht zugleich aber auch deutlich, dass die Vertragsprüfer *nicht* etwa verpflichtet sind, die Bewertung der Unternehmen der Vertragsparteien erneut *selbstständig* durchzuführen, sondern sich im Gegenteil darauf beschränken können, die **Unternehmensbewertung** durch die Vertragsparteien, die deren Vorschlag für Art und Höhe des Ausgleichs und der Abfindung zugrunde liegt, einschließlich der dabei von den Vertragsparteien verwandten Bewertungsgutachten auf ihre **Plausibilität** zu überprüfen.

29 Folglich müssen die Prüfer allein der Frage nachgehen, ob die zur Unternehmensbewertung herangezogenen *Methoden* in dem fraglichen Fall *angemessen* sind, sowie, ob sie *richtig angewandt* wurden, so dass sich die Ergebnisse iRd danach jeweils Vertretbaren halten, wozu freilich auch die stichprobenartige Überprüfung des zugrundeliegenden Zahlenmaterials gehört.[46] Dazu müssen sie (nur) die ihnen vorliegenden Unternehmensbewertungen durch die Vorstände der beteiligten Gesellschaften und die von diesen herangezogenen Sachverständigen auf ihre **Plausibilität** und **Vertretbarkeit** überprüfen, wobei es vor allem um die richtige Anwendung der gewählten Bewertungsmethode und die Einhaltung der Ermessensgrenzen bei den einzelnen Wertansätzen geht.[47]

5. Parallelprüfung

29a Einer besonderen Betrachtung bedarf im vorliegenden Zusammenhang noch die Praxis der so genannten Parallelprüfung, die sich in der Bewertungspraxis heute weitgehend durchgesetzt hat. Man versteht darunter die Übung, die Bewertung der Unternehmen der Vertragsparteien durch von diesen bestellte Sachverständige, sobald die ersten Entwürfe für die von den Gesellschaften selbst in Auftrag gegebenen Bewertungsgutachten vorliegen, sogleich mit der Prüfung durch die vom Gericht (auf Vorschlag der Vertragsparteien) bestellten **Vertragsprüfer** zu **verbinden,** um den komplizierten Bewertungsprozess soweit wie möglich zu beschleunigen und zu vereinfachen. Gegen die Zulässigkeit dieser Praxis hat es immer wieder Einwände gegeben, weil das enge Zusammenwirken der vom Gericht bestellten Vertragsprüfer mit den von den Unternehmen herangezogenen Sachverständigen unvermeidlich **Zweifel an der Unabhängigkeit** der Vertragsprüfer iSd § 319 Abs. 2 HGB hervorrufen muss.[48] Gleichwohl wird die Praxis der Parallelprüfung heute **überwiegend gebilligt,** da sie im Interesse der Verfahrensbeschleunigung und -vereinfachung sinnvoll sei.[49]

---

[46] Ebenso OLG Düsseldorf NZG 2000, 1079 – Deutsche Centralbodenkredit AG/Frankfurter Hypothekenbank AG; AG 2001, 533 – Schumag AG; NZG 2003, 588 – Siemens/SNI; NZG 2004, 622 – Krupp/Hoesch-Krupp; NZG 2016, 153 sowie *Bitzer* Probleme der Prüfung S. 33 ff.; *Schmitz* Verschmelzungsprüfung S. 191 ff.

[47] S. OLG Düsseldorf AG 2001, 533 – Schumag AG; NJW-RR 2006, 541 – Agrippina AG/Zürich Leben AG; OLG Stuttgart AG 2006, 420 (424) – Wüstenrot; KG AG 2009, 30 (35).

[48] Insbes. *Menger/Knoll* FS Berthold, 2018, S. 93 (102); ebenso schon *Emmerich* FS Mestmäcker, 2006, S. 137 (149).

[49] BGH ZIP 2009, 908 Rn. 32; NZG 2006, 905 (906) – Degussa (im Anschluss an BGHZ 135, 260); NZG 2007, 715 sowie zuletzt zB OLG Stuttgart AG 2017, 493 (195); OLG Zweibrücken AG 2018, 200 (203); OLG München Beschl. v. 20.3.2019 – 31 Wx 185/17, BeckRS 2019, 4039.

6. Rechtsfolgen

Das **Registergericht** darf den Unternehmensvertrag nicht ins Handelsregister eintra-   29b
gen (§ 294 AktG), wenn die Vertragsprüfung entgegen § 293b AktG unterblieben ist
oder wenn in dem Prüfungsbericht des § 293e AktG die Angemessenheit von Ausgleich
und Abfindung nicht bestätigt wird oder sonstige Mängel des Vertrags beanstandet werden.[50] Denn dann entspricht das Verfahren nicht den gesetzlichen Vorschriften, ein
Mangel, den auch das Registergericht ohne weiteres feststellen kann (§ 26 FamFG).

Die **Anfechtung** des Zustimmungsbeschlusses (§ 243 Abs. 1 AktG) kann nach hM al-   29c
lein auf **formelle Mängel** des Prüfungsberichts gestützt werden,[51] nicht dagegen auf
inhaltliche Mängel des Berichts, weil derartige Mängel wegen der Unabhängigkeit
und Selbstständigkeit der Vertragsprüfer der Gesellschaft, die den Zustimmungsbeschluss gefasst hat, nicht zugerechnet werden könnten. Die einzige vom Gesetz für
inhaltliche Mängel der Vertragsprüfung vorgesehene Sanktion besteht nach dieser
Meinung vielmehr in der (wenig effektiven) **Haftung** der Vertragsprüfer nach § 293d
AktG iVm § 323 HGB.[52] Soweit die Folge der mangelhaften Vertragsprüfung in einer
Unangemessenheit von Ausgleich und Abfindung besteht, werden die Aktionäre stattdessen auf das **Spruchverfahren** verwiesen.[53] Auch durch diese keineswegs zwingenden Restriktionen wird ohne Not der Rechtsschutz der außenstehenden Aktionäre
massiv beeinträchtigt.

IV. Vertragsprüfer

1. Bestellung

Bestellung und Auswahl der Vertragsprüfer sind in den §§ 293c, 293d AktG geregelt,   30
zum Teil durch Verweis auf die §§ 319, 319a, 320, 323 HGB sowie auf die Abs. 3–5
des § 10 UmwG und damit letztlich auf das FamFG (§ 293c Abs. 2 AktG). Als Vertragsprüfer kommen danach bei Aktiengesellschaften und KGaA grds. **nur Wirtschaftsprüfer** und Wirtschaftsprüfungsgesellschaften in Betracht (§ 293d Abs. 1 S. 1
AktG iVm § 319 Abs. 1 HGB; → Rn. 35). Vorbild der komplizierten Regelung sind
die §§ 10, 60 UmwG.

Nach § 293c Abs. 1 S. 1 AktG werden die Vertragsprüfer heute (anders als früher) auf   31
Antrag der Vorstände der vertragsschließenden Gesellschaften (allein) vom Gericht
ausgewählt und bestellt. Damit wird in erster Linie der **Zweck** verfolgt, dem Eindruck
der Parteinähe der Prüfer entgegenzuwirken, um die Akzeptanz der Prüfungsergebnisse vor allem durch die außenstehenden Aktionäre zu erhöhen und so nach Möglichkeit die anschließenden Spruchverfahren zu entlasten (→ Rn. 20).

Die Auswahl und Bestellung der Vertragsprüfer durch das Gericht erfolgt nur auf **An-   32
trag,** dh der Sache nach: auf Vorschlag der Vorstände der vertragsschließenden Gesell-

---

[50] MüKoAktG/*Altmeppen* AktG § 293b Rn. 20; Hölters/*Deilmann* AktG § 293b Rn. 11; *Humbeck* BB
1995, 1893 (1898); dagegen zB *Stephan* Konzern 2014, 1 (15).
[51] OLG Frankfurt a. M. AG 2010, 39 (41); 2010, 368 (371) – Commerzbank; KG NZG 2010, 224.
[52] OLG Hamm ZIP 2005, 1457 – GEA; OLG Karlsruhe AG 2007, 92 – Novasoft AG; OLG Frankfurt
a. M. ZIP 2008, 138 – Wella; AG 2010, 39 (41); 2010, 368 (371) – Commerzbank AG; KG AG 2009,
30 (35); NZG 2010, 224; OLG Stuttgart AG 2009, 204 (209); *Decher* FS Hoffmann-Becking, 2013,
S. 295 (306 f.); *Stephan* Konzern 2014, 1 (15); Spindler/Stilz/*Veil* AktG § 293b Rn. 15.
[53] OLG Karlsruhe AG 2007, 92 – Novasoft AG; OLG Frankfurt a. M. ZIP 2008, 138 – Wella; AG 2010,
368 (371) – Commerzbank AG; KG NZG 2010, 224.

schaften (→ Rn. 33). Die **Zuständigkeit** für die Bestellung liegt bei dem Landgericht, in dessen Bezirk die „abhängige" Gesellschaft ihren Sitz hat (§§ 5, 293c Abs. 1 S. 3 AktG). Gemeint ist damit diejenige Gesellschaft, die jeweils die vertragstypischen Leistungen erbringt. Das **Verfahren** des Gerichts richtet sich gem. § 293c Abs. 2 AktG iVm § 10 Abs. 3 UmwG nach dem FamFG.

33 Bei dem **Antrag** auf Bestellung der Vertragsprüfer handelt der Vorstand jeder der vertragsschließenden Parteien nur für seine eigene Gesellschaft. In dem Antrag kann und wird der Vorstand in aller Regel auch **Vorschläge zu Zahl und Person** der zu bestellenden Vertragsprüfer machen, die zwar für das Gericht nicht bindend sind,[54] denen aber die Gerichte in der Praxis idR folgen, weil die Gesellschaften auch die Kosten der Prüfung tragen müssen (→ Rn. 34). Das Gericht wird deshalb von dem Vorschlag der Gesellschaft nur abweichen, wenn im konkreten Fall Anhaltspunkte für eine mangelnde Unabhängigkeit oder Eignung des oder der vorgeschlagenen Prüfer bestehen.[55] Im Ergebnis wird damit die Auswahl der Vertragsprüfer in der Mehrzahl der Fälle letztlich von den Vorständen der beteiligten Gesellschaften und damit der Sache nach von dem herrschenden Unternehmen allein getroffen.[56]

33a Die Bestellung der Prüfer erfolgt durch **Beschluss** des zuständigen Gerichts. Entgegen einer verbreiteten Praxis (→ Rn. 22) kann das Gericht in dem Beschluss den Prüfern mangels einer gesetzlichen Grundlage *keine* inhaltlichen Vorgaben für die Prüfung machen; zulässig sind vielmehr lediglich allgemeine Hinweise und Anregungen des Gerichts zum Inhalt und zur Form des Prüfungsberichts.[57] Rechtsmittel gegen den Beschluss ist die **Beschwerde,** über die das übergeordnete OLG entscheidet (§ 119 Abs. 1 Nr. 1 Buchst. b GVG; §§ 58, 70ff. FamFG). Beschwerdeberechtigt sind nach § 59 FamFG allein die antragstellenden Gesellschaften, nicht ihre Aktionäre und ebenso wenig die vom Gericht bestellten oder übergangenen sachverständigen Prüfer.

34 Nach § 293c Abs. 1 S. 2 AktG können die Vertragsprüfer auf **gemeinsamen Antrag** der Vorstände der vertragsschließenden Gesellschaften auch für alle beteiligten Gesellschaften gemeinsam bestellt werden, um das Prüfungsverfahren zu vereinfachen. Die Prüfer haben nach § 293c Abs. 1 S. 5 AktG iVm § 318 Abs. 5 HGB Anspruch auf Ersatz angemessener barer **Auslagen und** auf **Vergütung** für ihre Tätigkeit. Beides wird auf Antrag der Prüfer vom Gericht festgesetzt; Schuldner der Auslagen und der Vergütung bleibt aber die Gesellschaft, auf deren Antrag hin der betreffende Prüfer vom Gericht bestellt wurde, so dass die antragstellende Gesellschaft die Frage der Vergütung auch selbstständig durch Vertrag mit dem oder den Prüfern regeln kann. Überhaupt dürfte anzunehmen sein, dass durch die gerichtliche Bestellung des Prüfers *auf Antrag* einer Gesellschaft und durch die *Annahme* der Bestellung seitens des benannten Prüfers ein **Geschäftsbesorgungsvertrag** mit Werkvertragscharakter zwischen der Gesellschaft und dem Prüfer zustande kommt (§ 675 Abs. 1 BGB, § 631 BGB).[58]

---

54 OLG Düsseldorf NZG 2016, 153.
55 OLG Düsseldorf NZG 2005, 347; AG 2007, 363 (368).
56 Ebenso ausdrücklich OLG Düsseldorf NZG 2005, 347; AG 2007, 363 (368).
57 OLG Düsseldorf NZG 2016, 153; krit. dazu *Noack,* NZG 2016, 1259.
58 Ebenso KölnKommAktG/*Koppensteiner* AktG § 293d Rn. 20; nach anderen soll dagegen lediglich ein „vertragsähnliches Verhältnis" begründet werden (zB Hüffer/Koch/*Koch* AktG § 142 Rn. 32; Hölters/ *Deilmann* AktG § 293d Rn. 7).

2. Auswahl, Auskunftsrecht

Als Vertragsprüfer kommen bei einer AG oder KGaA nach § 293 d AktG iVm § 319   35
Abs. 1 S. 1 HGB **nur Wirtschaftsprüfer** und Wirtschaftsprüfungsgesellschaften in
Betracht. Die **Ausschlussgründe** sind in § 319 Abs. 2, 3 HGB sowie in § 319 a HGB
aufgezählt. Danach bildet allein die Mitwirkung des Wirtschaftsprüfers an der Erstellung des Vertragsberichts nach § 293 a AktG einen Ausschlussgrund (sog. Selbstprü-
fungsverbot),[59] *nicht* dagegen die vorausgegangene Tätigkeit des Prüfers als Abschlussprüfer eines der Vertragsbeteiligten oder der Beginn der Prüfungtätigkeit bereits vor
der Bestellung durch das Gericht (iRd von den beteiligten Unternehmen veranlassten
Parallelprüfung, → Rn. 29 a).[60] Davon zu trennen ist die Frage, ob sich die Bestellung
eines Prüfers unter den genannten Voraussetzungen noch iRd Ermessens des Gerichtes
bei der Auswahl der Prüfer nach § 293 d AktG hält. Da dies zumindest zweifelhaft
ist,[61] lehnen es einzelne Gerichte mittlerweile ab, Abschlussprüfer anschließend noch
zu Vertragsprüfern zu bestellen.[62] Die Bestellung eines Vertragsprüfers unter Verstoß
gegen die §§ 319, 319 a HGB hat lediglich zur Folge, dass der Beschluss des Gerichts
mit der Beschwerde anfechtbar ist, da kein Nichtigkeitsgrund vorliegt (§ 293 c Abs. 2
AktG iVm § 10 Abs. 5 UmwG).[63]

Das **Prüfungs- und Auskunftsrecht** der Vertragsprüfer richtet sich nach § 320 Abs. 1   36
S. 2, Abs. 2 S. 1, 2 HGB iVm S. 1 des § 293 d Abs. 1 AktG. Die Vertragsprüfer haben
danach insbes. das Recht, von den Vorständen der beteiligten Gesellschaften alle Auf-
klärungen *und* Nachweise zu verlangen, die für eine sorgfältige Prüfung nötig sind
(§ 320 Abs. 1 S. 2 HGB). § 293 d Abs. 1 S. 2 AktG fügt hinzu, dass (nur) das *Auskunftsrecht* der Vertragsprüfer, *nicht* also auch ihr Prüfungsrecht (str.) gleichermaßen
gegenüber den Vertragsparteien wie gegenüber einem Konzernunternehmen und
einem abhängigen oder herrschenden Unternehmen eines der Vertragsteile besteht.

3. Prüfungsbericht

a) Überblick

Die Vertragsprüfer müssen gem. § 293 e Abs. 1 S. 1 AktG über das Ergebnis der Prü-   37
fung schriftlich berichten.[64] Der Mindestinhalt des Berichts ergibt sich aus S. 2 und
S. 3 des § 293 e AktG. Abs. 2 der Vorschrift bestimmt zugleich durch Verweis auf die
Abs. 2 und 3 des § 293 a AktG, wann der Prüfungsbericht ausnahmsweise entfallen
kann. Adressat des Berichts ist der Vorstand derjenigen Gesellschaft, auf deren Vor-
schlag hin die Vertragsprüfer bestellt wurden und zu der sie folglich in vertraglichen
Beziehungen stehen (→ Rn. 31 ff.). Der Vorstand dieser Gesellschaft hat den Bericht
anschließend den anderen Vertragsparteien zu übersenden (§§ 291, 292 AktG; § 241
Abs. 2 BGB und § 242 BGB).[65] Der Bericht wird außerdem den Aktionären von der
Einberufung der Hauptversammlung an zugänglich gemacht, die über den Unterneh-

---

[59] BGH ZIP 2006, 2080 Rn. 14 – Degussa; OLG Düsseldorf WM 2006, 2137 (2138).
[60] OLG Stuttgart AG 2004, 105 (107); OLG Düsseldorf WM 2006, 2137 (2138); OLG München AG
    2007, 287 – N.Energie AG.
[61] Ebenso K. Schmidt/Lutter/*Langenbucher* AktG § 293 d Rn. 3; Spindler/Stilz/*Veil* AktG § 293 d Rn. 2.
[62] S. Hölters/*Deilmann* AktG § 293 d Rn. 4.
[63] Str., Emmerich/Habersack Aktien-/GmbH-KonzernR/*Emmerich* AktG § 293 d Rn. 4.
[64] Ein Muster findet sich bei Happ/*Liebscher*, Konzern- und Umwandlungsrecht, 2012, Nr. 1.01 d.
[65] Emmerich/Habersack Aktien-/GmbH-KonzernR/*Emmerich* AktG § 293 e Rn. 5 a, str.

mensvertrag entscheiden soll (s. § 293 f Abs. 1 Nr. 3 AktG und § 293 g Abs. 1 AktG), damit sie sich unter anderem auf seiner Grundlage selbst ein Urteil über den Unternehmensvertrag und insbes. über die Angemessenheit der angebotenen Kompensation bilden können (→ Rn. 39). Die Vorschrift des § 293 e ist entsprechend anwendbar auf die Eingliederungsprüfung (§ 320 Abs. 3 S. 3 AktG) sowie auf die Prüfung des Ausschlusses von Minderheitsaktionären (§ 327 c Abs. 2 S. 4 AktG).

38 Wie der Wortlaut des § 293 e Abs. 1 AktG zeigt, der sich nahezu ausschließlich mit der Berichtspflicht über die Angemessenheit von Ausgleich und Abfindung beschäftigt, ist die ganze Regelung der Sache nach allein auf die **Verträge des § 291 AktG** zugeschnitten. Im Schrifttum findet sich daher vielfach die Auffassung, dass sich der **Anwendungsbereich** des § 293 e AktG in der Tat auf die genannten Unternehmensverträge beschränke.[66] Aber nach dem Zusammenhang der gesetzlichen Regelung der §§ 293 a–293 g AktG sollen diese Vorschriften offenbar für *alle* Unternehmensverträge gelten und damit auch für die des § 292 AktG, so dass man für die Vorschrift des § 293 e AktG schwerlich anders entscheiden kann.

39 **Zweck** der durch § 293 e AktG eingeführten Berichtspflicht der Vertragsprüfer ist in erster Linie der **Schutz der Aktionäre** gegen eine zu niedrige Festsetzung von Ausgleich und Abfindung unter Verstoß gegen die §§ 304, 305 AktG. Dadurch soll zugleich nach Möglichkeit ein nachfolgendes Spruchverfahren entlastet werden. Dem Prüfungsbericht der Vertragsprüfer kommt in diesem Zusammenhang vor allem die Aufgabe zu, den Aktionären ein **eigenes Urteil** darüber **zu ermöglichen,** ob die Vorschläge für Ausgleich und Abfindung angemessen sind oder nicht.

b) Inhalt

40 Bei der Abfassung des Berichts müssen die Vertragsprüfung die gesetzlichen Vorgaben (§ 293 e Abs. 1 AktG) für den **Mindestinhalt** des Berichts beachten. Der Bericht besteht danach (mindestens) aus einem Bericht über das **Ergebnis** der Prüfung (§ 293 e Abs. 1 S. 1 AktG) und ist mit einer Erklärung über die Angemessenheit der vorgeschlagenen Kompensation, dem sogenannten **Testat,** abzuschließen (§ 293 e Abs. 1 S. 2 AktG, → Rn. 40 a). Welche **Angaben** in dem Bericht in diesem Zusammenhang zu machen sind, ergibt sich im Einzelnen aus der Nr. 1–3 des § 293 e Abs. 1 S. 3 AktG (→ Rn. 41 f.). Werden diese Vorgaben für den Mindestinhalt des Berichts nicht beachtet, so kann dies die **Anfechtbarkeit** des auf dem Bericht beruhenden Zustimmungsbeschlusses der Hauptversammlung nach sich ziehen, auf jeden Fall, sofern es sich um sogenannte formelle Mängel handelt (§ 243 Abs. 1 AktG, → Rn. 29 c).[67] Außerdem können sich die Vertragsprüfer dann schadensersatzpflichtig machen (→ Rn. 44 f.).

40a Den Kern des Prüfungsberichts bildet nach § 293 e Abs. 1 S. 1 AktG der schriftliche Bericht der Prüfer über das „Ergebnis" ihrer Prüfung des Unternehmensvertrages hinsichtlich der Angemessenheit von Ausgleich und Abfindung. Bericht über das **„Ergebnis"** der Prüfung bedeutet, dass nicht etwa der gesamte Prüfungsvorgang mit allen Einzelheiten in dem Bericht zu dokumentieren ist, sondern lediglich das **abschließende Urteil,** das sich die Vertragsprüfer über den Unternehmensvertrag und insbes. über die Angemessenheit von Ausgleich und Abfindung bei ihrer Prüfung gebildet ha-

---

[66] MüKoAktG/*Altmeppen* AktG § 293 e Rn. 2, 15–17; *Altmeppen* ZIP 1998, 1853; HK-AktG/*Schenk* AktG § 293 e Rn. 4, 11.

[67] Emmerich/Habersack Aktien-/GmbH-KonzernR/*Emmerich* AktG § 293 e Rn. 21 f.

ben.[68] Folgerichtig bestimmt S. 2 des § 293e Abs. 1 AktG, dass der Prüfungsbericht mit einer Erklärung darüber abzuschließen ist, ob der vorgeschlagene Ausgleich *oder* die vorgeschlagene Abfindung angemessen ist (sog. **Testat**).

Die Vertragsprüfer, nota bene: durchweg Wirtschaftsprüfer, können sich jedoch, wie **41** aus § 293e Abs. 1 S. 3 Nr. 1–3 AktG zu folgern ist, nicht mit den beiden in § 293e Abs. 1 S. 1, 2 AktG vorgeschriebenen Erklärungen begnügen (→ Rn. 40a), sondern müssen außerdem **begründen,** welche Überlegungen und Prüfungen sie zu ihrem Urteil über die Angemessenheit der vorgeschlagenen Kompensation geführt haben: Nach der **Nr. 1** der Vorschrift ist zum Zwecke der Begründung des Ergebnisses der Prüfung zunächst anzugeben, nach welchen „**Methoden**" Ausgleich und Abfindung ermittelt wurden. Daraus darf nicht der Schluss gezogen werden, die Prüfer dürften sich auf die Angabe beschränken, bei der Unternehmensbewertung sei (wie allgemein üblich) die Ertragswertmethode angewandt worden (→ § 22 Rn. 34ff.). Einen Sinn macht diese Regelung vielmehr nur, wenn die Prüfer zusätzlich noch zur Mitteilung darüber verpflichtet sind, *wie* bei der Unternehmensbewertung iRd Ertragswertmethode in den *vielen Zweifelsfragen* vorgegangen wurde, die die Ertragswertmethode nach wie vor aufwirft. Denn nur dann sind die Aktionäre überhaupt in der Lage, sich ein eigenes Urteil zumindest über die Plausibilität des Vorschlags der Gesellschaft hinsichtlich der Kompensation zu bilden.

So erklärt sich zugleich die Regelung der **Nr. 2** des § 293e Abs. 1 S. 3 AktG, nach der **42** der Prüfungsbericht außerdem die Angabe enthalten muss, aus welchen Gründen die **Anwendung dieser Methoden,** dh der Methoden zur Ermittlung von Ausgleich und Abfindung nach der Nr. 1 der Vorschrift (→ Rn. 41), „**angemessen**" ist. Auch dies kann sinnvollerweise nur bedeuten, dass der Prüfungsbericht Angaben darüber zu enthalten hat, aus welchen Gründen in den Augen der Vertragsprüfer die einzelnen iRd Ertragswertmethode gewählten **Bewertungsschritte oder -verfahren** nach den Umständen des Falles angemessen, dh **sachgerecht** sind, wobei in erster Linie an die Erläuterung der Höhe des Kapitalisierungszinssatzes, der Prognose der zukünftigen Erträge und der Abgrenzung des nicht betriebsnotwendigen (neutralen) Vermögens sowie die Quantifizierung der (erhofften) Synergieeffekte zu denken ist.[69] Handelt es sich um eine börsennotierte Gesellschaft, so sind außerdem Angaben darüber erforderlich, welche Bedeutung den **Börsenkursen** bei der Festsetzung von Ausgleich und Abfindung beigemessen wurde, warum etwa das Angebot (wie nur allzu häufig) hinter den aktuellen oder durchschnittlichen Börsenkursen der letzten Zeit zurückbleibt.

In dem Bericht ist schließlich nach der **Nr. 3** des § 293e Abs. 1 S. 3 Hs. 1 AktG noch **43** anzugeben, welcher Ausgleich oder welche Abfindung sich bei der **Anwendung verschiedener Methoden,** sofern mehrere angewandt wurden, jeweils ergäben. Hs. 2 der Vorschrift fügt hinzu, dass zugleich darzulegen ist, welches Gewicht den verschiedenen Methoden bei der Bestimmung der vorgeschlagenen Kompensation und der ihnen zugrunde liegenden Werte beigemessen wurde und welche besonderen Schwierigkeiten bei der Unternehmensbewertung auftraten. Auch diese komplizierte Regelung hat allein die verschiedenen Schritte bei der Bewertung des Unternehmens innerhalb der Ertragswertmethode im Auge (→ Rn. 41f.), zB zur Bestimmung des Kapitalisierungs-

---

[68] Ebenso Hölters/*Deilmann* AktG § 293e Rn. 4.

[69] Ebenso OLG Düsseldorf AG 2007, 449 (450f.) – Bekaert; *Dirrigl* Wpg 1989, 454 (459f.); 1989, 617 (620).

zinssatzes, der Zu- und Abschläge sowie zur Abschätzung der zukünftigen Erträge, weil gerade die Information über diese (kritischen) Punkte wichtig für die Urteilsbildung der Aktionäre ist.

43a Die Vorschrift des § 293e AktG regelt den Inhalt des Prüfungsberichts nicht abschließend, sondern enthält lediglich Bestimmungen über den vom Gesetz vorgeschriebenen *Mindestinhalt* des Berichts (str.), sodass es nicht ausgeschlossen ist, dass in bestimmten Fällen **weitere Angaben** – über den engen Rahmen des § 293e Abs. 1 AktG hinaus – erforderlich sind.[70] Wichtig ist dies insbes. bei den **anderen Unternehmensverträgen** des § 292 AktG: Die Prüfer dürfen nicht schweigen, wenn sie feststellen, dass die Angaben des Vorstandes in seinem Bericht (§ 293a AktG) über die rechtliche Einordnung und die Zulässigkeit des Vertrags sowie über die Angemessenheit der *Gegenleistung* des anderen Vertragsteils in ihren Augen nicht mehr vertretbar sind, wenn anders eine Täuschung der Aktionäre verhindert werden soll.[71] Für eine weitergehende Prüfungs- und Berichtspflicht der Prüfer, etwa generell hinsichtlich der Zulässigkeit und Vollständigkeit des Vertrages sowie hinsichtlich der Angemessenheit der Gegenleistung, bietet die gesetzliche Regelung dagegen wohl keine Grundlage.[72]

4. Haftung

44 Die Verantwortlichkeit der Vertragsprüfer, ihrer Gehilfen und der bei der Prüfung mitwirkenden gesetzlichen Vertreter einer Prüfungsgesellschaft richtet sich gemäß § 293d Abs. 2 S. 1 AktG nach § 323 HGB; aus S. 2 des § 293d Abs. 2 AktG folgt außerdem, dass die Verantwortlichkeit **gegenüber beiden Vertragsparteien und deren Anteilsinhabern,** in erster Linie also gegenüber den **Aktionären** der abhängigen und der herrschenden Gesellschaft besteht. Ergänzend sind die Strafvorschriften der §§ 403, 404 Abs. 2 AktG zu beachten, bei denen es sich gleichfalls um Schutzgesetze handelt (§ 823 Abs. 2 BGB). Die Regelung gilt entsprechend bei der Eingliederungsprüfung nach § 320 Abs. 3 S. 3 AktG (→ § 10 Rn. 21) sowie bei der Prüfung des Ausschlusses von Minderheitsaktionären (§ 327c Abs. 2 S. 4 AktG).

45 Aus § 323 Abs. 1 S. 1, 2 HGB ergibt sich zunächst, dass die Vertragsprüfer zur **gewissenhaften und unparteiischen Prüfung** sowie zur **Verschwiegenheit** verpflichtet sind; sie dürfen außerdem nicht unbefugt Geschäfts- und Betriebsgeheimnisse verwerten, die sie bei ihrer Tätigkeit erfahren haben (§ 404 AktG). Verletzen sie schuldhaft (§ 276 BGB) diese Pflichten, so sind sie den Vertragsparteien und deren Anteilsinhabern **schadensersatzpflichtig** (§ 323 Abs. 1 S. 3 HGB in Verbindung mit § 293d Abs. 2 S. 2 AktG). Die Regelung ist zwingendes Recht (§ 323 Abs. 4 HGB); jedoch ist im Falle bloßer Fahrlässigkeit die Haftung summenmäßig beschränkt (§ 323 Abs. 2 HGB). Eine **weitergehende** vertragliche oder deliktische **Haftung** der Prüfer wird dadurch nicht ausgeschlossen (§ 675 Abs. 1 BGB, § 280 Abs. 1 BGB, § 823 Abs. 2 BGB iVm §§ 403, 404 Abs. 1 Nr. 2 AktG). Praktische Bedeutung hat die Regelung bisher nicht erlangt.

---

[70] S. OLG Düsseldorf AG 2007, 449 (450f.) – Bekaert.
[71] Ebenso Spindler/Stilz/*Veil* AktG § 293e Rn. 2.
[72] Anders LG Berlin AG 1996, 230 (232f.) – Brau & Brunnen; hilfsweise auch MüKoAktG/*Altmeppen* AktG § 293e Rn. 17.

V. Auslegungspflicht

1. Überblick

In den §§ 293 f, 293 g AktG (idF des ARUG I von 2009) sorgt das Gesetz noch durch 46
verschiedene Bestimmungen für eine umfassende Information der Aktionäre über die
für die Beurteilung des Unternehmensvertrages wesentlichen Umstände vor und in
der Hauptversammlung, die über die Zustimmung zu dem Vertrag nach § 293 Abs. 1
AktG *oder* § 293 Abs. 2 AktG zu beschließen hat. Hervorzuheben sind die Auslegungspflicht vor der Hauptversammlung (§ 293 f Abs. 1 AktG, → Rn. 47 f.) und in
der Hauptversammlung (§ 293 g Abs. 1 AktG, → Rn. 49) sowie die besondere Erläuterungspflicht des Vorstandes nach § 293 g Abs. 2 AktG (→ Rn. 51 ff.); hinzu tritt die
in § 293 g Abs. 3 AktG angeordnete Ausdehnung des Auskunftsrechts der Aktionäre
auf die Angelegenheiten des anderen Vertragsteils (→ Rn. 53 ff.).

2. Vor der Hauptversammlung

Nach § 293 f Abs. 1 AktG müssen zunächst bestimmte Unterlagen von der Einberu- 47
fung der Hauptversammlung an, die über die Zustimmung zu dem Unternehmensvertrag nach § 293 Abs. 1 AktG *oder* § 293 Abs. 2 AktG beschließen soll, in einem Ge-
schäftsraum der Gesellschaft zur Einsicht der Aktionäre ausgelegt werden (→ Rn. 48).
Vergleichbare Regelungen finden sich für die Eingliederung in den § 319 Abs. 3 und
§ 320 Abs. 4 AktG (→ § 10 Rn. 18 ff.) sowie für den Ausschluss von Minderheitsaktionären in § 327 c Abs. 3, 4 AktG (→ § 10 a). Die **Einberufung** der Hauptversammlung
selbst richtet sich nach den §§ 121 ff. AktG, wobei namentlich § 124 Abs. 2 S. 2 AktG
zu beachten ist, nach dem in der Einberufung mit der Tagesordnung auch der wesentliche Inhalt des Unternehmensvertrages einschließlich aller den Vertrag im positiven
und negativen Sinne kennzeichnenden Punkte bekannt zu machen ist.[73]

Die Auslegungspflicht der Gesellschaft entfällt gem. § 293 f Abs. 3 AktG nur, wenn die 47a
in § 293 f Abs. 1 AktG genannten Unterlagen „für denselben Zeitraum", dh von der
Einberufung der Hauptversammlung an über die **Internetseite** der Gesellschaft zugänglich sind. Die Vorschrift geht auf das ARUG I von 2009 zurück. Durch sie soll
der Bürokratieaufwand der Gesellschaft verringert und zugleich der Zugang der Aktionäre zu den fraglichen Informationen vereinfacht werden.[74] Parallele Regelungen für
börsennotierte Gesellschaften finden sich in § 124 a S. 1 Nr. 3 AktG sowie für inländische Emittenten in § 49 Abs. 3 WpHG. Die Gesellschaft hat seitdem die **Wahl** zwischen der Auslage der fraglichen Unterlagen und ihrer Zugänglichmachung auf der Internetseite der Gesellschaft.

Hält die Gesellschaft an der herkömmlichen Auslage der Unterlagen in **Papierform** 47b
fest, so hat die Auslage nach § 293 f Abs. 1 AktG in dem (dh in einem) **„Geschäfts-
raum"** jeder beteiligten Gesellschaft zu erfolgen, gleichgültig in welchem der möglicherweise zahlreichen Geschäftsräume der Gesellschaft. Entscheidend ist nach Sinn
und Zweck der gesetzlichen Regelung lediglich, dass der fragliche Ort für die Aktionäre während der üblichen Geschäftszeiten *leicht zugänglich* ist. Im Zweifel wird dies
der **Ort des Sitzes der Hauptverwaltung** der Gesellschaft sein;[75] die Gesellschaft

---

[73] S. LG Hanau AG 1996, 184 (185); LG Nürnberg-Fürth AG 1995, 141.
[74] S. Begr. RegE des ARUG, BR-Drs. 847/08, 66, 34 f.
[75] So BGHZ 189, 32 Rn. 16.

kann dabei auch verlangen, dass sich der Aktionär, der dort in die in § 293 f AktG genannten Unterlagen Einsicht nehmen will, als solcher **ausweist,** zB durch die Vorlage einer Hinterlegungsbescheinigung.[76]

48 Auszulegen ist zunächst ab Einberufung der Hauptversammlung nach der Nr. 1 des § 293 f Abs. 1 AktG der **Unternehmensvertrag,** und zwar der gesamte Vertrag einschließlich aller Nebenabreden und Anlagen, die mit dem Vertrag eine rechtliche Einheit iSd § 139 BGB bilden; vermeintlich unwesentliche Nebenabreden oder Anlagen dürfen nicht weggelassen werden. Auszulegen sind ferner nach der Nr. 2 der Vorschrift die **Jahresabschlüsse und** die **Lageberichte** der vertragsschließenden Unternehmen für die letzten drei Geschäftsjahre, soweit es solche nach der Rechtsform der Vertragsparteien überhaupt gibt, also zB nicht bei einem eingetragenen Verein oder einer Stiftung als herrschendem Unternehmen.[77] Letztes Geschäftsjahr iSd § 293 f Abs. 1 Nr. 2 AktG ist das letzte Jahr, für das nach Handelsrecht (§ 264 Abs. 1 S. 2 HGB, §§ 172, 173 AktG) ein Jahresabschluss aufgestellt werden *musste,* auch wenn dies tatsächlich nicht geschehen sein sollte.[78] Keine Auslegungspflicht besteht dagegen hinsichtlich des Konzernabschlusses und des Konzernlageberichts.[79] Auszulegen sind schließlich noch nach § 293 f Abs. 1 Nr. 3 der **Vertragsbericht** (§ 293 a AktG; dazu → Rn. 9 ff.) und der **Prüfungsbericht** (§ 293 e AktG; dazu → Rn. 37 ff.). Alle genannten Dokumente müssen außerdem **in deutscher Sprache** abgefasst sein; eine Auslegung in einer fremden Sprache genügt nicht und begründet die Anfechtbarkeit des Zustimmungsbeschlusses.[80]

3. In der Hauptversammlung

49 Die in § 293 Abs. 1 Nr. 1–3 AktG genannten Unterlagen (→ Rn. 48) sind den Aktionären ferner in der Hauptversammlung selbst „zugänglich zu machen" (§ 293 g Abs. 1 AktG). Mit dieser Regelung, die auf das ARUG I von 2009 zurückgeht, wird bezweckt, es den Gesellschaften zu ermöglichen, auf Kopien in Papierform zu verzichten und stattdessen den Aktionären die erforderlichen Informationen elektronisch, insbes. also auf bereitgestellten Monitoren, zugänglich zu machen.[81] Die Gesellschaften haben seitdem die **Wahl** zwischen der herkömmlichen Auslegung der Unterlagen in Papierform und ihrer Zugänglichmachung in elektronischer Form. Entscheidet sich die Gesellschaft für die **elektronische Form,** so muss die Zahl der Monitore so groß sein, dass die Teilnehmer an der Hauptversammlung jederzeit von den Dokumenten Kenntnis nehmen können, und zwar ohne besonderen technischen Aufwand. Andernfalls müssen so viele **Kopien** der Unterlagen bereitgehalten werden, dass sämtliche Teilnehmer an der Hauptversammlung jederzeit, dh bis zum Ende der Hauptversammlung in die Unterlagen Einsicht nehmen können. Die Auslegungspflicht wird nicht erfüllt, wenn die Unterlagen von einem Mitarbeiter verwahrt und nur auf Verlangen eines Aktionärs herausgegeben werden.[82]

---

[76] Hüffer/Koch/*Koch* AktG § 175 Rn. 6; K. Schmidt/Lutter/*Langenbucher* AktG § 293 f Rn. 10; Spindler/Stilz/*Veil* AktG § 293 f Rn. 5.

[77] *Vetter* NZG 1999, 925.

[78] OLG Hamburg NZG 2003, 539 – Philips.

[79] OLG Düsseldorf NZG 2005, 347; KG AG 2009, 30 (36); ebenso für § 327 c Abs. 3 BGHZ 180, 154 Rn. 29 – Lindner.

[80] OLG München ZIP 2009, 718 (720 f.).

[81] S. Begr. RegE des ARUG, BR-Drs. 847/08, 35.

[82] OLG Frankfurt a. M. NJW-RR 1993, 298.

4. Rechtsfolgen

Die sich aus § 293 f AktG ergebenden Pflichten der Vorstandsmitglieder der beteilig- 50
ten Gesellschaften können nach § 407 Abs. 1 S. 1 AktG vom Registergericht durch
Festsetzung von **Zwangsgeldern** durchgesetzt werden. Ein **Verstoß** gegen die
§§ 293 f, 293 g AktG macht den Zustimmungsbeschluss der Hauptversammlung der
betreffenden Gesellschaft außerdem **anfechtbar** (§ 243 Abs. 1 AktG).[83] Ein Anfechtungsausschluss kommt insoweit nicht in Betracht. § 243 Abs. 4 S. 2 AktG erfasst bei
der gebotenen restriktiven Auslegung diese Fälle nicht.

VI. Erläuterungspflicht

Gem. § 293 g Abs. 2 S. 1 AktG hat der Vorstand (nur) den Unternehmensvertrag zu 51
Beginn der Verhandlung der Hauptversammlung über den Tagesordnungspunkt „Zustimmung zu dem Unternehmensvertrag" mündlich zu erläutern. Gemeint ist damit
ein zusammenfassender Vortrag des zuständigen Vorstandsmitglieds über die wesentlichen Aspekte des Vertragsabschlusses. Hervorzuheben sind die Gründe, die den Vorstand zum Abschluss des Vertrags veranlasst haben, seine Vor- und Nachteile, die zu
erwartenden Konsequenzen für die Gesellschaft sowie vor allem die Angemessenheit
der Kompensation im Falle des § 291 AktG oder der Gegenleistung im Falle des
§ 292 AktG.[84] Entsprechende Regelungen finden sich für die Eingliederung in § 319
Abs. 3 S. 3, 4 AktG und in § 320 Abs. 4 S. 3 AktG sowie für den Ausschluss von Minderheitsaktionären in § 327 d AktG.

Die Erläuterungspflicht des Vorstandes (→ Rn. 51) muss im Zusammenhang mit der 52
Berichtspflicht des Vorstandes auf Grund des § 293 a AktG sowie mit der Vertragsprüfung nach den §§ 293 b–293 e AktG gesehen werden. Dann zeigt sich, dass sich die
Erläuterung des Vertrages, weil der Vertragsbericht den Aktionären bereits bekannt ist
(§ 293 f Abs. 1 Nr. 3 AktG; → Rn. 48), im Regelfall auf eine kurze **Zusammenfassung
und Aktualisierung des Vertragsberichtes** beschränken kann. Wichtig ist vor allem
der zweite Punkt, die Aktualisierung des Berichts, da sich daraus die Verpflichtung
des Vorstandes ergibt, auf zwischenzeitliche Entwicklungen einzugehen, insbesondere,
wenn sie die Vor- und Nachteile des Vertragsabschlusses oder die Angemessenheit von
Ausgleich und Abfindung bzw. der Gegenleistung in einem anderen Lichte als in dem
Vertragsbericht dargestellt erscheinen lassen.[85] Aus dem Zusammenhang der Erläuterungspflicht des Vorstands nach § 293 g Abs. 2 S. 1 AktG mit der Berichtspflicht des
Vorstands auf Grund des § 293 a AktG ist außerdem der Schluss zu ziehen, dass sich
die (umstrittene) Frage, wann der Vorstand eine Erläuterung **ablehnen** darf, nach
dem entsprechend anwendbaren § 293 a Abs. 2 AktG richtet.

VII. Auskunftsrecht

1. Zweck, Verhältnis zu § 131 AktG

Nach § 293 g Abs. 3 AktG ist jedem Aktionär auf Verlangen in der Hauptversamm- 53
lung, die nach § 293 Abs. 1 oder Abs. 2 AktG über die Zustimmung zu einem Unternehmensvertrag zu beschließen hat, Auskunft „auch" über „alle" für den Vertragsabschluss wesentlichen Angelegenheiten des *anderen* Vertragsteils zu geben. Bei dem

---

[83] OLG München NJW-RR 1997, 544 (545 f.).
[84] *Bayer* AG 1988, 323 (328 f.); *Krieger/Schneider* § 70 Rn. 46.
[85] *Vetter* NZG 1999, 925 (927).

Auskunftsrecht der Aktionäre nach § 293g Abs. 3 AktG handelt es sich lediglich um eine **Erweiterung** des allgemeinen Auskunftsrechts der Aktionäre nach § 131 AktG, sodass es iÜ, dh soweit nicht § 293g Abs. 3 AktG eine spezielle Regelung enthält, bei der Anwendbarkeit des § 131 AktG und damit auch bei der des § 132 AktG verbleibt. Den Aktionären soll es dadurch ermöglicht werden, ihr Mitverwaltungsrecht bei dem Abschluss von Unternehmensverträgen (§ 293 Abs. 1, 2 AktG) in **Kenntnis aller relevanten Umstände** auszuüben einschließlich insbes. der Umstände, die die Beurteilung der Angemessenheit von Abfindung und Ausgleich betreffen.[86] Hinzu kommen muss noch nach § 131 Abs. 1 S. 1 AktG, dass die verlangte Auskunft überhaupt zur sachgemäßen Beurteilung des Tagesordnungspunktes Zustimmung zu dem Unternehmensvertrag **erforderlich** ist.[87] Die **Durchsetzung** des Auskunftsrechts richtet sich nach § 132 AktG. Ein Beschluss, durch den die Gesellschaft zur Auskunftserteilung verpflichtet wird, ist nach § 888 ZPO zu vollstrecken.[88]

54 Aus § 131 Abs. 1 S. 1 AktG folgt weiter, dass sich das Auskunftsrecht der Aktionäre allein gegen den **Vorstand ihrer Gesellschaft** richtet und in derjenigen Hauptversammlung auszuüben ist, die über die Zustimmung zu dem Unternehmensvertrag beschließen soll. Die §§ 131, 293g Abs. 3 AktG begründen *nicht* etwa ein Auskunftsrecht auch gegenüber dem **anderen Vertragsteil.** Die Gesetzesverfasser haben dies damit begründet, ein mit pflichtgemäßer Sorgfalt handelnder Vorstand müsse in der Lage sein, über alle für den Vertragsabschluss wesentlichen Angelegenheiten des anderen Vertragsteils von sich aus Auskunft zu geben.[89] Der Vorstand der Gesellschaft muss sich deshalb bereits vor der Hauptversammlung darum bemühen, sämtliche etwa erforderlichen Informationen über den anderen Vertragsteil zu erhalten (§ 93 Abs. 1 S. 1 AktG, → Rn. 55).[90] Tut er dies nicht, so kann er sich in der späteren Vollstreckung nach § 888 ZPO (→ Rn. 53) nicht mehr auf eine etwaige Unmöglichkeit der Auskunftserteilung berufen.[91]

2. Anspruch der Gesellschaft auf Auskunft gegen den anderen Vertragsteil?

55 Von der Frage eines Auskunftsanspruchs der *Aktionäre* gegen den anderen Vertragsteil (→ Rn. 54) ist die Frage zu trennen, ob die *Gesellschaft,* deren Aktionäre Auskunft über den anderen Vertragsteil fordern, selbst einen Anspruch auf Auskunft gegen den anderen Vertragsteil, zB bei einem Beherrschungs- oder Gewinnabführungsvertrag gegen das herrschende oder berechtigte Unternehmen hat. Ein derartiger Auskunftsanspruch der Gesellschaft besteht mangels einer gesetzlichen Regelung nicht generell, sondern nur unter zusätzlichen Voraussetzungen in bestimmten Fällen. Der wichtigste Fall ist der Abschluss eines **Beherrschungsvertrages.** Die gravierenden Auswirkungen, die der Abschluss eines derartigen Vertrages für beide Vertragsparteien und ihre Gesellschafter mit sich bringt (s. vor allem die §§ 302 f., 304 f. AktG), rechtfertigen die Annahme umfassender *gegenseitiger* Auskunftspflichten bereits im vorvertraglichen Raum

---

[86] BGHZ 119, 1 (17) – Asea/BBC; BayObLGZ 1974, 208 (211f.); OLG Koblenz ZIP 2001, 1093 (1094); 2001, 1095 (1098) – Diebels/Reginaris I + II; KG NZG 2002, 818 (821).

[87] BayObLGZ 1974, 208 (210); 1975, 239 (242); OLG Koblenz ZIP 2001, 1093 (1094); 2001, 1095 (1098) – Diebels/Reginaris I + II; KG NZG 2002, 818 (821).

[88] BayObLGZ 1974, 208 (214); 1974, 484 (486f.); 1975, 239 (243).

[89] Begründung zu dem RegE des § 293, bei *Kropff* AktG, S. 382o.

[90] BayObLGZ 1975, 239 (242f.); OLG Koblenz ZIP 2001, 1093 (1094); 2001, 1095 (1098).

[91] → Rn. 56; BayObLGZ 1975, 239 (242f.); OLG Koblenz ZIP 2001, 1093 (1094); 2001, 1095 (1098).

(§ 241 Abs. 2 BGB, § 242 BGB und § 311 Abs. 2 BGB). Bei Gewinngemeinschaften und Teilgewinnabführungsverträgen in Gestalt **stiller Gesellschaftsverträge** (§ 292 Abs. 1 Nr. 1, 2 AktG) kann man sich außerdem zur Begründung einer Auskunftspflicht des anderen Vertragsteils auf die **Treuepflicht** der Gesellschafter bereits während der Vertragsverhandlungen stützen (§ 242 BGB, § 241 Abs. 2 BGB und § 705 BGB). Ein letzter Fall folgt schließlich für Mutterunternehmen iSd § 290 HGB aus der besonderen Regelung des § 131 Abs. 1 S. 4 AktG (vgl. außerdem noch § 131 Abs. 1 S. 2 AktG und dazu → Rn. 57).

Eine wieder andere Frage ist, was zu geschehen hat, wenn der Vorstand die nötigen **56** Informationen über den anderen Vertragsteil trotz pflichtgemäßer Bemühungen nicht zu erlangen vermag, etwa, weil der andere Vertragsteil jede **Auskunft,** zu Recht oder zu Unrecht, **verweigert.** Nach überwiegender Meinung stößt in solchem Fall das Auskunftsrecht der Aktionäre auf immanente Schranken (§§ 242, 275 BGB).[92] Dies trifft indessen nur zu, wenn der Vorstand der Gesellschaft tatsächlich über keinerlei Mittel mehr verfügt, sich die nötigen Informationen von dem anderen Vertragsteil zu beschaffen; andernfalls bleibt er zur Auskunft verpflichtet, weil dann weder von Unmöglichkeit noch von Unvermögen die Rede sein kann.[93]

3. Umfang

Der Umfang des Auskunftsrechts der Aktionäre richtet sich nach § 131 Abs. 1 AktG **57** iVm § 293g Abs. 3 AktG (→ Rn. 53). Bereits nach § 131 Abs. 1 S. 2 AktG kann der Aktionär Auskunft über alle Angelegenheiten der Gesellschaft einschließlich der rechtlichen und geschäftlichen Beziehungen *zu* einem verbundenen Unternehmen iSd § 15 AktG verlangen, soweit zur sachgemäßen Beurteilung des Gegenstands der Tagesordnung erforderlich. Durch § 293g Abs. 3 AktG wird dieses Auskunftsrecht auf „alle" für den Vertragsabschluss **wesentlichen Angelegenheiten** des anderen Vertragsteils selbst erweitert. Der Begriff „wesentlich" ist hier ebenso wie der Begriff „erforderlich" in § 131 Abs. 1 S. 1 AktG zu interpretieren, sodass zum Verständnis des Begriffs auf die Sicht eines objektiv urteilenden durchschnittlichen Aktionärs abzustellen ist.[94] Darunter fallen maW sämtliche Informationen, die in irgendeiner Hinsicht für eine sachgerechte Entscheidung der Aktionäre über den Unternehmensvertrag bedeutsam sein können.[95]

Nach dem Zweck der Regelung (→ Rn. 53) ist das Auskunftsrecht der Aktionäre auf **58** Grund des § 131 Abs. 1 AktG und des § 293g Abs. 3 AktG grds. *weit* auszulegen, weil es sich dabei vermutlich um das wichtigste Schutzinstrument für die außenstehenden Aktionäre überhaupt handelt.[96] Das Auskunftsrecht beschränkt sich deshalb nicht etwa auf die Bonität des herrschenden Unternehmens,[97] sondern erstreckt sich außerdem zB noch auf die Zusammensetzung des Aktionärskreises, auf die Vermögenslage

---

[92] BayObLGZ 1974, 484 (486f.); 1975, 239 (243); OLG Hamm ZIP 1999, 798 – Idunahall/Hoesch/Krupp; *Kort* ZGR 1987, 46 (70ff.).
[93] KölnKommAktG/*Koppensteiner* AktG § 293g Rn. 26; *Wälde* AG 1975, 328.
[94] OLG Stuttgart AG 2015, 163 (169).
[95] BayObLGZ 1974, 208 (212f.); 1975, 239 (242); OLG Koblenz ZIP 2001, 1093 (1094); 2001, 1095 (1098).
[96] MüKoAktG/*Altmeppen* AktG § 293g Rn. 15f.; *Ebenroth* AG 1970, 104; Hüffer/Koch/*Koch* AktG § 293g Rn. 3.
[97] BGHZ 119, 1 (17) – Asea/BBC.

des anderen Vertragsteils einschließlich seiner satzungsmäßigen Kapitalverhältnisse sowie seiner Ertragslage, wozu auch die Ergebnisse anderer Beteiligungsunternehmen gehören,[98] weiter auf die wichtigsten Bilanzpositionen der letzten Geschäftsjahre[99] sowie gegebenenfalls auf die stillen Reserven.[100] Weitere **Beispiele** sind die Unternehmenspolitik des anderen Vertragsteils, seine mit dem Vertragsabschluss verfolgten unternehmerischen Ziele, überhaupt die Struktur und die Lage des Konzerns, zu dem der andere Vertragsteil gehört, ferner die Ertragsentwicklung des herrschenden Unternehmens sowie noch die von ihm erzielten Überschüsse und die geplanten zukünftigen Erträge.[101] Die Aktionäre können außerdem Auskunft über sämtliche Punkte verlangen, die im Falle des § 291 AktG zur Beurteilung der **Angemessenheit** von Ausgleich und Abfindung sowie von Leistung und Gegenleistung in den Fällen des § 292 AktG erforderlich sind.[102] Bei einer Abfindung in Aktien des anderen Vertragsteils (§ 305 Abs. 2 Nr. 1 AktG) gehört dazu auch der Buchwert der Aktien.[103]

59 Die Auskunft muss den Grundsätzen einer gewissenhaften und getreuen Rechenschaft entsprechen sowie vollständig und sachlich zutreffend sein; solange es daran fehlt, ist der Auskunftsanspruch der Aktionäre nicht erfüllt (§ 362 BGB).[104] Noch offen ist, ob dem Vorstand unter den Voraussetzungen des § 131 Abs. 3 AktG ein **Auskunftsverweigerungsrecht** zusteht.[105] Die Frage dürfte mit Rücksicht auf den Zweck der Regelung und wegen der fehlenden Bezugnahme auf § 131 Abs. 3 AktG in § 293 g Abs. 3 AktG zu verneinen sein.[106]

§ 18. Änderung von Unternehmensverträgen

Literatur: *Grüner,* Die Beendigung von Gewinnabführungs- und Beherrschungsverträgen, 2003; *Hommelhoff,* Die Konzernleitungspflicht, 1982; *Hüchting,* Abfindung und Ausgleich im aktienrechtlichen Beherrschungsvertrag, 1972; *Kley,* Die Rechtsstellung der außenstehenden Aktionäre bei der vorzeitigen Beendigung von Unternehmensverträgen, 1986; *Krieger,* Änderung und Beendigung von Beherrschungs- und Gewinnabführungsverträgen, in U. Schneider (Hrsg.), Beherrschungs- und Gewinnabführungsverträge in der Praxis der GmbH, 1989, S. 99.

I. Überblick

1 Das AktG enthält in § 295 AktG eine besondere Regelung für die Änderung von Unternehmensverträgen mit einer AG. Die komplizierte Regelung kann man nur verstehen, wenn man sich vergegenwärtigt, dass Unternehmensverträge jedenfalls auch *schuldrechtliche Verträge* sind (→ § 11 Rn. 20 ff.), sodass sie grds. gem. § 311 Abs. 1 BGB dem **Vertragsprinzip** unterliegen. Davon geht das Gesetz im Grundsatz auch für die Änderung von Unternehmensverträgen mit einer AG aus. Vornehmlich zum Schutz der außenstehenden Aktionäre enthält das Gesetz jedoch in § 295 AktG einige

---

[98] BGHZ 119, 1 (15 f.) – Asea/BBC; BGHZ 122, 211 (238 f.) – SSI; BayObLGZ 1974, 208 (210 f.); 1975, 239 (242); OLG Karlsruhe AG 1991, 144 (147 f.) – Asea/BBC.

[99] BayObLGZ 1974, 208 (210); OLG Hamburg NZG 2003, 539 – Philips/PKV.

[100] OLG Karlsruhe AG 1991, 144 (147 f.).

[101] OLG Koblenz ZIP 2001, 1093 (1094); 2001, 1095 (1098).

[102] BGHZ 122, 211 (238) – SSI; OLG Koblenz ZIP 2001, 1093 (1094); 2001, 1095 (1098).

[103] LG Hanau AG 1996, 184 (185) – Schwab-Versand.

[104] OLG Stuttgart AG 2015, 163 (170).

[105] Dafür BayObLGZ 1974, 208 (212 f.); LG Frankfurt a. M. WM 1989, 683 – Nestlé; *Bungert* Betr. 1995, 1449 (1451); *Krieger/Schneider* § 70 Rn. 48.

[106] S. BGHZ 119, 1 (16 f.) – Asea/BBC; OLG München NJW-RR 1997, 544 (545); *Decher* ZGR 158 (1994), 473 (492); *Wälde* AG 1975, 328 (329).

Ergänzungen, durch die zugleich klargestellt wird, dass bei der AG die Änderung von Unternehmensverträgen nicht in die Geschäftsführungskompetenz des Vorstandes nach § 77 AktG fällt, sondern im Prinzip denselben strengen Regeln wie der Abschluss von Unternehmensverträgen nach § 293 AktG unterliegt (zur GmbH→ § 32 Rn. 39). Deshalb bestimmt das Gesetz in § 295 Abs. 1 AktG iVm § 293 Abs. 1 AktG, dass der Änderungsvertrag (§ 311 Abs. 1 BGB) bei der AG und der KGaA stets zumindest der **Zustimmung der Hauptversammlung** derjenigen Gesellschaft mit qualifizierter Mehrheit bedarf, die die vertragstypischen Leistungen erbringt; bei Beherrschungs- und Gewinnabführungsverträgen muss außerdem die Zustimmung der Hauptversammlung der herrschenden Gesellschaft ebenfalls mit qualifizierter Mehrheit hinzutreten (§ 295 Abs. 1 AktG iVm § 293 Abs. 2 AktG). Zusätzlich verweist das Gesetz in § 295 Abs. 1 S. 2 AktG noch auf die §§ 293a–294 AktG; dadurch soll vor allem sonst nahe liegenden Versuchen zur Umgehung der Vorschriften über den Abschluss von Unternehmensverträgen begegnet werden.

Besondere Gefahren für die außenstehenden Aktionäre sieht das Gesetz, wenn die beabsichtigte Vertragsänderung eine Bestimmung des Vertrags über die Leistung von Ausgleich oder Abfindung an außenstehende Aktionäre betrifft. Deshalb bestimmt § 295 Abs. 2 AktG iVm § 293 Abs. 1 S. 2, 3 AktG, dass in diesem Fall zusätzlich ein **Sonderbeschluss** der außenstehenden Aktionäre nach § 138 AktG mit qualifizierter Mehrheit erforderlich ist (→ Rn. 15 ff.). Vergleichbare Regelungen finden sich für die Aufhebung eines Unternehmensvertrages in § 296 Abs. 2 AktG und für die ordentliche Kündigung (nur) durch den Vorstand der abhängigen Gesellschaft in § 297 Abs. 2 AktG (→ § 19 Rn. 4, 26 ff.). Die verschiedenen Regelungen zum Schutze der außenstehenden Aktionäre werden abgerundet durch die Bestimmung des § 299 AktG, nach der auf Grund eines Beherrschungsvertrages der abhängigen Gesellschaft von dem herrschenden Unternehmen nicht die Weisung erteilt werden kann, den Vertrag zu ändern, aufrechtzuerhalten oder zu beendigen. 2

II. Vertragsänderung

1. Begriff

§ 295 AktG betrifft „Änderungen" von Unternehmensverträgen iSd § 311 Abs. 1 BGB. Darunter fällt jede **einverständliche inhaltliche Abänderung** des bereits abgeschlossenen Unternehmensvertrages, die noch **während seiner Laufzeit** wirksam werden soll.[1] Zwischen wesentlichen und unwesentlichen Änderungen wird ebenso wenig wie zwischen inhaltlichen und „bloßen" redaktionellen Änderungen unterschieden.[2] Der **Zweck,** den die Parteien mit der Änderung verfolgen, ist gleichfalls ohne Belang. Entscheidend ist allein „die inhaltliche Einwirkung auf das Rechte- und Pflichtengefüge des Vertrages".[3] 3

Die wichtigsten **Erscheinungsformen** von Vertragsänderungen sind nach dem Gesagten (→ Rn. 3) die Aufhebung, Einschränkung oder Erweiterung einzelner Bestim- 4

---

[1] BGH NJW 1979, 2103 – Salzgitter-Peine; BFHE 223, 162; OLG Frankfurt a. M. AG 2005, 353 – AEG/Daimler Benz; OLG Schleswig NZG 2011, 620; MüKoBGB/*Emmerich* BGB § 311 Rn. 13 f; *Hüchting* Abfindung S. 102 f.; *Krieger/Schneider* § 70 Rn. 177.

[2] Ebenso die Begründung zum RegE, bei *Kropff* AktG, S. 384; LG Mannheim ZIP 1990, 379 – Asea/BBC; OLG Schleswig NZG 2011, 620.

[3] So BFHE 223, 162.

mungen,[4] die Änderung der Vertragsdauer oder des Vertragstyps (→ Rn. 6 ff.) sowie der Parteiwechsel (→ Rn. 9 ff.). Den **Gegensatz** bilden zum einen die einverständliche Aufhebung des Vertrages (§ 296 AktG) und zum anderen die Ausübung von Gestaltungsrechten wie zB Kündigung (§ 297 AktG), Rücktritt oder Anfechtung des Vertrages (→ § 19 Rn. 55, 56 ff.). Die Vertragsänderung nach § 295 muss vor allem sorgfältig von der Kündigung des Unternehmensvertrages aufgrund des § 297 AktG unterschieden werden, weil im Gegensatz zur Vertragsänderung (§ 295 Abs. 2 AktG) weder bei der Kündigung aus wichtigem Grund (§ 297 Abs. 1 AktG) noch bei der ordentlichen Kündigung durch den anderen Vertragsteil ein Sonderbeschluss der außenstehenden Aktionäre erforderlich ist (§ 297 Abs. 2 AktG), selbst wenn in dem Vertrag eine Kompensation für die außenstehenden Aktionäre vorgesehen ist.

4a Von einer Vertragsänderung ist ferner der Abschluss rechtlich selbstständiger **Zusatzvereinbarungen** zu dem Unternehmensvertrag zu unterscheiden.[5] Bei der Annahme derartiger Zusatzvereinbarungen ist jedoch wegen der nahe liegenden **Umgehungsgefahr** Zurückhaltung geboten. Wenn zB eine Bank AG mit stillen Gesellschaftern vereinbart, dass diese in einem Jahr nicht an den zu erwartenden Verlusten partizipieren, sondern stattdessen eine vom Gewinn unabhängige Sonderzahlung erhalten sollen, so handelt es sich im Zweifel um eine unter § 295 AktG fallende Änderung des stillen Gesellschaftsvertrages, eines Teilgewinnabführungsvertrages nach § 292 Abs. 1 Nr. 2 AktG, und nicht um eine selbstständige Zusatzvereinbarung – mit der Folge der Anwendbarkeit des § 295 Abs. 1 AktG, sodass die Vertragsänderung nur mit Zustimmung der Hauptversammlung der Bank AG Wirksamkeit erlangen kann (§ 293 Abs. 1 AktG).[6]

2. Änderungskündigung

5 Die unterschiedliche Regelung der Änderung und der Kündigung des Vertrages in den §§ 295, 297 AktG (→ Rn. 4) bringt es mit sich, dass die besonderen Kautelen, die § 295 AktG für eine Vertragsänderung – zum Schutze der außenstehenden Aktionäre – vorsieht, im Wege einer sogenannten Änderungskündigung umgangen werden können. Man versteht darunter die **Verbindung einer Kündigung** des Vertrags durch das herrschende Unternehmen nach § 297 Abs. 2 AktG **mit** einem **Neuabschluss** nach § 293 AktG,[7] wodurch tatsächlich ein Sonderbeschluss der außenstehenden Aktionäre, der mitunter nur schwer zu erreichen ist, vermieden werden kann. § 295 AktG bleibt dagegen anwendbar, wenn das herrschende Unternehmen die Kündigung des Vertrages unter der auflösenden Bedingung der Zustimmung der abhängigen Gesellschaft zu einer Vertragsänderung ausspricht und es im Falle der Zustimmung der abhängigen Gesellschaft dann auch tatsächlich zu der einverständlichen Änderung des Vertrages iSd § 311 Abs. 1 BGB kommt.[8] Zwischen der Vertragsänderung nach § 295 AktG und der Änderungskündigung aufgrund der §§ 297, 293 AktG haben die Parteien die **Wahl.** Jedoch ist die rechtliche Qualifizierung der von ihnen gewähl-

---

4 BayObLG NZG 2003, 36 – PKV/Philips; *Hüchting* Abfindung S. 102 f.
5 OLG Schleswig NZG 2011, 620.
6 BGH NZG 2013, 53; Urt. v. 18.9.2012 – II ZR 51/11, BeckRS 2012, 25500 – HSH-Nordbank I und II.
7 BGHZ 122, 211 (233 f.) – SSI; BGH NJW 1979, 2103 – Salzgitter-Peine; OLG Düsseldorf AG 1990, 490 (491) – DAB/Hansa; *Timm* FS Kellermann, 1991, 461 (462).
8 MüKoAktG/*Altmeppen* AktG § 295 Rn. 14; *Krieger/Schneider* § 70 Rn. 177; *Windbichler,* Unternehmensverträge und Zusammenschlusskontrolle, 1977, S. 77 ff.

ten Vorgehensweise allein Sache des Gerichts, sodass die Parteien, wenn sie der Sache nach den Weg einer Vertragsänderung gewählt haben, in jedem Fall die Vorschrift des § 295 AktG beachten müssen, auch wenn sie dessen Anwendung gerade vermeiden wollten.[9]

Die streng formalisierten Anforderungen des Gesetzes an eine wirksame Vertragsände-   **5a**
rung (§ 295) haben zu der weiteren Frage Anlass gegeben, wie zu verfahren ist, wenn die Parteien ohne Beachtung der Förmlichkeiten des § 295 AktG lediglich „tatsächlich" ihre **Vertragspraxis ändern.** Die Antwort ergibt sich aus § 311 Abs. 1 BGB: Beruht die geänderte Vertragspraxis auf dem Willen *beider* Parteien, so handelt es sich der Sache nach um einen **konkludent** abgeschlossenen **Änderungsvertrag** iSd § 311 Abs. 1 BGB und des § 295 AktG, der freilich mangels Beachtung der erforderlichen Schriftform (§§ 295 Abs. 1 AktG, 293 Abs. 3 AktG) sowie mangels Eintragung ins Handelsregister *nichtig* ist (§ 125 BGB, § 295 Abs. 1 S. 2 AktG, § 293 Abs. 3 AktG und 294 Abs. 2 AktG).[10] Handelt es sich bei dem fraglichen Vertrag um einen Gewinnabführungsvertrag, so entfallen zugleich mit der Praktizierung des unwirksam geänderten Vertrages die Voraussetzungen für die steuerliche Anerkennung der Organschaft nach den §§ 14, 17 KStG.[11]

3. Änderung der Vertragsdauer oder des Vertragstyps

Zum Inhalt eines Vertrages gehört an sich auch die Bestimmung der Vertragsdauer.   **6**
Daraus kann aber nicht der Schluss gezogen werden, dass Abreden über die Änderung der Vertragsdauer ausnahmslos unter § 295 AktG fallen. Man muss vielmehr unterscheiden: Was zunächst die **Verkürzung** der ursprünglich vorgesehenen Vertragsdauer angeht, so steht sie der Sache nach einer späteren (vorzeitigen) Aufhebung des Vertrags so nahe, dass es gerechtfertigt erscheint, auf diesen Fall § 296 AktG zumindest entsprechend anzuwenden, zumal nach § 296 AktG die Aufhebung eines Unternehmensvertrages ohnehin nur zum Ende eines Geschäftsjahres zulässig ist, so dass es sich bei jeder vor Ende eines Geschäftsjahres vereinbarten Vertragsaufhebung der Sache nach um nichts anderes als um eine Verkürzung der Vertragsdauer handelt.

Anders zu behandeln ist dagegen eine nachträgliche **Verlängerung** der ursprünglich   **7**
vorgesehenen Vertragsdauer. Nach überwiegender Meinung soll freilich auch darin *keine* Vertragsänderung iSd § 295 AktG, sondern der Abschluss eines neuen Vertrages liegen, der allein dem § 293 AktG unterfalle, freilich iVm der Neufestsetzung von Ausgleich und Abfindung nach den §§ 304, 305 AktG.[12] Dabei wird indessen übersehen, dass das Gesetz den Parteien in den §§ 295–297 AktG die Wahl zwischen der Änderung der Vertragsdauer (§ 295 AktG) und der Aufhebung des alten Vertrages (§ 296 AktG) iVm dem Abschluss eines neuen Vertrags (§ 293 AktG) eröffnet hat. Entscheiden sie sich für die **Änderung** des Vertrags durch die bloße Verlängerung dessen Geltungsdauer, so müssen sie daher auch den dafür gesetzlich vorgeschriebenen Weg (§ 295 AktG) beachten, wozu gegebenenfalls nach § 295 Abs. 2 AktG nicht zuletzt

---

[9] BGH NZG 2013, 53; Urt. v. 18.9.2012 – II ZR 51/11, BeckRS 2012, 25500 – HSH-Nordbank I und II.

[10] Ebenso Hölters/*Deilmann* AktG § 295 Rn. 5.

[11] Ein Beispiel in BFHE 223, 162.

[12] OLG Frankfurt a. M. AG 2005, 353 – AEG/Daimler Benz; MüKoAktG/*Altmeppen* AktG § 295 Rn. 10–13; *Hüffer* AktG § 295 Rn. 7; *Humbeck* BB 1995, 1893 (1894); KölnKommAktG/*Koppensteiner* AktG § 295 Rn. 16; *Krieger/Schneider* § 70 Rn. 176; *Raiser/Veil* § 54 Rn. 100.

ein Sonderbeschluss der außenstehenden Aktionäre gehört.[13] Zudem kann nur auf dem Weg über die Annahme einer bloßen Vertragsänderung die für die Anerkennung der steuerlichen Organschaft unabdingbare **Vertragskontinuität** gewahrt werden. Deshalb ist auch der BFH für den Fall der Hinausschiebung des ersten Kündigungstermins ohne weiteres von der Anwendbarkeit des § 295 AktG ausgegangen.[14]

8 Ebenso wie eine Änderung der Vertragsdauer ist ferner eine Änderung des **Vertragstyps** zu beurteilen, zB die Ersetzung eines Geschäftsführungs- oder Betriebspachtvertrags durch einen Beherrschungsvertrag. Entgegen einer verbreiteten Meinung liegt darin nicht in jedem Fall eine Aufhebung des alten Vertrages nach § 296 AktG iVm dem Abschluss eines neuen Vertrages gem. § 293 AktG.[15] Die Parteien haben vielmehr auch hier nach dem Gesagten die **Wahl** zwischen dem genannten Weg (Aufhebung des alten und Abschluss eines neuen Vertrages) und der inhaltlichen Umgestaltung des alten Vertrages nach § 295 AktG. Der sachliche Unterschied zwischen beiden Vorgehensweisen ist freilich gering, da in jedem Fall das herrschende Unternehmen bei Übergang zu einem Beherrschungs- oder Gewinnabführungsvertrag den außenstehenden Aktionären ein **neues Ausgleichs- und Abfindungsangebot** nach den §§ 304, 305 AktG machen muss.[16]

4. Parteiwechsel

9 Unter dem Stichwort Parteiwechsel werden unterschiedliche Fälle diskutiert. Man muss insbesondere zwischen der Übertragung eines Vertrages von einer Partei auf eine andere und dem Beitritt einer weiteren Partei zu einem bestehenden Vertrag neben den bisherigen Parteien unterscheiden. Alle diese Operationen sind auf dem Boden der Vertragsfreiheit ohne weiteres möglich (§ 311 Abs. 1 BGB), wofür das Gesetz den Parteien zudem unterschiedliche Wege zur Verfügung stellt, die teils unter § 295 AktG, teils aber auch direkt unter § 293 AktG fallen.[17] Unproblematisch ist die Rechtslage zunächst, wenn die Parteien für die Übertragung etwa eines Beherrschungsvertrages auf ein neues herrschendes Unternehmen den Weg der **Aufhebung** des alten iVm dem **Abschluss** eines *neuen* Unternehmensvertrages mit der oder den neuen Parteien wählen. In diesem Fall sind allein die §§ 296 und 293 AktG anwendbar.[18] Dieser Weg hat freilich den Nachteil, dass die insbesondere aus steuerrechtlichen Gründen häufig bedeutsame Vertragskontinuität verloren geht (§ 14 Abs. 1 S. 1 Nr. 3 S. 1 KStG).

10 Wollen die Parteien deshalb die Vertragskontinuität aufrechterhalten, so eröffnet ihnen das Gesetz auch dafür verschiedene Wege. Hervorzuheben sind der Abschluss eines Vertrages zwischen der alten und der neuen Partei mit Zustimmung des anderen Teils sowie alternativ der Weg eines dreiseitigen Vertrags aller Beteiligten (s. § 311 Abs. 1 BGB, §§ 398 ff. BGB, §§ 414 f. BGB).[19] In jedem Fall wird dadurch der Unter-

---

[13] *Bungert* Betr. 1995, 1449; *Grüner* Beendigung S. 138 ff.
[14] BFHE 223, 162.
[15] So BayObLGZ 2001, 339 (342 f.) – Bayerische Brau-Holding; OLG Frankfurt a. M. AG 2005, 353 – AEG/Daimler Benz; MüKoAktG/*Altmeppen* AktG § 295 Rn. 7 f.
[16] BayObLGZ 2001, 339 (343).
[17] Emmerich/Habersack Aktien-/GmbH-KonzernR/*Emmerich* AktG § 295 Rn. 13 f.: *Emmerich* JuS 1998, 445.
[18] LG Essen AG 1995, 189 (190) – RAG Immobilien-AG.
[19] S. *Emmerich* JuS 1998, 445.

nehmensvertrag iSd § 295 AktG geändert, solange nur die Parteien iÜ an dem bisherigen Vertrag festhalten.[20] Umstritten ist in diesen Fällen lediglich, ob diese Vorgänge die erneute Anwendbarkeit der §§ 304, 305 AktG nach sich ziehen (→ Rn. 18 f.).

Von der Vertragsübernahme oder dem Vertragsbeitritt eines Dritten durch Vertrag 11 (→ Rn. 9 f.) ist der **Parteiwechsel** auf einer Seite des Vertrages **kraft Gesetzes** zu unterscheiden, zu dem es zB im Falle der Verschmelzung einer Vertragspartei mit einem dritten Unternehmen oder bei ihrer übertragenden Umwandlung auf ein drittes Unternehmen kommen kann (s. § 20 Abs. 1 Nr. 1 UmwG und dazu → § 19 Rn. 62 f.). Auch der Fall der Eingliederung gehört hierher (→ § 19 Rn. 60 f.). In derartigen Fällen ist für die Anwendung des § 295 AktG kein Raum.[21]

III. Zustimmungsbeschluss

Für den Änderungsvertrag iSd § 311 Abs. 1 BGB gelten in den genannten Fällen 12 (→ Rn. 3 ff.) der Sache nach *dieselben Wirksamkeitsvoraussetzungen wie für den Abschluss* des ursprünglichen Vertrages (§ 295 Abs. 1 iVm den §§ 293–294 AktG). Dies bedeutet zunächst, dass der Vertragsänderung zumindest die **Hauptversammlung** derjenigen Gesellschaft mit qualifizierter Mehrheit **zustimmen** muss, die die vertragstypischen Leistungen erbringt, bei einem Beherrschungs- oder Gewinnabführungsvertrag also die Hauptversammlung der abhängigen AG oder KGaA (§ 295 Abs. 1 AktG iVm § 293 Abs. 1 AktG). In dem zuletzt genannten Fall muss außerdem noch die Zustimmung der Hauptversammlung der herrschenden Gesellschaft, ebenfalls mit qualifizierter Mehrheit, hinzukommen, wenn diese die Rechtsform einer AG oder KGaA hat (§ 295 Abs. 1 S. 2 AktG iVm § 293 Abs. 2 AktG). Der Änderungsvertrag bedarf außerdem der **Schriftform** (§ 295 Abs. 1 S. 2 AktG iVm § 293 Abs. 3 AktG; §§ 125, 126 BGB) und wird erst mit **Eintragung** der Änderung ins Handelsregister wirksam (§ 295 Abs. 1 S. 2 AktG iVm § 294 AktG). In den Fällen des § 295 Abs. 2 AktG (→ Rn. 16) muss ferner noch der **Sonderbeschluss** der außenstehenden Aktionäre hinzukommen.

Für die Einberufung, die Vorbereitung und die Durchführung der **Hauptversammlung,** in der über die Zustimmung zu der Vertragsänderung zu beschließen ist, verweist § 295 Abs. 1 S. 2 AktG ergänzend auf die Vorschriften des § 293 f AktG und des § 293 g AktG. Anwendbar ist außerdem § 124 AktG, so dass bei der **Einberufung** der Hauptversammlung bereits der wesentliche Inhalt „des Vertrags" bekannt zu machen ist (§ 124 Abs. 2 S. 2 AktG), womit der Änderungsvertrag, nicht etwa der ursprüngliche Vertrag gemeint ist.[22] Die vom Vorstand in der Hauptversammlung geschuldete **Erläuterung** der Vertragsänderung (§ 293 g Abs. 2 S. 1 AktG) muss sich vor allem auf Grund und Zweck, auf den Inhalt und die Tragweite sowie die wirtschaftlichen Auswirkungen gerade der vorgeschlagenen Vertragsänderung beziehen, um den Aktionären eine sachgerechte Entscheidung zu ermöglichen. Entsprechend weit ist das **Auskunftsrecht** der Aktionäre auf Grund der § 131 Abs. 1 AktG und 293 g Abs. 3 AktG

---

[20] BGHZ 119, 1 (6 ff., 16) – Asea/BBC; OLG Karlsruhe AG 1997, 270 (271 f.) – ASEA/BBC; OLG Stuttgart AG 2005, 171 (172 li. Sp.); MüKoAktG/*Altmeppen* AktG § 295 Rn. 4 f.; *Krieger/Jannot* DStR 1995, 1473 (1478).
[21] OLG Karlsruhe WM 1994, 2023; LG Mannheim ZIP 1990, 379; 1994, 1024; LG Bonn GmbHR 1996, 774 f.; LG München I WM 2012, 698.
[22] BGHZ 119, 1 (11 f.) – Asea/BBC I.

zu verstehen. Im Falle eines Parteiwechsels (→ Rn. 9 ff.) erstreckt es sich insbesondere auch auf die Verhältnisse der neuen Vertragspartei.[23]

14 Seit der Änderung des § 295 Abs. 1 S. 2 AktG im Jahre 1994 verweist diese Vorschrift ferner auf die §§ 293a–293e AktG. Die Folge ist, dass die Vorstände derjenigen Gesellschaften, deren Hauptversammlungen dem Änderungsvertrag nach den §§ 295 Abs. 1 und 293 Abs. 1, 2 AktG zustimmen müssen (→ Rn. 12), einen **Bericht** über den vorgeschlagenen Änderungsvertrag erstatten müssen (§ 293a AktG) und dass der Änderungsvertrag ferner durch sachverständige Prüfer zu **prüfen** ist (§ 293b AktG), die hierüber gleichfalls schriftlich zu berichten haben (§ 293e AktG).

IV. Sonderbeschluss

1. Voraussetzungen

15 Nach § 295 Abs. 2 AktG bedarf die Zustimmung der Hauptversammlung der Gesellschaft zu einer Änderung der Bestimmungen des Vertrags über Ausgleichsleistungen an außenstehende Aktionäre oder über ihre Abfindung in Aktien eines Sonderbeschlusses der außenstehenden Aktionäre mit qualifizierter Mehrheit iSd § 138 AktG; gleich steht, obwohl in § 295 Abs. 2 S. 1 AktG merkwürdigerweise nicht erwähnt, die Änderung der Bestimmungen über die Barabfindung iSd § 305 Abs. 1 Nr. 2 und 3 AktG. Der Sonderbeschluss ist nötig, weil der Änderungsvertrag in diesen Fällen in die Rechte der außenstehenden Aktionäre eingreift, die sie auf Grund der ursprünglichen Fassung des Unternehmensvertrags bereits erworben hatten (§ 328 BGB). An sich bedürfte die Änderung deshalb sogar der Zustimmung *aller* außenstehenden Aktionäre (§§ 35, 311 Abs. 1 BGB); aus praktischen Gründen begnügt sich das Gesetz indessen hier mit einer qualifizierten Mehrheit, um Änderungsverträge nicht übermäßig zu erschweren.[24]

16 Die Notwendigkeit eines Sonderbeschlusses der außenstehenden Aktionäre besteht nach § 295 Abs. 2 S. 1 AktG nur, wenn der Unternehmensvertrag **Bestimmungen** enthält, die zur Leistung **eines Ausgleichs oder** einer **Abfindung** an die außenstehenden Aktionäre der Gesellschaft verpflichten. Gedacht ist dabei natürlich in erster Linie an Beherrschungs- und Gewinnabführungsverträge (s. §§ 291, 304, 305 AktG). Der **Anwendungsbereich** der Vorschrift beschränkt sich indessen nicht streng auf diese Verträge, sondern erfasst auch die anderen Unternehmensverträge, sofern sie ebenfalls Abreden über eine Kompensation für die außenstehenden Aktionäre enthalten.

17 Zweite Voraussetzung für das Erfordernis eines Sonderbeschlusses der außenstehenden Aktionäre ist, dass gerade die Bestimmungen über die Leistung einer **Kompensation** für die außenstehenden Aktionäre **geändert** werden sollen. Die Art der Änderung spielt keine Rolle. Ein Sonderbeschluss ist auch erforderlich, wenn die Ausgleichs- oder Abfindungsleistungen *verbessert* werden sollen oder wenn es sich um (auf den ersten Blick) unwesentliche Änderungen handelt. Entscheidend ist allein die **materielle Veränderung der Rechtsstellung** der außenstehenden Aktionäre durch die Vertragsänderung.[25]

---

[23] BGHZ 119, 1 (16) – Asea/BBC I.
[24] S. die Begründung zum RegE, bei *Kropff* S. 348 f.; BGHZ 119, 1 (8) –Asea/BBC I; *Hüchting* Abfindung S. 105 f.
[25] OLG Frankfurt a. M. AG 2005, 353 – AEG/Daimler Benz.

Für den Fall des Parteiwechsels (→ Rn. 9 ff.) folgt aus dem Gesagten, dass jedenfalls die **18**
Vertragsübernahme durch ein neues herrschendes Unternehmen der Zustimmung
der außenstehenden Aktionäre durch einen Sonderbeschluss bedarf, da es offenkundig
einen (schwerwiegenden) Eingriff in ihre Rechtsstellung bedeutet, wenn ihr Schuldner
wechselt (vgl. § 415 Abs. 1 BGB).[26] Anders wird dagegen häufig der Fall des **Vertragsbeitritts** einer neuen Partei *neben* der bisherigen Vertragspartei beurteilt, weil die außenstehenden Aktionäre dadurch „lediglich" zusätzlich einen weiteren Schuldner er-
hielten.[27] Generell lässt sich dies indessen nicht sagen; jedenfalls, wenn ein
Abfindungsangebot noch läuft oder ein variabler Ausgleich festgesetzt wurde, stellt
der Beitritt einer neuen Partei zu dem Vertrag neben der bisherigen Partei eine derart
gravierende Veränderung der Situation der außenstehenden Aktionäre dar, dass ein
Sonderbeschluss unerlässlich ist.[28] Dasselbe gilt, wenn als Abfindung Aktien der Obergesellschaft angeboten worden waren (§ 305 Abs. 2 Nr. 2 AktG).[29] In diesen Fällen ist
dann auch ein neues Spruchverfahren möglich.[30]

Von der Frage der Notwendigkeit eines Sonderbeschlusses der außenstehenden Aktio- **19**
näre (→ Rn. 18) ist die Frage zu trennen, ob im Falle des Vertragsbeitritts eines neuen
Unternehmens den Aktionären wegen der veränderten Situation ein **neues Abfindungsangebot,** wohl zu den ursprünglichen Bedingungen, zu machen ist, damit sie
sich erneut in Kenntnis der veränderten Umstände zwischen Abfindung und Ausgleich entscheiden können. Überwiegend wird diese Frage heute bejaht.[31] Dabei
muss wohl zugleich ein variabler **Ausgleich** der neuen Situation angepasst werden,
während bei dem festen Ausgleich eine entsprechende Anpassungsnotwendigkeit bislang noch meistens verneint wird.[32]

2. Außenstehende Aktionäre

Der nach § 295 Abs. 2 AktG erforderliche Sonderbeschluss muss von den „außenste- **20**
henden Aktionären" der Gesellschaft gefasst werden. Dazu gehören in den § 295
Abs. 2 AktG, § 296 Abs. 2 AktG und § 297 Abs. 2 AktG grds. alle Aktionäre, die als
solche einen **Anspruch auf Ausgleich oder Abfindung** haben. Denn in *ihre* Ansprüche wird durch den Änderungsvertrag eingegriffen, so dass *sie* dem Eingriff zustimmen
müssen (→ Rn. 15). Maßgebender Zeitpunkt ist der der Abstimmung über den Sonderbeschluss. Frühere Aktionäre der Gesellschaft, die bis zu diesem Zeitpunkt bereits
gegen Abfindung aus der Gesellschaft ausgeschieden sind, nehmen an dem Sonderbeschluss nicht mehr teil.[33]

---

[26] MüKoAktG/*Altmeppen* AktG § 295 Rn. 31–33; *Bayer* ZGR 1993, 599 (608); *Krieger/Jannot* DStR
     1995, 1473 (1479).
[27] BGHZ 119, 1 (7 f.) – ASEA/BBC; im Ergebnis wohl auch BGHZ 138, 136 (138 ff.) – ASEA/BBC II;
     Kort ZGR 1999, 402 (418 ff.).
[28] Ebenso *Hommelhoff* FS Claussen, 1997, 129; *Krieger/Schneider* § 70 Rn. 184; *Pentz* FS Kropff, 1997,
     225; *Röhricht* ZHR 162 (1998), 249 (252 f.).
[29] *Röhricht* ZHR 162 (1998), 249 (251 f.).
[30] OLG Frankfurt a. M. AG 2005, 353 (354 li. Sp.).
[31] OLG Karlsruhe AG 1997, 270 (271) – ASEA/BBC II; zustimmend offenbar BGHZ 138, 136
     (141 f.) – ASEA/BBC II; *Kort* ZGR 1999, 402 (424 f.); *Röhricht* ZHR 162 (1998), 249 (253 ff.).
[32] *Röhricht* ZHR 162 (1998), 249 (254 ff.).
[33] IE str., Emmerich/Habersack Aktien-/GmbH-KonzernR/*Emmerich* AktG § 295 Rn. 29; zu der in ein-
     zelnen Beziehungen abweichenden Begriffsbildung bei den §§ 304, 305 AktG → § 21 Rn. 10 ff.

21 Den **Gegensatz** bildet das **herrschende Unternehmen,** schon, weil es keinen Anspruch auf einer Kompensation hat, sondern diese im Gegenteil schuldet. Gleich steht eine Reihe weiterer Aktionäre, die von dem herrschenden Unternehmen rechtlich oder rein tatsächlich, **abhängig** sind, um zu verhindern, dass das herrschende Unternehmen über diese Aktionäre doch Einfluss auf den Sonderbeschluss der außenstehenden Aktionäre erlangt.[34] Der bloße Umstand, dass der Aktionär seine Aktien von dem herrschenden Unternehmen erworben hat, reicht dafür zwar nicht aus,[35] wohl aber eine sonstige Beziehung, die es dem herrschenden Unternehmen gestattet, auf die Stimmabgabe des Aktionärs Einfluss zu nehmen, wobei insbesondere an Treuhandverhältnisse zu denken ist.[36]

3. Verfahren

22 In den genannten Fällen (→ Rn. 16 ff.) bedarf der Sonderbeschluss der außenstehenden Aktionäre (→ Rn. 20 f.) einer **qualifizierten Mehrheit** (nur) der außenstehenden Aktionäre, wofür § 293 Abs. 1 S. 2, 3 AktG entsprechend gilt (§ 295 Abs. 2 S. 2 AktG). Dies bedeutet, dass zusätzlich zu der (einfachen) Stimmenmehrheit der außenstehenden Aktionäre für den Sonderbeschluss eine Mehrheit von drei Vierteln des bei der Beschlussfassung vertretenen Grundkapitals nötig ist, *soweit es auf die außenstehenden* Aktionäre entfällt. Gemäß § 138 AktG ist der Sonderbeschluss entweder in einer gesonderten Versammlung der außenstehenden Aktionäre oder in einer gesonderten Abstimmung iRd ohnehin nach § 295 Abs. 1 AktG erforderlichen Hauptversammlung zu fassen. Die außenstehenden Aktionäre haben dabei ein erweitertes Auskunftsrecht (§ 295 Abs. 2 S. 3 AktG), das sich im Falle eines Parteiwechsels auch auf die Verhältnisse des neuen Vertragspartners erstreckt.[37] Der Sonderbeschluss ist unter denselben Voraussetzungen wie ein Hauptversammlungsbeschluss **anfechtbar** (§§ 138 S. 2, 243 AktG).

23 Der Sonderbeschluss der außenstehenden Aktionäre ist Voraussetzung der Wirksamkeit des Änderungsvertrages. Fehlt der Sonderbeschluss, so darf das Registergericht die Vertragsänderung nicht ins Handelsregister eintragen. Keine Rolle spielt die Reihenfolge von Sonderbeschluss und Hauptversammlungsbeschluss;[38] notwendig sind vielmehr immer *beide Beschlüsse,* so dass der Anmeldung der Vertragsänderung zum Handelsregister (§ 294 Abs. 1 S. 1 AktG) auch die Niederschrift über den Sonderbeschluss entsprechend § 294 Abs. 1 S. 2 AktG als Anlage beizufügen ist. Solange der Sonderbeschluss fehlt, besteht ein Eintragungshindernis, das von Amts wegen zu beachten ist (§ 26 FamFG).[39]

---

[34] OLG Nürnberg AG 1996, 226 (227) – Tucherbräu; LG Essen AG 1995, 189 (190 f.) – RAG Immobilien-AG; *Hüchting* Abfindung S. 110 f.; *Pentz* AG 1996, 97 (108 f.); *Priester* ZIP 1992, 293 (296).
[35] OLG Nürnberg AG 1996, 226 (227) – Tucherbräu.
[36] LG Essen AG 1995, 189 (190 f.) – RAG Immobilien AG.
[37] BGHZ 119, 1 (16) – Asea/BBC.
[38] BayObLGZ 2001, 339; *Hüchting* Abfindung S. 106 f.
[39] Anders im Ergebnis für die Änderung eines Gewinnabführungsvertrages in einen Beherrschungsvertrag BayObLGZ 2001, 339 (343) – Bayerische Bau-Holding.

§ 19. Beendigung von Unternehmensverträgen

Literatur: → § 18 sowie *Acher*, Vertragskonzern und Insolvenz, 1987; *Berger*, Konzernausgangsschutz, 2016; *Ehricke*, Das abhängige Konzernunternehmen in der Insolvenz, 1998; *Geng*, Ausgleich und Abfindung der Minderheitsaktionäre der beherrschten Aktiengesellschaft bei Verschmelzung und Spaltung, 2003; *Grüner*, Die Beendigung von Gewinnabführungs- und Beherrschungsverträgen, 2003; *Gutheil*, Die Auswirkungen von Umwandlungen auf Unternehmensverträge nach §§ 291, 292 AktG und die Rechte außenstehender Aktionäre, 2001; *Heesing*, Bestandsschutz des Beherrschungs- und Gewinnabführungsvertrages in der Unternehmenskrise und im Konkurs, 1988; *Hüchting*, Abfindung und Ausgleich im aktienrechtlichen Beherrschungsvertrag, 1972; *Kley*, Die Rechtsstellung der außenstehenden Aktionäre bei der vorzeitigen Beendigung von Unternehmensverträgen, 1986; *Samer*, Beherrschungs- und Gewinnabführungsverträge gemäß § 291 Abs. 1 AktG im Konkurs und Vergleich der Untergesellschaft, 1990; *Scheel* Konzerninsolvenzrecht, 1995; *H. Wilhelm*, Die Beendigung des Beherrschungs- und Gewinnabführungsvertrags, 1976.

I. Überblick

Das AktG regelt die Beendigung von Unternehmensverträgen nur unvollständig in **1** den §§ 296–299, 303, 307 AktG. Lediglich die einverständliche Aufhebung des Vertrages (§ 296 AktG), die Kündigung des Vertrages (§ 297 AktG) sowie der Hinzutritt eines außenstehenden Aktionärs nach Abschluss eines Beherrschungs- oder Gewinnabführungsvertrages mit einer 100%igen Tochtergesellschaft (§ 307 AktG) haben eine eigenständige Regelung gefunden Nach § 298 AktG ist die Beendigung des Unternehmensvertrages außerdem ebenso wie der Abschluss des Vertrages (§ 294 AktG) ins Handelsregister einzutragen; anders als im Falle des § 294 AktG hat die Eintragung hier indessen lediglich deklaratorische Bedeutung. Hinsichtlich der Rechtsfolgen der Vertragsbeendigung beschränkt sich das Gesetz schließlich in § 303 AktG auf die Bestimmung, dass im Falle der Beendigung eines Beherrschungs- oder Gewinnabführungsvertrages das herrschende oder berechtigte Unternehmen den Gläubigern der abhängigen Gesellschaft unter bestimmten Voraussetzungen Sicherheit zu leisten hat.

Der unmittelbare **Anwendungsbereich** der genannten Vorschriften beschränkt sich **2** auf Unternehmensverträge iSd §§ 291, 292 AktG mit einer deutschen AG oder KGaA, vorausgesetzt, dass die AG oder KGaA an dem Vertrag in der Rolle derjenigen Gesellschaft beteiligt ist, die die vertragstypischen Leistungen erbringt, bei einem Beherrschungs- oder Gewinnabführungsvertrag also als abhängige Gesellschaft.[1] Unternehmensverträge mit anderen Gesellschaften haben bisher keine gesetzliche Regelung erfahren, so dass sich bei ihnen immer nur von Fall zu Fall die Frage einer entsprechenden Anwendung der aktienrechtlichen Vorschriften einschließlich der §§ 296, 297 AktG stellen kann. Der Fragenkreis wird vor allem für Beherrschungs- und Gewinnabführungsverträge mit einer abhängigen GmbH diskutiert, wobei sich zunehmend insbesondere von dem „Vorbild" des § 296 AktG abweichende Lösungen der Problematik durchzusetzen beginnen (→ § 32 Rn. 44 ff.).

Neben den wenigen in den §§ 296, 297 AktG geregelten **Beendigungsgründen** gibt **3** es noch zahlreiche weitere, die im Gesetz keine Berücksichtigung gefunden haben.[2] Hervorzuheben sind der Zeitablauf bei einem befristeten Unternehmensvertrag

---

[1] Kritisch zur Anwendbarkeit des § 296 auf die anderen Unternehmensverträge des § 292 AktG insbes. *Priester* GmbHR 2014, 254.

[2] Übersicht über die Gesamtheit der Beendigungsgründe bei *Grüner* Beendigung S. 56 ff.

(→ Rn. 59), Rücktritt und Anfechtung, soweit zulässig (→ Rn. 55 ff.), weiter die Insolvenz einer Vertragspartei (→ Rn. 72 ff.), die Nichtigkeit oder erfolgreiche Anfechtung des Zustimmungsbeschlusses einer der Vertragsparteien (s. §§ 243, 293 Abs. 1, 2 AktG), ferner die Eingliederung einer der Parteien in die andere (→ Rn. 60 f.) sowie schließlich noch je nach den Umständen des Falles die Umwandlung oder die Verschmelzung einer der Parteien mit der anderen oder mit einem dritten Unternehmen (→ Rn. 62 ff.). Ungeregelt geblieben sind außerdem, von § 303 AktG abgesehen, die Rechtsfolgen der Beendigung eines Unternehmensvertrages (→ Rn. 24 f., 75 ff.).

II. Aufhebung des Unternehmensvertrages (§ 296 AktG)

1. Aufhebungsvertrag

4 Als ersten Beendigungsgrund regelt das Gesetz in § 296 AktG die vertragliche Aufhebung eines Unternehmensvertrages. Eine solche ist an sich jederzeit möglich (§ 311 Abs. 1 BGB). Das Gesetz knüpft jedoch in § 296 Abs. 1 AktG den Abschluss des Aufhebungsvertrages im Interesse der Rechtssicherheit an bestimmte zusätzliche Voraussetzungen und stellt in Abs. 2 des Vorschrift nach dem Vorbild des § 295 Abs. 2 AktG das weitere Erfordernis eines Sonderbeschlusses der außenstehenden Aktionäre auf, sofern der aufzuhebende Unternehmensvertrag Ausgleichs- oder Abfindungsleistungen für die außenstehenden Aktionäre vorsieht (→ Rn. 15 ff.).

5 Mit der Aufhebung des Vertrags meint das Gesetz in § 296 AktG allein die den Vertragsparteien nach § 311 Abs. 1 BGB grds. jederzeit freistehende **einverständliche Beendigung** eines Unternehmensvertrags **im Ganzen.**[3] Den Gegensatz bilden auf der einen Seite die bloße Aufhebung einzelner Vertragsbestimmungen (→ Rn. 6) und auf der anderen Seite die verschiedenen Fälle einer gesetzlichen Beendigung des Vertrages, auf die § 296 AktG keine Anwendung findet.[4]

6 Die **Aufhebung einzelner Vertragsbestimmungen** unter Aufrechterhaltung des Vertrages iÜ fällt als *Vertragsänderung* ebenso unter § 295 AktG wie – entgegen einer verbreiteten Meinung – die Änderung des Vertragstyps, zB die Umwandlung eines Betriebspachtvertrages in einen Beherrschungsvertrag (→ § 18 Rn. 8).

7 Der **Abschluss** eines Aufhebungsvertrages (§ 311 Abs. 1 BGB) ist bei einer AG oder KGaA ein Akt der Geschäftsführung und Vertretung, so dass die **Zuständigkeit** dafür bei dem **Vorstand** bzw. den persönlich haftenden Gesellschaftern liegt (§§ 77, 78, 283 AktG). Lediglich in den Fällen des § 296 Abs. 2 AktG ist die Vertretungsmacht des Vorstandes der abhängigen Gesellschaft durch die Notwendigkeit eines zustimmenden Sonderbeschlusses der außenstehenden Aktionäre beschränkt, so dass der vom Vorstand abgeschlossene Aufhebungsvertrag so lange schwebend unwirksam ist, wie kein Zustimmungsbeschluss der außenstehenden Aktionäre vorliegt (→ Rn. 21).

8 Nach S. 3 des § 296 Abs. 1 AktG bedarf der Aufhebungsvertrag aus Gründen der Rechtssicherheit der **Schriftform** iSd § 126 BGB. Wird die Schriftform nicht beachtet, so ist der Aufhebungsvertrag nichtig (§ 125 BGB). Damit scheidet die Möglichkeit der mündlichen oder konkludenten Aufhebung eines Unternehmensvertrages aus.[5]

---

[3] S, MüKoBGB/*Emmerich* BGB § 311 Rn. 19.
[4] BGH AG 1974, 320 (323).
[5] Zu den Konsequenzen s. *Müller-Eising/Schmitt* NZG 2011, 1100 (1101 f.).

Anders als der Abschluss oder die Änderung eines Unternehmensvertrages (s. § 293 **9**
Abs. 1, 2 AktG und § 295 Abs. 1 AktG) bedarf die Aufhebung des Vertrages dagegen
in keinem Fall der Zustimmung der **Hauptversammlung** einer an dem Vertrag beteiligten AG oder KGaA. Die Gesetzesverfasser haben diese Abweichung – wenig überzeugend – damit begründet, dass die Aufhebung des Vertrags in wesentlich geringerem
Maße als sein Abschluss die Interessen der Aktionäre berühre.[6] Bei der GmbH wird
die Frage deshalb auch verbreitet anders beurteilt (→ § 32 Rn. 44 ff.).

Der Verzicht auf eine Einschaltung der Hauptversammlung bei der AG (→ Rn. 9) hat **10**
zur Folge, dass hier auch kein Raum für die Anwendung des **§ 83 AktG** ist, so dass die
Hauptversammlung den Vorstand nicht zum Abschluss eines Aufhebungsvertrages anweisen kann.[7] Der Vorstand ist jedoch nicht gehindert, von sich aus die Frage des Abschlusses eines Aufhebungsvertrages der Hauptversammlung nach § 119 Abs. 2 AktG
vorzulegen. Eine Verpflichtung hierzu besteht hingegen in keinem Fall; eine Anwendung der Holzmüller/Gelatine-Doktrin scheidet hier mit Rücksicht auf die gesetzliche
Regelung (§ 296 AktG) in aller Regel aus.[8]

Eine andere Frage ist, ob der Abschluss eines Aufhebungsvertrages der Zustimmung **11**
des **Aufsichtsrats** bedarf. Diese Frage beurteilt sich allein nach § 111 Abs. 4 S. 2
AktG. Der Aufsichtsrat besitzt nach dem Gesetz genauso wenig wie die Hauptversammlung die Möglichkeit, seinerseits den Vorstand zum Abschluss eines derartigen
Vertrags anzuweisen.

2. Keine unterjährige oder rückwirkende Aufhebung

Für den Inhalt eines Aufhebungsvertrages gilt an sich Vertragsfreiheit (§ 311 Abs. 1 **12**
BGB). Aus Gründen der Rechtssicherheit enthält das Gesetz jedoch in § 296 Abs. 1
AktG verschiedene Restriktionen, mit denen zugleich ein Schutz der außenstehenden
Aktionäre bezweckt wird.[9] § 296 Abs. 1 S. 1 AktG bestimmt zu diesem Zweck zunächst, dass der Unternehmensvertrag (frühestens) zum Ende des laufenden Geschäftsjahrs (oder des sonst vertraglich bestimmten Abrechnungszeitraums) aufgehoben werden kann, nicht dagegen zu einem früheren Zeitpunkt (sog. **Verbot der
unterjährigen Aufhebung.**

Frühester vertraglicher Beendigungszeitpunkt für einen Unternehmensvertrag ist so- **13**
mit das **Ende des laufenden Geschäftsjahres,** und zwar derjenigen Gesellschaft, die
die vertragstypischen Leistungen erbringt, bei einem Beherrschungs- oder Gewinnabführungsvertrag also das Geschäftsjahr der abhängigen oder verpflichteten Gesellschaft (§ 296 Abs. 1 S. 1 AktG). Eine frühere, unterjährige Aufhebung des Vertrags
auf dem Weg des § 296 AktG scheidet damit aus; sie ist vielmehr allein durch eine
(umständliche) nachträgliche Änderung des Geschäftsjahres im Wege der Satzungsänderung möglich, ein Weg, der auch tatsächlich in der Praxis gelegentlich beschritten
wird (s. §§ 23, 179 AktG; § 42 HGB; § 7 Abs. 4 S. 3 KStG).[10]

---

[6] S. die Begr. zum RegE, bei *Kropff* S. 385.
[7] Hüffer/Koch/*Koch* AktG § 296 Rn. 5; *Kley* Rechtsstellung S. 97 ff.; *Krieger/Schneider* § 70 Rn. 189.
[8] S. MüKoAktG/*Altmeppen* AktG § 296 Rn. 18; *Kley* Rechtsstellung S. 72, 79 ff.; *Krieger/Jannot* DStR
     1995, 1473 (1477).
[9] S. die Begr. zum RegE, bei *Kropff* S. 385.
[10] *Paschos/Goslar* Konzern 2006, 479 (484 ff.).

14 § 296 Abs. 1 S. 1 AktG bezeichnet nur den frühesten zulässigen Beendigungstermin (→ Rn. 12f.). Nichts hindert die Parteien daher, einen **späteren Beendigungstermin** als das Ende des laufenden Geschäftsjahres zu wählen (→ Rn. 13), zB das Ende des nächsten oder des übernächsten Geschäftsjahrs (§ 311 Abs. 1 BGB). Der Sache nach handelt es sich dann bei dem Aufhebungsvertrag um eine **nachträgliche Befristung** des Unternehmensvertrages, so dass sich hier die Anwendungsbereiche der §§ 295, 296 AktG überschneiden (deshalb schon → § 18 Rn. 6ff.).

15 Nach S. 2 des § 296 Abs. 1 AktG ist ferner auch eine **rückwirkende Aufhebung** des Vertrags unzulässig. Dadurch soll vor allem verhindert werden, dass etwaigen bereits entstandenen Ansprüchen der Gesellschaft auf Verlustausgleich (§ 302 AktG) sowie der außenstehenden Aktionäre auf Abfindung und Ausgleich (§§ 304, 305 AktG) nachträglich von den Vertragsparteien wieder die Grundlage entzogen wird.[11]

16 Die Vorschriften des § 296 Abs. 1 S. 1, 2 AktG sind **gesetzliche Verbote,** so dass der Aufhebungsvertrag gem. § 134 BGB nichtig ist, sofern er unter Verstoß gegen S. 1 des § 296 Abs. 1 S. 1 AktG einen zu frühen Beendigungszeitpunkt vorsieht oder sich entgegen S. 2 der Vorschrift rückwirkende Kraft beilegt.[12] Die Nichtigkeit beschränkt sich jedoch zunächst auf die gegen § 296 Abs. 1 AktG verstoßenden Abreden.

17 Wegen des Schicksals des Vertragsrestes wird zum Teil vorrangig auf § 139 BGB, zum Teil auch auf § 140 BGB abgestellt. Nach beiden Vorschriften ist letztlich entscheidend, was die Parteien vermutlich vereinbart hätten, wenn ihnen der Verstoß gegen § 296 Abs. 1 AktG bewusst gewesen wäre. Die Folge wird häufig die modifizierte Aufrechterhaltung des Aufhebungsvertrages sein, falls anzunehmen ist, dass die Parteien in erster Linie die Aufhebung des Vertrags beabsichtigten, ohne dabei gerade dem Zeitpunkt der Beendigung ausschlaggebende Bedeutung beizumessen.[13]

3. Sonderbeschluss

18 Nach § 296 Abs. 2 AktG kann ein Vertrag, der zur Leistung eines Ausgleichs an die außenstehenden Aktionäre oder zum Erwerb ihrer Aktien verpflichtet, nur aufgehoben werden, wenn die außenstehenden Aktionäre durch einen Sonderbeschluss zustimmen, für den die Vorschriften des § 293 Abs. 1 S. 2, 3 AktG über die erforderliche qualifizierte Mehrheit und des § 295 Abs. 2 S. 3 AktG über das erweiterte Auskunftsrecht entsprechend gelten (deshalb → § 18 Rn. 16f.).

19 Der **Anwendungsbereich** des § 296 Abs. 2 AktG beschränkt sich auf den Fall der vertraglichen Aufhebung eines Unternehmensvertrages iSd § 296 AktG. Auf **andere Beendigungsgründe** kann die Vorschrift *nicht,* auch nicht entsprechend angewandt werden. Beispiele für nicht unter § 296 AktG fallende andere Beendigungsgründe sind die Kündigung des Unternehmensvertrages (→ Rn. 26, 37ff.) sowie vor allem die Beendigung des Unternehmensvertrages kraft Gesetzes, etwa durch die Eingliederung der einen Partei in die andere oder durch Verschmelzung der Parteien.[14]

---

[11] BGH NJW 2002, 822; OLG München NZG 2015, 511.
[12] BGH NJW 2002, 822.
[13] BGH NJW 2002, 822.
[14] → Rn. 60, 62ff.; BGH AG 1974, 320 (323); LG Bonn GmbHR 1996, 774f.; Hüffer/Koch/*Koch* AktG § 296 Rn. 7.

§ 296 Abs. 2 AktG ist dem § 295 Abs. 2 AktG nachgebildet. Der Begriff der **außenste- 20 henden Aktionäre** ist deshalb hier derselbe wie in § 295 Abs. 2 AktG ($\rightarrow$ § 18 Rn. 20 f.). Auch die erforderliche **qualifizierte Mehrheit** berechnet sich hier ebenso wie im Falle des § 295 Abs. 2 AktG (§ 296 Abs. 2 S. 2 AktG iVm § 293 Abs. 1 S. 2, 3 AktG; $\rightarrow$ § 18 Rn. 22). Für den Sonderbeschluss gilt § 138 AktG. Das erweiterte Auskunftsrecht der außenstehenden Aktionäre (§ 296 Abs. 2 S. 2 AktG iVm § 295 Abs. 2 S. 3 AktG) bezieht sich hier auf alle für die Vertragsaufhebung wesentlichen Angelegenheiten des anderen Vertragsteils.

Das Erfordernis eines Sonderbeschlusses der außenstehenden Aktionäre nach § 296 21 Abs. 2 S. 1 AktG bedeutet eine gesetzliche **Beschränkung der Vertretungsmacht** des Vorstandes, so dass ein vom Vorstand abgeschlossener Aufhebungsvertrag so lange schwebend unwirksam ist, wie ihm nicht die außenstehenden Aktionäre durch Sonderbeschluss mit der erforderlichen Mehrheit zugestimmt haben (§ 177 BGB). Die Gesellschaft ist in diesem Fall durch den bereits abgeschlossenen, aber noch schwebend unwirksamen Aufhebungsvertrag nicht gebunden. Ebenso wenig besteht eine Verpflichtung der Gesellschaft gegenüber dem anderen Vertragteil, den Aufhebungsvertrag den außenstehenden Aktionären nach § 296 Abs. 2 AktG zur Billigung vorzulegen.

Der Sonderbeschluss kann dem Aufhebungsvertrag vorausgehen oder nachfolgen. 22 Geht der Aufhebungsvertrag wie in der Regel voraus, so ist der **andere Vertragsteil** (im Gegensatz zu der Gesellschaft) im Zweifel an den (schwebend unwirksamen) Vertrag **gebunden,** bis die außenstehenden Aktionäre eine Entscheidung getroffen haben, weil für den Regelfall davon auszugehen sein dürfte, dass ihm bei dem Abschluss des Vertrages der Mangel der Vertretungsmacht des Vorstandes bekannt war (§ 178 S. 1 BGB). Billigerweise kann ihm diese Bindung freilich nur so lange zugemutet werden, wie mit einer Entscheidung der außenstehenden Aktionäre noch zu rechnen ist, dh im Regelfall bis zur nächsten ordentlichen Hauptversammlung.[15] Nach diesem Zeitpunkt kann er analog § 178 S. 2 BGB den Aufhebungsvertrag **widerrufen.**

Die außenstehenden Aktionäre können den Sonderbeschluss mit Rücksicht auf das 23 Rückwirkungsverbot des § 296 Abs. 1 S. 2 AktG nur in der Zeit **bis** zu dem im Vertrag vorgesehenen **Beendigungstermin** fassen.[16] War bei Aufhebung eines Beherrschungs- und Gewinnabführungsvertrages ein **Spruchverfahren** anhängig, so wird durch die Aufhebung des Vertrages das Verfahren nicht etwa beendet, sondern ist zum Schutze der außenstehenden Aktionäre **fortzuführen;** die Zustimmung der außenstehenden Aktionäre zu der Vertragsaufhebung durch Sonderbeschluss bedeutet nicht einen Verzicht auf ihre im Spruchverfahren verfolgten Ansprüche.[17]

4. Rechtsfolgen

Im Falle des Abschlusses eines wirksamen Aufhebungsvertrages nach § 296 Abs. 1 24 AktG **endet** der Unternehmensvertrag zu dem im Vertrag vereinbarten Zeitpunkt ($\rightarrow$ Rn. 12 f.). Die **Eintragung** ins Handelsregister hat nur deklaratorische Bedeutung (§ 298 AktG). Bei Beherrschungs- und Gewinnabführungsverträgen tritt außerdem

---

[15] Wegen der Einzelheiten s. Emmerich/Habersack Aktien-/GmbH-KonzernR/*Emmerich* AktG § 296 Rn. 21 ff.; MüKoAktG/*Altmeppen* AktG § 296 Rn. 34.

[16] MüKoAktG/*Altmeppen* AktG § 296 Rn. 36 f.; *Krieger/Schneider* § 70 Rn. 191.

[17] BGHZ 176, 43 Rn. 24 ff. – EKU.

nach ihrer Aufhebung an die Stelle der Verlustausgleichspflicht des herrschenden Unternehmens auf Grund des § 302 AktG die Regelung des **§ 303 AktG.** Nur soweit etwaige Verluste bereits während der Vertragsdauer entstanden sind, müssen sie noch ausgeglichen werden (§ 302 AktG; → § 20 Rn. 44, 52 ff.).

25 Falls in dem aufgehobenen Vertrag **Ausgleichs- oder Abfindungsleistungen** des einen Vertragsteils zugunsten der außenstehenden Aktionäre des anderen Vertragsteils vorgesehen waren, endet die Verpflichtung zur Erbringung dieser Leistungen gleichfalls mit Aufhebung des Vertrags für die Zukunft. Bereits erbrachte Ausgleichs- und Abfindungsleistungen müssen jedoch nicht zurückerstattet werden, weil ihr Rechtsgrund nicht rückwirkend, sondern nur für die Zukunft entfällt (§ 296 Abs. 1 S. 2 AktG; → Rn. 15 f.).[18]

III. Ordentliche Kündigung

1. Voraussetzungen[19]

26 Neben der Aufhebung des Vertrages (→ Rn. 4 ff.) regelt das Gesetz als weiterer Beendigungsgrund für Unternehmensverträge lediglich noch partiell in § 297 AktG die ordentliche und die außerordentliche Kündigung aus wichtigem Grund. Für die ordentliche, dh nicht vom Vorliegen eines wichtigen Grundes abhängige und in der Regel fristgebundene Kündigung von Unternehmensverträgen, beschränkt sich das Gesetz in § 297 Abs. 2 AktG zudem auf die Bestimmung, dass (nur) die ordentliche Kündigung eines Unternehmensvertrages gerade seitens der abhängigen Gesellschaft, sofern der Vertrag Ausgleichs- oder Abfindungsleistungen zugunsten der außenstehenden Aktionäre vorsieht, eines Sonderbeschlusses der außenstehenden Aktionäre mit qualifizierter Mehrheit bedarf (→ Rn. 31 ff.). Alle anderen Fragen wurden dagegen bewusst offen gelassen.[20]

27 Das Gesetz sagt in § 297 Abs. 2 AktG insbes. nichts darüber, ob überhaupt und gegebenenfalls unter welchen Voraussetzungen die verschiedenen Unternehmensverträge ordentlich kündbar sind, sondern setzt offenbar dem Bestand eines derartigen ordentlichen Kündigungsrechts der Parteien voraus, indem es sich auf die Regelung der Frage beschränkt, wann die Ausübung dieses (vorausgesetzten) Kündigungsrechts von einem Sonderbeschluss der außenstehenden Aktionäre abhängig ist. Daraus wird von Teilen des Schrifttums der Schluss gezogen, zumindest aus der Gesamtheit der gesetzlichen Regelung ergebe sich der Rechtssatz, dass **grds. alle** Unternehmensverträge der §§ 291, 292 AktG kraft Gesetzes ordentlich kündbar seien. Für die Kündigungsfrist wird dann meistens mangels abweichender Abreden der Parteien und vorbehaltlich spezieller gesetzlicher Regelungen wie zB für die Betriebspachtverträge (s. § 584 BGB) auf § 132 HGB rekurriert (→ Rn. 33: vgl. § 296 Abs. 1 S. 1 AktG).[21] Nach der heute wohl überwiegenden Meinung kommt dagegen die ordentliche Kündigung eines Unternehmensvertrages nur in Betracht, wenn das Kündigungsrecht **im Vertrag** ausdrücklich vorgesehen ist oder wenn es sich wie bei den meisten anderen Unterneh-

---

[18] S. MüKoAktG/*Altmeppen* AktG § 296 Rn. 41; Hüffer/Koch/*Koch* AktG § 296 Rn. 9; *Kley* Rechtsstellung S. 99 ff.

[19] S. zum Folgenden ausführlich Emmerich/Habersack Aktien-/GmbH-KonzernR/*Emmerich* AktG § 297 Rn. 4 ff.; *Grüner* Beendigung S. 89 ff.; *Krieger/Schneider* § 70 Rn. 192 ff.

[20] S. die Begründung zum RegE, bei *Kropff* S. 386.

[21] *Grüner* Beendigung S. 89 ff.; *Hüchting* Abfindung S. 115; *Kley* Rechtsstellung S. 57; *Timm* FS Kellermann, 1991, 461 (469 ff.); *Windbichler* Unternehmensverträge S. 68 ff.

mensverträgen des § 292 AktG aus der **gesetzlichen Regelung** des betreffenden Vertragstypus ergibt.[22]

Angesichts der erheblichen Unterschiede zwischen den Unternehmensverträgen des 28 § 291 AktG und des § 292 AktG spricht in der Tat das meiste dafür, in der Frage der ordentlichen Kündbarkeit der Verträge in erster Linie auf die Abreden der Parteien und hilfsweise auf die gesetzliche Regelung der einzelnen Vertragsarten zurückzugreifen. Anzuknüpfen ist somit bei den Geschäftsführungsverträgen des § 291 Abs. 1 S. 2 AktG an § 671 BGB, bei der Gewinngemeinschaft nach § 292 Abs. 1 Nr. 1 AktG an § 723 Abs. 1 S. 1 BGB, bei den Betriebspacht- und Betriebsüberlassungsverträgen des § 292 Abs. 1 Nr. 3 AktG an § 584 BGB sowie bei den Betriebsführungsverträgen, die häufig entgeltliche Geschäftsbesorgungsverträge mit Dienstvertragscharakter sind, an die § 675 Abs. 1 und § 621 BGB. Bei den Teilgewinnabführungsverträgen des § 292 Abs. 1 Nr. 2 AktG, die unterschiedlichen Vertragsarten zuzuordnen sind, kommt es hingegen darauf an, was jeweils vorliegt; handelt es sich zB um eine stille Gesellschaft, so gelten für die ordentliche Kündigung des Vertrages mangels abweichender Vereinbarungen der Parteien die §§ 132, 234 HGB (→ § 14 Rn. 11 ff.).

Probleme ergeben sich aus der geschilderten Rechtslage (→ Rn. 28) lediglich bei den 29 **Beherrschungs-** und den **Gewinnabführungsverträgen** des § 291 AktG, da diese Verträge keinem herkömmlichen Vertragstyp zugeordnet werden können, so dass bei ihnen in der Tat bei Fehlen entsprechender Abreden der Parteien grds. kein Raum für eine ordentliche Kündigung ist. Die Vertragspraxis hat sich darauf mittlerweile eingestellt,[23] so dass heute im Ergebnis in der Mehrzahl der Fälle auch Beherrschungs- und Gewinnabführungsverträge, und zwar in der Regel nach Ablauf einer festen Vertragsdauer von fünf Jahren, doch ordentlich kündbar sind. § 14 Abs. 1 S. 1 Nr. 3 KStG von 2003/2013 hat insoweit Leitbildfunktion für die Praxis erlangt. Für die GmbH gilt dasselbe (→ § 32 Rn. 41 ff.). Fehlt jedoch ausnahmsweise solche Abrede, so ist für die Annahme der *konkludenten Vereinbarung* eines ordentlichen Kündigungsrechts für eine oder beide Parteien mit Rücksicht auf das Schriftformerfordernis des § 293 Abs. 3 AktG nur ausnahmsweise Raum, sofern sich aus der Vertragsurkunde selbst bereits hinreichend konkrete Anhaltspunkte für einen entsprechenden Willen der Parteien ergeben.[24]

2. Zuständigkeit

Die Kündigung ist Sache des **Vorstandes** der Gesellschaft (§§ 77, 78, 297 Abs. 2 S. 1 30 AktG).[25] Für die Zustimmung des Aufsichtsrats gilt § 111 Abs. 4 S. 2 AktG. Der Vorstand kann bei dem Ausspruch der Kündigung an die Mitwirkung Dritter oder anderer Organe, zB eines Beirats gebunden werden (§ 311 Abs. 1 BGB).[26] Das folgt schon daraus, dass durch den Unternehmensvertrag das ordentliche Kündigungsrecht auch vorübergehend oder auf Dauer ausgeschlossen werden kann. Ein derartiger (befriste-

---

[22] So *Gerth* BB 1978, 1497 (1498); *Hüffer/Koch/Koch* AktG § 297 Rn. 12 f.; KölnKommAktG/*Koppensteiner* AktG § 297 Rn. 4; *Krieger/Schneider* § 70 Rn. 192; U *Schneider/Krieger*, Beherrschungs- und Gewinnabführungsverträge, 1989, S. 99 (106); *Krieger/Jannott* DStR 1995, 1473 (1475).

[23] Vgl die Vertragsmuster bei *Happ/Liebscher*, Konzern- und Umwandlungsrecht, 2012, Nr 1.01 a und 1.02 b.

[24] ZB HK-AktG/*Schenk* AktG § 297 Rn. 14, str.

[25] *Kley* Rechtsstellung S. 56, 58; *Windbichler* Unternehmensverträge S. 80.

[26] Anders Hüffer/Koch/*Koch* AktG § 297 Rn. 19; *Timm* FS Kellermann, 1991, 461 (472 ff.).

ter) **Ausschluss** liegt zB im Regelfall in der Vereinbarung einer festen Vertragsdauer. Ebenso möglich ist die Beschränkung der ordentlichen Kündigung des Vertrages auf bestimmte Gründe.[27]

3. Sonderbeschluss

31 Wenn der Unternehmensvertrag Ausgleichs- oder Abfindungsleistungen für die außenstehenden Aktionäre vorsieht, bedarf nach § 297 Abs. 2 S. 1 AktG (nur) die ordentliche Kündigung des Vertrages durch den Vorstand der **abhängigen Gesellschaft** der Zustimmung der außenstehenden Aktionäre durch einen Sonderbeschluss iSd § 138 AktG mit qualifizierter Mehrheit. Die Regelung entspricht der der § 295 Abs. 2 und § 296 Abs. 2 AktG, so dass wegen der Einzelheiten auf die Ausführungen zu diesen Vorschriften verwiesen werden kann (→ Rn. 18 ff. und → § 18 Rn. 15 ff.). Der Sonderbeschluss der außenstehenden Aktionäre ist hier ebenso wie in den Fällen der § 295 Abs. 2 AktG und § 296 Abs. 2 AktG Voraussetzung der Wirksamkeit der Kündigung, so dass diese nichtig ist, wenn in dem für die Beurteilung der Wirksamkeit der Kündigung maßgeblichen Zeitpunkt (→ Rn. 33), dh im Augenblick ihres Zugangs bei dem anderen Vertragsteil kein zustimmender Sonderbeschluss der außenstehenden Aktionäre vorlag (→ Rn. 33).

32 Die Beschränkung des Anwendungsbereichs des § 297 Abs. 2 AktG auf die ordentliche Kündigung gerade durch den Vorstand der abhängigen Gesellschaft ist seinerzeit bewusst getroffen worden.[28] Die ordentliche Kündigung durch den **anderen Vertragsteil** bedarf daher ebenso wenig wie die außerordentliche Kündigung des Vertrags, gleichgültig durch welche Partei, einer Zustimmung der außenstehenden Aktionäre.[29] Die notwendige Folge ist, dass der mit § 297 Abs. 2 AktG intendierte Schutz der außenstehenden Aktionäre weitgehend verfehlt wurde, da er jederzeit dadurch „umgangen" werden kann, dass die ordentliche Kündigung von dem anderen Vertragsteil ausgesprochen wird.[30] Einer entsprechenden vorherigen Abstimmung der Parteien steht auch § 299 nicht entgegen, der sich lediglich gegen einseitige Weisungen des herrschenden Unternehmens wendet.

4. Form, Frist, Termin

33 Nach § 297 Abs. 3 AktG bedarf die Kündigung der **schriftlichen Form** (§ 126 BGB). Die elektronische Form dürfte ausreichen (§§ 126 Abs. 3, 126a BGB). Die Regelung ist zwingend (§ 23 Abs. 5 S. 1 AktG), so dass durch die Satzung das Formerfordernis nicht abgeschwächt, wohl aber verschärft werden kann.[31] Ein Verstoß gegen die Formvorschrift des § 297 Abs. 3 AktG hat die Nichtigkeit der Kündigung zur Folge (§ 125 BGB). Die Kündigung muss ferner, um wirksam zu sein, eindeutig und unbedingt sein und vom Vorstand ausgehen. Eine Begründung ist dagegen nicht erforderlich.[32]

---

[27] MüKoAktG/*Altmeppen* AktG § 297 Rn. 13, 60 f.; Hüffer/Koch/*Koch* AktG § 297 Rn. 11.

[28] S. die Begr. zum RegE, bei *Kropff* S. 386.

[29] So schon die Begr. zum RegE (vorige Fn.); BGHZ 122, 211 (232) – SSI; BGH NJW 1979, 2103 – Salzgitter-Peine; LG Berlin AG 2000, 284 (287); MüKoAktG/*Altmeppen* AktG § 297 Rn. 81; Hüffer/Koch/*Koch* AktG § 297 Rn. 18; *Krieger/Schneider* § 70 Rn. 194.

[30] S. die Kritik bei Hüffer/Koch/*Koch* AktG § 297 Rn. 18; KölnKommAktG/*Koppensteiner* AktG § 297 Rn. 4; *Krieger/Schneider* § 70 Rn. 194; zustimmend aber MüKoAktG/*Altmeppen* AktG § 297 Rn. 7 ff.; *Hüchting* Abfindung S. 116 ff.; *H. Wilhelm* Beendigung S. 10 f.

[31] Hüffer/Koch/*Koch* AktG § 297 Rn. 20.

[32] Anders MüKoAktG/*Altmeppen* AktG § 297 Rn. 88.

Die Kündigung wird wirksam mit **Zugang** bei dem anderen Vertragsteil (§ 130 BGB), vorausgesetzt, dass in diesem Augenblick alle Voraussetzungen der Wirksamkeit einer ordentlichen Kündigung (einschließlich des Sonderbeschlusses der außenstehenden Aktionäre, -> Rn. 31) vorliegen.

Die **Kündigungsfrist** ist im AktG nicht geregelt, so dass sie sich in vorrangig nach den Abreden der Parteien richtet.[33] Fehlen Abreden, so bestimmt sie sich bei den anderen Unternehmensverträgen des § 292 AktG nach den jeweils einschlägigen gesetzlichen Vorschriften (-> Rn. 28), während bei den Beherrschungs- und Gewinnabführungsverträgen meistens eine Analogie zu § 132 HGB erwogen wird.[34] Vertraglich können die Parteien auf eine Kündigungsfrist auch ganz verzichten (aber -> Rn. 42). **34**

Der **Kündigungstermin** bestimmt sich ebenso wie die Kündigungsfrist (-> Rn. 34) nach den Abreden der Parteien und hilfsweise bei den anderen Unternehmensverträgen des § 292 nach der jeweils einschlägigen gesetzlichen Regelung (-> Rn. 28).[35] Für eine entsprechende Anwendung des § 296 Abs. 1 S. 1 AktG ist hier – entgegen einer verbreiteten Meinung[36] – kein Raum, so dass der Unternehmensvertrag auf Grund einer ordentlichen Kündigung gegebenenfalls auch *während* des laufenden Geschäftsjahres sein Ende finden kann.[37] Nicht möglich ist dagegen eine rückwirkende Kündigung.[38] **35**

Eine **Teilkündigung** des Unternehmensvertrages scheidet grds. aus, da sie der Sache nach auf eine einseitige Vertragsänderung gegen den Willen des anderen Vertragsteils hinausliefe.[39] Die Folge ist zB, dass bei einem als Einheit zu verstehenden Organschaftsvertrag nicht allein der Gewinnabführungsteil (unter Aufrechterhaltung des beherrschungsvertraglichen Teils) gekündigt werden kann.[40] Ebenso zu beurteilen ist die Rechtslage bei Vertragsverbindungen, zB bei der Verbindung eines Beherrschungs- mit einem Betriebspachtvertrag. **36**

IV. Außerordentliche Kündigung

1. Überblick, Steuerrecht

Nach § 297 Abs. 1 S. 1 AktG kann ein Unternehmensvertrag ferner (außerordentlich) ohne Einhaltung einer Kündigungsfrist gekündigt werden, wenn ein wichtiger Grund vorliegt. Ein solcher ist nach S. 2 der Vorschrift namentlich anzunehmen, wenn der andere Vertragsteil voraussichtlich nicht in der Lage sein wird, seine auf Grund des Vertrages bestehenden Verpflichtungen (s. die §§ 302–305 AktG) zu erfüllen. Die Kündigung bedarf der schriftlichen Form (§ 297 Abs. 3 AktG), während ein Sonder- **37**

---

[33] S. die Begr. zum RegE, bei *Kropff* S. 386.

[34] S. MüKoAktG/*Altmeppen* AktG § 297 Rn. 75 f.; *Grüner* Beendigung S. 93 f.; Hüffer/Koch/*Koch* AktG § 297 Rn. 16; *Krieger/Schneider* § 70 Rn. 193; anders *Windbichler* Unternehmensverträge S. 75.

[35] S. die Begr. zum RegE, bei *Kropff* S. 386.

[36] *Gerth* BB 1978, 1497 (1498); KölnKommAktG/*Koppensteiner* AktG § 297 Rn. 5; U. Schneider/*Krieger,* Beherrschungs- und Gewinnabführungsverträge, 1989, S. 99 (106).

[37] BGHZ 122, 211 (228 ff.) – SSI; MüKoAktG/*Altmeppen* AktG AktG § 297 Rn. 78 f.; *Hirte* ZGR 1994, 644 (654); *Krieger/Schneider* § 70 Rn. 293; *Timm* FS Kellermann, 1989, 461 (467, 469); *H. Wilhelm* Beendigung S. 71.

[38] Emmerich/Habersack Aktien-/GmbH-KonzernR/*Emmerich* AktG § 297 Rn. 12a; *Krieger/Jannott* DStR 1995, 1473 (1475).

[39] S. Emmerich/Habersack Aktien-/GmbH-KonzernR/*Emmerich* AktG AktG § 297 Rn. 13.

[40] OLG Karlsruhe GmbHR 2001, 523; anders *Cahn/Simon* Konzern 2003, 1.

beschluss der außenstehenden Aktionäre entbehrlich ist. Spezielle Anwendungsfälle der fristlosen Kündigung finden sich (nur) für die Unternehmensverträge des § 291 AktG in den § 304 Abs. 4 AktG und § 305 Abs. 5 S. 4 AktG (→ § 21 Rn. 59, → § 22 Rn. 61).

38   Eine **steuerrechtliche Sonderregelung** von erheblicher praktischer Bedeutung enthält ferner für Gewinnabführungsverträge (als Voraussetzung der Organschaft) die Vorschrift des § 14 Abs. 1 S. 1 Nr. 3 S. 2 KStG von 2003/2013. Danach ist eine vorzeitige Beendigung des Gewinnabführungsvertrages durch Kündigung *unschädlich,* wenn ein wichtiger Grund die Kündigung rechtfertigt. Die steuerlichen Vorteile der Organschaft bleiben mit anderen Worten in diesem Fall selbst dann erhalten, wenn die Kündigung zur Folge hat, dass die gesetzlich an sich vorgeschriebene Mindestdauer der Organschaft von fünf Jahren nicht eingehalten werden kann. Ergänzend bestimmt er die Körperschaftsteuerrichtlinien **(KStR),** dass als wichtige Gründe für die außerordentliche Kündigung eines Unternehmensvertrages auch die Veräußerung der Beteiligung an der abhängigen Gesellschaft, die Einbringung der abhängigen Gesellschaft durch die herrschende Gesellschaft in eine andere Gesellschaft sowie die Verschmelzung, die Spaltung oder die Liquidation einer der Gesellschaften gelten.[41]

38a   Steuerrecht (→ Rn. 38) und Gesellschaftsrecht decken sich in dieser Frage freilich nicht ganz, da der BFH davon ausgeht, dass der Begriff des wichtigen Grundes im Körperschaftsteuerrecht *anders* als im Gesellschaftsrecht zu verstehen ist, sodass das Steuerrecht bei der Anerkennung eines wichtigen Grundes im Einzelfall auch zu *anderen* Ergebnissen als das Gesellschaftsrecht kommen kann.[42] Ein bekanntes Beispiel ist die **Veräußerung der Beteiligung** durch das herrschende Unternehmen: Während im Gesellschaftsrecht nach wie vor wohl überwiegend in diesem Fall das Vorliegen eines wichtigen Grundes verneint wird (→ Rn. 49 f.), ist das Steuerrecht hier für den Regelfall großzügiger (→ Rn. 38). Die Folge dieser Divergenz zwischen Gesellschafts- und Steuerrecht kann sein, dass die Beurteilung eines Sachverhalts als wichtiger Grund in beiden Materien unterschiedlich ausfällt, woraus sich erhebliche steuerrechtliche Probleme bei der Anerkennung einer Organschaft nach § 14 KStG ergeben können.[43] In der Praxis hat dies dazu geführt, dass es nahezu allgemein üblich geworden ist, bei Abschluss eines Gewinnabführungsvertrages Vorsorge gegen diese Risiken zu treffen, indem die **Veräußerung** der Beteiligung sowie außerdem die Veränderung der steuerlichen Rahmenbedingungen im Vertrag in zulässiger Weise (→ Rn. 17) ausdrücklich als wichtiger Grund iSd § 297 Abs. 1 **vereinbart** werden.[44]

2. Konkurrenzen

39   Das außerordentliche Kündigungsrecht der Vertragsparteien aus § 297 Abs. 1 AktG konkurriert mit einer Vielzahl anderer vergleichbarer Regelungen. An erster Stelle ist

---

[41] Dazu ausf. zB *C. Schäfer* GmbHR 2011, 806.
[42] BFHE 244, 277 Rn. 19 ff. = AG 2014, 369; dazu z. B. *Deilmann* NZG 2015, 460.
[43] S. zB *C. Lange* GmbHR 2011, 806; *Link/Greven* M&A Rev 2010, 285 (290, 293); *Paschos/Goslar* Konzern 2006, 479 (480 ff.); *St. Ulrich* GmbHR 2004, 1000 (1001 f.).
[44] Hölters/*Deilmann* AktG § 297 Rn. 18; s zB die Vertragsmuster bei Happ/*Liebscher,* Konzern- und Umwandlungsrecht, 2012, Nr. 1.01 a und Nr. 1.02 b, jeweils § 8 Abs. 2 des Vertragsmusters.

hier die Vorschrift des **§ 314 BGB** zu nennen, auf die neben § 297 AktG jedenfalls zurückgegriffen werden kann, soweit das AktG keine Regelung enthält.[45] Wichtig ist das vor allem für die Definition des wichtigen Grundes in § 314 Abs. 1 S. 2 BGB (→ Rn. 43) sowie für die zusätzlichen Bestimmungen in Abs. 2–4 des § 314 BGB. Daraus folgt vor allem, dass der Kündigung grds. eine Abmahnung vorauszugehen hat, wenn der wichtige Grund in der Verletzung einer Pflicht aus dem Unternehmensvertrag besteht (§ 314 Abs. 2 BGB; → Rn. 51), und dass die Kündigung binnen angemessener Frist nach Kenntniserlangung erklärt werden muss (§ 314 Abs. 3 BGB→ Rn. 52). Unberührt bleibt außerdem das Recht des kündigenden Vertragsteils, wegen der fraglichen Vertragsverletzung ungeachtet der darauf gestützten Kündigung Schadensersatz zu verlangen (§ 314 Abs. 4 BGB).

Weitere außerordentliche **Kündigungsrechte** können sich bei den anderen Unternehmensverträgen des § 292 AktG aus der allgemeinen gesetzlichen Regelung für den jeweiligen Vertragstyp ergeben, zB aus **§ 723 BGB** bei der Gewinngemeinschaft und bei der stillen Gesellschaft (§ 292 Abs. 1 Nr. 1, 2 AktG) oder aus § 581 Abs. 2 BGB iVm **§ 543 BGB** bei den Betriebspachtverträgen (§ 293 Abs. 1 Nr. 3 AktG). Diese speziellen Vorschriften dürften neben § 297 Abs. 1 AktG anwendbar bleiben. **40**

3. Abweichende Vereinbarungen

§ 297 Abs. 1 AktG enthält **zwingendes Recht** (§ 23 Abs. 5 S. 1 AktG), so dass das außerordentliche Kündigungsrecht beider Parteien vertraglich weder ausgeschlossen noch eingeschränkt werden kann (§ 134 BGB).[46] Unzulässig sind danach zB die abschließende Aufzählung der Gründe für eine außerordentliche Kündigung, die Bestimmung von Kündigungsfristen oder -terminen sowie die Bindung der außerordentlichen Kündigung an die Mitwirkung Dritter.[47] **41**

Andere Fragen stellen sich bei der **vertraglichen Ausdehnung** des außerordentlichen Kündigungsrechts einer oder beider Parteien, zB auf beliebige sonstige Gründe (schon → Rn. 28). Die Problematik solcher Abreden beruht einmal darauf, dass bei ihrer unbeschränkten Zulassung die Mitwirkung der außenstehenden Aktionäre an einer ordentlichen Kündigung durch **Sonderbeschluss** nach § 297 Abs. 2 AktG umgangen werden könnte (→ Rn. 31 f.). Um dies zu verhindern, ist ohne Rücksicht auf die Abreden der Parteien § 297 Abs. 2 AktG immer dann anzuwenden, wenn eine außerordentliche Kündigung auf Grund des Vertrags auf Gründe gestützt wird, die an sich nicht unter § 297 Abs. 1 AktG fallen, weil sie keine wichtigen Gründe iSd Gesetzes darstellen.[48] Eine übermäßige vertragliche Ausdehnung der Kündigung aus wichtigem Grund kann zum Anderen in Konflikt mit dem **Steuerrecht** geraten, da eine willkürliche nachträgliche Befristung von Organschaftsverträgen entgegen § 14 Abs. 1 S. 1 Nr. 3 KStG von der steuerrechtlichen Rechtsprechung nicht anerkannt wird (→ Rn. 38a). **42**

---

[45] Anders für die Wohnraummiete BGH NJW 2016, 3720 Rn. 13; dagegen *Emmerich* JuS 2017, 69; Staudinger/*Emmerich* BGB § 543 Rn. 2, 12, 90.

[46] BGHZ 122, 211 (228) – SSI.

[47] MüKoAktG/*Altmeppen* AktG § 297 Rn. 15, 50; Hüffer/Koch/*Koch* AktG § 297 Rn. 19.

[48] Ebenso im Ergebnis BGHZ 122, 211 (227, 231) – SSI; BAGE 121, 212; OLG München GmbHR 2009, 148 (152); *Grüner* Beendigung S. 121 ff.; *Krieger/Jannott* DStR 1995, 1473 (1476).

4. Wichtiger Grund

43 § 297 Abs. 1 AktG enthält keine Definition des Begriffs des wichtigen Grundes, sondern nennt in S. 2 lediglich einen Beispielsfall (→ Rn. 45). Deshalb ist zur näheren
Präzisierung des Begriffs auf die **Generalklausel des § 314 Abs. 1 S. 2 BGB** zurückzugreifen (→ Rn. 39), nach der ein wichtiger Grund generell gegeben ist, wenn der
kündigenden Vertragspartei infolge einer von ihr nicht zu vertretenden und auch nicht
zu ihrer Risikosphäre gehörenden Veränderung der Verhältnisse die **Fortsetzung** des
Vertrages nach den Umständen des Falles unter Abwägung der Interessen der Parteien
bis zum Ablauf der ordentlichen Kündigungsfrist oder bis zum vereinbarten Beendigungstermin **nicht mehr zuzumuten** ist, vorausgesetzt, dass die aufgetretenen
Schwierigkeiten nicht auf andere, weniger einschneidende Weise behoben werden
können. Im Anwendungsbereich des § 297 Abs. 1 AktG ist davon insbes. auszugehen,
wenn infolge einer unvoraussehbaren, nachteiligen Veränderung der wirtschaftlichen
Verhältnisse die **wirtschaftliche Existenz** des Kündigenden bei Fortbestand des Vertrages bedroht wäre.[49]

44 Der Begriff wird im Kontext des § 297 Abs. 1 AktG üblicherweise **weit ausgelegt,** vor
allem zu dem Zweck, die abhängige Gesellschaft bei Bestand eines Beherrschungs-
oder Gewinnabführungsvertrages nach Möglichkeit gegen übermäßige Risiken aus
dem Bereich des anderen Vertragsteils zu schützen.[50] Jedoch reicht die bloße Verschlechterung der Ertragslage einer der Parteien für die Anwendung des § 297 Abs. 1
AktG im Regelfall ebenso wenig wie der Nichteintritt der mit dem Vertragsabschluss
verbundenen wirtschaftlichen Erwartungen der Parteien.[51] Erst recht genügt es nicht,
wenn die Parteien lediglich nachträglich ihre Vorstellungen ändern und sich wieder
von dem Vertrag lösen wollen; der dafür vom Gesetz vorgesehene Weg ist die Aufhebung des Vertrages nach § 296 AktG, der nicht auf dem Wege über § 297 AktG umgangen werden darf.[52] Anders kann die Sachlage nur von Fall zu Fall zu beurteilen sein,
wenn die Existenz einer Partei bedroht ist (→ Rn. 45, 47). Im Schrifttum werden die
einzelnen Fälle des § 297 Abs. 1 AktG vielfach danach unterschieden, ob sie aus der
Sphäre des herrschenden Unternehmens oder aus der der abhängigen Gesellschaft
(pars pro toto) stammen. Diese Einteilung geht indessen offenbar nicht immer auf, sodass hier an der getrennten Betrachtung der häufigsten Erscheinungsformen wichtiger
Gründe festgehalten werden soll (→ Rn. 45 ff.).

5. Nichterfüllung des Vertrages

45 Nach § 297 Abs. 1 S. 2 AktG liegt ein wichtiger Grund „namentlich" vor, wenn der
andere Vertragsteil voraussichtlich nicht in der Lage sein wird, seine auf Grund des
Vertrages bestehenden Verpflichtungen zu erfüllen. Das Gesetz hat hier in erster Linie
die Verpflichtungen des herrschenden Unternehmens auf Grund eines Beherrschungs-

---

[49] BGHZ 122, 211 (232) – SSI; BGHZ 206, 74 Rn. 19; BFHE 244, 277 Rn. 20; OLG Oldenburg NZG
2000, 1138 (1140); OLG München AG 2009, 148 (151); 2011, ZIP 2011, 1912; *Grüner* Beendigung
S. 110 ff.; *Angerer* ZGR 2016, 74; *Krieger/Jannott* DStR 1995, 1473 (1475 f.).
[50] *Grüner* Beendigung S. 109 ff.; *Laule* AG 1990, 145 (155); U. *Schneider/Krieger,* Beherrschungs- und
Gewinnabführungsverträge, 1989, S. 99 (107).
[51] *Hüffer/Koch/Koch* AktG § 297 Rn. 7; KölnKommAktG/*Koppensteiner* AktG § 297 Rn. 18; *Riegger/*
Mutter Betr. 1997, 1603 (1604); viel weiter hingegen *Krieger/Jannott* DStR 1995, 1473 (1475 f.). *Laule*
AG 1990, 145 (155); zur gegebenenfalls nötigen Anpassung des Vertrages → §§ 21 und 22.
[52] OLG München GmbHR 2009, 148 (151); ZIP 2011, 1912.

oder Gewinnabführungsvertrages gegenüber der abhängigen Gesellschaft (§§ 302, 309 AktG), gegenüber den Gläubigern (§ 303 AktG) sowie gegenüber den außenstehenden Aktionären (§§ 304, 305 AktG) im Auge. Zeichnet sich die dauernde Unerfüllbarkeit dieser Verpflichtungen für die nächste Zukunft ab, so kann der Vorstand der abhängigen Gesellschaft nach § 297 Abs. 1 S. 2 AktG alsbald kündigen, ohne den Eintritt der kritischen Situation abwarten zu müssen. Damit ist zugleich gesagt, dass der Vorstand der abhängigen Gesellschaft kontinuierlich die Entwicklung der wirtschaftlichen und finanziellen Situation des herrschenden Unternehmens verfolgen muss, um rechtzeitig intervenieren zu können.

Unter denselben Voraussetzungen (→ Rn. 45) kann nach hM auch der andere Vertragsteil, dh das herrschende Unternehmen, fristlos kündigen.[53] Dagegen spricht freilich, dass eine Verschlechterung der finanziellen Situation in aller Regel von dem herrschenden Unternehmen selbst zu vertreten sein wird, sodass – entgegen der hM – grds. kein Raum für eine Anwendung des § 297 Abs. 1 sein dürfte (→ Rn. 43, 47). Eine abweichende Beurteilung kommt allein dann in Betracht, wenn das herrschende Unternehmen durch die fernere Erfüllung der genannten Verpflichtungen geradezu in seiner **wirtschaftlichen Existenz** bedroht wäre und der eingetretene bedrohliche Zustand etwa auf einer allgemeinen wirtschaftlichen Entwicklung oder auf höherer Gewalt beruht.[54]   46

6. Weitere Fälle

Eine **negative Veränderung der wirtschaftlichen Verhältnisse** der Vertragsparteien bildet idR *keinen* wichtigen Kündigungsgrund für eine Partei, weil eine Entwicklung, die die kündigende Partei selbst im weitesten Sinne zu vertreten hat und die deshalb zu ihrem Risikobereich gehört, dieser grds. kein Recht gibt, sich durch fristlose Kündigung von dem lästig gewordenen Vertrag zu lösen (→ Rn. 43).[55] Insbes. die Verschlechterung der wirtschaftlichen Verhältnisse der *abhängigen Gesellschaft* reicht daher idR, da im Zweifel von dem herrschenden Unternehmen selbst zu verantworten, nicht für eine fristlose Kündigung des letzteren nach § 297 Abs. 1 AktG aus (→ Rn. 46).   47

Weitere Beispiele für einen wichtigen Grund sind je nach Umständen des Falles eine fortgesetzte **schwere Vertragsverletzung** des anderen Teils trotz Abmahnung (s. § 314 Abs. 2 BGB), insbes. bei einem Beherrschungsvertrag die wiederholte hartnäckige Überschreitung der gesetzlichen oder vertraglichen Grenzen des Weisungsrechts durch das herrschende Unternehmen (s. § 308 AktG), ferner die **Auflösung** des anderen Vertragsteils (§ 262 AktG), sofern sie nicht bereits die automatische Beendigung des Vertrags nach sich zieht,[56] sowie noch **Verfügungen der Kartellbehörden,** durch die der mit dem Abschluss eines Unternehmensvertrags verbundene Unternehmenszusammenschluss untersagt oder seine Auflösung angeordnet wird (s. §§ 36, 41 Abs. 3 GWB; Art. 8 Abs. 3, 4 FKVO).   48

---

[53] U. Schneider/*Krieger,* Beherrschungs- und Gewinnabführungsverträge, 1989. S. 99 (106f.); *Krieger/Jannott* DStR 1995, 1473 (1475).

[54] S. *Grüner* Beendigung S. 114ff.; Hüffer/Koch/*Koch* AktG § 297 Rn. 7; *Timm* GmbHR 1997, 8 (13); großzügiger wohl *Krieger/Jannott* DStR 1995, 1473 (1475f.).

[55] OLG München ZIP 2011, 1912; MüKoAktG/*Altmeppen* AktG § 297 Rn. 24–26, 31–36.

[56] → Rn. 70f.; anders nach den Umständen des Falles OLG München ZIP 2011, 1912.

7. Insbesondere die Veräußerung der Beteiligung

49 Vielfältig umstritten ist die Rechtslage insbes. im Falle der Veräußerung der Beteiligung des herrschenden Unternehmens an der abhängigen Gesellschaft. Nach der wohl überwiegenden, aber zunehmend kritisierten Meinung gibt dieser Vorgang dem herrschenden Unternehmen in der Regel *keinen* Kündigungsgrund, selbst wenn ihm infolgedessen eine Vervielfältigung seiner Ausgleichs- und Abfindungspflichten droht, da es diese Situation letztlich selbst zu verantworten hat.[57] Der BGH hat die Frage bislang offengelassen, verneint aber ein Kündigungsrecht des herrschenden Unternehmens jedenfalls dann, wenn die Fortführung des Unternehmensvertrages für das herrschende Unternehmen nicht unzumutbar ist, etwa dann, wenn die abhängige Gesellschaft lediglich an ein anderes Konzernunternehmen veräußert wird.[58] In derartigen Fällen einer **konzerninternen Veräußerung** der Beteiligung zu dem offenkundigen Zweck der künstlichen Schaffung eines Kündigungsgrundes verneint das Steuerrecht ebenfalls aus leicht nachzuvollziehenden Gründen das Vorliegen eines wichtigen Grundes – mit der (bitteren) Folge der Verwerfung der Organschaft bei vorzeitiger Beendigung des Vertrages.[59] Das herrschende Unternehmen ist daher, wenn es nicht – wie in aller Regel (→ Rn. 42) – bereits im Vertrag für diesen Fall Vorsorge getroffen hat, darauf angewiesen, sich rechtzeitig mit der abhängigen Gesellschaft über eine Aufhebung des Unternehmensvertrags nach § 296 AktG zu einigen, wozu es – trotz des Weisungsverbots des § 299 AktG – in aller Regel in der Lage sein dürfte.[60]

50 Das Gesagte (→ Rn. 44) gilt nur für das herrschende Unternehmen. Für die **abhängige Gesellschaft** kann die Situation anders zu beurteilen sein. Sieht sie sich auf einmal infolge der Veräußerung der Beteiligung des herrschenden Unternehmens an ihr mit einem neuen herrschenden Unternehmen konfrontiert, so kommt von Fall zu Fall durchaus eine außerordentliche Kündigung aus wichtigem Grund in Betracht.

8. Erklärung

51 Bei einer AG ist für die außerordentliche Kündigung aus wichtigem Grund ausschließlich der **Vorstand** zuständig (§§ 77, 78, 297 Abs. 1 AktG). Eine Mitwirkung der Hauptversammlung oder der außenstehenden Aktionäre durch Sonderbeschluss ist in keinem Fall vorgesehen.[61] Besteht der wichtige Grund in einer Vertragsverletzung des anderen Teils, so hat der Kündigung jedoch nach § 314 Abs. 2 S. 1 BGB grds. eine erfolglose **Abmahnung** vorauszugehen; anders verhält es sich nur in den Fällen des § 323 Abs. 2 BGB (schon → Rn. 39). Die Erklärung der Kündigung bedarf der **Schriftform** (§ 297 Abs. 3 AktG iVm den §§ 125, 126 BGB) und muss gegenüber dem anderen Vertragsteil abgegeben werden. Eine Begründung der Kündigungserklä-

---

[57] OLG Düsseldorf NJW-RR 1995, 233 – Rütgers Werke AG; OLG Oldenburg NZG 2000, 1138 (1140); OLG München NJW-RR 2014, 536 (538f.); LG Duisburg AG 1994, 379; LG Dortmund Betr. 1993, 1916 – Guano AG; LG Frankenthal AG 1989, 253 (254f.); *Ebenroth/Parche* BB 1989, 637 (642f.); *Fleischer/Rentsch* NZG 2000, 1141; *Grüner* Beendigung S. 119ff.; *Kallmeyer* GmbHR 1995, 578 (580); – anders zB LG Bochum GmbHR 1987, 24 (25); *Krieger/Jannott* DStR 1995, 1473 (1476).

[58] BGHZ 206, 74 Rn. 19; dazu *Angerer*, ZGR 2016, 609 (614f.).

[59] → Rn. 38a; BFHE 244, 277.

[60] S. den Fall BGH NJW 2002, 822.

[61] BGHZ 122, 211 (232f.) – SSI.

rung ist nicht erforderlich, so dass im Rechtsstreit auch noch andere Kündigungs-gründe nachgeschoben werden können.

Die Kündigung muss gem. § 314 Abs. 3 BGB innerhalb einer angemessenen **Frist** 52 ausgesprochen werden, nachdem der kündigende Teil von dem Kündigungsgrund Kenntnis erlangt hat, wobei sich die Dauer der Frist nach den Umständen des Falles bemisst.[62] Die Frist dürfte jedoch im Regelfall überschritten sein, wenn sich der Kündigende mehr als zehn Monate Zeit lässt, bis er nach Eintritt des Kündigungs-grundes die Kündigung ausspricht.[63] Die Kündigung wird wirksam mit ihrem Zugang bei dem anderen Vertragsteil (§ 130 BGB). Dadurch wird der Kündigende jedoch nicht gehindert, dem anderen Teil eine Kündigungsfrist einzuräumen. Die **Eintragung** ins Handelsregister (§ 298 AktG) hat nur deklaratorische Bedeu-tung.

V. Weitere vertragliche Beendigungsgründe

1. Bedingung

Unternehmensverträge können ebenso wie andere Verträge unter einer aufschieben-den oder auflösenden Bedingung abgeschlossen werden (§ 158 BGB).[64] Lediglich bei 53 den Beherrschungs- und Gewinnabführungsverträgen des § 291 AktG wird die Zuläs-sigkeit einer **auflösenden** Bedingung wegen der damit verbundenen Rechtsunsicher-heit überwiegend kritisch beurteilt.[65] Soweit die Vereinbarung einer auflösenden Be-dingung danach unzulässig ist, dürfte sie gewöhnlich in die eines ordentlichen Kündigungsrechts umzudeuten sein (§ 140 BGB).[66]

2. Anfechtung

Unternehmensverträge können wegen eines Willensmangels nach den §§ 119, 120, 54 123 BGB angefochten werden, nach überwiegender Meinung freilich nur bis zum Wirksamwerden des Vertrages durch Eintragung ins Handelsregister (§ 294 Abs. 2 AktG), dagegen nicht mehr später wegen der mit der Rückwirkung der Anfechtung (§ 142 BGB) verbundenen Abwicklungsprobleme.[67] Dem ist in dieser Allgemeinheit nicht zu folgen.[68] Sollten sich tatsächlich einmal bei den Verträgen des § 291 AktG in-folge ihrer Anfechtung nach ihrem Vollzug unlösbare Abwicklungsprobleme ergeben, so genügt es vollauf, die Regeln über fehlerhafte Unternehmensverträge heranzuziehen (→ § 11 Rn. 24 ff.).

3. Rücktritt

Bei den Rücktrittsrechten hat man vor allem zwischen gesetzlichen und vertraglich 55 vorbehaltenen Rücktrittsrechten zu unterscheiden (zu den letzteren → Rn. 58). Ein **gesetzliches** Rücktrittsrecht kann sich bei den Unternehmensverträgen von Fall zu Fall insbes. aus den §§ 323, 326 Abs. 5 BGB ergeben: **Vor Wirksamwerden** des Ver-trages durch Eintragung ins Handelsregister (§ 294 Abs. 2 AktG) kommt freilich nur

---

[62] → Rn. 18 sowie die Begr. RegE des SMG, BT-Drs. 14/6040, 178 (re. Sp. o.).
[63] OLG München AG 2011, 467 (468).
[64] Schon → § 16 Rn. 9; BGHZ 122, 211 (219 f.) – SSI.
[65] *Grüner* Beendigung S. 141 f.; *Raiser/Veil* § 54 Rn. 117; anders *Timm* FS Kellermann, 1991, 461 (468).
[66] *Grüner* Beendigung S. 141 f.
[67] *Gerth* BB 1978, 1497 (1498); *Kley* Rechtsstellung S. 62; *H. Wilhelm* Beendigung S. 24 ff.
[68] S. für Miete und Pacht *Emmerich* JuS 1998, 495; *Emmerich*,. NZM 1998, 692.

in Ausnahmefällen eine entsprechende Anwendung des **§ 323 Abs. 4 BGB** in Betracht, insbes. wenn es sich bei dem Unternehmensvertrag um einen gegenseitigen Vertrag handelt und sich die Zustimmung der Hauptversammlung des anderen Vertragsteils, ein Sonderbeschluss der außenstehenden Aktionäre oder die Eintragung des Vertrags ins Handelsregister unvertretbar verzögern.[69] Praktische Bedeutung hat dieser Fragenkreis vor allem bei **stillen Beteiligungen** von Kapitalanlegern an Aktiengesellschaften erlangt, bei denen häufig die §§ 293, 294 AktG nicht beachtet wurden, obwohl es sich bei ihnen um Teilgewinnabführungsverträge iSd § 292 Abs. 1 Nr. 2 AktG handelt (→ § 14 Rn. 15; → § 16 Rn. 23).[70] Nach Vollzug des Vertrages hat jedoch § 297 Abs. 1 AktG den Vorrang (→ Rn. 57).

56 **Nach Eintragung** des Vertrags sind die §§ 323, 326 Abs. 5 BGB jedenfalls **bis** zu dessen **Vollzug** in geeigneten Fällen unmittelbar anwendbar (str.). Beispiele sind die Fälle der Unmöglichkeit oder des Verzugs bei Betriebspacht- oder Betriebsüberlassungsverträgen. Erst **nach Vollzug** des Vertrags wird das Rücktrittsrecht nach hM durch das Kündigungsrecht aus wichtigem Grunde auf Grund des § 297 Abs. 1 AktG verdrängt.[71]

57 Speziell bei **stillen Gesellschaften** genügt für die Annahme des Vollzugs des Gesellschaftsvertrages nach hM bereits die Beitragsleistung des Stillen (→ § 11 Rn. 24 und → § 14 Rn. 16), so dass bei den Teilgewinnabführungsverträgen des § 292 Abs. 1 Nr. 2 AktG von diesem Zeitpunkt ab an die Stelle des Rücktrittsrechts der Anleger ihr Kündigungsrecht aus wichtigem Grund auf Grund des § 297 Abs. 1 AktG tritt. Daneben kommt auch eine Kündigung auf Grund des § 234 Abs. 1 S. 2 HGB iVm § 723 Abs. 1 S. 2, 3 BGB in Betracht.

58 **Vertraglich vorbehaltene Rücktrittsrechte** können ebenfalls bis zum Vollzug des Vertrages ausgeübt werden, nicht nur (so die hM) bis zur Eintragung des Vertrages ins Handelsregister.[72] Nach diesem Zeitpunkt ist ein vertraglich vorbehaltenes Rücktrittsrecht jedenfalls bei den Verträgen des § 291 AktG wohl durchweg in ein ordentliches Kündigungsrecht kraft Vereinbarung umzudeuten (§ 140 BGB), während bei den anderen Unternehmensverträgen des § 292 AktG von Fall zu Fall auch weiterhin ein „echter" Rücktritt möglich bleibt.[73]

4. Zeitablauf

59 Unternehmensverträge werden in der Regel nur auf Zeit abgeschlossen.[74] Gemeint ist damit gewöhnlich die Festlegung einer **Mindestdauer** des Vertrages, so dass während des vereinbarten Zeitraums die ordentliche Kündigung ausgeschlossen ist, während der Vertrag mit Ablauf der vorgesehenen Vertragsdauer von selbst sein Ende findet, sofern die Parteien nicht durch die zusätzliche Vereinbarung einer **Verlängerungsklausel** Vorsorge getroffen haben, so dass sich der Vertrag nach Ablauf der Mindestzeit au-

---

[69] Offen gelassen in OLG Celle AG 1996, 370 (371).

[70] Offengelassen in OLG Celle AG 1996, 370 (371); OLG Hamm NZG 2003, 228 (229 f.); OLG Stuttgart ZIP 2003, 763.

[71] S. *Hirte* ZGR 1994, 644 (663); *Grüner* Beendigung S. 134 ff.; *Hüffer/Koch/Koch* AktG § 297 Rn. 23; *Kley* Rechtsstellung S. 61 f.; *Krieger/Schneider* § 70 Rn. 200; *H. Wilhelm* Beendigung S. 18.

[72] Ebenso für die Zeit bis zum Wirksamwerden des Vertrags BGHZ 122, 211 (225 f.) – SSI.

[73] *Hirte* ZGR 1994, 644 (663); *Krieger/Schneider* § 70 Rn. 200; *Kley* Rechtsstellung S. 61 f.; *H. Wilhelm* Beendigung S. 18.

[74] OLG München ZIP 1992, 327 – SSI; *Grüner* Beendigung S. 137 ff.; *H. Wilhelm* Beendigung S. 18.

tomatisch verlängert.[75] Solche Abreden sind schon aus steuerlichen Gründen verbreitet (s. § 14 Abs. 1 S. 1 Nr. 3 S. 1 KStG). Problematisch ist bei ihnen allein die Situation der außenstehenden Aktionäre, die den Ausgleich nach § 304 AktG gewählt haben (dazu → § 21 Rn. 52 f.)

VI. Eingliederung, Squeeze-out

Durch die Eingliederung der abhängigen Gesellschaft in die **herrschende Gesell-** 60 **schaft** (§§ 319, 320 AktG) werden ein **Gewinnabführungsvertrag,** ein Teilgewinnabführungsvertrag oder eine Gewinngemeinschaft nicht berührt, wie aus § 324 Abs. 2 AktG zu folgern ist, nach dem auf die genannten Verträge im Falle der Eingliederung (nur) die §§ 293–296, 298–303 AktG nicht anzuwenden sind. Jedoch bedürfen der Abschluss, die Änderung oder die Aufhebung von Unternehmensverträgen der Schriftform (§ 324 Abs. 2 S. 2 AktG). Zweck dieser eigenartigen Regelung ist es vor allem, den Parteien auch im Falle der Eingliederung der einen Gesellschaft in die andere die Vereinbarung einer steuerlichen Organschaft zu ermöglichen (§ 14 KStG).[76] Von **Beherrschungsverträgen** wird dagegen überwiegend angenommen, dass sie im Falle der Eingliederung der abhängigen Gesellschaft in die herrschende Gesellschaft erlöschen (→ § 10 Rn. 60). Betriebspacht- und Betriebsüberlassungsverträgen dürften dagegen, wenn auch weitgehend gegenstandslos, fortbestehen.

Durch die Eingliederung der abhängigen Gesellschaft in ein **drittes Unternehmen** 61 wird ein Beherrschungsvertrag grds. beendet; anders verhält es sich nur, wenn eine koordinierte Herrschaft beider Obergesellschaften sichergestellt ist, so dass der Sache nach ein Fall der Mehrmütterorganschaft entsteht.[77] Ein Gewinnabführungsvertrag und die anderen Unternehmensverträge des § 292 AktG können dagegen bestehen bleiben. Die Eingliederung des **anderen Vertragsteils,** der herrschenden Gesellschaft, in ein drittes Unternehmen hat dagegen grds. keine Auswirkungen auf bestehende Unternehmensverträge.[78] Die §§ 295, 296 AktG sind hier nicht, auch nicht entsprechend, anwendbar.

An die Stelle der Eingliederung ist in der Praxis mittlerweile weithin der **Ausschluss** 62 **von Minderheitsaktionären** nach den §§ 327a ff. AktG (oben → § 10a) getreten. Anders als die Eingliederung (→ Rn. 60 f.) hat der Ausschluss von Minderheitsaktionären selbst bei einer abhängigen Gesellschaft keinen Einfluss auf bestehende Unternehmensverträge, so dass insbes. eine Organschaft durchaus fortgeführt werden kann.[79]

VII. Verschmelzung, Formwechsel

Literatur: *Butzke,* FS. Hüffer, 2010, S. 97; *Geng,* Ausgleich und Abfindung der Minderheitsaktionäre der beherrschten Aktiengesellschaft bei Verschmelzung und Spaltung, 2003; *Gutheil,* Die Auswirkungen von Umwandlungen auf Unternehmensverträge nach §§ 291, 292 AktG, 2001; *Vossius,* FS. Widmann, 2000, S. 133.

---

[75] Möglich, aber selten ist auch die Vereinbarung einer Höchstdauer, bei der der Vertrag auch schon vor dem Zeitpunkt des vereinbarten Vertragsendes ordentlich kündbar ist.
[76] Emmerich/Habersack Aktien-/GmbH-KonzernR/*Emmerich* AktG § 297 Rn. 34 f; MüKoAktG/*Altmeppen* AktG § 297 Rn. 141.
[77] *Grüner* Beendigung S. 173 f.; *Krieger/Schneider* § 70 Rn. 211.
[78] MüKoAktG/*Altmeppen* AktG § 297 Rn. 140; *Grüner* Beendigung S. 168.
[79] BGHZ 189, 261 Rn. 18 – Wella I; BGH NZG 2011, 780 Rn. 18 – Wella II.

1. Verschmelzung der Vertragsparteien

63 Werden die Vertragsparteien im Wege der Aufnahme oder Neugründung nach den §§ 2, 60 ff. UmwG verschmolzen, so erlischt der Vertrag mit Wirksamwerden der Verschmelzung durch Konfusion.[80] Die §§ 295, 296 AktG sind hier nicht anwendbar, weil es sich um eine kraft Gesetzes eintretende Rechtsänderung handelt. Ein noch anhängiges Spruchverfahren ist jedoch fortzuführen (→ § 22 a Rn. 33 ff.). Dies bedeutet, dass ein noch nicht durch Zeitablauf erloschenes Abfindungsangebot auf Grund des vorausgegangenen Unternehmensvertrages fortbesteht, so dass die Aktionäre zwischen beiden Abfindungsangeboten (auf Grund des Vertrages und infolge der Verschmelzung) die Wahl haben.[81]

2. Verschmelzung der abhängigen Gesellschaft mit Dritten

64 Im Falle der Verschmelzung oder der übertragenden Umwandlung derjenigen Gesellschaft, die die vertragstypischen Leistungen erbringt, bei einem Beherrschungs- oder Gewinnabführungsvertrag also der abhängigen Gesellschaft, mit einem **dritten Unternehmen** als übernehmendem Rechtsträger muss man unterscheiden: Ein von der abhängigen Gesellschaft abgeschlossener **Beherrschungs- oder Gewinnabführungsvertrag** endet in diesem Fall mit Untergang der Gesellschaft, weil die Belastungen aus einem derartigen Vertrag auf den neuen Rechtsträger nicht gegen dessen Willen, vor allem ohne Mitwirkung seiner Gesellschafter (s. § 293 Abs. 1 AktG), erstreckt werden können.[82]

65 Anders zu beurteilen ist die Rechtslage dagegen von Fall zu Fall bei den **anderen Unternehmensverträgen** des § 292 AktG, bei denen wegen ihres Charakters als schuldrechtlicher Austauschverträge eine Gesamtrechtsnachfolge und damit ein Übergang des Vertrages auf den neuen Rechtsträger durchaus vorstellbar sind. Namentlich bei einer betriebsbezogenen Gewinngemeinschaft oder einem entsprechenden Teilgewinnabführungsvertrag kommt daher ein Vertragsübergang in Betracht.[83] **Betriebspacht- und Betriebsführungsverträge** können gleichfalls auf den neuen Unternehmensträger übergehen und bestehen dann als einfache bürgerlich-rechtliche Pachtverträge fort.

66 Wenig geklärt ist die Rechtslage, wenn es die **abhängige** oder verpflichtete **Gesellschaft** ist, die ein *anderes* Unternehmen im Wege der Verschmelzung oder der übertragenden Umwandlung übernimmt. Richtiger Meinung nach dürfte hier davon auszugehen sein, dass der Unternehmensvertrag zwar grds. fortbesteht, aber nach § 297 Abs. 1 AktG von beiden Parteien gekündigt werden kann; außerdem sind die §§ 304, 305 AktG zum Schutze der außenstehenden Aktionäre der abhängigen Gesellschaft erneut anzuwenden.[84]

---

[80] OLG Hamm NZG 2003, 632 – DAB/Hansa; *Geng* Ausgleich und Abfindung S. 23; *Gutheil* Auswirkungen S. 270 ff.; *Krieger/Schneider* § 70 Rn. 202; *Schubert* Betr. 1998, 761; *H. Westermann* FS Schilling, 1973, 271 (279 f.).

[81] OLG Hamm NZG 2003, 632 – DAB/Hansa; *Gutheil* Auswirkungen S. 276 f.; *Lutter/Grunewald* UmwG § 20 Rn. 39; *Schubert* Betr. 1998, 761; – anders *Butzke* FS Hüffer, 2010, 97 (108 f.).

[82] OLG Karlsruhe NJW-RR 1995, 354 – SEN/KHS; *Gelhausen/Heinz* NZG 2005, 775; *Gerth* BB 1978, 1497 (1499); *Gutheil* Auswirkungen S. 176 ff.; *Krieger/Schneider* § 70 Rn. 205.

[83] *Grunewald* in Lutter UmwG § 20 Rn. 36; *Gutheil* Auswirkungen S. 192 ff.

[84] BayObLG AG 2004, 99; *Geng* Ausgleich und Abfindung S. 90 ff.; *Gutheil* Auswirkungen S. 250 ff.

3. Verschmelzung der herrschenden Gesellschaft mit Dritten

Wieder andere Regeln gelten, wenn der andere Vertragsteil, dh das herrschende Unter- 67
nehmen bei einem Beherrschungs- oder Gewinnabführungsvertrag, mit einem dritten
Unternehmen verschmolzen wird. Erlischt das herrschende Unternehmen infolgedessen, so geht der Unternehmensvertrag im Wege der Gesamtrechtsnachfolge auf den
neuen Rechtsträger über.[85] Wenn es sich bei diesem um eine AG oder KGaA handelt,
kann es hier unter den Voraussetzungen der § 52 Abs. 1 UmwG und § 78 UmwG –
entgegen den Wertungen des § 293 Abs. 2 AktG – zur Bindung des neuen Rechtsträgers an Verträge des § 291 AktG ohne Mitwirkung seiner Hauptversammlung kommen.[86] Eine Anwendung der §§ 295, 296 AktG kommt gleichfalls nicht in Betracht,
so dass die abhängige Gesellschaft oder deren außenstehende Aktionäre nicht zuzustimmen brauchen.[87] Die **Ausgleichsansprüche** der außenstehenden Aktionäre sind
jedoch der neuen Rechtslage anzupassen; außerdem ist ihnen entsprechend § 305
AktG erneut ein **Abfindungsangebot** zu machen.

Ebenso ist die Rechtslage zu beurteilen, wenn das herrschende Unternehmen die 68
Rechtsform einer **Personengesellschaft,** zB einer KG hatte und aus dieser sämtliche
Gesellschafter bis auf einen ausscheiden, so dass das Gesellschaftsvermögen im Wege
der Gesamtrechtsnachfolge uno actu auf den einzigen verbliebenen Gesellschafter
übergeht, während die Gesellschaft erlischt (vgl § 140 Abs. 1 S. 2 HGB). Mit dem Gesellschaftsvermögen geht in diesem Fall auch der Unternehmensvertrag auf den neuen
Rechtsträger, den genannten letzten Gesellschafter über.[88]

4. Formwechsel

Die formwechselnde Umwandlung einer der beiden Vertragsparteien nach den 69
§§ 190, 202, 226 ff. UmwG dürfte grds. **ohne Einfluss** auf einen von ihr abgeschlossenen Unternehmensvertrag sein, da sich an solchen Verträgen, auch an denen des
§ 291 AktG, auf beiden Seiten Unternehmen jeder Rechtsform einschließlich der Personengesellschaften beteiligen können.[89] Das gilt auch bei Umwandlung einer AG in
eine Personenhandelsgesellschaft.[90] § 295 AktG findet in diesen Fällen keine Anwendung.[91] Die Bestimmungen des Unternehmensvertrages, die auf die frühere Rechtsform des herrschenden Unternehmens Bezug nehmen, müssen lediglich durch Auslegung der entstandenen neuen Situation angepasst werden.[92] Jedoch sind die Rechte
der außenstehenden Aktionäre von Fall zu Fall neu zu bestimmen (§ 313 BGB).[93]

---

[85] OLG Karlsruhe NJW-RR 1991, 553 – ASEA/BBC; LG Mannheim Betr. 1990, 379 (380); LG Bonn
  GmbHR 1996, 774f.; LG München I WM 2012, 698 (700); *Gutheil* Auswirkungen S. 155 ff.; *Priester*
  ZIP 1992, 293 (301).

[86] S. *Habersack* FS Horn, 2006, 337 (351 f.).

[87] LG Mannheim Betr. 1990, 379 (380); LG Bonn GmbHR 1996, 774 f.

[88] LG München I WM 2012, 698 (700, mit einer grundlosen Ausnahme für konzerninterne Umstrukturierungen).

[89] OLG Düsseldorf ZIP 2004, 753 – EVA; LG München I WM 2012, 698, *Gerth* BB 1978, 1497
  (1499); *Gutheil* Auswirkungen S. 120 ff.

[90] OLG Düsseldorf ZIP 2004, 753 – EVA; LG München I WM 2012, 698 (700).

[91] LG München I WM 2012, 698 (700).

[92] OLG Düsseldorf ZIP 2004, 735 – EVA.

[93] S. *Gutheil* Auswirkungen S. 120 ff.; zu weiteren Fällen Emmerich/Habersack Aktien-/GmbH-Kon-
  zernR/*Emmerich* AktG § 297 Rn. 46–47.

VIII. Auflösung

70 Die Auflösung der Gesellschaft (§ 262 Abs. 1 AktG; § 60 Abs. 1 GmbHG) hat die Änderung ihres Zwecks zur Folge. Aus einer werbenden Gesellschaft wird eine Abwicklungsgesellschaft, die durch Abwickler geleitet wird (§§ 264 f. AktG; § 66 GmbHG). Aufgabe der Abwickler ist es in erster Linie, das Vermögen zu versilbern und die Schulden zu tilgen (§ 268 AktG; § 70 GmbHG). Daraus wird überwiegend der Schluss gezogen, dass Unternehmensverträge, jedenfalls in der Mehrzahl der Fälle, automatisch ihr **Ende** finden, wenn eine der beiden Vertragsparteien aufgelöst wird, weil sich die Pflichten der Abwickler nicht mit denen auf Grund eines Unternehmensvertrages vertrügen.[94] Tatsächlich wird man zu unterscheiden haben:

71 Auszuklammern ist zunächst der Fall der Insolvenz (→ Rn. 72 f.). Von den verbleibenden Auflösungsfällen kann jedenfalls der bloße **Auflösungsbeschluss der herrschenden Gesellschaft** ebenso wenig wie ein reiner **Zeitablauf** (§ 262 Abs. 1 Nr. 1 und 2; § 60 Abs. 1 Nr. 1 und Nr. 2 GmbHG) zur automatischen Beendigung der Verträge des § 291 AktG sowie von Betriebspacht- und Betriebsüberlassungsverträgen führen. Zu dieser Restriktion nötigt schon der Grundgedanke des § 302 AktG. Anders zu entscheiden ist die Rechtslage dagegen wohl in der Tat für die Verträge des § 292 Abs. 1 Nr. 1, 2 AktG, die nach der Auflösung der *berechtigten* Gesellschaft keinen Sinn mehr machen, so dass von der Beendigung des Vertrages auszugehen sein dürfte. Dasselbe wird – insoweit in Übereinstimmung mit der hM – bei einer Auflösung der **abhängigen** Gesellschaft aus den genannten Gründen anzunehmen sein, zumal an der Auflösung hier wohl durchweg das herrschende Unternehmen maßgeblich beteiligt sein wird (s. §§ 262 Abs. 1 Nr. 2, 293 Abs. 1 AktG). Von Fall zu Fall kann daher in diesen Fällen auch eine entsprechende Anwendung des § 296 AktG zu erwägen sein.[95]

IX. Insolvenz

Literatur: *Acher,* Vertragskonzern und Insolvenz, 1987; *Bous,* Die Konzernleitungsmacht im Insolvenzverfahren konzernverbundener Kapitalgesellschaften, 2001; *Ehricke,* Das abhängige Konzernunternehmen in der Insolvenz, 1998; *Heesing,* Bestandsschutz des Beherrschungs- und Gewinnabführungsvertrages in der Unternehmenskrise und im Konkurs, 1988; *Krieger,* FS. Metzeler, 2003, S. 139; *Samer,* Beherrschungs- und Gewinnabführungsverträge gemäß § 291 Abs. 1 AktG im Konkurs und Vergleich der Untergesellschaft, 1990; *Scheel* Konzerninsolvenzrecht 1995; *H. Wilhelm,* Die Beendigung des Beherrschungs- und Gewinnabführungsvertrags, 1976, S. 31 ff.; *Wilken/Ziems,* FS. Metzeler, 2003, S. 153.

72 Auch die Insolvenz einer Gesellschaft führt zu ihrer Auflösung (§ 262 Abs. 1 Nr. 3 AktG, § 60 Abs. 1 Nr. 4 GmbHG), sodass sich hier ebenfalls die Frage nach dem Schicksal etwaiger Unternehmensverträge unter Beteiligung der insolventen Gesellschaft stellt. Unter der Geltung der früheren KO ging die Praxis überwiegend davon aus, dass die Eröffnung des Konkursverfahrens über das Vermögen einer der Vertragsparteien die **Beendigung** eines Beherrschungs- oder Gewinnabführungsvertrages nach sich zieht, weil ein Konkursverwalter – bei Konkurs der herrschenden Gesellschaft – nicht die Aufgabe habe, einen Konzern zu leiten, und weil er im Falle des Konkurses der abhängigen Gesellschaft nicht an die Weisungen des herrschenden Unternehmens (§ 308 AktG) gebunden werden könne.[96] Nach anderen sollte dagegen der Vertrag,

---

[94] So *Grüner* Beendigung S. 154 ff. mN.

[95] Anders wohl OLG München ZIP 2011, 1912.

[96] BGHZ 103, 1 (6 f.) – Familienheim; BayObLGZ 1998, 231 (234) – EKU/März; OLG Hamburg NZG 2002, 189 – Bavaria/März; anders für das frühere Vergleichsverfahren BGHZ 103, 1 (8) – Familienheim.

wenn auch weitgehend suspendiert, fortbestehen. Damit wurde vor allem bezweckt, nach einer etwaigen Aufhebung des Konkursverfahrens ein Wiederaufleben des Vertrages zu ermöglichen.[97]

Nach dem Inkrafttreten der **Insolvenzordnung** (InsO) hat sich an dem Meinungsbild 73 (→ Rn. 72) nur wenig geändert. Nach wie vor überwiegt die Auffassung, dass die mit der Eröffnung eines Insolvenzverfahrens verbundene Zweckänderung jedenfalls zur **automatischen Beendigung** von Beherrschungs- und Gewinnabführungsverträgen führen müsse.[98] Jedoch hat die Gegenmeinung, dass die Verträge, wenn auch **modifiziert** und ergänzt durch ein außerordentliches Kündigungsrecht des anderen Vertragsteils, **fortbestehen**[99] oder dass sie doch lediglich in ihrer Geltung **suspendiert** würden, deutlich an Boden gewonnen, wobei wiederum der Gedanke im Vordergrund steht, dass nur auf diesem Weg ein Fortbestand der Verträge im Falle der Sanierung der insolventen Gesellschaft sichergestellt werden könne.[100]

Die Annahme der **Beendigung** jedenfalls von Beherrschungs- und Gewinnabfüh- 74 rungsverträgen des § 291 AktG in der Insolvenz einer der Vertragsparteien ist nach wie vor die vorzugswürdige Lösung, zumal angesichts der weiteren erheblichen Beschränkung der Rechte der Anteilinhaber in der Insolvenz durch die Novelle von 2011.[101] Dafür spricht auch die Regelung der §§ 115, 116 InsO, wenn man bedenkt, dass Beherrschungs- und Gewinnabführungsverträge ihrer Herkunft nach im Kern nach wie vor Geschäftsbesorgungsverträge sind, für die die genannten Vorschriften für den Regelfall die Beendigung in der Insolvenz einer Partei anordnen. Dagegen dürfte im Falle der **Eigenverwaltung** (§§ 270 ff. InsO) die bloße Suspendierung der Verträge in der Tat die angemessene Lösung sein.[102] Bei den anderen Unternehmensverträgen des § 292 wird man schließlich wohl je nach der Art des Vertrages und der von der Insolvenz betroffenen Partei zu differenzieren haben; insbes. Betriebspacht- und Betriebsüberlassungsverträge dürften danach grds. bestehen bleiben (§ 292 Abs. 1 Nr. 3 AktG).

X. Rechtsfolgen

Die Rechtsfolgen der Beendigung eines Unternehmensvertrages sind im Gesetz nur 75 bruchstückhaft geregelt (s. bes. §§ 298, 303 AktG). Hervorzuheben ist, dass im Falle der Beendigung eines Beherrschungs- oder Gewinnabführungsvertrags fortan an die Stelle der Verlustausgleichspflicht des herrschenden Unternehmens aus § 302 AktG die Pflicht zur **Sicherheitsleistung** gegenüber den Gläubigern nach § 303 AktG tritt (→ § 20 Rn. 52 ff.). Die nach § 298 AktG erforderliche **Eintragung** ins Handelsregister hat lediglich deklaratorische Bedeutung.

---

97 So BFHE 90, 370 (373); *Acher* Vertragskonzern und Insolvenz S. 95 ff.; *Heesing* Bestandschutz bes. S. 234 ff.; *Samer* Beherrschungs- und Gewinnabführungsverträge S. 141 ff.; *Zeidler* NZG 1999, 692 (696 f.).
98 MüKoAktG/*Altmeppen* AktG § 297 Rn. 103, 116 ff.; Hüffer/Koch/*Koch* AktG § 297 Rn. 22; *Krieger* FS Lutter, 2003, 139 ff.
99 Kölner Emmerich/*Koppensteiner* AktG § 297 Rn. 47 f.; *H.-F. Müller* ZIP 2008, 1701 (1702); *H. Trendelenburg* NJW 2002, 647 (649 f.); *Zeidler* NZG 1999, 692 (696 f.); ausf. zum Kündigungsrecht des anderen Teils nach § 297 *O. Wilken/H.-J. Ziems* FS Metzeler, 2003, 153 ff.
100 *Grüner* Beendigung S. 156 ff.
101 S. iE *Landfermann* WM 2012, 821 (827 ff.); *Spliedt* GmbHR 2012, 462.
102 AG Duisburg ZIP 2002, 1636 (1640); *Landfermann* WM 2012, 869; *Trendelenburg* NJW 2002, 647 (648 f.).

76 **Ausgleichsleistungen** (§ 304 AktG) werden nur bis zum Augenblick der Beendigung des Vertrags geschuldet. Eine **Abfindung** der außenstehenden Aktionäre nach § 305 AktG kommt dagegen fortan nicht mehr in Betracht. Bereits erhaltene Ausgleichs- und Abfindungsleistungen verbleiben jedoch den außenstehenden Gesellschaftern, da der Rechtsgrund für derartige Leistungen nur für die Zukunft, dagegen nicht rückwirkend entfällt (§ 812 Abs. 1 S. 2 Fall 1 BGB). Ein noch anhängiges Spruchverfahren ist deshalb ungeachtet der Beendigung des Unternehmensvertrages fortzuführen (→ § 22a Rn. 33ff.). In Betracht kommen schließlich noch gewisse nachwirkende Pflichten des herrschenden Unternehmens gegenüber der abhängigen Gesellschaft, um deren Überlebensfähigkeit nach Beendigung des Vertrages (s § 302 AktG) sicher-zustellen (→ § 20 Rn. 5 f. sowie → § 23 Rn. 41 ff., 44).

§ 20. Sicherung des Gesellschaftsvermögens

Literatur: S. bei den einzelnen Abschnitten sowie *Filbinger,* Die Schranken der Mehrheitsherrschaft im Aktienrecht und Konzernrecht, 1942; *Grüner,* Die Beendigung von Gewinnabführungs- und Beherr-schungsverträgen, 2003; *Kleindiek,* Strukturvielfalt im Personengesellschafts-Konzern, 1991; *Limmer,* Die Haftungsverfassung des faktischen GmbH-Konzerns, 1992; *Mestmäcker,* Konzerngewalt und Rechte der Aktionäre, 1958; *Veil,* Unternehmensverträge, 2003; *Veit,* Unternehmensverträge und Eingliederung als aktienrechtliche Instrumente der Unternehmensverbindung, 1974; *H. Wilhelm,* Die Beendigung des Be-herrschungs- und Gewinnabführungsvertrages, 1976.

I. Überblick, Sicherung der Überlebensfähigkeit

1 Mit § 300 AktG beginnen die Vorschriften des AktG zum Schutz der Gesellschaft, ih-rer Aktionäre und ihrer Gläubiger gegen die mit dem Abschluss von Beherrschungs- und Gewinnabführungsverträgen verbundenen Gefahren für die abhängige Gesell-schaft, für ihre Aktionäre und für ihre Gläubiger. Den Anfang bilden die §§ 300–303 AktG, mit denen in erster Linie der **Zweck** verfolgt wird, der Gesellschaft wenigstens ihr **bilanzmäßiges Anfangsvermögen,** vermehrt um die gesetzliche Rücklage zu si-chern. Praktische Bedeutung kommt dabei insbes. der in § 302 AktG angeordneten Verlustüber- oder Verlustausgleichspflicht des herrschenden Unternehmens zu (dazu → Rn. 34 ff.).

2 Die folgenden §§ 304–307 AktG dienen dagegen vorrangig dem **Schutz** der **außen-stehenden Aktionäre,** denen durch die Statuierung besonderer Ausgleichs- und Ab-findungsansprüche eine Entschädigung (Kompensation) dafür geboten wird, dass ihr Unternehmen im Vertragskonzern fortan nicht mehr in ihrem gemeinsamen Interesse, sondern im Zweifel allein im Interesse des herrschenden Unternehmens betrieben wird (→ dazu u. §§ 21, 22). Abgerundet wird die Regelung schließlich (in erster Linie zum Schutz der abhängigen Gesellschaft selbst) durch eine gesetzliche Festlegung des Umfangs des Weisungsrechts (§ 308 AktG), durch eine besondere Organhaftung der Vertreter des herrschenden Unternehmens (§ 309 AktG) und der abhängigen Gesell-schaft (§ 310 AktG; dazu u. § 23) sowie durch ein besonderes Verfahren zur Überprü-fung der Angemessenheit der Kompensation, das seine Regelung ursprünglich in § 306 AktG gefunden hatte, an dessen Stelle mittlerweile jedoch das so genannte SpruchG von 2003 getreten ist (dazu → § 22a).

3 Hintergrund der gesetzlichen Regelung ist die Überlegung der Gesetzesverfasser, dass die Zulassung des Vertragskonzerns durch die §§ 18, 291 AktG sowie durch § 308 AktG nur vertretbar ist, wenn das Gesetz zugleich für einen wirksamen **Schutz der**

außenstehenden Aktionäre gegen eine Beeinträchtigung ihres Mitgliedschaftsrechtes auf Gewinnbeteiligung und für einen Schutz der **Gläubiger** gegen einen Verlust der ihnen haftenden Vermögensmasse durch eine Aushöhlung der Gesellschaftssubstanz sorgt. Denn das Interesse des herrschenden Unternehmens, die abhängige Gesellschaft seinen Zwecken dienstbar zu machen, verdient unter keinem rechtlichen Gesichtspunkt den Vorrang vor den Interessen der Minderheit und der Gläubiger, weil es sich dabei allemal um Vermögensinteressen handelt, die prinzipiell gleichwertig sind.[1]

Die Problematik der gesetzlichen Regelung beruht vor allem darauf, dass sich das Ge- 4 setz in den §§ 300 ff. im Wesentlichen auf den Schutz des bilanzmäßigen *Anfangsvermögens* der Gesellschaft beschränkt (→ Rn. 1), woraus überwiegend der Schluss gezogen wird, dass das herrschende Unternehmen nicht gehindert ist, vorvertragliche stille Reserven nach ihrer Auflösung an sich abzuführen oder die Vermögenssubstanz der abhängigen Gesellschaft zu deren Nachteil umzuschichten, solange nur eben das bilanzmäßige Anfangsvermögen erhalten bleibt.[2] Es liegt auf der Hand, dass dadurch die *Überlebensfähigkeit* der Gesellschaft *nach Vertragsende* unmittelbar bedroht wird, zumal das Gesetz auch nicht für die Ausstattung der abhängigen Gesellschaft mit der erforderlichen Liquidität sowie für ihre Fortentwicklung, etwa durch die Bildung zusätzlicher Rücklagen und die Vornahme von Investitionen gesorgt hat.[3] Geht man von der regelmäßigen Dauer von Beherrschungs- und Gewinnabführungsverträgen von (mindestens) fünf Jahren aus (s. § 14 Abs. 1 S. 1 Nr. 3 KStG), so liegt es angesichts dessen auf der Hand, dass die Aktionäre hier durchweg Gefahr laufen, **bei Vertragsende** trotz formaler Beachtung der §§ 300–303 AktG durch das herrschende Unternehmen eine **nicht mehr lebensfähige,** weil ihrer Substanz beraubte, illiquide **Gesellschaft** zurückzuerhalten.

Diese Problematik war bereits den Gesetzesverfassern bewusst gewesen. Mit den 5 §§ 300–303 AktG wollten sie deshalb auch einen Beitrag zur Sicherung der Überlebensfähigkeit der Gesellschaft nach Beendigung eines Beherrschungs- oder Gewinnabführungsvertrages leisten.[4] Indessen war auch ihnen klar, dass die Regelung der §§ 300–303 AktG, die ohnehin in erster Linie den Gläubigerschutz im Auge hat, auf keinen Fall ausreicht, um dieses Ziel zu erreichen.[5] Im Schrifttum sind aus diesem Grunde verschiedene **Modelle** entwickelt worden, um die außenstehenden Aktionäre – über das Gesetz hinaus – auch gegen die genannten Gefahren der Beendigung eines Vertragskonzerns (→ Rn. 4) zu schützen.[6] Erwogen werden vor allem eine Beschränkung des Weisungsrechts des herrschenden Unternehmens (§ 308 AktG; → § 23 Rn. 40 ff.), die Verschärfung der Pflichten des herrschenden Unternehmens iRd Konzernleitung (Stichwort: Grundsätze ordnungsmäßiger Konzerngeschäftsführung, → § 35 Rn. 10 ff.) sowie die Begründung zusätzlicher Pflichten des herrschenden Unternehmens bei Vertragsende, etwa in Gestalt von Wiederaufbauhilfen oder

[1] *Filbinger* Schranken S. 15, 57, 130 ff.; *Mestmäcker* FG Kronstein, 1967, S. 129 (131).
[2] → Rn. 24; BVerfG NJW 1999, 1701 – Tarkett/Pegulan; NJW 1999, 1699 – SEN/KHS; BGHZ 105, 168 (182 ff.) – HSW.
[3] S. *Hommelhoff* WM 1984, 1105; *Kleindiek* Strukturvielfalt S. 162, 203 ff.; *Limmer* Haftungsverfassung S. 213 ff.; *Priester* ZIP 1989, 1301; *U. Schneider* ZGR 1984, 493.
[4] S. die Begr. zum RegE des § 300, bei *Kropff* S. 388.
[5] S. die Begr. zum RegE der §§ 303 und 305, bei *Kropff* S. 393, 397.
[6] Vgl. *Berger* Konzernausgangsschutz, 2016, S. 194 ff; *Grüner* Beendigung S. 7, 218 ff.; *Priester* ZIP 1989, 1301; *Schluep* FS Mayer-Hayoz, 1982, 345 (358 f.); *H. Wilhelm* Beendigung S. 109 ff.

eines neuen Abfindungsangebots an die außenstehenden Aktionäre, welches insbes. gegenüber denjenigen Aktionären in der Tat geboten erscheint, die seinerzeit den Ausgleich gewählt hatten und die jetzt infolge der Beendigung des Vertrags, häufig sogar ohne ihre Mitwirkung, um die ihnen an sich zustehende Kompensation gebracht werden.[7] Diskutiert wird schließlich noch ein Verbot des Abzugs der stillen Reserven, wobei zu beachten ist, dass diese (an sich) *anteilig auch* den *außenstehenden Aktionären* gehören, nach dem üblichen Gesetzesverständnis aber letztlich *allein* dem herrschenden Unternehmen zufallen – einer der wichtigsten Gründe für die fortschreitende Konzernierung der deutschen Wirtschaft.[8]

5a Gegen derartige Überlegungen wird in erster Linie eingewandt, der Gesetzgeber habe das Problem gesehen und bewusst auf eine entsprechende Regelung verzichtet, so dass § 303 AktG als *abschließende Regelung* zu verstehen sei, neben der für einen weitergehenden Bestandsschutz zu Gunsten der abhängigen Gesellschaft kein Raum sei.[9] In der **Rechtsprechung** hat früher lediglich das BAG einmal eine Verpflichtung des herrschenden Unternehmens bejaht, die abhängige Gesellschaft nach Beendigung eines Beherrschungsvertrages finanziell so auszustatten, dass sie weiterhin die für die Anpassung der Betriebsrenten nach § 16 BetrAVG erforderliche Leistungsfähigkeit besitzt.[10] Angesichts der verbreiteten Kritik an dieser Auffassung, für die eine gesetzliche Grundlage in der Tat nur schwer erkennbar ist,[11] ist das BAG jedoch später nicht mehr darauf zurückgekommen. An die Stelle der wohl aufgegebenen Kapitalausstattungspflicht zum Schutz der Betriebsrentner in Konzernen ist (wieder) der sog. Betriebsrenten- oder Berechnungsdurchgriff iRd § 16 Abs. 1 BetrAVG getreten. Bei der Betrachtung der wirtschaftlichen Lage des Arbeitgebers iRd Prüfung einer Anpassung der Betriebsrenten sind danach in Konzernen auch die wirtschaftlichen Verhältnisse des herrschenden Unternehmens unter bestimmten Voraussetzungen zu berücksichtigen. Der wichtigste Fall, in dem danach ein **Berechnungsdurchgriff** in Betracht kommt, ist der Bestand eines Beherrschungsvertrages, sofern aufgrund des Vertrages die abhängige Gesellschaft durch Weisungen des herrschenden Unternehmens tatsächlich mit der Folge geschädigt wurde, dass es jetzt seiner Anpassungspflicht nicht mehr nachzukommen vermag. Es genügen entsprechende Behauptungen des Betriebsrentners; die Beweislast für das Gegenteil trägt dann in vollem Umfang die auf Anpassung in Anspruch genommene abhängige Gesellschaft.[12] Es handelt sich bei dieser Praxis offenbar um eine arbeitsrechtliche Besonderheit, die sich kaum verallgemeinern lässt. Jenseits des Berechnungsdurchgriffs im Betriebsrentenrecht verspricht daher wohl nach wie vor in erster Linie die Entwicklung substantieller Schranken des Weisungsrechts zum Schutze der abhängigen Gesellschaft einen gewissen, wenngleich beschränkten Erfolg (→ § 23 Rn. 40 ff.).

---

7 S. OLG Düsseldorf AG 1990, 490 (492); *Berger* Konzernausgangsschutz, 2016, S. 241 ff; *Kleindiek* Strukturvielfalt S. 209 ff.; *H. Wilhelm* Beendigung S. 116 ff.
8 *Grüner* Beendigung S. 7, 218 ff.
9 *Burg/Hützen* Konzern 2010, 20 (25 ff.); *C. Schäfer* ZIP 2010, 2025 (2028 f.); 2016,2 1245 (2249 f); *Servatius* ZGR 2015,754 (763 ff); *Wimmer-Leonhardt,* Konzernhaftungsrecht, 2004, S. 37 ff.
10 BAGE 131, 50 = AG 2009, 829 (832).
11 *Burg/Hützen* Konzern 2010, 20 (25 ff.); *C. Schäfer* ZIP 2010, 2025 (2028 f.); 2016, 2245 (2249 f.).
12 BAGE 151, 94 Rn. 28 ff. mAnm *Ulrich/Schlichting* GmbHR 2015, 701; BGH AG 2017, 33 Rn. 11 ff.; OLG Frankfurt a. M. AG 2015, 443; s. dazu *C. Schäfer* ZIP 2016, 2245; *C. Schäfer.* NZG 2016, 1321.

II. Anwendungsbereich

Der Anwendungsbereich der §§ 300–303 AktG beschränkt sich ihrem Wortlaut nach 6 grds. auf **Beherrschungs- und Gewinnabführungsverträge** iSd § 291 AktG mit einer abhängigen deutschen AG oder KGaA, während es auf die Rechtsform und Nationalität des herrschenden Unternehmens nicht ankommt. Für die **anderen Unternehmensverträge** des § 292 AktG gelten die §§ 300–303 AktG dagegen grds. nicht. Ausnahmen finden sich lediglich in § 300 Nr. 2, 3 AktG und in § 301 AktG für Teilgewinnabführungsverträge sowie in § 302 Abs. 2 AktG für Betriebsüberlassungs- und Betriebspachtverträge.

Beherrschungs- und Gewinnabführungsverträge können unter zusätzlichen Voraussetzungen auch mit Gesellschaften anderer Rechtsform und insbes. einer **GmbH** abgeschlossen werden. In diesen Fällen sind (nur) die §§ 302, 303 AktG zumindest in einzelnen Beziehungen entsprechend anwendbar (für die GmbH → § 32 Rn. 36 ff.). 7

III. Gesetzliche Rücklage

1. Zweck

Mit den Vorschriften der §§ 300–303 AktG verfolgt das Gesetz, wie bereits betont 8 (→ Rn. 1, 4), in erster Linie den **Zweck**, der abhängigen Gesellschaft bei Bestehen eines Beherrschungs- oder Gewinnabführungsvertrages (zumindest) ihr **bilanzmäßiges Anfangsvermögen**, vermehrt in die gesetzliche Rücklage zu sichern. Zu diesem Zweck sorgt das Gesetz in § 300 AktG zunächst für die Auffüllung der gesetzlichen Rücklage (§ 150 AktG), da deren Dotierung bei Abschluss eines Gewinnabführungsvertrages, eines Teilgewinnabführungsvertrages oder eines Beherrschungsvertrages besonders gefährdet erscheint.

Die (schwer durchschaubare) gesetzliche Regelung knüpft an den Umstand an, dass 9 Gewinnabführungs- und Beherrschungsverträge aus steuerlichen Gründen idR auf fünf Jahre abgeschlossen werden (s. § 14 Abs. 1 S. 1 Nr. 3 KStG). Erstes Anliegen des § 300 AktG ist es deshalb, durch verschiedene Maßnahmen die **Auffüllung** der **gesetzlichen** oder der ggf. höheren satzungsmäßigen **Rücklage** in diesem Zeitraum von fünf Jahren sicherzustellen. Die zur Erreichung dieses Zwecks in § 300 AktG vorgesehenen Maßnahmen greifen freilich bei dem üblichen Verständnis des § 300 AktG nur, *sofern* tatsächlich ein (ggf. in einer Vorbilanz zu ermittelnder) **Jahresüberschuss** zur Verfügung steht, aus dem die Rücklage dotiert werden kann. Dies ist indessen selbst bei ausgesprochen gewinnbringenden Töchtern *keineswegs gesichert*, weil ein herrschendes Unternehmen über eine Fülle von Möglichkeiten verfügt, bei der abhängigen Gesellschaft von vornherein die Entstehung eines Jahresüberschusses zu verhindern. Hervorzuheben sind insbes. nachteilige Konzernverrechnungspreise sowie Konzernumlagen, durch die gleichsam vorweg der Gewinn der abhängigen Gesellschaft abgeschöpft wird. Die Folge ist dann, dass mangels eines Jahresüberschusses auch keine Beträge in die Rücklage eingestellt werden können, so dass die gesetzliche Regelung im Grunde leerläuft. Im Schrifttum finden sich deshalb verschiedene Vorschläge für ein abweichendes Verständnis der gesetzlichen Regelung. Anknüpfungspunkt ist meistens die besonders unklare Vorschrift der Nr. 3 des § 300 AktG, die, jedenfalls ihrem Wortlaut nach, abweichend von der Nr. 1 und der Nr. 2 der Vorschrift nicht auf einen fiktiven Jahresüberschuss der abhängigen Gesellschaft Bezug nimmt und auch keinen zeitlichen Rahmen für die Dotierung der gesetzlichen Rücklage vorgibt

(→ Rn. 15 f.), – woraus zum Teil weitreichenden Folgerungen für den Kapitalschutz bei der abhängigen Gesellschaft gezogen werden.[13]

10 Das Gesetz unterscheidet in § 300 AktG im Einzelnen fünf Fälle. Näherer Betrachtung bedürfen lediglich der Fall des Abschlusses eines Gewinnabführungsvertrags, allein oder zusammen mit einem Beherrschungsvertrag (→ Rn. 11 ff.), sowie der Fall des Abschlusses eines isolierten Beherrschungsvertrags → Rn. 15 f.). Dagegen können die anderen von der Regelung erfassten Fälle, nämlich Abschluss eines Teilgewinnabführungsvertrages allein oder zusammen mit einem Beherrschungsvertrag (Nr. 2 und Nr. 3 des § 300 AktG) im Folgenden wegen ihrer geringen praktischen Bedeutung vernachlässigt werden.[14]

10a § 300 ist entsprechend seinem Zweck (→ Rn. 5) **zwingendes Recht,** so dass von § 300 AktG weder durch die Satzung noch durch den Unternehmensvertrag zum Nachteil der abhängigen Gesellschaft abgewichen werden kann (§ 134 BGB; § 23 Abs. 5 AktG). Satzungsklauseln oder sonstige Abreden, durch die die Anforderungen an die Auffüllung der gesetzlichen Rücklage gegenüber dem Standard des § 300 AktG *herabgesetzt* werden, sind infolgedessen nichtig. Dasselbe gilt für **Weisungen** des herrschenden Unternehmens, die mit § 300 unvereinbar sind (§ 134 BGB). Ebenso zu behandeln ist schließlich ein für die abhängige Gesellschaft nachteiliger **Jahresabschluss,** der auf einer Verletzung des § 300 AktG beruht (§ 256 Abs. 1 Nr. 1, 4 AktG).[15]

2. Gewinnabführungsvertrag (§ 300 Nr. 1 AktG)

11 Die Rücklagenbildung bei Gewinnabführungsverträgen richtet sich in erster Linie nach § 300 Nr. 1 AktG. Das gilt auf jeden Fall für **isolierte Gewinnabführungsverträge,** die als Grundlage der Organschaft nach § 14 KStG, insbes. bei der GmbH, durchaus vorkommen, während unklar ist, was bei der üblichen Verbindung eines Gewinnabführungsvertrages mit einem Beherrschungsvertrag zu einem **Organschaftsvertrag** zu gelten hat, weil das Gesetz in der Nr. 3 des § 200 – neben isolierten Beherrschungsverträgen – allein den (ausgesprochen seltenen und wohl nur theoretischen) Fall der Kombination eines Beherrschungsvertrages (ausgerechnet) mit einem Teilgewinnabführungsvertrag erfasst. Überwiegend wird daraus bisher der (in der Tat naheliegende) Schluss gezogen, dass die Organschaftsverträge dann eben (mangels einer Regelung in § 300 Nr. 3) gleichfalls unter die Nr. 1 der Vorschrift zu subsumieren sind.[16]

11a Für isolierte Gewinnabführungsverträge folgen ebenso wie für Organschaftsverträge aus § 300 Nr. 1 und Nr. 2 *zwei* Untergrenzen für die Beträge, die in die gesetzliche (oder in die ggf. höhere, satzungsmäßige) Rücklage einzustellen sind. Die **erste Untergrenze** ergibt sich aus § 150 Abs. 2 AktG[17] und beträgt 5 % des berichtigten Jahresüberschusses, dh des in der Vorbilanz ermittelten und um einen Verlustvortrag aus

---

[13] Wegen der Einzelheiten Emmerich/Habersack Aktien-/GmbH-KonzernR/*Emmerich* AktG § 300 Rn. 18 ff; insbes. *Mylich,* AG 2016, 529.

[14] Wegen der Einzelheiten Emmerich/Habersack Aktien-/GmbH-KonzernR/*Emmerich* AktG § 300 Rn. 16 f, 21.

[15] MüKoAktG/*Altmeppen* AktG § 300 Rn. 3; Spindler/Stilz/*Euler/Wirth* AktG § 300 Rn. 3: K. Schmidt/Lutter/*Stephan* AktG § 300 Rn. 4.

[16] Emmerich/Habersack Aktien-/GmbH-KonzernR/*Emmerich* AktG § 300 Rn. 18 ff.; anders insbes. *Mylich,* AG 2016, 529i.

[17] Vgl. die Verweisung auf die Nr. 2 in der Nr. 1 des § 300 AktG.

dem Vorjahr geminderten Jahresüberschusses der Gesellschaft (→ Rn. 12). Die **zweite Untergrenze** folgt aus § 300 Nr. 1 AktG und beläuft sich auf 20 % der *Differenz* zwischen der Rücklage bei Vertragsbeginn und der höheren gesetzlichen oder satzungsmäßigen Rücklage (→ Rn. 13 f.). In die Rücklage einzustellen ist der jeweils höhere Betrag. Zur Terminologie ist noch anzumerken, dass das Gesetz mit der **gesetzlichen Rücklage** den Passivposten des § 266 Abs. 3 Posten A III 1 HGB meint, während es mit dem Begriff des **„geminderten"** Jahresüberschusses in § 300 Nr. 1 AktG auf die Bilanzpositionen des § 275 Abs. 2 Nr. 17 und Abs. 3 Nr. 16 HGB Bezug nimmt, die hier freilich nur in einer **Vorbilanz** ermittelt werden können.

Ausgangspunkt ist **§ 150 Abs. 2 AktG,** nach dem in die gesetzliche Rücklage **immer,** also auch bei Abschluss eines Unternehmensvertrages, mindestens der zwanzigste Teil **(5 %)** des um einen Verlustvortrag aus dem Vorjahr geminderten so genannten **berichtigten Jahresüberschusses** einzustellen ist, bis die gesetzliche Rücklage (und die Kapitalrücklage nach § 272 Abs. 1 Nr. 1–3 HGB) zusammen den zehnten oder den in der Satzung bestimmten höheren Teil des Grundkapitals erreichen. Der zwanzigste Teil **(5 %) des berichtigten Jahresüberschusses** ist also *in jedem Fall* mindestens in die gesetzliche Rücklage einzustellen (§ 300 Nr. 1, 2 AktG iVm § 150 Abs. 2 AktG).   12

Für die Rücklagendotierung ist in § 150 Abs. 2 AktG *kein zeitlicher Rahmen* vorgegeben,[18] so dass das Gesetz in § 300 Nr. 1 AktG eine **zweite Untergrenze** für den in die gesetzliche Rücklage einzustellenden Betrag eingeführt hat, die an die übliche Dauer von Gewinnabführungs- und Beherrschungsverträgen von (mindestens) fünf Jahren anknüpft. Daraus ergibt sich als zweite Untergrenze derjenige Betrag, der erforderlich ist, um die gesetzliche Rücklage **innerhalb der ersten fünf Geschäftsjahre** nach Inkrafttreten des Vertrages „gleichmäßig" auf den zehnten (oder den in der Satzung bestimmten höheren) Teil des Grundkapitals aufzufüllen. Damit beläuft sich dieser Betrag im Ergebnis auf ein Fünftel **(20 %) der Differenz** zwischen der bei Vertragsabschluss bestehenden und der vorgeschriebenen (gesetzlichen oder satzungsmäßigen) Rücklage.[19] Reicht der in der Vorbilanz ermittelte Jahresüberschuss nicht aus, so müssen die Rückstellungen in den Folgejahren entsprechend erhöht werden, womit gesagt ist, dass der erforderliche Betrag **zu gleichen Teilen** auf die verbleibenden Jahre aufzuteilen ist. Notfalls muss über Jahre hinweg der gesamte in der Vorbilanz ermittelte Jahresüberschuss in die Rücklage eingestellt werden, bis die gesetzliche oder die höhere satzungsmäßige Rücklage erreicht wird (sog. **Nachholungsgebot**).   13

Zusätzliche Probleme ergeben sich im Falle einer **Kapitalerhöhung:** Gem. § 300 Nr. 1 AktG beginnt in diesem Fall nach Durchführung der Kapitalerhöhung eine **neue Fünfjahresfrist** für die Auffüllung der jetzt erhöhten gesetzlichen Rücklage zu laufen. Diese Regelung bereitet Schwierigkeiten, wenn bei Wirksamwerden der Kapitalerhöhung auch die erste Fünfjahresfrist noch läuft. Am meisten spricht hier dafür, im Interesse der möglichst raschen Auffüllung der Rücklage an der bisherigen (ersten)   14

---

[18] Hier ist zu beachten, dass die Nr. 2 des § 300 AktG im Gegensatz zu der Nr. 1 der Vorschrift gleichfalls keine zeitlichen Vorgaben für die vollständige Dotierung der Rücklage enthält.

[19] Ausgangspunkt der Berechnung ist hier also nicht der Jahresüberschuss, sondern die (absolute) Differenz zwischen der vorhandenen und der vorgeschriebenen gesetzlichen oder satzungsmäßigen Rücklage; dieser Betrag wird durch fünf geteilt, woraus sich dann der Betrag ergibt, der aus dem Jahresüberschuss nach § 300 Nr. 1 AktG in die Rücklagen einzustellen ist (s. auch Kommentar AktG § 300 Rn. 13).

Fünfjahresfrist festzuhalten und nur für den sich aus der Kapitalerhöhung ergebenden (zusätzlichen) Differenzbetrag eine neue Fünfjahresfrist zu berechnen.[20]

3. Beherrschungsvertrag (§ 300 Nr. 3 AktG)

15 Die Regelung des Beherrschungsvertrags in § 300 AktG ist in besonderem Maße unklar. Seinem Wortlaut nach erfasst die Nr. 3 des § 300 AktG allein isolierte Beherrschungsverträge sowie die Verbindung eines Beherrschungsvertrages mit einem Teilgewinnabführungsvertrag. Nach überwiegender Meinung folgt daraus, dass für die (viel wichtigeren) Organschaftsverträge, dh für die Verbindung eines Beherrschungsvertrages mit einem Gewinnabführungsvertrag, auf die Nr. 1 des § 300 AktG zu rekurrieren ist (→ Rn. 10). Da die Kombination eines Beherrschungsvertrags mit einem Teilgewinnabführungsvertrag praktisch nicht vorkommt (→ Rn. 10), beschränkt sich danach der Anwendungsbereich der Nr. 3 des § 300 AktG im Ergebnis auf die (ebenfalls seltenen) **isolierten Beherrschungsverträge.** Bei diesen ist zusätzlich zu beachten, dass die Nr. 3 des § 300 AktG – im Gegensatz zu der Nr. 1 und der Nr. 2 der Vorschrift – nicht auf den fiktiven Jahresüberschuss der abhängigen Gesellschaft Bezug nimmt. Die daraus zu ziehenden Folgerungen sind gleichfalls umstritten. Nach der wohl hM folgt aus dem Verweis auf die Nr. 1 und die Nr. 2 des § 300 AktG in der Nr. 3 der Vorschrift lediglich, dass in diesem Fall für die Dotierung der gesetzlichen Rücklage ebenfalls die **beiden Untergrenzen des § 300 Nr. 1 AktG** zu beachten (→ Rn. 11 ff.), so dass in die Rücklage Jahr für Jahr entweder ein Fünftel der Differenz zwischen der bei Vertragsbeginn vorhandenen und der gesetzlichen (oder höheren) satzungsmäßigen Rücklage (§ 300 Nr. 1 AktG) *oder* der sich aus § 150 Abs. 2 AktG ergebende höhere Betrag einzustellen ist.

16 Diese Lösung versagt natürlich, wenn die abhängige Gesellschaft überhaupt **keinen Jahresüberschuss** ausweist, aus dem die Rücklage dotiert werden könnte. Da das Gesetz indessen in der Nr. 3 des § 300 AktG auf diese Größe gar nicht Bezug nimmt, wird zum Teil die Auffassung vertreten, dass dann eben nach § 302 AktG die Dotierung letztlich **von dem herrschenden Unternehmen** zu übernehmen ist.[21] Dagegen spricht indessen, dass nach dem Gesamtzusammenhang der gesetzlichen Regelung die Verpflichtung zur Auffüllung der Rücklage in jedem Fall einen zumindest **fiktiven Jahresüberschuss** bei der abhängigen Gesellschaft voraussetzt, so dass bei Fehlen eines Jahresüberschusses lediglich in den Folgejahren, sobald wieder ein Jahresüberschuss anfällt, die Dotierungspflicht entsprechend zu erhöhen ist, bis die gesetzliche oder die höhere satzungsmäßige Rücklage in der vorgeschriebenen Frist erreicht ist.[22]

IV. Höchstbetrag der Gewinnabführung

1. Zweck

17 Nach § 301 S. 1 AktG idF von 2009 darf eine AG oder KGaA bei Bestehen eines Gewinnabführungsvertrages (→ Rn 17a), ohne Rücksicht auf die Abreden der Parteien über die Berechnung des Gewinns höchstens den ohne die Gewinnabführung auf Grund der gesetzlichen Bilanzierungsvorschriften ermittelten Jahresüberschuss an den anderen Vertragsteil abführen, vermindert um einen Verlustvortrag aus dem Vorjahr,

---

[20] MüKoAktG/*Altmeppen* AktG § 300 Rn. 17 ff.

[21] So MüKoAktG/*Altmeppen* AktG § 300 Rn. 29 ff.; Hüffer/Koch/*Koch* AktG § 300 Rn. 13. mN.

[22] KölnKommAktG/*Koppensteiner* AktG § 300 Rn. 20; *Krieger/Schneider* § 70 Rn. 61; *Veit* Unternehmensverträge S. 93 f.

um den nach § 300 AktG in die gesetzliche Rücklage einzustellenden Betrag sowie um den nach § 268 Abs. 8 HGB von 2009 ausschüttungsgesperrten Betrag. Der **Zweck** der Regelung besteht darin, das bilanzmäßige Anfangsvermögen der Gesellschaft gegen überhöhte Gewinnabführungen aus der Substanz zu schützen.[23] Dahinter steht nicht zuletzt die Überlegung, dass die Substanz der Gesellschaft anteilig *auch* den *außenstehenden* Gesellschaftern gehört, so dass sie von der Gesellschaft schon deshalb nicht auf Grund eines Gewinnabführungsvertrages in voller Höhe *allein* an das herrschende Unternehmen abgeführt werden darf.[24]

2. Anwendungsbereich

Der Anwendungsbereich des § 301 AktG umfasst nach dem Wortlaut der Vorschrift sämtliche Unternehmensverträge, auf Grund derer es zu einer Gewinnabführung kommt, in erster Linie also die Gewinnabführungsverträge des § 291 Abs. 1 S. 1 AktG. Gleich stehen nach hM die **Teilgewinnabführungsverträge** des § 292 Abs. 1 Nr. 2 AktG,[25] nach vielen freilich nur, wenn es sich um einen sog. **unternehmensbezogenen Vertrag** im Gegensatz zu betriebsbezogenen Verträgen handelt.[26] Dem ist nicht zu folgen, da die ganze Auseinandersetzung über die Anwendung des § 301 AktG auf Teilgewinnabführungsverträge letztlich auf einem unzutreffenden Verständnis der gesetzlichen Regelung beruht: Wie weiter oben dargelegt, sind derartige Verträge – als schuldrechtliche Austauschverträge – grds. nur zulässig, wenn die Gesellschaft für die partielle Gewinnabführung eine angemessene **Gegenleistung** erhält (→ § 14 Rn. 8 f.). Folgt man dem, so erübrigt sich die Frage nach der Anwendbarkeit des § 301 AktG auf Teilgewinnabführungsverträge, weil dann das bilanzmäßige Anfangsvermögen der Gesellschaft (infolge des Erhalts einer Gegenleistung) keines weiteren Schutzes bedarf. Für die Richtigkeit dieser Auffassung sprechen auch die erheblichen Abgrenzungsprobleme, auf die die Anwendbarkeit des § 301 AktG auf (unentgeltliche) Teilgewinnabführungsverträge etwa bei Festvergütungen für stille Gesellschafter und bei vergleichbaren neuen Formen der Unternehmensfinanzierung ebenso wie bei Genussrechten stößt.[27]

Von dem **Jahresüberschuss,** auf den sich § 301 AktG allein bezieht, muss nach § 158 Abs. 1 AktG der **Bilanzgewinn** unterschieden werden. Die Folge ist, dass man bei der Anwendung des § 301 AktG ebenfalls zwischen den auf Grund des Gewinnabführungsvertrages iRd §§ 300, 301 AktG (höchstens) abzuführenden Beträgen (fiktiver Jahresüberschuss + innervertragliche Gewinnrücklagen; → Rn. 21) und den darüber hinaus ggf. noch auf Grund eines Beschlusses der Hauptversammlung auszuschüttenden Beträgen (= Bilanzgewinn abz. fiktiver Jahresüberschuss) zu trennen hat.[28] Ein Gewinnabführungsvertrag hat daher *nicht* etwa eine totale **Ausschüttungssperre** zur Folge, sondern lässt eine Ausschüttung auf Grund eines Hauptversammlungsbeschlusses nach § 174 AktG immer noch hinsichtlich derjenigen Beträge zu,

17a

18

---

[23] → Rn. 5; *Habersack* FS Happ, 2006, 49 (50 ff.).
[24] BFHE 196, 485 (489 f.); 201, 221 (225).
[25] LG Bonn ZIP 2006, 382; Hölters/*Deilmann* AktG § 301 Rn. 2; *Habersack* FS Happ, 2006, 49 (52 f.); – anders K. Schmidt/Lutter/*Stephan* AktG § 301 Rn. 10 ff.
[26] So schon Begr. RegE bei *Kropff* S. 390; ebenso im Anschluss daran MüKoAktG/*Altmeppen* AktG § 301 Rn. 7–9; Hüffer/Koch/*Koch* AktG § 301 Rn. 2; Spindler/Stilz/*Veil* AktG § 301 Rn. 4.
[27] S. K. Schmidt/Lutter/*Stephan* AktG § 301 Rn. 14.
[28] BFHE 196, 485; 201, 221; *Cahn/Simon* Konzern 2003, 1 (6 ff.); *Priester* ZIP 2001, 725 (727 f.); *Willenberg/Welte* Betr. 1994, 1688 (1690).

um die der Bilanzgewinn auf Grund des § 158 AktG den in § 301 AktG allein in Bezug genommenen Jahresüberschuss übersteigt, der auf Grund der §§ 300, 301 AktG höchstens abgeführt werden darf.[29] Ein Beispiel ist eine während des Bestandes des Unternehmensvertrages angefallene „Sonderdividende" aus der Auflösung *vorvertraglicher* Gewinnrücklagen, weil solche Beträge nach § 301 AktG nicht an das herrschende Unternehmen abgeführt, wohl aber an die Aktionäre ausgeschüttet werden dürfen.[30]

3. Obergrenze der Gewinnabführung

19   § 301 S. 1 AktG bestimmt, dass aufgrund eines Gewinnabführungsvertrages ohne Rücksicht auf die Abreden der Beteiligten „höchstens" der Jahresüberschuss abzüglich bestimmter Posten an den anderen Vertragsteil abgeführt werden darf. Die Vorschrift legt auf diese Weise den Höchstbetrag, dh die **Obergrenze** der zulässigen Gewinnabführung aufgrund eines Gewinnabführungsvertrages fest. Damit enthält § 301 S. 1 AktG zugleich eine wichtige **Präzisierung des § 291 Abs. 1 S. 1 Fall 2 AktG,** wonach das Gesetz unter einem Gewinnabführungsvertrag einen Vertrag versteht, durch den sich eine Gesellschaft verpflichtet, „ihren ganzen Gewinn" an einer anderes Unternehmen abzuführen. Gemeint ist damit nach dem Gesagten nichts anderes als der nach § 301 berechnete **Höchstbetrag** des abzuführenden Gewinns.[31] Dies hat nicht nur zivilrechtliche, sondern auch (erhebliche) **steuerrechtliche Bedeutung,** wie sich unmittelbar aus den § 14 Abs. 1 S. 1, § 17 KStG ergibt, nach denen die Anerkennung der Organschaft im Körperschaft- und Gewerbesteuerrecht die genaue Beachtung der §§ 291 *und* 301 AktG voraussetzt. Bei jeder von § 301 AktG abweichenden Praxis der Gewinnabführung besteht infolgedessen die Gefahr, dass die körperschaftsteuerliche Organschaft bei der AG ebenso wie bei der GmbH von der Finanzverwaltung verworfen wird (sog. **verunglückte Organschaft**).[32]

19a   **Ausgleichsleistungen** iSd § 304 AktG stehen nach § 16 KStG der Anerkennung der Organschaft nicht entgegen. Die Berechnung des somit steuerrechtlich unschädlichen Ausgleichs richtet sich nach § 304 AktG, der in Abs. 2 bestimmt, welche Größe der Ausgleich *„mindestens"* haben muss. Die Beteiligten können folglich *auch höhere* Ausgleichsleistungen als in § 304 AktG bestimmt vereinbaren (→ § 21 Rn. 5). Nach der Rechtsprechung des BFH[33] dürfen die Ausgleichsleistungen auf der anderen Seite aber auch nicht so hoch festgesetzt werden, dass „bei wirtschaftlicher Betrachtungsweise" von der Gewinnabführung der Sache nach nichts mehr übrig bleibt, da es dann an der tatsächlichen Durchführung der Organschaft iSd § 14 Abs. 1 S. 1 Nr. 3 KStG fehlt. So verhält es sich zB, wenn ein variabler Ausgleich (entgegen § 304 Abs. 2 AktG) an den Gewinn (nicht der herrschenden, sondern) der abhängigen Gesellschaft gekoppelt wird.[34] Obwohl diese strenge Rechtsprechung auf verbreitete Kritik gesto-

---

[29] Ebenso im Ergebnis BGH NJW-RR 2004, 474.
[30] BGHZ 155, 110 (115 f.) – Philips I; BGH ZIP 2003, 1933 (1934 f.) – Philips II; *Knoll* ZIP 2003, 2329 (2331).
[31] Ebenso Hölters/*Deilmann* AktG § 301 Rn. 4.
[32] *Baldamus* Die Unternehmensbesteuerung (Ubg), 2009, 484; 2010, 483; ZGR 2007, 819 (846 ff.); *Cahn/St. Simon* Konzern 2003, 1 (5); *Rohrer/v. Goldacker/Cl. Huber* DB 2009, 360; K. Schmidt/Lutter/*Stephan* AktG § 301 Rn. 6.
[33] BFHE 225, 312.
[34] BFH AG 2018, 112.

ßen war und auch von der Finanzverwaltung abgelehnt wurde,[35] hält der BFH doch an ihr fest.[36]

Zur Bestimmung der **zwingenden Obergrenze** für den abzuführenden Gewinn   **20** knüpft § 301 S. 1 AktG ebenso wie § 300 AktG an den **fiktiven Jahresüberschuss** der abhängigen Gesellschaft an, der grds. in einer Vorbilanz zu ermitteln ist und den Positionen des § 275 Abs. 2 Nr. 17, Abs. 3 Nr. 16 HGB in der Gewinn- und Verlustrechnung entspricht.[37] Dieser fiktive Jahresüberschuss, **gemindert um** einen **Verlustvortrag** aus dem Vorjahr, um den nach § 300 AktG in die gesetzliche **Rücklage** einzustellenden Betrag sowie um den nach § 268 Abs. 8 HGB ausschüttungsgesperrten Betrag (sowie zuzüglich ggf. innervertraglicher Gewinnrücklagen nach § 301 S. 2, → Rn. 21), darf folglich nach § 301 S. 1 AktG *höchstens* an das herrschende Unternehmen abgeführt werden. Es handelt sich dabei zugleich um den Betrag, der nach **Steuerrecht** auch abgeführt werden *muss*, um den Anforderungen der §§ 14, 17 KStG zu genügen, sodass bei einer niedrigeren Abführung die Organschaft verworfen wird.

4. Berechnung

In der Frage, wie der auf Grund eines Gewinnabführungsvertrags abzuführende Ge-   **20a** winn zu ermitteln ist, besteht grds. **Vertragsfreiheit.** Daraus folgt nicht zuletzt, dass sich aus § 301 AktG auch keine Schranken für die Belastung der abhängigen Gesellschaft mit einem zusätzlichen Aufwand ergeben. Ein Beispiel sind Festvergütungen für stille Gesellschafter in Teilgewinnabführungsverträgen, für die, selbst wenn man auf diese Verträge – entgegen der hier vertretenen Meinung (→ Rn. 17a) – § 301 anwendet, dem § 301 AktG ebenso wenig Schranken wie zB für Darlehenszinsen entnommen werden können.[38] Fehlen in dem Gewinnabführungsvertrag Abreden über die Gewinnermittlung, so kann das herrschende Unternehmen bei gleichzeitigem Abschluss eines Beherrschungsvertrags auch von seinem **Weisungsrecht** mit dem Ziel Gebrauch machen, die abhängige Gesellschaft zu einer in seinem Interesse liegenden Bilanzpolitik zu veranlassen (§ 308 Abs. 1 AktG).[39] Jenseits dieser Fälle bleibt die Bilanzpolitik dagegen Sache des Vorstands der abhängigen Gesellschaft, wobei er freilich die gebotene Rücksicht auf die Interessen des herrschenden Unternehmens nehmen muss (§ 241 Abs. 2 BGB, § 242 BGB).[40]

Der auf die geschilderte Weise ermittelte fiktive Jahresüberschuss muss sodann auf-   **20b** grund der Vorschrift des § 301 S. 1 AktG um verschiedene **Positionen gekürzt** werden. Erst der sich nach diesen Rechenoperationen ergebende sog. **berichtigte (fiktive) Jahresüberschuss** kann dann je nach den Abreden der Parteien *höchstens* auf Grund

---

35   BFM Schreiben v. 20.4.2010, BStBl. 2010 I, 372 = GmbHR 2010, 556 sowie zB *Baldamus* ZGR 2007, 819 (849 ff.); *Baldamus* Ubg 2010, 483 (489 ff.); *Neumayer/Imschweiler* GmbHR 2011, 57 (63 f.); *Ismer* GmbHR 2011, 968 (971); *N. Schneider/Sommer* GmbHR 2013, 22; *Walter* GmbHR 2016, 975.

36   BFH AG 2018, 112.

37   BFHE 201, 221 (224 f.).

38   LG Bonn ZIP 2006, 382; *Habersack* FS Happ, 2006, 49 (57 ff.); *Rust* AG 2006, 563; aA *Hoffert/Arends* ZIP 2005, 1297 (1299, 1303).

39   BGHZ 135, 374 (378) – Guano; BVerfG NJW 1999, 1701 – Tarkett/Pegulan; NJW 1999, 1699 – SEN/KHS.

40   OLG Frankfurt a. M. NZG 2000, 603 (604 f.); *Reichert,* Liber amicorum Winter, 2011, S. 541, 552 f.

eines Gewinnabführungsvertrages an das herrschende Unternehmen abgeführt werden. Der erste Abzugsposten iSd § 301 S. 1 AktG ist ein **Verlustvortrag** aus dem Vorjahr, worunter mit Rücksicht auf § 302 AktG bei Gewinnabführungsverträgen allein das letzte Jahr vor Abschluss des Vertrages gemeint sein kann. Reicht der Jahresüberschuss aus dem ersten Geschäftsjahr nach Abschluss des Gewinnabführungsvertrages zur Tilgung des Verlustvortrags nicht aus, so muss die Tilgung (mit Vorrang vor der Gewinnabführung) in den folgenden Geschäftsjahren fortgesetzt werden.[41] Zweiter Abzugsposten ist der Betrag, der nach § 300 AktG in die **gesetzliche Rücklage** einzustellen ist.

20c Als dritter Abzugsposten ist schließlich noch der nach § 268 Abs. 8 HGB **ausschüttungsgesperrte Betrag** durch das BilMoG von 2009 eingeführt worden.[42] § 268 Abs. 8 HGB bestimmt eine Ausschüttungssperre für Beträge, die sich aus dem Ausweis selbst geschaffener immaterieller Vermögensgegenstände im Anlagevermögen in der Bilanz ergeben. Durch diese Regelung wurde das bisherige Verbot der Aktivierung selbst geschaffener immaterieller Vermögensgegenstände ersetzt,[43] wobei insbes. an betriebliches Know-how zu denken ist. Hintergrund der Regelung ist der Umstand, dass die Bewertung solcher Vermögensgegenstände und die Realisierung ihres Wertes oft unsicher sind.

5. Fälligkeit

20d § 301 AktG enthält keine Regelung der Fälligkeit des Anspruchs des herrschenden Unternehmens auf Gewinnabführung, so dass die Parteien in der Bestimmung des Zeitpunkts der Gewinnabführung frei sind (§ 311 Abs. 1 BGB). In der Praxis am meisten verbreitet ist offenbar die Einigung auf das **Ende des Geschäftsjahres,** dh auf den Stichtag des Jahresabschlusses, als Zeitpunkt der Fälligkeit der Gewinnabführung; hilfsweise kommt auch der Tag der Feststellung des Jahresabschlusses in Betracht.[44] Fehlt eine vertragliche Regelung, so dürfte gleichfalls von dem Stichtag des Jahresabschlusses als dem maßgebenden Zeitpunkt auszugehen sein (§§ 133 und 157 BGB).[45] Der **Höhe** nach richtet sich der Anspruch des herrschenden Unternehmens auf Abführung des Gewinns – entgegen der hM – nicht nach dem ordnungsgemäß aufgestellten und festgestellten Jahresabschluss der verpflichteten Gesellschaft,[46] sondern richtiger Meinung nach ebenso wie bei § 302 AktG (→ Rn 40) zum Schutze der abhängigen Gesellschaft gegen Gewinnmanipulationen auf Veranlassung der herrschenden Gesellschaft nach dem Betrag, der sich bei objektiv ordnungsmäßiger Bilanzierung des Jahresüberschusses ergibt.[47]

---

[41] K. Schmidt/Lutter/*Stephan* AktG § 301 Rn. 17.

[42] Dazu Emmerich/Habersack Aktien-/GmbH-KonzernR/*Emmerich* AktG § 301 Rn. 19 f sowie insbes. *Apfelbacher* FS Hoffmann-Becking, 2013, 13; *Funnemann/Kerssenbrock* BB 2008, 2674; *Gelhausen/Althoff* Wpg 2009, 584; *Kropff* FS Hüffer, 2010, 539; *Neumayer/Imschweiler* GmbHR 2011; 57; *Ismer* GmbHR 2011, 968 (972 ff.); *St. Simon* NZG 2009, 1081.

[43] S. Begr. RegE, BT-Drs. 16/12 407 = BR-Drs. 344/08, 138.

[44] *Baldamus* Ubg 2009, 484 (489); Hölters/*Deilmann* AktG § 301 Rn. 6.

[45] BGHZ 189, 261 Rn. 14 – Wella I; BGH NZG 2011, 780 Rn. 14 – Wella II.

[46] So zB *Goldschmidt/Laeger* NZG 2012, 1201 (1202 f); *Hennrichs* ZHR 174 (2010), 683 (697 ff.).

[47] Emmerich/Habersack Aktien-/GmbH-KonzernR/*Emmerich* AktG § 301 Rn. 21; *Gärtner* AG 2014, 793; Hüffer/Koch/*Koch* AktG § 291 Rn. 26 a.

Erweist sich danach der von der verpflichteten Gesellschaft abgeführte Betrag später **20e**
als zu hoch, etwa infolge der Nichtigkeit des Jahresabschlusses, so wird der abhängigen
Gesellschaft allgemein ein **Rückforderungsanspruch** zugebilligt, der meistens auf
eine Analogie zu § 62 gestützt wird, auf jeden Fall aber aus dem Gewinnabführungsvertrag hergeleitet werden kann, so dass ein Rückgriff auf das Bereicherungsrecht entbehrlich ist (§§ 241, 242 BGB).[48] Wenn das herrschende Unternehmen schuldhaft gehandelt hat, kommen noch ergänzend **Schadensersatzansprüche** in Betracht
(→ Rn. 10b, §§ 276, 280 BGB und § 309 AktG).[49]

6. Rücklagen

Eine **Ausnahme** von dem Grundsatz, dass höchstens der Jahresüberschuss iSd **21**
§ 275 Abs. 2 Nr. 17, Abs. 3 Nr. 16 HGB an das herrschende Unternehmen abgeführt werden darf (→ Rn. 20), gilt nach § 301 S. 2 AktG lediglich für die so genannten innervertraglichen anderen Gewinnrücklagen. Sind diese *während* der
Dauer des Vertrags (nur dann) gebildet worden, so dürfen sie auch wieder aufgelöst
und die dadurch freigewordenen Beträge zusammen mit dem Jahresüberschuss an
das herrschende Unternehmen abgeführt werden. Welche Rücklagen das Gesetz
dabei im Auge hat, ergibt sich im Einzelnen aus § 272 Abs. 3 HGB. Die Gewinnrücklagen zerfallen nach S. 2 dieser Vorschrift in zwei Gruppen, die **gesetzliche**
oder **satzungsmäßige Rücklage** (auf die sich der vorausgehende § 300 AktG bezieht) sowie die **anderen Gewinnrücklagen,** die § 301 S. 2 AktG allein im Auge
hat.[50] Zum Verständnis der gesetzlichen Regelung muss man sich außerdem vergegenwärtigen, dass die genannten Rücklagen *keinen* Teil des Jahresüberschusses
iSd § 275 Abs. 2 Nr. 17, Abs. 3 Nr. 16 HGB bilden, weil sie in der Gewinn- und
Verlustrechnung gem. § 158 Abs. 1 S. 1 Nr. 4 AktG und § 275 Abs. 4 HGB erst
auf den Jahresüberschuss *folgen.* Dasselbe gilt gemäß § 158 Abs. 1 S. 1 Nr. 1 AktG
für etwaige Gewinnvorträge (→ Rn. 22). Die genannten Beträge bilden somit grds.
allein einen Teil des (verteilungsfähigen) **Bilanzgewinnes** der Gesellschaft (§ 158
Abs. 1 S. 1 Nr. 5 AktG, § 174 Abs. 2 Nr. 2 HGB), der wie gesagt streng von dem
Jahresüberschuss (den § 301 S. 1 AktG allein im Auge hat) unterschieden werden
muss.[51]

Diese Regelung hat zur Folge, dass Entnahmen aus den Rücklagen *nicht* den Jahres- **21a**
überschuss erhöhen. Folglich können sie auch grds., dh von § 301 S. 2 AktG abgesehen, *nicht* auf Grund eines Gewinn- oder Teilgewinnabführungsvertrags an das
herrschende Unternehmen *abgeführt* werden, da die Obergrenze für die Gewinnabführung nach § 301 S. 1 AktG der (fiktive) berichtigte Jahresüberschuss (ohne Entnahmen aus Rücklagen) ist.[52] Wohl aber können derartige Entnahmen aus den Rücklagen zusammen mit dem Bilanzgewinn nach § 174 AktG *ausgeschüttet* werden,
wodurch sichergestellt wird, dass außenstehende Aktionäre anteilig an den ihnen
ebenfalls gehörenden Rücklagen beteiligt werden, während die fraglichen Beträge bei
Einbeziehung in den abzuführenden Jahresüberschuss *allein* dem herrschenden Unter-

---

[48] *Brandes* Liber amicorum Winter, 2011, S. 43 (49 ff.).
[49] *Reichert* Liber amicorum Winter, 2011, S. 541.
[50] Wegen der Einzelheiten s. *Breuninger/A. Krüger* GmbHR 2002, 277; *Cahn/St. Simon* Konzern 2003, 1 (6 ff.); *Priester* ZIP 2001, 725; *Sünner*, AG 1989, 414; *Willenberg/Th. Welte* DB 1994, 1688.
[51] Ebenso BGHZ 155, 110 (115) – Philips I; BGH ZIP 2003, 1933 (1934 f.) – Philips II.
[52] Ebenso Begr. RegE bei *Kropff* S. 390; *Krieger/Schneider* § 71 Rn. 21.

nehmen zugutekämen.[53] Ein Beispiel ist eine während des Laufs des Vertrags an die Aktionäre ausgeschüttete **Sonderdividende** aus der Auflösung vorvertraglicher Gewinnrücklagen.[54]

22 Das Gesagte (→ Rn. 21) gilt ohne Einschränkung nur für die gesetzliche und die satzungsmäßige Rücklage sowie für die Kapitalrücklagen des § 272 Abs. 3 HGB und die Rücklage für eigene Anteile nach § 272 Abs. 1a HGB.[55] Dagegen macht § 301 S. 2 AktG für die **anderen (innervertraglichen) Gewinnrücklagen** des § 272 Abs. 3 S. 2 HGB eine **Ausnahme,** vorausgesetzt, dass sie *während* der Dauer des betreffenden Gewinnabführungsvertrags gebildet wurden, während *vorvertragliche* andere Gewinnrücklagen gleichfalls von der Abführung als Gewinn ausgeschlossen sind. Mit dieser Regelung sollte ein Anreiz geschaffen werden, trotz des Abschlusses eines Gewinnabführungsvertrages andere Gewinnrücklagen zu bilden und dadurch die Substanz der abhängigen Gesellschaft zu stärken.[56] Gleich stehen die **Gewinnvorträge** des § 158 Abs. 1 S. 1 Nr. 1 AktG. *Ob* solche Rücklagen zu bilden sind, ist dagegen *nicht* mehr eine Frage des § 301 AktG, sondern richtet sich allein nach den Abreden der Parteien sowie nach § 58 Abs. 2 AktG. Sind sie aber einmal *während* der Dauer des Vertrags gebildet worden, so können sie auch wieder aufgelöst und die frei gewordenen Beträge in den Jahresüberschuss eingestellt werden, um sie sodann ggf. mit dem Jahresüberschuss an das herrschende Unternehmen abzuführen.

23 Die notwendige Folge dieser Regelung ist, dass der genauen **Abgrenzung** der anderen Gewinnrücklagen des § 272 Abs. 3 S. 2 HGB, auf die § 301 S. 2 AktG allein Bezug nimmt, von den sonstigen Rücklagen der §§ 272, 273 HGB erhebliche praktische Bedeutung zukommt. Denn **Entnahmen aus sonstigen Rücklagen** dürfen eben **nicht** abgeführt werden und bilden auch keinen Teil des Jahresüberschusses, sondern des (verteilungsfähigen) Bilanzgewinnes (§ 158 Abs. 1 S. 1 Nr. 4f. AktG, § 174 Abs. 2 Nr. 2 AktG), so dass sie ggf. mit dem Bilanzgewinn nach § 174 AktG ausgeschüttet werden können.[57] Ebenso behandelt werden neuerdings – abweichend von der früheren Praxis – **freiwillige Zuzahlungen** in das Eigenkapital der Gesellschaft iSd § 272 Abs. 2 Nr. 4 HGB.[58]

24 Keine Anwendung findet § 301 AktG ferner auf **stille Rücklagen.** Nach überwiegender Meinung folgt daraus, dass selbst vorvertragliche stille Rücklagen während des Bestehens eines Gewinnabführungsvertrages jederzeit insbes. durch die Veräußerung unterbewerteter Grundstücke aufgelöst und die dabei erzielten außerordentlichen Erträge zur Erhöhung des abgeführten Gewinns verwandt werden können.[59] Das ist

---

[53] BGHZ 155, 110 (115) – Philips I; BGH ZIP 2003, 1933 (1934f.) – Philips II; BFHE 196, 485 (490f.); *Cahn/St. Simon* Konzern 2003, 1 (6ff.); *Priester* ZIP 2001, 725 (727f.); *Willenberg/Th. Welte* DB 1994, 1688 (1690); K. Schmidt/Lutter/*Stephan* AktG § 301 Rn. 27ff.; Spindler/Stilz/*Veil* AktG § 301 Rn. 17; krit. *Breuninger/A. Krüger* GmbHR 2002, 277 (278f.); str.

[54] BGHZ 155, 110 (115) – Philips I; BGH ZIP 2003, 1933 (1934f.) – Philips II.

[55] Hölters/*Deilmann* AktG § 301 Rn. 16; K. Schmidt/Lutter/*Stephan* AktG § 301 Rn. 26.

[56] So Begr. RegE bei *Kropff* S. 390; BFHE 196, 485 (490f.).

[57] → Rn. 18; BGHZ 155, 110 (115) – Philips I; BGH ZIP 2003, 1933 (1934f.) – Philips II; BFHE 196, 485 (490f.).

[58] Emmerich/Habersack Aktien-/GmbH-KonzernR/*Emmerich* AktG § 301 Rn. 32; BFHE 196, 485 (489ff.); sehr str.

[59] BVerfG NJW 1999, 1699; 1999, 1707; BGHZ 135, 374 (378f.) – Guano; BFHE 201, 225; KG NZG 2003, 644 (645); OLG Düsseldorf AG 1990, 490 (493) – DAB/Hansa; ZIP 2004, 753 – EVA; *Cahn/Simon* Konzern 2003, 1 (11ff.); *H.-P. Müller* FS Goerdeler, 1987, 375 (389ff.).

der wichtigste Grund, warum der mit den §§ 300, 301 AktG bezweckte Schutz der Substanz der abhängigen Gesellschaft letztlich nicht erreicht wurde.[60]

V. Haftung im Konzern

Literatur (Auswahl): S. o. vor Rn. 1 sowie *Acher,* Vertragskonzern und Insolvenz, 1987; *Albers-Schönberg,* Haftungsverhältnisse im Konzern, 1980; *L. Beck,* Konzernhaftung in Deutschland und Europa, 2008; *v. Büren,* Der Konzern, 2. Aufl. 2005; *Drüke,* Die Haftung der Muttergesellschaft für Schulden der Tochtergesellschaft, 1990; *Ehricke,* Das abhängige Konzernunternehmen in der Insolvenz, 1998; *Eschenbruch,* Konzernhaftung, 1996; *Görling,* Die Konzernhaftung in mehrstufigen Unternehmensverbindungen, 1998; *Haar,* Die Personengesellschaft im Konzern, 2006, S. 423 ff.; *Lutter,* Holding-Handbuch, 5. Aufl. (2014); *Mestmäcker,* Konzerngewalt und Rechte der Aktionäre, 1958; *Pentz,* Die Rechtsstellung der Enkel-AG in einer mehrstufigen Unternehmensverbindung, 1994; *Rieckers,* Konzernvertrauen und Konzernrecht, 2004; *Schanze,* Gläubigerschutz, in: Mestmäcker/Behrens, Das Gesellschaftsrecht der Konzerne im internationalen Vergleich, 1991, S. 473; *Scheel,* Konzerninsolvenzrecht, 1995; *Schreiber,* Konzernrechtsfreie Kontrolle, 2017; *Sonnenschein,* Organschaft und Konzerngesellschaftsrecht, 1976; *Veil,* Unternehmensverträge, 2003; *Vogel,* Die Haftung der Muttergesellschaft als Organ der Tochtergesellschaft, 1997; *J. Wilhelm,* Rechtsform und Haftung bei der juristischen Person, 1981; *Wimmer-Leonhardt,* Konzernhaftungsrecht. Die Haftung der Konzernmuttergesellschaft für die Tochtergesellschaften, 2004.

1. Keine generelle Durchgriffshaftung im Konzern

Zu den zentralen Problemen des Konzernrechts gehört (natürlich) nicht zuletzt die Frage, wer eigentlich in einem Konzern iSd § 18 AktG für die Schulden der einzelnen Konzernunternehmen haften soll: nur dieses Konzernunternehmen, die jeweils verpflichtete Tochtergesellschaft oder der gesamte Konzern? Vor allem in dieser Frage gehen die Vorstellungen der Kaufleute und der Juristen häufig weit auseinander. Während ein Kaufmann (in der Rolle des Gläubigers!) wohl durchweg „den Konzern" insgesamt als seinen Schuldner ansehen wird, stehen für die juristische Betrachtungsweise die einzelnen, rechtlich selbstständigen Konzernunternehmen, dh das herrschende Unternehmen und die abhängigen Gesellschaften im Vordergrund. Daran hat unsere Rechtsordnung bis heute im Grundsatz festgehalten. Selbst im Vertragskonzern haften deshalb für die Verbindlichkeiten von Tochtergesellschaften grds. nur diese, *nicht* dagegen die **Muttergesellschaft** oder die anderen Konzernunternehmen, weil ein allgemeiner Haftungsdurchgriff im Konzern dem deutschen Recht fremd ist (sog. **Trennungsprinzip**).[61] 25

Ebenso ist grds. die Rechtslage in unseren Nachbarländern.[62] Die unmittelbare Inanspruchnahme der Muttergesellschaft für Verbindlichkeiten einer Tochtergesellschaft ist infolgedessen stets die besonders zu begründende **Ausnahme,** die grds. nur unter denselben engen Voraussetzungen in Betracht kommt, unter denen auch sonst ein **Haftungsdurchgriff** bei juristischen Personen auf die hinter ihnen stehenden Gesellschafter zugelassen wird, insbes. also in Missbrauchsfällen sowie bei Vermögensvermischung.[63] 26

---

[60] Deshalb anders mit guten Gründen *Grüner* Beendigung S. 19 ff., 26.
[61] BGHZ 81, 311 (317) – Sonnenring-Urteil; BGHZ 166, 85 Rn. 57; BGH NJW 1979, 1823 (1828) – Herrstadt-Urteil; NJW-RR 2006, 178 – Göttinger Gruppe; BAG AP BetrAVG § 7 Widerruf Nr. 7; NJW 2003, 1340; OLG Frankfurt a. M. NJW 2011, 691 (694) – Deutsche Bank/Kirsch; AG 2015, 443 (444).
[62] Vgl für Österreich OGH SZ Bd. 54 (1981) Nr. 94, S. 452 = JBl. 1982, 257; SZ Bd. 56 (1983) Nr. 101, S. 450 (454) = GesRZ 1983, 156; OGH GesRZ 1973, 82 (83); RdW 2001, 149 = AG 2003, 700 – sowie für die Schweiz BGE 116 (1990) I b, 331 (339 ff.) – Schweizerische Kreditanstalt/CS Holding; 120 (1994) II, 331 (335 ff.) = AG 1996, 44 (45) – Wibru-Holding/Swissair; BGE 124 (1998) II, 297 (303 f.) – Musikvertrieb/Motor-Columbus AG.
[63] BGH NJW 1979, 2104; BSGE 75, 82 (84 ff.); OLG Karlsruhe GmbHR 1990, 303.

27 In der rechtsökonomischen Literatur wird die Haftungsbeschränkung im Konzern aufgrund des Trennungsprinzips heute gleichfalls überwiegend als sachlich gut gerechtfertigt angesehen, insbes. um Investitionen in Unternehmen zu fördern.[64] Auf der anderen Seite mehren sich jedoch die Zweifel an der gegenwärtigen Ausdehnung der Haftungsbeschränkung und folgerichtig auch die gesetzlichen Ausnahmen von dem Trennungsprinzip. Beispiele sind das Nachhaftungsgesetz vom 27. 1. 2017 zur finanziellen Absicherung des Atomausstiegs (BGBl. 2017 I 114)[65] sowie im Unionsrecht die weitreichende Einstandspflicht von Muttergesellschaften für **Kartellverstöße** ihrer Töchter, sofern die Muttergesellschaft und die Töchter eine wirtschaftliche Einheit und damit *ein* Unternehmen iSd Wettbewerbsregeln der Art. 101, 102 AEUV bilden. Dies hat dazu geführt, dass die Unionsorgane heute in großem Umfang Muttergesellschaften insbes. durch die Festsetzung von Geldbußen für Kartellverstöße ihrer Töchter in Anspruch nehmen.[66] Eine entsprechende Regelung findet sich seit 2017 aufgrund der 9. GWB-Novelle in § 81 Abs. 3a GWB. Noch nicht endgültig geklärt ist, ob für die zivilrechtliche Haftung für Kartellverstöße aufgrund des § 33a GWB von 2017 dasselbe zu gelten hat. Der Gesetzgeber hat die Frage bewusst offengelassen; im Schrifttum ist der Fragenkreis umstritten.[67] Der EuGH hat die Frage mittlerweile unter Hinweis auf den Unternehmensbegriff des Unionsrechts in einem einen finnischen Fall betreffenden, aufsehenerregenden Urteil bejaht.[68]

2. Patronatserklärungen

Literatur: *Fried,* Die weiche Patronatserklärung, 1998; *Gerth,* Atypische Kreditsicherheiten, 2. Aufl. 1980; *Koch,* Die Patronatserkärung, 2005; *Rieckers,* Konzernvertrauen, S. 50 ff.; *Wiegand,* Personalsicherheiten, Patronatserklärungen und ähnliche Erscheinungen, 1997; *Chr. U. Wolf,* Die Patronatserklärung, 2005.

28 Auf rechtsgeschäftlichem Wege ist die Einbeziehung anderer Konzernunternehmen in den Haftungsverbund jederzeit möglich. Als Mittel hierzu kommen neben der Bürgschaft (§ 765 BGB), dem Schuldbeitritt und der Garantie (§ 311 Abs. 1 BGB) vor allem noch Patronatserklärungen in Betracht.

29 Als Patronatserklärungen bezeichnet man Erklärungen eines Gesellschafters, durch die er beliebigen Dritten zusagt, für die **nötige finanzielle Ausstattung** seiner Gesellschaft zu sorgen. Derartige Erklärungen sind ein Kind der Praxis. Entsprechend unterschiedlich sind die Erscheinungsformen.[69] Im Einzelnen hat man vor allem je nach der Reichweite der Erklärung und dem Erklärungsgegner **harte und weiche** Patronatserklärungen (→ Rn. 31 f., 33) sowie je nachdem, ob die Erklärung gegenüber der begünstigten Gesellschaft oder direkt gegenüber einem Gläubiger abgegeben wird, **interne oder externe** Patronatserklärungen zu unterscheiden. Für die Beteiligten haben sich dabei die Bezeichnungen **Patron** sowie – besonders unschön – „**Patronierter**" eingebürgert.

---

64 S. statt aller *Beurskens/Mainka* Konzern 2017, 425; *Scholz/Bitter* GmbHG § 13 Rn. 62 ff.; *Hommelhoff* ZGR 2019, 379 (400 ff.); enger aber zB *Habersack/Zickgraf* ZHR 182 (2018), 252 (279 ff.) hinsichtlich der Haftung der Muttergesellschaft für Verletzungen der Verkehrssicherungspflichten durch Tochtergesellschaften.

65 *Beurskens/Mainka* Konzern 2017, 425; *König* Konzern 2017, 61.

66 S. mN *Emmerich/Lange* KartellR § 3 Rn. 52 f.

67 S. zB *L. Beck* AG 2017, 726 (730 ff.); Kersting/Podszun/*Kersting,* Die 9. GWB-Novelle, 2017, Kap. 7 Rn. 23 ff (S. 123 ff.); *Kersting* ZHR 182 (2018), 8.

68 Grdl. EuGH NZKart 2019, 217 Rn. 32 ff. – Sanska; *Bauermeister* NZ – Kart 2019, 252; *Hutschneider/ Bäuerle* WuW 2019, 257; *Kersting* WuW 2019, 290.

69 S. zB *Saenger* FS Eisenhardt, 2007, 489 ff.; *H. Schmidt* NZG 2006, 883.

Patronatserklärungen erfreuen sich nach wie vor großer Beliebtheit in der Praxis. Als   **30**
Grund wird vor allem die Flexibilität genannt, die solche Erklärungen im Verhältnis
insbes. zu Bürgschaften und Garantien dem Patron bei der Erfüllung der von ihm
übernommenen Ausstattungsverpflichtung verleihen.

Harte Patronatserklärungen begründen die **Verpflichtung** des Erklärenden, des Pa-   **31**
trons, gegenüber dem Erklärungsgegner, dem Adressaten der Erklärung, jederzeit für
die Ausstattung der fraglichen Gesellschaft mit den zur Erfüllung ihrer Verbindlichkeiten erforderlichen Mitteln zu sorgen. Wird die Erklärung gegenüber mehreren Gläubigern abgegeben, so kommt der Vertrag häufig nach § 151 BGB zustande.[70] Möglich
ist auch eine Erklärung gegenüber der **Allgemeinheit,** die von den Gläubigern konkludent angenommen werden kann, insbes., indem sie der begünstigten Gesellschaft
weiterhin Kredit gewähren.[71] Wenn der Patron seine Ausstattungsverpflichtung nicht
oder nicht pünktlich erfüllt, ist er den aus der Erklärung berechtigten Gläubigern zum
Schadensersatz verpflichtet (§ 280 Abs. 1, 2 BGB, §§ 283, 286 und 311 Abs. 1
BGB).[72]

Bei einer Patronatserklärung handelt sich um einen einseitig verpflichtenden, **garan-**   **32**
tieähnlichen Vertrag (§ 311 Abs. 1 BGB), auf den wegen der Vergleichbarkeit insbes.
mit der Bürgschaft die Vorschriften der §§ 765 ff. BGB von Fall zu Fall entsprechend
angewandt werden können.[73] **Formvorschriften** bestehen nicht; auch für die Anwendung des § 518 BGB ist hier kein Raum.[74] Die Haftung ist **akzessorisch;** sie setzt folglich den Bestand einer zu sichernden Hauptforderung voraus.[75] In der **Insolvenz** des
begünstigten Schuldners, des sogenannten Patronierten, begründen konzerninterne
Patronatserklärungen einen vom Insolvenzverwalter zu verfolgenden Ausstattungs-
anspruch gegen den Patron, während sich externe Patronatserklärungen in eine Pflicht
des Patrons zur Direktzahlung an die Gläubiger verwandeln.[76] Die Zahlungsunfähigkeit oder Überschuldung der durch die Patronatserklärung begünstigten Gesellschaft
wird weder durch eine interne noch durch eine externe Patronatserklärung *allein* ab-
gewendet, sondern nur, wenn der Patron seiner Ausstattungspflicht tatsächlich nachkommt.[77]

Häufig ist die Vereinbarung eines **Kündigungsrechts** des Patrons, etwa für den Fall,   **32a**
dass sich die wirtschaftliche oder finanzielle Situation der begünstigten Gesellschaft
unerwartet verschlechtert. Ein derartiges Kündigungsrecht kann sich auch konkludent

---

[70] BGH NZG 2003, 725 (726); 2017, 428; KG WM 2002, 1190 (1191); *Saenger* FS Eisenhardt, 2007,
489 (491, 495 ff.); *H. Schmidt* NZG 2006, 883 (886); *Wittig* WM 2003, 1981 (1987).
[71] MüKoBGB/*Habersack* BGB Vor § 765 Rn. 53; *Maier-Reimer/Etzbach* NJW 2011, 1110 (1112 f.); im
Einzelnen str.
[72] BGH NZG 2003, 725 (726); 2006, 543 – Boris Becker; NZG 2017, 428; OLG München ZIP 2004,
2102; KG WM 2002, 1190 (1191); AG 2009, 30 (33); OLG Düsseldorf WM 2011, 601 (607);
Maier-Reimer/Etzbach NJW 2011, 1110 (1114 f.); *Mirow* Konzern 2006, 1012 (1014); *Wittig* WM
2003, 1981 (1982 ff.).
[73] MüKo BGB/*Habersack* BGB Vor § 765 Rn. 51; *Meier-Reimer/Etzbach* NJW 2011, 1110 (1113).
[74] BGH NZG 2006, 543 Rn. 10 ff. – Boris Becker; ZIP 2008, 453 Rn. 17; *H. Schmidt* NZG 2006, 883
(885 f.); *Chr. U. Wolf* ZIP 2006, 1885 (1886 f.); aA *Strenad* NZG 2004, 28 (30 f.).
[75] Offengelassen in BGH NZG 2017, 428.
[76] BGH NZG 2011, 913; OLG München ZIP 2004, 2102 (2104 f.); MüKoBGB/*Habersack* BGB Vor
§ 765 Rn. 50; *Haußer/Heeg* ZIP 2010, 1427 (1431 ff.); *Pickerill* NZG 2018, 609; *H. Schmidt* NZG
2006, 883 (885); *Chr. U. Wolf* ZIP 2006, 1885 (1891 f.).
[77] BGH NZG 2011, 913; dagegen krit. *Pickerill* NZG 2018, 609.

aus den Abreden der Parteien ergeben, wenn sie sich zB bei einer konzerninternen Patronatserklärung darüber einig sind, dass die Erklärung nur solange gelten soll, wie noch eine Sanierung der Tochtergesellschaft in Betracht kommt (§§ 133, 157 BGB).[78] Die Kündigung wirkt nur **ex nunc** und ändert daher bei einer externen Patronatserklärung nichts an der Ausstattungsverpflichtung des Patrons gegenüber denjenigen Gläubigern, deren Ansprüche bereits bei Zugang der Kündigung bei dem Schuldner, dem Patronierten begründet waren.[79] Von Fall zu Fall ist hier auch an die Anwendung des § 314 BGB zu denken.[80] Lediglich im **Vertragskonzern** ist für solche Kündigung mit Rücksicht auf § 302 AktG kein Raum.[81]

33 **Weiche** Patronatserklärungen unterscheiden sich von den harten (→ Rn. 31 f.) dadurch, dass sie *keinen* rechtsgeschäftlichen Charakter haben, sondern im Kern nichts anderes als eine **unverbindliche Absichtserklärung** des Patrons zur Ausstattung der Tochtergesellschaft mit der erforderlichen Liquidität darstellen. Mit Rücksicht darauf lässt sich auf eine weiche Patronatserklärung auch nur in Ausnahmefällen eine Haftung des Patrons aus cic stützen (§ 311 Abs. 3 BGB), weil idR für die angesprochenen Verkehrskreise ohne weiteres erkennbar ist, dass der Patron gerade *keine* Haftungsübernahme will.[82]

VI. Verlustübernahme

1. Überblick

34 Nach § 302 Abs. 1 AktG ist das herrschende Unternehmen bei Bestehen eines Beherrschungs- oder Gewinnabführungsvertrages verpflichtet, jeden während der Vertragsdauer „sonst" (dh: ohne § 302 AktG) bei der abhängigen Gesellschaft entstehenden Jahresfehlbetrag auszugleichen, soweit dieser nicht dadurch ausgeglichen werden kann, dass den anderen Gewinnrücklagen Beträge entnommen werden, die während der Vertragsdauer in sie eingestellt wurden. Der **Anspruch auf Verlustausgleich** oder auch: Verlustübernahme (s. die Überschrift zu § 302 AktG) steht der abhängigen Gesellschaft zu und hat zur Folge, dass es bei ihr während der Vertragsdauer nicht mehr zu einem Jahresfehlbetrag und damit zu einer Überschuldung kommen kann, da etwaige Fehlbeträge in der Bilanz durch den ebenfalls in die Bilanz einzustellenden Anspruch gegen das herrschende Unternehmen auszugleichen sind (§ 277 Abs. 3 S. 2 HGB). Zahlungsfähigkeit des herrschenden Unternehmens vorausgesetzt, ist somit eine **Insolvenz** der abhängigen Gesellschaft während der Dauer des Vertrages grds. ausgeschlossen, da sie immer (wenigstens) mit einem ausgeglichenen Ergebnis abschließt.[83] Probleme können sich unter diesen Umständen im Grunde nur noch aus einer etwaigen Illiquidität der abhängigen Gesellschaft in der Zeit vor Verlustausgleich ergeben (dazu → Rn. 48).

35 In § 302 Abs. 2 AktG findet sich ergänzend eine eigenartige Sonderregelung für **Betriebspacht-** oder Betriebsüberlassungsverträge mit abhängigen Gesellschaften (dazu

---

78 So sehr großzügig BGHZ 187, 69 Rn. 17 ff.; s. dazu *Blum* NZG 2010, 1331; *Maier-Reimer/Etzbach* NJW 2011, 1110 (1115 f.); *Raeschke-Kessler/Christopeit* NZG 2010, 1361.
79 BGHZ 187, 69 Rn. 35.
80 *Mirow* Konzern 2006, 112 (116 ff.); *H. Schmidt* NZG 2006, 883 (886 f.).
81 *Mirow* Konzern 2006, 112 (116 ff.).
82 Anders im Einzelfall OLG Düsseldorf GmbHR 2003, 178 (179) mAnm *Maxem.*
83 Besonderheiten gelten im ersten Geschäftsjahr, weil Verlustvorträge aus vorvertraglicher Zeit nicht nach § 302 übernommen zu werden brauchen.

→ Rn. 38). Nach Abs. 3 der Vorschrift kann die abhängige Gesellschaft außerdem auf den Anspruch auf Verlustausgleich nur unter engen Voraussetzungen ganz oder teilweise verzichten (→ Rn. 51). Der Anspruch der abhängigen Gesellschaft auf Verlustausgleich verjährt nach Abs. 4 des § 302 AktG in zehn Jahren seit dem Tag, an dem die Eintragung der Vertragsbeendigung ins Handelsregister nach § 10 HGB als bekannt gemacht gilt. Der Anwendungsbereich dieser Sonderregelung beschränkt sich entsprechend ihrem Wortlaut streng auf Ansprüche der abhängigen oder verpflichteten Gesellschaft aus § 302 Abs. 1 AktG oder § 302 Abs. 2 AktG und erfasst daher insbes. nicht etwaige Ansprüche der abhängigen Gesellschaft auf Zinsen aus Verzug des herrschenden Unternehmens mit der Erfüllung der Ansprüche aus § 302 Abs. 1 AktG oder § 302 Abs. 2 AktG.[84]

Historisch gesehen geht die Verlustausgleichspflicht des herrschenden Unternehmens **36** bei Abschluss eines Organschaftsvertrages auf das früher primär schuldrechtliche Verständnis dieser Verträge zurück (→ § 11 Rn. 19 ff.), aus der allgemein die Anwendbarkeit der §§ 670, 683 BGB auf Organschaftsverträge gefolgert wurde.[85] Dagegen wird im heutigen Schrifttum in § 302 AktG überwiegend ein **Ausgleich** für die weitgehenden **Eingriffsrechte** gesehen, die zumal Beherrschungsverträge dem herrschenden Unternehmen eröffnen.[86] Schaut man genauer zu, so wird deutlich, dass § 302 AktG mit der Verpflichtung des herrschenden Unternehmens zur Verlustübernahme ein **eigenständiges System des Gläubigerschutzes** im Vertragskonzern geschaffen hat.[87] Hintergrund der Regelung ist letztlich die Durchbrechung der für das Aktienrecht kennzeichnenden strengen Kapitalerhaltungsregeln im Vertragskonzern aufgrund des **Konzernprivilegs** der § 57 Abs. 1 S. 3 AktG und § 291 Abs. 3 AktG (→ § 11 Rn. 26).[88] Die strikte Beachtung der Kapitalerhaltungsregeln ist jedoch die Voraussetzung für die Anerkennung der Haftungsbeschränkung bei juristischen Personen.[89] Wo diese wie im Vertragskonzern oder bei der Eingliederung generell nicht mehr gewährleistet ist, ist folgerichtig auch kein Raum mehr für eine Beschränkung der Haftung auf das Vermögen der abhängigen juristischen Person.[90] So erklärt sich insbes. die Pflicht des herrschenden Unternehmens zum Verlustausgleich oder zur Verlustübernahme aufgrund des § 302 Abs. 1,[91] die somit letztlich Ausdruck eines besonderen Kapitalerhaltungssystems im Vertragskonzern ist, dessen weitere Bestandteile sich vor allem aus den §§ 300, 301, 303 AktG ergeben.[92]

---

[84] BGHZ 206, 74 Rn. 29.
[85] → § 11 Rn. 23; *Emmerich* GS Sonnenschein, 2002, 651 (654 ff.); *Cahn/Simon* Konzern 2003, 1 (13); *Haar* Personengesellschaft S. 423 ff.; dagegen aber *Wimmer-Leonhardt*, Konzernhaftungsrecht, S. 17 ff.
[86] So schon die Begr. z. RegE des § 302, bei *Kropff* S. 391; *Drüke* Haftung der Muttergesellschaft S. 175 ff.; *Hommelhoff* FS Goerdeler, 1997, 221 (226 ff.); KölnKommAktG/*Koppensteiner* in P. Ulmer (Hrsg.), Probleme des Konzernrechts, S. 87 (94 ff.); *Limmer* Haftungsverfassung, 1992, S. 295 ff.
[87] BGHZ 168, 285 Rn. 8 ff.
[88] Vgl auch für die Eingliederung die §§ 322, 324 AktG sowie für die GmbH § 30 Abs. 1 S. 2 GmbHG.
[89] BGHZ 151, 181 (186 f.) – KBV.
[90] S. BGHZ 103, 1 (10) – Familienheim; BGHZ 107, 7 (18) – Tiefbau; BGHZ 115, 187 (197) – Video; BGHZ 168, 285 Rn. 8; *Cahn/Simon* Konzern 2003, 1 (11 ff.); *Kleindiek* Strukturvielfalt S. 141 ff.; *Mestmäcker* Verwaltung S. 366 ff.; dagegen *Basten* GmbHR 1990, 442 (445 ff.).
[91] Ebenso für die Eingliederung § 324 Abs. 3 AktG.
[92] S. *Gärtner* AG 2014, 793; *Mylich* AG 2016, 529; *Schreiber*, Konzernrechtsfreie Kontrolle, 2017, S. 212 ff.

2. Anwendungsbereich

37 Der unmittelbare Anwendungsbereich des § 302 Abs. 1 AktG beschränkt sich auf Beherrschungs- und Gewinnabführungsverträge mit einer abhängigen deutschen AG oder KGaA. In **mehrstufigen** Unternehmensverbindungen trifft die Ausgleichspflicht immer nur den jeweiligen Vertragspartner, bei einem Beherrschungs- oder Gewinnabführungsvertrag zwischen der Tochter- und der Enkelgesellschaft somit allein die Tochter- und nicht etwa ohne weiteres auch die Muttergesellschaft. Anders verhält es sich im Ergebnis nur, wenn auf der nächsten Stufe des Konzerns gleichfalls ein Beherrschungs- oder Gewinnabführungsvertrag besteht.[93] Die praktische **Bedeutung** des § 302 Abs. 1 AktG ist erheblich, da die Vorschrift vielfach entsprechend auf Beherrschungs- und Gewinnabführungsverträge mit Gesellschaften anderer Rechtsform einschließlich insbes. der **GmbH** angewandt wird (→ § 32 Rn. 36).

38 Besonderheiten gelten nach § 302 Abs. 2 AktG für **Betriebspacht-** und Betriebsüberlassungsverträge iSd § 292 Abs. 1 Nr. 3 AktG, sofern die verpachtende AG bereits bei Vertragsabschluss von dem anderen Vertragsteil, dem Pächter, **abhängig** war. In diesem Fall trifft den Pächter nach § 302 Abs. 2 AktG (ausnahmsweise) gleichfalls eine Verlustausgleichspflicht, freilich nur, *soweit* die vereinbarte Gegenleistung, dh die Pacht hinter dem angemessenen Entgelt zurückbleibt (schon → § 15 Rn. 14 f.). Die Verlustausgleichspflicht des herrschenden Unternehmens, des Pächters, beschränkt sich folglich im Falle eines Jahresfehlbetrages der Höhe nach auf die **Differenz** zwischen dem angemessenen, weil marktüblichen Pachtzins und dem vereinbarten niedrigeren Pachtzins.

3. Jahresfehlbetrag

39 Das herrschende Unternehmen muss nach § 302 Abs. 1 AktG jeden während der Vertragsdauer „sonst", dh ohne § 302 AktG entstehenden Jahresfehlbetrag ausgleichen, der nicht durch die Entnahme von Beträgen aus *während* der Vertragsdauer gebildeten anderen Gewinnrücklagen ausgeglichen werden kann (dazu → Rn. 42 f.). Gemeint ist damit derjenige **(fiktive) Jahresfehlbetrag,** der sich in der Gewinn- und Verlustrechnung der abhängigen Gesellschaft *ohne* die Berücksichtigung der Verlustausgleichspflicht des herrschenden Unternehmens auf Grund des § 302 ergäbe (§ 275 Abs. 2 Nr. 17, Abs. 3 Nr. 16 HGB). Der Betrag ist in einer Vorbilanz zu ermitteln und bildet somit das Gegenstück zu dem fiktiven Jahresüberschuss, auf den das Gesetz in § 300 Nr. 1 AktG und in § 301 S. 1 AktG abstellt.

40 Maßgeblich ist die **ordnungsgemäß aufgestellte (Vor-)Bilanz** der abhängigen Gesellschaft.[94] Das herrschende Unternehmen hat zwar vielfältige Möglichkeiten, auf die Bilanzaufstellung durch die abhängige Gesellschaft Einfluss zu nehmen und dadurch den Umfang der zu übernehmenden Verluste zu beeinflussen.[95] Verboten ist aber jede **Verfälschung** der Bilanz unter Verstoß gegen zwingende gesetzliche Bestimmungen oder gegen die Grundsätze ordnungsmäßiger Buchführung (GoB, § 243 Abs. 1 HGB), da für die Höhe der Ausgleichspflicht des herrschenden Unternehmens allein

---

[93] S. *Görling* Konzernhaftung S. 122 ff.; zT abweichend *Pentz* Rechtsstellung S. 44 ff.

[94] BGH NZG 2005, 481; OLG Dresden AG 2006, 672; LG Hamburg ZIP 1985, 805 (806); *Cahn/Simon* Konzern 2003, 1 (14); Hommelhoff/*Emmerich* Entwicklungen S. 64 (81 f.).

[95] → Rn. 19; *Cahn/Simon* Konzern 2003, 1 (14); *Krieger* NZG 2005, 787; *Lwowski/Groeschke* WM 1994, 613 (615 f.); *H.-P. Müller* FS Goerdeler, 1997, 375; *Spindler/Klöhn* NZG 2005, 584.

die „ordnungsmäßig" aufgestellte Bilanz der abhängigen oder verpflichteten Gesellschaft maßgebend ist, selbst wenn die Bilanzfehler, die eine Verringerung des Verlusts zur Folge haben, nicht so schwerwiegend sind, dass sie die Nichtigkeit der Bilanz nach § 256 AktG nach sich ziehen. Der Vorschrift des § 302 AktG wird insoweit heute im Interesse des umfassenden Schutzes der abhängigen Gesellschaft und ihrer Gläubiger der **Vorrang vor § 256** AktG zugebilligt. Die zusätzlichen Verluste, die sich durch die Berichtigung der Bilanz ergeben, müssen in jedem Fall nach § 302 Abs. 1 AktG ausgeglichen werden.[96] Stellt sich der **Fehlbetrag** erst **später** im Laufe der nächsten Geschäftsjahre heraus, zB, weil zunächst unter Verstoß gegen die Grundsätze ordnungsmäßiger Buchführung notwendige Rückstellungen unterlassen wurden, so muss dieser zusätzliche Verlust ebenfalls noch von dem herrschenden Unternehmen übernommen werden.[97] Diese Konsequenz der heute üblichen strengen Auslegung des § 302 AktG ist besonders gefürchtet im Falle der **Veräußerung** der abhängigen Gesellschaft, weil sie bei späterer Aufdeckung noch ausgleichspflichtiger Verluste der abhängigen Gesellschaft aus der Zeit vor der Veräußerung zu einer erheblichen zusätzlichen Belastung des Veräußerers führen kann, – ein beliebtes Mittel, um im Ergebnis nachträglich den Kaufpreis zu reduzieren.[98]

Die **Ursache** des Fehlbetrages bleibt gleich. Das herrschende Unternehmen kann sich **41** der Verlustausgleichspflicht nicht durch den Nachweis entziehen, die Verluste seien nicht von ihm verursacht worden. Soweit § 302 AktG (unmittelbar oder entsprechend) eingreift, muss das herrschende Unternehmen vielmehr *jeden* (innervertraglichen) Verlust der abhängigen Gesellschaft übernehmen (→ Rn. 40). Im Ergebnis trägt damit das herrschende Unternehmen das Unternehmensrisiko der abhängigen Gesellschaft.[99]

Zum Ausgleich des Fehlbetrags dürfen nur **innervertragliche,** dh während der Ver- **42** tragsdauer gebildete **andere Gewinnrücklagen** iSd § 272 Abs. 3 S. 2 HGB herangezogen werden. Gleich stehen nach Vertragsabschluss gebildete **Gewinnvorträge.** § 302 Abs. 1 Hs. 2 AktG zieht insoweit die gebotenen Folgerungen aus der entsprechenden Regelung des § 301 S. 2 AktG, nach dem gleichfalls allein innervertragliche Gewinnrücklagen und Gewinnvorträge aufgrund eines Gewinnabführungsvertrages an das herrschende Unternehmen abgeführt werden dürfen, so dass es nur folgerichtig ist, dass sie stattdessen auch zum Ausgleich von Verlusten herangezogen werden können (→ Rn. 21ff.). Damit ist zugleich gesagt, dass *vorvertragliche* Gewinnrücklagen und Gewinnvorträge ebenso wenig angetastet werden dürfen wie die gesetzliche Rücklage (→ Rn. 43). Vorvertragliche Gewinnrücklagen und Gewinnvorträge dürfen lediglich zum Ausgleich von **vorvertraglichen Verlustvorträgen** verwandt werden, für die § 302 AktG nicht gilt (→ Rn. 44).

§ 302 Abs. 1 AktG kommt ferner der Vorrang vor § 150 Abs. 3, 4 AktG zu. Nach Ver- **43** tragsabschluss dürfen daher auch der **gesetzlichen Rücklage** einschließlich der Rück-

[96] BGH NZG 2005, 481 (482, li. Sp. unter II 1); OLG Dresden AG 2006, 672; LG Hamburg ZIP 1985, 805 (806); anders zB *Baldamus* Ubg 2009, 484 (487ff.); Hölters/*Deilmann* AktG § 302 Rn. 7; *Hennrichs* ZHR 174 (2010), 683 (689ff.); *Krieger* NZG 2005, 787.
[97] BGH NJW-RR 1989, 1198.
[98] Emmerich/Habersack Aktien-/GmbH-KonzernR/*Emmerich* AktG § 302 Rn. 29b; *Goldschmidt/Jaeger* NZG 2012, 1201; *Reichert*, Liber Amicorum Winter, 2011, S. 541 (552ff.).
[99] BGHZ 116, 37 (41f.) – Stromlieferung; *K. Schmidt* Konzernrechtstage S. 107 (119f.).

lage für eigene Anteile sowie der satzungsmäßigen Rücklage keine Beträge mehr zum Ausgleich des Jahresfehlbetrages entnommen werden. Dasselbe gilt für Kapitalrücklagen einschließlich freiwilliger Zuzahlungen in das Eigenkapital (§ 272 Abs. 2 Nr. 4 HGB), über die vielmehr allein iRd allgemeinen Ergebnisverwendung verfügt werden darf.[100]

4. Dauer

44 Die Verlustausgleichspflicht des herrschenden Unternehmens beginnt mit dem Wirksamwerden des Vertrags (§ 294 Abs. 2 AktG), so dass **vorvertragliche Verluste** nicht übernommen zu werden brauchen, und besteht *während* der ganzen Vertragsdauer. Endet der Vertrag wie idR mit Ablauf eines Geschäftsjahres, so muss auch der in diesem Jahr entstandene Verlust übernommen werden, ohne Rücksicht darauf, dass die Bilanz erst nach Vertragsende festgestellt wird.

45 Findet der Vertrag **während** des Laufs eines **Geschäftsjahres** sein **Ende,** etwa durch die Kündigung einer Partei aus wichtigem Grunde (§ 297 AktG; → § 19 Rn. 37 ff.) oder durch die Eröffnung des Insolvenzverfahrens über das Vermögen einer Partei (→ § 19 Rn. 72 ff.), so ist für das Rumpfgeschäftsjahr eine Zwischen- oder **Stichtagsbilanz** aufzustellen. Der sich dabei ergebende Verlust ist ebenfalls auszugleichen.[101]

46 Ebenso zu beurteilen ist die Rechtslage im Falle der **Auflösung** einer der Vertragsparteien, sofern diese gleichfalls die Beendigung des Beherrschungs- oder Gewinnabführungsvertrages nach sich zieht.[102] Besonderer Betrachtung bedürfen hier jedoch die so genannten **Abwicklungsverluste.** Man versteht darunter die Unterbilanz, die sich nach Auflösung der Gesellschaft bei der Abwicklung ergibt und die den endgültigen Vermögensverlust der Aktionäre anzeigt. Soweit solche Abwicklungsverluste auf noch nicht erfüllten Forderungen Dritter beruhen, müssen sie auf jeden Fall von dem herrschenden Unternehmen übernommen werden, wie aus § 303 AktG zu folgern ist. Anders entschieden wird indessen vielfach für die dann noch verbleibenden Abwicklungsverluste, weil diese nicht mit dem Jahresfehlbetrag iSd § 302 Abs. 1 AktG vergleichbar seien.[103]

5. Fälligkeit

47 Der Anspruch auf Verlustübernahme **entsteht mit Abschluss des Geschäftsjahres,** in dem der Jahresfehlbetrag eingetreten ist, nicht etwa erst mit Feststellung der Bilanz.[104] Im selben Augenblick wird der Anspruch der abhängigen oder verpflichteten Gesellschaft auf Ausgleich ihrer Verluste nach § 271 BGB auch **fällig** (str.), da nur so verhindert werden kann, dass sich das herrschende Unternehmen durch Verzögerung der Bilanzfeststellung dem Verlustausgleich zumindest vorübergehend zu entziehen ver-

---

[100] *Breuninger/Krüger* GmbHR 2002, 277 (278); *Cahn/Simon* Konzern 2003, 1 (14).
[101] BGHZ 103, 1 (9 f.) – Familienheim; BGHZ 105, 168 (182) – HSW; *Cahn/Simon* Konzern 2003, 1 (16); *Grüner* Beendigung S. 199 ff.; *Wimmer-Leonhardt,* Konzernhaftungsrecht, S. 32 ff.; früher str.
[102] *Altmeppen* Betr. 1999, 2453 (2455 f.); *Krieger/Schneider* § 70 Rn. 66.
[103] So wohl BFHE 90, 370; *Krieger/Schneider* § 70 Rn. 66; *Lwowski/Groeschke* WM 1994, 613 (615 f.); offengelassen in BGHZ 105, 168 (183) – HSW; in der Tat fraglich, anders z. B. *Altmeppen* Die Haftung des Managers S. 24 f.; *H.-P. Müller* FS Goerdeler, 1997, 375 (391 ff.); *K. Schmidt* ZGR 1983, 513 (531 ff.); *Wimmer-Leonhardt,* Konzernhaftungsrecht, S. 33 ff.
[104] BGHZ 189, 261 Rn. 14 – Wella I; BGH NZG 2005, 584 (585, li. Sp. unter II 1); NZG 2011, 780 Rn. 14 – Wella II; OLG Dresden AG 2006, 672 f.; *Kleindiek* ZGR 2001, 479 (485 ff.).

mag.[105] Von demselben Augenblick ab ist der Anspruch ferner nach den § 353 S. 1 AktG und § 352 Abs. 1 HGB zu **verzinsen.** Wartet das herrschende Unternehmen mit der Ausgleichsleistung bis zur endgültigen Feststellung der Bilanz, so gerät es spätestens nach einer Mahnung der abhängigen oder verpflichteten Gesellschaft in Verzug (§ 286 Abs. 1 BGB), sodass es darüber hinaus auch zur Leistung der (wesentlich höheren) Verzugszinsen verpflichtet ist (§ 288 Abs. 2 BGB).[106] Solange das herrschende Unternehmen seiner Ausgleichspflicht auf Grund des § 302 Abs. 1 AktG nicht nachkommt, hat die abhängige Gesellschaft außerdem ein **Zurückbehaltungsrecht** (§§ 273, 320 BGB), so dass sie fortan die Befolgung von Weisungen des herrschenden Unternehmens verweigern kann, bis das herrschende Unternehmen die Verluste übernommen hat.

Eine **Stundung** des Verlustausgleichs scheidet aus, wie aus der Verzichtssperre des § 302 Abs. 3 AktG zu folgern ist, da eine Stundung der Sache nach nichts anderes als einen temporären Verzicht auf den Ausgleichsanspruch darstellt.[107] Ebenso zu behandeln ist richtiger Meinung nach eine Weisung des herrschenden Unternehmens, den als Ausgleich gezahlten Betrag „vorübergehend" als **Darlehen** an das herrschende Unternehmen zurückzugewähren, weil die „Darlehensgewährung" seitens der abhängigen Gesellschaft unter den genannten Voraussetzungen im Ergebnis gleichfalls auf eine grds. unzulässige Stundung des Ausgleichs hinausliefe (§ 302 Abs. 1 AktG, § 308 Abs. 1 AktG iVm § 134 BGB; → Rn. 51). Anders freilich eine verbreitete Meinung, nach der gem. § 57 Abs. 1 S. 3 AktG und § 30 Abs. 1 S. 2 GmbHG von 2009 so genannte aufsteigende Darlehen zulässig sind, wenn der Rückforderungsanspruch der abhängigen Gesellschaft vollwertig und zudem ihre Existenz gesichert ist.[108] **47a**

§ 302 AktG regelt nicht die Frage, ob die abhängige Gesellschaft bereits *während* des Laufs des Geschäftsjahres **Abschlagszahlungen** auf den erst mit Ende des Geschäftsjahres fällig werdenden Verlustausgleich (→ Rn. 47) verlangen kann, wenn ihre Zahlungsfähigkeit oder Kreditwürdigkeit ernsthaft bedroht ist. Im Interesse des umfassenden Schutzes der abhängigen Gesellschaft und ihrer Gläubiger sollte diese Frage – entgegen der hM[109] – analog § 669 BGB (→ Rn. 36) grds. bejaht werden.[110] **48**

Der Anspruch steht der abhängigen Gesellschaft zu und ist von ihren Organen (spätestens) nach Ende des Geschäftsjahres unverzüglich geltend zu machen.[111] Entgegenstehende Weisungen des herrschenden Unternehmens sind unbeachtlich (§ 308 AktG; § 134 BGB). In der **Insolvenz** der abhängigen Gesellschaft gehört der Anspruch zur **49**

---

[105] BGHZ 142, 382 (385f.); BGH NZG 2005, 481 (482); OLG Dresden AG 2006, 672f.; BFHE 127, 56; anders zB OLG Schleswig ZIP 1987, 1448 – Familienheim; *Krieger* NZG 2005, 787 (789f.); *Lwowski/Groeschke* WM 1994, 613 (614).

[106] BGH NZG 2015, 912 Rn. 24f = AG 2015, 630 (633); iE str., Emmerich/Habersack Aktien-/GmbH-KonzernR/*Emmerich* AktG § 302 Rn. 40c.

[107] → Rn. 51; *Krieger* NZG 2005, 787 (789); Hölters/*Deilmann* AktG § 302 Rn. 20; – anders für eine maximal dreiwöchige Stundung *Bärenz/Fragel* FS Görg, 2010, 13 (16ff.).

[108] *Baldamus* Ubg 2009, 484 (493); *Hentzen* AG 2017, 885; *Hoffmann/Theusinger* NZG 2014, 1170 (1173).

[109] ZB *Hentzen* AG 2006, 133 (140f.); *Krieger/Schneider* § 70 Rn. 74; *Liebscher* ZIP 2006, 1221; *Lwowski/Groeschke* WM 1994, 613 (615); *Sassenrath* FS U. Huber, 2006, 931 (933f.).

[110] *Altmeppen* Betr. 1999, 2451 (2456); *Kleindiek* ZGR 2001, 479 (492ff.); *Priester* ZIP 1989, 1301 (1307f.); *Wimmer-Leonhardt*, Konzernhaftungsrecht, S. 35ff.

[111] LG Bochum AG 1987, 324 (325); *K. Schmidt* Konzernrechtstage S. 109 (123f.).

Masse (§ 35 InsO) und ist vom Insolvenzverwalter zu verfolgen.[112] Wird der Anspruch von den Organen der abhängigen Gesellschaft pflichtwidrig nicht geltend gemacht, so können die § 317 Abs. 4 und § 309 Abs. 4 AktG (nur) zugunsten der **Aktionäre** entsprechend angewandt werden.[113] Unmittelbare Ansprüche der **Gläubiger** der abhängigen Gesellschaft gegen das herrschende Unternehmen bestehen dagegen nicht; die Gläubiger sind vielmehr darauf angewiesen, den Verlustausgleichsanspruch der abhängigen Gesellschaft zu pfänden und sich überweisen zu lassen (§§ 829, 835 ZPO). Die abhängige Gesellschaft kann ihren Anspruch auf Verlustausgleich stattdessen auch an ihre Gläubiger **abtreten** (§ 398 BGB). Voraussetzung ist aber, dass sie eine vollwertige Gegenleistung erhält, weil andernfalls der Zweck des § 302 AktG gefährdet wäre (§ 134 BGB).[114]

6. Erfüllung

50 Für die Erfüllung des Anspruchs der abhängigen Gesellschaft auf Ausgleich ihrer Verluste gelten die §§ 362, 364 BGB. Möglich ist außerdem eine **Aufrechnung** des herrschenden Unternehmens mit eigenen Forderungen gegen die Forderung der abhängigen Gesellschaft auf Verlustausgleich (§ 387 BGB). Vor allem im Rahmen sog. **Cash Pooling Systeme** wird offenbar häufig so verfahren, dass das herrschende Unternehmen unterjährig der abhängigen Gesellschaft die nötige Liquidität „darlehensweise" zur Verfügung stellt und dann zum Jahresende mit den daraus resultierenden Forderungen gegen den Anspruch der abhängigen Gesellschaft auf Verlustausgleich aufrechnet. Voraussetzung ist, dass die zur Aufrechnung gestellte Forderung des herrschenden Unternehmens **werthaltig** ist.[115] Das beurteilt sich in erster Linie danach, ob die fragliche Forderung noch durch das Vermögen der abhängigen Gesellschaft gedeckt ist, ob mit anderen Worten die abhängige Gesellschaft noch in vollem Umfang kreditwürdig ist.[116] Die Beweislast trifft insoweit das herrschende Unternehmen. Hinzukommen muss zutreffender Meinung nach noch, dass die Beteiligten im Voraus über die Verrechnung der gegenseitigen Forderungen klare Absprachen treffen, um sonst naheliegende Manipulationsmöglichkeiten zulasten der Gläubiger auszuschließen.[117]

7. Verzicht, Vergleich

51 Die gesetzliche Regelung ist zwingend, so dass der Ausgleichsanspruch der abhängigen Gesellschaft durch die Vertragsparteien nicht über den gesetzlichen Rahmen hinaus beschränkt werden kann. Ein Verzicht oder Vergleich über den Anspruch ist aus demselben Grund nach § 302 Abs. 3 AktG nur unter engen Voraussetzungen möglich.[118] Die wichtigsten sind die grundsätzliche Einhaltung einer **Sperrfrist** von drei Jahren sowie die Zustimmung der außenstehenden Aktionäre im Wege eines Sonderbeschlus-

---

[112] BGHZ 115, 187 (200) – Video.
[113] *Görling* Konzernhaftung S. 139 f.; KölnKommAktG/*Koppensteiner* AktG § 302 Rn. 41.
[114] Hüffer/Koch/*Koch,* AktG § 302 Rn. 17; *Lwowski/Groeschke* WM 1994, 613 (617).
[115] BGHZ 168, 285 Rn. 11 ff. – Jenoptik; s. dazu *Grunewald* NZG 2005, 781; *Hentzen* AG 2006, 133; *Liebscher* ZIP 2006, 1221; *Sassenrath* FS U. Huber, 2006, 931.
[116] S. dazu insbes. *Petersen* GmbHR 2006, 1246; *Theiselmann* GmbHR 2006, 931.
[117] Ausf. *Hentzen,* AG 2017, 885; *Schluck-Amend* FS Marsch-Barner, 2018, S. 49 (502 ff mN); str.
[118] S. dazu insbes. *Bärenz/Fragel* FS Görg, 2010, S. 13; *Cahn,* Vergleichsverbote im Gesellschaftsrecht, 1996; *Dachner,* Der Abfindungsvergleich des § 302 Abs. 3 S. 2 AktG an der Schnittstelle von Gesellschafts-, Steuer- und Insolvenzrecht, 2013; *Deilmann* NZG 2015, 560; *Hoffmann/Theusinger* NZG 2014, 1170.

ses nach § 138 AktG (§ 302 Abs. 3 S. 1, 3 AktG). Der Begriff der außenstehenden Aktionäre ist hier derselbe wie in § 295 Abs. 2 AktG, § 296 Abs. 2 AktG und § 297 Abs. 2 AktG (deshalb → § 18 Rn. 20 f.). Für den **Sonderbeschluss** genügt die einfache Mehrheit der bei der Beschlussfassung vertretenen außenstehenden Aktionäre. Jedoch muss hinzukommen, dass nicht eine Minderheit, deren Anteile zusammen den zehnten Teil des bei der Beschlussfassung (der außenstehenden Aktionäre) vertretenen Grundkapitals erreichen, gegen den Sonderbeschluss Widerspruch zur Niederschrift erhebt (§ 303 Abs. 3 S. 3 Hs. 2 AktG). Die Begriffe **Verzicht** und Vergleich werden in diesem Zusammenhang zum Schutze der abhängigen Gesellschaft üblicherweise ganz *weit* ausgelegt, so dass darunter überhaupt jedes Verhalten der abhängigen Gesellschaft fällt, das zu einem vorübergehenden oder dauernden Verlust des Anspruchs führen kann, einschließlich zB der Stundung des Anspruchs auf Verlustausgleich (→ Rn. 47 a) oder der Rücknahme einer Klage auf Verlustübernahme auf Grund eines Vergleichs.[119] Ein Verstoß gegen das gesetzliche Verbot des § 302 Abs. 3 S. 1 führt zur Nichtigkeit des Rechtsgeschäfts (§ 134 BGB).[120]

VII. Sicherheitsleistung

1. Überblick

Nach § 303 Abs. 1 AktG muss das herrschende Unternehmen im Falle der Beendi- 52
gung eines Beherrschungs- oder Gewinnabführungsvertrages den Gläubigern der abhängigen oder der sonst zur Gewinnabführung verpflichteten Gesellschaft Sicherheit leisten, wenn ihre Forderungen begründet wurden, bevor die Eintragung der Beendigung des Vertrags in das Handelsregister (s. § 298 AktG) nach § 10 HGB als bekannt gemacht gilt, vorausgesetzt, dass sich die Gläubiger binnen sechs Monaten nach der Bekanntmachung der Eintragung zu diesem Zweck bei dem herrschenden oder sonst berechtigten Unternehmen melden. Die Art der Sicherheitsleistung richtet sich nach den §§ 232 ff. BGB (→ Rn. 67). Jedoch kann das herrschende Unternehmen die Sicherheitsleistung durch die Übernahme einer einfachen Bürgschaft abwenden (§ 303 Abs. 3 AktG; → Rn. 68, 70). In der Praxis hat dies dazu geführt, dass mittlerweile die Sicherheitsleistung nach § 303 Abs. 1 AktG nahezu vollständig durch die Bürgschaftsübernahme gem. § 303 Abs. 3 AktG verdrängt wurde. *Keinen* Anspruch auf Sicherheitsleistung hat jedoch eine Reihe privilegierter Gläubiger, deren Forderungen bereits auf andere Weise ausreichend gesichert sind (§ 303 Abs. 2 AktG, → Rn. 56). Vergleichbare Regelungen finden sich für die ordentliche und die vereinfachte Kapitalherabsetzung in den §§ 225, 233 Abs. 2 AktG, für die Eingliederung in § 321 AktG und in § 327 Abs. 4 AktG (dazu → § 10 Rn. 42 f., 68) sowie für die verschiedenen Formen der Umwandlung in den §§ 22, 125, 204 UmwG von 1994.

Die gesetzliche Regelung findet ihren **Grund** darin, dass die Pflicht des herrschenden 53
Unternehmens zur Verlustübernahme nach § 302 Abs. 1 AktG mit der Beendigung des Beherrschungs- oder Gewinnabführungsvertrages gleichfalls ihr Ende findet (→ Rn. 44 ff.), so dass den Gläubigern der abhängigen Gesellschaft fortan wieder allein deren Vermögen haftet (§ 1 Abs. 1 S. 2 AktG), ohne dass indessen die Überlebensfähigkeit der abhängigen Gesellschaft gewährleistet wäre (→ Rn. 4 ff.). Den deshalb

---

[119] LG Bochum AG 1987, 323; 1987, 324; Emmerich/Habersack Aktien-/GmbH-KonzernR/*Emmerich* AktG § 302 Rn. 49–53; *Cahn,* Vergleichsverbote im Gesellschaftsrecht, 1996; *Hirte* FS Happ, 2006, 65 ff.; *Mertens* FS Fleck, 1988, 209.
[120] OLG Oldenburg NZG 2000, 1138 (1140).

zum Schutz der Gläubiger nötigen Ausgleich schafft § 303 Abs. 1 AktG durch die Verpflichtung des herrschenden Unternehmens zur Sicherheitsleistung oder zur Übernahme einer Bürgschaft.[121]

2. Anwendungsbereich

54 Der unmittelbare Anwendungsbereich des § 303 AktG deckt sich im Wesentlichen mit dem des § 302 Abs. 1 AktG (deshalb → Rn. 37 f.). In **mehrstufigen** Unternehmensverbindungen greift § 303 AktG unmittelbar nur auf derjenigen Konzernstufe ein, auf der es gerade zur Beendigung eines Beherrschungs- oder Gewinnabführungsvertrages gekommen ist.[122] Kommt es zB zu einer Vertragsbeendigung allein auf der Ebene zwischen Mutter- und *Tochter*gesellschaft, so können folglich die Gläubiger einer *Enkel*gesellschaft keine Sicherheitsleistung von der Muttergesellschaft für ihre Forderungen gegen die Enkelgesellschaft verlangen (str.), wohl aber die *Enkelgesellschaft* selbst, sofern sie noch eigene Ansprüche gegen die Tochtergesellschaft hat, etwa aufgrund des § 302 AktG.[123]

55 Unanwendbar ist § 303 AktG im Falle der Beendigung eines der **anderen Unternehmensverträge** des § 292 AktG, selbst wenn der Vertrag mit einer abhängigen Gesellschaft abgeschlossen wurde und er keine angemessene Gegenleistung vorsieht. Speziell bei Betriebspacht- und Betriebsüberlassungsverträgen liegt darin ein nur schwer überbrückbarer Wertungswiderspruch zu § 302 Abs. 2 AktG, der indessen als offenbar gewollt hinzunehmen ist.

56 Keinen Schutz nach § 303 Abs. 1 AktG genießen bestimmte **privilegierte Gläubiger,** die bereits anderweitig ausreichend gesichert sind (§ 303 Abs. 2 AktG). Das Gesetz nimmt hier in erster Linie Bezug auf die §§ 5, 29 PfandBG von 2005 sowie auf die §§ 221, 223 VAG von 2015.[124] Diesen Gläubigern wird nach Treu und Glauben (§ 242 BGB) noch eine Reihe **sonstiger Gläubiger** gleichgestellt, die bereits auf andere Weise hinlänglich gesichert sind. Hervorzuheben sind die Gläubiger dinglich gesicherter Ansprüche,[125] weiter Gläubiger, die sich jederzeit durch Aufrechnung gegen Forderungen der abhängigen Gesellschaft selbst befriedigen können, sowie noch nach hM die Inhaber unverfallbarer Ruhegeldanwartschaften und Betriebsrentner, soweit ihre Ansprüche auf Ruhegelder durch den Pensionssicherungsverein gedeckt sind.[126] Indessen bleibt zu bedenken, dass speziell der Pensionssicherungsverein lediglich einen begrenzten Schutz bietet und dass vor allem weder dieser noch die Bundesagentur eine gesetzlich überwachte Deckungsmasse kennen, so dass § 303 Abs. 1 AktG jedenfalls insoweit anwendbar bleiben sollte, wie zB Betriebsrenten nicht durch den Pensionssicherungsverein abgedeckt sind.[127]

---

[121] BGHZ 115, 187 (198) – Video.

[122] *Görling* Konzernhaftung S. 145; *Pentz* Enkel-AG S. 165 f.; *Zenner/Raapke* NZG 2018, 681; anders – entgegen der hM – *Leinekugel/Winstel* AG 2012, 389.

[123] *Leinekugel/Winstel* AG 2012, 389; *Zenner/Raapke* NZG 2018, 681.

[124] S. BGHZ 90, 161 (165 f.); BAGE 83, 356 (364).

[125] *Habersack* FS Koppensteiner, 2001, 31 (34 f.); *Lwowski/Groeschke* WM 1994, 613 (619 f.); *Rittner* FS Oppenhoff, 1985, 317 (322, 324).

[126] BAGE 83, 356 (367 ff.); BAG ZIP 2009, 2166 Rn. 28 (für § 16 BetrAVG); OLG Zweibrücken NZG 2004, 670; Lutter/*Grunewald* UmwG § 22 Rn. 23; GroßkommAktG/*Hirte* AktG § 303 Rn. 28; *Krieger* FS Nirk, 1992, 551 (559 ff.).

[127] Hüffer/Koch/*Koch* AktG § 225 Rn. 10; *Mutschler* FS Säcker, 2011, 429 (434 f.); *Rittner* FS Oppenhoff, 1985, 317 (327 f.); K. Schmidt/Lutter/*Stephan* AktG § 303 Rn. 17, 24; vgl auch BAGE 131, 50 und dazu schon → Rn. 4 ff.

3. Begründung der Forderung vor Bekanntmachung der Eintragung

Der Anspruch eines Gläubigers der abhängigen Gesellschaft gegen das herrschende Unter- 57
nehmen auf Sicherheitsleistung hat nach § 303 Abs. 1 S. 1 AktG **drei Voraussetzungen.**
Es sind dies der Reihe nach die Beendigung eines Beherrschungs- oder Gewinnabführungsvertrages, wobei der Grund der Beendigung keine Rolle spielt (s. dazu o.
§ 19), weiter die Begründung einer Forderung gegen die abhängige Gesellschaft, bevor die Eintragung der Vertragsbeendigung in das Handelsregister (§ 298 AktG) nach § 10 HGB als
bekannt gemacht gilt (→ Rn. 58 ff.), sowie schließlich die Meldung des Gläubigers binnen sechs Monaten nach dem Stichtag bei dem herrschenden Unternehmen (→ Rn. 65 f.).

Erste Voraussetzung des Anspruchs eines Gläubigers der abhängigen Gesellschaft ge- 58
gen das herrschende Unternehmen auf Sicherheitsleistung ist somit die **Begründung**
seiner Forderung **vor Bekanntmachung** der Eintragung der Vertragsbeendigung ins
Handelsregister (§ 10 HGB iVm § 298 AktG). Konsequenz dieser strengen **Stichtagsregelung** ist nicht zuletzt, dass das herrschende Unternehmen den Gläubigern der abhängigen Gesellschaft auch für solche Forderungen Sicherheit leisten muss, die erst
zwischen der Vertragsbeendigung und der möglicherweise verzögerten Bekanntmachung der Eintragung der Vertragsbeendigung begründet wurden.[128] Dasselbe gilt
für Forderungen, die noch aus der Zeit *vor* Abschluss des Vertrages stammen.[129] Denn
maßgebend ist immer allein die Begründung der Forderung *vor* dem Stichtag, während es nicht darauf ankommt, ob die Forderung gerade *während* des Laufs des Vertrages, vor Vertragsschluss oder nach Vertragsende begründet wurde. Die Problematik
einer derartigen Stichtagsregelung wird zB deutlich im Falle der Veräußerung der abhängigen Gesellschaft *nach* Vertragsbeendigung: Kommt es hier erst später zur Bekanntmachung der Eintragung der Vertragsbeendigung, so droht dem Veräußerer die
Gefahr, auch neuen Gläubigern der abhängigen Gesellschaft aus der Zeitspanne zwischen Veräußerung der Gesellschaft und Bekanntmachung der Eintragung Sicherheit
leisten zu müssen. Eine begrenzte Abhilfe gegen diese zusätzliche Belastung bietet hier
allein die Vereinbarung eines Freistellungsanspruchs gegen den Erwerber.

Anspruch auf Sicherheitsleistung haben nach § 303 Abs. 1 S. 1 AktG nur die Gläubi- 59
ger gerade von **„Forderungen"**, dh von schuldrechtlichen Ansprüchen, diese freilich
ohne Rücksicht auf ihren Rechtsgrund und ihren Gegenstand (§ 241 Abs. 1 BGB).
Mit Rücksicht auf den Zweck der Regelung (→ Rn. 52 f.) wird der Begriff allgemein
weit ausgelegt. Darunter fallen zB grds. auch die *Lohnansprüche* der Arbeitnehmer
ebenso wie ihre Ansprüche auf *Betriebsrenten* (→ Rn. 60 ff.). Nicht erforderlich ist außerdem, dass die Forderung gerade auf Geldzahlung gerichtet ist; vielmehr sind die
Gläubiger von Lieferungs- und Dienstleistungsansprüchen ebenso schutzwürdig wie
die Gläubiger von Geldforderungen.[130] Mitgesichert sind ferner die *Nebenforderungen*
auf Zinsen und Kostenersatz.[131] Gleich stehen *dingliche Ansprüche,* sofern sie in ihrer
Struktur schuldrechtlichen Forderungen entsprechen und der Gläubiger nicht bereits
anderweitig gesichert ist (→ Rn. 56). In erster Linie ist hier an Ansprüche aus den
§§ 987 ff. BGB zu denken.[132]

---

[128] Hüffer/Koch/*Koch* AktG § 303 Rn. 4.
[129] BGHZ 115, 187 (199) – Video.
[130] Hölters/*Deilmann* AktG § 303 Rn. 5; Spindler/Stilz/*Veil* AktG § 303 Rn. 10.
[131] BGHZ 115, 187 (202) – Video.
[132] *Habersack* FS Koppensteiner, 2001, 31 (33 ff.).

60 Für die **Begründung** einer Forderung vor dem Stichtag (→ Rn. 58) genügt es ebenso zB bei den § 25 Abs. 1 S. 1 HGB und § 160 Abs. 1 S. 1 HGB, bei § 225 Abs. 1 S. 1 AktG sowie bei § 22 Abs. 1 S. 1 UmwG, dass der **Entstehungsgrund** der Forderung vor dem Stichtag im Wesentlichen **abgeschlossen** ist, so dass es keiner weiteren Handlungen des Gläubigers bedarf, um die Forderung endgültig zur Entstehung zu bringen, während es nicht erforderlich ist, dass auch die Höhe der Forderung bereits feststeht oder dass die Forderung fällig ist.[133] Das herrschende Unternehmen muss daher den Altgläubigern auch für **bedingte,** betagte und befristete Forderungen sowie für **Schadensersatzansprüche** aus Delikt Sicherheit leisten, selbst wenn zB die Bedingung noch nicht eingetreten ist oder der Schaden noch nicht endgültig feststeht, sofern nur der Entstehungsgrund vor dem Stichtag liegt.[134] Ist die Forderung bereits **fällig,** so hat der Gläubiger folglich die Wahl zwischen dem Erfüllungsanspruch gegen die abhängige Gesellschaft und dem Anspruch auf Sicherheitsleistung aus § 303 gegen das herrschende Unternehmen.[135]

61 Die Betonung der *Begründung* der Forderung als des maßgeblichen Zeitpunkts für die Auslösung der Verpflichtung des herrschenden Unternehmens zur Sicherheitsleistung nach § 303 Abs. 1 AktG (→ Rn. 60) führt vor allem bei **Dauerschuldverhältnissen** wie zB Miet-, Pacht- und Arbeitsverträgen einschließlich etwaiger **Ruhegeldzusagen** zu Problemen, weil bei derartigen Rechtsverhältnissen allgemein angenommen wird, dass die Anspruchsbegründung *bereits im Vertragsabschluss* liegt.[136] Bei wörtlicher Auslegung des § 303 Abs. 1 AktG könnten daher die jeweiligen Gläubiger für sämtliche möglicherweise erst Jahre oder Jahrzehnte nach Beendigung des Vertrags fällig werdenden Forderungen aus dem Vertrag sofort Sicherheit verlangen, ggf. sogar in Höhe des Barwerts einer „ewigen Rente", dh – je nach Kapitalisierungszinsfuß – in nahezu unkalkulierbarer Höhe, zumal bei einer großen Zahl von Arbeitnehmern und Pensionsberechtigten, so dass hier unverkennbar die Gefahr einer unbegrenzten **Endloshaftung** des herrschenden Unternehmens droht.

62 Die Gefahr einer Endloshaftung in den genannten Fällen (→ Rn. 61) ist bisher vor allem für die Fälle der §§ 26, 160 HGB diskutiert worden und hat dort mittlerweile auch eine gesetzliche Lösung auf der Grundlage des **Nachhaftungsbegrenzungsgesetzes** von 1994 gefunden. Die Frage stellt sich indessen in gleicher Weise im Anwendungsbereich einer ganzen Reihe weiterer vergleichbarer Vorschriften auch aus dem AktG (→ Rn. 52), hat hier aber bisher lediglich in § 327 Abs. 4 eine adäquate Regelung gefunden (dazu → § 10 Rn. 68), während eine Einbeziehung auch des § 303 AktG in das Nachhaftungsbegrenzungsgesetz seinerzeit nicht einmal erwogen wurde; der Fall wurde vielmehr offenbar schlicht übersehen.

---

[133] BGHZ 116, 37 (46 f.) – Stromlieferung; BGHZ 202, 317 (321 Rn. 12); BAGE 83, 356 (362); 131, 50 Rn. 21 ff.; OLG Frankfurt a. M. NZG 2000, 933 (934); OLG Zweibrücken NZG 2004, 670; *Habersack* FS Koppensteiner, 2001, 31 (37 ff.); *Krieger* FS Nirk, 1992, 551 (554 f.); *Zenner/Raapke* NZG 2018, 681 (684 ff.).

[134] S. außer den Genannten (vorige Fn.) zB noch BGHZ 115, 187 (202) – Video; LAG Hessen AG 1989, 256 (257); *Ströhmann* NZG 1999, 1030 (1031); *S. Wimmer-Leonhardt* Konzernhaftungsrecht S. 41.

[135] *Habersack* FS Koppensteiner, 2001, 31 (35 f.).

[136] So ausdrücklich für § 303 AktG BGH NJW 1996, 1539; LAG Hessen AG 1989, 256; OLG Frankfurt a. M. NZG 2000, 933 (für einen Mietvertrag); OLG Zweibrücken NZG 2004, 670; OLG Hamm ZIP 2008, 1925; *Henssler/Heiden* NZG 2010, 328; *Hoffmann* NZG 2000, 935 (936); *Mutschler* FS Säcker, 2011, 429; – krit. *Burg/Hützen* Konzern 2010, 20 (24 ff.).

Welche Folgerungen aus diesem Befund zu ziehen sind, war lange Zeit umstritten. In **63** Literatur und Rechtsprechung waren zunächst mehrere unterschiedliche Lösungen diskutiert worden, um der Gefahr einer Endloshaftung des herrschenden Unternehmens zu begegnen,[137] bis sich der BGH im Jahre 2014 entschloss, die vom herrschenden Unternehmen geschuldete Sicherheitsleistung entsprechend dem Vorbild der §§ 26, 160 HGB sowie insbes. des § 327 Abs. 4 AktG zeitlich auf Ansprüche zu begrenzen, die **innerhalb von fünf Jahren** ab Bekanntmachung der Eintragung der Vertragsbeendigung ins Handelsregister **fällig** werden.[138]

Zur Sicherheitsleistung **verpflichtet** ist gem. § 303 Abs. 1 S. 1 AktG unter den ge- **64** nannten Voraussetzungen (→ Rn. 58 ff.) „der andere Vertragsteil", dh das herrschende oder berechtigte Unternehmen. In den Fällen der Mehrmütterorganschaft trifft die Verpflichtung zur Sicherheitsleistung aus § 303 Abs. 1 AktG sämtliche Mütter *gesamtschuldnerisch* gegenüber den Gläubigern der gemeinsamen Tochtergesellschaft (§ 427 BGB).[139]

4. Anmeldung

Letzte Voraussetzung des Anspruchs des Gläubigers auf Sicherheitsleistung für seine **65** vor dem Stichtag begründeten Forderungen ist nach § 303 Abs. 1 AktG, dass sich der Gläubiger **binnen sechs Monaten** nach dem Stichtag, dh nach der Bekanntmachung der Eintragung der Vertragsbeendigung ins Handelsregister (→ Rn. 58), bei dem herrschenden Unternehmen „zu diesem Zweck" **meldet**. Die Meldefrist ist eine **Ausschlussfrist**, deren Berechnung sich nach den § 187 Abs. 1 BGB und § 188 Abs. 2 BGB richtet. Keine Rolle spielt, ob der Gläubiger Kenntnis von dem Lauf der Frist hatte; § 15 Abs. 2 HGB findet keine Anwendung.[140]

Die Meldung des Gläubigers ist **rechtzeitig**, wenn sie vor Fristablauf dem herrschen- **66** den Unternehmen zugeht (§ 130 Abs. 1 BGB). Eine besondere **Form** ist für die Meldung nicht vorgeschrieben; sie kann daher auch mündlich erfolgen.[141] Erforderlich ist nach § 303 Abs. 1 S. 1 AktG lediglich, dass sich aus der Meldung für das herrschende Unternehmen ihr „Zweck" ergibt. Für das herrschende Unternehmen muss folglich erkennbar sein, dass der meldende Gläubiger von ihm gerade die Leistung von Sicherheit für eine bestimmte Forderung verlangt.[142]

5. Art der Sicherheitsleistung

Der Anspruch des Gläubigers auf Sicherheitsleistung ist ein normaler schuldrecht- **67** licher Anspruch, der notfalls durch Leistungsklage gegen das herrschende Unternehmen durchzusetzen ist.[143] Das SpruchG findet keine Anwendung (s. § 1 SpruchG). Die Art der **Sicherheitsleistung** richtet sich nach den §§ 232 ff. BGB. Das herrschende Unternehmen kann jedoch die Sicherheitsleistung abwenden, indem es nach § 303 Abs. 3 AktG eine **Bürgschaftserklärung** abgibt, dh: dem Gläubiger den Abschluss eines Bürgschaftsvertrages anträgt (§§ 145, 765 BGB; schon → Rn. 57).

[137] Emmerich/Habersack Aktien-/GmbH-KonzernR/*Emmerich* AktG § 302 Rn. 13c; Voraufl., S. 354 ff.
[138] BGHZ 202, 317 Rn. 10,15 ff.; zust. *Servatius* ZGR 2015, 754 mN.
[139] GroßkommAktG/*Hirte* AktG § 303 Rn. 24; Spindler/Stilz/*Veil* AktG § 303 Rn. 9.
[140] BGHZ 116, 37 (44) – Stromlieferungen/Hansa-Feuerfest.
[141] LAG Hessen AG 1989, 256 (257).
[142] Offengelassen in OLG Zweibrücken NZG 2004, 670.
[143] BGH NJW 1996, 1539; OLG Düsseldorf AG 1996, 426.

68 § 303 Abs. 3 AktG begründet eine **Wahlschuld** nach den §§ 262 ff. BGB mit Wahlrecht des Schuldners, dh des herrschenden Unternehmens,[144] so dass der Gläubiger bei Wahl der Bürgschaft durch das herrschende Unternehmen nur noch diese beanspruchen kann, und zwar konkret durch Annahme des entsprechenden Antrags des herrschenden Unternehmens (§ 263 Abs. 2 BGB, → Rn. 67). Lehnt er die Bürgschaft ab, so erlischt der Antrag des herrschenden Unternehmens auf Abschluss eines Bürgschaftsvertrages, so dass der Gläubiger fortan keine Sicherheitsleistung mehr verlangen kann (§ 146 BGB).[145]

6. Ausfallhaftung

69 Eine bloße Sicherheitsleistung des herrschenden Unternehmens nach § 303 AktG ist sinnlos, wenn die abhängige Gesellschaft **vermögenslos** ist, weil die Inanspruchnahme des herrschenden Unternehmens aus der Sicherheitsleistung dann endgültig feststeht. Analog § 322 AktG verwandelt sich deshalb in diesem Fall der Anspruch des Gläubigers auf Sicherheitsleistung in einen **direkten Zahlungsanspruch** gegen das herrschende Unternehmen. Dies kommt vor allem in Betracht, wenn die Eröffnung des Insolvenzverfahrens über das Vermögen der abhängigen Gesellschaft mangels Masse abgelehnt oder das Verfahren aus diesem Grund eingestellt worden ist,[146] ebenso aber auch bei „bloßer" Eröffnung des Insolvenzverfahrens über das Vermögen der abhängigen Gesellschaft, während nach hM in diesem Fall die Geltendmachung der Ausfallhaftung des herrschenden Unternehmens entsprechend § 171 Abs. 2 HGB grds. allein Sache des Insolvenzverwalters (§ 93 InsO) und nicht auch der Gläubiger sein soll,[147] – womit der Insolvenzverwalter indessen im Regelfall schlicht überfordert sein dürfte.[148]

§ 21. Ausgleich

Literatur: Institut der Wirtschaftsprüfer (IDW), IDW Standard S. 1, Grundsätze zur Durchführung von Unternehmensbewertungen vom 2. April 2008 (IDW S 1), FN-IDW 2008, 826; *Adolff,* Unternehmensbewertung im Recht der börsennotierten AG, 2007; *Exner,* Beherrschungsvertrag und Vertragsfreiheit, 1984; *Fabian,* Inhalt und Auswirkungen des Beherrschungsvertrags, 1997; *Geng,* Ausgleich und Abfindung der Minderheitsaktionäre der beherrschten Aktiengesellschaft bei Verschmelzung und Spaltung, 2003; *Großfeld,* Unternehmens- und Anteilsbewertung im Gesellschaftsrecht, 7. Aufl. 2015; *Grüner,* Die Beendigung von Gewinnabführungs- und Beherrschungsverträgen, 2003; *Gude,* Strukturänderungen und Unternehmensbewertung zum Börsenkurs, 2004; *Hüchting,* Abfindung und Ausgleich im aktienrechtlichen Beherrschungsvertrag, 1972; *Hüffer/Schmidt-Aßmann/M. Weber,* Anteilseigentum, Unternehmenswert und Börsenkurs, 2005; *Kley,* Die Rechtsstellung der außenstehenden Aktionäre bei der vorzeitigen Beendigung von Unternehmensverträgen, 1986; *Komp,* Zweifelsfragen des aktienrechtlichen Abfindungsanspruchs nach §§ 305, 320b AktG, 2002; *Lindemann,* Gewinnabhängige Ansprüche im Konzern, 2003; *Luttermann,* Unternehmen, Kapital und Genußrecht, 1998; *Marchand,* Abhängigkeit und Konzernzugehörigkeit von Gemeinschaftsunternehmen, 1985; *Mestmäcker,* Konzerngewalt und Rechte der Aktionäre, 1958; *Pentz,* Die Rechtsstellung der Enkel-AG in der mehrstufigen Unternehmensverbindung, 1994; *J. Schmidt,* Das Recht der außenstehenden Aktionäre, 1979; *Schoppe,* Aktieneigentum, 2011; *Schwenn,* Der Ausgleichs- und Abfindungsanspruch der außenstehenden Aktionäre im Unternehmensvertrag bei Eintritt neuer Umstände, 1998; *Veil,* Unternehmensverträge, 2003; *Veit,* Unternehmensverträge und Eingliederung als aktienrechtliche Instrumente der Unternehmensverbindung, 1974; *Wackerbarth,*

---

[144] *Leinekugel/Winstel* AG 2012, 389 (390 f.).
[145] OLG Hamm ZIP 2008, 1925.
[146] mN Emmerich/Habersack Aktien-/GmbH-KonzernR/*Emmerich* AktG § 303 Rn. 24.
[147] S. BGHZ 115, 187 (200 f.) – Video; OLG Frankfurt a. M. NZG 2000, 933 (934); *Bork* ZIP 2012, 1001; *J. Hoffmann* NZG 2000, 935 f; *Wimmer-Leonhardt* Konzernhaftungsrecht S. 42 f.
[148] *Klöckner* ZIP 2011, 1454; *Schuster/Dirmeier* ZIP 2018, 308.

Grenzen der Leistungsmacht, 2001; *Wanner,* Konzernrechtliche Probleme mehrstufiger Unternehmensverbindungen nach Aktienrecht, 1998.

I. Überblick, Zweck

§ 304 leitet die Vorschriften des AktG über die Sicherung der außenstehenden Aktionäre bei Abschluss eines Beherrschungs- oder Gewinnabführungsvertrages (einschließlich des Geschäftsführungsvertrages) ein (§§ 304, 305, 307 AktG). Die Aktionäre können danach wählen, ob sie gegen einen angemessenen Ausgleich für ihre Nachteile in der Gesellschaft verbleiben (§ 304 AktG) oder gegen Abfindung aus ihr ausscheiden wollen (§ 305 AktG). Der nötige Rechtschutz wird durch das SpruchG von 2003 gewährleistet. Entsprechende Regelungen finden sich für die Eingliederung durch Mehrheitsbeschluss in § 320b AktG (dazu → § 10 Rn. 30ff.), für den Ausschluss der Minderheitsaktionäre in § 327b AktG (dazu → § 10a Rn. 24), sowie für die verschiedenen Umwandlungsfälle in den §§ 15, 29, 207 UmwG (vgl. auch § 31 WpÜG).

Die genannten Vorschriften (→ Rn. 1) finden ihren Rechtsgrund letztlich in der **Eigentumsgarantie** des Art. 14 Abs. 1 GG. Denn wenn es die Rechtsordnung einem herrschenden Unternehmen schon gestattet, durch den Abschluss eines Beherrschungs- oder Gewinnabführungsvertrages nachhaltig in die Vermögens- und Mitverwaltungsrechte der anderen Aktionäre einzugreifen, so muss sie zugleich für eine **volle Entschädigung** dieser Aktionäre sorgen, die den „wirklichen" oder „wahren" Wert ihres Anteils widerspiegelt.[1] Dazu gehört vor allem auch eine Gestaltung des **Verfahrens,** die es den außenstehenden Aktionäre überhaupt erst möglich macht, ihren Anspruch auf volle Entschädigung mit Aussicht auf Erfolg und zumutbarem Aufwand durchzusetzen,[2] ein Postulat, gegen das der Gesetzgeber in jüngster Zeit im angeblichen Interesse der Verfahrensbeschleunigung, in Wirklichkeit aber natürlich aus rein fiskalischen Gründen und unter dem Druck der Industrielobby, immer häufiger verstößt.[3] Eine Garantie für die tatsächliche **Durchsetzbarkeit** der Ansprüche der außenstehenden Aktionäre übernimmt der Staat ohnehin nicht, so dass ihnen bei einer **Insolvenz** des herrschenden Unternehmens der weitgehende Verlust ihrer Ansprüche droht.[4] Eine besondere **Insolvenzsicherung** sieht das Gesetz – anders als im Falle des Ausschlusses von Minderheitsaktionären nach § 327b Abs. 4 AktG – hier maW *nicht* vor. Das ist zudem mitnichten der einzige **Mangel,** mit dem die gesetzliche Regelung des Ausgleichs im AktG offenkundig belastet ist. Hinzu kommt insbes. noch die prekäre Situation der außenstehenden Aktionäre bei Vertragsende, da, wie bereits ausgeführt (→ § 20 Rn. 4f.), die Überlebensfähigkeit der abhängigen Gesellschaft in der Zeit nach Vertragsende unmittelbar bedroht ist, sodass den außenstehenden Aktionären dann sogar der vollständige Verlust ihrer Rechte droht. Diese und weitere Mängel wiegen insgesamt so schwer, dass der Ausgleichsanspruch aufgrund des § 304 AktG kaum

---

[1] So immer wieder das BVerfG, insbes. BVerfGE 14, 263 (276ff.) – Feldmühle; BVerfGE 100, 289 (303, 305) – DAT/Altana; BVerfG NJW 2012, 3020 Rn. 21ff. – Daimler/Chrysler; ZIP 2012, 1408 – NordLB/Deutsche Hypothekenbank; BVerfG AG 2013, 255 Rn. ff. – Wella III; BGHZ 156, 57 (61) – Ytong AG; BGHZ 207, 114 Rn. 12, 33 – Stinnes; BGHZ 208, 265 Rn. 31; *Schoppe,* Aktieneigentum, 2011, S. 248ff.

[2] BVerfG (vorige Fn.).

[3] S. *Emmerich* FS Tilmann, 2003, 925; *Emmerich* (2.) FS Mestmäcker, 2006, 137 (148ff.); *Emmerich* FS U. Schneider, 2011, 323.

[4] BGHZ 176, 43 Rn. 38 – EKU; OLG Köln AG 2002, 94f. – EKU/März; *H.-F. Müller* ZIP 2008, 1701 (1705f.).

als eine angemessene Entschädigung der außenstehenden Aktionäre für den vom Gesetz gestatteten Eingriff des herrschenden Unternehmens in ihre Rechte durch den Abschluss eines Beherrschungs- oder Gewinnabführungsvertrages angesehen werden kann.[5] In der Praxis hat dies zu einer deutlichen Bevorzugung der Abfindung aufgrund des § 305 AktG vor dem Ausgleich nach § 304 AktG geführt.

3 Wenn sich die außenstehenden Aktionäre trotz der Mängel der gesetzlichen Regelung (→ Rn. 2) für den Ausgleich und damit für den **Verbleib** in ihrer Gesellschaft entscheiden, sollen sie (nach dem Grundgedanken der gesetzlichen Regelung) auf dem Weg über § 304 AktG im Ergebnis so gestellt werden, wie wenn der Vertrag nicht zustande gekommen wäre, dh als ob ihre Gesellschaft noch **unabhängig** wäre und weiter im gemeinsamen Interesse *aller* Aktionäre und nicht nur in dem des herrschenden Unternehmens geführt würde.[6] Für den Regelfall wird dies **durch feste Ausgleichszahlungen** des herrschenden Unternehmens bewirkt, die an die Stelle der früheren Gewinnausschüttungen treten (§ 304 Abs. 2 S. 1 AktG). Der Sache nach handelt es sich folglich bei den Ausgleichszahlungen um eine an die Stelle der jetzt grds. nicht mehr geschuldeten Dividenden tretende **Verzinsung** des von den außenstehenden Aktionären eingezahlten und weiter in der Gesellschaft belassenen Kapitals.

4 Das Gesetz unterscheidet bei der Regelung des Ausgleichs in § 304 AktG verschiedene Fallgestaltungen und unterschiedliche Formen des Ausgleichs. Bei den **Fallgestaltungen** hat man im Einzelnen zu unterscheiden den Abschluss eines Gewinnabführungsvertrages allein oder zusammen mit einem Beherrschungsvertrag, dh eines Organschaftsvertrages sowie noch den (seltenen) Fall des Abschlusses eines isolierten Beherrschungsvertrages. An der Spitze der gesetzlichen Regelung steht der Fall des Abschlusses eines **Gewinnabführungsvertrages,** weil hier die Situation der außenstehenden Aktionäre besonders kritisch ist, da die abhängige Gesellschaft in diesem Fall grds. keine Gewinne mehr erwirtschaftet, aus denen Ausschüttungen vorgenommen werden können (§ 291 Abs. 1 S. 1 AktG, § 301 AktG).[7] Gleich steht der Fall des Organschaftsvertrages, dh der Kombination eines Gewinnabführungsvertrages mit einem Beherrschungsvertrag. Für diese beiden Fallgestaltungen haben die Vertragsparteien die **Wahl** zwischen einem festen und einem variablen Ausgleich (§ 304 Abs. 1 S. 1, Abs. 2 AktG). Der **feste Ausgleich** besteht in auf die Aktiennennbeträge bezogenen, wiederkehrenden Geldleistungen (→ Rn. 19 ff., Stichwort: Dividendenersatz, → Rn. 3). Ist das herrschende Unternehmen eine AG oder KGaA, so können die Vertragsparteien statt des festen Ausgleichs auch den **variablen Ausgleich** wählen (§ 304 Abs. 2 S. 2, 3 AktG; → Rn. 35 ff.).

5 Die dritte Fallgestaltung, die eine Regelung in § 304 AktG gefunden hat, bildet der (seltene) Abschluss eines **isolierten Beherrschungsvertrages.** Die Besonderheit dieses Falles besteht darin, dass die Gesellschaft hier (anders als bei Abschluss eines Gewinnabführungsvertrages, → Rn. 4) im Einzelfall durchaus noch Gewinne ausschütten kann. Da dies indessen mit Rücksicht auf das umfassende Weisungsrecht des herrschenden Unternehmens (§ 308 AktG) keineswegs mehr gesichert ist, muss den

---

[5] So statt aller Fleischer/Koch/Kropff/Lutter/*Vetter,* 50 Jahre Aktiengesetz, 2016, S. 231 (261 ff.).

[6] So schon die Begr. zum RegE, bei *Kropff* S. 394 f.

[7] In eng begrenzten Ausnahmefällen sind mit Rücksicht auf die eigenartige Regelung des § 301 AktG noch Ausschüttungen möglich, etwa bei der Auflösung vorvertraglicher Rücklagen (→ § 20 Rn. 17 ff.); diese Ausnahmefälle können indessen hier unbedenklich vernachlässigt werden.

außenstehenden Aktionären durch den Unternehmensvertrag zusätzlich – als dritte Variante des Ausgleichs – mindestens derjenige Betrag garantiert werden, der bei Abschluss eines Gewinnabführungsvertrages als fester oder variabler Ausgleich geschuldet wäre (sogenannte **Dividendengarantie** nach § 304 Abs. 1 S. 2 AktG). Bei einer niedrigeren Ausschüttung als garantiert ist die Differenz von dem herrschenden Unternehmen aus der Garantie aufzufüllen. Verteilt die abhängige Gesellschaft dagegen mehr als garantiert, so hat es dabei sein Bewenden, während eine höhere Ausschüttung der *herrschenden* Gesellschaft als garantiert allein deren Aktionären zugutekommt. Mehr als die Garantie können die außenstehenden Aktionäre der abhängigen Gesellschaft folglich in keinem Fall von der herrschenden Gesellschaft verlangen. Die praktische Bedeutung der Dividendengarantie ist angesichts der geringen Verbreitung von isolierten Beherrschungsverträgen mit außenstehenden Aktionären verschwindend gering, sodass dieser Sonderfall im Folgenden unbedenklich vernachlässigt werden kann.[8]

Die gesetzliche Regelung ist zwingend, sodass von ihr durch den Unternehmensvertrag nicht zum Nachteil der außenstehenden Aktionäre abgewichen werden kann (§ 134 BGB; → Rn. 6), – wohl aber zum Vorteil der außenstehenden Aktionäre. § 304 AktG schreibt maW nur die **Untergrenze** des Ausgleichs vor (s. § 304 Abs. 2 S. 1 AktG: „… mindestens …"). Gesellschaftsrechtlich hindert daher die Parteien nichts, die außenstehenden Aktionäre vertraglich besser als nach dem Gesetz mindestens erforderlich zu stellen, zB im Falle eines isolierten Beherrschungsvertrages zusätzlich einen hohen festen Ausgleich anzubieten. Besondere Großzügigkeit der Vertragsparteien kann hier jedoch erhebliche steuerliche Nachteile in Gestalt der Verwerfung der Organschaft haben (→ § 20 Rn. 19a). Zu beachten ist ferner, dass für die Aktionäre steuerlich die Ausgleichsleistungen immer Bruttobeträge sind, die bei ihnen (nochmals) der vollen **Einkommensteuer** unterliegen (§ 15 EStG).[9]   6

Der Vertrag ist (nur) **nichtig,** wenn ein Ausgleich ganz fehlt (§ 304 Abs. 3 S. 1 AktG; → Rn. 56). Sieht der Vertrag dagegen „lediglich" einen **zu niedrigen** Ausgleich vor, so ist er zwar wirksam; jedoch kann dann jeder außenstehende Aktionär binnen einer Frist von drei Monaten nach dem **SpruchG** bei dem Landgericht am Sitz der Gesellschaft die gerichtliche Festsetzung des angemessenen Ausgleichs beantragen. Das Gericht ist dabei an die von den Vertragsparteien gewählte Form des Ausgleichs gebunden, hat aber iÜ die Angemessenheit des Ausgleichs von Amts wegen in vollem Umfang zu überprüfen (§ 304 Abs. 3 S. 2, 3 AktG).   7

Besondere Ausgleichs- und Abfindungsregelungen zum Schutze der außenstehenden Aktionäre sind nur erforderlich, wenn die abhängige Gesellschaft tatsächlich **außenstehende** Aktionäre hat. Andernfalls sind derartige Regelungen entbehrlich (§ 304 Abs. 1 S. 3 AktG, § 305 Abs. 1 AktG). Jedoch endet dann nach § 307 AktG der Unternehmensvertrag spätestens zum Ende des Geschäftsjahrs, in dem erstmals wieder außenstehende Aktionäre an der abhängigen Gesellschaft beteiligt sind.   8

---

[8] Wegen der Einzelheiten Emmerich/Habersack Aktien-/GmbH-KonzernR/*Emmerich* AktG § 304 Rn. 34 ff. Ein Beispiel in OLG München AG 2019, 400.

[9] Zur steuerlichen Behandlung der Ausgleichsleistungen bei der abhängigen Gesellschaft s. die umstrittene Regelung des § 16 KStG.

II. Anwendungsbereich

1. Nur Aktionäre bei den Verträgen des § 291 AktG

9   Der unmittelbare Anwendungsbereich der §§ 304–307 AktG beschränkt sich auf den Schutz (nur) der außenstehenden Aktionäre (zum Begriff → Rn. 11 ff.) bei Abschluss von **Beherrschungs- und Gewinnabführungsverträgen** iSd § 291 Abs. 1 AktG mit einer **abhängigen deutschen AG** oder KGaA, während die Rechtsform oder die Nationalität des herrschenden Unternehmens keine Rolle spielt. Auf Beherrschungs- und Gewinnabführungsverträge mit Gesellschaften anderer Rechtsform, namentlich also mit einer **GmbH**, können die genannten Vorschriften nur von Fall zu Fall entsprechend angewandt werden (→ § 32 Rn. 25 ff., → § 34 Rn. 17). Überhaupt keine Anwendung findet die gesetzliche Regelung auf die **anderen Unternehmensverträge** des § 292 AktG, weil es sich bei ihnen grds. um normale Austauschverträge handelt (zu dem so genannten Delisting → § 22 Rn. 3).

2. Andere Gläubiger

10   Neben den außenstehenden Aktionären gibt es noch weitere Personenkreise mit gewinnabhängigen Ansprüchen gegen eine Gesellschaft, deren Position bei Abschluss von Beherrschungs- oder Gewinnabführungsverträgen im Ergebnis ebenso prekär wie die der außenstehenden Aktionäre ist. Zu denken ist hier in erster Linie an die wachsende Zahl von *Genussscheininhabern*, weiter an *stille Gesellschafter* sowie noch an Vorstandsmitglieder oder Mitarbeiter der abhängigen Gesellschaft, denen Ansprüche auf *Tantiemen* zustehen. Es ist offenkundig, dass die Ansprüche dieser Gläubiger ebenfalls im Kern getroffen werden, wenn die abhängige Gesellschaft auf Grund des Abschlusses eines Beherrschungs- oder Gewinnabführungsvertrages keine oder fast keine Gewinne mehr ausschüttet.

10a   In Literatur und Rechtsprechung wurden sehr unterschiedliche Lösungen für diese Problematik erörtert.[10] Speziell für gewinnabhängige **Genussrechte** iSd § 221 Abs. 3 AktG hat sich der BGH schließlich als Ausweg für eine **Anpassung** der Genussrechte nach § 313 BGB wegen Wegfalls der Geschäftsgrundlage in Analogie zu § 304 AktG entschieden, und zwar idS, dass die Genussrechte von der abhängigen Gesellschaft weiter in voller Höhe zu bedienen und bei Fälligkeit zurückzuzahlen sind – *vorausgesetzt,* dass eine *Prognose* zum Stichtag des Vertragsschlusses ergibt, dass die abhängige Gesellschaft auch in Zukunft genügend Gewinne ausgewiesen hätte, um ihren Verpflichtungen aus den Genussrechten nachkommen zu können.[11] Voraussetzung der Anpassung der Genussrechtsbedingungen nach Abschluss des Beherrschungs- oder Gewinnabführungsvertrages ist somit, wie besonderer Hervorhebung bedarf, eine **positive Ertragsprognose** im Zeitpunkt des Vertragsschlusses (→ Rn. 27 f.), – mit der Folge, dass bei einer ungünstigen oder *negativen* Ertragsprognose die Rechte der Genussrechtsinhaber weitgehend oder sogar ganz entfallen.[12] Die Lösung des BGH für

---

[10] S. *Baldamus* ZGR 2007, 819; *M. Casper* ZIP 2012, 497; *Ekkenga/Becker* Konzern 2011, 593; *Hüffer,* FS Kruse, 2001, 651; *Lindemann,* Gewinnabhängige Ansprüche im Konzern, 2003; *U. Schneider* FS Goerdeler, 1987, 511.

[11] BGHZ 197, 284 Rn. 28, 37 f. – Eurohypo/Rheinhyp/Essenhyp; ebenso zuvor schon OLG Frankfurt a. M. ZIP 2012, 79 – Eurohypo/Rheinhyp; ZIP 2012, 524 – Eurohypo/Rheinhyp/Essenhyps. dazu insbes. *Ehmann* AG 2013, 751; *Emmerich* JuS 2012, 1038; *Maerkert/Wagner* DB 2013, 2549; *Verse/Wiersch* NZG 2014, 5.

[12] *Verse/Wiersch* NZG 2014, 5 (10).

Genussrechte über eine Anpassung der Vertragsbedingungen nach § 313 BGB an die neue Konzernrechtslage kann grds. auch auf die **übrigen gewinnabhängigen Ansprüche** von Gläubigern der abhängigen Gesellschaft (→ Rn. 10) übertragen werden, weil es sich bei diesen Ansprüchen durchweg um vertragliche Ansprüche handelt, auf die § 313 BGB ohne weiteres angewandt werden kann.

III. Parteien

1. Außenstehende Aktionäre

Anspruchsberechtigt sind nach § 304 Abs. 1 S. 1 AktG allein die „außenstehenden" Aktionäre (zu den anderen Gläubigern schon → Rn. 10f.). Denselben Begriff verwendet das Gesetz außer in den §§ 304, 305, 307 AktG insbes. noch in den § 295 Abs. 2 AktG, § 296 Abs. 2 AktG, § 297 Abs. 2 AktG und § 302 Abs. 3 S. 3 sowie verschiedentlich im SpruchG (s. § 1 Nr. 1 SpruchG und § 3 S. 1 Nr. 1 SpruchG). Deshalb ist zunächst auf die Ausführungen zu § 295 Abs. 2 AktG zu verweisen (→ § 18 Rn. 20f.). Nur ergänzend ist folgendes zu bemerken: **11**

Das Gesetz unterscheidet in den §§ 304, 305, 307 AktG deutlich zwischen dem anderen Vertragsteil und den außenstehenden Aktionären. Außenstehende Aktionäre sind mithin grds. sämtliche Aktionäre mit der einen Ausnahme des **anderen Vertragsteils** sowie darüber hinaus noch derjenigen Aktionäre, die dem **anderen** Vertragsteil so **nahe stehen,** dass sie iRd §§ 304, 305 AktG bei „wirtschaftlicher Betrachtungsweise" letztlich mit ihm zu *identifizieren* sind. So verhält es sich insbes., wenn die betreffenden Aktionäre von dem fraglichen Vertrag im Gegensatz zu den anderen außenstehenden Aktionären im Ergebnis nicht betroffen sind, ihnen vielmehr die **Vorteile** des Vertrages genauso wie dem anderen Vertragsteil selbst **zufließen.**[13] Voraussetzung dafür ist nach Meinung des BGH,[14] dass sie auf Grund rechtlich fundierter wirtschaftlicher Verknüpfung mit dem anderen Vertragsteil von der Gewinnabführung unmittelbar oder mittelbar in ähnlicher Weise profitieren wie dieser.   **12**

Nicht zu den außenstehenden Aktionären gehören danach zunächst solche Aktionäre, die an dem anderen Vertragsteil **zu 100 %** beteiligt sind oder an denen dieser seinerseits mit 100 % beteiligt ist; gleich steht die **Eingliederung** des einen Aktionärs in den anderen (§§ 319, 320 AktG). Dasselbe gilt schließlich für Aktionäre, die mit dem anderen Vertragsteil durch einen **Beherrschungs- oder Gewinnabführungsvertrag verbunden** sind. Allein diesen Aktionären stehen mithin, weil sie nicht zu den außenstehenden Aktionären iSd §§ 304, 305 AktG gehören, *keine* Ausgleichsleistungen nach § 304 AktG (und auch keine Abfindung aufgrund des § 305 AktG) zu. Nicht ausreichend für einen Ausschluss des Anspruchs auf eine Kompensation ist dagegen eine sonstige Unternehmensverbindung iSd §§ 15–18 AktG zwischen dem fraglichen Aktionär und dem anderen Vertragsteil, weil selbst faktische Konzernbeziehungen (§§ 17, 18 AktG) *nicht* eine Identifizierung der Beteiligten erlauben.   **13**

Zu beachten ist, dass einzelne Aktionäre von Fall zu Fall auch noch aus weiteren Gründen endgültig oder vorübergehend von dem Bezug von **Ausgleichsleistungen** ausgeschlossen sein können. Ein Beispiel sind Aktionäre, die im **Mehrheitsbesitz** der *ab-*   **14**

---

[13] So schon die Begründung zum RegE. des § 295, bei *Kropff* S. 385; KG OLGZ 1971, 260 (264); OLG Nürnberg AG 1996, 228 – Tucherbräu.
[14] BGHZ 167, 299 Rn. 10 – Jenoptik.

hängigen Gesellschaft stehen oder von dieser **abhängig** sind (§ 71 b AktG iVm § 71 d S. 2, 4 AktG), da ihnen aus ihren Aktien an der abhängigen Gesellschaft generell keine Rechte zustehen. Ein Ausschluss von Ausgleichsansprüchen kann sich ferner aus den **Ausübungssperren** der § 20 Abs. 7 AktG und § 21 Abs. 4 AktG, des § 44 WpHG und des § 59 WpÜG ergeben, weil sich diese Ausübungssperren – jedenfalls nach hM – auch auf die Ausgleichsansprüche aus § 304 AktG erstrecken.[15]

2. Zeitpunkt

15 Die Ausgleichspflicht des herrschenden Unternehmens beruht auf dem Unternehmensvertrag (§§ 291, 304 AktG) und erlischt daher, wenn der Vertrag sein Ende findet, zB aufgrund einer Kündigung oder infolge Zeitablaufs (→ Rn. 54). Ein Ausgleichsanspruch steht folglich nur solchen Aktionären zu, die noch **vor Vertragsende** ihre Aktien **erworben** haben, vorausgesetzt, dass sie zu dem Kreis der **außenstehenden** Aktionäre gehören. Gleichgültig ist dagegen, *wann* sie die Aktien erworben haben.[16] Auch ein Aktionär, der seine Aktien erst **nach Abschluss** des Unternehmensvertrages, aber noch vor dessen Beendigung, etwa bei einer Kapitalerhöhung erworben hat, ist nicht etwa von dem Ausgleich ausgeschlossen. Ebenso wenig spielt es eine Rolle, *wer* die Aktien veräußert hat. Auch wenn dies das herrschende Unternehmen gewesen sein sollte (das zB einen Teil seiner Aktien an der Börse veräußert hat, um den Erwerb der abhängigen Gesellschaft zu finanzieren), steht dem Erwerber der Ausgleich zu. Entscheidend ist folglich in jedem Fall nur, ob der Erwerb der Aktien *vor* der *Fälligkeit* der jeweiligen Ausgleichsrate *und zugleich vor Vertragsende* abgeschlossen wurde. Auch wenn der Erwerb erst kurz vor dem maßgeblichen Zeitpunkt (Fälligkeit der einzelnen Raten) abgeschlossen wird, steht dem Erwerber doch der Ausgleich für die *ganze* vorausgegangene Periode zu. Für einen **internen Ausgleich** zwischen dem Verkäufer und dem Käufer der Aktien, insbes. nach § 101 Nr. 2 BGB, dürfte in der Regel kein Raum sein, weil die bevorstehenden Ausgleichszahlungen durchweg bereits im Kaufpreis oder im Börsenkurs vorweg berücksichtigt sein werden.[17]

16 Der Ausgleichsanspruch der außenstehenden Aktionäre erlischt zwar mit Vertragsende (→ Rn. 54). Soweit den Aktionären aber schon **vor Vertragsende Ausgleichsbeträge** zugeflossen sind, hat es dabei sein Bewenden, weil die Beendigungsgründe (→ § 19) durchweg nur für die Zukunft wirken und daher den Unternehmensvertrag als Rechtsgrund der Leistungen für die Vergangenheit unberührt lassen. Eine **Anrechnung** der den Aktionären bereits zugeflossenen Ausgleichszahlungen auf die jetzt ggf. geschuldete Abfindung kommt gleichfalls nicht in Betracht (→ § 22 Rn. 17).

17 Einen Anspruch auf Ausgleichsleistungen haben somit alle Aktionäre, die bei Fälligkeit des jeweiligen Ausgleichsanspruchs vor Vertragsende noch zu dem Kreis der außenstehenden Aktionäre gehören. Werden diese Aktionäre nach Abschluss eines Beherrschungs- oder Gewinnabführungsvertrages (wie häufig) nach § 327a AktG **ausgeschlossen,** so verlieren sie den Anspruch auf die jeweilige Ausgleichsleistungen, sofern ihr Ausschluss aus der Gesellschaft noch vor der Fälligkeit der Leistung durch

---

[15] ZB K. Schmidt/Lutter/*Stephan* AktG § 304 Rn. 72; dagegen schon → § 6 Rn. 32a.
[16] BGHZ 167, 299 Rn. 11, 15 ff. – Jenoptik.
[17] BGHZ 189, 261 Rn. 23 – Wella I; BGH NZG 2011, 780 Rn. 23 – Wella II.

Eintragung ins Handelsregister (§ 327 e Abs. 3 AktG) wirksam wird.[18] Die Folge dieser strengen **Stichtagsregelung** ist freilich eine sogenannte **Zinslücke** (zwischen der vorletzten und der letzten Ausgleichsleistung) zum Nachteil der außenstehenden Aktionäre, die die hM offenbar hinzunehmen bereit ist.[19]

3. Schuldner

Nach § 305 Abs. 1 S. 1 AktG obliegt die (neben dem Ausgleich zusätzlich geschuldete) **18** Abfindung der außenstehenden Aktionäre dem „anderen Vertragsteil", dh dem herrschenden oder aus dem Vertrag berechtigten Unternehmen. Eine vergleichbare Regelung fehlt zwar in § 304 AktG; da jedoch die Frage der Passivlegitimation für die Abfindung und den Ausgleich in den hier interessierenden Fällen schwerlich unterschiedlich beantwortet werden kann, steht heute fest, dass die Ausgleichspflicht ebenfalls allein das berechtigte oder **herrschende Unternehmen** trifft, so dass sich der Vertrag, soweit er den außenstehenden Aktionären einen Anspruch auf Ausgleich gewährt, als echter Vertrag zugunsten Dritter iSd **§ 328 BGB** erweist.[20] Die möglicherweise abweichende steuerrechtliche Regelung in § 16 KStG zwingt nicht zu einer anderen Entscheidung.

IV. Fester Ausgleich

1. Berechnung

Als fester Ausgleich ist nach § 304 Abs. 2 S. 1 AktG mindestens die jährliche Zahlung **19** desjenigen Betrages zuzusichern, der nach der bisherigen Ertragslage der Gesellschaft (→ Rn. 21) und ihren zukünftigen Ertragsaussichten (→ Rn. 22 ff.) voraussichtlich als durchschnittlicher Gewinnanteil auf die einzelne Aktie verteilt werden könnte. Dabei sind zwar angemessene Abschreibungen und Wertberichtigungen, nicht jedoch die Bildung anderer Gewinnrücklagen iSd § 272 Abs. 3 S. 2 HGB zu berücksichtigen, so dass in der Regel der Ausgleich *höher als* die bei fortbestehender Unabhängigkeit zu erwartende *Dividende* liegen dürfte.

Der feste Ausgleich kann ebenso wie der variable in *allen* Fällen des § 304 AktG ge- **20** wählt werden, wobei die Wahl allein Sache der Vertragsparteien ist.[21] In der Praxis hatte dies zunächst zu einer deutlichen **Bevorzugung des** für das herrschende Unternehmen in vieler Hinsicht vorteilhaften (und für die außenstehenden Aktionäre entsprechend nachteiligen) **variablen Ausgleichs** geführt. Neuerdings wird jedoch von einer gegenläufigen Entwicklung berichtet (→ Rn. 35).

Der erste Schritt bei der Berechnung des festen Ausgleichs ist nach § 304 Abs. 2 S. 1 **21** AktG die möglichst exakte Ermittlung der in der Vergangenheit tatsächlich erzielten Gewinne der abhängigen Gesellschaft. Auszugehen ist bei dieser sog. **„Vergangenheitsanalyse"** von dem im Jahresabschluss ausgewiesenen **Jahresüberschuss** (§ 275

---

[18] BGHZ 189, 261 Rn. 7 ff. – Wella I; BGH NZG 2011, 780 Rn. 7 ff. – Wella II; – anders aber weiterhin OLG Düsseldorf AG 2017, 584; 2017, 632.

[19] BVerfG WM 2013, 129 – Wella III; BGHZ 189, 261 (268 Rn. 17 ff.) – Wella I; BGH NZG 2011, 780 Rn. 17 – Wella II; dagegen *Bödeker/Fink* NZG 2011, 816 (817 f.).

[20] BGHZ 135, 374 (380) – Guano; BGHZ 167, 299 Rn. 18 – Jenoptik; OLG Düsseldorf AG 1990, 490; 1992, 200 (201); 1998, 39; LG Karlsruhe ZIP 1994, 1024; *Exner* Beherrschungsvertrag S. 173 ff.; *Schwenn* Der Ausgleichs- und Abfindungsanspruch S. 62 ff.

[21] ZB OLG Düsseldorf AG 2000, 323 (326); OLG München Berichtigungsbeschluss v. 17.12.2018 – 31 Wx 382/15, BeckRS 2018, 34614.

Abs. 2 Nr. 17, Abs. 3 Nr. 16 HGB), **korrigiert** um außerordentliche Erträge und Verluste sowie die Nachteile der schon vor Vertragsabschluss bestehenden Abhängigkeit.[22] Etwaige Ausgleichs- und Schadensersatzansprüche der Gesellschaft auf Grund der §§ 311, 317 AktG müssen deshalb – entgegen einer verbreiteten Meinung – ebenfalls in die Berechnung einfließen.[23] Dieser korrigierte Jahresüberschuss dient sodann als Basis für die **Schätzung der** letztlich maßgebenden **zukünftigen Erträge.** Dabei sind die folgenden Grundsätze zu beachten:

22 § 304 AktG bezweckt, die außenstehenden Aktionäre im Ergebnis so zu stellen, als ob der Vertrag nicht zustande gekommen wäre, dh **als ob** ihre Gesellschaft **unabhängig** geblieben wäre und daher weiter im gemeinsamen Interesse *aller* Aktionäre geführt würde (→ Rn. 2). Folglich ist – auf der Basis der Erträge der letzten drei bis fünf Jahre (→ Rn. 21) – zu ermitteln, welche Erträge die Gesellschaft vermutlich bei Unterstellung ihrer fortbestehenden Unabhängigkeit in Zukunft erzielt hätte.[24]

23 Erforderlich ist somit eine **Prognose der zukünftigen Erträge** der Gesellschaft. Angesichts der Ungewissheit der Zukunft handelt es sich dabei um den mit Abstand **schwierigsten Teil** der Berechnung des Ausgleichs. Denn weil die Zukunft (leider) niemand kennt, sind hinsichtlich der zukünftigen Erträge einer Gesellschaft immer und ausnahmslos nur vage und unsichere *Schätzungen* möglich, die ausnahmsweise einmal richtig, genauso gut aber auch grundfalsch sein können. Die Wirtschaftsprüfer, in deren Händen in erster Linie die Berechnung von Ausgleich und Abfindung nach § 293 d AktG iVm § 319 HGB liegt, richten sich bei der deshalb erforderlichen Schätzung der zukünftigen Erträge durchweg kraft Berufsrechts nach dem **IDW S 1 idF 2008,**[25] bei dem es sich jedoch lediglich um Empfehlungen eines privatrechtlichen Vereins[26] für eine sachgerechte Vorgehensweise bei der Bewertung von Unternehmen handelt und der daher – wohl gemerkt – *keinen normativen Rang* hat. Tatsächlich wird aber in der Praxis der Gerichte – zu Unrecht – der IDW S 1 idF 2008 vielfach wie ein Gesetz gehandhabt, da er eben den Stand der Wissenschaft in der Frage der Unternehmensbewertung zum Ausdruck bringe. Die (problematische) Folge ist, dass in der aktuellen Bewertungspraxis alternative Modelle überhaupt keine Berücksichtigung mehr finden – mit der weiteren Konsequenz einer nahezu unangreifbaren monopolartigen Stellung der Wirtschaftsprüfer in allen Bewertungsfragen.

24 Man unterscheidet zunächst eine Pauschalmethode und eine Phasenmethode. **Pauschalmethode** bedeutet, dass zur Vereinfachung der Berechnung ein tendenziell *gleichbleibendes* Ertragspotential der Gesellschaft unter der Bedingung ihrer fortbestehenden Unabhängigkeit unterstellt wird, so dass die für die nächste Zukunft abseh-

---

[22] OLG Frankfurt a. M. AG 2002, 404 – Nestlé; LG München I AG 2002, 563 (566 f.); *Spindler/Klöhn* Konzern 2003, 511 (516 f.).

[23] OLG Hamburg AG 1980, 163 (164); OLG Frankfurt a. M. AG 1989, 444 (445); OLG Düsseldorf AG 1991, 106 (107 f.); *Meilicke/Heidel* AG 1989, 117 (121); anders OLG Düsseldorf AG 2000, 323 (325); OLG Stuttgart NZG 2000, 744.

[24] IDW S 1 Rn. 75 ff.; OLG Düsseldorf AG 1990, 490; 1999, 89 – Guano; OLG Frankfurt a. M. AG 2003, 581 (582 f.); OLG Hamburg NZG 2003, 89; s. *Großfeld* NZG 2004, 74; *Knoll* ZIP 2003, 2329; *Spindler/Klöhn* Konzern 2003, 511 (515 ff.).

[25] FN-IDW 2008, 826.

[26] Das Institut der Wirtschaftsprüfer (IDW) ist ein privatrechtlicher Verein mit Sitz in Düsseldorf, dem überwiegend Wirtschaftsprüfer angehören.

baren Erträge einfach unbegrenzt in die Zukunft fortgeschrieben werden.[27] Wegen der Realitätsferne der der Pauschalmethode zu Grunde liegenden Annahmen ist jedoch in der heutigen Bewertungspraxis durchweg an die Stelle der Pauschalmethode die sogenannte **Phasenmethode** getreten, die auf einer Einteilung der Zukunft in einzelne Abschnitte („Phasen") mit unterschiedlichen Ertragsaussichten beruht, um den festen Ausgleich den in der Zeit schwankenden Ertragsaussichten der Gesellschaft anzupassen.[28] Üblich ist die Einteilung der Zukunft in mindestens zwei Phasen, vor allem zu dem Zweck, in der ersten noch einigermaßen überschaubaren Phase von drei bis fünf Jahren, der sog. **Detailplanungsphase,** soweit wie möglich die vorhandenen Unternehmensplanungen als Grundlage für die Abschätzung der zukünftigen Erträge nutzen zu können,[29] während dann für die nächste, in die fernere Zukunft weisende sog. **Phase der ewigen Rente** nur noch allgemeine Trendaussagen unter Berücksichtigung der Besonderheiten der einzelnen Branchen und ihrer daraus resultierenden Zukunftsperspektiven möglich sind.[30] Gem. § 304 Abs. 2 S. 1 AktG ist dabei von der **Fiktion der Vollausschüttung,** dh von dem Verzicht auf die Bildung anderer Gewinnrücklagen auszugehen;[31] lediglich die zur Substanzerhaltung erforderlichen, angemessenen Abschreibungen sind abzusetzen, nicht also zB steuerlich bedingte Sonderabschreibungen.[32] Die gesetzliche Fiktion der Vollausschüttung gilt heute gleichfalls weithin als *unrealistisch,* weshalb sich die Wirtschaftsprüfer mittlerweile iRd Unternehmensbewertung von ihr gelöst haben; stattdessen soll nur noch von der Ausschüttung derjenigen finanziellen Überschüsse ausgegangen werden, die nach Berücksichtigung des zum Bewertungsstichtag dokumentierten Unternehmenskonzepts und rechtlicher Restriktionen tatsächlich (vermutlich) zur Ausschüttung gekommen wären.[33] Dem ist indessen für die Berechnung des Ausgleichs mit Rücksicht auf den insoweit wohl eindeutigen Wortlaut des § 304 Abs. 2 S. 1 AktG nicht zu folgen. Jedenfalls iRd § 304 AktG ist vielmehr an der Fiktion der Vollausschüttung – zum Schutze der außenstehenden Aktionäre – festzuhalten.[34]

2. Wertsicherung, Null-Ausgleich

Ein ergänzender Anspruch auf Wertsicherung des Ausgleichs wird den außenstehenden Aktionären überwiegend verwehrt. Die Konsequenz ist, dass nicht das herrschende Unternehmen, sondern die außenstehenden Aktionäre die **Inflationsgefahr** tragen müssen.[35] Dies kann in Ausnahmefällen zu durchaus unbilligen Ergebnissen führen. Zumindest dann ist eine **Anpassung nach § 313 BGB** zu erwägen (→ Rn. 52). Sind die Ertragsaussichten der Gesellschaft auf Dauer *negativ,* so entfällt dagegen ein fester Ausgleich, da die Garantie einer Mindestdividende dem Gesetz

25

---

27 So zB noch BGH NJW 2003, 3272 – Ytong; OLG Celle AG 1981, 234.
28 IDW S 1 Rn. 75 ff.
29 Ausf. IDW S 1 Rn. 45, 83 ff.; BayObLG AG 2002, 388; 2002, 390 (391) – Rieter I und II; OLG Frankfurt a. M. AG 2002, 404 (405) – Nestlé.
30 BGH NJW 2003, 3272 – Ytong.
31 OLG Stuttgart AG 1994, 564 (565) – Schwaben Zell/Hannover Papier; AG 2019, 255 (261 f.); OLG Karlsruhe AG 1998, 288 (289) –SEN/KHS; LG Nürnberg-Fürth AG 2000, 89 (91) – Philips; LG Frankfurt a. M. AG 1985, 310; 1996, 187 (189 f.) – Nestlé.
32 LG Berlin AG 2000, 284 (287) – Aluminiumwerk Unna.
33 So wörtlich IDW S 1 Rn. 35.
34 Ebenso z. B. OLG Stuttgart AG 2019, 255 (261 f.); str.
35 So zB OLG Frankfurt a. M. ZIP 2012, 124 (133).

nicht zu entnehmen ist.[36] Jedoch wird man auch in derartigen Fällen zu verlangen haben, dass der Null-Ausgleich regelmäßig überprüft wird, insbes., wenn sich in der Zukunft die Ertragsaussichten der Gesellschaft wieder deutlich verbessern (§ 313 BGB).[37]

3. Neutrales Vermögen

26 Ein weiteres Problem stellt die Behandlung des nicht betriebsnotwendigen (neutralen) Vermögens dar. Man versteht darunter Vermögensteile, die zwar nicht für die Erzielung der eigentlichen Unternehmenserträge erforderlich sind, für die Beurteilung der Vermögenslage der Gesellschaft aber oft erhebliche Bedeutung haben. Beispiele sind als Kapitalanlage gehaltene Reservegrundstücke, Betriebswohnungen und betriebliche Ferienanlagen, sonstige Finanzanlagen sowie Beteiligungen an anderen Unternehmen.

27 Nach überwiegender Meinung sind die Erträge dieses neutralen Vermögens bei der Berechnung des Ausgleichs nach § 304 AktG *nicht* zu berücksichtigen. Man sieht darin gerade den wichtigsten Unterschied zwischen Ausgleich und Abfindung.[38] Eine **Ausnahme** wird nur anerkannt, wenn die fraglichen Vermögensteile am Stichtag bereits veräußert worden waren, so dass die Erlöse dann in die Berechnung des Ausgleichs einbezogen werden müssen.[39] Ein sachlicher Grund für die manifeste Benachteiligung der außenstehenden Aktionäre durch diese Praxis ist indessen nicht erkennbar, so dass tatsächlich nichts im Wege steht, die Erträge des neutralen Vermögens **in die Berechnung** des Ausgleichs nach § 304 AktG **einzubeziehen,** jedenfalls, wenn sie in nennenswertem Umfang zu dem betrieblichen Ergebnis beitragen.[40]

4. Steuereffekte

28 Jedermann weiß, dass zwischen den Erträgen „vor und nach Steuern", jedenfalls in dem Hochsteuerland Deutschland, buchstäblich Welten liegen können. Daher rührt die Frage, ob und in welchem Umfang iRd §§ 304, 305 AktG die steuerliche Belastung der Erträge bei der Gesellschaft *und* bei den Gesellschaftern zu berücksichtigen ist. Früher herrschte auf beiden Ebenen die sogenannte **Bruttobetrachtung** vor, schon, um die ohnehin ungewöhnlich schwierige Abschätzung der zukünftigen Erträge eines Unternehmens nicht noch zusätzlich mit den kaum zu prognostizierenden Steuereffekten zu belasten.[41] Um zu „realistischeren" Ergebnissen zu gelangen, bevorzugt die Bewertungspraxis dagegen heute auf *beiden* Ebenen, dh gleichermaßen bei der Gesellschaft wie bei den Aktionären, die **Nachsteuerbewertung.**[42] Danach ist bei der Berechnung des Ausgleichs grds. von den **Bruttoerträgen** der Gesellschaft **abzüglich**

---

[36] BGHZ 166, 195 Rn. 8 mAnm *Hüffer* JZ 2007, 151; BayObLGZ 1998, 231 (241) – EKU/März.

[37] *G.* und *A. Hartmann* FS Pleyer, 1986, 287 (298 f.); *Hüffer* JZ 2007, 151 (152); *Lutter/Drygala* AG 1995, 49 (54 ff.); *G. Roth* Konzern 2005, 685 (689); *Spindler/Klöhn* Konzern 2003, 511 (521); offen gelassen in BGHZ 166, 195 Rn. 15; auch → Rn. 56.

[38] BGHZ 156, 57 (63 ff.) – Ytong; BayObLG AG 2002, 390 (391) – Rieter I; NZG 2001, 1137 – Ytong; NZG 2006, 156 – Pilkington Deutschland; OLG Stuttgart AG 2004, 43 (47) – Filzfabriken; OLG München AG 2008, 28(32).

[39] OLG München AG 2008, 28 (32).

[40] Ebenso z. B. OLG Frankfurt a. M. AG 2015, 241 (246); 2017, 832 (836 f.); OLG Hamburg NZG 2001, 471; OLG Stuttgart AG 2012, 49 (53); LG Frankfurt a. M. NZG 2013, 3 42 (343); *Knoll* ZIP 2003, 2329 (2335).

[41] S. *Baldamus* AG 2005, 77 (82 ff.).

[42] IDW S 1 Rn. 28, 43, 93, 139.

des **jeweiligen** tatsächlichen **Körperschaftsteuersatzes** (zuzüglich des Solidaritätszuschlags) auszugehen, so dass ggf. Jahr für Jahr eine Neuberechnung des Ausgleichs erforderlich ist.[43] Das kann aber natürlich von vornherein nur für die **Gewinne deutscher Betriebsstätten** gelten.[44]

Noch größere Schwierigkeiten als bereits auf der Ebene der Gesellschaft wirft die 29 Nachsteuerbewertung auf der Ebene der **Gesellschafter** auf, einfach deshalb, weil die steuerliche Situation der Aktionäre sehr verschieden ist (rund die Hälfte der Aktionäre deutscher Unternehmen sind Ausländer!) und weil überdies die steuerlichen Auswirkungen je nach Anlageverhalten der Aktionäre divergieren. In der Bewertungspraxis versucht man, dieser Probleme aufgrund kapitalmarkttheoretischer Annahmen und unter Zugrundelegung einer Durchschnittsbelastung der Aktionäre (dh letztlich im Wege einer radikalen Vereinfachung der maßgeblichen Parameter) durch Anpassung des Kapitalisierungszinssatzes mittels des sog. **Tax-CAPM** Herr zu werden (dazu im Einzelnen → § 22 Rn. 45, 51 ff.). Zu berücksichtigen bleibt aber in jedem Fall, dass die Ausgleichsbeträge für die Aktionäre **Bruttobeträge** sind, weil die Aktionäre die Ausgleichsleistungen versteuern müssen (§ 15 EStG); dies muss folglich bei der Berechnung des Ausgleichs zusätzlich beachtet werden, um eine **Doppelbelastung** der Aktionäre zu **vermeiden**.[45] Dafür gibt es unterschiedliche Modelle; nahe liegt insbes. eine „Umrechnung" des Nachsteuerbetrages in eine Bruttodividende unter Zugrundelegung eines (fiktiven) Durchschnittsteuersatzes von 35 % bzw. 17,5 % (durch den Faktor 1–0,175).[46]

5. Unterschiedliche Aktiengattungen

Zusätzliche Schwierigkeiten ergeben sich, wenn die abhängige Gesellschaft **unter-** 30 **schiedliche Aktiengattungen** ausgegeben hat, die teilweise gem. § 139 AktG mit Vorzügen bei der Gewinnverteilung verbunden sind. Die in solchen Fällen gebotene Berücksichtigung dieser Vorteile bei der Ausgleichsberechnung hat sich gleichfalls als ungewöhnlich schwierig erwiesen. Die Rechtsprechung hat daraus verschiedentlich den Schluss gezogen, dass angesichts des Fehlens aller Maßstäbe für eine Quantifizierung etwaiger Vorzüge die verschiedenen Aktiengattungen im vorliegenden Zusammenhang (§§ 304, 305 AktG) grds. *gleich* zu behandeln seien.[47] Richtiger Meinung nach wird man jedoch nach der Art der Vorzüge zu *unterscheiden* haben.[48]

Am meisten verbreitet ist offenbar die **Ausgabe stimmrechtsloser Vorzugsaktien** iSd 30a § 139 AktG iVm der Gewährung einer **Mehrdividende**. Die Berücksichtigung derartiger Vorzüge wirft jedenfalls iRd **Festausgleichs** keine unlösbaren Schwierigkeiten auf, insbes., sofern der Ausgleichsbetrag nicht einmal zur Bedienung der Vorzüge aus-

---

[43] BGHZ 156, 57 (61 ff.) – Ytong; BayObLG NZG 2006, 156 – Pilkington; OLG München ZIP 2007, 375 – N. Energie; AG 2007, 411 (414); 2008, 28 (32); OLG Stuttgart AG 2004, 43 (47); 2008, 783 (789); 2012, 49 (53 f.); OLG Frankfurt a. M. AG 2017, 832 (836 f.).
[44] OLG München AG 2008, 28 (32); s. *Baldamus* Ubg 2010, 483 (484, li. Sp. u.).
[45] S. OLG Hamburg AG 2002, 409 (412) – Philips; *Emmerich* (2.) FS Mestmäcker, 2006, 137 (144 f.) mN.
[46] So OLG Stuttgart AG 2008, 783 (789 f.); AG 2013, 724 (731); Beschl. v. 20.8.2018 – 20 W 1/13, BeckRS 2018, 26695; OLG Frankfurt a. M. AG 2017, 832 (837); *A. Reuter* AG 2007, 1 (9); K. Schmidt/Lutter/*Stephan* AktG § 304 Rn. 87.
[47] OLG Frankfurt a. M. AG 1989, 442 (443); OLG Karlsruhe AG 2006, 643 – Rheinmetall/Aditron.
[48] ZB OLG Düsseldorf AG 2009, 907 (911 f.); Hölters/*Deilmann* AktG § 304 Rn. 39.

reicht; in diesem Fall dürften aus dem Ausgleichsbetrag die Vorzüge einschließlich der Mehrdividende *vor* den Stammaktien zu bedienen sein, ggf. anteilig gekürzt.[49] In den zahlreichen weiteren, noch nicht geklärten Fällen, zB bei der Ausgabe von Spartenaktien bleibt zu beachten,[50] dass § 304 nur eine zwingende Untergrenze für den angemessenen Ausgleich vorschreibt, so dass es immer möglich ist, vertraglich durch zusätzliche Zahlungen etwa an die außenstehenden Aktionäre einer bestimmten Aktiengattungen das gewünschte Verhältnis zwischen den Aktiengattungen aufrechtzuerhalten, soweit dem nicht im Einzelfall § 53 AktG oder § 14 KStG entgegensteht.

6. Stichtag

31 Als maßgebender Zeitpunkt für die Schätzung der zukünftigen Ertragsaussichten der Gesellschaft wird allgemein derjenige der **Hauptversammlung der abhängigen Gesellschaft** angesehen, die gem. § 293 Abs. 1 AktG über die Zustimmung zu dem Unternehmensvertrag beschließt. Zur Begründung für dieses sogenannte **Stichtagsprinzip** wird vor allem auf § 305 Abs. 3 S. 2 AktG verwiesen, der (nur) für die Berechnung der Barabfindung ausdrücklich die Berücksichtigung der Verhältnisse der Gesellschaft im Zeitpunkt der Beschlussfassung ihrer Hauptversammlung über den Vertrag vorschreibt.[51] Folge des Stichtagsprinzips ist in erster Linie, dass bei der Schätzung der zukünftigen Ertragsaussichten der abhängigen Gesellschaft grds. nur solche positiven und negativen Entwicklungen berücksichtigt werden dürfen, die in dem fraglichen Zeitpunkt, dh zum Stichtag, zumindest in ihrem Kern bereits angelegt und infolgedessen jedenfalls für Sachverständige absehbar sind (sog. **Wurzeltheorie**),[52] während spätere Entwicklungen, die am Stichtag noch nicht absehbar waren, (zum offenbaren Nachteil der außenstehenden Aktionäre) nicht berücksichtigt werden dürfen, selbst wenn sich in ihrem Gefolge die zugrunde gelegte Ertragsprognose im Nachhinein als falsch erweist.[53] Diese ganze Praxis, die letztlich ohne Anhalt im Gesetz ist, bedarf dringend der Überprüfung, wenn man eine **offenkundige Benachteiligung** der außenstehenden Aktionäre durch die Ausklammerung aller schließlich auch ihnen (als Teil des Gesellschaftsvermögens) gehörenden, aber zunächst nicht absehbaren Chancen für eine Ertragssteigerung vermeiden will.[54] Die verbreiteten Durchbrechungen des Stichtagsprinzips bei der Berücksichtigung von Steuereffekten (→ Rn. 28 ff.) macht deutlich, dass dies unbedenklich möglich ist.

7. Fälligkeit

32 Der Ausgleichsanspruch entsteht als vertraglicher Anspruch gem. § 294 Abs. 2 AktG und § 304 Abs. 1 AktG in dem Zeitpunkt, in dem der Vertrag durch seine **Eintragung** ins Handelsregister Wirksamkeit erlangt.[55] Davon zu trennen sind Entstehung und Fälligkeit der Ansprüche der Aktionäre auf die einzelnen Ausgleichsleistun-

---

[49] *G. Roth* Konzern 2005, 685 (686 ff.); K. Schmidt/Lutter/*Stephan* AktG § 304 Rn. 83.

[50] S. dazu *Baldamus* Ubg 2010, 483 (485 ff.).

[51] Wegen der theoretischen Begründung s. IdW S 1 Rn. 22 f.

[52] BGHZ 138, 136 (140) – Asea/BBC II; BGHZ 156, 57 (63) – Ytong; OLG Frankfurt a. M. AG 2002, 404; krit. *Meyer*, AG 2015, 16 (22 ff. mN).

[53] BayObLG NZG 2001, 1137 – Ytong; OLG Hamburg NZG 2003, 89 (91 f.) – Texaco/RWE.

[54] *Emmerich* (2.) FS Mestmäcker, 2006, 137 (143 ff.) mN; *Emmerich* FS Stilz, 2014, S. 135 (142); *J. Schmidt* Außenstehende Aktionäre S. 64 f. Ebenso iErg OLG Hamburg NZG 2001, 471 – Bauverein zu Hamburg/Wünsche AG.; – auch dagegen ausf. *Meyer* AG 2015, 16 (20 ff.) mN.

[55] OLG Hamburg ZIP 2002, 754 – Philips; LG Hamburg WM 1991, 1081 – Bauverein Hamburg.

gen.[56] Mangels einer gesetzlichen Regelung der **Fälligkeit** dieser Ansprüche dürfte für den Regelfall davon auszugehen sein, dass der Ausgleichsanspruch letztlich an die Stelle des Anspruchs der Aktionäre auf die Dividende tritt, dessen Fälligkeit sich grds. nach § 175 AktG richtet. Daraus wird heute überwiegend der Schluss gezogen, dass jedenfalls der Anspruch auf den festen Ausgleich ebenfalls im Zweifel zum Zeitpunkt der ordentlichen Hauptversammlung nach Abschluss des Geschäftsjahres (§ 175 AktG) fällig wird. Vertragliche Regelungen der Einzelheiten sind im Unternehmensvertrag möglich (§ 311 Abs. 1 BGB), wodurch jedoch nicht zum Nachteil der außenstehenden Aktionäre von dem Konzept des § 304 AktG abgewichen werden darf. Unbedenklich ist es zB, für die Fälligkeit der einzelnen Leistungen – wie weithin üblich in der Praxis – auf den ersten Bankarbeitstag nach der ordentlichen Hauptversammlung abzustellen.[57] Anders zu beurteilen ist die Rechtslage dagegen insoweit bei dem *variablen* Ausgleich (→ Rn. 39) sowie bei der seltenen Dividendengarantie.

8. Verhältnis zur Abfindung

Das Gesetz stellt in den §§ 304, 305 AktG Ausgleich und Abfindung als prinzipiell **gleichwertige Alternativen** zur Entschädigung der außenstehenden Aktionäre nebeneinander.[58] Daraus ergibt sich die Frage, wie sich wertmäßig Festausgleich und Abfindung zueinander verhalten, zumal sich, wie später noch im Einzelnen auszuführen sein wird (→ § 22 Rn. 34 ff.), heute auch die Unternehmensbewertung iRd § 305 AktG nicht anders als nach dem Gesagten bei § 304 AktG in erster Linie an den zukünftigen Erträgen der abhängigen Gesellschaft orientiert. In der Bewertungspraxis hat dies mittlerweile dazu geführt, dass häufig der feste Ausgleich „einfach" im Wege der **Verrentung aus** dem iRd § 305 AktG ermittelten **Ertragswert** abgeleitet wird.[59] 33

Gegen diese Vorgehensweise (→ Rn. 33) wird vielfach eingewandt, zwischen der Berechnung des Ertragswerts der Gesellschaft iRd § 305 AktG und der Ermittlung der zukünftigen Erträge iRd Festausgleichs nach § 305 AktG bestünden erhebliche **Unterschiede**.[60] Genannt werden in diesem Zusammenhang außer der umstrittenen Behandlung des neutralen Vermögens (→ Rn. 26 f.) insbes. noch die Berücksichtigung des Liquidationswertes und des Börsenkurses (nur) iRd § 305 AktG sowie der Umstand, dass Unternehmensverträge in der Regel nur für einen begrenzten Zeitraum, meistens auf fünf Jahre abgeschlossen werden, während bei der Berechnung des Ausgleichs von einer „ewigen Rente" auszugehen sei. 34

---

[56] S. dazu *Baldamus* ZGR 2007, 819 (833 ff.); *Baldamus* Ubg 2010, 483 (489 f.); MüKoAktG/*Paulsen* AktG § 304 Rn. 106 ff.; *Tebben* AG 2003, 600 (601 f.).

[57] BGHZ 189, 261 Rn. 15 – Wella I; OLG München ZIP 2012, 1180.

[58] Die Notwendigkeit solcher Gleichwertigkeit betont auch das BVerfG: BVerfGE 100, 289 (305 f., 310 f.) – DAT/Altana; BVerfG NJW-RR 2000, 842 – Hartmann & Braun/Mannesmann; s. *Vetter* ZIP 2000, 561.

[59] Emmerich/Habersack Aktien-/GmbH-KonzernR/*Emmerich* AktG § 304 Rn. 39; s. *Baldamus* AG 2005, 77 (78); *Hennrichs* ZHR 164 (2000), 453 (473 f.); *Hüchting* Abfindung S. 55; *Knoll* ZIP 2003, 2329 (2335); BB 2004, 1727; *Meilicke* AG 1999, 103; dagegen insbes. *Hüffer* JZ 2007, 151.

[60] BGHZ 156, 57 (63 f.) – Ytong; BGHZ 166, 195 Rn. 11; OLG Frankfurt a. M. AG 2003, 581 (582); ZIP 2012, 1713; *Hüffer* FS Priester, 2007, 285.

34a Tatsächlich besteht indessen in der Frage der Behandlung des neutralen Vermögens kein Unterschied zwischen der Vorgehensweise bei § 304 AktG und bei § 305 AktG (→ Rn. 27). Die dann noch verbleibenden Unterschiede zwischen den §§ 304, 305 AktG dürfen, aufs Ganze gesehen, gleichfalls nicht überbewertet werden, zumal ohnehin nichts hindert, den Börsenwert der Berechnung des Ausgleichs ebenso wie der der Abfindung zu Grunde zu legen, so dass sich zumindest tendenziell Festausgleich und Abfindung im Ergebnis weitgehend decken sollten. Die zentrale, alles entscheidende Frage ist dann natürlich, welcher **Kapitalisierungszinssatz** der Verrentung des iRd § 305 AktG ermittelten Unternehmenswertes zugrunde zu legen ist. Dafür gibt es, wie nicht anders zu erwarten, sehr unterschiedliche Vorschläge. Verbreitet ist insbes. die Verwendung eines Zinssatzes, der aus dem Mittelwert zwischen dem Kapitalisierungszinssatz (der der Ermittlung des Ertragswertes zugrunde gelegt wird) und dem Basiszinssatz gebildet wird; alternativ wird vielfach auch auf den um den halben Risikozuschlag vermehrten Basiszinssatz abgestellt, wobei schließlich noch der auf die eine oder andere Weise ermittelte Betrag des Ausgleichs um einen weiteren Betrag zum Ausgleich der durchschnittlichen Einkommensteuerbelastung deutscher Aktionäre unter dem System der Abgeltungssteuer erhöht werden muss.[61]

V. Variabler Ausgleich

1. Anwendungsbereich

35 Statt des festen Ausgleichs können die Vertragsparteien, sofern die herrschende Gesellschaft eine AG oder KGaA ist, nach § 304 Abs. 2 S. 2 AktG **in beiden Fällen des § 304 AktG,** dh gleichermaßen bei Vorliegen eines Gewinnabführungsvertrages (mit oder ohne Beherrschungsvertrag) wie bei Vorliegen eines reinen (isolierten) Beherrschungsvertrages, auch den variablen Ausgleich wählen. Im Falle eines isolierten Beherrschungsvertrages markiert dann die Höhe des variablen Ausgleichs jeweils die Höhe der von dem herrschenden Unternehmen nach § 304 Abs. 1 S. 2 AktG ggf. geschuldeten **„Dividendengarantie"** (§ 304 Abs. 1 S. 2 AktG), so dass das herrschende Unternehmen hier notfalls Jahr für Jahr die Ausschüttungen der abhängigen Gesellschaft aus der Garantie bis zur wechselnden Höhe des variablen Ausgleichs aufzufüllen hat, während **bei Abschluss eines Gewinnabführungsvertrages** (mit oder ohne Beherrschungsvertrag) als variablen Ausgleich **immer** der jeweils **umgerechnete Betrag** (Gewinnanteile der Aktionäre der herrschenden Gesellschaft für die einzelnen Jahre multipliziert mit der Verschmelzungswertrelation) geschuldet wird. Lediglich bei mehrfacher Abhängigkeit, insbes. also in Fällen der **Mehrmütterorganschaft,** scheidet mit Rücksicht auf die dann nahezu unlösbaren Berechnungs- und Umrechnungsprobleme die Vereinbarung eines variablen Ausgleichs wohl aus, so dass hier nur der feste Ausgleich in Betracht kommt.[62] Keine Rolle spielt dagegen der Sitz des herrschenden Unternehmens, so dass sich **auch eine ausländische AG** für den variablen Ausgleich entscheiden kann.[63] Im Gegensatz zu den ersten Jahrzehnten nach Inkrafttreten des Gesetzes (→ Rn. 20) soll der variable Ausgleich heute nur noch wenig verbreitet sein.[64]

[61] S. zB zuletzt OLG Frankfurt a. M. AG 2015, 547 (549); 2016, 551 (555); 2017, 832 (837); OLG Düsseldorf AG 2017, 584 (588); OLG Stuttgart NZG 2014, 140; 2018, 914; AG 2019, 255 (261); 2019, 262 (264f.); OLG München AG 2018, 753 (757f.); *Lauber,* Das Verhältnis des Ausgleichs gemäß § 304 AktG zu den Abfindungen gemäß §§ 305, 327a AktG, 2013; *Ruthardt* Konzern 2013, 615 (622ff.).
[62] Hüffer/Koch/*Koch* AktG § 304 Rn. 13; *Krieger* in HdB § 70 Rn. 94; str.
[63] Hüffer/Koch/*Koch* AktG § 304 Rn. 14; str.
[64] So jedenfalls *Schnorbus* ZHR 181 (2017), 901 (904ff.).

2. Umrechnungsverhältnis

Der variable Ausgleich richtet sich gem. § 304 Abs. 2 S. 2 AktG nach dem „Gewinn-   **36** anteil" (→ Rn. 38 f.), der unter Herstellung eines angemessenen Umrechnungsverhält-nisses auf Aktien der anderen Gesellschaft, des herrschenden Unternehmens entfällt, wobei sich gemäß S. 3 der Vorschrift die **Angemessenheit der Umrechnung** nach den für die Verschmelzung von Aktiengesellschaften maßgebenden Vorschriften des UmwG beurteilt (s. § 12 Abs. 2 S. 2 Nr. 2 und § 15 UmwG). Dies bedeutet, dass für die Bemessung des Umtauschverhältnisses, der sog. **Verschmelzungswertrelation,** von dem „wahren inneren Wert" beider Gesellschaften auszugehen ist, so dass die Festsetzung des variablen Ausgleichs im Ergebnis neben der Bewertung der abhängi-gen Gesellschaft zusätzlich noch die des herrschenden Unternehmens erforderlich macht.

Für die **Unternehmensbewertung** gelten im vorliegenden Zusammenhang dieselben   **37** Grundsätze wie iRd § 305 AktG (deshalb → § 22 Rn. 34 ff.). In geeigneten Fällen kann daher die Verschmelzungswertrelation auch einfach an dem **Kursverhältnis** der Aktien beider Gesellschaften, *sofern* vorhanden *und* aussagekräftig, abgelesen werden (→ § 22 Rn. 28 ff.). Ist auf diese Weise die **Wertrelation** zwischen den beiden Ver-tragsparteien ermittelt, so ergibt sich daraus zugleich das Umtauschverhältnis zwischen den Aktien beider Gesellschaften. Der variable Ausgleich besteht dann in dem „Ge-winnanteil" (dazu → Rn. 38 f.), der auf die dem Umrechnungsverhältnis entspre-chende Zahl der Aktien der Obergesellschaft entfällt (§ 304 Abs. 2 S. 2 AktG). Das klingt freilich einfacher, als es in Wirklichkeit ist. Zusätzliche Schwierigkeiten ergeben sich zB bereits im Falle des Vorhandenseins **unterschiedlicher Aktiengattungen** bei der abhängigen Gesellschaft. Sie sind nur dann noch verhältnismäßig einfach lösbar, wenn bei der herrschenden Gesellschaft dieselben Aktiengattungen bestehen.[65] Fehlt es aber daran, so können die Umrechnungsprobleme schnell unlösbar werden.

3. Gewinnanteil

§ 304 Abs. 2 S. 2 AktG stellt auf den „Gewinnanteil" der Aktionäre der herrschenden   **38** Gesellschaft ab. Nach überwiegender Meinung meint das Gesetz damit die von der Obergesellschaft (dem herrschenden Unternehmen) **tatsächlich ausgeschüttete Divi-dende,** die, folgt man diesem Ausgangspunkt, jeweils entsprechend dem Umrech-nungsverhältnis (→ Rn. 36 f.) auf die Aktiennennbeträge bei der abhängigen Gesell-schaft aufzuteilen ist.[66] Diese Meinung hat indessen die fatale Konsequenz, dass die außenstehenden Aktionäre der abhängigen Gesellschaft letztlich ganz von der von ih-nen *nicht* zu beeinflussenden **Ausschüttungspolitik** der herrschenden Gesellschaft **abhängig** werden, so dass sie im äußersten Fall (nahezu) leer ausgehen, wenn die herr-schende Gesellschaft eine Politik strikter Gewinnthesaurierung verfolgt.

Bereits die Gesetzesverfasser hatten dieses Problem gesehen und wollten deshalb in   **39** solchen Fällen mit einem „besseren" Umrechnungsverhältnis helfen.[67] Da indessen

---

[65] S. K. Schmidt/Lutter/*Stephan* AktG § 304 Rn. 102.
[66] OLG Düsseldorf NJW 1978, 827; WM 1984, 237; *Exner* Beherrschungsvertrag S. 184 ff.; *Hennrichs* ZHR 164 (2000), 453 (472 f.); *Hüffer/Koch*/Koch AktG § 304 Rn. 15; *J. Schmidt* Außenstehender Ak-tionäre S. 61; *Schnorbus* ZHR 181 (2017), 901 (904, 906 ff.); *S. Schwenn* Der Ausgleichs- und Abfin-dungsanspruch S. 66 ff.; *Vetter* ZIP 2000, 561 (563 f.).
[67] Begr. z. RegE des § 304, bei *Kropff* S. 395 (2. Abs.).

niemand weiß, was darunter zu verstehen sein soll, wird in Literatur und Rechtsprechung seit langem auf anderen Wegen nach einem **Ausweg** gesucht.[68] Hervorzuheben ist der Ansatz des BVerfG, nach dem zumindest in Fällen einer missbräuchlichen Dividendenpolitik des herrschenden Unternehmens eine Anpassung des Ausgleichs „gemäß § 162 Abs. 1 BGB" vorzunehmen sein soll.[69] Auf diesem Weg ist jedoch eine Korrektur allenfalls in besonders krassen Missbrauchsfällen möglich,[70] so dass nach wie vor am meisten dafür spricht, unter dem „Gewinnanteil" in § 304 Abs. 2 S. 2 AktG nicht die Dividende, sondern ebenso wie bei der abhängigen Gesellschaft (s. § 304 Abs. 2 S. 1 AktG) den den Aktiennennbeträgen **entsprechenden Anteil am Jahresüberschuss** der herrschenden Gesellschaft ohne Berücksichtigung anderer Gewinnrücklagen zu verstehen.[71] Der Anspruch auf den variablen Ausgleich wird folglich in dem Augenblick **fällig,** in dem bei der herrschenden Gesellschaft der **Gewinnverwendungsbeschluss gefasst** wird.[72]

VI. Mehrstufige Konzerne

40 Zusätzliche Schwierigkeiten bereitet die Berechnung des Ausgleichs in den heute die Regel bildenden mehrstufigen Unternehmensverbindungen, wobei die unterschiedlichsten Fallgestaltungen in Betracht kommen. Im Folgenden soll nur auf die wichtigsten eingegangen werden.

1. Unternehmensverträge zwischen allen Beteiligten

41 In mehrstufigen Unternehmensverbindungen kann es sich zunächst so verhalten, dass auf sämtlichen Konzernstufen Beherrschungs- oder Gewinnabführungsverträge bestehen. Geht hier der Vertrag zwischen der Mutter- und der Tochtergesellschaft voran **(Aufbau von oben nach unten),** so scheidet offenbar in dem *nachfolgenden* Vertrag zwischen der Tochter- und der Enkelgesellschaft die Vereinbarung eines *variablen* Ausgleichs nach den Gewinnen der *Tochtergesellschaft* aus, da diese dann in aller Regel keine oder doch nahezu keine Gewinne mehr ausschütten wird (§ 304 Abs. 3 S. 1 AktG; → Rn. 57). Möglich bleibt daher hier nur die Vereinbarung eines **festen Ausgleichs** *oder* auch die Orientierung des variablen Ausgleichs an den **Gewinnen der Muttergesellschaft,** womit nur die gebotenen Folgerungen aus der wirtschaftlichen Einheit des Konzerns gezogen würden (§ 18 Abs. 1 AktG, § 304 Abs. 2 S. 2 AktG, § 305 Abs. 2 Nr. 2 AktG analog).[73]

42 Wenn dagegen zunächst der Vertrag zwischen der Tochter- und der Enkelgesellschaft abgeschlossen wurde, bevor es zu einem Vertragsabschluss zwischen der Tochter- und der Muttergesellschaft kommt (so genannter **Aufbau von unten nach oben),** wird jedenfalls die Vereinbarung eines **festen Ausgleichs** durch den späteren Vertrags-

---

[68] Übersicht über die verschiedenen Lösungsvorschläge bei GroßkommAktG/*Hasselbach/Hirte* AktG § 304 Rn. 101 ff.; *Wackerbarth,* Grenzen der Leitungsmacht, 2001, S. 446 ff.

[69] BVerfG NJW-RR 2000, 842 – Hartmann & Braun/Mannesmann.

[70] S. *Vetter* ZIP 2000, 561 (563 ff.); *Schnorbus* ZHR 181 (2017), 901 (944 ff.).

[71] *Raiser/Veil* § 54 Rn. 71; KölnKommAktG/*Koppensteiner* AktG § 304 Rn. 79 ff.

[72] *Baldamus* ZGR 2007, 819 (834); *Hüffer/Koch*/Koch AktG § 304 Rn. 15; Hölters/*Deilmann* AktG § 304 Rn. 43; KölnKommAktG/*Koppensteiner* AktG § 304 Rn. 9.

[73] OLG Düsseldorf AG 1992, 200 (204 f.); *Görling* Konzernhaftung S. 135 f.; *Exner* Beherrschungsvertrag S. 195 ff.; *Kamprad* AG 1984, 321 (325); *Rehbinder* ZGR 1977, 581 (605 ff.); *Schnorbus* ZHR 181 (2017), 901 (917 ff.); str.

abschluss auf der nächsten Stufe zwischen Mutter- und Tochtergesellschaft nicht tangiert. Unklar ist dagegen, was in diesem Fall aus der Vereinbarung eines **variablen Ausgleichs** in dem zuerst abgeschlossenen Vertrag zwischen der Tochter- und der Enkelgesellschaft wird.[74] Am meisten spricht hier für eine entsprechende Anwendung des § 307 AktG. Der vorausgegangene Vertrag zwischen der Tochter- und der Enkelgesellschaft endet folglich kraft Gesetzes, so dass die Tochtergesellschaft den außenstehenden Aktionären der Enkelgesellschaft nunmehr ein neues Ausgleichs- und Abfindungsangebot machen muss.

2. Vertrag nur zwischen Mutter- und Enkelgesellschaft[75]

Wenn die Muttergesellschaft einen Beherrschungs- oder Gewinnabführungsvertrag 43
allein mit der *Enkel*gesellschaft abschließt, werden die außenstehenden **Aktionäre der Tochtergesellschaft** an sich bereits gegen für sie nachteilige Einwirkungen der Muttergesellschaft auf die Tochtergesellschaft nach den §§ 311, 317 AktG geschützt.[76] Für zusätzliche Ausgleichsansprüche dieser Aktionäre entsprechend § 304 AktG gegen die Muttergesellschaft ist daneben kein Raum.[77] Diskutiert wird neuerdings, ob freiwillige Leistungen der Muttergesellschaft analog § 304 AktG an die außenstehenden Aktionäre der Tochtergesellschaft als Ausgleich iSd § 311 AktG ausreichen.[78]

Eine andere Frage ist, ob in diesem Fall die „übersprungene" **Tochtergesellschaft** 44
ebenfalls zu den **außenstehenden Aktionären** der Enkelgesellschaft gehört, so dass die Muttergesellschaft ggf. auch ihrer Tochter nach § 304 AktG ausgleichspflichtig ist. Wie bereits ausgeführt (→ Rn. 10 ff.), hängt das davon ab, ob es sich um eine 100 %-ige Tochtergesellschaft handelt oder ob sie in die Muttergesellschaft eingegliedert ist. Nur unter diesen engen Voraussetzungen kann nämlich die Tochtergesellschaft iRd § 304 AktG zu dem Lager der Muttergesellschaft gerechnet werden, so dass ihr *kein* Ausgleich zusteht. In allen anderen Fällen ist dagegen auch eine Tochtergesellschaft unter den genannten Voraussetzungen als ausgleichsberechtigte außenstehende Aktionärin der Enkelgesellschaft zu behandeln.[79]

Wieder anders ist die Rechtslage zu beurteilen, wenn der **Unternehmensvertrag** zwi- 45
schen der Mutter- und der Enkelgesellschaft **aufgehoben** und durch gesonderte Verträge zwischen Mutter- und Tochtergesellschaft sowie zwischen Tochter- und Enkelgesellschaft ersetzt wird. In diesem Fall sind auf beiden Stufen erneut die §§ 304 ff. AktG anwendbar, so dass jetzt auch wieder ein Spruchverfahren möglich ist.[80]

3. Vertrag nur zwischen Tochter- und Enkelgesellschaft

Schließt allein die Tochtergesellschaft mit der Enkelgesellschaft einen Beherrschungs- 46
oder Gewinnabführungsvertrag ab, so liegt im Verhältnis zwischen der Tochter- und

---

[74] S. Emmerich/Habersack Aktien-/GmbH-KonzernR/Emmerich AktG § 304 Rn. 58 f.
[75] S. dazu ausf. *Krieger* FS K. Schmidt, 2009, 999 (1010 ff.).
[76] S. *Rehbinder* ZGR 1977, 581 (621 ff.).
[77] *Krieger/Schneider* § 70 Rn. 100; str.
[78] Dafür *Krieger* FS K. Schmidt, 2009, 999 (1011 f.).
[79] S. *Bayer* FS Ballerstedt, 1975, 169 ff.; *Hüffer/Koch*/Koch AktG § 304 Rn. 18; *Krieger/Schneider* § 70 Rn. 100; *Pentz* Enkel-AG S. 66 ff.; *Pentz* AG 1996, 97 (99 ff.); – dagegen *Krieger* FS K. Schmidt, 2009, 999 (1015 ff.).
[80] OLG Düsseldorf AG 1992, 200 (201 f.).

der *Mutter*gesellschaft – mangels Vertragsabschlusses – ein **faktischer Konzern** vor. In derartigen Fallgestaltungen kann ein Schutz der außenstehenden Aktionäre der *Enkel*gesellschaft gegen nachteilige Einflussnahmen der Muttergesellschaft auf die Tochtergesellschaft nur dadurch bewerkstelligt werden, dass man ggf. eine Haftung der Muttergesellschaft nach den **§§ 311, 317 AktG** auch gegenüber den außenstehenden Aktionären der *Enkel*gesellschaft annimmt, wenn ihre Ausgleichsansprüche gegen die Tochtergesellschaft durch die Eingriffe der Muttergesellschaft tangiert werden.[81]

47 Zweifelhaft ist die Rechtsstellung der **Muttergesellschaft,** wenn sie – neben ihrer Tochtergesellschaft – gleichfalls an der *Enkel*gesellschaft beteiligt ist, da sich dann (erneut) die Frage stellt, ob auch sie bei Abschluss eines Beherrschungs- oder Gewinnabführungsvertrages (nur) zwischen der *Tochter-* und der Enkelgesellschaft zu den außenstehenden Aktionären gehört.[82] Die Frage ist nach denselben Kriterien zu entscheiden, die auch sonst für die Beurteilung der Frage maßgebend sind, ob die Muttergesellschaft als außenstehende Aktionärin im Falle eines Unternehmensvertrages zwischen der Tochter- und der Enkelgesellschaft anzusehen ist (→ Rn. 10 ff.).

VII. Anpassung

1. Überblick

48 Als **Stichtag** für die Bemessung des angemessenen Ausgleichs wird allgemein der Tag der **Hauptversammlung** der abhängigen Gesellschaft angesehen, die nach § 293 Abs. 1 AktG über die Zustimmung zu dem Unternehmensvertrag beschließt (→ Rn. 31). In aller Regel wird deshalb der Ausgleich, sei es als fester, sei es als variabler, nach den in diesem Zeitpunkt absehbaren Entwicklungen, und zwar grds. fest, dh ohne Rücksicht auf mögliche spätere Veränderungen, für **die gesamte Dauer** des Unternehmensvertrages **festgesetzt.** Dieses sogenannte **Stichtagsprinzip** bedeutet nach durchaus hM, dass bei einer späteren Veränderung der Verhältnisse im Grundsatz **weder** eine **Anpassungspflicht noch** auch nur ein **Anpassungsrecht** des herrschenden Unternehmens besteht, da beide Parteien das Risiko für sie nachteiliger späterer Veränderungen der Verhältnisse freiwillig übernommen hätten, das herrschende Unternehmen durch Abschluss des Vertrages und die außenstehenden Aktionäre durch die ihnen freistehende Wahl des Ausgleichs anstatt der (allemal vorzugswürdigen) Abfindung.[83] Das soll auch für den Fall der Vereinbarung eines *variablen* Ausgleichs gelten, selbst wenn es nachträglich zu einer grundstürzenden Veränderung der bei der Berechnung des Ausgleichs zugrunde gelegten Verhältnisse kommt.[84]

49 Es liegt auf der Hand, dass dieses Verständnis des Stichtagsprinzips (→ Rn. 48) für die außenstehenden Aktionäre ausgesprochen nachteilig sein kann. Man denke nur an den Fall, dass die Sachverständigen bei der Berechnung des Ausgleichs zunächst von schlechten Ertragsaussichten der abhängigen Gesellschaft ausgegangen sind, während sich wenig später herausstellt, dass sie in Wirklichkeit ausgezeichnet waren. Unter diesen Umständen verbieten sich von vornherein Einheitslösungen; vielmehr erscheint es geboten, hier genau zwischen den verschiedenen in Betracht kommenden **Fall-**

---

[81] S. *Bayer* FS Ballerstedt, 1975, 181 ff.; *Exner* Beherrschungsvertrag S. 205 f.; *Rehbinder* ZGR 1977, 581 (618 ff.); *Wanner* Probleme S. 152 ff.

[82] IdS *Pentz* Enkel-AG S. 57 ff.; *Pentz* AG 1996, 97 (99 ff.).

[83] OLG Frankfurt a. M. 176 1989, 442 = ZIP 1990, 588; *Krieger/Schneider* § 70 Rn. 106.

[84] OLG Frankfurt a. M. AG 1989, 442 (443).

gestaltungen zu unterscheiden. Im Einzelnen geht es vor allem um die Fälle des *Parteiwechsels* auf der Seite des herrschenden Unternehmens (dazu schon → § 18 Rn. 9 ff.), um Vorgänge wie die *Eingliederung* oder die Umwandlung einer der Vertragsparteien (dazu → § 19 Rn. 60, 62 f.), weiter insbes. um *Kapitalmaßnahmen* bei der herrschenden oder bei der abhängigen Gesellschaft sowie schließlich um sonstige gravierende *Veränderungen der* für die Höhe und die Art des Ausgleichs *relevanten Faktoren* (dazu → Rn. 50 f., 52 f.).

2. Kapitalmaßnahmen

Was zunächst eine **Kapitalerhöhung bei** der **herrschenden Gesellschaft** angeht, so wird 50 dadurch der **feste Ausgleich** in keinem Fall berührt.[85] Anders verhält es sich dagegen mit dem **variablen Ausgleich,** der sowohl durch eine Kapitalerhöhung aus Gesellschaftsmitteln als auch durch eine gegen Einlagen verwässert werden kann, so dass schon mit Rücksicht auf Art. 14 Abs. 1 GG in derartigen Fällen eine **Anpassung** des Ausgleichs geboten ist.[86] Bei **Kapitalerhöhungen aus Gesellschaftsmitteln** ist der variable Ausgleich folglich entsprechend zu erhöhen, sei es auf Grund des § 216 Abs. 3 AktG, sei es nach dem Grundgedanken des § 304 AktG,[87] während bei einer Kapitalerhöhung **gegen Einlagen,** jedenfalls, sofern der Ausgabekurs der jungen Aktien hinter dem Wert der alten Aktien zurückbleibt, das **Umrechnungsverhältnis** so zu **verbessern** ist, dass eine Benachteiligung der außenstehenden Aktionäre verhindert wird. Das folgt schon aus der ergänzenden Auslegung des Vertrages unter Berücksichtigung der Treuepflicht des herrschenden Unternehmens (§§ 157, 242 BGB).[88]

Im Fall einer **Kapitalerhöhung bei** der **abhängigen Gesellschaft** gegen Einlagen sind 51 die jungen Aktien ebenso ausgleichsberechtigt wie die alten.[89] Dagegen sind bei einer Kapitalerhöhung aus **Gesellschaftsmitteln** die Ausgleichszahlungen einfach anzupassen.

3. Grundstürzende Veränderungen

Kommt es zu unvorhersehbaren grundstürzenden Veränderungen der Verhältnisse, die 52 dazu führen, dass der Ausgleich jetzt unter keinem Gesichtspunkt mehr als angemessen iSd § 304 Abs. 1 S. 1 AktG bezeichnet werden kann, so ist anzunehmen, dass die **Geschäftsgrundlage** des Vertrags **entfallen** ist, so dass das herrschende Unternehmen, um den Anforderungen des § 304 Abs. 1 S. 1 AktG zu genügen, zu einer **Anpassung** des Ausgleichs an die veränderten Verhältnisse verpflichtet ist (§ 313 Abs. 1 BGB).[90] Für die Durchsetzung ihres Anspruchs auf Anpassung des Ausgleichs sind die außenstehenden Aktionäre in derartigen Fällen freilich auf die allgemeine **Leistungsklage** angewiesen, weil das Spruchverfahren, in dem keine Entscheidungen mit vollstreckbarem Inhalt ergehen, dafür ungeeignet ist.[91]

---

[85] OLG Frankfurt a. M. AG 1989, 442 (443).
[86] BVerfG NJW-RR 2000, 842 – Hartmann & Braun/Mannesmann; *Schnorbus* ZHR 181 (2017), 937 ff.; *Schwenn* Ausgleichs- und Abfindungsanspruch S. 109 ff.; *Vetter* ZIP 2000, 561 (566).
[87] *Hüffer/Koch/*Koch AktG § 304 Rn. 19; GroßkommAkG/*Hasselbach/Hirte* AktG § 304 Rn. 110.
[88] *Exner* Beherrschungsvertrag S. 211 ff.; *Hüchting* Abfindung S. 136 f.; *H. Köhler* AG 1984, 197; *Schwenn* Ausgleichs- und Abfindungsanspruch S. 115 f.; *Vetter* ZIP 2000, 561 (566).
[89] BGHZ 167, 299 Rn. 11 – Jenoptik.
[90] S. *Hüchting* Abfindung S. 121 ff.; *Schwenn* Ausgleichs- und Abfindungsanspruch S. 124, 177 ff.
[91] BVerfG NJW-RR 2000, 842; AG 2000, 321 (322); *Beckmann/Simon* ZIP 2001, 1906 (1909 f.); *Vetter* ZIP 2000, 561 (567 f.).

53 Das Gesagte (→ Rn. 52) gilt *nicht* für **nachträgliche Steueränderungen.** Hier ist vielmehr angesichts der nicht abreißenden und unkalkulierbaren (erratischen) Änderungen der Steuergesetze anzunehmen, dass jeder Aktionär, der an Stelle der Abfindung den Ausgleich wählt, damit zugleich das Risiko späterer Steueränderungen übernimmt (§ 313 Abs. 1 BGB).[92] Diese Risiken kann im heutigen Steuerstaat niemand den außenstehenden Aktionären abnehmen.

VIII. Beendigung

54 Die **Ausgleichsansprüche** der außenstehenden Aktionäre beruhen in erster Linie auf dem Beherrschungs- oder Gewinnabführungsvertrag sowie auf ihrer Aktionärseigenschaft. Sie erlöschen deshalb mit der **Beendigung des Vertrages oder** mit dem **Verlust** der **Aktionärseigenschaft** des Gläubigers, zB infolge der Veräußerung der Aktien, infolge der Annahme des Abfindungsangebots des herrschenden Unternehmens oder durch Ausschluss der Minderheitsaktionäre nach den §§ 327a ff. AktG vor Fälligkeit der jeweiligen Ausgleichsrate (→ Rn. 16). **Veräußert** der außenstehende Aktionär seine Aktien **an Dritte,** so hängt das Schicksal des Ausgleichsanspruchs ebenso wie im Falle der Abfindung (→ § 22 Rn. 12f.) davon ab, ob der Erwerber ebenfalls zu dem Kreis der außenstehenden Aktionäre gehört (→ Rn. 10) und ob der Unternehmensvertrag bei Übergang der Aktien noch in Kraft ist. Nur unter diesen beiden Voraussetzungen steht dem Erwerber der Aktien ebenfalls ein Ausgleichsanspruch zu (§ 304 AktG iVm § 328 BGB).

55 Anders zu beurteilen ist die **Eingliederung** oder die Verschmelzung des anderen Vertragsteils, der herrschenden Gesellschaft, mit einem anderen Unternehmen, weil in diesen Fällen der Unternehmensvertrag bestehen bleibt, so dass auch die Verpflichtung des anderen Teils zur Zahlung der Ausgleichsleistungen nicht berührt wird (→ § 19 Rn. 60–62). Im Falle der Eingliederung haftet vielmehr für die Ausgleichzahlungen jetzt neben der eingegliederten Tochtergesellschaft (dem anderen Vertragsteil) deren Muttergesellschaft als sog. Hauptgesellschaft (§ 322 AktG). Ebenso verhält es sich im Ergebnis bei einer Verschmelzung (§§ 20ff. UmwG).[93]

IX. Mängel des Vertrags oder des Zustimmungsbeschlusses

1. Vertrag

56 Der Beherrschungs- oder Gewinnabführungsvertrag ist nach § 304 Abs. 3 S. 1 AktG (nur) *nichtig,* wenn er überhaupt **keinen Ausgleich** für im Augenblick der Beschlussfassung der abhängigen Gesellschaft vorhandene außenstehende Aktionäre vorsieht (s. § 307 AktG). Dieser Fall ist nur anzunehmen, wenn nach der gesetzlichen Regelung an sich ein Ausgleich geboten wäre, die Vertragsparteien aber gleichwohl auf die Festsetzung eines Ausgleichs verzichtet haben. Davon sorgsam zu unterscheiden ist der Fall, dass die Parteien in dem Vertrag mit Rücksicht auf die auf Dauer negativen Ertragsaussichten der Gesellschaft einen sogenannten **Null-Ausgleich** festsetzen.[94] In diesem Fall ist der Vertrag wirksam, weil er eine dem Gesetz (§ 304 AktG) entspre-

---

[92] BayObLG NZG 2001, 1137 – Ytong; OLG Düsseldorf AG 2000, 322 (326); offengelassen in BGH AG 2002, 85 (86); str., wie hier *Beckmann/Simon* ZIP 2001, 1906 (1909).

[93] OLG Düsseldorf AG 1990, 490; 1996, 475.

[94] → Rn. 25; BGHZ 166, 195 Rn. 14.

chende und wegen der Beteiligung außenstehender Aktionäre auch erforderliche, wenngleich negative Regelung der Frage des Ausgleichs enthält.

Nichtigkeit des Vertrags ist entsprechend § 304 Abs. 3 S. 1 AktG außerdem anzuneh- 57
men, wenn die Ausgleichspflicht der **abhängigen Gesellschaft** und nicht dem herrschenden Unternehmen auferlegt wird, da in diesem Fall der Vertrag entgegen dem Gesetz (→ Rn. 17 f.) gleichfalls keine Ausgleichspflicht des herrschenden Unternehmens iSd § 304 Abs. 3 S. 1 AktG vorsieht. Ebenso verhält es sich schließlich, wenn die Parteien ausschließlich eine vom Gesetz nicht zugelassene Form des Ausgleichs wählen.

2. Zustimmungsbeschluss

Die Nichtigkeit oder Anfechtbarkeit des Zustimmungsbeschlusses der Hauptver- 58
sammlung der **abhängigen Gesellschaft** (§ 293 Abs. 1 AktG) richtet sich nach den §§ 241, 243 AktG, *soweit* nicht einer der verschiedenen **Anfechtungsausschlüsse** auf Grund des § 243 Abs. 4 S. 2 AktG oder des § 304 Abs. 3 S. 2 AktG eingreift (→ § 16 Rn. 33 ff.). An die Stelle der Anfechtung tritt in diesen Fällen das Spruchverfahren nach dem SpruchG (dazu u. § 22 a). Nur in den verbleibenden Fällen ist daher heute noch Raum für die Anwendung der §§ 241, 243 AktG. Keinen Beschränkungen unterliegt dagegen bisher die Anfechtung des Zustimmungsbeschlusses der **herrschenden Gesellschaft** auf Grund des § 293 Abs. 2 AktG.

X. Sonderkündigungsrecht

Nach **§ 304 Abs. 4 AktG** kann das herrschende Unternehmen den Vertrag binnen 59
zweier Monate nach Rechtskraft der Entscheidung ohne Einhaltung einer Kündigungsfrist (außerordentlich) kündigen, wenn das Gericht im Spruchverfahren den Ausgleich neu, dh höher als vereinbart bestimmt. Durch diese (problematische) Regelung wollten die Gesetzesverfasser dem herrschenden Unternehmen einen Weg eröffnen, sich von dem Vertrag wieder kurzfristig zu lösen, wenn sich aus ihm infolge des Spruchverfahrens unerwartete Belastungen ergeben. Die Kündigung wirkt ex nunc, so dass es für die Vergangenheit bei dem gerichtlich festgesetzten Ausgleich verbleibt.[95]

§ 22. Abfindung

Literatur: S. o. bei § 21 sowie allgemein zur Abfindung (Auswahl): *Institut der Wirtschaftsprüfer (IDW)*, Grundsätze zur Durchführung von Unternehmensbewertungen, IDW-Standard 1 (IDW S 1) vom 18. Oktober 2005 (Wpg 2005, 1303) und v. 2. 4. 2008, Fachnachrichten (FN) – IDW 2008, 271; *Adolff*, Unternehmensbewertung im Recht der börsennotierten AG, 2007; *Burger*, Börsenkurs und angemessene Abfindung, 2012; *Drukarczyk/Schüler*, Unternehmensbewertung, 6. Aufl. 2009; *Fabian*, Inhalt und Auswirkungen des Beherrschungsvertrages, 1997; *Geng*, Ausgleich und Abfindung der Minderheitsaktionäre der beherrschten AG bei Verschmelzung und Spaltung, 2003; *Görling*, Die Konzernhaftung in mehrstufigen Unternehmensverbindungen, 1998; *Großfeld*, Unternehmens- und Anteilsbewertung im Gesellschaftsrecht, 7. Aufl. 2015; *Grüner*, Die Beendigung von Gewinnabführungs- und Beherrschungsverträgen, 2003; *Gude*, Strukturänderungen und Unternehmensbewertung zum Börsenkurs, 2004; *Haar*, Die Personengesellschaft im Konzern, 2006, S. 498 ff.; *Hüffer/Koch/Schmidt-Assmann/M. Weber*, Anteilseigentum, Unternehmenswert und Börsenkurs, 2005; *Hügel*, Verschmelzung und Einbringung, 1993; *Jüngst*, Der Ausschluss von Minderheitsaktionären im Vertragskonzern, 2009; *Karrer*, Die Angemessenheit der Leistung im Konzern-, Übernahme- und Ausschlussrecht, 2003; *Klöhn*, Das System der aktien- und umwandlungsrechtlichen Abfindungsansprüche, 2009; *Komp*, Zweifelsfragen des aktienrechtlichen Abfin-

---

[95] Vgl. LG Stuttgart AG 1998, 103 (104).

dungsanspruchs nach §§ 305, 320 b AktG, 2002; *Piltz*, Die Unternehmensbewertung in der Rechtsprechung, 3. Aufl. 1994; *Schreiber*, Konzernrechtsfreie Kontrolle, 2017; *Schwenn*, Der Ausgleichs- und Abfindungsanspruch der außenstehenden Aktionäre im Unternehmensvertrag bei Eintritt neuer Umstände, 1998; *Schürnbrand*, Organschaft im Recht der privaten Verbände, 2007; *Weiland*, Synergieeffekte bei der Abfindung außenstehender Gesellschafter, 2003.

I. Überblick

1 Gem. § 305 Abs. 1 AktG muss ein Beherrschungs- oder Gewinnabführungsvertrag mit einer deutschen AG oder KGaA außer der Ausgleichspflicht nach § 304 AktG (→ § 21) die Verpflichtung des herrschenden oder berechtigten Unternehmens enthalten, die Aktien der außenstehenden Aktionäre auf deren Verlangen gegen angemessene Abfindung zu erwerben. Als Abfindung kommen je nach den Umständen des Falles entweder Aktien der herrschenden Gesellschaft bzw. deren Muttergesellschaft oder eine Barabfindung in Betracht (§ 305 Abs. 2 AktG, → Rn. 5 ff.).

2 Für die Abfindung in Aktien verweist § 305 Abs. 3 S. 1 AktG auf die Verschmelzungswertrelation, während S. 2 der Vorschrift (nur) für die Barabfindung das Stichtagsprinzip betont. S. 3 des § 305 Abs. 3 AktG fügt hinzu, dass die Barabfindung zu verzinsen ist. Abs. 4 der Vorschrift gibt Vorschriften über einen etwaige Befristung des Abfindungsangebotes, während Abs. 5 des § 305 AktG den üblichen Anfechtungsausschluss unter Verweis auf das Spruchverfahren für den Fall enthält, dass der Vertrag keine oder doch keine angemessene Abfindung vorsieht. In § 305 Abs. 5 S. 4 AktG findet sich schließlich noch eine Verweisung auf das Sonderkündigungsrecht des § 304 Abs. 4 AktG (→ § 21 Rn. 59 sowie → Rn. 61).

3 Die Abfindungspflicht des herrschenden oder berechtigten Unternehmens wurde durch das AktG von 1965 eingeführt, weil die außenstehenden Aktionäre in einem Vertragskonzern ihre **Mitverwaltungsrechte** weitgehend **einbüßen** (vgl. § 308 AktG).[1] Die Zahlung eines bloßen Ausgleichs nach § 304 AktG ist dafür keine angemessene Entschädigung. Eine derart schwerwiegende Veränderung ihrer Position kann den außenstehenden Aktionären in der Tat nicht gegen ihren Willen aufgezwungen werden (Art. 14 Abs. 1 GG). Deshalb wurde durch § 305 AktG für die genannten Fälle zwingend neben der Ausgleichspflicht eine Abfindungspflicht des herrschenden Unternehmens vorgesehen, damit die Aktionäre die Möglichkeit erhalten, über ihr Investment neu zu entscheiden.

II. Anwendungsbereich

4 Mit § 305 AktG **vergleichbare Regelungen** finden sich in § 320 b AktG für die Eingliederung durch Mehrheitsbeschluss (→ § 10 Rn. 30 ff.) sowie in § 327 a Abs. 1 AktG und § 327 b Abs. 1, 2 AktG für den Ausschluss der Minderheitsaktionäre (→ § 10 a Rn. 24). Das UmwG sieht gleichfalls in mehreren Fällen Abfindungsansprüche von Aktionären vor (s. insbes. die §§ 29 ff., 125, 207 UmwG). Weitere derartige Fälle kennt das SE-Ausführungsgesetz (SEAG) von 2004 (BGBl. 2004 I 3675). In einer Reihe eigenartiger Fälle wird darüber hinaus eine **entsprechende Anwendung** des § 305 AktG erwogen.[2] Hervorzuheben sind die Fälle der faktischen und der verdeckten Beherrschungsverträge (→ § 11 Rn. 14 ff.), der qualifizierten Nachteilszufügung im faktischen Konzern (→ § 28 Rn. 25), der übertragenden Auflösung sowie noch

---

[1] Begr. z. RegE des § 305, bei *Kropff* S. 397; BVerfGE 100, 289 (303, 305) – DAT/Altana I.

[2] Ausf. *Klöhn* System S. 287 ff.; *Schoppe*, Aktieneigentum, 2011, S. 264 ff.

(früher) die Fälle des sog. **Delistings,** dh des Widerrufs der Börsenzulassung durch die Zulassungsstelle auf Antrag der Gesellschaft nach § 39 Abs. 2 BörsG. Da der Widerruf der Börsenzulassung idR mit massiven Kursverlusten für die Aktionäre verbunden ist (die jetzt nicht mehr ihre Aktien an liquiden Börsen jederzeit „zu Geld machen können"),[3] hatte die Rechtsprechung hier in der Tat eine Zeitlang mit einer entsprechenden Anwendung des § 305 AktG gegenzusteuern versucht.[4] Nachdem jedoch der BGH diese Praxis ohne Not wieder aufgegeben hatte,[5] sah sich nunmehr (endlich) auch der Gesetzgeber zum Schutz der Aktionäre zum Handeln genötigt.

Die gesetzliche Regelung findet sich seitdem in § 39 Abs. 2 S. 3, Abs. 3 BörsenG idF **4a** von 2015. Der Antrag der Geschäftsführung einer Gesellschaft auf Widerruf der Börsenzulassung setzt danach ein *Angebot* des sog. Bieters oder Investors auf *Erwerb der Aktien* zu dem durchschnittlichen gewichteten Börsenkurs der letzten sechs Monate voraus. Wegen der Berechnung des Börsenkurses verweist das Gesetz zugleich in § 39 Abs. 3 S. 2 BörsenG auf § 31 WpÜG und damit auf die Angebotsverordnung zu dem WpÜG. Für die Kontrolle der Höhe des Erwerbspreises steht der ordentliche Rechtsweg offen. Für eine Anwendung des § 305 AktG und des SpruchG ist daneben heute kein Raum mehr.[6]

III. Der Abfindungsanspruch

1. Erscheinungsformen

Das Gesetz unterscheidet in § 305 Abs. 2 AktG je nach Rechtsform und Stellung des **5** herrschenden Unternehmens *zwei* verschiedene Formen der Abfindung: die Abfindung in Aktien einer anderen Gesellschaft sowie die Barabfindung. Allein eine **Abfindung in Aktien** kommt in Betracht, wenn der andere Vertragsteil eine unabhängige (europäische) AG oder KGaA ist; in diesem Fall *muss* die Abfindung in Aktien der herrschenden Gesellschaft bestehen (§ 305 Abs. 2 Nr. 1 AktG). Wegen der Umrechnung verweist das Gesetz dazu in § 305 Abs. 3 S. 1 AktG ebenso wie schon beim variablen Ausgleich (s. § 304 Abs. 2 S. 3 AktG; → § 21 Rn. 36 ff.) auf die für die Verschmelzung geltenden Grundsätze, dh auf die sog. Verschmelzungswertrelation, wobei Spitzenbeträge durch bare Zuzahlungen auszugleichen sind (→ Rn. 58).

Hatte die abhängige Gesellschaft **unterschiedliche Aktiengattungen** ausgegeben, so **6** müssen die als Abfindung angebotenen Aktien grds. der Aktiengattung entsprechen, die die außenstehenden Aktionäre innehaben (sog. Grundsatz der **Gattungsgleichheit**). **Stammaktionäre** der abhängigen Gesellschaft sind folglich nach Möglichkeit mit Stammaktien der herrschenden Gesellschaft und **Vorzugsaktionäre** mit Vorzugsaktien der herrschenden Gesellschaft abzufinden, wobei Wertunterschiede zwischen den Aktien bei der Bemessung der Höhe der Abfindung zu berücksichtigen sind (→ Rn. 57). Voraussetzung ist natürlich, dass es bei beiden Gesellschaften überhaupt unterschiedliche Aktiengattungen gibt. Ist dies dagegen **nur bei der abhängigen Gesellschaft** der Fall, so wird überwiegend auch eine Abfindung der Vorzugsaktionäre

[3] Zahlen bei *Bayer/Hoffmann* AG 2015, R55; 2015, R307; ebenso zB *J. Koch/Harnos* NZG 2015, 729.
[4] BGHZ 153, 47 (55 ff.) – Macrotron I; BGHZ 177, 131 (134 ff.) Rn. 10 ff.; BGH NZG 2010, 618.
[5] BGH NJW 2014, 146 – frosta.
[6] Wegen aller Einzelheiten s. *Bayer* NZG 2015, 1169; ZfPW 2017, 163; *Bungert/Leyendecker-Langner* ZIP 2016, 49; *W. Groß* AG 2015, 812; *Kirsch/Wege* (2.) FS Großfeld, 2019, S. 217; *Kocher/Seiz* DB 2016, 153; *Wackenbarth* WM 20116, 385; *Wieneke/Schulz* AG 2016, 809.

mit Stammaktien der anderen (herrschenden) Gesellschaft zugelassen.[7] Nichts anderes gilt im Ergebnis, wenn **nur bei der herrschenden Gesellschaft** Stamm- und Vorzugsaktionäre vorhanden sind; auch dann kommt grds. nur eine Abfindung in Stammaktien in Betracht.[8] Vergleichbare Fragen stellen sich, wenn die abhängige Gesellschaft börsennotiert war, während die Aktien der herrschenden Gesellschaft an keiner Börse gehandelt werden. In diesem Fall sollte zum Schutze der außenstehenden Aktionäre allein eine Barabfindung zugelassen werden.[9]

7   Ist der andere Vertragsteil eine abhängige oder in Mehrheitsbesitz stehende AG oder KGaA und das herrschende oder mit Mehrheit beteiligte Unternehmen eine (europäische) AG oder KGaA, so kann die Abfindung entweder in **Aktien** dieser, dh der **herrschenden Gesellschaft oder** in einer Geldzahlung **(Barabfindung)** bestehen (§ 305 Abs. 2 Nr. 2 AktG). In drei- oder **mehrstufigen Konzernen** ist diese Regelung entsprechend anzuwenden, so dass dann jeweils Aktien der Obergesellschaft des Konzerns oder eine Barabfindung anzubieten sind.[10] Ebenso ist zu verfahren, wenn der andere Vertragsteil zwar eine **GmbH** ist, die Obergesellschaft des Konzerns aber gleichfalls die Rechtsform einer AG oder KGaA hat. Abfindungs*schuldner* bleibt aber in jedem Fall der *andere* Vertragsteil, so dass sich dieser notfalls die zur Abfindung benötigten Aktien der Obergesellschaft des Konzerns erst noch besorgen muss. Die Möglichkeit hierzu eröffnet ihm § 71d S. 2 AktG iVm § 71 Abs. 1 Nr. 3 AktG. Das **Wahlrecht** zwischen den beiden Abfindungsarten steht nach überwiegender Meinung den **Vertragsteilen,** damit der Sache nach der herrschenden Gesellschaft zu und nicht etwa wie bei der Eingliederung (s. § 320b Abs. 1 S. 3 AktG) den außenstehenden Aktionären.[11]

8   In den übrigen Fällen sieht das Gesetz in § 305 Abs. 2 Nr. 3 AktG allein eine **Barabfindung** vor, vor allem also, wenn weder der andere Vertragsteil noch die ihn beherrschende Gesellschaft eine AG oder KGaA ist oder wenn die Gesellschaft von mehreren Aktiengesellschaften abhängig ist (→ § 3 Rn. 41f.; str.) Hierher gehört außerdem der Fall, dass als herrschendes Unternehmen eine Körperschaft des öffentlichen Rechts fungiert oder dass der andere Vertragsteil im Mehrheitsbesitz der öffentlichen Hand steht oder von dieser abhängig ist.[12]

2. Mängel

9   Die gesetzliche Regelung der Abfindung in § 305 AktG ist grds. zwingend, sodass Abweichungen von ihr zum Nachteil der außenstehenden Aktionäre an sich die Nichtigkeit der fraglichen Abreden zur Folge haben müssten. Es gibt jedoch Ausnahmen. Insbes. das **Fehlen** einer **Abfindungsregelung** zieht ebenso wenig wie die **fehlende Angemessenheit** der angebotenen Abfindung die Nichtigkeit des Vertrages nach sich (§ 305 Abs. 5 S. 2 AktG; → Rn. 59). Auch für eine Anfechtung des Zustimmungsbeschlusses der abhängigen Gesellschaft nach § 243 AktG ist dann kein Raum (§ 305 Abs. 5 S. 1 AktG). An die Stelle dieser Rechtsbehelfe tritt vielmehr die Befugnis außen-

---

[7]   OLG Düsseldorf NZG 2003, 588 –Siemens/SNI; Hölters/*Deilmann* AktG § 305 Rn. 4; Hüffer/Koch/ *Koch* AktG § 305 Rn. 11.

[8]   Hölters/*Deilmann* AktG § 305 Rn. 4; anders K. Schmidt/Lutter/*Stephan* AktG § 305 Rn. 41.

[9]   *Klöhn* System S. 317; *Klöhn*, NZG 2012, 1041 (1046).

[10]   *Krieger/Schneider* § 70 Rn. 119; *Pentz* Enkel-AG S. 102ff.

[11]   OLG Düsselsdorf AG 2009, 873 – AML/AMB.

[12]   BGHZ 69, 334 (335ff.) – Veba/Gelsenberg.

stehender Gesellschafter, ein **Spruchverfahren** einzuleiten, in dem dann die angemessene Abfindung vom Gericht festzusetzen ist (§ 305 Abs. 5 S. 2, 3 AktG; zum Kündigungsrecht des herrschenden Unternehmens in diesem Fall → Rn. 60).

3. Optionsrecht

Bei der Abfindung der außenstehenden Aktionäre in Aktien oder Geld handelt es sich 10 bei Lichte besehen um nichts anderes als um den Abschluss eines **Kauf- oder Tauschvertrages** zwischen den außenstehenden Aktionären und dem herrschenden Unternehmen über deren Aktien (§ 305 Abs. 2 AktG iVm den §§ 328, 433 und 480 BGB). § 305 AktG besagt mithin, dass das herrschende Unternehmen in dem Beherrschungs- oder Gewinnabführungsvertrag den außenstehenden Aktionären der abhängigen Gesellschaft neben dem Ausgleich (§ 304 AktG) den Abschluss eines Kauf- oder Tauschvertrages über ihre Aktien anbieten muss (nach § 328 Abs. 1 BGB). Die Aktionäre erwerben dadurch ein **Wahlrecht** zwischen Ausgleich und Abfindung, verbunden mit dem Recht, bei Wahl der Abfindung binnen der Frist des § 305 Abs. 4 AktG den Kauf- oder Tauschvertrag mit dem herrschenden Unternehmen über ihre Aktien durch ihre **Annahmeerklärung** zustande zu bringen.[13] Dieses sogenannte Optionsrecht, dh das Wahlrecht zwischen Ausgleich und Abfindung, steht *allen* Aktionären zu, die *während der Frist* des § 305 Abs. 4 AktG und *vor Vertragsende* Aktien der abhängigen Gesellschaft erwerben, *vorausgesetzt*, dass sie zu dem Kreis der *außenstehenden* Aktionäre gehören und deshalb abfindungsberechtigt sind.[14] Der Kreis der abfindungsberechtigten außenstehenden Aktionäre ist hier ebenso wie bei § 304 AktG zu bestimmen; den Gegensatz bilden das herrschende Unternehmen und eine Reihe ihm gleichstehender, gleichfalls nicht abfindungberechtigter anderer Aktionäre (→ § 21 Rn. 10 ff.).

Keine Rolle spielt, *wann* der außenstehende Aktionär seine Aktien erworben hat, so- 11 fern dies nur **innerhalb** der möglicherweise sehr langen **Frist** des § 305 Abs. 4 AktG und **vor Vertragsende** geschehen ist. Der Erwerbsgrund spielt keine Rolle. Selbst die Inhaber junger Aktien, die aus einer von der abhängigen Gesellschaft nach Wirksamwerden des Unternehmensvertrags durchgeführten **Kapitalerhöhung** gegen Einlagen stammen, können von dem Abfindungsrecht nicht ausgeschlossen werden (§ 53a AktG). Dasselbe gilt von Aktionären, die ihre Aktien gerade von dem herrschenden Unternehmen (oder einem diesem gleichstehenden anderen Aktionär) erworben haben.[15] *Anders* verhält es sich dagegen, wenn im Augenblick des Erwerbs der Aktien die **Frist** des § 305 Abs. 4 AktG bereits abgelaufen ist oder der Unternehmensvertrag mittlerweile sein **Ende** gefunden hat, weil in diesem Fall das auf dem Unternehmensvertrag beruhende Optionsrecht der Aktionäre, dh der Antrag des herrschenden Unternehmens an die außenstehenden Aktionäre auf Abschluss eines Kauf- oder Tauschvertrages erloschen ist (§ 148 BGB; § 305 Abs. 1, 4 AktG), und zwar selbst wenn dann noch ein vertragsüberdauerndes Spruchverfahren anhängig sein sollte, das von anderen Aktionären noch rechtzeitig vor Fristablauf oder Vertragsende eingeleitet worden war.[16]

---

[13] RGZ 147, 42 (47); BGHZ 135, 374 (380) – Guano; BGHZ 152, 29 (31) – Rütgers; BGHZ 176, 43 Rn. 13 ff. – EKU; *Haase* AG 1995, 8 (10 ff.).

[14] BGHZ 167, 299 (303 f.) – Jenoptik; BGHZ 176, 43 Rn. 17 – EKU.

[15] BGHZ 167, 299 (303, 305 f.) – Jenoptik; BGHZ 176, 43 Rn. 22 – EKU; zust. BVerfG ZIP 2007, 1055 – Jenoptik; OLG Düsseldorf WM 2006, 2219; früher sehr str.

[16] BGHZ 167, 299 (303, 305 f.) – Jenoptik; BGHZ 176, 43 Rn. 22 – EKU.

12 Für den Fall der **Veräußerung** der Aktien folgt aus dem Gesagten (→ Rn. 10f.), dass der Anspruch des Veräußerers auf Abfindung mit Übergang der Aktien auf den Erwerber erlischt, einfach deshalb, weil er damit die Eigenschaft als außenstehender Aktionär einbüßt. Denn der Antrag des herrschenden Unternehmens auf Abschluss eines Kauf- oder Tauschvertrages über Aktien ist allein an außenstehende Aktionäre gerichtet, nicht an Personen, die inzwischen diese Eigenschaft verloren haben. Der Antrag richtet sich jetzt vielmehr an den **Erwerber,** *sofern* er zum Kreis der außenstehenden Aktionäre gehört, die Frist des § 305 Abs. 4 AktG noch läuft *und* der Vertrag nicht mittlerweile sein Ende gefunden hat. Solange der Erwerber von dem auch ihm zustehenden Wahlrecht keinen Gebrauch macht, gebühren folglich (nur) ihm – ebenso wie dem Veräußerer für die vorausgehende Zeitspanne – die **Ausgleichsleistungen** auf Grund des § 304 AktG. Nach der Wahl der Abfindung muss er sich dementsprechend nur die von *ihm* bezogenen Ausgleichsleistungen auf die Abfindungszinsen (nur diese) anrechnen lassen (→ Rn. 17).

13 Aus dem Gesagten (→ Rn. 10ff.) folgt, dass das Wahlrecht der außenstehenden Aktionäre zwischen dem Bezug von Ausgleichsleistungen des herrschenden Unternehmens und der Veräußerung ihrer Aktien, dh zwischen Ausgleich und Abfindung, seine Grundlage entgegen einer verbreiteten Meinung nicht so sehr im Gesetz, dh in § 305 AktG, sondern in erster Linie in dem **Unternehmensvertrag** findet, da in diesem das herrschende Unternehmen den außenstehenden Aktionären nach den §§ 304 und 305 AktG Ausgleichsleistungen oder nach ihrer Wahl den Erwerb von Aktien anbieten muss (§ 328 Abs. 1 BGB).[17] Zuzugeben ist jedoch, dass es auch eine Reihe von Fällen gibt, in denen das Abfindungsrecht der außenstehenden Aktionäre letztlich unmittelbar auf dem **Gesetz** beruht. Der erste Fall findet sich bereits im Gesetz selbst, nämlich in § 305 Abs. 5 S. 2 AktG, nach dem bei Fehlen einer vertraglichen Regelung der Abfindung das Gericht im Spruchverfahren auf Antrag der außenstehenden Aktionäre die angemessene Abfindung bestimmt (→ Rn. 9). Diesem (eindeutigen) Fall wurde später der andere gleichgestellt, dass der Unternehmensvertrag während eines anhängigen Spruchverfahrens vorzeitig sein Ende findet, zB auf Grund einer Kündigung seitens des herrschenden Unternehmens, da auch in diesem Falle das Abfindungsrecht der außenstehenden Aktionäre zu ihrem Schutz bestehen bleibt (sog. **vertragsüberdauerndes Spruchverfahren;** → Rn. 20, → § 22a Rn. 35). Soweit in weiteren Fallgestaltungen eine entsprechende Anwendung des § 305 in Betracht kommen sollte (→ Rn. 4), folgt der Abfindungsanspruch gleichfalls letztlich aus dem Gesetz, dh aus einer Analogie zu § 305 AktG.

13a Im Falle der **Insolvenz** des herrschenden Unternehmens kommt es darauf an, ob der außenstehende Aktionär sein **Optionsrecht** bei Eröffnung des Insolvenzverfahrens bereits **ausgeübt** hatte.[18] Ist dies der Fall, so findet § 103 InsO entsprechende Anwendung mit der Folge, dass der Insolvenzverwalter ein *Wahlrecht* erlangt. Lehnt er die Erfüllung ab, so ist der Schadensersatzanspruch des außenstehenden Aktionärs freilich eine bloße Insolvenzforderung (§§ 38, 103 Abs. 2 InsO).[19] Wenn der Aktionär das Abfindungsangebot des herrschenden Unternehmens dagegen erst **nach Eröffnung** des

---

[17] S. zu dieser Diskussion einerseits für eine vertragliche Grundlage *Bilda* FS Hüffer, 2010, 49, andererseits für eine gesetzliche Grundlage *Klöhn* System S. 128ff., beide mN.
[18] Dazu grdl. das EKU-Urteil BGHZ 176, 43 (49ff., 51ff.) mAnm *H.-F. Müller* ZIP 2008, 1701.
[19] BGHZ 176, 43 (49ff., 51ff.); *H.-F. Müller* ZIP 2008, 1701 (1702ff.).

Verfahrens annimmt, richtet sich die Rechtslage zwar ebenfalls nach den entsprechend anwendbaren §§ 103 und 38 InsO; jedoch stehen den außenstehenden Aktionären während des Verfahrens keine Abfindungszinsen nach § 305 Abs. 3 AktG zu.[20]

4. Frist

Nach § 305 Abs. 4 S. 1 AktG kann in dem Unternehmensvertrag die Verpflichtung **14** des herrschenden Unternehmens zum Erwerb der Aktien der abhängigen Gesellschaft auf Verlangen der außenstehenden Aktionäre befristet werden. Die Frist beträgt mindestens zwei Monate seit Bekanntmachung der Eintragung des Unternehmensvertrages ins Handelsregister (§ 305 Abs. 4 S. 2 AktG). Wird ein **Spruchverfahren** eingeleitet, so endet die Frist frühestens zwei Monate nach Bekanntmachung der (rechtskräftigen) gerichtlichen Entscheidung im Bundesanzeiger (§ 305 Abs. 4 S. 3 AktG; § 14 SpruchG). Gleich steht eine Beendigung des Verfahrens durch Abschluss eines Vergleichs (§ 11 Abs. 2 SpruchG).[21] Diese Regelung ist eingeführt worden, um den außenstehenden Aktionären die Möglichkeit zu geben, sich erst in Kenntnis des Ausgangs des Spruchverfahrens zwischen Ausgleich und Abfindung zu entscheiden.

Im Falle der Befristung des Abfindungsangebots (→ Rn. 14) genügt es zur **Fristwah-** **15** **rung,** wenn die Erklärung, durch die der außenstehende Aktionär den Antrag des herrschenden Unternehmens auf Abschluss eines Kauf- oder Tauschvertrages über seine Aktien, das sogenannte Abfindungsangebot, annimmt, dem herrschenden Unternehmen binnen der Frist zugeht (§§ 130 Abs. 1, 148 BGB). Eine bestimmte **Form** ist für die Ausübung des Abfindungsrechts, dh für die Annahmeerklärung der außenstehenden Aktionäre, nicht vorgeschrieben, so dass auch eine mündliche Annahme des Angebots zur Fristwahrung genügt. Durch den Vertrag kann nicht Schriftform verbindlich vorgeschrieben werden (str.). Nicht erforderlich ist, dass innerhalb der Frist auch schon die Aktien bei dem herrschenden Unternehmen oder der von ihm sonst bezeichneten Stelle eingereicht werden, weil davon nicht die Entstehung, sondern allein die Fälligkeit des Abfindungsanspruchs abhängt (s. § 433 Abs. 2 BGB, § 480 BGB und § 320 BGB).[22] Eine Wiedereinsetzung gegen die Fristversäumung ist jedoch nicht möglich.[23]

5. Verzinsung, Anrechnung

Eine Barabfindung (nur diese) ist von dem Zeitpunkt des Wirksamwerdens des Ver- **16** trags ab (s. § 294 Abs. 2 AktG) mit 2 % über dem jeweiligen Basiszinssatz des § 247 BGB zu verzinsen (§ 305 Abs. 3 S. 3 Hs. 1 AktG). Ein weitergehender Zinsschaden kann nur geltend gemacht werden, wenn sich das herrschende Unternehmen in **Verzug** befindet (§ 305 Abs. 3 S. 3 Hs. 2 AktG). Mit dieser Regelung wird bezweckt, jedem Versuch einer Verzögerung des Spruchverfahrens durch das herrschende Unternehmen entgegenzuwirken.[24] Voraussetzung des Verzugs ist jedoch, dass das herrschende Unternehmen auf die **Mahnung** eines außenstehenden Aktionärs hin nach Einreichung dessen Aktien nicht zahlt (§ 286 Abs. 1 S. 1 BGB). Entbehrlich ist eine Mahnung lediglich in den Ausnahmefällen des § 286 Abs. 2 BGB, insbes. also im

---

[20] BGHZ 176, 43 Rn. 51 ff.; *H.-F. Müller* ZIP 2008, 1701 (1705).
[21] BGHZ 112, 382 (384 ff.) – Langenbrahm/Dr. Rüger.
[22] BGHZ 155, 110 (120) – Philips I.
[23] BayObLGZ 2002, 56 (59).
[24] S. die Begründung, BT-Drs. 12/6699 (1994), 88, 179.

Falle einer Erfüllungsverweigerung seitens des herrschenden Unternehmens (§ 286 Abs. 2 Nr. 3 BGB).[25]

16a Die Pflicht des herrschenden Unternehmens zur **Verzinsung** der Barabfindung beruht unmittelbar auf Gesetz (§ 305 Abs. 3 S. 3 AktG) und ist aus diesem Grund nicht Gegenstand eines etwaigen **Spruchverfahrens.** Die Zinspflicht braucht deshalb auch nicht in die Entscheidung aufgenommen zu werden. Jedoch ist das Gericht im Spruchverfahren nicht gehindert, aus Gründen der Klarstellung bei Festsetzung der angemessenen Barabfindung auch zugleich über die Verzinsung nach § 305 AktG zu entscheiden.[26] Die Frage ist freilich umstritten, weil ein Streit der Parteien über die Abfindungszinsen nicht im Spruchverfahren, sondern im ordentlichen Verfahren, dh durch Leistungsklage, auszutragen ist.[27]

17 Haben die außenstehenden Aktionäre **zunächst** die **Ausgleichszahlungen** entgegengenommen, *bevor* sie sich für eine **Barabfindung** (nebst Zinsen!) entschieden, so sind die von ihnen bereits bezogenen Ausgleichsleistungen allein mit den vom herrschenden Unternehmen ab Wirksamwerden des Beherrschungs- oder Gewinnabführungsvertrages (§ 294 Abs. 2 AktG) nach § 305 Abs. 3 S. 3 AktG geschuldeten **Zinsen** (→ Rn. 16) zu **verrechnen.**[28] Eine Kumulierung von Ausgleichsleistungen und Abfindungszinsen scheidet nach hM aus, weil es sich bei beiden Leistungen im Grunde um die Verzinsung des von den außenstehenden Aktionären in der Gesellschaft investierten Kapitals handelt.[29] Die Anrechnung hat *für jedes Geschäftsjahr* gesondert zu erfolgen, um eine Benachteiligung der außenstehenden Aktionäre durch eine Gesamtabrechnung über mehrere Geschäftsjahre hinweg zu vermeiden.[30]

6. Schuldner

18 Anders als beim Ausgleich (→ § 21 Rn. 17) kann bei der Abfindung mit Rücksicht auf den insoweit eindeutigen Wortlaut des § 305 Abs. 1 AktG nicht zweifelhaft sein, dass die Verpflichtung zum Erwerb der Aktien der außenstehenden Aktionäre den anderen Vertragsteil und nur diesen, dh das **herrschende Unternehmen,** trifft.[31] Bei einer Abfindung in eigenen Aktien muss sich die herrschende Gesellschaft daher **eigene Aktien** in der dafür erforderlichen Anzahl verschaffen. § 71 Abs. 1 Nr. 3 AktG lässt für diesen Fall Ausnahmen von dem grundsätzlichen Verbot des Erwerbs eigener Aktien zu.

19 Reicht dies nicht aus, so muss die herrschende Gesellschaft zu einer Kapitalerhöhung unter Zuwendung des Bezugsrechts an die außenstehenden Aktionäre schreiten. Als weitere Auswege kommen die Ausnutzung eines genehmigten Kapitals oder eine bedingte Kapitalerhöhung nach § 192 Abs. 2 Nr. 2 AktG in Betracht.[32] Auch im Falle des § 305 Abs. 2 Nr. 2 AktG (Abfindung in Aktien der Obergesellschaft) ist der andere Vertragsteil genötigt, sich, gleichgültig auf welchem Weg, **Aktien der Obergesell-**

---

25 BGHZ 155, 110 (120 f.) – Philips I.
26 BGH NJW 2003, 3272 (3273); OLG Düsseldorf AG 2009, 907 (912); ZIP 2012, 1713.
27 OLG Düsseldorf ZIP 2012, 1713.
28 BGHZ 152, 29 (33 ff.) – Rütgers; BGHZ 155, 110 – Philips I; BGHZ 174, 378; BGH NJW 2003, 3272 (3273); ZIP 2003, 1933 – Philips III; früher sehr str.
29 Wegen der Einzelheiten s. *Kamanabrou* BB 2005, 449; *Knoll* ZIP 2003, 2339; BB 2004, 1727.
30 BGHZ 174, 378.
31 So schon OLG Hamm AG 1976, 19 mAnm *U. Schneider;* unstr.
32 Vgl. *Kowalski* AG 2000, 555; *Krieger/Schneider* § 70 Rn. 118.

schaft in der nötigen Anzahl zu verschaffen. Ist ihm das nicht möglich, so bleibt nur die Barabfindung (s. § 71 d S. 2 AktG).

7. Erlöschen

Der Abfindungsanspruch der außenstehenden Aktionäre beruht in erster Linie auf **20** dem Beherrschungs- oder Gewinnabführungsvertrag (§ 305 Abs. 5 S. 2 AktG; → Rn. 13). Dies hat zur Folge, dass der Anspruch grds. das Schicksal des Vertrages teilt. Wird der **Vertrag beendet,** bevor der außenstehende Aktionär von seinem Abfindungsrecht Gebrauch gemacht hat, so kann er daher fortan das Abfindungsangebot des herrschenden Unternehmens nicht mehr annehmen, außer wenn in diesem Zeitpunkt ausnahmsweise die Antragsfrist des § 4 Abs. 1 S. 1 Nr. 1 SpruchG noch nicht abgelaufen ist.[33] Ist das Abfindungsangebot gem. § 305 Abs. 4 S. 1 AktG befristet, so endet mit **Fristablauf** vor Geltendmachung des Abfindungsrechts ebenfalls die Möglichkeit der Aktionäre, noch Abfindung zu verlangen (§ 148 BGB).[34] Der Abfindungsanspruch der außenstehenden Aktionäre endet ferner, wenn der Aktionär seine Aktien **veräußert** (→ Rn. 12) oder wenn er wirksam nach § 327 a ausgeschlossen wird, bevor er von einem Abfindungsangebot Gebrauch gemacht hat (schon → § 21 Rn. 16). Besonderheiten gelten bei Beendigung des Vertrags *während* eines anhängigen Spruchverfahrens. In diesen Fall können (nur) die (früheren) außenstehenden Aktionäre das Abfindungsangebot auch noch nach Vertragsbeendigung annehmen, um zu verhindern, dass das herrschende Unternehmen die außenstehenden Aktionäre, zB durch Kündigung des Vertrages während des Spruchverfahrens, letztlich um den Rechtsschutz zu bringen vermag (sog. **vertragsüberdauernden Spruchverfahren;** → Rn. 13, → § 22 a Rn. 35).

8. Anpassung

Das Abfindungsangebot des herrschenden Unternehmens nach § 305 AktG ist, wie **21** gezeigt (→ Rn. 10 f.), der Sache nach nichts anderes als ein Antrag an die außenstehenden Aktionäre auf Abschluss eines Kauf- oder Tauschvertrages über ihre Aktien gegen eine **einmalige Gegenleistung** in Gestalt von Aktien oder einer Barzahlung. Dieser Preis wird grds. ein für alle Mal **zum Stichtag,** dem Tag der Beschlussfassung der Hauptversammlung der abhängigen Gesellschaft über den Vertrag (→ Rn. 39), vom herrschenden Unternehmen in seinem Abfindungsangebot **festgesetzt** (§ 305 Abs. 1 AktG) und auf Antrag der außenstehenden Aktionäre anschließend gegebenenfalls in einem Spruchverfahren überprüft (§ 305 Abs. 5 S. 2 AktG).

Die Frage einer **späteren Anpassung** des Abfindungsangebots an veränderte Verhält- **22** nisse stellt sich infolgedessen hier – anders als bei dem auf Dauer berechneten und fortlaufend zu zahlenden Ausgleich (dazu → § 21 Rn. 48 ff.) – **nur in wenigen Fallgruppen.** Es geht dabei in erster Linie um Fälle wie den Beitritt eines neuen herrschenden Unternehmens zu dem Beherrschungs- oder Gewinnabführungsvertrag, und zwar insbes. während eines anhängigen Spruchverfahrens, die Übertragung des Vertrags auf ein anderes herrschendes Unternehmen sowie die Eingliederung oder Verschmelzung des herrschenden Unternehmens in oder mit einem anderen Unterneh-

---

[33] OLG Stuttgart AG 2011, 601 (603); *Altmeppen* FS P. Ulmer, 2003, 3 (6 ff.); *Butzke* FS Hüffer, 2010, 97 (98 ff.); – dagegen *Luttermann* JZ 1997, 1183 ff.; anders für den Fall der Insolvenz der abhängigen Gesellschaft auch *Beyerle* AG 1979, 306 (308 ff.).

[34] OLG Hamm NZG 2003, 632 – DAB/Hansa; *Altmeppen* FS P. Ulmer, 2003, 3 (6 ff.).

men. In der Mehrzahl der genannten Fälle dürfte in der Tat nach § 242 BGB eine **Wiederholung** des Abfindungsangebots erforderlich sein, weil und sofern sich die außenstehenden Aktionäre jetzt – während eines laufenden Spruchverfahrens – einer gänzlich veränderten Situation gegenübersehen, so dass ihnen nochmals die Möglichkeit eröffnet werden muss, über den Fortbestand ihres Investments in der abhängigen Gesellschaft gegen Ausgleichszahlungen (§ 304 AktG) oder über die Aufgabe dieses Investments im Wege der Abfindung nach § 305 AktG nachzudenken – trotz des Stichtagsprinzips (→ Rn. 39 f.). In Ausnahmefällen wird dasselbe bei einer grundstürzenden Veränderung der tatsächlichen Verhältnisse nach dem Stichtag während eines Spruchverfahrens anzunehmen sein, wenn im Lichte der neuen Verhältnisse das bisherige Abfindungsangebot als völlig ungenügend erscheint (§ 313 BGB, str.).

IV. Angemessenheit der Abfindung – Was heißt das eigentlich?

23   Die außenstehenden Aktionäre haben nach § 305 Abs. 1 AktG Anspruch auf eine „angemessene" Abfindung in Aktien oder Geld. Abs. 3 S. 1 der Vorschrift fügt hinzu, dass bei der Abfindung in Aktien der herrschenden Gesellschaft oder deren Muttergesellschaft für den Umtausch der Aktien die so genannte Verschmelzungswertrelation maßgebend ist, während die Barabfindung nach Abs. 3 S. 2 des § 305 AktG die Verhältnisse der abhängigen Gesellschaft im Augenblick der Beschlussfassung ihrer Hauptversammlung über die Zustimmung zu dem Unternehmensvertrag berücksichtigen muss. Mit § 305 AktG vergleichbare Regelungen finden sich für die Eingliederung durch Mehrheitsbeschluss in § 320b Abs. 1 AktG sowie für den Ausschluss von Minderheitsaktionären in den § 327a Abs. 1 S. 1 AktG und § 327b Abs. 1 S. 1 AktG (dazu → § 10 Rn. 30 ff., → § 10a Rn. 24).

24   „Angemessen" iSd § 305 Abs. 1 AktG ist die Abfindung nur dann, wenn sie dem **„wirklichen oder wahren Wert"** der Beteiligung der außenstehenden Aktionäre an dem Unternehmen ihrer Gesellschaft unter Einschluss der stillen Reserven und des inneren Geschäftswerts entspricht, weil die außenstehenden Aktionäre nach Art. 14 GG Anspruch auf eine **volle Entschädigung** für ihr Ausscheiden aus der abhängigen Gesellschaft haben (→ § 21 Rn. 4). Die Ermittlung des „wirklichen oder wahren Werts" der Beteiligung der außenstehenden Aktionäre an dem Unternehmen ihrer Gesellschaft hat sich indessen als ungewöhnlich schwierig erwiesen, weil der (wirkliche oder wahre) Wert eines Gegenstandes meistens eine hoffnungslose Unbekannte ist, wenn und solange man sich nicht ausschließlich an Marktpreisen orientiert. Als Auswege aus diesem Dilemma werden in der Literatur sehr **unterschiedliche Konzepte** diskutiert, für die sich ua die Stichworte Grenzpreis und Schiedspreis eingebürgert haben.[35] Unter einem etwas anderen Gesichtspunkt unterscheidet man ferner insbes. noch im vorliegenden Zusammenhang zwischen marktwertorientierten und fundamental-analytischen Methoden der Wertermittlung je nachdem, ob man das Schwergewicht bei der Wertermittlung mehr auf empirische oder theoretische Erwägungen legt.

25   Die wohl überwiegende Meinung setzt bisher, insbes. unter dem Einfluss der tonangebenden Wirtschaftsprüfer und unter Betonung der Vorzugswürdigkeit funda-

---

[35] S. die Übersichten bei *Hüffer*, FS Hadding, 2004, 461 (464 ff.); Hüffer/Schmidt-Aßman/Weber Anteileigentum S. 23 ff.; *Karrer* Angemessenheit S. 118, 152 ff.; *Obermaier* (2.) FS Großfeld, 2019, S. 325; W. *Müller* FS G. Roth, 2011, 517; *Stilz* FS Goette, 2011, 529.

mental-analytischer Methoden der Wertermittlung, die „volle Entschädigung" der au-ßenstehenden Aktionäre mit dem sog. **Grenzpreis** gleich. Man versteht darunter den-jenigen Preis, den die außenstehenden Aktionäre (mindestens) erhalten müssen, um aus ihrer Gesellschaft ohne Nachteile ausscheiden zu können.[36] Dieser Preis wird als identisch mit dem Betrag angesehen, den der außenstehende Aktionär benötigt, um bei einer **Ersatzinvestition** in öffentlichen Anleihen *oder* in anderen Aktien **genauso dazustehen,** wie wenn er weiterhin an seiner als *unabhängig* gedachten Gesellschaft beteiligt wäre.[37] Den Gegensatz bildet der sog. **Schiedspreis,** womit derjenige Preis (und damit Wert) des Anteils gemeint ist, den der außenstehende Aktionär im Falle eines **Verkaufs am Markt** erzielen könnte; bei börsennotierten Gesellschaften ent-spricht dieser Schiedspreis grds. (mindestens) dem *Börsenkurs,* kann aber durchaus auch *höher* sein.[38] Fasst man dabei sofort den Preis für den Anteil ins Auge, so spricht man von einer **unmittelbaren Wertermittlung,** von einer **mittelbaren** dagegen, wenn man – gedanklich – den Umweg über eine Bewertung des ganzen, weiter als un-abhängig gedachten Unternehmens der Gesellschaft am Markt geht, etwa im Wege der hypothetischen Veräußerung des Unternehmens, wobei dann der Anteilswert aus dem Kaufpreis entsprechend dem Anteilsbesitz der einzelnen Aktionäre hergeleitet wird.

Hinter der Diskussion um die Maßgeblichkeit des Grenzpreises oder des Schieds-preises steht letztlich die Frage, welche Bedeutung iRd Unternehmensbewertung den **Wertvorstellungen** der Beteiligten zukommen soll. Ausdruck solcher Wertvorstellun-gen ist gerade der Schiedspreis, weil er das Ergebnis rechtsgeschäftlicher Transaktionen am Markt ist. Bei börsennotierten Gesellschaften spiegelt sich dieser Preis in erster Linie, aber nicht allein, im **Börsenkurs** wider. Zu Abweichungen vom Börsenkurs kommt es vor allem bei dem Handel mit ganzen „Aktienpaketen" (Stichwort: **Paket-zuschläge,** → Rn. 26, 32 f.). Gegen die Berücksichtigung derartiger „Marktpreise" und damit gegen die Anwendung marktwertorientierter Methoden iRd § 305 be-stehen verbreitet *Vorbehalte,* auch bei den Gerichten,[39] weil Marktpreise häufig nur mit Schwierigkeiten zu ermitteln sind und letztlich von einer Vielzahl nur schwer zu überschauender Faktoren, einschließlich insbes. der Präferenzen der Marktakteure, ab-hängen, sodass sie – und zwar einschließlich der Preise für Unternehmen und für Un-ternehmensanteile – in mancher Hinsicht volatil erscheinen und ihnen, wenn man so will, geradezu etwas Willkürliches anhaftet. Deshalb die verbreitete Suche nach be-rechenbaren („objektiven") Alternativen, hier in Gestalt des Grenzpreises, dh einer mit dem Anteil **gleichwertigen Alternativanlage.** Um diese bestimmen zu können, muss man freilich (wieder) wissen, welchen Wert das Investment des fraglichen Aktio-närs heute tatsächlich hat, für das man eine äquivalente andere Anlage sucht. Unter

25a

---

[36] BGHZ 138, 136 (140) – ASEA/BBC II; BGHZ 153, 47 (54 f.) – Macrotron; BayObLG NZG 2006, 156 – Pilkington AG; OLG München ZIP 2007, 375 – N.-Energie; AG 2008, 461 (462); zust. *Hüffer* FS Hadding, 2004, 461 (464 ff.); *Korth* ZGR 1999, 402 (413, 416).

[37] *Hüttemann* ZHR 162 (1998), 563 (578 ff.).

[38] *Bungert/Wettich* FS Hoffmann-Becking, 2013, 157; *Decher* FS Maier-Reimer, 2010, 55 (70 ff.); *Komp* Zweifelsfragen 38 ff.; *W. Müller* FS Bezzenberger, 2000, 705 (712, 714 ff.); *Luttermann* JZ 1999, 945; *W. Müller* FS G. Roth, 2011, 517; *Reichert* FS Stilz, 2014, 479; *Stilz* ZGR 2001, 875 (881 ff.); *Stilz* FS Goette, 2011, 529; *Wicke* FS Stilz, 2014, 707 (713 ff.).

[39] S. zB OLG Stuttgart AG 2008, 783 (784); OLG Frankfurt a. M. AG 2017, 626 (628); OLG Düssel-dorf AG 2016, 329 (330 f.); 2017, 799; 2017, 827 (830 ff.); 2018, 399 (402); OLG Düsseldorf Beschl. v. 22.3.2018 – 26 W 18/14, BeckRS 2018, 37142 – Mannesmann/Vodafone I; *Ruthardt/Hachmeister* NZG 2014, 455; *dies.* WM 2014, 725; *Ruthardt* NZG 2015, 1387.

den dafür in der Betriebswirtschaftslehre diskutierten Methoden beherrscht heute (sofern man aus den genannten Gründen marktwertorientierte Methoden verwirft) die vielberufene **Ertragswertmethode** (als „objektivierte" fundamental-analytische Methode) das Feld. Grundlage ist die sogenannte **Portfoliotheorie,** die es erlauben soll, Regeln der Preisbildung am Markt formal abzubilden. Auf diese Weise soll es möglich sein, Unternehmenswerte theoretisch aus den Daten über die Ertragslage eines Unternehmens abzuleiten, und zwar aufgrund der Annahme, dass sich die Preisvorstellungen der Marktbeteiligten in erster Linie an den erwarteten zukünftigen Erträgen eines Unternehmens ausrichten werden. Den tatsächlich am Markt gezahlten Preisen, allen voran den Börsenkursen, wird dagegen, wenn überhaupt, so nur Bedeutung im Rahmen einer *Plausibilitätskontrolle* beigemessen.

26 Kern der **Ertragswertmethode** ist die Diskontierung der für die Zukunft erwarteten Erträge der zu bewertenden Gesellschaft auf einen Gegenwartswert (→ Rn. 34 ff.). Der auf diese Weise ermittelten **Grenzpreis** unterscheidet sich häufig signifikant von dem **Schiedspreis,** weil in diesen je nach den Vorstellungen der Beteiligten außer den prognostizierten zukünftigen Erträgen (auf die die Ertragswertmethode vorrangig abstellt) noch zahlreiche andere, nur schwer kalkulierbare Faktoren eingehen, sodass der Schiedspreis sowohl unter als auch – so idR – über dem Ertragswert (= Grenzpreis) liegen kann. Zu einer Überbietung des Grenzpreises durch den Schiedspreis kann es vor allem kommen, wenn **Paketzuschläge** gezahlt werden, bei denen es sich um einen besonders deutlichen Ausdruck der Bewertung des Unternehmens auf dem Unternehmensmarkt handelt. Die übliche *Bevorzugung des Grenzpreises* hat nicht zuletzt den **Zweck,** eine Beteiligung der außenstehenden Aktionäre an derartigen Paketzuschlägen zu verhindern (→ Rn. 32 f.).

26a Die **Ertragswertmethode** beherrscht nach wie vor die aktuelle Bewertungspraxis,[40] vor allem, weil die Wirtschaftsprüfer, die in erster Linie zur Unternehmensbewertung in aktienrechtlichen Verfahren berufen sind (§ 293 d Abs. 1 S. 1 AktG iVm § 319 Abs. 1 S. 1 HGB) kraft Berufsrechts auf den **Standard S 1** des Instituts der Wirtschaftsprüfer **(IDW)** für die Unternehmensbewertung festgelegt sind, nach dem allein die Ertragswertmethode als Verfahren der Unternehmensbewertung in Betracht kommt,– und weil die Mehrzahl der Gerichte diese berufsständische Fixierung der Wirtschaftsprüfer auf eine einzige Methode der Unternehmensbewertung grds. hinnimmt.[41] Hinter dieser Praxis steht letztlich die Überlegung, bei der Ermittlung des Unternehmenswertes handele es sich im Grunde um eine **Schätzung,** sodass die Gerichte gem. § 287 Abs. 2 ZPO bei der Entscheidung darüber weitgehend frei seien, auf welche Fakten sie sich bei der Schätzung stützen wollen.[42] Daraus leitet die Mehrzahl der Gerichte sodann die Befugnis ab, bei der Ermittlung des Unternehmenswertes von den ohnehin durchweg vorliegenden Bewertungsgutachten von Wirtschaftsprüfern (s. §§ 293 b ff. AktG)

---

[40] S. zB *Brösel/Karami* Wpg 2012, 418; *Burger* NZG 2012, 281; *Karami* Wpg 2012, 418; *Katzenstein* AG 2018, 739; *Ruthardt/Hachmeister* NZG 2014, 41; 2014, 455; WM 2014, 725; *Ruthardt,* Normzweckkonforme Unternehmensbewertung, 2014; *Ruthardt/Popp* AG 2019, 196; *Schulte/Köller/Luksch* Wpg 2012, 380 mN.

[41] Exemplarisch, mit immer derselben Formulierung, OLG Stuttgart AG 2013, 724 (725 f.); 2013, 840; 2014, 208 (209); NZG 2014, 140; dagegen *Emmerich* AG 2015, 627 (630); *Emmerich* FS Stilz, 2014, 135; *Emmerich* EWeRK 2016, 153; krit. zu Recht insbes. auch *Fleischer* AG 2014, 97 (99 ff., 112 ff.); *Knoll* (2.) FS Großfeld, 2019, S. 217; Fleischer/Koch/Kropff/Lutter/*Vetter,* 50 Jahre Aktiengesetz, 2016, 231, 243 f.

[42] ZB OLG Stuttgart AG 2019, 255; 2019, 262; ausf. mN *Katzenstein* AG 2018, 739.

auszugehen und diese „lediglich" daraufhin zu überprüfen, ob die Gutachten im Ergebnis auf einer in der dafür primär zuständigen Betriebswirtschaftslehre anerkannten und in der Bewertungspraxis gebräuchlichen Methode beruhten *und* diese Methode im Einzelfall auch zutreffend umsetzten. Die Folge ist, dass die Standards und die Stellungnahmen der Organe der Wirtschaftsprüfer zu Bewertungsfragen (obwohl es sich bei ihnen natürlich nicht um Gesetze handelt) heute die Bewertungspraxis nahezu total beherrschen, selbst wenn sie – besonders deutlich etwa bei der umstrittenen Berechnung der Marktrisikoprämie – auf noch so zweifelhaften theoretischen Annahmen beruhen, da es die Gerichte nicht als ihre Aufgabe ansehen, theoretische Annahmen der Betriebswirtschaftslehre durch andere ebenso zweifelhafte Annahmen zu ersetzen, wofür die Gerichte ohnehin keine Kompetenz besäßen.

Die übliche Bevorzugung der Ertragswertmethode in der gegenwärtigen Bewertungspraxis, auch der Gerichte, ist angesichts der offenkundigen **Schwächen** dieser Methode nur schwer verständlich. Um diese zu erkennen, genügt es, sich folgendes zu vergegenwärtigen:[43] Kern der Ertragswertmethode ist die *Diskontierung der prognostizierten zukünftigen Erträge* eines Unternehmens mittels eines bestimmten Kapitalisierungszinssatzes nach der Rentenformel auf einen Gegenwartswert. Indessen liegt es auf der Hand, dass die zukünftigen Erträge eines Unternehmens schlicht unbekannt sind. Man kann sie nur ungefähr schätzen aufgrund der bisherigen Erträge, der Unternehmensplanungen und der allgemeinen Einschätzung der Zukunft. Das Ergebnis ist nahezu willkürlich und – wie die Erfahrung immer wieder bestätigt – meistens grundfalsch,[44] kann dann aber wegen des Stichtagsprinzips (→ Rn. 39 ff.) nicht mehr korrigiert werden, – womit bereits die ganze Berechnung des Unternehmenswertes nach dem Ertragswertverfahren buchstäblich „in der Luft hängt". **26b**

Die Konsequenz kann an sich nur sein, wo immer möglich auf **Marktpreise** (die es gibt) auszuweichen,[45] dies umso mehr, als nicht ernstlich zweifelhaft sein kann, dass der Anteil an einem Unternehmen in einer Marktwirtschaft für einen Aktionär immer mindestens so viel wert ist, wie am Markt tatsächlich dafür gezahlt wird. Bei börsennotierten Gesellschaften folgt daraus, dass der jeweilige **Börsenkurs** auf jeden Fall die *Untergrenze* der angemessenen Abfindung markiert, – hinter dem die Abfindung in keinem Fall zurückbleiben darf, über die sie aber ggf. durchaus auch hinausgehen kann, wenn sich nämlich zeigen lässt, dass der *Marktpreis für das Unternehmen* insgesamt oder für *Beteiligungen* an dem Unternehmen *über* den Börsenkursen liegt, etwa, weil hohe Paketzuschläge gezahlt werden (→ Rn. 32 f.). **26c**

Zumindest die Vorzugswürdigkeit realistischer Börsenkurse setzt sich langsam auch in der Gerichtspraxis durch – trotz nach wie vor verbreiteter Einwände der Betriebswirt- **26d**

---

[43] S. zB *Bungert/Wettich* FS Hoffmann-Becking, 2013, 157; *Emmerich* FS U. Schneider, 2011, 323; *Emmerich* FS Stilz, 2014, 135; *Emmerich* AG 2019, 579; *Fleischer* AG 2014, 97; 2019, 57 (65); *Gude* Strukturänderungen 212 ff.; *Hering/Toll*, (2.) FS Großfeld, 2019, 173; *Komp* Zweifelsfragen S. 381; *Mülbert* FS Hopt, Bd. I, 2010, 1039 (1070 ff.); *W. Müller* FS G. Roth, 2011, 517; *Stilz* ZGR 2001, 875 (881 ff.); *Stilz* FS Goette, 2011, 529; dagegen wieder ausf. zB *Katzenstein* AG 2018, 739; *Schulte/ Köller/Luksch* Wpg 2012, 380.

[44] Ebenso zB OLG Stuttgart BB 2011, 1522; *Stilz* FS Goette, 2011, 529 ff.; *M. Wehr* FAZ Nr. 269 vom 17.11.2012, 40.

[45] Ebenso zB Fleischer/Koch/Kropff/Lutter/ *Vetter,* 50 Jahre Aktiengesetz, 2016, 231, 243 f.; *Diekmann,* (2.) FS Großfeld, 2019, 97 (105 f.); *A. Schüler* das. 389.

schaftslehre.[46] Aufs Ganze gesehen handelt es sich dabei freilich nach wie vor um Einzelfälle. Die bedauerliche Konsequenz ist die weithin feststellbare **Resignation der Gerichte,** nicht zuletzt vor der überbordenden Komplexität der Ertragswertmethode mit ihren pseudowissenschaftlichen Formeln und Ableitungen,[47] so dass sich die Gerichte immer häufiger, meistens unter Berufung auf § 287 Abs. 2 ZPO, auf eine bloße **Plausibilitäts- und Missbrauchskontrolle** beschränken.[48] Das geht inzwischen so weit, dass einzelne Gerichte feststellen, dass eine von sachverständigen Prüfern gebilligte Unternehmensbewertung – zur Entlastung der Spruchverfahren – grds. hinzunehmen, dh von den Gerichten allenfalls noch auf grobe Missbräuche zu kontrollieren sei.[49] Kritische Einwände werden dann idR unter Hinweis auf die angeblichen Erfahrungen der in der Praxis bewährten Prüfer abgetan.[50]

V. Marktpreise

1. Börsenkurse

27 Nach den bisherigen Ausführungen sind marktwertorientierte Methoden zur Ermittlung der angemessenen Abfindung, wo immer verfügbar, vorzugswürdig. Die wichtigste Erscheinungsform derartiger Methoden ist die Ableitung der Abfindung aus (realen) Börsenkursen bei börsennotierten Gesellschaften. Tatsächlich bestehen jedoch nach wie vor verbreitete Vorbehalte gegen die Eignung von Börsenkursen als Maßstab für die Berechnung der Abfindung bei börsennotierten Gesellschaften; eingewandt wird vor allem, in die Börsenkurse gehe infolge der notwendigerweise beschränkten Marktkenntnisse der wenigen Börsenteilnehmer immer nur ein Bruchteil der für die Unternehmensbewertung relevanten Informationen ein, während die Gesamtheit dieser Informationen iRd Ertragswertmethode umfassend berücksichtigt werden könnten.[51]

27a Die Rechtsprechung hatte es aus diesen Gründen gleichfalls bis 1999 nahezu durchgängig *abgelehnt,* die Abfindung der außenstehenden Aktionäre am Börsenkurs ihrer Aktien am Stichtag (→ Rn. 39 ff.) oder in den letzten Monaten davor zu orientieren.[52] Indessen konnte eigentlich nie ernstlich zweifelhaft sein, dass der **Börsenkurs das mindeste** ist, was eine Aktie ihrem Inhaber wert ist, da er die Aktie, liquide Börsen

---

[46] S. mN *Ruthardt/Hachmeister* NZG 2014, 41; 2014, 455; *Ruthardt/Hachmeister* WM 2014, 725; DB 2013, 2666; *Ruthardt* NZG 2014, 972; *Ruthardt,* Normzweckkonforme Unternehmensbewertung, 2014; *Ruthardt* NZG 2015, 1387; – dagegen wie hier *A. Schüler* DB 2015, 2277 und (2.) FS Großfeld, 2019, 389.

[47] S. dazu *Emmerich* FS Stilz, 2014, 135 mN; *Emmerich* AG 2015, 627 (630); 2019, 579; *Emmerich.* EWeRK 2016, 153; *Puskajler/Sekera-Terplan* NZG 2015, 1055 (1058 ff.); *Knoll* (2.) FS Großfeld, 2019, 217.

[48] So BVerfG NJW 2012, 3020 sowie zB KG AG 2009, 199; NZG 2011, 1302; OLG Frankfurt a. M. AG 2015, 504 (507); OLG Karlsruhe AG 2013, 353; 2013, 765; OLG Frankfurt a. M. AG 2015, 241; OLG München AG 2014, 741; insbes. OLG Stuttgart NZG 2014, 140; krit. *Emmerich* AG 2019, 579 (580); *Puskajler/Sekera-Terplan* NZG 2015, 1055 (1058 ff.); *Knoll* (vorige Fn.).

[49] So in der Tat ohne jede Einschränkung OLG Zweibrücken NZG 2017, 308; AG 2018, 200 (201 ff.); ebenso iErg OLG Düsseldorf AG 2017, 712; *Katzenstein* AG 2018, 739; – dagegen *Emmerich* AG 2015, 627 (630); 2019, 579; *Emmerich* EWeRK 2016, 153; *Knoll* BFuP 69 (2017), 300.

[50] ZB *Egger/Tönnes* EWeRK 2016, 362.

[51] *Brösel/Karami* Wpg 2012, 418; *Burger* NZG 2012, 281; *Hüchting* Abfindung 39, 44 ff.; *Ruthardt,* Normzweckorientierte Unternehmensbewertung, 2014, 54, 89 ff.; *Ruthardt/Hachmeister* NZG 2014, 41 mN.

[52] So schon der Ausschussbericht zu § 305 AktG, bei *Kropff* S. 399; ebenso BGHZ 71, 40 (51) – Kali & Salz; BGH NJW 1967, 1464.

vorausgesetzt, zu diesem Preis grds. jederzeit zu Geld machen kann.[53] Deshalb ist mittlerweile anerkannt, dass bei der Ermittlung des Verkehrswertes der Aktien der außenstehenden Aktionäre (als des Maßstabs für die volle Entschädigung der außenstehenden Aktionäre) der Börsenkurs nicht außer Acht gelassen werden darf.[54]

Wenn man bei der Unternehmensbewertung auf Börsenkurse abstellen möchte, muss **28** man als erstes entscheiden, ob Stichtagskurse oder Durchschnittskurse aus einer wie immer bemessenen Referenzperiode maßgebend sein sollen. Der BGH hat sich in dieser Frage – im Anschluss an die Rechtsprechung des BVerfG[55] – für die Maßgeblichkeit gewichteter **Durchschnittskurse** aus einer grds. dreimonatigen Referenzperiode entschieden, wobei der BGH 2001 zunächst davon ausgegangen war, dass der maßgebliche **Stichtag** die Hauptversammlung der abhängigen Gesellschaft sei (§ 293 Abs. 1 AktG),[56] an deren Stelle jedoch später – aufgrund der verbreiteten Einwände gegen die Praktikabilität des ursprünglichen Ansatzes – die **Bekanntgabe** der Strukturmaßnahme als Stichtag trat (→ Rn. 29).[57] Werden die Aktien an mehreren Börsen gehandelt, so soll auf einen *nach Umsätzen gewichteten Durchschnittskurs* aus den Kursfestsetzungen *jeder* der in Betracht kommenden Börsen abzustellen sein.[58]

Die **Referenzperiode** ist vorrangig von der **Bekanntgabe** der Strukturmaßnahme ab **29** rückwärts zu rechnen (→ Rn. 28), worunter in erster Linie, aber nicht allein eine *Ad-hoc-Mitteilung nach § 26 WpHG* über den beabsichtigten Abschluss eines Unternehmensvertrages zu verstehen ist.[59] Entscheidend ist, ob es sich um eine belastbare Bekanntgabe handelt, auf die Investitionsentscheidungen gestützt werden können, während bloße Andeutungen und Gerüchte, wie sie immer an den Börsen kursieren, nicht ausreichen.[60] Wenn zwischen der Bekanntgabe der Maßnahme und der Hauptversammlung der abhängigen Gesellschaft, die über den Abschluss des Unternehmensvertrages zu beschließen hat (§ 293 Abs. 1), ein **„längerer Zeitraum"** verstreicht (in dem an einer Börse viel geschehen kann), ist der Börsenwert entsprechend der allgemeinen oder branchentypischen Wertentwicklung anzupassen, insbes. also „hochzurechnen", sofern die Entwicklung der Börsenkurse eine Anpassung geboten erscheinen lässt, wobei erst ein Zeitraum von sieben Monaten oder mehr als längerer Zeitraum idS zu qualifizieren sein soll.[61] Die **Anpassung** wird in erster Linie an einem *Branchenindex* oder,

[53] S. die Kritik bei *Gude* Strukturänderungen 222 ff.; *Dörfler/Gahler/Unterstraßer/Wirichs* BB 1994, 156; *Hecker/Wenger* ZBB 1995, 321 (326 f.); *Hügel,* Verschmelzung und Einbringung, 200 ff.; *Komp* Zweifelsfragen S. 350 ff.; *Cl. Luttermann* (2.) FS Großfeld, 2019, 245, 250 ff.

[54] Grdl. BVerfGE 100, 289 (305 ff.) – DAT/Altana;. BGHZ 147, 108 – DAT/Altana IV; BGHZ 186, 229 – Stollwerk; BGHZ 208, 265 (273 Rn. 22); Analyse der Rechtsprechung zuletzt bei *Bungert/Wettich* FS Hoffmann-Becking, 2013, 157; *Land/Hallermayer* AG 2015, 659; *Reichert* FS Stilz, 2014, 219.

[55] BVerfGE 100, 289 (309 ff.).

[56] BGHZ 147, 108 (118) – DAT/Altana IV; ausf. Gesellschaftsrechtliche Vereinigung/*Röhricht,* Gesellschaftsrecht in der Diskussion, 2001, 3, 22 ff.

[57] BGHZ 186, 229 Rn. 20 ff., 25 ff. – Stollwerk; BGH AG 2011, 590 Rn. 7; OLG Karlsruhe AG 2015, 789 (791 f.); LG München I ZIP 2015, 2131.

[58] BGHZ 147, 108 (124 f.) – DAT/Altana IV; ebenso zB OLG Stuttgart AG 2019, 262 (264); aA *P. Bauer* NZG 2001, 892 (893); *M. Weber* ZGR 2004, 280 (296 f.).

[59] BGHZ 186, 229 Rn. 20 ff., Rn. 25 ff.; OLG Karlsruhe AG 2015, 789 (791 f.); LG München I ZIP 2015, 2131.

[60] OLG München AG 2015, 508 (510) – HRE; OLG Frankfurt a. M. AG 2016, 667 (670); OLG Düsseldorf AG 2017, 827 (832); im einzelnen str.

[61] BGHZ 186, 229 (240 f. Rn. 29 ff.); BGH AG 2011, 590 Rn. 7; OLG Stuttgart AG 2011, 795 (800); 2012, 49 (52 f.); KG AG 2011, 832 (833); OLG Karlsruhe AG 2015, 789 (791 f.); OLG Frankfurt

wenn nicht vorhanden, an der Kursentwicklung einer Peer-Group (neudeutsch für Vergleichsgruppe) orientiert, vorausgesetzt, dass die Differenz *signifikant* ist, dh mehr als 10 % beträgt.[62] Eine *Anpassung nach unten* bei einem **Kursverfall** in der Zwischenzeit wird – trotz auf der Hand liegender Bedenken[63] – ebenfalls zugelassen.[64]

30 Die Relevanz von Börsenkursen als Grundlage für die Ermittlung einer angemessenen Abfindung setzt ferner voraus, dass die Kurse aussagekräftig sind, weil die fragliche Börse gewisse Mindestanforderungen an die **Kapitalmarkteffizienz** erfüllt. Anzeichen (oder auch Indikatoren) für eine mangelnde Kapitalmarkt- oder Informationseffizienz des Marktes sind ein ganz geringes Transaktions- oder Handelsvolumen, ein Handel nur an wenigen Börsentagen, ferner ein großer Abstand zwischen Geld- und Briefkursen (neudeutsch: Bed-Ask-Spread), nur schwer erklärliche kurzfristige Kursausschläge und dergleichen mehr.[65] Maßgebend sind die Umstände des Einzelfalls, wobei die Gerichte häufig, aber keineswegs immer, ausgesprochen *restriktiv* verfahren, um, wo immer möglich, auf Börsenkurse zurückgreifen zu können.[66] Von der Frage der mangelnden Kapitalmarkt- oder Informationseffizienz des Marktes (als Voraussetzung für die Eignung der Börsenkurse als Maßstab für die Angemessenheit der Abfindung) ist die Frage einer **Marktenge** zu unterscheiden. Eine solche wird nur angenommen, wenn nach den Umständen des Falles während der Referenzperiode die außenstehenden Aktionäre überhaupt keine Chance gehabt hätten, ihre Aktien zu dem angenommenen Börsenkurs tatsächlich zu veräußern. In diesem besonderen Fall sind die ermittelten Börsenkurse auch nicht mehr als **Untergrenze** der Abfindung geeignet.[67]

31 Wenn es sich bei dem anderen Vertragsteil, dem sogenannten herrschenden Unternehmen, gleichfalls um eine börsennotierte Gesellschaft handelt, stellt sich die weitere Frage, ob die zur Ermittlung der Verschmelzungswertrelation zusätzlich erforderliche Ermittlung des Wertes der herrschenden Gesellschaft in jedem Fall nach *denselben* Grundsätzen zu erfolgen hat wie die des Wertes der abhängigen Gesellschaft, dh konkret: ob immer nur Börsenkurse mit Börsenkursen und Schätzwerte mit Schätzwerten verglichen werden dürfen oder ob zB auch ein Vergleich von Schätzwerten mit Börsenkursen möglich ist, wobei dann meistens stillschweigend unterstellt wird, dass der jeweils höhere Kurs maßgebend ist. Diese Frage kann von erheblicher Bedeutung für die Bestimmung der Verschmelzungswertrelation sein, sodass es, um von vornherein Manipulationsgefahren zu begegnen, allein sachgerecht sein dürfte, generell von dem Grundsatz der **Methodengleichheit** auszugehen.[68]

a. M. AG 2016, 667 (672); OLG Düsseldorf AG 2017, 827 (832); LG Frankfurt a. M. Beschl. v. 4.2.2019 – 3/05 O 68/17, BeckRS 2019, 2185 = NZG 2019, 345 (nur LS).

[62] KG AG 2011, 832 (833); OLG Frankfurt a. M. AG 2012, 417 (418); LG Frankfurt a. M. Beschl. v. 4.2.2019 – 3/05 O 68/17, BeckRS 2019, 2185.

[63] *Wasmann* ZGR 2011, 83 (99).

[64] OLG Karlsruhe AG 2015, 789 (792); OLG Frankfurt a. M. AG 2016, 667 (672); *Bücker* NZG 2010, 967 (970).

[65] OLG Frankfurt a. M. AG 2017, 626, (632); 2017, 790 (792); OLG Düsseldorf AG 2017, 709 (710).

[66] BVerfG AG 2007, 119 (120) – Siemens/SNI; BGHZ 147, 108, 116 (123) – DAT/Altana IV; BGH NJW 2011, 2495 Rn. 25 – DTK/T-Online; OLG Düsseldorf AG 2008, 783 (787); OLG Stuttgart AG 2011, 560 (563); OLG Frankfurt a. M. NZG 2010, 1141 – DTK/T-Online; NZG 2014, 464 – Hoechst AG.

[67] S. OLG Frankfurt a. M. AG 2017, 709 (710); 2017, 790 (793); OLG Düsseldorf AG 2017, 709 (710).

[68] BGHZ 147, 108 (121 f.) – DAT/Altana IV; BayObLGZ 2002, 400 (408 f.) – Hypobank/Vereinsbank; OLG Düsseldorf AG 2009, 873; OLG München AG 2012, 749; *Bungert/Wettich* FS Hoffmann-

2. Paketzuschläge

Börsenkurse sind nicht die einzigen „Marktpreise", an denen der Wert eines Unter-   32
nehmens abgelesen werden kann, da einzelne Aktien und ganze „Aktienpakete"
ebenso wie Unternehmen selbst noch an vielen anderen Märkten gehandelt werden.
Für die ohnehin stets nötige Schätzung des Unternehmenswertes sollten alle diese
Märkte ebenfalls ins Auge gefasst werden, um eine hinreichend verlässliche Basis für
die letztlich entscheidende Schätzung des Unternehmenswertes aufgrund des § 287
Abs. 2 ZPO zu gewinnen.[69] Von daher gesehen versteht es sich von selbst, dass bei der
Schätzung insbes. Paketzuschläge nicht übergangen werden dürfen. Man versteht darunter die Zuschläge auf den Börsenkurs, die häufig außerbörslich für *„Aktienpakete"*
gezahlt werden. Der Sache nach handelt es sich dabei um den kapitalisierten Wert der
Vorteile, die sich der Aktienerwerber von der Erlangung einer Einflussmöglichkeit und
insbes. von der Übernahme der Herrschaft in der betreffenden Gesellschaft verspricht.[70]

Nach einer verbreiteten Meinung scheidet bei börsennotierten Gesellschaften iRd   33
§ 305 AktG die zusätzliche Berücksichtigung von Paketzuschlägen neben „repräsenta-
tiven" Börsenkursen bei der Ermittlung der angemessenen Abfindung aus,[71] und zwar
selbst dann, wenn an den Paketzuschlägen ohne weiteres abzulesen ist, dass das fragliche Unternehmen am Markt von den Insidern tatsächlich sehr viel höher bewertet
wird, als es, aus welchen Gründen immer, etwa in den Börsenkursen zum Ausdruck
kommt.[72] Dahinter steht die Auffassung, Paketzuschläge kämen außenstehenden
Aktionären auch am Markt nicht zugute, sodass sie iRd § 305 gleichfalls unberücksichtigt bleiben müssten. Indessen handelt es sich bei Paketzuschlägen letztlich
ebenso wie bei Börsenkursen um **„Marktpreise",** die bei der Ermittlung der angemessenen Abfindung nicht unberücksichtigt bleiben dürfen. In ihnen spiegelt sich der
Wert des Unternehmens wider, an dem die außenstehenden Aktionäre in vollem Umfang beteiligt sind, sodass es keinen legitimen Grund gibt, den außenstehenden Aktionären eine Beteiligung an den Paketzuschlägen zu verweigern. Allein dies entspricht
zudem den Wertungen des § 31 Abs. 6 WpÜG, nach dem Paketzuschläge bei freiwilligen ebenso wie bei Pflichtangeboten unter bestimmten Voraussetzungen den anderen Inhabern von Aktien, die das Angebot angenommen haben, ebenfalls zugutekommen müssen.[73] Es sollte sich von selbst verstehen, dass bei § 305 AktG dasselbe zu

---

Becking, 2013, 157 (180 ff.); *Hüttemann* ZGR 2001, 454 (464 f.); *Reichert* FS Stilz, 2014, 479 (481 f.);
Stilz ZGR 2001, 875 (894 f.); anders freilich BVerfGE 100, 289 (310 f.) – DAT/Altana I; BVerfG ZIP
2011, 170 – Kuka AG.

[69] Ebenso für bekannte Preise vergleichbarer Unternehmen OLG Stuttgart AG 2008, 510 (516); AG
2012, 221 (224); *Hüttemann* FS Hoffmann-Becking, 2013, 603; *Jonas* Wpg 2008, 117; *Fr. Meilicke*
ZIP 2014, 605 (611).

[70] Zu den Hintergründen s. *Decher* FS Wiedemann, 2002, 787 (791 ff.).

[71] OLG Düsseldorf AG 2018, 399 (402); Beschl. v. 22.3.2018 – 26 W 18/14 – Mannesmann/Vodafone
BeckRS 2018, 37142; OLG Stuttgart NZG 2007, 112; AG 2011, 420 (423); in der Tendenz auch
BVerfGE 100, 289 (306 f.) – DAT/Altana I; zust. *Karrer* Angemessenheit 117 ff., 134, 149 ff.

[72] Ein „schönes" Beispiel für die damit verbundene Benachteiligung der außenstehenden Aktionäre ist der
Fall Mannesmann/Vodafone, s. OLG Düsseldorf, Beschl. v. 22.3.2018 – 26 W 18/14, BeckRS 2018,
37142.

[73] *Traugott/Fr. Schaefer* NZG 2004, 158.

gelten hat.[74] Die gegenwärtige gegenteilige Praxis stellt eine mit Händen zu greifende Benachteiligung der außenstehenden Aktionäre dar, mit der letztlich allein bezweckt wird, die problematische fundamentalanalytische Methode der Unternehmensbewertung, sprich: die Ertragswertmethode gegen kritische Einwände unter Hinweis auf die realen Marktverhältnisse abzusichern. Durch die Ausklammerung der Marktverhältnisse schafft man iVm dem nahezu willkürlich gehandhabten Stichtagsprinzip beliebig manipulierbare ideale Räume, in denen dann natürlich jede Bewertung vertretbar ist, sodass eine Kritik nicht mehr möglich erscheint.

VI. Ertragswertmethode

1. Überblick

34 Auch wenn man Marktpreise, gleich welcher Art, in jeder Hinsicht als vorzugswürdig für die Ermittlung des Wertes eines Unternehmens oder der Anteile an diesem ansieht (→ Rn. 23–33), wird es doch immer zahlreiche Fälle geben, in denen keine hinreichend aussagekräftigen Marktpreise als Basis einer rationalen Unternehmensbewertung zur Verfügung stehen, an denen man sich orientieren könnte. In diesen Fällen bleibt nur der Rückgriff auf eine der verschiedenen in der Betriebswirtschaftslehre entwickelten Methoden der Unternehmensbewertung.[75] Die **Auswahl** unter diesen Methoden ist die Aufgabe des mit der Unternehmensbewertung befassten Gerichts. Das Gesetz enthält keine Vorgaben, sodass es sich bei der Auswahl nicht um eine Rechtsfrage, sondern um eine **Frage der Tatsachenfeststellung** handelt, wobei keine der in der Betriebswirtschaftslehre entwickelten Methoden ipso iure einen Vorrang beanspruchen kann.[76] Tatsächlich beherrscht jedoch heute im Wesentlichen die sog. **Ertragswertmethode** (oder auch Ertragswertverfahren) das Feld,[77] – ohne freilich in geeigneten Fällen, in denen etwa aussagekräftige Marktpreise vorhanden sind oder in denen keine Aussagen über die zukünftigen Erträge eines Unternehmens möglich sind, einen Rückgriff auf **andere Methoden** auszuschließen.[78] Derartige Methoden gibt es durchaus; ihre Zahl nimmt in letzter Zeit sogar angesichts der wachsenden Zweifel an der Ertragswertmethode ständig zu.[79] Hervorzuheben sind die sog. **Multiplikatorverfahren**[80] sowie das **Net-Asset-Value-Verfahren (NVA-Verfahren),** auf das die Gerichte gelegentlich bei vermögensverwaltenden Gesellschaften wie etwa reinen Grundstücksgesellschaften, die sich auf die Vermietung ihrer Grundstücke beschrän-

[74] LG Köln AG 2009, 835 (837 ff.); *Krause* FS Hopt, Bd. I, 2010, 1005; in der Tendenz ebenso *Hüttemann* FS Hoffmann-Becking, 2013, 603 (615 f.); krit. *Habersack* NZG 2019, 881.
[75] Überblicke bei *Fleischer/Hüttemann* §§ 4, 8, 10; *Großfeld* Unternehmensbewertung Rn. 123 ff.; *G. Karrer,* Die Angemessenheit der Leistung, 108 ff.; *Komp* Zweifelsfragen 54 ff.; *A. Schüler* DB 2015, 2277.
[76] Grdl. BGHZ 207, 114 (118 f Rn. 12 ff.) – Stinnes; ebenso zB BVerfG NZG 2007, 629; AG 2012, 625 (626 f.) – NordLB; NJW 2012, 3020 – Daimler/Chrysler; BGHZ 129, 136 (165) – Girmes; dazu insbes. *Fleischer* AG 2016, 185 (188 ff.).
[77] S. BGH NJW 2003, 3272 – Ytong usw. bis BGHZ 207, 114 Rn. 33 – Stinnes; wN bei Fleischer/Hüttemann/*Böcking/Nowak* § 4 Rn. 46 ff.; *Schüler* DB 2015, 2277 ff.; – zur Ertragswertmethode statt aller ausführlich *Fleischer/Hüttemann* §§ 4 ff.; *Bürgers/Körber/Ruiz de Vargas* AktG § 305 Anh. Rn. 21 ff.; zum Stand der Rspr. s. *Ruthardt/Popp* AG 2019, 196.
[78] BGHZ 207, 114 Rn. 33 – Stinnes.
[79] Überblick bei Fleischer/Hüttemann/*Franken/Schulte* Hdb § 10.
[80] Gegen diese zB OLG Düsseldorf Beschl. v. 6.9.2018 – 26 W 1/18, AG 2019, 309, BeckRS 2018, 26115 – Victoria/Ergo III; *Ballwieser* (2.) FS Großfeld, 2019, 21 mN; positiver aber OLG Düsseldorf Beschl. v. 29.10.2018 – 26 W 13/17.

ken, deshalb zurückgreifen, weil hier Voraussagen über die zukünftigen Erträge nur geringe Aussagekraft besitzen.[81]

Der Grund für den Siegeszug der Ertragswertmethode ist vor allem darin zu suchen, **35** dass die Wirtschaftsprüfer, die gem. § 293d Abs. 1 S. 1 AktG iVm § 319 Abs. 1 S. 1 HGB in erster Linie zur Unternehmensbewertung iRd §§ 304, 305 AktG berufen sind, anders als die Gerichte nach ihrem **Berufsrecht** bei der Unternehmensbewertung in der Methodenwahl keineswegs frei sind, sondern der Bewertung grds. den **IdW Standard S1 von 2008**[82] zugrunde legen müssen,[83] der für den Regelfall als Bewertungsmethode nur noch die Ertragswertmethode zulässt.[84] Verfasser des IdW S1 von 2008 ist das Institut der Wirtschaftsprüfer (IdW oder auch IDW), ein privatrechtlicher Verein, dem rund 80% der Wirtschaftsprüfer angehören. Dieser Verein hat seit 1983 wiederholt „Grundsätze zur Durchführung von Unternehmensbewertungen", sog. **IdW-Standards (IdW-S),** veröffentlicht, bei denen es sich folglich lediglich um sog. Grundsätze guter beruflicher Praxis ohne normativen Rang handelt, so dass die Gerichte durch sie (natürlich) *nicht* gebunden werden.[85]

Die wiederholten Änderungen der IdW-Standards in den letzten Jahren hatten unter- **35a** schiedliche Gründe, auf die hier zum Verständnis der folgenden Ausführungen kurz einzugehen ist. Der vorletzte **IdW S1** stammte aus dem Jahre **2005.**[86] Seine Verabschiedung war vor allem durch den Übergang zum Halbeinkünfteverfahren im Steuerrecht veranlasst gewesen, weil der vorausgegangene Standard von 2000 noch auf dem früheren Anrechnungsverfahren beruht hatte, woraus sich unter dem Halbeinkünfteverfahren nach Meinung des IdW „Verzerrungen" ergeben hatten. Die wichtigsten Änderungen, die der Standard von 2005 gebracht hatte, waren die Ersetzung der Alternativanlage in festverzinslichen Wertpapieren durch ein Aktienportfolio, die Aufgabe der Vollausschüttungsannahme, der Übergang zur Nachsteuerbewertung sowie die Berechnung des Kapitalisierungszinssatzes an Hand der Kapitalmarktpreisbildungsmodelle CAPM und Tax-CAPM.[87] Die erneute Änderung der Standards im Jahre 2007 wurde durch die Unternehmenssteuerreform von 2008 erzwungen, durch die das Halbeinkünfteverfahren durch die pauschalierte Besteuerung von Zinsen, Dividenden und Veräußerungsgewinnen im Wege des Vorsteuerabzugs in Höhe von 25% zuzüglich Solidaritätszuschlag und Kirchensteuer ersetzt wurde. Ergebnis ist der neue **Standard von 2008.** Der IdW S1 von 2008 hält grds. an den Neuerungen fest, die der Standard von 2005 gebracht hatte, modifiziert aber die Regeln des Standards von 2005 dort, wo es erforderlich erschien, um das objektivierte Verfahren der Unternehmensbewertung „nach Steuern" der neuen Steuerrechtslage anzupassen.[88]

Die wiederholten **Änderungen** der Standards in den letzten Jahren stellen keine blo- **36** ßen technischen Anpassungen dar, sondern haben (erwünschte) *erhebliche Auswirkun-*

---

[81] ZB OLG Frankfurt a. M. AG 2017, 553 (554f.); Bürgers/Körber/*Ruiz de Vargas* AktG § 305 Anh. Rn. 63f.

[82] FN-IDW 2008, 271.

[83] MüKoAktG/*Paulsen* AktG § 305 Rn. 77 mN dazu sehr kritisch zB *Meitner* (2.) FS Großfeld, 2019 257.

[84] IdW S1 Rn. 101.

[85] BGHZ 207, 114 Rn. 13 – Stinnes; zur Geschichte zB *Jonas* Wpg 2008, 826; Fleischer/Hüttemann/*Jonas* § 3 Rn. 1ff.; *Rohde* Wpg 2008, 123.

[86] Wpg 2005, 1303.

[87] S. zB *A. Reuter* AG 2007, 1; *A. Reuter/S. Lenz* DB 2006, 1689.

[88] Zust. BGHZ 207, 114 Rn. 47f. – Stinnes.

gen auf die Bewertung der Unternehmen, da dem IdW die auf der Grundlage des Standards von 2000 ermittelten Unternehmenswerte als „zu hoch" erschienen, weshalb man einen „Druck" auf die Unternehmenswerte (natürlich im Interesse der Klientel der Wirtschaftsprüfer) für erforderlich hielt.[89] Nicht zuletzt dadurch erklären sich die Änderungen, die die neuen Standards von 2005 und 2008 gebracht haben. Die *Reduzierung* der Unternehmenswerte aufgrund der neuen Standards bewegt sich in einer Größenordnung von 20 bis 30% gegenüber den Werten aufgrund der vorausgegangenen Standards.[90] Dieser Umstand hatte Anlass zu der Frage gegeben, ob auch in den vielen im Jahre 2007 noch anhängigen **alten Verfahren** aus der Zeit vor „Inkrafttreten" des neuen IDW S1 von dem neuen Standard oder von dem IDW S1 von 2005, von 2000 oder sogar von den alten Grundsätzen aus dem Jahre 1983 auszugehen ist. Die Frage war lebhaft umstritten, bis der BGH schließlich 2015 entschied, dass die Anwendung neuer Standards auch in Altfällen unbedenklich ist, auf jeden Fall, wenn mit diesen wissenschaftliche Fortschritte verbunden sind.[91] Der von den Wirtschaftsprüfern erwünschte „Druck" auf die Unternehmenswerte (→ Rn. 36) ist dergestalt tatsächlich in sämtlichen noch anhängigen Verfahren erreicht worden.

37   Um einen Gegenstand bewerten zu können, braucht man einen **Maßstab,** an dem man den Gegenstand messen kann. Das ist gemeint, wenn in der Literatur immer wieder betont wird: „Bewerten heißt vergleichen", vergleichen eben mit dem jeweils gewählten Maßstab. Diesen Maßstab sieht die Ertragswertmethode aufgrund der Fixierung der gegenwärtigen Praxis auf den sog. Grenzpreis folgerichtig allein in einer **Alternativanlage,** die dem Aktionär nachhaltig dieselben Erträge wie seine bisherige Beteiligung sichert. Die Ertragswertmethode hat folglich im Kern die Aufgabe, zu ermitteln, mit welchen Erträgen der Aktionär aus seiner bisherigen Beteiligung in Zukunft vernünftigerweise rechnen konnte *und* wie eine Alternativanlage in Anleihen oder wiederum in Aktien aussehen muss, die ihm vergleichbare, insbes. ebenso risikobehaftete *Erträge* wie seine bisherige Beteiligung, gewährleistet. Der (bekannte) Wert dieser Alternativanlage, konkret also der Wert eines entsprechenden Anleihen- oder Aktiendepots, bezeichnet folglich – in den Augen der Ertragswertmethode – den Wert der fraglichen Unternehmensbeteiligung.

38   Man verspricht sich von der geschilderten Vorgehensweise vor allem eine von den subjektiven Wertungen einzelner Marktteilnehmer gelöste, idS **„verobjektivierte",** dh generell gültige **Unternehmensbewertung.**[92] Zu diesem Zweck greift die Ertragswertmethode auf theoretische Überlegungen über die Preisbildung auf funktionierenden Kapitalmärkten zurück. Danach wird sich ein Unternehmenskäufer im Zweifel bei seinen Preisüberlegungen vorrangig daran orientieren, mit welchen Erträgen er in

---

[89] S. mN *Emmerich* (2.) FS Mestmäcker, 2006, 137.

[90] OLG Düsseldorf AG 2012, 459 (460f.); 2014, NZG 2014, 1418; *Reuter/Lenz* DB 2006, 1689; *Ruthardt/Hachmeister* Wpg 2011, 351; ein Beispiel in BGHZ 207, 114 Rn. 3 – Stinnes: Reduzierung des Unternehmenswertes um 24% infolge des Übergangs zu dem neuen Standard; ein weiteres schlimmes Beispiel ist der Fall Mannesmann/Vodafone: OLG Düsseldorf Beschl. v. 22.3.2018 – 26 W 18/14, BeckRS 2018, 37142.

[91] BGHZ 207, 114 Rn. 33ff. – Stinnes; OLG Düsseldorf AG 2016, 864 (865); 2017, 712 (714); 2018, 399 (400f.): OLG Düsseldorf Beschl. v. 22.3.2018 – 26 W 18/14, BeckRS 2018, 37142 Mannesmann/Vodafone II; AG 2019, 309 – Victoria/Ergo III; s. dazu *Fleischer* AG 2016, 185 (193ff.): *Mock* WM 2016, 1269; krit. zB *Wenger/Knoll* FS Berthold, 2018, 93 (101).

[92] Bspw. ausf. mN *Schulte/Köller/Luksch* Wpg 2012, 380 (390ff.).

Zukunft nachhaltig rechnen kann. Kern der Ertragswertmethode ist folglich die **Schätzung der zukünftigen Erträge** des fraglichen Unternehmens und deren **Diskontierung** (Abzinsung) auf einen Gegenwartswert unter Zugrundlegung eines bestimmten **Kapitalisierungszinssatzes,** abgeleitet aus der Verzinsung der jeweils gewählten Alternativanlage. Die notwendige Folge ist, dass die Höhe des Kapitalisierungszinssatzes im Mittelpunkt aller Auseinandersetzungen über die Ertragswertmethode im allgemeinen sowie über ihre Anwendung im Einzelfall steht, da schon geringfügige Veränderungen bei dem Kapitalisierungszinssatz erhebliche Auswirkungen auf den endgültig ermittelten Unternehmenswert haben. Dabei gilt, dass der Ertragswert umso niedriger ist, je höher der Kapitalisierungszinssatz angesetzt wird, und umgekehrt. Bereits eine Veränderung des Kapitalisierungszinssatzes um lediglich zwei Prozentpunkte zieht eine Verringerung oder Erhöhung des Ertragswertes um rund ein Viertel nach sich.

2. Stichtagsprinzip

Nach § 305 Abs. 3 S. 2 AktG muss die angemessene Barabfindung die Verhältnisse der 39 (abhängigen) Gesellschaft „im Zeitpunkt der Beschlussfassung ihrer Hauptversammlung über den Vertrag" berücksichtigen (ebenso § 320b Abs. 1 S. 5 AktG und § 327b Abs. 1 S. 1 Hs. 2 AktG). Daraus wird ebenso wie iRd § 304 AktG (→ § 21 Rn. 31 f.) überwiegend eine Entscheidung des Gesetzgebers zugunsten des Stichtagsprinzips gefolgert, nach dem bei der Bewertung der abhängigen wie der herrschenden Gesellschaft allein von den in dem genannten **Zeitpunkt** (§ 293 Abs. 1 AktG) **erkennbaren Verhältnissen** auszugehen ist, während spätere, abweichende Entwicklungen außer Betracht zu bleiben haben.[93] Gerechtfertigt wird dieses Gesetzesverständnis vor allem damit, dass die Unternehmensbewertung immer *von den jeweils verfügbaren Informationen abhängt,* sodass auch im Nachhinein allein diejenigen Informationen verwandt werden dürften, die am Bewertungsstichtag tatsächlich verfügbar waren.[94] Die wichtigste Konsequenz ist, dass **spätere Entwicklungen** bei der Unternehmensbewertung grds. **unberücksichtigt** bleiben, dass es maW keinen Vergleich der Ertragsprognose mit der tatsächlichen späteren Entwicklung der Erträge gibt, selbst wenn sich rückblickend die Ertragsprognose (der Kern der Ertragswertmethode), wie eigentlich regelmäßig, als grundfalsch erweist.[95] Eine **Ausnahme** wird lediglich erwogen, wenn die fragliche Entwicklung bereits am Stichtag *angelegt und* zumindest für Sachverständige erkennbar, dh bei Anwendung der gebotenen Sorgfalt *vorhersehbar,* war (sog. **Wurzeltheorie**). Sonstige Entwicklungen, die auch für sog. „Sachverständige" nicht erkennbar, weil nicht vorhersehbar waren, bleiben dagegen außer Betracht (Stichwort: **keine ex-post-Betrachtung**).[96]

[93] BGHZ 138, 136 (139f.) – ASEA/BBC II; BGHZ 156, 157 (163) – Ytong; BGHZ 207, 114 Rn. 40 – Stinnes; OLG Stuttgart AG 2012, 221 (222); 2013, 840 (843); OLG Frankfurt a. M. AG 2016, 551; *Baldamus* AG 2005, 77 (80f.); *Happ/Bednarz* FS Stilz, 2014, 219; Fleischer/Hüttemann/*Hüttemann/ Meyer* § 12 Rn. 56ff.; *Meyer* AG 2015, 16; *Riegger/Wasmann* FS Goette, 2011, 433.
[94] IdW S1 Rn. 23.
[95] OLG Düsseldorf AG 2016, 329 (331); 2019, 92 (94); OLG Stuttgart AG 2013, 840 (843); OLG München NZG 2006, 181; AG 2019, 357; OLG Frankfurt a. M. AG 2015, 547 (549); 2016, 551 (553); OLG Karlsruhe AG 2015, 549 (550f.) – Singulus.
[96] OLG Düsseldorf NZG 2003, 588 – Siemens/SNI; OLG Stuttgart AG 2004, 43 (44) – Vereinigte Filzfabriken; OLG München AG 2015, 508 (511) – HRE; OLG Frankfurt a. M. AG 2016, 551; OLG Karlsruhe AG 2015, 549 (550f.); – Singulus.

40 **Stichtag** ist gem. § 305 Abs. 3 S. 2 AktG der Tag der Hauptversammlung der abhängigen Gesellschaft, in der nach § 293 Abs. 1 AktG über den Unternehmensvertrag abgestimmt wird. Eine der wichtigsten (und zugleich problematischsten) Auswirkungen des Stichtagsprinzips besteht darin, dass sich die sog. „Sachverständigen" in etwaigen nachfolgenden Spruchverfahren, auch wenn sie erst Jahre später mit der Unternehmensbewertung beauftragt werden, –rückblickend – auf diesen Zeitpunkt stellen und von dort aus die Unternehmensbewertung vornehmen müssen. Dabei sind nach der Wurzeltheorie nur diejenigen Entwicklungen zu berücksichtigen, die am Stichtag bereits *angelegt und* deshalb für den „Fachmann" *erkennbar* waren, während sonstige spätere Entwicklungen außer Betracht zu bleiben haben. Ein wichtiges Hilfsmittel sind dabei die vorhandenen **Unternehmensplanungen.** Entwicklungen, durch die die Unternehmensplanungen im Wesentlichen bestätigt werden, sind grds. als am Stichtag „angelegt" anzusehen.[97] Die Kriterien zur Abgrenzung vorhersehbarer und nicht vorhersehbarer Entwicklungen sind jedoch notwendigerweise unsicher und teilweise geradezu willkürlich. So soll es zB unzulässig sein, eine „unerwartete", für die abhängige Gesellschaft günstige Änderung der Steuergesetzgebung oder einen erhofften Großauftrag, dessen Erteilung freilich unwahrscheinlich war, den Unternehmenswert erhöhend, zugunsten der außenstehenden Aktionäre zu berücksichtigen.[98] Ebenso wurde nach 1989 für die Wiedervereinigung entschieden, weil daran (zu Unrecht) niemand mehr geglaubt habe,[99] sowie später für die sog. Finanzkrise von 2008, diesmal, da die sog. Fachleute bei den Banken die Augen vor den sich abzeichnenden krisenhaften Entwicklungen bewusst verschlossen und (notfalls) auf die Steuerzahler vertraut hatten.[100]

41 Die wenigen Beispiele (→ Rn. 40) zeigen bereits, dass die übliche Handhabung des Stichtagsprinzips häufig zu ausgesprochen unbefriedigenden Ergebnissen führt, vor allem, wenn positive Entwicklungen, die am Stichtag zwar erhofft, aber wenig wahrscheinlich waren, zur mit Händen zu greifenden Benachteiligung der außenstehenden Aktionäre einfach ausgeklammert werden – natürlich zum Vorteil des herrschenden Unternehmens und (offen gesagt) zur Entlastung der Wirtschaftsprüfer und der Gerichte bei der Bewertung des fraglichen Unternehmens.[101] Dies sollte Anlass geben, das Stichtagsprinzip kritisch zu überdenken,[102] – wobei noch erschwerend die weitere drastische Reduzierung des zu berücksichtigenden Tatsachenstoffs bei der Unternehmensbewertung durch die Ausklammerung von Paketzuschlägen und vergleichbaren Marktprozessen hinzukommt (→ Rn. 39 ff.) – mit der Folge, dass Sachverständige

---

[97] BGHZ 138, 136 (139 f.) – Asea/BBC II; BGHZ 140, 35 (38); BayObLG ZIP 2000, 885 (886) – MBB/DAS; krit. zB *Großfeld* Unternehmensbewertung Rn. 262 ff.; *Happ/Bednarz* FS Stilz, 2014, 219; *Meyer* AG 2015, 16 (18 ff.); *Komp* Zweifelsfragen S. 141 ff.; *Popp/Ruthardt* AG 2015, 857 (859 f., 862 ff.); *Ruthardt/Hachmeister* Wpg 2012, 451 (453 ff.); *Ruthardt/Popp* AG 2019, 196 f.

[98] OLG Hamburg NZG 2003, 89 (90 f.) – Texaco/RWE/DEA; OLG Stuttgart BB 2011, 1522; OLG Frankfurt a. M. AG 2016, 551 (553); OLG Düsseldorf AG 2017, 584 (587); Beschl. v. 22.3.2018 – 26 W 18/14, BeckRS 2018, 37142 – Mannesmann/Vodafone I; OLG Stuttgart NZG 2007, 112; AG 2011, 420 (423); in der Tendenz auch BVerfGE 100, 289 (306 f.) – DAT/Altana I; zust. *Karrer* Angemessenheit S. 117 ff., 134, 149 ff.; *Riegger/Wasmann* FS Goette, 2011, 433 (435).

[99] OLG Celle AG 1999, 128 f. – Wolters/Gilde; *Baldamus* AG 2005, 77 (80 ff.).

[100] OLG Frankfurt a. M. ZIP 2012, 124 (129 f.); 2012, 524 – Eurohypo; noch weitergehend (erstaunlicherweise) OLG München AG 2015, 508 (511) – HRE.

[101] So besonders eklatant OLG Frankfurt a. M. AG 2016, 551 (553).

[102] *Emmerich* (2.) FS Mestmäcker, 2006, 137 (143 f.); *Emmerich* FS Stilz, 2014, 135 (142); *Emmerich* AG 2015, 627 (630); *Emmerich* EWeRK 2016, 153; ebenso zB *Großfeld* Unternehmensbewertung Rn. 262 ff.

und Gerichte schließlich eine unternehmerische Situation iRd Bewertungsprozesses zu beurteilen haben, die allenfalls noch eine entfernte Ähnlichkeit mit der wirtschaftlichen Realität besitzt, sodass man sich notwendigerweise die Frage stellen muss, was all dies mit einer Unternehmensbewertung im Interesse der angemessenen Entschädigung der außenstehenden Aktionäre, wie sie das Gesetz fordert, noch zu tun haben soll. Abhilfe tut also nicht.

Das Stichtagsprinzip wird überwiegend auf § 305 Abs. 3 S. 2 AktG gestützt. Das Gesetz verlangt hier jedoch lediglich eine „Berücksichtigung" der Verhältnisse der Gesellschaft am Stichtag, und dies auch nur für die Barabfindung, nicht dagegen für die Abfindung der außenstehenden Aktionäre in Aktien. Deshalb ist auch eine Berücksichtigung der späteren Entwicklungen ohne weiteres mit dem Wortlaut des Gesetzes vereinbar – und zwingend *geboten,* um die übliche Benachteiligung der außenstehenden Gesellschafter aufgrund der durchweg falschen Prognosen zu vermeiden, die heute eigentlich durchgängig der Unternehmensbewertung auf der Basis der Ertragswertmethode zugrunde gelegt werden. Ohnehin gehört die Chance auf unerwartete positive Entwicklungen ebenfalls zum Unternehmensvermögen, an dem die außenstehenden Aktionäre ebenso zu beteiligen sind wie das herrschende Unternehmen. Die gegenwärtige Praxis hat die fatale Konsequenz, dass derartige Chancen – ohne jede Gegenleistung – allein dem herrschenden Unternehmen in den Schoß fallen. An diesem nicht hinnehmbaren Ergebnis ändert wegen ihrer unsicheren Abgrenzungskriterien auch die Wurzeltheorie nichts. Sie sollte daher ebenso wie das Stichtagsprinzip in seinem heutigen Verständnis über Bord geworfen werden. Diese Auffassung bedeutet keinen totalen Bruch mit der heute üblichen Praxis. Denn, eine normale Entwicklung der Dinge unterstellt, hindert ohnehin nichts, **spätere Entwicklungen** grds. als bereits am Stichtag „angelegt" anzusehen und deshalb bei der Unternehmensbewertung durchgängig umfassend zu berücksichtigen. Die Bedeutung des Stichtagsprinzips reduziert sich damit auf die Ausklammerung ganz außergewöhnlicher, schlechterdings von niemandem vorauszusehender Entwicklungen aus dem Spektrum der bei der Unternehmensbewertung zu berücksichtigenden Faktoren.[103]

3. Schätzung der zukünftigen Erträge

Kern der Ertragswertmethode ist die Schätzung der vermutlichen, zukünftigen Erträge des zu bewertenden Unternehmens aus der Sicht des Stichtages (→ Rn. 39 ff.) sowie die anschließende Diskontierung (Abzinsung) der geschätzten Erträge auf den Stichtag anhand eines wie immer ermittelten Kapitalisierungszinssatzes (→ Rn. 48 ff.), weil, wie bereits ausgeführt (→ Rn. 34 ff.), die Ertragswertmethode auf der Unterstellung beruht, dass sich der Wert eines Unternehmens nach dem Gegenwartswert *der* von einem rational handelnden fiktiven Unternehmenserwerber erwarteten Erträge aus seiner Investition richtet. Die Schätzung der zukünftigen Erträge des Unternehmens (sowie deren *Abzinsung* mittels eines bestimmten Kapitalisierungszinssatzes) bilden mithin den Kern der Unternehmensbewertung nach der Ertragswertmethode, stellen aber zugleich angesichts der notorischen Unsicherheit sämtlicher Prognosen das „Kernproblem jeder Unternehmensbewertung" dar.[104]

---

[103] Zust. *Kollrus* MDR 2012, 66; dagegen Fleischer/Hüttemann/*Hüttemann/Meyer* § 12 Rn. 48, 56 ff.; *Meyer* AG 2015, 16; *Ruthardt/Hachmeister* Wpg 2012, 451.

[104] So IdW S1 Rn. 68 sowie zB ausf. Fleischer/Hüttemann/*Franke/Schulte* § 5; Bürgers/Körber/*Ruiz de Vargas* AktG § 305 Rn. 24 ff.

42a Die Basis der Schätzung der zukünftigen Erträge bildet die sorgfältige **Vergangenheits-analyse,** dh die genaue Ermittlung der bisherigen Erträge der Gesellschaft aus den letzten drei bis fünf Jahren vor dem Stichtag des § 293 Abs. 1 AktG (→ § 21 Rn. 20 f.).[105] Einzubeziehen sind dabei auch alle Erträge der mit der abhängigen Gesellschaft verbundenen Unternehmen, jedenfalls, soweit sie voll konsolidiert werden.[106] Die auf diese Weise ermittelten früheren Erträge der Gesellschaft können freilich nicht unbesehen in die Zukunft fortgeschrieben werden, sondern müssen zunächst durch die Eliminierung außerordentlicher Erträge und Aufwendungen „bereinigt", dh sozusagen auf ihr **„Normalmaß"** zurückgeführt werden.[107] Ausschüttungsfähige **stille Reserven,** die auf autonomen Entscheidungen der Gesellschaft und nicht auf bloßen Wertsteigerungen beruhen, sind gleichfalls, ebenso wie überhöhte steuerliche Sonderabschreibungen, ertragserhöhend zu berücksichtigen.[108] Von den danach prognostizierten Erträgen müssen schließlich noch im Rahmen einer Investitionsrechnung (nur) die zur Substanzerhaltung notwendigen **Abschreibungen** abgezogen werden.[109]

42b Die Schätzung der vermutlichen zukünftigen Erträge der Aktionäre wird naturgemäß durch die Aufgabe der sog. **Vollausschüttungsannahme** oder -hypothese zu Gunsten einer Orientierung an der bisherigen Ausschüttungspolitik des betreffenden Unternehmens zusätzlich erschwert.[110] Die **thesaurierten Gewinne** sind gleichfalls mit dem Kapitalisierungszinssatz zu verzinsen und auf diese Weise, den Unternehmenswert erhöhend, in die Rechnung einzustellen, freilich ohne Steuern.[111] Für die Zukunft ist, sofern mit den Unternehmensplanungen übereinstimmend und in der Sache vertretbar, eine **Fortsetzung** der bisherigen **Ausschüttungs- und Thesaurierungspolitik** anzunehmen,[112] während für die nachfolgende Phase II, die Phase der ewigen Rente, – mangels anderer Anhaltspunkte – wegen der Notwendigkeit der Bereitstellung von Mitteln für die erforderlichen Investitionen häufig einfach von einer durchschnittlichen Ausschüttungsquote irgendwo in der Gegend von 50 % ausgegangen wird.[113]

43 Die Vergangenheitsanalyse (→ Rn. 39 f.) bildet lediglich die Basis für die **Schätzung der zukünftigen Erträge** der Gesellschaft. Über die damit verbundenen Schwierigkeiten darf man sich keinen Illusionen hingeben, da die zukünftigen Erträge einer Gesellschaft ebenso wie die Zukunft insgesamt im Grunde eine „hoffnungslose Unbekannte" sind.[114]

---

[105] IdW S1 Rn. 72 ff.

[106] Spindler/Stilz/*Stephan* AktG § 305 Rn. 71 f.

[107] Bspw. BayObLG AG 2002, 390 (391) – Rieter II; NZG 2005, 181; 2006, 156– Pilkington AG; OLG München ZIP 2007, 375 – N.-Energie.

[108] LG Berlin AG 2000, 284 (285 f.) – Aluminiumwerk Unna; *Aha* AG 1997, 26 (30 f.).

[109] OLG Düsseldorf NZG 2000, 693 – Hoffmann's Stärkefabriken; OLG Stuttgart AG 2004, 43 (46 f.) – Vereinigte Filzfabriken; LG Berlin AG 2000, 284 (285) – Aluminiumwerk Unna; MüKoAktG/*Paulsen* AktG § 305 Rn. 99; *Hügel* Verschmelzung S. 192; *Korth* BB 1992, Beilage 19, 8; Spindler/Stilz/ *Stephan* AktG § 305 Rn. 77.

[110] IdW S1 von 2008 Rn. 35–37; dazu zB *Komp* Zweifelsfragen S. 104 f.; *Kunowski* DStR 2005, 569 (570 f.); MüKoAktG/*Paulsen* AktG § 305 Rn. 75 ff.; *A. Reuter/S. Lenz* DB 2006, 1689 (1692 f.); Spindler/Stilz/*Stephan* AktG § 305 Rn. 75; s. *W. Wagner/Jonas/Ballwieser/A. Tschöpel* Wpg 2006, 1005 (1007).

[111] Anders LG München I AG 2016, 95 (98).

[112] OLG Stuttgart AG 2011, 794 (797 f.); BB 2011, 1522; AG 2012, 221 (223); OLG Frankfurt a. M. AG 2012, 330 (333); 2012, 417 (419); NZG 2012, 1382 (1383); s. iE *Kunowski* DStR 2005, 569 (570 f.); *A. Reuter/S. Lenz* DB 2006, 1689 (1692 f.).

[113] ZB OLG Düsseldorf AG 2017, 626 (629); OLG München AG 2018, 753 (755); OLG Stuttgart AG 2019, 255 (258); LG München I AG 2016, 95 (98).

[114] S. mN *Emmerich* FS Stilz, 2014, 135 (138 ff.).

Daraus werden unterschiedliche Konsequenzen gezogen. Man kann einmal für die ganze Zukunft – heroisch – im Interesse der Vereinfachung der Schätzung gleichbleibende Erträge wie bisher unterstellen, jedenfalls, wenn sich das Unternehmen im sog. Gleichgewichts- oder Beharrungszustand befindet (sog. **Pauschalmethode**);[115] oder man kann die Zukunft in unterschiedliche Phasen und Szenarien entsprechend der abnehmenden „Genauigkeit" von Ertragsprognosen einteilen, je weiter der Prognosezeitraum in die Zukunft reicht (sog. **Phasenmethode,** → § 21 Rn. 24). Während früher die Pauschalmethode deutlich vorherrschte,[116] ist heute die Phasenmethode üblich.[117] Den Vorteil der Phasenmethode sieht man vor allem darin, dass sie es erlaube, in der ersten Phase, meistens Phase I oder **Detailplanungsphase** genannt, der Schätzung der zukünftigen Erträge der Gesellschaft nach Möglichkeit die vorhandenen Unternehmensplanungen zugrunde zu legen, sofern plausibel (→ Rn. 43a). Diese Phase wird idR auf drei bis fünf Jahre bemessen. Liegt eine aussagekräftige Unternehmensplanung nur für eine kürzere Periode, zB nur für ein Jahr vor, so kann die erste Phase aber auch entsprechend kürzer bemessen werden.[118]

Die Folge dieser Entwicklung ist, dass den **Unternehmensplanungen** in der gegenwärtigen Bewertungspraxis eine nachgerade zentrale Rolle zukommt.[119] Dieser sog. **Vorrang der Unternehmensplanung** wird vor allem damit begründet, dass es sich bei der Unternehmensplanung letztlich um eine unternehmerische Entscheidung handele, die von den Gerichten grds. zu respektieren sei. Die Gerichte unterziehen deshalb die Unternehmensplanungen nur noch einer ganz **eingeschränkten Prüfung** auf ihre Vertretbarkeit oder Plausibilität, d h darauf hin, ob die Planungen auf zutreffenden Informationen beruhen sowie realistisch und nicht widersprüchlich sind. Ist dies der Fall, so werden die Planungen ohne weiteres akzeptiert und der Schätzung der zukünftigen Erträge zugrunde gelegt, und zwar selbst dann, wenn die Planungen inzwischen durch die tatsächliche Entwicklung *längst widerlegt* sind, diesmal unter Berufung auf das Stichtagsprinzip.[120] Strenger überprüft werden im Regelfall lediglich sogenannte **Sonderplanungen,** die gerade anlässlich einer Strukturmaßnahme gezielt für Bewertungszwecke aufgestellt werden,[121] sowie – erst recht – iRd Unternehmensbewertung im Falle des Fehlens verwertbarer Unternehmensplanungen von den Sachverständigen aufgestellte **bewertungsbezogene Planungen,** etwa hinsichtlich der in Zukunft erforderlichen Investitionen und der daraus abgeleiteten Ertragsprognosen.[122]

43a

---

[115] So OLG Stuttgart AG 2012, 135 (137).

[116] Bspw. BGHZ 140, 35 (38); *Aha* AG 1997, 26 (29ff.); *Seetzen* WM 1999, 565.

[117] IdW S1 von 2008 Rn. 36f., 75ff.; zB OLG Düsseldorf AG 2017, 584 (586); wegen der Einzelheiten s. Fleischer/Hüttemann/*Franken/Schulte* Hdb § 5 Rn. 20ff.; *Hachmeister/Ruthardt/Lampenius* Wpg 2011, 519 (523); *Großfeld* Unternehmensbewertung Rn. 355ff. (103ff.).

[118] BGH NJW 2003, 3272 – Ytong; BayObLG AG 2002, 392 (393) – Ytong; OLG Frankfurt a. M. AG 2010, 798 (799).

[119] Krit. zB mit guten Gründen *Hüttemann* FS Hoffmann-Becking, 2013, 603 (606f.).

[120] BVerfG NJW 2012, 3020 – Daimler/Chrysler; OLG Stuttgart AG 2017, 493 (494); 2019, 255 (257f.); OLG Düsseldorf AG 2018, 399 (401); Beschl. v. 2.7.2018 – 26 W 6/16; OLG München AG 2018, 753 (754); AG 2019, 357; OLG Frankfurt a. M. AG 2016, 588 (591); OLG Zweibrücken AG 2018, 200 (204); ebenso zB *Decher* FS Maier-Reimer, 2010, 55 (62ff.); Fleischer/Hüttemann/ *Franken/Schulte* § 5 Rn. 58ff.

[121] OLG Düsseldorf AG 2016, 329 (332); 2018, 399 (401); Beschl. v. 2.7.2018 – 26 W 6/16; OLG Frankfurt a. M. AG 2017, 789 (793); *Hachmeister/Ruthardt/Lampenius* Wpg 2011, 519 (523f.).

[122] ZB OLG Düsseldorf Beschl. v. 22.3.2018 – 26 W 18/14, BeckRS 2018, 37142 – Mannesmann/Vodafone I.

43b Die nicht zu übersehende **Problematik** der geschilderten Praxis beruht darauf, dass die Unternehmensplanungen nur allzu oft grundfalsch sind und schon nach ein bis zwei Jahren vielfach nur noch Makulatur darstellen, da sich die relevanten Daten immer schneller und in nicht voraussehbare Weise ändern.[123] Gleichwohl verbietet – zu Unrecht – nach hM das Stichtagsprinzip grds. die Berücksichtigung derartiger Entwicklungen, sodass die Unternehmensbewertung nach der Ertragswertmethode eigentlich durchgängig buchstäblich „in der Luft hängt", dh im Grunde wertlos ist. Die Konsequenz müsste eigentlich sein, das schädliche strenge Stichtagsprinzip aufzugeben (→ Rn. 41 f.) *oder* doch wenigstens die Unternehmensplanungen durchgängig einer kritischen Kontrolle auf ihre Tragfähigkeit hin zu unterziehen, und zwar anhand der zwischenzeitlichen Entwicklungen. Beides lehnt die Rechtsprechung indessen – zu Unrecht – nach wie vor ab, natürlich auch, um ihren Prüfungsaufwand zu reduzieren.

4. Nachsteuerbewertung

44 In der Unternehmensbewertung war es früher üblich, Steuereffekte nach Möglichkeit aus der Bewertung auszuklammern, einmal, weil sie kaum kalkulierbar sind, zum andern weil sie, zumal auf der Ebene der Aktionäre, die denkbar größten Unterschiede aufweisen und obendrein im Laufe der Zeit ständigen Schwankungen unterliegen. Diese steuerrechtliche „Unschuld" der Unternehmensbewertung gehört der Vergangenheit an, seitdem sich das IdW bereits 1997 für die durchgängige **Nachsteuerbewertung** ausgesprochen hat, und zwar gleichermaßen auf der Ebene der zu bewertenden Gesellschaft wie auf der der Aktionäre.[124] In der jüngsten **Rechtsprechung** findet dies überwiegend Billigung,[125] während im **Schrifttum** nach wie vor erhebliche Zweifel an der Berechtigung einer Nachsteuerbewertung bestehen, insbes. wegen der damit verbundenen, als nur schwer erträglich angesehenen **Komplexität** der Unternehmensbewertung nach der Ertragswertmethode.[126]

44a Was zunächst die **Ebene der** zu bewertenden **Gesellschaft** angeht, so gilt es heute offenbar bereits als selbstverständlich, die **Unternehmenssteuern,** insbes. also die Körperschaft- und die Gewerbesteuer aufgrund der Rechtslage am Stichtag bei der Schätzung der zukünftigen Erträge eines Unternehmens zu berücksichtigen, so dass es sich bei den zukünftigen Erträgen dieses Unternehmens von vornherein um die allein zur Ausschüttung zur Verfügung stehenden **Nettobeträge** handelt.[127] Unterstellt man die Veräußerung des nicht betriebsnotwendigen (neutralen) Vermögens (→ Rn. 54), so müssen auch die dabei anfallenden, zusätzlichen Steuern, zB infolge der Auflösung stiller Reserven, berücksichtigt werden. Etwaige **Verlustvorträge** dürfen gleichfalls nicht unberücksichtigt bleiben, da sie in der Praxis einen wichtigen Faktor bei der

---

[123] Ebenso ausdr. OLG Stuttgart BB 2011, 1522; *Stilz* FS Goette, 2011, 529 (532) (3. Abs.); *Emmerich* FS Stilz, 2014, 135 (138 ff.); *Knoll* (2.) FS Großfeld, 2019, 227 (236 ff.).

[124] IDW S 1 Rn. 33, 53, 101 ff., 121, 149.

[125] S. zB OLG München NZG 2007, 635; OLG Stuttgart AG 2017, 832 (835 f.); OLG Düsseldorf AG 2019, 91 (95); OLG Frankfurt a. M. AG 2011, 832 (835); wN bei *Hachmeister/Ruthardt/Lampenius* Wpg 2011, 828 (837 ff.); *Ruthardt/Popp* AG 2019, 196 (200 f.).

[126] *Barthel* DStR 2007, 83; *Hachmeister/Ruthardt/Lampenius* Wpg 2011, 829 (839); *Hennrichs* ZHR 164 (2000), 453 (471 ff.); *L. Knoll* AG 2005, Sonderheft S. 39 f.; *Seetzen* WM 1999, 565 (573); *Wenger* AG 2005, Sonderheft S. 9 (12); – zust. dagegen *A. Reuter* AG 2007, 1 (4 ff. mN).

[127] IDW S 1 Rn. 28.

Wertfindung darstellen,[128] während am Stichtag bereits absehbare und für die Gesellschaft günstige Steueränderungen nur in dem engen Rahmen der sogenannten Wurzeltheorie berücksichtigt werden dürfen.[129]

Auf der Ebene der **Aktionäre** muss man von vornherein wegen der unterschiedlichen 45 Grenzsteuerbelastung der Aktionäre mit **typisierten Durchschnittssätzen** (allein) für die Einkommensteuer (zuzüglich des Solidaritätszuschlages und der Kirchensteuer) arbeiten, weil eine auf die individuellen steuerlichen Verhältnisse der Aktionäre zugeschnittene Bewertung offenbar unmöglich ist. Üblich war bisher die Annahme einer typisierten **Durchschnittsbelastung von 35%,** wobei man – als „Musteraktionär" – eine unbeschränkt steuerpflichtige natürliche Person mit Wohnsitz im Inland unterstellte.[130] Mit der **Unternehmenssteuerreform von 2008** wurde diese Annahme infolge des (grundsätzlichen) Übergangs zur Pauschalbesteuerung der Zinsen und Dividenden sowie der Veräußerungsgewinne in Höhe von 25% (zuzüglich Solidaritätszuschlag und Kirchensteuer) hinfällig, so dass sich eine Änderung der Bewertungsverfahrens als notwendig erwies. Vor allem diesem Zweck dient der IDW S 1 idF 2008. Technisch geschieht dies iRd sog. **Tax-CAPM** durch Einkalkulierung der Steuerbelastung der Aktionäre in den Kapitalisierungszinssatz durch dessen rechnerische *Ermäßigung* um einen bestimmten Faktor, der sich aus der Umrechnung der angenommenen Steuerbelastung ergibt.[131] Im Ergebnis hat damit die Nachsteuerbewertung nach der Unternehmenssteuerreform von 2008 eine **Komplexität** erreicht, die in der Praxis zu radikalen Vereinfachungen durch zum Teil heroische Annahmen zwingt, – wodurch jedoch die Praktikabilität der Nachsteuerbewertung ebenso wie die Aussagekraft der Ertragswertmethode zunehmend infrage gestellt werden.[132] Zutreffend ist in diesem Zusammenhang bereits von einer „vorgetäuschten Scheingenauigkeit" die Rede.[133]

5. Verbundvorteile

Ebenso wie die Berücksichtigung steuerlicher Aspekte (→ Rn. 44f.) wird auch die 46 Frage kontrovers diskutiert, in welchem Umfang von dem Unternehmensvertrag erhoffte Verbundvorteile in die Ertragswertermittlung einzubeziehen sind. Man hat dabei die mit der Unternehmensverbindung einhergehenden **Synergieeffekte,** genauer: die aus der Verbindung der Unternehmen erwarteten Rationalisierungsvorteile im Auge, wobei vor allem an die Ersparnis solcher Kosten zu denken ist, die jetzt in dem Verbund nur noch einmal anfallen. Beispiele sind Ersparnisse infolge der Zusammenarbeit im Einkauf und in Forschung und Entwicklung,[134] die wettbewerbspolitisch

---

[128] BGH NJW 1978, 1316 (1319) – Kali & Salz; OLG Düsseldorf NZG 2000, 1079 (1081); OLG Stuttgart NZG 2000, 744; AG 2004, 271 (276); OLG München AG 2008, 28; *Fleischer* ZGR 1997, 368 (378ff.); *Komp* Zweifelsfragen S. 93–110.

[129] → Rn. 39f.; OLG Düsseldorf AG 2019, 92 (96).

[130] IDW S 1 idF 2008 Rn. 28, 43ff., 93; zB OLG Düsseldorf AG 2019, 92 (94); Beschl. v. 22.3.2018 – 26 W 18/14, BeckRS 2018, 37142 – Mannesmann/Vodafone I; statt aller *Hachmeister/Ruthardt/Lampenius* Wpg 2011, 829 (837ff.); *Wagner/Saur/Willershausen* Wpg 2008, 731 (733ff.).

[131] Wegen der verwickelten Einzelheiten s. (überwiegend krit.) *Ballwieser* Wpg 2008, 102; *Hommel/Pauly* BB 2007, 2728; *Jonas* Wpg 2008, 826; *Wagner/Saur/Willershausen* Wpg 2008, 731 (733f., 737f.).

[132] Ebenso *Hachmeister/Ruthardt/Lampenius* Wpg 2011, 829 (839); Spindler/Stilz/*Stephan* AktG § 305 Rn. 94.

[133] *Hachmeister/Ruthardt/Lampenius* Wpg 2011, 829 (839).

[134] Dazu ausf. Fleischer/Hüttemann/*Winner* Handbuch § 14 Rn. 1ff.

durchaus nicht nur positiv zu beurteilen sein können, etwa bei dem Wegfall wichtiger Forschungskapazitäten.[135]

47 Im Einzelnen hat man zwischen echten und unechten Verbundvorteilen zu unterscheiden. Von echten Verbundvorteilen spricht man, wenn die fraglichen Vorteile *allein* durch den konkreten Unternehmensverbund zu erreichen sind, während unechte Verbundvorteile auch durch eine bloße Kooperation mit anderen Unternehmen erzielt werden könnten. Die überwiegende Meinung lehnt bisher die Berücksichtigung **echter Verbundvorteile** bei der Ertragswertermittlung iRd § 305 AktG ab, idR aus der Überlegung heraus, dass ihre Quantifizierung *und* Verteilung auf die verbundenen Unternehmen nahezu unlösbare Berechnungsprobleme aufwerfe (so genanntes **stand-alone-Prinzip**),[136] während **unechte Verbundvorteile** von Fall zu Fall durchaus berücksichtigt werden, sofern sie bereits hinreichend konkretisiert sind und sich außerdem quantifizieren *und* zuordnen lassen.[137] In der Tat müssen solche Effekte, sofern sie ausnahmsweise quantifiziert *und* den einzelnen, verbundenen Unternehmen zugewiesen werden können, zum Schutz der außenstehenden Aktionäre in die Ertragswertermittlung einbezogen werden, und zwar generell, also auch bei echten Verbundvorteilen, weil es sich dann um **werterhöhende Faktoren** handelt, die nicht allein dem herrschenden Unternehmen zugutekommen dürfen; notfalls sind die Verbundvorteile hälftig auf die verbundenen Unternehmen aufzuteilen.[138]

6. Abzinsung, Kapitalisierungszinssatz

48 Die Ertragswertmethode ermittelt den gesuchten Unternehmenswert durch Vergleich der vermutlichen Erträge eines Unternehmens mit denen einer (bekannten) Alternativanlage. Wählt man zB (wie früher üblich) als Alternativanlage *öffentliche Anleihen,* so muss man ermitteln, in welcher Höhe ein Aktionär Geld in öffentlichen Anleihen investieren müsste, um in Zukunft dieselben Erträge zu erzielen, wie er sie aus seiner Beteiligung an der Gesellschaft (aufgrund der Schätzung der zukünftigen Erträge dieser Gesellschaft, → Rn. 60ff.) voraussichtlich erzielt hätte. Das hängt natürlich von der Verzinsung der als Anlage gewählten Anleihen ab. Denn je niedriger dieser Zinssatz ist, desto mehr Geld muss der Aktionär in Anleihen anlegen, um einen bestimmten Ertrag zu erzielen. Das gesamte danach erforderliche Investment des Aktionärs bezeichnet dann den Wert seiner Beteiligung. Wählt man dagegen als Alternativanlage wie heute üblich ein Aktiendepot, so hängen die Erträge zusätzlich von der Zusammensetzung des Depots und den jeweils ausgeschütteten Dividenden ab, wodurch die Bewertung gewiss nicht einfacher wird.

---

[135] S. *Emmerich,* AG 2017, 473 (475 mN.).
[136] BGHZ 138, 136 (140) – Asea/BBC I; OLG Düsseldorf NZG 2000, 693; AG 2004, 324 (327) – EVA; OLG Frankfurt a. M. AG 2011, 717 (718); OLG Stuttgart AG 2011, 420 (421); LG München I AG 2016, 51 (54) – MAN; *Decher* FS Hommelhoff, 2012, 115 (124ff.); *Mertens* AG 1992, 321; *Koppensteiner* FS Ostheim, 1990, 403 (424f.); *Seetzen* WM 1994, 45 (49); *W. Werner* FS Steindorff, 1990, 303 (316ff.); wN bei *Hachmeister/Ruthardt* Wpg 2012, 2011; – anders insbes. *Fleischer* ZGR 1997, 368 (376ff.); 2001, 1 (27); *Hüttemann* ZHR 162 (1998), 563 (586ff.); *Hüttemann* FS Hoffmann-Becking, 2013, S. 603 (610).
[137] BGHZ 147, 108 (119f.) – DAT/Altana IV; OLG Celle AG 1999, 128 (130) – Wolters/Gilde; OLG Stuttgart NZG 2007, 112; s. *Hüttemann* ZHR 162 (1998), 563 (586ff.); *Stilz* ZGR 2001, 875 (889ff.).
[138] OLG Stuttgart NZG 2007, 112.

Kern der Ertragswertmethode ist somit die Rückführung der erwarteten Erträge des zu **49**
bewertenden Unternehmens auf einen **Gegenwartswert,** dessen Höhe nicht zuletzt
von der gewählten Alternativanlage abhängig ist. Der Zauberstab, der dieses Kunst-
stück bewerkstelligen soll, ist der (vielfach umstrittene) **Kapitalisierungszinssatz,** ein
Zinssatz also, der es erlaubt, die erwarteten Erträge der fraglichen Gesellschaft mittels
der Rentenformel[139] auf einen Gegenwarts- oder Barwert abzuzinsen, der jeweils den
Betrag anzeigt, der für ein vergleichbares Investment in Anleihen oder wieder in Ak-
tien erforderlich ist, um dieselben Erträge wie bisher zu erzielen.[140] Eine gesetzliche
Regelung gibt es bisher lediglich für steuerliche Zwecke in **§ 203 BewG.** Nach dieser
Vorschrift, die gelegentlich auch in Spruchverfahren zur Bestimmung des Kapitalisie-
rungszinssatzes herangezogen wird,[141] setzt sich der Kapitalisierungszinssatz aus einem
Basiszins und einem Zuschlag von 4,5 % zusammen (§ 203 Abs. 1 BewG), wobei der
Basiszins aus der langfristig erzielbaren Rendite öffentlicher Anleihen abzuleiten ist,
abzulesen an den von der Bundesbank anhand der Zinsstrukturkurve zu Beginn eines
Jahres errechneten Zinssätzen (§ 203 Abs. 2 S. 1, 2 BewG).

Mangels einer vergleichbaren Vorschrift für nach Aktienrecht erforderliche Unterneh- **49a**
mensbewertungen orientiert sich die Bewertungspraxis heute durchgängig an dem
IDW S 1 von 2008, nach dem als Alternativanlage nicht mehr eine Anlage in öffentlichen Anleihen, sondern in einem risikoäquivalenten Aktienportfolio in Frage
kommt. Daraus wird abgeleitet, dass als Kapitalisierungszinssatz nicht mehr wie früher
die erwartete durchschnittliche Verzinsung öffentlicher Anleihen – das ist der **Basis-**
zins – genommen werden könne, sondern dass der Basiszins um verschiedene **Zu-**
und Abschläge korrigiert werden müsse, weil eine Anlage in öffentlichen Anleihen
nicht mit der Anlage in Unternehmensbeteiligungen *vergleichbar (äquivalent)* sei. Unterschiede sieht man insbes. hinsichtlich des Risikos, das der Anleger bei den unterschiedlichen Anlagen eingeht, weil Unternehmen in größerem Ausmaß insolvenz-
gefährdet sind als öffentliche Anleiheschuldner, weshalb Anleger (angeblich) für die
Anlage von Geld in Unternehmensanteilen eine sog. **(Markt-) Risikoprämie** verlang-
ten. Auf der anderen Seite soll indessen das Inflationsrisiko hier geringer als bei Anleihen sein, weil Unternehmen die Chance (nicht mehr) haben, von Fall zu Fall auf dem
Weg über Preiserhöhungen in unterschiedlichem Ausmaß dem Inflationsrisiko zu entgehen, während öffentliche Anleihen dafür keinen Ausgleich bieten. Auch dieser Unterschied müsse, so die Folgerung, in dem Kapitalisierungszinssatz abgebildet werden,
und zwar mittels des sog. **Wachstumsabschlags,** meistens frei geschätzt auf ein bis drei
Prozentpunkte. Um den Kapitalisierungszinssatz bestimmen zu können, muss man
folglich als erstes den Basiszins ermitteln (→ Rn. 49b), der sodann um verschiedene
Zu- und Abschläge zu ergänzen ist (→ Rn. 50 ff.).

Der **Basiszins,** früher vielfach auch landesüblicher Zinssatz genannt, wird – ebenso **49b**
wie nach Steuerrecht (§ 203 Abs. 2 S. 1 BewG) – allgemein aus der langfristig erzielbaren Rendite öffentlicher Anleihen abgeleitet. Infolgedessen schwankt der Basiszins
notwendigerweise von Land zu Land im Zeitablauf. In der Literatur werden im Wesentlichen drei Verfahren zur Lösung der sich daraus ergebenden Berechnungspro-

---

[139] Ertragswert = Zukünftige Erträge x (1 – Kapitalisierungszinssatz); s. zB § 203 Abs. 2 BewG.
[140] Wegen der Einzelheiten s. statt aller Fleischer/Hüttemann/*Franken/Schulte* § 6 Rn. 1 ff.; Bürgers/Kör-
ber/*Ruiz de Vargas* AktG § 305 Rn. 39 ff.
[141] ZB OLG München AG 2014, 453 (455); 2015, 508 (512) – HRE.

bleme diskutiert.[142] Man kann (1.) auf den historischen Durchschnittswert, etwa aus den letzten zehn oder 20 Jahren, abstellen. Stattdessen kann man (2.) auch von der Effektivverzinsung am Stichtag ausgehen; und schließlich kann man (3.) aus kapitalmarkttheoretischen Überlegungen auf die laufzeitabhängige Effektivverzinsung von Zero Bonds, sog. **Spot Rates,** abstellen, die man an der nach der Methode von *Svensson, Nelson* und *Siegel* fortlaufend von der Bundesbank ermittelten **Zinsstrukturkurve** ablesen kann, die die Korrelation von Laufzeit und Zinsen widerspiegeln soll (ebenso § 203 Abs. 2 S. 2 BewG). Um auf einen Basiszinssatz für eine ewige Rente zu kommen, erforderlich bei Unterstellung einer „unbegrenzten" Lebensdauer des fraglichen Unternehmens, werden sodann die Werte der Zinsstrukturkurve „einfach" in die Zukunft verlängert. Aufgrund der Empfehlungen der Fachausschüsse des IdW[143] favorisieren die **Gerichte** heute überwiegend diese Ableitung des Basiszinses aus der von der Bundesbank regelmäßig veröffentlichten **Zinsstrukturkurve.**[144] Das Ergebnis ist meistens ein **Basiszins** zwischen 4,5 und 6% vor Steuern und **nach Steuern von 2,7 bis 3,6%.**

50 Der wie auch immer ermittelte Basiszins muss schließlich noch nach hM durch einen **Risikozuschlag** und einen **Wachstumsabschlag** den Besonderheiten einer Kapitalanlage in einem Aktienportfolio angepasst werden (zum Wachstumsabschlag → Rn. 53). Zur Berechnung dieser Zu- und Abschläge werden vor allem zwei Verfahren diskutiert, die sog. Risikozuschlagmethode sowie das CAPM (→ Rn. 51 f.). Die **Risikozuschlagmethode,** die heute nur noch wenige Anhänger hat, korrigierte „einfach" den Basiszins (→ Rn. 67 f.) für den Zweck der Unternehmensbewertung in zweierlei Hinsicht, einmal „nach oben" durch einen Risikozuschlag und auf der anderen Seite „nach unten" durch einen Inflationsabschlag. Beide Parameter, der Risikozuschlag ebenso wie der Inflationsabschlag, wurden letztlich *frei geschätzt,* wobei sich insbes. die Bemessung des Inflationsabschlags als ausgesprochen schwierig erwiesen hatte.[145] Die Gerichte gelangten dergestalt zu sehr unterschiedlichen Kapitalisierungszinssätzen zwischen **7,5 und 9,5%.**[146]

51 Die pauschale Risikozuschlagmethode (→ Rn. 50) gilt wegen der unsicheren Annahmen, auf der sie letztlich beruht, heute als überholt. An ihre Stelle ist weithin das **Capital Asset Pricing Model** oder kurz **CAPM** sowie (allein in Deutschland) iRd Nachsteuerbewertung das **Tax-CAPM** getreten. Das CAPM ist ein von zwei amerikanischen Ökonomen entwickeltes *kapitalmarkttheoretisches Modell* über die Preisbildung auf Kapitalmärkten unter den *Bedingungen* vollständiger Information, unendlicher Anpassungsgeschwindigkeit sowie streng rationalen Verhaltens aller Marktteilnehmer, welches es erlauben soll, aus den Marktdaten, insbes. also aus den hypothetischen zukünftigen Erträgen des fraglichen Unternehmens, den Kapitalisie-

---

[142] Alle Einzelheiten bei Fleischer/Hüttemann/*Franken/Schulte* Hdb§ 6 Rn. 13 ff.; *Hachmeister/Ruthardt/Lampenius* Wpg 2011, 519 (524 f.); Bürgers/Körber/*Ruiz de Vargas* AktG § 305 Rn. 41 f.

[143] FN-IDW 2008, 490; 2012, 293; Fleischer/Hüttemann/*Franken/Schulte* § 6 Rn. 19 ff.

[144] Bspw. OLG Frankfurt a. M. AG 580; 2017, 492 (496); OLG Düsseldorf NZG 2014, 1418; AG 2017, 708; 2017, 712; 2018, 399 (402 f.); OLG Zweibrücken AG 2018, 200 (205); OLG Stuttgart AG 2019, 255 (258 f.); OLG München Beschl. v. 20.3.2019 – 31 Wx 185/17, BeckRS 2019, 4039; wN s. bei *Hachmeister/Ruthardt/Lampenius* Wpg 2011, 519 (525 ff.); *A. Schüler* DB 2015, 2277 (2283 f.).

[145] *Aha* AG 1997, 26 (32 f.); *Großfeld* NZG 2004, 74; *Komp* Zweifelsfragen S. 200 ff.

[146] S. mN *L. Knoll* AG 2005, Sonderheft, 39 ff.; *E. Wenger* AG 2005, Sonderheft, 9, 12 ff.

rungszinssatz zu berechnen.[147] Der **Risikozuschlag** setzt sich nach diesem Modell aus einer Marktrisikoprämie und dem sog. Betafaktor zusammen. Die **Marktrisikoprämie** soll den Zinszuschlag abbilden, den Anleger (angeblich) für eine Anlage ihrer Mittel in Aktien statt in öffentlichen Anleihen verlangen. Die Existenz dieser Marktrisikoprämie ist ebenso umstritten wie ihre Berechnung und ihre Höhe.[148] Die Fachausschüsse des IdW schätzen (!) die Marktrisikoprämie seit 2009 vor Steuern auf 4,5–5 % und nach Steuern auf 4–5 % sowie seit 2012 infolge der Finanzkrise auf 5,5–7 % bzw. nach Steuern auf **5–6 %**.[149] Diesen Vorgaben der Wirtschaftsprüfer folgen die meisten Gerichte ohne Einschränkung – unter deutlicher Bevorzugung eines Mittelwertes von 5,5 %, wiederum mit der Begründung, bei dem CAPM handele es sich um ein in der primär zuständigen Betriebswirtschaftslehre anerkanntes und in der Praxis übliches und bewährtes und deshalb von den Gerichten zu akzeptierendes Verfahren.[150] Dies darf nicht darüber hinwegtäuschen, dass tatsächlich auch die von den Vertretern des CAPM zugrunde gelegten Werte letztlich auf bloßen *Schätzungen* beruhen.[151] Es kommt hinzu, dass empirische Studien bis in die jüngste Zeit immer wieder fundierte Zweifel daran wecken, ob es überhaupt eine Marktrisikoprämie gibt und, wenn ja, ob die üblichen Annahmen über ihre Höhe nicht weit übertrieben sind.[152] Darauf gestützte Einwände gegen die gängige Praxis[153] werden dann üblicherweise unter Hinweis auf die (angeblichen) Erfahrungen der in den Fachausschüssen des IdW vertretenen Wirtschaftsprüfer abgetan.[154]

Die Marktrisikoprämie (wenn es sie denn tatsächlich gibt) darf nicht unbesehen dem Basiszinssatz hinzugerechnet werden, sondern muss noch der individuellen Risikostruktur des zu bewertenden Unternehmens angepasst werden. Diesem Zweck dient der **Betafaktor (ß),** der die Unterschiede in der Rendite zwischen einem allgemeinen Aktienportfolio und der Anlage in Aktien des betreffenden Unternehmens abbilden soll.[155] Decken 52

---

[147] Wegen der Einzelheiten s. *Ballwieser* Wpg 2008, 102 (104 ff.); *Großfeld* Unternehmensbewertung Rn. 676 ff.; *Großfeld* NZG 2009, 1204; *Großfeld/Frantzmann* FS Beuthien, 2009, 155; *Hachmeister/Ruthardt/Lampenius* Wpg 2011, 519; 2011, 829; Fleischer/Hüttemann/*Jonas* § 3 Rn. 43 ff.; *Komp* Zweifelsfragen S. 186 ff.; *W. Wagner/Jonas/Ballwieser/Tschöpel* Wpg 2006, 1005 (1014 ff.); *W. Wagner/Saur/Willershausen* Wpg 2008, 731 (737 ff.); – zur Kritik s. die Beiträge von *Hering/*Toll, *Kirsch/Wege* und *Obermaier*, in: (2.) FS Großfeld, 2019, S. 173, 217 (221 ff.) und 325 (333 ff.).

[148] S. zB *Emmerich* FS Stilz, 2014, 135 (140 f.); Fleischer/Hüttemann/*Franken/Schulte* § 6 Rn. 43 ff.; *Großfeld* Unternehmensbewertung Rn. 676 ff.; *Großfeld* NZG 2009, 1204; *Großfeld/Frantzmann* FS Beuthien, 2009, 155; *Hachmeister/Ruthardt/Lampenius* Wpg 2011, 829 (830 ff.); *Lochner* AG 2011, 692; *Ruthardt/Popp* AG 2019, 196 (201 f.); *Wenger/Knoll* FS Berthold, 2018, 93 (105 ff.).

[149] S. mN Fleischer/Hüttemann/*Franken/Schulte* § 6 Rn. 63; *Katzenstein* AG 2018, 739 (743).

[150] Bspw. OLG Karlsruhe AG 2016, 220 (221 f.); OLG Frankfurt a. M. NZG 2016, 862; AG 2017, 832 (836 f); OLG Düsseldorf AG 2018, 399 (403); 2018, 679 (680); 2019, 92 (94 f.); OLG Zweibrücken AG 2018, 200 (204); OLG Stuttgart AG 2014, 291 (294); 2019, 255 (259); OLG München AG 2018, 739 (743); AG 2019, 357; Beschl. v. 20.3.2019 – 31 Wx 185/17, BeckRS 2019, 4039; wN bei Fleischer/Hüttemann/*Franken/Schulte* § 6 Rn. 65–71; *Katzenstein* AG 2018, 739 (743 ff.).

[151] Ebenso ausdr. BGHZ 207, 114 Rn. 49; LG München I AG 2016, 51 (55 f.) – MAN; 2016, 95 (99).

[152] ZB *Wenger/Knoll* FS Berthold, 2018, 93 (105 ff.): Danach lässt sich statistisch höchstens eine Marktrisikoprämie in der Gegend von 1 % nachweisen; ebenso *Knoll*, (2.) FS Großfeld, 2019, 229 (239 ff.).

[153] *Emmerich* AG 2015, 627 (630); *Emmerich* EWeRK 2016, 153; *Knoll* BFuP 69 (2017), 300 (308 f.); so *Knoll*, (2.) FS Großfeld, 2019, 229 (239 ff.).

[154] *Egger/Tönnies* EWeRK 2016, 362; ebenso zB OLG München Beschl. v. 20.3.2019 – 31 Wx 185/17, BeckRS 2019, 4039.

[155] Einzelheiten bei Fleischer/Hüttemann/*Franken/Schulte* § 6 Rn. 73 ff.; Bürgers/Körber/*Ruiz de Vargas* AktG § 305 Rn. 45 ff. – zur Kritik s. *Kirsch/Wege*, (2.) FS Großfeld, 2019, 217 (222 ff.).

sich beide Renditen, so ist ß = 1. Bestehen dagegen Unterschiede, so ist der Betafaktor entsprechend höher oder niedriger als 1 (ß ≠ 1). Der Betafaktor kann *unternehmensindividuell* oder durch *Vergleich mit anderen vergleichbaren Unternehmen* ermittelt werden. Bei unternehmensindividueller Berechnung des Betafaktors stellt man auf die Differenz zwischen dem durchschnittlichen Börsenkurs der betreffenden Gesellschaft und dem durchschnittlichen Kurs für Unternehmen dieser Art ab, während man in dem zweiten Fall, dh bei einem Vergleich mit anderen Unternehmen oder Unternehmensgruppen, auf die entsprechenden Werte meistens einer Gruppe vergleichbarer Unternehmen (sog. **Peer Group**) zurückgreift. In der jüngsten Praxis ist dabei eine deutliche Bevorzugung der „Berechnung" des Betafaktors anhand von Peer Groups festzustellen, sofern nicht ausnahmsweise die Signifikanz und Stabilität des unternehmensindividuellen Betafaktors gesichert sind.[156] Erst das **Produkt aus der Marktrisikoprämie** r_m (= Durchschnittsrendite des Aktienportfolios ÷ Basiszinssatz) und **Betafaktor** (r_m × ß) ergibt den unternehmensindividuellen Risikozuschlag. Wie immer man vorgeht, im Ergebnis beruht, wie unschwer zu erkennen ist, auch der Betafaktor auf bloßen unsicheren Schätzungen, für die die genannten Parameter gewisse Anhaltspunkte abgeben mögen, jedoch nicht mehr. Entsprechend umstritten ist in der Literatur die Berechnung des Betafaktors, wobei vor allem die verbreitete Unterscheidung zwischen einem verschuldeten und einem unverschuldeten (oder unlevered oder levered) Betafaktor je nach der Finanzstrukturen der verglichenen Unternehmen bereits fast an eine Geheimwissenschaft glauben lässt.[157] Im Ergebnis schwanken heute die Schätzungen des Betafaktors je nach den Umständen des Falles zwischen 0,3 und 3 Prozentpunkten.[158]

53   Der unternehmensindividuelle Risikozuschlag (als Produkt aus Marktrisikoprämie und Betafaktor) muss auf der Basis des CAPM noch um einen Abschlag, den sog. **Wachstumsabschlag** korrigiert werden, meistens in der Größenordnung von 0,5 bis 2 Prozentpunkten, heute meistens grob einfach auf 1 Prozentpunkt geschätzt.[159] Durch diesen Abschlag soll dem Umstand Rechnung getragen werden, dass Unternehmenserträge in aller Regel in geringerem Umfang als Anleihezinsen dem allgemeinen Inflationsrisiko ausgesetzt sind, da Unternehmen – freilich in unterschiedlichem Ausmaß – die Chance (nicht mehr) haben, Preissteigerungen an ihre Kunden weiterzugeben. Ist diese Chance in den Augen der Gerichte den Umständen nach gering, so kann der Wachstumsabschlag auch deutlich unter der geschätzten zukünftigen Inflationsrate angesetzt werden.[160] – Das ist natürlich alles bloße **Spekulation** – und sonst nichts.

53a   Zu guter Letzt bleibt noch die in der jüngsten Praxis zunehmend betonte **Bagatellgrenze** von 5–10% zu beachten, sodass Korrekturen der von den Wirtschaftsprüfern angesetzten Unternehmenswerte heute überhaupt nur noch erwogen werden, wenn

---

[156] Ausf. zuletzt zB OLG Stuttgart AG 2019, 255 (259 f.); OLG Düsseldorf Beschl. v. 22.3.2018 – 26 W 20/14, BeckRS 2018, 37140 – Mannesmann/Vodafone II.

[157] ZB OLG München AG 2019, 401; Fleischer/Hüttemann/*Franken/Schulte* § 6 Rn. 147 ff.

[158] Beispiele zuletzt in OLG Karlsruhe AG 2016, 220 (222 f.); OLG Düsseldorf AG 2017, 708; 2018, 399 (403 f.); OLG Frankfurt a. M. AG 2017, 790; OLG Stuttgart AG 2019, 255 (159 f.).

[159] OLG Düsseldorf AG 2018, 679 (681 f.); Beschl. v. 6.9.2018 – 26 W 1/18, BeckRS 2018, 26115 – Victoria/Ergo III; OLG München AG 2018, 753 (756 f.); OLG Stuttgart AG 2019, 255 (260); Bürgers/Körber/*Ruiz de Vargas* AktG § 305 Rn. 48 ff.

[160] So zB OLG Düsseldorf AG 2017, 712 (715); 2018, 399 (404); OLG Frankfurt a. M. AG 2016, 588 (591 f.); OLG Zweibrücken AG 2018, 200 (206).

die „Berechnung" der Gerichte einen um 5–10% höheren Wert als von den Wirtschaftsprüfern angenommen ergeben sollte.[161] Die dergestalt ermittelten Kapitalisierungszinssätze bewegen sich in einer Größenordnung zwischen 7% und 9%[162] – und dies in einer Niedrigzinsumgebung mit teilweise negativen Zinsen, sodass diese Werte schon auf den ersten Blick wohl kaum angemessen sein dürften.

7. Neutrales Vermögen

Nach der Abzinsung der geschätzten zukünftigen Erträge (→ Rn. 42, 48 ff.) muss der Ertragswert in einem dritten Schritt noch in verschiedenen Richtungen ergänzt werden. Die erste Korrektur besteht darin, dass zu dem Ertragswert der Wert des **nicht betriebsnotwendigen (neutralen) Vermögens** hinzuzurechnen ist. Das sind Vermögenswerte, die zwar nur eine geringe Bedeutung für die zukünftigen Erträge der Gesellschaft haben, jedoch bei der Bewertung durch einen etwaigen Unternehmenskäufer eine oft ausschlaggebende Rolle spielen.[163] Die **Abgrenzung** des neutralen Vermögens von dem betriebsnotwendigen Vermögen wird in der Regel, nicht immer **funktional** vorgenommen.[164] Als neutral gelten danach sämtliche Vermögensgegenstände, die nicht dem Betriebszweck dienen, die maW für die Erzielung der der Unternehmensbewertung zugrunde gelegten Erträge nicht erforderlich sind und die deshalb ohne weiteres **veräußert** werden könnten, ohne dass dadurch der prognostizierte Ertrag beeinträchtigt würde. Maßgebend für die Annahme der Betriebsnotwendigkeit ist anders gewendet die **Notwendigkeit** des fraglichen Vermögensgegenstandes **zur Erreichung des Unternehmenszweckes,** in aller Regel also zur Gewinnerzielung auf dem den Unternehmensgegenstand bildenden Tätigkeitsgebiet des Unternehmens; dabei kommt es nicht auf den Standpunkt eines objektiven Betrachters an, sondern auf die **tatsächliche Funktion** des betreffenden Vermögensgegenstandes nach der betrieblichen Organisation des zu bewertenden Unternehmens.[165] **Beispiele** für neutrales Vermögen sind Finanzanlagen, sonstige Beteiligungen, die für die Marktposition der Gesellschaft nicht wesentlich sind, stillgelegte und nicht mehr benötigte Anlagen, Betriebswohnungen, sonstige überschüssige Mittel sowie insbes. nicht betriebsnotwendige Grundstücke.[166]

Die **Abgrenzung** ist schwierig.[167] In Zweifelsfällen gehen die Gerichte heute meistens davon aus, dass es sich auch bei der Einordnung eines Vermögensgegenstandes als neutral oder als betriebsnotwendig letztlich um eine **unternehmerische Entscheidung** handele, die von den Gerichten nur beschränkt überprüft werden könne.[168] Gegen diese Zurücknahme der gerichtlichen Kontrolle spricht indessen, dass die Folge ledig-

54

55

---

[161] Für eine derartige Bagatellgrenze zB OLG Stuttgart AG 2012, 135 (139); OLG Frankfurt a. M. AG 2015, 504 (506) sowie ganz betont OLG Düsseldorf Beschl. v. 21.2.2019 – 26 W 4/16; v. 21.2.2019 – 26 W 5/18, BeckRS 2019, 65648.

[162] ZB OLG Düsseldorf AG 2016, 861 (7,48%); 2017, 626 (je nach Phase 8,3 und 7,29%).

[163] BayObLGZ 2002, 400 (404); OLG Düsseldorf ZIP 2004, 753 – EVA; NZG 2004, 429 – Agrippina/ Zürich; OLG Stuttgart NZG 2007, 112; AG 2012, 49 (50); OLG Frankfurt a. M. AG 2011, 832 (837); 2012, 330 (334); ausf. Fleischer/Hüttemann/*Hüttemann/Meinert* § 7 Rn. 1 ff.

[164] ZB OLG Frankfurt a. M. AG 2012, 330 (334); OLG Stuttgart AG 2012, 49 (50 li. Sp.); OLG Düsseldorf AG 2014, 817 (821); NZG 2014, 1418; OLG München AG 2018, 753 (754).

[165] OLG Düsseldorf ZIP 2004, 753 – EVA; OLG München ZIP 2007, 375 (379) – N. Energie; OLG Stuttgart AG 2012, 49 (50); 2015, 580 (585); OLG Frankfurt a. M. AG 2012, 330 (334).

[166] S. zB zuletzt OLG Frankfurt a. M. a M AG 2011, 832 (837); OLG Stuttgart AG 2012, 330 (334).

[167] S. *Aha* AG 1997, 26 (35 f.); *Seetzen* WM 1994, 45 (50); *Weiß* FS Semler, 1993, 631 (640 ff.).

[168] OLG Frankfurt a. M. AG 2011, 832 (837 re. Sp. 2. Abs.).

lich die Eröffnung weiterer Spielräume für strategische Verhaltensweisen der Unternehmen zum Nachteil der außenstehenden Aktionäre ist. Deshalb sollte stattdessen allein der **Beitrag** des fraglichen Vermögensgegenstandes **zum Unternehmensertrag** ausschlaggebend sein. Ist dieser im Verhältnis zu dem Verkehrswert des Gegenstandes *gering,* so ist der Gegenstand gesondert zu bewerten, um die sonst unvermeidliche Begünstigung des herrschenden Unternehmens auf Kosten der außenstehenden Aktionäre zu vermeiden. Deshalb ist der Begriff grds. *weit* auszulegen.[169]

55a Das neutrale Vermögen kann zum Ertragswert oder zum Veräußerungswert angesetzt werden, wobei der jeweils höhere Betrag maßgebend sein sollte.[170] Geht man von dem **Veräußerungswert** aus, so sind die Kosten der Veräußerung sowie die dabei anfallenden Ertragssteuern, zB die Gewerbeertragsteuern auf bei der Veräußerung offengelegte stille Reserven, wieder abzuziehen.[171] Unterstellt man die Ausschüttung eines Teils des Veräußerungsgewinns, idR in Höhe von 50%, an die Aktionäre, so müssen auch noch die persönlichen Steuern der Aktionäre auf diese (hypothetisch ausgeschütteten) Beträge berücksichtigt werden,[172] – sodass man sich insgesamt über die heutige Komplexität der Unternehmensbewertung nach der Ertragswertmethode nicht mehr zu wundern braucht. Legt man dagegen den **Ertragswert** zugrunde, so sind die zukünftigen Erträge mit den diskontierten Verlustvorträgen zu verrechnen.[173] Der verbleibende Wert der neutralen Vermögensgegenstände ist schließlich dem Ertragswert des Unternehmens hinzuzurechnen. Erst die Summe dieser Werte ergibt den letztlich maßgebenden Unternehmenswert.

8. Liquidationswert

56 Eine letzte Korrektur des nach der Ertragswertmethode „ermittelten" Unternehmenswertes unter Berücksichtigung des neutralen Vermögens ergibt sich daraus, dass der Liquidationswert der Gesellschaft die **Untergrenze** der Bewertung bildet. Denn selbst eine Gesellschaft, deren Ertragsaussichten auf Dauer negativ sind, ist immer noch so viel wert wie der Barwert der Nettoerlöse, die bei Veräußerung sämtlicher Vermögensgegenstände erzielt werden können, freilich abzüglich der Schulden, der latenten Steuern und der Liquidationskosten.[174] Die Rechtsprechung ist nicht einheitlich. Anders wird teilweise entschieden, wenn nach den Umständen des Falles eine Liquidation der Gesellschaft ausscheidet, etwa, weil sie unter allen Umständen fortgeführt werden soll[175] oder weil sie gelegentlich noch Erträge abwirft.[176] Zur Begründung wird meistens darauf verwiesen, die Entscheidung über die Fortführung oder die Ein-

---

[169] BayObLG WM 1996, 526 – Paulaner; BB 1996, 687; *Emmerich* (2.) FS Mestmäcker, 2006, 137 (146 f.); dagegen *Aha* AG 1997, 26 (35 f.).

[170] IDW S 1 Rn. 68; OLG Düsseldorf AG 2003, 688 (692) – Veba; ZIP 2004, 753 – EVA; NZG 2004, 429 – Agrippina/Zürich.

[171] IDW S 1 Rn. 69 ff.; OLG Düsseldorf NZG 2000, 693; AG 2003, 688 (692) – Veba; ZIP 2004, 753 – EVA; OLG München ZIP 2007, 375 (379) – N.Energie.

[172] OLG Frankfurt a. M. AG 2016, 551 (554 f.); OLG Düsseldorf AG 2017, 708 (712).

[173] OLG Stuttgart NZG 2007, 112.

[174] So mit Recht IdW S1 Rn. 140; BayObLG WM 1995, 1580; OLG Düsseldorf AG 2007, 325 (326); 2008, 498 (500); OLG Stuttgart AG 2008, 783 (789); KG AG 2009, 199 (200); *Großfeld* Unternehmensbewertung Rn. 1152 ff.; Fleischer/Hüttemann/*Fleischer* § 8 Rn. 8; *Fleischer/Hüttemann/Schneider* DStR 2013, 1736; *Komp* Zweifelsfragen S. 214 ff.

[175] OLG Düsseldorf AG 2002, 398 (400, 402 f.) – Kaufhof/Metro; dagegen zu Recht *Hülsmann* ZIP 2001, 450 (452).

[176] OLG Düsseldorf AG 2002, 398 (400 2 f.) – Kaufhof/Metro; LG Frankfurt a. M. AG 2007, 42 (47).

stellung eines Unternehmens sei eine unternehmerische Entscheidung, die grds. respektiert werden müsse.[177] Dies überzeugt nicht. Auch wenn es sich um eine unternehmerische Entscheidung handelt, ist das keine Rechtfertigung dafür, bei einer auf Dauer (fast) ertragslosen (und deshalb nach der Ertragswertmethode „wertlosen" Gesellschaft) auf eine Abfindung der außenstehenden Aktionäre ganz zu verzichten, sofern die Gesellschaft noch über werthaltige Vermögensgegenstände wie etwa Grundstücke oder Beteiligungen verfügt, die schließlich auch anteilig den außenstehenden Aktionären gehören. Es bleibt dabei: Der Liquidationswert der Gesellschaft bezeichnet *in jedem Fall* die Untergrenze der Abfindung, selbst wenn die Gesellschaft auf Dauer ertragslos sein sollte. Gegebenenfalls ist in derartigen Fällen stattdessen die NVA-Methode anzuwenden (→ Rn. 34).

9. Ableitung des Anteilswertes

Der letzte Schritt, der zur Berechnung der Höhe der Abfindung erforderlich ist, besteht bei der heute üblichen indirekten Methode, dh bei dem Umweg über die Bewertung des Unternehmens insgesamt, in der Ableitung des Anteilwertes aus dem wie immer ermittelten Unternehmenswert, wobei gemäß § 53a AktG von dem Grundsatz der **Gleichbehandlung** der Aktionäre ohne Rücksicht auf die Höhe ihrer Beteiligung auszugehen ist,[178] so dass sich der jeweilige Anteilswert einfach aus dem Verhältnis der Aktiennennbeträge zum Grundkapital ergibt. Nur wenn **verschiedene Aktiengattungen** ausgegeben sind, kann es gerechtfertigt sein, den Anteilsbesitz unterschiedlich zu bewerten, sofern sich eine **unterschiedliche Bewertung** der Stamm- und der Vorzugsaktien **am Markt** nachweisen lässt, insbes. bei börsennotierten Aktien durch eine signifikante Kursdifferenz zwischen beiden Aktiengattungen.[179] Fehlen dagegen deutliche Hinweise auf eine unterschiedliche Bewertung der verschiedenen Aktiengattungen am Markt, so sollten Stamm- und Vorzugsaktien grds. **gleich behandelt** werden.[180] Unbedenklich ist es außerdem in aller Regel, Vorzugsaktionäre der abhängigen Gesellschaft mit Stammaktien der herrschenden Gesellschaft abzufinden, da Stammaktien meistens höher als Vorzugsaktien bewertet werden.[181]

57

Bei der Abfindung in Aktien folgt zugleich aus dem Verhältnis der Unternehmenswerte der beteiligten Gesellschaften die **Verschmelzungswertrelation,** die dem Umtausch der Aktien der außenstehenden Aktionäre in die der herrschenden Gesellschaft oder der Konzernobergesellschaft gem. § 305 Abs. 3 S. 1 AktG zugrunde zu legen ist. Ergibt sich dabei kein glattes Umtauschverhältnis (wie zB 1 : 2 oder 1 : 3), so sind nach § 305 Abs. 3 S. 1 Hs. 2 AktG Spitzenbeträge durch bare Zuzahlungen auszugleichen.[182] Der Ausgleich von Spitzenbeträgen durch **bare Zuzahlungen** steht entgegen dem insoweit missverständlichen Wortlaut des § 305 Abs. 3 S. 1 Hs. 2 AktG nicht im Belieben der Vertragsparteien, sondern stellt unter dem Postulat voller Entschädigung der außenstehenden Aktionäre (§ 305 Abs. 1) eine gesetzliche **Pflicht** des herrschen-

58

---

[177] So statt aller Bürgers/Körber/*Ruiz de Vargas* AktG § 305 Anhang Rn. 56 ff.; *Ruiz de Vargas/Theusinger/ Zollner* AG 2014, 428 (432 ff.) mN.
[178] S. ausf. *Fleischer* ZIP 2012, 1633 (1636 ff.).
[179] OLG Düsseldorf AG 2002, 398 (402); WM 2009, 2220.
[180] Ebenso wohl OLG Karlsruhe AG 2006, 463 – Rheinmetall/Aditron; OLG München ZIP 2007, 375 (379 f.) – N. Energie; BFHE 173, 561 (563 ff.); 183, 224 (227 ff.); 188, 431 (433); *Großfeld* Unternehmensbewertung Rn. 1199 ff.; *Komp* Zweifelsfragen S. 406 ff.
[181] OLG Düsseldorf NZG 2003, 588 – Siemens/SNI.
[182] S. *Vetter* AG 1997, 6; 2000, 193 (200 ff.).

den Unternehmens dar.[183] Zu beachten ist, dass in diesem Fall, also zB bei einem *Umtauschverhältnis von 13: 4* (= 3 1/4: 1), nicht etwa 13 Aktien der abhängigen Gesellschaft nötig sind, um 4 Aktien des herrschenden Unternehmens zu erwerben, sondern auf jeden Fall bereits 4 Aktien der abhängigen Gesellschaft ausreichen, um eine Aktie des herrschenden Unternehmens (+ Zuzahlungen) zu erlangen; die Beteiligten können nichts anderes vereinbaren.[184] Wird das Umtauschverhältnis im Spruchverfahren zu Gunsten der außenstehenden Aktionäre verbessert, so muss nachträglich die Umtauschmöglichkeit auch denjenigen Aktionären wieder eröffnet werden, die bisher aufgrund ihres geringen Aktienbesitzes keine Umtauschmöglichkeit besaßen.[185]

VII. Mängel des Vertrags und des Zustimmungsbeschlusses

59 Wie bereits im einzelnen ausgeführt (→ Rn. 9), ist der Unternehmensvertrag wirksam, selbst wenn er entgegen dem an sich zwingenden § 305 AktG keine, keine angemessene oder keine dem Gesetz entsprechende Abfindung vorsieht; die Befugnis zur Festsetzung der Abfindung geht stattdessen in diesem Fall auf das Gericht im **Spruchverfahren** über (§ 305 Abs. 5 S. 1 AktG; → § 22 a). Für eine **Anfechtung** des Zustimmungsbeschlusses der abhängigen Gesellschaft nach § 293 Abs. 1 ist in den genannten Fällen gleichfalls kein Raum (s. § 305 Abs. 5 S. 1 AktG und § 243 Abs. 4 S. 2 AktG). Alle derartigen Mängel werden vielmehr im Spruchverfahren erledigt – mit der Folge des § 13 S. 2 SpruchG (→ Rn. 60).

60 § 13 S. 2 SpruchG regelt den sog. **Abfindungsergänzungsanspruch.** Er greift ein, wenn einzelne Aktionäre gerichtlich eine höhere Festsetzung der Abfindung durchsetzen als im Unternehmensvertrag vorgesehen, andere dagegen zuvor schon das (zu niedrige) erste Abfindungsangebot des herrschenden Unternehmens angenommen hatten. In diesem Fall haben die bereits abgefundenen Aktionäre nach § 13 S. 2 SpruchG einen Anspruch auf nachträgliche Erhöhung der Barabfindung oder auf nachträgliche Gewährung weiterer Aktien (→ § 22 a Rn. 25 ff.). Eine weitere Konsequenz der Erhöhung der Kompensation ist das **Sonderkündigungsrecht** des herrschenden Unternehmens aufgrund des § 304 Abs. 4 AktG und des § 305 Abs. 5 S. 4 AktG, welches jedoch bereits entstandene Ausgleichs- und Abfindungsansprüche der außenstehenden Aktionäre unberührt lässt, weil es nur für die Zukunft wirkt, sodass die praktische Bedeutung dieses Sonderkündigungsrechts heute ganz gering ist.[186]

§ 22 a. Spruchverfahren

Literatur (Auswahl): *Behnke,* Das Spruchverfahren nach §§ 306 AktG, 305 ff. UmwG, 2001; *Fritzsche/Dreier/Verfürth,* SpruchG, 2004; *Hüchting,* Abfindung und Ausgleich, 1972, S. 71 ff.; *Karrer,* Die Angemessenheit der Leistung im Konzern-, Übernahme- und Ausschlussrecht, 2003, S. 201 ff.; *Kley,* Die Rechtsstellung der außenstehenden Aktionäre, 1986; *Komp,* Zweifelsfragen des aktienrechtlichen Abfindungsanspruchs nach §§ 305, 320 b AktG, 2002; *Loosen,* Reformbedarf im Spruchverfahren, 2012; *Neye,* Das neue Spruchverfahrensrecht, BAnz 2003 Nr. 150 a; *Riegger/Wasmann,* Kölner Kommentar zum Spruchverfahrensgesetz, 3. Aufl. (2015); *J. Schmidt,* Das Recht der außenstehenden Aktionäre, 1979; *Simon,* SpruchG, 2007; *Timm* (Hrsg.), Mißbräuchliches Aktionärsverhalten, 1990; *Wittgens,* Das Spruchverfahrensgesetz, 2005.

---

[183] OLG Düsseldorf AG 1995, 85 (88); LG Berlin AG 1996, 230 (232).
[184] BGH NZG 2010, 1344 – Siemens/SNI II m. zust. Anm. *Merkner/Schmidt-Bendun* NZG 2011, 10.
[185] BGH NZG 2010, 1344 – Siemens/SNI II.
[186] BGHZ 135, 374 (377 ff.) – Guano; BGH AG 2002, 550; NZG 2010, 1344 – Siemens/SNI II, BayObLG WM 1996, 526 – Paulaner, früher str.

I. Überblick

Das AktG bestimmt an mehreren Stellen, dass die Überprüfung der Angemessenheit 1
von Ausgleichs- und Abfindungsleistungen in einem besonderen Verfahren der freiwilligen Gerichtsbarkeit, dem sog. Spruchverfahren, zu erfolgen hat (§ 304 Abs. 3 S. 3
AktG, § 305 Abs. 5 S. 2 AktG, § 320b Abs. 2 S. 1 AktG und § 327 AktG). Entsprechende Regelungen finden sich an verschiedenen Stellen des **UmwG** (s. die §§ 15, 34,
122h, 122i, 176–181, 184, 186, 196, 212 UmwG), in dem SE-Ausführungsgesetz
von 2004 (§§ 6, 7, 9, 11, 12 SEAG), in dem SEC-Ausführungsgesetz von 2006 sowie
im EGAktG (§ 5 Abs. 4 S. 2 EGAktG). Die Grundzüge des Spruchverfahrens waren
früher in § 306 AktG und in den §§ 305–312 UmwG geregelt, an deren Stelle seit
dem 1.9.2003 das **Spruchverfahrensgesetz** von 2003[1] getreten ist, jetzt gültig idF des
FGG-ReformG von 2008 sowie des Kostenrechtsmodernisierungsgesetzes von 2013.

Der **Schwerpunkt** der Spruchverfahren liegt heute bei dem Ausschluss von Minder- 2
heitsaktionären nach den §§ 327a ff. AktG sowie daneben noch bei den Fällen der
§§ 304 und 305 AktG. Nach wie vor wird offenbar in der Mehrzahl der einschlägigen
Fälle von außenstehenden Aktionären ein Spruchverfahren eingeleitet.[2] Eine **Zählung**
aus dem Jahre 2015 ergab für die Jahre von 2002 bis 2015 insgesamt 262 Verfahren
mit leicht sinkender Tendenz.[3] Eine Vielzahl dieser Verfahren wurde durch **Vergleich**
abgeschlossen. Über die **Erfolge** der Spruchverfahren für die außenstehenden Aktionäre werden widersprüchliche Angaben gemacht.[4] Offenkundig ist jedoch, dass die
außenstehenden Aktionäre in den Spruchverfahren immer seltener nennenswerte
„Aufschläge" auf die ursprünglich angebotene Kompensation zu erzielen vermögen.
In einer Vielzahl von Verfahren gehen sie heute sogar gänzlich leer aus. Der Grund ist
gewiss nicht allein die Qualität der von den Unternehmen veranlassten Unternehmensbewertungen der Wirtschaftsprüfer, sondern – offen gesagt – sehr oft auch die
unübersehbare, offenkundig wachsende Unlust der Gerichte, sich mit diesen aufwendigen Verfahren noch zu befassen, weshalb sie sich immer häufiger auf eine bloße,
weitgehend ineffektive Plausibilitätsprüfung der ihnen vorgelegten Bewertungsgutachten zurückziehen, die die außenstehenden Aktionäre im Ergebnis weitgehend
schutzlos lässt.[5] Deshalb sind von der BReg weitere Änderungen des Gesetzes geplant.

Im Schrifttum ist die **Beurteilung** der Spruchverfahren **umstritten.**[6] Gerügt werden 3
vor allem die übermäßige Dauer der Verfahren sowie die hohen Kosten. Die **Verfahrensdauer** beträgt nach wie vor im Schnitt knapp sieben Jahre, in zahlreichen Fällen
sogar mehr als zehn Jahre,[7] so dass das BVerfG schon wiederholt Anlass gesehen hat,

---

[1] BGBl. 2003 I 838.
[2] S. Hölters/*Simons* SpruchG § 1 Rn. 4.
[3] *D. Lorenz* AG 2012, 284, *Putzkajler/Sekera/Terplan* NZG 2015, 1055.
[4] S. *Diekmann*, (2.) FS Großfeld, 2019, 97 (100 ff.); *Gotthardt/Krenge* AG 2018, 875 (877); *Putzkajler/Sekera/Terplan* NZG 2015, 1055.
[5] S. *Lorenz* AG 2012, 284; *Katzenstein* AG 2018, 739 (der dies offenbar billigt).
[6] S. iE *Bilda* NZG 2000, 296; *Decher* FS Maier-Reimer, 2010, 57; *Emmerich* FS Tilmann, 2003, 925 (926 ff.); *Emmerich*. (2.) FS Mestmäcker, 2006, 137 (148 ff.); *Gotthardt/Krengel* AG 2018, 875; *Grunewald* FS Hoffmann-Becking, 2013, 413; *Hecker/Wenger* ZBB 1995, 321; *Hüffer* FS Hadding, 2004, 461; *Katzenstein* AG 2018, 739; *Lutter/Bezzenberger* AG 2000, 433; *Puszkajler* ZIP 2003, 518; *Wittgens* Spruchverfahrensgesetz S. 11 ff.
[7] *D. Lorenz* AG 2012, 284 (286 f.); Zusammenstellung der Dauer sämtlicher Spruchverfahren der letzten Jahre bei *Komp* Zweifelsfragen S. 472–477.

die übermäßige Dauer der Verfahren zu rügen.[8] Die **Kosten** gehen nicht selten in die Millionen.

4 Bei dem Spruchverfahren handelt es sich im Kern um ein **Streitverfahren der freiwilligen Gerichtsbarkeit,** das sich in erster Linie nach dem SpruchG und hilfsweise nach dem **FamFG** von 2008 sowie der ZPO richtet (§ 17 Abs. 1 SpruchG). **Zuständig** ist das Landgericht, in dessen Bezirk die abhängige Gesellschaft ihren Sitz hat (§ 2 Abs. 1 S. 1 SpruchG). Das Landgericht entscheidet durch begründeten Beschluss (§ 11 Abs. 1 SpruchG; → Rn. 25). Rechtsmittel sind die Beschwerde zu dem übergeordneten OLG (§ 12 SpruchG) sowie gegebenenfalls die Rechtsbeschwerde zum BGH (→ Rn. 31 f.).

II. Anwendungsbereich

5 Eine Aufzählung der wichtigsten Fälle, in denen das SpruchG anwendbar ist, findet sich in § 1 SpruchG; ergänzend ist der abgelegene § 5 Abs. 4 S. 2 EGAktG zu berücksichtigen. Hervorzuheben sind die Fälle der §§ 304, 305 AktG sowie der §§ 327a ff. AktG (§ 1 Nr. 1 und Nr. 3). In einer Reihe weiterer Fälle wird eine **entsprechende Anwendung** des SpruchG diskutiert.[9] Beispiele sind die problematische übertragende Auflösung sowie das übernahmerechtliche Squeeze Out. Eine entsprechende Anwendung des Gesetzes ist zum Schutze der Minderheit außerdem zu erwägen, wenn mit einer abhängigen **GmbH** ein Beherrschungs- oder Gewinnabführungsvertrag abgeschlossen und in diesem ausnahmsweise eine Kompensation für die Minderheitsgesellschafter vorgesehen wird. Soweit das SpruchG danach anwendbar ist, schließt es jede andere Form der gerichtlichen Verfolgung der in dem SpruchG geregelten Ansprüche auf Kompensation aus (sog **Vorrangswirkung**), sodass eine Klage auf Feststellung oder Erhöhung des Ausgleichs oder der Abfindung unzulässig ist.[10]

6 An dem Verfahren sind als Antragsteller die außenstehenden Aktionäre (§ 3 SpruchG; → Rn. 7 ff.) und als Antragsgegner das herrschende Unternehmen beteiligt (§ 5 SpruchG; → Rn. 12). Hinzu tritt idR noch der gemeinsame Vertreter der nicht am Verfahren beteiligten, antragsberechtigten außenstehenden Aktionäre (§ 6 SpruchG; → Rn. 13 ff.).

III. Beteiligte

1. Antragsteller

a) Antrag

7 Bei dem Spruchverfahren handelt es sich um ein Streitverfahren der freiwilligen Gerichtsbarkeit, das der **Dispositionsmaxime** unterliegt. Die Einleitung eines Verfahrens setzt deshalb einen wirksamen Antrag eines Antragsberechtigten (s. § 3) voraus („ohne Antrag kein Spruchverfahren"). Die Einzelheiten regeln die §§ 3, 4 SpruchG, aus denen folgt, dass durch den Antrag und dessen Begründung die **Beteiligten und** der **Verfahrensgegenstand** festgelegt werden.[11] Aus der Geltung der Dispositionsmaxime im Spruchverfahren ergibt sich ferner die Befugnis der Beteiligten zur Antrags-

[8] BVerfG AG 1999, 370; 2012, 86; 2012, 177.
[9] Emmerich/Habersack Aktien-/GmbH-KonzernR/*Emmerich* SpruchG § 1 Rn. 7 f; *J. Hoffmann*, FS Stilz, 2014, S. 267 (277 ff.).
[10] BGH NZG 2019, 470 Rn. 29 = AG 2019, 388.
[11] *Kubis* FS Hüffer, 2010, 567 (568 ff.).

rücknahme sowie zum Abschluss von Vergleichen über den Verfahrensgegenstand (→ Rn. 28 ff.). Besteht in den Fällen des § 3 SpruchG Streit über die Zulässigkeit des Antrags, so kann das Landgericht darüber durch Beschluss entscheiden (analog § 280 ZPO). Gegen diese **Zwischenentscheidung** ist ebenso wie früher (§ 19 FGG) die **einfache Beschwerde** analog § 280 Abs. 2 S. 1 ZPO zulässig, weil durch sie der Verfahrensgegenstand zumindest teilweise erledigt wird,[12] während bei anderen Zwischenentscheidungen heute für eine einfache Beschwerde wohl kein Raum mehr ist.[13]

Die Zulässigkeit des Antrags setzt ebenso wie in jedem anderen gerichtlichen Verfahren ein **Rechtschutzbedürfnis** voraus, das sich jedoch in aller Regel bereits unmittelbar aus der Antragsberechtigung nach § 3 ergibt. Eine abweichende Beurteilung kommt lediglich in evidenten **Missbrauchsfällen** in Betracht, wenn der Antrag etwa allein zu dem Zweck gestellt wird, sich anschließend dessen „Lästigkeitswert" von dem herrschenden Unternehmen wieder „abkaufen" zu lassen.[14] Das Rechtsschutzbedürfnis kann ferner für den Antrag auf Erhöhung des Ausgleichs nach § 304 AktG fehlen, wenn nach Abschluss eines Beherrschungs- oder Gewinnabführungsvertrages die außenstehenden Aktionäre alsbald nach § 320 AktG oder nach den §§ 327 a ff. AktG ausgeschlossen werden, sodass sie im Spruchverfahren überprüfbarer Ausgleichsansprüche gar nicht mehr erwerben konnten.[15] 7a

Die **Antragsberechtigung** regelt § 3 SpruchG. Antragsberechtigt ist danach in den Fällen der §§ 304, 305 AktG jeder außenstehende Aktionär (§ 3 S. 1 Nr. 1, S. 2 SpruchG; → Rn. 8) sowie in den Fällen der Eingliederung durch Mehrheitsbeschluss (§ 320 AktG) und des Ausschlusses von Minderheitsaktionären (§§ 327 a ff. AktG) jeder ausgeschiedene **Aktionär** (§ 3 S. 1 Nr. 2 SpruchG; → Rn. 9). S. 3 der Vorschrift fügt hinzu, dass die Stellung als Aktionär dem Gericht ausschließlich durch **Urkunden** wie zB eine Bankbestätigung nachgewiesen werden kann, um eine umständliche Beweisaufnahme über die Antragsberechtigung des Antragstellers zu vermeiden. Außerdem muss die **Begründung** des Antrags nach § 4 Abs. 2 S. 2 Nr. 2 SpruchG „die Darlegung der Antragsberechtigung nach § 3" enthalten. In der Antragsbegründung muss daher schlüssig dargelegt werden, dass die Voraussetzungen der Antragsberechtigung nach § 3 S. 1 SpruchG in dem jeweils maßgebenden Zeitpunkt vorgelegen haben. Dagegen ist innerhalb der Antragsfrist nicht auch zusätzlich noch der **Nachweis der Antragsberechtigung** erforderlich; es genügt vielmehr, wenn dieser Nachweis bis zum Schluss der mündlichen Verhandlung erbracht wird.[16] Das kann auch noch in der Beschwerdeinstanz geschehen.[17] Entbehrlich ist ferner ein bestimmter **Antrag,** weil das Gericht die Angemessenheit von Ausgleich und Abfindung von Amts wegen zu überprüfen hat. 7b

---

12 OLG Stuttgart AG 2015, 226 (227 f.); OLG Jena AG 2015, 480; *Preuß* NZG 2009, 961 (965); Hölters/*Simons* SpruchG § 12 Rn. 6; – dagegen OLG Düsseldorf AG 2013, 226; *Krafka* NZG 2009, 650 (654).

13 OLG Düsseldorf NZG 2019, 65 (66 f.).

14 OLG Stuttgart AG 2011, 673; Hölters/*Simons* SpruchG § 3 Rn. 29.

15 OLG Düsseldorf Beschl. v. 22.3.2018 – 26 W 20/14, BeckRS 2018, 37140 – Mannesmann/Vodafone II; iE str., s. Emmerich/Habersack Aktien-/GmbH-KonzernR/*Emmerich* SpruchG § 3 Rn. 16 sowie zB *Butzke* FS Hüffer, 2010, 97 ff. mN.

16 BGHZ 177, 131 Rn. 13 ff.; OLG Stuttgart NZG 2004, 1162; OLG Frankfurt a. M. AG 2008, 550 (551); str.

17 OLG Frankfurt a. M. ZIP 2008, 1036 (1037); 2008, 1039.

8 Der Begriff des **außenstehenden Aktionärs** ist in der Nr. 1 des § 3 S. 1 SpruchG derselbe wie in §§ 304, 305 AktG (deshalb → § 21 Rn. 10 ff.). Die Höhe des Anteilsbesitzes des Aktionärs spielt keine Rolle; antragsberechtigt ist auch, wer nur über eine einzige Aktie verfügt, selbst wenn es sich dabei um eine stimmrechtslose Vorzugsaktie handelt.[18] Maßgeblicher Zeitpunkt, zu dem die Eigenschaft des Antragstellers als außenstehender Aktionär vorliegen muss (→ Rn. 7 b), ist nach § 3 S. 2 SpruchG der der **Antragstellung.** Das Antragsrecht erlischt daher, sobald der Aktionär seine Aktien veräußert, sofern dies noch *vor* Antragstellung geschieht.[19] Eine **Veräußerung** der Anteile *nach* Antragstellung ist dagegen ohne Einfluss auf die einmal gegebene Antragsberechtigung eines Aktionärs und damit auf den Fortgang des Verfahrens; anwendbar ist dann vielmehr § 265 Abs. 2 S. 1 ZPO, so dass der Veräußerer den Rechtsstreit in Prozessstandschaft für den Erwerber fortführt.[20]

9 In den Fällen der **Eingliederung** durch Mehrheitsbeschluss nach § 320 b AktG sowie des **Ausschlusses** von Minderheitsaktionären nach den §§ 327 a–327 f AktG (Nr. 2 des § 3 S. 1 SpruchG) ist jeder Aktionär antragsberechtigt, der mit Wirksamwerden des fraglichen Beschlusses durch Eintragung ins Handelsregister aus der Gesellschaft ausscheidet, dh seine Eigenschaft als Aktionär einbüßt (§§ 320 a, 327 e Abs. 3 AktG iVm § 3 S. 1 Nr. 2 SpruchG). Maßgebender Zeitpunkt, in dem der Antragsteller Anteilsinhaber sein muss, ist daher hier *nicht* der der Antragstellung, sondern der **der Eintragung der Strukturmaßnahme** ins Handelsregister.

10 Die **Antragsfrist** beträgt nach § 4 Abs. 1 S. 1 SpruchG einheitlich drei Monate und beginnt in den Fällen der §§ 304, 305, 320, 327 a ff. AktG an dem Tag, an dem nach § 10 HGB die betreffende Strukturmaßnahme als bekannt gemacht gilt. Bei der Antragsfrist handelt es sich um eine materiell-rechtliche Ausschlussfrist, gegen deren Versäumung es keine Wiedereinsetzung in den vorigen Stand gibt.[21]

b) Begründung

11 Im Interesse der Verfahrensbeschleunigung ist mit § 4 Abs. 2 SpruchG eine **Begründungspflicht** eingeführt worden. Die Antragsteller müssen insbes. binnen der Antragsfrist (→ Rn. 10) *konkrete* Einwendungen gegen die Angemessenheit von Abfindung und Ausgleich sowie gegebenenfalls gegen den als Grundlage für die Kompensation ermittelten Unternehmenswert vorbringen, *soweit* hierzu Angaben in dem Unternehmensvertragsbericht und in dem Prüfungsbericht enthalten sind (§ 4 Abs. 2 S. 1, S. 2 Nr. 4 SpruchG, § 7 Abs. 3 SpruchG iVm den §§ 293 a, 293 e AktG). Mit diesem Erfordernis einer **konkreten Bewertungsrüge** wird **bezweckt,** nach Möglichkeit die früher übliche, besonders aufwändige und teure, komplette Neubewertung der beteiligten Unternehmen zu vermeiden. **Beispiele** sind die Rügen, dass bei der Berechnung von Abfindung und Ausgleich wesentliche Vermögensteile der abhängigen Gesellschaft nicht berücksichtigt worden seien, dass die Schätzung der zukünftigen Erträge nicht zutreffe, dass das betriebsnotwendige Vermögen unzutreffend von dem nicht betriebsnotwendigen (neutralen) Vermögen abgegrenzt worden sei, sowie dass der Kapitalisierungszinssatz falsch berechnet sei (in der Praxis offenbar der wich-

---

[18] KG AG 1971, 158.
[19] BGHZ 167, 299 Rn. 11 ff. – Jenoptik.
[20] OLG Stuttgart AG 2008, 510; str.
[21] BayObLGZ 2002, 56 (59); BayObLG ZIP 2005, 205 (207 f.); LG Dortmund NZG 2005, 139 (140).

tigste Streitpunkt), während pauschale und formelhafte Rügen *nicht* genügen sollen, und zwar selbst dann nicht, wenn der Antragsgegner selbst nachträglich das Abfindungsangebot spürbar erhöht.[22]

Das geschildert gesetzliche Konzept (→ Rn. 11) geht offenkundig nur auf, wenn – ausnahmsweise – die in § 7 Abs. 3 SpruchG (iVm § 4 Abs. 2 S. 2 Nr. 4 S. 1 SpruchG) in Bezug genommenen **Unterlagen,** in den Fällen des Abschlusses oder der Änderung eines Unternehmensvertrages, der Eingliederung durch Mehrheitsbeschluss oder des Ausschlusses von Minderheitsaktionären also der Bericht des Vorstandes sowie der Prüfungsbericht, tatsächlich einmal so detailliert sind, dass auf ihrer Grundlage konkrete Rügen möglich erscheinen. In aller Regel wird aber genau dies *nicht* der Fall sein.[23] Daraus kann man nur den Schluss ziehen, dass eine **konkrete Bewertungsrüge** von vornherein nur gefordert werden kann, **wenn** ohne unzumutbaren Aufwand allein **aufgrund** der in § 7 Abs. 3 SpruchG genannten **Berichte** überhaupt **Bewertungsrügen** angebracht werden können. Wo dies nicht der Fall ist, müssen weiterhin auch *allgemeine* Bewertungsrügen genügen und die Amtsermittlungspflicht des Gerichts nach § 26 FamFG auslösen, will man nicht die außenstehenden Aktionäre im Ergebnis rechtlos stellen.[24] Die Anforderungen an die Begründungstiefe der Einwände der außenstehenden Aktionäre hängen mit anderen Worten ganz von der Begründungstiefe des Vorstands- und des Prüfungsberichts ab. Je weniger diese Unterlagen auf konkrete Einzelheiten eingehen, umso weniger können auch konkrete Einwände von den außenstehenden Aktionären verlangt werden.[25] Soweit demgegenüber in Literatur und Rechtsprechung vielfach im Interesse der Beschleunigung des Verfahrens sogar eine **strenge Handhabung** des Begründungserfordernisses verlangt wird,[26] ist dem zu widersprechen, da konkrete Bewertungsrügen nur auf Grund einer genauen Kenntnis der Betriebsinterna möglich sind, die indessen durch die in § 4 Abs. 2 S. 2 Nr. 4 SpruchG und § 7 Abs. 3 SpruchG genannten Unterlagen den Antragstellern in aller Regel eben gerade nicht vermittelt wird.[27] Man kann dem BGH daher nur zustimmen, wenn er betont, dass an die Begründung „keine besonders strengen Anforderungen" gestellt werden dürfen.[28] Tatsächlich werden jedoch in der aktuellen Praxis die Anforderungen an die Begründung – im Interesse der Entlastung der Gerichte – ständig verschärft. Spruchverfahren sind eben „lästig" und entsprechend unbeliebt, auch bei der Justiz.

11a

---

[22] So BGH NZG 2012, 191; OLG Frankfurt a. M. ZIP 2007, 839; OLG München NZG 2009, 191; KG ZIP 2009, 1714 (1715); AG 2012, 795; Hölters/*Simons* SpruchG § 4 Rn. 18 ff.

[23] Dies rügen auch zutr. OLG Frankfurt a. M. NZG 2007, 875; LG Frankfurt a. M. ZIP 2007, 382 – Wella; LG München I ZIP 2010, 1995 (1996); zur Kritik s. außerdem *Emmerich* FS Tilmann, 2003, 925 (929 ff.); *Emmerich,.* (2.) FS Mestmäcker, 2006, 137 (151 f.); *W. Meilicke/Heidel* DB 2003, 2267 (2269 ff.); – ganz anders dagegen insbes. KG AG 2012, 795; *Kubis* FS Hüffer, 2010, 567 ff. und eine verbreitete Meinung.

[24] S. die Genannten (vorige Fn.) sowie Hölters/*Simons* SpruchG § 4 Rn. 25; wohl auch BGH NZG 2007, 714 – Vattenfall/Bewag; OLG Frankfurt a. M. NZG 2006, 674; AG 2007, 448; – ganz anders zB ausf. *Katzenstein* AG 2018, 739 mN.

[25] OLG Frankfurt a. M. NZG 2007, 875 – Bekaert; KG NZG 2012, 1427.

[26] KG ZIP 2009, 1714 (1715); NZG 2012, 1427; *Büchel* NZG 2003, 793 (796); KölnKommAktG/*Koppensteiner* AktG § 327f Anh. Rn. 19; *Kubis* FS Hüffer, 2010, 567; *D. Wasmann* WM 2004, 819 (823 f.); *Tomson/Hammerschmitt* NJW 2003, 2572 (2574).

[27] Ebenso weitgehend OLG Frankfurt a. M. NZG 2006, 674; AG 2007, 448; 2007, 449 – Bekaert; LG Frankfurt a. M. ZIP 2007, 382 – Wella.

[28] BGH NZG 2012, 191; ganz anders KG AG 2012, 795.

11b § 4 Abs. 2 SpruchG enthält eine **Zulässigkeitsvoraussetzung.** Der Antrag ist maW nur zulässig, wenn er innerhalb der Antragsfrist ordnungsgemäß entsprechend § 4 Abs. 2 SpruchG begründet wird.[29] Eine weitergehende Bedeutung hat die Vorschrift nicht; entgegen manchen Stimmen in der Literatur ist insbes. kein Raum für eine entsprechende Anwendbarkeit des § 10 Abs. 1, 2 SpruchG mit der Folge einer **Präklusion** der Antragsteller mit sämtlichen nicht fristgerecht vorgebrachten Bewertungsrügen.[30] *Nichts* deutet im Gesetz auf eine derartige Präklusionswirkung der Begründungsfrist hin. Ist einmal ein zulässiges Verfahren eingeleitet worden, so muss die Kompensation vielmehr in allen Richtungen überprüft werden.

2. Antragsgegner

12 Wer Antragsgegner ist, ergibt sich aus § 5 SpruchG. In den hier interessierenden Fällen ist das jeweils der Schuldner von Abfindung und Ausgleich (§ 5 Nr. 1–3 SpruchG iVm § 305 Abs. 1 AktG, § 320 Abs. 2 Nr. 2 AktG und § 327a Abs. 1 S. 1 AktG). Die genaue **Bezeichnung** des Antragsgegners gehört nach § 4 Abs. 2 S. 2 Nr. 1 SpruchG zum Mindestinhalt der notwendigen Begründung des Antrags. Fehlt diese Angabe oder ist sie unrichtig, so ist der Antrag unzulässig.

3. Gemeinsamer Vertreter

13 Als möglichen Verfahrensbeteiligten nennt das Gesetz in den §§ 6–6c SpruchG ferner noch den gemeinsamen Vertreter der außenstehenden Aktionäre. Es handelt sich dabei um einen vom Gericht von Amts wegen zu bestellenden gesetzlichen Vertreter derjenigen außenstehenden Aktionäre, die sich am Verfahren nicht beteiligen (§ 6 Abs. 1 S. 1 Hs. 2 SpruchG). Durch seine Bestellung soll sichergestellt werden, dass diese Aktionäre, die trotz fehlender Beteiligung von der Entscheidung im Spruchverfahren aufgrund der Regelung des § 13 S. 2 SpruchG letztlich genauso wie die Antragsteller betroffen werden, in dem Verfahren ebenfalls **rechtliches Gehör** erhalten.[31]

13a Das Gericht hat den gemeinsamen Vertreter ohne Bindung an Anträge der Beteiligten „**frühzeitig**" zu **bestellen** (§ 6 Abs. 1 S. 1 Hs. 1 SpruchG), dh sobald wie nach dem Verfahrensstand nötig zur Wahrung der Interessen der nicht vertretenen außenstehenden Aktionäre. IdR werden Rechtsanwälte oder Steuerberater mit dieser Aufgabe betraut. Betrifft das Verfahren gleichzeitig die Festsetzung des angemessenen **Ausgleichs** **und** der angemessenen **Abfindung,** so kann das Gericht auch für jeden der beiden Anträge je einen Vertreter der außenstehenden Aktionäre bestellen, sofern (ausnahmsweise) bei Bestellung eines einzigen Vertreters für beide Anträge zusammen eine Interessenkollision drohte (S. 2 des § 6 Abs. 1 SpruchG). Das Gericht kann den gemeinsamen Vertreter jederzeit wieder **abberufen,** wenn er sich als ungeeignet erweist oder sonst ein wichtiger Grund für seine Abberufung vorliegt.[32] Der gemeinsame Vertreter konnte sich dagegen früher mit der Beschwerde wehren, während heute eine solche Beschwerde wohl mit § 58 FamFG unvereinbar ist.[33]

14 Der gemeinsame Vertreter hat nach § 6 Abs. 1 S. 1 SpruchG die Stellung eines **gesetzlichen Vertreters,** dem die **Aufgabe** übertragen ist, die Rechte der nicht am Verfahren

---

[29] OLG Frankfurt a. M. AG 2007, 448 (149); OLG München NZG 2009, 191.
[30] So zB *Kubis* FS Hüffer, 2010, 567 (570 ff.); *Weingärtner* Konzern 2005, 694.
[31] BGH NZG 2019, 470 Rn. 44; BayObLGZ 1991, 358; *Wasman/Mielke* WM 2005, 822.
[32] BayObLGZ 1991, 358 (360).
[33] OLG Frankfurt a. M. ZIP 2011, 1637.

beteiligten (anderen) außenstehenden Aktionäre in dem anhängigen Spruchverfahren zu wahren, insbes. durch die Gewährung rechtlichen Gehörs (→ Rn. 13). Zu diesem Zweck erhält er Kenntnis von den Anträgen der Beteiligten und ihren Stellungnahmen (§ 7 Abs. 1, 4 S. 1 SpruchG); er hat außerdem das Recht, neben den Antragstellern Einwendungen gegen die Erwiderung des oder der Antragsgegner und gegen die von ihnen nach § 7 Abs. 3 SpruchG eingereichten Unterlagen vorzubringen (§ 7 Abs. 4 S. 2 SpruchG), so dass er insgesamt verpflichtet ist, in dem anhängigen Verfahren *alles zu tun, was erforderlich* ist, damit die legitimen Interessen der am Verfahren nicht beteiligten außenstehenden Aktionäre in vollem Umfang „gewahrt", dh bei der Entscheidung des Gerichts beachtet werden. Er handelt hierbei nach pflichtgemäßem Ermessen ohne Bindung an Weisungen oder Aufträge.[34] Verletzt er diese Pflichten, so macht er sich nach überwiegender Meinung den außenstehenden Aktionären gegenüber **schadensersatzpflichtig** (§ 276 BGB, § 280 Abs. 1 BGB, § 311 Abs. 3 BGB)[35], während eine Rechenschaftspflicht des gemeinsamen Vertreters nach § 666 BGB bisher noch meistens verneint wird.[36]

Selbst wenn die Antragsteller mit bestimmten Rügen nach § 10 SpruchG *präkludiert* 15 sind, hat dies *keine Bedeutung* für den gesetzlichen Vertreter, der vielmehr alles vortragen darf und muss, was ihm zur Rechtsverfolgung sachdienlich erscheint, und zwar einschließlich *neuer Bewertungsrügen*.[37] Er hat ferner das Recht, außergerichtlich einen **Vergleich** mit den Vertragsparteien abzuschließen, sofern dies nach seinem pflichtgemäßen Ermessen im Interesse der von ihm vertretenen Aktionäre liegt. Die **Vergütung** des gemeinsamen Vertreters richtet sich nach § 6 Abs. 2 SpruchG iVm dem Rechtsanwaltsvergütungsgesetz (RVG) von 2004. **Verpflichtet** zur Zahlung der Vergütung sowie zum Ersatz etwaiger Auslagen ist allein der Antragsgegner iSd § 5 SpruchG (§ 6 Abs. 2 S. 1 SpruchG; → Rn. 12). Wenn nach der Bestellung des gemeinsamen Vertreters über das Vermögen des Antragsgegners das Insolvenzverfahren eröffnet wird, sind die Forderungen des gemeinsamen Vertreters auf Vergütung und auf Ersatz seiner Auslagen freilich bloße Insolvenzforderungen,[38] – wodurch die Bereitschaft von Rechtsanwälten und Steuerberatern zur Übernahme dieser aufwendigen Aufgabe wohl kaum gefördert werden dürfte.

Gem. § 6 Abs. 3 SpruchG kann der gemeinsame Vertreter das **Verfahren** nach Rück- 16 nahme des oder der Anträge der Antragsteller **weiterführen,** wobei er in diesem Fall fortan einem selbstständigen Antragsteller gleichsteht, sodass er (nur) in diesem Fall auch selbstständig Beschwerde einlegen kann. In allen übrigen Fällen wird ihm dagegen heute ein **Beschwerderecht** (neben den Beteiligten) verweigert, vor allem wohl wegen seiner schwachen Stellung als bloßer gesetzlicher Vertreter der nicht vertretenen außenstehenden Aktionäre bezogen auf das einzelne Verfahren.[39] Die darin liegende, letztlich grundlose weitere Beschränkung der Rechte der außenstehenden Aktionäre ist durchaus bedauerlich.

---

[34] BGH NZG 2014, 33; NZG 2019, 470 Rn. 44 ff.
[35] S. Emmerich/Habersack Aktien-/GmbH-KonzernR/*Emmerich* SpruchG § 6 Rn. 13; anders zB OLG München WM 2010, 1605 (1608 f.).
[36] OLG München WM 2010, 1605 (1608 f.).
[37] Ebenso Hölters/*Simons* SpruchG § 6 Rn. 26; KölnKommSpruchG/*Wasmann* SpruchG § 6 Rn. 14; *Wittgens* Spruchverfahrensgesetz S. 116 ff.; – anders ohne gesetzliche Grundlage insbes. *Kubis* FS Hüffer, 2010, 567 (571 f.); *Weingärtner* Konzern 2005, 694.
[38] → Rn. 36; BGH NZG 2019, 470 Rn. 34, 42 ff.
[39] So BGHZ 207, 114 Rn. 19 ff.

IV. Verfahren

1. Vorbereitung der mündlichen Verhandlung

17 Das Spruchverfahren ist ein Streitverfahren der freiwilligen Gerichtsbarkeit, das sich, soweit nicht das SpruchG wie in den §§ 7–10 SpruchG besondere Regeln enthält, nach dem FamFG (§ 17 Abs. 1 SpruchG) und hilfsweise nach der ZPO richtet. **Zweck** der besonderen Verfahrensvorschriften des SpruchG ist durchweg eine Konzentration des Verfahrens auf die wesentlichen Streitfragen und damit letztlich eine Beschleunigung des Verfahrens. Deshalb regelt das SpruchG zunächst in § 7 SpruchG ausführlich, welche **Maßnahmen** das Gericht **zur Vorbereitung** der mündlichen Verhandlung zu treffen hat. Hervorzuheben ist, dass dem Antragsgegner (§ 5 SpruchG; → Rn. 12) sowie dem gemeinsamen Vertreter (§§ 6ff. SpruchG, → Rn. 13ff.) unverzüglich die Anträge der Antragsteller nebst Begründung (§§ 3, 4 SpruchG) zuzustellen sind (§ 7 Abs. 1 SpruchG). Zugleich hat das Gericht den Antragsgegner zu einer schriftlichen Erwiderung aufzufordern, und zwar unter **Fristsetzung,** wobei die Frist mind. einen Monat beträgt und im Regelfall drei Monate nicht überschreiten soll (§ 7 Abs. 2 S. 1, 3 SpruchG). In seiner **Erwiderung** muss der Antragsgegner insbes. zur Höhe des Ausgleichs und der Abfindung Stellung nehmen (§ 7 Abs. 2 S. 2 SpruchG). Die Versäumung dieser Frist für die Geltendmachung von Einwendungen führt grds. zur **Präklusion** des verspäteten Vorbringens (§ 10 Abs. 1 SpruchG, → Rn. 23). Der Antragsgegner hat außerdem die verschiedenen **Berichte** (aus dem vorausgegangenen Verfahren über die fragliche Strukturmaßnahme), in erster Linie also den Vertragsbericht des § 293a AktG und den Prüfungsbericht des § 293e AktG, bei Gericht einzureichen (§ 7 Abs. 3 S. 1, 2 SpruchG). Vorbild dieser Regelung waren die §§ 275, 277 ZPO.

18 Die Stellungnahme des Antragsgegners (§ 7 Abs. 2 S. 2 SpruchG; → Rn. 17) ist anschließend wieder gem. § 7 Abs. 4 S. 1 SpruchG den Antragstellern und dem gemeinsamen Vertreter zuzuleiten, um ihnen rechtliches Gehör zu gewähren. Beide können darauf hin Einwendungen gegen die Erwiderung und gegen die ihnen zugeleiteten Unterlagen (→ Rn. 17) binnen einer vom Gericht zu setzenden Frist vorbringen (sog. **Replik,** § 7 Abs. 4 S. 2 SpruchG). Auch bei einer Versäumung dieser Frist greift die strenge Präklusionsregel des § 10 Abs. 1 SpruchG ein (→ Rn. 23).

19 Weitere **vorbereitende Maßnahmen** ermöglicht das Gesetz dem Gericht in § 7 Abs. 5, 6 SpruchG. Das Gericht kann danach insbes. in Anlehnung an § 358a ZPO bereits vor dem ersten Termin eine **Beweisaufnahme** durch Sachverständige zur Klärung (nur) von Vorfragen, insbes. zu Art und Umfang einer folgenden Beweisaufnahme anordnen (§ 7 Abs. 6 SpruchG). Weitere **Beispiele** für vorbereitende Maßnahmen sind die Einholung amtlicher Auskünfte, die Anordnung der Vorlage behördlicher und sonstiger Urkunden und Unterlagen sowie die Aufforderung an die Beteiligten, zusammenfassende Übersichten oder Tabellen sowie ergänzende Berechnungen vorzulegen. Gemäß § 7 Abs. 7 SpruchG ist der Antragsgegner schließlich noch verpflichtet, sonstige für die Entscheidung erhebliche Unterlagen vorzulegen. Gemeint sind damit sämtliche Schriftstücke, die für das Verfahren und insbes. für die Bewertung des Antragsgegners relevant sein können. Die ganze perfektionistische und überkomplizierte Regelung hat bisher tatsächlich nur wenig zur Beschleunigung der nach wie vor viel zu langen Spruchverfahren beigetragen. Es sollte klar sein, dass dieses Ziel nur durch den überfälligen Übergang zu anderen und einfacheren Bewertungsverfahren zu erreichen sein wird.

2. Mündliche Verhandlung

Nach § 8 Abs. 1 SpruchG soll das Gericht grds. auf Grund möglichst früher münd- **20** licher Verhandlung entscheiden. Ergänzend bestimmt § 8 Abs. 2 SpruchG, dass in den Fällen, in denen der Unternehmensvertrag, die Eingliederung oder die Übertragung der Aktien auf den Hauptaktionär durch sachverständige Prüfer geprüft wurden (s. § 7 Abs. 3 S. 2 SpruchG), das Gericht das **persönliche Erscheinen** der sachverständigen Prüfer anordnen soll, um deren Sachverstand „als sachverständige Zeugen" (s. § 414 ZPO) so oft wie möglich für eine schnelle Entscheidung nutzen zu können. Gemeint sind damit in erster Linie die **Vertragsprüfer** des § 293c AktG. Hinter dieser wenig klaren gesetzlichen Regelung steht offenbar die Vorstellung der Gesetzesverfasser, die Gerichte sollten sich im Spruchverfahren nach Möglichkeit im Interesse der Verfahrensbeschleunigung mit einer kritischen Überprüfung der Prüfungsberichte der sachverständigen Prüfer (§§ 293c, 293e AktG) an Hand der konkreten Bewertungsrügen der Antragsteller (→ Rn. 11) und der dazu gegebenen Erläuterungen der Prüfer (s. § 8 Abs. 2 S. 1 SpruchG) begnügen, und zwar gerade unter sachverständiger Hilfe der Vertragsprüfer, gleichsam als Hilfspersonen des Gerichts (§ 26 FamFG).

§ 8 Abs. 3 SpruchG ordnet ferner die entsprechende Anwendung der §§ 138, 139 **21** ZPO sowie für die Durchführung der mündlichen Verhandlung außerdem die des § 279 Abs. 2, 3 ZPO und des § 283 ZPO an. Auch im Spruchverfahren gilt folglich der **Beibringungsgrundsatz** des § 138 ZPO, ergänzt durch die Pflicht des Gerichts zur **Prozessleitung** nach § 139 ZPO. Dies bedeutet, dass sich alle Beteiligten substantiiert zu den (ebenfalls substantiierten) Behauptungen der anderen Beteiligten äußern müssen, widrigenfalls die nicht (wirksam) bestrittenen Tatsachen grds. als zugestanden anzusehen sind, so dass auch im Spruchverfahren über sie *kein Beweis* mehr erhoben zu werden braucht (§ 138 Abs. 3 ZPO).[40] Anlass zu weiteren Ermittlungen des Gerichts besteht nach § 26 FamFG vielmehr nur, wenn relevante Behauptungen einer Seite von der anderen substantiiert bestritten werden.

Wenn die Antragsteller wie im Regelfall die Kompensation als zu niedrig rügen, trifft **21a** sie, die Antragsteller, die **Darlegungs- und Beweislast.** Die wichtigsten Kritikpunkte der Antragsteller sind nach den bisherigen Erfahrungen die (stets problematische) Schätzung der zukünftigen Erträge der Beteiligten sowie die (in der Tat meistens völlig überzogene) Höhe des von den Wirtschaftsprüfern angenommenen Kapitalisierungszinssatzes. Zu diesen hochkomplexen Fragen können die Gerichte freilich idR nur wenig aus eigener Kenntnis beitragen, sodass sie auf die Einholung weiterer (sehr teurer und zeitraubender) Gutachten – wieder von Wirtschaftsprüfern – angewiesen sind, dies der wohl wichtigste Grund für die allseits beklagte Dauer und die nur schwer erträglichen Kosten der Spruchverfahren. Die Gerichte versuchen deshalb heute durchweg, nach Möglichkeit ohne die Einholung neuer Wirtschaftsprüfergutachten auszukommen oder, wenn sich dies bei einzelnen Fragen als unumgänglich erweist, eben (wieder, ausgerechnet) die *Vertragsprüfer* jetzt als gerichtliche Sachverständige mit weiteren Gutachten zu beauftragen. Beides ist durchaus problematisch, aber unter den gegebenen Umständen wohl nur schwer zu vermeiden.[41]

---

[40] Ebenso schon OLG Düsseldorf AG 2000, 421 (422).
[41] Emmerich/Habersack Aktien-/GmbH-KonzernR/*Emmerich* § 8 SpruchG Rn. 6 ff, ein Beispiel aus jüngster Zeit in OLG München Beschl. v. 20. 3. 2019 – 31 Wx 185/17, BeckRS 2019, 4039.

3. Verfahrensförderungspflicht

22 Im Interesse der Verfahrensbeschleunigung sieht das SpruchG in § 9 SpruchG ausdrücklich im Anschluss an § 282 ZPO eine Verfahrensförderungspflicht aller Verfahrensbeteiligten vor, ergänzt durch strenge Sanktionen bei deren Verletzung (s. § 10 SpruchG im Anschluss an § 296 ZPO). Zugleich wurde § 26 FamFG (Amtsermittlungsgrundsatz) (nur) insoweit ausdrücklich eingeschränkt (§ 10 Abs. 3 SpruchG).

23 Nach § 9 Abs. 1 SpruchG hat jeder Beteiligte in der mündlichen Verhandlung und bei deren schriftlicher Vorbereitung seine Anträge sowie sein weiteres **Vorbringen** so **zeitig vorzubringen,** wie es nach der Verfahrenslage einer sorgfältigen und auf Förderung des Verfahrens bedachten Verfahrensführung entspricht (s. § 282 ZPO). Besonderheiten gelten nach Abs. 2 der Vorschrift für vorbereitende Schriftsätze. Danach ist Vorbringen, auf das andere Beteiligte voraussichtlich ohne vorherige Erkundigungen keine Erklärungen abgeben können, vor der mündlichen Verhandlung durch vorbereitende Schriftsätze so zeitig mitzuteilen, dass die anderen Beteiligten die erforderlichen Erkundigungen noch einziehen können. Bei schuldhaften Verstößen gegen diese Pflicht, wofür bereits *einfache* Fahrlässigkeit genügt (§ 276 Abs. 1 BGB), kann das fragliche **Vorbringen** nach § 10 Abs. 2 SpruchG **zurückgewiesen** werden, *wenn* die Zulassung nach der freien Überzeugung des Gerichts die Erledigung des Verfahrens *verzögerte und* die Verspätung *nicht entschuldigt* wird.

23a Zu beachten ist, dass das Gesetz in den Abs. 1 und 2 des § 10 SpruchG **zwei** verschiedene **Fälle** regelt. Abs. 1 des § 10 SpruchG bestimmt zunächst, dass Stellungnahmen oder Einwendungen, die erst **nach Ablauf einer gem. § 7 Abs. 2 S. 3, Abs. 4 S. 2 SpruchG bestimmten Frist** vorgebracht werden, grds. *nicht* zuzulassen sind (dazu schon → Rn. 17, 18). Etwas anderes gilt nur dann *(ausnahmsweise),* wenn nach der freien Überzeugung des Gerichts die Zulassung des entsprechenden Vortrags die Erledigung des Rechtsstreits nicht verzögerte *oder* wenn der Beteiligte die Verspätung seines Vortrags entschuldigt. Anders verfährt das Gesetz dagegen bei einer **Verspätung sonstigen Vorbringens,** das entgegen § 9 Abs. 1, 2 SpruchG nicht rechtzeitig erfolgt, da solches Vorbringen nach § 10 Abs. 2 SpruchG nur **(ausnahmsweise) zurückgewiesen** werden kann, wenn die Zulassung nach der freien Überzeugung des Gerichts die Erledigung des Rechtsstreits verzögerte *und* die Verspätung nicht entschuldigt wird. In beiden Fällen darf das zurückgewiesene Vorbringen vom Gericht bei seiner Entscheidung nicht berücksichtigt werden; der Amtsermittlungsgrundsatz findet (nur) insoweit, dh *soweit* jeweils die **Präklusionswirkung** des § 10 Abs. 1, 2 SpruchG reicht, keine Anwendung (§ 10 Abs. 3 SpruchG). Im Schrifttum wird teilweise § 10 Abs. 1, 2 SpruchG im Interesse einer falsch verstandenen Verfahrensbeschleunigung – und zum offenbaren Nachteil der außenstehenden Aktionäre – ganz weit ausgelegt.[42] Dem ist nicht zu folgen. Schon aus verfassungsrechtlichen Gründen (Art. 14 Abs. 1 GG und Art. 103 Abs. 1 GG) ist es unerlässlich, im Spruchverfahren an dem **Amtsermittlungsgrundsatz** zum „Ausgleich des institutionell vorgegebenen Informationsdefizits und der damit verbundenen prozessualen Unterlegenheit der Antragsteller" so weit wie möglich festzuhalten und folgerichtig § 10 Abs. 1, 2 SpruchG ganz restriktiv zu interpretieren.[43]

---

[42] So insbes. *Kubis* FS Hüffer, 2010, 567.
[43] OLG Düsseldorf ZIP 2011, 1935; ebenso zB KölnKommSpruchG/*Puszkajler* SpruchG § 10 Rn. 25 ff.

Aus denselben Erwägungen heraus sind überdies an die Annahme von **Fahrlässigkeit** 24
in § 10 Abs. 2 SpruchG *hohe* Anforderungen zu stellen, wobei zu berücksichtigen ist,
dass den Antragstellern idR jeder Zugang zu den die Betriebsinterna betreffenden
Informationen über den Antragsgegner und weitere Unternehmen fehlt, so dass nur
schwer vorstellbar ist, wie nachträgliches Vorbringen auf einem schuldhaften Verstoß
gegen ihre Verfahrensförderungspflicht beruhen soll.[44] Von § 10 Abs. 2 SpruchG darf
daher nur in **Fällen schwerer und grober Verstöße** der Antragsteller gegen ihre Verfahrensförderungspflicht Gebrauch gemacht werden.

V. Entscheidung

Die mit der Entscheidung des Gerichts im Spruchverfahren zusammenhängenden 25
Fragen regelt das SpruchG in den §§ 11–16. Ergänzend gelten das FamFG (§ 17
Abs. 1 SpruchG) sowie die ZPO.

1. Gerichtliche Entscheidung

Das Gericht entscheidet durch begründeten Beschluss (§ 11 Abs. 1 SpruchG), der erst 26
mit (formeller) Rechtskraft Wirksamkeit nach außen erlangt (§ 13 S. 1 SpruchG). Von
diesem Augenblick an wirkt die Entscheidung **für und gegen jedermann** (§ 13 S. 2
SpruchG). In den Fällen der §§ 304, 305 AktG bedeutet dies, dass durch die Entscheidung des Gerichts der **Unternehmensvertrag** mit rückwirkender Kraft entsprechend
umgestaltet wird.[45] Darauf beruht insbes. der **Abfindungsergänzungsanspruch** derjenigen außenstehenden Aktionäre, die zuvor bereits das jetzt als zu niedrig erwiesene
Abfindungsangebot des herrschenden Unternehmens angenommen hatten (schon
→ § 22 Rn. 60). Bei einer Erhöhung des Ausgleichs folgt der Nachzahlungsanspruch
der Aktionäre dagegen bereits unmittelbar aus § 304 AktG, so dass eine besondere Regelung im SpruchG entbehrlich war.

Die Entscheidung des Landgerichts im Spruchverfahren kann nur auf **Heraufsetzung** 27
der Kompensation **oder** auf **Abweisung** der Anträge als unzulässig oder unbegründet
lauten. Bei seiner Entscheidung ist das Gericht nur an die von den Vertragsparteien
gewählte Form des Ausgleichs und der Abfindung gebunden (s. § 304 Abs. 3 S. 3
Hs. 2 AktG und § 305 Abs. 5 S. 3 AktG); iÜ setzt es jedoch die Kompensation ohne
Bindung an Anträge der Beteiligten, soweit erforderlich, selbst neu fest. Eine Herabsetzung des Ausgleichs oder der Abfindung im ersten Rechtszug scheidet dagegen aus,
weil der Antragsgegner nicht antragsberechtigt im Spruchverfahren ist (§ 3). Der Beschluss hat lediglich **feststellende Wirkung.** Einen Vollstreckungstitel stellt er nicht
dar, so dass von den außenstehenden Aktionären auf Grund des Beschlusses anschließend notfalls noch Leistungsklage gegen den anderen Vertragsteil, das herrschende
Unternehmen, erhoben werden muss, wenn es nicht freiwillig dem Beschluss nachkommt (§ 16).[46]

2. Vergleich

Nach § 11 Abs. 2 SpruchG kann im Spruchverfahren auch ein vom Gericht zu proto- 28
kollierender Vergleich abgeschlossen werden, wenn alle Beteiligten (einschließlich des

---

[44] *Büchel* NZG 2003, 793 (799); *Meilicke/Heidel* Betr. 2003, 2267 (2272 f.); *Thomson/Hammerschmitt*
NJW 2003, 2572 (2575).
[45] OLG Schleswig ZIP 2004, 2433 (2434).
[46] BayObLGZ 1978, 209 (212); BayObLG AG 1999, 273.

gemeinsamen Vertreters) zustimmen. Vorbild der Regelung war § 278 ZPO. Ergänzend lässt § 11 Abs. 4 SpruchG ferner entsprechend § 278 Abs. 6 ZPO einen Vergleich durch Schriftsatz auf Vorschlag des Gerichts zu, um die häufig mit einer Terminbestimmung verbundenen Schwierigkeiten zu vermeiden.

29 Voraussetzung eines Vergleichs ist nach § 11 Abs. 2 S. 2 SpruchG eine Einigung *aller* Beteiligten, dh der Antragsteller (§ 3 SpruchG), des Antragsgegners (§ 5 SpruchG) sowie des gemeinsamen Vertreters (§ 6 SpruchG). Durch diese ausdrückliche Regelung wird die Zulässigkeit sogenannter Mehrheitsvergleiche ausgeschlossen (str.).[47] Der Sache nach bedeutet ein Vergleich im Spruchverfahren, durch den die Kompensation gegenüber der bisherigen vertraglichen Regelung erhöht wird, eine **Vertragsänderung** iSd § 295 AktG, freilich jetzt ohne Mitwirkung der Hauptversammlungen der beteiligten Gesellschaften und auch ohne Sonderbeschluss der außenstehenden Aktionäre entgegen der Regelung in § 295 Abs. 1, 2 AktG. Welche Folgerungen hieraus für den Abschluss eines gerichtlichen Vergleichs in Spruchverfahren zu ziehen sind, ist umstritten.[48] Die gerichtliche Praxis, aus naheliegenden Gründen gerade in Spruchverfahren betont vergleichsfreundlich, lässt sich freilich durch diese Diskussion nicht beeindrucken und begreift § 11 Abs. 2 SpruchG einfach als gesetzliche Ermächtigung zum Abschluss gerichtlicher Vergleiche im Spruchverfahren in Abweichung von § 295 AktG, sofern dabei nur die Wahrung der Rechte der außenstehenden Aktionäre sichergestellt ist, in erster Linie durch die stets notwendige Mitwirkung des gemeinsamen Vertreters.[49]

30 Möglich ist außerdem jederzeit ein **außergerichtlicher Vergleich** der Antragsteller mit dem oder den Antragsgegnern. Stimmt der gemeinsame Vertreter der außenstehenden Aktionäre zu, so erledigt sich das Verfahren; notfalls kann das Gericht dies von Amts wegen selbst feststellen, so dass anschließend nur noch über die Kosten zu entscheiden ist (§ 15 SpruchG; → Rn. 33). Lehnt der gemeinsame Vertreter dagegen den Vergleich ab, so wird das Verfahren fortgesetzt (s. § 6 Abs. 3 SpruchG).

3. Rechtsmittel

31 Gegen den Beschluss des Landgerichts im Spruchverfahren findet nach § 12 Abs. 1 S. 1 SpruchG die **Beschwerde** an das OLG statt. Die geltende Fassung der Vorschrift beruht auf dem FGG-ReformG von 2008.[50] Zweck der Änderungen war es, den § 12 SpruchG der Änderung des Rechtsmittelzuges durch das FamFG anzupassen. Maßgebend sind seitdem die **§§ 58 ff. FamFG**. Wichtigste Änderung ist die Einführung der Rechtsbeschwerde zum BGH (§§ 70 ff. FamFG), die an die Stelle der früheren Divergenzvorlage nach § 28 FGG getreten ist (→ Rn. 32).

31a Nach § 61 FamFG (iVm § 17 SpruchG) ist die Beschwerde in vermögensrechtlichen Angelegenheiten nur zulässig, wenn der Wert des Beschwerdegegenstandes **600 EUR übersteigt** oder die Beschwerde vom LG zugelassen wurde.[51] Der **Beschwerdewert**

---

[47] OLG Düsseldorf AG 2013, 807 (809); NZG 2013, 1393 (1395) – Ergo/Victoria I und II; OLG Frankfurt AG 2015, 547 (548).

[48] S. Spindler/Stilz/*Drescher* SpruchG § 11 Rn. 6; MüKoAktG/*Kubis* SpruchG § 11 Rn. 11; *Wittgens* Spruchverfahrensgesetz S. 264 ff.; *Zimmer/Meese* NZG 2004, 201.

[49] OLG Düsseldorf AG 2013, 807 (809); NZG 2013, 1393 (1395) – Ergo/Victoria I und II.

[50] S. dazu insbes. *Jänig/Leißring* ZIP 2010, 110; *Krafka* NZG 2009, 650; *Preuß* NZG 2009, 961.

[51] BGH NZG 2018, 1394 Rn. 8 ff.; OLG Düsseldorf AG 2017, 121.

richtet sich nach dem vermögensrechtlichen Interesse der Antragsteller an einer Änderung der angefochtenen Entscheidung, der Sache nach also nach dem Interesse der Antragsteller an der Erhöhung der Kompensation.[52] Eingelegt werden kann die Beschwerde gem. § 12 Abs. 1 S. 2 SpruchG nur durch Einreichung einer von einem Rechtsanwalt unterzeichneten **Beschwerdeschrift.** (Nur) für die Einlegung der Beschwerde besteht mithin **Anwaltszwang**, nicht dagegen für das weitere Verfahren. Die Beschwerdeschrift muss keinen bestimmten **Antrag** enthalten, so dass die bloße Einlegung der „Beschwerde" genügt.[53] Die **Beschwerdefrist** beträgt einen Monat seit Bekanntgabe der Entscheidung des Landgerichts (§ 63 FamFG), dh seit Zustellung des Beschlusses des Landgerichts nach § 11 Abs. 3 SpruchG. Die Beschwerde ist bei dem Landgericht einzulegen, dessen Entscheidung angefochten wird (§ 64 FamFG: iudex a quo). **Beschwerdeberechtigt** ist nach § 59 Abs. 1 FamFG, wer durch die angefochtene Entscheidung in seinen Rechten beeinträchtigt ist, während es auf eine *formelle* Beschwer iSd § 59 Abs. 2 FamFG im Spruchverfahren (mangels der Notwendigkeit bestimmter Anträge) nicht ankommt. Dies bedeutet, dass die **Antragsteller** immer beschwerdeberechtigt sind, wenn die vom Landgericht schließlich zugesprochene Kompensation hinter ihren Vorstellungen zurückbleibt, selbst wenn das Landgericht damit ihren (nicht notwendigen) Anträgen im ersten Rechtszug stattgegeben hat.[54]

Die Beschwerde eröffnet eine zweite **Tatsacheninstanz,** so dass sie auf neue Tatsachen und Beweise gestützt werden kann (§ 65 Abs. 3 FamFG). Das OLG prüft daraufhin den Sachverhalt von Amts wegen neu und muss deshalb gegebenenfalls die nötigen Beweise erheben. Das **Beschwerdeverfahren** ist (nur knapp) in § 68 FamFG geregelt. Es beginnt mit der Abhilfeentscheidung des Landgerichts (§ 68 Abs. 1 FamFG). Hilft das Landgericht der Beschwerde nicht ab, so hat es die Beschwerde unverzüglich dem OLG vorzulegen (§ 68 Abs. 1 S. 1 FamFG), dessen Verfahren sich grds. nach den Vorschriften über das Verfahren im ersten Rechtszug richtet.[55]

31b

Die wichtigste Änderung, die das FGG-Reformgesetz für den Rechtsmittelzug gebracht hat, ist die Einführung der **Rechtsbeschwerde** zum BGH nach dem Vorbild der Revision durch die **§§ 70 ff. FamFG.** Voraussetzung ist die Zulassung der Rechtsbeschwerde durch das OLG (§ 70 Abs. 1 FamFG). Die Zulassungsgründe führt § 70 Abs. 2 FamFG im Anschluss an § 574 Abs. 2 ZPO auf. Form und Frist der Rechtsbeschwerde richten sich nach § 71 FamFG. Eine Nichtzulassungsbeschwerde ist nicht vorgesehen (str.).

32

VI. Sonstige Beendigungsgründe

1. Erledigung

Ein Spruchverfahren kann noch aus verschiedenen anderen Gründen als gerade durch gerichtliche Entscheidung oder einen Vergleich nach den §§ 11, 12 SpruchG (→ Rn. 26 ff.) sein Ende finden. Hervorzuheben ist zunächst neben der **Rücknahme** der Anträge durch die Antragsteller (→ Rn. 9) insbes. die **Erledigungserklärung**

33

---

[52] BGH NZG 2018, 1394 Rn. 24.
[53] OLG Zweibrücken NZG 2004, 872; OLG Düsseldorf NZG 2005, 317; OLG München ZIP 2007, 375 (376); OLG Frankfurt a. M. AG 2007, 449.
[54] Spindler/Stilz/*Drescher* SpruchG § 12 Rn. 6 f.; Hölters/*Simons* SpruchG § 12 Rn. 11–13.
[55] Ausf. Spindler/Stilz/*Drescher* SpruchG § 12 Rn. 10–16; Hölters/*Simons* SpruchG § 12 Rn. 16–21.

durch die Verfahrensbeteiligten (einschließlich des gemeinsamen Vertreters). In diesem Fall wird das Verfahren nach § 22 Abs. 3 FamFG beendet, so dass das Gericht nur noch über die Kosten nach § 15 SpruchG zu entscheiden hat (→ Rn. 8).[56]

34 Das Gericht hat außerdem in jedem Stadium des Verfahrens **von Amts wegen** zu prüfen, ob sich das **Verfahren** durch ein neues Ereignis **erledigt** hat, durch das die Sach- und Rechtslage so verändert wurde, dass die Voraussetzungen für eine gerichtliche Entscheidung über die gestellten Anträge nicht mehr gegeben sind. Ist dies der Fall, so ist die Erledigung festzustellen und wiederum nur noch über die Kosten zu entscheiden.[57] Als Beispiel wird vielfach die erfolgreiche **Anfechtung** eines der Zustimmungsbeschlüsse nach § 293 Abs. 1, 2 AktG während eines anhängigen Spruchverfahrens genannt, weil die Folge ist, dass der betreffende Unternehmensvertrag jetzt als von Anfang an nichtig gilt.[58]

2. Vertragsüberdauerndes Spruchverfahren

35 Ein Beherrschungs- oder Gewinnabführungsvertrag kann aus unterschiedlichen Gründen **während** eines anhängigen **Spruchverfahrens** sein **Ende** finden. Beispiele sind die Aufhebung (§ 296 AktG) oder die Kündigung des Vertrags (§ 297 AktG) sowie der Ausschluss der Minderheitsaktionäre noch während des Spruchverfahrens nach § 327a AktG. In diesen Fällen ist das **Spruchverfahren fortzusetzen,** weil in ihm auf jeden Fall über die Höhe von Ausgleich und Abfindung *bis* zu dem erledigenden Ereignis, dh bis zur Beendigung des Vertrags oder dem Ausschluss der Minderheitsaktionäre, zu entscheiden ist.[59] Außerdem wird heute allgemein zum Schutz der Aktionäre, die bisher allein Ausgleichsleistungen bezogen haben, nach der Entscheidung im Spruchverfahren aber noch die Abfindung wählen wollen, einfach der Fortbestand des Abfindungsanspruchs fingiert.[60]

3. Insolvenzverfahren

36 Die Eröffnung des Insolvenzverfahrens über das Vermögen des Antragsgegners, insbes. also des herrschenden Unternehmens (dazu → § 19 Rn. 72 ff.), führt – mangels Anwendbarkeit des § 240 ZPO – nicht zur Unterbrechung des Verfahrens.[61] Das Verfahren richtet sich vielmehr fortan gegen den Insolvenzverwalter als Partei kraft Amtes, während die Kosten Masseforderungen darstellen dürften. Ohne Einfluss auf das Verfahren ist dagegen eine etwaige Insolvenz der abhängigen Gesellschaft, dies schon deshalb, weil sie gar nicht an dem Verfahren beteiligt ist (s. §§ 3, 5 SpruchG).

---

[56] BayObLG AG 1997, 182; OLG Stuttgart NZG 2001, 174; KölnKommSpruchG/*Puszkajler* SpruchG § 11 Rn. 42.

[57] OLG Karlsruhe AG 2011, 673 (674).

[58] OLG Zweibrücken ZIP 2004, 559 (560); AG 2007, 913 (914); OLG Karlsruhe AG 2011, 673 (674). str.; zur Insolvenz → Rn. 36.

[59] BVerfG NJW 1999, 1701; 1999, 1699; AG 2007, 483; BGHZ 167, 299 Rn. 13, Rn. 19 – Jenoptik; OLG Karlsruhe ZIP 2008, 1633.

[60] BGHZ 167, 299 Rn. 19 – Jenoptik; OLG Karlsruhe ZIP 2008, 1633.

[61] BGH AG 2019, 388 Rn. 23 ff.; BayObLGZ 1978, 209 (211 f.); OLG Düsseldorf AG 2012, 797 (798); OLG Frankfurt a. M. AG 2017, 667 (668); ZIP 2019, 236; OLG Düsseldorf AG 2017, 797 (798); str.

VII. Kosten

1. Überblick

Spruchverfahren dauern lange, idR viel zu lange, und kosten viel, oft sogar sehr viel – 37
nicht verwunderlich, wenn man die Höhe der Beträge bedenkt, um die es hier oft
geht, sowie die Kosten der Sachverständigen, durchweg Wirtschaftsprüfer, ohne die
die Gerichte in zahlreichen Fällen nicht auskommen. Das SpruchG enthielt deshalb
von Anfang an in § 15 SpruchG vielfältig umstrittene Vorschriften zur Bemessung
und zur Verteilung der gerichtlichen und der außergerichtlichen Kosten von Spruchverfahren.[62] Die geltende Fassung des § 15 SpruchG beruht auf dem 2. Kostenrechts-
modernisierungsgesetz von 2013, durch das § 15 SpruchG neu gefasst und zugleich
ein Teil der früher in der Vorschrift enthaltenen Regelungen in das GNotKG von
2013 verlagert wurde, das an die Stelle der alten Kostenordnung getreten ist. Hervorzuheben ist insbes. die neue Bestimmung des § 74 GNotKG, die im Einzelnen die Berechnung des Geschäftswerts in Spruchverfahren regelt und zugleich einen Mindest-
und einen Höchstbetrag für den Geschäftswert festgelegt. Im Folgenden soll nur ein
kurzer Überblick über die verwickelte Materie gegeben werden; wegen der Einzelheiten kann auf die Darstellung an anderer Stelle verwiesen werden.[63]

Nach § 15 Abs. 1 SpruchG müssen grds. der oder die Antragsgegner, in erster Linie 38
also das herrschende Unternehmen, die Gerichtskosten tragen (→ Rn. 39 ff.), während
die Antragsteller für den Regelfall mit ihren außergerichtlichen Kosten, vor allem also
mit den Anwaltskosten, belastet bleiben (§ 15 Abs. 2 SpruchG, → Rn. 45 ff.). Von beiden Grundsätzen sind jedoch Ausnahmen möglich – durch die Auferlegung der Gerichtskosten auf die Antragsteller und der außergerichtlichen Kosten der Antragsteller
auf den oder die Antragsgegner, – beides, wenn dies der Billigkeit entspricht. Bei der
Betrachtung des § 15 SpruchG muss man folglich sorgfältig zwischen den Gerichtskosten und den außergerichtlichen Kosten der Antragsteller trennen.

2. Gerichtskosten

Die Gerichtskosten müssen grds. der oder die Antragsgegner tragen; sie können jedoch 39
vom Gericht ganz oder teilweise nach § 15 Abs. 1 SpruchG den Antragstellern auf-
erlegt werden, wenn dies der Billigkeit entspricht. Die Einzelheiten regelt das
GNotKG (§ 1 Abs. 2 GNotKG). Gerichtskosten sind Gebühren und Auslagen (§ 1
Abs. 1 GNotKG). Kostenschuldner ist grds. allein der Antragsgegner (§ 23 Nr. 14
GNotKG). Nur soweit das Gericht die Kosten den Antragstellern nach § 15 Abs. 1
SpruchG auferlegt, sind auch diese Kostenschuldner (§ 15 Abs. 1 SpruchG; § 23
Nr. 14 Hs. 2 GNotKG, → Rn. 43 ff.). Die Höhe der Gerichtskosten richtet sich in ers-
ter Linie nach dem Geschäftswert, dessen Bemessung sich bei Spruchverfahren im
Einzelnen aus § 74 GNotKG ergibt (→ Rn. 40 f.).

Geschäftswert ist nach § 74 GNotKG der Betrag, der von allen Antragsberechtigten 40
iSd § 3 SpruchG nach der Entscheidung des Gerichts *zusätzlich* zu dem ursprünglich
angebotenen Betrag insgesamt gefordert werden kann (sog. **Differenzmethode**).
Er beträgt mindestens 200.000 EUR und höchstens 7,5 Mio. EUR (§ 74 S. 1
GNotKG). Innerhalb dieser Grenzen berechnet sich der Geschäftswert somit nach

---

[62] Zu § 15 aF s. ausf. Voraufl., S. 430 ff.
[63] Emmerich/Habersack Aktien-/GmbH-KonzernR/*Emmerich* SpruchG § 15 Rn. 1 ff.

der Differenz zwischen der angebotenen und der tatsächlich angemessenen Kompensation, multipliziert mit der Gesamtzahl der „außenstehenden" Anteile, dh der Anteile der (aller) außenstehenden Aktionäre. Die Zinsen auf die Barabfindung (§ 305 Abs. 3 S. 3 AktG) und der Abfindungsergänzungsanspruch werden bei der Berechnung des Geschäftswerts *nicht* berücksichtigt.[64] Wird wie idR in den Fällen des § 1 Nr. 1 *gleichzeitig* eine Erhöhung des Ausgleichs und der Abfindung beantragt, so ist allein von dem jeweils höheren Betrag auszugehen; eine Addition der beiden Geschäftswerte findet nicht statt.[65] Im **Beschwerdeverfahren** ist ebenfalls von der Sonderregelung des § 74 GNotKG auszugehen (str. wegen der Regelung des § 61 GNotKG).

41 Der Geschäftswert wird vom Gericht nach § 79 S. 1 GNotKG von Amts wegen festgesetzt, und zwar durch begründeten Beschluss, der, wenn eine Entscheidung in der Hauptsache nach § 11 ergeht, in der Regel, aber nicht notwendig mit dieser verbunden wird und sonst, etwa nach einem gerichtlichen Vergleich, selbstständig zu erlassen ist (§ 82 FamFG). Gegen den Beschluss ist nach § 83 GNotKG die **Beschwerde** statthaft. Beschwerdebefugt ist jeder, der durch die Festsetzung des Geschäftswerts belastet sein kann. Das sind auf jeden Fall der Antragsgegner als Kostenschuldner und der anwaltliche Vertreter der Antragsteller sowie wohl auch der gemeinsame Vertreter, die beiden letzteren mit Rücksicht auf § 31 RVG, dagegen nicht die Antragsteller, weil und sofern sie nicht Kostenschuldner sind.[66]

42 Die Gerichtskosten muss nach § 15 Abs. 1 SpruchG und § 23 Nr. 14 GNotKG grds. der **Antragsgegner** tragen, in den Fällen der §§ 304, 305 AktG also allein der andere Vertragsteil, dh das herrschende Unternehmen (§ 5 Nr. 1 SpruchG). Dieser Grundsatz gilt auch im **Beschwerdeverfahren,** sodass hier eine Auferlegung der Kosten auf die Antragsteller, selbst wenn diese die Beschwerde eingelegt hatten, nur unter den (engen) Voraussetzungen des § 15 Abs. 1 SpruchG (→ Rn. 43) in Betracht kommt. Zu den Gerichtskosten gehören auch die Kosten des gemeinsamen Vertreters (§ 6 Abs. 2 SpruchG) sowie die bei Beauftragung von Sachverständigen möglicherweise hohen Auslagen (vgl. § 80 S. 1 FamFG; → Rn. 43). Vor allem durch diese Regelung erklärt sich die Festsetzung eines Höchstbetrages für den Geschäftswert von 7,5 Mio. EUR durch § 74 S. 1 Hs. 2 GNotKG. Die in dieser Regelung zum Ausdruck kommende zarte Rücksichtnahme auf die Belastung des Antragsgegners mit Kosten, idR Großunternehmen, steht in einem verstörenden Gegensatz zu § 15 Abs. 2 SpruchG, durch den für den Regelfall die außergerichtlichen Kosten den Antragstellern, häufig kleine Aktionäre, ohne Rücksicht auf ihre Vermögensverhältnisse und die Höhe der Kosten auferlegt werden (Art. 3 Abs. 1 GG).

43 Nach § 15 Abs. 1 SpruchG können die Gerichtskosten ganz oder teilweise den **Antragstellern** ausnahmsweise dann auferlegt werden, wenn dies der **Billigkeit** entspricht. Von dieser Regelung sollte zum Schutze der außenstehenden Aktionäre nur zurückhaltend Gebrauch gemacht werden. Entsprechend § 81 Abs. 2 FamFG kommt deshalb eine Kostenbelastung der Antragsteller im Grunde allein bei Missbrauch des Antragsrechts, bei groben Verstößen gegen die Verfahrensförderungspflicht der Antragsteller sowie bei offensichtlicher Unzulässigkeit oder Unbegründetheit des Antrags

---

[64] Hüffer/Koch/*Koch* SpruchG § 15 Rn. 3; MüKoAktG/*Kubis* SpruchG § 15 Rn. 4.
[65] *Deiß* NZG 2013, 248 (249 f.).
[66] Bürgers/Körber/*Ederle/Theusinger* SpruchG § 15 Rn. 2; MüKoAktG/*Kubis* SpruchG § 15 Rn. 10.

oder der Beschwerde in Betracht,[67] während die bloße Erfolglosigkeit eines Antrags oder eines Rechtsmittels in keinem Fall für eine Kostenbelastung der Antragsteller ausreicht. Eine Auferlegung der Kosten auf den gemeinsamen Vertreter oder die nicht am Verfahren beteiligten außenstehenden Aktionäre kommt in keinem Fall in Betracht.[68] Dagegen bleibt die Haftung des **Antragsgegners** für die Gerichtskosten von der Auferlegung der Gerichtskosten auf die Antragsteller unberührt. Antragsteller und Antragsgegner sind in diesem Fall vielmehr *Gesamtschuldner* (§ 32 Abs. 1 GNotKG).

Der Antragsgegner hat nach § 14 Abs. 3 S. 2 GNotKG iVm § 23 Nr. 14 GNotKG 44 einen zur Deckung der Auslagen hinreichenden **Vorschuss** zu zahlen. Zu den zu erstattenden Auslagen gehören auch die nach den §§ 8 ff. JVEG an Sachverständige zu zahlenden, oft hohen **Vergütungen** einschließlich insbes. des Honorars für ihre Leistungen, berechnet nach den §§ 9 ff. JVEG (§ 34 GNotKG iVm KV 31005 GNotKG; → Rn 44). Die Forderung auf Erstattung der Auslagen ist sofort fällig.[69] Die Beitreibung des fälligen Vorschusses obliegt dann dem Kostenbeamten. Die *Beauftragung* eines Sachverständigen ist freilich nach heute hM von der Einzahlung eines Vorschusses *unabhängig,* sodass das Verfahren nicht mehr wie früher vielfach durch die Zahlungsverweigerung des Antragsgegners blockiert werden kann. Jedoch darf die festgesetzte Vergütung erst *nach Beitreibung* des Vorschusses an den Sachverständigen *ausgezahlt* werden. Durch diese Regelung werden schwierige Fragen aufgeworfen, wenn der Sachverständige zuvor bereits mit der Erstattung des Gutachtens beauftragt wurde. Die Gerichte helfen hier im Einzelfall durch Annahme eines besonderen Vertrauensschutzes zu Gunsten des Sachverständigen.[70] Eine Vorschusspflicht der *Antragsteller* besteht in *keinem* Fall.[71]

Die Sätze des JVEG für die Vergütung von Sachverständigen gelten allgemein als *zu* 45 *niedrig,* sodass es häufig schwierig ist, zu diesen Sätzen qualifizierte Sachverständige für die Unternehmensbewertung, grds. nur Wirtschaftsprüfer, zu finden, solange sich nicht alle Beteiligten (einschließlich des oder der Antragsgegner) nach § 13 Abs. 1 JVEG mit einer weiteren spürbaren Erhöhung der Stundensätze für die Unternehmensbewertung einverstanden erklären. Scheitert dieser Weg am Widerstand des Antragsgegners, so bleibt als Ausweg nur die Anwendung des § 13 Abs. 2 JVEG (der aber meistens gleichfalls keine Lösung der Problematik ermöglicht); oder das Gericht muss versuchen, ohne Sachverständige auszukommen, wobei sich vor allem ein Rückgriff auf den Vertrags- und den Prüfungsbericht sowie auf die Börsenkurse, soweit vorhanden, empfiehlt, notfalls im Wege der Schätzung nach § 287 ZPO.[72]

---

[67] BGH AG 2011, 591; NZG 2012, 191; BayObLG NZG 2003, 36 – PKV/Philips; AG 2004, 99; OLG Düsseldorf AG 2011, 459 (461); 2017, 203; OLG Stuttgart NZG 2015, 629; KG AG 2019, 138 (139); ebenso zu § 99 Abs. 6 AktG OLG Stuttgart AG 2019, 315.

[68] Kritisch Bürgers/Körber/*Ederle/Theusinger* SpruchG § 15 Rn. 5; Spindler/Stilz/*Drescher* SpruchG § 15 Rn. 21.

[69] Begr., BT-Drs. 15/371, 17 (r. Sp. 3. Abs.); *Büchel* NZG 2003, 793 (803).

[70] OLG Düsseldorf AG 2003, 637.

[71] OLG Saarbrücken NZG 2003, 982; OLG Frankfurt a. M. AG 2009, 551 (552); OLG Düsseldorf AG 2011, 459.

[72] So zB BayObLGZ 1998, 231 (237 f.) – EKU/März; BayObLG AG 2006, 41; OLG Düsseldorf AG 1998, 37; AG 2011, 459 (461).

3. Außergerichtliche Kosten

a) Antragsteller

46 Nach § 15 Abs. 2 SpruchG ordnet das Gericht an, dass die Kosten der Antragsteller, die zur zweckentsprechenden Erledigung der Angelegenheit notwendig waren, (nur dann) ganz oder zum Teil vom Antragsgegner (§ 5 SpruchG) zu erstatten sind, wenn dies unter Berücksichtigung des Ausgangs des Verfahrens der **Billigkeit** entspricht. Nach dem Willen der Gesetzesverfasser sollte durch diese Regelung zum Ausdruck gebracht werden, dass die Antragsteller ihre Kosten grds. *selbst* tragen müssen, insbes., wenn sie keine oder doch nur eine geringfügige Erhöhung der Kompensation erreichen. Eine abweichende Regelung der Kostentragung durch eine Anordnung nach § 15 Abs. 2 SpruchG sollte demgegenüber lediglich bei einer **erheblichen Erhöhung** der Kompensation in Betracht kommen.[73] Dafür wird heute meistens eine Erhöhung der Kompensation im Spruchverfahren um 15–20% verlangt, während bei niedrigeren Beträgen eine *Quotelung* der Kosten üblich ist, wobei unterschiedliche Maßstäbe Anwendung finden.[74] Verbreitet ist insbes. eine entsprechende Anwendung des § 81 FamFG, sodass eine Belastung der Antragsteller mit ihren Kosten in erster Linie bei **Missbräuchlichkeit** der Rechtsverfolgung oder bei offenkundiger Unzulässigkeit oder Unbegründetheit der Anträge in Betracht kommt.[75] Führt das Verfahren dagegen zu einer **spürbaren Erhöhung** der Kompensation, so ist Raum für eine Belastung des Antragsgegners mit den Kosten der Antragsteller nach § 15 Abs. 2 SpruchG.[76]

47 Die frühere Praxis hatte überwiegend aus § 13a Abs. 1 FGG (= § 81 Abs. 1 FamFG) den Schluss gezogen, dass in den Fällen der §§ 304, 305, 320 und 327a ff. AktG der *Antragsgegner* außer den gerichtlichen Kosten (→ Rn. 39) grds. auch die außergerichtlichen Kosten der Verfahrensbeteiligten tragen müsse.[77] Die Folge war gewesen, dass unter dem früheren Recht das Spruchverfahren idR **für** die **Antragsteller kostenlos** war. Die Gesetzesverfasser, die darin einen der wichtigsten Gründe für die große Zahl und die übermäßige Dauer von Spruchverfahren sahen, wollten deshalb vor allem hier gegensteuern, um eine drastische Verringerung der Zahl der (unbeliebten, weil teuren und die Justiz übermäßig belastenden) Spruchverfahren oder doch eine deutliche Verkürzung ihrer Dauer zu erreichen. Entgegen der Kritik insbes. des Bundesrates[78] hat die Bundesregierung diese Regelung damit gerechtfertigt, den Antragstellern könne und müsse ein „gewisses Kostenrisiko" zugemutet werden, um „übereilte oder mutwillige Antragstellungen" zu verhindern.[79] Die gesetzliche Regelung ist gleichwohl nach wie vor sachlich *kaum zu rechtfertigen*.[80] Vor allem vor dem Hintergrund des Anfechtungsausschlusses durch das UMAG bei Informationsmängeln (§ 243 Abs. 4 S. 2 AktG von 2005) mutet die Kostenbelastung der Antragsteller bei Anträgen, die sich

---

[73] So die Begr., BT-Drs. 15/371, 17 f.

[74] OLG Stuttgart NZG 2015, 629 mN; OLG Karlsruhe Beschl. v. 22.6.2015 – 12a W 5/15, BeckRS 2015, 12205.

[75] So zB OLG Düsseldorf NZG 2017, 1386.

[76] OLG Düsseldorf AG 2018, 399 (404 f.).

[77] So BayObLGZ 2002, 400 (411) – Hypobank; BayObLG AG 2001, 593 – Philips; NZG 2003, 36; OLG München AG 2007, 411.

[78] Begr., BT-Drs. 15/371, 25 (r. Sp.).

[79] Begr., BT-Drs. 15/371, 28 (r. Sp. „Zu Nr. 10").

[80] *Emmerich* FS Tilmann, 2003, 925 (935); *ders.* (2.) FS Mestmäcker, 2006, 137 (153 f.); *P. Meilicke/Heidel* DB 2003, 2267 (2274 f.); *Wittgens*, Das Spruchverfahrensgesetz, 2005, 294 ff.

im Nachhinein als ganz oder doch überwiegend unbegründet erweisen, als nachgerade *willkürlich* an, nur dazu angetan, die Antragsteller um ihren Rechtsschutz zu bringen. Deshalb ist daran festzuhalten, dass – entgegen der ganz hM – für den Regelfall **allein** die **Belastung der Antragsgegner** mit den außergerichtlichen Kosten der Antragsteller der Billigkeit iSd § 15 Abs. 2 SpruchG entspricht, wenn es im Spruchverfahren zu einer noch so geringen **Erhöhung** der Kompensationen kommt, gleichgültig in welchem Umfang. Lediglich dann, wenn sich die Anträge der Antragsteller als *unzulässig* oder *von vornherein offensichtlich unbegründet* erweisen, ist für eine Billigkeitsentscheidung zu Gunsten der Antragsteller nach § 15 Abs. 2 SpruchG grds. kein Raum.

Erstattungsfähig sind nach § 15 Abs. 2 SpruchG iRd Billigkeit nur die gerade zur zweckentsprechenden Erledigung der Angelegenheit notwendigen Kosten der Antragsteller. Darunter fallen in aller Regel insbes. die **Anwaltskosten** der Antragsteller sowie ihre sonstigen zur Rechtsverfolgung notwendigen Kosten einschließlich der Reisekosten.[81] Auch die Erstattungsfähigkeit der Kosten für **Privatgutachten** sollte – angesichts der ungewöhnlichen Schwierigkeit der Materie – hier grds. anerkannt werden.   48

b) Antragsgegner

§ 15 Abs. 2 SpruchG betrifft lediglich die außergerichtlichen Kosten der *Antragsteller* und bestimmt, dass diese dem Antragsgegner unter bestimmten (viel zu) engen Voraussetzungen auferlegt werden können (→ Rn. 45 ff.). Dies hat Anlass zu der Frage gegeben, ob und ggf. unter welchen Voraussetzungen auch (umgekehrt) die außergerichtlichen Kosten der Antragsgegner diesmal den *Antragstellern* auferlegt werden können. Im Schrifttum wird insoweit zT auf § 81 Abs. 1 FamFG, zT auch auf § 84 FamFG zurückgegriffen und daraus der Schluss gezogen, dass jedenfalls bei offensichtlich unzulässigen oder unbegründeten Anträgen das Gericht anordnen könne, dass die zur zweckentsprechenden Erledigung der Angelegenheit notwendigen Kosten der Antragsgegner ganz oder zum Teil von den Antragstellern zu erstatten sind.[82] Trotz des Widerspruchs des BGH[83] folgt dem teilweise auch die neuere Rechtsprechung.[84] Indessen sollte durch § 15 Abs. 2 SpruchG gerade der Rückgriff auf § 81 FamFG oder § 84 FamFG ausgeschlossen werden. Eine Erstattung der außergerichtlichen Kosten der Antragsgegner kommt daher in keinem Fall in Betracht.   49

4. Gegenstandswert, Kostenentscheidung

Die Berechnung des Gegenstandswerts für die anwaltliche Tätigkeit auf der Seite der Antragsteller im Spruchverfahren richtet sich nach **§ 31 RVG** von 2004. Die in dieser Vorschrift gewählte Lösung besteht bei einer Mehrzahl von Antragstellern in einem **gespaltenen Gegenstandswert,** abgeleitet von dem gerichtlichen Geschäftswert (→ Rn. 40 ff.) und aufgeteilt auf die Antragsteller entsprechend (nur) der Anzahl ihrer (der Antragsteller) Anteile (§§ 23, 31 Abs. 1 S. 1 RVG). Ist die Zahl dieser Anteile nicht bekannt, so wird vermutet, dass der Antragsteller lediglich *eine* einzige Aktie hat (§ 31 Abs. 1 S. 3 RVG). Maßgeblich ist somit jetzt die folgende **Formel:** Gegenstandswert = Geschäftswert (berechnet nach § 74 GNotKG; → Rn. 40 ff.), dividiert durch   50

---

81 BGH NZG 2014, 352.
82 MüKoAktG/*Kubis* SpruchG § 15 Rn. 21; KölnKommSpruchG/*Roßkopf* SpruchG § 15 Rn. 61 ff.; Simon SpruchG/*Simon/Winter* SpruchG § 15 Rn. 102 f.
83 BGH NZG 2012, 191; OLG Stuttgart NZG 2015, 629.
84 OLG München AG 2017, 203.

die Zahl der Anteile *(nur)* der Antragsteller und multipliziert mit der Zahl der Anteile des jeweils vertretenen einzelnen Antragstellers, und zwar im Zeitpunkt der Antragstellung.[85] Ergänzend ist § 31 Abs. 1 S. 4 RVG zu beachten, nach dem der Mindestgegenstandswert 5.000 EUR beträgt. Die Gebühren des anwaltlichen Vertreters des **Antragsgegners** richten sich gleichfalls nach dem gerichtlich festgesetzten Geschäftswert (§§ 23, 32 Abs. 1 RVG).[86]

51 Über die Kosten entscheidet das Gericht zusammen mit der Hauptsache; nur wenn keine Entscheidung in der Hauptsache ergeht, zB nach Abschluss eines Vergleichs oder nach Rücknahme aller Anträge, ergeht eine **isolierte Kostenentscheidung** (§ 83 FamFG). Die Entscheidung über die Kosten ist grds. nur zusammen mit der Entscheidung über die Hauptsache **anfechtbar.** Bei einer isolierten Kostenentscheidung sind für die Beschwerde die §§ 58, 61 Abs. 1 FamFG maßgebend. Die Beschwerde ist danach zulässig, wenn der Beschwerdegegenstand 600 EUR übersteigt. Für die **Kostenfestsetzung** gelten nach § 85 FamFG die §§ 103–107 ZPO entsprechend. Zuständig ist folglich das Landgericht (§ 104 Abs. 1 ZPO), gegen dessen Entscheidung die Beschwerde und bei Zulassung auch die Rechtsbeschwerde gegeben sind (§§ 567, 574 ZPO).[87]

§ 23. Leitungsmacht und Haftung des herrschenden Unternehmens

Literatur: *Altmeppen,* Die Haftung des Managers im Konzern, 1998; *Anders,* Vorstandsdoppelmandate – Zulässigkeit und Pflichtenkollision, 2000; *Bayer,* Der grenzüberschreitende Beherrschungsvertrag, 1988; *Decher,* Personelle Verflechtungen im Aktienkonzern, 1990; *Denzer,* Konzerndimensionale Beendigung der Vorstands- und Geschäftsführerstellung, 2004; *Drüke,* Die Haftung der Muttergesellschaft für Schulden der Tochtergesellschaft, 1990; *Exner,* Beherrschungsvertrag und Vertragsfreiheit, 1984; *Fabian,* Inhalt und Auswirkungen des Beherrschungsvertrags, 1997; *Haar,* Die Personengesellschaft im Konzern, 2006; *Hommelhoff,* Die Konzernleitungspflicht, 1982; *Kantzas,* Das Weisungsrecht im Vertragskonzern, 1988; Mestmäcker/Behrens (Hrsg.), Das Gesellschaftsrecht der Konzerne, 1991; *Oesterreich,* Die Betriebsüberlassung zwischen Vertragskonzern und faktischem Konzern, 1979; *Pentz,* Die Rechtsstellung der Enkel-AG in einer mehrstufigen Unternehmensverbindung, 1994; *E. Schmitt,* Schutz der außenstehenden Gesellschafter einer abhängigen Personengesellschaft im mehrstufigen Unternehmensverbund, 2003; *Schürnbrand,* Organschaft im Recht der privaten Verbände, 2007; *Streyl,* Zur konzernrechtlichen Problematik von Vorstands-Doppelmandaten, 1992; *Voigt,* Haftung aus Einfluss auf die AG (§§ 117, 309, 317 AktG), 2004; *Wackerbarth,* Grenzen der Leitungsmacht in der internationalen Unternehmensgruppe, 2001; *Wanner,* Konzernrechtliche Probleme mehrstufiger Unternehmensverbindungen nach Aktienrecht, 1998; *H. Wilhelm,* Die Beendigung des Beherrschungs- und Gewinnabführungsvertrages, 1976.

I. Überblick

1 Im Vertragskonzern ist das herrschende Unternehmen nach § 308 Abs. 1 AktG befugt, dem Vorstand der abhängigen Gesellschaft hinsichtlich der Leitung der Gesellschaft **Weisungen** zu erteilen (→ Rn. 13 ff.). Wenn nichts anderes bestimmt ist, sind auch nachteilige Weisungen zulässig, sofern sie nur insgesamt den Belangen des herrschenden Unternehmens oder der anderen mit ihm und der Gesellschaft konzernverbundenen Unternehmen, dh dem sogenannten Konzerninteresse dienen (§ 308 Abs. 1 S. 2 AktG; → Rn. 25 ff.). Für den Vorstand der abhängigen Gesellschaft sind die Weisun-

---

[85] ZB OLG Düsseldorf AG 2016, 3667; WM 2017, 1852.
[86] *Deiß* NZG 2013, 238 (250); Spindler/Stilz/*Drescher* SpruchG § 15 Rn. 28; KK-SpruchG/*Roßkopf* Anh. SpruchG § 15 Rn. 13 ff.
[87] BGH NZG 2014, 352; AG 2014, 46; NZG 2019, 470.

gen grds. bindend, außer wenn sie offensichtlich nicht im Konzerninteresse liegen (§ 308 Abs. 2 AktG). Für die Eingliederung findet sich eine vergleichbare Regelung in § 323 Abs. 1 S. 1, 2 AktG (→ § 10 Rn. 52 ff.).

Bei der Weisungserteilung müssen die gesetzlichen Vertreter des herrschenden Unternehmens mit der Sorgfalt eines ordentlichen und gewissenhaften Geschäftsleiters vorgehen (§ 309 Abs. 1 AktG). Verstöße gegen diese Pflicht machen sie gegenüber der abhängigen Gesellschaft persönlich haftbar (§ 309 Abs. 2 AktG; → Rn. 48 ff.). Daneben tritt in solchen Fällen die **Haftung** des herrschenden Unternehmens selbst auf Grund des Beherrschungsvertrages (§§ 31, 276, 278, 280 Abs. 1 BGB iVm § 309 AktG). Neben den Genannten haften außerdem die Mitglieder des Vorstands und des Aufsichtsrats der abhängigen Gesellschaft, wenn sie bei der Befolgung der Weisungen unter Verletzung ihrer Pflichten gehandelt haben (§ 310 Abs. 1 S. 1 AktG iVm den §§ 93, 116 AktG; → Rn. 78 ff.). Dies kommt namentlich in Betracht, wenn sie ihre Kontrollpflicht gegenüber den Weisungen des herrschenden Unternehmens verletzt haben (s. § 308 Abs. 2 AktG; → Rn. 45 ff.). 2

Die geschilderte Regelung der §§ 308, 309 AktG (→ Rn. 1 f.) muss vor allem im Zusammenhang mit den Vorschriften des § 18 Abs. 1 S. 2 AktG und des § 291 AktG gesehen werden. Dann ergibt sich, dass das Gesetz als **Mittel der einheitlichen Leitung** der verbundenen Unternehmen in einem Vertragskonzern allein die von dem herrschenden Unternehmen an den Vorstand der abhängigen Gesellschaft gerichtete **Weisung** hinsichtlich der Leitung seiner Gesellschaft kennt (→ Rn. 13 ff.; ebenso für die Eingliederung § 323 Abs. 1 S. 1 AktG). Andere Leitungsmittel werden dadurch zwar nicht ausgeschlossen; sie begründen jedoch im Gegensatz zur Weisung *keine* Folgepflicht des Vorstandes der abhängigen Gesellschaft oder der anderen Organe dieser Gesellschaft. 3

II. Anwendungsbereich

Der unmittelbare Anwendungsbereich des § 308 AktG beschränkt sich auf **(deutsche) Aktienvertragskonzerne.** Seine Anwendung setzt deshalb den Abschluss eines wirksamen Beherrschungsvertrages mit einer abhängigen deutschen AG oder KGaA voraus, während Sitz und Rechtsform des herrschenden Unternehmens keine Rolle spielen. § 308 AktG wird darüber hinaus vielfach entsprechend auch auf Vertragskonzerne mit abhängigen Gesellschaften anderer Rechtsform, insbes. also auf Beherrschungsverträge mit einer abhängigen **GmbH** angewandt (→ § 32 Rn. 32 ff.). 4

Ein **Gemeinschaftsunternehmen** kann Beherrschungsverträge mit mehreren Müttern abschließen (→ § 3 Rn. 4 ff.). Die Zulässigkeit dieser so genannten Mehrmütterorganschaft setzt nicht voraus, dass die Mütter in irgendeiner Form für die Koordinierung ihres Vorgehens gegenüber der gemeinsamen Tochtergesellschaft sorgen. Verzichten sie darauf, so ist grds. davon auszugehen, dass auch die **Weisung einer** der Mütter **allein** für die gemeinsame Tochter iRd § 308 AktG verbindlich ist. **Widersprüchliche Weisungen** der Mütter heben sich im Regelfall wechselseitig auf (s. § 711 BGB und § 115 Abs. 1 HGB, → § 3 Rn. 41 ff.). Wollen die Mütter dieses Ergebnis vermeiden, so müssen sie die Ausübung des Weisungsrechts, wie immer, **koordinieren.** Soweit es um die Zulässigkeit nachteiliger Weisungen geht, genügt es, wenn die Weisung den Belangen wenigstens einer der verschiedenen Mütter iSd § 308 Abs. 1 S. 2 AktG dient. Es ist nicht erforderlich, dass die Weisung zugleich im Interesse aller Mütter liegt. 5

6 In **mehrstufigen Konzernen** besteht ein Weisungsrecht des herrschenden Unternehmens immer nur in denjenigen Beziehungen, die gerade durch einen Beherrschungsvertrag geregelt sind.[1] Das gilt selbst im Falle einer Aufeinanderfolge mehrerer Beherrschungsverträge. Hat zB eine *Tochter*gesellschaft gleichzeitig mit der Enkel- *und* mit der Muttergesellschaft einen Beherrschungsvertrag abgeschlossen, so folgt daraus nicht etwa ein direktes Weisungsrecht der Mutter- gegenüber der Enkelgesellschaft (→ Rn. 10). Die Muttergesellschaft ist in einer derartigen Fallkonstellation vielmehr lediglich befugt, ihre *Tochter*gesellschaft anzuweisen, ihrerseits der Enkelgesellschaft bestimmte Weisungen zu erteilen.[2] Wenn ihr dies zu beschwerlich erscheint, muss sie einen direkten Beherrschungsvertrag – gegebenenfalls zusätzlich – mit der Enkelgesellschaft abschließen oder sich das Weisungsrecht ihrer Tochtergesellschaft delegieren lassen (→ Rn. 9).

III. Beteiligte

1. Weisungsberechtigter

7 Das Weisungsrecht steht als Mittel zur Durchsetzung der einheitlichen Leitung der verbundenen Unternehmen im Vertragskonzern nach § 308 Abs. 1 AktG dem herrschenden Unternehmen zu, das dieses Recht, wie aus § 309 Abs. 1 AktG zu folgern ist, grds. durch seine **gesetzlichen Vertreter** ausübt. Gemeint ist damit im weitesten Sinne jedes vertretungsberechtigte Organ des herrschenden Unternehmens einschließlich der vertretungsberechtigten Gesellschafter bei den Personengesellschaften und der Organe der Körperschaften des öffentlichen Rechts. Maßgebend sind die jeweiligen Regeln über die Vertretungsmacht, bei der BGB-Gesellschaft also die §§ 709, 714 BGB, bei der OHG und der KG die §§ 125, 126, 170 HGB, bei der GmbH § 37 GmbHG und bei der AG § 78 AktG.

8 Die gesetzlichen Vertreter des herrschenden Unternehmens brauchen das Weisungsrecht (natürlich) nicht persönlich auszuüben, sondern können sich dazu der **Mithilfe beliebiger Dritter** bedienen, wobei man zwei verschiedene Gestaltungen unterscheidet, für die sich die (wenig treffenden) Bezeichnungen Delegation und Übertragung des Weisungsrechts eingebürgert haben. Unter einer Delegation des Weisungsrechts versteht man die bloße Hinzuziehung Dritter zur Wahrnehmung des Weisungsrechts durch die eigentlich dazu nach § 309 Abs. 1 AktG berufenen Personen und grds. *neben* diesen (→ Rn. 9), während mit der Übertragung des Weisungsrechts die „Ermächtigung" Dritter zur Ausübung des Weisungsrechts *anstelle* des herrschenden Unternehmens bezeichnet wird (→ Rn. 10).

9 Eine **„Delegation"** des Weisungsrechts durch die Hinzuziehung beliebiger Dritter zur Unterstützung der gesetzlichen Vertreter des herrschenden Unternehmens bei der Ausübung dessen Weisungsrechts auf Grund des Beherrschungsvertrages (→ Rn. 8) ist jederzeit möglich. Der Sache nach handelt es sich dabei um eine **Unterbevollmächtigung Dritter,** der sog. Delegatare, durch die gesetzlichen Vertreter des herrschenden

---

[1] S. iE *Altmeppen,* Die Haftung des Managers im Konzern, S. 105 ff.; *Altmeppen.* FS Lutter, 2000, 975; *Cahn* BB 2000, 1477; *Lutter* FS Happ, 2006, 143 (147 f.); *Pentz* Enkel-AG S. 114 ff.; *Pentz* NZG 2000, 1103; *E. Rehbinder* ZGR 1977, 581; *Wanner* Konzernrechtliche Probleme S. 50 ff.

[2] → § 11 Rn. 38 f. sowie BGH NJW-RR 1990, 1313; *Exner* Beherrschungsvertrag S. 161 ff.; *Pentz* Enkel-AG S. 114 ff.; *Rehbinder* ZGR 1977, 581 (609 ff.); anders *Altmeppen* Die Haftung des Managers im Konzern S. 105 ff.; *Altmeppen* FS Lutter, 2000, 975.

Unternehmens (§ 167 BGB, §§ 48, 54 HGB). Die Delegatare sind in diesem Fall **Erfüllungsgehilfen** des herrschenden Unternehmens, so dass dieses bei einem schuldhaften Verstoß der Delegatare gegen den Beherrschungsvertrag selbst haften muss (§ 309 AktG iVm §§ 31, 278 BGB, str.).[3]

Eine („echte") **Übertragung** des Weisungsrechts auf Dritte mit der Folge, dass der 10 Dritte, der sog. Zessionar, zur Ausübung des Weisungsrechts *anstelle* des an sich Weisungsberechtigten befugt wäre, ist nicht möglich, einmal, weil das „Weisungsrecht" kein selbstständig übertragbares, subjektives Recht iSd §§ 398, 413 BGB darstellt, vor allem aber, weil es sich bei der Übertragung des Weisungsrechts auf Dritte, insbes. auf ein anderes Unternehmen, der Sache nach um eine Auswechslung des herrschenden Unternehmens im Beherrschungsvertrag handelte, die *nur durch Vertragsänderung* nach § 295 AktG möglich ist.[4]

2. Adressat

Aus dem Beherrschungsvertrag „verpflichtet" ist nach § 291 Abs. 1 S. 1 AktG an sich 11 die **abhängige Gesellschaft**. Gleichwohl bezeichnet § 308 Abs. 1 S. 1 AktG als Adressaten der Weisungen nicht etwa die abhängige Gesellschaft, sondern allein deren **Vorstand**. Dadurch sollte zum Ausdruck gebracht werden, dass der Beherrschungsvertrag grds. nur in die Kompetenzen des Vorstandes (§ 76 AktG) eingreift, dagegen *nicht* auch in die der anderen Gesellschaftsorgane. Hauptversammlung und Aufsichtsrat der abhängigen Gesellschaft bleiben vielmehr im Rahmen ihrer gesetzlichen Zuständigkeiten weisungsfrei, soweit nicht hinsichtlich des Aufsichtsrats im Einzelfall § 308 Abs. 3 AktG eingreift (dazu → Rn. 34).[5]

§ 309 Abs. 1 AktG hat zu der Frage Anlass gegeben, ob der Vorstand der abhängigen 12 Gesellschaft seine **Mitarbeiter** anweisen kann, direkt an sie gerichtete Weisungen des herrschenden Unternehmens zu befolgen.[6] Die Frage ist deshalb zweifelhaft, weil bei einer uneingeschränkten Verpflichtung der Mitarbeiter der abhängigen Gesellschaft zur Befolgung direkt an sie gerichteter Weisungen des herrschenden Unternehmens das **Prüfungsrecht** des Vorstandes der abhängigen Gesellschaft (→ Rn. 45 ff.) umgangen werden könnte. Aus diesem Grunde darf eine Folgepflicht der Mitarbeiter der abhängigen Gesellschaft nur begründet werden, wenn zugleich Sorge für die Beachtung des Prüfungsrechts des Vorstandes der abhängigen Gesellschaft getragen wird, zB durch die Verpflichtung der Mitarbeiter zur unverzüglichen Information des Vorstandes über vom herrschenden Unternehmen ausgehende Weisungen.[7]

---

[3] Wie hier *Exner* Beherrschungsvertrag S. 154 ff.; Hüffer/Koch/*Koch* AktG § 308 Rn. 5; *Kantzas* Weisungsrecht S. 80 ff.; – dagegen für bloße Haftung für Auswahlverschulden *Altmeppen* Die Haftung des Managers S. 13 f.; MüKoAktG/*Altmeppen* AktG § 308 Rn. 41 ff.; KölnKommAktG/*Koppensteiner* AktG § 308 Rn. 7.

[4] → § 18 Rn. 9 ff.; *Exner* Beherrschungsvertrag S. 163 ff.; Hüffer/Koch/*Koch* AktG § 308 Rn. 6; *Kantzas* Weisungsrecht S. 81 ff.

[5] OLG Karlsruhe AG 1991, 144 – Asea/BBC; *Kantzas* Weisungsrecht S. 83 ff.

[6] Bejahend die Begründung zum RegE des § 308, bei *Kropff* S. 403.

[7] S. *Harbarth* FS Bergmann, 2018, S. 243 (253 ff.), Hüffer/Koch/*Koch* AktG § 308 Rn. 7 f.; *Kantzas* Weisungsrecht S. 85 f.

IV. Weisung

1. Begriff

13 In § 308 Abs. 1 S. 1 AktG ist unter einer Weisung jede Handlung des herrschenden Unternehmens zu verstehen, durch die es über den Vorstand der abhängigen Gesellschaft Einfluss auf deren Leitung nehmen will, vorausgesetzt, dass die fragliche Maßnahme für den Vorstand der abhängigen Gesellschaft zumindest faktisch idS *verbindlich* ist, dass seine erneute Bestellung gefährdet ist, wenn er der Weisung des herrschenden Unternehmens nicht nachkommt (lies § 308 Abs. 2 S. 1 AktG).[8] Bloße Empfehlungen und Ratschläge des herrschenden Unternehmens, die tatsächlich so gemeint sind und vom Vorstand der abhängigen Gesellschaft auch so verstanden werden, sind dagegen keine Weisungen iSd Gesetzes. Anders jedoch, wenn solche „Ratschläge" oder „Empfehlungen" als für den Vorstand der abhängigen Gesellschaft verbindlich gedacht sind und auch so verstanden werden (§§ 133, 157 BGB).

14 Weisungen sind **rechtsgeschäftsähnliche Handlungen,** für die die Vorschriften über Rechtsgeschäfte entsprechend gelten.[9] Eine bestimmte **Form** ist für sie gesetzlich nicht vorgeschrieben, kann aber durch den Beherrschungsvertrag eingeführt werden.[10] Ebenso möglich ist z. B. die Ersetzung der Weisungen durch umfassende Zustimmungsvorbehalte oder Vetorechte des herrschenden Unternehmens aufgrund des Beherrschungsvertrages. Insoweit besteht Vertragsfreiheit (§ 311 Abs. 1 BGB). Was zählt, ist allein der vertragliche Einfluss des herrschenden Unternehmens auf die Leitung der abhängigen Gesellschaft.

2. Besondere Formen der Einflussnahme

15 Ein herrschendes Unternehmen verfügt im Vertragskonzern neben der Weisung (→ Rn. 13 f.) noch über eine **Vielzahl anderer Mittel** zur Gewährleistung der einheitlichen Leitung der verbundenen Unternehmen iSd § 18 Abs. 1 AktG (→ § 4 Rn. 12 ff.). Das Spektrum dieser Mittel reicht von personellen Verflechtungen, insbes. in Gestalt von Vorstandsdoppelmandaten, bis hin zur Einflussnahme auf die abhängige Gesellschaft über die Hauptversammlung oder den Aufsichtsrat. Dadurch wird die Frage aufgeworfen, ob auch derartige Formen der Einflussnahme Weisungen iSd § 308 AktG darstellen (→ Rn. 16).

16 Für die verbreiteten **Vorstandsdoppelmandate**[11] hindert tatsächlich nichts die Annahme einer Weisung, da in der „Entsendung" eines Verwaltungsmitglieds des herrschenden Unternehmens in den Vorstand der abhängigen Gesellschaft unbedenklich die *generelle Weisung* des herrschenden Unternehmens gesehen werden kann, die Weisungen des „entsandten" Verwaltungsmitglieds zu befolgen.[12] Schwieriger zu beurteilen ist dagegen die Einflussnahme des herrschenden Unternehmens über die **Hauptversammlung** oder den **Aufsichtsrat** der abhängigen Gesellschaft. Im Ergebnis steht indessen auch hier nichts der Annahme wenigstens einer mittelbaren Weisung des herrschenden Unternehmens an den Vorstand der abhängigen Gesellschaft über deren

---

[8] S. MüKoAktG/*Altmeppen* AktG § 308 Rn. 9.

[9] Hüffer/Koch/*Koch* AktG § 308 Rn. 11.

[10] *Exner* Beherrschungsvertrag S. 85; *Kantzas* Weisungsrecht S. 65 f.; *Sina* AG 1991, 1 f.

[11] Zur Zulässigkeit s. grdl. BGHZ 180, 105 Rn. 14 f. – Vorstandsdoppelmandat.

[12] *Decher* Personelle Verflechtungen; *Lindermann* AG 1987, 225; *U. Schneider* ZHR 150 (1986), 609; *Semler* FS Stiefel, 1987, 719; *Streyl* Vorstands-Doppelmandate S. 26 ff. u. passim.

andere Organe entgegen, schon, weil nur so letztlich die sonst jederzeit mögliche Umgehung der §§ 308, 309 AktG sowie des daraus resultierenden Prüfungsrechts des Vorstandes der abhängigen Gesellschaft auf dem Umweg über Aufsichtsrat und Hauptversammlung verhindert werden kann.[13]

3. Bevollmächtigung

Aus dem Weisungsrecht folgt **keine Vertretungsmacht** des herrschenden Unternehmens für die abhängige Gesellschaft; diese wird vielmehr gem. § 78 AktG weiterhin allein durch ihre Organe vertreten.[14] Daher rührt die Frage, ob es zulässig ist, die besonderen Kautelen, mit denen das Gesetz in § 308 AktG die Ausübung des Weisungsrechts umgeben hat, durch das Ausweichen auf eine umfassende Bevollmächtigung des herrschenden Unternehmens zum Handeln an Stelle der abhängigen Gesellschaft zu umgehen. 17

Im Falle einer **umfassenden Bevollmächtigung** des herrschenden Unternehmens zum Handeln anstelle und im Namen der abhängigen Gesellschaft wäre offenbar das unabdingbare Prüfungsrecht des Vorstands der abhängigen Gesellschaft gegenüber der Einflussnahme des herrschenden Unternehmens (→ Rn. 45 ff.) nicht mehr gewährleistet.[15] Deshalb kommt **allein im Einzelfall** eine Bevollmächtigung des herrschenden Unternehmens durch die abhängige Gesellschaft in Betracht.[16] 18

4. Weisungspflicht?

Die Ausübung des Weisungsrechts liegt im unternehmerischen **Ermessen des herrschenden Unternehmens.** Dieses ist nicht etwa verpflichtet, durch Weisungen in die Leitung der abhängigen Gesellschaft einzugreifen, sondern kann auch, wenn es dies für angemessen hält, dem Vorstand der abhängigen Gesellschaft einen beliebig großen Spielraum bei der Leitung seiner Gesellschaft belassen (→ Rn. 45). Weder die abhängige Gesellschaft noch Dritte haben maW im Regelfall einen **Anspruch** auf die Erteilung bestimmter Weisungen.[17] **Ausnahmen** können sich nur im Einzelfall aus § 309 AktG ergeben, wenn zur Vermeidung einer Haftung des herrschenden Unternehmens und seiner gesetzlichen Vertreter gegenüber der abhängigen Gesellschaft eine bestimmte Weisung geboten ist.[18] 19

V. Umfang

1. Leitung der Gesellschaft

Das herrschende Unternehmen ist nach § 308 Abs. 1, 2 AktG befugt, dem Vorstand der abhängigen Gesellschaft Weisungen „hinsichtlich der Leitung der Gesellschaft" zu erteilen, und zwar grds. auch dann, wenn die Weisungen für die abhängige Gesell- 20

---

[13] So schon die Begr. zum RegE des § 310, bei *Kropff* S. 406; *Wellkamp* WM 1993, 2155 (2156); zur Inkompatibilität in den Fällen des § 100 Abs. 2 Nr. 2, 3 AktG s. *Spindler* FS Bergmann, 2018, S. 711.

[14] BGH NJW-RR 1990, 1313; *Kantzas* Weisungsrecht S. 67 f.

[15] *Berkenbrock* AG 1981, 69; *Exner* Beherrschungsvertrag S. 117 ff.; *Michalski* AG 1980, 261; anders OLG München AG 1980, 272; *U. Huber* ZHR 152 (1988), 123 (128 f.); *Oesterreich* Betriebsüberlassung S. 55 ff.

[16] Anders *Altmeppen* Die Haftung des Managers S. 16 f.

[17] S. LAG Hamm AG 1977, 323 (für die Durchsetzung der Mitbestimmung bei einer Tochtergesellschaft); *Fleischer* DB 2005, 759 (761); anders insbes. *U. Schneider* FS Hadding, 2004, 621 (630); *U. Schneider/S. Schneider* ZIP 2007, 2061 (2065).

[18] S. *Emmerich* GS Sonnenschein, 2003, 651 (653 ff.); *Wellkamp* WM 1993, 2154 (2155).

schaft nachteilig sein sollten, sofern sie nur den Belangen des herrschenden Unternehmens oder der mit ihm und der Gesellschaft konzernverbundenen Unternehmen dienen. Abweichende Regelungen im Beherrschungsvertrag gehen jedoch vor (§ 308 Abs. 1 S. 2 AktG; § 311 Abs. 1 BGB; → § 11 Rn. 11 ff.).

21 Gegenstand des Weisungsrechts des herrschenden Unternehmens ist nach § 308 Abs. 1 S. 1 AktG die „Leitung" der abhängigen Gesellschaft durch ihren Vorstand. Gemeint ist damit, wie aus den §§ 76–78 AktG zu folgern ist, der gesamte Bereich der **Geschäftsführung und Vertretung der abhängigen Gesellschaft,** wobei nicht unterschieden wird, ob es sich um grundsätzliche Fragen der Geschäftspolitik oder Einzelfragen des Tagesgeschäfts handelt. Das Weisungsrecht des herrschenden Unternehmens umfasst insbes. auch die **zentralen Leitungsfunktionen** wie die Zielplanung, die Unternehmenskoordination und Unternehmenskontrolle sowie die Besetzung der Führungspositionen im Konzern, sodass der Abschluss eines Beherrschungsvertrages, zB im steuerrechtlichen Sinne, zur Eingliederung der abhängigen Gesellschaft in das herrschende Unternehmen führt.[19] Das Weisungsrecht erstreckt sich ferner auf **Maßnahmen im innerkorporativen Bereich** der abhängigen Gesellschaft, weil es sich dabei gleichfalls um deren „Leitung" handelt. Weisungen sind daher zB auch möglich hinsichtlich der Einberufung der Hauptversammlung, hinsichtlich der Vorbereitung einer Kapitalerhöhung oder des Abschlusses von Unternehmensverträgen mit anderen Unternehmen,[20] weiter hinsichtlich des gesamten Bereichs der Rechnungslegung, etwa hinsichtlich der Bildung anderer Gewinnrücklagen iSd § 272 Abs. 3 S. 2 HGB und hinsichtlich der Ausübung von Bewertungswahlrechten bei der Aufstellung des Jahresabschlusses[21] sowie schließlich hinsichtlich der Einrichtung und Durchsetzung konzernweiter **Aufsichts- und Kontrollsysteme** zur Vermeidung von Haftungsrisiken, insbes. durch Gesetzesverstöße bei Tochtergesellschaften.[22] Ein weiteres Beispiel für eine grds. zulässige Weisung des herrschenden Unternehmens ist die Einführung von Zustimmungsvorbehalten des herrschenden Unternehmens für bestimmte Geschäfte der Tochter.[23]

22 Aus dem umfassenden Weisungsrecht des herrschenden Unternehmens (→ Rn. 21) ergibt sich außerdem ein ebenso weitreichendes **Auskunftsrecht** des herrschenden Unternehmens gegenüber der abhängigen Gesellschaft über sämtliche für die Ausübung des Leitungsrechts relevanten Umstände der abhängigen Gesellschaft; § 131 Abs. 4 AktG findet insoweit keine Anwendung.[24] Für den Sonderfall der Erteilung von Auskünften durch ein Tochterunternehmen an ein Mutterunternehmen iSd § 290 HGB zum Zwecke der Erstellung des Konzernabschlusses ist dies mittlerweile durch § 131 Abs. 4 S. 3 AktG idF von 2005 gesetzlich klargestellt.

23 Der Beherrschungsvertrag gibt dagegen dem herrschenden Unternehmen, von § 308 Abs. 3 AktG abgesehen (dazu → Rn. 33 f.), keine Möglichkeit, in die zwingenden Zuständigkeiten von **Aufsichtsrat und Hauptversammlung** einzugreifen (→ Rn. 11). Deshalb sind Weisungen in Fragen ausgeschlossen, die der Hauptversammlung und

---

[19] BFH AG 2018, 452 Rn. 19.
[20] OLG Karlsruhe AG 1991, 144 – Asea/BBC.
[21] BGHZ 135, 374 (377 f.) – Guano; BFH GmbHR 2017, 1115; *Sina* AG 1991, 1 (7).
[22] IE str., s. insbes. *Habersack* FS Möschel, 2011, 1175 (1187 f.); *U. Schneider* NZG 2009, 1321 (1325 f.).
[23] *Lutter* FS Happ, 2006, S. 143 (145 f.).
[24] S. LG München I AG 1999, 138; *Pentz* FS Priester, 2007, 593 (599, 615).

damit den Aktionären vorbehalten sind wie etwa die Entscheidung über den Abschluss, die Änderung oder die Aufhebung von Unternehmensverträgen gerade mit dem herrschenden Unternehmen (§§ 293, 295, 296, 299 AktG).[25] Daran scheitert auch eine etwaige Weisung des herrschenden Unternehmens zur Abführung des Gewinns der abhängigen Gesellschaft (s. § 174 AktG). Wenn das herrschende Unternehmen die Abführung der Gewinne der abhängigen Gesellschaft wünscht, so muss es folglich zusätzlich zu dem Beherrschungsvertrag einen **Gewinnabführungsvertrag** mit der abhängigen Gesellschaft abschließen.

Unzulässig ist schließlich eine etwaige Weisung des herrschenden Unternehmens an **24** den Vorstand der abhängigen Gesellschaft, die Hauptversammlung nach § 111 Abs. 4 S. 3 AktG oder § 119 Abs. 2 AktG einzuberufen. Nur so kann sonst naheliegenden Versuchen begegnet werden, die Haftung nach § 309 AktG auf dem Weg über die Einschaltung der Hauptversammlung zu umgehen.

2. Nachteilige Weisungen

Sofern der Beherrschungsvertrag nichts anderes bestimmt, sind nach § 308 Abs. 1 S. 2 **25** AktG auch für die abhängige Gesellschaft nachteilige Weisungen zulässig, *vorausgesetzt,* dass die fragliche Maßnahme den Belangen des herrschenden Unternehmens oder der mit ihm und der Gesellschaft konzernverbundenen Unternehmen dient. Zusammenfassend ist in diesem Zusammenhang häufig auch von dem **„Konzerninteresse"** die Rede. Das ist so lange unbedenklich, wie man sich dabei des Umstandes bewusst bleibt, dass es konkret entsprechend § 308 Abs. 1 S. 2 AktG immer nur um die Interessen des herrschenden Unternehmens oder der mit diesem und der Gesellschaft iSd § 18 Abs. 1 AktG konzernverbundenen Unternehmen geht; ein davon zu unterscheidendes „Konzerninteresse", etwa iSd Interesses des Unternehmensverbandes in seiner Gesamtheit, gibt es nicht und ließe sich wohl auch nicht definieren.[26]

Bei der Zulassung nachteiliger Weisungen durch § 308 Abs. 1 S. 2 AktG ist der Gesetzgeber davon ausgegangen, dass sich im Konzern, verstanden als wirtschaftliche **26** Einheit, die **Vor- und Nachteile** solcher Weisungen letztlich **ausgleichen** werden. Der Begriff der **Nachteiligkeit** einer Maßnahme ist in diesem Zusammenhang ebenso wie in den §§ 311, 317 Abs. 2 AktG zu verstehen. Das Gesetz hat hier folglich Weisungen zu Maßnahmen im Auge, die ein ordentlicher und gewissenhafter Geschäftsleiter, der sich ausschließlich an den Interessen seiner (unabhängigen) Gesellschaft orientiert, nicht vorgenommen hätte.[27] Einer idS nachteiligen Weisung müssen folglich, wenn sie zulässig sein soll, wenigstens **mittelbar** Vorteile für ein mit der abhängigen Gesellschaft iSd § 18 Abs. 1 AktG konzernverbundenes Unternehmen gegenüberstehen (§ 308 Abs. 1 S. 2 AktG). Ebenso wie in § 311 Abs. 2 S. 1 AktG (→ § 25 Rn. 52 f.) genügt dafür grds. **jeder positive Effekt** der Weisung auf die Vermögens- oder Ertragslage des herrschenden Unternehmens *oder* eines anderen mit ihm konzernverbundenen Unternehmens, der zur Folge hat, dass sich der Konzern trotz der Schädigung der abhängigen Gesellschaft im Ergebnis auf Grund der Weisung insgesamt besser oder doch zumindest ebenso gut wie zuvor steht. Sind diese Vorausset-

---

[25] OLG Karlsruhe AG 1991, 144 (146); zur Vorbereitung solcher Maßnahmen → Rn. 23.
[26] Die Einzelheiten sind str., s. *Hoffmann-Becking* FS Hommelhoff, 2012, 433 mN.
[27] → § 25 Rn. 14 ff.; *Kantzas* Weisungsrecht S. 98 ff.; *Sina* AG 1991, 1 (5).

zungen erfüllt, so ist zB auch der Abzug von Liquidität aufgrund einer Weisung des herrschenden Unternehmens erlaubt.[28]

27 Nach § 308 Abs. 1 S. 2 AktG vermögen allein die Belange gerade des herrschenden Unternehmens oder der mit diesem und der abhängigen Gesellschaft **konzernverbundenen Unternehmen** nachteilige Weisungen zu rechtfertigen. Das Gesetz nimmt damit Bezug auf § 18 Abs. 1 AktG, so dass zu dem Kreis der konzernverbundenen Unternehmen neben dem herrschenden Unternehmen auf jeden Fall auch solche Unternehmen gehören, die mit diesem gleichfalls durch einen **Beherrschungsvertrag** verbunden sind, weil die Unternehmen dann als wirtschaftliche Einheit angesehen werden können (§ 18 Abs. 1 S. 2 AktG).[29] Dasselbe gilt (erst recht) im Falle der **Eingliederung** des begünstigten Unternehmens in das herrschende Unternehmen. Nach überwiegender Meinung genügt es aber auch, wenn zwischen dem herrschenden Unternehmen und dem begünstigten Unternehmen lediglich eine **faktische Konzernbeziehung** besteht.[30]

28 Das Gesetz verlangt in § 308 Abs. 1 S. 2 AktG letztlich eine **Saldierung der Vor- und Nachteile** einer Weisung für den Konzern in seiner Gesamtheit, deren ungewöhnliche Schwierigkeit auf der Hand liegt. Die notwendige Folge ist, dass dem Vorstand des herrschenden Unternehmens hier im Ergebnis ein ganz **weiter** geschäftspolitischer **Ermessensspielraum** zugebilligt werden muss.[31] Im Regelfall wird es deshalb bereits genügen, wenn die Nachteile für die abhängige Gesellschaft in einem vernünftigen Verhältnis zu den Vorteilen für den Konzern stehen. Lediglich eine **unverhältnismäßige Schädigung** der abhängigen Gesellschaft, der offenkundig keine vergleichbaren Vorteile für andere Konzernunternehmen gegenüberstehen, ist ausnahmslos verboten.[32]

29 Unzulässig sind ferner nachteilige Weisungen, die den **Interessen beliebiger Dritter** einschließlich namentlich des Mehrheitsgesellschafters des herrschenden Unternehmens dienen. Gleich stehen bei Gesellschaften, die von der öffentlichen Hand abhängig sind, Schädigungen im sogenannten **öffentlichen Interesse.**[33] Denn in keinem dieser Fälle handelt es sich um Konzerninteressen, auf die das Gesetz in § 308 Abs. 1 S. 2 AktG allein abstellt.

30 Ob die nachteilige Weisung tatsächlich idS (→ Rn. 26–29) dem Konzerninteresse dient, muss der Vorstand des herrschenden Unternehmens bei der Weisungserteilung nach pflichtgemäßem Ermessen beurteilen. **Maßstab** ist nach § 309 Abs. 1 AktG die Sorgfalt eines ordentlichen und gewissenhaften Geschäftsleiters, der auch die dem Weisungsrecht durch Gesetz und Satzung gezogenen Grenzen beachtet (→ Rn. 35 ff.).[34] Ist diese Sorgfalt jedoch eingehalten worden, so bleibt nach hM die Weisung selbst dann rechtmäßig, wenn sich später herausstellen sollte, dass die Weisung tatsächlich nicht den Konzerninteressen gedient hat, etwa, weil die der abhängi-

---

[28] BGHZ 195, 1 Rn. 31.

[29] KölnKommAktG/*Koppensteiner* AktG § 308 Rn. 45; *Mestmäcker*, FG Kronstein, 1967, S. 129 (134 f.).

[30] *Altmeppen* Die Haftung des Managers S. 21; *Kantzas* S. 100.

[31] → Rn. 30; *Hoffmann-Becking* FS Hommelhoff, 2012, 433 (443).

[32] Hommelhoff8*Emmerich* Entwicklungen S. 69 f.; *Kantzas* Weisungsrecht S. 101 f.; *Sina* AG 1991, 1 (7 f.); iÜ → Rn. 61 ff.

[33] BGHZ 135, 107 (113 f.) – VW/Niedersachsen.

[34] *Sina* AG 1991, 1 (7 f.); *Voigt* Haftung aus Einfluss S. 283, 289 ff.

gen Gesellschaft zugefügten Nachteile weit größer als die Vorteile für den Konzern waren.[35]

3. Folgepflicht

Nach § 308 Abs. 2 S. 1 AktG ist der Vorstand der abhängigen Gesellschaft grds. ver- **31**
pflichtet, die Weisungen des herrschenden Unternehmens zu befolgen, selbst wenn
sie für seine Gesellschaft nachteilig sind. Vorausgesetzt ist dabei, dass es sich überhaupt
um eine **zulässige Weisung** handelt, während unzulässige Weisungen, insbes. solche,
die gegen das Gesetz oder gegen die Satzung verstoßen (→ Rn. 36 ff.), von dem Vorstand der abhängigen Gesellschaft nicht befolgt werden dürfen, widrigenfalls er sich
ersatzpflichtig macht (§ 310 Abs. 1 AktG). Das gilt an sich auch für **nachteilige Weisungen,** sofern sie gegen § 308 Abs. 1 S. 2 AktG verstoßen, etwa, weil sie mit übermäßigen Nachteilen für die abhängige Gesellschaft verbunden sind (→ Rn. 29). Einschränkend bestimmt § 308 Abs. 2 S. 2 AktG jedoch (nur) insoweit, dass der Vorstand
der abhängigen Gesellschaft *nicht* berechtigt ist, die Befolgung einer Weisung zu verweigern, weil sie seiner Ansicht nach dem Konzerninteresse widerspricht (und deshalb
an sich **unzulässig** ist), außer wenn dies **„offensichtlich"** ist. Die Gesetzesverfasser
haben diese eigenartige Regelung damit begründet, dass der Vorstand einer einzelnen
abhängigen Konzerngesellschaft häufig nicht zu der Beurteilung in der Lage sei, ob
eine Weisung tatsächlich den Belangen des herrschenden Unternehmens oder der mit
ihm konzernverbundenen anderen Unternehmen dient.[36] Anders soll es sich nur bei
„offensichtlichen" Verstößen gegen das grds. vom herrschenden Unternehmen definierte Konzerninteresse, dh in **evidenten Missbrauchsfällen,** verhalten (→ Rn. 32).

Zum Schutze der abhängigen Gesellschaft ist ein derartiger Missbrauchsfall bereits an- **32**
zunehmen, wenn die Unvereinbarkeit einer nachteiligen Weisung mit dem Konzern-
interesse für jeden Sachkenner ohne weiteres *auf der Hand liegt,* wobei von dem Wissensstand des Vorstands der abhängigen Gesellschaft auszugehen ist, dessen
Kenntnisse über die Konzerninterna durchaus dem Wissen außenstehender Fachleute
überlegen sein können.[37] Hat der Vorstand der abhängigen Gesellschaft insoweit
Zweifel, so muss er das herrschende Unternehmen darauf hinweisen. Es ist dann
Sache des herrschenden Unternehmens, den Beweis für die Vereinbarkeit der Weisung
mit dem Konzerninteresse anzutreten, sofern der Vorstand der abhängigen Gesellschaft zunächst die Nachteiligkeit der Weisung für seine Gesellschaft dargetan hat.[38]

4. Zustimmungsbedürftige Geschäfte (§ 308 Abs. 3 AktG)

Auch im Konzern dürfen (und sollen) sich Hauptversammlung und Aufsichtsrat, da **33**
grds. weisungsfrei (→ Rn. 11, 24), bei der Wahrnehmung ihrer Kompetenzen allein
oder doch vorrangig an den Interessen der abhängigen Gesellschaft orientieren. Daraus können sich vor allem dann Konflikte mit dem Weisungsrecht des herrschenden
Unternehmens ergeben, wenn nach der Satzung der abhängigen Gesellschaft oder auf
Grund einer Bestimmung des Aufsichtsrats bestimmte Geschäfte des Vorstands, hin-

---

[35] *Immenga* ZHR 140 (1976), 301 (304 ff.).
[36] S. die Begr. zum RegE des § 308 AktG und des § 310 AktG, bei *Kropff* S. 403 und 406; *Kantzas* Weisungsrecht S. 126 ff.
[37] *Altmeppen* Die Haftung des Managers S. 28; Hüffer/Koch/*Koch* AktG § 308 Rn. 22.
[38] Anders MüKoAktG/*Altmeppen* AktG § 308 Rn. 145.

sichtlich derer das herrschende Unternehmen von seinem Weisungsrecht Gebrauch machen will (§ 308 Abs. 1 AktG), der **Zustimmung des Aufsichtsrats** bedürfen (§ 111 Abs. 4 S. 2 AktG).

34 Verweigert der Aufsichtsrat seine an sich erforderliche Zustimmung zu einer Maßnahme, zu der das herrschende Unternehmen die abhängige Gesellschaft angewiesen hat, so eröffnet § 308 Abs. 3 AktG dem herrschenden Unternehmen doch einen Weg, seinen Willen bei der abhängigen Gesellschaft letztlich durchzusetzen, indem es die Weisung wiederholt, mit der Folge, dass das Geschäft dann *nicht* erneut der Zustimmung des Aufsichtsrats der abhängigen Gesellschaft bedarf. Für die Wiederholung der Weisung verlangt das Gesetz jedoch zusätzlich die Zustimmung eines etwaigen Aufsichtsrats des *herrschenden* Unternehmens, um bei mitbestimmten Gesellschaften sicherzustellen, dass die Arbeitnehmer des Konzerns wenigstens auf einer Ebene an der fraglichen Maßnahme mitwirken können.

VI. Schranken des Weisungsrechts

1. Satzung

35 Das Weisungsrecht des herrschenden Unternehmens auf Grund eines Beherrschungsvertrages ist **nicht schrankenlos,** wie bereits die §§ 299, 308 Abs. 1 S. 2 AktG erkennen lassen. Weitere Schranken können sich aus dem Beherrschungsvertrag (→ § 11 Rn. 4 ff.), aus der Satzung der abhängigen Gesellschaft sowie aus dem zwingenden Gesetzesrecht ergeben (§§ 134, 138 BGB; → Rn. 38 f.). Eine Weisung ist schließlich noch unzulässig, wenn ihre Erteilung gegen § 309 Abs. 1 AktG verstößt, weil sie sorgfaltswidrig ist (→ Rn. 61 f.), oder wenn durch sie unmittelbar die Lebensfähigkeit der abhängigen Gesellschaft bedroht wird (→ Rn. 40 ff.).

36 Besonderer Betrachtung bedürfen zunächst die Schranken, die sich für das Weisungsrecht des herrschenden Unternehmens aus der Satzung der abhängigen Gesellschaft ergeben. Sie haben ihren Grund vor allem darin, dass sich die Geschäftsführungsbefugnis des Vorstands nach den §§ 76 und 82 AktG auf den **satzungsmäßigen Gegenstand** der Gesellschaft beschränkt, so dass eine Abweichung hiervon eine Satzungsänderung voraussetzt. Das gilt gleichermaßen für die Aufnahme von Tätigkeiten außerhalb des Gegenstandes der Gesellschaft wie für die Einstellung zentraler, zum Gegenstand der Gesellschaft gehörender Tätigkeitsbereiche. Derartige Satzungsänderungen fallen in die alleinige **Zuständigkeit der Hauptversammlung** (§ 179 AktG) und sind damit dem Weisungsrecht des herrschenden Unternehmens entzogen.[39]

37 Das herrschende Unternehmen darf deshalb den Vorstand der abhängigen Gesellschaft nicht dazu anweisen, neue Tätigkeiten außerhalb des Gegenstandes der Gesellschaft aufzunehmen oder umgekehrt wichtige bisherige Tätigkeitsbereiche aufzugeben, ohne dass zuvor die Satzung der abhängigen Gesellschaft geändert wurde.[40] Unzulässig sind ebenso Weisungen, die zur Folge haben, dass die abhängige Gesellschaft ihre Geschäftstätigkeit ganz oder im Wesentlichen einstellen muss. Durch bloße Weisung kann eine bisher produktiv tätige Tochtergesellschaft nicht in eine Zwischenholding verwandelt werden.[41]

---

[39] OLG Düsseldorf AG 1990, 490 (492); OLG Nürnberg AG 2000, 228 (229) – WBG.
[40] *Hommelhoff* Konzernleitungspflicht S. 149, 316 ff.; *Kantzas* Weisungsrecht S. 103 ff.
[41] *Kantzas* Weisungsrecht S. 106 f.

2. Gesetz

Unzulässig sind ferner gesetz- und sittenwidrige Weisungen (§§ 134, 138 BGB; zu **38** dem sog. Konzernprivileg → § 11 Rn. 35 f.). Das herrschende Unternehmen darf den Vorstand der abhängigen Gesellschaft nicht zu Verstößen gegen zwingende Vorschriften des AktG, des Wettbewerbs- oder des Steuerrechts anweisen (sog. Legalitätspflicht). Unzulässig wäre zB eine Weisung, die gegen die §§ 300, 302 AktG verstößt, also etwa die Weisung, den Anspruch auf Verlustausgleich aus § 302 AktG nicht geltend zu machen (s. außerdem § 299 AktG).[42]

Weitere Schranken des Weisungsrechts können sich in bestimmten Wirtschaftszwei- **39** gen aus dem **Aufsichtsrecht** ergeben. Bedeutung hat dies vor allem für Banken und Versicherungen, bei denen die BaFin auf Grund des KWG und des VAG von 2015 dem Weisungsrecht des herrschenden Unternehmens enge Schranken gezogen hat, um sachfremde Einflüsse auf abhängige Kreditinstitute oder Versicherungen zu verhindern, durch die die Interessen der Anleger oder der Versicherten gefährdet werden können (s. § 12 Abs. 1 S. 1 iVm § 9 Abs. 4 Nr. 1 Buchst. b VAG).[43] Besonderer Beachtung bedarf in diesem Zusammenhang bei **Kreditinstituten** die Regelung des § 25a KWG, aus der zum Teil der Schluss gezogen wird, dass den „Geschäftsleitern" eines Kreditinstituts, insbes. also dem Vorstand einer Bank-AG, die uneingeschränkte Geschäftsführungs- und Vertretungsbefugnis zustehen müsse, womit Eingriffsrechte Dritter unvereinbar seien.[44] Ein genereller Ausschluss von Weisungsrechten Dritter aufgrund von Beherrschungsverträgen mit Kreditinstituten folgt daraus indessen nicht.[45] Das gilt auf jeden Fall, wenn das herrschende Unternehmen von der sogenannten **Waiver-Regelung** des § 2a Abs. 1 KWG Gebrauch macht, weil in diesem Fall das nachgeordnete Kreditinstitut in einer Unternehmensgruppe von der Beachtung des § 25a KWG befreit ist, sofern die gesamte Verantwortung bei dem übergeordneten, dh bei dem herrschenden Unternehmen liegt.[46]

Diese sog. **Gruppenaufsicht,** dh die zusammenfassende Beaufsichtigung von Unter- **40** nehmensgruppen durch die BaFin aufgrund des KWG und des VAG von 2015, ist in den letzten Jahren vor allem unter dem Einfluss des Unionsrechts erheblich forciert worden, woraus sich zunehmend Probleme aus der mangelnden Abstimmung der Gruppenaufsicht nach den genannten Aufsichtsgesetzen mit dem Konzernrecht ergeben. Wie die daraus resultierenden Konflikte zu lösen sind, ist umstritten. Richtiger Meinung nach ist davon auszugehen, dass das Aufsichtsrecht grds. *keinen Vorrang* vor dem Gesellschaftsrecht beanspruchen kann, solange nicht der Gesetzgeber ausdrücklich das Gegenteil bestimmt (str.).[47]

---

[42] *Kantzas* Weisungsrecht S. 98; *Streyl* Vorstands-Doppelmandate S. 60.
[43] *Miederhoff* WM 2001, 2041; *Preußner/Fett* AG 2001, 337 (339 ff.); *van de Sande,* Die Unternehmensgruppe im Banken- und Versicherungsaufsichtsrecht, 2003, S. 189 ff.
[44] S. mN zum Streitstand *Casper* ZIP 2012, 497 (499).
[45] So ausdr. BGHZ 197, 284 Rn. 40 ff. – Essenhyp.
[46] OLG Frankfurt a. M. AG 2012, 217 – Eurohypo/Rheinhyp; ZIP 2012, 524 – Essenhyp; *Casper* ZIP 2012, 497 (499 ff.).
[47] Emmerich/Habersack Aktien-/GmbH-KonzernR/*Emmerich* AktG § 308 Rn. 58a.

3. Lebens- und Überlebensfähigkeit der Gesellschaft

41 Als weitere Schranke des Weisungsrechts des herrschenden Unternehmens wird vor allem die Lebensfähigkeit der abhängigen Gesellschaft diskutiert. Es geht dabei insbes. um die Frage, ob Weisungen zulässig sind, durch die **aktuell** und konkret die **Existenz** der abhängigen Gesellschaft **bedroht** wird. Nach überwiegender Meinung sind derartige existenzgefährdende Weisungen *unzulässig,* da das Gesetz in den §§ 302–305 AktG offenkundig von dem *Fortbestand* der abhängigen Gesellschaft trotz des Abschlusses eines Beherrschungs- oder Gewinnabführungsvertrages ausgeht. Das wird besonders deutlich an der Regelung der Ausgleichspflicht in § 304 AktG, da das Gesetz schwerlich die Ausgleichspflicht im AktG als mit der Abfindung gleichwertige Art der Kompensation vorsehen könnte, wenn es dem herrschenden Unternehmen erlaubt sein sollte, alsbald nach Abschluss des Beherrschungsvertrages die abhängige Gesellschaft auf dem Weg über übermäßig nachteilige Weisungen zu vernichten – mit der Folge der Beendigung der Ausgleichspflicht. Daraus kann in der Tat nur der Schluss gezogen werden, dass es grds. mit der Sorgfalt eines ordentlichen und gewissenhaften Geschäftsleiters iSd § 309 Abs. 1 AktG unvereinbar ist, die abhängige Gesellschaft durch Weisungen übermäßig zu schädigen; die Lebensfähigkeit der abhängigen Gesellschaft muss maW bei jeder Weisung gewährleistet bleiben.[48]

42 Als **Beispiele** für danach unzulässige Weisungen werden vor allem genannt der übermäßige Abzug von Liquidität, der insbes. bei den heute beliebten zentralen Cash-Management-Systemen droht,[49] die Einstellung lebenswichtiger Produktionen oder vielversprechender Entwicklungen,[50] die Übertragung der ertragreichsten Betriebszweige auf andere Konzernunternehmen sowie die Unterlassung der für den Fortbestand der Gesellschaft am Markt unerlässlichen Erneuerungsinvestitionen. Gleich stehen von Fall zu Fall ein die abhängige Gesellschaft besonders benachteiligender Effektenaustausch, Kredite an andere Konzernunternehmen ohne ausreichende Sicherheiten oder zu ganz ungünstigen Konditionen sowie die Aufnahme von Krediten unter Belastung des Gesellschaftsvermögens im Interesse anderer Konzernunternehmen.[51]

43 *Während* des Bestandes des Vertrages sorgt freilich § 302 AktG grds., dh die Solvenz des herrschenden Unternehmens unterstellt, für den Fortbestand der abhängigen Gesellschaft, so dass verlustbringende Weisungen des herrschenden Unternehmens (erst) dann unzulässig sind, wenn der (spätere) **Verlustausgleich** (§ 302 AktG) zur Sicherung der Lebensfähigkeit der abhängigen Gesellschaft **nicht mehr ausreicht,** etwa, weil die Zahlungsfähigkeit der abhängigen Gesellschaft schon jetzt, *hic et nunc,* unmittelbar bedroht ist (so dass der Verlustausgleich nach Ende des Geschäftsjahres zu spät käme), *oder* wenn der Verlustausgleich infolge der fehlenden Solvenz des herrschenden Unternehmens *nicht mehr sichergestellt* ist. In kritischen Fällen dieser Art wird der Vor-

---

[48] OLG Düsseldorf AG 1990, 490 (492); LG München I NZG 2012, 1152; Hommelhoff/*Emmerich* Entwicklungen S. 71 ff.; *Fabian* Inhalt und Grenzen S. 227 ff.; *Hommelhoff* Konzernleitungspflicht S. 148, 307 ff.; *Redeke* ZIP 2010, 159 (163 f.); *Sina* AG 1991, 1 (7 f.); *Streyl* Vorstands-Doppelmandate S. 49 ff.; *Tröger/Dangelmayer* ZGR 2011, 558 (575, 585 ff.); *Wimmer-Leonhardt* Konzernhaftungsrecht S. 21, 39, 275 ff.

[49] *Hommelhoff* WM 1984, 1105 (1112 ff.); Paradigma ist der Vulkanfall, s. BGHZ 149, 11 – Bremer Vulkan I; BGHSt 49, 147 – Bremer Vulkan II.

[50] OLG Düsseldorf AG 1990, 490 (492) – DAB/Hansa.

[51] Vgl. OLG München AG 1980, 272; OLG Düsseldorf AG 1990, 490 (492) – DAB/Hansa; Hommelhoff/*Emmerich* Entwicklungen S. 74 ff.

stand der abhängigen Gesellschaft daher entsprechend § 311 AktG auf einem *vorherigen* Nachteilsausgleich seitens des herrschenden Unternehmens bestehen müssen, bevor er die Weisung befolgen darf.[52] Andernfalls machen sich alle Beteiligten, auch persönlich, gegebenenfalls auch aus Delikt, schadensersatzpflichtig (§§ 309, 310 AktG, § 31 BGB, § 823 Abs. 2 BGB und § 826 BGB) oder sogar strafbar (§ 266 StGB).

Eine andere Frage ist die Zulässigkeit von Weisungen, durch die die **Überlebensfähig-** **44** **keit** der abhängigen Gesellschaft (erst) **nach Vertragsende** ernsthaft bedroht wird. Bisher werden unter diesem Gesichtspunkt kaum substantielle Schranken des Weisungsrechts des herrschenden Unternehmens diskutiert, vor allem wohl deshalb, weil man hier immer auf ganz unsichere Prognosen angewiesen ist. Substantielle Schranken des Weisungsrechts können deshalb unter diesem Gesichtspunkt höchstens in evidenten Missbrauchsfällen angenommen werden – an der Grenze zu § 826 BGB (→ § 20 Rn. 4f.).

4. Prüfungspflicht

Der Vorstand darf nur zulässige Weisungen befolgen (§ 308 Abs. 2 S. 1 AktG). Die Be- **45** folgung unzulässiger Weisungen muss er aufgrund seiner Legalitätspflicht ablehnen (→ Rn. 35ff.). Daraus folgt unmittelbar, dass der Vorstand jede Weisung des herrschenden Unternehmens vor ihrer Befolgung mit der Sorgfalt eines ordentlichen und gewissenhaften Geschäftsleiters (s. § 310 Abs. 1 AktG) auf ihre **Zulässigkeit überprüfen** muss.[53]

Aber man darf bei dieser Selbstverständlichkeit nicht stehen bleiben. Die Folgepflicht, **46** dh die Bindung des Vorstandes an Weisungen des herrschenden Unternehmens (§ 308 Abs. 2 S. 1 AktG), endet vielmehr bereits, wenn der Vorstand **Zweifel** an der Zulässigkeit von Weisungen hat und das herrschende Unternehmen nicht in der Lage ist, trotz der Gegenvorstellungen des Vorstandes der abhängigen Gesellschaft die Zweifel auszuräumen. Denn der Vorstand darf keine Handlungen vornehmen, von deren Rechtmäßigkeit er nicht überzeugt ist (Stichwort: Legalitätspflicht).

Die **Prüfungspflicht** des Vorstandes der abhängigen Gesellschaft ist von grundlegen- **47** der Bedeutung für die Funktionsweise des gesetzlichen Systems, weil in der Prüfungspflicht im Grunde die einzige Garantie für die fortbestehende Lebensfähigkeit der abhängigen Gesellschaft besteht (→ Rn. 41ff.). Auf sie kann daher auch dann nicht verzichtet werden, wenn das herrschende Unternehmen unter weitgehendem Verzicht auf ausdrückliche Weisungen zu anderen Lenkungsmitteln im Konzern übergeht (→ Rn. 14f.). Zu denken ist hier in erster Linie an personelle Verflechtungen, namentlich in Gestalt der bereits mehrfach erwähnten Vorstands-Doppelmandate.[54]

VII. Haftung der gesetzlichen Vertreter des herrschenden Unternehmens

1. Überblick

Die gesetzliche Anerkennung des Weisungsrechts des herrschenden Unternehmens **48** durch § 308 AktG hat zur Folge, dass nach Abschluss eines Beherrschungsvertrages

---

[52] *H. Wilhelm* Beendigung S. 140ff.
[53] Hüffer/Koch/*Koch* AktG § 308 Rn. 20–22; *Kantzas* Weisungsrecht S. 120ff.; *Sina* AG 1991, 1 (8f.); anders *Streyl* Vorstands-Doppelmandate S. 41, 55, 60ff.
[54] Ähnl. OLG Köln AG 1993, 86 (89) – Winterthur/Nordstern; anders *Streyl* Vorstands-Doppelmandate S. 41, 55, 60ff.

im Ergebnis die Leitung der Gesellschaft durch die gesetzlichen Vertreter des *herrschenden* Unternehmens an die Stelle der eigenverantwortlichen Leitung der abhängigen Gesellschaft durch ihren Vorstand (§ 76 AktG) tritt, soweit das herrschende Unternehmen von seinem Weisungsrecht Gebrauch macht (§ 18 Abs. 1 AktG, § 291 Abs. 1 AktG, § 308 AktG). Die gebotenen Folgerungen aus dieser **Verlagerung der Leitung** der abhängigen Gesellschaft auf das herrschende Unternehmen zieht die Vorschrift des § 309 AktG durch die Bestimmung, dass auch die *gesetzlichen Vertreter* des herrschenden Unternehmens (sowie bei einem einzelkaufmännischen Unternehmen dessen Inhaber) gegenüber der abhängigen Gesellschaft bei der Erteilung von Weisungen die Sorgfalt eines ordentlichen und gewissenhaften Geschäftsleiters anzuwenden haben, sowie dass sie bei einer Verletzung ihrer Pflichten der abhängigen Gesellschaft gesamtschuldnerisch zum Schadensersatz verpflichtet sind (§ 309 Abs. 1, 2 S. 1 AktG). Da Vertragspartner der abhängigen Gesellschaft das herrschende Unternehmen und nicht etwa dessen Organe sind, lässt sich diese Regelung nur durch die Annahme erklären, dass der Abschluss eines Beherrschungsvertrages zugleich die Entstehung eines **gesetzlichen Schuldverhältnisses** zwischen der abhängigen Gesellschaft und den gesetzlichen Vertretern des herrschenden Unternehmens zur Folge hat.[55]

49 Die **praktische Bedeutung** des § 309 AktG war bisher – trotz seiner zentralen Stellung im Haftungssystem des Gesetzes – denkbar **gering.** Gerichtsentscheidungen zu § 309 sind jedenfalls, soweit ersichtlich, nicht bekannt geworden. Die Gründe für diese Entwicklung mögen vielfältig sein.[56] Aber man geht sicher nicht fehl in der Annahme, dass der wichtigste Grund für die mangelnde praktische Bedeutung des § 309 AktG der Umstand ist, dass nicht absehbar ist, *wer* überhaupt etwaige Schadensersatzansprüche der abhängigen Gesellschaft auf Grund des § 309 AktG geltend machen soll (→ Rn. 72 ff.). Der *Vorstand* der abhängigen Gesellschaft scheidet dafür aus naheliegenden Gründen im Regelfall aus. Für die *Aktionäre* der abhängigen Gesellschaft (s. § 309 Abs. 4 S. 1 AktG) gilt nichts anderes (→ Rn. 73), während die Gläubiger, denen das Gesetz gleichfalls großzügig die Aktivlegitimation zubilligt (§ 309 Abs. 4 S. 3), bereits ausreichend durch die §§ 302, 303 AktG geschützt sind.

2. Versicherung

50 § 309 AktG ist zwingendes Recht, so dass im Beherrschungsvertrag nichts anderes bestimmt werden kann. Das herrschende Unternehmen wird dadurch jedoch nicht gehindert, sich *intern* gegenüber seinen (eigenen) gesetzlichen Vertretern zu verpflichten, sie von einer etwaigen Haftung nach § 309 Abs. 2 AktG freizustellen.[57] Im selben Umfang ist es dem herrschenden Unternehmen ferner gestattet, seine gesetzlichen Vertreter gegen die Haftungsrisiken aus § 309 zu versichern (sog. **D & O Versicherung**).[58] Die D & O Versicherung ist eine Gruppenhaftpflichtversicherung für fremde Rechnung nach den §§ 43 ff., 210 VVG.[59] Die rechtspolitische Beurteilung der D & O

---

[55] S. *Emmerich* GS Sonnenschein, 2003, 651 (653 ff.); *Tröger/Dangelmayer* ZGR 2011, 558 (575 ff.).
[56] S. *Kropff* FS Bezzenberger, 2000, 233 (236 ff.).
[57] Ausf. *Habersack* FS P. Ulmer, 2000, 151 (167 ff.); *Thomas*, Die Haftungsfreistellung von Organmitgliedern, 2010.
[58] Emmerich/Habersack Aktien-/GmbH-KonzernR/*Emmerich* AktG § 309 Rn. 6 ff.
[59] OLG München WM 2006, 452; NZG 2009, 714; *Böttcher* NZG 2008, 645; *Dreher* FS Bergmann, 2018, S. 145 (147); *Dreher/Thomas* ZGR 2009, 31 (35); *Hemeling* FS Hoffmann-Becking, 2013, 491.

Versicherung ist umstritten, weil sie im Ergebnis darauf hinausläuft, dass die durch die Haftung der Vorstandsmitglieder insbes. nach den §§ 93, 309 AktG an sich geschützte Gesellschaft und damit letztlich die Aktionäre den Versicherungsschutz der Vorstandsmitglieder selbst bezahlen müssen. Die Zulässigkeit der D & O Versicherung steht gleichwohl mit Rücksicht auf die gesetzliche Regelung in § 93 Abs. 2 S. 3 AktG, der zwingend die Vereinbarung eines Selbstbehalts der Vorstandsmitglieder vorschreibt, außer Frage.[60] Die Umschreibung des **versicherten Risikos** in den Versicherungsbedingungen ist unterschiedlich. Jedoch werden generell **nur fahrlässig verursachte Schäden** abgedeckt. Eine Versicherung vorsätzlich verursachter Schäden kommt nicht in Betracht (§ 138 BGB). Dasselbe sollte grds. für Schäden infolge der grob fahrlässigen Eingehung übermäßiger Risiken, insbes. durch reine **Spekulationsgeschäfte,** gelten.[61]

Die Besonderheit der D & O-Versicherung besteht in dem in sämtlichen Versiche-   50a
rungsbedingungen vorgesehenen Anspruchserhebungs- oder **Claims-made-Prinzip.**[62] **Versicherungsfall** ist danach nicht, wie regelmäßig sonst bei der Haftpflichtversicherung, das schädigende Ereignis, dh hier der Verstoß gegen § 309 oder § 310 AktG, sondern die **erstmalige Geltendmachung von Ersatzansprüchen** insbes. der Gesellschaft gegen das Vorstandsmitglied wegen eines derartigen Verstoßes. Keine Rolle spielt, ob die Gesellschaft überhaupt ernsthaft die Absicht hat, das versicherte Vorstandsmitglied persönlich in Anspruch zu nehmen, oder ob sie letztlich allein den Zweck verfolgt, sich durch die Geltendmachung der Ersatzansprüche und die daraus folgende Herbeiführung des Versicherungsfalles den Zugriff auf die Versicherung zu eröffnen.[63] Ebenso wenig bestehen Bedenken gegen die Abtretung des Freistellungsanspruchs des versicherten Organmitglieds an die geschützte Gesellschaft (s. § 108 Abs. 2 VVG von 2007), sodass diese im Ergebnis einen direkten Anspruch auf Ersatz ihres Schadens gegen die Versicherung erwirbt.[64]

3. Anwendungsbereich

Der Anwendungsbereich des § 309 AktG deckt sich mit dem des § 308 AktG, so dass   51
wegen der Einzelheiten auf die Ausführungen zu § 308 AktG verwiesen werden kann (→ Rn. 4 ff.). Zusätzliche Schwierigkeiten ergeben sich lediglich in **mehrstufigen Unternehmensverbindungen.** Eindeutig ist hier die Anwendbarkeit des § 309 AktG lediglich in denjenigen Beziehungen, die durch einen Beherrschungsvertrag geregelt sind, und zwar auch, wenn der Beherrschungsvertrag über mehrere Konzernstufen hinweg abgeschlossen wird, zB unmittelbar zwischen der Mutter- und der Enkelgesellschaft. Weisungen der gesetzlichen Vertreter der Muttergesellschaft an den Vorstand der Enkelgesellschaft führen hier ohne weiteres in den Anwendungsbereich des § 309 AktG.

Probleme wirft dagegen der Fall **mehrerer** hintereinander geschalteter (gestaffelter)   52
Beherrschungsverträge auf den verschiedenen Konzernstufen auf. Weist in einem

---

[60] Zur jederzeit möglichen individuellen Versicherung des Selbstbehalts s. *Dreher* FS Bergmann, 2018, S. 146.
[61] *Lenz* FS Graf von Westphalen, 2010, 469.
[62] Dazu zB *de Beauregard/Gleich* NJW 2013, 824 (825 f.): *Hemeling* FS Hoffmann-Becking, 2013, 491 (494 ff.); *Möhrle* AG 2019, 243; *Weiß* GmbHR 2014, 574 (575 f.).
[63] BGHZ 209, 373 Rn. 23 ff.
[64] BGHZ 209, 373 Rn. 19 ff.; BGH NZG 2017, 1078.

derartigen Fall die Muttergesellschaft, die hier *kein* direktes Weisungsrecht gegenüber der Enkelgesellschaft besitzt, ihre *Tochter* an, der Enkelgesellschaft eine bestimmte Weisung zu erteilen, so stellt sich bei einem Verstoß gegen § 308 AktG oder § 309 AktG sowohl die Frage nach einer Haftung der Tochter wie die nach einer Haftung der Mutter und ihrer gesetzlichen Vertreter. Die **Haftung der Tochtergesellschaft** wird hier meistens verneint, wenn die Weisung der Muttergesellschaft auf Grund des § 308 Abs. 2 AktG für sie **bindend** war. Folgt man dem, so ist jedenfalls die entsprechende Anwendung des § 309 AktG auf die gesetzlichen Vertreter der **Muttergesellschaft** ebenso wie auf diese selbst unabdingbar.[65]

53 Ebenso wie im Falle mehrerer hintereinander geschalteter Verträge (→ Rn. 52) wird die Rechtslage ferner überwiegend beurteilt, wenn ein Beherrschungsvertrag allein zwischen der **Tochter- und der Enkelgesellschaft** abgeschlossen wird, während in dem Verhältnis zwischen der Mutter- und der Tochtergesellschaft nur ein sonstiges Abhängigkeitsverhältnis besteht.[66] Tatsächlich ergibt sich jedoch hier die Haftung der Muttergesellschaft als herrschendes Unternehmen im Falle der Einflussnahme auf die abhängige Enkelgesellschaft bereits aus den §§ 311, 317 AktG, so dass daneben für eine entsprechende Anwendung des § 309 AktG auf die Mutter kein Raum ist.[67] Nichts anderes gilt schließlich im Ergebnis, wenn ein Beherrschungsvertrag lediglich zwischen der **Mutter- und** der **Tochtergesellschaft** besteht. Auf die Beziehungen der Mutter- zu der Enkelgesellschaft finden dann gleichfalls allein die §§ 311, 317 AktG Anwendung.[68]

4. Verpflichteter

54 Die Haftung gegenüber der abhängigen Gesellschaft wegen der Erteilung sorgfaltswidriger Weisungen trifft nach § 309 Abs. 1, 2 AktG die „gesetzlichen Vertreter" des herrschenden Unternehmens (→ Rn. 55f.) sowie ergänzend bei einem Einzelkaufmann den Inhaber des Geschäfts, dh diesen selbst (→ Rn. 57). Daneben tritt, obwohl in § 309 AktG nicht erwähnt, unstreitig die Haftung des herrschenden Unternehmens (→ Rn. 58).

55 § 309 Abs. 1, 2 AktG wendet sich in erster Linie an die **„gesetzlichen Vertreter"** des herrschenden Unternehmens. Dieser Begriff umfasst hier entsprechend dem Zweck der gesetzlichen Regelung **jedes vertretungsberechtigte Organ** des herrschenden Unternehmens im weitesten Sinne, daher bei den Personengesellschaften auch deren vertretungsberechtigte Gesellschafter. Nimmt diese Stellung wie bei einer GmbH und Co. KG eine **juristische Person** ein, so sind als gesetzliche Vertreter gleichermaßen diese juristische Person wie deren Geschäftsführer oder Vorstandsmitglieder anzusehen.[69] Auch die so genannte **Delegation** des Weisungsrechts auf Dritte (→ Rn. 8f.) ändert nichts an den Pflichten und der Haftung der gesetzlichen Vertreter des herr-

---

[65] MüKoAktG/*Altmeppen* AktG § 308 Rn. 31 ff.; KölnKommAktG/*Koppensteiner* AktG § 308 Rn. 30; *Pentz* Enkel-AG S. 116 ff.; Hüffer/Koch/*Koch* AktG § 308 Rn. 7; anders *Görling* Konzernhaftung S. 140.

[66] MüKoAktG/*Altmeppen* AktG § 308 Rn. 41 ff.; KölnKommAktG/*Koppensteiner* AktG § 308 Rn. 31.

[67] Ebenso *Görling* Konzernhaftung S. 140; *Pentz* Enkel-AG S. 119 f.; vermittelnd *S. Wanner* Konzernrechtliche Probleme S. 156 ff.

[68] Ebenso *Altmeppen* Die Haftung des Managers S. 123 ff.

[69] MüKoAktG/*Altmeppen* AktG § 308 Rn. 15 f.; Hüffer/Koch/*Koch* AktG § 308 Rn. 3; *Kantzas* Weisungsrecht S. 158 f.

schenden Unternehmens, weil es sich dabei der Sache nach lediglich um die Hinzuziehung Dritter als Erfüllungsgehilfen bei der Ausübung des Weisungsrechts durch seine gesetzlichen Vertreter handelt (§ 278 BGB).[70]

Ist herrschendes Unternehmen eine Gebietskörperschaft oder eine sonstige Gliederung der **öffentlichen Hand** (→ § 2 Rn. 20 ff.), so ist nach überwiegender Meinung *kein* Raum für die Anwendung des § 309 AktG auf die für die öffentliche Hand gegenüber der abhängigen Gesellschaft tätig gewordenen **Beamten** oder Angestellten; vielmehr soll § 309 AktG in diesem Fall durch die Regeln über die **Staatshaftung** verdrängt werden (§ 31 BGB, § 89 Abs. 1 BGB, § 278 BGB, § 839 BGB iVm Art. 34 GG). Das ist keinesfalls zwingend.[71] Anwendbar bleibt aber auf jeden Fall § 309 Abs. 3–5 AktG. **56**

Bei einem **Einzelkaufmann** tritt an die Stelle der (hier gar nicht vorhandenen) gesetzlichen Vertreter nach einem Klammerzusatz in § 309 Abs. 1 AktG dessen **Inhaber,** dh der Einzelkaufmann selbst.[72] Die Regelung dürfte im Wesentlichen überflüssig sein. Eigenständige Bedeutung hat sie lediglich durch die Klarstellung, dass § 309 Abs. 3–5 AktG auch auf Einzelkaufleute anwendbar ist. **57**

§ 309 AktG regelt allein die Haftung der gesetzlichen *Vertreter* des herrschenden Unternehmens für sorgfaltswidrige Weisungen gegenüber der abhängigen Gesellschaft, nicht dagegen die (wohl wichtigere) Haftung des **herrschenden Unternehmens** selbst. Die Gesetzesverfasser haben dies damit begründet, dass das herrschende Unternehmen für sorgfaltswidrige Weisungen bereits „nach allgemeinen Rechtsgrundsätzen auf Grund des Vertrages" hafte, so dass eine besondere aktienrechtliche Regelung entbehrlich sei.[73] Aufgrund dieser Bemerkung der Gesetzesverfasser ist die **Haftung** des herrschenden Unternehmens neben der seiner gesetzlichen Vertreter seit jeher außer Streit, richtiger Meinung nach wegen des auch schuldrechtlichen Charakters des Beherrschungsvertrages (→ § 11 Rn. 19 ff.) aus § 280 Abs. 1 BGB iVm § 31 BGB. Inhaltlich richtet sich die Haftung, wie immer man sie im Übrigen begründet, auf jeden Fall nach § 309 AktG. **58**

Zusätzliche Probleme ergeben sich ebenso wie im Anwendungsbereich des § 308 AktG in den Fällen der **Organverflechtung** (→ Rn. 15 ff.). Hier bereitet die Annahme einer Weisung iSd § 308 Abs. 1 AktG lediglich bei **Vorstandsdoppelmandaten** in der Regel keine Schwierigkeiten (→ Rn. 16, 46). Die notwendige Folge ist dann die Haftung des entsandten Vorstandsmitglieds nach § 309 AktG.[74] Umstritten ist dagegen die Rechtslage bei Tätigkeit der gesetzlichen Vertreter des herrschenden Unternehmens im **Aufsichtsrat oder** in der **Hauptversammlung** der abhängigen Gesellschaft. Nach einer verbreiteten Meinung ist in diesem Fall *kein Raum* mehr für die Anwendung des § 309 AktG, auch nicht iVm § 31 BGB oder § 278 **59**

---

[70] Hüffer/Koch/*Koch* AktG § 308 Rn. 4; *Mertens* AcP 168 (1968), 225 (227 f.); ganz anders *Altmeppen* Haftung des Managers S. 13 ff.

[71] Emmerich/Habersack Aktien-/GmbH-KonzernR/*Emmerich* AktG § 309 Rn. 18.

[72] Ein Beispiel in BGHZ 195,1 (13 f. Rn. 31) = NZG 2012, 1262 = AG 2012, 874.

[73] S. die Begr. zum RegE, bei *Kropff* S. 404 f.

[74] *Kantzas* Weisungsrecht S. 160 f.; *Mestmäcker,* FG Kronstein, 1967, S. 129 (135 f.); *Noack* FS Hoffmann-Becking, 2013, 847; *Semler* FS Stiefel, 1987, 719 (739, 750); *Streyl* Vorstands-Doppelmandate S. 64 ff.; *P. Ulmer* FS Stimpel, 1985, 705 (712); – anders *Hoffmann-Becking* ZHR 150 (1986), 570 (577); *Lindermann* AG 1987, 225.

BGB.[75] Indessen hindert auch hier nichts die Annahme einer zumindest *mittelbaren Weisung* des herrschenden Unternehmens an den Vorstand der abhängigen Gesellschaft über die genannten anderen Organe mit der Folge der Anwendbarkeit des § 309 AktG (schon → Rn. 16). Richtiger Meinung nach findet in solchen Fällen ohnehin § 309 Abs. 2 AktG unmittelbar Anwendung (→ Rn. 60 f.).

5. Doppelfunktion der Sorgfaltspflichtverletzung

60 Die genannten Personen (→ Rn. 54 ff.), in erster Linie also die gesetzlichen Vertreter des herrschenden Unternehmens, müssen nach § 309 Abs. 1 AktG bei der Erteilung von Weisungen an die abhängige Gesellschaft (§ 308 Abs. 1 AktG) die Sorgfalt eines ordentlichen und gewissenhaften Geschäftsleiters anwenden (vgl. § 93 Abs. 1 S. 1 AktG). Bei einer Verletzung „ihrer" Pflichten sind sie der abhängigen Gesellschaft gemäß § 309 Abs. 2 S. 1 AktG zum Schadensersatz verpflichtet (vgl. § 93 Abs. 2 S. 1 AktG). Ersatzpflichtig ist der jeweils im Einzelfall tatsächlich tätig gewordene gesetzliche Vertreter.[76] Mehrere gesetzliche Vertreter haften als Gesamtschuldner (§ 309 Abs. 2 S. 1 AktG).

61 Die geschilderte Regelung (→ Rn. 60) wird unterschiedlich interpretiert.[77] Zum Teil wird in § 309 Abs. 1 AktG lediglich eine Regelung des **Verschuldensmaßstabs** gesehen, so dass die Haftung der gesetzlichen Vertreter des herrschenden Unternehmens aus § 309 Abs. 2 AktG noch zusätzlich die Erfüllung eines besonderen **Haftungstatbestandes** voraussetzt, wobei wohl in erster Linie an die Erteilung einer rechtswidrigen, weil dem Beherrschungsvertrag, dem Gesetz oder der Satzung widersprechenden Weisung zu denken ist (→ Rn. 25 ff.).[78] Nach anderen hat § 309 Abs. 2 AktG dagegen die weitergehende Bedeutung, dass auch die Erteilung an sich „erlaubter" Weisungen ersatzpflichtig macht, wenn die gesetzlichen Vertreter des herrschenden Unternehmens bei der Erteilung von Weisungen die nach § 309 Abs. 1 AktG geschuldete **Sorgfalt verletzen** und *dadurch* der abhängigen Gesellschaft Schaden zufügen.[79] Man spricht insoweit auch von der **Doppelfunktion** der Sorgfaltspflichtverletzung in § 309 AktG als Grundlage des Rechtswidrigkeitsurteils über die Weisung *und* als Verschuldensmaßstab.

62 Die gesetzliche Regelung in § 309 Abs. 1, 2 AktG lässt sich am besten verstehen, wenn man Abs. 1 der Vorschrift mit der Lehre von der Doppelfunktion der Sorgfaltspflichtverletzung tatsächlich als **zusätzliche Schranke** des Weisungsrechts des herrschenden Unternehmens aus § 308 Abs. 1 AktG begreift (→ Rn. 35 ff.). Die Folge ist, dass man bei der Anwendung des § 309 Abs. 2 AktG *zwei* Tatbestände unterscheiden muss.[80] Der erste umfasst die **Verletzung allgemeiner Sorgfaltspflichten** bei dem Ausspruch von Weisungen (§ 309 Abs. 1 AktG), der zweite die schuldhafte **Missachtung der**

---

[75] BGHZ 36, 296 (309 f.); 90, 381 (397 f.) – BuM; BGH NJW 1980, 1629; MüKoAktG/*Altmeppen* AktG § 308 Rn. 140 ff.

[76] *Kantzas* Weisungsrecht S. 169.

[77] S. zum Folgenden *Emmerich* GS Sonnenschein, 2003, 651; *S. Schneider/U. Schneider* AG 2005, 57 (63); *Voigt* Haftung aus Einfluss S. 282 ff.

[78] *Koppensteiner* AG 1995, 95 (96); *Krieger/Schneider* § 70 Rn. 144.

[79] Hüffer/Koch/*Koch* AktG § 308 Rn. 2, 13 ff.; *Kantzas* Weisungsrecht S. 166 f.; *Mertens* AcP 168 (1968), 225 (229 f.).

[80] Ebenso K. Schmidt/Lutter/*Langenbucher* AktG § 309 Rn. 21; Spindler/Stilz/*Veil* AktG § 309 Rn. 24.

Schranken des Weisungsrechts, wie sie sich insbes. aus § 308 Abs. 1 S. 2 AktG, aus der Satzung der abhängigen Gesellschaft und aus den §§ 134, 138 BGB ergeben.

Tatsächlich reicht die Bedeutung des § 309 Abs. 2 AktG indessen noch weiter.[81] Bisher **63** ist diese Vorschrift zwar überwiegend allein im Zusammenhang mit § 309 Abs. 1 AktG gesehen worden. Genau genommen nimmt indessen Abs. 2 des § 309 AktG überhaupt nicht Bezug auf Abs. 1 der Vorschrift, sondern ordnet ganz *allgemein* eine Haftung der gesetzlichen Vertreter des herrschenden Unternehmens bei einer Verletzung „ihrer Pflichten" aus dem Beherrschungsvertrag gegenüber der abhängigen Gesellschaft an. Nichts hindert deshalb die Erstreckung des § 309 Abs. 2 S. 1 AktG auf eine **Verletzung aller Pflichten,** die sich möglicherweise für das herrschende Unternehmen (und damit auf Grund der eigenartigen Konstruktion des § 309 AktG auch für dessen gesetzlichen Vertreter) aus dem Beherrschungsvertrag gegenüber der abhängigen Gesellschaft ergeben. Beispiele sind insbes. die *Unterlassung* nach den Umständen gebotener Weisungen sowie noch – unter engen Voraussetzungen – Verstöße gegen die vieldiskutierten *Grundsätze ordnungsmäßiger Konzerngeschäftsführung* (→ § 35 Rn. 10 ff.).

In diesem weiten Verständnis des § 309 Abs. 2 AktG (→ Rn. 63) liegt vermutlich auch **64** der richtige Ansatz zur Lösung der umstrittenen Frage, in welchem Umfang eine **Pflicht zur konzernweiten „Compliance"** anzuerkennen ist. Es geht dabei um die Frage, ob die Geschäftsleiter des herrschenden Unternehmens, insbes. also dessen Vorstandsmitglieder, aufgrund ihrer Legalitäts- und Schadensabwendungspflicht gehalten sind, jedenfalls im Vertrags- und Eingliederungskonzern eine **konzernweite Überwachungsorganisation** zur Verhinderung von Gesetzesverstößen, und zwar eben auch durch abhängige Unternehmen, einzurichten.[82] Eine in diese Richtung zielende gesetzliche Regelung findet sich insbes. für **Banken** in § 25a Abs. 3 S. 1 KWG. Nach dieser Vorschrift sind die Geschäftsleiter des herrschenden Unternehmens in sogenannten Institutsgruppen verpflichtet, für eine ordnungsmäßige Geschäftsorganisation der Gruppe, dh des Konzerns insgesamt zu sorgen, durch die die Einhaltung der Gesetze in der ganzen Gruppe, dem Konzern insgesamt, sichergestellt wird. Richtiger Meinung nach sollte dies heute aufgrund der Legalitäts- und Schadensabwendungspflicht der Vorstandsmitglieder generell für Vertrags- und Eingliederungskonzerne gelten, sodass die Vorstandsmitglieder des herrschenden Unternehmens in derartigen Konzernen durchweg gehalten sind, eine **konzernweite Überwachungsorganisation** zur Verhinderung von Gesetzesverstößen, und zwar insbes. auch durch abhängige Unternehmen, einzurichten. Dies wird zwar nach wie vor vielfach bestritten, sollte sich aber eigentlich zumindest in Vertrags- und Eingliederungskonzernen angesichts des Umstandes, dass sie von dem herrschenden Unternehmen letztlich geleitet werden, von selbst verstehen.

---

[81] S. *Emmerich* GS Sonnenschein, 2003, 651 (653 ff.); ähnl. auch *Hommelhoff/Mattheus* BFuP 2000, 217 (225 f.).

[82] → § 35 Rn. 10 f.; ebenso Bürgers/Körber/ *Fett* AktG § 309 Rn. 12; *U. Schneider/S. Schneider* ZIP 2007, 2061, besonders 2065; *U. Schneider* NZG 2009, 1321 (1325 f.); im Ansatz wohl auch OLG Jena NZG 2010, 226; deutlich enger dagegen *Habersack* FS Möschel, 2011, 1175; vermittelnd *Bunting* ZIP 2012, 1542.

6. Geschuldete Sorgfalt

65 Die gesetzlichen Vertreter des herrschenden Unternehmens haben bei der Erteilung von Weisungen nach § 309 Abs. 1 AktG die Sorgfalt eines ordentlichen und gewissenhaften Geschäftsleiters anzuwenden. Das Gesetz zieht mit dieser Regelung die Konsequenzen aus dem Umstand, dass im Vertragskonzern auf Grund der § 18 Abs. 1 S. 2 AktG, § 291 Abs. 1 S. 1 AktG und § 308 Abs. 1 AktG die **Leitung** der abhängigen Gesellschaft partiell auf das herrschende Unternehmen **übergeht.** Folgerichtig legt es hier dessen gesetzlichen Vertretern **dieselbe Verantwortlichkeit** für ihre Leitungstätigkeit gegenüber der abhängigen Gesellschaft auf wie dem Vorstand in der unabhängigen Gesellschaft nach § 93 Abs. 1 AktG gegenüber seiner Gesellschaft.

66 Eine Haftung der gesetzlichen Vertreter des herrschenden Unternehmens kommt nach dem Gesagten (→ Rn. 61 ff.) vor allem bei einer Verletzung ihrer Sorgfaltspflichten bei der Erteilung von Weisungen oder bei der Konzernleitung sowie bei der Missachtung der Schranken des Weisungsrechts in Betracht. Bei der Annahme einer Verletzung derartigen Sorgfaltspflichten ist freilich in diesen Fällen durchweg **Zurückhaltung** geboten, da den gesetzlichen Vertretern des herrschenden Unternehmens insoweit wegen der Ungewissheit der Zukunft ein **weiter geschäftspolitischer Ermessensspielraum** eingeräumt werden muss (s. § 93 Abs. 1 S. 2 AktG).[83] Lediglich bei dessen Überschreitung durch geschäftspolitisch in keiner Weise mehr zu rechtfertigende Maßnahmen, bei denen elementare kaufmännische Vorsichtsmaßnahmen und betriebswirtschaftliche Erkenntnisse vernachlässigt wurden, ist daher gewöhnlich Raum für eine Haftung der gesetzlichen Vertreter des herrschenden Unternehmens nach § 309 Abs. 2 S. 1 AktG.[84]

7. Kausalität, Schaden

67 Eine Haftung der gesetzlichen Vertreter des herrschenden Unternehmens nach § 309 AktG setzt einen Schaden der abhängigen Gesellschaft sowie Kausalität zwischen der Pflichtverletzung und dem eingetretenen Schaden voraus (§§ 249, 252, 276 BGB). Vor allem die Schadensberechnung kann hier, (wenn denn die gesetzliche Regelung jemals praktisch werden sollte) erhebliche Probleme aufwerfen, für die sich noch keine befriedigende Lösung abzeichnet. Denn stellt man gem. § 249 BGB zur Schadensberechnung (mit der sogenannten Differenzhypothese) auf eine Saldierung der mit dem schädigenden Ereignis, der Pflichtverletzung der Vorstandsmitglieder, verbundenen Vor- und Nachteile für die abhängige Gesellschaft ab (§ 309 Abs. 1, 2 AktG iVm § 249 BGB), so muss geklärt werden, ob der Anspruch der abhängigen Gesellschaft auf **Verlustausgleich** (§ 302 AktG) sowie – im Rahmen eines Organschaftsvertrages – ihre Verpflichtung zur **Abführung des Gewinns** an das herrschende Unternehmen (§ 291 Abs. 1 S. 1 AktG und § 301 AktG) in die Saldierung miteinzubeziehen sind – mit der Folge, dass eine Schädigung der abhängigen Gesellschaft durch eine sorgfaltswidrige Weisung häufig lediglich bewirkt, dass sich entweder ihr Anspruch auf Verlustausgleich entsprechend erhöht oder sich doch der von ihr abzuführende Gewinn im gleichen Ausmaß vermindert. Die Konsequenz wäre, dass mangels eines Schadens der abhängigen Gesellschaft die in § 309 AktG angeordnete **Haftung** der gesetzlichen Vertreter des herrschenden Unternehmens (und dessen selbst) letztlich **leerliefe.**

---

[83] → § 35 Rn. 10 ff.; *Emmerich* GS Sonnenschein, 2003, 651 (655 f.); *Fleischer* DB 2005, 759 (762 ff.).
[84] Ebenso für § 93 AktG BGHZ 135, 244 (253 ff.) – ARAG/Garmenbeck.

Im Schrifttum wird kontrovers diskutiert, welche Folgerungen aus diesem überra- **68** schenden Befund zu ziehen sind. Heute wird wohl überwiegend die Auffassung vertreten, dass die Regelung der §§ 301, 302 AktG letztlich bei der Saldierung der Vor- und Nachteile einer pflichtwidrigen Weisung unberücksichtigt bleiben müssen, um zu verhindern, dass die Haftung des herrschenden Unternehmens und seiner gesetzlichen Vertreter aufgrund des § 309 AktG jede Bedeutung einbüßt.[85]

Der ganze Fragenkreis ist noch nicht endgültig geklärt. Aber unabhängig davon steht **69** fest, dass – selbst bei Berücksichtigung der Regelung der §§ 301, 302 AktG iRd Schadensberechnung – für § 309 Abs. 2 AktG durchaus ein bedeutsamer eigenständiger Anwendungsbereich verbleibt.[86] Hervorzuheben sind folgende Punkte: Die Ersatzpflicht des herrschenden Unternehmens ist im Gegensatz zu dem Verlustausgleich des § 302 AktG sofort fällig (§ 271 BGB), während Raum für eine Anwendung des § 302 AktG frühestens nach Ende des Geschäftsjahres ist (→ § 20 Rn. 47). Außerdem bietet die Regelung des § 302 AktG der abhängigen Gesellschaft keinen Schutz in der Insolvenz des herrschenden Unternehmens sowie im Falle der Beendigung des Unternehmensvertrages, etwa infolge einer Kündigung des herrschenden Unternehmens, sodass allein die Ersatzpflicht des herrschenden Unternehmens und seiner gesetzlichen Vertreter aufgrund des § 309 Abs. 2 AktG zum Schutze der abhängigen Gesellschaft übrig bleibt. Schließlich eröffnet auch nur § 309 Abs. 1, 2 AktG einen Zugriff auf die persönliche Haftung der Vorstandsmitglieder des herrschenden Unternehmens, wobei an die übliche D & O Versicherung der Vorstandsmitglieder zu erinnern ist (→ Rn. 56 f.). § 309 AktG erweist sich dergestalt als ein weiteres Mittel zum Schutze der abhängigen Gesellschaft gegen die jederzeit drohende Gefahr der Illiquidität im Vertragskonzern.

8. Beweislast

Nach § 309 Abs. 2 S. 2 AktG trifft im Rechtsstreit die gesetzlichen Vertreter des herr- **70** schenden Unternehmens die Beweislast, wenn streitig ist, ob sie bei der Erteilung der Weisung die Sorgfalt eines ordentlichen und gewissenhaften Geschäftsleiters angewandt haben (vgl. § 93 Abs. 2 S. 2 AktG). Die Beweislastumkehr betrifft somit nach dem Wortlaut des § 309 Abs. 2 S. 2 AktG allein die Sorgfaltspflichtverletzung in ihren verschiedenen Funktionen (→ Rn. 60 ff.). Keine Regelung hat dagegen die Beweislast hinsichtlich der übrigen Haftungsvoraussetzungen, also hinsichtlich der Kausalität der Pflichtverletzung sowie hinsichtlich des Schadens der abhängigen Gesellschaft gefunden. Nach hM ist daraus der Schluss zu ziehen, dass es insoweit, also hinsichtlich der Kausalität und des Schadens, bei der Beweislast der Kläger bleibt; dies sind je nachdem: die abhängige Gesellschaft oder iRd § 309 Abs. 4 AktG ihre Aktionäre und Gläubiger.[87]

Solche Verteilung der Beweislast (→ Rn. 69) ist indessen für die Kläger, insbes. für **71** die Aktionäre und die Gläubiger im Grunde **unzumutbar,** da ihnen in der Regel

[85] → § 35 Rn. 10 ff.; MüKoAktG/*Altmeppen* AktG § 309 Rn. 84 ff.; *Emmerich* GS Sonnenschein, 2003, 651 (657 f.); Hüffer/Koch/*Koch* AktG § 309 Rn. 18; *Mertens* AcP 168 (1968), 225 (231 f.); *S. Wimmer-Leonhardt,* Konzernhaftungsrecht, S. 59 ff.
[86] K. Schmidt/Lutter/*Langenbucher* AktG § 309 Rn. 25; *Wimmer-Leonhardt,* Konzernhaftungsrecht, S. 40.
[87] S. *Altmeppen* Die Haftung des Managers S. 46; Hüffer/Koch/*Koch* AktG § 309 Rn. 16; KölnKomm-AktG/*Koppensteiner* AktG § 309 Rn. 21; *Voigt* Haftung aus Einfluss S. 295 ff.

jede Kenntnis der Konzerninterna abgeht, so dass man zu ihren Gunsten von einer **Kausalitätsvermutung** ausgehen muss, sofern man der gesetzlichen Regelung zumindest eine geringfügige Durchsetzungschance einräumen möchte. Voraussetzung ist, dass die Kläger vortragen und gegebenenfalls beweisen, dass die abhängige Gesellschaft einen Schaden erlitten hat, der *typischerweise* auf eine nachteilige *Weisung* des herrschenden Unternehmens zurückzuführen ist, insbes., wenn damit zugleich für das herrschende Unternehmen oder andere konzernverbundene Unternehmen entsprechende Vorteile verbunden sind (§ 242 BGB).[88] Gelingt dem herrschenden Unternehmen nicht die Widerlegung dieser Kausalitätsvermutung, so greift dann unmittelbar die Beweislastumkehr auf Grund des § 309 Abs. 2 S. 2 AktG ein.

9. Aktivlegitimation

72 Der Schadensersatzanspruch aus § 309 Abs. 2 S. 1 AktG steht der abhängigen Gesellschaft zu. Seine Geltendmachung ist daher in erster Linie **Sache des Vorstandes der abhängigen Gesellschaft** (§ 78 AktG). Ein Ermessen besitzt der Vorstand insoweit nicht, so dass er sich im Zweifel schadensersatzpflichtig macht, wenn er pflichtwidrig die Geltendmachung des Ersatzanspruches gegen das herrschende Unternehmen unterlässt (§ 93 Abs. 2 AktG).[89] Eine in diese Richtung zielende Weisung des herrschenden Unternehmens wäre rechtswidrig und daher unbeachtlich (§ 134 BGB). Gleichwohl wird in der Regel im Vertragskonzern nicht mit einer Geltendmachung etwaiger Ersatzansprüche der abhängigen Gesellschaft aus § 309 AktG durch ihren Vorstand zu rechnen sein (→ Rn. 49). Als Ausweg bietet sich hier in erster Linie die entsprechende Anwendung des Klagezulassungsverfahrens nach **§ 148 AktG** idF von 2005 an.[90]

73 Nach § 309 Abs. 4 S. 1 AktG kann der Ersatzanspruch der abhängigen Gesellschaft außer von ihrem Vorstand (→ Rn. 72) auch von **jedem** einzelnen **Aktionär** geltend gemacht werden. Jedoch kann der Aktionär nur Leistung an die Gesellschaft (und nicht etwa an sich selbst) fordern (§ 309 Abs. 4 S. 2 AktG). Entsprechendes hat für die Geltendmachung von Ersatzansprüchen der abhängigen Gesellschaft gegen das herrschende Unternehmen selbst zu gelten. Der Sache nach handelt es sich bei § 309 Abs. 4 S. 1 AktG um einen gesetzlich geregelten Fall der **actio pro societate** und, da der Aktionär nur Leistung an die Gesellschaft verlangen kann (§ 309 Abs. 4 S. 2 AktG), zugleich um einen Fall der **Prozessstandschaft.**[91]

74 Aus der gesetzlichen Regelung wird zT der Schluss gezogen, als Prozessstandschafter sei der klagende Aktionär mit dem gesamten **Kostenrisiko** belastet, ohne von der Gesellschaft Ersatz verlangen zu können.[92] Diese Auffassung ist gleichbedeutend mit der endgültigen Verurteilung der gesetzlichen Regelung zur praktischen Bedeutungslosig-

---

[88] S. *Emmerich* GS Sonnenschein, 2003, 651 (658 ff.).

[89] *Kantzas* Weisungsrecht S. 171 f.; ebenso für § 93 AktG BGHZ 135, 244 (254 ff.) – ARAG/Garmenbeck.

[90] *H.-Fr. Müller* Konzern 2006, 725 (728 ff.).

[91] BGH NZG 2006, 545; KG AG 2012, 256 (260); *Becker,* Verwaltungskontrolle durch Gesellschafterrechte, 1998, S. 664 ff.; Hüffer/Koch/*Koch* AktG § 309 Rn. 21; *Kantzas* Weisungsrecht S. 173; dagegen MüKoAktG/*Altmeppen* AktG § 309 Rn. 123 f.

[92] So die Begr. zum RegE, bei *Kropff* S. 405; Hüffer/Koch/*Koch* AktG § 309 Rn. 22.

keit. Als Ausweg wird deshalb im Schrifttum zutreffend die entsprechende Anwendung des **§ 247 Abs. 2 AktG** befürwortet.[93]

Ergänzend bestimmt § 309 Abs. 4 S. 3 AktG, dass der Ersatzanspruch der Gesell- 75 schaft auch von den **Gläubigern** der Gesellschaft geltend gemacht werden kann, *soweit* sie von dieser keine Befriedigung zu erlangen vermögen, und zwar in diesem Fall durch Antrag auf Leistung an sich selbst (vgl. § 93 Abs. 5 S. 1 AktG). Praktische Bedeutung hat diese Regelung freilich bisher gleichfalls nicht erlangt, weil die Gläubiger in aller Regel bereits durch die §§ 302, 303 AktG ausreichend gesichert sind.

In der **Insolvenz** der abhängigen Gesellschaft wird das Klagerecht allein durch den **In-** 76 **solvenzverwalter** oder den Sachwalter wahrgenommen (§ 309 Abs. 4 S. 5 AktG), so dass die Gläubiger mit der Eröffnung des Insolvenzverfahrens ihr eigenes Klagerecht einbüßen.[94] Ein bereits anhängiger Rechtsstreit wird analog § 240 ZPO unterbrochen, kann aber vom Insolvenzverwalter aufgenommen werden.[95, 96]

10. Konkurrenzen

§ 309 AktG verdrängt nicht andere Haftungstatbestände, weder im Verhältnis zu 77 dem herrschenden Unternehmen noch im Verhältnis zu dessen gesetzlichen Vertretern selbst. Neben die Haftung der **gesetzlichen Vertreter** des herrschenden Unternehmens aus § 309 AktG kann daher ihre Haftung aus **§ 117 AktG oder** aus **Delikt** treten (§ 823 Abs. 2 BGB iVm § 266 StGB und § 826 BGB). Bei Verstößen gegen die Grundsätze ordnungsmäßiger Konzernleitung sowie bei der Erteilung unzulässiger Weisungen ist außerdem an eine Haftung wegen Verletzung der **Treuepflicht** zu denken, die auch das **herrschende Unternehmen** trifft, wenn es, wie in aller Regel, unmittelbar oder mittelbar an der abhängigen Gesellschaft beteiligt ist (§§ 242, 280 BGB).[97] Derartige Ersatzansprüche haben für die außenstehenden Aktionäre den Vorteil, dass sie auf diesem Wege auch den Ersatz ihres *eigenen* Schadens, nicht nur den der Gesellschaft, erlangen können. Wichtig sind diese konkurrierenden Ersatzansprüche ferner wegen der unterschiedlichen Verjährungsfristen für die einzelnen Ansprüche.[98]

VIII. Haftung der Organe der abhängigen Gesellschaft

1. Überblick

Gem. § 310 Abs. 1 AktG haften der abhängigen Gesellschaft auch die Mitglieder *ihres* 78 Vorstandes und Aufsichtsrats neben den nach § 309 AktG Ersatzpflichtigen als Gesamtschuldner, wenn sie unter Verletzung ihrer Pflichten gehandelt haben. Die Haftung entfällt jedoch, wenn die schädigende Handlung auf einer nach § 308 Abs. 2 AktG bindenden Weisung beruht (§ 310 Abs. 3 AktG). Durch die Billigung der

---

[93] MüKoAktG/*Altmeppen* AktG § 309 Rn. 127 f.; *Becker,* Verwaltungskontrolle durch Gesellschafterrechte, S. 666; *Kantzas* Weisungsrecht S. 176; KölnKommAktG/*Koppensteiner* AktG § 309 Rn. 47 f.; *Krieger/Schneider* § 70 Rn. 163; *Kropff* FS Bezzenberger, 2000, 233 (241 ff.); *Mertens* AcP 168 (1968), 225 (227).

[94] *Kantzas* Weisungsrecht S. 177 ff.

[95] Hüffer/Koch/*Koch* § AktG § 93 Rn. 35.

[96] BGH NZG 2012, 1262 Rn. 31.

[97] *Henze* FS Kellermann, 1991, 141; Mestmäcker/Behrens/*Sonnenschein* S. 83 ff.

[98] S. Kommentar AktG § 309 Rn. 53.

Handlung seitens des Aufsichtsrats wird die Haftung dagegen nicht ausgeschlossen (§ 310 Abs. 2 AktG). Dasselbe gilt für eine Billigung durch die Hauptversammlung der abhängigen Gesellschaft, weil es sonst dem herrschenden Unternehmen ein Leichtes wäre, mittels seiner regelmäßigen Hauptversammlungsmehrheit jede Haftung der Organe der abhängigen Gesellschaft auszuschließen.[99] Vorbild der Vorschrift des § 310 AktG war § 117 Abs. 2 AktG. Die praktische Bedeutung der Vorschrift ist ebenso gering wie die des § 309 AktG.

79 § 310 AktG wiederholt im Grunde nur, was sich bereits aus § 93 AktG ergibt. Seine **eigenständige Bedeutung** liegt in der Anordnung der gesamtschuldnerischen Haftung der Organmitglieder der abhängigen Gesellschaft neben den aus § 309 AktG ersatzpflichtigen Personen (§ 310 Abs. 1 S. 1 AktG) sowie in der Aktivlegitimation der Aktionäre und Gläubiger zur Verfolgung der Ersatzansprüche (§ 310 Abs. 4 AktG iVm § 309 Abs. 4 AktG; → Rn. 73 ff., 76).

2. Insbesondere Haftung des Vorstands

80 Nach § 310 Abs. 1 S. 1 AktG haften die Mitglieder des Vorstandes der abhängigen Gesellschaft, wenn sie unter Verletzung „ihrer Pflichten" gehandelt haben. Gemeint sind damit nach hM nur die sich aus § 308 AktG ergebenden Pflichten der Vorstandsmitglieder, sodass sich der Anwendungsbereich des § 310 AktG im Wesentlichen auf die Schädigung der abhängigen Gesellschaft gerade durch die sorgfaltswidrige **Befolgung unzulässiger schädigender Weisungen** seitens ihrer Verwaltungsmitglieder beschränkt.[100] Schädigen die Vorstandsmitglieder der abhängigen Gesellschaft ihre Gesellschaft dagegen schuldhaft bei der Durchführung *zulässiger* Weisungen, so soll sich ihre Haftung unmittelbar nach § 93 AktG richten. Durch den Wortlaut des § 310 Abs. 1 S. 1 AktG wird solche restriktive Interpretation der Vorschrift indessen nicht nahegelegt. Aus ihrer Stellung iRd §§ 308–310 AktG ist vielmehr der Schluss zu ziehen, dass das Gesetz hier **sämtliche Pflichten** der Verwaltungsmitglieder der abhängigen Gesellschaft mit Bezug auf den Beherrschungsvertrag im Auge hat.

81 Das Gesagte (→ Rn. 80) ändert nichts daran, dass in der Tat der wichtigste Anwendungsfall des § 310 Abs. 1 AktG die **schuldhafte Befolgung unzulässiger Weisungen** ist. Die Haftung der Vorstandsmitglieder der abhängigen Gesellschaft setzt in diesem Fall der Reihe nach die Erteilung einer unzulässigen Weisung seitens der gesetzlichen Vertreter des herrschenden Unternehmens auf Grund eines bestehenden Beherrschungsvertrags (§§ 308, 309 AktG), die Schädigung der abhängigen Gesellschaft durch die Befolgung dieser Weisung seitens ihres Vorstandes sowie die Verletzung der Sorgfalt eines ordentlichen und gewissenhaften Geschäftsleiters durch den Vorstand bei der Überprüfung der Weisung auf ihre Zulässigkeit voraus.

82 Der Begriff der **Weisung** ist hier derselbe wie in § 308 AktG (→ Rn. 13 ff.). Gleich stehen die unzulässige Bevollmächtigung des herrschenden Unternehmens zum Handeln an Stelle der abhängigen Gesellschaft, die Tätigkeit von gesetzlichen Vertretern des

---

[99] Hüffer/Koch/*Koch* AktG § 310 Rn. 5; KölnKommAktG/*Koppensteiner* AktG § 310 Rn. 9; anders *Canaris* ZGR 1978, 207 (211 ff.).

[100] S. MüKoAktG/*Altmeppen* AktG § 310 Rn. 31; Hüffer/Koch/*Koch* AktG § 310 Rn. 3; KölnKommAktG/*Koppensteiner* AktG § 310 Rn. 1.

herrschenden Unternehmens iRv Vorstandsdoppelmandaten bei der abhängigen Gesellschaft sowie eine Reihe vergleichbarer Fallgestaltungen (→ Rn. 15 ff.). Ergänzend greift § 93 Abs. 2 AktG ein.

Nach § 308 Abs. 2 S. 1 AktG sind grds. auch solche **nachteiligen Weisungen** bin- 83 dend, die nach Meinung des Vorstands nicht dem „Konzerninteresse" dienen, sofern nicht der Widerspruch offenkundig ist (→ Rn. 35 ff.). Die Folgerungen aus dieser eigenartigen Regelung zieht § 310 Abs. 3 AktG durch die Bestimmung, dass die Vorstandsmitglieder der abhängigen Gesellschaft in diesem Fall *keine* Haftung gegenüber ihrer Gesellschaft nach § 310 AktG trifft.

Unberührt bleibt in jedem Fall die **Prüfungspflicht** des Vorstandes der abhängigen 84 Gesellschaft (→ Rn. 45 ff.). Der Vorstand muss mit anderen Worten *jede* Weisung nach § 310 Abs. 1 AktG zunächst auf ihre Zulässigkeit, dh auf ihre Vereinbarkeit mit Gesetz *und* Vertrag, überprüfen *und,* wenn sich dabei Zweifel an der Zulässigkeit der Weisung ergeben, diese dem herrschenden Unternehmen mitteilen (→ Rn. 46). Erst wenn das herrschende Unternehmen in einem solchen Fall gleichwohl auf die Weisung besteht, kommt § 308 Abs. 2 AktG ins Spiel, so dass der Vorstand der Weisung befolgen muss, solange der **Missbrauch** des Weisungsrechts nicht **„offensichtlich"** ist – mit der Folge, dass ihn bei Befolgung der Weisung dann auch keine Haftung trifft (§ 310 Abs. 3 AktG).

3. Abschnitt. Faktischer Konzern

§ 24. Grundlagen

Literatur: Zu §§ 311 ff. AktG: MK, 7. Hauptgutachten, 1988, Rn. 833 ff.; Unternehmensrechtskommission, Bericht, 1980, Rn. 1379 ff. (S. 702 ff.); Wirtschaftsprüfer-Handbuch, Handbuch für Rechnungslegung, Prüfung und Beratung, Bd. I, 15. Aufl. 2016; *Altmeppen,* Die Haftung des Managers im Konzern, 1998; *Altmeppen,* Interessenkonflikte im Konzern, ZHR 171 (2007), 320; *Altmeppen,* Gestreckter Nachteilsausgleich bei Benachteiligung der faktisch abhängigen AG durch Hauptversammlungsbeschluss nach § 119 Abs. 2 AktG, ZIP 2016, 441; *Arnold/Gärtner,* Konzerninterne Unternehmensveräußerungen im Spannungsfeld von § 311 Abs. 2 AktG und Beschlussmängelrecht, FS Stilz, 2014, 7; *Austmann,* Integration der Zielgesellschaft nach Übernahme, ZGR 2009, 277; *Bachelin,* Der konzernrechtliche Minderheitenschutz, 1969; *Bachmann,* Compliance – Rechtsgrundlagen und offene Fragen, in: VGR 13 (2008), S. 65; *Bälz,* Einheit und Vielheit im Konzern, FS L. Raiser, 1974, 287; *Bälz,* Verbundene Unternehmen, AG 1992, 277; *W. F. Bayer,* Mehrstufige Unternehmensverbindungen, FS Ballerstedt, 1975, 157; *W. Bayer,* Zentrale Konzernfinanzierung, Cash Management und Kapitalerhaltung, FS Lutter, 2000, 1011; *W. Bayer/Lieder,* Upstream-Darlehen und Aufsichtsratshaftung, AG 2010, 885; *Beck,* Konzernrecht für die Konzernwirklichkeit, AG 2017, 726; *Beuthien,* Art und Grenzen der aktienrechtlichen Haftung herrschender Unternehmen für Leitungsmachtmißbrauch, Betr. 1969, 1781; *Bezzenberger,* Das Kapital der Aktiengesellschaft, 2005; *Born,* Die abhängige Kommanditgesellschaft auf Aktien, 2004; *Brüggemeier,* Die Einflußnahme auf die Verwaltung einer AG, AG 1988, 93; *Cahn,* Kapitalerhaltung im Konzern, 1998; *Cahn,* Zur Anwendbarkeit der §§ 311 ff. AktG im mehrstufigen Vertragskonzern, BB 2000, 1477; *Cahn/Simon,* Isolierte Gewinnabführungsverträge, Konzern 2003, 1; *Cahn,* Das Zahlungsverbot nach § 92 Abs. 2 Satz 3 AktG – aktien- und konzernrechtliche Aspekte des neuen Liquiditätsschutzes, Konzern 2009, 7; *Decher,* Personelle Verflechtungen im Aktienkonzern, 1990; *Decher,* Das Konzernrecht des Aktiengesetzes: Bestand und Bewährung, ZHR 171 (2007), 126; *Decher,* Verbundeffekte im Aktienkonzernrecht und im Recht der Unternehmensbewertung, FS Hommelhoff, 2012, 115; *Dettling,* Die Entstehungsgeschichte des Konzernrechts im Aktiengesetz von 1965, 1997; *Druey,* Die Zukunft des Konzernrechts, FS Hommelhoff, 2012, 135; *Ederle,* Verdeckte Beherrschungsverträge, 2010; *Ehricke,* Das abhängige Konzernunternehmen in der Insolvenz, 1998; *Eichholz,* Das Recht konzerninterner Darlehen, 1993; *Ekkenga/Weinbrenner/Schütz,* Einflusswege und Einflussfolgen im faktischen Unternehmensverbund – Ergebnisse einer empirischen Untersuchung, Konzern 2005, 261; *Endres,* Organisation der Unternehmensleitung aus der Sicht der Praxis, ZHR 163 (1999), 441; *Fabritius,* Zu den Grenzen der Durchsetzung eines kapitalmarktrechtlich begründeten Informationsinteresses des herrschenden Unternehmens im faktischen Konzern, FS Huber, 2006, 705; *Fleischer,* Haftung des herrschenden Unternehmens im faktischen Konzern und unternehmerisches Ermessen (§§ 317 II, 93 I AktG), NZG 2008, 371; *Flume,* Allgemeiner Teil Bd. I/2: Die juristische Person, 1983, § 4 IV (S. 118 ff.); *Flume,* Der Referentenentwurf eines AktG, 1958; *Flume,* Die abhängige AG und die Aktienrechtsreform, Betr. 1959, 190; *Flume,* Grundfragen einer Aktienrechtsreform, 1960; *Flume,* Die konzernrechtliche Gestaltung im Aktienrecht, in: Zur großen Aktienrechtsreform, 1962, S. 65; *Gansweid,* Gemeinsame Tochtergesellschaften im deutschen Konzern- und Wettbewerbsrecht, 1976; *Geßler,* Leitungsmacht und Verantwortlichkeit im faktischen Konzern, FS H. Westermann, 1974, 145; *Geßler,* Der Schutz der abhängigen Gesellschaft, FS W. Schmidt, 1959, 247; *Geßler,* Faktische Konzerne, FG O. Kunze, 1969, 159; *Geßler,* Überlegungen zum faktischen Konzern, FS Flume, Bd. II, 1978, 55; *Geßler,* Schutz vor Fremdeinflüssen im Aktienrecht, ZHR 145 (1981), 457; *Goette,* Zur Orientierung der Vorstandsvergütung an der Lage der Muttergesellschaft, FS Hopt, 2010, 689; *H. Götz,* Leitungssorgfalt und Leitungskontrolle der Aktiengesellschaft hinsichtlich abhängiger Unternehmen, ZGR 1998, 524; *J. Götz,* Der Abhängigkeitsbericht der 100%igen Tochtergesellschaft, AG 2000, 498; *Grundmeier,* Rechtspflicht zur Compliance im Konzern, 2011; *Habersack,* Alte und neue Ungereimtheiten im Rahmen der §§ 311 ff. AktG, FS Peltzer, 2001, 139; *Habersack,* Die Einbeziehung des Tochtervorstands in das Aktienoptionsprogramm der Muttergesellschaft – ein Problem der §§ 311 ff. AktG?, FS Th. Raiser, 2005, 111; *Habersack,* Die UMTS-Auktion – ein Lehrstück des Aktienkonzernrechts, ZIP 2006, 1327; *Habersack,* Steuerumlagen im faktischen Konzern – konzernrechtlich betrachtet, BB 2007, 1397; *Habersack,* Aufsichtsrat und Prüfungsausschuss nach dem BilMoG, AG 2008, 98; *Habersack,* Aufsteigende Kredite im Lichte des MoMiG und der „Dezember"-Urteils des BGH, ZGR 2009, 347; *Habersack,* Aufsteigende Kredite nach MoMiG, FS Schaumburg, 2009, 1291; *Habersack,* Finanzielle Unterstützung des Aktienerwerbs nach MoMiG, FS Hopt, 2010, 725; *Habersack,* Gedanken zur konzernweiten Compliance-Verantwortung des Geschäftsleiters eines herrschenden Unternehmens, FS Möschel, 2011, 1175; *Habersack,* Staatliche und halbstaatliche Eingriffe in die Unternehmensführung, Gutachten E zum 69. DJT, 2012; *Habersack,* Die Umplatzierung von Aktien und das Verbot der Einlagenrückgewähr, FS Hommelhoff, 2012, 303; *Habersack,* Geschäftschancen im Recht der verbundenen Aktiengesellschaft, FS Hoffmann-Becking, 2013, 421; *Habersack,* Aktienkonzernrecht – Bestandsaufnahme und Perspektiven, AG 2016, 691; *Habersack/Schürnbrand,* Cash Management und Sicherheitenbestellung bei AG und GmbH im Lichte des richterrechtlichen Verbots der Kreditvergabe an Gesellschafter, NZG 2004, 689; *Haesen,* Der Abhängigkeitsbericht im faktischen Konzern, 1970; *Hentzen,* Konzerninnenfinanzierung nach BGHZ 157, 72, ZGR 2005, 480; *Henze,* Die Treuepflicht, BB 1996, 489; *Hoffmann-Becking,* Der Aufsichtsrat im Konzern, ZHR 159 (1995), 325; *Hoffmann-Becking,* Gibt es das Konzerninteresse?, FS Hommelhoff, 2012, 433; *Hogh,* Die Nachteilsermittlung im Rahmen des § 311 I AktG, 2004; *Hommelhoff,* Die Konzernleitungspflicht, 1982; *Hommelhoff,* Empfiehlt es sich, das Recht faktischer Unternehmensverbindungen – auch im Hinblick auf das Recht anderer EG-Staaten – neu zu regeln?, Gutachten G zum 59. DJT 1992; *Hommelhoff,* Praktische Erfahrungen mit dem Abhängigkeitsbericht, ZHR 156 (1992), 295; *Hommelhoff,* Vernetzte Aufsichtsratsüberwachung im Konzern?, ZGR 1996, 144; *Hommelhoff,* Vorstandsbezüge in der Konzerntochter, FS Goette, 2011, 169; *Hormuth,* Recht und Praxis des konzernweiten Cash Managements, 1997; *Hüffer,* Probleme des Cash Managements im faktischen Aktienkonzern, AG 2004, 416; *Hüffer,* Unternehmenszusammenschlüsse: Bewertungsfragen, Anfechtungsprobleme und Integrationsschranken, ZHR 172 (2008), 572; *Hüffer,* Informationen zwischen Tochtergesellschaft und herrschendem Unternehmen im vertragslosen Konzern, FS Schwark, 2009, 185; *Ihrig/Meder,* Der Mehrheitsaktionär als abhängiges Aufsichtsratsmitglied?, FS Hellwig, 2010, 163; *Immenga,* Der Preis der Konzernierung, FS Böhm, 1975, 253; *Immenga,* Schutz abhängiger Gesellschaften durch Bindung oder Unterbindung beherrschenden Einflusses?, ZGR 1978, 269; *Kalss,* Alternativen zum deutschen Aktienkonzernrecht, ZHR 171 (2007), 146; *Kellmann,* Zum faktischen Konzern, ZGR 1974, 220; *Kerber,* Cash-Management im faktischen Aktienkonzern: Aktienrechtliche Defizite des Liquiditätsschutzes, DB 2005, 1835; *Kleindiek,* Steuerumlagen im gewerbesteuerlichen Organkreis, DStR 2000, 559; *Koch,* Compliance-Pflichten im Unternehmensverbund?, WM 2009, 1013; *Koppensteiner,* Abhängige Aktiengesellschaften aus rechtspolitischer Sicht, FS Steindorff, 1990, 79; *Krejci,* Partnerschaft, Verein, Konzern, in: 10. ÖJT Bd. I/1, 1988, S. 318 ff.; *Kronstein,* Aktienrechtliche und wettbewerbsrechtliche Aspekte der Konzentration, FS Geßler, 1971, 219; *Kropff,* Der „faktische Konzern" als Rechtsverhältnis, Betr. 1967, 2147, 2204; *Kropff,* Außenseiterschutz in der faktisch abhängigen kleinen AG, ZGR 1988, 558; *Kropff,* Benachteiligungsverbot und Nachteilsausgleich im faktischen Konzern, FS Kastner, 1992, 279; *Kropff,* Ausgleichspflichten bei passiven Konzernwirkungen?, FS Lutter, 2000, 1133; *Kropff,* Aufsichtsratsmitglied „im Auftrag", FS Huber, 2006, 841; *Kropff,* Einlagenrückgewähr und Nachteilsausgleich im faktischen Konzern, NJW 2009, 814; *Kropff,* Der unabhängige Finanzexperte in der Gesellschaftsverfassung, FS K. Schmidt, 2009, 1023; *Lakner,* Der mehrstufige Konzern, 2005; *Leuschner,* Das Konzernrecht des Vereins, 2011; *Leuschner,* Öffentliche Platzierung, Prospekthaftung und Innenregress, NJW 2011, 3275; *Lieb,* Abfindungsansprüche im (qualifizierten?) faktischen Konzern, FS Lutter, 2000, 1151; *Löbbe,* Unternehmenskontrolle im Konzern, 2003; *Luchterhandt,* Leitungsmacht und Verantwortlichkeit im faktischen Konzern, ZHR 133 (1970), 1; *Lutter,* Die zivilrechtliche Haftung in der Unternehmensgruppe, ZGR 1982, 244; *Lutter,* Vermögensveräußerungen einer abhängigen AG, FS Steindorff, 1990, 125; *Lutter,* Grenzen zulässiger Einflussnahme im faktischen Konzern – Nachbetrachtung zum Mannesmann/Vodafone-Takeover, FS Peltzer, 2001, 241; *Lutter,* Konzernphilosophie vs. konzernweite Compliance und konzernweites Risikomanagement, FS Goette, 2011, 289; *Lutter/Scheffler/Schneider* (Hrsg.), Handbuch der Konzernfinanzierung, 1998; *Martens,* Mehrheits-Minderheits-Konflikte innerhalb abhängiger Unternehmen, AG 1974, 9; *Marx,* Rechtfertigung, Bemessung und Abbildung von Steuerumlagen, Betr. 1996, 950; *Maul,* Probleme im Rahmen von grenzüberschreitenden Unternehmensverbindungen, NZG 1999, 741; *Maul,* Aktienrechtliches Konzernrecht und Gemeinschaftsunternehmen, NZG 2000, 470; *Mertens,* Der Nachteilsausgleich im faktischen Konzern – Nachlese zu Mannesmann/Vodafone, in: Hommelhoff/Rowedder/Ulmer (Hrsg.), Max Hachenburg – Vierte Gedächtnisvorlesung, 2001, S. 27; *Mestmäcker,* Zur Systematik des Rechts der verbundenen Unternehmen, FG Kronstein, 1967, 129; *Michalski,* Ungeklärte Fragen bei der Einlagenrückgewähr im Aktienrecht, AG 1980, 261; *Möhring,* Zur Systematik der §§ 311, 317 AktG, FS Schilling, 1973, 253; *Möhrle,* Zur Erstattungspflicht des Mutterunternehmens für Buchführungskosten bei Aufstellung eines IFRS-Jahresabschlusses von Tochterunternehmen im faktischen Konzern, Konzern 2006, 487; *Mülbert,* Aktiengesellschaft, Unternehmensgruppe und Kapitalmarkt, 2. Aufl. 1996; *Mülbert,* Unternehmensbegriff und Konzernorganisationsrecht, ZHR 163 (1999); 1; *Mülbert/Leuschner,* Aufsteigende Darlehen im Kapitalerhaltungs- und Konzernrecht – Gesetzgeber und BGH haben gesprochen, NZG 2009, 281; *H.-F. Müller,* Konzernrechtlicher Nachteilsausgleich bei Beschlüssen der Hauptversammlung, FS Stilz, 2014, 427; *H.-P. Müller,* Zur Gewinn- und Verlustermittlung bei aktienrechtlichen Gewinnabführungsverträgen, FS Goerdeler, 1987, S. 375; *K. Müller,* Die Haftung der Muttergesellschaft für die Verbindlichkeiten der Tochtergesellschaft im Aktienrecht, ZGR 1977, 1; *W. Müller,* Die Begrenzung der Zulässigkeit von Konzernumlagen durch die Vorschriften des Aktiengesetzes, FS Beisse, 1997, 363; *Noack,* Haftungsfragen bei Vorstandsdoppelmandaten im Konzern, FS Hoffmann-Becking, 2013, 847; *Paehler,* Die Zulässigkeit des faktischen Konzerns, 1972; *Pentz,* Die Rechtsstellung der Enkel-AG in einer mehrstufigen Unternehmensverbindung, 1994; *Pentz,* Schutz der AG und der außenstehenden Aktionäre in mehrstufigen faktischen und unternehmensvertraglichen Unternehmensverbindungen, NZG 2000, 1103; *Pfeuffer,* Verschmelzungen und Spaltungen als nachteilige Rechtsgeschäfte im Sinne von § 311 Abs. 1 AktG?, 2006; *Pöppl,* Aktienrechtlicher Minderheitenschutz durch den „Abhängigkeitsbericht", 1972; *Pöschke,* Auskunftsrechte der abhängigen Kapitalgesellschaft gegenüber dem herrschenden Unternehmen, ZGR 2015, 550; *Redeke,* Zur gesellschaftsrechtlichen Beratung durch die Konzernrechtsabteilung, AG 2018, 381; *Rehbinder,* Konzernaußenrecht und allgemeines Privatrecht, 1969; *Rehbinder,* Gesellschaftsrechtliche Probleme mehrstufiger Unternehmensverbindungen, ZGR 1977, 581; *Reidenbach,* Cash Pooling und Kapitalerhalt nach neuerer höchstrichterlicher Rechtsprechung, WM 2004, 1421; *Renner,* Kollisionsrecht und Konzernwirklichkeit in der internationalen Unternehmensgruppe, ZGR 2014, 452; *Rittner,* Gesellschaftsrecht und Unternehmenskonzentration, ZGR 1990, 203; *Säcker,* Zur Problematik der Mehrfachfunktionen im Konzern, ZHR 151 (1987), 59; *Schäfer,* Einlagenrückgewähr und Risikoübernahme im faktischen AG-Konzern – was folgt aus der Telekom-Entscheidung des BGH?, FS Hoffmann-Becking, 2013, 997; *Schäfer/Fischbach,* Vorstandspflichten bei der Vergabe von Krediten an die Muttergesellschaft im faktischen Aktienkonzern nach „MPS", FS Hellwig, 2010, 293; *K. Schmidt,* Abhängigkeit und faktischer Konzern als Aufgaben der Rechtspolitik, JZ 1992, 856; *K. Schmidt,* Konzernunternehmen, Unternehmensgruppe und Konzern-Rechtsverhältnis, FS Lutter, 2000, 1167; *S. H. Schneider,* Informationspflichten und Informationssystemeinrichtungspflichten im Aktienkonzern, 2006; *U. H. Schneider,* Konzernleitung als Rechtsproblem, BB 1981, 249; *U. H. Schneider,* Die vertragliche Ausgestaltung der Konzernverfassung, BB 1986, 1993; *U. H. Schneider,* Der Aufsichtsrat des herrschenden Unternehmens im Konzern, FS Hadding, 2004, 621; *U. H. Schneider,* Der Aufsichtsrat des abhängigen Unternehmens im Konzern, FS Raiser, 2005, 345; *U. H. Schneider/S. H. Schneider,* Vorstandshaftung im Konzern, AG 2005, 57; *U. H. Schneider/S. H. Schneider,* Konzern-Compliance als Aufgabe der Konzernleitung, ZIP 2007, 2061; *Schnorbus/Plassmann,* Die Sonderdividende – Organsorgfaltspflichten, Beschlussmängel und Aktionärshaftung, ZGR 2015, 446; *Schön,* Deutsches Konzernprivileg und europäischer Kapitalschutz – ein Widerspruch?, FS Kropff, 1997, 285; *Schürnbrand,* Organschaft im Recht der privaten Verbände, 2007; *Semler,* Leitung und Überwachung der AG, 2. Aufl. 1996; *Spindler,* Konzernfinanzierung, ZHR 171 (2007), 245; *Spindler,* Konzerninterne Informationsflüsse und Datenschutz – de lege lata und de lege ferenda, FS Hoffmann-Becking, 2013, 1185; *Stoll,* Garantiekapital und konzernspezifischer Gläubigerschutz, 2007; *Streyl/Schaper,* Kompetenzverteilung in der AG und im Konzern bei Strukturmaßnahmen in der AG und im Konzern, ZIP 2017, 410; *Strohn,* Die Verfassung der AG im faktischen Konzern, 1977; *Sura,* Fremdeinfluß und Abhängigkeit im Aktienrecht, 1980; *Sura,* Die Behandlung des Fremdeinflusses in Unternehmensverbindungen, ZHR 145 (1981), 432; *Tillmann/Rieckhoff,* Nachteilsausgleichspflicht bei Abspaltungen im faktischen Konzern?, AG 2008, 486; *Timm,* Das Recht der faktischen Unternehmensverbindungen im Umbruch, NJW 1992, 2185; *Tröger,* Treupflicht im Konzernrecht, 2000; *Tröger,* Anreizorientierte Vorstandsvergütung im faktischen Konzern, ZGR 2009, 447; *Ulmer,* Das Sonderrecht der §§ 311 ff. AktG und sein Verhältnis zur allgemeinen aktienrechtlichen Haftung für Schädigungen der AG, FS Hüffer, 2009, 997; *Verse,* Der Gleichbehandlungsgrundsatz im Recht der Kapitalgesellschaften, 2006; *Verse,* Treupflicht und Gleichbehandlungsgrundsatz, in: Bayer/Habersack, Bd. II, 579; *Verse,* Compliance im Konzern, ZHR 175 (2011), 401; *E. Vetter,* Interessenkonflikte im Konzern – vergleichende Betrachtungen zum faktischen Konzern und zum Vertragskonzern, ZHR 171 (2007), 342; *J. Vetter,* 50 Jahre Aktienkonzernrecht, in Fleischer/Koch/Kropff/Lutter (Hrsg.), 50 Jahre Aktiengesetz, 2016, *Habersack,* Staatliche und halbstaatliche Eingriffe in die Unternehmensführung, Gutachten E zum 69. DJT, 2012, 231; *Wackerbarth,* Der Vorstand der abhängigen Aktiengesellschaft und die §§ 311 ff. AktG in der jüngeren Rechtsprechung des II. Senats, Konzern 2010, 261 und 337; *Wardenbach,* Weisung auf Unterstützung der Due Diligence im Konzern, FS Lüer, 2008, 303; *Westermann/Paefgen,* Kritische Überlegungen zum Telekom III-Urteil des BGH und seinen Folgen, FS Hoffmann-Becking, 2013, 1363; *Wiedemann/Strohn,* Die Zulässigkeit einer Konzernumlage im Aktienrecht, AG 1979, 113; *Wessels,* Aufsteigende Finanzierungshilfen in GmbH und AG, ZIP 2004, 793; *A. Wilhelm,* Zur Gestaltung des Nachteilsausgleichs bei Unternehmensveräußerungen im faktischen Aktienkonzern, NZG 2012, 1287;

J. Wilhelm, Konzernrecht und allgemeines Haftungsrecht, Betr. 1986, 2113; *Will,* Nachteilsausgleichsvereinbarungen im faktischen Konzern, 2017; *Wimmer-Leonhardt,* Konzernhaftungsrecht, 2003; *Zöllner,* Die Schranken mitgliedschaftlicher Stimmrechtsmacht bei den privatrechtlichen Personenverbänden, 1963; *Zöllner,* Empfiehlt es sich, das Recht faktischer Unternehmensverbindungen neu zu regeln?, Referat zum 59. DJT 1992, Bd. II (Sitzungsbericht), R 35; *Zöllner,* Schutz der Aktionärsminderheit bei einfacher Konzernierung, FS Kropff, 1997, 333; *Zöllner,* Treupflichtgesteuertes Aktienkonzernrecht, ZHR 162 (1998), 235.

Zu Geschäften mit nahestehenden Personen (Related Party Transactions): *Backhaus/Brouwer,* Zustimmungsvorbehalte des Aufsichtsrats bei Geschäften mit nahestehenden Personen (Related Party Transactions) bei der KGaA – HGB sticht AktG, AG 2019, 287; *Bungert/Berger,* Say on Pay und Related Party Transactions: der RefE des Gesetzes zur Umsetzung der zweiten Aktionärsrechterichtlinie, Betr. 2018, 2060; *Bungert/Wansleben,* ARUG II: Say on Pay und Related Party Transactions im Regierungsentwurf aus Sicht der Praxis, BB 2019, 1026; *Engert/Florstedt,* Geschäfte mit nahestehenden Personen aus empirischer Sicht, ZIP 2019, 493; *Mörsdorf/Piroth,* Neue Aktionärsrechte-Richtlinie und Minderheitenschutz im Gesellschaftsrecht, ZIP 2018, 1469; *H. F. Müller,* Related Party Transactions im Konzern, ZGR 2019, 97; *Paschos/Goslar,* Der Referentenentwurf des Gesetzes zur Umsetzung der zweiten Aktionärsrechterichtlinie (ARUG II) aus Sicht der Praxis, AG 2018, 857; *J. Schmidt,* Die Umsetzung der Aktionärsrechte-Richtlinie 2017: der Referentenentwurf für das ARUG II, NZG 2018, 1201; *Tarde,* Related Party Transactions, 2018; *Tarde,* Geschäfte mit nahestehenden Personen nach dem ARUG II-Regierungsentwurf, NZG 2019, 488; *Tröger/Roth/Strenger,* Effektiver Rechtsschutz bei Related Party Transaction: wider die „weiße Salbe" des ARUG II-Referentenentwurfs, BB 2018, 2946; *Veil,* Transaktionen mit Related Parties im deutschen Aktien- und Konzernrecht, NZG 2017, 521; *J. Vetter,* Regelungsbedarf für Related Party Transactions?, ZHR 179 (2015), 273.

I. Überblick

Das Dritte Buch des AktG von 1965 unterscheidet im Wesentlichen **drei verschiedene Formen von Unternehmensverbindungen,** nämlich die Eingliederung (§§ 319 ff. AktG), den durch Abschluss eines Beherrschungsvertrages begründeten Vertragskonzern (§§ 291, 308 AktG) und die in §§ 311 ff. AktG geregelten Abhängigkeitsverhältnisse. Letztere umfassen das einfache Abhängigkeitsverhältnis iSd § 17 AktG und den einfachen (vertragslosen und damit „faktischen") Konzern iSd § 18 Abs. 1 AktG. Nicht ausdrücklich geregelt sind dagegen die Rechtsfolgen einer nachteiligen Einflussnahme, die dem Einzelausgleichssystem der §§ 311, 317 AktG nicht mehr zugänglich ist und somit an sich nur auf der Grundlage eines Beherrschungsvertrags erfolgen darf. Nach zutreffender Ansicht haftet das herrschende Unternehmen für solche **„qualifizierten Nachteilszufügungen"** so, als hätte es einen Beherrschungsvertrag geschlossen, und damit in entsprechender Anwendung der §§ 302 ff. AktG (→ § 28 Rn. 5 ff.). **1**

Die §§ 311 ff. AktG begegnen den **Gefahren der Abhängigkeit** (→ § 1 Rn. 23 ff.) vor allem dadurch, dass sie dem herrschenden Unternehmen, seinen gesetzlichen Vertretern sowie den Mitgliedern des Vorstands und des Aufsichtsrats der abhängigen Gesellschaft besondere Verhaltenspflichten auferlegen, deren Verletzung grds. zum Schadensersatz verpflichtet. Hierzu zählt insbes. das in § 311 Abs. 1 AktG geregelte **Verbot der nachteiligen Einflussnahme** auf die abhängige Gesellschaft. Freilich verbietet § 311 Abs. 1 AktG dem herrschenden Unternehmen eine der abhängigen Gesellschaft zum Nachteil gereichende Einflussnahme nicht schlechthin; verboten ist vielmehr allein eine entsprechende Einflussnahme, ohne dass das herrschende Unternehmen den Nachteil der abhängigen Gesellschaft nach Maßgabe des § 311 Abs. 2 AktG ausgleicht (→ § 25 Rn. 47 ff.). Unterbleibt allerdings der Nachteilsausgleich, so ist das herrschende Unternehmen der abhängigen Gesellschaft zum Schadensersatz verpflichtet (§ 317 Abs. 1 AktG), sofern nicht auch ein ordentlicher und gewissenhaf- **2** ter Geschäftsleiter einer unabhängigen Gesellschaft das betreffende Rechtsgeschäft vorgenommen oder die fragliche Maßnahme getroffen oder unterlassen hätte (§ 317 Abs. 2 AktG). Neben dem herrschenden Unternehmen haften außerdem gegebenenfalls dessen gesetzliche Vertreter (§ 317 Abs. 3 AktG) sowie Vorstand und Aufsichtsrat der abhängigen Gesellschaft (§ 318 AktG, → § 27 Rn. 3 ff.).

3   Zur Kontrolle der Beziehungen zwischen dem herrschenden Unternehmen und der abhängigen Gesellschaft hat das Gesetz einen besonderen **Abhängigkeitsbericht** eingeführt (§ 312 AktG), der vom Vorstand der abhängigen Gesellschaft aufzustellen und grds. vom Abschlussprüfer sowie stets durch den Aufsichtsrat der Gesellschaft zu prüfen ist (§§ 313, 314 AktG, → § 26 Rn. 9 ff.). Ergänzend kann in bestimmten Fällen eine **Sonderprüfung** der Beziehungen der abhängigen Gesellschaft zu dem herrschenden Unternehmen oder einem mit diesem verbundenen Unternehmen angeordnet werden (§ 315 AktG, → § 26 Rn. 33 ff.). Besteht zwischen der abhängigen Gesellschaft und dem herrschenden Unternehmen ein Gewinnabführungsvertrag, so finden nach § 316 AktG zwar §§ 311, 317 AktG, nicht aber §§ 312–315 AktG Anwendung (→ Rn. 21).

II. Rechtspolitische Würdigung

4   Seit Inkrafttreten des AktG 1965 wird darüber gestritten, ob die Konzeption der §§ 311–318 AktG gelungen ist oder nicht, dh, ob diese Vorschriften geeignet sind, einen ausreichenden Schutz der abhängigen Gesellschaft und ihrer Außenseiter sicherzustellen. Während zunächst die kritischen Stimmen deutlich überwogen,[1] dominieren heute diejenigen Stimmen, die der Konzeption der §§ 311 ff. AktG aufgeschlossen bis **durchaus positiv** gegenüber stehen.[2] Mag auch nicht zu bezweifeln sein, dass das deutsche Modell international kaum anschlussfähig sein dürfte[3] und überdies ein auf dem Ausgleich einzelner nachteiliger Maßnahmen basierendes System mit zum Teil beträchtlichen Abgrenzungs- und Durchsetzungsproblemen zu leben hat,[4] so darf andererseits nicht übersehen werden, dass von den §§ 311 ff. AktG, macht man nur mit den ihnen immanenten Grenzen einheitlicher Leitung ernst (→ § 25 Rn. 14 ff.; → § 28 Rn. 5 ff.), eine Tendenz zur dezentralen Konzernführung ausgehen kann; dies ist aus Sicht der Außenseiter, aber auch aus wettbewerbspolitischer Sicht durchaus zu

---

[1] MK 7. HauptGA Rn. 839 ff.; Unternehmensrechtskommission Bericht Rn. 1387 ff. (S. 705 ff.); *Bälz* AG 1992, 277 (283 f., 291 f., 304 f.); *Emmerich* AG 1987, 1; *Geßler* FS Flume, Bd. II, 1978, 55; *Geßler* ZHR 145 (1981), 457; *Immenga* FS Böhm, 1975, 253; *Immenga* ZGR 1978, 269; *Koppensteiner* ZGR 1973, 1 (11 f.); KölnKommAktG/*Koppensteiner* AktG § 312 Rn. 2 ff.; *Kronstein* FS Geßler, 1971, 219 (222); *Mestmäcker*, FG Kronstein, 1967, 129; *K. Schmidt* ZGR 1981, 455; *Stimpel* AG 1986, 117; *Sura* Fremdeinfluß S. 50 ff.; *Sura* ZHR 145 (1981), 432; *J. Wilhelm*, Rechtsform und Haftung bei der juristischen Person, 1981, S. 330 ff.

[2] *Hommelhoff* Gutachten S. 19 ff.; *Hommelhoff* ZHR 156 (1992), 295 (312 ff.); MüKoAktG/*Altmeppen* AktG Vor § 311 Rn. 28 f.; Grigoleit/*Grigoleit* AktG § 311 Rn. 8 f.; Hüffer/Koch/*Koch* AktG § 311 Rn. 6; Spindler/Stilz/*Müller* AktG Vorbemerkung zu den §§ 311–318 § 311 Rn. 16 f.; K. Schmidt/Lutter/*Vetter* AktG § 311 Rn. 8; Fleischer/Koch/Kropff/Lutter/*J. Vetter* S. 231 (251 ff.); *Decher* ZHR 171 (2007), 126 (132 ff.); *Habersack* AG 2016, 691 (694 f.); *Kropff* FS Kastner, 1992, 279 (283 ff.); *Lutter* ZHR 151 (1987), 444 (460); *Lutter* Betr. 1992, 2429; *Rittner* ZGR 1990, 203 (214, 218); *K. Schmidt* JZ 1992, 856 (859); *G. Walter* ZGR 1974, 208; *Bezzenberger* Kapital S. 307 ff.; s. ferner Emmerich/Habersack Aktien-/GmbH-KonzernR/*Habersack* AktG § 311 Rn. 12; zu Alternativkonzeptionen s. *Kalss* ZHR 171 (2007), 146.

[3] Zu rechtsvergleichenden Hinweisen sowie zur europäischen Perspektive → § 1 Rn. 42 ff.

[4] Prägnante Zusammenfassung der Kritik bei MüKoAktG/*Altmeppen* Vor AktG § 311 Rn. 24 ff. mwN.

begrüßen.[5] Vor diesem Hintergrund ist systemimmanenten Korrekturen[6] der Vorzug vor einer Totalrevision des Rechts des faktischen Aktienkonzerns zu geben.[7]

III. Geschichte

1. Rechtslage unter dem AktG von 1937

Unter Geltung des AktG 1937 wurden der Einflussnahme des herrschenden Unternehmens auf die abhängige Gesellschaft allein durch die – im Wesentlichen dem heutigen § 117 AktG entsprechende – Vorschrift des § 101 AktG Grenzen gesetzt.[8] Infolgedessen konzentrierte sich die Diskussion vor 1965 auf die Frage, ob das herrschende Unternehmen zum **Schadensersatz** verpflichtet ist, wenn es in seinem Interesse die Verwaltung der abhängigen Gesellschaft dazu veranlasst, zum Schaden der Gesellschaft oder ihrer Aktionäre zu handeln. Das war vor allem deshalb zweifelhaft gewesen, weil nach § 101 Abs. 3 AktG 1937 die Ersatzpflicht entfallen sollte, wenn der Einfluss dazu benutzt wurde, einen Vorteil zu erlangen, der "schutzwürdigen" Belangen dient, worunter nach einer Bemerkung der Gesetzesverfasser auch **Konzerninteressen** zu verstehen sein sollten.[9]

Indessen ist der bloße Besitz wirtschaftlicher Macht in keinem Fall geeignet, entschädigungslose Eingriffe in die grds. gleichwertigen Vermögensinteressen der übrigen Aktionäre zu rechtfertigen. Mit Recht hatte sich deshalb bereits unter dem AktG von 1937 zuletzt weithin die Auffassung durchgesetzt, dass dem herrschenden Unternehmen ebenso wie jedem anderen Aktionär Eingriffe in die Rechte der Minderheit nur gegen Entschädigung gestattet sind.[10]

2. Entstehungsgeschichte der §§ 311 ff. AktG

Die Vorarbeiten zum AktG 1965 waren durch die Vorstellung geprägt, dass nachteilige Einflussnahmen nur bei Vorliegen eines Beherrschungsvertrags gerechtfertigt seien.[11] So sah der im Jahr 1959 vorgelegte **Referentenentwurf** eines neuen AktG eine **strikte Erfolgshaftung** des herrschenden Unternehmens und seiner Mitarbeiter für Weisungen an die abhängige Gesellschaft vor, durch die die Gesellschaft zu nachteiligen Maßnahmen bestimmt worden war. Dadurch sollte nach Möglichkeit die

---

5 Zum zuletzt genannten Gesichtspunkt s. namentlich *Rittner* ZGR 1990, 203 (214 ff.); zur Reformdiskussion s. außerdem noch Bericht der Unternehmensrechtskommission, Rn. 1379 ff. (S. 702 ff.); *Hommelhoff* Gutachten S. 26 ff.; *Koppensteiner* FS Steindorff, 1990, 79 (86 ff.); *Kropff* FS Kastner, 1992, 277 (283 ff.); *K. Schmidt* JZ 1992, 856; *Timm* NJW 1992, 2185.

6 Habersack AG 2016, 691 (694 f.); s. ferner die Vorschläge von *Kropff* FS Kastner, 1992, 279 (290 ff.), *Hommelhoff* Gutachten S. 48 ff.; s. dazu auch den Diskussionsbericht von *Schürnbrand* ZHR 171 (2007), 241 (243); zum "Rozenblum"-Konzept bereits → § 1 Rn. 45.

7 Im Wesentlichen zust. K. Schmidt/Lutter/*Vetter* AktG § 311 Rn. 8 f.; Spindler/Stilz/*Müller* AktG Vorbemerkung zu den §§ 311–318 Rn. 16 f.; *Decher* ZHR 171 (2007), 126 (132 ff.); s. ferner *Stoll* Garantiekapital S. 234 ff.

8 Zur historischen Entwicklung iE bereits → § 1 Rn. 5 ff.

9 Deutscher RAnz. Nr. 28 v. 30. 1. 1937.

10 OLG Frankfurt a. M. AG 1988, 267 – IG Farben; *Filbinger,* Die Schranken der Mehrheitsherrschaft im Aktienrecht und Konzernrecht, 1942, 54 ff.; *C. E. Fischer* AcP 154 (1955), 181 (238 f.); *Geßler* FS W. Schmidt, 1959, 247 (256 ff.); *Mestmäcker* S. 275 ff.; ebenso in Österreich *Krejci* Partnerschaft S. 368 ff.; *Reich-Rohrwig,* GmbH-Recht, 1983, 569 ff.

11 Eingehend zum Folgenden Bayer/Habersack Bd. I/*Kropff* S. 670 (682 ff.); Bayer/Habersack Bd. II/*Altmeppen* S. 1027 (1040 ff.); *Hommelhoff* Konzernleitungspflicht S. 29 ff.; *Dettling* Entstehungsgeschichte insbes. S. 83 ff., 132 ff.

Ausübung von Leitungsmacht durch ein herrschendes Unternehmen schon im Ansatz unterbunden werden.[12]

8 Doch hat die **Bundesregierung** im Anschluss insbes. an entsprechende Vorschläge *Flumes*[13] von diesem Vorschlag Abstand genommen: Sie hielt zwar an dem „umfassenden Verbot" der Veranlassung zu nachteiligen Maßnahmen fest, gestattete aber jetzt die Nachteilszufügung, sofern die Nachteile durch **Vorteile ausgeglichen** werden, die auf einem Vertrag beruhen, der mit der nachteiligen Maßnahme wirtschaftlich eine Einheit bildet. Zugleich war im Interesse der Transparenz der Beziehungen zwischen dem herrschenden Unternehmen und der abhängigen Gesellschaft ein Abhängigkeitsbericht vorgesehen.[14]

9 Die **endgültige Fassung** der §§ 311–318 AktG geht auf die Beratungen in den Ausschüssen zurück, in denen zwar die Konzeption des Regierungsentwurfs grds. beibehalten, die Ausgleichspflicht jedoch im Interesse des herrschenden Unternehmens nochmals erleichtert wurde. Seitdem genügt es bereits, wenn erst am Ende des Geschäftsjahrs, in dem der abhängigen Gesellschaft der Nachteil zugefügt worden ist, bestimmt wird, wann und durch welche Vorteile der Nachteil ausgeglichen wird (§ 311 Abs. 2 AktG).[15] Mit dieser – sodann Gesetz gewordenen – Zulassung des **gestreckten Nachteilsausgleichs** hat der Gesetzgeber den §§ 311 ff. AktG zwar ein hohes Maß an Flexibilität verliehen, zugleich aber die Interessen der abhängigen Gesellschaft und ihrer Außenseiter nicht unerheblichen Gefahren ausgesetzt.[16] Für **Geschäfte mit nahestehenden Personen** iSd §§ 111 a ff. AktG-E ist denn auch die Möglichkeit eines gestreckten Nachteilsausgleichs ausgeschlossen (→ Rn. 31 ff.).

IV. Zweck

1. Schutz- und Privilegierungsfunktion der §§ 311 ff. AktG

10 Es lässt sich nicht bestreiten, dass die §§ 311 ff. AktG den Schutz der abhängigen Gesellschaft, ihrer Gläubiger und ihrer außenstehenden Aktionäre bezwecken. Aus Sicht des historischen Gesetzgebers war dies sogar der zentrale Zweck der genannten Vorschriften, sehen diese doch eine Haftung des herrschenden Unternehmens vor, die deutlich über den allgemeinen Haftungstatbestand des § 117 AktG hinausgeht.[17] Dahinter stand die Erwägung, dass es bei **Abhängigkeit** der Gesellschaft eines **besonderen Schutzes** der Gesellschaft und ihrer Außenseiter bedarf (→ § 1 Rn. 23 ff.).

11 Mit der Anerkennung **mitgliedschaftlicher Treupflichten** des Aktionärs gegenüber der AG und den Mitaktionären[18] hat sich insoweit allerdings die Ausgangslage ganz entscheidend geändert: Nunmehr wäre es, wie das Beispiel der abhängigen GmbH zeigt (→ § 30 Rn. 2 ff., 7 ff.), durchaus möglich, den Schutz der abhängigen AG und

---

[12] *Geßler* FS W. Schmidt, 1959, 251 f.

[13] *Flume* Referentenentwurf, 19 ff.; *Flume* Betr. 1959, 190.

[14] Begr. RegE, bei *Kropff* S. 407; dazu *Flume* Grundfragen S. 42 ff.

[15] Zu den Gründen vgl. den Ausschussbericht zu § 311 bei *Kropff* S. 409 ff.; *Kropff* FS Kastner, 1992, 277 (281 ff.).

[16] Zur rechtspolitischen Bewertung → Rn. 4.

[17] § 117 AktG erfasst nur die vorsätzliche Nachteilszufügung. Abs. 7 Nr. 1 aF der Vorschrift enthielt zudem eine – allerdings durch das UMAG v. 22. 9. 2005 (BGBl. 2005 I 2802; s. Begr. RegE, BR-Drs. 3/05 = ZIP 2004, 2455) aufgehobene – Ausnahme für Maßnahmen, die durch Ausübung des Stimmrechts in der Hauptversammlung veranlasst worden sind.

[18] BGHZ 103, 184 – Linotype; BGHZ 129, 136 – Girmes; BGH ZIP 1999, 1444 – Hilgers.

ihrer Außenseiter unter Rückgriff auf die Treupflicht zu besorgen. Aus haftungsrechtlicher Sicht käme deshalb dem in §§ 311, 317 AktG geregelten Verbot der kompensationslosen nachteiligen Einflussnahme nur noch dann eigenständige Bedeutung zu, wenn man das Vorsatzerfordernis des § 117 AktG auf die Haftung wegen Treupflichtverletzung erstrecken und somit auch letztere nur bei vorsätzlichem Handeln oder Unterlassen zur Anwendung bringen wollte.[19]

Zumal vor dem skizzierten Hintergrund besteht denn auch die Funktion der §§ 311 ff. AktG zumindest gleichermaßen in der Außerkraftsetzung des Verbots nachteiliger Einflussnahme und, damit einhergehend, der Verdrängung der allgemeinen Haftungstatbestände: Leistet das herrschende Unternehmen **Nachteilsausgleich** nach Maßgabe des § 311 Abs. 2 AktG, was, wie erwähnt, noch im Laufe des Geschäftsjahres geschehen kann, so hat dies nach heute überwiegender Ansicht die **Rechtfertigung** der Maßnahme und damit die Verdrängung der allgemeinen Haftungstatbestände zur Folge.[20]   **12**

So gesehen haben §§ 311 ff. AktG geradezu eine **Privilegierung** des herrschenden Unternehmens zur Folge, indem diesem, nicht zuletzt um die abhängige Gesellschaft unter die einheitliche Konzernleitung zu stellen,[21] nachteilige Einflussnahmen unter der Voraussetzung gestattet werden, dass, bezogen auf die einzelne Maßnahme, die Vermögensinteressen der abhängigen Gesellschaft gewahrt werden. Die abhängige Gesellschaft darf sich, die Wahrung ihrer Vermögensinteressen unterstellt, den geschäftspolitischen Vorstellungen des herrschenden Unternehmens öffnen; die damit verbundene Überlagerung ihres Eigenwillens durch den Willen des maßgebenden Aktionärs nehmen die §§ 311 ff. AktG hin.[22] Diese den Aufbau dezentral geführter Konzerne fördernde, nunmehr auch vom **BGH** und der herrschenden Lehre anerkannte[23]   **13**

---

[19] So für die treuwidrige Stimmrechtsausübung BGHZ 129, 136 (162) – Girmes (iÜ offengelassen).

[20] BGHZ 179, 71 Rn. 11 – MPS; BGHZ 190, 7 Rn. 48 – Dritter Börsengang; BGH ZIP 2012, 1753 Rn. 16, 19; *Flume* § 4 IV; Hüffer/Koch/*Koch* AktG § 311 Rn. 6 f., 42; KölnKommAktG/*Koppensteiner* AktG Vor § 311 Rn. 5 f.; Spindler/Stilz/*Müller* AktG Vorbemerkung zu den §§ 311–318 Rn. 2; Spindler/Stilz/*Müller* AktG § 311 Rn. 63, 67; K. Schmidt/Lutter/*Vetter* AktG § 311 Rn. 6; *K. Schmidt* § 31 IV 2b; *Mülbert* ZHR 163 (1999), 1 (22 ff.); *Strohn* Verfassung S. 109 ff.; Emmerich/Habersack Aktien-/GmbH-KonzernR/*Habersack* AktG § 311 Rn. 5; offengelassen noch in BGHZ 175, 365 Rn. 28; 124, 111 (118 f.); aA namentlich *Altmeppen* Haftung S. 56 ff.; *Bälz* FS Raiser, 1974, 287 (308); *Kellmann* ZGR 1974, 220 (221 ff.) – Näher zum Verhältnis zwischen §§ 311, 317 AktG und den allgemeinen Haftungstatbeständen → Rn. 25 ff.

[21] Zur Zulässigkeit des einfachen faktischen Konzerns noch in → Rn. 14 f.

[22] Emmerich/Habersack Aktien-/GmbH-KonzernR/*Habersack* AktG § 311 Rn. 5; *Mülbert* ZHR 163 (1999), 1 (26). – Zur Zulässigkeit der Teilnahme des Vorstands der abhängigen Gesellschaft an ergebnisabhängigen Vergütungssystemen des herrschenden Unternehmens LG München AG 2008, 133 (134 f.); *Arnold* FS Bauer, 2010, 35 (39 ff.); *Habersack* FS Raiser, 2005, 111 (120 ff.); *Hohenstatt/Seibt/ Wagner* ZIP 2008, 2289 (2291 ff.); *Reichert/Balke* FS Hellwig, 2010, 285 (289 ff.); zumindest tendenziell *Waldhausen/Schüller* AG 2009, 179 (181 ff.); im Grundsatz auch (allerdings für Einzelfallbetrachtung) *Goette* FS Hopt, 2010, 689 (697 ff.); tendenziell auch BGH ZIP 2009, 2436 (Nichtannahmebeschluss); aA OLG München NZG 2008, 631 (m. abl. Anmerkung *Habersack*); *Tröger* ZGR 2009, 447; im Grundsatz auch *Hommelhoff* FS Goette, 2011, 169 (175 f.).

[23] Vgl. die Nachw. in Fn. 20, ferner *Hommelhoff* Konzernleitungspflicht S. 124 f.; *Lutter/Timm* BB 1978, 836 (838 f.); *Habersack/Schürnbrand* NZG 2004, 689 (692); *Leuschner* Konzernrecht S. 59 ff.; iErg auch MüKoAktG/*Altmeppen* AktG § 311 Rn. 32, 38 ff. – Zu den Folgen Inhalt der Privilegierung, insbes. zum Verhältnis zwischen § 311 AktG einerseits, §§ 57, 93, 117 AktG andererseits, → Rn. 25 ff.; s. ferner *Hoffmann-Becking* FS Hommelhoff, 2012, 433 (437 ff.), der zu Recht die Bindung der Organwalter des herrschenden Unternehmens an das Interesse des herrschenden Unternehmens (nicht dagegen an ein Gesamtinteresse des Konzerns) herausstellt.

und vom **BVerfG** sub specie des Art. 14 Abs. 1 GG gebilligte[24] Privilegierungsfunktion der §§ 311 ff. versteht sich allerdings nur als Kehrseite[25] der den §§ 311 ff. primär zukommenden Schutzfunktion (→ Rn. 1): Das herrschende Unternehmen darf von seinem Einfluss nur unter der Voraussetzung Gebrauch machen, dass sich die der abhängigen Gesellschaft entstehenden Nachteile isolieren und gem. § 311 ausgleichen lassen.

2. Die Zulässigkeit des einfachen faktischen Konzerns und ihre Grenzen

a) Grundsatz

14 Vor allem in den ersten Jahren nach Inkrafttreten der §§ 311 ff. AktG wurde mit einiger Heftigkeit die Frage diskutiert, ob diesen Vorschriften eine grundsätzliche Entscheidung des Gesetzgebers zugunsten der Zulässigkeit auch von faktischen Konzernen neben den Vertragskonzernen zugrunde liegt oder ob solche Konzerne vom Gesetz grds. missbilligt werden.[26] Auslöser der Debatte ist die Tatsache, dass die §§ 311 ff. AktG an das Bestehen eines bloßen Abhängigkeitsverhältnisses anknüpfen, während die Vorschriften über den Beherrschungsvertrag und die Eingliederung unzweifelhaft einzelne Erscheinungsformen des Konzerns regeln. Gleichwohl nötigt dieser Befund nicht dazu, die Ausübung einheitlicher Leitung – ganz iSd Modells einer organischen Konzernverfassung (→ § 1 Rn. 44) – vom Abschluss eines Beherrschungsvertrags abhängig zu machen und vertragslose (faktische) Konzernverhältnisse für unzulässig zu erklären.[27] Nicht zuletzt mit Blick auf die Möglichkeit des gestreckten Nachteilsausgleichs ist vielmehr mit der heute ganz überwiegenden Ansicht von der Zulässigkeit auch des faktischen Konzerns auszugehen.[28]

b) Grenzen

15 Der Konzernleitung durch das herrschende Unternehmen werden freilich durch §§ 311 ff. AktG in verschiedener Hinsicht Grenzen gesetzt. So versteht es sich von selbst, dass das herrschende Unternehmen, nicht anders als der Vorstand der abhängigen Gesellschaft auch, an den satzungsmäßigen **Unternehmensgegenstand und Zweck** der abhängigen Gesellschaft gebunden ist. Veranlasst also das herrschende Un-

---

[24] BVerfG ZIP 2011, 2094 Rn. 19 f., allerdings mit ausdrücklicher Hervorhebung des Erfordernisses der Funktionsfähigkeit des Einzelausgleichssystems; dazu → Rn. 15 f., → § 25 Rn. 17, → § 28 Rn. 5 ff.

[25] Den Primat der Privilegierungsfunktion und damit des organisationsrechtlichen Elements betont *Mülbert* ZHR 163 (1993), 1 (24 ff.); dagegen zu Recht *K. Schmidt* FS Lutter, 2000, 1167 (1179 ff.); s. ferner MüKoAktG/*Altmeppen* AktG § 311 Rn. 21 Fn. 30 („Übertreibung"); allg. zu schutz- und organisationsrechtlichen Aufgaben des Konzernrechts → § 1 Rn. 17 f.

[26] Vgl. zB *Geßler* FG Kunze, 1969, 159 ff.; *Geßler* FS H. Westermann, 1974, 156 ff.; *Kropff* Betr. 1967, 2147 (2204 ff.); *Luchterhandt* ZHR 133 (1970), 1.

[27] So aber namentlich *Bälz* FS Raiser, 1974, 287 (308 ff.); *Bälz* AG 1992, 277 (303 f.); *Reuter* ZHR 146 (1982), 1 (10); tendenziell auch *Lieb* FS Lutter, 2000, 1151 (1156 f., 1163 f.).

[28] Vgl. namentlich BGH NZG 2008, 831 Rn. 17 – Züblin/Strabag; OLG Hamm NJW 1987, 1030 – Banning; OLG Stuttgart AG 2015, 163 (168); LG Mannheim WM 1990, 760 (764); *Flume* § 4 IV (S. 122); *Hommelhoff* Konzernleitungspflicht S. 109 ff.; *Lutter* AG 1990, 179; *Mülbert* Aktiengesellschaft S. 285 ff.; *Timm* NJW 1987, 977 (982); *K. Schmidt* § 31 IV 2b; KölnKommAktG/*Koppensteiner* AktG Vor § 311 Rn. 6 ff.; Grigoleit/*Grigoleit* AktG § 311 Rn. 9; Hüffer/Koch/*Koch* AktG § 311 Rn. 4; *Krieger/Schneider* § 70 Rn. 22; Spindler/Stilz/*Müller* Vor AktG § 311 Rn. 5; K. Schmidt/Lutter/*Vetter* AktG § 311 Rn. 6; Bürgers/Körber/*Fett* AktG § 311 Rn. 3; iS bloßer Duldung *Geßler* FS Westermann, 1974, 145 (150 ff.); *Tröger* Treupflicht S. 166 ff.; Nachw. zur Gegenansicht s. in Fn. 27.

ternehmen die abhängige Gesellschaft zu einer Maßnahme, die jenseits des Unternehmensgegenstands liegt, so ist dies von vornherein rechtswidrig.[29] Entsprechendes gilt für Maßnahmen, die der abhängigen AG eine dem herrschenden Unternehmen oder dem Konzern dienende Funktion beilegen und dadurch die Verwirklichung ihres – zumeist auf Gewinnerzielung gerichteten – satzungsmäßigen Zwecks in Frage stellen.[30]

Schließlich, und dies ist entscheidend, darf das herrschende Unternehmen seinen Einfluss nur iRd **Funktionsfähigkeit des Systems des Einzelausgleichs** ausüben. Insbes. eine Einflussnahme, die, weil sie sich nicht in Einzelmaßnahmen zerlegen lässt oder in ihren Folgen für die abhängige Gesellschaft nicht zu überblicken ist, einem Einzelausgleich nach § 311 AktG nicht zugänglich ist, darf nur auf der Grundlage eines Beherrschungsvertrags erfolgen. Erfolgt eine solche Einflussnahme gleichwohl, so haftet das herrschende Unternehmen nach § 317 AktG auf Schadensersatz; bei fehlender Quantifizierbarkeit des Schadens greifen die Grundsätze über die qualifizierte Nachteilszufügung ein (→ § 28 Rn. 5 ff.). **16**

3. Keine Konzernleitungsmacht und -pflicht des herrschenden Unternehmens

Obschon das herrschende Unternehmen die abhängige Gesellschaft unter seine einheitliche Leitung stellen und damit in den Konzern einbinden darf, geht damit keine Konzernleitungsmacht einher: Auch für die abhängige Gesellschaft bleibt es bei dem Grundsatz des § 76 Abs. 1 AktG und damit bei der **eigenverantwortlichen Leitung der Tochtergesellschaft** durch deren Vorstand (→ § 25 Rn. 39 ff.). Der Vorstand ist unter den Voraussetzungen des § 311 AktG zwar berechtigt, nicht aber verpflichtet, den Vorstellungen des herrschenden Unternehmens zu folgen. Rechtlich abgesicherte Konzernleitungsmacht erlangt deshalb das herrschende Unternehmen erst durch Abschluss eines Beherrschungsvertrags und das mit diesem verbundene Weisungsrecht des § 308 AktG, das allein die Möglichkeit verschafft, das Konzerninteresse einseitig auch gegenüber widerstreitenden Interessen der abhängigen Gesellschaft durchzusetzen.[31] Erst recht obliegt dem herrschenden Unternehmen nach §§ 311 ff. AktG keine Konzernleitungspflicht gegenüber der abhängigen Gesellschaft.[32] **17**

Davon zu unterscheiden ist die Frage einer Konzernleitungspflicht, verstanden iS einer Verpflichtung zur einheitlichen und zudem umfassenden Leitung auch der abhängigen Gesellschaft, des Vorstands einer herrschenden AG gegenüber seiner eigenen (der herrschenden) Gesellschaft.[33] Sie kann allenfalls insoweit bejaht werden, als das Kon- **18**

---

[29] Zutr. LG München I AG 2008, 327 (334); näher Emmerich/Habersack Aktien-/GmbH-KonzernR/ *Habersack* AktG § 311 Rn. 9.

[30] → Rn. 16, → § 28 Rn. 13 f.; ferner Emmerich/Habersack Aktien-/GmbH-KonzernR/*Habersack* AktG § 311 Rn. 30, 41, 57 ff., 64.

[31] BGHZ 179, 71 Rn. 13 – MPS; KG ZIP 2003, 1042 (1049); *Mestmäcker* FG Kronstein, 1967, S. 129 (145 ff.); *Geßler* FS Westermann, 1974, S. 145 ff.; Emmerich/Habersack Aktien-/GmbH-KonzernR/ *Habersack* AktG § 311 Rn. 10; MüKoAktG/*Altmeppen* AktG § 311 Rn. 403 f.; KölnKommAktG/*Koppensteiner* AktG Vor § 311 Rn. 9 ff.; Grigoleit/*Grigoleit* AktG § 311 Rn. 9; Hüffer/Koch/*Koch* AktG § 311 Rn. 48; K. Schmidt/Lutter/*Vetter* AktG § 311 Rn. 108, 129; Spindler/Stilz/*Müller* AktG § 311 Rn. 62; aA *Luchterhandt* ZHR 133 (1970), 1 (6 ff., 13); mit Einschränkungen auch *Hommelhoff* Konzernleitungspflicht, 109 ff., 132 ff.

[32] Vgl. die in Fn. 31 genannten Vertreter der herrschenden Meinung; aA *U. H. Schneider* BB 1981, 249 (256 ff.); *U. H. Schneider/S. H. Schneider* AG 2005, 57 (61).

[33] Dafür namentlich *Hommelhoff* Konzernleitungspflicht S. 43 ff., 165 ff., 184 ff.; s. ferner *Timm* S. 95 ff.; zurückhaltend bis ablehnend Emmerich/Habersack Aktien-/GmbH-KonzernR/*Habersack* AktG § 311

zernrecht der abhängigen Gesellschaft die Möglichkeit der Konzernleitung begründet; im Fall einer abhängigen AG schließen somit die §§ 311, 76 AktG jedenfalls eine Pflicht zur breitflächigen und intensiven Konzernleitung von vornherein aus.[34] Davon unberührt bleibt allerdings die Pflicht zur **gewissenhaften Ausübung der Beteiligungsrechte** für das herrschende Unternehmen (womit die Pflicht zur unternehmerischen Ausrichtung wesentlicher Beteiligungen einhergeht)[35] und die Pflicht zur Kontrolle der abhängigen Gesellschaft; jene Pflicht verdichtet sich, wenn das herrschende Unternehmen zur einheitlichen Leitung übergeht, zu einer Pflicht, **konzernweite Kontrollsysteme** einzuführen.[36] Vor allem die **aufsichtsrechtlichen Vorgaben** der § 25a KWG, §§ 275ff. VAG erweisen sich insoweit als große Herausforderung, gehen sie doch von Einfluss des herrschenden Unternehmens auf die abhängige Gesellschaft aus, den das Aktienrecht nur bei Bestehen eines Beherrschungsvertrags gewährleistet.[37] Eine konzernweite **Wissenszurechnung** scheitert regelmäßig an den Verschwiegenheitsverpflichtungen der Organmitglieder der abhängigen Gesellschaft (→ § 1 Rn. 4c), und auch eine **deliktische Außenhaftung** des herrschenden Unternehmens kommt nur ausnahmsweise in Betracht (→ § 1 Rn. 4c).

V. Anwendungsbereich

1. Abhängigkeit einer AG oder KGaA von einem Unternehmen

19 Die §§ 311ff. AktG setzen zunächst voraus, dass es sich bei der abhängigen Gesellschaft um eine AG oder KGaA[38] handelt; der AG steht die **SE** gleich (→ § 1 Rn. 48). Unerheblich ist, ob die Gesellschaft über außenstehende Aktionäre verfügt. Auch wenn das herrschende Unternehmen **Alleinaktionär** ist, finden also die §§ 311ff.

Rn. 11; KölnKommAktG/*Mertens/Cahn* AktG § 76 Rn. 65; Spindler/Stilz/*Fleischer Koch* § 76 Rn. 86ff.; KölnKommAktG/*Koppensteiner* AktG vor § 291 Rn. 71f.; *Hüffer/Koch/Koch* § AktG § 311 Rn. 5; *Mülbert* Aktiengesellschaft S. 28ff.; speziell zur Managementholding *Hüffer* FS Happ, 2006, 93 (96ff.).

[34] Nur unter diesem Vorbehalt eine Konzernleitungspflicht bejahend *Kropff* ZGR 1984, 112 (116); *Rittner* AcP 183 (1983), 464 (467f.); tendenziell auch K. Schmidt/Lutter/*Vetter* AktG § 311 Rn. 132; weitergehend *Hommelhoff* Konzernleitungspflicht S. 43ff., 165ff., 184ff.

[35] Näher *S. H. Schneider/U. H. Schneider* AG 2005, 57 (58ff.); *Fleischer* DB 2005, 759; *H. Götz* ZGR 1998, 524 (526ff.); *K. Schmidt* FS Lutter, 2000, 1167 (1175ff.); *Theisen* S. 199ff., 259ff.; zum Bezugspunkt der Organpflichten (herrschendes Unternehmen, nicht Konzern) s. *Hoffmann-Becking* FS Hommelhoff, 2013, 433 (437ff.).

[36] LG München I NZG 2014, 345; *Bachmann* VGR 13 (2008), 65 (93ff.); *Endres* ZHR 163 (1999), 441; *Habersack* FS Möschel, 2011, 1175 (1187ff.); *Koch* WM 2009, 1013; *Löbbe* Unternehmenskontrolle S. 74ff.; *Lutter* FS Goette, 2011, S. 289ff.; *K. Schmidt* FS Lutter, 2000, S. 1167 (1175ff.); *U. H. Schneider/S. H. Schneider* ZIP 2007, 2061ff.; *Semler* ZGR 2004, 631; *Schwark* FS Ulmer, 2003, S. 605ff.; *Verse* ZHR 175 (2011), 401 (419ff.); *Grundmeier* Rechtspflicht S. 33ff.; zu den Informationspflichten und den damit verbundenen Organisationspflichten s. *S. H. Schneider* Informationspflichten S. 125ff., 141ff., 310ff.; zum Aufsichtsrat des herrschenden Unternehmens s. *U. H. Schneider* FS Hadding, 2004, S. 621ff.; MüKoAktG/*Habersack* AktG § 111 Rn. 52ff.; zur strafrechtlichen Verantwortlichkeit des Compliance Officer s. BGH AG 2009, 740; *Ransiek* AG 2010, 147.

[37] *Dreher/Ballmaier* ZGR 2014, 753; *Fett/Gebauer* FS Schwark, 2009, 375 (378ff.); *Langenbucher* ZHR 176 (2012), 652ff.; *Tröger* ZHR 177 (2013), 475; *Weber-Rey/Gissing* AG 2014, 884; *Wilhelmi* ZVglRWiss 117 (2018), 557.

[38] Speziell zur abhängigen KGaA *Born* Abhängige KGaA S. 90ff., 118ff., mit – wenig überzeugender – Unterscheidung zwischen der komplementärbeherrschten KGaA, auf die §§ 311ff. AktG keine Anwendung finden sollen, und der durch Kommanditaktionäre beherrschten KGaA, die den §§ 311ff. AktG unterliegen soll; s. ferner *Fett/Stütz* NZG 2017, 1121 (1128f.); MüKoAktG/*Perlitt* AktG § 278 Rn. 314ff.

AktG uneingeschränkt Anwendung;[39] auch dadurch unterscheidet sich die aktienrechtliche Konzeption von derjenigen des GmbH-Rechts (→ § 31 Rn. 1 ff.).

Die Gesellschaft muss zudem von einem Unternehmen (→ § 2 Rn. 5 ff., 20 ff.) abhängig sein. Das Vorliegen eines solchen **Abhängigkeitsverhältnisses** beurteilt sich nach § 17 AktG (→ § 4 Rn. 6 ff.); mittelbare Abhängigkeit genügt, so dass §§ 311 ff. AktG auch im Verhältnis zwischen einer Mutter- und einer Enkelgesellschaft anwendbar sind, wenn die Mutter über die Tochter Einfluss auf die Enkelin nehmen kann.[40] Ein Konzern iSd § 18 Abs. 1 AktG braucht hingegen nicht vorzuliegen; umgekehrt finden §§ 311 ff. AktG auch dann Anwendung, wenn das herrschende Unternehmen zur einheitlichen Leitung auch der abhängigen Gesellschaft übergeht.[41] Ist somit die Abgrenzung zwischen bloßer Abhängigkeit und einheitlicher Leitung für das Aktienkonzernrecht ohne Relevanz, so kommt ihr umso größere Bedeutung für das Recht der unternehmerischen Mitbestimmung zu.[42] Bei mehrfacher Abhängigkeit gelten die §§ 311 ff. AktG gegenüber jedem an der koordinierten Beherrschung beteiligten Unternehmen.[43]

20

2. Kein Beherrschungsvertrag

Neben einem Abhängigkeitsverhältnis setzen §§ 311 ff. AktG voraus, dass zwischen den verbundenen Unternehmen kein Beherrschungsvertrag besteht. Der Grund hierfür ist, dass die §§ 300 ff. AktG **besondere Schutzmechanismen** vorsehen, die von denjenigen der §§ 311–318 AktG schon im Ansatz abweichen, so dass sich im Regelfall eine gleichzeitige Anwendbarkeit der Vorschriften über Vertragskonzerne und über faktische Konzerne verbietet. Dem Beherrschungsvertrag gleich steht nach § 323 Abs. 1 S. 3 AktG die Eingliederung. Andere Unternehmensverträge schließen dagegen die Anwendung der §§ 311 ff. AktG nicht aus; allein bei Bestehen eines **(isolierten) Gewinnabführungsvertrages** erklärt § 316 AktG die Vorschriften der §§ 312–315 S. 1, 3 und 4 AktG (und mit ihnen diejenige des § 318 AktG) über den Abhängigkeitsbericht und die Sonderprüfung für unanwendbar.[44]

21

3. Mehrstufige Unternehmensverbindungen

In mehrstufigen Abhängigkeitsverhältnissen gelangen die §§ 311 ff. AktG sowohl in den unmittelbaren Abhängigkeitsverhältnissen (also zwischen Mutter und Tochter sowie zwischen Tochter und Enkel) als **auch im mittelbaren Abhängigkeitsverhältnis** (zwischen Mutter und Enkel) zur Anwendung. Dem entspricht es, dass ein innerhalb einer solchen Unternehmensverbindung bestehender Beherrschungsvertrag die An-

22

---

[39] Vgl. Emmerich/Habersack Aktien-/GmbH-KonzernR/*Habersack* AktG § 311 Rn. 13; Hüffer/Koch/*Koch* AktG § 312 Rn. 3; einschr. *J. Götz* AG 2000, 498; vgl. auch OLG Köln AG 2013, 396.

[40] Näher zu mehrstufigen Unternehmensverbindungen → Rn. 22 f.

[41] Zur Zulässigkeit des einfachen Konzerns → Rn. 14 f.

[42] → § 4 Rn. 43 ff.; zu den Anforderungen an die einheitliche Leitung durch eine über multiplen Beteiligungsbesitz verfügende Holding s. *Habersack*, FS Bergmann, 2018, S. 227 (234 ff.).

[43] BGHZ 62, 193 (197 f.); ferner → § 3 Rn. 41; Emmerich/Habersack Aktien-/GmbH-KonzernR/*Habersack* AktG § 311 Rn. 14; Hüffer/Koch/*Koch* AktG § 311 Rn. 10; *Emmerich/Gansweid* JuS 1975, 294; *Gansweid* Gemeinsame Tochtergesellschaften S. 164 ff.; *Maul* NZG 2000, 470.

[44] Zur Unanwendbarkeit auch des § 318 AktG und zur Anwendbarkeit des § 315 S. 2 AktG s. Emmerich/Habersack Aktien-/GmbH-KonzernR/*Habersack* AktG § 316 Rn. 8 f.; *Habersack* FS Peltzer, 2001, S. 139 (147 ff.); zu §§ 311, 317 AktG s. Emmerich/Habersack Aktien-/GmbH-KonzernR/*Habersack* AktG § 316 Rn. 10; *Cahn/Simon* Konzern 2003, 1 (17 ff.).

wendung der §§ 311 ff. AktG grds. nur auf derjenigen Stufe ausschließt, die beherr-schungsvertraglich geregelt ist; in den übrigen Abhängigkeitsverhältnissen bleiben die genannten Vorschriften mithin anwendbar.[45]

23 Die **Einzelheiten** sind freilich **umstritten**.[46] Was zunächst den Fall einer durch-gehenden Kette von Beherrschungsverträgen betrifft, so sind durchgängig, also auch in dem vertragslosen Verhältnis zwischen Mutter und Enkel-AG, allein die Regeln des Vertragskonzerns anzuwenden.[47] Liegt hingegen ein Beherrschungsver-trag nur zwischen Mutter und Tochter vor, so bleiben die §§ 311 ff. AktG sowohl im Verhältnis zwischen Mutter und Enkelin als auch in dem zwischen Tochter und Enkelin anwendbar.[48] Ein Beherrschungsvertrag zwischen Mutter und Enkel-AG lässt im Verhältnis zwischen Mutter und Tochter die Geltung der §§ 311 ff. AktG unberührt; unanwendbar sind sie dagegen im Verhältnis zwischen Tochter und Enkel-AG.[49] Ein Beherrschungsvertrag zwischen Tochter und Enkelin schließlich soll nach wohl herrschender Meinung die §§ 311 ff. AktG auch im Verhältnis zwi-schen Mutter und Enkel-AG verdrängen.[50] Zu folgen ist jedoch der Gegenansicht; nur sie vermag für den erforderlichen Schutz der abhängigen Gesellschaft zu sor-gen.[51]

4. Internationaler Anwendungsbereich

24 Die §§ 311–318 AktG bezwecken den Schutz der inländischen abhängigen Gesell-schaft, ihrer Gläubiger und ihrer außenstehenden Aktionäre. Sie sind deshalb nur an-wendbar, wenn es sich bei der abhängigen Gesellschaft um eine **AG oder KGaA deut-schen Rechts** handelt; die im Inland registrierte SE steht der AG gleich (→ Rn. 19; → § 1 Rn. 48). Auslandsgesellschaften mit inländischem Verwaltungssitz unterliegen

---

[45] Im Grundsatz wohl unstreitig, s. Emmerich/Habersack Aktien-/GmbH-KonzernR/*Habersack* AktG § 311 Rn. 17; Hüffer/Koch/*Koch* AktG § 311 Rn. 12; KölnKommAktG/*Koppensteiner* AktG Vor § 311 Rn. 29 ff.; MüKoAktG/*Altmeppen* Anh. AktG § 311 Rn. 12 ff.; *Paschke* AG 1988, 196 (201 f.); *Pentz* Enkel-AG, 187 ff.; *Rehbinder* ZGR 1977, 581 (592, 628 ff.); *Stimpel* AG 1986, 117.

[46] Näher zum Folgenden MüKoAktG/*Altmeppen* AktG Anhang zu § 311 Rn. 5 ff.; Emmerich/Habersack Aktien-/GmbH-KonzernR/*Habersack* AktG § 311 Rn. 17 ff.; Spindler/Stilz/*Müller* AktG § 311 Rn. 9 ff.; K. Schmidt/Lutter/*Vetter* AktG § 311 Rn. 16 ff.; Bürgers/Körber/*Fett* AktG § 311 Rn. 6 ff.; Grigoleit/*Grigoleit* AktG § 311 Rn. 12 f.

[47] So die herrschende Meinung, s. OLG Frankfurt a. M. ZIP 2000, 926 (927); Emmerich/Habersack Ak-tien-/GmbH-KonzernR/*Habersack* AktG § 311 Rn. 18; KölnKommAktG/*Koppensteiner* AktG Vor § 311 Rn. 29; MüKoAktG/*Altmeppen* AktG Anhang zu § 311 Rn. 20 ff.; Hüffer/Koch/*Koch* AktG § 311 Rn. 12; Bürgers/Körber/*Fett* AktG § 311 Rn. 6; *Rehbinder* ZGR 1977, 581 (601 f.); diff. *Pentz* Enkel-AG S. 214 ff.; *Pentz* NZG 2000, 1103 (1105 f.); aA *Cahn* BB 2000, 1477 (1481 ff.); *Mülbert* WuB II A. 312 AktG 1.00, 991 (994).

[48] KölnKommAktG/*Koppensteiner* AktG Vor § 311 Rn. 29; *Krieger/Schneider* § 70 Rn. 73; Hüffer/Koch/*Koch* AktG § 311 Rn. 12.

[49] KölnKommAktG/*Koppensteiner* AktG Vor § 311 Rn. 30; *Krieger/Schneider* § 70 Rn. 73; Hüffer/Koch/*Koch* AktG § 311 Rn. 12; einschr. *Pentz* Enkel-AG, 201 ff.; diff. *Rehbinder* ZGR 1977, 581 (619 f.).

[50] LG Frankfurt a. M. AG 1999, 238 (239); MüKoAktG/*Altmeppen* AktG Anhang zu § 311 Rn. 52 ff.; KölnKommAktG/*Koppensteiner* Vor AktG § 311 Rn. 31; Hüffer/Koch/*Koch* AktG § 311 Rn. 12; K. Schmidt/Lutter/*Vetter* AktG § 311 Rn. 19; Spindler/Stilz/*Müller* AktG § 311 Rn. 10; Henssler/Strohn/*Bödeker* AktG § 311 Rn. 7; *Krieger/Schneider* § 70 Rn. 73; *Paschke* AG 1988, 196 (201 f.); diff. *W. Bayer* FS Ballerstedt, 1975, 157 (166, 169, 179 ff.); *Rehbinder* ZGR 1977, 581 (628 ff.).

[51] Näher Emmerich/Habersack Aktien-/GmbH-KonzernR/*Habersack* AktG § 311 Rn. 19; s. ferner *Cahn* BB 2000, 1477 (1478 ff.); *Kronstein* BB 1967, 637 (640); *Sonnenschein* BB 1975, 1088; *Haesen* Abhän-gigkeitsbericht S. 57 ff.; *Pentz* Enkel-AG S. 201, 208 ff.; *Pentz* NZG 2000, 1103 (1106 f.).

hingegen nicht dem deutschen Aktienkonzernrecht.[52] Die identitätswahrende Verlegung des Verwaltungssitzes einer deutschen AG oder KGaA ins Ausland ist deutschen Gesellschaften nach § 5 AktG gestattet.[53] Unter der Voraussetzung, dass das Recht des Zuzugstaates die deutsche Gesellschaft als solche anerkennt,[54] bleibt es deshalb auch nach Wegzug bei der Geltung der §§ 311 ff AktG.[55] Auf Rechtsform und Nationalität des herrschenden Unternehmens kommt es für das Eingreifen der §§ 311 ff. AktG nicht an.[56]

VI. Verhältnis der §§ 311 ff. AktG zu allgemeinen Vorschriften

Die Vorschriften der §§ 311 ff. AktG lassen zwar die Geltung des allgemeinen Zivilrechts unberührt und vermögen auch nichts daran zu ändern, dass die Rechtsordnung bisweilen den gesellschaftsrechtlichen Trennungsgrundsatz ignoriert und entweder an den Konzern als solchen anknüpft oder die Muttergesellschaft einer Haftung für das Verhalten ihrer Tochter unterstellt (→ § 1 Rn. 3a ff.). Aufgrund der ihnen eigenen Privilegierungsfunktion (→ Rn. 13 ff.) haben §§ 311 ff. indes eine nicht unerhebliche Modifizierung der allgemeinen, für die unverbundene AG geltenden Vorschriften des AktG zur Folge. **25**

1. Kapitalerhaltung

Veranlasst das herrschende Unternehmen die abhängige Gesellschaft zu einer nachteiligen Maßnahme, so führt dies im Allgemeinen zu einer nicht durch einen förmlichen Gewinnverwendungsbeschluss gedeckten und damit nach §§ 57, 60, 62 AktG an sich unzulässigen Vermögensverlagerung. Davon können insbes. konzerninterne Umsatzgeschäfte zu so genannten Konzernverrechnungspreisen betroffen sein. Die uneingeschränkte Geltung der Grundsätze über die Kapitalerhaltung wäre indes, wie nicht zuletzt die in § 311 Abs. 2 AktG vorgesehene Möglichkeit des **hinausgeschobenen Nachteilsausgleichs** in aller Deutlichkeit zeigt, mit der „konzernoffenen" Konzeption der §§ 311 ff. AktG nicht vereinbar. Mit der heute herrschenden, nunmehr auch vom BGH geteilten[57] Mei- **26**

---

[52] Allg. zur Anknüpfung in Konzernverhältnissen MüKoBGB/*Kindler* Teil 10. Internationales Handels- und Gesellschaftsrecht Rn. 681 ff., 713 f., dort auch zur abweichenden Rechtslage bei hauptversammlungspflichtigen Maßnahmen der Konzernbildung; näher *Renner* ZGR 2014, 452.

[53] Hüffer/Koch/*Koch* AktG § 5 Rn. 3; näher dazu Goette/Habersack/*Kindler,* Das MoMiG in Wissenschaft und Praxis, 2009, Kapitel 7 Rn. 38 ff.; ferner *Noack* DB 2006, 1475 (1478 f.); zur unionsrechtlichen Ausgangslage s. EuGH NJW 2009, 569 – Cartesio; EuGH ZIP 2012, 1394 – Vale; zur grenzüberschreitenden Verlegung des Satzungssitzes s. EuGH NZG 2017, 1308 – Polbud; näher zum Ganzen *Habersack/Verse* EurGesR § 3 Rn. 12 ff. mwN.

[54] Hierzu ist es im Anwendungsbereich der Art. 49, 54 AEUV verpflichtet, s. EuGH NJW 2009, 569 – Cartesio; EuGH NJW 2003, 3331 – Inspire Art.

[55] Allg. zur Maßgeblichkeit des Rechts des Gründungsstaates in Fällen der unionsinternen Sitzverlegung s. Emmerich/Habersack Aktien-/GmbH-KonzernR/*Emmerich* AktG § 291 Rn. 33 f., Hüffer/Koch/*Hüffer* AktG § 1 Rn. 42 ff., jeweils mwN.

[56] BGH ZIP 2005, 250 (251); OLG Frankfurt a. M. AG 1988, 267 – IG Farben; OGH SZ Bd. 54 (1981) Nr. 94, S. 452 (453 f.); Emmerich/Habersack Aktien-/GmbH-KonzernR/*Habersack* AktG § 311 Rn. 21.

[57] BGHZ 179, 71 Rn. 11 – MPS; BGHZ 190, 7 Rn. 48 – Dritter Börsengang; BGH ZIP 2012, 1753 Rn. 16, 19; s. ferner OLG München NZG 2005, 181 (183); OLG Frankfurt a. M. AG 1996, 324 (327); OLG Hamm AG 1995, 512 (516); OLG Stuttgart AG 1994, 411 (412); LG München I AG 2010, 173 (175); LG Düsseldorf AG 1979, 290 (291 f.); offen gelassen noch in BGHZ 175, 365 – UMTS; s. ferner BGHZ 141, 79 (87 f.), wo allerdings Nachteilsausgleich nicht geleistet war.

nung[58] ist deshalb davon auszugehen, dass die §§ 57, 60, 62 AktG – ebenso wie § 71a AktG[59] – durch § 311 AktG verdrängt werden und deshalb die Verpflichtung zum Nachteilsausgleich (einstweilen) an die Stelle der Rückgewährpflicht aus § 62 AktG tritt.[60] Die Freistellung vom Verbot der Einlagenrückgewähr steht und fällt allerdings mit der **Rechtfertigung** der nachteiligen Maßnahme. Unterbleibt also der nach § 311 Abs. 2 AktG gebotene Nachteilsausgleich oder ist die Maßnahme von vornherein einem Nachteilsausgleich nicht zugänglich (→ § 25 Rn. 14 ff., 47 ff.), so haftet das herrschende Unternehmen nicht nur nach § 317 AktG. Es finden dann vielmehr auch die §§ 57, 60, 62, 71a AktG uneingeschränkt Anwendung.[61] Besonderheiten gelten allerdings nicht nur für auf Hauptversammlungsbeschluss zurückgehende nachteilige Veranlassungen (→ Rn. 30), sondern darüber hinaus für **Geschäfte mit nahestehenden Personen** iSv §§ 111a ff. AktG (→ Rn. 31 ff.).

27   Für die **Darlehensvergabe** und ihr entsprechende Kreditierungen durch die abhängige Gesellschaft kommt dem Vorrang des § 311 AktG gegenüber § 57 AktG keine Bedeutung mehr zu, nachdem das MoMiG[62] in § 57 Abs. 1 S. 3 AktG die iRd § 311 AktG seit jeher maßgebende **konkrete Betrachtungsweise** aufgegriffen hat (→ § 25 Rn. 22 ff.). Hinsichtlich des mit der Kreditgewährung verbundenen Ausfall- und Liquiditätsrisikos macht es seitdem keinen Unterschied, ob auf § 57 Abs. 1 AktG oder auf § 311 AktG abzustellen ist (→ § 25 Rn. 22 ff.); ist die Kreditgewährung nachteilig, so ist sie sowohl nach § 57 AktG als auch nach § 311 AktG verboten, ist sie nicht nachteilig, ist sie nach beiden Vorschriften erlaubt. Bei Rechtsgeschäften und Maßnahmen, die ihrer Art nach nicht auf eine Vorleistung durch die abhängige Gesellschaft gerichtet sind,[63] ist § 57 Abs. 1 S. 3 AktG hingegen schon deshalb nicht anwendbar, weil die abhängige Gesellschaft grds. keinen Anspruch auf Nachteilsaus-

---

58   KölnKommAktG/*Koppensteiner* AktG § 311 Rn. 161 f.; *Grigoleit*/*Grigoleit* AktG § 311 Rn. 56; Hüffer/Koch/*Koch* AktG § 311 Rn. 49; K. Schmidt/Lutter/*Vetter* AktG § 311 Rn. 118; Spindler/Stilz/*Müller* AktG § 311 Rn. 63; Bürgers/Körber/*Fett* AktG § 311 Rn. 58; Hölters/*Leuering/Goertz* AktG § 311 Rn. 9; *Krieger/Schneider* § 70 Rn. 52; *Bezzenberger* Kapital S. 328 ff.; *Henze* BB 1996, 489 (498 f.); *Michalski* AG 1980, 261 (264 f.); einschr. *Bayer* FS Lutter, 2000, 1011 (1030 f.); aA *Flume* § 4 IV (S. 127); *Cahn* Kapitalerhaltung S. 64 ff.; *Altmeppen* ZIP 1996, 693 (695 ff.); *Altmeppen* Haftung S. 57 ff.; *Bälz* FS Raiser, 1974, 287 (314 f.); *Wackerbarth* Konzern 2010, 337 (346 ff.).

59   *Schroeder*, Finanzielle Unterstützung des Aktienerwerbs, 1995, S. 278 ff.; *Fleischer* AG 1996, 494 (505 ff.); *Riegger* ZGR 2008, 233 (240); *Habersack* FS Hopt, 2010, 725 (742 f.); offengelassen von *Kerber* Betr. 2004, 1027 (1030); tendenziell aA KölnKommAktG/*Koppensteiner* AktG § 311 Rn. 56; *Grigoleit*/*Grigoleit* AktG § 311 Rn. 56; näher zu Schutzzweck und Anwendungsbereich des § 71a AktG *Habersack* FS Hopt, 2010, 725 (742 f.), aber auch *Oechsler* ZIP 2006, 1661, *Kerber* NZG 2006, 50, *Kerber* ZIP 2006, 522.

60   Zur Vereinbarkeit mit Art. 56 f. Richtlinie (EU) 2017/1132 des Europäischen Parlaments und des Rates vom 14. Juni 2017 über bestimmte Aspekte des Gesellschaftsrechts (ABl. Nr. L 169 S. 46) s. Habersack/Verse EurGesR § 6 Rn. 48, 50; *Habersack* ZGR 2003, 724 (733 f.); Grigoleit/*Grigoleit* AktG § 311 Rn. 56; *Wimmer-Leonhardt* Konzernhaftungsrecht S. 132 f.; aA *Schön* FS Kropff, 1997, 285 (295 ff.).

61   OLG Koblenz AG 2007, 408 (409); OLG München NZG 2005, 181 (183); OLG Frankfurt a. M. AG 1996, 324 (327); OLG Hamm AG 1995, 512 (516); Emmerich/Habersack Aktien-/GmbH-KonzernR/*Habersack* AktG § 311 Rn. 83; KölnKommAktG/*Koppensteiner* § 317 Rn. 51; Hüffer/Koch/*Koch* AktG § 311 Rn. 49; *Krieger/Schneider* § 70 Rn. 52; *Ulmer* FS Hüffer, 2010, 997 (1006 f.); aA *Michalski* AG 1980, 261 (264); *Bezzenberger* Kapital S. 331 ff.

62   Gesetz zur Modernisierung des GmbH-Rechts und zur Bekämpfung von Missbräuchen vom 23. 10. 2008 (BGBl. 2008 I 2026).

63   Speziell zum Zinsnachteil der abhängigen Gesellschaft s. BGHZ 179, 71 Rn. 17 – MPS; *Habersack* ZGR 2009, 347 (359 f.).

gleich hat (→ § 25 Rn. 48). Die Unanwendbarkeit des Zahlungsverbots des § 57 Abs. 1 S. 1, Abs. 3 AktG ist in diesem Fall aus § 311 AktG herzuleiten (→ Rn. 26) und steht unter dem Vorbehalt, dass die Voraussetzungen dieser Vorschrift erfüllt sind. Anderes gilt nur für den Fall, dass das herrschende Unternehmen bereits bei Vornahme der nachteiligen Maßnahme Nachteilsausgleich rechtsverbindlich zusagt und der hierdurch zur Entstehung gebrachte Anspruch der abhängigen Gesellschaft vollwertig ist.

2. § 117 AktG; Treupflicht

Auch für die allgemeinen Haftungstatbestände, mithin für § 117 AktG und für die Verletzung der mitgliedschaftlichen Treupflicht, gilt, dass sie an sich verwirklicht werden, wenn das herrschende Unternehmen die abhängige Gesellschaft zu einer nachteiligen Maßnahme veranlasst. Indes liefe die in § 311 Abs. 2 AktG vorgesehene Möglichkeit des gestreckten Nachteilsausgleichs leer, könnte das herrschende Unternehmen nach erfolgter Einflussnahme auf die abhängige Gesellschaft aus § 117 AktG oder wegen Verletzung der mitgliedschaftlichen Treupflicht in Anspruch genommen werden. Wie die Grundsätze über die Kapitalerhaltung müssen deshalb auch die genannten Haftungstatbestände **hinter § 311 AktG zurücktreten.**[64]   28

Nicht eindeutig ist allerdings die Rechtslage, wenn es nicht zum Nachteilsausgleich kommt. Was zunächst die Haftung aus § 117 AktG betrifft, so muss sie, wie ein Umkehrschluss aus § 117 Abs. 7 Nr. 1, 2 AktG nahe legt, aufleben und neben die Haftung aus § 317 AktG treten.[65] Von Bedeutung ist dies immerhin insoweit, als es um die in § 117 Abs. 3 AktG geregelte **Haftung des Nutznießers** der Einflussnahme geht; sie betrifft insbes. sonstige Konzerngesellschaften, auf die Vermögen der abhängigen Gesellschaft verlagert wurde. Entsprechendes gilt für die Haftung aus Treupflichtverletzung. Die noch in der 7. Auflage gegen eine solche Konkurrenz angemeldeten Bedenken haben sich mit der zum 1.1.2002[66] erfolgten Verkürzung der Regelverjährung des § 195 BGB erledigt.[67]   29

3. Beschlussanfechtung

Die Veranlassung zu einer Maßnahme kann auch durch Beschluss der Hauptversammlung erfolgen (→ § 25 Rn. 6). Es stellt sich deshalb die Frage nach dem Verhältnis zwischen § 311 AktG einerseits und der Möglichkeit zur Beschlussanfechtung andererseits. Die Problematik rührt vor allem daher, dass der in **§ 243 Abs. 2 S. 2 AktG** vorgesehene, zur Beseitigung der Anfechtbarkeit des Beschlusses führende Ausgleich zugunsten der Gesellschaft bereits im Beschluss selbst festzuhalten ist, während § 311 AktG die Möglichkeit des gestreckten Nachteilsausgleichs vorsieht. Bei Anwendbar-   30

---

[64]   Emmerich/Habersack Aktien-/GmbH-KonzernR/*Habersack* AktG § 311 Rn. 88 f.; MüKoAktG/*Altmeppen* AktG § 317 Rn. 119 f.; K. Schmidt/Lutter/*Vetter* AktG § 311 Rn. 126; *Kropff* Betr. 1967, 2147 (2150 ff.); *Wimmer-Leonhardt* Konzernhaftungsrecht S. 68 ff.

[65]   Vgl. KölnKommAktG/*Koppensteiner* AktG § 317 Rn. 52; Hüffer/Koch/*Koch* AktG § 311 Rn. 50; K. Schmidt/Lutter/*Vetter* AktG § 311 Rn. 125; Spindler/Stilz/*Müller* AktG § 311 Rn. 64; Emmerich/ Habersack Aktien-/GmbH-KonzernR/*Habersack* AktG § 311 Rn. 88; aA – für Verdrängung des § 117 AktG durch § 317 AktG – *Brüggemeier* AG 1988, 93 (101 f.); *Geßler* Betr. 1965, 1729 (1730); *Möhring* FS Schilling, 1973, 253 (265 f.).

[66]   Gesetz zur Modernisierung des Schuldrechts vom 26.11.2001, BGBl. 2011 I 3138.

[67]   Der zehnjährigen Verjährung nach § 199 Abs. 3 BGB dürfte im vorliegenden Zusammenhang keine praktische Bedeutung zukommen.

keit des § 243 Abs. 2 AktG wäre deshalb der Beschluss, sofern er nicht selbst eine Ausgleichsregelung enthält, stets anfechtbar; die nachteilige Maßnahme hätte zu unter-
bleiben. Bedenkt man allerdings, dass der für die Gesellschaft nachteilige Beschluss
auch dann in Bestandskraft erwächst, wenn er keine Ausgleichsregelung vorsieht und
es auch im Nachhinein nicht zum Nachteilsausgleich kommt, so ist die Möglichkeit
der Beschlussanfechtung zum Schutze der außenstehenden Aktionäre zwingend geboten. Der Anfechtungsgrund des § 243 Abs. 2 AktG wird deshalb nicht durch § 311
AktG verdrängt, so wie umgekehrt die Möglichkeit der Beschlussanfechtung nach
§ 243 Abs. 2 AktG nicht der Anwendbarkeit des § 311 AktG entgegensteht.[68] Entsprechendes hat für die Beschlussanfechtung nach § 243 Abs. 1 AktG zu gelten, auch
soweit diese auf eine Verletzung der mitgliedschaftlichen Treupflicht oder auf eine Verletzung des Gleichbehandlungsgrundsatzes gestützt wird.[69]

VII. Geschäfte mit nahestehenden Personen (§§ 111a ff. AktG-E)

1. Grundlagen

31 In Umsetzung des **Art. 9c RL 2007/36/EG der geänderten Aktionärsrechtricht-
linie**[70] sieht der RegE eines Gesetzes zur Umsetzung der zweiten Aktionärsrechterichtlinie (ARUG II)[71] vor, besondere Vorschriften über – **Related Party Transactions** genannte – Geschäfte der börsennotierten Gesellschaft mit ihr nahestehenden Personen
einzuführen. Da solche Geschäfte die Gefahr begründen, dass Vermögenswerte der Gesellschaft auf die nahestehende Person übertragen werden, sollen sie künftig – ihre
Wesentlichkeit unterstellt – nach Maßgabe der §§ 111a f. AktG-E einem **Zustimmungsvorbehalt des Aufsichtsrats** unterliegen (→ 40 ff.) und gem. § 111c AktG-E unverzüglich **öffentlich bekanntgemacht** werden (→ Rn. 45). Von §§ 111a f. AktG-E
unberührt bleiben darüber hinausgehende, auch bei Geschäften mit nicht nahestehenden Personen eingreifende Zustimmungsvorbehalte gem. § 111 Abs. 4 S. 2 AktG; diese
unterliegen freilich nicht den besonderen Vorkehrungen des § 111b AktG-E.

32 Der Sache nach geht es nicht nur, aber vor allem um Geschäfte zwischen der Gesellschaft und einem maßgeblich beteiligten Aktionär (→ Rn. 36). Vor diesem Hintergrund besteht zwischen der Neuregelung und den Vorschriften der §§ 311 ff. AktG
ein enger Sachzusammenhang; die Unternehmenseigenschaft und einen beherr-

---

[68] BGH ZIP 2012, 1753 Rn. 20 ff., dort auch zu den Anforderungen an die im Beschluss zu treffende
Ausgleichsregelung; OLG Frankfurt a. M. WM 1973, 348 (350 f.); Emmerich/Habersack Aktien-/
GmbH-KonzernR/*Habersack* AktG § 311 Rn. 85; Spindler/Stilz/*Müller* AktG § 311 Rn. 65; Grigo-
leit/*Grigoleit* AktG § 311 Rn. 54; Hüffer/Koch/*Koch* AktG § 243 Rn. 43; KölnKommAktG/*Koppen-
steiner* AktG § 311 Rn. 165 f.; K. Schmidt/Lutter/*Vetter* AktG § 311 Rn. 109; wohl auch BGH ZIP
2006, 2167 (2170); *A. Wilhelm* NZG 2012, 1287 (1288 ff.); aA OLG Stuttgart AG 1994, 411 (412);
Altmeppen ZIP 2016, 441 (442 ff.); *Arnold/Gärtner* FS Stilz, 2014, 7 (9 ff.); *Mülbert* Aktiengesellschaft
S. 288 ff.; *Wimmer-Leonhardt* Konzernhaftungsrecht S. 136 f.; für § 119 Abs. 2 *Strohn* Verfassung
S. 39 ff.
[69] Zust. *Verse* Gleichbehandlungsgrundsatz S. 346 f.; allg. zur Treupflicht des Aktionärs → Rn. 11; zum
Verhältnis zwischen §§ 311 ff. AktG und mitgliedschaftlicher Treupflicht iÜ → Rn. 28.
[70] Richtlinie (EU) 2017/828 des Europäischen Parlaments und des Rates vom 17. Mai 2017 zur Änderung der Richtlinie 2007/36/EG im Hinblick auf die Förderung der langfristigen Mitwirkung der Aktionäre (ABl. L 132 vom 20. Mai 2017, S. 1-25); → § 1 Rn. 45a; eingehend zu den Richtlinienvorgaben sowie zu den Regeln des englischen Rechts *Tarde*, Related Party Transactions, 2018, 173 ff.,
221 ff.
[71] RegE Gesetz zur Umsetzung der zweiten Aktionärsrechterichtlinie (ARUG II) BT-Drs. 19/9739.

schenden Einfluss der nahestehenden Person sowie das Fehlen eines Beherrschungsvertrags unterstellt, unterliegen derlei Geschäfte schon bislang den §§ 311 ff. AktG. Hieraus erklärt es sich, dass in einem **neuen § 311 Abs. 3 AktG** klargestellt worden ist, dass §§ 111a–111c AktG-E „unberührt" bleiben, mithin neben §§ 311 ff. AktG und damit auch im Verhältnis zwischen der Gesellschaft und einem herrschenden Unternehmen zur Anwendung gelangen sollen.[72] Dies gilt sowohl in Fällen, in denen es nach § 111a Abs. 2, 3 AktG ausnahmsweise einer Zustimmung des Aufsichtsrats nicht bedarf, als auch in Fällen, in denen das Geschäft zustimmungspflichtig ist. Im ersten Fall bewendet es bei §§ 311 ff. AktG; im zweiten Fall treten §§ 111a–111c AktG-E neben das Verbot der kompensationslosen Nachteilszufügung und die Berichts- und Prüfungspflichten aus §§ 312–314 und haben im Ergebnis eine Einschränkung der Möglichkeit des gestreckten Nachteilsausgleichs zur Folge (→ Rn. 44).

Für den **Vertragskonzern** ist der Ausnahmetatbestand des § 111a Abs. 3 Nr. 3 **33** Buchst. a AktG-E bedeutsam. Danach gelten Unternehmensverträge und Geschäfte auf Grundlage eines solchen Vertrags nicht als Geschäfte mit nahestehenden Personen. In der Folge sind insbes. Abschluss, Änderung und Aufhebung des **Beherrschungsvertrags** sowie – vorbehaltlich der Vereinbarkeit mit Art. 9c Abs. 6 Buchst. b Richtlinie (EU) 2017/828[73] – in Befolgung des Weisungsrechts des herrschenden Unternehmens getätigte Geschäfte dem Anwendungsbereich der §§ 111a–111c AktG-E entzogen.[74] Entsprechendes gilt für Abschluss, Änderung und Aufhebung des Gewinnabführungsvertrags. Ob neben der Gewinnabführung als solcher auch sonstige Austauschbeziehungen von der Ausnahme des § 111a Abs. 3 Nr. 3 Buchst. a AktG-E erfasst sind, erscheint zweifelhaft. Der Wortlaut der Vorschrift spricht für die Beschränkung auf die **vertragstypische Leistung,** zumal im Lichte des gegenläufigen Wortlauts der § 57 Abs. 1 S. 3 AktG, § 291 Abs. 3 AktG.[75] Entsprechendes hat für **sonstige Unternehmensverträge** zu gelten; auf sie finden §§ 300 ff. AktG keine Anwendung, so dass es nicht angeht, andere als vertragstypische Leistungen dem Anwendungsbereich der §§ 111a ff. AktG-E zu entziehen.[76]

§§ 111a–111c AktG-E statuieren **prozedurale Schutzvorkehrungen.** Sie finden ihre **34** **Ergänzung** in aktienrechtlichen Vorkehrungen zum Schutz der Vermögensinteressen der Gesellschaft. Neben §§ 311 ff. AktG (→ Rn. 44) sind dies **§§ 57, 62 AktG,** die eingreifen, wenn die Voraussetzungen der §§ 311 ff. AktG nicht vorliegen oder ein nach § 311 AktG gebotener Nachteilsausgleich unterbleibt (→ Rn. 26 f.). Hinzu kom-

---

[72] Instruktiv *Mörsdorf/Piroth* ZIP 2018, 1469 (1472 ff.); *Müller* ZGR 2019, 97 (119 ff.); *Tarde* NZG 2019, 488 (494 f.).

[73] Die Vereinbarkeit mit der Richtlinie bejahend *Mörsdorf/Piroth* ZIP 2018, 1469 (1475 ff.); dagegen *Tröger/Roth/Strenger* BB 2018, 2946 (2951 f.).

[74] Weitergehend *Müller* ZGR 2019, 97 (108 f.), dem zufolge es auf die Ausübung des Weisungsrechts nicht ankommen soll.

[75] Weitergehend *Bungert/Berger* DB 2018, 2860 (2862); *Seulen* DB 2018, 2915 (2917); *J. Schmidt* NZG 2018, 1201 (1211); wohl auch *Müller* ZGR 2019, 97 (108 f.); generell für Unvereinbarkeit einer Ausnahme für Ausführungsgeschäfte mit Art. 9c Abs. 6 Buchst. b RL (EU) 2017/828 *Tröger/Roth/Strenger* BB 2018, 2946 (2951 f.).

[76] Weitergehend *Bungert/Berger* DB 2018, 2860 (2862); *Seulen* DB 2018, 2915 (2917); wohl auch wohl auch *Müller* ZGR 2019, 97 (108 f.); *J. Schmidt* NZG 2018, 1201 (1211), freilich unter Hinweis auf die (auf sonstige Verträge nicht anwendbaren) §§ 300 ff.; generell für Unvereinbarkeit einer Ausnahme für Ausführungsgeschäfte mit Art. 9c Abs. 6 Buchst. b RL (EU) 2017/828 *Tröger/Roth/Strenger* BB 2018, 2946 (2951 f.).

men die **Sorgfaltspflichten** von Vorstand und Aufsichtsrat, Gleichbehandlungsgebot und Treupflicht, ferner spezielle Zustimmungserfordernisse (§§ 52, 179 a AktG), die Bekanntmachungspflichten aus § 285 Nr. 21 HGB, § 314 Abs. 1 Nr. 13 HGB und im Falle von Geschäften mit Vorstandsmitgliedern die in § 112 AktG vorgesehene Verlagerung der Vertretungszuständigkeit vom Vorstand auf den Aufsichtsrat.[77]

2. Anwendungsbereich

a) Persönlicher Anwendungsbereich

35 Von §§ 111 a ff. AktG-E wird zunächst die **börsennotierte Aktiengesellschaft** erfasst, über Art. 9 Abs. 1 Buchst. c Ziff. ii SE-VO zudem die dualistisch verfasste börsennotierte **SE**, über § 22 Abs. 6 SEAG (und ungeachtet des § 20 SEAG) ferner die monistisch verfasste börsennotierte SE. Auf die **KGaA** finden §§ 111 a ff. AktG-E schon mit Blick auf die Vorgaben des Art. 9 c RL (EU) 2017/828 und ungeachtet des Umstands Anwendung, dass nach § 278 Abs. 2 AktG, § 164 HGB für Zustimmungsvorbehalte iSd § 111 Abs. 4 S. 2 AktG-E nur nach Maßgabe der Satzung Raum ist.[78] Allerdings liegt nach § 111 b Abs. 3 Nr. 2 AktG-E ein Geschäft mit einer nahestehenden Person nicht vor, wenn das Geschäft der Zustimmung oder Ermächtigung der Hauptversammlung bedarf, was bei der KGaA – wiederum vorbehaltlich abweichender Satzungsbestimmung – nach § 278 Abs. 2, § 164 HGB regelmäßig der Fall sein wird.[79]

36 Nach §§ 111 a ff. AktG-E muss es sich bei dem Geschäftsgegner um eine der Gesellschaft nahestehende Person handeln. **Nahestehende Personen** sind nach § 111 a Abs. 1 S. 2 AktG-E „nahestehende Unternehmen oder Personen" iSd nach Maßgabe der IAS-VO[80] übernommenen IAS. Einschlägig ist namentlich **IAS 24.9,** der den Kreis der nahestehenden Personen weit fasst[81] und neben Aktionären mit beherrschendem Einfluss auch **Aktionäre mit maßgeblichem Einfluss** einbezieht. Maßgeblicher Einfluss wiederum wird (widerleglich vermutet), wenn (unmittelbar oder mittelbar) 20% der Stimmrechte gehalten werden, woraus erhellt, dass der persönliche Anwendungsbereich der §§ 111 a ff. AktG-E, auch soweit es um Aktionäre geht, deutlich über denjenigen der §§ 311 ff. AktG reicht. Gleichfalls erfasst werden iÜ **Organmitglieder** der Gesellschaft oder eines Mutterunternehmens, Unternehmen, in denen die Gesellschaft ihrerseits einen beherrschenden oder maßgeblichen Einfluss hat, aber auch nahe Angehöriger nahestehender Personen. IAS 24.10 bestimmt zudem, dass bei Betrachtung der möglichen Beziehungen zu nahestehenden Personen nicht nur auf die rechtliche Gestaltung, sondern auch auf den wirtschaftlichen Gehalt abzustellen ist. Geht somit der persönliche Anwendungsbereich der §§ 111 a ff. AktG-E deutlich über denjenigen der §§ 311 ff. AktG hinaus, so **überschneiden** sich die beiden Anwendungsbereiche doch, soweit die nahestehende Person zugleich herrschendes Un-

---

[77] Zur Anwendbarkeit des § 112 AktG auf Rechtsgeschäfte zwischen der AG und einer von einem ihrer Vorstandsmitglieder gehaltenen Einpersonengesellschaft s. BGH NZG 2019, 420 mwN.

[78] S. statt aller Hüffer/Koch/*Koch* AktG § 278 Rn. 15.

[79] Eingehend *Backhaus/Brouwer* AG 2019, 287 ff.

[80] Verordnung (EG) Nr. 1606/2002 des Europäischen Parlaments und des Rates vom 19. Juli 2002 betreffend die Anwendung internationaler Rechnungslegungsstandards (ABl. Nr. L 243 S. 1); dazu Habersack/Verse EurGesR § 9 Rn. 56 ff.

[81] Näher *Bungert/Berger* DB 2018, 2860; *Paschos/Goslar* AG 2018, 857 (866); *J. Schmidt* NZG 2018, 1201 (1208).

ternehmen iSd § 17 Abs. 1 AktG-E ist; nach § 311 Abs. 3 AktG-E finden dann §§ 111a ff. AktG-E neben §§ 311 ff. AktG Anwendung (→ Rn. 32).

b) Sachlicher Anwendungsbereich

Der sachliche Anwendungsbereich der Neuregelung wird im Einzelnen in § 111a   37 AktG-E festgelegt. Erfasst werden nach § 111a Abs. 1 S. 1 AktG-E Rechtsgeschäfte oder Maßnahmen, durch die ein Gegenstand oder ein anderer Vermögenswert entgeltlich oder unentgeltlich übertragen oder zur Nutzung überlassen werden soll, sofern sie mit nahestehenden Personen getätigt werden. Ein **Unterlassen** wird nach § 111a Abs. 1 S. 3 AktG-E ausgenommen, was freilich in dieser Allgemeinheit in der Sache nicht überzeugt[82] und zudem kaum mit Art. 9c RL (EU) 2017/828 vereinbar sein dürfte.

§ 111a Abs. 2 AktG-E nimmt Geschäfte im **ordentlichen Geschäftsgang** aus, was mit   38 Blick auf die Schwellenwertregelung des § 111b Abs. 1 AktG-E (→ Rn. 39) zwar nicht bedeutungslos, indes von nicht allzu großer praktischer Bedeutung sein dürfte.[83] § 111a Abs. 3 AktG-E enthält darüber hinaus eine Reihe von Einzelausnahmen.[84] Was zunächst § 111a Abs. 3 Nr. 1 AktG-E anbelangt, so erfasst er **Geschäfte der Gesellschaft mit Tochterunternehmen,** die unmittelbar oder mittelbar in 100-prozentigem Anteilsbesitz der Gesellschaft stehen oder an denen keine andere der Gesellschaft nahestehende Person beteiligt ist oder die börsennotiert sind und ihren Sitz in einem Mitgliedstaat der EU haben. Eine relevante Gefährdung der Interessen der Minderheitsaktionäre der Gesellschaft droht in diesen Fällen nicht. Von der Ausnahme sind aber nur „downstream"-Geschäfte erfasst. **Geschäfte der Tochtergesellschaft mit der Gesellschaft nahestehenden Personen** liegen gänzlich außerhalb des Anwendungsbereichs der §§ 111a f. AktG-E;[85] § 111c Abs. 4 AktG-E sieht für solche Geschäfte freilich Offenlegungspflichten vor (→ Rn. 45). Von den weiteren Ausnahmetatbeständen des § 111a Abs. 3 AktG-E sind im Zusammenhang mit verbundenen Unternehmen diejenigen der Nr. 2 (Geschäfte, die einer Zustimmung oder Ermächtigung der Hauptversammlung bedürfen) und der Nr. 3 (alle in Umsetzung der Hauptversammlungszustimmungs- oder -ermächtigung vorgenommenen Geschäfte oder Maßnahmen) bedeutsam.[86] Die Annahme des Gesetzgebers, dass in diesen Fällen ein hinreichender Minderheitenschutz aufgrund der **Mitwirkung der Hauptversammlung** gewährleistet sei, trifft zwar auf Strukturmaßnahmen wie den Abschluss von Unternehmensverträgen (→ Rn. 33) zu, für die das Gesetz weitreichende Minderheitenrechte vorsieht. Die Ausklammerung von Nachgründungsgeschäften, Gesamtvermögensgeschäften und Geschäften mit eigenen Aktien dürfte hingegen allenfalls dann mit Art. 9c Abs. 6 Buchst. b RL (EU) 2017/828 vereinbar sein, wenn die nahestehende Person im Zusammenhang mit dem Hauptversammlungsbeschluss einem

---

[82] Zur Anwendbarkeit der §§ 311 ff. AktG auf unterlassene Geschäfte und Maßnahmen → § 25 Rn. 12; → § 26 Rn. 20.

[83] Näher *Bungert/Berger* DB 2018, 2860 (2862f.); *Müller* ZGR 2019, 97 (120f.); *Tarde* NZG 2019, 488 (490f.).

[84] Näher *Bungert/Berger* DB 2018, 2860 (2861ff.); *Müller* ZGR 2019, 97 (112ff.); *Paschos/Goslar* AG 2018, 857 (868f.); *Seulen* DB 2018, 2915 (2917f.); *J. Schmidt* NZG 2018, 1201 (1210f.); *Tarde* NZG 2018, 488 (491); *Tröger/Roth/Strenger* BB 2018, 2946 (2950f.).

[85] *VGR* AG 2018, 920 (923f.); *Paschos/Goslar* AG 2018, 857 (867); *Tarde* NZG 2019, 488 (491).

[86] Hauptversammlungsbeschlüsse gem. § 119 Abs. 2 AktG unterliegen nicht dem § 111a Abs. 3 Nr. 2, 3 AktG-E.

Stimmverbot unterliegt;[87] ein solches ist jedoch in § 111b Abs. 4 S. 2 AktG-E nur für den Fall vorgesehen, dass der Aufsichtsrat die Zustimmung zu dem Geschäft verweigert (→ Rn. 40).

39 Einem Zustimmungsvorbehalt (→ Rn. 40ff.) unterliegt ein Geschäft mit einer nahestehenden Person nach § 111b Abs. 1 AktG-E nur dann, wenn sein wirtschaftlicher Wert allein oder zusammen mit den innerhalb des laufenden Geschäftsjahres vor Abschluss des Geschäfts mit derselben Person getätigten Geschäften **2,5% der Summe aus Anlage- und Umlaufvermögen** der Gesellschaft gem. § 266 Abs. 2 Posten A, B HGB nach Maßgabe des zuletzt festgestellten Jahresabschlusses übersteigt; für Mutterunternehmen iSd § 290 Abs. 1, 2 HGB ist nach § 111b Abs. 3 AktG-E die Summe aus Anlage- und Umlaufvermögen des Konzerns maßgebend.[88] Obgleich der Schwellenwert recht hoch angesiedelt ist, kann er, nachdem es auf eine Gesamtbetrachtung aller im laufenden Geschäftsjahr getätigten Geschäfte ankommt, durchaus auch bei Geschäften im ordentlichen Geschäftsgang erreicht werden; dies erklärt die Bedeutung des insoweit in § 111a Abs. 2 AktG-E vorgesehenen Ausnahmetatbestands.

3. Zustimmungsvorbehalt

a) Überblick

40 Soweit ein Geschäft der Gesellschaft mit einer nahestehenden Person den Schwellenwert des § 111b Abs. 1 AktG-E überschreitet (→ Rn. 39) und nicht von einem der Ausnahmetatbestände des § 111a Abs. 2, 3 AktG-E erfasst wird (→ Rn. 38), bedarf es nach § 111b Abs. 1 AktG-E der vorherigen Zustimmung des Aufsichtsrats oder eines gem. § 107 Abs. 3 S. 4–6 AktG-E bestellten Ausschusses. Dieser spezielle Zustimmungsvorbehalt entspricht konzeptionell dem in § 111 Abs. 4 S. 2 AktG geregelten Zustimmungsvorbehalt. Die Zustimmung des Aufsichtsrats ist **vor Abschluss** des Geschäfts einzuholen.[89] Wird das Geschäft ohne die erforderliche Zustimmung vorgenommen, lässt dies die **Vertretungsbefugnis** des Vorstands im Außenverhältnis grds. unberührt.[90] Die verantwortlichen Vorstandsmitglieder handeln in diesem Fall jedoch **pflichtwidrig** und machen sich vorbehaltlich des Einwands des rechtmäßigen Alternativverhaltens[91] der Gesellschaft gegenüber nach § 93 Abs. 2 AktG schadensersatzpflichtig.[92] Schaltet der Vorstand den Aufsichtsrat ein, verweigert dieser indes die Zustimmung, kann der Vorstand nach § 111b Abs. 4 S. 1 AktG-E verlangen, dass die **Hauptversammlung** über die Zustimmung beschließt;[93] in diesem Fall sind die an dem Geschäft beteiligten nahestehenden Personen allerdings nach § 111b Abs. 4 S. 2 AktG-E vom Stimmrecht ausgeschlossen (→ Rn. 41).

b) Zustimmungsverfahren

41 Die Entscheidung über die Zustimmung zu dem unter Zustimmungsvorbehalt stehenden Geschäft ist nach § 111b Abs. 1 AktG-E Sache des Aufsichtsrats oder eines

---

[87] *VGR* AG 2018, 920 (923).
[88] Näher *Paschos/Goslar* AG 2018, 857 (867f.); empirische Angaben bei *Engert/Florstedt* ZIP 2019, 493.
[89] Dazu im Zusammenhang mit § 111 Abs. 4 S. 2 BGH NZG 2018, 1189 Rn. 17ff.; MüKoAktG/*Habersack* AktG § 111 Rn. 140.
[90] Zur Parallelregelung in § 111 Abs. 4 S. 2 AktG s. MüKoAktG/*Habersack* AktG § 111 Rn. 147.
[91] Dazu im Zusammenhang mit § 111 Abs. 4 S. 2 AktG BGH NZG 2018, 1189 Rn. 40ff.
[92] Dazu im Zusammenhang mit § 111 Abs. 4 S. 2 AktG BGH NZG 2018, 1189 Rn. 14ff.
[93] Zur Parallelregelung in § 111 Abs. 4 S. 3 AktG s. MüKoAktG/*Habersack* AktG § 111 Rn. 148.

Ausschusses. Obliegt die Entscheidung dem **Aufsichtsrat,** so unterliegen nach § 111b Abs. 2 AktG-E diejenigen Aufsichtsratsmitglieder einem **Stimmverbot,** die an dem Geschäft als nahestehende Personen (→ Rn. 36) beteiligt sind oder bei denen die Besorgnis eines Interessenkonflikts aufgrund ihrer Beziehungen zur nahestehenden Person besteht. Für die Beteiligung an dem Geschäft ist eine formale Betrachtungsweise maßgebend; „beteiligt" ist nur der eigentliche Vertragspartner. Namentlich Organmitglieder und sonstige Repräsentanten der nahestehenden Person (und damit insbes. des herrschenden Unternehmens) sind zwar als solche nicht am Geschäft beteiligt,[94] werden aber regelmäßig unter einem Interessenkonflikt aufgrund ihrer Beziehungen zur nahestehenden Personen leiden. Die Entscheidung über das Vorliegen eines solchen Interessenkonflikts obliegt zunächst dem Gesamtaufsichtsrat; seine Entscheidung ist freilich gerichtlich voll überprüfbar.[95]

Anders als noch im Referentenentwurf vorgesehen[96] und im Einklang mit der Rechts- **42** lage nach § 111 Abs. 4 S. 2 AktG[97] erlaubt § 107 Abs. 3 S. 4 AktG-E die Delegation der Entscheidung über die Zustimmung auf einen **erledigenden Ausschuss.** An dem Geschäft beteiligte (→ Rn. 41) nahestehende Personen (→ Rn. 36) sind nach § 107 Abs. 3 S. 5 AktG-E nicht nur vom Stimmrecht, sondern von der Mitgliedschaft im Ausschuss ausgeschlossen. Anderes gilt für Mitglieder, bei denen die Besorgnis eines **Interessenkonflikts** aufgrund ihrer Beziehungen zu der nahestehenden Person besteht (→ Rn. 41). Sie dürfen zwar nicht die Mehrheit der Ausschussmitglieder stellen; nach § 107 Abs. 3 S. 6 AktG-E muss der Ausschuss vielmehr mehrheitlich aus konfliktfreien Mitgliedern bestehen.[98] Hingegen unterliegen die unter einem Interessenkonflikt leidenden Ausschussmitglieder **keinem Stimmrechtsausschluss.**

Nicht zuletzt das Stimmrecht der unter einem Interessenkonflikt aufgrund von Bezie- **43** hungen zur nahestehenden Person leidenden Ausschussmitglieder (→ Rn. 42) dürfte einen erheblichen Anreiz bilden, von der Option, einen erledigenden Ausschuss einzusetzen, Gebrauch zu machen. Die **Richtlinienkonformität des Ausschussmodells** erscheint zwar nicht völlig zweifelsfrei.[99] Nach Art. 9c Abs. 4 UAbs. 1 S. 1 RL (EU) 2017/828 haben nämlich die Mitgliedstaaten zu verhindern, dass die nahestehende Person ihre Position ausnutzt. Namentlich in Fällen, in denen die unabhängigen Mitglieder des Ausschusses unterschiedlicher Meinung sind, kann nicht ausgeschlossen werden, dass ein Mehrheitsbeschluss mit den Stimmen einer Fraktion der unabhängigen Mitglieder und der (nach § 107 Abs. 3 S. 6 AktG-E nicht vom Stimmrecht ausgeschlossenen, → Rn. 41 f.) Repräsentanten der nahestehenden Person zustande kommt.[100] Entscheidend dürfte indes sein, dass die nahestehende Person von der Mit-

---

[94] Zur entsprechenden Rechtslage nach allg. Aktienrecht s. MüKoAktG/*Habersack* AktG § 108 Rn. 15, 29.

[95] Vgl. *J. Schmidt* NZG 2018, 1201 (1212).

[96] Zur rechtspolitischen Kritik am Konzept des RefE s. *VGR* AG 2018, 920 (924); *Tröger/Roth/Strenger* BB 2018, 2946 (2952).

[97] Zur Möglichkeit, einen beschließenden Ausschuss einzusetzen, s. BGH AG 1991, 398; MüKoAktG/*Habersack* AktG § 111 Rn. 142.

[98] Näher zur noch subjektivierenden Fassung des § 107 Abs. 3 S. 4 AktG idF. des RefE *Bungert/Berger* DB 2018, 2860 (2864f.); *Paschos/Goslar* AG 2018, 857 (869f.).

[99] S. dazu im Zusammenhang mit dem RefE *VGR* AG 2018, 920 (924); *Tröger/Roth/Strenger* BB 2018, 2946 (2952); allg. *Spindler/Seidel* AG 2017, 169 (174); *J. Vetter* ZHR 170 (2015), 273 (309); *Veil* NZG 2017, 521 (528).

[100] *VGR* AG 2018, 920 (924); *Tröger/Roth/Strenger* BB 2018, 2946 (2949f.).

gliedschaft im Ausschuss ausgeschlossen ist und die unter einem Interessenkonflikt leidenden Mitglieder aufgrund der in § 107 Abs. 3 S. 6 AktG-E vorgeschriebenen mehrheitlichen Besetzung des Ausschusses mit unabhängigen Mitgliedern nicht aus eigener Stimmkraft die Zustimmung zu dem Geschäft beschließen können.

c) Anforderungen an die Beschlussvorlage; Sorgfaltspflichten

44 Über die Zustimmung zu einem Geschäft mit der nahestehenden Person kann der Aufsichtsrat nur in Kenntnis der **genauen Konditionen des Geschäfts** entscheiden; dies folgt nicht erst aus dem in § 111c AktG-E vorgesehenen Publizitätserfordernis (→ Rn. 45), sondern entspricht allgemeinen Grundsätzen des § 111 Abs. 4 S. 2 AktG.[101] Die Möglichkeit eines **gestreckten Nachteilsausgleichs** iSd § 311 Abs. 2 AktG (→ Rn. 26; → § 25 Rn. 47 ff.) besteht deshalb iRd §§ 111a ff. AktG-E nicht; ist die nahestehende Person zugleich herrschendes Unternehmen, ist diesem deshalb, wiewohl zwischen §§ 111a ff. AktG-E einerseits und §§ 311 ff. AktG-E andererseits klar zu trennen ist, die Möglichkeit des gestreckten Nachteilsausgleichs im Ergebnis verwehrt.[102] Die **Sorgfaltspflichten** des Aufsichtsratsmitglieds beurteilen sich nach § 116 S. 1 AktG, § 93 Abs. 1 S. 1, 2 AktG. Zu einer Überlagerung dieser Vorschriften durch § 318 AktG (→ § 27 Rn. 12) kommt es im Zusammenhang mit der Entscheidung über die Zustimmung auch dann nicht, wenn es sich bei der nahestehenden Person um ein herrschendes Unternehmen handelt. Nicht vom Stimmrecht ausgeschlossene, indes unter einem Interessenkonflikt leidende Ausschussmitglieder (→ Rn. 42) können sich nicht auf die **business judgment rule** des § 93 Abs. 1 S. 2 AktG berufen.[103] Fehlt es an einer gleichwertigen Gegenleistung, gelangen §§ 57, 62, 93 Abs. 3 Nr. 1 AktG zur Anwendung (→ Rn. 34); dass diese Vorschriften durch § 311 AktG verdrängt werden (→ Rn. 26f.), ist iRd §§ 111a ff. AktG-E irrelevant.

4. Publizität

45 Nach § 111c Abs. 1 AktG-E muss die börsennotierte Gesellschaft zustimmungspflichtige Geschäfte unverzüglich öffentlich bekannt machen; Modalitäten und Inhalt der Bekanntmachung sind in § 111c Abs. 1 S. 2, Abs. 2 AktG-E geregelt.[104] Die Offenlegungspflicht umfasst nach § 111c Abs. 4 AktG-E auch (nicht zustimmungspflichtige, → Rn. 38) Geschäfte von Tochterunternehmen mit der Gesellschaft nahestehenden Personen, sofern diese, wären sie von der Gesellschaft vorgenommen worden, nach § 111b Abs. 1, 3 AktG-E zustimmungspflichtig und damit nach § 111c Abs. 1 AktG-E bekannt zu machen wären. Während Art. 9c Abs. 2 S. 1 RL 2017/828/EU die Bekanntmachung spätestens zum Zeitpunkt des Abschlusses des Geschäfts verlangt, begnügt sich § 111c Abs. 1 S. 1 AktG-E mit unverzüglicher Bekanntmachung; dies dürfte unvereinbar mit den Richtlinienvorgaben sein.[105] Entgegen dem missverständlichen Wortlaut des § 111c Abs. 1 S. 1 AktG-E hat die Bekanntmachung allerdings **erst nach Zustimmung des Aufsichtsrats** zu erfolgen.[106] Die Bekanntmachungspflicht entfällt iÜ nach § 111c Abs. 3 AktG-E, wenn entweder das Geschäft bereits

---

[101] Zum Erfordernis einer hinreichenden Informationsgrundlage s. MüKoAktG/*Habersack* AktG § 111 Rn. 144.
[102] *Tarde* NZG 2019, 488 (495).
[103] Näher dazu sowie zu den weiteren Folgen MüKoAktG/*Habersack* AktG § 116 Rn. 40.
[104] Näher *Bungert/Wansleben* BB 2019, 1026 (1029).
[105] *VGR* AG 2018, 920 (924).
[106] *Bungert/Berger* DB 2018, 2860 (2867).

nach **Art. 17 MAR** offengelegt worden ist und diese Offenlegung alle nach § 111 c Abs. 2 AktG-E erforderlichen Angaben enthält oder die Gesellschaft sich im Einklang mit Art. 17 Abs. 4, 5 MAR von der ad hoc-Publizitätspflicht befreit hat.[107] Die **Berichtspflichten nach § 312 AktG** werden durch § 111 c AktG-E nicht berührt (→ § 26 Rn. 2).

§ 25. Nachteilige Einflussnahme und Nachteilsausgleich

Literatur: S. o. bei § 24.

Nach § 311 Abs. 1 AktG darf das herrschende Unternehmen seinen Einfluss nicht   1
dazu benutzen, die abhängige Gesellschaft dazu zu veranlassen, ein für sie nachteiliges Rechtsgeschäft vorzunehmen oder Maßnahmen zu ihrem Nachteil zu treffen oder zu unterlassen, es sei denn, dass die Nachteile ausgeglichen werden. Die Art und Weise des Nachteilsausgleichs regelt § 311 Abs. 2 AktG. Erfolgt der Nachteilsausgleich nicht rechtzeitig, so haften das herrschende Unternehmen und die verantwortlichen Organwalter nach § 317 Abs. 1 und 3 AktG auf Schadensersatz.[1]

I. Veranlassung

1. Begriff

Die Vorschrift des § 311 AktG ist vor dem Hintergrund zu sehen, dass das herr-   2
schende Unternehmen auf die abhängige Gesellschaft „unmittelbar oder mittelbar einen beherrschenden Einfluss ausüben kann" (§ 17 Abs. 1 AktG). Soweit dieses Einflusspotential dazu benutzt wird, das Verhalten der Gesellschaft zu beeinflussen, soll das herrschende Unternehmen zumindest zum Nachteilsausgleich verpflichtet sein. Die **Einflussnahme** ist mithin der Umstand, der es überhaupt erst erlaubt, das herrschende Unternehmen mit den nachteiligen Wirkungen der von der abhängigen Gesellschaft getätigten oder unterlassenen Rechtsgeschäfte oder Maßnahmen zu belasten. Dadurch unterscheidet sich das Konzept der §§ 311, 317 AktG schon im Ansatz von demjenigen des § 302 AktG, bei dem das herrschende Unternehmen generell und unabhängig von einer tatsächlich erfolgten Einflussnahme für die Verluste der von ihr abhängigen Gesellschaft einzustehen hat.[2]

Eine Veranlassung setzt mithin voraus, dass das herrschende Unternehmen, gestützt   3
auf seinen Einfluss, das Verhalten der abhängigen Gesellschaft zu bestimmen versucht. Der Begriff deckt sich grds. mit dem der Weisung iSd § 308 AktG.[3] Die unterschiedliche Terminologie soll allein zum Ausdruck bringen, dass § 311 AktG im Unterschied zu § 308 AktG **kein Weisungsrecht** des herrschenden Unternehmens – und damit auch keine Befolgungspflicht der abhängigen Gesellschaft – statuiert.

---

[107] Näher *Bungert/Wansleben* BB 2019, 1026 (1029).

[1] Dazu unter § 27; zur Privilegierungsfunktion und zum Anwendungsbereich der §§ 311 ff. AktG → § 24 Rn. 9 ff., 19 ff.

[2] Näher dazu, insbes. zum Nichtbestehen einer Ausgleichspflicht in Fällen, in denen das herrschende Unternehmen die vertraglich konzernierte Gesellschaft zu nachteiligen Maßnahmen veranlasst, die Gesellschaft aber ein positives Ergebnis aufweist, *Habersack* FS Hoffmann-Becking, 2013, 421 (422 f.).

[3] Emmerich/Habersack Aktien-/GmbH-KonzernR/*Habersack* AktG § 311 Rn. 23; KölnKommAktG/ *Koppensteiner* AktG § 311 Rn. 4; näher zum Begriff der Weisung → § 23 Rn. 13 f.

4   Eine bestimmte **Form** ist für die Einflussnahme **nicht vorgeschrieben;** Empfehlungen, Richtlinien oder „Ratschläge" des herrschenden Unternehmens fallen daher ebenso wie „echte" Weisungen unter § 311 Abs. 1 AktG.[4] Allein dann, wenn der Vorstand der abhängigen Gesellschaft rechtlich und tatsächlich frei bleibt, ob er den Anregungen des herrschenden Unternehmens folgen will oder nicht, kommt eine abweichende Beurteilung in Betracht.[5] Unerheblich ist, ob sich die Veranlassung in einer **Vereinbarung** zwischen dem herrschenden Unternehmen und der abhängigen Gesellschaft manifestiert; weder setzt eine Veranlassung das Vorliegen einer solchen Vereinbarung voraus, noch wird sie durch eine solche ausgeschlossen.[6]

2. Einzelne Formen der Veranlassung

5   Die Veranlassung muss vom herrschenden Unternehmen ausgehen. Veranlassungsadressat ist die abhängige Gesellschaft. Anders als im Fall des § 308 Abs. 1 AktG muss sich die Veranlassung allerdings **nicht zwangsläufig an den Vorstand** richten; es genügt vielmehr, dass sich das herrschende Unternehmen an den Aufsichtsrat oder an eine dem Vorstand nachgeordnete Stelle wendet.

a) Hauptversammlungsbeschluss

6   Üblich ist die direkte Ansprache des Vorstands der abhängigen Gesellschaft (oder einer diesem untergeordneten Stelle) durch das herrschende Unternehmen. Eine Veranlassung kann allerdings auch über einen Beschluss der vom herrschenden Unternehmen majorisierten Hauptversammlung erfolgen.[7] Dies gilt nicht nur für den Fall, dass die Hauptversammlung (ausnahmsweise, s. § 119 Abs. 2 AktG) über Fragen der Geschäftsführung entscheidet, sondern auch bei allen sonstigen Beschlüssen.[8] Eine andere Frage ist es, ob der Beschluss der Hauptversammlung die Vornahme eines Geschäftsführungsaktes in Gestalt eines Rechtsgeschäfts oder einer Maßnahme – und damit die in § 311 AktG vorausgesetzte **Veranlassungswirkung** (→ Rn. 12 f.) – zeitigt und dieser Geschäftsführungsakt zudem **nachteiligen Charakter** hat.[9] Große praktische Bedeutung kommt der Anwendung des § 311 AktG auf Hauptversammlungsbeschlüsse deshalb nicht zu. Grds. ausgeschlossen ist sie hinsichtlich des Beschlusses, mit dem die Hauptversammlung der abhängigen Gesellschaft dem Abschluss eines Beherrschungs- oder Gewinnabführungsvertrages, der Eingliederung oder einer Umwandlung zustimmt; in diesen Fällen kann sich mit Blick auf die konzern- und um-

---

[4] KölnKommAktG/*Koppensteiner* AktG § 311 Rn. 2; Hüffer/Koch/*Koch* AktG § 311 Rn. 13; Spindler/Stilz/*Müller* AktG § 311 Rn. 12; *Strohn* Verfassung S. 46 ff.; *Veelken* Betriebsführungsvertrag S. 187 ff.
[5] Emmerich/Habersack Aktien-/GmbH-KonzernR/*Habersack* AktG § 311 Rn. 24.
[6] Vgl. am Beispiel der Konzernumlage BGHZ 141, 79 (83).
[7] BGH ZIP 2012, 1753 Rn. 18; LG München I AG 2010, 173 (175); MüKoAktG/*Altmeppen* AktG § 311 Rn. 118 ff.; K. Schmidt/Lutter/*Vetter* AktG § 311 Rn. 35; Spindler/Stilz/*Müller* AktG § 311 Rn. 21; Emmerich/Habersack Aktien-/GmbH-KonzernR/*Habersack* AktG § 311 Rn. 29 f. – Zum Verhältnis zwischen § 311 AktG und § 243 AktG → § 24 Rn. 30.
[8] Vgl. zu § 119 Abs. 2 BGH ZIP 2012, 1753 Rn. 18; iÜ MüKoAktG/*Altmeppen* AktG § 311 Rn. 118 ff.; Spindler/Stilz/*Müller* AktG § 311 Rn. 21; Emmerich/Habersack Aktien-/GmbH-KonzernR/*Habersack* AktG § 311 Rn. 29 f.; enger Hüffer/Koch/*Koch* AktG § 311 Rn. 15; K. Schmidt/Lutter/*Vetter* AktG § 311 Rn. 80; Grigoleit/*Grigole*it AktG § 311 Rn. 2.
[9] Näher Emmerich/Habersack Aktien-/GmbH-KonzernR/*Habersack* AktG § 311 Rn. 30; im Zusammenhang mit Verschmelzungs- und Spaltungsbeschlüssen BGH NZG 2013, 233 Rn. 31 ff.; *Pfeuffer* Verschmelzungen S. 124 ff., 152 f.; *Priester* FS Goette, 2011, 369 (373 ff.).

wandlungsrechtlichen Schutzvorkehrungen ein Nachteil allenfalls aus über die eigentliche Strukturmaßnahme hinausgehenden Umständen ergeben.[10]

b) Personelle Verflechtungen

Eine Veranlassung liegt außerdem in den Fällen personeller Verflechtung vor, mithin 7 dann, wenn Organwalter oder leitende Angestellte des herrschenden Unternehmens entsprechende Funktionen innerhalb der abhängigen Gesellschaft ausüben. Derlei Verflechtungen sind zwar als solche **zulässig und nicht nachteilig;**[11] auch rechtfertigen sie als solche **keine konzernweite Wissenszurechnung** (→ § 1 Rn. 4 c). Ungeachtet dessen sind solche „von innen" kommenden Veranlassungen aus Sicht der abhängigen Gesellschaft und ihrer Außenseiter besonders gefährlich, erlauben sie doch die unmittelbare Umsetzung des außerhalb der abhängigen Gesellschaft verfolgten unternehmerischen Interesses des herrschenden Unternehmens. Bedenkt man, dass der „entsandte" Organwalter oder Angestellte weiterhin Bindungen gegenüber dem herrschenden Unternehmen unterliegt, die seine Tätigkeit innerhalb der abhängigen Gesellschaft beeinflussen können, sollte die Möglichkeit einer Veranlassung nicht zu bezweifeln sein.[12] Besondere Beweiserleichterungen sind allerdings auch in diesem Fall nicht veranlasst (→ Rn. 11).

In der Praxis begegnet vor allem die Wahl von Repräsentanten des herrschenden Unternehmens in den **Aufsichtsrat** der abhängigen Gesellschaft. Ziff. 5.4.2 DCGK empfiehlt allerdings, dass dem Aufsichtsrat einer börsennotierten Gesellschaft eine nach seiner Einschätzung angemessene Zahl unabhängiger Mitglieder angehören soll, und bestimmt, dass ein Aufsichtsratsmitglied auch dann nicht als unabhängig anzusehen ist, wenn es in einer persönlichen oder geschäftlichen Beziehung zu einem kontrollierenden Aktionär oder einem mit diesem verbundenen Unternehmen steht, die einen wesentlichen und nicht nur vorübergehenden Interessenkonflikt begründen kann;[13] hinzu kommen die besonderen Empfehlungen zur Unabhängigkeit in Ziff. 5.3.2 Abs. 3. Zumal in Fällen, in denen die Gesellschaft der paritätischen Mitbestimmung nach dem MitbestG unterliegt und zudem börsennotiert ist, haben diese Kodexregelungen – noch dazu im Zusammenspiel mit der Vorgabe des § 100 Abs. 5 AktG, einen Finanzexperten zu bestellen, und den geschlechterspezifischen Vorgaben des § 96 Abs. 2 AktG – eine nicht unerhebliche Beeinträchtigung der Wahlfreiheit der Hauptversammlung zur Folge, die den Wertungen des Aktienkonzernrechts zuwiderläuft.[14]

---

[10] Vgl. BGH NZG 2013, 233 Rn. 233 ff.; näher Emmerich/Habersack Aktien-/GmbH-KonzernR/*Habersack* AktG § 311 Rn. 29 f.; *Müller* FS Stilz, 2014, 427 (430 ff.); *Pfeuffer* Verschmelzungen S. 118 ff., 172 ff., 193 ff.

[11] BGHZ 180, 105 Rn. 14 ff..

[12] → § 23 Rn. 16; Grigoleit/*Grigoleit* AktG § 311 Rn. 24; Hüffer/Koch/*Koch* AktG § 311 Rn. 21 f.; *Mestmäcker* S. 258 ff.; *Decher* Verflechtungen S. 170 ff.; *Hoffmann-Becking* ZHR 150 (1986), 570 (571 f.); *Noack* FS Hoffmann-Becking, 2013, 847 (850 ff.); *Rehbinder* Konzernaußenrecht S. 250 ff.; *Säcker* ZHR 151 (1987), 59; zur Konzernpraxis s. noch *Hommelhoff* ZHR 156 (1992), 295 (301); zu konzernweiten Aktienoptionsprogrammen s. die Nachw. in → § 24 Fn. 22.

[13] Näher *Wilsing/v. der Linden* DStR 2012, 1391; *Roth* WM 2012, 1987; *Ringleb/Kremer/Lutter/v. Werder* NZG 2012, 1081; zu Ziff. 5.4.2 DCGK aF s. *Habersack* ZHR 168 (2004), 373 ff.; ZIP 2006, 445 (449 f.); *Hopt* ZIP 2005, 461 (467 f.); *Hüffer* ZIP 2006, 637.

[14] Näher zur Problematik, insbes. auch zum Zusammenspiel mit der Forderungen nach einer gesetzlichen Frauenquote, *Habersack* Gutachten S. 33 ff., 72 ff.– Die Forderung, dem Aufsichtsrat müsse zwingend ein Vertreter der außenstehenden Aktionäre angehören (so namentlich *Hommelhoff* Gutachten S. 63 ff.; ferner OLG Hamm NJW 1987, 1030; *Koppensteiner* FS Steindorff, 1990, 79 (106 ff.)), ist

c) Vollmacht

9 Eine Veranlassung kann auch dadurch erfolgen, dass die abhängige Gesellschaft dem herrschenden Unternehmen **Vollmacht** erteilt und dieses daraufhin im Namen des Vollmachtgebers ein Rechtsgeschäft tätigt.[15] Die solchermaßen getätigten Rechtsgeschäfte sind stets durch das herrschende Unternehmen veranlasst, mag auch die Erteilung der Vollmacht selbst nicht auf eine Veranlassung zurückzuführen sein.

3. Beweiserleichterungen

10 Der Nachweis einer Veranlassung wird häufig auf erhebliche Schwierigkeiten stoßen. Denn häufig erfolgt die Einflussnahme auf eher **informellem Wege;** insbes. allgemein gehaltene Direktiven oder „Empfehlungen" können das Handeln des Vorstands prägen, ohne dass eine außenstehende Person in der Lage wäre, die konkrete Ursache einer einzelnen Maßnahme darzutun. Was die außenstehenden Aktionäre ebenso wie die Gläubiger allenfalls feststellen können, ist vielmehr, dass ihre Gesellschaft gegen ihre offenkundigen Interessen zum Vorteil des herrschenden Unternehmens gehandelt und dadurch einen Vermögensnachteil erlitten hat.

11 Zu Recht geht deshalb die herrschende Meinung davon aus, dass der abhängigen Gesellschaft, ihren Gläubigern und ihren außenstehenden Aktionären bei Vorliegen einer nachteiligen Maßnahme[16] Beweiserleichterungen zugutekommen.[17] Allerdings sollte man nicht von einer Veranlassungsvermutung, sondern, entsprechend der Rechtslage bei qualifizierter Nachteilszufügung (→ § 28 Rn. 20) und insolvenzverursachenden Eingriffen (→ § 31 Rn. 23), von einem **Beweis des ersten Anscheins** ausgehen.[18] Zudem sollte diese Beweiserleichterung davon abhängig gemacht werden, dass das herrschende oder ein mit ihm verbundenes Unternehmen Vorteile aus der Maßnahme gezogen hat.[19] All dies hat auch in den Fällen der personellen Verflechtung zu gelten.[20]

---

ebenso wie diejenige, das herrschende Unternehmen bei der Wahl des Aufsichtsrats vom Stimmrecht auszuschließen (*Immenga* ZGR 1978, 269 (281 ff.)), auf Ablehnung gestoßen, s. LG Heidelberg AG 2017, 162 (165); MüKoAktG/*Altmeppen* AktG § 314 Rn. 7 f. mwN; zur Akzeptanz des allgemeinen „Konzernkonflikts" in der Person des Aufsichtsratsmitglieds s. OLG Düsseldorf NZG 2013, 178 (180 f.); LG Hannover ZIP 2009, 761 (762 f.); *Kropff* FS K. Schmidt, 2009, 1023 ff.; *Ihrig/Meder* FS Hellwig, 2011, 163 ff.; MüKoAktG/*Habersack* AktG § 100 Rn. 73.

15 Grigoleit/*Grigoleit* AktG § 311 Rn. 24; KölnKommAktG/*Koppensteiner* AktG § 311 Rn. 23.

16 Zu dieser Voraussetzung *Habersack* ZIP 2006, 1327 (1329 f.) in Auseinandersetzung mit LG Bonn NZG 2005, 856 (857 f.); aA wohl *Altmeppen* ZHR 171 (2007), 320 (331 f.).

17 BGHZ 190, 7 Rn. 40 – Dritter Börsengang; BGHZ 179, 71 Rn. 14 – MPS; Grigoleit/*Grigoleit* AktG § 311 Rn. 21 ff.; aA – gegen jegliche Beweiserleichterung – *Haesen* Abhängigkeitsbericht S. 90 f.; *Säcker* ZHR 151 (1987), 59 (63).

18 OLG Jena ZIP 2007, 1314 (1316); Emmerich/Habersack Aktien-/GmbH-KonzernR/*Habersack* AktG § 311 Rn. 33; KölnKommAktG/*Koppensteiner* AktG § 311 Rn. 10; K. Schmidt/Lutter/*Vetter* AktG § 311 Rn. 29; Spindler/Stilz/*Müller* AktG § 311 Rn. 25; Hüffer/Koch/*Koch* AktG § 311 Rn. 21 f.; Hölters/Leuering/*Goertz* AktG § 311 Rn. 77; offenlassend BGHZ 190, 7 Rn. 40 – Dritter Börsengang; BGHZ 179, 71 Rn. 14 – MPS; für Vermutung dagegen MüKoAktG/*Altmeppen* AktG § 311 Rn. 90 ff.; *Krieger/Schneider* § 70 Rn. 79.

19 So auch K. Schmidt/Lutter/*Vetter* AktG § 311 Rn. 30; Spindler/Stilz/*Müller* AktG § 311 Rn. 25.

20 Näher Emmerich/Habersack Aktien-/GmbH-KonzernR/*Habersack* AktG § 311 Rn. 35 f.; *Schürnbrand* Organschaft S. 330 ff. (mit zutr. Betonung der Bezüge zur allgemeinen Lehre von der Doppelorganschaft); *Noack* FS Hoffmann-Becking, 2013, 847 (852 f.); aA – für unwiderlegbare Veranlassungsvermutung – noch *Neuhaus* Betr. 1970, 1913 (1916); *Semler* FS Stiefel, 1987, 719 (760); *Ulmer* FS Stimpel, 1985, 705 (712 ff.).

4. Veranlassungswirkung

Die Einflussnahme seitens des herrschenden Unternehmens muss sich nach § 311   **12**
Abs. 1 AktG in der Vornahme eines Rechtsgeschäfts oder in dem Ergreifen oder Unterlassen einer Maßnahme durch die abhängige Gesellschaft niederschlagen. Der Wortlaut der Vorschrift bringt allerdings nur unzureichend zum Ausdruck, dass es sich bei dem Begriff der **Maßnahme** um den **Oberbegriff** handelt, das Rechtsgeschäft also eine bestimmte Form der Maßnahme ist.[21] Daraus, aber auch aus dem Schutzzweck des § 311 AktG folgt, dass auch das **Unterlassen eines Rechtsgeschäfts** Gegenstand der Veranlassung sein kann.[22] Überhaupt kommt es iRd §§ 311, 317 AktG auf die Abgrenzung zwischen Rechtsgeschäft und (sonstiger) Maßnahme nicht an;[23] erfasst wird vielmehr jeder Akt der Geschäftsführung, der sich auf die Vermögens- oder Ertragslage der abhängigen Gesellschaft auswirken kann.

5. Kausalität

Eine von der abhängigen Gesellschaft getroffene Maßnahme wird schließlich nur un-   **13**
ter der Voraussetzung von §§ 311 ff. AktG erfasst, dass sie auf der Veranlassung durch das herrschende Unternehmen beruht. Zwischen der Veranlassung und der Maßnahme muss deshalb Kausalität bestehen. **Mitursächlichkeit genügt** allerdings.[24] An der erforderlichen Kausalität fehlt es deshalb nur dann, wenn sich die abhängige Gesellschaft ohne die Veranlassung genauso verhalten hätte.

II. Nachteil

1. Maßstab

a) Sorgfaltspflichtverletzung des Tochtervorstands

Das Gesetz wendet sich in § 311 Abs. 1 allein gegen die Veranlassung der abhängigen   **14**
Gesellschaft zu nachteiligen Maßnahmen und Rechtsgeschäften. Darin kommt der auf die **Vermögensinteressen der abhängigen Gesellschaft** bezogene Ansatz der §§ 311 ff. AktG zum Ausdruck: Das Gesetz nimmt die Überlagerung des Eigenwillens der abhängigen Gesellschaft durch das anderweitig verfolgte unternehmerische Interesse des beherrschenden Aktionärs hin, solange nur die Vermögensinteressen der Gesellschaft und die daran anknüpfenden Interessen der Gläubiger und außenstehenden Aktionäre unangetastet bleiben.

Für den **Begriff des Nachteils** in § 311 AktG folgt hieraus, dass er jede Minderung   **15**
oder konkrete Gefährdung der Vermögens- oder Ertragslage der Gesellschaft umfasst, soweit sie auf die Abhängigkeit zurückzuführen ist.[25] Der Nachteil muss also seine Ur-

---

[21] KölnKommAktG/*Koppensteiner* AktG § 311 Rn. 14; Hüffer/Koch/*Koch* AktG § 311 Rn. 23.

[22] Vgl. die Nachw. in Fn. 22.

[23] Anders bei § 312 Abs. 1 AktG, → § 26 Rn. 18 ff.

[24] LG Bonn NZG 2005, 856 (857); KölnKommAktG/*Koppensteiner* AktG § 311 Rn. 6; *Krieger/Schneider* § 70 Rn. 77; Hüffer/Koch/*Koch* AktG § 311 Rn. 23.

[25] IdS BGHZ 141, 79 (84); 175, 365 Rn. 9 – UMTS; BGHZ 179, 71 Rn. 8 – MPS; BGHZ 190, 7 Rn. 37; BGH NZG 2013, 233 Rn. 32; OLG Köln ZIP 2006, 997 (998); 2009, 1276 (1280 f.); LG Köln AG 2008, 327 (332); LG Bonn NZG 2005, 856 (857); Grigoleit/*Grigoleit* AktG § 311 Rn. 27; Hüffer/Koch/*Koch* AktG § 311 Rn. 24; KölnKommAktG/*Koppensteiner* AktG § 311 Rn. 36; K. Schmidt/Lutter/*Vetter* AktG § 311 Rn. 40; aA – gegen Verknüpfung des Nachteilsbegriffs mit der Abhängigkeit und für Annahme einer Verschuldenshaftung für fehlerhafte Fremdgeschäftsführung – MüKoAktG/*Altmeppen* AktG § 311 Rn. 157 ff., 162 ff.; *Altmeppen* ZHR 171 (2007), 320 (330 ff.); *Alt-*

sache in der Abhängigkeit haben, weshalb es an einem solchen fehlt, wenn ein ordentlicher und gewissenhafter Geschäftsleiter einer unabhängigen Gesellschaft sich ebenso verhalten hätte wie der Vorstand der abhängigen Gesellschaft.[26] Dem Begriff des Nachteils ist damit eine **Sorgfaltspflichtverletzung** iSd § 93 Abs. 1 S. 1 AktG immanent: Wäre die Maßnahme auch vom pflichtgemäß handelnden Vorstand einer unabhängigen Gesellschaft getroffen worden, so entfällt nicht erst die Ersatzpflicht (§ 317 Abs. 2 AktG),[27] sondern bereits der nachteilige Charakter. Schon iRd Nachteilsbegriffs ist deshalb das – in § 93 Abs. 1 S. 2 AktG ausdrücklich anerkannte[28] – **unternehmerische Ermessen** des Vorstands der abhängigen Gesellschaft zu berücksichtigen.[29] Das allgemeine unternehmerische Risiko wird der abhängigen Gesellschaft somit nicht abgenommen.[30] Auch verpflichtet nicht jede Pflichtverletzung des Vorstands der abhängigen Gesellschaft zum Nachteilsausgleich; weitere Voraussetzung ist vielmehr, dass die nachteilige Maßnahme (und damit die Pflichtverletzung) durch das herrschende Unternehmen veranlasst worden ist (→ Rn. 2 ff.).

16 Maßgeblich für das Vorliegen eines Nachteils ist das fiktive Verhalten einer – iRd Sorgfaltsanforderungen des § 93 Abs. 1 S. 1, 2 AktG geführten – Gesellschaft, die zwar nicht in einem Abhängigkeitsverhältnis zu dem herrschenden Unternehmen steht, die aber **im Übrigen unter gleichen tatsächlichen und rechtlichen Bedingungen** wie die abhängige Gesellschaft zu agieren hat.[31] Ist die Gesellschaft von dem herrschenden Unternehmen auch wirtschaftlich abhängig, mag es also sein, dass die fragliche Maßnahme, obschon sie aus Sicht einer völlig unabhängigen Gesellschaft nicht vorgenommen worden wäre, keinen nachteiligen Charakter hat. Dem herrschenden Unternehmen ist es allerdings verwehrt, der vormals unabhängigen Gesellschaft durch Zweck- oder Gegenstandsänderung oder durch entsprechende tatsächliche Maßnahmen eine dem Konzerninteresse dienende Funktion zuzuweisen; eine solche Vorgehensweise wäre ihrerseits nachteilig und hätte, die fehlende Quantifizierbarkeit der Nachteile unterstellt, das Eingreifen der Grundsätze über die qualifizierte Nachteilszufügung zur Folge.[32]

---

meppen FS Priester, 2007, 1 (5 ff.); *Altmeppen* NJW 2008, 1553 (1554); ferner *Wackerbarth* Konzern 2010, 261 (268 ff., 338 ff.), dem zufolge §§ 311 ff. AktG die Einflussnahme nur innerhalb des Bereichs sorgfaltsgemäßen Handelns des Vorstands einer unabhängigen Gesellschaft erlauben.

26 BGHZ 175, 365 Rn. 9, 11 – UMTS; BGHZ 179, 71 Rn. 9 f. – MPS; Emmerich/Habersack Aktien-/GmbH-KonzernR/*Habersack* AktG § 311 Rn. 40; KölnKommAktG/*Koppensteiner* AktG § 311 Rn. 22; *Krieger/Schneider* § 70 Rn. 82; *Habersack* ZIP 2006, 1327 (1330); *Hommelhoff* Konzernleitungspflicht S. 118 f.; *Köhler* NJW 1978, 2473 (2477 f.); *Lutter* FS Peltzer, 2001, 241 (248).

27 IdS aber wohl BGHZ 175, 365 Rn. 10 ff.

28 Nichts anderes galt vor Inkrafttreten des UMAG, s. BGHZ 135, 244 (253).

29 BGHZ 175, 365 Rn. 11 – UMTS; BGHZ 190, 7 Rn. 32 – Dritter Börsengang; BGH NZG 2013, 233 Rn. 31; OLG Stuttgart ZIP 2007, 1210 (1214); LG München I AG 2008, 327 (332); *Habersack* ZIP 2006, 1327 (1330 f.); *Fleischer* NZG 2008, 371; im Grundsatz für Ermessen auch *Altmeppen* NJW 2008, 1553 (1554 f.).

30 Emmerich/Habersack Aktien-/GmbH-KonzernR/*Habersack* AktG § 311 Rn. 40; aA – Verschuldenshaftung für fehlerhafte Fremdgeschäftsführung – MüKoAktG/*Altmeppen* AktG § 311 Rn. 157 ff., 162 ff.; *Altmeppen* ZHR 171 (2007), 320 (330 ff.); *Altmeppen* FS Priester, 2007, 1 (5 ff.); *Altmeppen* NJW 2008, 1553 (1554).

31 BGHZ 141, 79 (84, 88); näher Emmerich/Habersack Aktien-/GmbH-KonzernR/*Habersack* AktG § 311 Rn. 41 f.

32 Emmerich/Habersack Aktien-/GmbH-KonzernR/*Habersack* AktG § 311 Rn. 41; *Kleindiek* DStR 2000, 559 (561 f.); aA MüKoAktG/*Altmeppen* AktG § 311 Rn. 195 f., der sich gegen die hier vertretene Position wendet, indes die Gründung einer von vornherein abhängigen und mit dienender Funktion

b) Fehlende Quantifizierbarkeit

Nach zutreffender Ansicht entfällt der nachteilige Charakter einer Maßnahme nicht 17
dadurch, dass der Nachteil **nicht quantifiziert** werden kann.[33] Solche nicht quantifizierbaren Nachteile sind allerdings im Allgemeinen dem Einzelausgleich nach § 311
Abs. 2 AktG nicht zugänglich und machen deshalb die Einflussnahme von vornherein
rechtswidrig.[34] Die Rechtsfolgen bestimmen sich danach, ob ein etwaiger Schaden der
Gesellschaft bezifferbar ist oder nicht; im ersten Fall findet § 317 AktG Anwendung,
im zweiten Fall dagegen § 302 AktG analog (→ § 28 Rn. 16 ff.).

c) Ex ante-Betrachtung

Wie sich der ordentliche und gewissenhafte Vorstand einer unabhängigen Gesellschaft 18
im gemeinsamen Interesse der Aktionäre verhalten hätte, kann nur an Hand derjenigen Umstände beurteilt werden, die dieser im Augenblick der Vornahme oder Unterlassung der Maßnahme zu berücksichtigen verpflichtet gewesen wäre. **Maßgebender**
Zeitpunkt für die Beurteilung der Nachteiligkeit einer Maßnahme und für die Höhe
des Nachteils kann daher nur der ihrer Vornahme oder Unterlassung sein.[35] Durfte danach die Maßnahme getroffen werden, so wird sie auch dann nicht nachteilig iSd
§ 311 AktG, wenn sich die entscheidungsrelevanten Umstände im Nachhinein anders
entwickeln und die Gesellschaft eine Vermögenseinbuße erleidet. Umgekehrt entfällt
der nachteilige Charakter einer Maßnahme nicht durch eine zugunsten der Gesellschaft verlaufende Entwicklung.[36]

Der Begriff des Nachteils deckt sich somit **nicht** mit dem des **Schadens:**[37] Während 19
die Bestimmung des auszugleichenden Schadens ex post und damit auf der Grundlage
des nunmehr bekannten Geschehensablaufs zu erfolgen hat, bemisst sich die Höhe des
Nachteils nach der im Zeitpunkt der Vornahme der Maßnahme abzusehenden Beeinträchtigung der Vermögens- oder Ertragslage der Gesellschaft. Ein Nachteil kann
deshalb gegeben sein, auch wenn es nicht zum Eintritt eines entsprechenden Schadens
kommt oder die abhängige Gesellschaft gar einen Gewinn erzielt.[38] Auch in diesem

---

ausgestatten Gesellschaft (und nicht die „Umwandlung" der zuvor am Markt agierenden Gesellschaft)
im Auge zu haben scheint; s. ferner *Altmeppen* ZHR 171 (2007), 320 (334 f.).

[33] BGHZ 141, 79 (84); BGH ZIP 2012, 1753 Rn. 23; OLG Köln ZIP 2006, 997 (998); KölnKomm-
AktG/*Koppensteiner* AktG § 311 Rn. 54; K. Schmidt/Lutter/*Vetter* AktG § 311 Rn. 42; Spindler/Stilz/
Müller AktG § 311 Rn. 40; Grigoleit/*Grigoleit* AktG § 311 Rn. 28; *K. Schmidt* § 31 IV 2b; aA noch
Haesen Abhängigkeitsbericht S. 98 f., 103, 109 f.

[34] OLG Köln AG 2009, 416 (419); Spindler/Stilz/*Müller* AktG § 311 Rn. 40; näher Emmerich/Haber-
sack Aktien-/GmbH-KonzernR/*Habersack* AktG § 311 Rn. 53 ff., 64 ff.

[35] BGHZ 179, 71 Rn. 11, 13 – MPS; OLG Stuttgart ZIP 2007, 1210 (1213); OLG Köln ZIP 2007, 28
(30); AG 2009, 416 (420); ZIP 2009, 1276 (1281); *Geßler* FS H. Westermann, 1974, 145 (163 f.); Gri-
goleit/*Grigoleit* AktG § 311 Rn. 29; *Habersack* ZIP 2006, 1327 (1330); *Strohn* Verfassung S. 67, 71, 84 f.;
J. Wilhelm, Rechtsform und Haftung bei der juristischen Person, 1981, 236 ff.; aA *Kellmann* ZGR 1974,
220 (221 ff.); *Haesen* Abhängigkeitsbericht S. 102 ff. Näher am Beispiel der UMTS-Auktion BGHZ 175,
365 Rn. 13, 19 f.; OLG Köln ZIP 2006, 997 (998); LG Bonn NZG 2005, 856 (857).

[36] Emmerich/Habersack Aktien-/GmbH-KonzernR/*Habersack* AktG § 311 Rn. 44; Hüffer/Koch/*Koch*
AktG § 311 Rn. 28.

[37] Heute ganz herrschende Ansicht, s. etwa LG Köln AG 2008, 327 (332); KölnKommAktG/*Koppensteiner* AktG § 311 Rn. 53; Hüffer/Koch/*Koch* AktG § 311 Rn. 26; *Krieger/Schneider* § 70 Rn. 83; aA noch
Kellmann ZGR 1974, 220 (222 f.); *Kellmann* BB 1969, 1509 (1512 f.); *Möhring* FS Schilling, 1973,
253 (264 f.).

[38] Denkbar bei Vornahme eines an sich nicht zu verantwortenden Risikogeschäfts.

Fall ist der aus Sicht ex ante zu erwartende Nachteil auszugleichen;[39] unterbleibt der Ausgleich, so bildet der Betrag des Nachteils den nach § 317 AktG zu ersetzenden Mindestschaden.[40]

2. Beispiele

20 Der Begriff des Nachteils ist so weit wie derjenige der Pflichtverletzung und lässt sich deshalb nur unzureichend präzisieren. Immerhin lassen sich einige **typische Fallgestaltungen** verzeichnen:

a) Umsatzgeschäfte

21 Nachteiligen Charakter haben jedenfalls solche Leistungen der abhängigen Gesellschaft, denen keine gleichwertige Leistung des herrschenden Unternehmens gegenüber steht. So verhält es sich namentlich bei Berechnung unangemessener Konzernverrechnungspreise,[41] ferner bei Veräußerung ihres Beteiligungsbesitzes auf Veranlassung des herrschenden Unternehmens unter Wert.[42] Der Erwerb von **UMTS-Lizenzen** iRd im Jahr 2000 durchgeführten Auktionsverfahrens war hingegen vom unternehmerischen Ermessen des Vorstands der – seinerzeit vom Bund abhängigen – Deutsche Telekom AG gedeckt und damit nicht nachteiliger Natur.[43]

b) Maßnahmen der Konzernfinanzierung

22 Die Frage, ob Maßnahmen der Konzernfinanzierung nachteiligen Charakter haben,[44] war bis zum Inkrafttreten des MoMiG[45] am 1.1.2008 vor dem Hintergrund zu sehen, dass §§ 57, 62 AktG – und mit ihnen § 93 Abs. 3 Nr. 1 AktG – durch § 311 AktG verdrängt werden und es dem herrschenden Unternehmen somit gestattet ist, offene und verdeckte Vermögensverlagerungen nach Maßgabe des § 311 Abs. 2 AktG auszugleichen (→ § 24 Rn. 26 f.). Die Hingabe eines ungesicherten Darlehens und die Bestellung einer Sicherheit durch die abhängige AG waren deshalb, auch soweit sie

---

[39] Emmerich/Habersack Aktien-/GmbH-KonzernR/*Habersack* AktG § 311 Rn. 45; Spindler/Stilz/ *Müller* AktG § 311 Rn. 29; einschr. *Krieger/Schneider* § 70 Rn. 83; K. Schmidt/Lutter/*Vetter* AktG § 311 Rn. 93; aA MüKoAktG/*Altmeppen* AktG § 311 Rn. 183; *Kellmann* BB 1969, 1509 (1516), der darin eine Privilegierung der abhängigen Gesellschaft sieht, dabei aber nicht berücksichtigt, dass eine unabhängige Gesellschaft das fragliche Geschäft nicht ohne Risikoprämie vorgenommen hätte.

[40] Etwa wenn sich ein an sich nicht zu verantwortendes Risiko nicht verwirklicht; dazu noch → § 27 Rn. 6.

[41] BGHZ 124, 111 (118 f.) – Vereinigte Krankenversicherung; ebenso schon BGHZ 65, 15 (18 ff.) – ITT; s. ferner OLG Celle ZIP 2007, 2025.

[42] BGH NZG 2012, 1030 Rn. 12, 15; *Lutter* FS Steindorff, 1990, 125 (135 ff.).

[43] BGHZ 175, 365 Rn. 13, 19 f.; OLG Köln ZIP 2006, 997 (998); LG Bonn NZG 2005, 856 (857); *Habersack* ZIP 2006, 1327 (1330 f.); *Fleischer* NZG 2008, 371 (372 f.); aA *Altmeppen* NJW 2008, 1553 (1554 f.).

[44] Näher zum Folgenden Emmerich/Habersack Aktien-/GmbH-KonzernR/*Habersack* AktG § 311 Rn. 47 ff.; K. Schmidt/Lutter/*Vetter* AktG § 311 Rn. 56 ff.; *Habersack/Schürnbrand* NZG 2004, 689; *Hentzen* ZGR 2005, 480; *Spindler* ZHR 171 (2007), 245; *Wehlen* und *U. H. Schneider,* jew. in: *Lutter/Scheffler/Schneider* Konzernfinanzierung §§ 23, 25; *Hormuth* Cash Management S. 51 ff.

[45] Gesetz zur Modernisierung des GmbH-Rechts und zur Bekämpfung von Missbräuchen vom 23.10.2008 (BGBl. 2008 I 2026); s. dazu RegE, BT-Drs. 16/6140 = BR-Drs. 354/07 = ZIP 2007, Beil. zu Heft 23; Beschlussempfehlung Rechtsausschuss, BT-Drs. 16, 9737; *Seibert/Decker* ZIP 2008, 1208; ferner → § 27 Rn. 24.

einer unverbundenen AG nach § 57 Abs. 1, 3 AktG aF verboten waren,[46] auch dann **nicht per se nachteilig,** wenn sie auf Veranlassung und zugunsten des herrschenden Unternehmens erfolgten.[47] Der Zulässigkeit des gestreckten und zudem rein schuldrechtlichen Nachteilsausgleichs (→ Rn. 47 ff.) war vielmehr auch vor Inkrafttreten des MoMiG dadurch Rechnung zu tragen, dass an die Stelle des abstrakten Vermögens- und Liquiditätsschutzes nach § 57 AktG eine konkrete, auf die Umstände des Einzelfalles abstellende, iRd § 311 Abs. 2 AktG ohnehin maßgebende (→ Rn. 39 ff.) Betrachtungsweise zu treten hatte.[48]

Diesen für die abhängige AG seit jeher maßgebenden Ansatz hat das **MoMiG** in § 57   23 Abs. 1 S. 3 AktG (für die GmbH in der inhaltsgleichen Vorschrift des § 30 Abs. 1 S. 2 GmbHG) dahin gehend verallgemeinert, dass Leistungen, die durch einen **vollwertigen Gegenleistungs- oder Rückgewähranspruch** gegen den Aktionär gedeckt sind, keine Einlagenrückgewähr darstellen.[49] In der „MPS"-Entscheidung hat der II. Zivilsenat des BGH – gestützt auf die Materialien[50] – die Neuregelung zum Anlass genommen, iRd § 57 AktG (ebenso wie iRd § 30 Abs. 1 GmbHG) auch für Altfälle auf eine rein **bilanzielle Betrachtungsweise** abzustellen und auf einen darüber hinausgehenden allgemeinen Liquiditätsschutz zu verzichten.[51] Damit aber gilt sowohl für Neu- als auch für Altfälle, dass konzerninterne Finanzierungen **nicht per se nachteilig** iSd § 311 Abs. 1 AktG sind, vielmehr es entscheidend darauf ankommt, dass der Rückgewähranspruch der abhängigen Gesellschaft vollwertig ist (was gegebenenfalls die Bestellung von Sicherheiten erfordert). § 57 Abs. 1 S. 3 AktG bestimmt damit in allgemeiner Weise, was nach zutreffender Ansicht (→ Rn. 22) für die abhängige AG (und nur für sie) schon vor Inkrafttreten des MoMiG galt und – wegen des Vorrangs des § 311 AktG (→ § 24 Rn. 26 f.) – auch weiterhin gilt. Auch nach Inkrafttreten des MoMiG können konzerninterne Finanzierungsleistungen freilich durchaus gegen § 57 Abs. 1 AktG verstoßen und nachteiligen Charakter haben. Im Einzelnen ist wie folgt zu unterscheiden:

---

[46] OLG Hamm ZIP 1995, 1263 (1270); GroßkommAktG/*Henze* AktG § 57 Rn. 49; für die GmbH BGHZ 157, 72; zu den Folgen dieses Urteils für die unverbundene AG – jeweils die Rechtslage vor Inkrafttreten des MoMiG betreffend – *Bayer/Lieder* ZGR 2005, 133 (146 f.); *Cahn* Konzern 2004, 235 (243 f.); *Habersack/Schürnbrand* NZG 2004, 689 (690 ff.); *Hentzen* ZGR 2005, 480 (506 ff.); *Spindler* ZHR 171 (2007), 245 (264 ff.); *Wessels* ZIP 2004, 793 (796).

[47] *Habersack/Schürnbrand* NZG 2004, 689 (692 ff.); *Hentzen* ZGR 2005, 480 (509 f.); *Kerber* ZGR 2005, 437 (446 f.); *Reidenbach* WM 2004, 1421 (1427); *Wessels* ZIP 2004, 793 (796); aA *Hüffer* AG 2004, 416 (417 ff.); iErg auch *Schön* ZHR 159 (1995), 351 (372); s. ferner *Bayer/Lieder* ZGR 2005, 133 (148 f.).

[48] Näher *Habersack/Schürnbrand* NZG 2004, 689 (693 f.); ebenso K. Schmidt/Lutter/*Vetter* AktG § 311 Rn. 56; *Kerber* ZGR 2005, 437 (446 f.); *Reidenbach* WM 2004, 1421 (1427 f.); *Wessels* ZIP 2004, 793 (796); *Zeidler* Cashmanagement S. 39, 65 ff.; iErg auch KölnKommAktG/*Koppensteiner* AktG § 311 Rn. 79.

[49] Näher dazu Goette/Habersack/*J. Vetter*, Das MoMiG in Wissenschaft und Praxis, 2009, § 4 Rn. 29 ff.; *Habersack* FS Schaumburg, 2009, 1291 ff.; *Kiefner/Theusinger* NZG 2008, 801; zu den gleichfalls durch das MoMiG eingeführten Zahlungsverboten der § 92 Abs. 2 S. 3, § 64 S. 3 GmbHG s. – speziell im Zusammenhang mit der Kreditvergabe – *Cahn* Konzern 2009, 7; allg. BGH NZG 2012, 1379; GroßkommAktG/*Habersack/Foerster* AktG § 92 Rn. 143 ff.; UHL/*Casper* AktG § 64 Rn. 139 ff.

[50] Begr. RegE, BT-Drs. 16/6140, 41, 52; dazu *Habersack* FS Schaumburg, 2009, 1291 ff.

[51] BGHZ 179, 71 Rn. 12 – MPS; dazu *Altmeppen* ZIP 2009, 49; *Cahn* Konzern 2009, 67; *Habersack* ZGR 2009, 347 (350 ff.); *Kropff* NJW 2009, 814; *Mülbert/Leuschner* NZG 2009, 281; *Wand/Tillmann/Heckenthaler* AG 2009, 148.

24 Was zunächst die Vergabe oder Aufnahme konzerninterner **Darlehen** betrifft, so muss namentlich die **Verzinsung** einem Drittvergleich standhalten.[52] Im Falle der Vergabe des Darlehens durch die abhängige Gesellschaft kann aber auch die Übernahme eines unangemessenen **Ausfallrisikos** – und damit das Fehlen ausreichender Sicherheiten – einen Verstoß gegen § 57 Abs. 1 S. 1, 3 AktG und damit zugleich einen Nachteil iSd § 311 Abs. 1 AktG begründen;[53] hiervon betroffen sind namentlich mittel- und langfristige Kredite.[54] Bei existenzgefährdendem Ausmaß des Ausfallrisikos finden die Grundsätze über die qualifizierte Nachteilszufügung (→ § 28 Rn. 5 ff.) Anwendung.[55] Nicht nur, aber insbes. im Zusammenhang mit einem Cash-Pooling (→ Rn. 25) kann sich der nachteilige Charakter der Darlehensvergabe schließlich aufgrund der negativen Auswirkungen auf die **Liquiditätslage** der Gesellschaft ergeben.[56] Der Vorstand hat im Zeitpunkt der Darlehensvergabe[57] unter Beachtung der ihm obliegenden Sorgfaltspflicht zu prüfen, ob die Darlehensvergabe unter einem der genannten Gesichtspunkte nachteilig ist.[58] Ergibt sich hierbei ein konkretes Ausfall- oder Liquiditätsrisiko, so hat er die Auszahlung zu verweigern.[59] Auf einen unangemessen niedrigen Zins hingegen darf sich der Vorstand gegen die Zusage von Nachteilsausgleich einlassen. Erscheinen aus der allein maßgeblichen ex ante-Perspektive (→ Rn. 18 f.) der Rückzahlungsanspruch als vollwertig und der Liquiditätsbedarf der abhängigen Gesellschaft als gedeckt, so behält das Darlehen seinen nicht nachteiligen Charakter auch dann, wenn es später wider Erwarten doch zu einem Forderungsausfall oder zu Liquiditätsengpässen kommt.[60]

24a Von dem stichtagsbezogenen Ansatz des § 311 AktG unberührt bleibt hingegen die aus § 93 Abs. 1 S. 1 AktG herzuleitende **Pflicht des Vorstands**[61] der abhängigen Gesellschaft, nach Ausreichung des Darlehens laufend die Solvenz des herrschenden Un-

---

[52] BGHZ 179, 71 Rn. 17 – MPS; *Cahn* Konzern 2009, 67 (69); *Habersack* ZGR 2009, 347 (359 f.); näher dazu sowie zu den Besonderheiten des Cash Poolings (→ Rn. 25) MüKoAktG/*Altmeppen* AktG § 311 Rn. 254 ff.; *Altmeppen* ZIP 2009, 49 (52); K. Schmidt/Lutter/*Vetter* AktG § 311 Rn. 60, dort auch zur Möglichkeit der Kompensation durch die Befugnis der abhängigen Gesellschaft, ihrerseits zinsgünstigen Kredit in Anspruch zu nehmen (→ Rn. 25).

[53] BGHZ 179, 71 Rn. 13 – MPS, wo von der vom Berufungsgericht festgestellten Vollwertigkeit auszugehen war (s. Rn. 16 des Urteils); speziell zum „MPS"-Sachverhalt (insbes. dem sich aus der Vielzahl der Darlehen ergebenden Klumpenrisiko) *Bayer/Lieder* AG 2010, 885 (886 ff.); *Habersack* ZGR 2009, 347 (354 ff.); *Kropff* NJW 2009, 814 (815); s. auch OLG Jena ZIP 2007, 1314 (1316 f.); OLG Hamm AG 1995, 512 (515); LG Dortmund AG 2002, 97 (98 f.); *Jula/Breitbarth* AG 1997, 256 (260); *Kerber* Betr. 2004, 1027 (1029 f.).

[54] So auch KölnKommAktG/*Koppensteiner* AktG § 311 Rn. 79.

[55] Vgl. *Krieger/Schneider* § 70 Rn. 64; *Habersack/Schürnbrand* NZG 2004, 689 (693); s. ferner *Kropff* NJW 2009, 814 (815); weitergehend *Schön* ZHR 159 (1995), 351 (372).

[56] Vgl. dazu im Zusammenhang mit dem „MPS"-Fall (BGHZ 179, 71) *Bayer/Lieder* AG 2010, 885 (888 f.); *Mülbert/Leuschner* NZG 2009, 281 (285).

[57] BGHZ 179, 71 Rn. 13 – MPS stellt allg. auf den Zeitpunkt der Vornahme des Rechtsgeschäfts ab; zeigt sich freilich der nachteilige Charakter nach Abschluss des schuldrechtlichen Geschäfts, aber vor Auszahlung des Darlehens, so hat der Vorstand ggf. von dem Kündigungsrecht des § 490 Abs. 1 BGB Gebrauch zu machen oder auf Nachbesicherung zu bestehen (s. sogleich im Text). – Allg. zur gebotenen ex ante-Betrachtung → Rn. 18 f.

[58] Zum Nachteilsausgleich bei nachteiliger Darlehensvergabe → Rn. 53.

[59] BGHZ 179, 71 Rn. 13 – MPS.

[60] So hinsichtlich des Ausfallrisikos BGHZ 179, 71 Rn. 13 – MPS.

[61] Zu den hierauf bezogenen Überwachungspflichten des Aufsichtsrats s. BGHZ 179, 71 Rn. 14 ff., 19 ff. – MPS; *Habersack* ZGR 2009, 347 (363 f.); *Bayer/Lieder* AG 2010, 885 (893 ff.).

ternehmens zu prüfen und gegebenenfalls – unter Androhung der Kündigung – auf Besicherung des Rückzahlungsanspruchs zu bestehen.[62] Bei umfangreichen langfristigen Darlehen und bei Teilnahme an einem Cash-Management (→ Rn. 48) wird regelmäßig die Einrichtung eines geeigneten Informations- oder **„Frühwarnsystems"** geboten sein.[63] Ein Nachteil iSd § 311 AktG liegt in diesem Fall auch darin, dass der Vorstand der abhängigen Gesellschaft auf entsprechende vertragliche Vorkehrungen verzichtet.[64]

Die Bestellung von **Sicherheiten** für Verbindlichkeiten des herrschenden Unternehmens oder anderer Konzernunternehmen[65] kann nicht nur nachteilig sein, wenn im Zeitpunkt der Bestellung der Sicherheit[66] die Inanspruchnahme derselben nicht unwahrscheinlich ist und der abhängigen Gesellschaft kein vollwertiger Rückgriffsanspruch zusteht; vielmehr kann bereits der Umstand, dass die Gesellschaft den Gegenstand nicht mehr als Sicherheit für eigene Verbindlichkeiten einsetzen kann, einen Nachteil begründen.[67] Vorbehaltlich verbleibender Ausfallrisiken kann es umgekehrt an einem Nachteil fehlen, wenn die Konzerngesellschaften untereinander ihre jeweiligen Verbindlichkeiten gegenüber Dritten sichern und auf diese Weise die Kreditwürdigkeit der abhängigen Gesellschaft steigt.[68] Gänzlich unproblematisch ist die Besicherung, wenn das besicherte Darlehen zwar vom herrschenden Unternehmen aufgenommen wird, indes an die abhängige Gesellschaft weitergereicht wird.[69] **24b**

Auch die Einbindung der abhängigen Gesellschaft in ein zentrales **Cash Management**[70] ist nicht per se nachteilig.[71] Die mit einem solchen System verbundene Unter- **25**

---

[62] BGHZ 179, 71 Rn. 14 – MPS; *Bayer/Lieder* AG 2010, 885 (890f.); *Habersack* ZGR 2009, 347 (361ff.); *Habersack* FS Schaumburg, 2009, 1291 (1303f.); *Kiefner/Theusinger* NZG 2008, 801 (805); *Paefgen* DZWiR 2009, 177; *Pentz* ZIP 2006, 781 (785); *Schäfer/Fischbach* FS Hellwig, 2011, 293 (306ff.); zur entsprechenden Rechtslage im Vertragskonzern (in Bezug auf den Anspruch aus § 302 AktG) → § 20 Rn. 49; *Bormann/Urlichs* GmbHR 2008, Oktober-Sonderheft S. 37 (47); *Habersack* FS Schaumburg, 2009, 1291 (1298f.).

[63] Vgl. BGHZ 179, 71 Rn. 14 – MPS („was … erforderlich machen kann"); ferner *Henze* WM 2005, 717 (726); näher *Bayer/Lieder* AG 2010, 885 (890f.); *Habersack* ZGR 2009, 347 (361ff.).

[64] Zutr. BGHZ 179, 71 Rn. 14 – MPS.

[65] Vgl. namentlich BGH ZIP 2007, 1705 Rn. 23ff.; zur Verpfändung von Aktien zur Sicherung eines dem herrschenden Unternehmen gewährten Darlehens s. auch LG Düsseldorf AG 1979, 290 (291f.); aufgehoben durch OLG Düsseldorf AG 1980, 273f.

[66] Dazu → Rn. 18f., ferner MüKoAktG/*Altmeppen* AktG § 311 Rn. 263f.; für § 57 Abs. 1 S. 3 AktG, § 30 Abs. 1 S. 2 GmbHG BGH NZG 2017, 344 Rn. 15ff.; 2017, 658 Rn. 14ff.; dazu *Altmeppen* ZIP 2017, 1977ff.; *Kiefner/Bochum* NZG 2017, 1292.

[67] K. Schmidt/Lutter/*Vetter* AktG § 311 Rn. 62; Hölters/*Leuering/Goertz* AktG § 311 Rn. 63; Grigoleit/ *Grigoleit* AktG § 311 Rn. 40; *Krieger/Schneider* § 70 Rn. 63.

[68] Hölters/*Leuering/Goertz* AktG § 311 Rn. 63; s. ferner BGHZ 138, 291 (302); *Schön* ZHR 159 (1995), 351 (368).

[69] K. Schmidt/Lutter/*Vetter* AktG § 311 Rn. 64; *Bastuck* WM 2000, 1091 (1094); *Bayer* FS Lutter, 2000, 1011 (1025).

[70] Dazu die Nachw. in Fn. 44, ferner *Bayer* FS Lutter, 2000, 1011ff.; *Burgard* VGR 6 (2003), 45ff.; *Morsch* NZG 2003, 97; *Vetter* VGR 6 (2003), 69.

[71] So auch MüKoAktG/*Altmeppen* AktG § 311 Rn. 239ff.; *Altmeppen* NZG 2010, 401 (402ff.); KölnKommAktG/*Koppensteiner* AktG § 311 Rn. 80; *Krieger/Schneider* § 70 Rn. 64; K. Schmidt/Lutter/*Vetter* AktG § 311 Rn. 65; Spindler/Stilz/*Müller* AktG § 311 Rn. 43; *Habersack/Schürnbrand* NZG 2004, 689 (692f.); *Hüffer* AG 2004, 416; *Wessels* ZIP 2004, 793 (796); für die GmbH auch BGHZ 149, 10 (17ff.) mAnm *Goette* DStR 2001, 1853 („Schwarz/Weiß-Lösungen … verwirft der Senat"); s. ferner BGH ZIP 2004, 1200 (1206).

ordnung unter die konzernweite Liquiditätssteuerung darf freilich die abhängige Gesellschaft nicht mit den auf die Betreibergesellschaft durchschlagenden Liquiditätsproblemen anderer Konzerngesellschaften belasten; vielmehr muss sichergestellt sein, dass die abhängige Gesellschaft über die von ihr benötigte (und von ihr bereitgestellte)[72] Liquidität verfügt.[73] Auch die abhängige Gesellschaft muss deshalb, ihre Kreditwürdigkeit unterstellt, über die Möglichkeit verfügen, ihren Kreditbedarf durch Inanspruchnahme des Cash Pools zu decken. Die von der abhängigen Gesellschaft bereitgestellten Mittel sind angemessen zu verzinsen; dabei kann berücksichtigt werden, dass die abhängige Gesellschaft ihrerseits zinsgünstigen Kredit in Anspruch nehmen kann. Zudem sind die mit der Zentralisierung verbundenen Synergieeffekte in sachgerechter Weise an die abhängige Gesellschaft weiterzureichen (→ Rn. 26). Des Weiteren ist etwaigen Risiken aus der Vergabe von Darlehen oder der Bestellung von Sicherheiten Rechnung zu tragen (→ Rn. 24 ff.). Auch darf die abhängige Gesellschaft nicht restlos von eigenen Bankverbindungen und Kreditlinien abgeschnitten werden.[74] Schließlich ist sicherzustellen, dass die einzelnen Geschäftsvorfälle ordnungsgemäß erfasst werden; andernfalls kann das Cash Management den Tatbestand einer qualifizierten Nachteilszufügung begründen (→ § 28 Rn. 16 ff.).

c) Konzernumlagen

26 In der Konzernpraxis begegnen häufig so genannte Konzernumlagen.[75] Darunter versteht man Zuwendungen der abhängigen Gesellschaft, die Leistungen der Konzernleitung vergüten sollen.[76] Nachteiligen Charakter haben solche Umlagen nur dann nicht, wenn sie **nicht nur** so genannte **„passive Konzerneffekte"** (→ Rn. 29 a), sondern Leistungen des herrschenden Unternehmens vergüten und diese Leistungen im Interesse nicht nur des Gesamtkonzerns, sondern speziell der abhängigen Gesellschaft liegen. Diese Voraussetzung ist erfüllt, soweit zentrale Stabsabteilungen vorgehalten werden, deren Dienste auch von der abhängigen Gesellschaft in Anspruch genommen werden können oder die gar an sich der abhängigen Gesellschaft obliegende Aufgaben erledigen, wie dies beispielsweise bei einer **konzernweiten Rechts- und Complianceabteilung**[77] oder auch einem zentralen Cash Management (→ Rn. 25) der Fall sein kann. Anders liegt es bei konzernbezogenen Aufwendungen ohne korrespondierenden spezifischen Nutzen der abhängigen Gesellschaft wie etwa solchen der allgemeinen Konzernkontrolle, der Konzernleitung und der Öffentlichkeitsarbeit.[78]

---

[72] Eine darüber hinausgehende Verpflichtung des herrschenden Unternehmens zur Sicherung ausreichender Liquidität der abhängigen Gesellschaft besteht allerdings nicht, s. Emmerich/Habersack Aktien-/ GmbH-KonzernR/*Emmerich* AktG § 302 Rn. 41; *Krieger/Schneider* § 70 Rn. 64; aA *Jula/Breitbarth* AG 1997, 256 (262).

[73] Lutter/Scheffler/Schneider/*Hommelhoff/Kleindiek* Konzernfinanzierung § 21 Rn. 20; *Krieger/Schneider* § 70 Rn. 64; näher *Hormuth* Cash Management S. 125 ff.

[74] So zu Recht die in der vorigen Fn. Genannten.

[75] Näher zum Folgenden Emmerich/Habersack Aktien-/GmbH-KonzernR/*Habersack* AktG § 311 Rn. 49 f.; *Sieker* und *Wiedemann/Fleischer,* jew. in: Konzernfinanzierung §§ 28, 29; *Theisen* Konzern S. 72 ff.

[76] BGHZ 141, 79 (85); *Wiedemann/Strohn* AG 1979, 113 (119).

[77] Näher dazu *Redeke* AG 2018, 381 (383 f.) mwN; ferner Hölters/*Leuering/Goertz* AktG § 311 Rn. 67.

[78] Näher Lutter/Scheffler/Schneider/*Wiedemann/Fleischer* Konzernfinanzierung § 29 Rn. 30 ff.; wie hier auch MüKoAktG/*Altmeppen* AktG § 311 Rn. 279 f.; K. Schmidt/Lutter/*Vetter* AktG § 311 Rn. 66; Spindler/Stilz/*Müller* AktG § 311 Rn. 45.

Schwierige Fragen werden durch **Steuerumlagen** aufgeworfen.[79] Sie sind vor dem   26a
Hintergrund zu sehen, dass im Fall einer steuerlichen Organschaft die Körperschaft-
und Gewerbesteuerpflicht der abhängigen Gesellschaft entfällt (→ § 1 Rn. 34 ff.) und
sich deshalb die Frage stellt, ob der das Konzernergebnis versteuernde Organträger
einen Ausgleichsanspruch gegen die Organgesellschaft erlangt;[80] soweit ein solcher
Anspruch besteht, begründet seine Geltendmachung im Wege einer Steuerumlage als
solche noch keinen Nachteil. Nachdem allerdings die Voraussetzungen der gewerbesteuerlichen Organschaft nunmehr denjenigen der körperschaftsteuerlichen Organschaft entsprechen und den Abschluss eines Gewinnabführungsvertrags umfassen
(→ § 1 Rn. 39), hat sich die Frage der Vereinbarkeit von Steuerumlagen mit § 311
AktG de lege lata erledigt.[81] Für die Beurteilung von Altfällen im Zusammenhang
mit der gewerbesteuerlichen Organschaft ist auf das Spezialschrifttum zu verweisen.[82]

Liegt eine im Grundsatz umlagefähige Leistung vor, so muss die Höhe der Umlage an-   27
gemessen sein, also einem Drittvergleich standhalten. Da sich der Vorstand einer unabhängigen Gesellschaft an einer entsprechenden „Zentralisierung" von Gesellschafts-
angelegenheiten nur gegen Partizipation an etwaigen **Synergieeffekten** beteiligen
würde, gebietet es § 311 AktG, auch die abhängige Gesellschaft an solchen Effekten
teilhaben zu lassen. Das herrschende Unternehmen darf deshalb nur die Gesamtkosten
(gegebenenfalls zuzüglich eines angemessenen Gewinnzuschlags) anhand eines sach-
gerechten Verteilungsschlüssels auf die einzelnen Konzerngesellschaften umlegen.[83]

d) Sonstige

Nachteiligen Charakter können auch **organisatorische Maßnahmen** haben, darunter   28
insbes. Maßnahmen der Konzernintegration (→ Rn. 36 f.), etwa die Übertragung der
gesamten Datenverarbeitung einer Tochtergesellschaft auf ein anderes hierauf speziali-
siertes Konzernunternehmen,[84] ferner Maßnahmen der **Personalpolitik** wie etwa die
Abordnung eines Vorstandsmitglieds der abhängigen Gesellschaft zu dem herrschenden Unternehmen,[85] weiter Maßnahmen der **Bilanzierung**[86] und das Umlenken von

---

[79] Eingehend zu ihnen Lutter/Scheffler/Schneider/*Sieker* Konzernfinanzierung § 28; *Marx* Betr. 1996,
950; *W. Müller* FS Beisse, 1997, 363 ff.

[80] Dazu für die gewerbesteuerrechtliche Organschaft BGHZ 120, 50 (59 f.); 141, 79 (85); für die umsatzsteuerrechtlichen Organschaft BGH ZIP 2013, 409.

[81] Zum Vertragskonzern s. BGH ZIP 2004, 164; zu den Perspektiven der Gruppenbesteuerung → § 1
Rn. 38.

[82] Emmerich/Habersack Aktien-/GmbH-KonzernR/*Habersack* AktG § 311 Rn. 50a; *Habersack* BB
2007, 1397 ff.; *Hüttemann* ZHR 171 (2007), 451; *Simon* ZGR 2007, 71; *Witt*, Die Konzernbesteuerung, 2006, S. 333 ff.

[83] Emmerich/Habersack Aktien-/GmbH-KonzernR/*Habersack* AktG § 311 Rn. 49; Spindler/Stilz/*Müller*
AktG § 311 Rn. 45; *Mülbert* Aktiengesellschaft S. 470; Lutter/Scheffler/Schneider*Wiedemann/Fleischer*
Konzernfinanzierung § 29 Rn. 27 f., 44; *Wiedemann/Fleischer* JZ 2000, 159 (161); eingehend *Hogh*
Nachteilsermittlung S. 58 ff.; aA KölnKommAktG/*Koppensteiner* AktG § 311 Rn. 45; K. Schmidt/Lut-
ter/*Vetter* AktG § 311 Rn. 70; Hölters/*Leuering/Goertz* AktG § 311 Rn. 68; Grigoleit/*Grigoleit* AktG
§ 311 Rn. 41; *Decher* FS Hommelhoff, 2012, 115 (120 ff.).

[84] LG Darmstadt AG 1987, 218 (220) – Opel: Nachteil wegen angeblicher Kostenersparnisse durch die
Übertragung verneint (aufgehoben durch OLG Frankfurt a. M. AG 1988, 109); s. dazu *Kort* AG 1987,
193; *Stein* ZGR 1988, 163.

[85] OLG Stuttgart AG 1979, 200 (202): Nachteil bejaht; zur Abberufung des Vorstandsmitglieds nach erfolgter Übernahme der Gesellschaft s. LG Düsseldorf AG 2006, 892 (893).

[86] Dazu *H.-P. Müller* FS Goerdeler, 1987, 375 (384 f.); *Decher* FS Hommelhoff, 2012, 115 (118); *Mylich*
AG 2011, 765 (771 f.); K. Schmidt/Lutter/*Vetter* AktG § 311 Rn. 74; zur Frage der Kostenerstattung

Geschäftschancen der abhängigen Gesellschaft auf das herrschende Unternehmen oder ein sonstiges Konzernunternehmen,[87] der Zugriff auf Immaterialgüterrechte der abhängigen Gesellschaft durch das herrschende Unternehmen[88] sowie die Übernahme von Haftungsrisiken. Letztere begegnet nicht nur im Zusammenhang mit der Bestellung von Sicherheiten (→ Rn. 24b), sondern auch bei der **Umplatzierung von Aktien** der abhängigen Gesellschaft aus dem Bestand des herrschenden Unternehmens[89] und bei der auf Veranlassung durch das herrschende Unternehmen zurückgehenden Veranlassung der Enkelgesellschaft zu einer nachteiligen Maßnahme durch die abhängige Tochter.[90] Auch der Abschluss eines großvolumigen und/oder **langfristigen Vertrags** kann bereits als solcher nachteilig sein, etwa, weil es der Vertrag an Vorkehrungen zum Schutz der abhängigen Gesellschaft wie etwa Preisanpassungs- oder Nachverhandlungsklauseln fehlen lässt.[91] Allerdings kann nicht schon in der Übernahme eines nur abstrakten Risikos der Bestandsgefährdung eine Pflichtverletzung und damit ein Nachteil gesehen werden.[92]

29 Die Erteilung von **Informationen** durch die abhängige Gesellschaft ist (vorbehaltlich etwaiger Kosten der Informationsgewinnung und -übermittlung) nicht nachteilig, wenn sich das herrschende Unternehmen verpflichtet, die erlangten Informationen ausschließlich zum Zwecke der konzerninternen Kontrolle oder zur Erfüllung konzernbezogener Informationspflichten, nicht dagegen zur Förderung eigener unternehmerischer Interessen zu nutzen.[93] Nachteiligen Charakter kann der **Verlust mitgliedschaftlicher Rechte** der abhängigen Gesellschaft haben (etwa aufgrund der

---

bei vom herrschenden Unternehmen veranlasster Umstellung der Rechnungslegung auf IFRS s. *Möhrle* Konzern 2006, 487 (493), ferner → Rn. 29a.

[87] Dazu OLG Köln ZIP 2009, 1469 (1472 f.); LG Köln AG 2008, 327 (332 f.); näher zu den Voraussetzungen einer nachteiligen Wahrnehmung von Geschäftschancen *Habersack* FS Hoffmann-Becking, 2013, 421 (424 ff.); für die GmbH BGH GmbHR 1977, 129; NJW 1979, 2104; 1986, 584 (585).

[88] Zur Nutzung von Markenrechten vgl. OLG Frankfurt a. M. WM 2002, 1048 (1052).

[89] Vgl. am Beispiel der Übernahme der Prospektverantwortung durch die Deutsche Telekom AG im Zusammenhang mit der Platzierung von Aktien aus dem Bestand des Bundes und der KfW BGHZ 190, 7 Rn. 13 ff., 29 ff. – Dritter Börsengang; OLG Köln ZIP 2009, 1276 (1280 f.); LG Bonn ZIP 2007, 1269; näher dazu sowie zur gemischten Platzierung *Arnold/Aubel* ZGR 2012, 113; *Fleischer* ZIP 2007, 1969.; *Fleischer/Thaten* NZG 2011, 1081; *Habersack* FS Hommelhoff, 2012, 303 ff.; *Kremer/Gillessen/Kiefner* CFL 2011, 328 (331 ff.); *Leuschner* NJW 2011, 3275; *Mülbert/Wilhelm* FS Hommelhoff, 2012, 747 ff.; *Schäfer* ZIP 2010, 1877 (1882 f.); *Schäfer* FS Hoffmann-Becking, 2013, 997 ff.; *Schlitt* CFL 2010, 304; *Wackerbarth* WM 2011, 193; *Westermann/Paefgen* FS Hoffmann-Becking, 2013, 1363 ff.

[90] Emmerich/Habersack Aktien-/GmbH-KonzernR/*Habersack* AktG § 311 Rn. 51b; *Rehbinder* ZGR 1977, 581 (595 ff.).

[91] *Kropff* DB 1967, 2204 (2205 ff.).

[92] Hüffer/Koch/*Koch* AktG § 93 Rn. 27; näher *Redeke* ZIP 2010, 159 ff. mwN; aA namentlich KölnKommAktG/*Mertens/Cahn* AktG § 93 Rn. 24; *Lutter* ZIP 2009, 841 (845).

[93] Überzeugend *Löbbe* Unternehmenskontrolle S. 113 ff.; s. ferner LG München I AG 2007, 830 (831); Emmerich/Habersack Aktien-/GmbH-KonzernR/*Habersack* AktG § 311 Rn. 51a mwN; einschr. *Weinbrenner* Konzern 2006, 583 (586 ff.); zu den Mitwirkungs- und Informationspflichten der abhängigen Gesellschaft aus § 294 Abs. 3 S. 2 HGB s. Staub/*Kindler* HGB § 294 Rn. 13 ff.; *Möhrle* Konzern 2006, 487 (488 ff.), dort auch zur Frage der Kostenerstattung bei vom herrschenden Unternehmen veranlasster Umstellung der Rechnungslegung auf IFRS; zur Frage weitergehender Pflichten der abhängigen Gesellschaft zur Überlassung von Informationen s. *Fabritius* FS Huber, 2006, 705 (708 f.); *Habersack* FS Möschel, 2012, 1175 (1188 ff.); *Hüffer* FS Schwark, 2009, 185 ff.; *Kalss* GesRZ 2010, 137; speziell zur Informationsweitergabe im Rahmen einer Due Diligence, deren Gegenstand die abhängige Gesellschaft ist, *Lutter* ZIP 1997, 613 (617); *Wardenbach* FS Lüer, 2008 303 (307 ff.); *Stoffels* ZHR

Zustimmung zu einem Gewinnabführungsvertrag zwischen der Enkel- und der Muttergesellschaft[94]), aber auch die Nichtgeltendmachung und der **Verlust sonstiger
Rechte** wie etwa eines Schadensersatzanspruchs der abhängigen Gesellschaft.

e) Passive Konzerneffekte

So genannte passive Konzerneffekte, also die mit der Begründung des Abhängigkeits-   29a
oder Konzernverhältnisses als solcher verbundenen Folgen, beruhen nicht auf einer –
in § 311 AktG vorausgesetzten – Einwirkung auf die Willensbildung der abhängigen
Gesellschaft. Regelmäßig fehlt es schon an einer Veranlassung durch das herrschende
Unternehmen; jedenfalls können derlei Effekte **nicht als Nachteil** qualifiziert werden.[95] Hierzu zählen etwa die konzernbedingte Änderung der steuer- oder bilanzrecht-
lichen Rahmenbedingungen,[96] die Entstehung kapitalmarkt- oder aufsichtsrechtlicher
Pflichten, die Pflicht zur Erstellung eines Abhängigkeitsberichts (→ § 26 Rn. 13), aber
auch der Abbruch von Geschäftsbeziehungen durch Konkurrenten des herrschenden
Unternehmens. Umgekehrt können solche Effekte, soweit sie der abhängigen Gesellschaft zum Vorteil gereichen, nicht zum Ausgleich sonstiger Nachteile herangezogen
werden.

3. Ermittlung des nachteiligen Charakters

Zur Ermittlung des nachteiligen Charakters eines Rechtsgeschäfts oder einer sonstigen   30
Maßnahme und zur Höhe des Nachteils ist, wie ausgeführt (→ Rn. 14ff.), das Verhalten des Vorstands der abhängigen Gesellschaft mit dem fiktiven Verhalten des Vorstands einer unabhängigen, im Übrigen aber unter gleichen Verhältnissen agierenden
Gesellschaft zu vergleichen. Die mit einer solchen Methode verbundenen **Schwierigkeiten,** die noch durch das auch iRd § 311 AktG anzuerkennende **unternehmerische
Ermessen** des Vorstands (→ Rn. 15) vergrößert werden, sind zwar beträchtlich, letztlich aber einem jeden Ausgleichssystem, das auf einen globalen Verlustausgleich verzichtet und stattdessen die einzelne Maßnahme bewertet, immanent. Im Einzelnen
ist zwischen Rechtsgeschäften und (sonstigen) Maßnahmen zu unterscheiden.

a) Rechtsgeschäfte

Sind der nachteilige Charakter eines Rechtsgeschäfts und die Höhe des Nachteils zu   31
ermitteln, so können die Grundsätze über die verdeckte Gewinnausschüttung herangezogen werden.[97] Ein Nachteil liegt danach vor, wenn ein **Drittvergleich** ergibt, dass
zwischen Leistung und Gegenleistung ein objektives Missverhältnis besteht.[98] Zwar

---

165 (2001), 362 (374); *Ziemons* AG 1999, 492 (494); zu datenschutzrechtlichen Fragen *Spindler*
FS Hoffmann-Becking, 2013, 1185ff.
[94] Dazu sowie zum Nachteilsausgleich Emmerich/Habersack Aktien-/GmbH-KonzernR/*Habersack* AktG
§ 311 Rn. 51b; K. Schmidt/Lutter/*Vetter* AktG § 311 Rn 78; *Krieger* FS K. Schmidt, 2009, 999ff.
[95] Näher Emmerich/Habersack Aktien-/GmbH-KonzernR/*Habersack* AktG § 311 Rn. 52; *Kropff*
FS Lutter, 2000 1133 (1142f.); *Decher* FS Hommelhoff, 2012, 115 (117f.); Bayer/Habersack Bd. II/
Verse Kapitel 13 Rn. 46; *Kiehne* Betr. 1974, 321 (323).
[96] Zur Frage der Kostenerstattung bei vom herrschenden Unternehmen veranlasster (und gesetzlich nicht
vorgegebener) Umstellung der Rechnungslegung auf IFRS s. *Möhrle* Konzern 2006, 487 (493).
[97] BGHZ 141, 79 (84ff.); Emmerich/Habersack Aktien-/GmbH-KonzernR/*Habersack* AktG § 311
Rn. 54; KölnKommAktG/*Koppensteiner* AktG § 311 Rn. 61; *Krieger/Schneider* § 70 Rn. 85; skeptisch
bis ablehnend *Goerdeler* Wpg 1966, 113 (125).
[98] Näher zur verdeckten Gewinnausschüttung *Döllerer,* Verdeckte Gewinnausschüttungen und verdeckte
Einlagen bei Kapitalgesellschaften, 1975; *Knobbe-Keuk,* Bilanz- und Unternehmensteuerrecht, 9. Aufl.

geht es bei der Frage der verdeckten Gewinnausschüttung um die Erfassung von Vorteilen aufseiten des Gesellschafters, während iRd § 311 AktG der von der Gesellschaft erlittene Nachteil zu ermitteln ist. Indes ist dies nur eine Frage der Perspektive, die nichts daran ändert, dass in beiden Fällen das Rechtsgeschäft als solches zur Beurteilung ansteht.

32 Da der pflichtbewusste Vorstand einer unabhängigen Gesellschaft grds. mindestens zum **Marktpreis** abschließen wird, ist in erster Linie an einen etwaigen Marktpreis für die Leistungen der abhängigen Gesellschaft anzuknüpfen. Soweit dies der Fall ist, bildet folglich die Differenz zwischen Marktpreis und niedrigerem Konzernverrechnungspreis den Nachteil.[99] Ebenso verhält es sich, wenn ein ernst gemeintes besseres **Angebot eines Dritten** vorliegt. Zwingt unter solchen Umständen das herrschende Unternehmen gleichwohl die abhängige Gesellschaft zum Abschluss zu den von ihm diktierten, schlechteren Konditionen, so muss es die hierdurch veranlassten Nachteile in Höhe der Differenz zu dem besseren Angebot des Dritten ausgleichen.[100] Eindeutig ist die Rechtslage des Weiteren, wenn das herrschende Unternehmen ein von der Gesellschaft dringend benötigtes Grundstück selbst günstig erwirbt, um es sodann zu einem überhöhten Mietzins an die Gesellschaft zu vermieten,[101] oder wenn es sonst Geschäftschancen an der Gesellschaft vorbeilenkt und selbst wahrnimmt.[102]

33 Nur selten werden die Dinge freilich so einfach liegen wie in den genannten Fällen. Selbst der Marktpreis vermag dort, wo er einmal existiert, **oft nicht mehr als einen ersten Anhaltspunkt** für die Nachteilsermittlung abzugeben. Zum einen existiert ein einheitlicher fester Marktpreis ausgesprochen selten, nicht zuletzt auch deshalb, weil in den Marktpreis die **Nebenbedingungen** des Geschäfts einfließen und diesbezügliche Abweichungen vom Standard somit vom Marktpreis abzuziehen oder diesem hinzuzurechnen sind. Zum anderen kann es bisweilen auch für eine unabhängige Gesellschaft durchaus einmal sinnvoll sein, zu anderen als zu Marktpreisen abzuschließen, etwa, um einen Großkunden zu binden, aber auch bei wirtschaftlicher Schieflage oder bei Überkapazitäten. In derartigen Fällen erzwingt daher der gesetzliche Maßstab, dh das Verhalten einer unabhängigen Gesellschaft „ceteris paribus", eine **Korrektur** des Marktpreises nach oben oder unten, wofür man freilich weithin auf ganz vage Schätzungen angewiesen ist.[103] Insbes. iRv **M&A-Transaktionen** lässt sich ein (hypothetischer) Marktpreis auch durch Markttests wie insbes. ein Auktionsverfahren ermitteln;[104] der Ermittlung des Unternehmenswerts durch herkömmliche Bewertungsverfahren ist ein solcher Markttest schon deshalb überlegen, weil er die konkreten Markt- und Verhandlungsgegebenheiten zu berücksichtigen vermag.

1993, § 19; *Janssen,* Verdeckte Gewinnausschüttung, 12. Aufl. 2017; *Neumann,* Verdeckte Gewinnausschüttungen und verdeckte Einlagen, 2. Aufl. 2006; *Hogh* Nachteilsermittlung S. 83 ff.; weit. Nachw. bei Scholz/*Verse* § 29 Rn. 132 f.

[99] KölnKommAktG/*Koppensteiner* AktG § 311 Rn. 63; Hüffer/Koch/*Koch* AktG § 311 Rn. 31; genauso verfährt in der Regel die Praxis bei der Bewertung von Maßnahmen iRd Aufstellung des Abhängigkeitsberichtes sowie bei dessen Prüfung, s. *Hommelhoff* ZHR 156 (1992), 295 (307).

[100] OLG Karlsruhe WM 1973, 348.

[101] BGH BB 1977, 465.

[102] BGH WM 1978, 1205 (1206 f.); vgl. auch BGH NJW 1979, 2104; AG 1980, 342; OLG Karlsruhe WM 1984, 656 (659 ff.); OLG Saarbrücken AG 1980, 26.

[103] Wie hier auch Hüffer/Koch/*Koch* AktG § 311 Rn. 31.

[104] Am Beispiel der UMTS-Auktion BGHZ 175, 365 Rn. 13, 19 f. (Nachteil verneint); allg. zum Auktionsverfahren iRv M&A-Transaktionen *Habersack/Schürnbrand* FS Canaris, 2007, Bd. I, 259 ff.

Noch schwieriger gestaltet sich die Nachteilsermittlung, wenn **Marktpreise nicht vor-** 34
handen oder nicht zu ermitteln sind, etwa, weil die Marktverhältnisse unbekannt
sind oder weil die abhängige Gesellschaft nur nichtmarktgängige Vorprodukte an andere Konzernunternehmen liefert. Als Ausweg wird in diesen Fällen häufig vorgeschlagen, entweder von den Selbstkosten zuzüglich eines üblichen Gewinnaufschlages oder
von dem Endverkaufspreis des marktgängigen Produkts abzüglich der Beiträge der anderen zwischengeschalteten Konzernunternehmen auszugehen.[105] Es liegt indessen
auf der Hand, dass beide Verfahren allenfalls die Ermittlung einer gewissen Bandbreite
für die Angemessenheit der Gegenleistung ermöglichen, so dass die Nachteilsermittlung in derartigen Fallgestaltungen auf nur schwer überwindbare Hindernisse stößt.

b) Maßnahmen

Die schon bei zahlreichen Rechtsgeschäften in der Frage der Nachteilsermittlung an- 35
zutreffenden Schwierigkeiten vervielfältigen sich noch bei den sonstigen Maßnahmen.[106] Insoweit bereitet häufig schon die Feststellung, dass die Maßnahme nachteiligen Charakter hat, Schwierigkeiten; umso problematischer ist die Bestimmung der
Höhe des Nachteils. Allgemein kommt es auch insoweit darauf an, die Ergebnisse der
hypothetischen Entscheidung des Vorstandes einer unabhängigen Gesellschaft (die in
einem Wettbewerbssystem ohnehin prinzipiell niemand vorauszusagen vermag) mit
den Ergebnissen der vom herrschenden Unternehmen veranlassten Maßnahme zu vergleichen.[107] Insbes. Investitions-, Organisations- oder Personalentscheidungen sind jedoch naturgemäß Ausfluss des **unternehmerischen Ermessens** (→ Rn. 15). Demgemäß können nur solche vom herrschenden Unternehmen veranlassten Maßnahmen
als nachteilig angesehen werden, bei denen eine ex ante-Betrachtung ergibt, dass die
aus der Maßnahme resultierenden Chancen und Risiken in einem nicht mehr vertretbaren Verhältnis zueinander stehen und deshalb ein Ermessensfehlgebrauch vorliegt.
Selbst in diesen Fällen bereitet allerdings die Quantifizierung der Nachteile häufig
Schwierigkeiten.[108]

Beispiele sind **unvertretbare Investitionsentscheidungen**[109] und das Unterlassen 36
dringender Erneuerungsinvestitionen. Maßnahmen der **Konzernintegration** sind dagegen keineswegs per se nachteilig.[110] So ist der nachteilige Charakter von Maßnah-

---

[105] Vgl. zB Hüffer/Koch/*Koch* AktG § 311 Rn. 33; MüKoAktG/*Altmeppen* AktG § 311 Rn. 213 ff.; Köln-
KommAktG/*Koppensteiner* AktG § 311 Rn. 65 ff.; *Kußmaul* RIW/AWD 1987, 679; *Mauch* AG 1986,
154; *Wälde* AG 1974, 370; ebenso verbreitet die Konzernpraxis, s. *Hommelhoff* ZHR 156 (1992), 295
(307).

[106] Vgl. MK, 7. HauptGA, Rn. 842; Hüffer/Koch/*Koch* AktG § 311 Rn. 34 f.; KölnKommAktG/*Koppensteiner* AktG § 311 Rn. 72 ff.

[107] Vgl. die Beispiele bei *Kronstein* FS Geßler, 1971, 219 (222 f.); *Werner* FS Pleyer, 1986, 133 (143 ff.).

[108] Ein Gegenbeispiel in OLG Hamm AG 1981, 53 (wo das herrschende Unternehmen offenbar die abhängige Gesellschaft veranlasst hatte, das vom herrschenden Unternehmen bei einer Kapitalerhöhung
gezeichnete Kapital nicht einzufordern!).

[109] Hierzu MüKoAktG/*Altmeppen* AktG § 311 Rn. 220; am Beispiel der UMTS-Auktion BGHZ 175,
365 Rn. 13, 19 f. (Nachteil verneint); ferner OLG Köln ZIP 2006, 997 (998); LG Bonn NZG 2005,
856 (857).

[110] Vgl. OLG Köln AG 2009, 416 (420 f.); LG Köln AG 2008, 327 (332); LG München I AG 2008, 827
(832); Emmerich/Habersack Aktien-/GmbH-KonzernR/*Habersack* AktG § 311 Rn. 57a; MüKo-
AktG/*Altmeppen* AktG § 311 Rn. 196; K. Schmidt/Lutter/*Vetter* AktG § 311 Rn. 71; Grigoleit/*Grigoleit* AktG § 311 Rn. 41; *Austmann* ZGR 2009, 277 (291 ff.); *Hüffer* ZHR 172 (2008), 582 (589 f.);
Ulmer FS Hüffer, 2010, 997 (1001); *E. Vetter* ZHR 171 (2007), 342 (358 f.).

men der Zentralisierung namentlich dann zu verneinen, wenn die abhängige Gesellschaft für den Fall der Beendigung des Abhängigkeitsverhältnisses weiterhin Zugriff auf die ausgelagerte Funktion hat und zudem an den mit der Zentralisierung verbundenen Kostenvorteilen und sonstigen Synergieeffekten partizipiert.[111] Dagegen sind Maßnahmen, die den Bestand oder die Rentabilität der abhängigen Gesellschaft und damit deren Existenzfähigkeit nach Beendigung des Abhängigkeitsverhältnisses ernsthaft in Frage stellen, ebenso nachteilig wie solche, bei denen den der Gesellschaft auferlegten Risiken oder entzogenen Chancen keine adäquaten Vorteile gegenüber stehen.[112]

37 Vergleichbare Grundsätze gelten für Maßnahmen der **Spezialisierung.** Sie sind nicht nachteilig, wenn die Lebensfähigkeit sichernde Vorkehrungen wie etwa die Zusage geeigneter Ersatzfunktionen oder die Wiedereinräumung von Funktionen nach Beendigung des Konzernverhältnisses getroffen sind, ferner, wenn mit der Aufgabe einer Funktion die Übernahme einer neuen, unter wirtschaftlichen Gesichtspunkten und unter Zugrundelegung des gebotenen Beurteilungsspielraums gleichwertigen Funktion einher geht.[113] Namentlich die Aufgabe der eigenen Absatzorganisation, die Beschränkung auf nichtmarktgängige Waren, die Einstellung wichtiger Forschungs- und Entwicklungsvorhaben, die Aufgabe einer eigenen Entwicklungsabteilung, die Abgabe wichtiger Fertigungen an andere Konzernunternehmen und vergleichbare Maßnahmen haben danach typischerweise und vorbehaltlich kompensatorischer oder sichernder Vorkehrungen nachteiligen Charakter.

38 Stehen der nachteilige Charakter der Maßnahme und die Veranlassung durch das herrschende Unternehmen fest, ist aber die Maßnahme mangels **Quantifizierbarkeit** des Nachteils einem Einzelausgleich nicht zugänglich, so ist das herrschende Unternehmen entweder nach § 317 AktG zum Schadensersatz oder – bei fehlender Quantifizierbarkeit auch des Schadens – nach den Grundsätzen über die qualifizierte Nachteilszufügung zum Verlustausgleich verpflichtet (→ § 28 Rn. 5 ff.).

III. Pflichten des Vorstands

39 Bereits im Vertragskonzern ist der Vorstand der abhängigen Gesellschaft zur sorgfältigen Überprüfung der Weisungen des herrschenden Unternehmens auf ihre Rechtmäßigkeit verpflichtet (→ § 23 Rn. 21 ff.). Für den faktischen Konzern kann nichts anderes gelten. Bei jeder vom herrschenden Unternehmen ausgehenden Veranlassung der Gesellschaft zu einer bestimmten Maßnahme trifft daher den Vorstand[114] schon auf Grund des § 93 Abs. 1 S. 1 AktG die Pflicht, gewissenhaft die Zulässigkeit der Veranlassung, ihre möglichen Auswirkungen auf die Vermögens- und Ertragslage der ab-

---

[111] LG Köln AG 2002, 327 (332); 210; anders MüKoAktG/*Altmeppen* AktG § 311 Rn. 196, der vor allem auf Prüfbarkeit und Bewertbarkeit des konzerninternen Leistungsaustauschs abstellt; enger auch *Ederle* Verdeckte Beherrschungsverträge S. 36 ff.

[112] Vgl. OLG Köln AG 2009, 416 (420 f.); *Kropff* AG 1993, 485 (493); KölnKommAktG/*Koppensteiner* AktG § 311 Rn. 73.

[113] Vgl. OLG Köln AG 2009, 416 (420 f.); LG Köln AG 2008, 327 (332); LG München I AG 2008, 827 (832); Emmerich/Habersack Aktien-/GmbH-KonzernR/*Habersack* AktG § 311 Rn. 57 a; MüKoAktG/*Altmeppen* AktG § 311 Rn. 196; K. Schmidt/Lutter/*Vetter* AktG § 311 Rn. 71.

[114] Zu den damit korrespondierenden Pflichten des Aufsichtsrats der abhängigen Gesellschaft s. Emmerich/Habersack Aktien-/GmbH-KonzernR/*Habersack* AktG § 311 Rn. 81; *U. H. Schneider* FS Raiser, 2005, 341 ff.

hängigen Gesellschaft sowie die Ausgleichsfähigkeit etwaiger Nachteile zu **prüfen.** Von dem Ergebnis dieser Prüfung muss er dann sein weiteres Verhalten abhängig machen.[115] Hierbei hat er von folgenden Grundsätzen auszugehen:

1. Keine Folgepflicht

Ergibt die Prüfung, dass die fragliche Maßnahme vorteilhaft oder doch ergebnisneutral 40
ist, so kann sich der Vorstand dem Willen des herrschenden Unternehmens unterwerfen, ohne freilich hierzu verpflichtet zu sein. Denn anders als im Vertragskonzern (§ 308 Abs. 2 S. 1 AktG) besteht im faktischen Konzern keine Folgepflicht des Vorstandes der abhängigen Gesellschaft (→ § 24 Rn. 17).

2. Nachteil

Stellt der Vorstand fest, dass von der Maßnahme voraussichtlich **nachteilige Auswir-** 41
kungen auf die Vermögens- und Ertragslage der abhängigen Gesellschaft zu befürchten sind, so muss man weiter unterscheiden: Zunächst bestehen für Veranlassungen durch das herrschende Unternehmen im faktischen Konzern „erst recht" (zumindest) dieselben Schranken wie für das Weisungsrecht des herrschenden Unternehmens im Vertragskonzern (→ § 23 Rn. 35 ff.).

Das bedeutet konkret, dass die Veranlassung der abhängigen Gesellschaft zu gesetzes-, 42
sitten- und satzungswidrigen Maßnahmen in jedem Fall rechtswidrig ist (→ § 24 Rn. 15 f.). Dasselbe gilt für die Veranlassung zu Maßnahmen, die die Lebensfähigkeit der abhängigen Gesellschaft bedrohen oder die sonst mit unverhältnismäßigen Nachteilen für sie verbunden sind. Entsprechende Veranlassungen darf der Vorstand also nicht befolgen.

Jenseits dieser Grenze kommt es vor allem darauf an, ob sich die zu erwartenden 43
Nachteile quantifizieren lassen. Ist dies der Fall, so hat es bei der Regelung der §§ 311, 317 AktG sein Bewenden: Der Vorstand der abhängigen Gesellschaft hat zunächst das herrschende Unternehmen auf den drohenden Nachteil hinzuweisen und sich die Bereitschaft zum Nachteilsausgleich erklären zu lassen; sodann darf er (muss aber nicht) die verlangte Maßnahme vornehmen. Kommt das herrschende Unternehmen seiner Ausgleichspflicht nicht nach, so schuldet es Schadensersatz gem. § 317 AktG. Der Vorstand der abhängigen Gesellschaft haftet in diesem Fall zwar nicht. Künftigen Veranlassungen zu nachteiligen Maßnahmen seitens des herrschenden Unternehmens darf er aber grds. nur noch gegen sofortigen Nachteilsausgleich oder gegen sofortige Begründung eines entsprechenden Anspruchs (für den gegebenenfalls Sicherheiten zu stellen sind) Folge leisten.[116]

Lassen sich die Nachteile **nicht quantifizieren,** so ist die Maßnahme per se rechtswid- 44
rig. So verhält es sich namentlich bei (nachteiligen) Maßnahmen konzernintegrativer Art.[117] Werden sie gleichwohl ausgeführt, machen sich der Vorstand der abhängigen Gesellschaft, das herrschende Unternehmen und dessen gesetzliche Vertreter nach

---

[115] Vgl. OLG Hamm NJW 1987, 1030 – Banning, das von Erfassungs-, Bewertungs- und Remonstrationsaufgaben des Vorstandes spricht; ferner Emmerich/Habersack Aktien-/GmbH-KonzernR/*Habersack* AktG § 311 Rn. 78 ff.; *Altmeppen* Haftung S. 68 ff.; *Semler* Leitung Rn. 321.

[116] Zutr. *Altmeppen* ZIP 1996, 693 (696 f.); weitergehend *Henze* BB 1996, 489 (499).

[117] → Rn. 36 ff.; → § 24 Rn. 16; ferner Emmerich/Habersack Aktien-/GmbH-KonzernR/*Habersack* AktG § 311 Rn. 41, 57 f., 64 f.; *K. Schmidt* § 31 IV 2b.

§§ 93, 317 AktG schadensersatzpflichtig. Bei Nichtbezifferbarkeit des Schadens greifen die Grundsätze über die qualifizierte faktische Unternehmensverbindung ein (→ § 28 Rn. 5 ff.). Die Verantwortlichkeit des Vorstands der abhängigen Gesellschaft bestimmt sich auch in diesem Fall nach § 93 AktG.

3. Nachteilsausgleich

45 Sind die Nachteile (wie häufig bei langfristigen Maßnahmen) zwar jetzt noch nicht zu übersehen, ihrer Art nach aber durchaus ausgleichsfähig, weil später quantifizierbar, so darf der Vorstand die Maßnahme nur durchführen, wenn das herrschende Unternehmen zugleich mit der Veranlassung die **Verpflichtung** übernimmt, etwaige künftige Nachteile der von ihm veranlassten Maßnahme **auszugleichen.** Wenn das herrschende Unternehmen die Übernahme einer derartigen Verpflichtung ablehnt, so ist es dem Vorstand wiederum verwehrt, die betreffende Maßnahme durchzuführen; tut er es gleichwohl, so tritt an die Stelle des § 311 AktG die Schadensersatzpflicht der Beteiligten auf Grund der §§ 93, 117, 317 AktG.

4. Organisation

46 Vor dem Hintergrund, dass auch nachgeordnete Stellen Adressat nachteiliger Veranlassungen sein können (→ Rn. 5), obliegt es dem Vorstand der abhängigen Gesellschaft nach § 93 AktG insbes. sicherzustellen, dass er von sämtlichen Veranlassungen erfährt, die nachteiligen Charakter haben und bei denen die Bereitschaft zum Nachteilsausgleich nicht gesichert ist.[118] Darüber hinaus hat der Vorstand für die **Dokumentation** aller im Abhängigkeitsbericht darzustellenden Vorgänge zu sorgen und gegebenenfalls Verhandlungen über Art und Umfang des Nachteilsausgleichs zu führen und hierbei auf die Gewährung des Ausgleichs hinzuwirken.[119]

5. Vereinbarungen über Verbundbeziehungen

46a In der Praxis verständigen sich herrschendes Unternehmen und abhängige Gesellschaft bisweilen im Rahmen sog. „**Relationship Agreements**" über die Verbundbeziehungen.[120] Darin verpflichtet sich beispielsweise die abhängige Gesellschaft, Konzernrichtlinien zu Compliance und Controlling zu übernehmen oder dem herrschenden Unternehmen Informationen zu überlassen, die zur Erfüllung steuer-, kapitalmarkt- oder bilanzrechtlicher Pflichten des herrschenden Unternehmens oder zum Zwecke konzernweiter Überwachung benötigt werden; auch verpflichtet sich die abhängige Gesellschaft mitunter, dem herrschenden Unternehmen bevorstehende außergewöhnliche Geschäftsführungsmaßnahmen zur Stellungnahme vorzulegen. Derlei Vereinbarungen sind zwar grds. zulässig, lassen indes selbstverständlich die Pflichten der Beteiligten aus **§§ 311 ff. AktG unberührt.** Es bewendet mit anderen Worten nicht nur bei den Berichts- und Prüfungspflichten aus §§ 312 ff. AktG, sondern auch bei den Prüfungs- und Ausgleichspflichten gemäß § 311 AktG (→ Rn. 40 ff.); insbes. kann die abhängige Gesellschaft im Falle einer nachteiligen Maßnahme nicht auf Nachteilsausgleich verzichten. Hingegen ist die mit dem Abschluss des „Relationship Agreement" verbundene Vorabbindung des Vorstands der abhängigen Gesellschaft sub specie des § 311 AktG zwar statthaft; seinen Sorgfaltspflichten gegenüber der abhängigen

---

[118] KölnKommAktG/*Koppensteiner* AktG § 311 Rn. 144; *Löbbe* Unternehmenskontrolle S. 352 ff.
[119] *Geßler* FS Westermann, 1974, 145 (156 f.); KölnKommAktG/*Koppensteiner* AktG § 311 Rn. 146.
[120] *Seibt* Börsen-Zeitung v. 10. 11. 2018, 9.

Gesellschaft genügt der Vorstand allerdings nur dann, wenn die Vereinbarung ein Kündigungsrecht der abhängigen Gesellschaft insbes. für den Fall vorsieht, dass sich wesentliche Umstände ändern oder das herrschende Unternehmen seinen Ausgleichspflichten nicht nachkommt.

IV. Nachteilsausgleich

1. Rechtsnatur und Modalitäten der Ausgleichspflicht

Nach § 311 Abs. 1 AktG ist die nachteilige Einflussnahme durch das herrschende Unternehmen **gerechtfertigt,** wenn die Nachteile durch Gewährung gleichwertiger Vorteile ausgeglichen und damit die Vermögensinteressen der abhängigen Gesellschaft gewahrt werden.[121] Zeit und Form des Nachteilsausgleichs sind in § 311 Abs. 2 AktG geregelt. Abgesehen von dem Sonderfall, dass die Veranlassung durch Beschluss der Hauptversammlung erfolgt,[122] und vorbehaltlich der §§ 111a f. AktG-E (→ § 24 Rn. 31 ff.) obliegt es dem herrschenden Unternehmen danach lediglich, die Nachteile noch innerhalb des Geschäftsjahres auszugleichen, und zwar entweder **tatsächlich oder** dadurch, dass es der abhängigen Gesellschaft einen **Rechtsanspruch** auf Nachteilsausgleich einräumt.[123] 47

Allein **aus § 311 AktG** folgt somit noch **kein Anspruch** der abhängigen Gesellschaft auf Nachteilsausgleich; vielmehr bleibt dem Vorstand, wenn die Nachteile nicht sofort ausgeglichen werden, nichts anderes übrig, als auf tatsächlichen Ausgleich oder auf die vertragliche Begründung eines Rechtsanspruchs zu drängen und im Übrigen bis zum Ende des Geschäftsjahres zuzuwarten.[124] Kommt das herrschende Unternehmen bis dahin seiner Ausgleichspflicht nicht nach, so tritt an ihre Stelle ohne Weiteres die Haftung auf Schadensersatz nach § 317 Abs. 1 AktG. 48

Gleichwohl ist das herrschende Unternehmen, schon weil die Einflussnahme andernfalls rechtswidrig ist, **zum Nachteilsausgleich verpflichtet.**[125] Die Verpflichtung zum Nachteilsausgleich verdrängt somit vorübergehend die Schadensersatzhaftung des herrschenden Unternehmens. Macht das herrschende Unternehmen von dieser Privilegierung keinen Gebrauch, so ist nicht nur der ex ante zu bestimmende Nachteil, sondern der gesamte Schaden der abhängigen Gesellschaft zu ersetzen. Nach allem handelt es sich bei dem in § 311 AktG geregelten Nachteilsausgleich um eine **Kompensationsleistung sui generis.**[126] 49

Sobald sich das herrschende Unternehmen nach § 317 AktG schadensersatzpflichtig gemacht hat, ist der Vorstand mit Rücksicht auf § 93 AktG zur **Geltendmachung** die- 50

---

[121] → § 24 Rn. 12 f.; Emmerich/Habersack Aktien-/GmbH-KonzernR/*Habersack* AktG § 311 Rn. 8 ff., 59.

[122] Zum Erfordernis einer im Beschluss zu treffenden Ausgleichsregelung s. BGH ZIP 2012, 1753 Rn. 20 ff.; näher dazu → § 24 Rn. 30.

[123] Zur Kritik an diesem sogenannten hinausgeschobenen Nachteilsausgleich → § 24 Rn. 4.

[124] Emmerich/Habersack Aktien-/GmbH-KonzernR/*Habersack* AktG § 311 Rn. 75; Hüffer/Koch/*Koch* AktG § 311 Rn. 38; Grigoleit/*Grigoleit* AktG § 311 Rn. 44.

[125] Es handelt sich also nicht um eine bloße Obliegenheit, s. Emmerich/Habersack Aktien-/GmbH-KonzernR/*Habersack* AktG § 311 Rn. 61.

[126] Hüffer/Koch/*Koch* AktG § 311 Rn. 37; K. Schmidt/Lutter/*Vetter* AktG § 311 Rn. 106; Spindler/Stilz/ *Müller* AktG § 311 Rn. 48 f.; im Ergebnis ähnlich (Suspensivelement des dominanten Schädigungsverbots) Grigoleit/*Grigoleit* AktG § 311 Rn. 45; aA Kölner Kommentar/KölnKommAktG/*Koppensteiner* AktG § 311 Rn. 154.

ses Anspruchs verpflichtet. Außerdem darf der Vorstand fortan weitere Veranlassungen des herrschenden Unternehmens zu nachteiligen Maßnahmen nur noch gegen sofortigen Nachteilsausgleich oder gegen sofortige Begründung eines entsprechenden Anspruchs nachkommen (→ Rn. 43). Auch kann es nach § 256 Abs. 5 S. 1 Nr. 2 AktG zur **Nichtigkeit des Jahresabschlusses** führen, wenn der Schadensersatzanspruch der abhängigen Gesellschaft aus § 317 AktG nicht aktiviert wird.[127]

51 Nach § 311 Abs. 2 S. 1 und 2 AktG genügt es zur Rechtfertigung der Maßnahme, dass bis zum Ende des Geschäftsjahres ein **Vertrag** zwischen der abhängigen Gesellschaft und dem herrschenden Unternehmen geschlossen wird, der regelt, wann und durch welche Vorteile der Ausgleich erfolgen soll, und der abhängigen Gesellschaft einen Anspruch auf Leistung der Vorteile einräumt. Die Fälligkeit des Anspruchs der abhängigen Gesellschaft kann zwar hinausgeschoben sein; da allerdings die Aktivierung des Ausgleichsanspruchs die nachteiligen Auswirkungen der vom herrschenden Unternehmen veranlassten Maßnahme zumindest neutralisieren muss, ist die hinausgeschobene Fälligkeit bei Bewertung des Vorteils zu berücksichtigen.[128]

2. Art des Vorteils

52 Die Art des Vorteils, durch den der Nachteil auszugleichen ist, ist nicht gesetzlich geregelt. In Betracht kommt **jeder geldwerte Vorteil,** der generell geeignet ist, die Nachteile in der Bilanz zu neutralisieren.[129] Die Vorteile brauchen namentlich keinen Bezug auf die Nachteile zu haben. Eine Heranziehung passiver Konzerneffekte zum Ausgleich konkreter Nachteile scheidet hingegen aus.[130]

53 Besonderheiten gelten für nachteilige **Finanzierungsmaßnahmen** (→ Rn. 22 ff.). Was zunächst die Hingabe eines Darlehens betrifft, so kann, wenn der Nachteil in der Begründung eines unangemessenen Ausfallrisikos liegt, Ausgleich nur durch **effektive Beseitigung** des Nachteils und damit entweder durch Rückführung des Darlehens oder vollständige Besicherung desselben erfolgen.[131] Die besondere Natur des der abhängigen Gesellschaft zugefügten Nachteils, nämlich die Begründung eines konkreten Ausfallrisikos, gebietet es zudem, Nachteilsausgleich abweichend von § 311 Abs. 2 AktG nicht erst am Ende des Geschäftsjahres, sondern **sofort** zu leisten.[132] Hat die Bestellung einer Sicherheit durch die abhängige Gesellschaft nachteiligen Charakter, so lässt sich das konkrete Risiko der Inanspruchnahme der Sicherheit regelmäßig nicht durch Zahlung einer Avalprovision, sondern allein durch Ablösung des Darlehens

---

[127] BGHZ 124, 111 (119) = NJW 1994, 520 – Vereinigte Krankenversicherung; BGHZ 137, 378 (384) = NJW 1998, 1559; dazu noch → § 26 Rn. 8.

[128] Weshalb die Verdrängung der §§ 57, 62 AktG durch § 311 AktG mit europäischem Recht vereinbar ist, → § 24 Rn. 26.

[129] Näher Emmerich/Habersack Aktien-/GmbH-KonzernR/*Habersack* AktG § 311 Rn. 62 ff., dort insbes. auch zu „nicht quantifizierbaren" Vorteilen.

[130] → Rn. 29a, ferner Emmerich/Habersack Aktien-/GmbH-KonzernR/*Habersack* AktG § 311 Rn. 62; Hüffer/Koch/*Koch* AktG § 311 Rn. 39.

[131] Näher *Habersack/Schürnbrand* NZG 2004, 689 (694f.); *Habersack* ZGR 2009, 347 (357ff.); *Mülbert/ Leuschner* NZG 2009, 281 (286); zust. Bürgers/Körber/*Fett* AktG § 311 Rn. 51; einschr. *Riegger* ZGR 2008, 233 (241f.), der freilich Fälle im Auge hat, bei denen es schon am nachteiligen Charakter des Darlehens fehlen dürfte.

[132] *Habersack/Schürnbrand* NZG 2004, 689 (694); *Mülbert/Leuschner* NZG 2009, 281 (286); aA *Wessels* ZIP 2004, 793 (796).

oder durch hinreichende Sicherung des Rückgriffsanspruchs der abhängigen Gesellschaft ausgleichen.[133]

§ 26. Abhängigkeitsbericht und Sonderprüfung

Literatur: S. o. bei § 24, ferner *Bachmann,* Die Einmann-AG, NZG 2001, 961; *Bachmann,* Sonderprüfung trotz interner Ermittlung, ZIP 2018, 101; *Bode,* Abhängigkeitsbericht und Kostenlast im einstufigen faktischen Konzern, AG 1995, 261; *Böttcher,* Der Abhängigkeitsbericht im faktischen Konzern – kostspielig, unpraktikabel und wirkungslos?, FS Maier-Reimer, 2010, 29; *Decher,* Information im Konzern und Auskunftsrecht, ZHR 158 (1994), 473; *Deilmann,* Die Entstehung des qualifizierten faktischen Konzerns, 1990; *Döllerer,* Der Abhängigkeitsbericht und seine Prüfung bei einem Vorstandswechsel, FS Semler, 1993, 441; *Ehreiser,* Macht oder Ohnmacht des Kleinaktionärs, 1973; *Fleischer,* „Geheime Kommandosache“: Ist die Vertraulichkeit des Abhängigkeitsberichts (§ 312 AktG) noch zeitgemäß?, BB 2014, 835; *Goerdeler,* Geschäftsbericht, Konzerngeschäftsbericht und Abhängigkeitsbericht aus der Sicht des Wirtschaftsprüfers, WPg 1966, 113; *Götz,* Der Abhängigkeitsbericht der 100%igen Tochtergesellschaft, AG 2000, 498; *Götz,* Anfechtungsklage gegen Entlastungsbeschlüsse wegen unterlassener Aufstellung eines Abhängigkeitsberichts, JuS 2000, 1054; *Habersack,* Alte und neue Ungereimtheiten iRd §§ 311 ff. AktG, FS Peltzer, 2001, 139; *Habersack,* Zweck und Gegenstand der Sonderprüfung nach § 142 AktG, FS Wiedemann, 2002, 889; *Habersack,* Staatliche und halbstaatliche Eingriffe in die Unternehmensführung, Gutachten E zum 69. Deutschen Juristentag, 2012; *Habersack./Verse,* Zum Auskunftsrecht des Aktionärs im faktischen Konzern, AG 2003, 300; *Hoffmann-Becking,* Empfiehlt es sich, das Recht faktischer Unternehmensverbindungen neu zu regeln?, 59. DJT 1992, S. R 8; *Hüffer,* Informationen zwischen Tochtergesellschaft und herrschendem Unternehmen im vertragslosen Konzern, FS Schwark, 2009, 185; *Koppensteiner,* Aktienrechtliches Auskunftsrecht und Unternehmensverbund, GesRZ 2008, 200; *Krag,* Konzepte für die Durchführung von Sonderprüfungen gemäß § 315 AktG, BB 1988, 1850; *Kropff,* Zur Anwendung des Rechts der verbundenen Unternehmen auf den Bund, ZHR 144 (1980), 74; *Kropff,* Außenseiterschutz in der faktisch abhängigen „kleinen“ Aktiengesellschaft, ZGR 1988, 558; *Kropff,* Die Beschlüsse des Aufsichtsrats zum Jahresabschluß und zum Abhängigkeitsbericht, ZGR 1994, 628; *Kropff,* Der unabhängige Finanzexperte in der Gesellschaftsverfassung, FS K. Schmidt, 2009, 1023; *Kupsch,* Die Auswirkungen einer fehlenden Schlußerklärung nach § 312 Abs. 3 AktG im Lagebericht auf den Bestätigungsvermerk des Abschlußprüfers, Betr. 1993, 493; *Lanfermann/Maul,* Änderung der EU-Rechnungslegungsrichtlinien, BB 2006, 2011; *Maul,* Der Abhängigkeitsbericht im künftigen Konzernrecht, Betr. 1985, 1749; *Menke,* Befugnis des Vorstands einer börsennotierten Aktiengesellschaft zur bevorzugten Information eines Aktionärspools, NZG 2004, 697; *Mertens,* Verpflichtung der Volkswagen-AG, einen Bericht gemäß § 312 AktG über ihre Beziehungen zum Land Niedersachsen zu erstatten?, AG 1996, 241; *Mertens,* Abhängigkeitsbericht bei „Unternehmenseinheit“ in der Handelsgesellschaft KGaA?, FS Claussen, 1997, 297; *Noack,* Die konzernrechtliche Sonderprüfung nach § 315 AktG, Wpg 1994, 225; *Pentz,* Erweitertes Auskunftsrecht und faktische Unternehmensverbindungen, ZIP 2007, 2298; *Pöppl,* Aktienrechtlicher Minderheitenschutz durch den Abhängigkeitsbericht, 1972; *Richardt,* Der aktienrechtliche Abhängigkeitsbericht unter ökonomischen Aspekten, 1975; *Scherpf,* Die aktienrechtliche Rechnungslegung und Prüfung, 1967; *Schießl,* Abhängigkeitsbericht bei Beteiligungen der öffentlichen Hand, ZGR 1998, 871; *U. H. Schneider,* Der Auskunftsanspruch des Aktionärs im Konzern, FS Lutter, 2000, 1193; *U. H. Schneider,* Die aktienrechtliche Sonderprüfung im Konzern, AG 2008, 305; *Singhof,* Zur Weitergabe von Insiderinformationen im Unterordnungskonzern, ZGR 2001, 146; *Strieder,* Der aktienrechtliche Abhängigkeitsbericht bei der kapitalistischen Kommanditgesellschaft auf Aktien, Betr. 2004, 799; *Veil,* Weitergabe von Informationen durch den Aufsichtsrat an Aktionäre und Dritte, ZHR 172 (2008), 239; *Velte,* Die Prüfung des Abhängigkeitsberichts durch Aufsichtsrat und Abschlussprüfer sowie ihre Berichterstattung – Ergebnisse einer empirischen Befragung, Konzern 2010, 49; *van Venrooy,* Erfüllungsgeschäfte im Abhängigkeitsbericht der AG, Betr. 1980, 385; *E. Vetter,* Interessenkonflikte im Konzern – vergleichende Betrachtungen zum faktischen Konzern und zum Vertragskonzern, ZHR 171 (2007), 342; *Vossel,* Auskunftsrecht im Aktienkonzern, 1996; *Wieland,* Die Abbildung von Fremdeinfluß im Abhängigkeitsbericht, 1998; *Witte,* Der Prüfungsbericht als Informationsträger im Konzern, 1996.

---

[133] Vgl. *Mülbert* ZGR 1995, 578 (590); *Peltzer/Bell* ZIP 1993, 1757 (1764); *Schön* ZHR 159 (1995), 351 (367); *Habersack/Schürnbrand* NZG 2004, 689 (696); *Bürgers/Körber/Fett* AktG § 311 Rn. 51.

I. Überblick

1. Aufstellung und Prüfung des Abhängigkeitsberichts

1 Nach § 312 Abs. 1 S. 1 AktG hat der Vorstand einer abhängigen Gesellschaft in den ersten drei Monaten des Geschäftsjahres einen – allgemein Abhängigkeitsbericht genannten – Bericht über die Beziehungen der Gesellschaft zu verbundenen Unternehmen aufzustellen. Die Berichtspflicht entfällt lediglich bei Abschluss eines Beherrschungsvertrages (§ 312 Abs. 1 S. 1 AktG) oder eines Gewinnabführungsvertrages (§ 316 AktG) sowie im Falle der Eingliederung (§ 323 Abs. 1 S. 3 AktG). Der **Inhalt** des Abhängigkeitsberichts ist in § 312 Abs. 1 S. 2–4 AktG geregelt. Zu berichten ist danach vor allem über die auf Veranlassung des herrschenden Unternehmens vorgenommenen Rechtsgeschäfte und Maßnahmen. Der Bericht muss den Grundsätzen einer gewissenhaften und getreuen Rechenschaft entsprechen (§ 312 Abs. 2 AktG) und eine so genannte Schlusserklärung des Vorstandes über die Situation der abhängigen Gesellschaft umfassen, die in den Lagebericht aufzunehmen und mit diesem bekannt zu machen ist (§ 312 Abs. 3 AktG, s. § 264 Abs. 1 HGB, § 289 HGB). Hieran knüpft § 315 S. 1 Nr. 3 AktG an.

2 Der Abhängigkeitsbericht wird, weil er über Konzerninterna informiert, **nicht veröffentlicht.**[1] Er lässt zwar sowohl die **sonstigen Publizitäts- und Mitteilungspflichten** der beteiligten Unternehmen[2] als auch das allgemeine **Auskunftsrecht** des Aktionärs[3] unberührt; die Vorlage des Berichts können die Aktionäre und die Gläubiger der Gesellschaft indes in keinem Fall verlangen.[4] De lege ferenda sprechen allerdings gute Gründe dafür, den auf Geheimhaltung des Berichts gerichteten Ansatz des § 312 AktG zu überdenken, und zwar nicht nur für börsennotierte Gesellschaften und nicht beschränkt auf den Insolvenzfall;[5] berechtigten Geheimhaltungsinteressen der abhän-

---

[1] S. Begr. RegE., bei *Kropff* S. 411; ferner OLG Frankfurt a. M. NZG 2003, 224 (225); Hüffer/Koch/ *Koch* § 312 Rn. 38.

[2] Zu § 111 c AktG-E → § 24 Rn. 45; zu § 285 Nr. 21 HGB, § 314 Abs. 1 Nr. 13 HGB und IAS 24 s. *Lanfermann/Maul* BB 2006, 2011; *Hopt* ZHR 171 (2007), 199 (213 ff.); *Lentfer/Weber* DB 2006, 2357.

[3] OLG Stuttgart NZG 2004, 966 (968); OLG Düsseldorf DB 1991, 2532 (2533); MüKoAktG/*Altmeppen* AktG § 312 Rn. 16; Hüffer/Koch/*Koch* AktG § 312 Rn. 39; *Habersack/Verse* AG 2003, 300 (302 ff.); aA – keine Auskunft über Vorgänge, über die im Abhängigkeitsbericht zu berichten ist – KG NJW 1972, 2307 (2309 f.); OLG Frankfurt a. M. NZG 2003, 224 (225). Zur hiervon zu unterscheidenden Frage, ob die Aktionäre ein erweitertes Informationsrecht iSd § 131 Abs. 4 AktG haben, wenn dem herrschenden Unternehmen Informationen erteilt werden, s. einerseits (jedenfalls für Konzernverhältnisse ablehnend) LG München I Konzern 2007, 448 (455 f.); Emmerich/Habersack Aktien-/GmbH-KonzernR/*Habersack* AktG § 312 Rn. 5; *Decher* ZHR 158 (1994), 473 (483 ff.); *Menke* NZG 2004, 697 (698 ff.); *Pentz* ZIP 2007, 2298; *Singhof* ZGR 2001, 146 (160); *Habersack/Verse* AG 2003, 300 (305 ff.); andererseits (befürwortend) *Schneider* FS Lutter, 2000, 1193 (1200 ff.); offengelassen von LG München I Konzern 2007, 365 (367 f.).

[4] OLG Düsseldorf WM 1988, 1052 (1057); Emmerich/Habersack Aktien-/GmbH-KonzernR/*Habersack* AktG § 312 Rn. 4; Hüffer/Koch/*Koch* AktG § 312 Rn. 38; dazu noch → Rn. 9.

[5] De lege ferenda für Offenlegung GroßkommAktG/*Fleischer* AktG § 312 Rn. 18 ff.; *Fleischer* BB 2014, 835 (837 ff.); *Habersack* Gutachten S. 79; *Peltzer* AG 1997, 145 (151); *U. H. Schneider* FS Lutter, 2000, 1193 (1197 f.); *E. Vetter* ZHR 171 (2007), 342 (365 f.); Fleischer/Koch/Kropff/Lutter/*J. Vetter*, 50 Jahre Aktiengesetz, 2016, 231 (255 f.); vgl. auch die Wiedergabe der Diskussion auf dem ZHR-Symposion 2007 bei *Schürnbrand* ZHR 171 (2007), 241 (243) und *Kersting* ZHR 171 (2007), 376 (377 f.); krit. *Decher* ZHR 171 (2007), 126 (138). – Zur rechtspolitischen Bewertung des § 312 AktG iÜ → Rn. 10; zum Einsichtsrecht nach § 321 a HGB → Rn. 3.

gigen Gesellschaft oder eines verbundenen Unternehmens wäre freilich auch de lege ferenda Rechnung zu tragen.[6]

Der Bericht unterliegt der **Prüfung durch den Abschlussprüfer** der Gesellschaft, der dem Aufsichtsrat über das Ergebnis der Prüfung schriftlich zu berichten hat (§ 313 AktG). Eine Einschränkung hat diese Prüfungs- und Berichtspflicht allerdings durch das Bilanzrichtliniengesetz von 1985 erfahren. Infolge der seinerzeit erfolgten Neufassung des § 316 Abs. 1 S. 1 HGB ist nämlich nur der Jahresabschluss einer großen und mittelgroßen Kapitalgesellschaft iSd § 267 Abs. 2, 3 HGB zu prüfen, nicht dagegen der Abschluss einer kleinen Gesellschaft iSd § 267 Abs. 1 HGB. Da die Pflicht zur Prüfung des Abhängigkeitsberichts in § 313 Abs. 1 AktG an diejenige zur Prüfung des Jahresabschlusses gebunden ist, bedeutet dies, dass **kleine Gesellschaften** (iSd § 267 Abs. 1 HGB) und **Kleinstkapitalgesellschaften** (iSd § 267a Abs. 1 HGB) in der Rechtsform der AG oder KGaA nicht mehr von § 313 AktG erfasst werden. Diese substantielle Einschränkung der Prüfungspflicht ist, darüber herrscht Einvernehmen, rechtspolitisch äußerst unbefriedigend.[7] Bedenkt man, dass die Prüfung durch den Abschlussprüfer die fehlende Publizität des Berichts ausgleichen soll und innerhalb des Systems der §§ 311 ff. AktG eine zentrale Funktion einnimmt,[8] so sollte schon de lege lata Abhilfe geschaffen werden. Als vorzugswürdig erscheint dabei die Annahme einer Pflicht zur eigenständigen (isolierten) Prüfung des Abhängigkeitsberichts der kleinen Gesellschaft.[9]

3

Wie der Abhängigkeitsbericht (→ Rn. 2) wird auch der **Prüfungsbericht** des Abschlussprüfers nicht offengelegt. Nach § 314 Abs. 2 S. 3 AktG ist allerdings in den Bericht des Aufsichtsrats an die Hauptversammlung auch ein vom Abschlussprüfer erteilter Bestätigungsvermerk aufzunehmen und eine Versagung des Vermerks ausdrücklich mitzuteilen. Auf diesem Weg erlangt das Ergebnis der Prüfung Publizität (→ Rn. 30, 32). Dagegen steht das Einsichtsrecht nach § 321a HGB[10] im unmittelbaren Zusammenhang mit den auf den Jahres- und Konzernabschluss bezogenen Offenlegungspflichten. Schon deshalb lässt es sich nicht auf den – den nicht publizitätspflichtigen Abhängigkeitsbericht (→ Rn. 4) betreffenden – Prüfbericht nach § 313 Abs. 2 AktG erstrecken.[11] Es kommt hinzu, dass der Abhängigkeitsbericht keinen Bestandteil des Jahresabschlusses bildet (→ Rn. 8).

3a

An die Prüfung des Abhängigkeitsberichts durch den Abschlussprüfer schließt sich die **Prüfung durch den Aufsichtsrat** an. Dieser hat seinerseits in seinem Bericht an die

4

---

[6] *Fleischer* BB 2014, 835 (837 ff.); *Habersack* Gutachten S. 79 f.; Fleischer/Koch/Kropff/*J. Vetter*, 50 Jahre Aktiengesetz, 2016, 231 (255 f.).
[7] MüKoAktG/*Altmeppen* AktG § 313 Rn. 13; GroßkommAktG/*Fleischer* AktG § 313 Rn. 14; Grigoleit/ *Grigoleit* AktG § 313 Rn. 2; *Hommelhoff* Gutachten S. 5 (55 ff.); *Kropff* FS Goerdeler, 1987, 259 (271 ff.); *Kropff* ZGR 1988, 558; *K. Schmidt* JZ 1992, 856 (862).
[8] Näher *Habersack* FS Peltzer, 2001, 139 (142 ff.).
[9] *Habersack* FS Peltzer, 2001, 139 (144 f.); Emmerich/Habersack Aktien-/GmbH-KonzernR/*Habersack* AktG § 313 Rn. 7; GroßkommAktG/Fleischer AktG § 313 Rn. 16; *Krieger/Schneider* § 70 Rn. 114; K. Schmidt/Lutter/*Vetter* AktG § 313 Rn. 4; Spindler/Stilz/*Müller* AktG § 313 Rn. 4; Bürgers/Körber/ *Fett* AktG § 313 Rn. 2; gegen Pflichtprüfung, aber für Einsichtsrecht des Aktionärs MüKoAktG/*Altmeppen* AktG § 313 Rn. 21; KölnKommAktG/*Koppensteiner* AktG § 313 Rn. 9.
[10] Dazu *Forster/Gelhausen/Möller* WPg. 2007, 191.
[11] So auch Staub/*Habersack/Schürnbrand* HGB § 321a Rn. 8; K. Schmidt/Lutter/*Vetter* AktG § 312 Rn. 36; *Weinbrenner* Konzern 2006, 583 (591 f.); aA Grigoleit/*Grigoleit* AktG § 313 Rn. 12.

Hauptversammlung über das Ergebnis der Prüfung zu berichten (§ 171 Abs. 2 AktG, § 314 Abs. 2 AktG); dabei hat er auch zu dem Ergebnis der Prüfung durch den Abschlussprüfer Stellung zu nehmen.[12] Erst auf diese Weise erlangen die Aktionäre Kenntnis vom Inhalt des Abhängigkeitsberichts.

2. Sonderprüfung

5 Im engen Zusammenhang mit §§ 312–314 AktG stehen die Vorschriften des § 315 S. 1 Nr. 1–3 AktG, wonach auf **Antrag eines Aktionärs** ein Sonderprüfer zu bestellen ist, wenn der Abschlussprüfer den Bestätigungsvermerk zum Abhängigkeitsbericht eingeschränkt oder versagt hat (Nr. 1), wenn der Aufsichtsrat erklärt hat, dass Einwendungen gegen die Schlusserklärung des Vorstands zu erheben sind (Nr. 2), oder wenn der Vorstand selbst in der Schlusserklärung zum Ausdruck gebracht hat, dass die abhängige Gesellschaft vom herrschenden Unternehmen ohne Nachteilsausgleich benachteiligt worden ist (Nr. 3). **Ergänzend** sieht § 315 S. 2 AktG vor, dass eine **Aktionärsminderheit** eine Sonderprüfung erzwingen kann, wenn „sonstige Tatsachen vorliegen, die den Verdacht einer pflichtwidrigen Nachteilszufügung rechtfertigen".

3. Sanktionen

6 Das Recht auf Sonderprüfung steht wiederum im Zusammenhang mit den in §§ 317, 318 AktG geregelten **Haftungstatbeständen,** indem es deren Durchsetzung erleichtern soll. Während § 317 AktG die Haftung des herrschenden Unternehmens und seiner Organwalter für die kompensationslose nachteilige Einflussnahme auf die abhängige Gesellschaft regelt (→ § 27 Rn. 3 ff.), knüpft § 318 AktG an die Verletzung von Berichts- und Prüfungspflichten der Vorstands- und Aufsichtsratsmitglieder der abhängigen Gesellschaft an (→ § 27 Rn. 10 ff.).

7 Nach § 407 Abs. 1 S. 1 AktG kann die Erfüllung der Berichtspflicht vom Registergericht durch die Festsetzung von **Zwangsgeld** durchgesetzt werden. Das gilt auch noch nach Ablauf der Dreimonatsfrist des § 312 Abs. 1 S. 1 AktG und selbst noch nach Feststellung des Jahresabschlusses;[13] mit Blick auf den Zweck des Abhängigkeitsberichts (→ Rn. 9 f.) ist sogar davon auszugehen, dass das Zwangsgeldverfahren in der Regel bis zur Verjährung etwaiger Ansprüche aus §§ 317, 318 AktG betrieben werden kann.[14] Die Festsetzung eines Zwangsgeldes kann auch von jedem außenstehenden Aktionär beantragt werden. Im Fall einer ablehnenden Verfügung des Registergerichts hat jeder Aktionär zudem die Möglichkeit der Beschwerde und der Rechtsbeschwerde gem. §§ 391, 70 FamFG.[15]

---

[12] Näher dazu OLG Düsseldorf NZG 2013, 178 (179 f.).

[13] BGHZ 135, 107 (111 f.) – VW; OLG Braunschweig AG 1996, 271 (272) – VW; LG Traunstein ZIP 1993, 1551 – Gebr. März AG; Emmerich/Habersack Aktien-/GmbH-KonzernR/*Habersack* AktG § 312 Rn. 16, 18; GroßkommAktG/*Fleischer* AktG § 312 Rn. 116; MüKoAktG/*Altmeppen* AktG § 312 Rn. 62; Hüffer/Koch/*Koch* AktG § 312 Rn. 10; *Schießl* ZGR 1998, 871 (875); aA OLG Köln BB 1978, 421 – Lufthansa; AG Bremen Betr. 1976, 1760; *Mertens* AG 1996, 241 (247 ff.); vermittelnd – für analoge Anwendung des § 256 Abs. 6 S. 1 Fall 1 AktG – *Götz* JuS 2000, 1054 (1057 f.).

[14] OLG Braunschweig AG 1996, 271 (272) – VW; LG Traunstein ZIP 1993, 1551 – Gebr. März AG; Emmerich/Habersack Aktien-/GmbH-KonzernR/*Habersack* AktG § 312 Rn. 16, 18; s. ferner BGHZ 135, 107 (112 f.) – VW („auf jeden Fall bis zum Ablauf der fünfjährigen Verjährungsfrist").

[15] BGHZ 135, 107 (109 f.) – VW.

Da der Abhängigkeitsbericht kein Bestandteil des Jahresabschlusses ist, zieht sein 8
gänzliches Fehlen oder seine Unvollständigkeit nicht automatisch die Nichtigkeit des
Jahresabschlusses nach sich.[16] Ist aber der Jahresabschluss ebenfalls unvollständig, etwa
weil ein Anspruch aus § 317 AktG nicht aktiviert worden ist, so kann dies nach § 256
Abs. 5 S. 1 Nr. 2 AktG durchaus zu dessen Nichtigkeit und zu der der darauf bezüglichen Aufsichtsratsbeschlüsse führen.[17] Außerdem kann bei Fehlen oder Unvollständigkeit des Abhängigkeitsberichts der Beschluss, der dem Vorstand der abhängigen
Gesellschaft **Entlastung** erteilt, nach § 243 Abs. 1 AktG angefochten werden,[18] und
zwar ungeachtet der Möglichkeit, die Aufstellung des Abhängigkeitsberichts durch
Antrag auf Festsetzung eines Zwangsgeldes zu erzwingen.[19] Ist schließlich der Abschlussprüfer der Ansicht, dass ein Abhängigkeitsbericht aufzustellen ist, so hat er
nach § 322 Abs. 4 HGB sein Testat einzuschränken.[20]

II. Funktion des Abhängigkeitsberichts

Die Pflicht zur Erstellung eines Abhängigkeitsberichts steht in unmittelbarem Zusam- 9
menhang mit §§ 311, 317 AktG und soll zunächst dazu beitragen, dass nachteilige
Einflussnahmen dokumentiert werden und zudem nur gegen Nachteilsausgleich erfolgen. Zugleich sollen den außenstehenden Aktionären und Gläubigern Informationen
verschafft werden, damit sie von der durch §§ 317 Abs. 4, 318 Abs. 4 (jew. iVm § 309
Abs. 4 AktG) eröffneten Möglichkeit zur **Geltendmachung von Ansprüchen** der Gesellschaft auch tatsächlich Gebrauch machen können.[21] Das zuletzt genannte Ziel
sucht das Gesetz freilich, da der Abhängigkeitsbericht de lege lata nicht der Publizität
unterliegt (→ Rn. 2), auf mittelbarem Weg zu erreichen: §§ 312–314, 318 AktG binden nämlich neben dem Vorstand auch den Abschlussprüfer und den Aufsichtsrat der
abhängigen Gesellschaft in das Pflichtenprogramm ein und wollen auf diese Weise auf
wahrheitsgemäße Berichterstattung und damit auf die Einhaltung der sich aus § 311
AktG ergebenden Schranken hinwirken; damit wiederum soll den Aktionären und
Gläubigern Gewissheit darüber verschafft werden, dass, sofern nichts anderes verlaut-
bart wird, Ansprüche aus §§ 317, 318 AktG nicht bestehen.

Dem Abhängigkeitsbericht kommt mithin eine **Schlüsselrolle** innerhalb des Systems 10
der §§ 311 ff. AktG zu.[22] Das rechtspolitische Urteil über die Konzeption der genannten Vorschriften fiel freilich zunächst ganz überwiegend negativ aus, was nicht zuletzt
mit der mangelnden Publizität des Abhängigkeitsberichts begründet wurde.[23] Neuerdings wird zunehmend auf die **präventive Wirkung** hingewiesen, die von der – sämt-

---

[16] BGHZ 124, 111 (121 f.); OLG Köln AG 1993, 86 (87) – Winterthur/Nordstern.
[17] BGHZ 124, 111 (119) – Vereinigte Krankenversicherung; BGHZ 137, 378 (384); zu Recht enger –
Durchsetzung des Anspruchs müsse wahrscheinlich sein – *Kropff* ZGR 1994, 628 (635 ff.); *Krieger/
Schneider* § 70 Rn. 103; *Schön* JZ 1994, 684.
[18] BGHZ 62, 193 (194 f.) – Seitz; OLG Frankfurt a. M. ZIP 2000, 926 (927); OLG Karlsruhe NZG
1999, 953 (954); OLG Stuttgart ZIP 2003, 1981 (1984 f.); offengelassen von BGHZ 148, 123 (124);
s. sodann aber auch BGHZ 153, 47 (51 f.); aA – Ermessen der Hauptversammlung – OLG München
AG 2003, 452 (453).
[19] OLG Düsseldorf NZG 2000, 314; dazu *Götz* JuS 2000, 1054.
[20] Näher Emmerich/Habersack Aktien-/GmbH-KonzernR/ *Habersack* AktG § 312 Rn. 19 mwN.
[21] Begr. RegE, bei *Kropff* S. 410 f.; BGHZ 135, 107 (109 f.) – VW.
[22] BGHZ 135, 107 (111 f.) – VW; OLG Braunschweig AG 1996, 271 (272).
[23] S. *Emmerich/Sonnenschein*, 6. Aufl. 1997, S. 367 f.; *Unternehmensrechtskommission* in: Bericht
Rn. 1387 f. (705 f.); MK, 7. HauptGA, Rn. 842; *Großfeld*, Aktiengesellschaft, Unternehmenskonzentration und Kleinaktionär, 1968, S. 218 f.; *Haesen* Abhängigkeitsbericht S. 121 f.; *Hoffmann-Becking*,

liche beteiligten Personen einbeziehenden und schadensersatzbewehrten – Verpflichtung zur Erstellung und Prüfung des Abhängigkeitsberichts ausgeht.[24] In der Tat vermag die Pflicht aus § 312 AktG die Stellung des Vorstands der abhängigen Gesellschaft gegenüber dem herrschenden Unternehmen zu stärken und die Beachtung der sich aus § 311 AktG ergebenden Schranken legitimer Einflussnahme sicherzustellen. Nach wie vor sprechen deshalb gute Gründe dafür, auf die Funktionsfähigkeit des internen Berichtssystems zu vertrauen und von einer Totalrevision der §§ 312 ff. AktG abzusehen.[25]

III. Adressat der Berichtspflicht, Kosten

11 Nach § 312 Abs. 1 S. 1 AktG ist der Abhängigkeitsbericht vom **Vorstand der abhängigen Gesellschaft**[26] in den ersten drei Monaten des Geschäftsjahres zu erstellen. Die Berichtspflicht trifft den Vorstand in seiner Gesamtheit, und zwar in seiner jeweiligen Zusammensetzung in dem maßgeblichen Zeitpunkt des § 312 Abs. 1 S. 1 AktG. Im Falle des Wechsels der Vorstandsmitglieder können sich daher die neuen Vorstandsmitglieder nicht darauf berufen, sie seien über die berichtspflichtigen Vorgänge nicht informiert.[27]

12 Unerheblich ist, ob die abhängige Gesellschaft über außenstehende Aktionäre verfügt; auch der Vorstand einer abhängigen **Einpersonen-AG** ist also nach § 312 AktG berichtspflichtig.[28] Eine Ausnahme von der Berichtspflicht ist auch nicht für den Fall anzuerkennen, dass durch die Satzung eine „vollständige Interesseneinheit" zwischen herrschendem Unternehmen und abhängiger Gesellschaft hergestellt wird.[29]

13 Der Kreis der berichtspflichtigen Vorgänge ist überaus weit (→ Rn. 14 ff.), so dass der Vorstand, zumindest wenn zwischen der abhängigen Gesellschaft und mit ihr verbundenen Unternehmen lebhafte Geschäftsbeziehungen bestehen, besondere organisatorische Vorkehrungen treffen muss, um seiner Berichtspflicht rechtzeitig nachkommen zu können.[30] Die dadurch entstehenden **Kosten** fallen der abhängigen Gesellschaft zur Last: Da es sich bei der Verpflichtung aus § 312 AktG um einen typischen **passiven Konzerneffekt** handelt, eine Veranlassung durch das herr-

---

59. DJT 1992, S. R 8 (18 ff.); *Kronstein* FS Geßler, 1971, 219 (222); skeptisch auch KölnKommAktG/ *Koppensteiner* AktG § 312 Rn. 5.

[24] *Hommelhoff* ZHR 156 (1992), 295; *Hommelhoff* Gutachten S. 16 ff.; Hüffer/Koch/*Koch* AktG § 312 Rn. 1; *Lutter* ZHR 151 (1987), 444 (459 ff.); MüKoAktG/*Altmeppen* AktG § 312 Rn. 19; Spindler/ Stilz/*Müller* AktG § 312 Rn. 3; K. Schmidt/Lutter/*Vetter* AktG § 312 Rn. 5; Grigoleit/*Grigoleit* AktG § 312 Rn. 2; *E. Vetter* ZHR 171 (2007), 342 (362 ff.); *Böttcher* FS Maier-Reimer, 2010, 29 (35 ff.); *K. Schmidt* JZ 1992, 856 (858 ff.); zust. auch BGHZ 135, 107 (112) – VW.

[25] Zur rechtspolitischen Diskussion über die Berichtspublizität → Rn. 2; s. ferner die das System der §§ 312 ff. AktG im Kern unangetastet lassenden Vorschläge bei *Baums* (Hrsg.), Bericht der Regierungskommission Corporate Governance, 2001, Rn. 180; *Hommelhoff* Gutachten S. 52 ff.; *Zöllner* FS Kropff, 1997, 333 (339); *Wieland* Abbildung S. 330.

[26] Ihm gleich steht der Komplementär einer abhängigen KGaA, → § 24 Rn. 19; näher zum Abhängigkeitsbericht der KGaA *Strieder* Betr. 2004, 799 ff.

[27] BGHZ 135, 108 (110 f.) – VW; *Döllerer* FS Semler, 1993, 441 (448 ff.).

[28] MüKoAktG/*Altmeppen* AktG § 312 Rn. 27; KölnKommAktG/*Koppensteiner* AktG § 312 Rn. 9; krit. *Götz* AG 2000, 498 ff.; gegen ihn zu Recht *Bachmann* NZG 2001, 961 (970).

[29] So aber am Beispiel der KGaA *Mertens* FS Claussen, 1997, 297 ff.; wie hier GroßkommAktG/*Fleischer* AktG § 312 Rn. 37; MüKoAktG/*Altmeppen* AktG § 312 Rn. 27.

[30] → § 25 Rn. 39 ff., ferner *Stehle* AG 1966, 233; *Wollert* Betr. 1966, 1281.

schende Unternehmen also nicht besteht, kommt ein Ausgleichsanspruch nicht in Betracht.[31]

IV. Inhalt des Abhängigkeitsberichts

1. Allgemeines

a) Der Abhängigkeitsbericht soll die **Verbundbeziehungen möglichst vollständig** do- 14
kumentieren. § 312 Abs. 1 S. 1 AktG verlangt deshalb einen Bericht über die „Beziehungen der Gesellschaft zu verbundenen Unternehmen". Der Inhalt des Berichts wird in § 312 Abs. 1 S. 2–4 AktG präzisiert: Abs. 1 S. 2 benennt zunächst die berichtspflichtigen Vorgänge, Abs. 1 S. 3 und 4 führt Einzelangaben an, deren Aufnahme in den Bericht die Beurteilung des nachteiligen Charakters der berichtspflichtigen Vorgänge und des Ausgleichs ermöglichen soll. Die berichtspflichtigen Vorgänge gehen demnach deutlich über die nach § 311 AktG ausgleichspflichtigen Rechtsgeschäfte und Maßnahmen hinaus. Insbes. kommt es nach § 312 Abs. 1 AktG weder auf den nachteiligen Charakter noch auf die Veranlassung durch das herrschende Unternehmen an. Gegenstand des Berichts und der daran anschließenden Prüfung nach §§ 313, 314 AktG sollen vielmehr auch solche Rechtsgeschäfte und Maßnahmen sein, die nach Einschätzung der Betroffenen **nicht nachteilig oder nicht veranlasst** und damit auch nicht ausgleichspflichtig sind. Nur so vermag der Abhängigkeitsbericht die ihm zugedachte Funktion zu erfüllen.

Wie § 312 Abs. 2 AktG hervorhebt, muss der Abhängigkeitsbericht den Grundsätzen 15
einer gewissenhaften und getreuen Rechenschaft entsprechen. Der Bericht muss daher **vollständig, klar, übersichtlich und zutreffend** sein, schon, weil er sonst seiner Aufgabe nicht gerecht werden kann, die Verbundbeziehungen möglichst vollständig zu dokumentieren. Die Konkretisierung bereitet freilich Schwierigkeiten. So liegt es auf der Hand, dass eine detaillierte und getrennte Berichterstattung über eine Vielzahl von Bagatell- und Routinevorgängen auf Kosten der Übersichtlichkeit geht; umgekehrt vermag eine zusammenfassende Berichterstattung, soweit sie sich auch auf komplexere Vorgänge bezieht, die an sich gebotene Überprüfung einer jeden Einzelmaßnahme nicht zu gewährleisten. Allgemein wird man deshalb sagen können, dass eine zusammenfassende Berichterstattung insoweit zulässig ist, als eine weitere Aufgliederung keinen zusätzlichen Informationswert hätte.[32]

Die Berichtspflicht gilt auch bei **mehrfacher Abhängigkeit;** sie bezieht sich in diesem 16
Fall auf die Beziehungen der abhängigen Gesellschaft zu allen Unternehmen, von denen sie abhängig ist (→ § 3 Rn. 41). Für den Regelfall der koordinierten Beherrschung eines Gemeinschaftsunternehmens genügt zwar ein einheitlicher Bericht; ihm muss sich aber entnehmen lassen, auf Veranlassung und im Interesse welches Unternehmens die berichtspflichtigen Vorgänge erfolgt sind.[33] Entsprechendes gilt in mehrstufigen

---

[31] MüKoAktG/*Altmeppen* AktG § 312 Rn. 56 f.; GroßkommAktG/*Fleischer* AktG § 312 Rn. 63; Köln-KommAktG/*Koppensteiner* AktG § 312 Rn. 35; K. Schmidt/Lutter/*Vetter* AktG § 312 Rn. 21; Spindler/Stilz/*Müller* AktG § 312 Rn. 18; Grigoleit/*Grigoleit* AktG § 312 Rn. 7; *Krieger/Schneider* § 70 Rn. 95; *Kropff* FS Lutter, 2000, 1133 (1141 ff.); *Strieder* Betr. 2004, 799 (800); aA *Bode* AG 1995, 261 (269 ff.); *Hüffer,* AktG, 10. Aufl. 2012, AktG § 312 Rn. 40; Heidel/*Walchner* AktG § 312 Rn. 36.

[32] Vgl. Begr. RegE, bei *Kropff,* 411; ferner Emmerich/Habersack Aktien-/GmbH-KonzernR/*Habersack* AktG § 312 Rn. 41.

[33] MüKoAktG/*Altmeppen* AktG § 312 Rn. 127; *Krieger/Schneider* § 70 Rn. 99; aA (gegen Zulässigkeit eines einheitlichen Berichts) *Maul* NZG 2000, 470 (471).

Unternehmensverbindungen (→ § 24 Rn. 22 f.); auch hier genügt unter den genannten Voraussetzungen ein einheitlicher Bericht der von der Mutter und der Tochter abhängigen Enkel-AG.[34]

17 Besonderheiten gelten schließlich bei Abhängigkeit der Gesellschaft von der **öffentlichen Hand**.[35] In diesem Fall ist zwar uneingeschränkt über von der öffentlichen Hand veranlasste Rechtsgeschäfte oder Maßnahmen sowie über Eigengeschäfte der öffentlichen Hand oder der mit ihr verbundenen Unternehmen mit der abhängigen Gesellschaft zu berichten.[36] Im Übrigen (dh bei nicht veranlassten Rechtsgeschäften oder Maßnahmen) genügt es aber nicht, dass das Geschäft oder die Maßnahme auch im öffentlichen Interesse liegt; hinzukommen muss dann vielmehr ein gewisser Nachteilsverdacht.[37]

2. Rechtsgeschäfte

a) Erfasste Geschäfte

18 Was zunächst die berichtspflichtigen Rechtsgeschäfte betrifft, so unterscheidet § 312 Abs. 1 S. 2 AktG vor allem danach, mit wem das Rechtsgeschäft vorgenommen worden ist. Erfasst werden zunächst solche Rechtsgeschäfte, die die abhängige Gesellschaft im letzten Geschäftsjahr **mit dem herrschenden Unternehmen** oder mit einem anderen Unternehmen, das mit dem herrschenden Unternehmen iSd § 15 AktG verbunden ist, vorgenommen hat, wobei es in diesem Falle (abweichend von § 311 AktG) keine Rolle spielt, ob das fragliche Rechtsgeschäft von dem herrschenden Unternehmen veranlasst worden ist oder nicht; im Interesse der Vollständigkeit des Berichts ist vielmehr jedes Rechtsgeschäft mit dem herrschenden Unternehmen oder mit einem anderen mit diesem verbundenen Unternehmen zu dokumentieren.[38]

19 Die Berichtspflicht erstreckt sich weiter auf bestimmte **Rechtsgeschäfte mit Dritten,** in diesem Falle freilich nur unter der zusätzlichen Voraussetzung, dass das fragliche Geschäft gerade auf Veranlassung oder im Interesse des herrschenden oder eines mit diesem verbundenen Unternehmens vorgenommen wurde. Umstritten ist hier vor allem, wann ein Rechtsgeschäft iSd § 312 Abs. 1 S. 2 AktG mit Dritten im Interesse des herrschenden Unternehmens oder eines anderen mit ihm verbundenen Unternehmens vorgenommen worden ist. Nach zutreffender Ansicht ist dies sowohl bei entsprechender objektiver Interessenlage als auch bei Vorliegen einer Begünstigungsabsicht der abhängigen Gesellschaft anzunehmen.[39] Eine **Bagatellgrenze** ist in § 312 AktG nicht vorgesehen. Selbst über wirtschaftlich unbedeutende Geschäfte und Maß-

---

[34] MüKoAktG/*Altmeppen* AktG § 312 Rn. 129; *Krieger/Schneider* § 70 Rn. 99; *Rehbinder* ZGR 1977, 581 (594 f.); aA *Bayer* FS *Ballerstedt*, 1975, 157 (181).

[35] BGHZ 60, 334 (338 ff.) – VEBA/Gelsenberg; BGHZ 135, 107 (113 f.) = NJW 1997, 1855 – VW; allg. → § 2 Rn. 20 ff.; zur Ausnahme für die Treuhandanstalt und deren Nachfolgeorganisation s. § 28a EGAktG und § 1 TreuhUmbenV v. 20.12.1994 (BGBl. 1994 I 3913).

[36] So auch *Schießl* ZGR 1998, 871 (880 f.).

[37] Vgl. BGHZ 69, 334 (343) – VEBA/Gelsenberg; *Kropff* ZHR 144 (1980), 74 (96); KölnKommAktG/ *Koppensteiner* AktG § 312 Rn. 52; Hüffer/Koch/*Koch* AktG § 312 Rn. 22.

[38] S. iE zB Emmerich/Habersack Aktien-/GmbH-KonzernR/*Habersack* AktG § 312 Rn. 29 ff.; Hüffer/ Koch/*Koch* AktG § 312 Rn. 18 ff.

[39] So *Krieger/Schneider* § 70 Rn. 109; ihm folgend auch Emmerich/Habersack Aktien-/GmbH-KonzernR/*Habersack* AktG § 312 Rn. 31; Hüffer/Koch/*Koch* AktG § 312 Rn. 21; MüKoAktG/*Altmeppen* AktG § 312 Rn. 106; GroßkommAktG/*Fleischer* AktG § 312 Rn. 80.

nahmen muss daher vollständig berichtet werden. Insoweit kommt freilich eine zusammenfassende Berichterstattung in Betracht (→ Rn. 15).

b) Abgrenzung

Da § 312 Abs. 1 S. 2, 3 AktG, was den Umfang der Berichtspflicht betrifft, zwischen **20** Rechtsgeschäften und Maßnahmen unterscheidet, bedarf der Begriff des Rechtsgeschäfts näherer Betrachtung. Während man zunächst aus § 312 Abs. 1 S. 3 AktG den Schluss gezogen hat, das Gesetz verstehe unter Rechtsgeschäften allein gegenseitige Verträge iSd §§ 320–327 BGB,[40] ist die heute herrschende Meinung der Ansicht, dass das Aktienrecht der Terminologie des BGB gefolgt ist und somit **grds. jedes Rechtsgeschäft** erfasst.[41] In der Tat bergen nicht nur gegenseitige Verträge die Gefahr einer Benachteiligung der abhängigen Gesellschaft. Neben gegenseitigen Verträgen sind vielmehr auch alle sonstigen Verträge (dh einseitig verpflichtende und unvollkommen zweiseitig verpflichtende Verträge) sowie Gestaltungserklärungen in die Berichtspflicht einzubeziehen. Nicht zu berichten ist dagegen über **Erfüllungsgeschäfte,** soweit sie sich in dem Vollzug des bereits im Verpflichtungsgeschäft vereinbarten Pflichtenprogramms erschöpfen und deshalb als solche keinen weitergehenden Nachteil begründen können.[42] Auch die Stimmabgabe des herrschenden Unternehmens in der Hauptversammlung der abhängigen Gesellschaft ist als solche (und im Unterschied zu der von der Hauptversammlung beschlossenen Maßnahme, → § 25 Rn. 6) kein berichtspflichtiges Rechtsgeschäft, sondern Teil der Willensbildung der abhängigen Gesellschaft.[43] **Unterlassene Rechtsgeschäfte** schließlich gehören zu den „Maßnahmen" iSd § 312 Abs. 1 AktG (→ Rn. 22).

c) Einzelangaben

Nach § 312 Abs. 1 S. 3 AktG sind „**Leistung und Gegenleistung**" anzugeben, und **21** zwar so detailliert, dass Abschlussprüfer und Aufsichtsrat zur Überprüfung der Angemessenheit des Leistungsaustauschs imstande sind. Anzugeben sind deshalb sämtliche Umstände, die für die Beurteilung der Angemessenheit von Bedeutung sind, hinsichtlich der Leistung also insbes. deren Art, Umfang, Menge und Vorkosten, hinsichtlich des Preises dessen Höhe, etwaige Nachlässe und Modalitäten der Erbringung. Bei einseitig verpflichtenden und unvollkommenen zweiseitig verpflichtenden Verträgen ist zunächst anzugeben, dass es an einer Gegenleistung fehlt, des Weiteren, weshalb das Rechtsgeschäft gleichwohl als angemessen anzusehen ist.[44] Hat das Rechtsgeschäft nachteiligen Charakter, so ist nach § 312 Abs. 1 S. 4 AktG anzugeben, wie der Nachteil ausgeglichen worden ist; zur Beurteilung der Angemessenheit der Vorteile sind diese zu beziffern.

---

[40] *Rasner* BB 1966, 1043 (1044); *Meier* Wpg 1968, 64 (65).

[41] Emmerich/Habersack Aktien-/GmbH-KonzernR/*Habersack* AktG § 312 Rn. 23 ff.; MüKoAktG/*Altmeppen* AktG § 312 Rn. 84; KölnKommAktG/*Koppensteiner* AktG § 312 Rn. 42; *Krieger/Schneider* § 70 Rn. 105; Hüffer/Koch/*Koch* AktG § 312 Rn. 13; K. Schmidt/Lutter/*Vetter* AktG § 312 Rn. 30; Spindler/Stilz/*Müller* AktG § 312 Rn. 27; *Goerdeler* Wpg 1966, 113 (125).

[42] KölnKommAktG/*Koppensteiner* AktG § 312 Rn. 63; MüKoAktG/*Altmeppen* AktG § 312 Rn. 86; GroßkommAktG/*Fleischer* AktG § 312 Rn. 73; Hüffer/Koch/*Koch* AktG § 312 Rn. 14; aA *van Venrooy* Betr. 1980, 385.

[43] Emmerich/Habersack Aktien-/GmbH-KonzernR/*Habersack* AktG § 312 Rn. 24; GroßkommAktG/ *Fleischer* AktG § 312 Rn. 71.

[44] KölnKommAktG/*Koppensteiner* AktG § 312 Rn. 73.

3. Maßnahmen

a) Reichweite

22 Die Berichtspflicht umfasst nach § 312 Abs. 1 S. 2 AktG außer Rechtsgeschäften noch „alle anderen Maßnahmen", die die abhängige Gesellschaft auf Veranlassung oder im Interesse des herrschenden Unternehmens oder eines mit diesem verbundenen Unternehmens im letzten Geschäftsjahr getroffen oder unterlassen hat. Auch der Begriff der Maßnahme ist **weit auszulegen;** er umfasst jede Handlung oder Unterlassung, die, ohne rechtsgeschäftlichen Charakter zu haben, Auswirkungen auf die Vermögens- oder Ertragslage der abhängigen Gesellschaft haben kann,[45] in der Variante der Unterlassung darüber hinaus auch Rechtsgeschäfte.[46]

23 Auch im Zusammenhang mit Maßnahmen geht die Berichtspflicht weit über den Rahmen des § 311 AktG hinaus, wiederum zu dem Zweck, im Abhängigkeitsbericht ein möglichst vollständiges Bild der Beziehungen zwischen der abhängigen Gesellschaft und den mit ihr verbundenen Unternehmen einschließlich namentlich des herrschenden Unternehmens zu geben. **Beispiele** hiernach berichtspflichtiger Maßnahmen sind Investitions- und Produktionsentscheidungen, die Durchführung oder das Unterlassen von Forschungsmaßnahmen sowie organisatorische und personalpolitische Maßnahmen auf Veranlassung oder im Interesse des herrschenden Unternehmens oder eines mit diesem verbundenen Unternehmens.

b) Einzelangaben

24 Bei den genannten Maßnahmen sind nach § 312 Abs. 1 S. 3 AktG zunächst ihre **Gründe** anzugeben, dh die für die abhängige Gesellschaft maßgebenden Erwägungen, die zu der fraglichen Maßnahme oder zu deren Unterlassung geführt haben.[47] Außerdem müssen die Vor- und Nachteile der Maßnahme sowie der etwaige **Ausgleich** der Nachteile dokumentiert werden, und zwar in quantifizierter Form, damit der Abschlussprüfer und der Aufsichtsrat die Maßnahmen beurteilen können.

V. Prüfung des Abhängigkeitsberichts

25 Der Abhängigkeitsbericht wird nicht publiziert (→ Rn. 2). An die Stelle seiner Veröffentlichung tritt vielmehr seine Prüfung durch die Abschlussprüfer und durch den Aufsichtsrat der Gesellschaft nach den §§ 313 und 314 AktG.[48]

1. Durch den Abschlussprüfer (§ 313 AktG)

26 Nach § 313 Abs. 1 S. 1 AktG ist der Abschlussprüfer grds. (dh vorbehaltlich kleiner Gesellschaften und Kleinstgesellschaften, → Rn. 3) verpflichtet, zusammen mit dem Jahresabschluss und dem Lagebericht auch einen etwaigen Abhängigkeitsbericht nach Maßgabe des § 313 Abs. 1 S. 2 Nr. 1–3 AktG zu prüfen. Dazu gehört auch die Prüfung, ob die fragliche Gesellschaft infolge ihrer **Abhängigkeit** von einem anderen Un-

---

[45] MüKoAktG/*Altmeppen* AktG § 312 Rn. 89 ff.; GroßkommAktG/*Fleischer* AktG § 312 Rn. 83; Hüffer/Koch/*Koch* AktG § 312 Rn. 23; *Goerdeler* Wpg 1966, 113 (125).

[46] MüKoAktG/*Altmeppen* AktG § 312 Rn. 95; Emmerich/Habersack Aktien-/GmbH-KonzernR/*Habersack* AktG § 312 Rn. 28.

[47] GroßkommAktG/*Fleischer* AktG § 312 Rn. 93; Hüffer/Koch/*Koch* AktG § 312 Rn. 29.

[48] Zur Rechtslage bei der kleinen Gesellschaft iSd § 267 Abs. 1 HGB und der Kleinstkapitalgesellschaft iSd § 267 a Abs. 1 HGB → Rn. 3; zur Prüfungspraxis s. *Hommelhoff* ZHR 156 (1992), 295 (302 ff.).

ternehmen überhaupt zur Aufstellung eines Abhängigkeitsberichts verpflichtet ist. Auch der Abschlussprüfer hat dabei von der Vermutung des § 17 Abs. 2 AktG auszugehen; solange der Vorstand die Vermutung der Abhängigkeit nicht widerlegt hat, muss deshalb der Abschlussprüfer auf die Vorlage eines Abhängigkeitsberichts bestehen.[49] Das der Beilegung von Meinungsverschiedenheiten über die Notwendigkeit eines Abhängigkeitsberichts dienende Streitbeilegungsverfahren des § 324 HGB ist mit Inkrafttreten des BilMoG ersatzlos entfallen.[50]

Der **Gegenstand der Prüfung** ist in § 313 Abs. 1 S. 2 Nr. 1–3 AktG präzisiert. Danach ist zunächst die Richtigkeit der tatsächlichen Angaben des Berichts zu prüfen (Nr. 1). Bei den Rechtsgeschäften ist Prüfungsgegenstand außerdem die Frage, ob die Leistung der Gesellschaft nach den bei ihrer Vornahme bekannten Umständen „nicht unangemessen hoch" war; soweit sie dies war, ist weiter zu prüfen, ob die Nachteile ausgeglichen worden sind (Nr. 2). Bei den Maßnahmen ist schließlich zu prüfen, ob bei ihnen Umstände für eine „wesentlich andere Beurteilung" als die des Vorstands sprechen (Nr. 3). In den beiden zuletzt genannten Beziehungen wird dem Abschlussprüfer offensichtlich ein gewisser Beurteilungsspielraum eingeräumt; er soll also nicht gezwungen sein, sein Ermessen an die Stelle des unternehmerischen Ermessens des Vorstandes zu setzen.[51] 27

Bei der Prüfung kommen dem Prüfer zwar seine gesetzlichen Einsichts-, Prüfungs- und Auskunftsrechte zustatten (s. § 313 Abs. 1 S. 3 AktG in Verbindung mit § 320 Abs. 1 S. 2 und Abs. 2 S. 1 und 2 HGB).[52] Gleichwohl ist die **Vollständigkeit** des Abhängigkeitsberichts nicht eigentlicher Prüfungsgegenstand. Der Vorschrift des § 313 Abs. 2 S. 2 AktG lässt sich allerdings entnehmen, dass der Prüfer über ihm begegnende Lücken des Abhängigkeitsberichts und entsprechende Verdachtsmomente jedenfalls dann nicht hinweggehen darf, wenn er dieses Wissen gerade auf Grund der eigentlichen Prüfungstätigkeit erlangt.[53] Nach herrschender Meinung gilt dies indes auch für in sonstiger Weise, etwa auf Grund früherer Prüfungstätigkeit, erlangtes Wissen.[54] 28

Der Abschlussprüfer muss nach § 313 Abs. 2 S. 1 AktG über das Ergebnis seiner Prüfung schriftlich berichten. **Berichtsempfänger** ist nach § 313 Abs. 2 S. 3 AktG der Aufsichtsrat; dies trägt dem Umstand Rechnung, dass einer der Zwecke des § 313 AktG in der Vorbereitung und Unterstützung der nach § 314 AktG obligatorischen Prüfung des Abhängigkeitsberichts durch den Aufsichtsrat besteht.[55] 29

---

49 *Goerdeler* Wpg 1966, 113 (126); *Haesen* Abhängigkeitsbericht S. 122 ff.; zur Prüfung des Vorliegens einer qualifizierten Nachteilszufügung s. KölnKommAktG/*Koppensteiner* AktG § 313 Rn. 24; *Deilmann* Entstehung S. 113 ff.

50 Zu den Gründen s. Begr. RegE BilMoG, BT-Drs. 16/10067, 91 ff.

51 Begr. RegE, bei *Kropff* S. 414 f.; *Haesen* Abhängigkeitsbericht S. 132 ff.; Emmerich/Habersack Aktien-/GmbH-KonzernR/*Habersack* AktG § 313 Rn. 16, 18.

52 Näher Emmerich/Habersack Aktien-/GmbH-KonzernR/*Habersack* AktG § 313 Rn. 22 ff.; *Hommelhoff* ZHR 156 (1992), 295 (305 f.).

53 Hüffer/Koch/*Koch* AktG § 313 Rn. 11; zur entsprechenden Praxis s. *Hommelhoff* ZHR 156 (1992), 295 (304 f.).

54 MüKoAktG/*Altmeppen* AktG § 313 Rn. 58; KölnKommAktG/*Koppensteiner* AktG § 313 Rn. 25; Grigoleit/*Grigoleit* Rn. 4; Emmerich/Habersack Aktien-/GmbH-KonzernR/*Habersack* AktG § 313 Rn. 21.

55 Zu dieser und weiteren Änderungen der §§ 313, 314 AktG durch das Kapitalgesellschaften- und Co-Richtlinie-Gesetz vom 24.2.2000 (BGBl. 2000 I 154) und zu den damit zusammenhängenden Folgefragen s. *Habersack* FS Peltzer, 2001, 139 (149 ff.).

30 Das Ergebnis der Prüfung ist in einem Bestätigungsvermerk zusammenzufassen, dessen Inhalt sich aus § 313 Abs. 3 und 4 AktG ergibt. Der **Prüfungsbericht** wird ebenso wenig wie der Abhängigkeitsbericht publiziert; er dient vielmehr lediglich als Grundlage für die Prüfung des Abhängigkeitsberichts durch den Aufsichtsrat nach § 314 Abs. 2 AktG (→ Rn. 31 f.). Allein der **Bestätigungsvermerk** des Abschlussprüfers wird in dem Bericht des Aufsichtsrats an die Hauptversammlung veröffentlicht (§ 314 Abs. 2 S. 3 AktG) und kann deshalb gegebenenfalls den Antrag außenstehender Aktionäre auf eine Sonderprüfung auslösen (§ 315 S. 1 Nr. 1 AktG).

2. Durch den Aufsichtsrat (§ 314 AktG)

31 An die Prüfung des Abhängigkeitsberichts durch den Abschlussprüfer schließt sich nach § 314 Abs. 2 AktG die Prüfung des Berichts durch den Aufsichtsrat an.[56] Häufig beschließt der Aufsichtsrat die Bildung eines entsprechenden **Prüfungsausschusses.** Diesem kann zwar nach § 107 Abs. 3 S. 4 AktG nur die Vorbereitung der Prüfung, nicht dagegen die abschließende Prüfung selbst übertragen werden. Die Aushändigung des Abhängigkeitsberichts durch den Vorstand und diejenige des Prüfungsberichts durch den Abschlussprüfer kann jedoch nach § 314 Abs. 1 AktG auf die Mitglieder des Ausschusses begrenzt werden. Da allerdings auch die nicht im Ausschuss vertretenen Mitglieder des Aufsichtsrats die abschließende Prüfung zu verantworten haben, ist ihnen in entsprechender Anwendung des § 170 Abs. 3 S. 1 AktG ein **Einsichtsrecht** einzuräumen.[57]

32 Über das Ergebnis seiner Prüfung hat der Aufsichtsrat **der Hauptversammlung zu berichten;** dabei hat er auch zu dem Prüfungsbericht des Abschlussprüfers Stellung zu nehmen (§ 314 Abs. 2 S. 1, 2 AktG, § 171 Abs. 2 AktG). Am Schluss seines Berichts hat er gemäß § 314 Abs. 3 AktG zu erklären, ob nach dem abschließenden Ergebnis seiner Prüfung Einwendungen gegen die Schlusserklärung des Vorstandes nach § 312 Abs. 3 AktG zu erheben sind. Ist dies der Fall, so kann auf die Erklärung des Aufsichtsrates der Antrag eines außenstehenden Aktionärs auf Durchführung einer Sonderprüfung gestützt werden (§ 315 S. 1 Nr. 2 AktG). Erst der Bericht über die Sonderprüfung wird dann publiziert (§ 145 Abs. 4 AktG) und ermöglicht den Gläubigern und Aktionären die Geltendmachung von Schadensersatzansprüchen der abhängigen Gesellschaft.[58]

VI. Sonderprüfung

33 Der Abhängigkeitsbericht wird nicht veröffentlicht, so dass die Aktionäre, wenn sie Ansprüche aus §§ 317, 318 AktG geltend machen wollen, nicht auf die in dem Bericht dokumentierten Beanstandungen zurückgreifen können (→ Rn. 2). Stattdessen sieht § 315 AktG eine Reihe von Tatbeständen vor, bei deren Vorliegen entweder von jedem Aktionär (S. 1) oder von einer Aktionärsminderheit (S. 2) eine Sonderprüfung bei der abhängigen Gesellschaft beantragt und dadurch die Grundlage für ein Vorgehen nach §§ 317, 318 AktG geschaffen werden kann. Bei den Sonderprüfungstat-

---

[56] Zum Umfang der Prüfungspflicht und zu der in § 314 Abs. 4 AktG geregelten Teilnahme- und Berichtspflicht des Abschlussprüfers s. Emmerich/Habersack Aktien-/GmbH-KonzernR/*Habersack* AktG § 314 Rn. 9 f., 12.

[57] MüKoAktG/*Altmeppen* AktG § 314 Rn. 16; KölnKommAktG/*Koppensteiner* AktG § 314 Rn. 4; K. Schmidt/Lutter/*Vetter* AktG § 314 Rn. 7; *Habersack* FS Peltzer, 2001, 139 (150 f.).

[58] → § 27 Rn. 3 ff., 10 ff.; *Scherpf* Die aktienrechtliche Rechnungslegung S. 397 ff. mwN.

beständen des § 315 S. 1, 2 AktG handelt es sich um **besondere Anwendungsfälle der allgemeinen Sonderprüfung** nach §§ 142 ff. AktG; jene Vorschriften sind deshalb insoweit anzuwenden, als § 315 AktG keine spezielle Regelung enthält. Von § 315 AktG unberührt bleibt im Übrigen die Möglichkeit einer Sonderprüfung bei dem als AG verfassten herrschenden Unternehmen unmittelbar nach §§ 142 ff. AktG.[59]

1. Voraussetzungen

Im Einzelnen knüpfen die drei in § 315 S. 1 AktG geregelten Tatbestände an das Vor- **34** liegen einer **förmlichen Erklärung** des Abschlussprüfers,[60] des Aufsichtsrats oder des Vorstands an, der sich entnehmen lässt, dass die abhängige Gesellschaft nicht oder nicht vollständig ausgeglichene Nachteile erlitten hat. Der einzelne Aktionär erlangt von dem Vorliegen einer solchen Erklärung durch den Bericht des Aufsichtsrats an die Hauptversammlung Kenntnis. Er kann sodann entscheiden, ob er eine Sonderprüfung beantragt; zur Begründung genügt der Hinweis auf die jeweilige Erklärung.

Der durch das KonTraG[61] eingefügte § 315 S. 2 AktG ergänzt die – in der Praxis so gut **35** wie nie vorliegenden – Einzeltatbestände des § 315 S. 1 Nr. 1–3 AktG um einen **generalklauselartigen Tatbestand,** um hierdurch die Effektivität des Rechts auf Sonderprüfung zu steigern und dadurch die Durchsetzung von Schadensersatzansprüchen aus §§ 317, 318 AktG noch mehr zu erleichtern.[62] Wesentliche Voraussetzung ist nach § 315 S. 2 AktG das Vorliegen von Tatsachen, die den Verdacht einer pflichtwidrigen (und damit einer ausgleichspflichtigen, aber nicht ausgeglichenen) Nachteilszufügung rechtfertigen. Der Antrag nach § 315 S. 2 AktG kann allerdings nicht von jedem Aktionär gestellt werden; erforderlich ist vielmehr, dass die antragstellenden Aktionäre über einen Anteil von 1 % des Grundkapitals oder über einen anteiligen Betrag von 100.000 Euro verfügen.

Anders als der Antrag nach § 315 S. 1 AktG kann der Antrag nach § 315 S. 2 AktG **35a** auch unabhängig von der Verjährung der Ansprüche aus §§ 317, 318 AktG dem **Einwand des Rechtsmissbrauchs** ausgesetzt sein.[63] Im Hinblick auf das nach § 315 S. 2 AktG erforderliche Quorum (→ Rn. 35) werden Fälle dieser Art zwar nicht häufig vorkommen. Doch hindert dies nicht daran, nach Lage des Falles die Grundsätze über den Missbrauch des Anfechtungsrechts nach § 245 Nr. 1 AktG[64] entsprechend heranzuziehen. Missbrauch liegt demnach insbes. dann vor, wenn der Aktionär mit dem Antrag einen **Lästigkeitswert** aufbaut und ausschließlich gesellschaftsfremde Interes-

---

[59] GroßkommAktG/*Fleischer* AktG § 315 Rn. 7; näher dazu *U. H. Schneider* AG 2008, 305.

[60] Erforderlich ist nach § 315 S. 1 Nr. 1 AktG eine Einschränkung oder Versagung des Bestätigungsvermerks; erläuternde Zusätze genügen nicht, s. AG Köln Betr. 1999, 271 mAnm Dreher/Schnorbus EWiR 1999, 145; LG Köln Betr. 1999, 685; OLG Köln AG 1999, 519.

[61] Gesetz zur Kontrolle und Transparenz im Unternehmensbereich vom 27. 4. 1998, BGBl. 1998 I 786.

[62] Zur Geltung des § 315 S. 2 AktG auch bei Bestehen eines isolierten Gewinnabführungsvertrags s. Emmerich/Habersack Aktien-/GmbH-KonzernR/*Habersack* AktG § 316 Rn. 8 f.; *Habersack* FS Peltzer, 2001, 139 (147 ff.).

[63] Vgl. zu § 142 Abs. 2 OLG Celle ZIP 2017, 2301 (2302); OLG Düsseldorf AG 2010, 126 f.; OLG München AG 2010, 598 (600); AG Düsseldorf ZIP 1988, 970 – Feldmühle; Hüffer/Koch/*Koch* AktG § 142 Rn. 21; *Hirte* ZIP 1988, 953 (954 ff.); *Trölitzsch/Gunßer* AG 2008, 833 ff.

[64] Grdl. BGHZ 107, 296 (308 ff.); BGH NJW 1990, 322; 1992, 569; ZIP 1992, 1391; GroßkommAktG/*K. Schmidt* AktG § 245 Rn. 47 ff.; Hüffer/Koch/*Koch* AktG § 245 Rn. 22 ff.; *Boujong* FS Kellermann, 1991, 1 ff.

sen verfolgt, mithin einen Sondervorteil anstrebt;[65] dazu ist auch der Fall zu rechnen, dass es dem Antragsteller primär um die **Verfolgung eigener Ansprüche** gegen die Gesellschaft aus §§ 97, 98 WpHG geht.[66] Unabhängig davon kann und wird Missbrauch vorliegen, wenn die Tatsachen, deren Aufhellung der Aktionär begehrt, bereits zweifelsfrei geklärt sind.[67] Ein danach missbräuchlicher Antrag ist unbegründet.[68] Von einer börsennotierten Gesellschaft zur Vermeidung einer Sonderprüfung getroffene Vereinbarungen unterliegen nach § 142 Abs. 2 S. 3 AktG dem **Publizitätserfordernis des § 149 AktG.**[69]

2. Rechtsfolgen

36 Liegen die Voraussetzungen des § 315 S. 1, S. 2 AktG vor, so muss das Gericht[70] einen oder mehrere Sonderprüfer bestellen; bei der Auswahl der Prüfer hat es § 143 AktG zu beachten. Gegenstand der Sonderprüfung sind nach § 315 S. 1 AktG die Beziehungen der abhängigen Gesellschaft „zu dem herrschenden Unternehmen oder einem mit ihm verbundenen Unternehmen", mithin **nicht die gesamten Verbundbeziehungen,** sondern die Beziehungen zu dem oder den vom Gericht benannten Unternehmen.[71] Innerhalb dieses Rahmens sind allerdings sämtliche Sachverhalte zu prüfen, aus denen sich ein Nachteil iSd § 311 AktG ergeben kann. Zu prüfen ist mithin, ob der Abhängigkeitsbericht die Beziehungen zu dem im Prüfungsauftrag bezeichneten Unternehmen richtig und vollständig wiedergibt; insoweit geht also § 315 AktG über § 313 Abs. 1 S. 2 AktG hinaus (→ Rn. 27). Die Durchführung der Prüfung beurteilt sich nach §§ 142 ff. AktG.

37 Die Vorschrift des § 315 AktG schließt es nicht aus, dass die **Hauptversammlung** von sich aus nach § 142 Abs. 1 AktG Sonderprüfer bestellt. Da das herrschende Unternehmen dabei mitstimmen darf, kann es auf diesem Weg allerdings zur Bestellung eines der Gesellschaft genehmen Sonderprüfers kommen. Um dem vorzubeugen, spricht § 315 S. 6 AktG das nach § 142 Abs. 4 AktG im Allgemeinen an ein bestimmtes Quorum gebundene Recht, die Bestellung eines anderen Sonderprüfers zu beantragen, jedem Aktionär zu. Dieses individuelle Antragsrecht besteht auch im Fall des § 315 S. 2 AktG.[72]

---

[65] GroßkommAktG/*Fleischer* AktG § 315 Rn. 27. Dass der Antragsteller an der Geltendmachung etwaiger Schadensersatzansprüche mittelbar (nämlich über seine Mitgliedschaft) partizipiert, genügt selbstredend nicht, um Missbrauch zu bejahen; verkannt von AG Frankfurt a. M. Beschl. v. 17.7.2002 – 72 HRB 8433.

[66] Allg. GroßkommAktG/*Fleischer* AktG § 315 Rn. 27; speziell zur Instrumentalisierung des Sonderprüfungsrechts zur Förderung der Geltendmachung eigener Ansprüche des Aktionärs gegen die Gesellschaft OLG Celle ZIP 2017, 2301 (2302) (Missbrauch verneint); *Bachmann* ZIP 2018, 101 (105 f.).

[67] Vgl. zu § 142 Abs. 2 KG ZIP 2012, 672 (673); zum Verhältnis zwischen Sonderprüfungsantrag und bislang nicht offengelegten Ergebnissen einer vom Aufsichtsrat angestoßenen Untersuchung OLG Celle ZIP 2017, 2301 (2303).

[68] S. zu § 142 Abs. 2 AktG KK-AktG/*Rieckers/J. Vetter* AktG § 142 Rn. 315; Hüffer/Koch/*Koch* § 142 Rn. 21; *Hirte* ZIP 1988, 953 (956); aA AG Düsseldorf ZIP 1988, 970 – Feldmühle. Zur Unbegründetheit der missbräuchlich erhobenen Anfechtungsklage s. BGH ZIP 1992, 1391.

[69] Heidel/*Wilsing/von der Linden* § 142 Rn. 35.

[70] Zuständig ist nach § 315 S. 3 AktG das Landgericht des Gesellschaftssitzes.

[71] *Krieger/Schneider* § 70 Rn. 127; Hüffer/Koch/*Koch* AktG § 315 Rn. 6; weitergehend MüKoAktG/*Altmeppen* AktG § 315 Rn. 31; Grigoleit/*Grigoleit* AktG § 315 Rn. 9; wohl auch *Noack* Wpg 1994, 225 (226 ff.).

[72] MüKoAktG/*Altmeppen* AktG § 315 Rn. 36; GroßkommAktG/*Fleischer* AktG § 315 Rn. 49; KölnKommAktG/*Koppensteiner* AktG § 315 Rn. 13; Hüffer/Koch/*Koch* AktG § 315 Rn. 5; Spindler/Stilz/*Müller* AktG § 315 Rn. 10; *Habersack* FS Peltzer, 2001 139 (146 f.); aA *Krieger/Schneider* § 70 Rn. 126; K. Schmidt/Lutter/*Vetter* AktG § 315 Rn. 29.

§ 27. Verantwortlichkeit der Beteiligten

Literatur: S. o. bei § 24, ferner *Bachmann,* Internationale Zuständigkeit bei Konzernsachverhalten, IPRax 2009, 140; *Baums,* Empfiehlt sich eine Neuregelung des aktienrechtlichen Anfechtungs- und Organhaftungsrechts, insbes. der Klagemöglichkeiten von Aktionären?, Gutachten F zum 63. DJT, 2000; *Bernau,* Konzernrechtliche Ersatzansprüche als Gegenstand des Klageerzwingungsrechts nach § 147 Abs. 1 Satz 1 AktG, AG 2011, 894; *Habersack,* Die UMTS-Auktion – ein Lehrstück des Aktienkonzernrechts, ZIP 2006, 1327; *Habersack,* Staatliche und halbstaatliche Eingriffe in die Unternehmensführung, Gutachten E zum 69. Deutschen Juristentag, 2012; *Krieger,* Aktionärsklage zur Kontrolle des Vorstands- und Aufsichtsratshandelns, ZHR 163 (1999), 343; *Kropff,* Der konzernrechtliche Ersatzanspruch – ein zahnloser Tiger?, FS Bezzenberger, 2000, S. 233; *Lutter,* Grenzen zulässiger Einflussnahme im faktischen Konzern, FS Peltzer, 2001, S. 241; *Mertens,* Die gesetzliche Einschränkung der Disposition über Ersatzansprüche der Gesellschaft durch Verzicht und Vergleich in der aktien- und konzernrechtlichen Organhaftung, FS Fleck, 1988, 209; *H.-F. Müller,* Die Durchsetzung konzernrechtlicher Ersatzansprüche nach dem UMAG, Konzern 2006, 725; *Schürnbrand,* Organschaft im Recht der privaten Verbände, 2007; *Stöcklhuber,* Dogmatik der Haftung im faktischen AG-Konzern, Konzern 2011, 253; *Temming,* Der vertragsbeherrschende Dritte, 2015; *Ulmer,* Die Aktionärsklage als Instrument zur Kontrolle des Vorstands- und Aufsichtsratshandelns, ZHR 163 (1999), 290; *Voigt,* Haftung aus Einfluss auf die Aktiengesellschaft (§§ 117, 309, 317 AktG), 2004; *Wackerbarth,* Der Vorstand der abhängigen Aktiengesellschaft und die §§ 311 ff. AktG in der jüngeren Rechtsprechung des II. Senats, Konzern 2010, 261 und 337; *Wälde,* Die Anwendbarkeit des § 31 BGB und der Begriff des „gesetzlichen Vertreters" im Rahmen konzernrechtlicher Haftungstatbestände des faktischen Konzerns, Betr. 1972, 2289.

I. Einführung

Die §§ 311, 312, 314 AktG begründen besondere Verhaltenspflichten sowohl des 1 herrschenden Unternehmens und seiner gesetzlichen Vertreter als auch der abhängigen Gesellschaft und seiner Organwalter. Die Rechtsfolgen einer Pflichtverletzung sind im Einzelnen in §§ 317, 318 AktG geregelt. Diese Vorschriften enthalten zwar in mancherlei Beziehung **Verschärfungen gegenüber den allgemeinen Haftungstatbeständen,** und zwar vor allem zu dem Zweck, eine kompensationslose nachteilige Einflussnahme möglichst von vornherein zu unterbinden.[1] Die praktische Bedeutung der §§ 317, 318 AktG ist indes nach wie vor nicht allzu groß.[2] Weder die außenstehenden Aktionäre noch die Gläubiger der abhängigen Gesellschaft sehen offenbar im Allgemeinen Anlass, die erheblichen Kosten und Risiken auf sich zu nehmen, die mit derartigen Schadensersatzprozessen verbunden zu sein pflegen; dies gilt zumal vor dem Hintergrund, dass die außenstehenden Aktionäre nach § 317 Abs. 4 AktG, § 318 Abs. 4 AktG, § 309 Abs. 4 S. 2 AktG grds. nur Leistung an die Gesellschaft verlangen können, so dass der Erfolg eines etwaigen Rechtsstreits zu einem beachtlichen Teil ohnehin dem herrschenden Unternehmen zugutekäme.[3]

---

[1] Begr. RegE, bei *Kropff,* 405.
[2] Beispiele für Aktionärsklagen: BGHZ 175, 365 – UMTS (→ § 25 Rn. 21); BGH ZIP 2006, 1218; OLG Frankfurt a. M. WM 2002, 1080; LG Kiel AG 2008, 677; LG Düsseldorf AG 2006, 892; aus der älteren Rechtsprechung OLG Frankfurt a. M. AG 1977, 78 – Herstatt; OLG Köln AG 1978, 17 – Herstatt; der BGH (BGHZ 75, 96; BGH NJW 1978, 1829) ist im Herstatt-Fall bezeichnenderweise auf § 317 AktG gar nicht mehr eingegangen. Vgl. zum Ganzen auch *Kropff* FS Bezzenberger, 2000, 233 (235); *Müller* Konzern 2006, 725 (726).
[3] Reformvorschläge setzen denn auch bei der Klagebefugnis der Aktionäre an, s. *Hommelhoff* Gutachten S. 67; zur schon de lege lata zu befürwortenden analogen Anwendung des § 247 Abs. 2 AktG s. *Kropff* FS Bezzenberger, 2000, 233 (240 ff.). Zur allgemeinen, in die Neufassung der §§ 147, 148 AktG durch das UMAG vom 22.9.2005 (BGBl. 2005 I 2802) mündenden Diskussion über die Aktionärsklage *Ulmer* ZHR 163 (1999), 290 (329 ff., 338 ff.); *Baums* Gutachten S. 245 ff.; *Krieger* ZHR 163 (1999), 343 (344 ff.); zu den – eher enttäuschenden – Erfahrungen mit §§ 147, 148 nF und zu Vorschlägen de lege

2 Anders als § 311 AktG schließen §§ 317, 318 AktG einen Rückgriff auf die **allgemeinen aktienrechtlichen Haftungstatbestände** keineswegs aus. Insbes. finden § 57 AktG, § 58 Abs. 5 AktG, § 60 AktG, § 62 AktG, § 71a AktG und § 117 AktG neben § 317 AktG uneingeschränkt Anwendung (→ § 24 Rn. 25 ff.).[4] Auch verdrängt die in § 317 Abs. 4 AktG, § 318 Abs. 4 AktG, § 309 Abs. 4 AktG vorgesehene Einzelklagebefugnis des Aktionärs weder § 147 AktG noch § 148 AktG.[5] Unberührt bleibt auch die Haftung nach **allgemeinem Zivilrecht**. Neben der Haftung aus Rechtsgeschäft (etwa einer harten Patronatserklärung, → § 20 Rn. 28 ff.) oder Delikt (→ § 1 Rn. 4c) kommt auch eine auf Vertrauens- oder Rechtsscheinerwägungen gründende Haftung in Betracht. Dem deutschen Recht ist zwar eine allein auf dem Tatbestand des Konzerns oder dem einheitlichen Auftreten als Gruppe gründende Haftung aus „**Konzernvertrauen**" fremd (→ § 20 Rn. 26). In Betracht kommen jedoch die Haftung aus **culpa in contrahendo** (§ 311 Abs. 2 BGB, § 280 Abs. 1 BGB), das Bestehen einer Duldungs- oder Anscheinsvollmacht sowie die Haftung aufgrund **weicher Patronatserklärung** (→ § 20 Rn. 33). Eine solche Haftung gründet allerdings nicht auf der Einflussnahme auf die abhängige Gesellschaft. Sie besteht vielmehr unmittelbar gegenüber dem in seinem Vertrauen enttäuschten Gläubiger und unabhängig von den Voraussetzungen der §§ 311 ff. AktG.[6] Entsprechendes gilt für die im Schrifttum vorgeschlagene, bislang freilich nicht erprobte und mit Blick auf das Relativitätsprinzip problematische Haftung des herrschenden Unternehmens gegenüber einem Vertragspartner (insbesondere: Arbeitnehmer) der abhängigen Gesellschaft, deren Grundlage die im Eigeninteresse erfolgende Einwirkung des herrschenden Unternehmens auf den **fremden Vertrag** sein soll.[7] Von §§ 317 f. AktG unberührt bleiben schließlich spezialgesetzliche Haftungstatbestände (→ § 1 Rn. 4 ff.).

II. Haftung des herrschenden Unternehmens und seiner gesetzlichen Vertreter (§ 317 AktG)

1. Voraussetzungen

3 Nach § 317 Abs. 1 S. 1 AktG ist das herrschende Unternehmen zum Schadensersatz verpflichtet, wenn es die abhängige Gesellschaft zu einem nachteiligen Rechtsgeschäft oder zu einer nachteiligen Maßnahme veranlasst, **ohne den Nachteil nach § 311 AktG auszugleichen**.[8] Unerheblich ist, weshalb der Nachteilsausgleich unterblieben

---

ferenda s. *Habersack* Gutachten S. 91 ff., dort auch zum Kostenrisiko sowie zur Frage einer „Fangprämie".

[4] Denkbar ist auch ein „Durchgriff" auf den herrschenden Aktionär, → § 1 Rn. 3 b; zur GmbH → § 31 Rn. 24.

[5] OLG Köln ZIP 2017, 1211 (1217 f.); OLG München ZIP 2008, 73 (75); 2008, 1916 (1918); LG München I ZIP 2007, 2420; Emmerich/Habersack Aktien-/GmbH-KonzernR/*Habersack* AktG § 317 Rn. 27; *K. Schmidt/Lutter/Vetter* § 317 Rn. 26; *Hüffer/Koch/Koch* § 317 Rn. 16; *Kropff* FS Bezzenberger, 2000, 233 (244 ff.); *Bernau* AG 2011, 894 (897 ff.); *Müller* Konzern 2006, 725 (728 ff.); aA KölnKommAktG/*Koppensteiner* § 317 Rn. 35; Grigoleit/*Grigoleit* AktG § 317 Rn. 10; unentschieden OLG Karlsruhe ZIP 2018, 627 (630 f.).

[6] MüKoAktG/*Altmeppen* AktG § 317 Rn. 121.

[7] *Temming*, Der vertragsbeherrschende Dritte, 2014, 207 ff., 1001 ff.

[8] Zur Rechtsnatur der Haftung s. einerseits – lex specialis zu § 117 AktG – Emmerich/Habersack Aktien-/GmbH-KonzernR/*Habersack* AktG § 317 Rn. 11; *Schürnbrand* Organschaft S. 186 ff.; andererseits – Organhaftung – KölnKommAktG/*Koppensteiner* § 317 Rn. 5; *Altmeppen* Haftung S. 63; *Möhring* FS Schilling, 1973, 253 (263); *Voigt* Haftung S. 342 ff.

ist; das herrschende Unternehmen ist deshalb auch dann zum Schadensersatz verpflichtet, wenn die nachteilige Maßnahme einem Nachteilsausgleich nach § 311 AktG gar nicht zugänglich ist (→ § 24 Rn. 16, → § 25 Rn. 17). Auch kommt es nicht darauf an, dass die abhängige AG über außenstehende Aktionäre verfügt, mag auch in diesem Fall mit der Geltendmachung des Anspruchs erst in der Insolvenz der Gesellschaft zu rechnen sein.

Neben dem herrschenden Unternehmen haften nach § 317 Abs. 3 AktG als Gesamtschuldner die **gesetzlichen Vertreter** des herrschenden Unternehmens, von denen die Veranlassung ausgeht, insbes. also die Vorstandsmitglieder einer herrschenden AG oder die Geschäftsführer einer herrschenden GmbH.[9] Diese Außenhaftung des gesetzlichen Vertreters tritt gegebenenfalls neben die Innenhaftung gegenüber dem herrschenden Unternehmen.[10] Wird also das herrschende Unternehmen nach § 317 Abs. 1 AktG in Anspruch genommen, so kann es anschließend gegebenenfalls nach § 93 Abs. 2 AktG, § 43 Abs. 2 GmbHG bei seinem gesetzlichen Vertreter Regress nehmen; hinzukommen der Ausgleichsanspruch aus § 426 Abs. 1 BGB und die cessio legis nach § 426 Abs. 2 BGB.

Die Ersatzpflicht des herrschenden Unternehmens und seiner gesetzlichen Vertreter entfällt nach § 317 Abs. 2 AktG, wenn die fragliche Maßnahme auch vom Vorstand einer unabhängigen Gesellschaft vorgenommen worden wäre. In diesem Fall fehlt es allerdings bereits an einem **Nachteil** iSd § 311 AktG und damit am objektiven Haftungstatbestand des § 317 Abs. 1 AktG (→ § 25 Rn. 14 ff.). Daraus ergibt sich wiederum, dass § 317 Abs. 2 AktG keine Exkulpationsmöglichkeit eröffnet. Überhaupt haften das herrschende Unternehmen und seine gesetzlichen Vertreter nach § 317 AktG **verschuldensunabhängig.**[11]

2. Rechtsfolgen

a) Haftung gegenüber der abhängigen Gesellschaft

Unter den Voraussetzungen des § 317 AktG ist der abhängigen Gesellschaft jeder nicht nach § 311 AktG ausgeglichene **Schaden zu ersetzen,** der dieser infolge der Veranlassung durch das herrschende Unternehmen entstanden ist.[12] Dies gilt auch, soweit der Schaden über den Nachteil iSd § 311 AktG hinausgeht; genau hierin liegt die Sanktionswirkung des § 317 AktG. Verhält es sich so, dass der Gesellschaft, ex ante betrachtet, zwar ein Nachteil entstanden ist, ex post betrachtet dagegen ein Schaden sich nicht realisiert hat, so bildet der Betrag des Nachteils den nach § 317 AktG zu er-

---

9   Sonstige Personen, insbes. Mitarbeiter des herrschenden Unternehmens, haften nur nach § 117 AktG, s. *Wälde* Betr. 1972, 2289; *Strohn* Verfassung S. 158 f. – Entsprechendes gilt für Gesellschafter des herrschenden Unternehmens, soweit sie nicht nach den Vorschriften des Gesellschaftsrechts (insbes. § 128 HGB) persönlich haften.

10 Zur Pflicht des Vorstands der herrschenden Gesellschaft zur unternehmerischen Ausrichtung einer Mehrheitsbeteiligung sowie zu Organisations- und Kontrollpflichten → § 24 Rn. 17 f.

11 Emmerich/Habersack Aktien-/GmbH-KonzernR/*Habersack* AktG § 317 Rn. 7; GroßkommAktG/ *Fleischer* § 317 Rn. 22; KölnKommAktG/*Koppensteiner* AktG § 317 Rn. 14; Hüffer/Koch/*Koch* AktG § 317 Rn. 5; Spindler/Stilz/*Müller* AktG § 317 Rn. 4; Grigoleit/*Grigoleit* AktG § 317 Rn. 4; aA *Altmeppen* ZHR 171 (2007), 320 (330 ff.); *Altmeppen* NJW 2008, 1553 (1554 f.); *Brüggemeier* AG 1988, 93 (100).

12 Zur Beweislast der Gesellschaft sowie zu den Anforderungen an die Substantiierung des Vortrags s. BGH NZG 2008, 831 – Züblin/Strabag.

setzenden Mindestschaden.[13] Eine im Zeitpunkt der Einflussnahme nicht vorherseh-
bare Entwicklung kann also iRd § 317 AktG nicht zugunsten des herrschenden Unternehmens berücksichtigt werden. Im Übrigen verweist § 317 Abs. 4 auf § 309
Abs. 3–5 AktG, woraus sich vor allem ergibt, dass der Ersatzanspruch der Gesellschaft
aus § 317 Abs. 1 S. 1 AktG auch von den **Aktionären und Gläubigern** geltend gemacht werden kann.[14] Die Aktionäre können jedoch nach § 309 Abs. 4 S. 2 AktG
nur Leistung an die Gesellschaft fordern; nach zutreffender Ansicht handelt es sich dabei um einen Fall der gesetzlichen Prozessstandschaft.[15]

7   Nach § 249 S. 1 BGB kann die abhängige Gesellschaft **in erster Linie Wiederherstel-
lung** des früheren Zustandes verlangen. Gegebenenfalls sind also das herrschende Unternehmen und seine gesetzlichen Vertreter zur Rückabwicklung eines nachteiligen
Rechtsgeschäfts oder zur Rückgängigmachung einer sonstigen Maßnahme verpflichtet. Soweit Naturalrestitution unmöglich ist, ist nach § 251 Abs. 1 BGB Geldersatz zu
leisten. Die Höhe des Schadens kann zwar nach § 287 ZPO geschätzt werden. Fehlt es
allerdings für die Schätzung an hinreichenden Anhaltspunkten, was insbes. bei nachteiligen Strukturmaßnahmen der Fall sein kann, so greifen die Grundsätze über die
qualifizierte Nachteilszufügung ein (→ § 28 Rn. 5 ff.).

8   In den zuletzt genannten Fällen überschreitet das herrschende Unternehmen das Maß
der nach § 311 AktG erlaubten Einflussnahme (→ § 24 Rn. 15 f.). Zu derlei Einflussnahmen darf es der Vorstand der abhängigen Gesellschaft nicht kommen lassen
(→ Rn. 12; → § 25 Rn. 39 ff.). Ist es gleichwohl zu einer nicht ausgleichsfähigen –
und damit rechtswidrigen – Maßnahme gekommen, so kann die abhängige Gesellschaft das herrschende Unternehmen auf **Unterlassung** in Anspruch nehmen.[16] Entsprechendes gilt, wenn das herrschende Unternehmen offensichtlich zum Nachteilsausgleich nicht bereit oder nicht imstande ist.[17] Der Unterlassungsanspruch folgt
unmittelbar aus § 317 AktG[18] und kann entsprechend § 317 Abs. 4 AktG, § 309
Abs. 4 AktG auch von den außenstehenden Aktionären (nicht dagegen von den Gläu-

---

13   Hüffer/Koch/*Koch* AktG § 317 Rn. 7; *Krieger/Schneider* § 70 Rn. 130; *Beuthien* Betr. 1969, 1781
(1783 ff.); aA KölnKommAktG/*Koppensteiner* AktG § 317 Rn. 17; MüKoAktG/*Altmeppen* AktG
§ 317 Rn. 40; GroßkommAktG/*Fleischer* AktG § 317 Rn. 21; Grigoleit/*Grigoleit* AktG § 317 Rn. 6.

14   → § 23 Rn. 48 ff.; s. ferner OLG Schleswig ZIP 2005, 1656 (1657 f.): keine Nebenintervention anderer
Aktionäre (s. dazu für § 317 Abs. 1 S. 2 AktG noch → Rn. 9). – Zu Beweiserleichterungen zugunsten
des Aktionärs s. Emmerich/Habersack Aktien-/GmbH-KonzernR/*Habersack* AktG § 317 Rn. 21;
K. Schmidt/Lutter/*Vetter* § 317 Rn. 16; offen gelassen in BGH AG 2008, 779 (780) – Züblin/Strabag.

15   KG AG 2012, 256 (260); OLG Schleswig ZIP 2005, 1656 (1657, 1658 f.); wohl auch BGH ZIP 2006,
1218 (1219) (actio pro socio); Emmerich/Habersack Aktien-/GmbH-KonzernR/*Emmerich* AktG
§ 309 Rn. 49 f., § 317 Rn. 27; Hüffer/Koch/*Koch* § 309 Rn. 21, § 317 Rn. 16; aA – für Klage aus eigenem Recht – *Mertens* FS Fleck, 1988, 209 (218).

16   Im Ergebnis herrschende Meinung, s. OLG Köln AG 2009, 416 (417); Emmerich/Habersack Aktien-/
GmbH-KonzernR/*Habersack* AktG § 317 Rn. 19; KölnKommAktG/*Koppensteiner* AktG § 317
Rn. 27; MüKoAktG/*Altmeppen* AktG § 317 Rn. 47; GroßkommAktG/*Fleischer* AktG § 317 Rn. 31;
K. Schmidt/Lutter/*Vetter* AktG § 317 Rn. 22; Hölters/*Leuering/Goertz* AktG § 317 Rn. 19; Grigoleit/
Grigoleit AktG § 317 Rn. 8; Hüffer/Koch/*Koch* AktG § 317 Rn. 10; *Lutter* FS Peltzer, 2001, 241 (257).

17   MüKoAktG/*Altmeppen* AktG § 317 Rn. 47; GroßkommAktG/*Fleischer* AktG § 317 Rn. 31.

18   Zust. *Lutter* FS Peltzer, 2001, 241 (257); für § 311 AktG iVm § 823 Abs. 2 BGB LG Düsseldorf AG
2006, 892 (893); für Herleitung aus der mitgliedschaftlichen Treupflicht Hüffer/Koch/*Koch* AktG
§ 317 Rn. 10; ähnl. K. Schmidt/Lutter/*Vetter* AktG § 317 Rn. 22; offen lassend KölnKommAktG/*Koppensteiner* AktG § 317 Rn. 27; Grigoleit/*Grigoleit* AktG § 317 Rn. 8.

bigern)[19] geltend gemacht werden, so dass diese sich insbes. gegen eine qualifizierte Nachteilszufügung zur Wehr setzen können.[20]

b) Haftung gegenüber außenstehenden Aktionären

Den außenstehenden Aktionären haftet das herrschende Unternehmen nach § 317 **9** Abs. 1 S. 2 AktG, soweit ihnen ein unmittelbarer, nicht auf der Minderung des Gesellschaftsvermögens beruhender Schaden zugefügt worden ist. Der so genannte **Reflexschaden,** der den Aktionären durch die Schädigung der Gesellschaft erwächst, ist dagegen, schon mit Rücksicht auf den Grundsatz der Kapitalerhaltung und die Zweckbindung des Gesellschaftsvermögens, durch Leistung von Schadensersatz an die Gesellschaft auszugleichen.[21] Auch für den nach § 317 Abs. 1 S. 2 AktG ersatzfähigen Eigenschaden haften die für die Einflussnahme verantwortlichen gesetzlichen Vertreter des herrschenden Unternehmens (§ 317 Abs. 3 AktG). Die Aktionäre klagen in den Fällen des § 317 Abs. 1 S. 2 AktG aus eigenem Recht; Nebenintervention anderer Aktionäre ist nicht statthaft.[22]

III. Haftung der Organwalter der abhängigen Gesellschaft

1. Nach § 318 AktG

Nach § 318 Abs. 1 AktG haften die Mitglieder des Vorstands der abhängigen Gesell- **10** schaft dieser gegenüber für die schuldhafte[23] **Verletzung der Berichtspflicht** aus § 312 AktG. Die Mitglieder des Aufsichtsrats der abhängigen Gesellschaft haften nach § 318 Abs. 2 AktG, soweit sie ihre Prüfungspflicht aus § 314 AktG verletzt haben. In beiden Fällen tritt die Haftung „neben" diejenige des herrschenden Unternehmens und seiner gesetzlichen Vertreter, was bedeutet, dass auch für die Haftung der Organwalter der abhängigen Gesellschaft nach § 318 AktG sämtliche Voraussetzungen des § 317 AktG vorliegen müssen.[24] Insbes. muss also ein nach § 311 AktG an sich gebotener Nachteilsausgleich unterblieben sein.

Die Ansprüche können nach § 318 Abs. 4 AktG, § 309 Abs. 4 AktG auch von den au- **11** ßenstehenden Aktionären und den Gläubigern der abhängigen Gesellschaft geltend gemacht werden. Die Haftung soll zwar nach § 318 Abs. 3 AktG entfallen, wenn die Handlung des Vorstands oder des Aufsichtsrats auf einem gesetzmäßigen **Beschluss der Hauptversammlung** der abhängigen Gesellschaft beruht. Da freilich die Haftung an die Verletzung der Berichts- und Prüfungspflicht anknüpft, beide Pflichten aber nicht zur Disposition der Hauptversammlung stehen, ist die genannte Vorschrift obsolet.[25]

---

[19] Emmerich/Habersack Aktien-/GmbH-KonzernR/ *Habersack* AktG § 317 Rn. 20, 28.

[20] Beispiele für entsprechende Klagen: OLG Stuttgart ZIP 2007, 1210; OLG Schleswig NZG 2008, 868 (874); LG Kiel NZG 2008, 346; LG Köln AG 2008, 327; LG Düsseldorf AG 2006, 892 (893).

[21] Vgl. dazu BGHZ 105, 121 (132); BGH NJW 1987, 1077; 1995, 1739 (1746f.); LG Hamburg ZIP 1997, 1409 (1410f.); *Brandes* FS Fleck, 1988, 13ff.; *G. Müller* FS Kellermann, 1991, 317ff. – Zu möglichen Anwendungsfällen des § 317 Abs. 1 S. 2 AktG s. Emmerich/Habersack Aktien-/GmbH-KonzernR/Habersack AktG § 317 Rn. 13f.

[22] BGH ZIP 2006, 1218f.; OLG Schleswig ZIP 2005, 1656 (1657f.); zur Klage aus §§ 317 Abs. 1 S. 1, Abs. 4 AktG → Rn. 6.

[23] § 318 Abs. 1 S. 2 AktG sieht insoweit allerdings eine Beweislastumkehr vor.

[24] Hüffer/Koch/*Koch* AktG § 318 Rn. 3; KölnKommAktG/*Koppensteiner* AktG § 318 Rn. 4.

[25] Emmerich/Habersack Aktien-/GmbH-KonzernR/*Habersack* AktG § 318 Rn. 8; Hüffer/Koch/*Koch* AktG § 318 Rn. 7; KölnKommAktG/*Koppensteiner* AktG § 318 Rn. 7.

2. Nach sonstigen Vorschriften

12 Durch § 318 AktG soll die Haftung von Vorstand und Aufsichtsrat der abhängigen Gesellschaft iRv Abhängigkeits- und Konzernverhältnissen erweitert, nicht etwa eingeschränkt werden. Folglich bleiben die **allgemeinen Haftungstatbestände** der §§ 93, 116 AktG anwendbar, soweit Vorstand und Aufsichtsrat nicht die in §§ 312, 314 AktG geregelten Berichts- und Prüfungspflichten, sondern sonstige Pflichten verletzen.[26] Von Bedeutung ist dies vor allem für die weitreichenden Prüfungspflichten des Vorstands im Zusammenhang mit nachteiligen Einflussnahmen durch das herrschende Unternehmen (→ § 25 Rn. 39 ff.).[27] Da diese Pflichten aus der Abhängigkeit der Gesellschaft resultieren, bietet es sich an, insoweit die in § 318 Abs. 1, 4 AktG in Bezug genommenen besonderen Vorschriften der § 317 Abs. 1 S. 2 AktG, § 309 Abs. 3, 4 AktG auch iRd Haftung nach § 93 AktG zur Anwendung zu bringen.[28] Entsprechendes hat für den Aufsichtsrat zu gelten, soweit er abhängigkeitsspezifische Pflichten verletzt und dafür nach § 116 AktG einzustehen hat.

§ 28. Qualifizierte Nachteilszufügung

Literatur: *Balthasar,* Zum Austrittsrecht nach § 305 AktG bei „faktischer Beherrschung", NZG 2008, 858; *Cahn,* Verlustübernahme und Einzelausgleich im qualifizierten faktischen Konzern, ZIP 2001, 2159; *Decher,* Personelle Verflechtungen im Aktienkonzern, 1990; *Decher,* Die Zulässigkeit des qualifizierten faktischen Aktienkonzerns, DB 1990, 2005; *Decher,* Das Konzernrecht des AktG: Bestand und Bewährung, ZHR 171 (2007), 125; *Deilmann,* Die Entstehung des qualifizierten faktischen Konzerns, 1990; *Eberl-Borges,* Die Konzernhaftung im Kapitalgesellschaftskonzernrecht, Jura 2002, 761; *Emmerich,* Nachlese zum Autokran-Urteil des BGH zum GmbH-Konzernrecht, GmbHR 1987, 213; *M. Fuchs,* Verlustausgleich bei „qualifizierter Nachteilszufügung"? – Aktienrechtliche Konsequenz aus „Trihotel", 2011; *Geuting,* Ausgleichs- und Abfindungsansprüche der Minderheitsgesellschafter im qualifizierten faktischen GmbH-Konzern, BB 1994, 365; *Haarmann,* Der Begriff des Nachteils nach § 311 AktG, in Hommelhoff/Rowedder/Ulmer (Hrsg.), Max Hachenburg – Vierte Gedächtnisvorlesung 2000, 2001, 45; *Habersack,* Die Mitgliedschaft – subjektives und „sonstiges" Recht, 1996; *Habersack,* Die Aktionärsklage – Grundlagen, Grenzen und Anwendungsfälle, DStR 1998, 533; *Habersack,* Der persönliche Schutzbereich des § 303 AktG, FS Koppensteiner, 2001, 31; *Habersack,* Trihotel – Das Ende der Debatte?, Überlegungen zur Haftung für schädigende Einflussnahme im Aktien- und GmbH-Recht, ZGR 2008, 533; *Habersack,* Gesellschafts- und Gruppeninteresse im Recht der abhängigen AG, in Kalss/Fleischer/Vogt, Gesellschafts- und Kapitalmarktrecht in Deutschland, Österreich und der Schweiz 2013, 2014, 1; *Henssler,* Die Betriebsaufspaltung – Konzernrechtliche Durchgriffshaftung im Gleichordnungskonzern?, ZGR 2000, 479; *Henze,* Reichweite und Grenzen des aktienrechtlichen Grundsatzes der Vermögensbindung – Ergänzung durch die Rechtsprechung zum Existenz vernichtenden Eingriff?, AG 2004, 405; *Heyder,* Der qualifizierte faktische Aktienkonzern, 1997; *Hoffmann-Becking,* Der qualifizierte faktische AG-Konzern – Tatbestand und Abwehransprüche, in Ulmer (Hrsg.), Probleme des Konzernrechts, 1989, 68; *Hommelhoff,* Empfiehlt es sich, das Recht faktischer Unternehmensverbindungen – auch im Hinblick auf das Recht anderer EG-Staaten – neu zu regeln?, Gutachten G zum 59. Deutschen Juristentag, 1992; *Hommelhoff/Stimpel/Ulmer* (Hrsg.), Heidelberger Konzernrechtstage: Der qualifizierte faktische GmbH-Konzern, 1992; *Hüffer,* Qualifiziert faktisch konzernierte Aktiengesellschaften nach dem Übergang zur Existenzvernichtungshaftung bei der GmbH?, FS Goette, 2011, 191; *Klöckner,* Ausfallhaftung der Obergesellschaft bei Beendigung eines Beherrschungs- oder Gewinnabführungsvertrags, ZIP 2011, 1454; *Koppensteiner,* Über die Verlust-

---

[26] BGHZ 179, 71 Rn. 14 – MPS; Hüffer/Koch/*Koch* AktG § 318 Rn. 9 f.; KölnKommAktG/*Koppensteiner* AktG § 318 Rn. 10; GroßkommAktG/*Fleischer* AktG § 318 Rn. 29 f.; *Strohn* Verfassung S. 154, 167, 181 ff.; aA *Luchterhandt* ZHR 133 (1970), 1 (42 ff.).

[27] Zu den Überwachungspflichten des Aufsichtsrats im Zusammenhang mit der Vergabe von Darlehen s. BGHZ 179, 71 Rn. 14, 19 ff. – MPS; *Habersack* ZGR 2009, 346 (363 f.).

[28] Näher MüKoAktG/*Altmeppen* AktG § 318 Rn. 24 f.; Emmerich/Habersack Aktien-/GmbH-KonzernR/*Habersack* AktG § 318 Rn. 11 ff.

ausgleichspflicht im qualifizierten AG-Konzern, in Ulmer (Hrsg.), Probleme des Konzernrechts, 1989, 87; *Kropff,* Das „TBB"-Urteil und das Aktienkonzernrecht, AG 1993, 485; *Kropff,* Konzerneingangskontrolle bei der qualifiziert konzerngebundenen Aktiengesellschaft, FS Goerdeler, 1987, 259; *Lieb,* Abfindungsansprüche im (qualifizierten?) faktischen Konzern, FS Lutter, 2000, 1151; *Lutter,* Der qualifizierte faktische Konzern, AG 1990, 179; *Mülbert,* Aktiengesellschaft, Unternehmensgruppe und Kapitalmarkt, 2. (unveränderte) Aufl. 1996; *W. Müller,* Ist nach dem TBB-Urteil des Bundesgerichtshofs eine Verlustübernahmeverpflichtung im qualifizierten faktischen Konzern noch begründbar?, FS Rowedder, 1994, 277; *Reiner,* Unternehmerisches Gesellschaftsinteresse und Fremdsteuerung, 1995; *Röhricht,* Die GmbH im Spannungsfeld zwischen wirtschaftlicher Dispositionsfreiheit ihrer Gesellschafter und Gläubigerschutz, FS BGH, Bundesanwaltschaft und Rechtsanwaltschaft beim BGH, 2000, 83; *Röhricht,* Die aktuelle höchstrichterliche Rechtsprechung zum Gesellschaftsrecht, VGR 5 (2002), S. 3; *Schall,* „Durchgriffshaftung" im Aktienrecht – haften Aktionäre für existenzvernichtende Eingriffe, qualifiziert faktische Konzernierung oder materielle Unterkapitalisierung?, FS Stilz, 2014, 537; *K. Schmidt,* Gleichordnung im Konzern – terra incognita?, ZHR 155 (1991), 417; *Schürnbrand,* „Verdeckte" und „atypische" Beherrschungsverträge im Aktien- und GmbH-Recht, ZHR 169 (2005), 35; *Schulze-Osterloh,* Vermeidung der Konzernhaftung nach dem „TBB"-Urteil durch ordnungsgemäße Buchführung, ZIP 1993, 1838; *Schwörer,* Kein Austrittsrecht nach § 305 AktG im qualifizierten faktischen Aktienkonzern, NZG 2001, 550; *Stein,* Konzernherrschaft durch EDV?, ZGR 1988, 163; *Stimpel,* Die Rechtsprechung des Bundesgerichtshofes zur Innenhaftung des herrschenden Unternehmens im GmbH-Konzern, AG 1986, 117; *Stimpel,* „Durchgriffshaftung" bei der GmbH: Tatbestände, Verlustausgleich, Ausfallhaftung, FS Goerdeler, 1987, 601; *Stimpel,* Haftung im qualifizierten faktischen GmbH-Konzern, ZGR 1991, 144; *Temming,* Der vertragsbeherrschende Dritte, 2014; *Timm,* Grundfragen des „qualifizierten" faktischen Konzerns im Aktienrecht, NJW 1987, 977; *Ulmer,* Verlustübernahmepflicht des herrschenden Unternehmens als konzernspezifischer Kapitalerhaltungsschutz, AG 1986, 123; *G. Weigl,* Die Haftung im (qualifizierten) faktischen Konzern, 1996; *Werner,* Probleme der Anwendung des § 303 AktG im qualifizierten faktischen GmbH-Konzern, FS Goerdeler, 1987, 677; *Wiedemann,* Die Unternehmensgruppe im Privatrecht, 1988; *Zöllner,* Qualifizierte Konzernierung im Aktienrecht, GS Knobbe-Keuk, 1997, 369.

I. Ausgangslage im GmbH-Recht

1. Der „qualifizierte faktische Konzern"

Der sog. „qualifizierte faktische Konzern"[1] stand lange Zeit im Mittelpunkt der 1 konzernrechtlichen Diskussion. Man bezeichnet mit diesem erstmals im Jahre 1972 verwandten[2] Begriff in einer ersten Annäherung solche Abhängigkeits- oder Konzernverhältnisse, in denen das auf Einzeleingriff, Nachteilsausgleich und Schadensersatzpflicht aufgebaute gesetzliche Haftungssystem der §§ 311 und 317 AktG funktionsunfähig ist. Die Problematik war (und ist) in der Praxis primär eine solche des GmbH-Rechts. Demgegenüber waren (und sind) qualifizierte faktische Aktienkonzerne sowie entsprechende Abhängigkeitsverhältnisse, soweit ersichtlich, wenig verbreitet. Zurückzuführen ist dies auf die relativ **geringe Insolvenzanfälligkeit** der AG, welche ihrerseits auf den allgemeinen aktienrechtlichen Rahmenbedingungen (darunter insbes. den strengen Regeln über die Kapitalaufbringung und -erhaltung, dem Fehlen eines Weisungsrechts der Aktionäre gegenüber dem Vorstand sowie dem obligatorischen Aufsichtsrat) und auf der uneingeschränkten Geltung der §§ 311 ff. AktG auch beim Fehlen von Minderheitsaktionären (→ Rn. 5 ff.; → § 24 Rn. 19) beruht.

In der Rechtsprechung namentlich des BGH und des BAG war der „qualifizierte fak- 2 tische Konzern" als **Konzernhaftungstatbestand** fest etabliert.[3] Erstmals anerkannt

---

[1] Zur verfehlten Terminologie s. *Emmerich/Sonnenschein/Habersack,* Konzernrecht, 7. Aufl. 2001, § 31 I 3.

[2] S. *Arbeitskreis GmbH-Reform,* Thesen und Vorschläge zur GmbH-Reform Bd. II, 1972, 49 ff.

[3] Zusammenfassend *Emmerich/Habersack,* 9. Aufl. 2008, §§ 28, 31; s. ferner Emmerich/Habersack Aktien-/GmbH-KonzernR/*Habersack* AktG Anh. § 317; *Habersack* ZGR 2008, 533 (535 ff.).

wurde er in der „Autokran"-Entscheidung des II. Zivilsenats des BGH vom 16.9.1985.[4] In dieser Entscheidung hat der BGH in „entsprechender Anwendung" des § 303 AktG eine Ausfallhaftung des herrschenden Unternehmens gegenüber den Gläubigern der abhängigen und vermögenslosen GmbH bejaht, wenn dieses die Geschäfte der Gesellschaft dauernd und umfassend selbst geführt hat und – entsprechend § 317 Abs. 2 AktG – nicht dartun kann, dass der pflichtgemäß handelnde Geschäftsführer einer selbstständigen GmbH die Geschäfte ebenso geführt hätte. In der „Tiefbau"-Entscheidung vom 20.2.1989 präzisierte der II. Zivilsenat den Tatbestand der dauernden und umfassenden Leitung und bejahte zudem als Rechtsfolge eine auf die analoge Anwendung des § 302 AktG gestützte Verlustausgleichspflicht des herrschenden Unternehmens gegenüber der abhängigen Gesellschaft.[5]

3 Die „Video"-Entscheidung vom 23.9.1991 erstreckte die Haftung nach §§ 302, 303 AktG auf Sachverhalte, in denen der geschäftsführende Alleingesellschafter der GmbH zugleich ein einzelkaufmännisches Unternehmen betrieb und weitere GmbH-Beteiligungen hielt.[6] Ein zu weit formulierter Leitsatz,[7] vor allem aber einige weitreichende Vermutungsregeln lösten eine intensive und engagiert geführte Diskussion aus, der durch das als „Klarstellung" bezeichnete, in der Sache aber eine Wende einleitende „TBB"-Urteil[8] vom 29.3.1993 ein Ende bereitet wurde. Die herausragende Bedeutung des „TBB"-Urteils lag in der Auswechslung des die Qualifikation und damit die Konzernhaftung begründenden Tatbestands: Seitdem gründete die Konzernhaftung entsprechend §§ 302, 303 AktG nicht mehr auf der dauernden und umfassenden Leitung der abhängigen Gesellschaft, sondern auf dem objektiven **Missbrauch der Leitungsmacht** durch das herrschende Unternehmen. Ein solcher Missbrauch sollte vorliegen, „wenn der die GmbH beherrschende Unternehmensgesellschafter die Konzernleitungsmacht in einer Weise ausübt, die keine angemessene Rücksicht auf die eigenen Belange der abhängigen Gesellschaft nimmt, ohne dass sich der ihr insgesamt zugefügte Nachteil durch Einzelausgleichsmaßnahmen kompensieren ließe."[9]

2. „Existenzvernichtungshaftung"

4 Zumindest für die Einpersonen-GmbH – ihr gleich steht die mehrgliedrige GmbH, deren Schädigung im Einvernehmen aller Gesellschafter erfolgt – hat sich der BGH in der Entscheidung in Sachen „Bremer Vulkan" von dem dogmatischen Ansatz der

---

[4] BGHZ 95, 330 (339, 345 ff.); s. zuvor bereits BGH WM 1979, 937 (941) – Gervais; zum Autokran-Urteil vgl. namentlich *Assmann* JZ 1986, 146; *Emmerich* GmbHR 1987, 213; *Lutter* ZIP 1985, 1425; *K. Schmidt* ZIP 1986, 146; *Stimpel* AG 1986, 117; *Stimpel* FS Goerdeler, 1987, 601 ff.; *Ulmer* NJW 1986, 1579; *Ulmer* AG 1986, 123.

[5] BGHZ 107, 7 (15 ff.); dazu *Decher* Betr. 1989, 965 ff.; *K. Schmidt* ZIP 1989, 545 ff.; *Stimpel* ZGR 1991, 144 ff.

[6] BGHZ 115, 187 (189); dazu die Beiträge in *Hommelhoff/Stimpel/Ulmer*, Heidelberger Konzernrechtstage.

[7] Dazu *Stodolkowitz* ZIP 1992, 1517 (1523); *Goette* DStR 2000, 1066 (1067).

[8] BGHZ 122, 123; dazu *Altmeppen* Betr. 1994, 1912; *Burgard* WM 1993, 925; *Goette* DStR 1993, 568; *Hommelhoff* ZGR 1994, 395; *Krieger* ZGR 1994, 375; *Röhricht* FS BGH, 2000, 83 (86 ff.); *K. Schmidt* ZIP 1993, 549 ff.; *U. H. Schneider* WM 1993, 782; *Westermann* ZIP 1993, 554.

[9] BGHZ 122, 123 (130); in der Folge BGH NJW 1994, 446; 1994, 3288 (3290); 1995, 1544 (1545); 1995, 2989 (2990); 1997, 943; ZIP 2000, 2163; s. ferner BAGE 76, 79 (86 ff.); BAG NJW 1996, 1491 (1492); BSGE 75, 82 (90 f.); OLG München NJW 1994, 2900 (2901); OLG Köln BB 1997, 169 (170); OLG Celle ZIP 2000, 1981 (1984); s. ferner OLG Rostock NZG 1999, 170 mAnm *Habersack*.

„TBB"-Formel gelöst.[10] Seitdem gründet die Gesellschafterhaftung für nachteilige und dem Einzelausgleich nicht zugängliche Schädigungen nicht mehr auf der analogen Anwendung der §§ 302, 303 AktG, sondern zunächst auf Durchgriffserwägungen, seit der „Trihotel"-Entscheidung[11] auf der Generalklausel des § 826 BGB. Die Folge ist, dass es auf die Unternehmenseigenschaft des in Anspruch genommenen Gesellschafters nicht mehr ankommt, die Haftung vielmehr allgemeiner, dh **nicht konzernrechtspezifischer Natur** ist (→ § 31 Rn. 4f., 9); gehaftet wird vielmehr für die auf einen Vermögensabzug zurückgehende Herbeiführung der Insolvenz der Gesellschaft. Für die **mehrgliedrige GmbH** sollte zwar das Bedürfnis nach einer im Vorfeld der Insolvenzverursachung eingreifenden konzernspezifischen Haftung nicht zu bestreiten sein; praktische Bedeutung kommt der Frage indes, soweit ersichtlich, nicht zu (→ § 30 Rn. 20f.).

II. Ausgangslage im Aktienrecht

1. Zur Notwendigkeit einer Konzernhaftung

Schon in anderem Zusammenhang konnte festgestellt werden, dass die §§ 311 ff. 5 AktG die nachteilige Einflussnahme auf die abhängige AG zwar erlauben, dabei aber vorausgesetzt wird, dass die Vermögensinteressen der Gesellschaft gewahrt bleiben (→ § 24 Rn. 14 ff.). Leistet das herrschende Unternehmen **Nachteilsausgleich** nach Maßgabe des § 311 Abs. 2 AktG, so ist die nachteilige Einflussnahme sogar gerechtfertigt; andernfalls gelangt der Haftungstatbestand des § 317 AktG zur Anwendung, der, vergleichbar dem GmbH-rechtlichen Schädigungsverbot (→ § 30 Rn. 7 ff., 15 ff.), das herrschende Unternehmen zur Leistung von Schadensersatz verpflichtet und somit die abhängige Gesellschaft so stellt, als sei die Einflussnahme nicht erfolgt.

Dieses gesetzliche Ausgleichssystem kann indes nur „funktionieren", dh den 6 Schutz der abhängigen Gesellschaft und damit zugleich (reflexartig) den der Gläubiger und außenstehenden Aktionäre besorgen, wenn und soweit die nachteilige Einflussnahme einem Einzelausgleich nach § 311 Abs. 2 AktG, § 317 AktG überhaupt zugänglich ist.[12] Daran fehlt es zum einen dann, wenn das herrschende Unternehmen die von §§ 311 ff. AktG erlaubte lockere („dezentrale") Konzernführung verlässt und zu einer breitflächigen und intensiven Konzernleitung übergeht, bei der sich die einzelnen schädigenden Einflussnahmen **nicht mehr isolieren** lassen, zum anderen dann, wenn die einzelne nachteilige Maßnahme **ihrer Art nach,** nämlich auf Grund der Unkalkulierbarkeit ihrer Rechtsfolgen, sowohl einem Nachteilsausgleich als auch einem Ausgleich nach § 317 AktG nicht zugänglich ist (→ § 31 Rn. 12 ff.).

Mit Blick auf diese Zusammenhänge entsprach es denn auch bis in das Jahr 2001 hin- 7 ein der ganz herrschenden Meinung, dass sich die für das GmbH-Recht entwickelten Grundsätze über die qualifizierte faktische Unternehmensverbindung auf das Aktien-

---

[10] BGHZ 149, 10 (16f.); s. ferner BGH NJW 2002, 1803; BGHZ 151, 181 (186ff.) mAnm *Ulmer* JZ 2002, 1047; BGH ZIP 2005, 117 (118); 2005, 250 (251); näher dazu → § 31 Rn. 8ff.

[11] BGHZ 173, 246; näher dazu → § 31 Rn. 8ff.

[12] Deutliche Betonung dieses Zusammenhangs bei *Stimpel* AG 1986, 117 (122); völlig verkannt von OLG Düsseldorf NJW-RR 2000, 1132 (1133), wonach der Gesetzgeber bei Redaktion der §§ 311 ff. AktG nur den „gelegentlichen Einzeleingriff" vor Augen gehabt habe und deshalb die genannten Vorschriften eine Verlustausgleichspflicht nicht vorsähen!

recht übertragen lassen.[13] Hieran hat sich durch die zur Einpersonen-GmbH ergangene Rechtsprechung zur „Existenzvernichtungshaftung" (→ Rn. 4) **nichts geändert.**[14] Zwar hat der BGH die Frage einer Haftung für qualifizierte Nachteilszufügung ausdrücklich offen gelassen.[15] Das **BVerfG** hat indes zu erkennen gegeben, dass das Ausgleichssystem der §§ 311 ff. AktG einer verfassungsrechtlichen Überprüfung nur unter der Voraussetzung Stand zu halten vermag, dass die Einflussnahme durch das herrschende Unternehmen dem Einzelausgleich zugänglich ist.[16] Für die Anerkennung der Lehre von der qualifizierten Nachteilszufügung spricht vor allem, dass die §§ 311 ff. AktG und damit das – allein unter dem Vorbehalt des Ausgleichs stehende – Verbot der Nachteilszufügung auch für die Einpersonen-AG uneingeschränkt Geltung beanspruchen (→ § 24 Rn. 19). Dem entspricht es, dass auch der über Unternehmensqualität verfügende Alleinaktionär ein Weisungsrecht gegenüber dem Vorstand nur durch Abschluss eines Beherrschungsvertrags erlangt, oder, anders gewendet, auch der Vorstand der abhängigen Einpersonen-AG dieselbe nach Maßgabe der § 76 Abs. 1 AktG, §§ 311 ff. AktG zu leiten hat (→ § 24 Rn. 10 ff.). In beidem unterscheidet sich das Aktienrecht schon im Ausgangspunkt vom Recht der GmbH.

8 Die „Bremer Vulkan"- und „Trihotel"-Rechtsprechung basiert denn auch auf der Prämisse, dass die **Einpersonen-GmbH** – vorbehaltlich „existenzvernichtender" Eingriffe – **offen für kompensationslose Nachteilszufügungen** durch den Gesellschafter ist.[17] Sie ist vor dem Hintergrund zu sehen, dass ein Eigeninteresse der Einpersonen-GmbH – Entsprechendes gilt für die im Einvernehmen aller Gesellschafter geschä-

---

[13] OLG Hamm NJW 1987, 1030; *Heyder* Aktienkonzern S. 175 ff.; Ulmer/*Hoffmann-Becking* Probleme des Konzernrechts S. 68; *Stimpel* AG 1986, 117 (121 f.); *Timm* NJW 1987, 977 (978 ff.); *Wiedemann* ·Unternehmensgruppe S. 77 ff.; *Zöllner* GS Knobbe-Keuk, 1997, 369 ff.; *Mülbert* Aktiengesellschaft S. 476 ff., 487 ff. AA OLG Düsseldorf NJW–RR 2000, 1132 (dazu bereits in Fn. 12); *Bälz* AG 1992, 277 (291 ff.); Ulmer/*Koppensteiner* Probleme des Konzernrechts S. 87 (90 ff.); *W. Müller* FS Rowedder, 1994, 277 (287 f.).

[14] So auch OLG Köln AG 2009, 416 (418 ff.); LG Köln AG 2008, 327 (334 f.); LG München I AG 2008, 327 (334); ZIP 2008, 242 (243); MüKoAktG/*Bayer* AktG § 18 Rn. 11; *K. Schmidt*/Lutter/*Vetter* AktG § 317 Rn. 47 ff.; Spindler/Stilz/*Müller* AktG vor § 311 Rn. 25 ff.; Bürgers/Körber/*Fett* § 311 Rn. 30; *Krieger/Schneider* § 70 Rn. 142; *Kübler/Assmann* S. 448; *Raiser/Veil* § 53 Rn. 54 ff.; *K. Schmidt* § 31 IV 4; *Cahn* ZIP 2001, 2159 (2160); *Eberl-Borges* Jura 2000, 761 (764); WM 2003, 105; *Schall* FS Stilz, 2014, 536 (548 ff.); *Schürnbrand* ZHR 169 (2005), 35 (57 f.); *Temming,* Der vertragsbeherrschende Dritte, 2015, 344 ff. (430 f.); näher *Habersack* ZGR 2008, 533 (549 ff.); Kalss/Fleischer/Vogt/*Habersack* S. 1 (18 ff.); s. ferner *Wiedemann* ZGR 2003, 283 (296 f.); aA OLG Stuttgart ZIP 2007, 1210 (1213); AG 2007, 873 (875); LG Kiel GWR 2009, 92; MüKoAktG/*Altmeppen* AktG Anhang zu § 317 Haftung bei „qualifizierter Nachteilszufügung"? Rn. 14 ff., 22 ff. (der freilich Schadenspauschalierungen befürwortet, dagegen *Habersack* ZGR 2008, 533 (554 f.)); Hüffer/Koch/*Koch* AktG § 1 Rn. 29; *Hüffer* FS Goette, 2011, 192 (200 ff.); Grigoleit/*Grigoleit* AktG § 1 Rn. 113 f.; KölnKomm-AktG/*Koppensteiner* AktG Anhang nach § 318 Konzernprävention. Qualifizierte Nachteilszufügung Rn. 63 ff.; *Decher* ZHR 171 (2007), 126 (137); *Tröger/Dangelmayer* ZGR 2011, 558 (585 ff.); wohl auch OLG Köln ZIP 2008, 28 (30); *Henze* AG 2004, 405 (414 f.). – Zur Rechtslage in der mehrgliedrigen GmbH → § 30 Rn. 20 f.

[15] BGH NZG 2008, 831 – Züblin/Strabag; ebenso OLG Zweibrücken ZIP 2005, 948 (950).

[16] BVerfG ZIP 2011, 2094 Rn. 19 ff.

[17] So in aller Deutlichkeit und unter Betonung der im Text genannten Unterschiede zwischen GmbH- und Aktienrecht *Röhricht* VGR 5 (2002), 3 (13 f.); s. ferner dessen Äußerung iRd sich an den Vortrag anschließenden Diskussion, wiedergegeben im Diskussionsbericht von *Grahn* VGR 5 (2002), 39 (43), wonach man den grundlegenden strukturellen Unterschied zwischen GmbH und AG auch beim Schutz der Gläubiger der Ein-Mann-Gesellschaften berücksichtigen müsse und eine Gleichbehandlung aller Ein-Mann-Gesellschaften unabhängig von der Rechtsform deshalb nicht zwingend geboten sei.

digte GmbH – vorbehaltlich des Verbots insolvenzverursachender Eingriffe nicht anzuerkennen ist und versteht sich deshalb als erhebliche Einschränkung des allgemeinen, aus der Treupflicht herzuleitenden Schädigungsverbots.[18]

So gesehen geht es nicht um die Frage, ob der Gläubigerschutz bei der AG hinter **9** dem Standard des GmbH-Rechts zurückbleiben kann; mit Blick auf die skizzierten Unterschiede zwischen Aktien- und GmbH-Recht ist vielmehr zu fragen, ob nicht das Aktienrecht einen über das Verbot „existenzvernichtender" Eingriffe hinausgehenden Schutz der AG und ihrer Gläubiger sowie etwaiger Minderheitsaktionäre gebietet. Bedenkt man, dass sich für das Aktienrecht angesichts der Existenz der §§ 291 ff., 311 ff. AktG die Berechtigung eines **Sonderrechts der abhängigen Gesellschaft** kaum wird leugnen lassen, ferner, dass die Funktionsfähigkeit des in §§ 311, 317 AktG geregelten Schutzsystems unter dem Vorbehalt steht, dass die jeweilige Maßnahme dem Einzelausgleich zugänglich ist, und jede Form der Einflussnahme, die der Möglichkeit des Einzelausgleichs entzogen sind, rechtswidrig ist,[19] so sollte es für die abhängige AG, mag sie über außenstehende Aktionäre verfügen oder nicht, nach wie vor dabei bewenden, dass das herrschende Unternehmen in entsprechender Anwendung der §§ 302 ff. AktG haftet, wenn es der Gesellschaft in qualifizierter, dh nicht dem Einzelausgleich zugänglicher Weise Nachteile zufügt.[20]

Die praktische Folge ist, dass die AG und mit ihr die Gesellschaftsgläubiger bereits **10** gegen existenzgefährdende Maßnahmen geschützt sind, das herrschende Unternehmen also schon **im Vorfeld der Insolvenzverursachung** von den Minderheitsaktionären auf Unterlassung und von der abhängigen Gesellschaft auf Verlustausgleich in Anspruch genommen werden kann; von Bedeutung ist dies namentlich im Zusammenhang mit konzernintegrativen Maßnahmen (→ Rn. 14). Dies schließt es zwar nicht aus, in Fällen, in denen es zur Insolvenzverursachung gekommen ist, auch im Aktienrecht die Haftung des Gesellschafters auf die für die GmbH entwickelten Grundsätze zu stützen; praktische Bedeutung kommt dem mit Blick auf die Rechtsfolgen einer qualifizierten Nachteilszufügung (→ Rn. 21 ff.) allerdings nicht zu, zumal das in der „Trihotel"-Entscheidung entwickelte Haftungskonzept (→ Rn. 4; → § 31 Rn. 6 ff.) weitgehend der **Deliktshaftung nach § 117 AktG** entspricht[21] und wie diese Raum für einen konzernspezifischen Haftungstatbestand lässt.

2. Rechtswidrigkeit der qualifizierten Nachteilszufügung

Die qualifizierte Nachteilszufügung ist nach den bislang getroffenen Feststellungen **11** durch das Versagen des Einzelausgleichssystems der §§ 311, 317 AktG gekennzeichnet. Das herrschende Unternehmen macht also von seinem Einfluss in einer Weise Gebrauch, die jenseits der Funktionsvoraussetzungen der §§ 311, 317 AktG und damit jenseits der Grenzen zulässiger Einflussnahme liegt. Eine solche Verhaltensweise

---

18 Näher dazu sowie zum Schädigungsverbot → § 30 Rn. 7 ff., 20 f.; → § 31 Rn. 1 ff.
19 Dies betont auch KölnKommAktG/*Koppensteiner* AktG Anhang nach § 318 Konzernprävention. Qualifizierte Nachteilszufügung Rn. 38 mit AktG Anhang zu § 317 Haftung bei „qualifizierter Nachteilszufügung"? Rn. 26 ff.
20 Verkannt von OLG Düsseldorf NJW-RR 2000, 1132 (1133); s. dazu bereits Fn. 12.
21 Fleischer/Kalss/Vogt/*Habersack* S. 1 (18 f.); zutr. Betonung der Parallelität auch bei Hüffer/Koch/*Koch* AktG § 1 Rn. 30.

ist, darüber herrscht im Ergebnis weitgehend Einvernehmen, rechtswidrig.[22] Legitimiert werden kann sie allein durch Abschluss eines Beherrschungsvertrags (mithin um den Preis der in §§ 302 ff. AktG geregelten Rechtsfolgen!).[23] Fehlt es daran, so können die außenstehenden Aktionäre das herrschende Unternehmen auf **Unterlassung und Beseitigung** in Anspruch nehmen; iÜ finden die §§ 302 ff. AktG jedenfalls im Grundsatz entsprechende Anwendung (→ Rn. 21 ff.). All dies gilt unabhängig davon, ob die abhängige AG über außenstehende Aktionäre verfügt oder im Alleineigentum des herrschenden Unternehmens steht (→ Rn. 7).

III. Tatbestand

12 Die beiden zentralen Voraussetzungen einer qualifizierten Nachteilszufügung sind nach den einleitend getroffenen Feststellungen das Vorliegen einer nachteiligen Einflussnahme und die Unmöglichkeit des Ausgleichs der nachteiligen Folgen nach §§ 311, 317 AktG. Während es sich bei der erstgenannten Voraussetzung um ein **verhaltensbezogenes Tatbestandsmerkmal** handelt, weist die zweitgenannte Voraussetzung Strukturelemente auf: Steht fest, dass das herrschende Unternehmen jenseits der Funktionsvoraussetzungen der §§ 311 ff. AktG nachteiligen Einfluss ausgeübt hat, ist die fragliche Maßnahme aber einem Einzelausgleich nicht zugänglich, so ist der abhängigkeitsbedingten Gefahrenlage durch das Eingreifen der besonderen (konzernrechtspezifischen) Rechtsfolgen einer qualifizierten Nachteilszufügung Rechnung zu tragen. Die Problematik der qualifizierten Nachteilszufügung steht damit zwar in gewissem Zusammenhang mit der Frage nach der Anerkennung und den Rechtsfolgen **„verdeckter" Beherrschungsverträge** (→ § 11 Rn. 18), deckt sich mit dieser indes nicht vollständig. Denn während die Lehre vom „verdeckten" Beherrschungsvertrag nach der analogen Anwendung der §§ 302 ff. AktG auf Vereinbarungen zwischen der abhängigen Gesellschaft und dem herrschenden Unternehmen fragt, die diesem die Möglichkeit der Einflussnahme vermitteln, geht es bei der Lehre von der qualifizierten Nachteilszufügung um die tatsächliche Einflussnahme als solche.[24]

1. Nachteilige Einflussnahme

13 Was zunächst das Verhaltenselement der Konzernhaftung betrifft, so deckt es sich mit dem **Nachteilsbegriff des § 311 Abs. 1 AktG.**[25] Erfasst wird somit jede auf die Abhängigkeitslage zurückzuführende Beeinträchtigung der Vermögens- oder Ertragslage der Gesellschaft, sofern diese nicht durch einen bewertbaren und zumindest gleichwertigen Vorteil ausgeglichen wird und damit nach § 311 Abs. 2 AktG gerechtfertigt ist.[26] Die

---

[22] OLG Hamm NJW 1987, 1030; Spindler/Stilz/*Müller* AktG vor § 311 Rn. 33; *Lutter* ZGR 1982, 244 (265); *Mülbert* Aktiengesellschaft S. 489 ff.; *K. Schmidt* § 31 IV 4 a; *Stein* ZGR 1988, 163 (188 ff.); *Habersack* Mitgliedschaft S. 334 f.; aA namentlich *Decher* Betr. 1990, 2005 (2006 f.); KölnKommAktG/ *Koppensteiner* AktG § 311 Rn. 104.

[23] Näher *Emmerich/Sonnenschein,* Konzernrecht, 6. Aufl. 1997, § 20 a IV; *Mülbert* Aktiengesellschaft, 492 ff.; ähnlich – für Legalisierung durch Beschluss der Hauptversammlung entsprechend § 293 Abs. 1 AktG – *Emmerich* AG 1991, 303 (306). – Neben dem Abschluss eines Beherrschungsvertrags kommt selbstverständlich auch die Eingliederung in Betracht.

[24] Deutliche Trennung beider Fragenkreise auch in LG München I ZIP 2008, 242 (243).

[25] GroßkommAktG/*Fleischer* AktG Anhang § 317 Rn. 30; K. Schmidt/Lutter/*Vetter* AktG Anhang zu § 317 Haftung bei „qualifizierter Nachteilszufügung"? Rn. 65; Bürgers/Körber/*Fett* AktG § 311 Rn. 30; Spindler/Stilz/*Müller* AktG Vor § 311 Rn. 25, 27; *Krieger/Schneider* § 70 Rn. 144; *Heyer* Aktienkonzern S. 39 ff., 53 ff.

[26] Näher dazu sowie zur Unbeachtlichkeit „passiver" Konzerneffekte → § 25 Rn. 14 ff.

Insolvenzreife der abhängigen Gesellschaft ist weder notwendige noch hinreichende Voraussetzung für das Vorliegen einer (qualifizierten) Nachteilszufügung.[27] Auch **personelle Verflechtungen** (→ § 25 Rn. 7) stellen als solche noch keine Nachteilszufügung dar,[28] ebenso wenig die Veräußerung der Beteiligung an der abhängigen Gesellschaft und die dadurch bewirkte Beendigung des Abhängigkeitsverhältnisses.[29] Entsprechendes gilt für die Betriebsaufspaltung; vorbehaltlich konkreter schädigender Eingriffe erfolgt bei ihr der Schutz der Gläubiger mittels der Grundsätze über Gesellschafterdarlehen.[30]

Besonderer Betrachtung bedürfen schließlich Maßnahmen der **Umstrukturierung** 14 der abhängigen Gesellschaft. Sie lassen sich zwar typischerweise als solche isolieren, sind aber oftmals in ihren Folgen für die abhängige Gesellschaft nicht sicher zu beurteilen. Davon betroffen sind etwa die Ausgliederung und Zentralisierung wichtiger Unternehmenssparten,[31] der Abzug von Ressourcen, die für den Fortbestand der Gesellschaft als unabhängiges (oder einfach abhängiges) Unternehmen notwendig wären, oder der Verkauf einer unternehmerischen Beteiligung, die für die Ausrichtung der abhängigen Gesellschaft von wesentlicher Bedeutung ist und deren Position am Markt bereits geprägt hat. Voraussetzung ist allerdings auch insoweit, dass die fragliche Maßnahme **nachteiligen Charakter** hat, also bei vernünftiger kaufmännischer Beurteilung und unter Berücksichtigung des gebotenen unternehmerischen Ermessens eindeutig zu Lasten der abhängigen Gesellschaft geht, insbes. weil den der Gesellschaft auferlegten Risiken oder entzogenen Chancen keine adäquaten Vorteile gegenüberstehen (→ § 25 Rn. 36 f.). Ist dies der Fall, so wird es häufig allerdings auch an der Möglichkeit des Einzelausgleichs fehlen.

Den strukturändernden Maßnahmen stehen **sonstige Einzelmaßnahmen** gleich, de- 15 ren nachteilige Folgen für die abhängige Gesellschaft sich nicht erfassen lassen. Zu denken ist dabei etwa an unvertretbare Investitionsentscheidungen oder an die Verlagerung von Geschäftschancen auf das herrschende oder ein mit diesem verbundenes Unternehmen.[32]

2. Unmöglichkeit des Einzelausgleichs

Weitere Voraussetzung für das Vorliegen einer qualifizierten Nachteilszufügung ist, 16 dass ein Ausgleich des der abhängigen Gesellschaft von dem herrschenden Unternehmen zugefügten Nachteils nach §§ 311, 317 AktG – also entweder im Wege des Nachteilsausgleichs oder durch Leistung von Schadensersatz – nicht mehr möglich ist, die Funktionsfähigkeit des gesellschaftsrechtlichen Einzelausgleichssystems also auf Grund der Art der Einflussnahme außer Kraft gesetzt ist.[33] Der Sache nach läuft

---

[27] S. für die GmbH BGH NJW 1997, 943 (944); DStR 1997, 1937.
[28] OLG Köln AG 2009, 416 (420 f.); GroßkommAktG/*Fleischer* AktG Anhang § 317 Rn. 38; *Krieger* ZGR 1994, 375 (386); *Drygala* GmbHR 1993, 317 (322); zum Stand der Diskussion vor TBB s. Hommelhoff/Stimpel/Ulmer/*Krieger* Konzernrechtstage S. 41 (49 ff.).
[29] BGH NJW 1997, 943 (944).
[30] Emmerich/Habersack Aktien-/GmbH-KonzernR/*Habersack* AktG Anhang § 317 Rn. 13 mwN; aA – für „konzernrechtliche Durchgriffshaftung" – BAG NZG 1999, 661; dagegen zu Recht *Henssler* ZGR 2000, 479 (487 ff., 492 f.); *Windbichler* RdA 2000, 238 ff.
[31] Zur Einbindung der Gesellschaft in ein zentrales Cash-Management → § 25 Rn. 25.
[32] Vgl. BGH NJW 1994, 446 (447); 1994, 3288 (3290 f.); 1995, 1544 (1545); OLG Dresden AG 1997, 330 (332); ferner BVerfG ZIP 2011, 2094 Rn. 19 ff.
[33] Ständige Rechtsprechung, s. etwa BGHZ 122, 123 (131 f.); BGH ZIP 2000, 2163 (2164).

dies auf die **Subsidiarität der Konzernhaftung** und der diese ergänzenden Rechtsfolgen hinaus: Solange der Schutz der Gesellschaft und ihrer Außenseiter mittels der herkömmlichen Sanktionsmechanismen besorgt werden kann, besteht kein Anlass für die analoge Anwendung der §§ 302 ff. AktG. Dies ändert sich erst bei qualifizierter Schädigung.[34]

17 An der Möglichkeit des Einzelausgleichs dürfte es zumeist bei nachteiligen (→ Rn. 14) Maßnahmen der **Konzernintegration** fehlen. Gerade bei ihnen wird es sich häufig so verhalten, dass sich die nachteiligen Folgen der Maßnahme auch unter Berücksichtigung der Möglichkeit der **Schadensschätzung** nach § 287 ZPO[35] nicht absehen lassen, so dass das herrschende Unternehmen schon auf Grund eines einzelnen schädigenden Eingriffs der besonderen Konzernhaftung unterliegt.

18 An der Möglichkeit des Einzelausgleichs fehlt es aber auch dann, wenn zwar unzweifelhaft nachteilige Maßnahmen vorliegen, diese sich aber infolge der **Dichte der Einflussnahme** schon objektiv nicht mehr isolieren lassen.[36] Entsprechendes gilt für die – treffend als **„Waschkorblage"** bezeichneten – Sachverhalte, bei denen der abhängigen Gesellschaft erwiesenermaßen Nachteile zugefügt worden sind und diese Nachteile an sich auch isolierbar und dem Einzelausgleich zugänglich sind, eine vollständige Kompensation der von der abhängigen Gesellschaft erlittenen Nachteile aber an der fehlenden oder nicht ordnungsgemäßen Buchführung scheitert und dies dem herrschenden Unternehmen zurechenbar ist.[37] In beiden Fällen finden die Grundsätze über die qualifizierte Nachteilszufügung auch dann Anwendung, wenn sich zwar einzelne schädigende Eingriffe benennen und in ihren Folgen für die abhängige Gesellschaft einschätzen lassen, die der Gesellschaft daraus erwachsenden Ansprüche aus §§ 311, 317 AktG aber infolge der Dichte oder der Intransparenz der Einflussnahme den Gesamtschaden der Gesellschaft nicht abdecken.

19 Entsprechendes gilt bei Fehlen oder nicht ordnungsgemäßer Erstellung des **Abhängigkeitsberichts,** sofern das Vorliegen der Voraussetzungen der §§ 312 ff. AktG evident ist und infolge personeller Verflechtungen zwischen herrschendem Unternehmen und abhängiger AG davon ausgegangen werden kann, dass die Nichterstellung des Abhängigkeitsberichts vom herrschenden Unternehmen veranlasst worden ist.[38]

3. Beweislast

20 Die Darlegungs- und Beweislast für das Vorliegen einer qualifizierten Nachteilszufügung liegt grds. bei demjenigen, der daraus Rechte herleiten möchte, im Regelfall also

---

[34] Vgl. → § 24 Rn. 10 ff.; ferner OLG Stuttgart ZIP 2007, 1210 (1214); vgl. auch BVerfG ZIP 2011, 2094 Rn. 19 ff.; zur Frage der Subsidiarität gegenüber sonstigen Ansprüchen der abhängigen Gesellschaft s. Emmerich/Habersack Aktien-/GmbH-KonzernR/ *Habersack* AktG Anhang § 317 Rn. 16.

[35] K. Schmidt/Lutter/ *Vetter* AktG Anhang § 317 Rn. 65; Emmerich/Habersack Aktien-/GmbH-KonzernR/ *Habersack* AktG Anhang § 317 Rn. 16.

[36] Vgl. OLG Köln AG 2009, 416 (421); *Hommelhoff* ZHR 156 (1992), 295 (312 f.); *Kropff* AG 1993, 485 (488, 493); krit. *Röhricht* FS BGH, 2000, 83 (90 ff.).

[37] Näher dazu Emmerich/Habersack Aktien-/GmbH-KonzernR/ *Habersack* AktG Anhang § 317 Rn. 18; GroßkommAktG/ *Fleischer* AktG Anhang § 317 Rn. 34; *Drygala* GmbHR 1993, 317 (320); *Röhricht* FS BGH, 2000, 83 (89 f.).

[38] Weitergehend *Weigl* Haftung, 194 ff.

beim Kläger.[39] Da allerdings ein außenstehender Gläubiger – Entsprechendes hat für den außenstehenden Gesellschafter, nicht dagegen für den Insolvenzverwalter zu gelten[40] – keinen Einblick in die Gesellschaftsinterna hat, sind ihm als Kläger **Erleichterungen hinsichtlich seiner Substantiierungslast** zuzubilligen.[41] So genügt es, dass der Kläger Umstände darlegt und gegebenenfalls beweist, „die die Annahme zumindest nahe legen, dass bei der Unternehmensführung im Hinblick auf das Konzerninteresse die eigenen Belange der GmbH über bestimmte, konkret ausgleichsfähige Einzeleingriffe hinaus beeinträchtigt worden sind."[42] Der Hinweis auf die Insolvenz der Gesellschaft oder auf personelle Verflechtungen genügt insoweit nicht; darzulegen sind vielmehr Anhaltspunkte für nachteilige und im Einzelausgleich nicht berücksichtigungsfähige Maßnahmen.[43] Kennt der Beklagte die maßgebenden Tatsachen und ist ihm die Darlegung des Sachverhalts zumutbar,[44] so obliegt es ihm, seinerseits substantiiert zu bestreiten und auf diesem Weg nähere Angaben zu machen. Eine Umkehr der Beweislast ist freilich nicht veranlasst; ein **non liquet** geht deshalb zu Lasten des Klägers.

IV. Rechtsfolgen

1. Verlustausgleich

Die wesentliche[45] Rechtsfolge einer qualifizierten Nachteilszufügung besteht in der Verpflichtung des herrschenden Unternehmens zum Ausgleich sämtlicher Verluste der abhängigen Gesellschaft:[46] In analoger Anwendung des § 302 Abs. 1 AktG wird also dem herrschenden Unternehmen, nachdem feststeht, dass es in qualifizierter Weise nachteilige Maßnahmen veranlasst hat, das unternehmerische Risiko der Tochtergesellschaft zugewiesen, ohne dass es einwenden könnte, die Verluste seien nicht auf den Missbrauch der Leitungsmacht zurückzuführen.[47]   **21**

2. Ansprüche der Gläubiger

Die Gläubiger der abhängigen Gesellschaft haben zunächst die Möglichkeit, den Anspruch der Gesellschaft auf Verlustausgleich zu pfänden. Zudem haben sie entsprechend § 303 Abs. 1 AktG einen Anspruch auf **Sicherheitsleistung** durch das herr-   **22**

---

[39] BGHZ 122, 123 (132 f.) – TBB; OLG Köln AG 2009, 416 (419); s. dazu auch BGH NJW 1997, 943 (944): kurze Dauer der faktischen Konzernierung spricht gegen einen Missbrauch der Konzernleitungsmacht.

[40] Vgl. *Krieger* ZGR 1994, 375 (389).

[41] Allg. BGHZ 100, 190 (195 f.); BGH NJW 1990, 3151; speziell zur Substantiierungslast iRd § 311 AktG s. – die Frage von Beweiserleichterungen ausdrücklich offenlassend – BGH NZG 2008, 831 – Züblin/Strabag; s. ferner BVerfG ZIP 2011, 2094 Rn. 22 ff.; 2010, 1121 Rn. 4 f.

[42] BGHZ 122, 123 (131, 132 f.) – TBB; *Kleindiek* GmbHR 1992, 574 (578 ff.); für Geltung auch im Aktienrecht GroßkommAktG/*Fleischer* AktG Anhang § 317 Rn. 42; K. Schmidt/Lutter/*Vetter* AktG § 317 Rn. 66; Bürgers/Körber/*Fett* AktG § 311 Rn. 33; *Kropff* AG 1993, 485 (494 f.); s. ferner OLG Stuttgart ZIP 2007, 1210 (1214 f.); offengelassen von OLG Köln AG 2009, 416 (419).

[43] Emmerich/Habersack Aktien-/GmbH-KonzernR/*Habersack* AktG Anhang § 317 Rn. 22; *Krieger*/*Schneider* § 70 Rn. 146; *Drygala* GmbHR 1993, 317 (328).

[44] Dazu *Krieger* ZGR 1994, 375 (389 f.).

[45] Zu Ansprüchen der abhängigen Gesellschaft gegen ihre Organwalter s. Emmerich/Habersack Aktien-/GmbH-KonzernR/*Habersack* AktG Anhang § 317 Rn. 23.

[46] Vgl. die Nachw. in Fn. 14; näher zu § 302 AktG → § 20 Rn. 34 ff.

[47] Speziell dazu Emmerich/Habersack Aktien-/GmbH-KonzernR/*Habersack* AktG Anhang § 317 Rn. 23.

schende Unternehmen.[48] Bei Vermögenslosigkeit[49] der abhängigen Gesellschaft macht allerdings die Leistung von Sicherheit keinen Sinn. Mit Blick auf § 303 Abs. 3 S. 1 AktG iVm § 773 Abs. 1 Nr. 3, 4 BGB[50] ist es deshalb nur konsequent, dass die Gläubiger, deren Forderungen vor Vollendung der nachteiligen Einflussnahme begründet waren, das herrschende Unternehmen in diesem Fall unmittelbar in Höhe ihres **Ausfalls** bei der abhängigen Gesellschaft in Anspruch nehmen können.[51]

23   Soweit das herrschende Unternehmen haftet, ist zu berücksichtigen, dass die Ausschlussfrist des § 303 Abs. 1 S. 1 AktG in Ermangelung eines eindeutigen Stichtages und der Möglichkeit eines Hinweises iSd § 303 Abs. 1 S. 2 AktG grds. keine Anwendung findet; stattdessen steht dem herrschenden Unternehmen gegebenenfalls der Einwand der **Verwirkung** zu.[52] Neben seinen eigenen Einwendungen und Einreden kann das herrschende Unternehmen auch die Gegenrechte der abhängigen Gesellschaft geltend machen.[53] Wie sich aus § 303 Abs. 3 AktG iVm § 768 Abs. 2 BGB ergibt, geht ein Einredeverzicht der abhängigen Gesellschaft nicht zu Lasten des herrschenden Unternehmens. IÜ steht die Möglichkeit zur Geltendmachung abgeleiteter Einreden entsprechend § 129 Abs. 1 HGB, § 322 Abs. 2 AktG unter dem Vorbehalt, dass auch die abhängige Gesellschaft noch zur Geltendmachung der Einrede befugt ist. Auf Gestaltungsrechte schließlich kann sich das herrschende Unternehmen nach Maßgabe des § 770 BGB berufen.[54]

3. Ansprüche der Minderheitsaktionäre

a) Abwehr- und Beseitigungsanspruch

24   Die qualifizierte Nachteilszufügung ist rechtswidrig (→ Rn. 11), so dass sich die außenstehenden Aktionäre hiergegen durch Geltendmachung von Abwehr- und Beseitigungsansprüchen zur Wehr setzen können.[55] Da allerdings nicht die Konzernstruktur als solche, sondern die in Frage stehende Einflussnahme die Rechtswidrigkeit begründet, muss sich der Anspruch **gegen konkrete nachteilige Maßnahmen** richten.[56] Entsprechende Ansprüche stehen zunächst der Gesellschaft zu; sie können entsprechend § 317 Abs. 4 AktG, § 309 Abs. 4 AktG auch von den Aktionären geltend gemacht werden.[57] Daneben kommen eigene Ansprüche der Aktionäre in Betracht. Sie

---

[48] Vgl. die Nachw. in Fn. 14.

[49] Sie liegt auch dann vor, wenn der Gesellschaft noch ein Anspruch auf Verlustausgleich zusteht, s. BGHZ 115, 187 (200 f.).

[50] Näher dazu *Habersack* FS Koppensteiner, 2001, 31 (32).

[51] BGHZ 95, 330 (347) – Autokran; BGHZ 105, 168 (183) – HSW; BGHZ 115, 187 (200) – Video; BGH ZIP 2000, 2163; ferner *Klöckner* ZIP 2011, 1454 (1455 ff.), dort auch zur Rechtslage bei Doppelinsolvenz; näher dazu → § 20 Rn. 69 f.

[52] BGHZ 95, 330 (346 f.) – Autokran; BGHZ 115, 187 (202) – Video; krit. *Werner* FS Goerdeler, 1987, 677 (693 ff.), dem insoweit zuzustimmen ist, als er auf die Möglichkeit der Ingangsetzung der Ausschlussfrist durch freiwilligen Gläubigerruf oder gleichwertige Information der Gläubiger hinweist.

[53] Vgl. zum Folgenden BGHZ 95, 330 (347 f.); BGH NJW 1994, 3288 (3291); *Stimpel* FS Goerdeler, 1987, 601 (620 f.).

[54] Für entsprechende Anwendung des § 322 Abs. 3 AktG BGHZ 95, 330 (348); BGH NJW 1994, 3288 (3291); zu den Unterschieden zwischen § 770 BGB und § 322 Abs. 3 AktG s. Emmerich/Habersack Aktien-/GmbH-KonzernR/*Habersack* AktG § 322 Rn. 14; MüKoBGB/*Habersack* BGB § 770 Rn. 7, 10.

[55] Vgl. OLG Stuttgart ZIP 2007, 1210 (1212 ff.); LG Köln 2008, 327 (329 ff.).

[56] OLG Köln AG 2009, 416 (421).

[57] → § 27 Rn. 8; Emmerich/Habersack Aktien-/GmbH-KonzernR/*Habersack* AktG § 317 Rn. 19 f.

lassen sich aus der Erwägung herleiten, dass die qualifizierte Nachteilszufügung allein durch Abschluss eines Beherrschungsvertrags oder durch Eingliederung der abhängigen Gesellschaft legitimiert werden kann (→ Rn. 11). Da der Abschluss eines Beherrschungsvertrags nach § 293 Abs. 1 AktG eines Beschlusses der Hauptversammlung der abhängigen Gesellschaft bedarf, greift das herrschende Unternehmen mit der Maßnahme in die Kompetenz der Hauptversammlung und damit – entsprechend den „Holzmüller"- und „Gelatine"-Grundsätzen (→ § 9 Rn. 5 f., 12 ff.) sowie der Rechtslage beim rechtswidrigen Bezugsrechtsausschluss im Rahmen eines genehmigten Kapitals[58] – in die mitgliedschaftlichen Teilhaberechte des einzelnen Aktionärs ein.[59] Jeder Gesellschafter hat deshalb einen eigenen Abwehr- und Beseitigungsanspruch (→ § 9 Rn. 5 f.). Handelt es sich bei dem herrschenden Unternehmen um eine Gesellschaft, so haben auch deren Gesellschafter entsprechende Ansprüche.[60]

b) Abfindung und Ausgleich

Darüber hinaus können die außenstehenden Aktionäre entsprechend § 305 Abs. 2 Nr. 3 AktG Abfindung in bar durch das herrschende Unternehmen beanspruchen.[61] Ein Ausgleichsanspruch der Minderheit in Gestalt einer Dividendengarantie entsprechend § 304 AktG wird überwiegend abgelehnt, zumeist mit der Begründung, zum Schutze der Minderheit reichten Unterlassungs-, Schadensersatz- und Abfindungsansprüche vollauf aus.[62] Dies trifft indessen nicht zu. Der Austritt gegen Abfindung ist lediglich ein Recht, hingegen nicht etwa eine Pflicht der außenstehenden Aktionäre. Verbleiben sie in der Gesellschaft, so müssen sie entsprechend § 304 AktG durch eine Dividendengarantie des herrschenden Unternehmens entschädigt werden;[63] dafür spricht auch § 304 Abs. 3 AktG, wonach bei fehlender Übernahme einer Ausgleichspflicht selbst der Abschluss des Beherrschungsvertrags zur Begründung von Leitungsmacht des herrschenden Unternehmens nicht imstande ist.

25

---

[58] BGHZ 83, 122; s. ferner BGHZ 106, 54 (64) – Opel; für das genehmigte Kapital BGHZ 136, 133 (141) – Siemens/Nold; BGHZ 164, 249 (254 ff.) – Mangusta/Commerzbank II (vorbeugende Unterlassungsklage oder Feststellungsklage); BGH NJW 2018, 2796; dazu BVerfG ZIP 2009, 753 (755 f.).

[59] Vgl. *K. Schmidt* § 31 IV 4 a; *Hommelhoff* Gutachten S. 34 ff.; *Flume* § 4 IV (S. 130).

[60] Vgl. § 293 Abs. 2 AktG und dazu → § 16 Rn. 33 ff.; für die GmbH s. BGHZ 105, 324 (333 ff.); → § 32 Rn. 22 ff.

[61] Vgl. GroßkommAktG/*Fleischer* AktG Anhang § 317 Rn. 54; *Krieger/Schneider* § 70 Rn. 151; K. Schmidt/Lutter/*Vetter* AktG § 317 Rn. 67; Spindler/Stilz/*Müller* AktG vor § 311 Rn. 34; Bürgers/Körber/*Fett* AktG § 311 Rn. 32; Grigoleit/*Grigoleit* AktG § 317 Rn. 19; *Geuting* BB 1994, 365 (367 ff.); *Lieb* FS Lutter, 2000, 1151 (1154 f.); *Raiser/Veil* § 53 Rn. 62; aA MüKoAktG/*Altmeppen* AktG Anhang zu § 317 Haftung bei „qualifizierter Nachteilszufügung"? Rn. 59; *Balthasar* NZG 2008, 858 (859 f.); *Schwörer* NZG 2001, 550 (551 f.). – Zur Frage der analogen Anwendung der §§ 304, 305 AktG bei „verdecktem" Beherrschungsvertrag s. OLG Schleswig NZG 2008, 868; OLG München NZG 2008, 753; → § 11 Rn. 18.

[62] MüKoAktG/*Altmeppen* AktG Anhang zu § 317 Haftung bei „qualifizierter Nachteilszufügung"? Rn. 59; GroßkommAktG/*Fleischer* AktG Anhang § 317 Rn. 56; KölnKommAktG/*Koppensteiner* AktG Anhang nach § 318 Konzernprävention. Qualifizierte Nachteilszufügung Rn. 111; *Krieger/Schneider* § 70 Rn. 151; K. Schmidt/Lutter/*Vetter* AktG § 317 Rn. 68.

[63] So auch Spindler/Stilz/*Müller* AktG vor § 311 Rn. 35; *Säcker* ZHR 151 (1987), 59 (64); *Lieb* FS Lutter, 2000, 1151 (1154 f.).

4. Teil. GmbH-Konzernrecht

§ 29. Einführung

Literatur: S. die Nachw. bei §§ 7–9 (Konzernbildungskontrolle), § 31 (Existenzvernichtung) und § 32 (Unternehmensverträge), ferner *Altmeppen,* Die Haftung des Managers im Konzern, 1998; *Assmann,* Der faktische GmbH-Konzern, FS 100 Jahre GmbH-Gesetz, 1992, 657; *Büscher,* Die qualifizierte faktische Konzernierung – eine gelungene Fortbildung des Rechts der GmbH?, 1999; *Fleck,* Die Drittanstellung des GmbH-Geschäftsführers, ZHR 149 (1985), 387; *Fleischer/Harzmeier,* Zur Abdingbarkeit der Treupflichten bei Personengesellschaft und GmbH, NZG 2015, 1289; *Grigoleit,* Gesellschafterhaftung für interne Einflussnahme im Recht der GmbH, 2006; *Hellgardt,* Abdingbarkeit des gesellschaftsrechtlichen Treupflicht, FS Hopt, 2010, 765; *Henze,* Treupflichten der Gesellschafter im Kapitalgesellschaftsrecht, ZHR 162 (1998), 186; *Jungkurth,* Konzernleitung bei der GmbH: Die Pflichten des Geschäftsführers, 2000; *Konzen,* Geschäftsführung, Weisungsrecht und Verantwortlichkeit in der GmbH und GmbH & Co. KG, NJW 1989, 2977; *Kropff,* Benachteiligungsverbot und Nachteilsausgleich im faktischen Konzern, FS Kastner, 1992, 279; *Kropff,* GmbH-Beherrschungsvertrag: Voraussetzung für den Vorrang von Konzerninteressen?, FS Semler, 1993, 517; *Lakner,* Der mehrstufige Konzern, 2005; *Leuschner,* Der Dispens vom Schädigungsverbot bei der GmbH, FS Ahrens, 2018, 637; *Limmer,* Die Haftungsverfassung des faktischen GmbH-Konzerns, 1992; *Lutter,* Die zivilrechtliche Haftung in der Unternehmensgruppe, ZGR 1982, 244; *Lutter,* Treupflichten und ihre Anwendungsprobleme, ZHR 162 (1998), 164; *Martens,* Die GmbH und der Minderheitenschutz, GmbHR 1984, 265; *Priester,* Die eigene GmbH als fremder Dritter – Eigensphäre der Gesellschaft und Verhaltenspflichten ihrer Gesellschafter, ZGR 1993, 512; *Röhricht,* Die GmbH im Spannungsfeld zwischen mitgliedschaftlicher Dispositionsfreiheit ihrer Gesellschafter und Gläubigerschutz, FS BGH, Bundesanwaltschaft und Rechtsanwaltschaft beim BGH, 2000, 83; *K. Schmidt,* Konzernrecht, Minderheitenschutz und GmbH-Innenrecht, GmbHR 1979, 121; *K. Schmidt,* Konkursverschleppungshaftung und Konkursverursachungshaftung, ZIP 1988, 1497; *U. H. Schneider,* Konzernbildung, Konzernleitung und Verlustausgleich im Konzernrecht der Personengesellschaften, ZGR 1980, 511; *U. H. Schneider/Burgard,* Treupflichten im mehrstufigen Unterordnungskonzern, FS Ulmer, 2003, 579; *Chr. Schreiber,* Konzernrechtsfreie Kontrolle, 2017; *Temming,* Der vertragsbeherrschende Dritte, 2015; *Torggler,* Minderheitenschutz im GmbH-Konzern, in: Kalss/Rüffler, GmbH-Konzernrecht – Stand und Entwicklung im österreichischen, italienischen und slowenischen Recht, 2003, 49; *Tröger,* Treupflicht im Konzernrecht, 2000; *Ulmer,* Der Gläubigerschutz im faktischen GmbH-Konzern beim Fehlen von Minderheitsgesellschaftern, ZHR 148 (1984), 391; *Verse,* Der Gleichbehandlungsgrundsatz im Recht der Kapitalgesellschaften, 2006; *Verse,* Treupflicht und Gleichbehandlungsgrundsatz, in: Bayer/Habersack, Bd. II, S. 579; *Wackerbarth,* Grenzen der Leitungsmacht in der internationalen Unternehmensgruppe, 2001; *Westermann,* Haftungsrisiken eines „beherrschenden" GmbH-Gesellschafters, NZG 2002, 1129; *Wiedemann,* Die Unternehmensgruppe im Privatrecht, 1988; *Wiedemann,* Treubindungen und Sachlichkeitsgebot, WM 2009, 1; *A. Wilhelm,* Drittstreckung im Gesellschaftsrecht, 2017; *J. Wilhelm,* Rechtsform und Haftung bei der juristischen Person, 1981; *J. Wilhelm,* Konzernrecht und allgemeines Haftungsrecht, Betr. 1986, 2113; *Wimmer-Leonhardt,* Konzernhaftungsrecht, 2004; *Winter,* Mitgliedschaftliche Treubindungen im GmbH-Recht, 1988; *Winter,* Eigeninteresse und Treupflicht bei der Einmann-GmbH in der neueren Rechtsprechung, ZGR 1994, 570; *Ziemons,* Die Haftung der Gesellschafter für Einflußnahmen auf die Geschäftsführung der GmbH, 1996.

Kommentare und Handbücher: *Altmeppen* in Roth/Altmeppen, GmbHG, 9. Aufl. 2019, Anh. § 13: Konzernrecht der GmbH; *Beurskens* in Baumbach/Hueck, GmbHG, 21. Aufl. 2017, Anhang: Die GmbH im Unternehmensverbund (GmbH-Konzernrecht); *Casper* in Ulmer/Habersack/Löbbe, GmbHG, 2. Aufl. 2016, Anh. § 77: GmbH-Konzernrecht; *Emmerich* in Scholz, GmbHG, 12. Aufl. 2018, Anh. § 13: GmbH-Konzernrecht; *Goette,* Die GmbH, 2. Aufl. 2002, § 9; *Goette/Habersack,* Das MoMiG in Wissenschaft und Praxis, 2009; *Habersack* in Emmerich/Habersack, Aktien- und GmbH-Konzernrecht, 9. Aufl. 2019, Anh. § 318 AktG: Abhängige GmbH und „faktischer" GmbH-Konzern; *Kessler* in Saenger/Inhester, GmbHG, 3. Aufl. 2016, Anh. § 13: Konzernrecht; *Kiefner* in Münchener Handbuch des Gesellschaftsrechts, Bd. 3: GmbH, 5. Aufl. 2018, §§ 67–70; *Liebscher* in MüKoGmbHG, 3. Aufl. 2018, Anh. § 13: Die GmbH als Konzernbaustein (GmbH-Konzernrecht); *Lutter/Hommelhoff* in Lutter/Hommelhoff, GmbHG, 19. Aufl. 2016, Anh. § 13: Die GmbH als verbundenes Unternehmen; *Maul* in Gehrlein/Born/Simon, GmbHG, 3. Aufl. 2017, Anh. § 13: Die GmbH als verbundenes Unternehmen (Konzernrecht); *Schnorbus* in Rowedder/Schmidt-Leithoff, GmbHG, 6. Aufl. 2017, Anh. § 52: Konzernrecht; *Servatius* in Michalski/Heidinger/Leible/Schmidt, GmbHG, 3. Aufl. 2017, Systematische Darstellung 4: Konzernrecht; *Ulmer* in Hachenburg, GmbHG, 8. Aufl. 1990/1992, Anh. § 77: GmbH-Konzernrecht; *Verse* in Henssler/Strohn, Gesellschaftsrecht, 4 Aufl. 2019, Anh. § 13: Konzernrecht der GmbH; *Weller/Discher* in Bork/Schäfer, GmbHG, 4. Aufl. 2015, Anh. § 13: Konzernrecht.

I. Begriff und Verbreitung

Die Definitionsnormen der §§ 15–19 AktG sind rechtsformneutral gefasst und beanspruchen deshalb auch für die GmbH Geltung (→ § 2 Rn. 1 ff.). Auch die GmbH kann somit verbundenes Unternehmen iSd § 15 AktG sein, insbes. also abhängiges oder herrschendes **Unternehmen** iSd § 17 AktG oder Konzernunternehmen iSd § 18 AktG.[1] Die gesellschaftsrechtlichen Fragen, die durch Unternehmensverbindungen unter Beteiligung einer GmbH aufgeworfen werden, bezeichnet man demgemäß als GmbH-Konzernrecht.[2]   **1**

Tatsächlich begegnen denn auch Unternehmensverbindungen unter Beteiligung von Gesellschaften mbH recht häufig (→ § 1 Rn. 8). Zurückzuführen ist dies vor allem darauf, dass sich die GmbH dank ihrer **flexiblen Organisations- und Finanzverfassung** ganz besonders zur Führung eines Konzerns und zur Einbindung in einen solchen eignet. In der Praxis scheinen zwar vertragslose Unternehmensverbindungen, also einfache Abhängigkeitsverhältnisse und faktische Konzerne, zu dominieren. Schon aus steuerlichen Erwägungen (→ § 1 Rn. 34 ff.) spielen jedoch auch Gewinnabführungsverträge eine nicht unbedeutende Rolle. Wenig bekannt geworden ist dagegen über die Verbreitung von sonstigen Unternehmensverträgen.   **2**

II. Grundsätzliche Problematik

Bei der GmbH bestehen die durch Abhängigkeits- und Konzernverhältnisse begründeten Gefahren (→ § 1 Rn. 23 ff.) im besonderen Maße. Ursächlich hierfür ist ihre Organisations- und Finanzverfassung. So kennt das GmbHG keine dem § 23 Abs. 5 AktG vergleichbare Vorschrift; der Mehrheitsgesellschafter, der über 75 % der Stimmen verfügt, kann deshalb die Organisation der GmbH weitgehend seinen Vorstellungen anpassen. Zudem sind die **Geschäftsführer weisungsgebunden.** Vor dem Hintergrund, dass die Gesellschafter in allen Angelegenheiten der Gesellschaft und damit auch in Fragen der Geschäftsführung Beschlüsse fassen können, die sodann vom Geschäftsführer zu vollziehen sind, ist es dem Mehrheitsgesellschafter ein leichtes, seinen Vorstellungen über die Geschäftspolitik zum Durchbruch zu verhelfen. Bisweilen wird er allerdings erst gar nicht den Weg über die Beschlussfassung wählen, sondern unmittelbar „Weisungen" erteilen. Zwar ist ein solches Vorgehen an sich nur nach Abschluss eines Beherrschungsvertrags erlaubt (→ § 30 Rn. 3, 18); gleichwohl müssen die Minderheitsgesellschafter damit rechnen, dass das herrschende Unternehmen an der Gesellschafterversammlung vorbei agiert und dadurch sogar das Recht zur Beschlussanfechtung vereitelt (→ § 28 Rn. 12, 24).   **3**

Bedenkt man, dass die GmbH typischerweise personalistisch strukturiert ist und der GmbH-Gesellschafter durch die Abhängigkeit seiner Gesellschaft nicht nur finanziell, sondern häufig auch existentiell betroffen ist, ferner, dass GmbH-Anteile nicht ohne weiteres übertragen werden können,[3] so erscheint der **Schutz der Minderheit** im GmbH-Recht nach allem als besonders dringlich. Aber auch der **Gläubigerschutz**   **4**

---

[1] Zur Frage der analogen Anwendung der §§ 291 ff., 311 ff., 319 ff. AktG → Rn. 5 ff.
[2] Allgemein zum Begriff des Konzernrechts und zu dessen Unschärfe → § 1 Rn. 1 ff.
[3] Es fehlt an einem organisierten Kapitalmarkt; zudem sieht die Satzung häufig die Vinkulierung des Anteils vor (§ 15 Abs. 5 GmbHG); dazu → § 8 Rn. 7 f.

steht vor besonderen Herausforderungen, ist doch nach § 30 GmbHG allein das zur Deckung des Stammkapitals erforderlich Vermögen gebunden. Die damit schon im Allgemeinen verbundene Insolvenzanfälligkeit der GmbH steigert sich noch, wenn die allseitige Bindung an den gemeinsamen Zweck durch das anderweitig verfolgte unternehmerische Interesse des beherrschenden Gesellschafters in Frage gestellt ist.

III. Das GmbH-Konzernrecht im Überblick

1. Gesetzliche Regelungen

5 Das GmbHG enthält zwar bis heute keine Vorschriften über verbundene Unternehmen.[4] **Einzelne Bereiche** des GmbH-Konzernrechts sind freilich **außerhalb des GmbHG** geregelt.[5] So knüpfen die Definitionsnormen der §§ 15–19 AktG allgemein an das Vorliegen verbundener Unternehmen an und beanspruchen deshalb auch für die GmbH Geltung (→ § 2 Rn. 1 ff.). Die Vorschriften der §§ 20–22 AktG über Mitteilungspflichten gelten auch für die GmbH, wenn es sich bei dem anderen beteiligten Unternehmen um eine AG oder KGaA handelt (→ § 6 Rn. 11 ff.). Auch die §§ 291–310 AktG über Unternehmensverträge sind unmittelbar auf die GmbH anwendbar, wenn sie die Stellung der herrschenden Gesellschaft einnimmt und es sich bei der beherrschten Gesellschaft um eine AG oder KGaA handelt. Schließlich kann die GmbH als herrschendes Unternehmen Adressat der §§ 311 ff. AktG sein.

2. Ungeregelte Bereiche

6 Es bleiben somit im Wesentlichen fünf Bereiche, für die es an einer ausdrücklichen Regelung fehlt:

a) Abhängige oder konzernierte GmbH

7 Was zunächst die Rechtslage bei Abhängigkeit oder faktischer Konzernierung der GmbH betrifft, so sind die **§§ 311 ff. AktG,** die ihrem Wortlaut nach eine abhängige AG oder KGaA voraussetzen, nach ganz herrschender Meinung auch **nicht entsprechend** auf die GmbH anzuwenden.[6] Für die §§ 312–315, 318 AktG folgt dies schon daraus, dass die GmbH weder über ein nicht weisungsgebundenes Geschäftsführungsorgan noch über einen – zur Prüfung des Abhängigkeitsberichts berufenen – obligatorischen Aufsichtsrat[7] verfügt. Dies wiederum bedeutet, dass auch für die entsprechende Anwendung der §§ 311, 317 AktG, die ja dem herrschenden Unternehmen unter der Voraussetzung des Nachteilsausgleichs die nachteilige Einflussnahme auf die abhängige Gesellschaft gestatten und deren Einhaltung durch den Abhängigkeitsbericht und dessen Prüfung gewährleistet werden soll, kein Raum ist.

---

4 Zum Scheitern der „großen" GmbH-Novelle 1971/73 sowie zum MoMiG → § 1 Rn. 16.
5 S. zum Konzernbilanz- und Konzernsteuerrecht in → § 1 Rn. 4, 29 ff., zur Mitbestimmung im Konzern → § 4 Rn. 44 ff.
6 BGHZ 65, 15 (18) – ITT; BGHZ 95, 330 (340) – Autokran; BGHZ 149, 10 (16) – Bremer Vulkan; OLG München ZIP 2015, 2472 (2475 f.); UHL/*Casper* GmbHG Anhang nach § 77 GmbH-Konzernrecht Rn. 53 f.; Scholz/*Emmerich* GmbHG Anhang § 13 Rn. 68; MüKoGmbHG/*Liebscher* GmbHG Anhang zu § 13: Die GmbH als Konzernbaustein (GmbH-Konzernrecht) Rn. 368 ff.; Henssler/Strohn/ *Verse* GmbHG Anhang § 13 Konzernrecht der GmbH Rn. 50 f.; aA – für analoge Anwendung der §§ 311, 317 AktG – *Kropff* FS Semler, 1993, 517 (536 ff.); *Kropff* FS Kastner, 1992, 279 (292); für Zulässigkeit des Nachteilsausgleichs bei bloßen Abhängigkeitsverhältnissen auch *K. Schmidt* § 39 III 2 c).
7 Eine Ausnahme gilt für die mitbestimmte GmbH, → § 4 Rn. 43 ff.

Den Gefahren der Abhängigkeit und der Einbindung in einen faktischen Konzern 8
kann vielmehr für die **mehrgliedrige GmbH** durch Rückgriff auf allgemeine Grundsätze und Institute des GmbH-Rechts, darunter die Beschlusskontrolle, die mitgliedschaftliche Treupflicht und den Grundsatz der Gleichbehandlung, Rechnung getragen werden. Zumal im Zusammenwirken mit der actio pro socio, dem umfassenden Informationsrecht aus § 51a GmbHG und den Stimmverboten des § 47 Abs. 4 GmbHG sorgen sie für einen effektiven Schutz der Gesellschaft und damit zugleich (reflexartig) für den Schutz der auf das Gesellschaftsinteresse bedachten Minderheit und der Gläubiger. Anders verhält es sich dagegen in der **Einpersonen-GmbH.** Bei ihr bereitet schon die Begründung eines Schädigungsverbots Probleme. Es kommt hinzu, dass es außerhalb der Insolvenz an einer Person fehlt, die etwaige Ansprüche der GmbH gegen den Gesellschafter geltend macht; selbst ein Fremdgeschäftsführer ist dazu angesichts seiner Weisungsbindung und persönlichen Abhängigkeit nicht imstande. Der Gläubigerschutz in der Einpersonen-GmbH stellt deshalb das GmbH-Recht vor besondere Herausforderungen (→ § 31 Rn. 1 ff.).

b) Qualifizierte Schädigung – „Existenzvernichtung"

Schon im Zusammenhang mit der abhängigen AG konnte festgestellt werden, dass das 9
herrschende Unternehmen, wenn es die Grenzen der nach § 311 AktG erlaubten Einflussnahme überschreitet und der abhängigen Gesellschaft einen nicht bezifferbaren Nachteil oder Schaden zufügt, in entsprechender Anwendung der §§ 302, 303 AktG auf Verlustausgleich haftet und in der Insolvenz der abhängigen Gesellschaft unmittelbar von den Gläubigern in Anspruch genommen werden kann (→ § 28 Rn. 5 ff.). Die Problematik einer solchen qualifizierten Schädigung begegnet auch (und in der Praxis sogar in erster Linie) im GmbH-Recht, und zwar nicht nur, aber **vor allem beim Fehlen von Minderheitsgesellschaftern** (→ § 31 Rn. 1 ff.).

c) Gruppenbildungskontrolle

Die Notwendigkeit einer Gruppenbildungskontrolle auf der Ebene sowohl der abhän- 10
gigen als auch der herrschenden GmbH steht heute, obschon es an einer ausdrücklichen Regelung fehlt, weitgehend außer Frage. Auch insoweit kann für die **abhängige GmbH** auf die mitgliedschaftliche Treupflicht zurückgegriffen werden; sie bildet den Kontrollmaßstab für abhängigkeitsbegründende Beschlüsse und zugleich die Grundlage eines Wettbewerbsverbots des herrschenden Unternehmens (→ § 8 Rn. 6 ff.). Aber auch auf der Ebene der **Obergesellschaft** fügt sich der Schutz der Gesellschafter vor gruppenbildenden Maßnahmen ohne weiteres in die gesetzliche Organisationsverfassung der GmbH ein (→ § 9 Rn. 9 ff.).

d) Unternehmensverträge

Weitgehend anerkannt ist, dass die GmbH auch als abhängige oder als zur Erbringung 11
der vertragstypischen Leistung (insbes. zur Gewinnabführung) verpflichtete Partei einen Unternehmensvertrag schließen kann. Fraglich ist allein, ob und inwieweit die §§ 291 ff. AktG entsprechende Anwendung finden; insoweit herrscht heute eine **differenzierende Betrachtungsweise** vor.[8]

---

[8] Näher → § 32 Rn. 7 ff.; gegen Analogie zu §§ 291 ff. *Schreiber* Konzernrechtsfreie Kontrolle, 102 ff.; dazu *Liebscher* ZHR 183 (2019), 78 ff.

e) Eingliederung; Squeeze Out

12 Die Vorschriften der §§ 319 ff. AktG über die Eingliederung gelten ausschließlich für die AG.[9] Die Eingliederung einer GmbH kommt deshalb ebenso wenig in Betracht wie die Eingliederung einer anderen Gesellschaft in eine GmbH. Entsprechendes gilt für die Vorschriften der §§ 327 a ff. AktG über den Ausschluss von Minderheitsaktionären. Auch ihr Anwendungsbereich beschränkt sich auf die AG (→ § 10a Rn. 6). GmbH-Gesellschafter können zwar aus wichtigem Grund aus der Gesellschaft ausgeschlossen werden;[10] allein die Tatsache, dass sie eine Minderheitsposition einnehmen, rechtfertigt eine solche Ausschließung freilich nicht.

§ 30. Abhängigkeit und einfacher Konzern

Literatur: S. o. bei § 29.

I. Einführung

1 Befindet sich die GmbH in einem Abhängigkeits- oder gar Konzernverhältnis, ist dies mit großen Gefahren für die Minderheitsgesellschafter und die Gläubiger verbunden. Ursächlich hierfür ist vor allem die Organisationsverfassung der GmbH (→ § 29 Rn. 3 f.). Diese ermöglicht freilich umgekehrt einen **effektiven Präventivschutz,** der darauf abzielt, die Begründung eines Abhängigkeitsverhältnisses gegen den Willen der Minderheit nach Möglichkeit zu vermeiden (→ § 8 Rn. 6 ff.). **Konzernanfälligkeit** der GmbH und Möglichkeit des Präventivschutzes gehen also Hand in Hand: Während das Modell der §§ 311 ff. AktG davon ausgeht, dass die AG dank ihrer Organisations- und Finanzverfassung weithin konzernresistent ist und den außenstehenden Aktionären deshalb die Einbindung der AG in einen Konzern zugemutet werden kann (→ § 8 Rn. 14 ff.), reagiert das GmbH-Recht auf die besondere Gefährdung der Minderheit mit einem zweistufigen Schutzsystem.[1] Zunächst greifen die Grundsätze über die Gruppenbildungskontrolle ein. Ist die GmbH in die Abhängigkeit geraten, gelangen auf einer zweiten Stufe die Schranken der Einflussnahme zur Anwendung. Dabei ist schon im Ansatz zwischen der **mehrgliedrigen,** also über Minderheitsgesellschafter verfügenden GmbH und der **Einpersonen-GmbH** zu unterscheiden (→ Rn. 7 ff., 20 f.; → § 31 Rn. 1 ff.).

II. Instrumente des Minderheiten- und Gläubigerschutzes

1. Geltung der allgemeinen Vorschriften und Grundsätze

2 In Ermangelung einer gesetzlichen Regelung des GmbH-Konzernrechts hat der Schutz der GmbH sowie ihrer Gläubiger und Minderheitsgesellschafter unter Rückgriff auf allgemeine Grundsätze und Institute des GmbH-Rechts zu erfolgen.[2] Dies entspricht zwar dem konzernrechtlichen Grundansatz zahlreicher Nachbarrechtsordnungen (→ § 1 Rn. 42 f.), weicht aber ganz wesentlich von der Konzeption des Aktienrechts ab. Wenn gleichwohl von spezifisch konzernrechtlichen Grundsätzen des GmbH-Rechts gesprochen werden kann, so deshalb, weil der **allgemeine Konzern-**

---

[9] → § 10 Rn. 4 f., dort auch zur umstr. Frage der Eingliederung in eine KGaA.
[10] UHL/*Ulmer/Habersack* GmbHG Anhang § 34 Rn. 9 ff.; zu Hinauskündigungsklauseln → § 10a Rn. 6.
[1] Zu diesen Zusammenhängen s. auch *Hommelhoff* ZGR 2012, 535 (551 ff.).
[2] → Rn. 7 ff.; zum Scheitern der großen GmbH-Reform → § 1 Rn. 16; zu konzernrechtlichen Regelungen außerhalb des GmbH-Gesetzes → § 1 Rn. 4 ff., → § 29 Rn. 5 ff.

konflikt, der aus der anderweitigen wirtschaftlichen Interessenbindung des herrschenden Unternehmens resultiert, unabhängig von der gesetzgeberischen Konzeption besteht und eine besondere Reaktion der Rechtsordnung erfordert.

Am **Beispiel** der mitgliedschaftlichen Treupflicht (→ Rn. 7 ff.) sei dies verdeutlicht: 3 Obschon die Treupflicht die Mitgliedschaft eines jeden Gesellschafters prägt, kommt ihr in der Person des die GmbH beherrschenden Unternehmensgesellschafters gesteigerte Bedeutung zu. Bildet nämlich die Treupflicht ganz allgemein das Korrektiv für das in der Mitgliedschaft verkörperte Einflusspotential des GmbH-Gesellschafters, so ist sie besonderes vonnöten, wenn ein Gesellschafter nicht nur über ein hohes Maß an Einfluss verfügt, sondern zugleich ein anderweitiges unternehmerisches Interesse verfolgt. Dann nämlich besteht die ernste Gefahr, dass sich der Gesellschafter nicht mehr von dem gemeinsamen Zweck leiten lässt, vielmehr zum Nachteil der Gesellschaft von seinem Einfluss auf die Geschäftsführung Gebrauch macht. Das herrschende Unternehmen unterliegt aus diesem Grund einer **„gesteigerten" Treupflicht,** die ihm nicht nur jegliche Schädigung der GmbH verbietet, sondern sich sogar zu einem präventiv wirkenden Wettbewerbsverbot verdichten kann (→ § 8 Rn. 10 ff.). Darüber hinaus erscheint es in der mehrgliedrigen GmbH veranlasst, einem solchen Gesellschafter das unternehmerische Risiko der abhängigen Gesellschaft zuzuweisen, wenn er die ihm obliegende Treupflicht verletzt und sich der Schaden der Gesellschaft infolge der besonderen Art der Einflussnahme nicht ermitteln lässt.[3]

2. Minderheitenschutz

Der Schutz der Minderheit[4] erfolgt **in erster Linie reflexartig,** nämlich durch die Bin- 4 dung des herrschenden Unternehmens an den Zweck und das Interesse der abhängigen Gesellschaft (→ Rn. 3, 7 ff.). Hinzu kommen die allgemeinen Instrumente des Minderheitenschutzes, darunter insbes. der Grundsatz der **Gleichbehandlung.**[5] Er findet zwar auch in der unabhängigen GmbH Anwendung und verbietet jegliche sachlich nicht gerechtfertigte Privilegierung eines Gesellschafters; die Gefahr einer Ungleichbehandlung besteht indes vor allem dann, wenn ein Gesellschafter über eine beherrschende Stellung verfügt und deshalb imstande ist, den Geschäftsführer zur Gewährung von Sondervorteilen zu veranlassen.

Herausragende Bedeutung für den Minderheitenschutz kommt darüber hinaus den 5 **Stimmverboten des § 47 Abs. 4 GmbHG** zu. Sie beanspruchen auch dann Geltung, wenn einer der Ausschlusstatbestände zwar nicht in der Person des beherrschenden Gesellschafters, wohl aber in der Person einer von diesem gleichfalls kontrollierten Gesellschaft verwirklicht ist.[6] Ein Recht zum **Austritt** aus der abhängigen Gesellschaft haben die außenstehenden Gesellschafter dagegen nicht; ein solches Recht besteht

---

[3] Näher zur qualifizierten Schädigung → Rn. 20 f.; für die AG → § 28 Rn. 5 ff.
[4] Zur Rechtslage beim Fehlen von Minderheitsgesellschaftern sowie bei Einverständnis der Minderheitsgesellschafter mit der Schädigung der Gesellschaft → § 31 Rn. 1 ff.
[5] Näher zu ihm UHL/*Raiser* § 14 Rn. 113 ff.; Lutter/Hommelhoff/*Bayer* GmbHG § 14. 46 ff.; *Verse* Gleichbehandlungsgrundsatz S. 67 ff., 161 ff.; Bayer/Habersack Bd. II/*Verse*, S. 579 ff. – Zu weiteren Instrumenten des Minderheitenschutzes (§§ 50, 51a GmbHG; Beschlussanfechtung) s. Emmerich/Habersack Aktien-/GmbH-KonzernR/*Habersack* AktG Anh. § 318 Rn. 26; zur actio pro socio → Rn. 18.
[6] OLG Brandenburg ZIP 2018, 1417 (1420 ff.); UHL/*Hüffer/Schürnbrand* GmbHG § 47 Rn. 140 ff.; Rowedder/Schmidt-Leithoff/*Schnorbus* GmbHG Anhang § 52 Rn. 55; *Wackerbarth* Leitungsmacht S. 248 ff.; zur konzerndimensionalen Anwendung des § 181 BGB s. *Timm* AcP 193 (1993), 423 ff.

vielmehr erst, wenn das herrschende Unternehmen die GmbH in qualifizierter, dh dem Einzelausgleich nicht mehr zugänglicher Weise schädigt.[7]

3. Gläubigerschutz

6 Der Schutz der Gläubiger wird auch in der abhängigen oder konzernierten GmbH vor allem durch die Grundsätze über die **Kapitalaufbringung und -erhaltung** besorgt. Dabei kommt dem auf §§ 30, 31 GmbHG gründenden Gläubigerschutz eine konzerndimensionale Bedeutung zu, indem er nicht nur Leistungen an das herrschende Unternehmen, sondern insbes. auch solche an ein von diesem gleichfalls abhängiges Unternehmen erfasst.[8] Entsprechendes gilt für die Grundsätze über Gesellschafterdarlehen.[9] IÜ werden die Gläubiger reflexartig, nämlich über das aus der Treupflicht folgende **Schädigungsverbot** geschützt: Durch die Bindung des herrschenden Unternehmens an den Zweck und das Interesse der abhängigen Gesellschaft soll der – in der unabhängigen Gesellschaft typischerweise gegebene – Gleichlauf von Gesellschafts- und Gesellschafterinteresse wiederhergestellt und damit eine im Interesse der Gesellschaft liegende Unternehmensführung gesichert werden. Probleme bereitet dies allerdings beim Fehlen von Minderheitsgesellschaftern. Dann nämlich sieht sich das herrschende Unternehmen so gut wie keinen Schranken der Einflussnahme ausgesetzt, so dass auch ein durch die Treupflicht vermittelter Schutz der Gläubiger grds. (und vorbehaltlich eines Bestandsinteresses der abhängigen Gesellschaft, → § 31 Rn. 4 ff.) ausscheiden muss.

III. Schädigungsverbot

1. Grundlage

a) Mitgliedschaftliche Treupflicht

7 Im Ergebnis herrscht Einvernehmen darüber, dass dem herrschenden Unternehmen, nicht anders als einem sonstigen Gesellschafter, jede schädigende Einflussnahme auf die Gesellschaft verboten ist. Die mit einem Abhängigkeitsverhältnis verbundene besondere Gefährdung der Gesellschaft und ihrer Außenseiter (→ § 1 Rn. 23 ff.) hat freilich die Frage aufkommen lassen, ob dieser Gefahrenlage mit den allgemeinen Instituten des GmbH-Rechts oder mit spezifisch konzernrechtlichen Instrumentarien zu begegnen ist.[10] Nachdem allerdings der BGH in dem bahnbrechenden **„ITT"-Urteil von 1975** mitgliedschaftliche Treupflichten nicht nur für das Verhältnis zwischen den Gesellschaftern und der Gesellschaft, sondern auch für dasjenige der Gesellschafter untereinander anerkannt hat,[11] und sich die analoge Anwendung der §§ 311 ff. AktG

---

[7] OLG Saarbrücken AG 1980, 26 (28); UHL/*Casper* GmbHG Anhang nach § 77 GmbH-Konzernrecht Rn. 169; Rowedder/Schmidt-Leithoff/*Schnorbus* GmbHG Anhang § 52 Rn. 63, 90; Henssler/Strohn/ *Verse* GmbHG Anhang § 13 Konzernrecht der GmbH Rn. 39; aA – für Austrittsrecht bei einfacher Konzernierung – *Wiedemann* Unternehmensgruppe S. 67 ff.; *Hommelhoff* ZGR 2012, 535 (561); *Kallmeyer* GmbHR 2001, 745 (748 f.); *Schindler*, Das Austrittsrecht in Kapitalgesellschaften, 1999, S. 191 ff.; für die personalistische GmbH MHdB GesR III/*Kiefner* § 68 Rn. 11.

[8] Zur Reichweite des § 30 GmbHG im Konzernverbund Scholz/*Verse* GmbHG § 30 Rn. 38 ff.; UHL/ *Habersack* GmbHG § 30 Rn. 71 ff.; eingehend *A. Wilhelm* Dritterstreckung S. 46 ff.

[9] BGH ZIP 2012, 865 mwN; s. ferner *Habersack* ZIP 2007, 2145.

[10] Näher zu Alternativkonzeptionen *Emmerich/Sonnenschein*, Konzernrecht, 6. Aufl. 1997, § 24 II (S. 387 f.).

[11] BGHZ 65, 15 (18 ff.) – ITT; zur Treupflicht zwischen den Aktionären → § 8 Rn. 18 ff.; → § 24 Rn. 28 f.

auf die abhängige oder konzernierte GmbH aus verschiedenen Gründen verbietet (→ § 29 Rn. 6), sollte es sich verstehen, dass das Schädigungsverbot, auch soweit es um Einflussnahmen des herrschenden Unternehmens geht, auf der Treupflicht gründet.[12] Sie ermöglicht jedenfalls für die mehrgliedrige GmbH einen effektiven Schutz der Gesellschaft und ihrer Außenseiter, so dass es der Herausbildung alternativer (gleichfalls ungeschriebener) Haftungstatbestände nicht bedarf.

b) Bezugspunkt und Rangordnung

Was das Verhältnis zwischen der Treupflicht gegenüber der Gesellschaft und derjeni- 8 gen gegenüber den Mitgesellschaftern betrifft, so gebührt ersterer der Vorrang.[13] Für diese Ansicht sprechen bereits die **§ 117 Abs. 1 S. 2 AktG, § 317 Abs. 1 S. 2 AktG.** Aber auch die in § 309 Abs. 4 S. 1, 2 AktG, § 317 Abs. 4 AktG ausdrücklich vorgesehene Befugnis des Aktionärs zur Geltendmachung des Anspruchs der Gesellschaft zeigt, dass jedenfalls dem AktG die Anerkennung eines auf der Schädigung der Gesellschaft gründenden eigenen Anspruchs des einzelnen Mitglieds fremd ist. Gründe, die für das GmbH-Recht eine im Grundsätzlichen abweichende Beurteilung rechtfertigen, sind nicht ersichtlich. Insbes. lässt sich die Konkurrenz von Ansprüchen der GmbH und ihrer Gesellschafter nicht aus der Rechtslage in der Einpersonen-Gesellschaft (→ § 31 Rn. 1 ff.) herleiten.[14] Zwar trifft es zu, dass beim Fehlen von Minderheitsgesellschaftern die Annahme einer Treupflichtverletzung grds. ausscheidet; indes liegt dies daran, dass die Treupflicht auf den Zweck und das Interesse der Gesellschaft bezogen ist, diese aber durch die Gesellschafter (in der Einpersonen-Gesellschaft mithin durch den alleinigen Gesellschafter) definiert werden.

Nach allem ist für die Treupflicht der Gesellschafter untereinander und auf deren Ver- 9 letzung gründende Ansprüche nur Raum, soweit **Individualinteressen der Mitglieder** betroffen sind. Soweit dagegen die Gesellschaft geschädigt ist, steht allein ihr ein entsprechender Anspruch zu. Die Geltendmachung desselben, sei es durch den dazu an sich berufenen Geschäftsführer oder im Wege der actio pro socio (→ Rn. 18), bringt zugleich den durch die Mitgliedschaft vermittelten Reflexschaden der Gesellschafter in Wegfall.

---

[12] Heute ganz hM, s. BGHZ 65, 15 (18 ff.) – ITT; BGHZ 95, 330 (340) – Autokran; UHL/*Casper* GmbHG Anhang nach § 77 GmbH-Konzernrecht Rn. 73, 76; Scholz/*Emmerich* GmbHG Anhang § 13 Rn. 68, 70; Baumbach/Hueck/*Beurskens* Anhang Die GmbH im Unternehmensverbund (GmbH-Konzernrecht) Rn. 77; Lutter/Hommelhoff/*Lutter/Hommelhoff* GmbHG Anhang § 13 Rn. 39; MüKoGmbHG/Liebscher GmbHG Anhang zu § 13: Die GmbH als Konzernbaustein (GmbH-Konzernrecht) Rn. 373 ff.; Rowedder/Schmidt-Leithoff/*Schnorbus* GmbHG Anhang § 52 Rn. 56; Gehrlein/Born/Simon/*Maul* GmbHG Anhang § 13 Rn. 60 f.; *Wimmer-Leonhardt* Konzernhaftungsrecht S. 157 ff.; *Winter* Treubindungen S. 113 ff.; kritisch *Bälz* AG 1992, 277 (293); aA – für Organhaftung entsprechend § 43 Abs. 2 GmbHG – *Wilhelm* Rechtsform S. 253, 326, 352 ff.; für spezifische Konzernverschuldenshaftung *Lutter* ZGR 1982, 244 (265 ff.); *U. H. Schneider* ZGR 1980, 511 (532 ff.).

[13] UHL/*Casper* GmbHG Anhang nach § 77 GmbH-Konzernrecht Rn. 76; Henssler/Strohn/*Verse* GmbHG Anhang § 13 Konzernrecht der GmbH Rn. 54; *Winter* Treubindungen S. 85 ff.; Emmerich/Habersack Aktien-/GmbH-KonzernR/*Habersack* AktG Anh. § 318 Rn. 27; s. ferner OLG Hamm ZIP 2002, 1486 (1487 f.); aA UHL/*Raiser* GmbHG § 14 Rn. 57, 81; *Lutter* ZHR 162 (1998), 164 (178 ff.); wohl auch BGHZ 65, 15 – ITT; zur Einordnung dieser Entscheidung s. aber auch BGH ZIP 2013, 1376 Rn. 18; *Ulmer* NJW 1976, 191 (193); *Wiedemann* JZ 1976, 392 (395).

[14] So aber *Lutter* ZHR 162 (1998), 164 (183).

2. Inhalt

10 Die mitgliedschaftliche Treupflicht verbietet dem herrschenden Unternehmen **jede schädigende Einflussnahme** auf die abhängige Gesellschaft, ohne dass es darauf ankommt, in welcher Form sich diese Einflussnahme vollzieht. Erfasst werden also sowohl Einwirkungen auf die Geschäftsführer iRd gesetzlichen Zuständigkeitsordnung über Beschlüsse der Gesellschafterversammlung als auch direkte Weisungen außerhalb der gesetzlichen Zuständigkeitsordnung. Beide ziehen namentlich die Verpflichtung zum Schadensersatz nach sich.[15] Eingeschränkt ist das Schädigungsverbot allerdings bei **Zustimmung aller Mitgesellschafter** zu der schädigenden Maßnahme;[16] in diesem Fall – wie auch beim Fehlen von Minderheitsgesellschaftern – haftet der Gesellschafter für schädigende Eingriffe nur unter dem Gesichtspunkt der **Insolvenzverursachungshaftung** (→ § 31 Rn. 6 ff.).

11 Für die Frage, wann die Einflussnahme des herrschenden Unternehmens auf die abhängige Gesellschaft schädigenden Charakter hat, kann an die zu §§ 311, 317 AktG entwickelten Maßstäbe angeknüpft werden.[17] Maßgebend ist also, ob der pflichtbewusste und ordentliche Geschäftsführer einer unabhängigen Gesellschaft, der sich allein am Interesse der Gesellschaft und ihrer Gesellschafter orientiert, die fragliche Maßnahme gleichfalls vorgenommen oder wegen ihrer Risiken für die abhängige Gesellschaft unterlassen hätte (→ § 25 Rn. 14 ff.). Dies deckt sich, da dem **Begriff des Nachteils** eine Sorgfaltspflichtverletzung immanent ist, mit dem häufig als Maßstab[18] angeführten § 43 GmbHG.[19] Im Ergebnis darf jedenfalls das herrschende Unternehmen die abhängige Gesellschaft nicht zu Maßnahmen veranlassen, die mit den sich aus § 43 GmbHG ergebenden Maßstäben für eine ordentliche Geschäftsführung in einer unabhängigen Gesellschaft unvereinbar sind. Eine Abwendung der Schadensersatzpflicht durch Ausgleich der Nachteile entsprechend § 311 Abs. 2 AktG scheidet aus (→ § 29 Rn. 6).

3. Anwendungsbereich

12 Das Schädigungsverbot gilt innerhalb und außerhalb von Abhängigkeitsverhältnissen. Besonderheiten gelten in der Einpersonen-GmbH sowie dann, wenn sämtliche Minderheitsgesellschafter mit der schädigenden Einflussnahme einverstanden sind (→ § 31 Rn. 6 ff.). In **mehrstufigen Abhängigkeitsverhältnissen** beansprucht das Schädigungsverbot auch insoweit Geltung, als die Muttergesellschaft auf die Enkelgesellschaft einwirkt, also auch dann, wenn sie nicht direkt an der Letzteren beteiligt ist.[20] Begründen

---

[15] BGHZ 65, 15 (18 ff.) – ITT; BGHZ 95, 330 (340) – Autokran; Emmerich/Habersack Aktien-/GmbH-KonzernR/*Habersack* AktG Anh. § 318 Rn. 23, 30; näher zu den Rechtsfolgen → Rn. 15 ff.

[16] Zur davon zu unterscheidenden Frage der Abdingbarkeit der Treupflicht überzeugend *Fleischer/Harzmeier* NZG 2015, 1289 (1293 ff.); großzügiger *Leuschner* FS Ahrens, 2018, 636 ff.; zur organschaftlichen Treupflicht *Hellgardt* FS Hopt, 2010, 765 ff.

[17] Ebenso Scholz/*Emmerich* GmbHG Anhang § 13 Rn. 73; MüKoGmbHG/*Liebscher* GmbHG Anhang zu § 13: Die GmbH als Konzernbaustein (GmbH-Konzernrecht) Rn. 418; Henssler/Strohn/*Verse* GmbHG Anhang § 13 Konzernrecht der GmbH Rn. 50; s. ferner Emmerich/Habersack Aktien-/GmbH-KonzernR/*Habersack* AktG Anh. § 318 Rn. 29.

[18] Nicht dagegen als Grundlage des Anspruchs, → Rn. 7.

[19] OLG Saarbrücken AG 1980, 26 (28); Lutter/Hommelhoff/*Lutter/Hommelhoff* GmbHG Anhang § 13 Rn. 30; Rowedder/Schmidt-Leithoff *Schnorbus* GmbHG Anhang § 52 Rn. 56.

[20] Im Ergebnis wohl unstr., vgl. BGHZ 89, 162 (165 ff.) – Heumann/Ogilvy; BGH ZIP 2005, 117 (118); UHL/*Casper* GmbHG Anhang nach § 77 GmbH-Konzernrecht Rn. 74; Scholz/*Emmerich* GmbHG Anhang § 13 Rn. 77; MüKoGmbHG/Liebscher GmbHG Anhang zu § 13: Die GmbH als

lässt sich dies am ehesten mit Sinn und Zweck der Treupflicht: Bildet diese ein Korrektiv für die mitgliedschaftlich vermittelten Einwirkungsbefugnisse des Gesellschafters, so muss sich die Konzernmutter die Befugnisse, die der von ihr abhängigen Gesellschaft zustehen, zurechnen lassen.[21]

4. Beispiele

In der Frage, wann die Einflussnahme des herrschenden Unternehmens auf die abhän- **13** gige GmbH zu deren Schädigung geführt hat oder zu führen droht, ist, wie ausgeführt (→ Rn. 11), grds. von den iRd §§ 311, 317 AktG geltenden Maßstäben auszugehen: In den Fällen, in denen ein Nachteil iSd § 311 AktG vorliegt (→ § 25 Rn. 20ff.), ist auch eine Schädigung iSd aus der Treupflicht des herrschenden Unternehmens abgeleiteten Schädigungsverbots anzunehmen.[22]

Hervorzuheben sind namentlich die ungerechtfertigte Belastung der abhängigen **14** Gesellschaft mit Konzernkosten sowie ihre Schädigung durch die Berechnung unangemessener Konzernverrechnungspreise.[23] Weitere Beispiele sind die Inanspruchnahme von Sachen und Rechten der abhängigen Gesellschaft ohne angemessene Gegenleistung, die Abordnung qualifizierten Personals zum herrschenden Unternehmen, der Abzug von Liquidität, namentlich im Rahmen rigoroser Cash-Management-Systeme, weiter jede Form der Gewinnverlagerung, namentlich durch verdeckte Gewinnausschüttungen, die Umlenkung von Geschäftschancen der abhängigen Gesellschaft auf das herrschende Unternehmen,[24] jede nicht durch Gesellschaftsvertrag oder Gesellschafterbeschluss gedeckte Konkurrenz seitens des herrschenden Unternehmens,[25] die Sanierung einer anderen Tochtergesellschaft des Konzerns auf Kosten der Gesellschaft,[26] die Veranlassung der abhängigen Gesellschaft zu übermäßig riskanten oder spekulativen Geschäften, vor allem, wenn die Vorteile daraus allein dem herrschenden Unternehmen zugekommen, sowie schließlich ihre Veranlassung zu einem nachteiligen Effektenaustausch, zur Abgabe wertvoller Vermögensbestandteile oder zur Kreditgewährung an das herrschende

---

Konzernbaustein (GmbH-Konzernrecht) Rn. 412 ff.; eingehend *Emmerich* FS Stimpel, 1985, 743 (748 ff.); *Schneider/Burgard* FS Ulmer, 2003 579 (585 ff.); *Wimmer-Leonhardt* Konzernhaftungsrecht S. 322 ff.; *Wilhelm* Dritterstreckung S. 249 ff.; *Lakner* Der mehrstufige Konzern S. 163 ff.; aA *Schießl*, Die beherrschte Personengesellschaft, 1985, S. 94 ff., 103 f. – Zur Untreuestrafbarkeit des Geschäftsleiters im mehrstufigen Konzern s. BGH Konzern 2010, 315 mwN; dazu *Brand* Konzern 2010, 285.

21 So zu Recht *Emmerich* FS Stimpel, 1985, 743 (748 ff.); *Wiedemann/Hirte* ZGR 1986, 163 (165 f.); UHL/*Casper* GmbHG Anhang nach § 77 GmbH-Konzernrecht Rn. 74; MüKoGmbHG/*Liebscher* GmbHG Anhang zu § 13: Die GmbH als Konzernbaustein (GmbH-Konzernrecht) Rn. 413; Rowedder/Schmidt-Leithoff/*Schnorbus* GmbHG Anhang § 52 Rn. 58; aA – für Einbeziehung der Enkel-GmbH in den Schutzbereich der Treupflicht Mutter/Tochter – *Stimpel* AG 1986, 117 (119 ff.); *Winter* Treubindungen S. 256 ff.; *Assmann* FS 100 Jahre GmbH-Gesetz, 1992, 657 (710 f.); für unmittelbare Sonderverbindung *U. H. Schneider* ZGR 1980, 511 (532 ff.); *Limmer* Haftungsverfassung S. 78 ff.; *Tröger* Treupflicht S. 52 ff.

22 Näher zum Folgenden → § 25 Rn. 20 ff.; Emmerich/Habersack Aktien-/GmbH-KonzernR/*Habersack* AktG § 311 Rn. 46 ff.; UHL/*Casper* GmbHG Anhang nach § 77 GmbH-Konzernrecht Rn. 77 ff.

23 Vgl. für sachlich nicht gerechtfertigte Konzernumlagen BGHZ 65, 15 (18 ff.) – ITT; ferner BGHZ 141, 79 (84 ff.) (Steuerumlagen); BGHZ 124, 111 (118 f.) (allgemeine Dienstleistungen); näher → § 25 Rn. 25 ff.

24 BGH BB 1977, 465; NJW 1979, 2104; WM 1978, 1205.

25 Zum Wettbewerbsverbot des herrschenden Unternehmens → § 8 Rn. 10 ff.

26 OGH GesRZ 1982, 256.

Unternehmen oder andere Konzernunternehmen ohne angemessene Gegenleistung oder ohne Sicherheiten.[27]

IV. Rechtsfolgen einer Treupflichtverletzung

1. Ansprüche der Gesellschaft

15 Verletzt das herrschende Unternehmen seine Treupflicht, so ist es[28] der abhängigen Gesellschaft zum Ersatz des dieser daraus entstandenen **Schadens** verpflichtet, sofern es nicht nachweist, dass ihm ein Verschulden nicht zur Last fällt.[29] Der Inhalt des Anspruchs bestimmt sich nach §§ 249 ff. BGB. Hat etwa das herrschende Unternehmen Geschäftschancen der Gesellschaft unter Verletzung seiner Treupflicht selbst wahrgenommen, so ist es gemäß § 252 BGB zur Herausgabe des dabei erzielten Gewinns verpflichtet.[30] Zu Unrecht bezogene, verdeckt ausgeschüttete Gewinne sind nach § 249 S. 1 BGB zu erstatten.[31] Lässt sich der Schaden der Gesellschaft auch unter Rückgriff auf § 287 ZPO nicht ermitteln, so greifen in der mehrgliedrigen GmbH die Grundsätze über die qualifizierte Schädigung ein (→ Rn. 20 f.).

16 Die **Geltendmachung** des Anspruchs hat durch den Geschäftsführer zu erfolgen und setzt nach § 46 Nr. 8 GmbHG einen entsprechenden Beschluss der Gesellschafter voraus. Das herrschende Unternehmen ist dabei nach § 47 Abs. 4 S. 2 GmbHG vom Stimmrecht ausgeschlossen.

17 Bei bevorstehender (erstmaliger oder wiederholter) Verletzung der Treupflicht hat die abhängige Gesellschaft gegen das herrschende Unternehmen einen Anspruch auf **Unterlassung**.[32] Im Falle der rechtswidrigen Einbindung der abhängigen Gesellschaft in den Konzern des herrschenden Unternehmens kann sich hieraus auch ein Anspruch der abhängigen Gesellschaft auf Rückgängigmachung der Konzernierung ergeben;[33] von Bedeutung ist dies namentlich bei einer dem Einzelausgleich entzogenen Maßnahme nachteiliger Art (→ Rn. 20 f.).

2. Rechte der Gesellschafter und Gläubiger

18 Im Allgemeinen kann nicht damit gerechnet werden, dass die abhängige GmbH, solange nicht über ihr Vermögen das Insolvenzverfahren eröffnet worden ist, ihre Ansprüche gegen das herrschende Unternehmen tatsächlich verfolgt; denn sie müsste hierbei durch ihren Geschäftsführer vertreten werden, der typischerweise im Lager des herrschenden Unternehmens steht. Aus diesem Grund ist es weithin anerkannt, dass die **Gesellschafter** unter im Einzelnen umstrittenen Voraussetzun-

---

27 Näher zu Maßnahmen der Konzernfinanzierung → § 25 Rn. 22 ff.

28 § 317 Abs. 3 AktG kann nicht entsprechend angewandt werden, s. OLG Bremen NZG 1999, 724 (725); MüKoGmbHG/*Liebscher* GmbHG Anhang zu § 13: Die GmbH als Konzernbaustein (GmbH-Konzernrecht) Rn. 470; aA *Altmeppen* Haftung, 78 ff., 84 ff.; *Jungkurth* Konzernleitung S. 188 ff.

29 Für Beweislastumkehr auch Scholz/*Emmerich* GmbHG Anhang § 44 Rn. 87; MüKoGmbHG/*Liebscher* GmbHG Anhang zu § 13: Die GmbH als Konzernbaustein (GmbH-Konzernrecht) Rn. 464; Rowedder/Schmidt-Leithoff/*Schnorbus* GmbHG Anhang § 52 Rn. 61.

30 BGH WM 1978, 1205; BB 1977, 465.

31 Zur Frage eines konkurrierenden Anspruchs aus § 812 BGB s. Scholz/*Verse* § 29 Rn. 122 ff. mwN.

32 UHL/*Casper* GmbHG Anhang nach § 77 GmbH-Konzernrecht Rn. 86; Scholz/*Emmerich* GmbHG GmbHG Anhang § 13 Rn. 86; GmbH MHdB GesR III/*Kiefner* § 68 Rn. 19; MüKoGmbHG/*Liebscher* GmbHG Anhang zu § 13: Die GmbH als Konzernbaustein (GmbH-Konzernrecht) Rn. 484 f.

33 Ebenso zB *Fleck* ZHR 149 (1985), 387 (415 ff.); *Schilling* ZHR 140 (1976), 528 (535). – Zum Schutz der GmbH gegen die Begründung eines Abhängigkeits- oder Konzernverhältnisses → § 8 Rn. 6 ff.

gen[34] die Unterlassungs- und Schadensersatzansprüche der Gesellschaft geltend machen können.[35] Der klagende Gesellschafter hat dabei **Leistung an die Gesellschaft** zu verlangen. Soweit er einen unmittelbaren, also nicht lediglich durch die Mitgliedschaft in der geschädigten GmbH vermittelten Eigenschaden erlitten hat, kann er diesen aus eigenem Recht ersetzt verlangen.[36] Erfolgt die Einflussnahme durch das herrschende Unternehmen an der Gesellschafterversammlung vorbei, so können die übergangenen Gesellschafter zudem aus eigenem Recht auf Unterlassung und Beseitigung klagen.[37] Der Treupflicht widersprechende Beschlüsse sind schließlich anfechtbar.

Die **Gesellschaftsgläubiger** können etwaige Schadensersatzansprüche der GmbH pfänden und sich überweisen lassen; das Erfordernis eines Beschlusses nach § 46 Nr. 8 GmbHG entfällt ihnen gegenüber.[38] Unabhängig davon können die Gläubiger **entsprechend § 317 Abs. 4 AktG, § 309 Abs. 4 S. 3 AktG** das herrschende Unternehmen unmittelbar auf Leistung an sich selbst in Anspruch nehmen, freilich nur bis zur Deckung ihrer Forderung gegen die Gesellschaft.[39] **19**

V. Qualifizierte Schädigung

Die Problematik einer qualifizierten Schädigung,[40] also einer Schädigung der GmbH, die **dem Einzelausgleich** durch einen Schadensersatzanspruch der GmbH **nicht zugänglich** ist, begegnet im GmbH-Recht primär beim Fehlen opponierender (oder ahnungsloser) Minderheitsgesellschafter. Zumindest bei der Einpersonen-GmbH – ihr gleich steht die mehrgliedrige GmbH, deren Schädigung im Einvernehmen aller Gesellschafter erfolgt – gründet die Gesellschafterhaftung nach der neueren Rechtsprechung des BGH allerdings nicht mehr auf der analogen Anwendung der §§ 302, 303 AktG, sondern auf der Generalklausel des § 826 BGB (→ § 31 Rn. 4 ff.). Die Folge ist, dass es auf die Unternehmenseigenschaft des in Anspruch genommenen Gesellschafters nicht mehr ankommt, die Haftung vielmehr allgemeiner, dh nicht konzernspezifischer Natur ist (→ § 31 Rn. 4 f., 9). **20**

Existieren allerdings opponierende, der fraglichen Maßnahme nicht zustimmende **Minderheitsgesellschafter,** sprechen die uneingeschränkte Geltung des allgemeinen, **21**

---

34 Näher dazu, insbes. zum Verhältnis zu § 46 Nr. 8 GmbHG, UHL/*Hüffer/Schürnbrand* GmbHG § 46 Rn. 113 ff.

35 BGH ZIP 2013, 1376 Rn. 16 ff.; UHL/*Casper* GmbHG Anhang nach § 77 GmbH-Konzernrecht Rn. 88; Scholz/*Emmerich* GmbHG Anhang § 13 Rn. 86a; MüKoGmbHG/*Liebscher* GmbHG Anhang zu § 13: Die GmbH als Konzernbaustein (GmbH-Konzernrecht) Rn. 476 ff.; Emmerich/Habersack Aktien-/GmbH-KonzernR/*Habersack* AktG Anh. § 318 Rn. 32; *Assmann* FS 100 Jahre GmbH-Gesetz, 1992, 657 (681 f.); aA – für Klage aus eigenem Recht – *Lutter* ZHR 162 (1998), 164 (180); *Raiser* ZHR 153 (1989), 1 (9 ff.); dagegen → Rn. 8 f. Zu Sonderprüfung und Sondervertretung s. *Schürnbrand* ZIP 2013, 1301 ff.

36 Zur Treupflicht im Verhältnis der Gesellschafter untereinander → Rn. 7.

37 Emmerich/Habersack Aktien-/GmbH-KonzernR/*Habersack* AktG Anh. § 318 Rn. 31; ferner → § 28 Rn. 24.

38 MüKoGmbHG/*Liebscher* GmbHG Anhang zu § 13: Die GmbH als Konzernbaustein (GmbH-Konzernrecht) Rn. 480.

39 BGHZ 95, 330 (340); UHL/*Casper* GmbHG Anhang nach § 77 GmbH-Konzernrecht Rn. 88; Rowedder/Schmidt-Leithoff/*Schnorbus* GmbHG Anhang § 52 Rn. 62; Henssler/Strohn/*Verse* GmbHG Anhang § 13 Konzernrecht der GmbH Rn. 55; für die Einpersonen-GmbH s. *Altmeppen* ZIP 2001, 1837 (1846); *Ulmer* ZIP 2001, 2021 (2027 f.).

40 Näher dazu für die AG → § 28 Rn. 5 ff.

deutlich über das Verbot des existenzvernichtenden Eingriffs hinausgehenden Schädigungsverbots und die Tatsache, dass die Abhängigkeit ein gesteigertes Schutzbedürfnis auf Seiten der Minderheit begründet, dafür, der allgemeinen Haftung aus Treupflichtverletzung in Fällen, in denen das GmbH-rechtliche System des Einzelausgleichs versagt, mit der Verpflichtung des herrschenden Unternehmens zum Verlustausgleich und Abfindungsansprüchen der Minderheitsgesellschafter spezifisch konzernrechtliche und zudem im Vorfeld der Existenzvernichtung eingreifende Schutzinstrumentarien zur Seite zu stellen;[41] die Weisungsbindung des Geschäftsführers vermag daran nichts zu ändern.[42] Hiervon unberührt bleibt die „Existenzvernichtungshaftung" in Fällen, in denen es infolge des Eingriffs zur Insolvenzreife oder Insolvenzvertiefung – und damit zur „Existenzvernichtung" der mehrgliedrigen GmbH – gekommen ist.[43] Allzu große praktische Bedeutung dürfte der Frage freilich nicht zukommen,[44] zumal sich Abwehr- und Beseitigungsansprüche sowie ein Austrittsrecht der opponierenden Minderheit schon aus allgemeinen Grundsätzen herleiten lassen.[45]

§ 31. „Existenzvernichtungshaftung"

Literatur:[1] S. o. bei § 24 und 29 sowie *Altmeppen,* Grundlegend Neues zum „qualifiziert faktischen" Konzern und zum Gläubigerschutz in der Einmann-GmbH, ZIP 2001, 1837; *Altmeppen,* Existenzvernichtungshaftung und Scheinauslandsgesellschaften, FS Röhricht, 2005, S. 3; *Bayer,* Die Gesamtverantwortung der Gesellschafter für das Stammkapital und die Existenz der GmbH, FS Röhricht, 2005, 25; *Bitter,* Konzernrechtliche Durchgriffshaftung bei Personengesellschaften, 2000; *Bitter,* Der Anfang vom Ende des „qualifiziert faktischen GmbH-Konzerns" – Ansätze einer allgemeinen Mißbrauchshaftung in der Rechtsprechung des BGH, WM 2001, 2133; *Bruns,* Existenz- und Gläubigerschutz in der GmbH – das Vulkan-Konzept, WM 2003, 815; *Büscher,* Die qualifizierte faktische Konzernierung – eine gelungene Fortbildung des Rechts der GmbH?, 1999; *Burg/Hützen,* Existenzvernichtungshaftung im Vertragskonzern, Konzern

---

[41] Emmerich/Habersack Aktien-/GmbH-KonzernR/*Habersack* AktG Anh. § 318 Rn. 3; *K. Schmidt* § 39 III 3; MHLS/*Servatius* Systematische Darstellung 4 Rn. 421; *Cahn* ZIP 2001, 2159 (2160); *Eberl-Borges* Jura 2002, 761 (764); *Eberl-Borges* WM 2003, 105; *Habersack* ZGR 2008, 533 (556 f.); *Temming* Der vertragsbeherrschende Dritte S. 512 ff.; im Ergebnis auch *Mülbert* DStR 2001, 1937 (1944 ff.); wohl auch *Röhricht* FS BGH, 2000, 83 (104); *Röhricht* VGR 5 (2002), 3 (13 ff., 40 ff.); für das österreichische Recht *Torggler* in Kalss/Rüffler, 49 (81 ff.); s. ferner *Wiedemann* ZGR 2003, 283 (296 f.); aA Roth/Altmeppen/*Altmeppen* GmbHG Anhang § 13 Rn. 157 ff.; Henssler/Strohn/*Verse* GmbHG Anhang § 13 Konzernrecht der GmbH Rn. 58 f.; Bork/Schäfer/*Weller/Dischler* GmbHG Anhang § 13 Rn. 54; *Drygala* GmbHR 2003, 729 (739); *Henze* NZG 2003, 649 (654 f.); *Hoffmann* NZG 2002, 68 (72 f.); *Raiser* FS Ulmer, 2003, 493 (501 f.); *Römermann/Schröder* GmbHG 2001, 1015 (1019); diff. – für Weitergeltung der minderheitsschützenden Ausprägungen der Lehre vom qualifizierten faktischen Konzern – Scholz/*Emmerich* GmbHG Anhang § 13 Rn. 120 ff.; ähnlich UHL/*Casper* GmbHG Anhang nach § 77 GmbH-Konzernrecht Rn. 174 ff.; MüKoGmbHG/*Liebscher* GmbHG Anhang zu § 13: Die GmbH als Konzernbaustein (GmbH-Konzernrecht) Rn. 614 ff.

[42] AA *Bitter* ZIP 2001, 265 (270 ff.); zum Aktienrecht → § 28 Rn. 7 f.

[43] *Habersack* ZGR 2008, 533 (557 ff.); für Anwendbarkeit auch Scholz/*Emmerich* GmbHG Anhang § 13 Rn. 123 f.; *Lutter/Banerjea* ZGR 2003, 402 (433 ff.).

[44] S. die Rechtsprechungsanalyse von Ulmer/*Goette,* Haftung im qualifizierten faktischen GmbH-Konzern – Verbleibende Relevanz nach dem TBB-Urteil?, ZHR-Beiheft 70, 2002, S. 11 (12 ff.): Unter Geltung der „TBB"-Formel betrafen sämtliche vom BGH entschiedenen Fälle Einpersonen-Gesellschaften oder Gesellschaften mit einvernehmlich agierenden Gesellschaftern; ferner Henssler/Strohn/*Verse* GmbHG Anhang § 13 Konzernrecht der GmbH Rn. 57.

[45] Insoweit zutr. UHL/*Casper* GmbHG Anhang nach § 77 GmbH-Konzernrecht Rn. 177 ff.; Henssler/Strohn/*Verse* GmbHG Anhang § 13 Konzernrecht der GmbH Rn. 59; *Drygala* GmbHR 2003, 729 (739); *Hoffmann* NZG 2002, 68 (73 f.).

[1] Auswahl; zu weiteren Nachweisen, insbes. für die Zeit vor „TBB" (BGHZ 122, 123), s. die Nachw. bei Hachenburg/*Ulmer* GmbHG Anhang § 77 vor Rn. 97.

2010, 20; *Burgard,* Die Förder- und Treupflicht des Alleingesellschafters einer GmbH, ZIP 2002, 827; *Burgard,* Cash Pooling und Existenzgefährdung, VGR 6 (2003), 45; *Dauner-Lieb,* Die Existenzvernichtungshaftung – Schluss der Debatte?, DStR 2006, 2034; *Dauner-Lieb,* Die Existenzvernichtungshaftung als deliktische Innenhaftung gemäß § 826 BGB, ZGR 2008, 34; *Diem,* Besicherung von Gesellschafterverbindlichkeiten als existenzvernichtender Eingriff des Gesellschafters?, ZIP 2003, 1283; *Drygala,* Abschied vom qualifizierten faktischen Konzern – oder Konzernrecht für alle?, GmbHR 2003, 729; *Eberl-Borges,* Die Konzernhaftung im Kapitalgesellschaftskonzernrecht, Jura 2002, 761; *Emmerich,* Anmerkungen zu der Vulkan-Doktrin, AG 2004, 423; *Esters,* Die GmbH als taugliches Objekt von Konzernfinanzierungen und LBOs nach „Bremer Vulkan" und „KBV"?, GmbHR 2004, 105; *Gehrlein,* Die Existenzvernichtungshaftung im Wandel der Rechtsprechung, WM 2008, 761; *Gloge/C. Goette/Japing,* Existenzvernichtungshaftung und Unterkapitalisierung, ZInsO 2008, 1051; *Goette,* Haftung im qualifiziert faktischen Konzern – Verbleibende Relevanz nach dem TBB-Urteil? – Rechtsprechungsbericht, in: Ulmer (Hrsg.), Haftung im qualifizierten faktischen Konzern – Verbleibende Relevanz nach dem TBB-Urteil?, ZHR-Beiheft 70, 2002, 11; *Goette,* Die aktuelle höchstrichterliche Rechtsprechung zum Gesellschaftsrecht, VGR 13 (2008), 1; *Grigoleit,* Gesellschafterhaftung für interne Einflussnahme im Recht der GmbH, 2006; *Haas,* Die Gesellschafterhaftung wegen „Existenzvernichtung", WM 2003, 1929; *Haas,* Reform des gesellschaftsrechtlichen Gläubigerschutzes, Gutachten E für den 66. DJT, 2006; *Haas,* Ist das Trihotel-Haftungsmodell Vorbild auch für andere dem Schutz der Gläubigergesamtheit dienende Ansprüche?, ZIP 2009, 1257; *Habersack,* Trihotel – Das Ende der Debatte?, Überlegungen zur Haftung für schädigende Einflussnahme im Aktien- und GmbH-Recht, ZGR 2008, 533; *Hennrichs,* Zur Kapitalaufbringung und Existenzvernichtungshaftung in sog. Aschenputtel-Konstellationen, FS U. H. Schneider, 2011, 489; *Henze,* Gesichtspunkte des Kapitalerhaltungsgebotes und seiner Ergänzung im Kapitalgesellschaftsrecht in der Rechtsprechung des BGH, NZG 2003, 649; *Hoffmann,* Das GmbH-Konzernrecht nach dem „Bremer Vulkan"-Urteil, NZG 2002, 68; *Ihrig,* Einzelfragen zur Existenzvernichtungshaftung als Binnenhaftung, DStR 2007, 1170; *Kessler,* Kapitalerhaltung und normativer Gläubigerschutz in der Einpersonen-GmbH – zum „beiläufigen" Ende des „qualifizierten faktischen" GmbH-Konzerns, GmbHR 2001, 1095; *Kessler,* Die Durchgriffshaftung wegen „existenzgefährdender" Eingriffe – Zur dogmatischen Konzeption des Gläubigerschutzes in der GmbH, GmbHR 2002, 945; *Kessler,* Unternehmensstilllegung, Managementversagen und Haftungsdurchgriff – Zur dogmatischen Grundstruktur des existenzvernichtenden Eingriffs, GmbHR 2005, 257; *Kleindiek,* Materielle Unterkapitalisierung, Existenzvernichtung und Deliktshaftung – GAMMA, NZG 2008, 686; *A. Koch,* Die Abkehr von der „bilanziellen Betrachtungsweise" und ihre Auswirkungen auf die Existenzvernichtungshaftung, 2007; *Koppensteiner,* „Existenzvernichtung" der GmbH durch ihren einzigen Gesellschafter, FS Honsell, 2002, 607; *Kroh,* Der existenzvernichtende Eingriff, 2013; *Kropff,* Benachteiligungsverbot und Nachteilsausgleich im faktischen Konzern, FS Kastner, 1992, 279; *Kurzwelly,* Die Existenzvernichtungshaftung – Entwicklung und Abschluss einer höchstrichterlichen Rechtsprechung, FS für Goette, 2011, 277; *Lieder,* Zur Haftung wegen existenzvernichtenden Eingriffs, DZWiR 2005, 309; *Lutter/Banerjea,* Die Haftung wegen Existenzvernichtung, ZGR 2003, 402; *Lutter/Banerjea,* Die Haftung des Geschäftsführers für existenzvernichtende Eingriffe, ZIP 2003, 2177; *Matschernus,* Die Durchgriffshaftung wegen Existenzvernichtung in der GmbH, 2007; *Mülbert,* Abschied von der „TBB"-Haftungsregel für den qualifiziert faktischen GmbH-Konzern, DStR 2001, 1937; *Nassall,* Der existenzvernichtende Eingriff in die GmbH: Einwendungen aus verfassungs- und insolvenzrechtlicher Sicht, ZIP 2003, 969; *Nassall,* Kapitalersatz bei der GmbH – Abschied für immer oder Wiederkehr in anderer Gestalt?, NJW 2010, 2305; *Oechsler,* Die Existenzvernichtungshaftung und das Beweisrecht, FS U. H. Schneider, 2011, 913; *Osterloh-Konrad,* Abkehr vom Durchgriff: Die Existenzvernichtungshaftung des GmbH-Gesellschafters nach „Trihotel", ZHR 172 (2008), 274; *Raiser,* Die Haftung einer Schwestergesellschaft für die Schulden einer anderen Schwester nach dem Urteil „Bremer Vulkan" des BGH, FS Ulmer, 2003, 493; *Röhricht,* Die GmbH im Spannungsfeld zwischen wirtschaftlicher Dispositionsfreiheit ihrer Gesellschafter und Gläubigerschutz, FS BGH, Bundesanwaltschaft und Rechtsanwaltschaft beim BGH, 2000, 83; *Röhricht,* Die aktuelle höchstrichterliche Rechtsprechung zum Gesellschaftsrecht, VGR 5 (2002), 3; *Röhricht,* VGR 6 (2003), 3; *Röhricht,* Insolvenzrechtliche Aspekte im Gesellschaftsrecht, ZIP 2005, 505; *G. H. Roth,* Gläubigerschutz durch Existenzschutz, NZG 2003, 1081; *Rubner,* Abschied von der Existenzvernichtungshaftung, DStR 2005, 1694; *Rubner,* Die Haftung wegen sittenwidriger vorsätzlicher Existenzvernichtung, Konzern 2007, 635; *Schanze,* Gesellschafterhaftung für unlautere Einflussnahme nach § 826 BGB: Die Trihotel-Doktrin des BGH, NZG 2007, 681; *K. Schmidt,* Gesellschafterhaftung und „Konzernhaftung" bei der GmbH, NJW 2001, 3577; *S. H. Schneider,* (Mit-) Haftung des Geschäftsführers eines wegen Existenzvernichtung haftenden Gesellschafters, FS U. H. Schneider, 2011, 1177; *Schön,* Zur „Existenzvernichtung" der juristischen Person, ZHR 168 (2004),

268; *Schrell/Kirchner,* Fremdfinanzierte Unternehmenskäufe nach der KBV-Entscheidung des BGH: Sicherheitenpakete als existenzvernichtender Eingriff?, BB 2003, 1451; *Schwab,* Die Neuauflage der Existenzvernichtungshaftung: Kein Ende der Debatte, ZIP 2008, 341; *Seibt,* Gläubigerschutz bei Änderung der Kapitalstruktur durch Erhöhung des Fremdkapitalanteils (Leveraged Recapitalization/Leveraged Buy Out), ZHR 171 (2007), 282; *Steffek,* Der subjektive Tatbestand der Gesellschafterhaftung im Recht der GmbH – zugleich ein Beitrag zum Haftungsdurchgriff, JZ 2009, 77; *Stöber,* Die Haftung für existenzvernichtende Eingriffe, ZIP 2013, 2295; *Tröger/Dangelmayer,* Eigenhaftung der Organe für die Veranlassung existenzvernichtender Leitungsmaßnahmen im Konzern, ZGR 2011, 558; *Ulmer,* Der Gläubigerschutz im faktischen GmbH-Konzern beim Fehlen von Minderheitsgesellschaftern, ZHR 148 (1984), 391; *Ulmer,* Gesellschafterhaftung im faktischen Einmann-Konzern („Konzernhaftung"), in: *Ulmer,* Haftung im qualifizierten faktischen GmbH-Konzern – Verbleibende Relevanz nach dem TBB-Urteil?, ZHR-Beiheft 70, 2002, 41; *Ulmer,* Von „TBB" zu „Bremer Vulkan" – Revolution oder Evolution?, ZIP 2001, 2021; *Veil,* Gesellschafterhaftung wegen existenzvernichtenden Eingriffs und materieller Unterkapitalisierung, NJW 2008, 3264; *J. Vetter,* Rechtsfolgen existenzvernichtender Eingriffe, ZIP 2003, 601; *J. Vetter,* Rechtliche Grenzen und praktische Ausgestaltung von *Cash Management*-Systemen, VGR 6 (2003), 69; *J. Vetter,* Grundlinien der GmbH-Gesellschafterhaftung, ZGR 2005, 788; *J. Vetter,* Die neue dogmatische Grundlage des BGH zur Existenzvernichtungshaftung, BB 2007, 1965; *Waclawik,* Die Verantwortlichkeit für existenzvernichtendes Unterlassen, DStR 2008, 1486; *Waclawik,* Existenzvernichtungshaftung und kein Ende – Ein Nachruf auf die Konzernhaftung und andere offengebliebene Fragen, DStR 2009, 291; *Wagner,* Existenzvernichtung als Deliktstatbestand – Einordnung, Ausgestaltung und Anknüpfung der Haftung wegen „existenzvernichtenden Eingriffs", FS Canaris, 2007, Bd. II, 473; *Weller,* Europäische Rechtsformwahlfreiheit und Gesellschafterhaftung, 2004; *Weller,* Solvenztest und Existenzvernichtungshaftung – Zwei grundverschiedene Gläubigerschutzfiguren, DStR 2007, 116; *Weller,* Die Neuausrichtung der Existenzvernichtungshaftung durch den BGH und ihre Implikationen für die Praxis, ZIP 2007, 1681; *Wessels,* Aufsteigende Finanzierungshilfen in GmbH und AG, ZIP 2004, 793; *Wiedemann,* Reflexionen zur Durchgriffshaftung, ZGR 2003, 283; *Wiedemann,* Aufstieg und Krise des GmbH-Konzernrechts, GmbHR 2011, 1009; *Wilhelm,* Zurück zur Durchgriffshaftung – das „KBV"-Urteil des II. Zivilsenats des BGH vom 24.6.2002, NJW 2003, 175; *Wilhelmi,* Die neue Existenzvernichtungshaftung der Gesellschafter der GmbH, DZWiR 2003, 45; *Wimmer-Leonhardt,* Konzernhaftungsrecht, 2004; *Winter,* Eigeninteresse und Treupflicht bei der Einmann-GmbH in der neueren Rechtsprechung, ZGR 1994, 570; *Zöllner,* Gläubigerschutz durch Gesellschafterhaftung bei der GmbH, FS Konzen, 2006, 999.

I. Einführung

1. Das Problem

1   Der Schutz der Gläubiger einer mehrgliedrigen Gesellschaft erfolgt über das Schädigungsverbot und dessen Sanktionen. Für einen solchen **reflexartigen Gläubigerschutz** ist jedenfalls im Grundsatz **kein Raum,** wenn Minderheitsgesellschafter nicht existieren oder, was dem gleich steht, sämtliche Minderheitsgesellschafter mit der schädigenden Einflussnahme durch das herrschende Unternehmen einverstanden sind. Da es nämlich Sache der Gesellschafter ist, das Interesse der Gesellschaft iRd Satzung von Fall zu Fall zu definieren, und ein jeder Gesellschafter sich mit einem gesellschaftsschädlichen Verhalten einverstanden erklären kann,[2] lassen sich ein Wettbewerbsverbot und eine Haftung aus Treupflichtverletzung – Entsprechendes gilt iÜ für die Haftung des Geschäftsführers aus § 43 Abs. 2 GmbHG[3] – beim Fehlen opponierender Gesellschafter nicht begründen.[4]

---

[2]   Zur davon zu unterscheidenden Frage der Abdingbarkeit der Treupflicht überzeugend *Fleischer/Harzmeier* NZG 2015, 1289 (1293 ff.); großzügiger *Leuschner* FS Ahrens, 2018, 636 ff.; zur organschaftlichen Treupflicht *Hellgardt* FS Hopt, 2010, 765 ff.

[3]   BGHZ 119, 257 (261); 122, 333 (336); s. ferner BGH ZIP 1999, 1352 (1353) betr. die Haftung des Gesellschafters und Geschäftsführers aus § 823 Abs. 2 BGB iVm § 266 StGB.

[4]   BGHZ 31, 258 (278 f.); 119, 257 (262); 122, 333 (336); BGH ZIP 2008, 308 Rn. 15; Baumbach/ Hueck/*Beurskens* Konzernrecht Rn. 70; näher *Winter* Treubindungen S. 190 ff.; *Winter* ZGR 1994, 570 (580 ff.); aA noch *Ulmer* ZHR 148 (1984), 391 (418) (aufgegeben in: Hachenburg/*Ulmer*

Vorbehaltlich der Anerkennung eines Bestandsinteresses der abhängigen Gesellschaft **2**
(→ Rn. 4 f.) sind deshalb die Gesellschaftsgläubiger im Zusammenhang mit der schädigenden Einflussnahme durch den GmbH-Gesellschafter auf den Schutz aus den **Kapitalerhaltungsregeln** der §§ 30, 31 GmbHG verwiesen. Diese vermögen die Gläubiger freilich nur dann zu schützen, wenn der Gesellschafter unmittelbar oder mittelbar[5]
etwas aus dem zur Deckung des Stammkapitals erforderlichen Vermögen erhalten hat.
Namentlich konzernintegrative Maßnahmen, der Entzug von Geschäftschancen und
betriebsnotwendiger Liquidität und die Veranlassung zur Vornahme riskanter und ver-
lustträchtiger Geschäfte werden deshalb als solche oder in ihren möglichen Folgen
(„Kollateralschäden") im Allgemeinen nicht erfasst.[6] Dies gilt zumal nach Inkrafttreten des **MoMiG,**[7] das in den neuen Vorschriften des § 30 Abs. 1 S. 2, 3 GmbHG die
„bilanzielle Betrachtungsweise" betont und dem besonderen Liquiditätsschutz durch
die Kapitalerhaltungsgrundsätze, wie er sich in der höchstrichterlichen Rechtsprechung herausgebildet hatte,[8] seine Grundlage entzogen hat. Zwar hat das MoMiG in
§ 64 S. 3 GmbHG – ebenso wie in § 92 Abs. 2 S. 3 AktG, § 130a Abs. 1 S. 3 HGB –
ein **besonderes Zahlungsverbot** geschaffen; doch setzt dieses die Herbeiführung von
Zahlungsunfähigkeit voraus[9] und nimmt überdies nur den Geschäftsleiter als den Auslöser der die Insolvenzreife verursachenden Zahlung in die Pflicht.[10]

Die Rechtslage unterscheidet sich mithin schon im Ansatz von derjenigen nach **3**
§§ 311 ff. AktG, die uneingeschränkt auch für die **Einpersonen-AG** gelten (→ § 24
Rn. 19) und – zumal mit Blick auf den obligatorischen Aufsichtsrat und die Distanz
der Aktionäre zu Fragen der Geschäftsführung (→ § 9 Rn. 12) – die Möglichkeit der
nachteiligen Einflussnahme durch den alleinigen Aktionär erheblich beschränken.

2. Bestandsschutz der Einpersonen-GmbH

Abhilfe vermag die Anerkennung eines Bestandsschutzes der GmbH zu schaffen, wel- **4**
chen der Alleingesellschafter zu beachten hat und dessen Verletzung die Haftung für
den Gläubigerausfall nach sich zieht.[11] Während die höchstrichterliche Rechtspre-

---

GmbHG Anhang nach § 77 GmbH-Konzernrecht Rn. 83); iErg auch *Emmerich* GmbHR 1987, 213
(220 f.); *Burgard* ZIP 2002, 827 (831 ff.); s. ferner *Wilhelm* NJW 2003, 175 (178 ff.).
[5] Zur konzerndimensionalen Geltung der §§ 30, 31 GmbHG → § 30 Rn. 6.
[6] Anschaulich zu den Defiziten des gesetzlichen Einzelausgleichssystems BGHZ 173, 246 Rn. 24 – Trihotel;
Röhricht FS BGH, 2000, 83 (92 ff.); s. ferner Emmerich/Habersack Aktien-/GmbH-KonzernR/*Habersack*
AktG Anh. § 318 Rn. 33; *Haas* WM 2003, 1929 (1932 ff.); *Ulmer* ZHR 148 (1984), 391 ff.; grundsätzliche Erwägungen zum Konkurrenzverhältnis bei *Schön* ZHR 168 (2004), 268 (275 ff.).
[7] Gesetz zur Modernisierung des GmbH-Rechts und zur Bekämpfung von Missbräuchen v. 23. 10. 2008
(BGBl. 2008 I 2026); s. dazu RegE, BT-Drs. 16/6140 = BR-Drs. 354/07 = ZIP 2007, Beil. zu Heft 23;
Beschlussempfehlung Rechtsausschuss, BT-Drs. 16, 9737; *Seibert/Decker* ZIP 2008, 1208.
[8] Vgl. für aufsteigende Darlehen BGHZ 157, 72 (75 f.); für absteigende Darlehen s. die – durch das
MoMiG aufgegebenen – Grundsätze über kapitalersetzende Gesellschafterdarlehen (grundlegend
BGHZ 31, 258; ferner BGHZ 127, 17 (29); 127, 147 (150)); zum Ganzen → § 25 Rn. 22 ff.; zum
Zusammenhang mit der „Existenzvernichtungshaftung" s. *A. Koch* Abkehr S. 13 ff., 109 ff.
[9] Woran es bei der Erfüllung fälliger Verbindlichkeiten der Gesellschaft fehlt, s. BGHZ 195, 42
Rn. 10 ff.; näher Roth/Altmeppen/*Altmeppen* GmbHG § 64 Rn. 73 ff.
[10] Begr. RegE, BT-Drs. 16/6140, 46; dazu noch → Rn. 8 a.
[11] Grundlegend *Ulmer* ZHR 148 (1984), 391 (416 ff.); *Winter* Treubindungen S. 202 ff.; *Winter* ZGR
1994, 570 (585 ff.); *Priester* ZGR 1993, 512 (521 ff.); s. ferner *Büscher* Konzernierung S. 148 ff.; *Assmann* FS 100 Jahre GmbH-Gesetz, 1992, 657 (706 f.); *Fleck* ZGR 149 (1985), 387 (393 ff.); 1990, 31
(36 ff.); *Fleck* FS 100 Jahre GmbHG, 1992, 391 (398 ff.); *K. Schmidt* ZIP 1988, 1497 (1506); weitergehend *Wilhelm* Betr. 1986, 2113 ff.; *Ziemons* Haftung S. 97 ff., 135 ff.; aA LG Bremen ZIP 1998, 561

chung die Frage eines Bestandsschutzes für die unverbundene GmbH lange Zeit offen lassen konnte,[12] lag bereits dem zur abhängigen Einpersonen-GmbH ergangenen „TBB"-Urteil[13] bei Lichte betrachtet die Anerkennung eines entsprechenden Schutzes zugrunde.[14] Denn danach sollte es an der vom Alleingesellschafter geschuldeten angemessenen Rücksichtnahme auf die eigenen Belange der abhängigen Gesellschaft (erst dann) fehlen, „wenn die Gesellschaft infolge der im Konzerninteresse ausgeübten Einwirkungen ihren Verbindlichkeiten nicht mehr nachkommen kann",[15] wenn also die Gesellschaft infolge der nachteiligen Einflussnahme durch den Gesellschafter in die Insolvenz getrieben wird. Diese Überlegungen sind durch die neuere Rechtsprechung des BGH[16] – beginnend mit der Entscheidung in Sachen „Bremer-Vulkan" und mündend in die „Trihotel"-Entscheidung – von ihren konzernrechtlichen Fesseln befreit[17] und zu einer – als „Existenzvernichtungshaftung" bezeichneten – allgemeinen **Haftung** des Alleingesellschafters **für** die **Insolvenz verursachende oder vertiefende Eingriffe** fortentwickelt worden.[18] In der „Sanitary"-Entscheidung hat der BGH zudem zu Recht betont, dass eine solche Haftung auch im **Abwicklungsstadium** in Betracht kommt, mithin auch die aufgelöste Gesellschaft über ein entsprechendes Bestandsschutzinteresse verfügt.[19]

5 In der Tat sprechen die besseren Gründe für die Anerkennung eines Bestandsschutzes der Einpersonen-GmbH (mag sie abhängig sein oder nicht): Zwar können die Gesell-

---

(562 f.); *Mertens/Cahn* FS Heinsius, 1991, 545 (565). – Zu Parallelen, aber auch zu Unterschieden zu Solvenztests nach US-amerikanischem Muster s. *Weller* DStR 2007, 116.

[12] BGHZ 119, 257 (262); 122, 333 (336); BGH ZIP 1999, 1352 (1353); 2000, 493 (494); s. sodann aber auch *Röhricht* FS BGH, 2000, 83 (97 ff.); *Henze* GmbHR 2000, 1069 (1072).

[13] BGHZ 122, 123 (130).

[14] Näher *Röhricht* FS BGH, 2000, 83 (107 ff.); *Röhricht* VGR 6 (2003), 3 (30 f.); *Ulmer* ZIP 2001, 2021 (2022 ff.); *Habersack* ZGR 2008, 533 (536 ff.).

[15] BGHZ 122, 123 (130).

[16] BGHZ 149, 10 (16 f.) – Bremer-Vulkan; BGH NZG 2002, 520; BGHZ 151, 181 (186 ff.) mAnm *Ulmer* JZ 2002, 1047 – Kindl Backwaren Vertriebs-GmbH (KBV); BGH ZIP 2005, 117; 2005, 250; BGHZ 173, 246 – Trihotel; BGH ZIP 2008, 308; 2008, 455; NJW 2008, 2437 – Gamma; ferner BGH (5. Strafsenat) ZIP 2004, 1200; BAG NJW 2003, 1340; OLG Jena GmbHR 2002, 112 (114 f.); OLG Rostock ZIP 2004, 118; LAG Köln ZIP 2003, 1893 (1894 f.).

[17] Seit jeher kritisch gegenüber der konzernrechtlichen Basis der Rechtsprechung zum „qualifizierten faktischen Konzern" namentlich *K. Schmidt* AG 1994, 189; *Altmeppen* DB 1994, 1912; *Bitter* S. 490 ff. mwN; s. dazu auch *Wiedemann* GmbHR 2011, 1009; *Wiedemann* ZGR 2011, 183 (205 ff.); zur Frage der Fortgeltung der Grundsätze über den qualifizierten faktischen Konzern in der mehrgliedrigen GmbH hingegen → GmbHG § 30 Rn. 20 f.

[18] Angekündigt wurde die „Bremer-Vulkan"-Doktrin durch den Beitrag von *Röhricht* FS BGH, 2000, 83; s. ferner *Henze* GmbHR 2000, 1069 (1072); *Kurzwelly* FS Goette, 2011, 277 (280 ff.); näher zur Entwicklung *Habersack* ZGR 2008, 533 (538 ff.); *Osterloh-Konrad* ZHR 172 (2008), 274 (277 ff.); dem BGH im Wesentlichen folgend UHL/*Casper* GmbHG Anhang nach § 77 GmbH-Konzernrecht Rn. 113 ff.; MüKoGmbHG/*Liebscher* GmbHG Anhang zu § 13: Die GmbH als Konzernbaustein (GmbH-Konzernrecht) Rn. 519 ff.; Scholz/*Bitter* GmbHG § 13 Rn. 152 ff.; *K. Schmidt* NJW 2001, 3577; *J. Vetter* ZGR 2005, 788 (812 ff.); *Westermann* NZG 2002, 1129 (1135 ff.); *Wiedemann* ZGR 2003, 283; *Wimmer-Leonhardt* Konzernhaftungsrecht S. 20 ff., 274 ff.; rechtsvergleichend *Koppensteiner* FS Honsell, 2002, 607 (612 ff.); *Kroh* Eingriff S. 115 ff.; abw. Konzeptionen bei *Altmeppen* ZIP 2001, 1837; *Altmeppen* ZIP 2002, 1553; *Bruns* WM 2003, 815; *Grigoleit* Gesellschafterhaftung S. 289 ff.; *Haas* WM 2003, 1929; *Haas* Gutachten S. 90 ff., 104 ff.; *Schön* ZHR 168 (2004), 268 (285 ff.); *Ulmer* ZIP 2001, 2021 ff.; *Zöllner* FS Konzen, 2006, 999 (1015 ff.).

[19] BGHZ 179, 344 Rn. 15 ff. – Sanitary.

schafter ihre Gesellschaft jederzeit auflösen und abwickeln,[20] freilich nur unter Einhaltung des in der InsO und in §§ 65 ff. GmbHG (§ 73 GmbHG) vorgesehenen, auf die berechtigten Belange der Gläubiger Rücksicht nehmenden Verfahrens.[21] „Auf keinen Fall kann es ihnen erlaubt sein, der Gesellschaft ihr Vermögen ohne Rücksichtnahme auf ihre gesetzliche Funktion, anstelle ihrer Gesellschafter als Haftungsträger zu dienen, zu entziehen und ihr dadurch die Möglichkeit zu nehmen, ihre Verbindlichkeiten – ganz oder teilweise – zu erfüllen.“[22] Eine solche „Liquidation auf kaltem Wege" muss auch in der eingliedrigen GmbH die Haftung des Gesellschafters nach sich ziehen. Das so verstandene Eigeninteresse auch der Einpersonen-GmbH verkörpert demnach nichts anderes als die – aus entsprechenden Wertungen des GmbH- und Insolvenzrechts herzuleitenden – **gläubigerbezogenen Schutzpflichten** des Gesellschafters **im Umgang mit „seiner" GmbH**.[23]

II. Der Haftungstatbestand

1. Rechtsgrundlage der Gesellschafterhaftung

Die Rechtsgrundlage für die Haftung des Gesellschafters konnte in der „Bremer Vulkan"-Entscheidung zunächst offen bleiben.[24] Im **Schrifttum** hatten sich rasch vier Strömungen herausgebildet, von denen zwei auf eine Innenhaftung[25] des Gesellschafters gegenüber der GmbH und zwei auf eine unmittelbare Haftung gegenüber den Gläubigern hinauslaufen. Was zunächst das Modell der Binnenhaftung betrifft, so war diese einerseits auf die Qualifizierung des Einfluss nehmenden Gesellschafters als Quasi-Geschäftsführer und damit auf die analoge Anwendung des § 43 Abs. 3 GmbHG iVm § 93 Abs. 5 S. 2 und 3 AktG,[26] andererseits auf die Verletzung der auch dem Alleingesellschafter obliegenden Pflicht zur Respektierung des Fortbestands der GmbH und damit der solchermaßen beschränkten Treupflicht[27] gestützt. Dem standen ein deliktsrechtlicher Ansatz[28] sowie das Modell einer auf der teleologischen

6

---

[20] BGHZ 76, 352 (353); 129, 136 (151); 151, 181 (186) mAnm *Ulmer* JZ 2002, 1047.

[21] Darauf abstellend insbes. *Ulmer* ZHR 148 (1984), 391 (416 ff.); *Winter* Treubindungen S. 202 ff.; *Winter* ZGR 1994, 570 (585 ff.); *Priester* ZGR 1993, 512 (521 ff.); ferner *K. Schmidt* ZIP 1981, 1 (8); *Röhricht* VGR 6 (2003), 3 (24 ff.); näher *Haas* WM 2003, 1929 (1932 ff.).

[22] BGHZ 151, 181 (186) mAnm *Ulmer* JZ 2002, 1047; dazu namentlich *Röhricht* VGR 6 (2003), 3 (24 ff.).

[23] Vgl. auch *Goette* VGR 13 (2008), 19 ff.; *K. Schmidt* NJW 2001, 3577 (3580); *Röhricht* VGR 5 (2002), 3 (15); *Röhricht* ZIP 2005, 505 (513 f.); *Zöllner* FS Konzen, 2006, 999 (1008 ff.); *Grigoleit* Gesellschafterhaftung S. 317 ff.; für differenzierende Ausbildung einzelner Haftungstatbestände mit je eigenen Rechtsfolgen *Schön* ZHR 168 (2004), 268 (285 ff.). – Zur Frage der Anwendbarkeit der „Existenzvernichtungshaftung" auf EU-Auslandsgesellschaften mit Sitz im Inland s. *Habersack/Verse* EurGesR § 3 Rn. 32 mwN.

[24] BGHZ 149, 10; ebenso in BGH NJW 2002, 1803; s. zum Folgenden auch die Übersicht bei UHL/*Casper* GmbHG Anhang nach § 77 GmbH-Konzernrecht Rn. 107 ff.; *Wimmer-Leonhardt* Konzernhaftungsrecht S. 203 ff.

[25] Freilich verbunden mit einem Gläubigerverfolgungsrecht, → GmbHG § 30 Rn. 19.

[26] So namentlich *Altmeppen* ZIP 2001, 1837 (1844); NJW 2002, 321 (323 f.); ZIP 2002, 961 (966 f.); 2002, 1553 (1562); *Wilhelm* NJW 2003, 175 (178 ff.); sympathisierend für den Tatbestand der „Spekulation auf Kosten der Gläubiger" *Schön* ZHR 168 (2004), 268 (289 f.); zuvor bereits *Wilhelm*, Rechtsform und Haftung bei der juristischen Person, 1981, 285 ff., 330 ff., 344 f.; *Flume* S. 88 ff.

[27] So namentlich *K. Schmidt* NJW 2001, 3577 (3580); *Ulmer* ZIP 2001, 2021 (2025 ff.); *Ihrig* DStR 2007, 1170.

[28] So *Dauner-Lieb* DStR 2006, 2034; *Haas* WM 2003, 1929 (1940); *Weller* DStR 2007, 1166 (1168 f.); s. ferner *Burgard* ZIP 2002, 827 (830); Ulmer/*Goette* Haftung im qualifizierten faktischen GmbH-Konzern S. 11 (23 f.).

Reduktion des § 13 Abs. 2 GmbHG basierenden, an den insolvenzverursachenden Eingriff des Gesellschafters anknüpfenden Durchgriffshaftung gegenüber.[29]

7 Letzterem hatte sich der **BGH** in seiner **„KBV"-Entscheidung** angeschlossen.[30] Danach war es als Missbrauch der Rechtsform der GmbH anzusehen, wenn die Gesellschafter „unter Außerachtlassung der gebotenen Rücksichtnahme auf die(se) Zweckbindung des Gesellschaftsvermögens der Gesellschaft durch offene oder verdeckte Entnahmen Vermögenswerte" entziehen und dadurch „in einem ins Gewicht fallenden Ausmaß die Fähigkeit der Gesellschaft zur Erfüllung ihrer Verbindlichkeiten" beeinträchtigen.[31] Die Haftung des Gesellschafters sollte mithin – in Übereinstimmung mit allgemeinen Grundsätzen der Durchgriffslehre – auf der durch teleologische Reduktion des § 13 Abs. 2 GmbHG eröffneten analogen Anwendung der § 105 Abs. 1, § 128 HGB, § 129 HGB gründen.[32] Dieses Haftungsmodell erwies sich freilich schon alsbald mit Blick auf die Rechtsfolgen als überprüfungsbedürftig.[33] Als problematisch erschien insbes. der in mancherlei Hinsicht **überschießende Charakter** der vom BGH befürworteten Durchgriffslösung. Diese vermochte insbes. nicht hinreichend zu erklären, dass sich die Gesellschaft in den einschlägigen Fällen häufig ohnehin schon in einer Schieflage befunden hat und deshalb der auf den Eingriff des Gesellschafters zurückzuführende Ausfallschaden des Gläubigers begrenzt ist.[34]

8 Insbes. diese Erwägung, aber auch der verschuldensunabhängige Ansatz einer Durchgriffshaftung hat aus Sicht des BGH eine auf Ersatz des **Gläubigerausfallschadens** gerichtete und zudem vorsatzabhängige Lösung nahe gelegt.[35] Sie hat der BGH in der **„Trihotel"-Entscheidung** in einer auf § 826 BGB gründenden Innenhaftung des Gesellschafters gegenüber der GmbH gefunden.[36] Danach gründet die Haftung auf

---

[29] So insbes. OLG Jena GmbHR 2002, 112 (115); *Bitter* WM 2001, 2133 (2139 ff.); *Ulmer/Goette Haftung im qualifizierten faktischen GmbH-Konzern* S. 12 (23); *Hoffmann* NZG 2002, 268 (271); *Kessler* GmbHR 2001, 1095 (1100); *Koppensteiner* FS Honsell, 2002, 607 (615 ff.); *Raiser* FS Ulmer, 2003, 493 (504 f.); *Wilhelm* NJW 2003, 175 (178 ff.).

[30] BGHZ 151, 181 (187) mAnm *Ulmer* JZ 2002, 1047; dazu auch *Altmeppen* ZIP 2002, 1553 (1557 ff.); *Kessler* GmbHR 2002, 945 ff.; *Röhricht* VGR 6 (2003), 3 (22 ff.); s. ferner BAG NJW 2003, 1340; OLG Jena GmbHR 2002, 112 (114 f.); OLG Rostock ZIP 2004, 118; LAG Köln ZIP 2003, 1893 (1894 f.).

[31] BGHZ 151, 181 (187) mAnm *Ulmer* JZ 2002, 1047.

[32] So bereits BGHZ 95, 330 (332); s. ferner *Ulmer* JZ 2002, 1049 (1050); *Westermann* NZG 2002, 1129 (1136); *Weller* Rechtsformwahlfreiheit S. 176 ff., 184 ff.; aA – für Schadensersatzhaftung – *Vetter* ZIP 2003, 601 (603 f.); *Haas* WM 2003, 1929 (1940); *Burgard* ZIP 2002, 827 (830).

[33] *Emmerich/Habersack*, Konzernrecht, 8. Aufl. 2005, § 31 II 1; *Vetter* ZIP 2003, 601 (603 f.); *Haas* WM 2003, 1929 (1940); *Burgard* ZIP 2002, 827 (830).

[34] S. dazu sodann aber BGH ZIP 2005, 117 (118): Gesellschafter hat nachzuweisen, dass der Gesellschaft im Vergleich zur Vermögenslage bei einem redlichen Verhalten nur ein begrenzter – und dann (nur) in diesem Umfang auszugleichender – Nachteil entstanden ist; dazu *Haas* NZI 2006, 61 (62).

[35] BGHZ 173, 246 Rn. 18 ff., 31; in den Rechtsfolgen ähnlich *Vetter* ZIP 2003, 601 (603 f.); zur Differenzierung nach Gläubigergruppen (und deren Grenzen) iRd Durchgriffshaftung s. *Lutter/Banerjea* ZGR 2003, 402 (431 ff.).

[36] BGHZ 173, 246; bestätigt in BGH ZIP 2008, 308; 2008, 1329; BGHZ 179, 344; 193, 96; BGH ZIP 2012, 1804; NZG 2019, 344; näher dazu *Gehrlein* WM 2008, 761; *Habersack* ZGR 2008, 533 (542 ff.); *Kurzwelly* FS Goette, 2011, 277 (280 ff.); *Osterloh-Konrad* ZHR 172 (2008), 274 ff.; *Rubner* Konzern 2007, 635; *Schanze* NZG 2007, 681; *Schwab* ZIP 2008, 341; *Steffek* JZ 2009, 77; *Tröger/Dangelmayer* ZGR 2011, 558; *Vetter* BB 2007, 1965; *Weller* ZIP 2007, 1681 – Zur Frage, ob auch im Inland ansässige Auslandsgesellschaften dem „Trihotel"-Konzept unterstehen, s. *Habersack/Verse* EurGesR § 3 Rn. 32 mwN.

einem kompensationslosen, zur Insolvenz führenden oder diese vertiefenden Eingriff in das Gesellschaftsvermögen unter Verstoß gegen die Verpflichtung zur Respektierung seiner Zweckbindung zur vorrangigen Gläubigerbefriedigung. Ein solcher insolvenzverursachender oder insolvenzvertiefender Eingriff soll allerdings nicht die Außenhaftung gegenüber den Gläubigern, sondern – iS einer „Verlängerung" des Basisschutzes nach §§ 30, 31 GmbHG – die **Innenhaftung** gegenüber der GmbH nach sich ziehen.[37] Letzterem kann allerdings nicht uneingeschränkt zugestimmt werden (→ Rn. 21 f.).

Der neueren Rechtsprechung ist zu folgen, soweit es um das grundsätzliche Anliegen **8a** einer die Kapitalerhaltungsvorschriften ergänzenden Insolvenzverursachungshaftung des Gesellschafters und deren Konzeption als auf Ersatz des Gläubigerausfallschadens gerichtete Schadensersatzhaftung geht.[38] Hierfür sprechen nicht zuletzt die durch das MoMiG (→ Rn. 2) geschaffenen **besonderen Zahlungsverbote** der § 64 S. 3 GmbHG, § 92 Abs. 2 S. 3 AktG, § 130a Abs. 1 S. 3 HGB, die beim geschäftsführenden Organ als dem Auslöser der die Insolvenz verursachenden Zahlung ansetzen und ihre gedankliche Grundlage unter anderem in der Rechtsprechung zur „Existenzvernichtungshaftung" finden.[39] Es wäre freilich ungereimt, das geschäftsführende Organ einer vorsatzunabhängigen Haftung zu unterstellen, den Gesellschafter – und damit den Begünstigten und Veranlasser der verbotenen Zahlung – hingegen nur unter den besonderen Voraussetzungen des § 826 BGB haften zu lassen. Die besonderen Zahlungsverbote der § 64 S. 3 GmbHG, § 92 Abs. 2 S. 3 AktG, § 130a Abs. 1 S. 3 HGB sprechen vielmehr dafür, die Haftung des Gesellschafters auf dessen **Sonderverbindung** zur Gesellschaft zu gründen und an die Stelle des Vorsatzerfordernisses die **Erkennbarkeit der Insolvenzverursachung iSd § 64 S. 3 GmbHG** treten zu lassen.[40] Hierdurch ließe sich iÜ zwanglos begründen, dass nur Gesellschafter und gesellschaftergleiche Dritte der Insolvenzverursachungshaftung unterliegen (→ Rn. 9).

2. Haftungsadressaten

Anders als die im „TBB"-Urteil entwickelte, auf einen Missbrauch der Leitungsmacht **9** des Unternehmens-Gesellschafters abstellende Ausfallhaftung analog § 303 AktG (→ § 28 Rn. 1 ff.) setzt die „Existenzvernichtungshaftung" die Qualifizierung des Gesellschafters als Unternehmen iSd § 15 AktG und damit das Bestehen einer Unternehmensverbindung zwischen der GmbH und dem in Anspruch genommenen Gesellschafter nicht voraus.[41] Auch nach Ansicht der Rechtsprechung[42] handelt es sich allerdings um eine Gesellschafterhaftung, mithin um eine **Sonderdeliktshaftung,** die – vorbehaltlich der Teilnehmerhaftung gemäß § 830 Abs. 2 BGB – nur von demjenigen soll verwirklicht werden können, dem Rücksichtnahmepflichten gegenüber

---

[37] BGHZ 173, 246 Rn. 33 ff.; für Innenhaftung auch *Zöllner* FS Konzen, 2006, 999 (1008 ff.); zu weiteren Befürwortern einer Innenhaftung → Rn. 6.

[38] Näher zum Folgenden bereits *Habersack* ZGR 2008, 533 (542 ff.); zu weiteren Nachw. s. Fn. 18, 36.

[39] Begr. RegE, BT-Drs. 16/6140, 46.

[40] Zu den subjektiven Voraussetzungen des § 64 S. 3 GmbHG s. UHL/*Casper* GmbHG Anhang nach § 77 GmbH-Konzernrecht Rn. 152 ff.; für Fahrlässigkeitshaftung neben den in Fn. 27 Genannten namentlich *Schwab* ZIP 2008, 341 (348 ff.); *Habersack* ZGR 2008, 533 (558).

[41] Vgl. bereits BGH NZG 2002, 520 (521); 151, 181 (186 f.) mAnm *Ulmer* JZ 2002, 1047; näher *Raiser* FS Ulmer, 2003, 493 (500 f.).

[42] Auf der Grundlage der hier vertretenen Ansicht (→ Rn. 8a) versteht sich die Beschränkung auf Gesellschafter und gesellschaftergleiche Dritte von selbst.

der Gesellschaft obliegen.[43] Ihr Adressat ist primär der **alleinige Gesellschafter**[44] einer Einpersonen-GmbH, mag er als Unternehmen zu qualifizieren sein oder nicht. Ihm gleich stehen die einverständlich handelnden Gesellschafter einer mehrgliedrigen GmbH, und zwar auch dann, wenn sie selber kein Vermögen der GmbH empfangen haben.[45] Neben dem Gesellschafter unterliegen nach Maßgabe des § 830 Abs. 1, 2 BGB **Anstifter und Gehilfen** der Haftung aus § 826 BGB;[46] hiervon betroffen sind namentlich unseriöse Berater und Nutznießer.[47]

10 **Mittelbare Beteiligung** genügt, so dass in Konzernsachverhalten die Muttergesellschaft sowie gegebenenfalls deren Gesellschafter für von ihr veranlasste Eingriffe in das Vermögen der Enkelgesellschaft einzustehen haben.[48] Was **Schwestergesellschaften** betrifft,[49] so ist zu unterscheiden. Geht der Eingriff vom Gesellschafter aus, so unterliegt er der Haftung; in der Folge kann der Gläubiger jedenfalls auf den Anteilsbesitz des Gesellschafters zugreifen.[50] Die begünstigte Schwester haftet hingegen allenfalls unter dem Gesichtspunkt der Teilnahme (→ Rn. 9). Erfolgt die Einflussnahme unmittelbar durch die Schwestergesellschaft, so wird man deren Verhalten dem Gesellschafter, der Entsprechendes duldet oder gar veranlasst, zurechnen müssen, so dass nicht nur die Schwester, sondern mit ihr auch der Gesellschafter der Haftung unterliegt.

11 Bei Existenz widersprechender oder übergangener Gesellschafter greifen primär die allgemeinen Grundsätze über die Haftung aus Treupflichtverletzung (→ § 30 Rn. 7 ff.) sowie gegebenenfalls spezifisch **konzernrechtliche Schutzinstrumentarien** ein (→ § 30 Rn. 7 ff., 20 f.); ist es jedoch zur Insolvenzreife gekommen, unterliegt auch der hierfür verantwortliche Gesellschafter der mehrgliedrigen GmbH der Haftung aus § 826 BGB (→ § 30 Rn. 21). Von der „Existenzvernichtungshaftung" unberührt bleiben iÜ die auf sonstigen, nicht spezifisch gesellschaftsrechtlich legitimierten Gründen basierende und damit **„allgemeine" Deliktshaftung** des Gesellschafters

---

[43] BGHZ 173, 246 Rn. 42 ff., 46; s. ferner *Weller* ZIP 2007, 1681 (1689); *Wagner* FS Canaris, 2007, 473 (479 f., 495); für Haftung der Mitglieder des gesetzlichen Vertretungsorgans des Gesellschafters gegenüber der GmbH *Tröger/Dangelmayer* ZGR 2011, 558 (566 ff.), aber auch (zutr.) *S. H. Schneider* FS U. H. Schneider, 1177 (1192 ff.).

[44] Zur Haftung des Geschäftsführers s. → Rn. 8a; ferner *Lutter/Banerjea* ZIP 2003, 2177 ff.; im Zusammenhang mit der Bestellung von Sicherheiten *Diem* ZIP 2003, 1283 (1287 f.).

[45] BGH NZG 2002, 520 (521), dort auch zu den Voraussetzungen einer Haftung des Gesellschafters als „faktischer Geschäftsführer"; weitergehend – für Haftung aller mitunternehmerisch beteiligten Gesellschafter, auch soweit sie an dem Vermögensabzug konkret nicht mitgewirkt haben – *Wiedemann* ZGR 2003, 283 (292).

[46] LAG Hamm ZIP 2015, 1392 (1394); UHL/*Casper* GmbHG Anhang nach § 77 GmbH-Konzernrecht Rn. 127.

[47] *Weller* ZIP 2007, 1681 (1687).

[48] BGHZ 173, 246; BGH ZIP 2012, 1804 Rn. 13 f.; auf der Grundlage des Durchgriffsmodells bereits BGH ZIP 2005, 117 (118); 2005, 250 (251); OLG Rostock ZIP 2004, 118 (120 f.); *Kessler* GmbHR 2005, 257 (264 f.); *Vetter* ZIP 2003, 601 (607 ff.).

[49] Näher dazu Emmerich/Habersack Aktien-/GmbH-KonzernR/*Emmerich* AktG § 18 Rn. 38; *Henssler* ZGR 2000, 479 ff.; *Raiser* FS Ulmer, 2003, 493 (507 ff.); *K. Schmidt* FS Wiedemann, 2002, 1191 (1216 ff.); *Vetter* ZIP 2003, 601 (608 f.); s. für kapitalersetzende Darlehen auch BGH ZIP 2008, 1230.

[50] Dazu *Vetter* ZIP 2003, 601 (609); zum „strukturellen Nachrang" der Gesellschaftergläubiger in der Insolvenz der Gesellschaft s. BGH NZG 2004, 233 (234); BGHZ 81, 311 (320 f.); *U. H. Schneider* ZGR 1984, 497 (503); *Schön* ZHR 159 (1995), 351 (352 f., 357, 361); *Schrell/Kirchner* BKR 2004, 212; krit. *Cahn* Konzern 2004, 235 (241); *Wessels* ZIP 2004, 793 (794).

oder Dritter gegenüber den Gläubigern sowie die insbes. bei Vermögensvermischung eingreifende **Durchgriffshaftung** (→ Rn. 24).

3. Eingriff und Eingriffsfolgen

Positive Voraussetzung der Haftung ist das Vorliegen eines die Insolvenzreife herbei- 12
führenden oder vertiefenden Eingriffs. Der haftungsbegründende Eingriff ist nach der – insoweit nach wie vor maßgebenden – „KBV"-Entscheidung[51] durch einen Zugriff auf das Gesellschaftsvermögen gekennzeichnet, der die „auf Grund der Zweckbindung dieses Vermögens gebotene angemessene Rücksichtnahme auf die Erhaltung der Fähigkeit der Gesellschaft zur Bedienung ihrer Verbindlichkeiten in einem ins Gewicht fallenden Maße vermissen" lässt.[52] Er ist damit durch ein **Verhaltenselement** in Gestalt des Eingriffs (→ Rn. 13 ff.) und ein **Erfolgselement** in Gestalt der Insolvenzverursachung oder -vertiefung (→ Rn. 16) gekennzeichnet.

a) Eingriff

Was zunächst den erforderlichen Zugriff auf das Gesellschaftsvermögen betrifft, so ist 13
vor allem[53] an den bilanziell nicht erfassbaren Abzug betriebsnotwendiger **Liquidität,**[54] an den Zusammenbruch der Gesellschaft verursachende, in ihren negativen Folgen für die Gesellschaft und deren Gläubiger nicht oder nicht gänzlich durch die Kapitalerhaltungsregeln zu bewältigende Entnahmen, an den Entzug von Geschäftschancen oder von Führungspersonal, an die Veranlassung zu spekulativen und mit unangemessenen Risiken versehenen Geschäften,[55] aber auch an nachteilige Maßnahmen der **Konzernintegration** wie etwa den Rückzug vom Markt oder von Teilmärkten, die Einbindung in ein zentrales Cash Management (→ § 25 Rn. 25, 36 f.), die Verlagerung von Geschäftsfeldern auf andere Konzerngesellschaften und die prozessuale Vereitelung der Durchsetzung von Ansprüchen der Gesellschaft gegen den Gesellschafter[56] zu denken.[57] Auch die **Verschmelzung** eines insolvenzreifen Rechtsträgers soll nach Ansicht des BGH einen „existenzvernichtenden" Eingriff darstellen können, wenn sie die Insolvenz der übernehmenden Gesellschaft herbeiführt oder vertieft.[58]

Die durch eine Pflichtverletzung gegenüber Dritten bedingte Belastung des Gesell- 14
schaftsvermögens mit Schadensersatzverpflichtungen genügt ebenso wenig wie die auf

---

[51] Ähnlich schon BGHZ 149, 10 (16) – Bremer-Vulkan; BGH NZG 2002, 520 (521); präzisierend sodann BGH ZIP 2005, 250 (252); BGHZ 173, 246 Rn. 24 ff.; dazu *Kessler* GmbHR 2005, 257 (258 ff.).

[52] So der erste Leitsatz von BGHZ 151, 181 mAnm *Ulmer* JZ 2002, 1047.

[53] Näher zu den in Betracht kommenden Eingriffshandlungen → § 25 Rn. 20 ff.; MüKoGmbHG/*Liebscher* GmbHG Anhang zu § 13: Die GmbH als Konzernbaustein (GmbH-Konzernrecht) Rn. 547 ff.; *Scholz/Bitter* § 13 Rn. 166a; GmbH MHdB GesR III/*Kiefner* § 68 Rn. 23 ff.; *Koch* Abkehr S. 16 ff.; *Weller* Rechtsformwahlfreiheit S. 159 ff.

[54] Zu weitgehend *Nasall* NJW 2010, 2305, der in dem jenseits der Jahresfrist des § 135 Abs. 1 Nr. 2 InsO erfolgenden Abzug eines nach § 39 Abs. 1 Nr. 5 InsO verstrickten Darlehens einen relevanten Eingriff erblickt; dagegen aber BGHZ 195, 42 Rn. 10 ff.; zu Unrecht generell gegen Einbeziehung von Fällen bilanziell nicht fassbaren Vermögensentzugs *Gloger/Goette/Japing* ZInsO 2008, 1051 (1053 f.).

[55] Speziell hierzu BGH ZIP 2000, 493 (494).

[56] BGHZ 179, 344 Rn. 17 ff. – Sanitary.

[57] Zu den diesbezüglichen Defiziten der §§ 30, 31 GmbHG s. BGHZ 173, 246 Rn. 24 – Trihotel; *Röhricht* FS BGH, 2000, 83 (92 ff.); zu weit. Nachw. s. Fn. 6.

[58] BGH NZG 2019, 187 Rn. 25 ff.; dazu *Priester* ZIP 2019, 646.

sorgfaltsgemäße oder sorgfaltswidrige Geschäftsführung zurückgehende Realisierung des gewöhnlichen Geschäftsrisikos.[59] Auch bloßes **Unterlassen** – wie namentlich die unterbliebene Wahrnehmung von Geschäftschancen der Gesellschaft – vermag die „Existenzvernichtungshaftung" grds. nicht zu begründen.[60] IÜ genügt jede Veranlassung einer nachteiligen Maßnahme, die den Zusammenbruch der Gesellschaft nach sich zieht.[61] Maßgebend für die hiernach erforderliche Beurteilung, ob die fragliche Maßnahme nachteiligen Charakter hat, ist der Zeitpunkt des Eingriffs.[62] Von Bedeutung ist dies für die **Stellung von Sicherheiten** für Verbindlichkeiten des Gesellschafters gegenüber Dritten. Sie hat nicht schon deshalb die Haftung des die Besicherung veranlassenden Gesellschafters zur Folge, weil die Sicherheit in Anspruch genommen wird und dies zur Insolvenz der Gesellschaft führt.[63] Vielmehr fehlt es schon an einer Nachteilszufügung, wenn der Gesellschafter bei Stellung der Sicherheiten davon ausgehen durfte, dass es nicht zur Inanspruchnahme oder jedenfalls nicht zur Insolvenzreife kommt. Die Anforderungen an eine diesbezügliche Prognose sind jedoch streng.[64]

15 Der Vornahme eines „existenzvernichtenden" Eingriffs steht es nach der Rechtsprechung des BGH nicht gleich, dass der Gesellschaft bereits durch ihre Satzung, insbes. durch die Ausgestaltung ihres **Zwecks** und ihres **Unternehmensgegenstands,** die Fähigkeit vorenthalten wird, als Haftungsträger für die gewöhnlichen Geschäftsverbindlichkeiten zu dienen.[65] In der Tat bietet es sich schon mit Blick auf den systematischen Zusammenhang der Insolvenzverursachungshaftung mit den Kapitalerhaltungsvorschriften der §§ 30, 31 GmbHG (→ Rn. 2) an, den Tatbestand der Haftung auf Entnahmesachverhalte zu beschränken; an einem entsprechenden Eingriff fehlt es indes, wenn die Gesellschaft schon bei ihrer Gründung auf das Konzerninteresse ausgerichtet wird. Entsprechendes gilt bei Beendigung eines Beherrschungs- oder Gewinnabführungsvertrags; für eine über §§ 302, 303 AktG hinausgehende Haftung des herrschenden Unternehmens für während des Bestehens des Unternehmensvertrags veranlasste nachteilige Einflussnahmen ist kein Raum.[66] In Betracht kommt in diesen Fällen al-

---

[59] Für die Pflichtverletzung gegenüber Dritten s. BGH ZIP 2000, 493 (494); für das gewöhnliche Geschäftsrisiko BGH ZIP 2005, 250 (252); *Röhricht* VGR 5 (2002), 3 (15); *Röhricht* ZIP 2005, 505 (513f.); *K. Schmidt* NJW 2001, 3577 (3578).

[60] Tendenziell auch *Goette* VGR 13 (2008), 24; zu den sog. „Aschenputtel"-Konstellationen → Rn. 15.

[61] Zur Maßgeblichkeit des Nachteilsbegriffs → § 30 Rn. 13f.

[62] Vgl. für den Nachteilsbegriff → § 25 Rn. 18; im vorliegenden Zusammenhang *Diem* ZIP 2003, 1283 (1286f.); *Drygala* GmbHR 2003, 729 (734); *Freitag* WM 2003, 805 (810f., 813).

[63] Vgl. BGHZ 173, 246 Rn. 47f.; näher *Diem* ZIP 2003, 1283 (1285ff.); *Esters* GmbHR 2004, 105 (109f.); *Freitag* WM 2003, 805 (810ff.); *Schrell/Kirchner* BB 2003, 1451 (1455f.); *Schulz/Israel* NZG 2005, 329ff.; *Seibt* ZHR 171 (2007), 282 (294ff., 307ff.); *Weitnauer* ZIP 2005, 790 (793ff.); *Wessels* ZIP 2004, 793 (795f.); aA wohl *Burgard* VGR 6 (2003), 45 (66).

[64] *Diem* ZIP 2003, 1283 (1286); *Wessels* ZIP 2004, 793 (795f.).

[65] BGHZ 176, 204 Rn. 12ff. – Gamma; s. ferner *Altmeppen* ZIP 2008, 1201 (1204ff.); *Gloger/Goette/Japing* ZInsO 2008, 1051 (1056ff.); *Kleindiek* NZG 2008, 688; *Schaefer/Fackler* NZG 2007, 377ff.; *Veil* NJW 2008, 3264 (3265); aA – für Einbeziehung solcher „Aschenputtel"-Situationen in den Haftungstatbestand – namentlich OLG Düsseldorf NZG 2007, 388 (389ff.); *Hennrichs* FS U. H. Schneider, 2011, 489 (500ff.); *Röhricht* FS BGH, 2000, 83 (107, 111); *Ulmer* ZIP 2001, 2021 (2028); *Ihrig* DStR 2007, 1170 (1173); aus der Rspr. nach „TBB" und vor „Trihotel" s. BGH ZIP 1994, 207; BGH ZIP 1994, 1690.

[66] *Burg/Hützen* Konzern 2010, 20 (22ff.); s. aber auch BAG ZIP 2009, 2166, wo im Zusammenhang mit der Betriebsrentenanpassung eine Kapitalausstattungspflicht des vormals herrschenden Unternehmens bejaht wird; zu Recht krit. *Schäfer* ZIP 2010, 2025 (2027ff.); *Forst/Granetzny* Konzern 2011, 1 (6ff.); s.

lenfalls die Haftung unter dem Gesichtspunkt der materiellen Unterkapitalisierung
(→ Rn. 24).

b) Gläubigerausfall

Der Zugriff auf das Gesellschaftsvermögen muss zudem eine Beeinträchtigung der Fähig- **16**
keit der Gesellschaft zur Erfüllung ihrer Verbindlichkeiten und damit die Insolvenzreife
(oder deren Vertiefung) der Gesellschaft nach sich ziehen.[67] Hierin kommt der erfolgs-
bezogene Charakter der Haftung zum Ausdruck: Da die Geltendmachung von Ansprüchen der Gesellschaft in Ermangelung opponierender Mitgesellschafter nicht zu erwarten
ist, knüpft die persönliche Haftung des Gesellschafters an den gänzlichen oder teilweisen
Ausfall des Gläubigers mit seiner gegen die GmbH gerichteten Forderungen und damit
an die **Zahlungsunfähigkeit oder Überschuldung** der Gesellschaft an.[68] Wird also die
Fähigkeit der Gesellschaft zur Erfüllung ihrer Verbindlichkeiten anderweitig wiederhergestellt (etwa durch Rückgewähr empfangener Leistung oder durch Kapitalzufuhr), so ist
für die Gesellschafterhaftung trotz gegebenen Eingriffs kein Raum.[69]

c) Kausalität, Verschulden

Zwischen dem Eingriff des Gesellschafters und dem Ausfall des Gläubigers muss Kau- **17**
salität bestehen.[70] Daran fehlt es, wenn die **Insolvenzreife** auf **andere Ursachen** zurückzuführen ist, etwa auf allgemeine konjunkturelle Gegebenheiten oder auf den
Ausfall eines Schuldners, und der Eingriff des Gesellschafters auch nicht zu einer Ver-
größerung des Gläubigerausfalls führt.[71] Auch ist für die „Existenzvernichtungshaftung" kein Raum, wenn der Eingriff zwar zur Schwächung, nicht aber zum Zusammenbruch der Gesellschaft führt.

Auf der Grundlage der noch in der „KBV"-Entscheidung vertretenen Durchgriffskon- **18**
zeption kam es für die Gesellschafterhaftung auf ein Verschulden nicht an.[72] Nach der
„Trihotel"-Entscheidung setzt die Haftung nunmehr **Vorsatz** voraus.[73] Nach Ansicht
des BGH ist die Begrenzung der Schadensersatzpflicht auf mindestens eventualvor-
sätzliches Handeln „die folgerichtige Beschränkung der Haftung entsprechend dem
objektiven Haftungstatbestand des existenzvernichtenden Eingriffs, der einen geziel-
ten, betriebsfremden Zwecken dienenden Entzug von Vermögenswerten voraussetzt,
die die Gesellschaft zur Begleichung ihrer Verbindlichkeiten benötigt."[74] Mit Blick

---

sodann BAG ZIP 2013, 1041; 2015, 1137 Rn. 20ff.; 2016, 2238 Rn. 13ff.; näher *Löwisch* ZIP 2015, 209; *Schäfer* ZIP 2016, 2245.
[67] Insolvenzantrag oder gar Eröffnung des Verfahrens ist nicht erforderlich, s. BGH ZIP 2008, 455 Rn. 13; näher dazu UHL/*Casper* GmbHG Anhang nach § 77 GmbH-Konzernrecht Rn. 161 ff.; zu dem in BGHZ 151, 181 (187) aufgestellten Erfordernis einer „ins Gewicht fallenden" Beeinträchtigung s. *Ulmer* JZ 2002, 1049 (1050).
[68] Vgl. dazu auch BGH ZIP 2008, 308 Rn. 12.
[69] Vgl. dazu auch BGHZ 173, 246 Rn. 52ff.
[70] BGHZ 173, 246 Rn. 41; *Weller* ZIP 2007, 1681 (1686f.); zur damit übereinstimmenden Rechtslage vor „Trihotel" s. *Bruns* WM 2003, 815 (820f.); *Hoffmann* NZG 2002, 68 (69); *Lutter/Banerjea* ZGR 2003, 402 (418).
[71] Vgl. bereits BGH ZIP 2005, 117 (118); ferner BGHZ 173, 246 Rn. 27ff.
[72] *Kessler* GmbHR 2002, 945 (950); *Ulmer* JZ 2002, 1049 (1050); *Vetter* ZIP 2003, 601 (602); aA OLG Rostock ZIP 2004, 118 (120); *K. Schmidt* NJW 2001, 3577 (3579).
[73] Zu den Anforderungen an den Vorsatz, insbes. dazu, dass Eventualvorsatz genügt, s. BGHZ 173, 246 Rn. 30f.
[74] BGHZ 173, 246 Rn. 31.

auf die schon bei Fahrlässigkeit eingreifende Haftung des Geschäftsführers nach § 64 S. 3 GmbHG kann dem allerdings nicht gefolgt werden (→ Rn. 8a).

d) Verhältnis zu § 31 GmbHG

19 Als weitere (negative) Voraussetzung für die Inanspruchnahme des Gesellschafters hatte es der BGH zunächst angesehen, dass sich der der GmbH durch den Eingriff insgesamt zugefügte Nachteil (und damit der Ausfall des Gläubigers) nicht bereits nach §§ 30, 31 GmbHG ausgleichen lässt.[75] Daran trifft zu, dass die auf der Insolvenzverursachung gründende Gesellschafterhaftung die Kapitalerhaltungsregeln vor allem in Fällen ergänzt, in denen diese angesichts der Art und Folgen („Kollateralschäden"!) des schädigenden Eingriffs nicht für den gebotenen (mittelbaren) Schutz der Gläubiger sorgen können (→ Rn. 2). Zugunsten des in Anspruch genommenen Gesellschafters waren freilich nur liquide, dh nicht bestrittene, rechtzeitig vorgebrachte und auch durchsetzbare Ansprüche aus § 31 GmbHG zu berücksichtigen.[76] In der „Trihotel"-Entscheidung hat der BGH sodann – mit Blick auf das von ihm favorisierte Modell einer Binnenhaftung (→ Rn. 8, 20f.) folgerichtig – die Subsidiarität der Gesellschafterhaftung für die Insolvenz herbeiführende oder vertiefende Eingriffe gänzlich aufgegeben und sich für Anspruchsgrundlagenkonkurrenz ausgesprochen.[77]

III. Rechtsfolgen

1. Ausfallhaftung

20 Die Rechtsfolge eines existenzvernichtenden Eingriffs bestand auf der Grundlage des in der „KBV"-Entscheidung entwickelten Durchgriffskonzepts in der Außenhaftung gegenüber den (vertraglichen oder gesetzlichen) Gläubigern[78] für die Gesellschaftsschulden. Dem mit dem Eingriff verbundenen Missbrauch der Rechtsform der GmbH entsprach also – zumindest im dogmatischen Ansatz – nicht die Haftung auf Ersatz des dem einzelnen Gläubiger entstandenen Schadens, sondern die aus einer teleologischen Reduktion des § 13 Abs. 2 GmbHG hergeleitete unmittelbare und verschuldensunabhängige Einstandsverpflichtung der verantwortlichen Gesellschafter (→ Rn. 7f.). Auch auf der Grundlage der „KBV"-Doktrin war die Haftung allerdings – abweichend von derjenigen aus § 128 S. 1 HGB – auf den Ausfall des Gläubigers beschränkt.[79] Außerhalb des Insolvenzverfahrens[80] oblag somit dem Gläubiger an sich die vorherige Inanspruchnahme der Gesellschaft; hiervon konnte freilich entsprechend § 773 Abs. 1 Nr. 2, 4 BGB bei Löschung oder Vermögenslosigkeit der Gesellschaft abgesehen werden.

---

[75] BGHZ 151, 181 (187) mAnm *Ulmer* JZ 2002, 1047; skeptisch bis ablehnend *Bruns* WM 2003, 815 (821f.); *Burgard* VGR 6 (2003), 45 (54f.); *Drygala* GmbHR 2003, 729 (736f.); *Haas* WM 2003, 1929 (1936); *Vetter* ZIP 2003, 601 (605f.); *Wilhelmi* DZWiR 2003, 45 (52).

[76] Näher *Lutter/Banerjea* ZGR 2003, 422 (425ff.).

[77] BGHZ 173, 246 Rn. 38ff.; s. ferner BGH Hinweisbeschluss v. 15.9.2014 – II ZR 442/13, BeckRS 2015, 8530 Rn. 9 („Existenzvernichtungshaftung" ggf. auch im Vorfeld der §§ 30, 31 GmbHG); dem BGH folgend UHL/*Casper* GmbHG Anhang nach § 77 GmbH-Konzernrecht Rn. 148f.; *Habersack* ZGR 2008, 533 (548f.); krit. *Schwab* ZIP 2008, 341 (348).

[78] Zu möglichen Ausnahmen s. *Lutter/Banerjea* ZGR 2003, 402 (431f.).

[79] BGHZ 151, 181 (188); BGH ZIP 2005, 117 (118); *Wiedemann* ZGR 2003, 283 (294f.); aA *Lutter/Banerjea* ZGR 2003, 402 (430f.).

[80] Im Insolvenzverfahren war die Haftung auf das zur Auffüllung der Masse Erforderliche beschränkt, allg. dazu MüKoInsO/*Brandes/Gehrlein* InsO § 93 Rn. 25.

In der **„Trihotel"-Entscheidung** hat sich der BGH – im Wege eines „richterrecht- **21** lichen Gestaltungsakts" – für eine auf § 826 BGB gründende und damit vorsatzabhängige **Innenhaftung** des Gesellschafters gegenüber der GmbH ausgesprochen.[81] Dies mag zunächst überraschen, geht es doch um den Ersatz des eingriffsbedingten Gläubigerausfallschadens.[82] Doch ist die Konzentration der Haftung auf das Gesellschaftsvermögen durchaus überzeugend, hat sie doch zur Folge, dass der Schaden dort auszugleichen ist, wo er auch unmittelbar entstanden ist, und ein Windhundrennen der Gesellschaftsgläubiger vermieden wird.[83] Im Zusammenhang mit der Haftung gegenüber Gesellschaftern entspricht es denn auch einem allgemeinen und in § 117 Abs. 1 S. 2 AktG, § 317 Abs. 1 S. 2 AktG eigens geregelten Grundsatz, dass mittelbare Schäden auch mittelbar – nämlich durch Wiederauffüllung des Gesellschaftsvermögens – auszugleichen sind.[84] Für den **eingriffsbedingten Gläubigerausfallschaden** hat im Grundsatz Entsprechendes zu gelten. Ist somit gegenüber der GmbH der eingriffsbedingte Gläubigerausfallschaden zu ersetzen, so kommt es darauf an, wie der Gläubiger ohne den Eingriff des Gesellschafters stünde. War die Forderung des Gläubigers im Zeitpunkt des Eingriffs nicht mehr vollwertig,[85] so ist nur der Quotenverschlechterungsschaden zu ersetzen. Bei Vollwertigkeit der gegen die Gesellschaft gerichteten Forderung hat der Gesellschafter hingegen den Nennwert der Forderung abzüglich der auf den Gläubiger entfallenden Quote zu ersetzen. In jedem Fall kann die Haftung über den Wert der Entnahme hinausgehen; insbes. hat der Gesellschafter auch den Folgeschaden zu ersetzen, der aus dem eingriffsbedingten Zusammenbruch der Gesellschaft sowie aus dem Abzug liquider Mittel durch andere Fremdkapitalgeber resultiert.

Kommt es allerdings, was in den „einschlägigen" Sachverhalten nicht selten der Fall **22** sein dürfte, nicht zur Eröffnung des Insolvenzverfahrens, so erscheint die Inanspruchnahme der Gesellschaft mit dem Ziel der Pfändung ihrer Ansprüche gegen den Gesellschafter als überflüssiger und bei Löschung oder „Bestattung" der Gesellschaft praktisch kaum gangbarer Umweg.[86] Für den Fall der **Vermögenslosigkeit** der nicht unter Insolvenzverwaltung stehenden Gesellschaft sollte deshalb – den Grundsätzen über die Gründerhaftung entsprechend[87] – an der Außenhaftung festgehalten werden. Konstruktiv ließe sich dies durch die Annahme erreichen, dass bei Masselosigkeit ein eigener Deliktsanspruch des geschädigten Gläubigers zur Entstehung gelangt oder, sofern man von der Existenz eines solchen Direktanspruchs auch bei eröffnetem Insolvenzverfahren ausgehen wollte, nicht mehr durch den Anspruch der Gesellschaft verdrängt wird; in Betracht kommt aber auch, dem Gläubiger entsprechend § 93 Abs. 5

---

[81] BGHZ 173, 246 Rn. 23.

[82] Plastisch BGHZ 179, 344 Rn. 25: Schaden besteht im Verlust der „Schuldendeckungsfähigkeit gegenüber den Gesellschaftsgläubigern".

[83] Näher zum Grundsatz der Haftungskonzentration Emmerich/Habersack Aktien-/GmbH-KonzernR/ *Habersack* AktG Anh. § 318 Rn. 27 mwN.

[84] Vgl. BGH NJW 1987, 1077; 1992, 3167 (3177).

[85] Zur Darlegungs- und Beweislast des Gesellschafters s. UHL/*Casper* GmbHG Anhang nach § 77 GmbH-Konzernrecht Rn. 157; *Vetter* ZIP 2003, 601 (604); *Haas* NZI 2006, 61 (62); aA wohl BGHZ 164, 50 (63).

[86] Emmerich/Habersack Aktien-/GmbH-KonzernR/*Habersack* AktG Anh. § 318 Rn. 35 a; *Habersack* ZGR 2008, 533 (547f.); *Schwab* ZIP 2008, 341 (347f.); krit. auch *Altmeppen* NJW 2007, 2657 (2660); *Dauner-Lieb* ZGR 2008, 34 (43); *Schanze* NZG 2007, 681 (685).

[87] AA BGHZ 173, 246 Rn. 36 unter Hinweis auf BGH ZIP 2005, 2257 betreffend die Unterbilanzhaftung; zur Gründerhaftung s. demgegenüber BGHZ 134, 333 (341).

AktG, § 117 Abs. 5 AktG, § 309 Abs. 4 S. 3 AktG, § 317 Abs. 4 AktG die Befugnis zur Geltendmachung des Gesellschaftsanspruchs zu gestatten, wie dies im Schrifttum für einen etwaigen Anspruch aus Treupflichtverletzung befürwortet wird.[88] Auch für diesen Fall kann übrigens daran festgehalten werden, dass der Anspruch aus § 826 BGB mit Ansprüchen aus §§ 30, 31 GmbHG konkurriert, also nicht subsidiär ist (→ Rn. 19).[89] Denn dem Gesellschafter kommt, soweit er den Gläubiger befriedigt, zugute, dass die Überschuldung oder Unterbilanz in Höhe der zum Erlöschen gebrachten Gesellschaftsschuld in Wegfall gerät.

2. Geltendmachung

23 Die Haftung wegen insolvenzverursachenden oder -vertiefenden Eingriffs ist grds. Binnenhaftung (→ Rn. 20). Ihre Geltendmachung ist deshalb grds. Sache der Gesellschaft. Bei Insolvenz ist der **Insolvenzverwalter** zur Geltendmachung befugt; dies ergibt sich ohne Weiteres aus der Zugehörigkeit des Schadensersatzanspruchs zum Gesellschaftsvermögen und damit aus § 80 Abs. 1 InsO.[90] Bei **Vermögenslosigkeit** der Gesellschaft muss indes der geschädigte Gläubiger unmittelbar – dh ohne die Notwendigkeit einer Pfändung des Anspruchs der Gesellschaft – zur Inanspruchnahme des Gesellschafters befugt sein (→ Rn. 21). Was die **Darlegungs- und Beweislast** betrifft, wird man die in der „TBB"-Entscheidung entwickelten Erleichterungen zugunsten des Gläubigers (→ § 28 Rn. 20) weiter heranziehen können.[91]

3. Konkurrenzen

24 Nachdem die „Existenzvernichtungshaftung" nach der neueren Rechtsprechung auf § 826 BGB gründet (→ Rn. 8), hat sich die Frage eines konkurrierenden Deliktsanspruchs des Gläubigers[92] erledigt; für ihn ist, soweit es um Ersatz des eingriffsbedingten Gläubigerausfallschadens geht, kein Raum. Nach wie vor ist es allerdings denkbar, dass der Gesellschafter neben dem Tatbestand der „Existenzvernichtung" einen Durchgriffstatbestand verwirklicht; in Betracht kommt vor allem der Tatbestand der **Vermögensvermischung**.[93] Unberührt bleibt auch die allgemeine Deliktshaftung.[94] Die Haftung des herrschenden Unternehmens lässt sich allerdings nicht aus § 831 BGB herleiten; auch die konzernierte Gesellschaft kann grds. nicht als „Verrichtungsgehilfe" qualifiziert werden (→ § 1 Rn. 4c). Haftungsrisiken drohen der Muttergesellschaft zudem im Zusammenhang mit Ordnungswidrigkeiten (→ § 1 Rn. 4d).

---

[88] So für den von ihnen befürworteten Anspruch der Gesellschaft aus Sonderverbindung *Ulmer* ZIP 2001, 2021 (2027); *Vetter* BB 2007, 1965 (1968).

[89] AA *Schwab* ZIP 2008, 341 (348).

[90] Zur Anwendbarkeit des § 93 InsO auf die zunächst befürwortete Durchgriffsaußenhaftung s. BGHZ 151, 181 (187); BGH ZIP 2005, 1734 (1738).

[91] Näher *Oechsler* FS U. H. Schneider, 2011, 913 (917f.); einschr. *Bruns* WM 2003, 815 (819); gegen Beweiserleichterungen MüKoGmbHG/*Liebscher* GmbHG Anhang zu § 13: Die GmbH als Konzernbaustein (GmbH-Konzernrecht) Rn. 577f.; zu Recht gegen vollständige Beweislastumkehr BGHZ 173, 246 Rn. 41; BGH ZIP 2008, 308 Rn. 14.

[92] Vgl. zur Rechtslage vor „Trihotel"; BGHZ 151, 181 (183ff., 186ff.); BGH ZIP 2005, 250 (252f.) – jeweils § 826 BGB; BGHZ 149, 10 (16ff.) – § 823 Abs. 2 BGB iVm § 266 StGB.

[93] Dazu BGHZ 165, 85 (91ff.); 173, 246 Rn. 27; BGH ZIP 2008, 308 Rn. 16; UHL/*Raiser* GmbHG § 13 Rn. 130ff.; Scholz/*Bitter* GmbHG § 13 Rn. 131ff.

[94] → § 1 Rn. 4c; MüKoBGB/*Wagner* BGB § 826 Rn. 144ff., 156ff.; zu § 826 BGB BGHZ 179, 344 Rn. 35ff. – Sanitary.

§ 32. Unternehmensverträge

Literatur: S. o. bei § 29 sowie *Binnewies,* Die Konzerneingangskontrolle in der abhängigen Gesellschaft, 1996; *Bitter,* Konzernrechtliche Durchgriffshaftung bei Personengesellschaften, 2000; *Bouchon,* Konzerneingangsschutz im GmbH- und Aktienrecht, 2002; *Emmerich,* Bestandsschutz im GmbH-Vertragskonzern, in: Hommelhoff, Entwicklungen im GmbH-Konzernrecht, 1986, S. 64; *Führling,* Sonstige Unternehmensverträge mit einer abhängigen GmbH, 1993; *Grüner,* Die Beendigung von Gewinnabführungs- und Beherrschungsverträgen, 2003; *Kort,* Der Abschluß von Beherrschungs- und Gewinnabführungsverträgen im GmbH-Recht, 1986; *Kort,* Bestandsschutz fehlerhafter Strukturänderungen im Kapitalgesellschaftsrecht, 1998; *Kurz,* Der Gewinnabführungsvertrag im GmbH-Recht aus konzernverfassungsrechtlicher Sicht, 1992; *Liebscher,* Konzernbildungskontrolle, 1995; *Mimberg,* Konzernexterne Betriebspachtverträge im Recht der GmbH, 2000; *Chr. Schreiben,* Konzernrechtsfreie Kontrolle, 2017; *U. Schneider* (Hrsg.), Beherrschungs- und Gewinnabführungsverträge in der Praxis der GmbH, 1989; *Veil,* Unternehmensverträge, 2003.

I. Überblick

Gesellschaften in der Rechtsform einer GmbH können sich ebenso wie andere Gesellschaften an Unternehmensverträgen aller Art beteiligen. Keine Besonderheiten gelten insoweit, wenn die GmbH die Rolle des herrschenden Unternehmens gegenüber einer AG innehat. Näherer Betrachtung bedarf allein der umgekehrte Fall, dh der Vertragsabschluss durch die GmbH als *abhängige* Gesellschaft mit einem herrschenden Unternehmen beliebiger Rechtsform.   1

Der Fragenkreis hat durchaus **praktische Bedeutung,** da offenbar Beherrschungs- und vor allem Gewinnabführungsverträge auch in großer Zahl mit abhängigen Gesellschaften in der Rechtsform einer GmbH abgeschlossen werden. Ganz im Vordergrund des Interesses stehen dabei Gewinnabführungsverträge als Voraussetzung der körperschaft- und gewerbesteuerlichen Organschaft (§§ 14, 17 KStG, § 2 Abs. 2 S. 2 GewStG). Bekannt geworden sind außerdem noch gelegentlich Betriebspachtverträge mit einer abhängigen GmbH.   2

Eine zusammenhängende **Regelung** des Rechts der Unternehmensverträge fehlt bisher im GmbH-Recht (und ist auch nicht in Sicht). Es finden sich lediglich verstreute Einzelregelungen. Hervorzuheben ist § 30 Abs. 1 S. 2 GmbHG, nach dem das Verbot des § 30 Abs. 1 S. 1 GmbHG für die Auszahlung des zur Erhaltung des Stammkapitals erforderlichen Vermögens (unter anderem) nicht für Leistungen bei Bestehen eines Beherrschungs- oder Gewinnabführungsvertrages iSd § 291 AktG gilt (vgl. § 291 Abs. 3 AktG u. dazu → § 23 Rn. 21). § 17 S. 2 KStG fügt hinzu, dass die Anerkennung der Organschaft mit einer abhängigen GmbH die entsprechende Anwendung der §§ 301, 302 AktG auf den Gewinnabführungsvertrag mit der abhängigen GmbH voraussetzt.   3

Zur Lösung der vielen anderen nicht geregelten Fragen, die mit Unternehmensverträgen im GmbH-Recht zusammenhängen, verbietet sich jedenfalls nach heute nahezu einhelliger Meinung eines sog. **Gesamtanalogie** zu den aktienrechtlichen Regelungen in den §§ 291–310 AktG; dem stehen bereits die bekannten Strukturunterschiede zwischen der AG und der GmbH entgegen (→ § 29 Rn. 3 ff.). Stattdessen ist in erster Linie an die Regelung der §§ 53, 54 GmbHG über Satzungsänderungen anzuknüpfen. Daneben kommt von Fall zu Fall zur Regelung einzelner offener Fragen auch eine Analogie zu den §§ 291–310 AktG in Betracht,   4 sofern die Situation bei der GmbH mit der bei einer AG vergleichbar ist und der Analogie nicht vorrangige GmbH-rechtliche Wertungen entgegenstehen.[1]

5 Noch unklar ist, was daraus für die Rechtsinstitute des **Vertragsberichts und** der **Vertragsprüfung** folgt, dh ob im GmbH-Konzernrecht bei Beherrschungs- und Gewinnabführungsverträgen (auf keinen Fall bei den anderen Unternehmensverträgen) zumindest partiell auch Raum für eine Analogie zu den §§ 293a, 293b AktG ist. Der Fragenkreis wird im Schrifttum heute nur noch lustlos diskutiert, zumal ihm offenbar keinerlei praktische Relevanz zukommt. Deshalb mag auch hier auf eine weitere Erörterung verzichtet werden; stattdessen ist auf die Darstellung an anderer Stelle zu verweisen.[2]

II. Beherrschungsvertrag

1. Begriff, Bedeutung

6 Das GmbHG verweist in § 30 Abs. 1 S. 2 GmbHG seit 2008 für die Definition des Beherrschungsvertrages (sowie wie für die des Gewinnabführungsvertrages) ausdrücklich auf § 291 AktG. Ebenso wie im Aktienrecht ist daher im GmbH-Recht unter einem Beherrschungsvertrag ein Vertrag zu verstehen, durch den sich eine abhängige GmbH der Leitung eines anderen Unternehmens unterstellt, indem sie diesem ein **Weisungsrecht** hinsichtlich der Leitung ihres Unternehmens einräumt, so dass mit Abschluss des Vertrages im Ergebnis die Geschäftsführungsbefugnis der Geschäftsführer und der Gesellschafterversammlung (§§ 37 Abs. 1, 46 Nr. 6 GmbHG) auf das herrschende Unternehmen verlagert wird (→ § 11 Rn. 7 ff.).

7 Auch die **Bedeutung** des Beherrschungsvertrages ist im GmbH-Konzernrecht durchaus mit der im Aktienkonzernrecht vergleichbar. Dagegen wird zwar häufig eingewandt, dass bei der GmbH anders als bei der AG wegen der hier für das Innenverhältnis der Gesellschafter geltenden Vertragsfreiheit (§ 45 GmbHG) auch **Gesellschaftsvertragsgestaltungen** vorstellbar sind, die, jedenfalls auf den ersten Blick, den zusätzlichen Abschluss eines Beherrschungsvertrages entbehrlich machen. Als Beispiele werden die vertragliche Begründung eines unbeschränkten Weisungsrechtes für einzelne Gesellschafter oder für die Mehrheit sowie vergleichbare Regelungen in dem Gesellschaftsvertrag genannt. Aber auch wenn man solche Vertragsgestaltungen grds. zulässt,[3] ist doch zum Schutze der übrigen Gesellschafter daran festzuhalten, dass die Einräumung eines unbeschränkten Weisungsrechtes an einzelne Gesellschafter oder an ein anderes, von einzelnen Gesellschaftern beherrschtes Organ im Gesellschaftsvertrag nur unter *denselben* Voraussetzungen und Kautelen möglich ist, wie sie sonst für Beherrschungsverträge anerkannt sind.[4] Dies bedeutet konkret, dass, sofern sich eine derartige Regelung nicht bereits in dem ursprünglichen Gesellschaftsvertrag befindet (dem ohnehin alle Gründer zustimmen müssen, § 2 Abs. 1 S. 2 GmbHG), eine entsprechende spätere Änderung des Gesellschaftsvertrages der **Zustimmung aller Gesellschafter** bedarf; das folgt schon aus § 53 Abs. 3 GmbHG.[5]

---

[1] BGHZ 190, 45 Rn. 19 ff.; 206, 74 Rn. 14; ganz ablehnend zu einer Analogie zu den §§ 291 ff. AktG insbes. *Chr. Schreiber*, Konzernrechtsfreie Kontrolle, 2017, S. 15, 91 ff.; *Chr. Schreiber* GmbHR 2018, 1003.

[2] Emmerich/Habersack Aktien-/GmbH-KonzernR/*Emmerich* AktG § 293a Rn. 10 ff.

[3] Anders *Kropff* FS Semler, 1993, S. 517 (532 ff.).

[4] *Beuthien* ZIP 1993, 1589.

[5] Ebenso iErg *Beuthien* ZIP 1993, 1589.

Die Bedeutung des Beherrschungsvertrages ist deshalb tatsächlich im Ergebnis im 8
GmbH-Konzernrecht kaum geringer als im Aktienkonzernrecht.[6] Insbes. direkte (unmittelbare) **Weisungen** einzelner Gesellschafter an die Geschäftsführer unter Umgehung der Gesellschafterversammlung, der Gesellschaft **nachteilige Weisungen** sowie Weisungen, durch die die Gesellschaft in den **Konzern** des herrschenden
Unternehmens eingegliedert werden soll, werden durch das bloße „normale" Weisungsrecht der Gesellschafter über die Gesellschafterversammlung nicht gedeckt
(→ § 31), so dass solche Weisungen, ohne die ein Vertragskonzern kaum erfolgreich
praktiziert werden kann, bei der GmbH nicht anders als bei der AG nur auf Grund
eines *Beherrschungsvertrages* möglich sind.

Im Regelfall bewirkt somit allein der Beherrschungsvertrag eine Verlagerung der Wei- 9
sungsbefugnis von der Gesellschaftergesamtheit auf das herrschende Unternehmen.
Daher gilt für die GmbH in kaum geringerem Maße als für die AG, dass (analog
§ 308 AktG) grds. nur der Beherrschungsvertrag die Befugnis zur Ausübung einer **umfassenden Leitungsmacht** des herrschenden Unternehmens gegenüber der abhängigen GmbH vermittelt.[7]

2. Zuständigkeit, Form

Für den Abschluss von Unternehmensverträgen sind bei der abhängigen GmbH die 10
Geschäftsführer zuständig, da es sich um einen Akt der Vertretung der Gesellschaft
nach außen handelt (§§ 35, 37 GmbHG). Unanwendbar ist jedoch § 37 Abs. 2
GmbHG, weil Beherrschungsverträge (auch) gesellschaftsrechtliche Verträge (Organisationsverträge) sind, für die der Grundsatz der Unbeschränkbarkeit der Vertretungsmacht nicht gilt. Der Vertrag wird daher erst wirksam, wenn ihm die **Gesellschafterversammlung** der abhängigen Gesellschaft zugestimmt hat (→ Rn. 11);[8] fraglich ist
nur, mit welcher Mehrheit (→ Rn. 14 ff.).

Ein Beherrschungsvertrag verändert den Zweck der Gesellschaft, indem er sie auf die In- 11
teressen des herrschenden Unternehmens ausrichtet (§ 33 BGB).[9] Er enthält außerdem
einen schwerwiegenden Eingriff in die Mitverwaltungsrechte und das Gewinnbezugsrecht der Gesellschafter (§§ 29, 46 GmbHG). Der Sache nach kommt sein Abschluss
daher einer **Vertragsänderung** zumindest so nahe, dass hier die §§ 53, 54 GmbHG entsprechend anzuwenden sind.[10] Der Abschluss des Beherrschungsvertrages bedarf aus diesem Grunde der Zustimmung der Gesellschafterversammlung der abhängigen Gesellschaft mit (zumindest) qualifizierter Mehrheit (dazu → Rn. 14 f.). Außerdem muss der
Zustimmungsbeschluss der Gesellschafter notariell **beurkundet und** zur **Eintragung** ins
Handelsregister angemeldet werden (§ 53 Abs. 2 GmbHG, § 54 Abs. 1 GmbHG).[11]

---

[6] Ebenso *Kropff* FS Semler, 1993, 517 (528 ff.); *Zöllner* ZGR 1992, 173 (175 f.).
[7] Ebenso BGH NJW 1992, 1452 – Siemens/NRG; *Bitter* ZIP 2001, 265 (274 ff.); *Zöllner* ZGR 1992,
173 (186 f.); ganz anders *Chr. Schreiber,* Konzernrechtsfreie Kontrolle, 2017; *Chr. Schreiber* GmbHR
2018, 1003.
[8] BGHZ 105, 324 (332); *Grauer* Konzernbildungskontrolle S. 164 ff.; ebenso für Betriebspachtverträge
mit einer abhängigen GmbH LG Berlin ZIP 1991, 1180 – Interhotel; dazu → Rn. 56.
[9] Anders *Bouchon* Konzerneingangsschutz S. 244 ff.; *Grauer* Konzernbildungskontrolle S. 158, 174 ff. mN.
[10] S. zum Folgenden *Scholz* GmbHG Anhang § 13 Rn. 139 ff.; Emmerich/Habersack Aktien-/GmbH-
KonzernR/*Emmerich* AktG § 293 Rn. 41 ff.
[11] → Rn. 13; BGHZ 105, 324 (331 f., 338) – Supermarkt; BGHZ 116, 37 (43 f.) – Stromlieferung; BGH
NJW 1992, 1452 – Siemens/NRG; BayObLGZ 2003, 21 (22); *Emmerich* JuS 1992, 102 (103).

12   Von dem Zustimmungsbeschluss der Gesellschafter (→ Rn. 11) muss der **Unternehmensvertrag** (als Gegenstand des Beschlusses) unterschieden werden. Die Formvorschriften der §§ 53 und 54 GmbHG gelten für ihn nicht. Für den Vertrag genügt deshalb entsprechend den §§ 293 Abs. 3 und 294 AktG **schriftliche Abfassung.**[12] Lediglich, wenn der Vertrag ein Umtausch- oder Abfindungsangebot an die außenstehenden Gesellschafter enthält, dürfte mit Rücksicht auf § 15 Abs. 4 GmbHG die notarielle Beurkundung erforderlich sein.[13] Dabei handelt es sich indessen um ausgesprochene Ausnahmefälle, die bisher offenbar nie praktisch geworden sind.

13   Der **Anmeldung** des Zustimmungsbeschlusses zum Handelsregister (→ Rn. 11) müssen nach § 54 Abs. 1 S. 2 GmbHG der Zustimmungsbeschluss und der Unternehmensvertrag als **Anlagen** beigefügt werden.[14] In das Handelsregister sind sodann im Interesse der Unterrichtung der Öffentlichkeit über den Konzernstatus der abhängigen Gesellschaft Bestehen und Art des Unternehmensvertrages, der Zustimmungsbeschluss, der Name des anderen Vertragsteils sowie das Datum des Zustimmungsbeschlusses und des Vertragsabschlusses einzutragen.[15] Die **Eintragung** hat konstitutive Wirkung (s. § 294 AktG).[16] Dies alles gilt auch für **Einpersonengesellschaften.**[17] Dies hervorzuheben ist wichtig, weil nach den bisherigen Erfahrungen offenbar die Masse jedenfalls der Gewinnabführungsverträge bei der GmbH mit 100-prozentigen Tochtergesellschaften abgeschlossen wird, um die Voraussetzungen für die körperschaft- und gewerbesteuerrechtliche Organschaft zu schaffen (§§ 14, 17 KStG, § 2 Abs. 2 S. 2 GewStG).

3. Erforderliche Mehrheit

14   Die zentrale Frage, die sich aus dem Gesagten (→ Rn. 11–13) ergibt, ist die nach der erforderlichen Mehrheit für den Zustimmungsbeschluss, dh ob für den Zustimmungsbeschluss eine qualifizierte Mehrheit der Gesellschafter genügt oder ob mit Rücksicht auf die Bedeutung des Beschlusses Einstimmigkeit erforderlich ist. Die gesetzliche Ausgangslage ist nicht eindeutig: Knüpft man an § 53 Abs. 2 S. 1 Hs. 2 GmbHG an (→ Rn. 11), so spricht dies für das bloße Erfordernis einer **qualifizierten Mehrheit** der Gesellschafterversammlung. In dieselbe Richtung weist die nahe liegende Analogie zu § 293 Abs. 2 AktG. Dem steht jedoch gegenüber, dass § 33 Abs. 1 S. 2 BGB und § 53 Abs. 3 GmbH für eine Änderung des Zwecks der Gesellschaft sowie für eine Vermehrung der den Gesellschaftern nach dem Vertrag obliegenden Leistungen die **Zustimmung aller Gesellschafter** verlangen. Bis heute ist umstritten, welche Folgerungen aus dieser widersprüchlichen Gesetzeslage für die hier interessierende Frage zu ziehen sind. Die wohl überwiegende Meinung rückt bisher die Parallele zu § 33 Abs. 1 S. 2 BGB und zu § 53 Abs. 3 GmbHG in den Vordergrund und folgert daraus die Notwendigkeit der Zustimmung aller Gesellschafter zu dem Vertragsabschluss, wobei lediglich umstritten ist, ob bereits der Zustimmungsbeschluss selbst mit den Stimmen aller Gesellschafter ergehen muss oder ob es genügt, wenn nur nach-

---

[12]   BGHZ 105, 324 (342) – Supermarkt; BGH NJW 1992, 1452 – Siemens/NRG.

[13]   *Jäger* DStR 1997, 1770 (1773).

[14]   BGHZ 105, 324 (342f.); BGH NJW 1992, 1452 – Siemens/NRG.

[15]   BGHZ 105, 324 (337, 345f.) – Supermarkt; LG Bonn GmbHR 2000, 570.

[16]   BGHZ 105, 324 (341); BGHZ 116, 37 (39) – Stromlieferung; BGH NJW 1992, 1452 – Siemens/ NRG.

[17]   BGHZ 105, 324 – Supermarkt; BGH NJW 1992, 1452 – Siemens/NRG; anders *Bitter* ZIP 2001, 265 (277).

träglich sämtliche Gesellschafter formlos dem mit qualifizierter Mehrheit gefassten Beschluss zustimmen (s. § 33 Abs. 1 S. 2 Hs. 2 BGB).[18] Teilweise wird dabei auch noch weiter zwischen personalistischen und kapitalistischen Gesellschaften unterschieden und die Zustimmung aller Gesellschafter allein bei den ersteren, den personalistischen Gesellschaften gefordert.[19]

Demgegenüber gewinnt jedoch neuerdings die **Gegenmeinung** an Boden, dass bei der GmbH entsprechend § 293 Abs. 1 AktG und § 53 Abs. 2 S. 1 GmbHG die Zustimmung der Gesellschafterversammlung der abhängigen Gesellschaft mit **qualifizierter Mehrheit** zu dem Beherrschungsvertrag genügt. *Vorausgesetzt* wird dabei freilich, dass der Vertrag zumindest durch Abfindungsregelungen entsprechend § 305 AktG in der gebotenen Weise auf die Interessen der Minderheit Rücksicht nimmt.[20] Zusätzlich wird häufig noch eine Inhaltskontrolle gegenüber dem Zustimmungsbeschluss befürwortet. 15

Der **BGH** hat die Frage bisher offen gelassen.[21] In einem Urteil vom Mai 2011,[22] in dem er klargestellt hat, dass hier für eine Anwendung des § 47 Abs. 4 S. 2 GmbHG grds. kein Raum ist, so dass auch das herrschende Unternehmen mit abstimmen darf, finden sich indessen Ausführungen, die im Schrifttum vielfach dahin interpretiert werden, der BGH wolle fortan einen Zustimmungsbeschluss der Gesellschafter (unter Einschluss des herrschenden Unternehmens) mit qualifizierter Mehrheit genügen lassen.[23] Jedoch heißt es in diesem Urteil lediglich, ein Unternehmensvertrag habe nicht lediglich schuldrechtlichen Charakter, sondern stelle einen gesellschaftsrechtlichen Organisationsvertrag dar, der den rechtlichen Status der beherrschten Gesellschaft ändere.[24] Aber daraus folgt allein, was ohnehin heute unstrittig ist, dass nämlich jedenfalls Beherrschungs- und Gewinnabführungsverträge als Organisationsverträge, die den Status der abhängigen Gesellschaft ändern, auf jeden Fall der Zustimmung der Gesellschafter **mit qualifizierter Mehrheit** bedürfen (§ 53 Abs. 2 GmbHG). Aber ob diese Mehrheit auch ausreicht oder doch die Zustimmung aller Gesellschafter erforderlich ist, ist damit noch nicht entschieden. 16

Obwohl nicht zu verkennen ist, dass die Stimmen, die sich mit einer qualifizierten Mehrheit für die Zustimmung zu einem Beherrschungsvertrag (oder Gewinnabführungsvertrag) analog § 293 Abs. 1 AktG begnügen wollen, in jüngster Zeit weiter an 17

---

[18] Emmerich/Habersack Aktien-/GmbH-KonzernR/*Emmerich* AktG § 293 Rn. 43a; *Altmeppen* Betr. 1994, 1273; *Binnewies* Konzerneingangskontrolle S. 265 ff. (mit Ausnahmen); UHL/*Casper* GmbHG Anhang nach § 77 GmbH-Konzernrecht Rn. 204; *Drüke* Haftung S. 99; *Kleindiek* Strukturvielfalt S. 77 ff.; *Kleindiek* ZIP 1988, 613 (616); *Kort* ZIP 1989, 1309 (1311); U. Schneider/*Priester* Beherrschungs- und Gewinnabführungsverträge S. 37 (43); U. Schneider/*U. Schneider* Beherrschungs- und Gewinnabführungsverträge S. 7 (12).

[19] MüKoGmbHG/*Liebscher* GmbHG Anhang zu § 13 Rn. 740 ff.

[20] → Rn. 25 f.; *Grauer* Konzernbildungskontrolle S. 168, 189 ff.; *Halm* NZG 2001, 728 (729 f.); *Koerfer/Selzner* GmbHR 1997, 285 (287 ff.); *Hegemann* GmbHR 2012, 315; *Lutter/Hommelhoff* GmbHG Anhang § 13 Rn. 52, 65 ff.; Roth/Altmeppen/*Altmeppen* GmbHG Anh. § 13. Konzernrecht der GmbH Rn. 35, 37; *A. Weber* GmbHR 2003, 1347 (1348).

[21] BGHZ 105, 324 (332) = JuS 1989, 410 (Emmerich) – „Supermarkt".

[22] BGHZ 190, 45 Rn. 19.

[23] IdS Roth/Altmeppen/*Altmeppen* GmbHG Anh. § 13. Konzernrecht der GmbH Rn. 35, 37; *Hegemann* GmbHR 2012, 315; *Müller-Eising/D. Schmidt* NZG 2011, 1100; anders aber zB *Veith/Schmid* DB 2012, 1100.

[24] BGHZ 190, 45 Rn. 19.

Gewicht gewonnen haben, sprechen doch nach wie vor die besseren Gründe für das Erfordernis einer Zustimmung *aller* Gesellschafter. Im Vordergrund stehen dabei die bisher nicht ausgeräumten Zweifel, ob auf dem Boden der Meinung, die sich mit einer qualifizierten Gesellschaftermehrheit begnügen will, ein angemessener Minderheitenschutz, insbes. auf dem Weg über eine entsprechende Anwendung des § 305 AktG, erreichbar ist. In dieselbe Richtung weist der Umstand, dass Beherrschungsverträge ebenso wie Gewinnabführungsverträge den Zweck der Gesellschaft verändern (→ Rn. 7 ff.), womit § 33 Abs. 1 S. 2 BGB ins Spiel kommt. Auch dies spricht dafür, dass der Vertrag grds. nur wirksam wird, wenn ihm **alle Gesellschafter** zustimmen. Dasselbe ergibt sich wohl aus § 53 Abs. 3 GmbHG.

18   In der Tat dürfte es allein auf der Grundlage dieser Meinung möglich sein, das herrschende Unternehmen dazu zu veranlassen, die gebotene Rücksicht auf die Interessen der Minderheit, insbes. eben durch angemessene Abfindungsleistungen zu nehmen. Dagegen wird zwar vielfach eingewandt, einzelnen Gesellschaftern werde auf diese Weise ohne Not die Möglichkeit eröffnet, den Abschluss von Unternehmensverträgen aus unsachlichen Gründen zu hintertreiben. Dies ist jedoch nicht zwingend, da nichts die Vorstellung hindert, dass die Gesellschafter in Ausnahmefällen auf Grund ihrer **Treuepflicht** auch verpflichtet sein können, dem Abschluss eines Unternehmensvertrages zuzustimmen, etwa, wenn allein durch ihn das Überleben der abhängigen Gesellschaft sichergestellt werden kann.[25]

4. Ermächtigungsklauseln

19   Für konzentrationswillige Gesellschaftsgründer liegt es nach dem Gesagten (→ Rn. 16 f.) nahe, in dem Gesellschaftsvertrag vorweg „Vorsorge" für einen etwaigen späteren Abschluss von Unternehmensverträgen zu treffen. In Betracht kommen dafür vor allem Klauseln, durch die die Geschäftsführer zum Abschluss von Unternehmensverträgen ermächtigt werden oder durch die die Mehrheitserfordernisse für den Zustimmungsbeschluss (→ Rn. 14 ff.) herabgesetzt werden, etwa durch die Bestimmung, dass für den Zustimmungsbeschluss generell oder doch in bestimmten Fallgestaltungen eine qualifizierte Mehrheit ausreichen soll. Die Zulässigkeitsgrenzen derartiger Ermächtigungsklauseln lassen sich nicht einheitlich beurteilen. Man muss vielmehr unterscheiden:

20   *Nicht* angängig ist zunächst eine **allgemeine Herabsetzung** der Mehrheitserfordernisse für den Zustimmungsbeschluss bei der abhängigen Gesellschaft oder gar eine **Ermächtigung der Geschäftsführer** zum Abschluss von Beherrschungs- oder Gewinnabführungsverträgen. Insoweit wird man den Gedanken des Minderheitenschutzes, der gleichermaßen der Vorschrift des § 33 BGB wie der des § 53 Abs. 3 GmbHG zugrunde liegt, wohl als zwingend anzusehen haben. Hinsichtlich der Ermächtigung der Geschäftsführer zum Vertragsabschluss kommt noch hinzu, dass derartige Klauseln der Sache nach auf eine Ermächtigung der Geschäftsführer zur Änderung des Gesellschaftsvertrages hinauslaufen, solche Ermächtigung dem GmbH-Recht indessen fremd ist. Anders verhält es sich dagegen mit Klauseln der genannten Art, die nur für bestimmte **Einzelfälle** gelten sollen: Ist eine derartige Klausel von vornherein im Gesellschaftsvertrag enthalten, so wissen die Gründer, worauf sie sich einlassen, so dass sie keines zusätzlichen Schutzes bedürfen (§ 2 Abs. 1 S. 2 GmbHG). Wenn eine derartige

---

[25]   S. *Emmerich* JuS 1992, 102 (104); *Timm* WM 1991, 481 (483 ff.).

Klausel dagegen erst nachträglich im Wege der **Änderung** des Gesellschaftsvertrages eingeführt wird, ist zum Schutze der Minderheit § 53 Abs. 3 GmbHG entsprechend anzuwenden.

Ermächtigungsklauseln sind daher nur zulässig, wenn sich die fragliche Klausel von 21 vornherein auf einen bestimmten *konkreten Vertrag* bezieht. Erforderlich ist außerdem in jedem Fall zumindest eine qualifizierte Mehrheit der Gesellschafter, wie aus § 53 Abs. 2 S. 2 GmbHG zu folgern ist; *unter* dieses Erfordernis kann auch der Gesellschaftsvertrag nicht gehen (alles str.).

5. Zustimmung der Gesellschafter der Obergesellschaft

Die bisherigen Ausführungen betrafen ausschließlich die Anforderungen, die an einen 22 wirksamen Vertragsschluss auf der Seite der *abhängigen* GmbH zu stellen sind. Davon zu trennen ist die Frage, wie sich die Rechtslage auf der Seite der *herrschenden* Gesellschaft darstellt, wobei vor allem die Frage interessiert, wie die Rechtslage zu beurteilen ist, wenn die herrschende Gesellschaft die Rechtsform einer AG oder ebenfalls einer GmbH hat. Auszugehen ist von § 293 Abs. 2 AktG, nach dem dem Abschluss eines Beherrschungsvertrages mit einer AG auch die Hauptversammlung der herrschenden AG mit qualifizierter Mehrheit zustimmen muss, sodass sich die Frage stellt, ob diese Regelung generell oder unter bestimmten Voraussetzungen im GmbH-Konzernrecht entsprechend anzuwenden ist. Der Grund für die Notwendigkeit einer Zustimmung der Gesellschafter der Obergesellschaft im Aktienkonzernrecht (§ 293 Abs. 2 AktG) ist vor allem darin zu sehen, dass sich für das herrschende Unternehmen aus Beherrschungs- und Gewinnabführungsverträgen nach den §§ 302–305 AktG erhebliche Belastungen ergeben können (→ § 16 Rn. 14 ff.). Von diesen Vorschriften gelten zumindest die §§ 302, 303 AktG auch für Beherrschungs- und Gewinnabführungsverträge mit einer abhängigen GmbH (→ Rn. 36), so dass **§ 293 Abs. 2 AktG** in der Tat im GmbH-Konzernrecht **entsprechend** anzuwenden ist.[26]

Der Zustimmungsbeschluss bedarf der notariellen **Beurkundung** nur, wenn es sich 23 bei der herrschenden Gesellschaft um eine AG handelt (§ 293 Abs. 2 AktG, § 130 Abs. 1 AktG).[27] Anders dagegen bei Gesellschaften anderer Rechtsform. Auch wenn das herrschende Unternehmen eine GmbH ist, genügt für den Zustimmungsbeschluss einfache **Schriftform,** wobei der Vertrag der Urkunde als Anlage beizufügen ist.[28] Ebenso wenig bedarf der Vertrag der **Eintragung** in das Handelsregister der herrschenden Gesellschaft (vgl. § 294 AktG).[29] Eine freiwillige deklaratorische Eintragung ins Handelsregister der herrschenden Gesellschaft wird dadurch nicht ausgeschlossen und heute vielfach im Interesse der Transparenz der Konzernverhältnisse und der Rechtssicherheit befürwortet.[30]

Ebenso wie bei der abhängigen Gesellschaft (→ Rn. 19–21) wird diskutiert, ob der 24 **Gesellschaftsvertrag** der herrschenden Gesellschaft von den geschilderten Regeln über die Notwendigkeit eines Zustimmungsbeschlusses der Gesellschafterversamm-

---

[26] BGHZ 105, 324 (333 ff.) – Supermarkt; BGHZ 115, 187 (192) – Video; BGH NJW 1992, 1452 – Siemens/NRG; OLG Hamburg NZG 2005, 966.
[27] BGH NJW 1992, 1452 – Siemens/NRG.
[28] BGHZ 105, 324 (336 f.) – Supermarkt.
[29] AG Duisburg GmbHR 1994, 811; 1997, 75.
[30] OLG Celle GmbHR 2014, 1047; LG Bonn AG 1993, 521.

lung (→ Rn. 22 f.) abweichen kann. Die Frage ist zu verneinen für eine herrschende **AG,** auch wenn die abhängige Gesellschaft die Rechtsform einer GmbH hat; insoweit dürften die § 293 Abs. 2 AktG und § 294 AktG als zwingend anzusehen sein (§ 23 Abs. 5 AktG). Bei einer herrschenden **GmbH** sind dagegen derartige **Ermächtigungsklauseln** wohl in demselben (engen) Rahmen wie bei einer abhängigen GmbH möglich.[31]

6. Abfindung und Ausgleich

25 Verlangt man, wie hier befürwortet (→ Rn. 16), für den Abschluss eines Beherrschungs- oder Gewinnabführungsvertrages im GmbH-Recht grds. die Zustimmung aller Gesellschafter, so sind weitere Regelungen zum Schutze der außenstehenden Gesellschafter, insbes. in Gestalt einer Analogie zu den §§ 304, 305 AktG entbehrlich, weil dann die außenstehenden Gesellschafter selbst ohne weiteres in der Lage sind, für die Wahrung ihrer Rechte zu sorgen.

26 Anders ist die Rechtslage dagegen, wenn man sich generell oder im Einzelfall mit einer **qualifizierten Mehrheit** begnügt (→ Rn. 15, 20). Gleich steht der Fall, dass die außenstehenden Gesellschafter im Einzelfall auf Grund ihrer Treuepflicht zur Zustimmung zu dem Beherrschungs- oder Gewinnabführungsvertrag verpflichtet sind (→ Rn. 17). In derartigen Fällen ist jedenfalls eine Analogie zu § 305 AktG unverzichtbar, so dass das herrschende Unternehmen den außenstehenden Gesellschaftern zumindest eine **Barabfindung** anbieten muss.[32] Darauf kann nur verzichtet werden, wenn an der abhängigen GmbH keine außenstehenden Gesellschafter beteiligt sind (vgl. § 304 Abs. 1 S. 3 AktG und § 305 Abs. 1 AktG), wenn es sich mit anderen Worten um eine **100-%ige Tochtergesellschaft** handelt, – wie es offenbar durchaus die Regel ist, weshalb die praktische Bedeutung des ganzen Fragenkreises denkbar gering ist.

27 Noch offen ist, ob die außenstehenden Gesellschafter der abhängigen GmbH in bestimmten Fällen (s. § 305 Abs. 2 Nr. 1 und 2 AktG) außerdem einen Anspruch auf **Abfindung in Anteilen** der herrschenden Gesellschaft haben. Dies ist auf jeden Fall dann unbedenklich zu bejahen, wenn die herrschende Gesellschaft die Rechtsform einer **AG** hat, während wohl eine Abfindung in **GmbH-Anteilen** für den Regelfall angesichts ihrer mangelnden Fungibilität ausscheidet. Eine **Ausgleichspflicht** der herrschenden Gesellschaft entsprechend § 304 AktG wird gleichfall bislang überwiegend verneint. Indessen ist kein sachlicher Grund erkennbar, die Minderheitsgesellschafter durch die Beschränkung auf den Abfindungsanspruch gegebenenfalls zum Ausscheiden aus ihrer Gesellschaft zu zwingen.

28 Wenn der Beherrschungsvertrag in einem der genannten Fälle (→ Rn. 26 f.) überhaupt kein Ausgleichs- oder Abfindungsangebot des herrschenden Unternehmens enthält, sollte man ihn zum Schutze der Minderheit entsprechend § 304 Abs. 3 S. 1 AktG als **nichtig** behandeln. Ist das Angebot dagegen nicht angemessen, so ist der Zustimmungsbeschluss analog § 243 Abs. 2 AktG **anfechtbar.** Zu erwägen ist, den außenste-

---

[31] → Rn. 21; *Grunewald* AG 1990, 133 (135 f.); *Hoffmann-Becking* WiB 1994, 57 (60).

[32] → Rn. 15; *Grauer* Konzernbildungskontrolle S. 202 ff.; *Kort* Abschluss S. 135, 157 ff.; *Mestmäcker* S. 352 ff.; *Hommelhoff/Priester* Entwicklungen S. 151 (156 ff.); *H. Weber* GmbHR 2003, 1347; anders nur ohne Begründung BGHZ 105, 324 (335) – Supermarkt.

henden Gesellschaftern daneben oder stattdessen das **Spruchverfahren** entsprechend § 1 Nr. 1 und 2 SpruchG zu eröffnen.

7. Fehlerhafte Verträge

Literatur: S. o. § 11 Rn. 24 ff. und Scholz/*Emmerich* GmbHG Anhang § 13 Rn. 163 – 169 sowie noch *Lauber/Nöll*, Die Rechtsfolgen fehlerhafter Unternehmensverträge, 1993; *Priester* und *Strobl*, in: U. Schneider, Beherrschungs- und Gewinnabführungsverträge, 1989, S. 37 und 65; *Stolzenberger-Wolters*, Fehlerhafte Unternehmensverträge im GmbH-Recht, 1990.

Beherrschungs- oder Gewinnabführungsverträge mit einer abhängigen GmbH, bei **29** deren Abschluss die vorstehend entwickelten Voraussetzungen für die Wirksamkeit derartiger Verträge (→ Rn. 10 ff.) nicht beachtet wurden, sind grds. nichtig (→ Rn. 28). Zu beachten bleibt jedoch, dass auf fehlerhafte Unternehmensverträge unter im Einzelnen umstrittenen Voraussetzungen die Regeln über fehlerhafte Gesellschaftsverträge angewandt werden, sodass sie **für die Vergangenheit,** sobald sie einmal insbes. durch die Erteilung von Weisungen oder den Ausgleich von Verlusten vollzogen sind, (zunächst) im Wesentlichen doch als **wirksam** zu behandeln sind (→ § 11 Rn. 24 ff.). Das gilt auch und gerade für fehlerhafte Unternehmensverträge mit einer abhängigen **GmbH,** nach Meinung der Gerichte sogar dann, wenn es an der **Zustimmung** der Gesellschafter oder an der **Eintragung** des Vertrags ins Handelsregister der abhängigen Gesellschaft fehlt,[33] vor allem wohl, um unter allen Umständen die Haftung der herrschenden Gesellschaft gegenüber den Gläubigern der abhängigen Gesellschaft analog den §§ 302, 303 AktG sicherzustellen (→ Rn. 36 ff.). Die praktische Bedeutung der Lehre ist hier (bei der GmbH) sogar deutlich größer als bei der AG, weil bei der AG infolge der Verbreitung von Freigabeverfahren aufgrund des § 246a AktG im Grunde nur noch wenige Anwendungsfälle für die Lehre von den fehlerhaften Unternehmensverträgen verbleiben, während bei der GmbH (erfreulicherweise) bisher § 246a AktG nicht entsprechend angewandt wird.

Durch die Anerkennung eines fehlerhaften Unternehmensvertrages für die Vergangen- **30** heit nach dessen Vollzug (Rn. 25) werden die Parteien nicht gehindert, sich für die Zukunft auf die Unwirksamkeit des Vertrages zu berufen oder durch **Kündigung** aus wichtigem Grunde die weitere Anwendung des Vertrages zu beenden, solange es nicht zu einer Heilung des Mangels gekommen ist.[34] Die Zuständigkeit für die **Beendigung** des rechtswidrigen Zustandes, der durch den Vollzug des an sich unwirksamen Vertrags entstanden ist (→ Rn. 29), liegt in erster Linie bei den Geschäftsführern der abhängigen GmbH (§ 37 GmbHG). Ein Ermessen besitzen sie insoweit nicht; sie sind vielmehr grds. als **verpflichtet** anzusehen, sich gegenüber dem herrschenden Unternehmen auf die Unwirksamkeit des Vertrages zu berufen oder ihn zu kündigen (§ 43 Abs. 1 GmbHG). Durch die Gesellschafterversammlung können die Geschäftsführer hierzu auch angewiesen werden (§ 46 Nr. 4 GmbHG, § 50 GmbHG). Eine entgegenstehende Weisung des herrschenden Unternehmens an die Geschäftsführer ist rechtswidrig und deshalb unbeachtlich.

---

[33] So insbes. BGHZ 116, 37 (39); BGH NJW 2002, 822; NZG 2005, 261; 2005, 472; dagegen Scholz/*Emmerich* GmbHG Anhang § 13 Rn. 167.
[34] BFHE 184, 88 (90 f.).

31 Werden die Geschäftsführer, zB auf Grund einer Weisung des herrschenden Unternehmens, pflichtwidrig nicht tätig (→ Rn. 30), so bleibt zu bedenken, dass der vom herrschenden Unternehmen geschaffene Zustand mangels der Zustimmung der außenstehenden Gesellschafter rechtswidrig ist und bleibt, so dass die letzteren nach wie vor von dem herrschenden Unternehmen wegen der Verletzung seiner Treuepflicht **Schadensersatz** durch Aufhebung des Vertrages verlangen können (§§ 241, 242, 249, 280, 705 BGB). Außerdem hindert nichts, den außenstehenden Gesellschaftern (analog § 744 BGB) eine **Notzuständigkeit** zur Kündigung des Vertrags einzuräumen.

8. Weisungsrecht[35]

32 Kern des Beherrschungsvertrages ist bei der GmbH ebenso wie bei der AG entsprechend § 291 Abs. 1 AktG und § 308 AktG das Weisungsrecht des herrschenden Unternehmens gegenüber den Geschäftsführern der abhängigen Gesellschaft hinsichtlich der Leitung der Gesellschaft. GmbH-spezifischen Besonderheiten bestehen nur in engen Grenzen, so dass wegen der Einzelheiten iÜ auf die Ausführungen zu § 308 AktG verwiesen werden kann.[36] Zulässig sind insbes. auch analog § 308 Abs. 1 S. 2 AktG **nachteilige** Weisungen. § 30 Abs. 1 S. 2 GmbHG fügt hinzu, dass das grundsätzliche Verbot der Auszahlung des zur Erhaltung des Stammkapitals erforderlichen Vermögens an die Gesellschafter (§ 30 Abs. 1 S. 1 GmbHG) nicht für Leistungen bei Bestehen eines Beherrschungs- oder Gewinnabführungsvertrages gilt. Durch dieses sog. **Konzernprivileg** soll den Parteien eines Beherrschungs- oder Gewinnabführungsvertrages (ebenso wie im Aktienkonzernrecht durch § 291 Abs. 3 AktG (→ § 11 Rn. 40 ff.) insbes. die Praktizierung von *Cash-Management-Systemen* ermöglicht werden, unbehindert von den Kapitalerhaltungsregeln des Gesellschaftsrechts.

33 Ein Unterschied zur Rechtslage bei der AG besteht zunächst insoweit, als hier – bei der GmbH – das **Weisungsrecht** des herrschenden Unternehmens (§ 308 AktG) mit dem **der Gesellschafter** über die Gesellschafterversammlung (§ 37 Abs. 1 GmbHG) kollidieren kann. In derartigen Fällen ist davon auszugehen, dass zwar der Beherrschungsvertrag immer nur ein Weisungsrecht des herrschenden Unternehmens gerade gegenüber den *Geschäftsführern* der abhängigen GmbH begründen kann (→ § 23 Rn. 11 f.), dass aber, nachdem einmal die Gesellschafter mit der erforderlichen Mehrheit dem Beherrschungsvertrag zugestimmt haben, das Weisungsrecht des herrschenden Unternehmens den **Vorrang** vor dem Weisungsrecht der Gesellschafter haben muss.[37] Das gilt auch, soweit durch den Gesellschaftsvertrag vor Abschluss des Beherrschungsvertrages besondere Zuständigkeiten der Gesellschafterversammlung in Fragen der Geschäftsführung begründet wurden. Immer geht der grds. nur mit Zustimmung *aller* Gesellschafter mögliche Beherrschungsvertrag vor.[38] **Ausgenommen** bleiben freilich nicht anders als bei der AG diejenigen Fragen, die **kraft zwingenden Rechts der Gesellschafterversammlung** übertragen sind wie insbes. die Änderung des Gesellschafts-

---

[35] Dazu → § 23 Rn. 13 ff.; Emmerich/Habersack Aktien-/GmbH-KonzernR/*Emmerich* AktG § 308 Rn. 9 ff.; Scholz/*Emmerich* GmbHG Anhang § 13 Rn. 170 ff. sowie *Geißler* NZG 2015, 734; *Habetha* ZIP 2017, 652; *Schreiber* Konzernrechtsfreie Kontrolle S. 101 ff.

[36] OLG Frankfurt a. M. AG 2018, 635 (636).

[37] OLG Stuttgart NZG 1998, 601 (602) – Dornier; *Grauer* Konzernbildungskontrolle S. 158 ff.; *Kort* Abschluss S. 140 f.

[38] UHL/*Casper* GmbHG Anhang nach § 77 GmbH-Konzernrecht Rn. 219; MHLS/*Servatius* Systematische Darstellung 4 Rn. 123.

vertrags (§ 53 GmbHG), Kapitalveränderungen (§§ 55 ff. GmbHG) sowie die Zustimmung zu Unternehmensverträgen (analog § 293 AktG). Soweit jedoch das herrschende Unternehmen von seinem Weisungsrecht keinen Gebrauch macht, bleibt es bei der Geschäftsführungsbefugnis der Geschäftsführer (§ 37 GmbHG), mit der Folge, dass auch die Gesellschafterversammlung weiterhin den Geschäftsführern Weisungen in Fragen der Geschäftsführung erteilen kann. Es gibt keinen Anlass zu der Annahme, dass mit dem Abschluss eines Beherrschungsvertrages die Gesellschafterversammlung endgültig auf ihr Recht zur Weisungserteilung in Fragen der Geschäftsführung verzichte (§§ 37, 45 GmbHG).[39]

Ausgenommen von dem Weisungsrecht des herrschenden Unternehmens sind ferner **34** **Grundlagengeschäfte.** Man versteht darunter Geschäfte, die der Sache nach auf eine Änderung des Gesellschaftsvertrages hinauslaufen. Die Grenzziehung ist schwierig.[40] Maßgebend dürfte sein, ob die fragliche Maßnahme, zu der die Gesellschaft angewiesen wird, noch durch **Zweck und Gegenstand der Gesellschaft** gedeckt ist und sich deshalb iRd bestehenden Gesellschaftsvertrages hält (§ 3 Nr. 2 GmbHG). (Nur) wenn es daran fehlt, ist für ein Weisungsrecht des herrschenden Unternehmens nach dem Gesagten kein Raum.

Das Verhältnis des herrschenden Unternehmens zu einem **fakultativen** Aufsichts- **35** rat folgt denselben Regeln wie sein Verhältnis zur Gesellschafterversammlung (→ Rn. 33). Besonderheiten gelten dagegen, wenn es sich um einen **obligatorischen Aufsichtsrat** auf Grund des MitbestG handelt, weil dieser in den ihm kraft Gesetzes übertragenen Aufgabenbereichen, vor allem also hinsichtlich der Bestellung der Geschäftsführer (§ 31 MitbestG), keinem Weisungsrecht des herrschenden Unternehmens unterliegt. Kommt es hier zu einer Kollision mit dem Weisungsrecht des herrschenden Unternehmens, so wird neuerdings vielfach eine Analogie zu § 308 Abs. 3 AktG befürwortet.[41]

Die **Schranken** des Weisungsrechts des herrschenden Unternehmens entsprechen **35a** bei der GmbH gleichfalls denen, die im Aktienrecht dem Weisungsrecht des herrschenden Unternehmens gezogen sind (→ § 23 Rn. 35 ff.). Bedeutung kommt vor allem der **Überlebensfähigkeit** der abhängigen Gesellschaft als Schranke des Weisungsrechts des herrschenden Unternehmens im GmbH-Konzernrecht zu (Stichwort: Existenzvernichtungshaftung, → § 31). Nachteilige Weisungen sind maW immer nur so lange zulässig, wie, insbes. auf dem Weg über den Verlustausgleich (→ Rn. 36 f.), die Lebensfähigkeit der abhängigen GmbH gewährleistet bleibt (→ § 23 Rn. 40 ff.).

9. Gläubigerschutz

Das Aktienrecht gewährleistet den Gläubigerschutz im Vertragskonzern, wie bereits **36** im einzelnen dargestellt (→ § 20 Rn. 34, 52 ff.), gemäß den §§ 302, 303 AktG über die Pflicht des herrschenden Unternehmens, während des Bestandes des Vertrages jeden Jahresfehlbetrag auszugleichen und nach Vertragsende den Gläubigern Sicherheit zu leisten. Dasselbe gilt grds. **entsprechend** den aktienrechtlichen Vorschriften im

---

[39] Ebenso *Habetha*, ZIP 2017, 652 (658 f.); str., anders zB MüKoGmbHG/*Liebscher* GmbHG Anhang zu § 13 Rn. 790 ff. mN.
[40] S. Scholz/*Emmerich* GmbHG Anhang § 13 Rn. 174.
[41] *Hoffmann-Becking* WiB 1994, 57 (61).

GmbH-Konzernrecht.[42] Das ist zwingendes Recht, so dass die Pflicht des herrschenden Unternehmens zum Verlustausgleich und zur Sicherheitsleistung bei Vertragsende bei der GmbH ebenso wie bei der AG (und anders als nach Steuerrecht, → Rn. 36a) gesellschaftsrechtlich *nicht* von einer entsprechenden Vereinbarung im Beherrschungs- oder Gewinnabführungsvertrag abhängig ist. Die Einzelheiten sind umstritten. Es geht dabei in erster Linie um die Frage, ob sich die Pflicht des herrschenden Unternehmens zum Verlustausgleich auf das zur Deckung der Stammkapitalziffer erforderliche Vermögen beschränkt oder stets die gesamten Verluste der abhängigen Gesellschaft umfasst, sowie außerdem um die Frage, ob das Verbot der Auflösung vorvertraglicher Rücklagen zur Abdeckung späterer Verbindlichkeiten, das aus § 302 Abs. 1 Hs. 2 AktG im Aktienkonzernrecht hergeleitet wird, auch hier im GmbH-Konzernrecht anzuwenden ist.[43]

36a   Die praktische Relevanz dieser Kontroverse (→ Rn. 36) ist gering, da Beherrschungs- und Gewinnabführungsverträge mit einer abhängigen GmbH ganz überwiegend aus steuerlichen Gründen abgeschlossen werden, um die Voraussetzungen für die Anerkennung der körperschaft- und gewerbesteuerlichen **Organschaft** zu schaffen (§§ 14, 17 KStG, § 2 Abs. 2 S. 2 GewStG), das Steuerrecht jedoch in § 17 S. 2 Nr. 1, 2 KStG vorschreibt, dass die Organschaft nur anerkannt wird, wenn die Gewinnabführung nicht die in § 301 AktG bestimmte Obergrenze überschreitet und wenn außerdem eine Verlustübernahme entsprechend § 302 AktG „in seiner jeweils geltenden Fassung" vereinbart wird. Weil die Finanzverwaltung diese Vorschriften ganz streng handhabt und die Organschaft konsequent verwirft, wenn die §§ 14, 17 KStG nicht genau beachtet werden,[44] dürfte ohne weiteres davon auszugehen sein, dass jedenfalls in (fast) allen Organschafts- und Gewinnabführungsverträgen mit einer abhängigen GmbH eine dem § 17 S. 2 Nr. 1 und Nr. 2 KStG entsprechende Regelung enthalten ist. Deshalb kann unbedenklich angenommen werden, dass auch im GmbH-Konzernrecht die **Verlustübernahmepflicht** des herrschenden Unternehmens grds. die gesamten Verluste der abhängigen Gesellschaft umfasst und dass in der Praxis auch das Verbot der **Auflösung vorvertraglicher Rücklagen** beachtet wird.

10. Haftung des herrschenden Unternehmens

37   Aus dem Beherrschungsvertrag ergeben sich nicht nur Rechte, sondern auch **Pflichten** des herrschenden Unternehmens (→ § 23 Rn. 48, 60 ff.). Es muss vor allem die vertraglichen und gesetzlichen Schranken des Weisungsrechts beachten, bei der Erteilung von Weisungen die Sorgfalt eines ordentlichen und gewissenhaften Geschäftsleiters anwenden (s. § 309 Abs. 1 AktG), die Lebensfähigkeit der abhängigen Gesellschaft respektieren und insgesamt die Grundsätze einer ordnungsmäßigen Konzernleitung einhalten (vgl. § 309 Abs. 2 AktG). Das gilt im GmbH-Konzernrecht mit Rücksicht auf die hier besonders ausgeprägte Treuepflicht des herrschenden Unternehmens nicht weniger als im Aktienkonzernrecht.

---

[42]   BGHZ 95, 330 (345 f.) – Autokran/Heidemann; BGHZ 105, 168 (182) – HSW; BGHZ 105, 324 (336) – Supermarkt; BGHZ 116, 37 (39) – Stromlieferung/Hansa Feuerfest; BGHZ 202, 317 Rn. 8; 206, 74; BAGE 151, 94 Rn. 26; statt aller Scholz/*Emmerich* GmbHG Anhang § 13 Rn. 180 ff., 205 f.; krit. *Schreiber* GmbHR 2018, 1003.

[43]   Emmerich/Habersack Aktien-/GmbH-KonzernR/*Emmerich* AktG § 302 Rn. 25, 30a, 36a.

[44]   ZB BFHE 242, 139 Rn. 23 ff.; BFH NZG 2010, 1158; AG 2011, 206; NZG 2018, 77.

Bei einer Verletzung der genannten Pflichten (→ Rn. 37) ist das herrschende Unter- 38
nehmen der abhängigen Gesellschaft zum **Schadensersatz** verpflichtet (§§ 280,
249 ff. BGB). Neben dem herrschenden Unternehmen haften **ferner** persönlich entsprechend § 309 Abs. 2 AktG und § 310 Abs. 1 AktG **die gesetzlichen Vertreter** des
herrschenden Unternehmens sowie die **Geschäftsführer** und die Aufsichtsratsmitglieder der abhängigen Gesellschaft, die, zB bei der Prüfung der Weisungen auf
ihre Zulässigkeit, ihre Pflichten schuldhaft verletzt haben; für die Geschäftsführer der
abhängigen Gesellschaft ergibt sich dasselbe außerdem aus § 43 Abs. 1 und 2 sowie
gegebenenfalls noch aus § 64 S. 3 GmbHG. Die Ersatzansprüche der abhängigen Gesellschaft können außer von den Geschäftsführern auch von den Minderheitsgesellschaftern mit der **actio pro socio** verfolgt werden.

11. Änderung des Vertrages

Unternehmensverträge mit einer GmbH können ebenso wie andere Verträge von den 39
Parteien nachträglich abgeändert werden (§ 311 Abs. 1 BGB). Gleich stehen der **Beitritt** einer neuen Partei zu dem Vertrag sowie die Auswechslung einer Vertragspartei im
Zusammenwirken aller Beteiligten.[45] Eine nähere Regelung hat der Fragenkreis bislang lediglich für Verträge mit abhängigen Aktiengesellschaften (und KG aA) in § 295
AktG gefunden (→ § 18). Wohl überwiegend wird diese Vorschrift zumindest partiell
auf Verträge mit einer abhängigen GmbH angewandt.[46] Noch nicht entschieden ist
damit freilich die zentrale Frage, mit welcher **Mehrheit** die Gesellschafterversammlung der abhängigen GmbH der Vertragsänderung zustimmen muss. Verlangt man
wie hier nach wie vor favorisiert (→ Rn. 16 f.) für den Abschluss des Vertrages grds.
die **Zustimmung aller Gesellschafter,** so dürfte für die Änderung dieselbe Mehrheit
zu fordern sein, um sonst naheliegenden Umgehungsversuchen zum Nachteil der
Minderheit zu begegnen.[47] Begnügt man sich dagegen bereits für den Vertragsabschluss mit einer Zustimmung der Gesellschafter mit qualifizierter Mehrheit
(→ Rn. 15), so kann für die Vertragsänderung schwerlich etwas anderes gelten;[48] zusätzlich ist dann aber noch entsprechend § 295 Abs. 2 AktG ein *Sonderbeschluss* der außenstehenden Gesellschafter erforderlich, sofern der Vertrag (ausnahmsweise) Bestimmungen über eine Abfindung der außenstehenden Gesellschafter enthält *und* gerade
diese geändert werden sollen, – ein wohl bisher nicht praktisch gewordener Fall.

Diskutiert wird ferner, ob zusätzlich analog den § 293 Abs. 2 AktG und § 295 AktG 40
eine Zustimmung der Gesellschafter der **herrschenden Gesellschaft** zu der Vertragsänderung mit qualifizierter Mehrheit nötig ist.[49] Die Frage ist aus demselben Grund
wie hinsichtlich der Notwendigkeit der Zustimmung aller Gesellschafter bei der abhängigen Gesellschaft zu bejahen (→ Rn. 39). Deshalb können **Ermächtigungsklauseln** in der Satzung zugunsten der Geschäftsführer für Vertragsänderungen hier gleich-

---

[45] BGHZ 119, 1 (6 ff.) – Asea/BBC.
[46] Emmerich/Habersack Aktien-/GmbH-KonzernR/*Emmerich* AktG § 295 Rn. 4 ff.; a. Scholz/*Emmerich*
   GmbHG Anhang § 13 Rn. 185 ff. mN; insbes. BFHE 223, 162; dagegen zB *Schreiber* Konzernrechtsfreie Kontrolle S. 54 ff.
[47] *Krieger/Jannot* DStR 1995, 1473.
[48] UHL/*Casper* GmbHG Anhang nach § 77 GmbH-Konzernrecht Rn. 200; *Hoffmann-Becking* WiB
   1994, 57; *Lutter/Hommelhoff* GmbHG Anhang § 13 Rn. 82.
[49] Bejahend. Schneider/*Krieger* Beherrschungs- und Gewinnabführungsverträge S. 99 (101 ff.); MüKo-
   GmbHG/*Liebscher* GmbHG Anhang zu § 13 Rn. 972; *Wirth* Betr. 1990, 2105.

falls nur in engen Grenzen anerkannt werden (→ Rn. 19 f.). Sie kommen wohl nur für sog. redaktionelle Änderungen in Betracht.

12. Aufhebung des Vertrages

41 Das AktG regelt in den §§ 296, 297 AktG als Beendigungsgründe für Unternehmensverträge lediglich den Aufhebungsvertrag und die Kündigung (→ § 19 Rn. 4, 16, 37 ff.). Weitere Beendigungsgründe sind der Zeitablauf bei einem befristeten Unternehmensvertrag, Rücktritt und Anfechtung, die Insolvenz einer der Vertragsparteien, die Nichtigkeit oder die erfolgreiche Anfechtung des Zustimmungsbeschlusses einer der Parteien sowie je nach den Umständen des Falles die Umwandlung oder die Verschmelzung einer der Parteien mit der anderen oder mit einem dritten Unternehmen (iE → § 19 Rn. 53 ff.). Sämtliche genannten Beendigungsgründe gelten grds. auch für Unternehmensverträge mit einer abhängigen GmbH.[50] Näherer Betrachtung bedürfen hier lediglich – unter Beschränkung auf Beherrschungs- und Gewinnabführungsverträge – die Fälle einer Aufhebung des Vertrags sowie der Kündigung (→ Rn. 44 ff.).

42 Die Aufhebung eines Vertrages ist an sich jederzeit durch actus contrarius möglich (§ 311 Abs. 1 BGB). Eine nähere gesetzliche Regelung fehlt jedoch für die GmbH, so dass sich eine ausgebreitete Diskussion über die Frage entwickelt hat, welche Anforderungen im GmbH-Konzernrecht an die Aufhebung von Unternehmensverträgen zu stellen sind, insbes. ob hier Raum für eine Analogie zu § 296 AktG ist. Während früher die überwiegende Meinung ohne weiteres für solche Analogie eintrat, setzte sich später die Auffassung durch, dass bei der **abhängigen GmbH** anders als bei der AG die Aufhebung oder die Kündigung eines Unternehmensvertrages keine bloße Maßnahme der Geschäftsführung darstellt, weil mit der Beendigung des Unternehmensvertrags ein Eingriff in die Organisationsstruktur der Gesellschaft verbunden ist.[51] Der BGH hat daraus den Schluss gezogen, dass das herrschende Unternehmen, mit dem der Vertrag abgeschlossen worden war, bei der Abstimmung über dessen Aufhebung oder Kündigung ein Stimmrecht hat.[52] Jedoch könne sich im Einzelfall aus der Treuepflicht des Gesellschafters eine Stimmpflicht ergeben.[53]

43 Im Anschluss an die geschilderte neuere Rechtsprechung des BGH (→ Rn. 42) hat sich mittlerweile weitgehend die Auffassung durchgesetzt, dass die Entscheidung über den Abschluss des Aufhebungsvertrages seitens der Geschäftsführer analog den §§ 53, 54 GmbHG (und damit abweichend von der Rechtslage bei der AG aufgrund des § 296 AktG) der **Zustimmung** der Gesellschafter **mit qualifizierter Mehrheit** bedarf sowie dass der Beschluss *beurkundet* und ins Handelsregister *eingetragen* werden muss.[54] Noch offen ist, ob die **Eintragung** (analog § 53 Abs. 3 GmbHG) konstitutive Bedeutung hat[55] oder ob ihr entsprechend § 298 AktG lediglich deklaratorische Wirkung zukommt, wohin heute deutlich die überwiegende Meinung tendiert.[56] Dafür

---

[50] S. *Grüner,* Die Beendigung von Gewinnabführungs- und Beherrschungsverträgen, 2003.
[51] BGHZ 190, 45 Rn. 19 f.; zust. OLG München GmbHR 2012, 645.
[52] BGHZ 190, 45 Rn. 12 ff.
[53] BGHZ 190, 45 Rn. 20.
[54] *L. Beck* GmbHR 2014, 1075 (1078 ff.); MüKoGmbHG/*Liebscher* GmbHG Anhang zu § 13 Rn. 995 f.; *Wachter* GmbHR 2015, 360 (370 f.); *Wicke* GmbHR 2017, 686 (689).
[55] Dafür zB *L. Beck* GmbHR 2012, 777; *Halm* NZG 2001, 728 (737 f.).
[56] OLG München GmbHR 2011, 489; NZG 2011, 867; NZG 2015, 311; *L. Beck* GmbHR 2014, 1075 (1081) mN;– offengelassen in OLG Zweibrücken GmbHR 2014, 251 (252 f.).

dürften letztlich ebenso praktische Überlegungen maßgebend sein wie für die bisher überwiegend befürwortete entsprechende Anwendung von S. 1 und S. 2 des § 296 Abs. 1 AktG zum frühesten **Termin,** zu dem eine Vertragsaufhebung möglich ist, und zu dem Verbot der rückwirkenden Aufhebung.[57] Entbehrlich ist schließlich im Regelfall eine Zustimmung der Gesellschafterversammlung der **herrschenden GmbH.** Anders verhält es sich lediglich dann, wenn die Aufhebung des Unternehmensvertrages eine außergewöhnliche Geschäftsführungsmaßnahme darstellt, die intern der Zustimmung der Gesellschafterversammlung mit einfacher Mehrheit bedarf.[58]

13. Kündigung

Die **ordentliche Kündigung** des Beherrschungs- oder Gewinnabführungsvertrages mit einer GmbH kommt grds. nur in Betracht, wenn im Vertrag eine entsprechende Kündigungsmöglichkeit vorgesehen ist. Auf die Kündigung wurde früher idR § 297 AktG entsprechend angewandt,[59] während heute meistens die Entscheidung über die Kündigung eines Unternehmensvertrages bei einer GmbH im Anschluss an die neuere Rechtsprechung des BGH (→ Rn. 42) als *innergesellschaftlicher Organisationsakt* eingestuft wird, der nicht in die alleinige Zuständigkeit der Geschäftsführer fällt, sondern der Bestimmung der Gesellschafter der abhängigen Gesellschaft unterliegt.[60] Für den deshalb erforderlichen **Zustimmungsbeschluss** der Gesellschafter gelten nach überwiegender Meinung die §§ 53, 54 GmbHG entsprechend, sodass eine qualifizierte Mehrheit sowie die **Eintragung** des Zustimmungsbeschlusses ins Handelsregister erforderlich sind, wobei kontrovers diskutiert wird, ob die Eintragung in diesem Fall konstitutive Wirkung hat.[61] Die Kündigung bedarf der **Schriftform** (vgl. § 297 Abs. 3 AktG).[62] 44

Eine **außerordentliche Kündigung** des Vertrages aus wichtigem Grunde kommt nach § 314 BGB und § 297 Abs. 1 AktG nur in Betracht, wenn ein **wichtiger Grund** vorliegt.[63] Ein solcher ist anzunehmen, wenn einer Vertragspartei die Fortsetzung des Vertrages nicht mehr zuzumuten ist, insbesondere, wenn wirtschaftliche Schwierigkeiten bei dem herrschenden Unternehmen den von diesem geschuldeten Verlustausgleich (s. § 302 AktG) gefährden.[64] Das Kündigungsrecht ist **zwingendes Recht** und kann deshalb vertraglich lediglich ausgedehnt, nicht dagegen eingeschränkt werden. Den Parteien steht es somit insbes. (zivilrechtlich) frei, auch Vorgänge, die an sich keinen eine außerordentliche Kündigung rechtfertigenden wichtigen Grund darstellen, in diesen Rang zu erheben (→ aber Rn. 46). 45

Besonderheiten, die sorgsam bedacht sein wollen, bestehen hier freilich in **steuerrechtlicher Hinsicht.** Auszugehen ist von § 14 Abs. 1 Nr. 3 S. 2 KStG, nach dem eine vorzeitige Beendigung des Organschafts- oder Gewinnabführungsvertrages durch 46

---

[57] → § 19 Rn. 12, 15 ff.; Emmerich/Habersack Aktien-/GmbH-KonzernR/*Emmerich* AktG § 296 Rn. 33; BGH NJW 2003, 822; str.
[58] *Veith/Schmidt* Betr 2012, 726 (732); *Wicke,* GmbHR 2017, 686 (688).
[59] OLG Düsseldorf NJW-RR 1995, 233; OLG Oldenburg NZG 2000, 1138 (1140).
[60] → Rn. 42; BGHZ 190, 45 Rn. 19 f.; OLG München GmbHR 2012, 645.
[61] Dafür zB *Lutter/Hommelhoff* GmbHG, Anhang § 13 Rn. 87 Abs. 3; MüKo/*Liebscher* GmbHG Anhang zu § 13 Rn. 1005; – anders zB OLG München GmbHR 2011, 489; 2011, 871.
[62] OLG München AG 2000, 467; GmbHR 2011, 871.
[63] Scholz/*Emmerich* GmbHG Anhang § 13 Rn. 192 ff. mN; zB BGHZ 206, 74 Rn. 19; BFHE 244, 277 Rn. 20.
[64] LG Bochum GmbHR 1987, 24; *Timm* GmbHR 1987, 8 (13 ff.).

Kündigung unschädlich ist, wenn ein wichtiger Grund die Kündigung rechtfertigt, so dass in diesem Fall trotz vorzeitiger Beendigung des Vertrages die steuerlichen Vorteile der Organschaft nicht verloren gehen,[65] die an sich nach § 14 Abs. 1 KStG davon abhängig sind, dass die Organschaft auch tatsächlich fünf volle Jahre durchgeführt wird. Zu beachten ist jedoch, dass steuerrechtlich eine vertragliche Ausdehnung des Begriffs des wichtigen Grundes nur anerkannt wird, wenn zugleich die Voraussetzungen des objektiven steuerrechtlichen Begriffs des wichtigen Grundes (→ Rn. 45) erfüllt sind, womit verhindert wird, dass durch eine künstliche Ausdehnung des Begriffs des wichtigen Grundes entgegen dem Zweck des § 14 KStG die Voraussetzungen für eine beliebige, vorzeitige steuerunschädliche Beendigung von Organschaft geschaffen werden können.[66]

47 Es bleibt die Frage nach den **gesellschaftsrechtlichen Voraussetzungen** einer fristlosen Kündigung aus wichtigem Grund auf der Seite der **abhängigen** Gesellschaft im GmbH-Konzernrecht. Die überwiegende Meinung geht hier nach wie vor dahin, dass es sich bei der außerordentlichen Kündigung – ebenso wie bei der AG aufgrund des § 297 Abs. 1 AktG – um eine Frage der **Geschäftsführung** handelt, sodass die Geschäftsführer allein zuständig sind.[67] Indessen ist nicht zu übersehen, dass der BGH offenbar ebenso wie bei der ordentlichen Kündigung dahin tendiert, die Wirksamkeit der Kündigung von einer Zustimmung der Gesellschafter mit qualifizierter Mehrheit abhängig zu machen (→ Rn. 44).

III. Gewinnabführungsvertrag

48 Gewinnabführungsverträge, durch die sich eine Gesellschaft verpflichtet, ihren gesamten Gewinn an ein anderes Unternehmen abzuführen (→ § 12 Rn. 8 ff.), werden offenbar auch mit Gesellschaften in der Rechtsform einer GmbH in größerer Zahl abgeschlossen, um gemäß den §§ 14, 17 KStG und § 2 Abs. 2 GewStG die Voraussetzungen für die Anerkennung der körperschaft- und gewerbesteuerlichen Organschaft mit einer GmbH zu schaffen (schon → Rn. 36 a). Hinzu kommen muss noch nach § 17 KStG, dass die Gewinnabführung nicht den in § 301 AktG genannten Betrag überschreitet (§ 17 S. 2 Nr. 1 KStG) und dass eine Verlustübernahme entsprechend den Vorschriften des (ganzen) § 302 AktG „in seiner jeweils geltenden Fassung" vereinbart wird (§ 17 S. 2 Nr. 2 KStG).

49 Eine ausführliche Regelung fehlt (zur AG → § 12). Das GmbHG beschränkt sich vielmehr in § 30 Abs. 1 S. 2 GmbHG von 2008 auf die Bestimmung, dass die Vorschrift des § 30 Abs. 1 S. 1 GmbHG (über das Verbot der Auszahlung des zur Erhaltung des Stammkapitals erforderlichen Vermögens an die Gesellschafter) nicht für Leistungen gilt, die bei Bestehen eines Gewinnabführungsvertrages (§ 291 AktG) erfolgen (sog. Konzernprivileg, → Rn. 32). Überwiegend wird aus den spärlichen Hinweisen auf die aktienrechtliche Regelung in § 30 Abs. 1 S. 2 GmbHG sowie in § 17 S. 2 KStG (ebenso wie bei den Beherrschungsverträgen, → Rn. 6 ff.) der (in der Tat naheliegende) Schluss gezogen, dass sich die **gesellschaftsrechtliche Behandlung** der Gewinnabführungsverträge im GmbH-Konzernrecht im Wesentlichen an dem aktien-

---

[65] S. dazu *Fichtelmann* GmbHR 2010, 576 (579 f.).
[66] BFHE 244, 277; s. dazu *Deilmann* NZG 2015, 460.
[67] ZB Roth/Altmeppen/*Altmeppen* GmbHG Anh. § 13 Rn. 103 ff.; MüKoGmbHG/*Liebscher* GmbHG Anhang § 13 Rn. 1029 f.

rechtlichen Vorbild (§§ 291, 293 ff. AktG) zu orientieren hat, soweit nicht spezifische GmbH-rechtliche Wertungen vorgehen.[68]

Wegen der Einzelheiten kann daher im Wesentlichen auf die Ausführungen zu dem **50** Beherrschungsvertrag verwiesen werden (→ Rn. 6 ff.). Hervorzuheben sind folgende Punkte: Der Abschluss eines Gewinnabführungsvertrages bewirkt eine Änderung des Zwecks der Gesellschaft, sodass dem Vertrag grds. **alle Gesellschafter** der zur Gewinnabführung verpflichteten GmbH zustimmen müssen (§ 33 Abs. 1 S. 2 Hs. 1 BGB). Etwas anderes gilt nur, wenn die Satzung ausdrücklich für einen konkreten Fall einen Zustimmungsbeschluss mit qualifizierter Mehrheit genügen lässt (→ Rn. 19 f.). In diesem Fall sind jedoch, sofern (ausnahmsweise) noch außenstehende Gesellschafter an der verpflichteten GmbH beteiligt sein sollten, Abfindungsleistungen entsprechend § 305 AktG unabdingbar. IÜ finden ebenso wie bei dem Beherrschungsvertrag die §§ 53, 54 GmbHG entsprechende Anwendung (→ Rn. 10, 14 ff.).

Zum Schutze des bilanzmäßigen Anfangsvermögens der abhängigen Gesellschaft be- **51** schränkt im Aktienkonzernrecht § 301 AktG den **abzuführenden Gewinn** auf den Jahresüberschuss, vermindert um einen Verlustvortrag aus dem Vorjahr (→ § 20 Rn. 17 ff.). Diese Vorschrift ist mit Rücksicht auf steuerrechtliche Vorgaben (s. § 17 S. 2 Nr. 1 KStG) auf Gewinnabführungsverträge mit einer GmbH entsprechend anzuwenden, so dass vorvertragliche Verluste vor der Gewinnabführung von dem Jahresergebnis abzuziehen sind, während die Auflösung vorvertraglicher Rücklagen grds. verboten ist. Das ist zwar umstritten und mag aus gesellschaftsrechtlicher Sicht tatsächlich zweifelhaft sein; der Streit ist indessen mit Rücksicht auf § 17 S. 2 Nr. 2 KStG und dessen strikte Auslegung durch die Finanzverwaltung müßig, weil bei einer anderen Handhabung der Gewinnabführungsvertrag nicht mehr als Grundlage der körperschaft- und gewerbesteuerrechtlichen Organschaft taugt. Zuzugeben ist, dass das Konzernprivileg des § 30 Abs. 1 S. 2 GmbHG auch ein anderes Verständnis der gesetzlichen Regelung nahelegen könnte. Jedoch sollte auch im Interesse des Schutzes der abhängigen Gesellschaft der spezielleren Regelung des § 301 AktG der Vorrang zugebilligt werden, schon mit Rücksicht auf § 17 S. 2 Nr. 2 KStG. Für den **Gläubigerschutz** analog §§ 302 und 303 AktG gilt schließlich bei Gewinnabführungsverträgen mit einer GmbH gleichfalls dasselbe wie bei den Beherrschungsverträgen (→ Rn. 36).

IV. Andere Unternehmensverträge

Literatur: Führling, Sonstige Unternehmensverträge mit einer abhängigen GmbH, 1993; *Mimberg,* Konzernexterne Betriebspachtverträge im Recht der GmbH, 2000; *U. Schneider,* Beherrschungs- und Gewinnabführungsverträge in der Praxis der GmbH, 1989; *R. Veil,* Unternehmensverträge, 2003; *Veit,* Unternehmensverträge und Eingliederung als aktienrechtliche Instrumente der Unternehmensverbindung, 1974.

Das AktG unterscheidet von den Beherrschungs- und Gewinnabführungsverträgen **52** des § 291 AktG in § 292 AktG die sog. anderen Unternehmensverträgen, worunter das Gesetz im Einzelnen die Gewinngemeinschaften, die Teilgewinnabführungsverträge sowie die Betriebspacht- und Betriebsüberlassungsverträge versteht (§ 292 Nr. 1–3 AktG; → §§ 13–15). Alle genannten Verträge können (natürlich) auch mit einer GmbH als verpflichteter (oder abhängiger) Gesellschaft abgeschlossen werden.

---

[68] Scholz/*Emmerich* GmbHG Anhang § 13 Rn. 198–206.

Bekannt geworden sind bereits Teilgewinnabführungsverträge[69] und Betriebspachtverträge mit einer GmbH, die sogar angeblich zunehmend an Bedeutung gewinnen sollen,[70] während offenbar Gewinngemeinschaften unter Einschluss einer GmbH iSd § 292 Abs. 1 Nr. 1 AktG nicht vorkommen, so dass sich dazu hier weitere Ausführungen erübrigen.[71]

53 Das AktG sieht in den anderen Unternehmensverträgen des § 292 AktG grds. nur schuldrechtliche Austauschverträge, bei denen – von wenigen Ausnahmen abgesehen (s. § 300 Nr. 3 AktG und § 302 Abs. 2 AktG) – Schutzvorkehrungen zugunsten der Minderheit und der Gläubiger entbehrlich sind (→ § 13 Rn. 2). Im Schrifttum wird daraus verbreitet der Schluss gezogen, dass im GmbH-Konzernrecht (anders als im Aktienkonzernrecht, s. § 293 Abs. 1 AktG) der Abschluss derartiger Verträge auch auf der Seite der verpflichteten oder abhängigen GmbH grds. von der unbeschränkten **Vertretungsmacht der Geschäftsführer der verpflichteten Gesellschaft** gedeckt sei (§ 37 Abs. 2 GmbHG); lediglich gesellschaftsintern können die Zustimmung der Gesellschafterversammlung mit einfacher Mehrheit erforderlich sein, wenn es sich bei dem Vertrag um ein außergewöhnliches Geschäft handelt.[72] Dabei dürfte indessen übersehen sein, dass auch Teilgewinnabführungsverträge und Betriebspachtverträge durchweg tiefgreifend in die Struktur der Gesellschaft durch die Beschneidung des Gewinnbezugsrechts und der Mitverwaltungsrechte der Gesellschafter aus den §§ 29, 46 GmbHG eingreifen. Sie laufen deshalb der Sache nach auf eine Vertragsänderung hinaus, sodass sie als **Organisationsverträge** (ebenso wie im Aktienkonzernrecht nach § 293 Abs. 1 AktG) der Zustimmung der Gesellschafter zumindest mit qualifizierter Mehrheit entsprechend § 53 GmbHG bedürfen; in besonders gravierenden Fällen, insbes. wenn die Gesellschaft von dem anderen Vertragsteil abhängig ist oder sie keine angemessene Gegenleistung erhält, kann sogar entsprechend § 33 Abs. 1 S. 2 BGB wegen der dann anzunehmenden Zweckänderung die Zustimmung aller Gesellschafter erforderlich sein.[73]

---

[69] BayObLGZ 2003, 21 (23 ff.); LG Darmstadt ZIP 2005, 402 (404); OLG München GmbHR 2011, 487; KG NZG 2014, 668.

[70] BFHE 90, 370; 127, 56; 132, 285; OLG Hamburg NZG 2000, 421; OLG Zweibrücken AG 2014, 630; LG Berlin ZIP 1991, 1180 – Interhotel; LG Darmstadt ZIP 2005, 402 (404).

[71] → Scholz/*Emmerich* GmbHG Anhang § 13 Rn. 210–212.

[72] So insbes. für Teilgewinnabführungsverträge *Habersack* FS Happ, 2006, 49 (54 f.); *Jebens* BB 1996, 701; *Morshäuser/Dietz-Vellmer* NZG 2011, 1135 (1136); *Rust* AG 2005, 563 (564); *Schmidt-Ott* GmbHR 2001, 182 (183) – sowie für Betriebspachtverträge Roth/Altmeppen/*Altmeppen* GmbHG Anhang § 13 Rn. 123 ff.

[73] Scholz/*Emmerich* GmbHG Anhang § 13 Rn. 214 f., 218 f.

5. Teil. Das Konzernrecht der Personengesellschaften

§ 33. Grundlagen

Literatur: *Baumgartl,* Die konzernbeherrschte Personengesellschaft, 1986; *Binnewies,* Die Konzerneingangskontrolle in der abhängigen Gesellschaft, 1996; *Bitter,* Konzernrechtliche Durchgriffshaftung bei Personengesellschaften, 2000; *Burbach,* Das Recht der konzernabhängigen Personenhandelsgesellschaft, 1989; *Emmerich,* Das Konzernrecht der Personengesellschaften, FS Stimpel, 1985, S. 743; *Emmerich,* Die OHG als abhängiges Unternehmen, in: Heymann, HGB, 2019, § 105 Anhang; *Br. Haar,* Die Personengesellschaft im Konzern, 2006; *J. P. Heck,* Personengesellschaften im Konzern, 1986; *Kleindiek,* Strukturvielfalt im Personengesellschafts-Konzern, 1991; *Löffler,* Die abhängige Personengesellschaft, 1988; *Mülbert,* Konzernrecht der Personengesellschaften, in: MünchKommHGB, 3. Aufl. (2012) Nach § 237; *Reuter,* Die Personengesellschaft als abhängiges Unternehmen, ZHR 146 (1982), 1; *Schießl,* Die beherrschte Personengesellschaft, 1985; *E. Schmitt,* Schutz der außenstehenden Gesellschafter einer abhängigen Personengesellschaft im mehrstufigen Unternehmensverbund, 2003; *Stehle,* Gesellschafterschutz gegen fremdunternehmerischen Einfluß in der Personenhandelsgesellschaft, 1986; *Tröger,* Die Personengesellschaft im Unternehmensverbund, in: Westermann, HdB der Personengesellschaften, 2017, § 59; *Veil,* Unternehmensverträge, 2003.

I. Einleitung

An Unternehmensverbindungen können sich Unternehmen beliebiger Rechtsform 1
beteiligen. Neben dem Konzernrecht der AG und der GmbH gibt es daher auch ein
(rudimentäres) Konzernrecht der Personengesellschaften.

Als **herrschendes Unternehmen** ist die Personengesellschaft schon lange eine ver- 2
traute Erscheinung des Konzernrechts (→ § 35). Dagegen ist die Personengesellschaft
als **abhängiges Unternehmen** im Wesentlichen erst eine „Entdeckung" der letzten
Jahre und daher noch wenig erforscht (→ § 34). Sicher ist nur, dass es abhängige Personengesellschaften gibt; selbst grenzüberschreitende Konzerne unter Beteiligung von
Personengesellschaften sind bereits bekannt geworden.[1] Über die genaue **Verbreitung**
von Unternehmensverbindungen mit abhängigen Personengesellschaften ist dagegen
bislang kaum etwas an die Öffentlichkeit gedrungen. Es existieren lediglich vage
Schätzungen, nach denen der Anteil abhängiger Personengesellschaften zwischen 20
und 50% liegt.[2] Beispiele finden sich nicht zuletzt in der Praxis zur Fusionskontrolle,
in der abhängige Personengesellschaften schon wiederholt Gegenstand von Entscheidungen waren.[3]

Zur **Abhängigkeit** einer Personengesellschaft von einem anderen Unternehmen kann 3
es vor allem kommen, wenn ein Gesellschafter, der maßgeblichen Einfluss auf die
Geschäftsführung der Gesellschaft besitzt, zugleich unternehmerische Interessen au
ßerhalb der Gesellschaft verfolgt oder seinerseits von einem anderen Unternehmen abhängig wird (→ Rn. 9 f.). Bis zur **Konzernbildung** unter Einbeziehung der abhängigen Gesellschaft ist es in derartigen Fallgestaltungen häufig nur noch ein kleiner
Schritt (→ Rn. 11).

Personengesellschaften können außerdem mit anderen Unternehmen **Unterneh-** 4
mensverträge abschließen, und zwar „auf beiden Seiten" des Vertrags, gegebenenfalls

---

[1] Beispiele bei *Kronke* ZGR 1989, 473 sowie in BAGE 110, 100 – bofrost.
[2] S. *Haar* Personengesellschaften S. 62 f.; Westermann/*Tröger* Rn. I 4002.
[3] Beispiele bei *Haar* Personengeselschaften S. 62 f.; *Löffler* Personengesellschaft S. 4 ff.; für wechselseitige
    Beteiligungen s. noch BGHZ 119, 346 – Springer/Beig (Pinneberger Tageblatt).

also auch als abhängige Gesellschaft. Bekannt geworden sind bisher vor allem Gewinn-gemeinschaften als Grundlage von Gleichordnungskonzernen[4] sowie Betriebspacht-, Betriebsüberlassungs- und Betriebsführungsverträge mit abhängigen Personengesell-schaften.[5] Dagegen scheinen Beherrschungs- und Gewinnabführungsverträge mit Personengesellschaften ausgesprochen selten zu sein (→ § 34 Rn. 17 ff.). Für Gewinn-abführungsverträge erklärt sich dies unmittelbar aus dem Umstand, dass steuerrecht-lich **Organschaftsverträge** mit abhängigen Personengesellschaften *nicht* anerkannt werden, so dass der Abschluss solcher Verträge offenkundig keinen Sinn macht (→ § 34 Rn. 23), während die Zulässigkeit von Beherrschungsverträgen mit abhängi-gen Personengesellschaften noch nicht endgültig geklärt ist (→ § 34 Rn. 17 ff.).

II. GmbH und Co. KG

Literatur: *Ehrhardt,* Die GmbH & Co. KG aus konzernrechtlicher Sicht, 1996; *Haar,* Personengesell-schaften passim; *Henssler,* ZGR 2000, 479; *Krebs,* Geschäftsführungshaftung bei der GmbH & Co. KG und das Prinzip der Haftung für sorgfaltswidrige Leitung, 1991.

5 Einen noch wenig geklärten Sonderfall bildet ferner die GmbH und Co. KG. Dem äu-ßeren Anschein nach liegt hier zwar ein Konzern vor, gebildet aus der Komplementär-GmbH und der von ihr „beherrschten" KG; der Sache nach handelt es sich indessen in der Regel bei einer GmbH und Co. KG doch wohl eher um *ein einziges,* lediglich künstlich aufgespaltenes *Unternehmen* und nicht um eine Unternehmensverbindung. In Literatur und Rechtsprechung sind deshalb bisher konzernrechtliche Regeln nur gelegentlich auf die GmbH und Co. KG angewandt worden.[6] Für den Regelfall über-wiegt dagegen die Skepsis.

6 In der Tat erscheint es *wenig angemessen,* die Beziehungen zwischen der GmbH und der zugehörigen KG mit konzernrechtlichen Kategorien zu erfassen, *solange* sich die GmbH auf die Komplementärrolle in „ihrer" KG beschränkt, da dann bei der gebote-nen wirtschaftlichen Betrachtungsweise tatsächlich **nur ein einziges Unternehmen** vorliegt, das lediglich aus steuerrechtlichen und Haftungsgründen auf verschiedene Rechtsträger aufgeteilt ist. Anders verhält es sich dagegen, sobald die GmbH auch au-ßerhalb „ihrer" KG eigene unternehmerische Interessen verfolgt, etwa, indem sie gleichzeitig die Geschicke **mehrerer Gesellschaften leitet,** bei denen sie jeweils die Komplementärrolle übernommen hat. In diesem Sonderfall ist durchaus auch Raum für konzernrechtliche Überlegungen.[7]

---

[4] Beispiele bei *Gromann,* Die Gleichordnungskonzerne im Konzern- und Wettbewerbsrecht, 1979; s. auch BAGE 110, 100 – bofrost.

[5] S. den Holiday Inn-Fall: BGH NJW 1982, 1817; OLG München AG 1987, 380; außerdem OLG Hamburg NZG 2000, 421.

[6] Ausf. *Haar* Personengesellschaften; ebenso für einen Sonderfall, in dem die Komplementär-GmbH ih-rerseits von einem dritten Unternehmen abhängig war, das zugleich als Kommanditist an der KG betei-ligt war, BAG NJW 1991, 2923 – Hettler; zust. für diesen Fall offenbar *Limmer* GmbHR 1992, 265; auch insoweit abl. dagegen *Schanze/Kern* AG 1991, 421 (424 f.); ebenso ferner für einen Fall der Be-triebsaufspaltung BAG NZG 1999, 661; krit. dazu wieder *Henssler* ZGR 2000, 479 (491 f.).

[7] Ebenso BAG NJW 1996, 1491; iErg auch BAG NZG 1999, 661; BSGE 75, 82 (89 ff.); *Baumgartl* Per-sonengesellschaft S. 24 f.; *Ehrhardt* GmbH und Co. KG; *Haar* Personengesellschaften; *Henssler* ZGR 2000, 479 (491 f.); *Oetker/Weitemeyer* HGB § 105 Rn. 165; *K. Schmidt* ZGR 1981, 455 (478).

III. Grundbegriffe

Das AktG enthält in den §§ 15 ff. AktG und 291 ff. AktG den Kern eines allgemei- 7
nen Unternehmenskonzernrechts. Die Begriffsbestimmungen der §§ 15–18 AktG
sind daher grds. auch auf Personengesellschaften anwendbar. Das gilt zunächst ohne
Einschränkungen für den Unternehmensbegriff des § 15 AktG (→ § 2 Rn. 5 ff.) und
wohl auch für den Konzernbegriff des § 18 AktG (→ § 4 Rn. 11, 30 ff.), während
schon bei der **Mehrheitsbeteiligung** iSd § 16 AktG personengesellschaftsrechtliche
Besonderheiten zu beachten sind.[8] Insbes. eine Stimmenmehrheit ist hier in der Regel nur vorstellbar, wenn der Gesellschaftsvertrag von dem Einstimmigkeitsprinzip
abgeht und etwa eine Abstimmung nach Kapitalanteilen vorsieht (§ 119 Abs. 2
HGB).

Besonderheiten gelten mit Rücksicht auf die Eigenarten von Personengesellschaften 8
außerdem für die Frage der **Abhängigkeit** einer Personengesellschaft von einem anderen Unternehmen (§ 17 AktG).[9] Im gesetzlichen **Normalstatut** der Personengesellschaft ist wegen des Einstimmigkeitsprinzips (§ 709 BGB; § 119 Abs. 1 HGB), wegen
des Widerspruchsrechts der anderen Geschäftsführer (§ 711 BGB; § 115 HGB) und
wegen der Notwendigkeit der Zustimmung aller Gesellschafter zu außergewöhnlichen
Maßnahmen der Geschäftsführung (§ 116 Abs. 2 HGB und § 164 S. 1 Hs. 2 HGB)
für die Annahme der Abhängigkeit der Gesellschaft von einem Unternehmensgesellschafter nur selten Raum. Gänzlich ausgeschlossen ist indessen selbst hier die Entstehung eines Abhängigkeitsverhältnisses nicht, wie etwa das Beispiel einer KG mit
einem einzigen Unternehmenskomplementär zeigt, dem zugleich allein die Geschäftsführung der Gesellschaft übertragen ist (§ 164 HGB).

Von Ausnahmefällen der genannten Art (→ Rn. 8) abgesehen, kommt die Abhängig- 9
keit einer Personengesellschaft von einem anderen, mehrheitlich beteiligten Unternehmen grds. nur in Betracht, wenn durch den Gesellschaftsvertrag das **Mehrheitsprinzip** für alle wichtigen Fragen der Geschäftsführung (gegebenenfalls abweichend von
§ 116 HGB) eingeführt ist oder ein Gesellschafter ein **Sonderrecht** auf die Geschäftsführung besitzt (s. §§ 709 Abs. 2, 710 BGB; § 114 Abs. 2 HGB, § 119 Abs. 2
HGB).[10] Grundlage der Abhängigkeit ist bei Personengesellschaften folglich in der Regel der **Gesellschaftsvertrag,** gegebenenfalls in Verbindung mit weiteren Abreden der
Beteiligten, so dass es auch in erster Linie Sache des Gesellschaftsvertrages ist, Vorsorge
gegen eine möglicherweise drohende Abhängigkeit der Gesellschaft von anderen Unternehmen zu treffen (dazu schon im Einzelnen → § 8 Rn. 1 ff.).

Mit Rücksicht auf den ausgeprägten Primat des Gesellschaftsvertrages bei Personen- 10
gesellschaften (→ Rn. 9) ist hier auch nur selten Raum für eine **Vermutung der Abhängigkeit** (§ 17 Abs. 2 AktG).[11] Lediglich bei einer ausgesprochen **kapitalistischen
Ausgestaltung** einer KG kann von Fall zu Fall § 17 Abs. 2 AktG dazu führen, dass bis
zum Beweis des Gegenteils im Falle einer Mehrheitsbeteiligung von Abhängigkeit aus-

---

[8] S. Emmerich/Habersack Aktien-/GmbH-KonzernR/*Emmerich* AktG § 16 Rn. 6 f.
[9] → § 3 Rn. 14 ff.; Emmerich/Habersack Aktien-/GmbH-KonzernR/*Emmerich* AktG § 17 Rn. 48.
[10] Die Rechtsprechung hat sich mit diesen Fragen bisher vorwiegend iRd Fusionskontrolle bei den § 36
Abs. 2 GWB und § 37 Abs. 1 Nr. 3 GWB beschäftigt; s. BGHZ 88, 273 – Springer/Elbe Wochenblatt;
BGH NJW 1983, 818.
[11] → § 3 Rn. 44 ff.; Staub/*Schäfer* HGB § 105 Anh. Rn. 26; anders unter mitbestimmungsrechtlichen Gesichtspunkten für kapitalistisch gestaltete Gesellschaften BAGE 110, 100 (118 f.) – bofrost.

zugehen ist.[12] In derartigen Fallgestaltungen kann dann ausnahmsweise auch der Abschluss eines Entherrschungsvertrags mit einer Personengesellschaft sinnvoll sein.[13] Anwendbar ist ferner die **Konzernvermutung** des § 18 Abs. 1 S. 3 AktG, sobald eine Personengesellschaft erst einmal in die Abhängigkeit von einem anderen Unternehmen geraten ist.[14]

11 Personengesellschaften können schließlich ebenso wie andere Unternehmen in **Unterordnungs- und Gleichordnungskonzerne** einbezogen sein (§ 18 AktG). Insoweit bestehen keine Besonderheiten (→ § 4). Fraglich ist dagegen, ob die von den Kapitalgesellschaften her vertraute Unterscheidung zwischen Vertragskonzernen und faktischen Konzernen ohne Einschränkung auch auf Konzerne unter Einbeziehung abhängiger Personengesellschaften übertragen werden kann (dazu iE → § 34 Rn. 12 ff.).

§ 34. Personengesellschaft als abhängiges Unternehmen

I. Überblick

1 Zur Abhängigkeit einer Personengesellschaft von einem anderen Unternehmen kann es, wie gezeigt (→ § 33 Rn. 10), vor allem kommen, wenn ein Unternehmensgesellschafter unmittelbar oder mittelbar maßgeblichen Einfluss auf die Geschäftsführung der Gesellschaft erlangt.[1] Im Einzelnen weisen die **Erscheinungsformen** abhängiger Personengesellschaften offenbar große Unterschiede auf. Im Schrifttum wird vor allem zwischen personalistisch und kapitalistisch strukturierten Gesellschaften[2] sowie zwischen gesellschaftsvertraglich auf die Interessen eines herrschenden Unternehmens ausgerichteten Gesellschaften „mit dienendem Verbandszweck" und solchen Gesellschaften unterschieden, die entsprechend dem gesetzlichen Leitbild des § 705 BGB und des § 105 HGB im gemeinsamen Interesse aller Gesellschafter betrieben werden.[3]

2 Einleuchtend ist insbes. die Betonung der Eigenart von **Gesellschaften „mit dienendem Verbandszweck",** worunter man Gesellschaften versteht, die schon auf Grund ihres Gesellschaftsvertrages, das heißt von vornherein auf die Interessen des herrschenden Unternehmens ausgerichtet sind (→ Rn. 1). Beispiele für derartige Gesellschaften finden sich vor allem unter gemeinsamen Tochtergesellschaften mehrerer Unternehmen, die für die Mütter unter genau fixierten Voraussetzungen einzelne abgegrenzte Aufgaben erfüllen sollen. In derartigen Fällen, die durch das durchgängige **Fehlen von Minderheitsgesellschaftern** gekennzeichnet sind, dürften in der Tat die im Folgenden zu behandelnden Probleme abhängiger Personengesellschaften (→ Rn. 3) jedenfalls in der Regel nicht auftauchen, da diese Probleme ihre Ursache gerade in den unvermeidlichen Interessengegensätzen zwischen dem herrschenden Unternehmen und den übrigen Gesellschaftern abhängiger Gesellschaften finden. Deshalb können

---

[12] IdS wohl generell BAGE 110, 100 (118f.) – Bofrost; OLG Stuttgart AG 2006, 204 (206) (l. Sp. o.).
[13] *M. Becker* FS Möschel, 2011, 1119 (1127).
[14] Baumbach/*Hopt* HGB § 105 Rn. 101; Staub/*Schäfer* HGB Anhang § 105 Rn. 28 f.
[1] Aufzählung der wichtigsten Fälle und Erscheinungsformen bei *Binnewies* Konzerneingangskontrolle S. 34 f. sowie bei MüKoHGB/*Mülbert* Konzernrecht der Personengesellschaften Rn. 9 ff.; Staub/ *C. Schäfer* HGB Anhang § 105 Rn. 8 f.; Westermann/*Tröger* Rn. I 4027; Oetker/*Weitemeyer* HGB § 105 Rn. 116.
[2] So insbes. durchgängig *Haar* Personengesellschaft.
[3] So insbes. MüKoHGB/*Mülbert* nach § 237 Rn. 9, 131 ff.; krit. *Haar* Personengesellschaft S. 300 ff.

die genannten Gesellschaften „mit dienendem Verbandszweck" unbedenklich aus der weiteren Betrachtung ausgeklammert werden.

II. Einfache Abhängigkeitsverhältnisse

1. Schädigungsverbot

Einfache Abhängigkeitsverhältnisse gelten bei Personengesellschaften ebenso wie bei **3** der AG und der GmbH als grds. **zulässig.**[4] Die Begründung eines Abhängigkeitsverhältnisses bedarf mit anderen Worten keiner besonderen Legitimation, weder durch den Gesellschaftsvertrag noch durch einen besonderen Gesellschafterbeschluss. Anders verhält es sich nur unter zusätzlichen Voraussetzungen, insbes. zB bei Begründung der Abhängigkeit durch die Übertragung eines Gesellschaftsanteils auf einen Unternehmensgesellschafter sowie etwa dann, wenn ein Verstoß gegen das Wettbewerbsverbot des § 112 HGB im Falle der Abhängigkeit der Gesellschaft von einem Unternehmensgesellschafter droht (§ 311 Abs. 1 BGB, § 398 BGB, § 705 BGB; § 105 Abs. 3 HGB, § 112 HGB).[5] In diesen und vergleichbaren Fällen ist für die Begründung der Abhängigkeit ausnahmsweise noch je nach der gesellschaftsvertraglichen Regelung die Zustimmung aller oder doch der Mehrheit der Gesellschafter erforderlich.

In dem einmal begründeten Abhängigkeitsverhältnis ist der **Minderheitenschutz** iRd **3a** allgemeinen Gesellschaftsrechts zu bewerkstelligen, das dafür auch in der Tat die nötigen Instrumente bereithält.[6] Besondere Bedeutung kommt dabei der **Treuepflicht** der Gesellschafter zu. Auszugehen ist davon, dass in Personengesellschaften die Gesellschafter den Mitgesellschaftern, von dem genannten Ausnahmefall der Gesellschaften mit dienendem Verbandszweck abgesehen (→ Rn. 2), auf Grund des Gesellschaftsvertrages zur Förderung des gemeinsamen Zwecks und zur gegenseitigen Rücksichtnahme verpflichtet sind (§§ 705, 241, 242 BGB). Für das herrschende Unternehmen folgt daraus ein umfassendes **Schädigungsverbot,** so dass es sich durch jede Form der nachteiligen Einflussnahme auf die abhängige Gesellschaft dieser ebenso wie den Mitgesellschaftern ersatzpflichtig macht (§§ 280, 705 BGB). Ein Nachteilsausgleich, etwa analog § 311 AktG, kommt nicht in Betracht; vielmehr ist *jede* Schädigung der abhängigen Gesellschaft entgegen dem Willen der Mitgesellschafter verboten, wobei die Pflichten umso strenger sind, je enger die Unternehmensverbindung ist.[7]

Für eine Haftungsmilderung nach Maßgabe des § 708 BGB ist hier kein Raum.[8] We- **4** gen der großen Gefährlichkeit derartiger Abhängigkeitsverhältnisse für die Gesellschaft und die übrigen Gesellschafter ist im Gegenteil eine **Beweislastumkehr** zu Lasten des herrschenden Unternehmens zu erwägen. Dies bedeutet, dass bei einer Schädigung der abhängigen Gesellschaft im Interesse des herrschenden Unternehmens

---

[4] MüKoHGB/*Mülbert* Konzernrecht der Personengesellschaften Rn. 123 ff.; Staub/*C. Schäfer* HGB Anhang § 105 Rn. 12, 37 ff.

[5] Staub/*C. Schäfer* HGB § 105 Rn. 40; Westermann/*Tröger* Rn. I 4030 f.; Oetker/*Weitemeyer* HGB § 105 Rn. 116.

[6] Staub/*C. Schäfer* Anhang § 105 Rn. 44 ff.

[7] Vgl. BGHZ 65, 15 (19 f.) = WM 1975, 1152 = JuS 1976, 54 *(Emmerich)* – ITT; NJW 1980, 231 – Gervais; WM 1973, 1291; MüKoHGB/*Mülbert* Konzernrecht der Personengesellschaften Rn. 199 ff.; *Tröger* Rn. I 4051, 4056 f.; Oetker/*Weitemeyer* HGB § 105 Rn. 118.

[8] *Jäger* DStR 1997, 1813 (1815); *Löffler* Personengesellschaft S. 107 f.; Staub/*C. Schäfer* Anhang § 105 Rn. 50.

bis zum Beweis des Gegenteils *vermutet* wird, dass sie von dem letzteren veranlasst und zu vertreten ist.[9] Das Gesagte gilt auch **in mehrstufigen Abhängigkeitsverhältnissen,** selbst wenn das herrschende Unternehmen an der abhängigen Gesellschaft nicht unmittelbar beteiligt ist.[10]

5 Die Verfolgung etwaiger Ersatzansprüche der abhängigen Gesellschaft gegen das herrschende Unternehmen im Falle einer Verletzung des Schädigungsverbotes seitens des herrschenden Unternehmens, etwa bei einer Aneignung von Geschäftschancen entgegen § 112 HGB, ist in erster Linie die Sache der geschäftsführenden Gesellschafter. Da diese jedoch häufig von dem herrschenden Unternehmen abhängig sein werden, ist es wichtig zu betonen, dass die Ersatzansprüche der Gesellschaft außerdem von den Mitgesellschaftern mit der **actio pro socio** verfolgt werden können.[11]

2. Sonstige Schutzmaßnahmen

6 Das Schädigungsverbot für das herrschende Unternehmen (→ Rn. 3 ff.) wird durch eine Reihe institutioneller Sicherungen der Eigenständigkeit der abhängigen Gesellschaft ergänzt.[12] Die größte Bedeutung kommt in diesem Zusammenhang den **Informationspflichten** des herrschenden Unternehmens zu.[13] Daneben ist zum Schutz der Mitgesellschafter des herrschenden Unternehmens an eine **Einschränkung** der unbeschränkten **Vertretungsmacht** der Geschäftsführer aus § 126 HGB bei konzerninternen Geschäften zu denken, damit sich das herrschende Unternehmen bei nachteiligen Geschäften mit der abhängigen Gesellschaft *nicht* auf die unbeschränkte Vertretungsmacht der Geschäftsführer berufen kann, sondern sich etwaige Beschränkungen der Geschäftsführungsbefugnis der Geschäftsführer im Innenverhältnis, dh bei konzerninternen Geschäften entgegenhalten lassen muss.[14] Dies ist letztlich derselbe Gedanke, der nach dem ARUG II von 2019 bei börsennotierten Kapitalgesellschaften der Regelung der related party transactions, dh der Geschäfte mit Tochtergesellschaften zugrunde liegt, die durch das genannte Gesetz einer Zustimmungs- und Bekanntmachungspflicht unterworfen werden (s. §§ 111a ff. AktG idF von 2019).[15] Bei den Personengesellschaften ergibt sich dasselbe schon immer aus der richtig verstandenen gesetzlichen Regelung (§§ 242, 705, 714 BGB; § 105 Abs. 3 HGB und § 126 HGB). In Abhängigkeitsverhältnissen sind ferner zusätzliche **Schranken für** die **Abänderung** des Gesellschaftsvertrags durch Mehrheitsbeschlüsse zu erwägen, da es im Regelfall als mit § 138 Abs. 1 BGB unvereinbar angesehen werden muss, einem mehrheitlich beteiligten Unternehmensgesellschafter gesellschaftsvertraglich das Recht zur im Ergebnis einseitigen Abänderung des Gesellschaftsvertrags einzuräumen.[16]

[9] BGH NJW 1980, 231 – Gervais; *Emmerich* FS Stimpel, 1985, 743 (751 f.); *Löffler* Personengesellschaft S. 101 ff.; anders zB Oetker/*Weitemeyer* HGB § 105 Rn. 118.
[10] BGHZ 65, 15 – ITT (ohne Begründung); Staub/*C. Schäfer* HGB Anhang § 105 Rn. 55.
[11] RWH/*Haas* HGB § 105 Rn. 118; Staub/*C. Schäfer* HGB § 105 Rn. 66; Westermann/Tröger Rn. I 4060.
[12] Eingehend *Binnewies* Konzerneingangskontrolle S. 122 ff.; *Reuter* ZHR 146 (1982), 1 (6 ff.); *Schießl* Personengesellschaften S. 63 ff.
[13] → Rn. 7 f.; Staub/*C. Schäfer* Anhang § 105 Rn. 48 ff.; *Torggler* GesRZ 1994, 102 (109 ff.).
[14] S. *Emmerich* FS Lukes, 1989, 641 (648); Staub/*C. Schäfer* HGB § 105 Rn. 45; Westermann/*Tröger* Rn. I 4061 f.
[15] Emmerich/Habersack Aktien-/GmbH-KonzernR/*Habersack* AktG § 311 Rn. 94–108.
[16] *Reuter* ZHR 146 (1982), 1 (7 f.); *Schießl* Personengesellschaften S. 27, 35, 41 ff.

Ein Unternehmensgesellschafter muss seine Mitgesellschafter nach Treu und Glauben 7
über seine unternehmerischen Interessen außerhalb der Gesellschaft von Beginn an
informieren, damit sie rechtzeitig die nötigen Schutzmaßnahmen ergreifen können
(§ 242 BGB, → Rn. 6). Sind weitere Geschäftsführer vorhanden, so hat sie das herrschende Unternehmen außerdem von einem geplanten Vertragsabschluss mit der Gesellschaft wegen der hier besonders naheliegenden Gefahr eines Interessenkonfliktes zu
unterrichten, um ihnen Gelegenheit zur Ausübung ihres Widerspruchsrechts zu geben
(§ 711 BGB; § 115 HGB).[17] Bei wichtigen Geschäften dieser Art ist in Abhängigkeitsverhältnissen überdies ein Fall des § 116 Abs. 2 HGB anzunehmen, so dass zusätzlich
die **Zustimmung** der übrigen Gesellschafter erforderlich ist.[18]

Das **Auskunfts- und Einsichtsrecht** der Gesellschafter der abhängigen Gesellschaft 8
nach den §§ 666, 713, 716 BGB sowie nach den §§ 118, 166 HGB erstreckt sich auf
die Beziehungen der Gesellschaft zu dem herrschenden Unternehmen und zu sonstigen verbundenen Unternehmen, soweit für die Gesellschafter relevant.[19] Vertragliche
Beschränkungen dieser Rechte der Gesellschafter scheitern in Abhängigkeitsverhältnissen an § 118 Abs. 2 HGB.[20]

Dem herrschenden Unternehmen, das gegen die genannten Pflichten verstößt 9
(→ Rn. 6–8), kann nach den § 712 Abs. 1 BGB und § 715 BGB sowie den §§ 117,
127 HGB die Geschäftsführungs- und Vertretungsbefugnis **entzogen** werden. In besonders schwerwiegenden Fällen kommt darüber hinaus sein **Ausschluss** aus der Gesellschaft oder deren Auflösung in Betracht (s. § 737 BGB; §§ 133, 140 HGB).[21]

3. Gläubigerschutz

Besondere Vorkehrungen zum Schutze der Gläubiger sind in einfachen Abhängig- 10
keitsverhältnissen, schon mit Rücksicht auf die regelmäßige **persönliche Haftung** zumindest einzelner Gesellschafter (§§ 128, 161 Abs. 2 HGB), entbehrlich, wobei zu berücksichtigen ist, dass § 128 HGB heute entsprechend auf die BGB-Außengesellschaft
angewandt wird. Zusätzliche Überlegungen sind daher lediglich in verschiedenen eigenartigen Fallgestaltungen nötig, die durchweg dadurch gekennzeichnet sind, dass in
ihnen das herrschende Unternehmen nicht selbst als persönlich haftender Gesellschafter, sondern zB nur mittelbar oder als bloßer Kommanditist an der abhängigen Gesellschaft beteiligt ist, nicht zuletzt natürlich, um den besonderen Haftungsrisiken in Abhängigkeitsverhältnissen zu entgehen.

Bei Beteiligung des herrschenden Unternehmens als „bloßer" **Kommanditist** sollte 11
man nicht zögern, den „Kommanditisten", wenn ihm eine schädigende Einflussnahme auf die abhängige Gesellschaft nachgewiesen werden kann, selbst *unbeschränkt*
persönlich haften zu lassen. Das ist schon mit Rücksicht auf die sonst unhaltbare Si-

---

[17] BGH NJW 1971, 1613; *Kleindiek* Strukturvielfalt S. 297 ff.; MüKoHGB/*Mülbert* Konzernrecht der
Personengesellschaften Rn. 214; Westermann/*Tröger* Rn. I 4048: Oetker/*Weitemeyer* HGB § 105
Rn. 116, 118.
[18] BGH NJW 1974, 1555; *Kleindiek* Strukturvielfalt S. 305 ff.; *Löffler* Personengesellschaften S. 157 f.;
Staub/*C. Schäfer* HGB Anhang § 105 Rn. 45.
[19] → § 35 Rn. 8 ff.; *Jäger* DStR 1997, 1813 (1815); Staub/*C. Schäfer* HGB § 105 Rn. 48; *Torggler* GesRZ
1994, 102 (109 ff.).
[20] *Reuter* ZHR 146 (1982), 1 (7); *Schießl* Personengesellschaften S. 71 ff.; *U. Schneider* BB 1975, 1353
(1355 ff.); *U. Schneider,* ZGR 1975, 253 (289 ff.).
[21] *Binnewies* Konzerneingangskontrolle S. 124 ff.; Staub/*C. Schäfer* HGB Anhang § 105 Rn. 56.

tuation der anderen persönlich haftenden Gesellschafter unerlässlich.[22] Bei einer **mittelbaren Beteiligung** des herrschenden Unternehmens über eine Zwischenholding kommt dagegen, wenn es sich um eine GmbH und Co. KG handelt, zum Schutze der Gläubiger in erster Linie die entsprechende Anwendung der Kapitalerhaltungsvorschriften der §§ 30, 31 GmbHG sowie der insolvenzrechtlichen Vorschriften für Gesellschafterdarlehen in den § 39 Abs. 1 Nr. 5 InsO und § 135 InsO in Betracht.[23]

III. „Faktische" Konzerne

12 Merkmal des Unterordnungskonzerns ist die Zusammenfassung der verbundenen Unternehmen unter der einheitlichen Leitung des herrschenden Unternehmens (§ 18 Abs. 1 AktG), dh die Leitung der verbundenen Unternehmen nach einem einheitlichen Plan durch die Eingliederung der abhängigen Gesellschaft in die Strategie des herrschenden Unternehmens (→ § 4 Rn. 1 ff.). Die Rechtsfolgen gestalten sich unterschiedlich je nachdem, ob die übrigen Gesellschafter der Konzernbildung zugestimmt haben oder nicht (→ Rn. 13 ff., 16).

13 Die „Eingliederung" der abhängigen Gesellschaft in einen Konzern hat eine tiefgreifende Änderung ihrer Struktur zur Folge. Während das Unternehmen der Gesellschaft zuvor im gemeinsamen Interesse aller Gesellschafter betrieben wurde (§ 705 BGB), wird es jetzt auf die „übergeordneten" Zwecke des Konzerns ausgerichtet; zugleich werden dadurch die Mitverwaltungsrechte der übrigen Gesellschafter im Kern getroffen. Im Ergebnis handelt es sich daher bei der Konzerneingliederung um nicht weniger als um eine *Änderung des Zwecks* der Gesellschaft, so dass ihr grds. **alle Gesellschafter** in einem sog. „Konzernierungsbeschluss" zustimmen müssen. Denn die Gesellschaft verwandelt sich dadurch in eine solche mit „dienendem" Verbandszweck (→ Rn. 2); und dies ist offenbar nur mit Zustimmung *aller* Gesellschafter möglich (§ 33 BGB, § 138 Abs. 1 BGB, § 311 Abs. 1 BGB, § 705 BGB, § 105 HGB).[24]

14 Abweichende Vertragsbestimmungen sind, jedenfalls im Regelfall, nicht möglich. Sogenannte **Konzernierungsklauseln** im Gesellschaftsvertrag reichen – als vorweggenommene Zustimmung der Gesellschafter zur Konzernbildung – nur aus, wenn sie sich auf einen genau bestimmten (konkreten) Einzelfall beziehen, während allgemeine Klauseln dieser Art, wie sie sich in der Gesellschaftspraxis immer mehr durchsetzen, die Zustimmung aller Gesellschafter zu der Konzernbildung im Einzelfall nicht entbehrlich machen.[25]

---

[22] S. *Burbach* Personenhandelsgesellschaft S. 414 ff.; *Jäger* DStR 1997, 1813 (1815); *Löffler* Personengesellschaft S. 79 ff.; Staub/*C. Schäfer* HGB § 105 Rn. 56; – anders zB RWH/*Haas* HGB § 105 Rn. 111; Westermann/*Tröger* Rn. I 4080.

[23] Ebenso *Altmeppen,* Abschied vom qualifizierten faktischen Konzern, 1991, S. 114 ff.; Staub/*C. Schäfer* HGB Anhang § 105 Rn. 55.

[24] Ebenso zB Staub/*C. Schäfer* HGB Anhang § 105 Rn. 8 ff.; RWH/*Haas* HGB § 105 Rn. 115 ff.; MüKoHGB/*Mülbert* Konzernrecht der Personengesellschaften Rn. 129 ff.: Oetker/*Weitemeyer* HGB § 105 Rn. 117; enger aber Westermann/*Tröger* Rn. I 4037 ff.

[25] S. *Binnewies* Konzerneingangskontrolle S. 75 ff.; Mestmäcker/Behrens/*M. Becker* S. 419 (448 ff.); *Burbach* Personenhandelsgesellschaft S. 407 ff.; *Jäger* DStR 1997, 1813 (1817); *Kleindiek* Strukturvielfalt S. 256 ff.; *Liebscher* Konzernbildungskontrolle S. 322 ff.; *Löffler* Personengesellschaft S. 76 ff.; Staub/*C. Schäfer* HGB Anhang § 105 Rn. 59; Westermann/*Tröger* Rn. I 1040 f: Oetker/*Weitemeyer* HGB § 105 Rn. 119.

Die **Rechtsfolgen** des Konzernierungsbeschlusses bestehen in erster Linie in einem   15
(eingeschränkten) Weisungsrecht des herrschenden Unternehmens (→ Rn. 20) sowie
in dessen Pflicht zur Verlustübernahme analog § 302 AktG, die sich bei Vermögenslosigkeit der abhängigen Gesellschaft zu einer Ausfallhaftung verdichten kann (s.
§ 303 AktG),[26] nach einer verbreiteten Meinung all dies freilich nur bei Vorliegen
eines so genannten **qualifizierten Abhängigkeitsverhältnisses.** Man versteht darunter gesellschaftsrechtliche Situationen, in denen die Einflussnahme des herrschenden
Unternehmens eine derartige Dichte angenommen hat, dass die einzelnen Eingriffe
und ihre Folgen nicht mehr isoliert werden können.[27] *Gegen* eine Beschränkung der
Verpflichtung des herrschenden Unternehmens zur Verlustübernahme auf qualifizierte
Abhängigkeitsverhältnisse spricht indessen, dass sich die Rechtsprechung im Aktien-
und im GmbH-Konzernrecht immer mehr von der Rechtsfigur des qualifizierten faktischen Konzerns distanziert (→ §§ 28, 31), so dass es wenig Sinn macht, ausgerechnet
bei den Personengesellschaften an der Unterscheidung einfacher und qualifizierter Abhängigkeitsverhältnisse festzuhalten.[28] Deshalb dürfte davon auszugehen sein, dass –
entsprechend dem Grundgedanken der §§ 302, 303 AktG (→ § 20 Rn. 36) – der Preis
für die Konzernierung der abhängigen Personengesellschaft mit Zustimmung der Mitgesellschafter **generell** in der **Verlustübernahmepflicht** des herrschenden Unternehmens besteht, ganz einfach, weil letztlich nur auf diese Weise der gebotene Schutz der
Mitgesellschafter sichergestellt werden kann.

Die „Eingliederung" der abhängigen Gesellschaft in den Konzern des herrschenden   16
Unternehmens **ohne Zustimmung** der Mitgesellschafter verstößt gegen den Gesellschaftsvertrag (→ Rn. 13 f.), sodass die Mitgesellschafter **Unterlassung und Schadensersatz,** auch in Form der Rückgängigmachung der Konzerneingliederung, verlangen können (§§ 249, 280, 705 BGB, § 105 HGB).[29] Der **Gläubigerschutz** richtet
sich hier ebenso wie bei der Konzernbildung *mit* Zustimmung der Mitgesellschafter
(→ Rn. 15) nach den §§ 302, 303 AktG.[30] Wie schon ausgeführt (→ Rn. 15), gilt
dies freilich nach einer verbreiteten Meinung allein in Fallgestaltungen, wie sie bei
den Kapitalgesellschaften (früher) unter dem Stichwort qualifizierter faktischer Konzern diskutiert zu werden pflegten. Indessen kann es schwerlich zutreffen, dass die Verlustübernahmepflicht des herrschenden Unternehmens bei fehlender Zustimmung
der Mitgesellschafter an strengere Voraussetzungen geknüpft sein sollte als bei Vorliegen dieser Zustimmung; in beiden Fällen ist vielmehr generell von der entsprechenden
Anwendbarkeit der §§ 302, 303 AktG auszugehen.

---

[26]   → Rn. 16; *Haar* Personengesellschaft S. 423 ff.; *Löffler* Personengesellschaften S. 79 ff.; enger *Burbach*
Personenhandelsgesellschaft S. 414 ff.; krit. *Altmeppen,* Abschied vom qualifizierten faktischen Konzern, 1991, S. 114 ff.

[27]   So insbes. BAG NJW 1996, 1491; BSGE 75, 82 (90 ff.); ebenso im Ergebnis schon BGH NJW 1980,
231 – Gervais; BAG NJW 1991, 2923 – Hettler; wohl auch BAG NZG 199, 661; Baumbach/*Hopt*
HGB § 105 Rn. 104; *Burbach* Abhängige Personenhandelsgesellschaft S. 414 f.; *Limmer* GmbHR
1992, 265 (270 ff.).

[28]   S. *Limmer* GmbHR 1992, 265 (270 ff.); MüKoHGB/*Mülbert* Konzernrecht der Personengesellschaften Rn. 191 ff.

[29]   MüKoHGB/*Mülbert* Konzernrecht der Personengesellschaften Rn. 172 ff.; Staub/*C. Schäfer* HGB Anhang § 105 Rn. 65 ff.; Westermann/*Tröger* Rn. I 4043 ff.

[30]   *Burbach* Personenhandelsgesellschaft S. 460 ff.; *Liebscher* Konzernbildungskontrolle S. 341; *Löffler* Personengesellschaft S. 136 ff.

IV. Vertragskonzerne

17 Kennzeichen des Vertragskonzerns ist der Abschluss eines **Beherrschungsvertrags** zwischen dem herrschenden und dem abhängigen Unternehmen (s. § 18 Abs. 1 S. 2 AktG, § 291 AktG und § 308 AktG und dazu → § 4 Rn. 11 ff. sowie → §§ 11, 23). Deshalb stellt sich hier zunächst die Frage, ob auch der Abschluss von Beherrschungsverträgen mit abhängigen Personengesellschaften möglich ist, insbes. ob das durch einen Beherrschungsvertrag begründete **Weisungsrecht** des herrschenden Unternehmens gegenüber der abhängigen Gesellschaft (vgl. § 308 AktG) mit der *persönlichen Haftung* einzelner Gesellschafter einer Personengesellschaft vereinbar ist (§ 705 BGB; §§ 128, 161 HGB). Nach einer verbreiteten Meinung ergeben sich unter diesem Gesichtspunkt zumindest dann keine Bedenken gegen den Abschluss von Beherrschungsverträgen mit abhängigen Personengesellschaften, falls die, dh alle, Gesellschafter dem Vertragsschluss **zugestimmt** haben, jedenfalls, wenn das herrschende Unternehmen die Mitgesellschafter zusätzlich im Innenverhältnis von ihrer etwaigen Haftung für die Gesellschaftsverbindlichkeiten freistellt, um eine Kollision seines Weisungsrechts mit der persönlichen Haftung der übrigen Gesellschafter zu vermeiden (§ 138 Abs. 1 BGB).[31] Dem steht die Meinung gegenüber, die für die generelle **Unzulässigkeit** von Beherrschungsverträgen mit Personengesellschaften eintritt, wenn und solange an der Gesellschaft natürliche Personen beteiligt sind, denen eine persönliche Haftung droht (§ 138 Abs. 1 BGB);[32] eine Ausnahme wird jedoch auch von den Vertretern dieser Meinung vielfach für so genannte *kapitalistische Gesellschaften* angenommen, dh für Gesellschaften mit einem großen Kreis von Gesellschaftern unter Einschluss juristischer Personen.[33]

17a Lässt man generell oder doch in bestimmten Fallgestaltungen Beherrschungsverträge mit abhängigen Personengesellschaften zu (→ Rn. 17), so bedarf weiter das schwierige **Verhältnis** eines etwaigen Beherrschungsvertrages **zu dem Gesellschaftsvertrag** der Klärung, da feststeht, dass auch im Gesellschaftsvertrag Weisungsrechte einzelner Gesellschafter begründet werden können, sodass wenigstens auf den ersten Blick, nicht recht erkennbar ist, welcher eigenständige Regelungsbereich neben dem Gesellschaftsvertrag unter diesen Umständen für einen zusätzlichen Beherrschungsvertrag mit einer Personengesellschaft verbleiben soll. Im Schrifttum finden sich in diesem Zusammenhang vielfache Unterscheidungen je nach der Struktur der abhängigen Personengesellschaft, dem Inhalt des Gesellschaftsvertrags und der Natur des zusätzlich abgeschlossenen „Beherrschungsvertrages".[34]

---

[31] *Baumgartl* Personengesellschaft S. 40, 59 ff.; *Binnewies* Konzerneingangskontrolle S. 104 ff.; Staub/*Habersack* HGB § 126 Rn. 18; *Kleindiek* Strukturvielfalt S. 77 ff.; *Jäger* DStR 1997, 1813; *Liebscher* Konzernbildungskontrolle S. 322 ff.; MüKo HGB/*Mülbert* Konzernrecht der Personengesellschaften Rn. 144, 165 ff.; *Raiser* ZGR 1980, 558 (563 ff.); *Reuter* ZHR 146 (1982), 1 (16 ff.); *Reuter* AG 1986, 130; *Schießl* Personengesellschaft S. 43 ff.; Staub/*C. Schäfer* HGB Anhang § 105 Rn. 67 ff.

[32] *Burbach* Personenhandelsgesellschaft S. 215, 313 ff.; *Haar* Personengesellschaft S. 268 ff.; *Löffler* Personengesellschaft S. 24 ff.; *K. Schmidt* ZGR 1981, 455 (477 f.); *U. Schneider* BB 1980, 1057; ZGR 1975, 253 (265 ff.); 1980, 511 (519 ff.).

[33] Vgl. *Binnewies* Konzerneingangskontrolle S. 95 ff.; *Haar* Personengesellschaft S. 303 ff.; *Liebscher* Konzernbildungskontrolle S. 334 ff.

[34] Zur umstrittenen Zulässigkeit sog. schuldrechtlicher Beherrschungsverträge s. noch MüKoHGB/*Mülbert* Konzernrecht der Personengesellschaften Rn. 164, 169; Westermann/*Tröger* Rn. I 4082; Oetker/*Weitemeyer* HGB § 105 Rn. 121, alle im Anschluss an BGH NJW 1980, 231 – Gervais.

Die besondere Problematik von Beherrschungsverträgen bei Personengesellschaften **18** resultiert aus der Gefahr, dass infolge der Weisungen des herrschenden Unternehmens den anderen Gesellschaftern eine **unbeschränkte persönliche Haftung** droht (§ 138 BGB; § 128 HGB). Unbedenklich ist unter diesem Aspekt der Abschluss eines Beherrschungsvertrages mit einer Personengesellschaft lediglich in dem Sonderfall, dass an der abhängigen Gesellschaft keine natürlichen, sondern **nur juristische Personen** als persönlich haftende Gesellschafter beteiligt sind, und zwar selbst dann, wenn nach dem Gesellschaftsvertrag über den Abschluss des Vertrags mit qualifizierter Mehrheit entschieden werden kann.[35]

In den übrigen Fällen, die durch die **Beteiligung natürlicher Personen** gekennzeich- **19** net sind, sind nach den Gesagten (→ Rn. 18) zusätzliche Schutzvorkehrungen unabdingbar. Die wichtigste ist die Notwendigkeit der **Zustimmung aller Gesellschafter** zu dem Vertragsabschluss, weil niemandem das mit dem Abschluss eines Beherrschungsvertrages notwendigerweise verbundene Risiko einer unbeschränkten persönlichen Haftung für fremde Weisungen gegen seinen Willen aufgezwungen werden kann (§ 138 Abs. 1 BGB).[36] In derartigen Fallgestaltungen macht es dann auch durchaus Sinn, den Beherrschungsvertrag *vom Gesellschaftsvertrag zu unterscheiden*,[37] weil der Erstere, anders als der Gesellschaftsvertrag, grds. der **Schriftform** bedarf (§ 293 Abs. 3 AktG),[38] ins Handelsregister einzutragen ist (§ 294 AktG)[39] und im Regelfall nur auf Zeit abgeschlossen wird, vor allem aber, weil er die Zulässigkeit **nachteiliger Weisungen** begründet (→ Rn. 20).[40] Die Betonung der Notwendigkeit der Zustimmung *aller* Gesellschafter zu dem Vertragsabschluss hat zugleich den Vorteil, dass dadurch andere Schutzvorkehrungen zugunsten der Minderheit entbehrlich werden, weil die Mitgesellschafter unter diesen Umständen selbst ohne weiteres in der Lage sind, für die Wahrung ihrer Interessen, etwa durch Ausgleichs- oder Abfindungsregelungen, zu sorgen.[41]

Die Besonderheit eines Beherrschungsvertrages besteht auch bei der Personengesell- **20** schaft in der Begründung eines umfassenden Weisungs*rechts* des herrschenden Unternehmens (→ Rn. 19), dies ein wichtiger Unterschied zu der gesellschaftsvertraglichen „faktischen" Konzernbegründung (→ Rn. 13), bei der der Umfang des Weisungsrechts des herrschenden Unternehmens in erster Linie durch den Gesellschaftsvertrag bestimmt und infolgedessen durch die vertragliche Treuepflicht des herrschenden Un-

---

[35] Emmerich/Habersack Aktien-/GmbH-KonzernR/*Emmerich* Vorbemerkung zu § 291 Rn. 11; BayObLGZ 1992, 367 (371) – BSW; OLG Düsseldorf ZIP 2004, 753 – EVA; OLG Hamburg NZG 2005, 966 – Otto.

[36] Ebenso zB MüKoHGB/*Mülbert* Konzernrecht der Personengesellschaften Rn. 1129 ff.; *Tröge* Rn. I 4085; Oetker/*Weitemeyer* HGB § 105 Rn. 121.

[37] Ebenso MüKoHGB/*Mülbert* Konzernrecht der Personengesellschaften Rn. 148, 155, 160 ff., 269 f.; Westermann/*Tröge* Rn. I 4084; dagegen RWH/*Haas* HGB § 105 Rn. 116.

[38] Anders zB MüKoHGB/*Mülbert* Konzernrecht der Personengesellschaften Rn. 133, 158; Westermann/*Tröger* Rn. I 4086; Staub/*C. Schäfer* HGB Anhang § 105 Rn. 70.

[39] MüKoHGB/*Mülbert* Konzernrecht der Personengesellschaften Rn. 159; Staub/*C. Schäfer* HGB Anhang § 105 Rn. 70; Westermann/*Tröger* Rn. I 4086; Oetker/*Weitemeyer* HGB § 105 Rn. 121; str.

[40] S. Emmerich/Habersack Aktien-/GmbH-KonzernR/*Emmerich* Vorbemerkung zu § 291 Rn. 11; *Bitter* Durchgriffshaftung S. 326 ff.; *Bitter* ZIP 2001, 265 (270 ff.); *Born* KGaA S. 80 ff.; *Kleindiek* Strukturvielfalt S. 23, 71, 129 ff.; MüKoHGB/*Mülbert* Konzernrecht der Personengesellschaften Rn. 148.

[41] Ebenso *Kleindiek* Strukturvielfalt S. 218 ff.; Staub/*C. Schäfer* HGB Anhang § 105 Rn. 77 f.; str.

ternehmens deutlich beschränkt wird (→ Rn. 15). Ergänzend gilt im Prinzip § 308 AktG (→ § 23 Rn. 21, 35 ff.).[42]

21 Der nötige **Gläubigerschutz** wird durch die entsprechende Anwendbarkeit der §§ 302 und 303 AktG sichergestellt. Der Abschluss eines Beherrschungsvertrages zieht somit auch bei den Personengesellschaften die Pflicht des herrschenden Unternehmens zum Ausgleich der Verluste der abhängigen Gesellschaft sowie bei Vertragsende zur Sicherheitsleistung nach sich.[43] Ist die abhängige Gesellschaft vermögenslos, so verdichtet sich diese Pflicht zu einer Ausfallhaftung des herrschenden Unternehmens (→ § 20 Rn. 69), sofern das herrschende Unternehmen nicht ohnehin als Gesellschafter der abhängigen Gesellschaft unbeschränkt persönlich haftet (§ 128 HGB).[44]

V. Sonstige Unternehmensverträge

22 Das AktG sieht in den anderen Unternehmensverträgen des § 292 AktG bloße schuldrechtliche Austauschverträge, wie sie jederzeit auch von Personengesellschaften abgeschlossen werden können. Es steht daher außer Frage, dass sich Personengesellschaften zB iRv Gleichordnungskonzernen an Gewinngemeinschaften beteiligen, Teilgewinnabführungsverträge abschließen oder ihr Unternehmen verpachten können.[45] Für Betriebsführungsverträge gilt nichts anderes.[46] Derartige Verträge greifen jedoch durchweg schwerwiegend in die Mitverwaltungs- und Vermögensrechte der Gesellschafter ein, so dass sie gleichfalls nur mit **Zustimmung sämtlicher Gesellschafter** wirksam werden können. Abweichende Bestimmungen in Gesellschaftsverträgen sind nicht möglich, außer wenn sich die fragliche Klausel in dem Gesellschaftsvertrag auf einen konkreten Vertrag bezieht (§ 138 Abs. 1 BGB).[47]

§ 35. Personengesellschaft als herrschendes Unternehmen

I. Beteiligungsverwaltung

1. Mitspracherechte

1 Die Personengesellschaft als herrschendes Unternehmen ist eine vertraute Erscheinung der Konzernpraxis (→ § 9 Rn. 7 ff.). Deshalb haben sich hier auch bereits verhältnismäßig früh die Fragen gestellt, die heute unter den Stichworten Konzernbildungskontrolle, Konzernleitungskontrolle und Grundsätze ordnungsmäßiger Konzernleitung diskutiert werden (o. §§ 7–9). Im Vordergrund des Interesses stand dabei bisher die Frage, unter welchen Voraussetzungen die Mitverwaltungs- und Vermögensrechte der Gesellschafter der Muttergesellschaft in die Tochtergesellschaften hinein verlängert

---

[42] Dagegen Westermann/*Tröger* Rn. I 4088.

[43] Baumbach/*Hopt* HGB § 105 Rn. 105; *Jäger* DStR 1997, 1813 (1816); Staub/*C. Schäfer* HGB Anhang § 105 Rn. 71–76.

[44] S. MüKoHGB/*Mülbert* Konzernrecht der Personengesellschaften Rn. 196; Westermann/*Tröger* Rn. I 4090.

[45] OLG Hamburg NZG 2000, 421.

[46] BGH NJW 1982, 1817 mAnm *Löffler* NJW 1983, 2920 – Holiday-Inn I; OLG München AG 1987, 380 mAnm *Windbichler* ZIP 1987, 825 – Holiday-Inn II; *U. Huber* ZHR 152 (1988), 123.

[47] Staub/*Habersack* HGB § 126 Rn. 18; *Jäger* DStR 1997, 1813 (1814); MüKoHGB/*Mülbert* Konzernrecht der Personengesellschaften Rn. 320–323; Westermann/*Tröger* Rn. I 4094 f.

werden können (→ Rn. 2 ff.), während die (nicht weniger dringende) Diskussion über die Grundsätze ordnungsmäßiger Konzernleitung bisher über erste Ansätze nicht hinausgelangt ist (→ Rn. 10 ff.).

Die Zuständigkeit für den **Erwerb** von Beteiligungen sowie für deren **Verwaltung** **2** richtet sich in den Personengesellschaften mangels abweichender Bestimmungen des Gesellschaftsvertrages grds. nach den Regeln über die Geschäftsführung, dh nach § 116 Abs. 1 HGB und § 164 HGB und liegt daher bei den Geschäftsführern, dh im Zweifel bei der **Mehrheit** unter Ausschluss der Minderheit. Jedoch kommt gerade im vorliegenden Zusammenhang den **Schranken** der Geschäftsführungsbefugnis der Geschäftsführer besondere Bedeutung zu. Insbes. die Zuständigkeit für sogenannte Grundlagengeschäfte liegt ebenso wie die Zuständigkeit für außergewöhnliche Geschäfte nach den §§ 116, 119, 164 HGB bei der Gesamtheit der Gesellschafter und nicht bei den Geschäftsführern allein. Die Folge ist, dass es zum Schutze der Minderheit in Personengesellschaften bei Maßnahmen des Beteiligungserwerbs und der Beteiligungsverwaltung stets sorgfältiger Prüfung bedarf, ob die fraglichen Maßnahmen noch durch die normale Geschäftsführungsbefugnis der Geschäftsführer gedeckt sind oder – als Grundlagengeschäfte oder außergewöhnliche Maßnahmen – in die Zuständigkeit der Gesellschafter fallen.[1] Eine exakte **Grenzziehung** zwischen den gewöhnlichen und den außergewöhnlichen Geschäftsführungsmaßnahmen sowie den Grundlagengeschäften ist freilich gerade in Unternehmensverbindungen ausgesprochen schwierig, weil hier der Blick letztlich immer auf die Gesamtheit der verbundenen Unternehmen gerichtet werden muss; maßgebend sind infolgedessen letztlich die Umstände des Einzelfalles. Besteht zwischen den Gesellschaftern Streit über diese Fragen, so kommt zur Klärung der Rechtslage in erster Linie eine Feststellungsklage der einen Gesellschaftergruppe gegen die andere in Betracht.[2]

Besonders nahe liegt die Annahme einer außergewöhnlichen Maßnahme (mit der **2a** Folge der Zuständigkeit der Gesamtheit der Gesellschafter gem. § 119 HGB) zunächst – je nach den Umständen des Einzelfalles – bei Maßnahmen, durch die eine **Unternehmensverbindung begründet** wird. Beispiele sind der Erwerb von Beteiligungen ebenso wie die Ausgliederung von Vermögensteilen auf Tochtergesellschaften, sofern sie erhebliche Mittel binden oder besondere Risiken für die Gesellschafter mit sich bringen, ferner insbes. die Unterstellung der verbundenen Unternehmen unter einheitliche Leitung, dh die Begründung von Konzernen (s. § 18 AktG) sowie der Abschluss von **Beherrschungsverträgen** mit Tochtergesellschaften. Schon wegen der damit für die übrigen Gesellschafter verbundenen Haftungsrisiken auf Grund der häufig unmittelbar oder doch entsprechend anwendbaren §§ 302, 303 AktG dürfte der Abschluss solcher Verträge nicht nur auf der Ebene der abhängigen Gesellschaft (→ § 34 Rn. 17 f.), sondern auch auf der der herrschenden Personengesellschaft in aller Regel sogar als Grundlagengeschäfte einzustufen sein.[3]

Die **Beteiligungsverwaltung** ist gleichfalls nicht eine ausschließliche Domäne der im **3** Zweifel von der Mehrheit bestellten Geschäftsführer (§ 116 Abs. 1 HGB), da insbes. Maßnahmen in Tochtergesellschaften, die im überwiegenden Besitz der Gesellschaft

---

[1] Schon → § 9 Rn. 7 f. sowie zB BGHZ 170, 283 Rn. 26, 493 – Otto; RWH/*Haas* HGB § 105 Rn. 121 ff.; Westermann/*Tröger* Rn. I 4008 ff.; *Wertenbruch* ZIP 2007, 798 (802).
[2] BGHZ 170, 283 Rn. 29 – Otto; ein weiteres Beispiel in BGHZ 132, 263.
[3] Staub/*C. Schäfer* HGB Anhang § 105 Rn. 83 ff.; *H. P. Westermann* ZIP 2007, 2289 (2296).

stehen, der Sache nach zugleich Geschäftsführungsmaßnahmen bei der *Muttergesellschaft* bilden und deshalb dort **erneut** zu **qualifizieren** sein können. Stellen sie danach außergewöhnliche Geschäfte iSd § 116 Abs. 2 HGB und § 164 S. 1 Hs. 2 HGB dar, so bedürfen sie folglich der vorgängigen **Zustimmung der Gesellschafter** der Muttergesellschaft.[4] In Ausnahmefällen ist es sogar vorstellbar, dass besonders schwerwiegende Maßnahmen bei einer Tochtergesellschaft wegen ihrer Rückwirkungen auf die Muttergesellschaft ein Grundlagengeschäft darstellen, weil sie der Sache nach auf eine **Änderung des Gesellschaftsvertrags** der Mutter hinauslaufen (§ 311 Abs. 1 BGB; § 119 HGB), etwa, wenn eine Gesellschaft einen großen Teil ihrer wirtschaftlichen Aktivitäten über Tochtergesellschaften abwickelt und die Tochtergesellschaften völlig neu ausgerichtet werden sollen.[5]

4 Zustimmungspflichtig auf der Ebene der Muttergesellschaft sind insbes. solche Maßnahmen in einer Tochtergesellschaft, die **Haftungsrisiken** für die Gesellschafter der Muttergesellschaft nach sich ziehen können wie etwa der Abschluss von Beherrschungs- oder Gewinnabführungsverträgen seitens der Tochtergesellschaft mit Enkelgesellschaften.[6] Kritisch sind ferner Geschäfte, die die **Gefahr der Abhängigkeit** der Gesellschaft von anderen Unternehmen begründen wie etwa die maßgebliche Beteiligung Dritter an einer wichtigen Tochtergesellschaft.[7] Weitere Beispiele sind die Fusion einer Tochtergesellschaft mit einem anderen Unternehmen, die Zusammenlegung der verselbstständigten Einkaufs- oder Verkaufsorganisation der Gesellschaft mit der eines Gesellschafters oder eines Dritten,[8] die Vereinbarung einer Gewinngemeinschaft zwischen einer Tochtergesellschaft und dritten Unternehmen, weiter der Erwerb von Enkelgesellschaften durch eine Tochtergesellschaft sowie schließlich die Umleitung von Geschäftschancen an der Gesellschaft vorbei zu Tochter- oder Enkelgesellschaften (entgegen § 112 HGB).

5 Ein besonderes Problem stellt im vorliegenden Zusammenhang schließlich eine (aus der Sicht der Minderheit) übermäßige **Rücklagenbildung** in Tochtergesellschaften dar, weil es auf der Hand liegt, dass das Gewinnbezugsrecht der Minderheit in der Muttergesellschaft durch eine derartige Rücklagenbildung in Tochtergesellschaften de facto weitgehend ausgehöhlt werden kann.[9] Die Frage, wo hier die Grenze zwischen zulässiger und übermäßiger Rücklagenbildung verläuft, ist freilich von einer Lösung noch weit entfernt. Maßgebend ist in erster Linie der Gesellschaftsvertrag der Muttergesellschaft. Enthält er jedoch keine Regelung des schwierigen Fragenkreises, so wird man wohl nicht umhinkommen, der Geschäftsführung der Muttergesellschaft in der Frage der Rücklagenbildung bei Tochtergesellschaften einen weiten **Ermessensspielraum** einzuräumen, dessen Grenzen nur von Fall zu Fall bestimmt werden können,

---

[4] BGHZ 83, 122 (136ff.) – Holzmüller; OLG Koblenz NJW-RR 1991, 487 – SAT 1; RWH/*Haas* HGB § 105 Rn. 121 f.; *Jäger* DStR 1997, 1770 (1776); MüKoHGB/*Mülbert* HGB Konzernrecht der Personengesellschaften Rn. 72 ff.; *U. Schneider* FS Bärmann, 1975, 873 (881 ff.); *U. Schneider* ZHR 143 (1979), 485 (496 ff.); BB 1980, 1057; *U* 1981, 249 (251 f.); Staub/*C. Schäfer* HGB Anhang § 105 Rn. 84; *Wertenbruch* ZIP 2007, 798 (802); Westermann/*Tröger* Rn. I 4014 ff.; *H. P. Westermann* ZIP 2007, 2289 (2291 f.).

[5] S. MüKoHGB/*Mülbert* HGB Konzernrecht der Personengesellschaften Rn. 72 ff.

[6] → § 9 Rn. 8 ff.; RWH/*Haas* HGB § 105 Rn. 123.

[7] → § 8 Rn. 1 ff.; BGHZ 80, 69 (74 f.) – Süssen.

[8] BGHZ 76, 160 (163); BGH WM 1973, 170.

[9] Beispiele in den Fällen Togal (BGE 105 II (1979), 114) und Otto (BGHZ 170, 283).

weil dabei immer auch die Situation der Tochtergesellschaft und etwaiger weiterer Gesellschafter der Tochtergesellschaften angemessen berücksichtigt werden muss.[10]

Setzen sich die Geschäftsführer über die Mitwirkungsrechte der Gesellschafter iRd Beteiligungsverwaltung (→ Rn. 2–5) hinweg, so machen sie sich **schadensersatzpflichtig** und können **abberufen** werden (§§ 705, 712, 713, 715, 276, 280 Abs. 1 BGB; §§ 117, 127 HGB).[11] Außerdem wird man anzunehmen haben, dass die Mitgesellschafter in schwerwiegenden Fällen auf Grund des Gesellschaftsvertrages auch selbst **Unterlassung** verlangen können, um zu verhindern, dass die Geschäftsführer in einer Tochtergesellschaft vollendete Tatsachen schaffen.[12] **6**

2. Ausübung der Beteiligungsrechte

Die Ausübung der Beteiligungsrechte der Gesellschaft in der Gesellschafterversammlung einer Tochtergesellschaft ist grds. die Aufgabe der vertretungsberechtigten Gesellschafter, weil es sich dabei um eine **Frage der Vertretung** der Gesellschaft nach außen handelt.[13] Eine etwaige Bindung der vertretungsberechtigten Gesellschafter an die Zustimmung der Mitgesellschafter, die nach dem Gesagten (→ Rn. 2–5) von Fall zu Fall durchaus in Betracht kommt, hat grds. nur interne Bedeutung (§ 126 HGB). Eine **Ausnahme** ist jedoch für das Verhältnis der Gesellschaft zu hundertprozentigen Tochtergesellschaften zu erwägen, da sich derartige Tochtergesellschaften in ihrem Geschäftsverkehr mit der Gesellschaft interne Beschränkungen der Vertretungsmacht trotz des § 126 HGB grds. entgegenhalten lassen müssen. Entsprechend § 714 BGB ist daher zumindest in diesen Fällen eine pflichtwidrige Stimmabgabe der Geschäftsführer in der Gesellschafterversammlung einer Tochtergesellschaft unwirksam.[14] Dasselbe gilt in Fällen eines evidenten Missbrauchs der Vertretungsmacht seitens der vertretungsberechtigten Gesellschafter der Muttergesellschaft bei ihrer Stimmabgabe in der Gesellschafterversammlung der Tochtergesellschaft. **7**

II. Auskunfts- und Einsichtsrecht

Nach einer verbreiteten Meinung begründen weder BGB noch HGB im Gegensatz zu § 131 AktG und zu § 51a GmbHG ein Auskunftsrecht der Gesellschafter, wodurch diesen naturgemäß die Kontrolle der Beteiligungsverwaltung durch die Geschäftsführer erheblich erschwert wird. Diese Auffassung trifft indessen nicht zu, wie sich unmittelbar aus den §§ 713, 666 BGB (iVm den § 105 Abs. 3 HGB und § 161 Abs. 2 HGB) ergibt. Selbst wenn man (zu Unrecht) annimmt, dass die Auskunftspflichten der Geschäftsführer auf Grund der §§ 713, 666 BGB nur gegenüber der Gesellschaft bestehen,[15] können diese Ansprüche doch immer noch von jedem einzelnen Gesellschaf- **8**

---

[10] S. iE *Priester* DStR 2007, 28 (31); RWH/*Haas* HGB § 105 Rn. 123; Staub/*C. Schäfer* HGB Anhang § 105 Rn. 84; Westermann/*Tröger* Rn. I 4017; *Wertenbruch* ZIP 2007, 198 (802f.); *H. P. Westermann* ZIP 2007, 2289 (2292f.).

[11] BGHZ 170, 283 Rn. 29 – Otto; RWH/*Haas* HGB § 105 Rn. 123a; Westermann/*Tröger* Rn. I 4020.

[12] OLG Koblenz NJW-RR 1991, 487 (488f.) – SAT 1; *Herrmann* Jura 1986, 511; *Jäger* DStR 1997, 1770 (1776): zu eng BGHZ 76, 160 (167f.); str.

[13] BGHZ 170, 283 (295) – Otto; RWH/*Haas* HGB § 105 Rn. 123.

[14] *Emmerich* FS Lukes, 1989, 639 (648); RWH/*Haas* HGB § 105 Rn. 123; *U. Schneider* FS Bärmann, 1975, 873 (889f.); *Schießl* Personengesellschaft S. 67f.; Westermann/*Westermann*/Rn. I 4021; *H. Westermann* FS Meier-Hayoz, 1982, 445 (455ff.) mN; *Wertenbruch* ZIP 2007, 798 (802); ebenso wohl OLG Koblenz NJW-RR 1991, 487 (490) – SAT 1; offen gelassen in BGHZ 170, 263 Rn. 27 – Otto.

[15] So BGH NJW 1996, 656; WM 1966, 1037 (1038).

ter gegen die Geschäftsführer mit der actio pro socio verfolgt werden. Lediglich für das Einsichtsrecht der Gesellschafter enthält das HGB in den §§ 118, 166 HGB besondere Regelungen.

8a Für das **Auskunftsrecht** der Gesellschafter in Personengesellschaften folgt aus dem Gesagten (→ Rn. 8), dass es sich ohne Einschränkungen auch auf die Beziehungen der Gesellschaft zu **Beteiligungsgesellschaften** erstreckt, schon, weil dies alles, wie gezeigt (→ Rn. 2–5), Geschäftsführung der Gesellschaft ist, so dass die Gesellschafter im Regelfall durchaus in der Lage sind, die Verwaltung des Beteiligungsbesitzes der Gesellschaft durch die Geschäftsführer zu kontrollieren.[16] Dazu gehört auch, dass die Geschäftsführer sich darum bemühen, die nötigen Informationen von ihren Beteiligungsgesellschaften zu erhalten. Wegen ihres regelmäßigen Einflusses auf die verbundenen Unternehmen können sie sich demgegenüber in aller Regel nicht auf Unmöglichkeit berufen (§ 275 Abs. 1 BGB); sie trifft vielmehr eine weitgehende Beschaffungspflicht (§§ 242, 666, 713 BGB). Dagegen besitzen die Gesellschafter der Muttergesellschaft in der Tat im Regelfall **keine direkten Auskunftsrechte** gegenüber den Beteiligungsgesellschaften, da es sich bei diesen um selbstständige Rechtssubjekte handelt, die von der Muttergesellschaft unterschieden werden müssen (aber → Rn. 9).[17] Was sodann das **Einsichtsrecht** der Gesellschafter angeht, so sollte dieses jedenfalls bei den persönlich haftenden Gesellschaftern seinem Umfang nach dem Auskunftsrecht folgen (§ 118 HGB), wobei besonderes Augenmerk auf die Beschaffungspflicht der Geschäftsführer hinsichtlich der nötigen Unterlagen zu legen ist. Bei den Kommanditisten dürfte jedenfalls in kritischen Fällen auf dem Weg über § 166 Abs. 3 HGB häufig dasselbe Ergebnis zu erreichen sein.

9 Die Frage ist, ob die Verneinung eines direkten Auskunfts- und Einsichtsrechts der Gesellschafter der Muttergesellschaft gegen die Tochtergesellschaft (→ Rn. 8a) das letzte Wort ist oder ob in besonders engen Unternehmensverbindungen auch direkte Ansprüche dieser Gesellschafter gegen die Tochtergesellschaft selbst denkbar sind. Unbedenklich zu bejahen ist das jedenfalls bei 100-%igen Tochtergesellschaften. Wie gezeigt (→ Rn. 7), können sich solche Tochtergesellschaften, soweit dies zum Schutz der Gesellschafter der Muttergesellschaft geboten ist, nicht auf ihre rechtliche Selbstständigkeit berufen, sodass die Gesellschafter der Muttergesellschaft Auskunfts- und Einsichtsrechte auch gegen derartige Tochtergesellschaften haben, bei denen es sich ohnehin im Grunde nur um (ein wenig) verselbstständigte Vermögensteile der Muttergesellschaft handelt.[18] Bei anderen Tochtergesellschaften kann dagegen nur im Einzelfall entschieden werden, ob die Berufung auf ihre rechtliche Selbstständigkeit missbräuchlich ist, weil dabei mit von Fall zu Fall unterschiedlichem Gewicht auch die legitimen Geheimhaltungsbedürfnis der Tochtergesellschaft sowie die Interessen der übrigen Gesellschafter Berücksichtigung finden müssen.[19]

---

[16] Staub/*C. Schäfer* HGB Anhang § 105 Rn. 85; *Torggler* GesRZ 1994, 102 (109 ff.).

[17] S. RWH/*Haas* § 105 Rn. 125 f.; *Hepting* FS Pleyer, 1986, 301 (314 ff.); *Torggler* GesRZ 1994, 102 (109 ff.); Westermann/*Tröger* Rn. I 4024; *Wohlleben,* Die Informationsrechte des Gesellschafters, 1989, S. 102 ff.

[18] So im Anschluss an BGHZ 25, 115 (118 ff.) zB MüKoHGB/*Mülbert* HGB Konzernrecht der Personengesellschaften Rn. 125; Westermann/*Tröger* Rn. I 4024; auch schon *Emmerich,* FS Stimpel, 1985, S. 743 (756).

[19] → § 9 Rn. 8; BGHZ 25, 115 (117 ff.); BGH NJW 1984, 2470; 1980, 231 – Gervais; WM 1983, 910; OLG Köln OLGZ 1967, 362 (364 f.) (für den Fall einer Betriebsspaltung); ZIP 1985, 800 (804); *Jäger*

III. Grundsätze ordnungsmäßiger Konzernleitung

Unter den Stichworten „Grundsätze ordnungsmäßiger Konzernleitung" oder Kon- **10**
zerngeschäftsführung wird die Frage diskutiert, ob sich aus der Konzernbildung für
das herrschende Unternehmen besondere, auf den Konzern in seiner Gesamtheit –
verstanden als wirtschaftliche Einheit – bezogene **Pflichten** ergeben, deren Verletzung
in erster Linie zu einer Haftung des herrschenden Unternehmens gegenüber den übrigen Konzerngliedern führen kann. Es geht dabei gleichermaßen um **Organisationspflichten** wie um besondere **Sorgfaltspflichten** iRd Konzernleitung. Im Mittelpunkt
des Interesses steht dabei heute die Pflicht zur konzernweiten **Compliance** nach dem
Vorbild des § 25a Abs. 1 S. 3 KWG. Gemeint ist damit die Pflicht der Verwaltung der
Muttergesellschaft, in dem gesamten Konzern, nicht nur bei der Obergesellschaft für
die Einhaltung von Gesetz und Recht Sorge zu tragen (→ § 23 Rn. 64). Den Kern etwaiger konzernweiter Sorgfaltspflichten sollte dagegen die Pflicht zur Erhaltung der
Lebens- und Überlebensfähigkeit der abhängigen Gesellschaft sowie zu deren Ausstattung mit den erforderlichen Finanzmitteln bilden.[20]

Die Existenz derartiger, auf den Konzern in seiner Gesamtheit bezogener Pflichten des **11**
herrschenden Unternehmens wird nach wie vor weithin geleugnet (Stichwort: **Trennungsprinzip**, → § 23 Rn. 64). Richtig ist, dass die Begründung konzernweiter
Pflichten des herrschenden Unternehmens lediglich in Vertragskonzernen ohne weiteres auf § 309 Abs. 2 AktG in unmittelbarer oder entsprechender Anwendung gestützt werden kann, nicht dagegen in den nach wie vor die Regel bildenden faktischen
Konzernen. Zu Resignation besteht gleichwohl kein Anlass. Soweit die beteiligten Unternehmen wie in einer Vielzahl von Fällen zumindest doch durch Gewinnabführungsverträge verbunden sind, bleibt ohnehin stets der Rückgriff auf § 309 Abs. 2
AktG in unmittelbarer oder entsprechender Anwendung möglich. In den übrigen Fällen steht nichts im Wege, ebenso wie sonst etwa in faktischen GmbH-Konzernen
(→ § 20 Rn. 7 ff.) an die **Treuepflicht** des herrschenden Unternehmens gegenüber
den von ihm abhängigen Unternehmen anzuknüpfen, die sich eben, wie sich nunmehr zeigt, nicht in einem Schädigungsverbot erschöpft, sondern auch konzernweite
sonstige Sorgfalts- und Organisationspflichten umfassen kann. Als gesetzliches Vorbild
kann dabei durchaus an § 25a Abs. 1 S. 3 KWG für Bankkonzerne angeknüpft werden.

Die weitere **Konkretisierung** der Grundsätze ordnungsmäßiger Konzernleitung über **12**
das Gesagte hinaus (→ Rn. 10) bereitet gleichfalls nicht unerhebliche Schwierigkeiten,
da es sich hier häufig um Fragen wirtschaftlicher Zweckmäßigkeit handelt, die weithin
nicht justiziabel sind.[21] Dem herrschenden Unternehmen muss deshalb bei der Konzernleitung wohl ein weiter geschäftspolitischer **Ermessensspielraum** eingeräumt
werden (vgl. § 93 Abs. 1 S. 2 AktG idF von 2005).[22] Doch schließt dies nicht die Herausbildung gewisser äußerster Grenzen für das Ermessen des herrschenden Unterneh-

---

DStR 1997, 1770 (1776); Staub/*C. Schäfer* HGB Anhang § 105 Rn. 85; *Torggler* GesRZ 1994, 102
(112).
[20] S. *Flume* § 3 III 3 (S. 85 ff.); *Hommelhoff* WM 1984, 1105; *Kleindiek* Strukturvielfalt S. 162 ff.
[21] Deshalb abl. zB *Bälz* AG 1992, 277 (305).
[22] Schon → § 23 Rn. 60 ff. zu § 309 Abs. 2 AktG sowie Emmerich/Habersack Aktien-/GmbH-Kon-
zernR/*Emmerich* AktG § 309 Rn. 31 f.; insbes. *Fleischer* DB 2005, 759 (762 ff.); *Horn* FS H.
P. Westermann, 2008, 1053.

mens bei Leitung und Organisation des Konzerns aus. **Beispiele** für danach problematische Konzernleitungsmaßnahmen sind der Abzug der gesamten Liquidität der Töchter oder die sachlich nicht zu rechtfertigende Plünderung ihres Vermögensstocks sowie die Unterlassung der ohne weiteres möglichen Verhinderung von Gesetzesverletzungen durch die Tochtergesellschaften. Die Haftung des herrschenden Unternehmens für derartige Pflichtverletzungen sollte nicht zweifelhaft sein (§§ 242, 280, 705 BGB).

6. Teil. Konzernrecht der Genossenschaften, Vereine, Stiftungen

§ 36. Genossenschaften

Literatur: *Beuthien,* Rechtsprobleme der Konzentration im Genossenschaftswesen, in: D. Schultz (Hrsg.), VIII. Internationale genossenschaftswissenschaftliche Tagung 1975, 1978, S. 40; *ders.,* Der Geschäftsbetrieb von Genossenschaften im Verbund, 1979; *ders.,* Die eingetragene Genossenschaft als verbundenes Unternehmen, in: Mestmäcker/Behrens (Hrsg.), Das Gesellschaftsrecht der Konzerne im internationalen Vergleich, 1991, S. 133; *ders.,* Die eingetragene Genossenschaft als Holding-Gesellschaft, AG 1996, 349; *v. Detten,* Die eingetragene Genossenschaft im Recht der verbundenen Unternehmen, 1995; *Großfeld,* Genossenschaft und Eigentum, 1975; *Großfeld/Berndt,* Die eingetragene Genossenschaft im Konzernrecht, AG 1998, 116; *Holtkamp,* Die Genossenschaft als herrschendes Unternehmen im Konzern, 1994; *Merle,* Die eingetragene Genossenschaft als abhängiges Unternehmen, AG 1979, 265; *Pirner,* Beteiligungen von Genossenschaften an Unternehmen anderer Rechtsform, 1993; *Reul,* Das Konzernrecht der Genossenschaften, 1997; *H. Westermann,* Zum Rechtsbegriff des Verbundes bei Genossenschaften, FS Draheim, 2. Aufl. 1971, S. 196 = in: Rechtsprobleme der Genossenschaften, 1969, S. 161.
Kommentierungen des Konzernrechts bei *Beuthien,* Genossenschaftsgesetz, 16. Aufl. 2018, § 1 Rn. 103–142 (S. 111 ff.); *Müller,* Genossenschaftsgesetz Bd. IV, 2. Aufl. 2000, § 64 c Anh.: Die Genossenschaft im Konzernverbund (S. 69–163); *Holthaus/Lehnhoff* in Lang/Weidmüller, Genossenschaftsgesetz, 39. Aufl. 2018, § 1 Rn. 90–107 (S. 96 ff.).

I. Überblick

Über die **Verbreitung** von Unternehmensverbindungen unter Beteiligung von Genossenschaften ist bislang nur wenig bekannt geworden.[1] Jedoch steht fest, dass es derartige Unternehmensverbindungen gibt. Ursache sind ua Betriebsaufspaltungen, die zur Folge haben, dass sich in wachsendem Maße Genossenschaften in bloße Holdinggesellschaften verwandeln. Je nach der gewählten rechtlichen Konstruktion spricht man dann (ungenau) von Halte- oder von Pachtgenossenschaften, wobei mit **Haltegenossenschaften** reine Holdings und mit **Pachtgenossenschaften** solche Gesellschaften gemeint sind, die ihren Geschäftsbetrieb an eine andere Gesellschaft, meistens eine Tochtergesellschaft in der Rechtsform einer GmbH, verpachtet haben (dazu auch → Rn. 6 f.). In solchen Fällen ist auch der Abschluss von Unternehmensverträgen mit der Genossenschaft als herrschendem Unternehmen möglich.[2] Insgesamt kann es daher nicht zweifelhaft sein, dass jedenfalls die Genossenschaft in der Rolle des **herrschenden Unternehmens** eine geläufige Erscheinung des Wirtschaftslebens ist (→ Rn. 5 ff.).[3] 1

Anders steht es dagegen mit der Genossenschaft als **abhängigem Unternehmen,** da nach einer verbreiteten Meinung das GenG der Beherrschung einer Genossenschaft durch ein anderes Unternehmen enge Schranken zieht. Doch wird dadurch keineswegs generell die Abhängigkeit eingetragener Genossenschaften von anderen Unternehmen ausgeschlossen (→ Rn. 10 ff.).[4] 2

Genossenschaften sind außerdem offenbar an **Gleichordnungskonzernen** beteiligt. Ein Beispiel bilden die verbreiteten Genossenschaftsverbünde. Man versteht darunter die Verbindungen zwischen den Primärgenossenschaften auf der einen Seite mit ihren 3

---

[1] S. dazu *Merle* AG 1979, 265; *Pirner* Beteiligungen; *Reul* S. 29 ff.
[2] Ein Beispiel in BFHE 73, 278.
[3] Ebenso *Holtkamp* S. 43 ff.; *Reul* S. 61, 99 ff.; *Müller* GenG § 64 c Anh. Rn. 16 ff.
[4] Ebenso *Beuthien* GenG § 1 Rn. 110–116; *v. Detten* S. 10 ff.; *Reul* S. 115 ff.

Mitgliedern und auf der anderen Seite mit den Zentralgenossenschaften und den Prüfungsverbänden. Treten diese Verbünde am Markt als Einheit auf, so kommt durchaus die Annahme eines Gleichordnungskonzerns zwischen den Primärgenossenschaften und den Mitgliedsunternehmen oder zwischen den Primärgenossenschaften und den Zentralgenossenschaften in Betracht.[5]

4 Angesichts dieses Befundes (→ Rn. 1–3) verwundert es nicht, dass auch das gesetzte Recht an mehreren Stellen von Unternehmensverbindungen unter Einbeziehung von Genossenschaften ausgeht. Hervorzuheben ist zunächst § 1 Abs. 2 GenG, der es Genossenschaften unter bestimmten Voraussetzungen gestattet, Beteiligungen an anderen Unternehmen zu erwerben. Folgerichtig erkennt auch das **Steuerrecht** die Genossenschaft im Rahmen der körperschaftsteuerlichen und der gewerbesteuerlichen Organschaft gleichermaßen als Organgesellschaft (s. § 17 S. 1 KStG 2003) wie als Organträger an (s. § 14 Abs. 1 S. 1 KStG).[6] In dieselbe Richtung weisen schließlich die neuen Rechnungslegungsvorschriften (s. § 336 Abs. 2 S. 1 Nr. 2 HGB iVm § 266 Abs. 2 Posten A III Nr. 1 HGB).[7]

II. Genossenschaft als herrschendes Unternehmen

1. Zulässigkeit

5 Eine Genossenschaft kann sich ebenso wie andere Unternehmen an weiteren Unternehmen beteiligen und dabei die Rolle des herrschenden Unternehmens übernehmen.[8] Voraussetzung ist nach § 1 Abs. 2 Nr. 1 GenG lediglich, dass die Beteiligung wenigstens mittelbar der Förderung des Erwerbs oder der Wirtschaft der Mitglieder der herrschenden Genossenschaft dient, so dass der für das Wesen der Genossenschaft zentrale **Förderzweck** gewahrt bleibt. Ins Gewicht fallende Schranken für Beteiligungen von Genossenschaften an anderen Unternehmen ergeben sich daraus freilich nicht, da § 1 Abs. 2 Nr. 1 GenG allgemein weit ausgelegt (→ Rn. 7). Verstöße gegen § 1 Abs. 2 Nr. 1 GenG haben zudem nur interne Bedeutung, so dass daraus gleichfalls keine substantiellen Schranken für Beteiligungen von Genossenschaften an anderen Gesellschaften folgen.[9]

6 Lediglich gegen die Zulässigkeit von **Halte- und Pachtgenossenschaften** (→ Rn. 1) werden vielfach Bedenken geäußert. Eingewandt wird vor allem, dass Genossenschaften, die sich auf die Rolle einer Holdinggesellschaft oder des Verpächters im Rahmen eines Betriebspachtvertrages beschränken, setzten sich selbst außerstande, durch ihren Geschäftsbetrieb ihre Mitglieder zu fördern; sie erfüllten vielmehr ihren Förderauftrag nur noch durch die von ihnen eingezogenen Dividenden und Pachtzinsen und durch deren anschließende Verteilung an die Mitglieder.

---

[5] Vgl. den Fall HaGe Kiel/RHG Hannover in BGH NJW 1996, 1820.
[6] S. BFHE 73, 278: Organschaftsverhältnis zwischen zwei Zentralgenossenschaften aufgrund eines Gewinn- und Verlustausschlussvertrages; *Müller* GenG § 64c Anh. Rn. 24ff.; *Reul* S. 50ff.
[7] S. Mestmäcker/Behrens/*Beuthien* S. 133 (136f.); *Müller* GenG § 64c Anh. Rn. 4ff. (S. 95ff.); *Reul* S. 50ff.
[8] *Beuthien* GenG § 1 Rn. 110; *Müller* (vorige Fn.); *Großfeld/Berndt* AG 1998, 116 (120); *Holtkamp* Genossenschaft S. 43ff.; *Reul* S. 50, 61, 99ff.
[9] S. Mestmäcker/Behrens/*Beuthien* S. 133 (136f.); *Glenk*, Die eingetragene Genossenschaft, 1996, Rn. 531ff. (S. 243f.); *Müller* GenG § 64c Anh. Rn. 4ff.

Dabei wird jedoch übersehen, dass Genossenschaften nach § 1 Abs. 2 Nr. 1 GenG den   7
Förderzweck auch **mittelbar,** nämlich im Wege der bloßen **Beteiligung** an anderen
Gesellschaften erfüllen können. Deshalb bestehen gegen die Zulässigkeit von Halte-
und Pachtgenossenschaften so lange keine Bedenken, wie sichergestellt ist, dass die Be-
teiligungsgesellschaft wenigstens (mittelbar) dem Förderzweck der an ihr beteiligten
Genossenschaft dient.[10]

2. Vertragskonzerne

Genossenschaften können sich an sämtlichen Unternehmensverträgen der §§ 291,   8
292 AktG als herrschendes Unternehmen beteiligen. Sie sind insbesondere nicht gehindert, **Beherrschungs-** oder **Gewinnabführungsverträge** mit anderen Unternehmen abzuschließen.[11] Voraussetzung ist lediglich die Beachtung des § 1 Abs. 2 Nr. 1
GenG (→ Rn. 5 ff.). Davon zu trennen ist die Frage, ob analog § 293 Abs. 2 AktG zusätzlich die **Zustimmung der Generalversammlung** der (herrschenden) Genossenschaft mit qualifizierter Mehrheit erforderlich ist (auch → Rn. 23).

Obwohl dies bisher offenbar überwiegend verneint wird,[12] dürfte doch von der Not-   9
wendigkeit einer Zustimmung der Generalversammlung in der herrschenden Genossenschaft mit qualifizierter Mehrheit – schon mit Rücksicht auf die sich aus der entsprechenden Anwendbarkeit der §§ 302 und 303 AktG für die Genossenschaft
ergebenden Folgen – auszugehen sein (vgl. § 44 Abs. 2 GenG).[13] Eine satzungsmäßige
Erlaubnis der Konzernbildung macht die Zustimmung der Generalversammlung mit
qualifizierter Mehrheit nur entbehrlich, wenn sie sich auf einen konkreten Fall bezieht.[14] Bei **Gewinnabführungsverträgen** mit anderen Unternehmen ist außerdem
§ 17 S. 2 KStG 2003 zu beachten, nach dem die steuerliche Anerkennung des Vertrages als Grundlage der Organschaft im Körperschaft- und Gewerbesteuerrecht davon
abhängt, dass in ihm die entsprechende Anwendbarkeit der §§ 301 und 302 AktG
auf die Genossenschaft als Organgesellschaft vereinbart wird.

III. Abhängigkeit

Das GenG zieht der Beteiligung anderer Unternehmen an Genossenschaften an sich   10
keine Grenzen. Daraus ergibt sich die Frage, ob eine Genossenschaft im Einzelfall
auch von einem anderen, an ihm beteiligten Unternehmen im Sinne des § 17 AktG
abhängig sein kann. **Gegen** die Möglichkeit der **Abhängigkeit** einer Genossenschaft
von einem anderen Unternehmen wird vor allem eingewandt, das GenG stelle der
Einflussnahme anderer Unternehmens auf die Leitung der Genossenschaft hohe grds.
unüberwindliche Hindernisse in den Weg.[15] Richtig hieran ist indessen nur, dass das
GenG der Möglichkeit der Abhängigkeit der Genossenschaft von einem anderen Unternehmen in der Tat deutlich engere Grenzen als etwa das AktG oder das GmbHG

---

[10] *Beuthien* GenG § 1 Rn. 93 ff.; *Beuthien* Rechtsprobleme der Konzentration im Genossenschaftswesen
S. 48 ff.; *Beuthien* Der Geschäftsbetrieb von Genossenschaften im Verbund S. 25 ff.; *Beuthien* AG
1996, 349; *Holtkamp* Genossenchaft S. 46 ff.; *Reul* S. 61 ff.
[11] *Beuthien* GenG § 1 Rn. 117; *Müller* GenG Anhang § 64 c Rn. 16–34; *Reul* S. 61 ff.
[12] ZB *Müller* GenG Anhang § 64 c Rn. 16 u. 25.
[13] S. *Beuthien* GenG § 1 Rn. 117; *Emmerich* AG 1991, 303 (311); *Holtkamp* S. 63 ff.; *Reul* S. 209 ff.
[14] Ausf. *Holtkamp* S. 63 ff.
[15] OLG Frankfurt a. M. AG 1998, 139 (140); *Großfeld/Berndt* AG 1998, 116 (120 f.); Lang/Weidmüller/
Holthaus/Lehnhoff GenG § 1 Rn. 106 (unklar).

zieht.[16] Gänzlich ausgeschlossen wird dadurch jedoch die Möglichkeit der Abhängigkeit der Genossenschaft von einem anderen Unternehmen nicht.

11 Auszugehen ist von § 43 Abs. 3 S. 1 GenG, nach dem jeder Genosse grds. nur *eine* Stimme hat; Mehrstimmrechte können zwar vorgesehen werden, jedoch nur unter engen Voraussetzungen und höchstens bis zu drei Stimmen (§ 43 Abs. 3 S. 2–5 GenG). Ausnahmen gelten lediglich für die sogenannten Zentralgenossenschaften, dh für Genossenschaften, deren Mitglieder ausschließlich oder überwiegend eingetragene Genossenschaften sind, sodass im Grunde nur hier eine **Mehrheitsherrschaft** über die Generalversammlung möglich ist (§ 43 Abs. 3 S. 7 GenG).[17] **Kapitalmehrheiten** sind gleichfalls im Regelfall nicht vorstellbar, schon, weil die Genossenschaft kein festes Grundkapital kennt.[18]

12 Jedoch kommen als Grundlage der Abhängigkeit einer Genossenschaft von einem anderen Unternehmen durchaus **Satzungsregelungen** in Betracht. Ein Beispiel ist die Übertragung des Rechts zur Bestellung des Vorstandes auf ein anderes Unternehmen (§ 24 Abs. 2 S. 2 GenG).[19] Eine derartige Regelung kann durchaus zur Abhängigkeit der Genossenschaft von einem anderen Unternehmen führen, jedenfalls, wenn noch andere satzungsmäßige Einflussrechte des herrschenden Unternehmens hinzukommen; zu denken ist hier in erster Linie an satzungsmäßige Weisungs- und Zustimmungsrechte sowie an sonstige **Sonderrechte** einzelner Genossen, die einen nachhaltigen Einfluss auf die Geschäftsführung der Gesellschaft begründen.[20]

13 In derartigen Fällen lässt sich dann auch nicht mehr der Frage nach dem Schutz der Gesellschaft, der übrigen Gesellschafter und der Gläubiger gegen die mit der Begründung der Abhängigkeit notwendigerweise verbundenen Gefahren ausweichen (→ Rn. 13 ff.). Es geht dabei einmal um die Frage, wie die Genossenschaft von *vornherein* davor bewahrt werden kann, in Abhängigkeit von einem anderen Unternehmen zu geraten (Stichwort: Konzernbildungskontrolle, dazu → Rn. 14 f.), zum anderen um die Frage, wie die Genossenschaft und ihre Mitglieder nach Begründung der Abhängigkeit von einem anderen Unternehmen gegen eine Schädigung in dessen Interesse geschützt werden können (dazu → Rn. 16).

14 Die Abhängigkeit einer Genossenschaft von einem anderen Unternehmen findet ihren Grund in der Regel in bestimmten **satzungsmäßigen Regelungen** (→ Rn. 12). Die Aufnahme derartiger Bestimmungen in die Satzung der Genossenschaft ist jedoch nur mit Zustimmung der anderen Mitglieder mit **qualifizierter Mehrheit** möglich (§ 16 Abs. 4 GenG), so dass es die Mitglieder der Genossenschaft durchweg selbst in der Hand haben, die Unabhängigkeit ihrer Gesellschaft zu wahren oder doch, wenn sie dies nicht wünschen, jedenfalls für den nötigen Schutz ihrer Gesellschaft zu sorgen.[21]

---

[16] S. ausf. *Beuthien* GenG § 1 Rn. 110 ff.; Mestmäcker/Behrens/*Beuthien* S. 133 (150 ff.); *v. Detten* S. 10 ff.; *Emmerich* AG 1991, 303 (311); *Merle* AG 1979, 265 (268 ff.); *Müller* GenG Anhang § 64 c Rn. 45 ff.; *Reul* S. 115 ff.; *H. Westermann* FS Draheim, 1968, 196 (209 ff.).

[17] BFHE 73, 278 (282 f.); *Beuthien* GenG § 1 Rn. 129 ff.; *Reul* S. 115 ff.

[18] *Reul* S. 115 ff.; anders *v. Detten* S. 10 f.

[19] S. *Beuthien* GenG § 1 Rn. 127, 130 ff.; anders *Großfeld/Berndt* AG 1998, 116 (120 f.).

[20] *Beuthien* GenG § 1 Rn. 135 ff.; Mestmäcker/Behrens/*Beuthien* S. 133 (159 ff.); *v. Detten* S. 17 ff.; *Merle* AG 1979, 259 (270 f.); *Müller* GenG Anhang § 64 c Rn. 51 ff.; *Reul* S. 130 ff.

[21] *Reul* S. 225 ff.

Der Schutz der Genossenschaft gegen ihre Abhängigkeit von anderen Unternehmen 15
ist folglich in erster Linie eine **Aufgabe der Satzung,** die auf unterschiedliche Weise
Vorsorge gegen die Gefahr der Abhängigkeit von einem anderen Unternehmen treffen
kann. Zu denken ist hier vor allem noch an die Statuierung von Wettbewerbsverboten
für die Mitglieder.[22]

In der einmal abhängigen Genossenschaft scheidet eine entsprechende Anwendung 16
der §§ 311–318 AktG ebenso wie bei der GmbH (→ § 30) wohl aus.[23] In Übereinstimmung mit der Rechtslage bei der GmbH und den Personengesellschaften (o.
§§ 30, 34) ist hier vielmehr zum Schutz der abhängigen Gesellschaft an die Treuepflicht des herrschenden Unternehmens gegenüber der Gesellschaft aufgrund seiner
Beteiligung an dieser anzuknüpfen, aus der sich ein **Schädigungsverbot** für das herrschende Unternehmen ergibt. Schuldhafte Verstöße gegen dieses Verbot ziehen **Schadensersatzansprüche** der Gesellschaft nach sich (§§ 242, 280 Abs. 1 BGB), die auch
von den Mitgesellschaftern mit der actio pro socio verfolgt werden können.[24]

IV. Vertragskonzern

1. Beherrschungsvertrag

Die Frage, ob die Genossenschaft als abhängiges Unternehmen mit einem anderen Un- 17
ternehmen einen Beherrschungsvertrag abschließen kann, ist noch nicht endgültig geklärt. Soweit die Frage verneint wird,[25] wird besonderes Gewicht auf den nach § 1 Abs. 1
GenG unabdingbaren Förderzweck gelegt, mit dem die Ausrichtung der Genossenschaft
auf ein herrschendes Unternehmen infolge des Beherrschungsvertrages unvereinbar sei.
Weitere Argumente werden aus der Verpflichtung des Vorstandes zur Leitung der Genossenschaft unter eigener Verantwortung (§ 27 Abs. 1 S. 1 GenG) sowie aus den Risiken
eines Beherrschungsvertrages hergeleitet, die sich jedenfalls bei Genossenschaften mit un-
beschränkter Nachschusspflicht (§ 105 GenG) aus dem Weisungsrecht des herrschenden
Unternehmens für die Mitglieder ergäben (§ 138 Abs. 1 BGB).[26]

Keines dieser Argumente vermag letztlich zu überzeugen.[27] Ohne Aussagekraft ist zu- 18
nächst der Hinweis auf die Verpflichtung des Vorstandes zur Leitung der Genossenschaft unter eigener Verantwortung (§ 27 Abs. 1 S. 1 GenG). Denn bei der AG ist das
auch nicht anders (§ 76 AktG), ohne dass dies doch dort der Zulässigkeit von Beherrschungsverträgen entgegenstände, sofern nur die im AktG für den Abschluss von Beherrschungsverträgen vorgesehenen Kauteien beachtet werden (s. §§ 293 ff. AktG).
Für die Genossenschaft ist daraus der Schluss zu ziehen, dass auch bei ihr der Abschluss von Beherrschungsverträgen **zulässig** ist, vorausgesetzt, dass die nötigen
Schutzvorkehrungen für die Gesellschaft, die Mitgesellschafter und die Gläubiger
vorgesehen werden (→ Rn. 22 f.).

---

[22] S. *v. Detten* S. 51 ff.

[23] Anders *Beuthien* GenG § 1 Rn. 142 f. und *Müller* GenG Anhang § 64 c Rn. 52–100, die beide sogar
einen Abhängigkeitsbericht für erforderlich halten.

[24] Mestmäcker/Behrens/*Beuthien* Konzernrecht S. 133 (166 ff.); *v. Detten* S. 28 ff.; *Merle* AG 1979, 265
(271 ff.); *Reul* S. 184 ff.

[25] *Großfeld* S. 33 ff.; *Großfeld/Berndt* AG 1998, 116 (122); *Merle* AG 1979, 265 (266 ff.); *Müller* GenG
Anhang § 64 c Rn. 40; *H. Westermann* FS Draheim, 2. Aufl. 1971, 196 (205).

[26] S. *Großfeld/Berndt* AG 1998, 116 (122); *Paulick* FS Draheim, 2. Aufl., 1971, 211.

[27] BFHE 73, 278 (288 f.); *Beuthien* GenG § 1 Rn. 117, 138 ff.; Mestmäcker/Behrens/*Beuthien* S. 133
(137 ff.); *Emmerich* AG 1991, 303 (311); *v. Detten* S. 62–130; *Reul* S. 166 ff.

19 Aus § 1 Abs. 1 GenG folgt ebenso wenig zwingend die Unzulässigkeit von Beherrschungsverträgen mit abhängigen Genossenschaften, sondern lediglich die Notwendigkeit, durch entsprechende Bestimmungen im Beherrschungsvertrag sicherzustellen, dass, wenn schon nicht die abhängige Gesellschaft, so doch wenigstens das *herrschende* Unternehmen für die Erfüllung des **Förderzweckes** sorgt oder dass dieses keine Weisungen ausspricht, die mit dem Förderzweck der abhängigen Gesellschaft unvereinbar sind.[28] Die unbeschränkte **Nachschusspflicht** der Genossen (§ 105 GenG) schließlich könnte einem Beherrschungsvertrag mit einer abhängigen Genossenschaft ohnehin nur bei den wenigen Genossenschaften entgegenstehen, die heute noch solche Nachschusspflicht in der Insolvenz kennen. Und selbst hier dürfte es zur Vermeidung der Sittenwidrigkeit des Vertrags ausreichen, wenn das herrschende Unternehmen eine Freistellungsverpflichtung gegenüber den anderen Genossen übernimmt. Beherrschungsverträge mit abhängigen Genossenschaften sind daher grds. möglich, auf jeden Fall, wenn dem Vertrag alle Genossen zustimmen (→ Rn. 22 f.).

2. Andere Unternehmensverträge

20 Unter den weiteren in den §§ 291, 292 AktG geregelten Unternehmensverträgen überragt der Gewinnabführungsvertrag des § 291 Abs. 1 S. 1 Fall 2 AktG – als Grundlage der Organschaft im Körperschaft- und Gewerbesteuerrecht – die anderen Unternehmensverträge bei weitem an Bedeutung (→ § 12). Deshalb stellt sich hier zunächst die Frage, ob auch Genossenschaften Gewinnabführungsverträge abschließen können. Die Frage hat eine steuerrechtliche und eine gesellschaftsrechtliche Seite. Wirft man deshalb zunächst einen Blick auf das Steuerrecht (wegen seiner unmittelbaren Zuständigkeit für die Organschaft), so wird deutlich, dass das KStG in § 14 Abs. 1 S. 1 KStG und § 17 S. 1 KStG offenkundig davon ausgeht, dass sich Genossenschaften – als Kapitalgesellschaften – sowohl als Organgesellschaft (§ 17 S. 1 KStG) als auch als Organträger (§ 14 Abs. 1 S. 1 KStG) an Organschaftsverhältnissen beteiligen können.[29] Beteiligt sich die Genossenschaft als **Organgesellschaft,** dh als verpflichtete Gesellschaft an einen Gewinnabführungsvertrag, so ist ergänzend § 17 S. 2 KStG zu beachten. Die Gewinnabführung darf folglich nicht den Rahmen des § 301 AktG überschreiten (§ 17 S. 2 Nr. 1 KStG; → § 20 Rn. 17 ff.); außerdem muss in dem Gewinnabführungsvertrag eine Verlustübernahme durch das berechtigte Unternehmen entsprechend § 302 AktG vereinbart werden (§ 17 S. 2 Nr. 2 KStG; → § 20 Rn. 34 ff.).

21 Wenn das Steuerrecht Genossenschaften die Vorteile der Organschaft im Körperschaft- und Gewerbesteuerrecht eröffnet, sollte das Gesellschaftsrecht dies nicht zu verhindern suchen. Gleichwohl wird im Schrifttum die Zulässigkeit von Gewinnabführungsverträgen mit Genossenschaften kontrovers diskutiert.[30] Das Problem rührt daher, dass nach § 19 Abs. 1 S. 1 GenG die Genossen grds. einen *Anspruch* auf Verteilung des bei der Feststellung des Jahresabschlusses sich ergebenden Gewinnes haben. Daraus kann jedoch nicht die generelle Unzulässigkeit von Gewinnabführungsverträgen mit Genossenschaften gefolgert werden, schon deshalb nicht, weil bei der AG und der GmbH das Gewinnbezugsrecht der Gesellschafter der Zulässigkeit

---

[28] *Beuthien* GenG § 1 Rn. 118 f.
[29] ZB RFHE 23, 91 (93); BFHE 73, 278 (282 f.).
[30] Für die Zulässigkeit *Beuthien* GenG § 1 Rn. 122 f.; Mestmäcker/Behrens/*Beuthien* S. 133 (150 ff.); *Emmerich* AG 1991, 303 (310); *Reul* S. 175 ff.; – dagegen *v. Detten* S. 131 ff.; *Großfeld/Berndt* AG 1998, 116 (121 f.); *Merle* AG 1979, 265 (266 ff.); *Müller* GenG § 93 Anh. II Rn. 41.

von Gewinnabführungsverträgen gleichfalls *nicht* entgegensteht. Eine Genossenschaft kann sich daher ebenso wie eine andere Kapitalgesellschaft auf *beiden* Seiten des Vertrags, dh sowohl als berechtigtes wie als verpflichtetes Unternehmen an Gewinnabführungsverträgen beteiligen. Denn kurz gesagt: Das Steuerrecht geht davon aus; und das Gesellschaftsrecht steht nicht entgegen.

Eine Genossenschaft ist auch nicht gehindert, einen der **anderen Unternehmensverträge** des § 292 AktG abzuschließen.[31] Praktische Bedeutung haben in den letzten Jahren offenbar vor allem Betriebspachtverträge iSd § 292 Abs. 1 Nr. 3 AktG erlangt (→ Rn. 1).   21a

3. Zustimmung der Gesellschafter

Das GenG enthält keine Regeln über den Abschluss von Unternehmensverträgen mit einer abhängigen oder verpflichteten Genossenschaft, so dass sich die Frage stellt, ob hier Raum für eine entsprechende Anwendung der **§§ 293–299 AktG** ist. Im Schrifttum nimmt offenbar die Bereitschaft zu, zum Schutze der abhängigen Gesellschaft zumindest partiell die §§ 293–299 AktG im Genossenschaftsrecht entsprechend anzuwenden.[32] Im Mittelpunkt des Interesses steht dabei die Frage nach den Mitwirkungsrechten der Gesellschafter, dh die Frage, ob für den Abschluss von Unternehmensverträgen mit einer Genossenschaft entsprechend § 293 Abs. 1 AktG die Zustimmung der Gesellschafter mit **qualifizierter Mehrheit** erforderlich ist. Die Frage dürfte grds. zu bejahen sein, weil Unternehmensverträge der Sache nach auf eine Satzungsänderung hinauslaufen (§ 16 Abs. 4 GenG; → § 11 Rn. 19 ff.).[33]   22

Analog § 293 Abs. 2 AktG muss dem Vertrag auch die Gesellschafterversammlung des **anderen Vertragsteils** zustimmen, sofern es sich bei diesem um ein Kapitalgesellschaft (einschließlich der Genossenschaft) handelt (→ Rn. 8 f.). Nach **§ 294 AktG** ist der Vertrag außerdem in das **Genossenschaftsregister** einzutragen, um die nötige Publizität sicherzustellen. Die Änderung und die Beendigung des Vertrages richten sich nach den §§ 295–298 AktG. Die Vorschriften der §§ 293a–293g AktG lassen sich gleichfalls auf Beherrschungs- und Gewinnabführungsverträge mit Genossenschaften übertragen, zumal ohnehin jede Genossenschaft einem Prüfungsverband angehören muss, der hier die Rolle des Vertragsprüfers übernehmen kann (analog § 293d AktG). Der stets gebotene **Gläubigerschutz** lässt sich am besten wohl über eine Analogie zu den §§ 302–303 AktG bewerkstelligen.[34]   23

§ 37. Vereine

Literatur: *Fiedler,* Konzernhaftung beim eingetragenen Verein, 1998; *Großfeld,* Der Versicherungsverein auf Gegenseitigkeit im System der Unternehmensformen, 1985; *Habersack,* Gesellschaftsrechtliche Fragen der Umwandlung von Sportvereinen in Kapitalgesellschaften, in: U. Scherrer (Hrsg.), Sportkapitalgesellschaften, 1997, S. 45; *Heermann/Schießl,* Der Idealverein als Konzernspitze, 2003; *H. Hemmerich,* Möglichkeiten und Grenzen wirtschaftlicher Betätigung von Idealvereinen, Diss. Heidelberg 1982; *Hopt/v. Hippel/Walz* (Hrsg.), Nonprofit-Organisationen in Recht, Wirtschaft und Gesellschaft, 2005; *Lettl,* Der vermögensrechtliche Zuweisungsgehalt der Mitgliedschaft beim Ideal-Verein, AcP 203 (2003), 149;

---

[31] *Beuthien* GenG § 1 Rn. 125 ff.
[32] S. *Beuthien* GenG § 1 Rn. 138–140; *v. Detten* S. 111 ff.
[33] Ebenso *Beuthien* GenG § 1 Rn. 117, 138; Mestmäcker/Behrens/*Beuthien* S. 133 (164); *v. Detten* S. 108 ff.; *Reul* S. 212 ff.
[34] Ebenso *Beuthien* GenG § 1 Rn. 140.

Leuschner, Das Konzernrecht des Vereins, 2011; *Leuschner,* Vereinskonzern, MüKoBGB, 8. Aufl. (2018), Vor § 21 Rn. 151–182; *Mummenhoff,* Gründungssysteme und Rechtsfähigkeit, 1979; *Reuter,* Privatrechtliche Schranken der Perpetuierung von Unternehmen, 1973; *K. Schmidt,* Verbandszweck und Rechtsfähigkeit im Vereinsrecht, 1984; *Segna,* Verbandskontrolle in Großvereinen, 2002; *Sprengel,* Vereinskonzernrecht, 1998.

I. Abgrenzung

1   Das BGB unterscheidet in den §§ 21, 22 BGB nichtwirtschaftliche und wirtschaftliche Vereine. Unterscheidungskriterium ist, ob der Zweck des Vereins vorrangig auf einen wirtschaftlichen Geschäftsbetrieb, dh letztlich auf die Gewinnerzielung gerichtet ist, oder ob der Zweck des Vereins in der Verfolgung nichtwirtschaftlicher oder ideeller Ziele besteht, etwa in Gestalt einer sog. Nonprofit-Organisation. Ein Beispiel für einen wirtschaftlichen Verein ist die bekannte VG Wort. **Wirtschaftliche Vereine** sind Unternehmen wie andere auch[1] und sollten deshalb konzernrechtlich ebenso wie andere Kapitalgesellschaften behandelt werden, wobei insbes. die Parallele zur GmbH nahe liegt, so dass auf den wirtschaftlichen Verein im Ergebnis dieselben konzernrechtlichen Regeln wie auf die GmbH angewandt werden können. Weitere Ausführungen erübrigen sich daher an dieser Stelle. Im Folgenden interessiert vielmehr allein die Beteiligung nichtwirtschaftlicher Vereine, sogenannter **Idealvereine,** an Unternehmensverbindungen.

2   Nicht weiter berücksichtigt wird im Folgenden ferner der Sonderfall des Versicherungsvereins auf Gegenseitigkeit **(VVaG)** iSd §§ 171 ff. VAG von 2015. Versicherungsvereine sind wirtschaftliche Vereine, die die Versicherung ihrer Mitglieder auf Gegenseitigkeit betreiben. Sie leben zum großen Teil nach Handels- und Aktienrecht – als normale Unternehmen in der Form (besonderer) Kapitalgesellschaften (§§ 172, 190 f. VAG). Bereits diese wenigen Hinweise machen deutlich, dass Versicherungsvereine auch ohne weiteres als **Obergesellschaften** für Versicherungskonzerne fungieren können, wie etwa das Beispiel der Gothaer Versicherungsgruppe von 1820 zeigt, in der ein Versicherungsverein a.G. die Konzernspitze bildet, unter der eine AG als Finanzholding operiert, die ihrerseits die Mehrheit an verschiedenen Versicherungsaktiengesellschaften hält. Nach demselben Muster ist inzwischen eine Vielzahl von Versicherungskonzernen im In- und Ausland aufgebaut.[2] Soweit hier die Beteiligten durch Beherrschungs- und Gewinnabführungsverträge verbunden sind, steht die unmittelbare oder entsprechende **Anwendbarkeit der §§ 291 ff. AktG** außer Frage,[3] so dass wegen der Einzelheiten auf die Ausführungen zum Aktienkonzernrecht verwiesen werden kann (→ §§ 11 f., 16 f.). Faktische Konzernverhältnisse dürften dagegen hier – aus aufsichtsrechtlichen Gründen – nicht vorkommen.

II. Rechtstatsachen

3   Idealvereine stellen trotz ihres primär nichtwirtschaftlichen Zwecks (§ 21 BGB, → Rn. 1) häufig einen durchaus ins Gewicht fallenden Wirtschaftsfaktor dar.[4] Das

---

[1]   *Dreher* FS Säcker, 2011, 609 (611).

[2]   S. *Dreher* FS 100 Jahre Stuttgarter Lebensversicherung, 2008, 139; *Großfeld,* Der VV aG im System der Unternehmensformen, 1985; *Hübner* FS Wiedemann, 2002, 1033 (1036, 1043 ff.); *Müller-Wiedenhorn,* Versicherungsvereine aG im Unternehmensverbund, 1993, S. 135 ff.; *Peiner* Grundlagen des Versicherungsvereins auf Gegenseitigkeit, 1995; *U. Schneider* FS Großfeld, 1999, 1045.

[3]   *Hübner* FS Wiedemann, 2002, 1033 (1038 mN).

[4]   S. *Dreher* FS Säcker, 2011, 609 f.; *Hammen* FS Raiser, 2005, 661; *H. Hemmerich* Möglichkeiten S. 21 ff.; MüKoBGB/*Leuschner* BGB Vor § 21 Rn. 152; *K. Schmidt* Verbandszweck S. 122 ff.; *Sprengel* Vereinskonzernrecht S. 29 ff.

hat viele Gründe. Hervorzuheben sind neben der schieren **Größe** zahlreicher Vereine vor allem das durchweg sehr großzügig gehandhabte **Nebenzweckprivileg,** das es Idealvereinen ermöglicht, im Rahmen ihrer vorwiegend nichtwirtschaftlichen (ideellen) Bestimmung selbst unternehmerisch tätig zu werden, *soweit* durch die wirtschaftliche Tätigkeit der ideelle Hauptzweck des Vereins unterstützt und gefördert wird,[5] während es nicht zulässig ist, dass die wirtschaftliche Tätigkeit zum Hauptzweck des Vereins wird, insbes. indem der Verein beliebige wirtschaftliche Aktivitäten mit dem Zweck der Gewinnmaximierung entfaltet.[6] Überschreitet der Verein diese Grenzen zulässiger wirtschaftlicher Betätigung, so kann er von dem Registergericht im Vereinsregister gelöscht werden, womit der Verein die Rechtsfähigkeit verliert (§ 395 Abs. 1 FamFG). Wenn der Verein dann gleichwohl seine wirtschaftlichen Aktivitäten fortsetzt, wird er als OHG behandelt – mit der Folge der unbeschränkten persönlichen Haftung sämtlicher Mitglieder des Vereins (§ 54 S. 1 BGB; § 128 HGB).[7]

Die Anwendung des § 395 FamFG steht freilich im Ermessen des Registergerichts. **3a** Einen Anspruch auf Einschreiten des Gerichts gegen den Verein, der die Grenzen des Nebenzweckprivilegs überschreitet, hat niemand. Die Folge ist, dass in der Praxis von § 395 FamFG – offenkundig auch auf politischen Druck hin – nahezu kein Gebrauch gemacht wird, sodass sich – für jedermann erkennbar – mittlerweile in großer Zahl angebliche Idealvereine – unbeanstandet durch die zuständigen Behörden – in **reine Wirtschaftsunternehmen** verwandelt haben.[8] Es sollte deshalb nicht verwundern, dass heute auch Idealvereine in erheblichem Umfang an Unternehmensverbindungen beteiligt sind. Im Vordergrund des Interesses steht dabei der Verein in seiner Funktion als herrschendes Unternehmen (→ Rn. 4, 16 ff.), während der Verein als abhängiges Unternehmen bisher nur wenig Beachtung gefunden hat (→ Rn. 8, 10 ff.).

Idealvereine kommen als **Konzernspitze** in unterschiedlichen Erscheinungsformen **4** vor. Hervorzuheben sind zunächst die sogenannten **Holdingvereine.** Man versteht darunter Vereine, unter deren Leitung eine oft erstaunliche Zahl unterschiedlichster Unternehmen, meistens in der Rechtsform einer AG oder GmbH zusammengefasst ist, wobei häufig eine Kapitalgesellschaft als Zwischenholding eingeschaltet wird, um den Verein als Konzernspitze nach Möglichkeit gegen Risiken aus dem Beteiligungsbesitz abzuschirmen. Paradigma war früher der **ADAC,** der über eine Zwischenholding, die B. und W. GmbH, Tochtergesellschaften unter anderem in der Verlagsbranche, im Reisegewerbe und auf dem Versicherungsmarkt beherrschte,[9] der aber mittlerweile, offenbar unter dem Druck der Öffentlichkeit, seine Konzernstruktur (angeblich) aufgegeben hat, und zwar durch Gründung einer SE, in der die gewerblichen Tätigkeiten des Vereins gebündelt sind und an der zugleich eine Stiftung beteiligt wurde.[10] Nach wie vor aktuelle **Beispiele** sind dagegen neben zahlreichen großen Sportvereinen mit Tochtergesellschaften für die unterschiedlichsten

---

5 Grdl. BGHZ 215, 69 Rn. 21 ff. – Kita I; BGH npor 2018, 21 Kita II; *Wöstman* FS Bergmann, 2018, S. 903 mN.
6 Ausführlich mN *Beuthien* NZG 2015, 449.
7 *Beuthien* NZG 2015, 449 (454).
8 S. zu diesem vieldiskutierten Problem statt aller *Beuthien* NZG 2015, 449; *K. Schmidt* ZIP 2007, 605; *K. Schmidt* GS Walz, 2008, 677, bes. S. 680 f.
9 Dazu. BGHZ 85, 84 – ADAC; LG München I Betr. 2003, 1316; *Sprengel* Vereinskonzernrecht S. 33 f.
10 AG München npoR 2017, 159; ausf. *Leuschner* ZIP 2015, 356; MüKoBGB/*Weitemeyer* BGB § 80 Rn. 200.

Zwecke[11] der Deutsche Fußballbund **(DFB)**, weiter die verschiedenen Sachverständigenorganisationen wie die Technischen Überwachungsvereine **(TÜV)** und der **DEKRA,** die sich heute durchweg trotz ihrer Rechtsform als Idealvereine (eV) über zahlreiche Gesellschaften auf den unterschiedlichsten Märkten im In- und Ausland betätigen, außerdem die Verbände der freien Wohlfahrtspflege wie das Deutsche Rote Kreuz **(DRK)**, die Caritas und die Arbeiterwohlfahrt (AWO) mit zum Teil buchstäblich hunderten von Tochtergesellschaften meistens in der Rechtsform einer GmbH,[12] ferner der **GfK**-Konzern, der aus dem GfK-Nürnberg eV von 1934 als Konzernspitze und dem Marktforschungsinstitut GfK AG besteht, wobei dann die AG ihrerseits wieder die Funktion einer Holding für die zahlreichen weiteren Beteiligungen des Konzerns wahrnimmt, sowie noch der **EDEKA-Verband** als Spitze des EDEKA-Konzerns und der Deutsche Alpenverein **(DAV)**, der über eine Tochtergesellschaft in der Rechtsform einer GmbH (ua) als Reiseveranstalter tätig ist.[13] Selbst als Träger der staatlichen **Börsen,** etwa in Frankfurt, die durchweg die Rechtsform von Anstalten des öffentlichen Rechts haben, fungieren häufig Vereine, meistens wiederum über zwischengeschaltete Kapitalgesellschaften.[14]

5 Den zweiten hier interessierenden Typus von Vereinskonzernen bilden die so genannten **Familienkonzerne** mit einem Familienverein als Spitze. In diesen Fällen hat der Verein im Grunde die Funktion einer Familienstiftung.[15] **Beispiele** sind die Familienvereine, die die Konzernspitzen der Triumph International- und der Quelle-Gruppe bilden. In den vorliegenden Zusammenhang gehören schließlich noch die sogenannten **Großverbände,** die häufig aus einer Zusammenfassung einer Vielzahl einzelner Vereine unter einem als Konzernspitze fungierenden Spitzen- oder Dachverein bestehen. Innerhalb der Großverbände unterscheidet man dabei je nach der Mitgliederstruktur weiter zwischen **Vereinsverbänden,** die nur aus weiteren Vereinen bestehen, und **Gesamtverbänden,** bei denen die letztlich die Vereine bildenden natürlichen Personen Mitglieder sowohl der Gliedvereine als auch des Gesamtvereins sind. Unter den somit durchaus ernst zu nehmenden **Vereinskonzernen** finden sich gleichermaßen faktische wie Vertragskonzerne, da, vor allem wohl aus steuerlichen Gründen, auch Vereine mit den von ihnen abhängigen Unternehmen Organschaftsverträge abschließen.[16]

---

[11] Bekannt geworden sind vor allem die Beispiele des Fußballvereins Borussia Dortmund, wo der Sportverein als Obergesellschaft einer börsennotierten Aktiengesellschaft fungiert, die den Profifußball betreibt, sowie des FC Bayern München eV, der zu 75% an der FC Bayern München AG beteiligt ist, die ihrerseits mehrere Tochtergesellschaften besitzt. Ein weiteres Beispiel in BGHZ 152, 339 für den Verein „Deutsche Billiardunion", der seine wirtschaftlichen Aktivitäten ebenfalls in einer GmbH zusammengefasst hat, die gegenüber dem Verein zur Abführung des Gewinnes verpflichtet ist.

[12] Einen eigenartigen Sonderfall bildet das Bayerische Rote Kreuz *(BRK)*, das die Rechtsform einer Körperschaft des öffentlichen Rechts hat, sich aber (natürlich) auch über Tochtergesellschaften, wiederum in der Rechtsform einer GmbH, am wirtschaftlichen Verkehr im denkbar größten Umfang beteiligt; s. *BKartA* WuW 2016, 322; *Emmerich* AG 2017, 473 (174); vgl. in diesem Zusammenhang auch den *Kolping*-Fall BGHZ 175, 12.

[13] S. *Sprengel* Vereinskonzernrecht S. 32 f. Weitere Beispiele in BGH NJW 1986, 3201 (Idealverein, der über Tochtergesellschaften im Auftrag von Unternehmen Marktforschung betreibt) sowie in OLG Köln AG 1999, 92 – GFBA/OBS: Verteilung staatlicher Fördermittel über eine Stufenfolge (angeblich) gemeinnütziger Vereine.

[14] S. *Hammen* FS Raiser, 2005, S. 661 (673 ff.).

[15] S. dazu *K. Schmidt* Verbandszweck S. 126 f.; *Sprengel* Vereinskonzernrecht S. 39 ff. mit Beispielen.

[16] S. *H. Hemmerich* BB 1983, 26 (29).

Die „**Vorteile**" solcher Konstruktionen liegen auf der Hand: Nicht nur, dass Ver- 6
eine nahezu keiner Publizitätspflicht unterliegen (→ Rn. 7) und mitbestimmungsfrei sind (s. § 1 MitbestG von 1976); die weitgehende Dispositivität des Vereins-
rechts (§ 40 BGB) und die mangelnde Fungibilität der Mitgliedschaftsrechte
ermöglichen es den Vereinen auch, die Mitglieder nahezu unauflöslich an den
Konzern zu binden. Hinzu kommen als weiteres substantielles Privileg die fehlende
Beteiligung der Vereinsmitglieder an den Gewinnen des Vereins,[17] die es außerdem
erlaubt, ohne Rücksicht auf die Mitglieder stets die gesamten Gewinne zu reinves-
tieren, dies einer der wichtigsten Gründe für das rasante Wachstum des ADAC-
und der TÜV-Konzerne,[18] sowie schließlich das völlige Fehlen von Gläubigerschutzvorschriften, wodurch es den Vereinen ermöglicht wird, über Tochtergesellschaften selbst hochriskante Geschäfte zu betreiben, ohne eine Belastung des
Vereinsvermögens im Wege des Haftungsdurchgriffs befürchten zu müssen, sofern
nicht im Einzelfall ausnahmsweise Raum für die Anwendung des § 302 AktG
(→ Rn. 8) oder des § 826 BGB ist.

Besonders auffällig ist das weitgehende **Fehlen von Publizitätsregeln.** Die einzige 7
Ausnahme bilden die §§ 11 ff. PublG, nach denen (nur) Vereinskonzerne unter engen
Voraussetzungen publizitätspflichtig sein können.[19] Die Konsequenz ist, dass die
meisten Vereine ohne weiteres in der Lage sind, ihre Gewinne und selbst ihr Vermögen weitgehend vor der Öffentlichkeit geheim zu halten.[20] Vor allem dieser Umstand
erklärt die Beliebtheit von Familienvereinen als Konzernspitzen (→ Rn. 5). Aus demselben Grund ist bis heute zB auch niemand darüber informiert, welche Vermögens-
massen die TÜV oder die Mehrzahl der Nonprofit-Organisationen mittlerweile an-
gesammelt haben. Nimmt man all dies zusammen, so wird es schwer, sich des
Eindrucks zu erwehren, dass sich hier wegen der zahlreichen Privilegien, derer sich
die offenbar überaus mächtigen Vereine erfreuen, **quasi-feudale Zustände** – mit Billigung der Politik – herausgebildet haben.

Das Bild wäre unvollständig, ohne Hinweis darauf, dass auf der anderen Seite Vereine 8
mit ihrer Geschäftstätigkeit durchaus auch in die **Abhängigkeit** von anderen Unternehmen geraten können. Solche Fälle mögen zwar selten sein, kommen aber vor
(→ Rn. 10 ff.). Einen Sonderfall bilden hier wiederum die bereits erwähnten Großverbände (→ Rn. 5), bei denen die Gliedvereine häufig (nicht immer) von dem Spitzen-
verband abhängig sind.

In allen genannten Fallgestaltungen muss man sorgfältig zwei Fragen unterscheiden. 9
Im Vordergrund des Interesses stand bisher durchweg die Frage nach der **vereinsrechtlichen Zulässigkeit** der jeweils gewählten Konstruktion, dh die Frage, ob es sich in
den bezeichneten Fällen nicht bereits in Wirklichkeit um einen wirtschaftlichen Verein handelt, so dass eine staatliche Genehmigung erforderlich ist (§ 22 BGB und dazu
→ Rn. 15, 20 f.). Davon zu trennen ist die Frage nach den **konzernrechtlichen Konsequenzen** der jeweiligen Konstruktion. Hier ist in erster Linie auf diesen zweiten Aspekt der Problematik einzugehen, während auf die Frage der vereinsrechtlichen Impli-

---

[17] Dazu ausf. *Lettl* AcP 203 (2003), 149.
[18] S. *Sprengel* Vereinskonzernrecht S. 55 ff.
[19] S. dazu LG München I Betr. 2003, 1316 – ADAC; MüKoBGB/*Leuschner* BGB Vor § 21 Rn. 173 ff.;
Segna Betr. 2003, 1311.
[20] S. *Lettl* AcP 203 (2003), 149.

kationen der jeweiligen Konstruktion, weil letztlich jenseits der Thematik dieses Buches liegend, nur kurz eingegangen werden soll.

III. Abhängigkeit

1. Voraussetzungen

10 Vereine, die sich wirtschaftlich betätigen, sollten konzernrechtlich generell als **Unternehmen** (iSd §§ 15 ff. AktG) behandelt werden, weil sie in keiner Hinsicht einem Privatmann (die einzige Alternative!) gleichgestellt werden können.[21] Die Frage ihrer Abhängigkeit von anderen Unternehmen beurteilt sich daher generell nach § 17 AktG, so dass es darauf ankommt, ob ein anderes Unternehmen auf den Verein unmittelbar oder mittelbar einen beherrschenden Einfluss auszuüben vermag.[22] Derartige Fälle mögen zwar mit Rücksicht auf die §§ 32, 38 und 39 BGB selten sein. Da diese Vorschriften indessen durchweg dispositiv sind (s. § 40 BGB), sind durchaus Gestaltungen vorstellbar, bei denen der Verein in Abhängigkeit von an ihm unmittelbar oder mittelbar beteiligten anderen Unternehmen gerät.[23] Als Mittel hierzu kommen zB die Einräumung von **Mehrstimmrechten** oder die Begründung von **Sonderrechten** auf Bestellung des Vorstandes in Betracht (§ 35 BGB).[24] Auch die Abhängigkeit von einer festen Mitgliedergruppe ist vorstellbar, etwa infolge des Abschlusses von Stimmbindungsverträgen, vorausgesetzt nur, dass alle Beteiligten Unternehmensqualität iSd §§ 15, 17 AktG besitzen (s. dazu o. §§ 2 und 3). Das kann durchaus auch für Gliedvereine iRv Verbänden zutreffen, sofern sie sich selbst, etwa iRd Nebenzweckprivilegs, oder über Tochtergesellschaften wirtschaftlich betätigen.

11 Zur Abhängigkeit eines Vereins kann es ferner zB kommen, wenn ein Unternehmen einzelne **Betriebsfunktionen** ausgliedert und auf einen von den Gesellschaftern gebildeten Verein zur Erledigung für das Unternehmen überträgt (Stichwort: Outsourcing).[25] Verfahren mehrere Unternehmen auf diese Weise, so kann die Folge auch die mehrfache Abhängigkeit eines Vereins sein. Weitere Gestaltungen dieser Art sind vorstellbar, so dass sich in der Tat nicht der Frage nach den *konzernrechtlichen* Konsequenzen der Abhängigkeit eines Vereins von einem anderen Unternehmen ausweichen lässt (→ Rn. 12 ff.).

2. Schädigungsverbot

12 In Abhängigkeitsverhältnissen (→ Rn. 10 f.) ist der abhängige Verein (ebenso wie etwa bei der GmbH, den Personengesellschaften und den Genossenschaften) durch ein umfassendes Schädigungsverbot gegen Eingriffe des an dem Verein unmittelbar oder mittelbar beteiligten herrschenden Unternehmens zu schützen. Grundlage ist die **Treuepflicht,** die auch im Verein die Mitglieder ebenso wie bei den sonstigen Personenverbänden gegenüber dem Verband trifft, so dass die Mitglieder zur umfassenden

---

[21] Diff., aber iErg weitgehend wie hier *Leuschner* Konzernrecht S. 66, 200 ff.; MüKoBGB/*Leuschner* BGB Vor § 21 Rn. 165 ff.

[22] → § 3 Rn. 14 ff. sowie Emmerich/Habersack Aktien-/GmbH-KonzernR/*Emmerich* AktG § 17 Rn. 51.

[23] *Leuschner* Konzernrecht S. 243 ff.; MüKoBGB/*Leuschner* BGB Vor § 21 Rn. 178 ff.

[24] S. iE *Grunewald* FS Raiser, 2005, S. 99 (100 f.); MüKoBGB/*Leuschner* BGB Vor § 21 Rn. 179; *Sprengel,* Vereinskonzernrecht, S. 102 ff.

[25] Ein Beispiel in RGZ 145, 343; weitere Beispiele bei *K. Schmidt* Verbandszweck S. 129 ff.

Förderung des Vereinszwecks sowie zur Unterlassung aller Handlungen verpflichtet sind, die die Verfolgung des Vereinszwecks gefährden können.[26]

Das Schädigungsverbot für die Mitglieder des Vereins hat naturgemäß besondere Be- 13 deutung in Abhängigkeitsverhältnissen. Denn es besagt hier, dass das herrschende Unternehmen von seinem Einfluss auf den Verein keinen für den Verein nachteiligen Gebrauch machen darf. Verstößt das herrschende Unternehmen gegen dieses Verbot, so kann der Verein **Unterlassung** und **Schadensersatz** verlangen (§ 280 Abs. 1 BGB, § 249 BGB).[27] In Fällen qualifizierter Abhängigkeit ist außerdem an eine **Verlustausgleichspflicht** des herrschenden Unternehmens entsprechend § 302 AktG zu denken.[28] Raum ist hier ferner für eine Haftung des herrschenden Unternehmens wegen existenzgefährdender Eingriffe (§ 826 BGB).[29]

Der Abschluss von **Unternehmensverträgen** gilt in der Vereinspraxis bisher gem. § 26 14 BGB als (alleinige) Sache des Vorstandes. Tatsächlich dürfte jedoch ebenso wie bei der GmbH und bei den Genossenschaften (→ § 32 Rn. 10 ff., → § 36 Rn. 17 ff.) von der entsprechenden Anwendbarkeit des §§ 293 ff. AktG auszugehen sein, so dass die **Mitgliederversammlung** des abhängigen Vereins dem Abschluss des Unternehmensvertrages zustimmen muss (entsprechend § 293 Abs. 1 AktG).[30] Die erforderliche Mehrheit richtet sich nach § 33 Abs. 1 S. 2 BGB. Zieht der Abschluss eine Zweckänderung nach sich, so ist folglich die Zustimmung **sämtlicher Mitglieder** erforderlich. Unternehmensverträge sind außerdem entsprechend § 294 AktG ins Vereinsregister einzutragen.[31]

3. Vereinsrecht

Von den bisher behandelten konzernrechtlichen Folgen der Abhängigkeit eines Ver- 15 eins von einem anderen Unternehmen (→ Rn. 12–14) muss die vereinsrechtliche Frage der **Zulässigkeit der Betätigung des abhängigen Vereins** unterschieden werden. Sie beurteilt sich nach den §§ 21, 22, 43 BGB. Die Frage weist keine Besonderheiten auf, soweit es um die *eigene* wirtschaftliche Betätigung des abhängigen Vereins geht. Einen besonderen „konzernrechtlichen" Akzent erhält der Fragenkreis dagegen, wenn man die Frage aufwirft, ob dem abhängigen Verein außerdem die **wirtschaftliche Tätigkeit** der herrschenden Mitgliedergruppe **zugerechnet** werden kann.[32] Diese Frage sollte zumindest bei Konzernen iSd § 18 AktG bejaht werden, weil sie eine **wirtschaftliche Einheit** darstellen. Ist der Verein danach in Wirklichkeit als wirtschaftlicher iSd § 22 BGB anzusehen, so kann ihm nach § 395 Fam FG von dem Registergericht die Rechtsfähigkeit entzogen werden. Tatsächlich geschieht

---

[26] BGH LM GG Art. 9 Nr. 6 = MDR 1978, 29; OLG Köln AG 1999, 92; *Dütz* FS Hilger und Stumpf, 1983, 99 (106f.); *Lettl* AcP 203 (2003), 149 (190ff.); *Lutter* AcP 180 (1980), 84; MüKoBGB/*Leuschner* BGB Vor § 21 Rn. 182; *Sprengel* Vereinskonzernrecht S. 171 ff.

[27] BGH LM GG Art. 9 Nr. 6 = MDR 1978, 29; *Grunewald* FS Raiser, 2005, S. 99 (103); *Leuschner* Konzernrecht S. 302 ff.; *Sprengel* Vereinskonzernrecht S. 171 ff.

[28] OLG Köln AG 1999, 92; *Sprengel* Vereinskonzernrecht S. 188 ff.; dagegen *Grunewald* FS Raiser, 2005, S. 99 (102).

[29] BGHZ 173, 246 Rn. 23 ff. – TRIHOTEL; s. iE → § 31.

[30] S. Emmerich/Habersack Aktien-/GmbH-KonzernR/*Emmerich* AktG Vor § 291 Rn. 15; *Leuschner* Konzernrecht S. 288 ff.; MüKoBGB/*Leuschner* BGB Vor § 21 Rn. 181.

[31] *Leuschner* Konzernrecht S. 291 f.; MüKoBGB/*Leuschner* BGB Vor § 21 Rn. 181; *Sprengel*, Vereinskonzernrecht S. 224 ff.

[32] S. *Sprengel* Vereinskonzernrecht S. 289 ff.

dies indessen, wie bereits ausgeführt (→ Rn. 3), so gut wie nie. Umso wichtiger ist es, die konzernrechtlichen Konsequenzen derartiger Gestaltungen (→ Rn. 13 f.) zu betonen.

IV. Der Verein als herrschendes Unternehmen

1. Konzernrecht

16 Der Verein als Konzernspitze ist heute, wie gezeigt (→ Rn. 4), eine vertraute Erscheinung der Gesellschaftspraxis. Die mit diesem Phänomen verbundenen Probleme haben jedoch bisher keine adäquate Lösung gefunden. Im Einzelnen muss man auch hier wieder die konzernrechtliche von der vereinsrechtlichen Seite des Problems trennen (→ Rn. 17 ff. und 20 f.).

17 Die Anwendbarkeit des Konzernrechts auf Holdingvereine und vergleichbare Fallgestaltungen hängt zunächst von der **Unternehmensqualität** des Vereins als Konzernspitze ab. Probleme bestehen insoweit allein in dem Sonderfall, dass der Verein lediglich eine *einzige* andere Gesellschaft beherrscht, da in derartigen Fällen vielfach die Unternehmenseigenschaft des Holdingvereins verneint wird (→ § 2 Rn. 13 ff.). Dem ist indessen, wie an anderer Stelle bereits ausgeführt, nicht zu folgen.[33] Unproblematisch ist auf jeden Fall die Anwendbarkeit des Konzernrechts, wenn der Verein einen Konzern aus einer Mehrzahl von Unternehmen beliebiger Rechtsform beherrscht, wie es die Regel sein dürfte.[34]

18 Handelt es sich bei den abhängigen Gesellschaften um Aktiengesellschaften, so finden auf den Konzern die Vorschriften des **AktG** über Vertragskonzerne und faktische Konzerne unmittelbare Anwendung.[35] Die Folge ist, dass dann – entgegen der Vereinspraxis – dem Abschluss von Unternehmensverträgen auch die **Mitgliederversammlung** des herrschenden Vereins entsprechend § 293 Abs. 2 AktG mit satzungsändernder Mehrheit zustimmen muss (§ 33 BGB).[36] Der Vertrag bedarf außerdem der **Schriftform** (§ 293 Abs. 3 AktG) und ist ins **Handelsregister** bei der AG einzutragen (§ 294 AktG). Werden diese Voraussetzungen nicht beachtet, so ist der von dem Verein abgeschlossene Unternehmensvertrag nichtig (§ 294 Abs. 2 AktG). Die Folge ist zB, dass dann – wiederum entgegen der durchgängigen Praxis – steuerrechtlich Organschaftsverträge mit Holdingvereinen keine Anerkennung finden dürfen (§ 14 Abs. 1 Nr. 1 KStG).

19 In **faktischen Konzernen** mit einem Verein als Konzernspitze sind zum Schutze abhängiger Aktiengesellschaften die §§ 311 ff. AktG anzuwenden, während für das Verhältnis zu abhängigen Gesellschaften mbH (→ §§ 30, 31) und zu abhängigen Personengesellschaften (→ § 34) auf die Treuepflicht der Gesellschafter sowie auf das daraus abgeleitete generelle Schädigungsverbot zulasten des herrschenden Vereins zurückzugreifen ist. Dagegen scheidet nach überwiegender Meinung ein **Haftungs-**

---

[33] → § 2 Rn. 15, Emmerich/Habersack Aktien-/GmbH-KonzernR/*Emmerich* AktG § 15 Rn. 18; auch Scherrer/*Habersack* Sportkapitalgesellschaften S. 45 (51 f.); iErg wie hier auch MüKoBGB/*Leuschner* BGB Vor § 21 Rn. 165 ff.; *Leuschner* Konzernrecht S. 66, 200 ff.

[34] BGHZ 85, 84 (90 f.) – ADAC; *Sprengel* Vereinskonzernrecht S. 94 ff.

[35] Ebenso BGHZ 85, 84 (90 f.) – ADAC.

[36] *Beuthien* NZG 2015, 449 (457 f.); MüKoBGB/*Leuschner* BGB Vor § 21 Rn. 161; *Sprengel* Vereinskonzernrecht S. 243 ff.; ebenso generell für die Konzernbildung wegen § 33 BGB *Lettl* AcP 203 (2003), 149 (204 ff.).

durchgriff innerhalb der Unternehmensgruppe auf Schwestergesellschaften oder auf den herrschenden Verein für den Regelfall aus, weil für den Gläubigerschutz bereits auf andere Weise Sorge getragen sei.[37]

2. Vereinsrecht

Vereinsrechtlich steht die Frage im Vordergrund des Interesses, ob dem Holdingver- 20
ein die sogenannte **externe wirtschaftliche Tätigkeit** der von ihm abhängigen Unternehmen beliebiger Rechtsform mit der Folge **zugerechnet** werden muss, dass er als wirtschaftlicher Verein iSd § 22 BGB einzustufen ist. Von der *Praxis* wird diese Frage bisher zwar noch meistens verneint, vor allem unter Hinweis darauf, dass es sich bei den von dem Verein abhängigen Unternehmen um selbstständige Rechtssubjekte handele, deren Tätigkeit nicht als solche des Vereins qualifiziert werden könne.[38] Tatsächlich sprechen indessen die besseren Gründe für die Möglichkeit solcher **Zurechnung.**[39]

Zu nennen sind hier als erstes die erheblichen **Gefahren,** die sich gleichermaßen für 21
die Gläubiger der abhängigen Gesellschaften wie für die des Vereins selbst aus der Zulassung von Idealvereinen als Konzernspitze ergeben, da bei diesen in keiner Weise für den notwendigen Gläubigerschutz gesorgt ist. Ebenso wenig besteht eine Gewähr dafür, dass der herrschende Verein einer etwaigen Verlustausgleichspflicht auf Grund des § 302 AktG tatsächlich nachzukommen vermag. Schwerwiegende Gefahren für die **Mitglieder** des Holdingvereins, die bei dem herkömmlichen Verständnis (→ Rn. 20) jeden Einfluss auf das Geschehen in ihrem Verein verlieren, sowie für die Publizität und die Mitbestimmung (→ Rn. 6 f.) kommen hinzu. All dies nötigt zu der Annahme, dass jedenfalls in Konzernen (§ 18 AktG) die **Tätigkeit der abhängigen Gesellschaften** dem herrschenden Verein **zugerechnet** werden kann und muss, so dass er gegebenenfalls als unzulässiger wirtschaftlicher Verein zu qualifizieren ist, gegen den die Registergericht einschreiten können (und sollten) (§ 22 BGB; § 395 FamFG), – wozu sie indessen (bedauerlicherweise) offenkundig generell nicht bereit sind.

§ 38. Stiftungen

Literatur: *Burgard,* Gestaltungsfreiheit im Stiftungsrecht, 2006; *Heinzelmann,* Die Stiftung im Konzern, 2003; *Hoppe,* Die abhängige Stiftung, 2004; *Hüttemann/Rawert,* Die unternehmensverbundene Stiftung, in: Staudinger, 2017, Vorbem zu §§ 80 ff. Rn. 200–255; *Ihrig/Wandt,* Die Stiftung im Konzernverbund, FS Hüffer, 2010, S. 387; *Kronke,* Stiftungstypus und Unternehmensträgerstiftung, 1988; *Künnemann,* Die Stiftung im System des Unterordnungskonzerns, 1995; *Rawert,* Die Genehmigungsfähigkeit der unternehmensverbundenen Stiftung, 1990; *Schlinkert,* Unternehmensstiftung und Konzernleitung, 1995; *A. Schneider,* Unternehmensstiftungen, 2004; *Schumacher,* Die konzernverbundene Stiftung, 1999; *Schwintek,* Vorstandskontrolle in rechtsfähigen Stiftungen des bürgerlichen Rechts,

---

[37] BGHZ 175, 12 Rn. 13 ff. – Kolping-Werk; zust. *Böckmann* ZIP 2005, 2986; *Reuter* NZG 2008, 650; *K. Schmidt* ZIP 2007, 605 (610 f.).

[38] So BGHZ 85, 84 (88 ff.) – ADAC; zust. *Hemmerich* Möglichkeiten; *Hemmerich* BB 1983, 26.

[39] *Beuthien* NZG 2015, 449, 456 ff.; *Scherrer/Habersack* Sportkapitalgesellschaften S. 45 (50 ff.); *Hammen* FS Raiser, 2005, S. 661 (664 ff.); *Lettl* Betr. 2000, 1449 (1450 f.); *K. Schmidt* Verbandszweck S. 127 ff.; *K. Schmidt* AcP 182 (1982), 1 (20 ff.); NJW 1983, 543 (545 f.); ZIP 2007, 605 (609 ff.); *K. Schmidt* GS Walz, 2007, S. 677; *Segna* ZIP 1997, 1901 (1906 f.); *Sprengel* Vereinskonzernrecht S. 273 ff.; (ganz eng) Staudinger/*Schwennicke* BGB § 21 Rn. 78 ff. mN; iErg auch weitgehend MüKo-BGB/*Leuschner* BGB Vor § 21 Rn. §§ 21, 22 Rn. 62, 66 ff.

2001; *Seifart/v. Campenhausen,* Handbuch des Stiftungsrechts, 2. Aufl. 1999, § 13 (S. 366 ff.); *Vinken,* Die Stiftung als Trägerin von Unternehmen und Unternehmensteilen, 1970; *Weitemeyer,* in: MüKo/BGB, 8. Aufl. (2018), § 80 Rn. 198, 219 ff.; *Werner,* Perpetuierung einer GmbH durch Stiftungsträgerschaft, 2003.

I. Überblick

1 Es mag auf den ersten Blick verwundern, wenn am Ende eines Lehrbuchs des deutschen Konzernrechts (ausgerechnet) Ausführungen zum Konzernrecht der Stiftungen stehen. Bei näherem Zusehen zeigt sich indessen schnell, dass tatsächlich Stiftungen heute eine wachsende Rolle im Rahmen von Unternehmensverbindungen spielen, seitdem sich Stiftungen in erheblichem Umfang wirtschaftlich betätigen, zwar aus steuerlichen Gründen nur selten durch den eigenen Betrieb eines Unternehmens,[1] umso häufiger dagegen durch die Beteiligung an anderen Unternehmen. Im ersten Fall spricht man auch von **Unternehmensträgerstiftungen,** im zweiten dagegen von **Beteiligungs- oder Beteiligungsträgerstiftungen.** Die genaue Zahl derartiger Stiftungen ist zwar – mangels eines bundesweiten Stiftungsregisters – nicht bekannt. Unbestritten ist jedoch, dass in einer wachsenden Zahl von Fällen Stiftungen insbesondere als Konzernspitzen fungieren. **Beispiele** sind außer der bekannten Carl-Zeiss-Stiftung von 1889 die Bertelsmann-Stiftung, die Friedrich-Karl-Flick-Stiftung, die Klöckner-Stiftung, die Alfried von Bohlen und Halbach-Stiftung und die Thyssen-Stiftung, außerdem noch die Possehl-Stiftung in Lübeck, die Zeppelin-Stiftung in Friedrichshafen, die das Weltunternehmen Zahnradfabrik Friedrichshafen AG beherrscht, die Fazit-Stiftung in Frankfurt als Mehrheitsgesellschafterin der FAZ ferner die Körber-Stiftung, die mehrheitlich an der Körber AG, einem weltweit führenden Hersteller von Zigarettenmaschinen, beteiligt ist, sowie noch die beiden gemeinnützigen Stiftungen, die die Discountmärkte Aldi Nord und Aldi Süd beherrschen.[2]

1a Es passt in dieses Bild, wenn heute Stiftungskonstruktionen in der Berater-Literatur immer häufiger als Mittel zur steuersparenden Perpetuierung von Unternehmen propagiert werden. Daher insbesondere die zunehmende Verbreitung von **Familienstiftungen,** die die Aufgabe haben, den unternehmerischen Besitz einer Familie zum Vorteil der Familienangehörigen auf Dauer „zusammenzuhalten" und bei denen die Stiftungskonstruktion im Kern die alten, längst abgeschafften Fideikommisse wieder belebt. Die **„Vorteile"** derartiger Konstruktionen liegen auf der Hand. Sie entsprechen weitgehend den uns bereits bekannten Vorteilen von Vereinskonzernen, ergänzt noch um erhebliche steuerliche Vorteile (→ § 37 Rn. 6 f.; → Rn. 1 b). Es genügt deshalb, die Stichworte: nur ganz geringe Publizität, nämlich allein nach Maßgabe des § 11 PublG von 1969,[3] mangelnde Mitbestimmung[4] sowie Ermöglichung einer weitgehenden Thesaurierung der Gewinne im Konzern in Erinnerung zu rufen. Hinzu kommen das totale Fehlen von Gläubigerschutzbestimmungen, das Fehlen von Kontrollorganen nach dem Muster des Aufsichtsrats, die den Stiftungsvorstand überwachen könnten,

---

[1] Ein Beispiel in BGHZ 84, 352; heutiges Vorkommen verneint bei MüKoBGB/*Weitemeyer* BGB § 80 Rn. 200.
[2] MüKoBGB/*Weitemeyer* BGB § 80 Rn. 208.
[3] S. *Hüffer* GS Tettinger, 2007, 449 (463 f.); Staudinger/*Hüttemann/Rawert* BGB Vorbemerkung zu §§ 80 ff. Rn. 245.
[4] S. BGHZ 84, 352.

sowie der nahezu völlige Ausfall der **Stiftungsaufsicht** durch die Länder, da den Ländern diese Aufgabe lästig ist, sodass sie de facto nicht mehr stattfindet.[5]

Unter dem Gesichtspunkt der sich abzeichnenden **Refeudalisierung der Gesellschaft** 1b ist die Situation hier im Grunde noch „dramatischer" als bereits im Vereinsrecht (dazu → § 37 Rn. 7), vor allem, wenn man ergänzend die erheblichen **Steuervorteile** ins Auge fasst, die der Gemeinnützigkeitsstatus Unternehmensstiftungen verschafft, sofern sie die Voraussetzungen erfüllen, die das Steuerrecht für die Gewährung dieses privilegierten Status heute aufstellt (s. §§ 51, 59 ff. AO, § 5 Abs. 1 Nr. 9 S. 1 KStG).[6] Um diese Steuervorteile optimieren zu können, erfreuen sich insbesondere sogenannte Doppelkonstruktionen zunehmender Beliebtheit, gekennzeichnet durch die Aufteilung der Anteile an dem mit der Stiftung verbundenen Unternehmen auf eine gemeinnützige Stiftung (ohne Stimmrecht) und eine minimal beteiligte andere Stiftung, bei der die Stimmrechte konzentriert werden.[7]

Die Stiftung als **herrschendes Unternehmen** ist nach dem Gesagten mittlerweile eine 2 fest etablierte Einrichtung unserer Gesellschaftspraxis (→ Rn. 8). Anders verhält es sich dagegen bisher noch mit der Stiftung als **abhängigem Unternehmen.** Da die Stiftung keine Mitglieder hat, ist für die Abhängigkeit einer unternehmensverbundenen Stiftung von einem anderen Unternehmen nach einer verbreiteten Meinung kein Raum (→ Rn. 10).[8] Indessen bleibt zu bedenken, dass jedenfalls konzernrechtlich, wenn auch vielleicht nicht stiftungsrechtlich, immer noch der Abschluss von **Beherrschungsverträgen** mit anderen Unternehmen möglich bleibt (→ Rn. 10). Und auch die **faktische Abhängigkeit** einer unternehmensverbundenen Stiftung von einem anderen Unternehmen ist vorstellbar, sofern man mit einer neueren Meinung[9] Stiftungskonstruktionen zulässt, die durch korporative oder verbandsmäßige Elemente, etwa in Gestalt von mitentscheidenden Ausschüssen der Destinatäre, gekennzeichnet sind.[10] Ferner ist hier an satzungsmäßige Rechte Dritter zur Bestellung oder Abberufung des **Vorstands** der Stiftung zu denken. Stehen derartige Rechte anderen Unternehmen zu, so können sie durchaus die Abhängigkeit der Stiftung von dem fraglichen anderen Unternehmen nach sich ziehen.[11] Ob solche Konstruktionen mit dem Stiftungsrecht, insbesondere mit den § 81 Abs. 1 S. 3 Nr. 3 BGB, § 86 BGB und § 89 BGB vereinbar sind, ist umstritten.[12] Lässt man sie zu, so ist die Konsequenz jedenfalls die Möglichkeit auch der Abhängigkeit von Stiftungen, so dass dann zusätzliche konzernrechtliche Schutzinstrumente erforderlich werden (→ Rn. 10).

---

[5] Ausf. zu diesem gravierenden Problem *Lange*, AcP 214 (2014), 511 mN.

[6] Alle Einzelheiten bei Staudinger/*Hüttemann/Rawert* BGB Vorbemerkung zu §§ 80 ff. Rn. 430 ff.; MüKoBGB/*Weitemeyer* BGB § 80 Rn. 327 ff.

[7] S. dazu MüKoBGB/*Weitemeyer* BGB § 80 Rn. 287.

[8] So Staudinger/*Hüttemann/Rawert* Vorb. zu §§ 80 ff. Rn. 248; MüKoBGB/*Weitemeyer* BGB § 80 Rn. 220.

[9] *Burgard* Gestaltungsfreiheit im Stiftungsrecht, 2006, S. 332 ff.

[10] Deshalb für die Möglichkeit der Abhängigkeit neuerdings *Burgard* Gestaltungsfreiheit im Stiftungsrecht, 2006, S. 360, 590 f.; *Ihrig/Wandt* FS Hüffer, 2010, 387 (396).

[11] Emmerich/Habersack Aktien-/GmbH-KonzernR/*Emmerich* AktG § 17 Rn. 52; *Ihrig/Wandt* FS Hüffer, 2010, 387 (402 ff.); Staudinger/*Hüttemann/Rawert* BGB Vorbemerkung zu §§ 80 ff. Rn. 249 ff.

[12] Dagegen zB *Rawert* FS Priester, 2007, 647 (652 ff.); Staudinger/*Hüttemann/Rawert* BGB Vorbemerkung zu §§ 80 ff. Rn. 250; MüKoBGB/*Weitemeyer* BGB § 80 Rn. 220; – für die Zulässigkeit aber etwa *Ihrig/Wandt* FS Hüffer, 2010, 387 (397 ff. mN).

3 In den genannten Fällen (→ Rn. 2) muss man ebenso wie im Vereinsrecht (→ § 37 Rn. 9) zwei Fragen unterscheiden. Im Vordergrund des Interesses steht bisher die Frage nach der **stiftungsrechtlichen Zulässigkeit,** dh nach der Genehmigungsfähigkeit der unternehmensverbundenen Stiftung gem. § 80 BGB (→ Rn. 4 ff.). Davon zu trennen ist die im vorliegenden Zusammenhang vorrangig interessierende Frage nach der Anwendbarkeit des **Konzernrechts** auf die Beziehungen einer Stiftung zu ihren Beteiligungsunternehmen (→ Rn. 8 f.) sowie gegebenenfalls zu dem herrschenden Unternehmen (→ Rn. 10 ff.).

II. Stiftungsrecht

4 Das BGB regelt in den §§ 80, 81 BGB abschließend die Voraussetzungen, unter denen ein Anspruch auf „Anerkennung" (neudeutsch für: Genehmigung) einer Stiftung durch die zuständige Landesbehörde besteht. Diese Vorschriften gehen auf das Gesetz zur Modernisierung des Stiftungsrechts von 2002 zurück, durch das das früher stark zersplitterte Stiftungsrecht erstmals bundeseinheitlich geregelt wurde, so dass dem Landesrecht daneben heute nur noch geringe Bedeutung zukommt (s. § 80 Abs. 1 BGB, § 85 BGB).[13]

5 Seit der Reform von 2007 besteht aufgrund des § 80 Abs. 2 BGB ein **Anspruch auf Anerkennung** der Stiftung, wenn das Stiftungsgeschäft des Stifters den Anforderungen des § 81 Abs. 1 BGB genügt, wenn die dauernde und nachhaltige Erfüllung des Stiftungszwecks gesichert erscheint und wenn der Stiftungszweck das Gemeinwohl nicht gefährdet, dh mit der geltenden Rechtsordnung vereinbar ist.[14] Weitere **Anforderungen** an die Zulässigkeit einer Stiftung gibt es heute *nicht* mehr und können auch nicht durch die ergänzenden Landesstiftungsgesetze eingeführt werden. Dies bedeutet, dass Stiftungen jetzt grundsätzlich zur Verfolgung jedes legitimen Zwecks gegründet werden können (sog. **gemeinwohlkonforme Allzweckstiftung**[15]). Der mit Händen zu greifende Wertungswiderspruch zum § 22 BGB (nur ganz eingeschränkte Zulässigkeit wirtschaftlicher Vereine) wird dabei, weil vom Gesetzgeber offenkundig gewollt, (achselzuckend) in Kauf genommen.[16]

6 Gleichwohl ist nach wie vor offen, was aus dem Gesagten (→ Rn. 5) für die **Zulässigkeit unternehmensverbundener Stiftungen** folgt. Um diese Problematik zu verstehen, muss man sich vergegenwärtigen, dass es sich bei derartigen Stiftungen im Grunde um **unkontrollierbare privatrechtliche Anstalten** handelt, für die in einer auf Privateigentum und Wettbewerb aufgebauten Rechtsordnung kein Raum sein sollte, solange man nicht zu quasi-feudalen Zuständen zurückkehren will. Aus guten Gründen werden deshalb im **Schrifttum** bis heute schwerwiegende **Bedenken** gegen die Zulassung von unternehmensverbundenen Stiftungen geäußert.[17]

---

[13] S. *Richter/Sturm* NZG 2005, 655.
[14] S. dazu BVerwGE 106, 177 (179 ff.) = NJW 1998, 2545; *Hüttemann* ZHR 167 (2003), 35 (56 ff.).
[15] S. die Begr., BT-Drs. 14/8765, 9 f.
[16] Staudinger/*Hüttemann/Rawert* BGB Vorbemerkung zu §§ 80 ff. Rn. 220, 222; MüKoBGB/*Weitemeyer* BGB § 80 Rn. 200.
[17] So noch die BReg selbst in der Begründung zu dem RegE des neuen UmwG, BT-Drs. 12(1994)/6699, 116 (re. Sp.); *Mestmäcker*, 44. DJT Bd. II, S. G 3 (20 ff.); *Reuter,* DZWiR 1991, 192 (198 f.); *Reuter* ZGR 1991, 467 (482 ff.); *Schlinkert* Unternehmensstiftung; *K. Schmidt* ZHR 166 (2002), 145 (147 ff.); *Rawert* ZEV 1999, 294; Staudinger/*Hüttemann/Rawert* BGB Vorbemerkung zu §§ 80 ff. Rn. 224 ff.; MüKoBGB/*Weitemeyer* BGB § 80 Rn. 199, 203, 209 ff.

Der Gesetzgeber von 2002 hat zwar eine Stellungnahme zu dem Fragenkreis letztlich 7 vermieden. Die wohl überwiegende Meinung folgert gleichwohl aus der Entscheidung des Gesetzgebers für die grundsätzliche Zulässigkeit der gemeinwohlkonformen Allzweckstiftung (→ Rn. 5) auch die regelmäßige **Zulässigkeit** der unternehmensverbundenen Stiftungen, vorausgesetzt, dass mit der Stiftung über die Unternehmensführung hinausgehende selbstständige Stiftungszwecke verfolgt werden, während offene ebenso wie verdeckte **Selbstzweckstiftungen,** dh Stiftungen, deren *einziger* greifbarer Zweck bei Lichte besehen im Betrieb ihres Unternehmens besteht, weiterhin – mangels eines besonderen Stiftungszwecks iSd § 81 Abs. 1 S. 3 Nr. 3 BGB – als unzulässig angesehen werden.[18] Umso dringlicher stellt sich die Frage nach den konzernrechtlichen Implikationen der immer beliebteren Verwendung von Unternehmensstiftungen als Konzernspitzen (→ Rn. 8 f.).

III. Konzernrecht

1. Die Stiftung als herrschendes Unternehmen

Es besteht Übereinstimmung, dass es einen Vorrang des Stiftungsrechts vor dem Ge- 8 sellschaftsrecht einschließlich des Konzernrechts nicht gibt und nicht geben kann. Auf die Beziehungen einer herrschenden Stiftung zu den von ihr abhängigen Gesellschaften ist infolgedessen das Konzernrecht anzuwenden, vorausgesetzt, dass die Stiftung in der fraglichen Unternehmensverbindung **Unternehmensqualität** besitzt (§ 15 AktG).[19] Eigentlich sollte sich dies von selbst verstehen, da eine Beteiligungsträgerstiftung schwerlich mit einem Privatgesellschafter (die einzige Alternative) jemals auf eine Stufe gestellt werden kann. Gleichwohl hat das OLG Düsseldorf die Unternehmensqualität für die Alfried von Bohlen und Halbach-Stiftung, die die frühere Friedrich-Krupp AG beherrschte, noch 2004 mit der Begründung verneint, die genannte Stiftung sei außer an der Krupp AG an keinem weiteren Unternehmen beteiligt und besitze deshalb keine Unternehmensqualität.[20] Damit werden die Wertungen des Konzernrechts buchstäblich auf den Kopf gestellt (→ § 2 Rn. 5 ff.). Die Gleichstellung einer derartigen Stiftung, die ein Unternehmen mit Milliardenumsätzen und Tausenden von Arbeitnehmern beherrschte, mit Privatpersonen ist offenkundig verfehlt. Natürlich hat eine solche Stiftung Unternehmensqualität und muss sich deshalb die Anwendung des Konzernrechts gefallen lassen, schon im Interesse des unerlässlichen Gläubigerschutzes und auch, weil nur so die nötige Publizität der Verhältnisse über die Anwendung der §§ 290 ff. HGB und der §§ 293 ff. AktG sichergestellt werden kann.[21]

Für den Abschluss von **Unternehmensverträgen** zwischen einer Stiftung und den von 9 ihr abhängigen Unternehmen gelten folglich die §§ 293 ff. AktG, sofern es sich bei den abhängigen Unternehmen um Aktiengesellschaften handelt. Bei abhängigen Gesell-

---

[18] S. *BMJ* Bericht, S. 47 ff., *Burgard* NZG 2002, 697 (700); *Hüffer* GS Tettinger, 2007, S, 449 (456 f.); Palandt/*Ellenberger* BGB § 80 Rn. 9.

[19] *Hüffer* GS Tettinger, 2007, S.449 (460 ff.); Staudinger/*Hüttemann/Rawert* BGB Vorb. zu §§ 80 ff. Rn. 247; *Ihrig/Wandt* FS Hüffer, 2010, 387 (390 ff.); *R. Kohl* NJW 1992, 1922 (1923 f.); *Schwintowski* NJW 1991, 2736 (2740 f.); *Schlinkert* Unternehmensstiftung S. 97 ff.; MüKoBGB/*Weitemeyer* BGB § 80 Rn. 219.

[20] OLG Düsseldorf NZG 2004, 622; zust. *Hüffer* GS Tettinger, 2007, S. 449 (460 ff.); diff. *Ihrig/Wandt* FS Hüffer, 2010, 387 ff.

[21] Ebenso iErg (trotz anderen Ausgangspunkts) *Hüffer* GS Tettinger, 2007, S. 449 (461 f.).

schaften in anderer Rechtsform, insbesondere also bei Gesellschaften mbH kommt jedenfalls weithin eine entsprechende Anwendung dieser Vorschriften iVm den §§ 53, 54 GmbHG in Betracht (→ § 32 Rn. 7 ff.). Zuständig ist allein der **Vorstand** der Stiftung; jedoch kann durch die Satzung die Notwendigkeit der Mitwirkung weiterer Organe wie zB eines Beirats oder eines Kuratoriums vorgeschrieben werden.[22] Anwendbar sind ferner entsprechend bei Abschluss eines **Beherrschungs- oder Gewinnabführungsvertrages** die §§ 302, 303 AktG. Soweit sich daraus im Einzelfall Gefahren für die dauernde und nachhaltige Erfüllung des Stiftungszwecks iSd § 80 Abs. 2 BGB ergeben können, sollten (eigentlich) die Aufsichtsbehörden der Länder auf den Plan gerufen werden, womit aber tatsächlich angesichts der notorischen Passivität der Aufsichtsbehörden nicht zu rechnen ist,[23] – wodurch letztlich nur die Zweifel an der heute üblichen großzügigen Anerkennungspraxis gegenüber unternehmensverbundenen Stiftungen verstärkt werden.[24]

2. Die Stiftung als abhängiges Unternehmen

10 Wie bereits ausgeführt (→ Rn. 2), wird im Schrifttum kontrovers diskutiert, ob eine unternehmensverbundene Stiftung in die Abhängigkeit eines anderen Unternehmens geraten kann (§ 17 AktG). Die Frage hat eine stiftungsrechtliche und eine konzernrechtliche Seite. **Stiftungsrechtlich** wird vor allem die Zulässigkeit des Abschlusses von Beherrschungs- und Gewinnabführungsverträgen durch eine Stiftung als abhängiges oder verpflichtetes Unternehmen bestritten, weil die Befugnisse des herrschenden Unternehmens aufgrund dieser Verträge mit der unabhängigen Stellung des Vorstandes des Stiftung nach § 86 BGB unvereinbar, seien.[25] Ob dies zutrifft, ist offen und kann auch hier offenbleiben. Denn selbst wenn der Abschluss eines der genannten Unternehmensverträge gegen § 86 BGB verstoßen sollte, dürfte davon die Wirksamkeit der Verträge nicht berührt werden. Der (angenommene) Verstoß gegen das Stiftungsrecht könnte vielmehr höchstens der Stiftungsaufsicht der Länder Anlass zum Einschreiten geben.[26] Nicht anders verhält es sich im Ergebnis mit den verschiedenen Gestaltungen, die nach Meinung eines Teils des Schrifttums zur faktischen Abhängigkeit einer unternehmensverbundenen Stiftung von einem anderen Unternehmen führen können (→ Rn. 2). Derartige Gestaltungen mögen gleichfalls stiftungsrechtlich durchaus problematisch sein; das ändert jedoch, solange die Stiftungsaufsicht nicht dagegen einschreitet, nichts an der faktischen Abhängigkeit der Stiftung.

11 Die konzernrechtlichen Folgen sind ebenfalls offen. Zum Teil wird angenommen, dass der Vorstand der Stiftung **nachteilige Weisungen** des herrschenden Unternehmens aufgrund eines Beherrschungsvertrages (§ 308 AktG) wegen seiner Bindung an den Stiftungszweck in keinem Fall befolgen dürfe (§ 86 BGB) und dass aus demselben Grund auch eine **Gewinnabführung** (§ 291 Abs. 1 S. 1 AktG und § 301 AktG), weil unvereinbar mit der Erfüllung des Stiftungszwecks, ausscheide.[27] Daraus ergeben sich indessen gleichfalls höchstens Grunde für ein Einschreiten der Stiftungsaufsicht, nicht

---

[22] *Ihrig/Wandt* FS Hüffer, 2010, 387 (390 ff.).
[23] Staudinger/*Hüttemann/Rawert* BGB Vorbemerkung zu §§ 80 ff. Rn. 247.
[24] Ebenso *Schlinkert* Unternehmensstiftung S. 97 ff.
[25] Staudinger/*Hüttemann/Rawert* BGB Vorbemerkung zu §§ 80 ff. Rn. 248; MüKoBGB/*Weitemeyer* BGB § 80 Rn. 220.
[26] Ebenso Staudinger/*Hüttemann/Rawert* BGB Vorbemerkung zu §§ 80 ff. Rn. 250.
[27] Staudinger/*Hüttemann/Rawert* BGB Vorbemerkung zu §§ 80 ff. Rn. 248; MüKoBGB/*Weitemeyer* BGB § 80 Rn. 220.

mehr, sodass aus konzernrechtlicher Sicht der Praktizierung von Unternehmensverträgen mit unternehmensverbundenen Stiftungen letztlich nichts im Wege steht, solange die Stiftungsaufsicht nicht aktiv wird (womit nach den bisherigen Erfahrungen in aller Regel nicht zu rechnen ist).

In den Fällen **faktischer Abhängigkeit** einer unternehmensverbundenen Stiftung von   12
einem anderen Unternehmen sollte zum Schutz der Stiftung von der entsprechenden Anwendbarkeit der Vorschriften des AktG über faktische Konzerne (§§ 311 ff. AktG) ausgegangen werden,[28] dies deshalb, weil man hier – anders als bei der GmbH, der Genossenschaft und dem Verein – nicht an die Treuepflicht etwaiger Mitglieder gegenüber dem Verband zum Schutze der abhängigen Gesellschaft anknüpfen kann.[29] Befolgt der Vorstand der Stiftung danach unzulässige nachteilige Weisungen, so macht er sich auch persönlich nach den § 86 S. 1 BGB, § 27 Abs. 3 S. 1 BGB, §§ 664 ff. BGB und § 280 Abs. 1 BGB haftbar.

---

[28] So auch *Ihrig/Wandt* FS Hüffer, 2010, 387 (399 ff.).
[29] Stiftungen haben keine Mitglieder.

Stichwortverzeichnis

Die **fett** gesetzten Zahlen verweisen auf die Paragrafen dieses Buches, die mageren auf deren Randnummern.

Abfindung **10**, 30 ff.; **10a**, 24 ff.; **22**
– Abfindungsanspruch **22**, 10
– Aktiengattungen, unterschiedliche **22**, 6, 56; **10**, 33
– Angemessenheit **22**, 23
– Anpassung **22**, 21
– Anrechnung des Ausgleichs **22**, 17
– Ausschluss von Minderheitsaktionären **10a**, 23 ff.
– außenstehender Aktionäre **22**, 11
– Arten **22**, 5
– Berechnung **22**, 23
– Bewertung **22**, 27, 34
– Börsenkurs **22**, 26, 28
– Eingliederung **10**, 16 ff.
– Ertragswertmethode **22**, 36
– Frist **22**, 14
– Gläubiger **22**, 10
– GmbH–Konzernrecht **32**, 25
– Grenzpreis **22**, 25
– Grund **22**, 4
– Optionsrecht **22**, 10, 13
– Paketzuschlag **22**, 26, 33
– qualifizierte Nachteilszufügung **28**, 25
– Schuldner **22**, 25
– Sonderkündigungsrecht **22**, 61
– Stichtagsprinzip **22**, 18
– Umfang **22**, 23
– Unternehmensbewertung **22**, 34
– Veräußerung der Aktien **22**, 10
– Verzinsung **22**, 16
Abfindungsergänzungsanspruch **22**, 60; **22a**, 26
Abhängigkeit **3**, 14
– Banken **3**, 32
– Begriff **3**, 17
– faktische Konzerne **24–31**
– Genossenschaft **36**, 10
– GmbH **3**, 52
– Grundlagen **3**, 14
– Konzernbildungskontrolle, s. Gruppenbildungskontrolle
– mehrfache **3**, 37
– Minderheitsbeteiligung **3**, 29
– mittelbare **3**, 28
– negative **3**, 26
– Organhaftung **27**
– Personengesellschaft **34**
– qualifizierte faktischer Konzern, s. qualifizierte Nachteilszufügung
– Rechtsfolgen **3**, 14, 41
– Stiftung **38**, 8

– Verein **37**, 10
– Vermutung **3**, 41
– vertragliche **3**, 33
Abhängigkeitsbericht **26**
– Aufsichtsrat **26**, 31 f.
– Bagatellgrenze **26**, 19
– Funktion **26**, 9 ff.
– Inhalt **26**, 14 ff.
– Maßnahmen **26**, 22 ff.
– öffentliche Hand **26**, 17
– Prüfung **26**, 1 ff., 25 ff.
– Publizität **26**, 2, 9
– Rechtsgeschäfte **26**, 18 ff.
– Verpflichteter **26**, 11 ff.
Abschluss von Unternehmensverträgen **16**; **32**
Abschreibungsgesellschaft **33**, 7
Abwicklungsverluste **20**, 14
Abzinsung **22**, 48
Aktionsplan **1**, 45
Andere Unternehmensverträge **13–15**; **32**, 52
Änderung von Unternehmensverträgen **18**; **32**, 39
Änderung der Vertragsdauer **18**, 6
Änderung des Vertragstyps **18**, 8
Änderungskündigung **18**, 5
Andienungsrecht der Minderheitsaktionäre **9a**, 6; **10a**, 4
Anfechtung **16**, 10; **19**, 55
– Ausschluss **16**, 33
– Freigabeverfahren **16**, 36
Anlegerschutz bei stillen Gesellschaften **14**, 16
Anmeldung von Unternehmensverträgen **16**, 42, 46
Anteilseignerrechte in mitbestimmten Konzernen **4**, 54
Aufhebung von Unternehmensverträgen **19**, 4; **32**, 41
auflösende/aufschiebende Bedingung **16**, 9
Auflösung der Gesellschaft **19**, 70; **20**, 46
Aufsichtsrat **23**, 33
Ausfallhaftung **20**, 69
Ausgleich **21**
– Änderung **21**, 48
– Anfechtungsausschluss **21**, 58
– Anpassung **21**, 25, 30, 49, 50, 52
– Anwendungsbereich **21**, 9
– außenstehende Aktionäre **21**, 10, 44, 47
– Beendigung **21**, 8, 15, 54
– Beherrschungsvertrag **21**, 5
– Berechnung **21**, 21, 35

– Bewertung **21**, 27, 36
– Dividendengarantie **21**, 5, 18
– Fälligkeit **21**, 31
– fester Ausgleich **21**, 19
– Formen **21**, 5, 18
– Gewinnanteil **21**, 38
– Gläubiger **21**, 10, 16
– GmbH-Konzern **32**, 25
– Grundgedanke **21**, 2
– Kapitalerhöhung **21**, 50
– Mängel **21**, 56
– mehrstufiger Konzern **21**, 40
– Nachsteuerbewertung **21**, 28
– Neutrales Vermögen **21**, 26
– Nichtigkeit **21**, 56
– Parteien **21**, 10
– Schuldner **21**, 17
– Sonderkündigungsrecht **21**, 59
– Spruchverfahren **21**, 7, 52; **22a**
– Steueränderungen **21**, 53
– Stichtagsprinzip **21**, 31, 48
– Umrechnungsverhältnis **21**, 36
– variabler Ausgleich **21**, 2, 4, 35
– Verhältnis zur Abfindung **21**, 15, 33; **22**, 17
– Zweck **21**, 2, 22
Auskunftsrecht **6**, 9; **17**, 15; **34**, 8; **35**, 8
Auslegungspflicht **17**, 47
Außenstehende Aktionäre **18**, 20; **21**, 10; **22a**, 7
Ausschluss von Minderheitsaktionären
– Abfindung **10a**, 24 ff.
– abfindungsbezogene Informationsmängel **10a**, 22
– Anwendungsbereich **10a**, 7 f.
– Beschlussmängel **10a**, 20 ff.
– Finanzmarktstabilisierungsfonds **10a**, 4
– Hauptaktionär **10a**, 9 ff.
– Konzernrechtsneutralität **10a**, 8
– Mehrheitserfordernis **10a**, 19
– Normzweck **10a**, 5 f.
– Übergang der Aktien **10a**, 23
– Übernahmerechtlicher Squeeze out **10a**, 4a
– Übertragungsbeschluss **10a**, 1 f., 17 ff.
– Übertragungsverlangen **10a**, 13 f.
– Umwandlungsrechtlicher Squeeze out **10a**, 4b

Bagatellgrenze **22**, 53a
Banken **3**, 32
Basiszinssatz **22**, 49b
bedingter Vertragsschluss **16**, 9; **19**, 54
Beendigung von Unternehmensverträgen **19**; **32**, 41
– Anfechtung **19**, 55
– Aufhebung **19**, 35
– Auflösung **19**, 70
– Ausgleich **21**, 54
– Bedingung, auflösende **19**, 54
– Eingliederung **19**, 60

– Eintragung ins Handelsregister **19**, 75
– GmbH **32**, 41
– Insolvenz **19**, 72
– Kündigung **19**, 26, 37
– Kündigung, außerordentliche **19**, 56
– Kündigung, ordentliche **19**, 26
– Rücktritt **19**, 56
– Sonderbeschluss **19**, 18
– Veräußerung der Beteiligung **19**, 49
– Verschmelzung **19**, 62
– wichtiger Grund **19**, 43
– Zeitablauf **19**, 59
Befristung von Unternehmensverträgen **16**, 9
Beherrschungsvertrag **11**, **20–23**; **32**
– Aktienrecht **11**; **20–23**
– Genossenschaft **36**, 17
– GmbH-Recht **32**; s. Beherrschungsvertrag im GmbH-Recht
– Personengesellschaften **34**, 17
– Stiftung **38**, 8
– Verein **37**, 14
Beherrschungsvertrag im Aktienrecht **11**, 20–23
– Abfindung **22**
– Abschluss **16**, 17; **32**, 7
– Änderung **18**
– Anwendungsbereich **11**, 29
– atypischer **11**, 14, 16
– Aufhebung **19**, 4
– Ausgleich **21**
– Ausschluss des Weisungsrechts **11**, 14
– Beendigung **19**
– Beschränkung des Weisungsrechts **11**, 14
– fehlerhafter **11**, 24; **32**, 29
– Information der Aktionäre **17**
– Inhalt **11**, 11
– Interessenwahrungsvertrag **11**, 19
– internationaler **11**, 29
– Kündigung **19**, 26, 37
– Leistungspflichten **11**, 19
– Leitungsmacht **23**, 1–46
– mehrstufiger Konzern **11**, 38
– öffentliche Hand **2**, 23
– Organhaftung **23**, 48
– Organisationsvertrag **11**, 19
– Prüfungspflicht **23**, 45
– Rechtsnatur **11**, 19
– Rückwirkung **11**, 13
– Satzungsänderung **11**, 19
– Sicherung des Gesellschaftsvermögens **20**
– Teilbeherrschungsvertrag **11**, 14
– Umgehungsproblematik **15**, 24
– Unterrichtung der Aktionäre **17**
– verdeckter **11**, 17; **28**, 12
– Weisungsrecht **23**
Beherrschungsvertrag im GmbH-Recht **32**
– Abfindung **32**, 25
– Abschluss **32**, 10

– Änderung **32**, 39
– Aufhebung **32**, 45
– Ausgleich **32**, 25
– Beendigung **32**, 41
– Begriff **32**, 7
– Eintragung **32**, 13, 23, 45, 46
– Ermächtigungsklauseln **32**, 19, 24, 40
– fehlerhafter **32**, 29
– Form **32**, 12, 47
– Gläubigerschutz **32**, 36
– Haftung des herrschenden Unternehmens **32**, 37
– Konzernklausel **32**, 19
– Kündigung **32**, 42
– Mehrheit **32**, 14
– Weisungsrecht **32**, 32
– Zuständigkeit **32**, 10
– Zustimmung der Obergesellschaft **32**, 22
Berechnungdurchgriff **20**, 5a
Beschlussmängel **16**, 12, 33
Bestandsschutz im Vertragskonzern **11**, 24
Betafaktor **22**, 52
Beteiligungen, wechselseitige **5**
– Begriff **5**, 6
– einfache **5**, 15
– Gefahren **5**, 4
– GmbH **5**, 27
– qualifizierte **5**, 9
– Verbreitung **5**, 1
Beteiligungsträgerstiftung **38**
Betriebsführungsvertrag **15**, 7, 19; **32**, 36
– Abgrenzung **12**, 39
– Begriff **15**, 19
– Gefahren **15**, 21
– Umgehungsproblematik **15**, 29
– Zulässigkeit **15**, 21
Betriebspachtvertrag **15**, 8; **32**, 56
– Angemessenheit der Pacht **15**, 14
– Begriff **15**, 8
– Erscheinungsformen **15**, 8
– GmbH **32**, 56
– Haftung **20**, 38
– Innenpacht **15**, 17
– Rechtsfolgen **15**, 12
– Umgehungsproblematik **15**, 24
– Verbindung mit Beherrschungsvertrag **15**, 24
– Verlustübernahmepflicht **15**, 14; **20**, 38
Betriebsüberlassungsvertrag **15**, 17; **32**, 56
Bewertung eines Unternehmens **22**, 34
BilMoG **7**, 6; **25**, 8
Börsenkurs **22**, 27
Bremer Vulkan-Urteil **28**, 31; **31**, 6

Cash Management **25**, 25; **31**, 13
Compliance, konzernweite, **23**, 64; **35**, 10

Delisting **9**, 18; **22**, 4
Durchgriffshaftung **20**, 25, 33; **28**; **30**, 20 f.

Eingliederung **10**
– Abfindung **10**, 30 ff.
– Abfindungsangebot **10**, 19, 24 ff.
– abfindungsbezogene Informationsmängel **10**, 26
– Anfechtung **10**, 23 ff.
– Ausschluss der außenstehenden Aktionäre **10**, 27 ff.
– Beendigung **10**, 61 ff.
– Eigentum an allen Aktien **10**, 6 ff.
– Eingliederungsbeschluss **10**, 9, 18
– Eintragung **10**, 13 ff., 22
– Gläubigerschutz **10**, 41 ff.
– durch Mehrheitsbeschluss **10**, 16 ff.
– mehrstufige Konzerne **10**, 36 ff.
– Mithaftung **10**, 44 ff.
– Organschaft **10**, 54
– Rechnungslegung **10**, 5
– Rücklagen **10**, 55 f.
– Sicherheitsleistung **10**, 42 f.
– Verfahren **10**, 9 ff., 18 ff.
– Weisungsrecht **10**, 52 f.
– Wirkungen **10**, 51 ff.
– Zustimmungsbeschluss **10**, 10 ff., 18
Einheitstheorie **4**, 6
Einpersonen-Gesellschaft **24**, 19; **28**; **31**
Eintragung von Unternehmensverträgen **16**, 42, 60
Entherrschungsvertrag **3**, 46
Ergebnisabführungsvertrag **12**
Erläuterungspflicht des Vorstands **17**, 51
Ermächtigungsklauseln **32**, 19
Ertragsprognose **22**,42
Ertragswertmethode **21**, 34
Europäische Aktiengesellschaft **1**, 47 f.
Europäisches Recht **1**, 44 ff.
Existenzvernichtungshaftung **28**, 4, 10; **30**, 20 f.; **31**
– Aktienrecht **28**, 10
– Ausfallhaftung **31**, 20 ff.
– Bestandsschutz **31**, 4 f.
– Eingriff, existenzvernichtender **31**, 13 ff.
– Einpersonen-GmbH **31**
– Gläubigerausfall **31**, 16
– Haftungsadressaten **31**, 9 ff.
– Kausalität **31**, 17
– Konkurrenzen **31**, 24
– mehrgliedrige GmbH **30**, 20
– Rechtsgrundlage **31**, 6 ff.
– Unternehmensgegenstand **31**, 15
– Verhältnis zu § 31 GmbHG **31**, 19

Faktischer Aktienkonzern **24–28**
– Abhängigkeitsbericht **26**
– Anwendungsbereich **24**, 19 ff.
– Geschichte **24**, 5 ff.

– Haftung des herrschenden Unternehmens **27**, 3 ff.
– Konzernbildungskontrolle **8**, 14 ff.; **9**, 12 ff.
– Organhaftung **27**, 3 ff., 10 ff.
– qualifizierte Nachteilszufügung **28**
– Vorstandspflichten **25**, 39 ff.; **26**, 11 ff.
– Vorteile **25**, 52 f.
– Zulässigkeit **24**, 14 ff.; **28**
– Zweck **24**, 10 ff.
Faktischer GmbH-Konzern **30**, 31
– actio pro socio **29**, 8; **30**, 18
– Anwendungsbereich **30**, 12
– Einpersonen-GmbH **30**, 20 f.; **31**
– Existenzvernichtungshaftung **31**
– Gläubigerschutz **30**, 6, 19 f.; **31**
– qualifizierte Schädigung **30**, 20 f.; **31**
– Rechtsfolgen **30**, 15 ff., 20 f.; **31**
– Schadensersatzanspruch **24**, 10 ff.
– Schädigungsverbot **30**, 7 ff.
Faktischer Konzern
– Aktiengesellschaft **24–28**
– Genossenschaft **36**, 10
– GmbH **30**, 31
– Personengesellschaft **34**, 3
– Verein **37**, 10
Fehlerhafter Gesellschaftsvertrag **11**, 24; **32**, 29
Form von Unternehmensverträgen **16**, 18; **32**, 10
Freigabeverfahren **16**, 36, 62

Gelatine-Entscheidungen **9**, 12 ff.
Gemeinsamer Vertreter **22 a**, 13
Gemeinschaftsunternehmen **3**, 34
– Abhängigkeit **3**, 35
– Vertragskonzern **3**, 40
Genossenschaft **36**
– Abhängigkeit **36**, 4, 10, 13
– Beherrschungsvertrag **36**, 17
– Förderzweck **36**, 5, 7, 12
– Gewinnabführungsvertrag **36**, 20
– Gläubigerschutz **36**, 23
– Haltegenossenschaft **36**, 3, 5
– herrschendes Unternehmen **36**, 3, 5, 8
– Konzernbildungskontrolle **36**, 14
– Pachtgenossenschaft **36**, 3, 6
– Schädigungsverbot **36**, 16
– Unternehmensverträge **36**, 8, 17, 20
– Vertragskonzern **36**, 8, 17
– Zentralgenossenschaft **36**, 12
– Zustimmung der Genossen **36**, 9, 22
Genussrechte **14**, 18; **21**, 10
Geschäftsführungsvertrag **12**, 21; **15**, 19
Geschichte **1**, 5 ff.; **24**, 5 ff.
Gewerbesteuerrecht **1**, 39
Gewinnabführung, Höchstbetrag, **20**, 17
– Ermittlung **20**, 19
– Rücklagen **20**, 21

Gewinnabführungsvertrag **12**; **32**, 48; **36**, 20
– Beendigung **19**
– Begriff **12**, 1, 11
– Bilanzierung **12**, 17
– Erscheinungsformen **12**, 11
– Genossenschaft **36**, 20
– Geschäftsführungsvertrag **12**, 21
– Gewinnermittlung **12**, 17
– Gläubigerschutz **32**, 51
– GmbH **32**, 48–51
– Höchstbetrag **20**, 17
– Inhalt **12**, 8
– isolierter **12**, 13
– Personengesellschaft **34**, 18
– Steuerrecht **1**, 29 ff.; **12**, 2, 9
– Verlustdeckungszusage **12**, 15
– zugunsten Dritter **12**, 11
Gewinngemeinschaft **13**; **32**, 52
Gleichordnungskonzern **4**, 30
– Erscheinungsformen **4**, 36
– faktischer **4**, 37
– Gründung **4**, 40
– Schädigungsverbot **4**, 41
– vertraglicher **3**, 36
GmbH-Konzernrecht **29–32**
– Abfindung **30**, 21; **32**, 25
– Abhängigkeit **3**, 52
– andere Unternehmensverträge **32**, 52–56
– Beherrschungsvertrag **32**, 7–47; s. Beherrschungsvertrag im GmbH-Konzernrecht
– Betriebspachtvertrag **32**, 56
– faktischer Konzern **30**, 31
– Gewinnabführungsvertrag **32**, 48
– Gewinngemeinschaft **32**, 52
– Gläubigerschutz **30–32**
– Gruppenbildungskontrolle **8**, 6 ff.; **9**, 9 f.
– Gruppenleitungskontrolle **9**, 11
– qualifizierte Schädigung **30**, 20 f.; **31**
– Rechtsquellen **29**, 5 ff.
– Schädigungsverbot **30**, 7 ff.
– Teilgewinnabführungsvertrag **32**, 54
– Unternehmensverträge **32**
– Verbreitung **29**, 1 f.
– Vertragsbericht/-prüfung **17**, 8; **32**, 5
GmbH und Co. KG **33**, 5
Grundsätze ordnungsmäßiger Konzernleitung **23**, 65, 77; **35**, 10
Gruppenaufsicht **23**, 39
Gruppenbildungskontrolle **7–9**
– Abwehrrechte der Gesellschafter **9**, 5 f.
– Aktiengesellschaft **8**, 14 ff.; **9**, 12 ff.
– auf der Ebene der abhängigen Gesellschaft **8**
– auf der Ebene des herrschenden Unternehmens **9**
– Gelatine-Entscheidung **9**, 13 ff.
– Genossenschaft **36**, 5 ff.
– GmbH **8**, 6 ff; **9**, 9 f.

– Gründung einer abhängigen Gesellschaft **8**, 22
– Gruppenumbildung **7**, 2 ff.; **9**, 4 ff.
– Holzmüller-Entscheidung **7**, 3 f.; **9**, 4 f., 8, 13 f.
– Konzernklausel **9**, 3 f.
– Personengesellschaft **8**, 1 ff.; **9**, 7
– Rechtsprechung **7**, 7 f.
– Wettbewerbsverbot **8**, 1, 10 ff., 20
Gruppenleitungskontrolle **7**, 2 ff.; **9**
– Aktiengesellschaft **9**, 22 f.
– GmbH **9**, 11
– Personenhandelsgesellschaften **9**, 8

Haftung bei qualifizierter Nachteilszufügung **28**;
    30, 20 f.; **31**
Haftungsdurchgriff **20**, 25; **28**; **30**, 20 f.; **31**
– im Konzern **20**, 25
Hauptversammlung **17**, 46
Holdinggesellschaft **2**, 3
Holdingverein **37**, 2, 16
Holzmüller-Urteil **7**, 3 ff.; **9**, 4 ff., 12 ff.

IdW-Standard **22**, 35
Information der Aktionäre **17**
Insolvenzverursachungshaftung s. Existenzvernich-
    tungshaftung
Interessengemeinschaft **13**, 5
Internationaler Anwendungsbereich **11**, 29; **24**, 24
ITT-Urteil **30**, 7

Kapitalisierungszinssatz **22**, 48
KBV-Urteil **28**, 31
Konzern **4**
– Begriff **4**, 11, 30
– einheitliche Leitung **4**, 12
– faktischer **24–28**; **30**; **31**
– Gleichordnungskonzern **44** 30
– Konzern im Konzern **4**, 21
– Mitbestimmung **4**, 49
– öffentlicher **2**, 23; **4**, 26
– Unterordnungskonzern **4**, 11
– Vermutung **4**, 26
– Vertragskonzern **11**; **20–23**; **32**
Konzernbildungskontrolle, s. Gruppenbildungs-
    kontrolle
Konzernhaftung **20**, 25; **28**, 5 ff.; **30**, 20 f.; **31**
– Durchgriffshaftung **20**, 25; **31**
– Konzernvertrauenshaftung **20**, 26
– Liquiditätszusage **20**, 31
– Organschaftserklärung **20**, 32
– Patronatserklärung **20**, 29
– Sicherheitsleistung **20**, 52
– Trennungsprinzip **20**, 25
– Verlustübernahme **20**, 34
Konzernleitungskontrolle, s. Gruppenleitungskon-
    trolle
Konzernmitbestimmung **4**, 55
Konzernprivileg **11**, 35; **23**, 21; **32**, 36

Konzernumlagen **25**, 26 f.; s. auch Steuerumlagen
Konzernvermutung **4**, 26
Konzernvertrauenshaftung **20**, 26
Körperschaftsteuerrecht **1**, 30
Kosten im Spruchverfahren **22a**, 37
– gerichtliche Kosten **22a**, 39
– außergerichtliche Kosten **22a**, 45
Kündigung von Unternehmensverträgen **19**, 26,
    37
– außerordentliche **19**, 37
– ordentliche **19**, 26

Lebensfähigkeit der abhängigen Gesellschaft **23**, 41
Leitung, einheitliche **4**, 12; **23**, 13
Leitungsmacht des herrschenden Unternehmens
    23, 7–47
Liquidationswert **22**, 56
Liquiditätszusage **20**, 31

Managementvertrag **15**, 7, 19
Mängel von Unternehmensverträgen **16**, 12
– des Zustimmungsbeschlusses **16**, 33
Marktrisikoprämie **22**, 51
Mehrheitsbeteiligung **3**, 1
Mehrstufige Konzerne **11**, 38; **16**, 18; **21**, 40
Methodengleichheit **20**, 32
Mitbestimmung im Konzern **4**, 43
– europäische Gesellschaft **4**, 52
– Teilkonzerne **4**, 50
– Territorialitätsprinzip **4**, 46
Mitteilungspflichten **6**
– Auskunftsrecht **6**, 9
– Ausübungsverbot **6**, 27
– Bekanntmachung **6**, 23
– Bezugsrecht **6**, 36
– börsennotierte Gesellschaften **6**, 6
– Dividende **6**, 33
– GmbH **6**, 11
– Konzernweiter Rechtsverlust **6**, 29
– Mehrheitsbeteiligung **6**, 20, 22a
– Mitteilung **6**, 23
– Mitteilungspflicht einer AG **6**, 20
– Nachholung der Mitteilung **6**, 31
– Rechtsverlust **6**, 31
– Sanktionen **6**, 27
– Schachtelbeteiligung **6**, 16, 22a
– Stimmrecht **6**, 32
– Verpflichteter **6**, 12
– Voraussetzungen **6**, 16
– WpHG **6**, 6; § 22 Anhang; **22**, 44
MoMiG **1**, 16; **23**, 21; **24**, 27; **25**, 22 f., 25; **31**, 2,
    18
MPS-Urteil **25**, 23 ff.

Nachteil **25**, 14 ff.
Nachteilsausgleich im faktischen Konzern **25**
– Beweiserleichterungen **25**, 10 f.

– Maßnahme **25**, 12; **26**, 22 ff.
– Maßstab **25**, 14 ff.
– Nachteil **25**, 14 ff.
– Rechtsgeschäft **25**, 31 ff.; **26**, 18 ff.
– Veranlassung **25**, 2 ff.
– Vorstandspflichten **25**, 39 ff.
– Vorteile **25**, 52 f.
– Zeitpunkt **25**, 18
Nachsteuerbewertung **22**, 46
Neutrales Vermögen **21**, 26; **22**, 54
Nichtigkeit von Unternehmensverträgen **16**, 10

Öffentliche Hand **2**, 20
Organhaftung im faktischen Konzern **27**
Organhaftung im Vertragskonzern **23**, 48, 78
– bei der Eingliederung **10**
– Beweislast **23**, 69
– der gesetzlichen Vertreter des herrschenden Unternehmens **23**, 48, 54
– des herrschenden Unternehmens **23**, 54
– der Organe der abhängigen Gesellschaft **23**, 78
– Einzelkaufmann **23**, 57
– Geltendmachung **23**, 57
– geschuldete Sorgfalt **23**, 66
– Haftungstatbestand **23**, 60
– herrschendes Unternehmen **23**, 58
– mehrstufige Unternehmensverbindung **23**, 51
– öffentliche Hand **23**, 56
– Schaden **23**, 66
Organisationsvertrag **11**, 19; **12**, 1
Organschaft **1**, 34 ff., 39, 40 f.; **25**, 27
Organschaftserklärung **20**, 32
Organschaftsvertrag **11**; **12**

Paketzuschlag **22**, 26, 32
Parallelprüfung **17**, 29a
Parteiwechsel **18**, 9
Patronatserklärung **20**, 29
Personengesellschaft **33–35**
– Abhängigkeit **33**, 3, 9; **34**, 3
– andere Unternehmensverträge **34**, 23
– Auskunftsrecht **34**, 6, 8; **35**, 8
– Beherrschungsvertrag **33**, 4; **34**, 12, 17; **35**, 10
– Beteiligungsrechte **35**, 2, 7
– Beteiligungsverwaltung **35**, 2
– Betriebsführungsvertrag **34**, 23
– Einsichtsrecht **34**, 8; **35**, 8
– faktischer Konzern **34**, 13
– Gewinnabführungsvertrag **33**, 4; **34**, 22
– Gläubigerschutz **34**, 10, 15, 16, 21
– Grundsätze ordnungsmäßiger Konzernleitung **35**, 10
– herrschendes Unternehmen **35**
– Konzern **33**, 11
– Konzernbildungskontrolle, s. Gruppenbildungskontrolle
– Konzernierungsbeschluss **34**, 13

– Konzernleitungskontrolle, s. Gruppenleitungskontrolle
– Mitwirkungsrechte der Gesellschafter **35**, 2
– Publikums-KG **33**, 7
– qualifizierter faktischer Konzern **34**, 15
– Schädigungsverbot **34**, 3
– Schutzmaßnahmen **34**, 3, 6
– Unternehmensverträge **33**, 4; **34**, 13, 17, 22
– Verlustübernahmepflicht **34**, 15, 16
– Vermutungen **33**, 10
– Vertragskonzern **34**, 13, 17
– Weisungsrecht **34**, 20
– Zustimmung der Gesellschafter **34**, 13, 16, 19, 23
Pflichtangebote s. Übernahmeangebote
Phasenmethode **21**, 24
Prüfungsbericht **17**, 37
Prüfungspflicht des Registergerichts **16**, 56
Publikums-KG **33**, 7

Qualifizierter faktischer Aktienkonzern, s. qualifizierte Nachteilszufügung
Qualifizierter faktischer GmbH-Konzern, s. qualifizierte Nachteilszufügung
Qualifizierter faktischer Personengesellschaftskonzern **34**, 15
Qualifizierte Nachteilszufügung **28**; **30**, 20 f.; **31**
– Abfindung **28**, 25; **30**, 20 f.
– Abwehransprüche **28**, 11, 24
– Aktienrecht **28**
– Ausgleich **28**, 25
– Beweislast **28**, 20
– Einpersonen-Gesellschaft **28**, 5 ff.; **31**
– Entwicklung **28**, 1 ff.
– Gläubigerschutz **28**, 22 f.
– GmbH-Recht **30**, 20 f.; **31**
– Haftung **28**, 22 f.
– Missbrauch der Leitungsmacht **28**, 13 ff.; **31**, 12 ff.
– nachteilige Einflussnahme **28**, 13 ff.; **31**, 12 ff.
– Notwendigkeit einer speziellen Konzernhaftung **28**, 5 ff.; **30**, 20 f.
– Rechtswidrigkeit **28**, 11
– Unmöglichkeit des Einzelausgleichs **28**, 16 ff.
– Verlustausgleichspflicht **28**, 21

Rechtsvergleichung **1**, 42 f.
Rücklage, gesetzliche **20**, 8
– Beherrschungsvertrag **20**, 15
– Eingliederung **10**, 55 f.
– Gewinnabführungsvertrag **20**, 11
– Kapitalerhöhung **20**, 14
– stille **20**, 5, 24
– Zweck **20**, 8
Rücktritt **19**, 56
Rückwirkung des Beherrschungsvertrages **11**, 15; **16**, 44

– des Gewinnabführungsvertrages **12**, 10
– der Vertragsaufhebung **19**, 15

Schachtelprivileg **1**, 31 ff.
Schriftform **16**, 10; **32**, 10
Schutzklausel **16**, 10
Sell Out s. Andienungsrecht der Minderheitsaktionäre
Sicherheitsleistung **20**, 52; **28**, 22
– Anmeldung **20**, 65
– Arten **20**, 67
– Ausfallhaftung **20**, 69
– Begründung der Forderung **20**, 58
– Bürgschaft **20**, 10, 67
– Dauerschuldverhältnis **20**, 61
– Endloshaftung **20**, 61
– gesicherten Forderungen **20**, 58
– Meldefrist **20**, 65
– privilegierte Gläubiger **20**, 54, 59
– Zeitpunkt **20**, 58
Sitztheorie **11**, 29
Sonderbeschluss der außenstehenden Aktionäre **18**, 15; **19**, 18, 31; **20**, 51
Sonderkündigungsrecht **21**, 59; **22**, 60
Spruchverfahren **22a**
– Amtsermittlungsgrundsatz **22a**, 5, 24
– Antragsfrist **22a**, 10
– Antragsgegner **22a**, 12
– Antragsteller **22a**, 7
– Anwendungsbereich **22a**, 1
– außenstehende Aktionäre **22a**, 8
– außergerichtliche Kosten **22a**, 45
– Bedeutung **22a**, 4
– Beendigung **22a**, 7, 33
– Begründung des Antrags **22a**, 7, 11, 12
– Beschwerde **22a**, 31
– Beschwerderecht des gemeinsamen Vertreters **22a**, 15, 24
– Beteiligte **22a**, 6
– Entscheidung **22a**, 25
– Erledigung **22a**, 33
– Erwiderung des Antragsgegners **22a**, 17
– Gegenstandswert **22a**, 49
– Gemeinsamer Vertreter **22a**, 13
– Gerichtskosten **22a**, 39
– Geschäftswert **22a**, 40
– Insolvenzverfahren **22a**, 36
– Kosten **22a**, 37
– Leistungsklage **22a**, 28
– mündliche Verhandlung **22a**, 20
– Präklusion **22a**, 17, 18, 23, 24
– Rechtsschutzbedürfnis **22a**, 7c
– Rechtsmittel **22a**, 31
– Sachverständige **22a**, 21, 40
– Verfahren **22a**, 17
– Verfahrensförderungspflicht **22a**, 22
– Vergleich **22a**, 28

– Vertragsprüfer **22a**, 21
– Vertragsüberdauerndes Verfahren **22a**, 17
– Vorbereitung der mündlichen Verhandlung **22a**, 17
– Vorrang **22a**, 5
– Vorschuss **22a**, 40
– Zeugen, sachverständige **22a**, 20, 21
– Zwischenentscheidung **22a**, 7
Squeeze Out s. Ausschluss von Minderheitsaktionären
Staat als Unternehmen **2**, 30, 48; **22**, 39
Steuerumlagen **25**, 27
Stichtagsprinzip **21**, 31; **22**, 39
Stiftung **38**
– Konzernrecht **38**, 8
– Stiftungsrecht **38**, 4
– Unternehmen **38**, 8
Stille Beteiligungen **14**, 11; **19**, 57
Stille Gesellschaft **14**, 11
stille Rücklagen **20**, 5, 24

Teilbeherrschungsvertrag **11**, 17
Teilgewinnabführungsvertrag **14**; **16**, 51, 60; **33**, 54
Teilkonzern **4**, 50
Transparenzrichtlinie **1**, 46
Treupflicht **8**, 2 ff., 9, 18 ff.; **24**, 28 f.; **30**; **31**, 1 ff.
Trihotel-Urteil **28**, 4, 8; **31**, 8 ff.

Überlebensfähigkeit der abhängigen Gesellschaft **20**, 4; **23**, 40, 44
Übernahmeangebote **9a**
– Abwehrmaßnahmen **9a**, 13 ff.
– freiwillige Angebote **9a**, 8 ff.
– Gegenleistung **9a**, 11 f., 39
– Gesetzlicher Rahmen **9a**, 3 ff.
– Kontrollerwerb **9a**, 34 f.
– „Neutralitätspflicht" **9a**, 1 f., 13 ff.
– Pflichtangebote **9a**, 28 ff.
– Rechtsschutz der Aktionäre **9a**, 8 ff., 27
– Übernahmerichtlinie **1**, 46; **9a**, 3 ff.
– Übernahmerichtlinie-Umsetzungsgesetz **9a**, 6
– Teilangebot **9a**, 10
– Vorratsbeschluss **9a**, 13 ff.
– WpÜG **9a**, 6 f.
Überwachungsorganisation, konzernweite, **23**, 64
UMAG **16**, 33
Umgehungsproblematik **15**, 24
Umsatzsteuerrecht **1**, 40 f.
UMTS-Urteil **25**, 21
Unionsrecht **1**, 44 ff.
Unterkapitalisierung **31**, 24
Unternehmen **2**
– Begriff **2**, 5
– Bewertung **22**, 34
– öffentliche **2**, 20
– Stiftung **38**, 8
– Verein **2**, 15; **37**, 17

Unternehmensbewertung **22**, 34
- Abzinsung **22**, 48
- Basiszinssatz **32**, 50
- Betriebswirtschaftslehre **22**, 35
- CAPM **23**, 49, 3
- DCF–Methode **22**, 37
- IdW S 1 **22**, 35, 38
- Kapitalisierungszinssatz **22**, 48
- Liquidationswert **22**, 56
- Nachsteuerbewertung **21**, 28; **22**, 44
- Neutrales Vermögen **21**, 36; **22**, 54
- Pauschalmethode **21**, 23; **22**, 43
- Phasenmethode **21**, 24; **22**, 43
- Risikozuschlagmethode **22**, 49
- Stichtagsprinzip **22**, 39
- Tax-CAPM **22**, 22, 45, 49, 53
- Verbundvorteile **22**, 46
Unternehmenskonzentration **1**, 5 ff., 19 ff.
- Begriff **1**, 19
- Entwicklung **1**, 5 ff.
- Gefahren **1**, 23 ff.
- Geschichte **1**, 5 ff.
- Problematik **1**, 19 ff.
Unternehmensträgerstiftung **38**
Unternehmensverträge **11–23; 32**
- Abschluss **16; 32**, 7
- andere Unternehmensverträge **13–15**
- Änderung **18**
- Anfechtung **19**, 55
- Aufhebung **19**, 4
- Auskunftsrecht **17**, 53
- Bedingung **19**, 54
- Beendigung **19**
- Bericht **17**, 9
- fehlerhafte **11**, 24
- Form **16**, 10; **32**, 10
- Genossenschaft **36**, 17
- Geschichte **1**, 12 ff.
- GmbH **32**
- Hauptversammlung **17**, 46
- internationale **11**, 29
- Kündigung **19**, 19, 37
- Personengesellschaften **34**, 17
- Prüfung **17**, 20
- Publizität **16**, 42; **17**
- Rechtsnatur **11**, 19; **12**, 1
- Rücktritt **19**, 56
- Stiftung **38**, 8
- Verein **37**, 14
- Wirksamkeit **16**, 62
- Zustimmungsbeschluss **16**, 14; **32**, 14
Unternehmensvertragsbericht **17**, 9; **32**, 1
Unternehmensvertragsprüfer **17**, 30
Unternehmensvertragsprüfung **17**, 20; **32**, 1
Unterordnungskonzern **4**, 11
Unterrichtung der Aktionäre **17**

Veranlassung **25**, 2 ff.
- Begriff **25**, 2 ff.
- Beweiserleichterungen **25**, 10 f.
- Organverflechtung **25**, 7 f.
Verbundvorteile **22**, 46
Verdeckte Gewinnausschüttung **25**, 31 f.; **30**, 13 f.
Verein **37**
- Abhängigkeit **37**, 10
- Familienkonzern **37**, 5
- herrschendes Unternehmen **37**, 16
- Holdingverein **37**, 3, 16
- Schädigungsverbot **37**, 12
- Unternehmensqualität **2**, 15; **37**, 17
- Vereinsrecht **37**, 15, 20
- Vertragskonzern **37**, 14
Verlustausgleich, Verlustübernahme **20**, 34
- Abschlagszahlungen **20**, 48
- Abtretung **20**, 49
- Anwendungsbereich **20**, 3
- Abwicklungsverluste **20**, 46
- Aufrechnung **20**, 50
- Betriebspacht **20**, 38
- Dauer **20**, 44
- Fälligkeit **20**, 47
- Geltendmachung **20**, 49
- Gewinnrücklagen **20**, 42
- Grundgedanke **20**, 34, 36
- Jahresfehlbetrag **20**, 39
- qualifizierte Nachteilszufügung **28**, 21
- Vergleich **20**, 51
- Verzicht **20**, 51
Verlustdeckungszusage **12**, 15; **20**, 31
Vermutung
- Abhängigkeit **3**, 41
- Konzern **4**, 26
- Veranlassung **25**, 2 ff.
- Vertragsschluss **17**, 4
- Vertragsänderung **18**
- Vertragsbeitritt/-übernahme **18**, 9, 18
- Widerlegung **3**, 43
Verschmelzungswertrelation **22**, 58
Versicherungsverein a. G. **37**, 2
Vertragskonzern **11; 20–23; 32**
- Aktiengesellschaft **11; 20–23; 32**
- Genossenschaft **36**, 8
- GmbH **32**, 7
- Personengesellschaft **34**, 17
- Stiftung **38**, 8
- Verein **37**, 14
- Vertragsprüfer **17**, 30
- Vertragsprüfung **17**, 20
Vorstandsdoppelmandate **23**, 16, 46

Wechselseitige Beteiligungen **5;** s. Beteiligungen, wechselseitige
Weisung **23**, 11
- existenzgefährdende **23**, 41

Weisungsrecht **11,** 11; **23; 32,** 32
– Adressat **23,** 11
– Aufsichtsrat **23,** 16, 24, 33, 59
– Begriff **23,** 13
– Berechtigter **23,** 13
– Beschränkung **11,** 17
– Delegation **23,** 8
– Eingliederung **10,** 52 f.
– Folgepflicht **23,** 31
– Gegenstand **23,** 31
– gegenüber dem Aufsichtsrat **23,** 33
– Gemeinschaftsunternehmen **23,** 5
– Genossenschaft **36,** 17
– GmbH **32,** 7
– Kontrolle **23,** 45
– Konzerninteresse **23,** 25, 28, 31
– Lebensfähigkeit der Gesellschaft **23,** 41
– Leitung der Gesellschaft **23,** 22
– mehrstufiger Konzern **23,** 6
– nachteilige Weisungen **23,** 25

– Organhaftung **23,** 48, 78
– Personengesellschaft **34,** 17
– Prüfungspflicht/-recht des Vorstandes **23,** 45, 81, 84
– Schranken **23,** 35, 62
– Umfang **23,** 21
– Übertragung **23,** 10
– Vertretungsmacht **23,** 17
– Vorstandsdoppelmandate **23,** 16, 46, 59
– Weisungsberechtigter **23,** 7
– Weisungspflicht **23,** 19
Wichtiger Grund **19,** 43
Wurzeltheorie **21,** 31; **22,** 39

Zeitablauf **19,** 59
Zusammenfassung unter einheitlicher Leitung **4,** 19
Zuständigkeit zum Vertragsabschluss **16,** 5; **32,** 7
Zustimmung des Aufsichtsrats **16,** 25
Zustimmungsbeschluss **11,** 14; **16,** 6; **18,** 12